21天突破 2022

注册会计师全国统一考试应试指导

李彬教你考注会®

ACCOUNTING

会 计

李彬 编著　BT教育 组编

中国财经出版传媒集团
经济科学出版社

图书在版编目（CIP）数据

会计.2022/李彬编著. --北京：经济科学出版社，2022.3

（李彬教你考注会）

ISBN 978-7-5218-3471-0

Ⅰ.①会… Ⅱ.①李… Ⅲ.①会计-资格考试-自学参考资料 Ⅳ.①F23

中国版本图书馆 CIP 数据核字（2022）第 036729 号

责任编辑：孙丽丽
责任校对：郑淑艳
责任印制：范 艳

会计（2022）

李 彬 编著 BT 教育 组编

经济科学出版社出版、发行 新华书店经销

社址：北京市海淀区阜成路甲 28 号 邮编：100142

总编部电话：010-88191217 发行部电话：010-88191522

网址：www.esp.com.cn

电子邮箱：esp@esp.com.cn

天猫网店：经济科学出版社旗舰店

网址：http://jjkxcbs.tmall.com

北京鑫海金澳胶印有限公司印装

787×1092 16 开 54.5 印张 1370000 字

2022 年 3 月第 1 版 2022 年 3 月第 1 次印刷

ISBN 978-7-5218-3471-0 定价：105.00 元

（图书出现印装问题，本社负责调换。电话：010-88191510）

（版权所有 侵权必究 打击盗版 举报热线：010-88191661

QQ：2242791300 营销中心电话：010-88191537

电子邮箱：dbts@esp.com.cn）

编 委 会

主　编：李　彬

编　委：向　艳　王东凯　唐　瑜
　　　　王智丽　李叶琳　周佩仪
　　　　李　艳　韩　威　魏　薇
　　　　李婷婷　石维港　上官文芳
　　　　任苗苗　邓　明

前言

　　新一年的备考旅程拉开了序幕，2022年我们对教材进行了重大且彻底的改革，无论内容加工还是排版形式都进行了极大创新，确保同学们顺利到达通关的彼岸。

　　21天教材除保留原有产品特色（知识精简、直击考点）外，还将全书知识点进行了考点制划分，帮大家像完成任务清单一样，对每章内容进行逐个击破。与此同时，我们还针对重难点做出了深入解读，增添了更多的横向关联总结和实务案例，为第一轮备考的学员们提供了充盈的知识库，再也不用因对个别考点一知半解而头疼。我们增加了以下几个模块：

1. 增加章前模块：【考情雷达】+【考点地图】

　　考生在初学某章时，普遍对内容缺乏整体认知，但没有足够的考试信息做支撑，会陷入"眉毛胡子一把抓"的困境，毕竟是无中生有的过程，没有目标感地盲目学习将导致效率低下。

　　因此，我们在每章章前都设置了【考情雷达】及【考点地图】功能模块，对本章的考情进行系统分析，标记了往年重要考点，并给出考点类型及考频，让同学们在正式学习前，对本章的内容有一个提纲挈领的认知，以便集中精力去突破关键考点。此外，我们还针对每章内容都做出了学习方法指导，并阐述了本年内容变化，手把手带你渡过难关。

2. 考点制分割，重点分级

　　为了凸显应试理念，帮助考生快速、高效地实现通关目标，我们一改官方教材的章/节格局，一律以【考点】为任务单元进行全面重组，就像一款打怪升级的游戏，任务完成即可通关。我们对每个考点都进行了专门解读，并在目录中制定了每日任务量和打卡次数，帮助大家拆解全书内容。

　　此外，我们还根据真题考频对考点重要性进行了标星分级，★越多，代表其越重要，轻重缓急，一目了然。

3. 增加内容模块

　　【彬哥解读】

　　在过去的几年中，考生经常反映我们的教材解读不足的问题，对很多知识点的理解均停留在表层，缺乏深入理解。因此2022年我们教材增添了更多考点的通俗化解释和深入解读，如公式推导过程、名词原理解释、概念扩充等，帮助同学们挖掘考点深度。

　　【案例胶卷】

　　《审计》《公司战略与风险管理》《经济法》这种实务性较强的科目，理论概念均较为抽象，很难令初学者产生具象化认知，因此我们引用了很多实务案例进行补充说明，让同学们对知识掌握的更加精准。

【关联贴纸】

CPA 考试的六门科目并不是六个独立的模块，而是一个有机的整体，各科之间、各章之间，甚至章节内部的知识都盘根错节。在以往的学习过程中，考生们只是对该学科内容各个击破，并没有对关联考点进行延展，这不利于大家养成跨章节的系统性思维。因此，我们开设了此模块，在学习过程中为大家引述相关知识点，做到触类旁通。

【记忆面包】

2022 年特新增了此模块，给大家整理口诀和各种背诵要领。

【考点收纳盒】

将多个知识点做横向串联，以流程图/表格形式针对各类要素进行合并同类项，帮助考生融会贯通。

4. 增加章尾模块

CPA 是一段漫长的征程，缺乏即时反馈，大部分考生往往半途放弃。针对这个痛点，我们在每个单数页的右上角都做了一个进度小标，它会随着学习进度的深入越来越满盈。此外，每章结尾都放置了一段干劲满满的"鸡汤"文，助同学们一路向前。

丈夫欲遂平生志，一载寒窗一举汤，祝每一位 CPA 考生都能顺利通关，考出好成绩！

欢迎 2022 年 CPA 考生加入我们的免费带学群，群内不仅有班班和小伙伴们陪伴你学习，还会不定期分享学习资料。为了达到更好的教学效果，如果你是零基础考生，对该科目缺乏基本认识，也可扫码领取我们的 CPA 小白书电子版进行基础学习、查看勘误文件。

扫码免费领取题库 + 随书附送讲义资料

每日计划说明

- 1. 本计划表为同学们做出了 21 天的整体规划,将每科的学习目标都分解成了具体任务,对具有挑战性的章节,我们还列出了学习提示,让考生的备考旅程不再迷茫。
- 2. 该学习计划以每日 3~5 小时的有效学习时间作为参考,实际用时因个人基础和学习条件而异,会出现一定程度的提前或延后,可自行做出阶段性调整。
- 3. 首轮学习时,做题正确率在 50%~60% 为正常情况,但在后续轮次中,应不断消化复习错题,以保证正确率的提升。
- 4. 每完成一项任务,可在后方打勾,每日学习前/完成后查看,会有满满的成就感。
- 5. 周测真题可在 BT 教育 App 或网页端 btclass.com 中找到题库页面参与。

学习计划表

Day 1	
章节	第一章　总论
所含考点	「考点1」会计概念、基本假设、会计基础（★） 「考点2」会计信息质量要求（★★★） 「考点3」会计要素及其确认与计量（★★） 「考点4」计量属性（★★）
学习任务	听视频课 做对应习题 整理改错本 梳理本章框架 预习存货
学习提示	这一章是进入会计的世界，会接触到会计的语言，也就是会接触很多专有名词，莫怕，只是先做了解，不要求具体掌握，都是后面章节要详细讲解的内容，但是在这里出现会造成一些不理解，需要重点掌握会计信息质量要求和六要素

Day 2	
章节	第二章　存货
所含考点	「考点1」存货的确认和初始计量（★★） 「考点2」发出存货计量（★） 「考点3」期末存货的计量（★★★） 「考点4」存货清查盘点（★）
学习任务	听视频课 做对应习题 整理改错本 梳理本章框架 复习总论 预习固定资产、无形资产
学习提示	学习存货，坚持一条主线原则：取得→持有→出售（清查）的会计处理（这是逻辑），也就是我们大白话说的从"出生"到"死亡"，也就是"存货的一生"

Day 3	
章节	第三章　固定资产＋第四章　无形资产
所含考点	第三章：固定资产 「考点1」固定资产的确认与初始计量（★★） 「考点2」固定资产折旧（★★★） 「考点3」固定资产后续支出（★★） 「考点4」固定资产的处置（★★） 第四章：无形资产 「考点1」无形资产的确认和初始计量（★★） 「考点2」内部研究开发支出的确认和计量（★★★） 「考点3」无形资产的后续计量（★★） 「考点4」无形资产的处置（★★）

Day 3	
学习任务	听视频课 做对应习题 整理改错本 梳理本章框架 复习存货 预习投资性房地产
学习提示	学习固定资产和无形资产，坚持一条主线原则：取得→持有→出售（或清查）的会计处理（这是逻辑），也就是我们大白话说的从"出生"到"死亡"，也就是"固定资产（或无形资产）的一生"

Day 4	
章节	第五章　投资性房地产
所含考点	「考点1」投资性房地产的确认与初始计量（★★★） 「考点2」投资性房地产的后续计量（★★★） 「考点3」投资性房地产的转换（★★★） 「考点4」投资性房地产的处置（★★★）
学习任务	听视频课 做对应习题 整理改错本 梳理本章框架 复习固定资产、无形资产
学习提示	学习投资性房地产，一定要清楚定义以及范围，然后坚持主线原则：取得（或转换）→持有→出售的会计处理（这是逻辑），也就是我们大白话说的从"出生"到"死亡"，也就是"投资性房地产的一生"

Day 5	
章节	第六章　长期股权投资与合营安排
所含考点	「考点1」长期股权投资的基本概念（★） 「考点2」对子公司长期股权投资的计量（成本法）（★★★） 「考点3」对联营企业、合营企业的长期股权投资的计量（权益法）（★★★） 「考点4」长期股权投资核算方法的转换（★★★） 「考点5」合营安排（★★）
学习任务	听视频课 做对应习题 整理改错本 梳理本章框架 复习投资性房地产 预习资产减值
学习提示	第一个"拦路虎"章节来了，战略上藐视它，相信自己一定能拿下。战术上重视它，绝对的重点章节，考试"座上宾"。学习时，姿态放低，要有心理准备，这一章就是要花很多时间去学习，就是要反复学习很多遍，还有可能学不懂，可以暂时放下，之后再回头学习。如此这样，配合做题，通过做题来理解知识点更有效

\multicolumn{2}{c|}{}	Day 6
章节	第七章 资产减值
所含考点	「考点1」资产减值概述（★★） 「考点2」资产可收回金额的计量（★★★） 「考点3」资产减值损失的确认与计量（★★） 「考点4」资产组的认定及减值处理（★★） 「考点5」商誉减值测试与处理（★★★）
学习任务	听视频课 做对应习题 整理改错本 梳理本章框架 复习长期股权投资与合营安排 预习负债、职工薪酬
学习提示	有了前面存货、固定资产、无形资产等的学习，学习这一章就"恰如其分"，因为有了基础。学习时，一定要重视概念，逻辑是单项资产—资产组—资产组组合，辅之以商誉

\multicolumn{2}{c|}{}	Day 7
章节	第八章 负债 + 第九章 职工薪酬
所含考点	第八章：负债 「考点1」应交税费（★★） 「考点2」其他流动负债（★） 「考点3」公司债券 第九章：职工薪酬 「考点1」职工和职工薪酬的范围和分类（★） 「考点2」短期薪酬的确认与计量（★★★） 「考点3」离职后福利的确认与计量（★★） 「考点4」辞退福利的确认与计量（★★★） 「考点5」其他长期职工福利的确认与计量（★）
学习任务	听视频课 做对应习题 整理改错本 梳理本章框架 复习长期股权投资与合营安排、资产减值 预习股份支付
学习提示	进入负债的学习，讲"欠人钱"如何处理。负债的学习，尤其是增值税（税法比较相关）"三脸"问号。这一章的学习重点很明确，税控系统、消费税、可转债，狠狠的把这三个内容的习题做一下，就能掌握考点。职工薪酬的学习，把自己当成"老板"，看待企业如何处理薪酬相关的业务，这样有代入感的学习，非常有帮助。今年教材干了一件非常漂亮的事情，把理解复杂考频极低的设定受益计划例子删除掉了，只需要掌握一些理论，应对客观题

学习计划表

	Day 8
章节	第十章　股份支付
所含考点	「考点1」股份支付概述（★） 「考点2」股份支付的确认与计量（★★★） 「考点3」可行权条件的种类、处理和修改（★） 「考点4」回购股份进行职工期权激励（★） 「考点5」集团股份支付（★★） 「考点6」限制性股票（★★）
学习任务	听视频课 做对应习题 整理改错本 梳理本章框架 复习负债、职工薪酬 预习借款费用
学习提示	本章些许咬文嚼字，抽象，所以，学习时结合例题掌握概念。本章学习的最大秘诀就是通过做题来理解，很多抽象、细节点的内容当你做题的时候就能get到，千万不要怕不会做、会错，因为错完了你也理解了。特别是限制性股票的例题

	Day 9
章节	第十一章　借款费用
所含考点	「考点1」借款费用概述（★） 「考点2」借款费用的确认 「考点3」借款费用的计量
学习任务	听视频课 做对应习题 整理改错本 梳理本章框架 复习股份支付 预习或有事项
学习提示	从概念和计算去掌握本章，概念就是一些特别重要的定义，千万不能含糊不清，考试考的就是你的"含糊不清"。计算就是算利息，此时，一定要动手画时间轴，把算钱的日子拎清

	Day 10
章节	第十二章　或有事项
所含考点	「考点1」或有事项的概述（★） 「考点2」或有事项的确认和计量（★★） 「考点3」或有事项会计的具体应用（★★★）
学习任务	听视频课 做对应习题 整理改错本 梳理本章框架 复习借款费用
学习提示	有的没的不确定，感觉是这样，无独有偶，重视定义，然后具体掌握相关应用，也就是例题

	Day 11
章节	第十三章　金融工具
所含考点	「考点1」金融工具概述（★） 「考点2」金融资产和金融负债的分类（★★★） 「考点3」金融负债和权益工具的区分（★★★） 「考点4」金融资产的计量（★★★） 「考点5」金融负债的计量（★★） 「考点6」金融资产的重分类（★★） 「考点7」金融工具的减值（★★★） 「考点8」金融资产转移（★★） 「考点9」套期会计（★）
学习任务	听视频课 做对应习题 整理改错本 梳理本章框架 复习或有事项
学习提示	第二个"拦路虎"章节，依然采取与长期股权投资相同的策略，战略上藐视它，你可以的。战术上重视它，重点章节，考试年年见。学习时，姿态放低，要有心理准备，这一章就是要花很多时间去学习，就是要反复学习很多遍，还有可能学不懂，暂时放下，之后再回头学习。如此这样，配合做题，从题来理解知识点更有效

	Day 12
章节	第十四章　租赁
所含考点	「考点1」租赁概述（★） 「考点2」承租人的会计处理（★★★） 「考点3」出租人的会计处理（★★） 「考点4」特殊租赁业务的会计处理（★★）
学习任务	听视频课 做对应习题 整理改错本 梳理本章框架 复习金融工具
学习提示	第三个"拦路虎"章节，很不友好了，学完金融工具又学它。已经经历过两次拦路虎，你已经有经验了。战略上藐视，你可以拿下。战术上重视，重点章节。此时的你已经有心理准备了，时间要花费很多，要被反复踩蹦。没关系，要拿分啊，重视定义和习题

学习计划表

	Day 13
章节	第十五章　持有待售的非流动资产、处置组和终止经营＋第十六章　所有者权益
所含考点	第十五章：持有待售的非流动资产、处置组和终止经营 「考点1」持有待售的分类（★★） 「考点2」持有待售的计量（★★★） 「考点3」终止经营（★） 第十六章：所有者权益 「考点1」实收资本（★） 「考点2」其他权益工具（★） 「考点3」资本公积（★） 「考点4」其他综合收益（★★★） 「考点5」留存收益（★）
学习任务	听视频课 做对应习题 整理改错本 梳理本章框架 复习金融工具、租赁
学习提示	学习持有待售，底气很足，都是前面资产、负债的大杂烩，你已经有很大的知识储备，此章无疑是手到擒来，例题显得格外重要。学习所有者权益，很熟悉呀，因为前面很多章节或多或少会提及到，但是总感觉少了些什么，本章重点讲解权益，特别是其他综合收益，跟前面章节联系过于紧密，重点掌握哪些可以转损益，哪些不可转损益

	Day 14
章节	第十七章　收入、费用和利润
所含考点	「考点1」收入的概述（★） 「考点2」识别与客户订立的合同（★★） 「考点3」识别合同中的单项履约义务（★★★） 「考点4」确定交易价格（★★★） 「考点5」将交易价格分摊至各单项履约义务（★★★） 「考点6」履行每一单项履约义务时确认收入（★★★） 「考点7」合同成本（★★） 「考点8」关于特定交易的会计处理（★★★） 「考点9」费用、利润（★★★）
学习任务	听视频课 做对应习题 整理改错本 梳理本章框架 复习持有待售的非流动资产、处置组和终止经营、所有者权益 预习政府补助
学习提示	恭喜你，学习一半了，遇到了第四个"拦路虎"，你已经很棒了。收入很重要，同时它也挺难的。本章就是收入的确认（概念好多）和收入的计量（计算不复杂），好好厘清概念，这点非常关键，这样才能帮助你后续的计算。八个特殊的事项一定要结合例题好好掌握

	Day 15
章节	第十八章 政府补助 + 第十九章 所得税
所含考点	第十八章：政府补助 「考点1」政府补助概述（★★★） 「考点2」政府补助的会计处理（★★★） 「考点3」特定业务的会计处理（★） 第十九章：所得税 「考点1」所得税核算的基本原理（★） 「考点2」资产、负债的计税基础（★★★） 「考点3」暂时性差异（★★★） 「考点4」递延所得税负债及递延所得税资产的确认和计量（★★★） 「考点5」所得税费用的确认和计量（★★★）
学习任务	听视频课 做对应习题 整理改错本 梳理本章框架 复习收入
学习提示	学习政府补助，首先是掌握基础定义，然后按照两条线原则（与资产相关和与收益相关）去处理，要做题、总结去掌握。学习所得税，有些头疼吧，毕竟牵扯到税，或多或少复杂，这就是第五个"拦路虎"。你首先要知道的是，这是学习会计，不是学习税法，没有税法知识也是可以学明白的。坚持一个原则，会计上怎么处理的，税法上怎么处理的，找出二者的差异。这一章的习题非常非常重要，就是帮助你去理解的

	Day 16
章节	第二十章 非货币性资产交换 + 第二十一章 债务重组
所含考点	第二十章：非货币性资产交换 「考点1」非货币性资产交换的概念（★★★） 「考点2」非货币性资产交换的确认和计量原则（★） 「考点3」非货币性资产交换的会计处理（★★★） 第二十一章：债务重组 「考点1」债务重组的定义和方式（★★） 「考点2」债权人的会计处理原理（★★★） 「考点3」债务人的会计处理原理（★★★） 「考点4」不同债务重组方式的具体会计处理（★★★）
学习任务	听视频课 做对应习题 整理改错本 梳理本章框架 复习政府补助、所得税 预习外币折算、财务报告
学习提示	学习非货币性资产交换，一定要有代入感，你就是交换的这个企业，你该怎么处理。因为前面章节的有了基础，这一章主要就是掌握定义和处理原则，二者一配合，做题去理解，就很落地了。学习债务重组，分清楚两条线，债权人如何处理，债务人如何处理，一定不要混淆，多半觉得难了，都是混淆了，所以要做题和总结

	Day 17
章节	第二十二章　外币折算 + 第二十三章　财务报告
所含考点	第二十二章：外币折算 「考点1」记账本位币的确定（★★） 「考点2」外币交易的会计处理（★★★） 「考点3」外币财务报表折算（★★） 第二十三章：财务报告 「考点1」财务报表概述（★） 「考点2」资产负债表（★★★） 「考点3」利润表（★★） 「考点4」现金流量表（★★★） 「考点5」所有者权益变动表（★） 「考点6」财务报表附注披露（★★★） 「考点7」中期财务报告（★★）
学习任务	听视频课 做对应习题 整理改错本 梳理本章框架 复习非货币性资产交换、债务重组
学习提示	学习外币折算，先把相关概念捋清楚了，涉及到计算，不复杂，就是计算过程有些绕，为啥觉得绕，就是概念没有很熟悉，所以先熟悉概念帮你计算，例题很重要，帮助你理解。学习财务报告，只要你勤快，送分的章节，内容是很多，但是需要掌握的点就是那么几个，上课务必仔细听

	Day 18
章节	第二十四章　会计政策、会计估计及其变更和差错更正 + 第二十五章　资产负债表日后事项
所含考点	第二十四章：会计政策、会计估计及其变更和差错更正 「考点1」会计政策变更及其会计处理（★★★） 「考点2」会计估计变更及其会计处理（★★） 「考点3」前期差错及其更正（★★★） 第二十五章：资产负债表日后事项 「考点1」资产负债表日后事项概述（★） 「考点2」资产负债表日后调整事项的会计处理（★★） 「考点3」资产负债表日后非调整事项的处理原则（★）
学习任务	听视频课 做对应习题 整理改错本 梳理本章框架 复习外币折算、财务报告
学习提示	学习会计政策、会计估计及其变更和差错更正，不要被名字唬到了，觉得很复杂，因为这一章的学习还是建立在之前章节之上。首先还是掌握清楚相关概念，然后处理的时候有具体的步骤，把步骤记住了，接下来就是发挥之前学习章节的内容了。学习资产负债表日后事项，还是先注重概念的理解，再配之以习题

	Day 19
章节	第二十六章　企业合并 + 第二十七章　合并财务报表
所含考点	第二十六章：企业合并 「考点1」企业合并的概述（★★） 「考点2」企业合并涉及的或有对价（★★） 「考点3」反向购买（★★） 第二十七章：合并财务报表 「考点1」合并财务报表的合并理论（★） 「考点2」合并范围的确定（★★） 「考点3」合并财务报表编制原则、前期准备事项及程序（★★） 「考点4」非同一控制下企业合并的合并处理（★★★） 「考点5」同一控制下企业合并的合并处理（★★★）
学习任务	听视频课 做对应习题 整理改错本 梳理本章框架 复习会计政策、会计估计及其变更和差错更正、资产负债表日后事项
学习提示	学到了企业合并，你的学习进度已经快完成了，这是第六个"拦路虎"，难在于理解，但是拿分来说还不错的，因为合并报表的处理在你理解了原则之后，做题剩下的都是套路化、口诀化。通过不断做题、反复做题，你会更加明白，合并报表的题目都是有套路的，都是有步骤的。战略上藐视，不要被传言打败，战术上重视，年年都考它

	Day 20
章节	第二十七章　合并财务报表
所含考点	「考点6」内部交易的合并处理（★★★） 「考点7」长期股权投资转换在合并报表的处理（★★★） 「考点8」其他特殊交易在合并财务报表中的会计处理（★★） 「考点9」所得税会计相关的合并处理（★★★） 「考点10」合并现金流量表的编制（★）
学习任务	听视频课 做对应习题 整理改错本 梳理本章框架 复习合并财务报表相关内容
学习提示	这是合并处理核心的内容，每年考试必考。秉持一条原则，都是套路，都是有步骤的，多做题，反复做题

	Day 21
章节	第二十八章 每股收益 + 第二十九章 公允价值计量 + 第三十章 政府及民间非营利组织会计
所含考点	第二十八章：每股收益 「考点1」基本每股收益（★★★） 「考点2」稀释每股收益（★★★） 「考点3」每股收益的列报（★★） 第二十九章：公允价值计量 「考点1」公允价值概述（★★） 「考点2」公允价值计量要求（★★） 第三十章：政府及民间非营利组织会计 「考点1」政府会计概述（★★） 「考点2」政府单位特定业务的会计核算（★★） 「考点3」民间非营利组织会计（★★）
学习任务	听视频课 做对应习题 整理改错本 梳理本章框架 复习合并财务报表
学习提示	学习每股收益，计算挺多的，但是不复杂，建立在理解的基础上去做题，学习和解题思路都是有步骤的。学习公允价值计量，不痛不痒，不是很重要的章节，重点听老师上课讲解的内容。学习政府及民间非营利组织会计，不知道怎么形容这一章，跟前面章节没有啥联系，另外一个世界来的，意味着都是全新的，不能用之前学习企业的会计思维来学习。考过大题，但是一般都是考一道客观题

目录 | CONTENTS

	打卡次数	页码
第一章　总论	☐☐☐	1
考点 1　会计概念、基本假设、会计基础	☐☐☐	1
考点 2　会计信息质量要求	☐☐☐	3
考点 3　会计要素及其确认与计量	☐☐☐	5
考点 4　计量属性	☐☐☐	6
第二章　存货	☐☐☐	8
考点 1　存货的确认和初始计量	☐☐☐	8
考点 2　发出存货计量	☐☐☐	12
考点 3　期末存货的计量	☐☐☐	13
考点 4　存货清查盘点	☐☐☐	16
第三章　固定资产	☐☐☐	18
考点 1　固定资产的确认与初始计量	☐☐☐	18
考点 2　固定资产折旧	☐☐☐	27
考点 3　固定资产后续支出	☐☐☐	30
考点 4　固定资产的处置	☐☐☐	32
第四章　无形资产	☐☐☐	35
考点 1　无形资产的确认和初始计量	☐☐☐	35
考点 2　内部研究开发支出的确认和计量	☐☐☐	37
考点 3　无形资产的后续计量	☐☐☐	39
考点 4　无形资产的处置	☐☐☐	41

第五章　投资性房地产　　43
考点1　投资性房地产的确认与初始计量　　43
考点2　投资性房地产的后续计量　　45
考点3　投资性房地产的转换　　48
考点4　投资性房地产的处置　　50

第六章　长期股权投资与合营安排　　53
考点1　长期股权投资的基本概念　　53
考点2　对子公司长期股权投资的计量（成本法）　　55
考点3　对联营企业、合营企业的长期股权投资的计量（权益法）　　60
考点4　长期股权投资核算方法的转换　　71
考点5　合营安排　　81

第七章　资产减值　　84
考点1　资产减值概述　　84
考点2　资产可收回金额的计量　　86
考点3　资产减值损失的确认与计量　　88
考点4　资产组的认定及减值处理　　89
考点5　商誉减值测试与处理　　93

第八章　负债　　96
考点1　应交税费　　96
考点2　其他流动负债　　101
考点3　公司债券　　102

第九章　职工薪酬　　106
考点1　职工和职工薪酬的范围和分类　　106
考点2　短期薪酬的确认与计量　　107
考点3　离职后福利的确认与计量　　115
考点4　辞退福利的确认与计量　　116
考点5　其他长期职工福利的确认与计量　　117

目录

第十章　股份支付　118
- 考点1　股份支付概述　118
- 考点2　股份支付的确认与计量　120
- 考点3　可行权条件的种类、处理和修改　124
- 考点4　回购股份进行职工期权激励　126
- 考点5　集团股份支付　126
- 考点6　限制性股票　128

第十一章　借款费用　130
- 考点1　借款费用概述　130
- 考点2　借款费用的确认　131
- 考点3　借款费用的计量　133

第十二章　或有事项　138
- 考点1　或有事项的概述　138
- 考点2　或有事项的确认和计量　139
- 考点3　或有事项会计的具体应用　140

第十三章　金融工具　145
- 考点1　金融工具概述　146
- 考点2　金融资产和金融负债的分类　147
- 考点3　金融负债和权益工具的区分　152
- 考点4　金融资产的计量　155
- 考点5　金融负债的计量　169
- 考点6　金融资产的重分类　170
- 考点7　金融工具的减值　172
- 考点8　金融资产转移　177
- 考点9　套期会计　178

第十四章　租赁　183
- 考点1　租赁概述　183
- 考点2　承租人的会计处理　186

考点 3	出租人的会计处理	195
考点 4	特殊租赁业务的会计处理	202

第十五章 持有待售的非流动资产、处置组和终止经营 ... 209

考点 1	持有待售的分类	209
考点 2	持有待售的计量	212
考点 3	终止经营	217

第十六章 所有者权益 ... 219

考点 1	实收资本	219
考点 2	其他权益工具	220
考点 3	资本公积	221
考点 4	其他综合收益	221
考点 5	留存收益	222

第十七章 收入、费用和利润 ... 224

考点 1	收入的概述	225
考点 2	识别与客户订立的合同	225
考点 3	识别合同中的单项履约义务	227
考点 4	确定交易价格	230
考点 5	将交易价格分摊至各单项履约义务	233
考点 6	履行每一单项履约义务时确认收入	235
考点 7	合同成本	238
考点 8	关于特定交易的会计处理	240
考点 9	费用、利润	262

第十八章 政府补助 ... 264

考点 1	政府补助概述	264
考点 2	政府补助的会计处理	266
考点 3	特定业务的会计处理	270

第十九章 所得税 ... 272

考点 1	所得税核算的基本原理	272

考点 2　资产、负债的计税基础　　　　　　　　■■■　275
考点 3　暂时性差异　　　　　　　　　　　　　　■■■　280
考点 4　递延所得税负债及递延所得税资产的
　　　　确认和计量　　　　　　　　　　　　　■■■　281
考点 5　所得税费用的确认和计量　　　　　　　　■■■　284

第二十章　非货币性资产交换　　　　　　　　　　■■■　295
考点 1　非货币性资产交换的概念　　　　　　　　■■■　295
考点 2　非货币性资产交换的确认和计量原则　　　■■■　297
考点 3　非货币性资产交换的会计处理　　　　　　■■■　298

第二十一章　债务重组　　　　　　　　　　　　　■■■　305
考点 1　债务重组的定义和方式　　　　　　　　　■■■　305
考点 2　债权人的会计处理原理　　　　　　　　　■■■　306
考点 3　债务人的会计处理原理　　　　　　　　　■■■　311
考点 4　不同债务重组方式的具体会计处理　　　　■■■　313

第二十二章　外币折算　　　　　　　　　　　　　■■■　322
考点 1　记账本位币的确定　　　　　　　　　　　■■■　322
考点 2　外币交易的会计处理　　　　　　　　　　■■■　324
考点 3　外币财务报表折算　　　　　　　　　　　■■■　328

第二十三章　财务报告　　　　　　　　　　　　　■■■　330
考点 1　财务报表概述　　　　　　　　　　　　　■■■　330
考点 2　资产负债表　　　　　　　　　　　　　　■■■　331
考点 3　利润表　　　　　　　　　　　　　　　　■■■　335
考点 4　现金流量表　　　　　　　　　　　　　　■■■　338
考点 5　财务报表附注披露　　　　　　　　　　　■■■　342
考点 6　中期财务报告　　　　　　　　　　　　　■■■　345

第二十四章　会计政策、会计估计及其变更和
　　　　　　　差错更正　　　　　　　　　　　　■■■　347
考点 1　会计政策变更及其会计处理　　　　　　　■■■　347
考点 2　会计估计变更及其会计处理　　　　　　　■■■　351

考点 3　前期差错及其更正　　　　　　　　　353

第二十五章　资产负债表日后事项　　356
考点 1　资产负债表日后事项概述　　　　　356
考点 2　资产负债表日后调整事项的会计处理　　359
考点 3　资产负债表日后非调整事项的处理原则　　362

第二十六章　企业合并　　364
考点 1　企业合并的概述　　　　　　　　　364
考点 2　企业合并涉及的或有对价　　　　　365
考点 3　反向购买　　　　　　　　　　　　367

第二十七章　合并财务报表　　370
考点 1　合并范围的确定　　　　　　　　　371
考点 2　合并财务报表编制原则、前期准备事项及程序　　373
考点 3　非同一控制下企业合并的合并处理　　374
考点 4　同一控制下企业合并的合并处理　　388
考点 5　内部交易的合并处理　　　　　　　391
考点 6　长期股权投资转换在合并报表中的处理　　406
考点 7　其他特殊交易在合并财务报表中的会计处理　　416
考点 8　所得税会计相关的合并处理　　　　421
考点 9　合并现金流量表的编制　　　　　　426

第二十八章　每股收益　　428
考点 1　基本每股收益　　　　　　　　　　428
考点 2　稀释每股收益　　　　　　　　　　430
考点 3　每股收益的列报　　　　　　　　　437

第二十九章　公允价值计量　　440
考点 1　公允价值概述　　　　　　　　　　440
考点 2　公允价值计量要求　　　　　　　　442

第三十章 政府及民间非营利组织会计　　445

考点1　政府会计概述　　445

考点2　政府单位特定业务的会计核算　　446

考点3　民间非营利组织会计　　452

第一章 总论

CHAPTER ONE

考情雷达

本章是会计的理论基础,包含财务报告目标、会计基本假设、会计基础、会计信息质量要求、会计要素的确认与计量、计量属性等。一般考查1道选择题,分值2分,属于非重点章节。本章内容与去年相比无变化。

考点地图

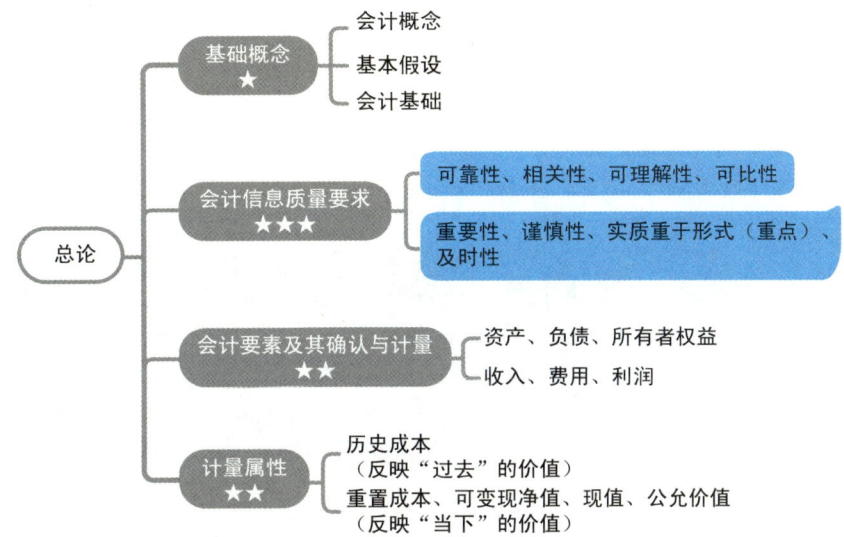

考点1 会计概念、基本假设、会计基础（★）

（一）会计概念

会计是以货币为主要计量单位,反映和监督一个单位经济活动的一种经济管理工作。

（二）会计基本假设

会计基本假设是指对会计核算所处时间、空间环境等所作的合理假定,是企业会计确认、计量和报告的前提（见表1-1）。

表1-1　　　　　　　　　　　　　　会计基本假设

基本假设	含义	应试提醒
会计主体	会计主体是企业会计确认、计量和报告的空间范围	会计主体不同于法律主体。一般来说,法律主体必然是会计主体。但是,会计主体不一定是法律主体。例如,企业集团、企业下属独立核算的各车间,不是法律主体,但可以是会计主体
持续经营	持续经营是指在可预见的将来,企业将会按当前的规模和状态持续经营下去,不会停业,也不会大规模削减业务	在持续经营前提下,会计确认、计量和报告应当以企业持续、正常的生产经营活动为前提

续表

基本假设	含义	应试提醒
会计分期	会计分期是将企业持续不断的资金运动人为地分割为若干期间,以分期提供会计信息	①会计期间分为**年度**和**中期**; ②中期是指短于一个完整的会计年度的报告期间(半年度、季度、月度等); ③由于会计分期,才产生了当期与以前期间、以后期间的差别,产生了折旧、摊销等会计处理方法
货币计量	货币计量是指会计主体在财务会计确认、计量和报告时以货币计量,反映会计主体的生产经营活动	是**主要**计量单位,不是唯一单位

彬哥解读

在做题时要特别注意区分会计主体,不然就容易张冠李戴。例如,看到可转债,就要注意题目要求编写发行方还是购买方的分录。发行方要作债股分离,分别确认负债和其他权益工具。购买方要作为交易性金融资产核算。

【例题 1-1·单选题·2016 年】甲公司 2014 年 12 月 20 日与乙公司签订商品销售合同。合同约定:甲公司应于 2015 年 5 月 20 日前将合同标的商品运抵乙公司并经验收,在商品运抵乙公司前灭失、毁损、价值变动等风险由甲公司承担。甲公司该项合同中所售商品为库存 W 商品,2014 年 12 月 30 日,甲公司根据合同向乙公司开具了增值税专用发票并于当日确认了商品销售收入。W 商品于 2015 年 5 月 10 日发出并于 5 月 15 日运抵乙公司验收合格。对于甲公司 2014 年 W 商品销售收入确认的恰当性判断,除考虑与会计准则规定的收入确认条件的符合性以外,还应考虑可能违背的会计基本假设是( )。

A. 会计主体 B. 会计分期
C. 持续经营 D. 货币计量

【答案】B

【解析】选项 B 正确。根据合同约定,在商品运抵乙公司并经验收前的各种风险由甲公司承担,即该商品控制权转移时点为交付验收时,因此甲公司应于 2015 年 5 月 15 日交付商品时确认收入,却提前至 2014 年 12 月 30 日确认收入,这违背了会计分期的基本假设。

(三)会计基础

企业会计的确认、计量和报告应当以**权责发生制**为基础。

权责发生制基础要求:凡是当期已经实现的收入和已经发生或应当负担的费用,无论款项是否收付,都应当作为当期的收入和费用,计入利润表;凡是不属于当期的收入和费用,即使款项已在当期收付,也不应当作为当期的收入和费用。

收付实现制是与权责发生制相对应的一种会计基础,它是以收到或支付的现金作为确认收入和费用等的依据。目前,我国的行政事业单位**预算会计**通常采用收付实现制,行政事业单位**财务会计**通常采用权责发生制。

第一章 总论

考点2 会计信息质量要求（★★★）

会计信息质量要求是指企业提供的会计信息应当满足基本的要求，包括可靠性、相关性、可理解性、可比性、实质重于形式、重要性、谨慎性和及时性等（见表1-2）。

表1-2　　　　　　　　　　会计信息质量要求

要求	含义	举例
可靠性	可靠性要求企业应当以<u>实际</u>发生的交易或者事项为依据进行会计确认、计量和报告	发生会计差错，则违背了可靠性
相关性	会计信息应当与投资者等财务报告使用者的经济决策需要相关	
可理解性	会计信息应当清晰明了，便于理解和使用	
可比性	可比性要求企业提供的会计信息应当相互可比。主要包括两层含义： ①同一企业不同时期可比（<u>纵向比较</u>）。 同一企业不同时期发生的相同或相似的交易或事项，应当采用一致的会计政策，不得随意变更。 ②不同企业相同会计期间可比（<u>横向比较</u>）。 不同企业同一会计期间发生的相同或者相似的交易或者事项，应当采用相同或相似的会计政策，确保会计信息口径一致、相互可比	发生会计政策变更，应追溯调整列报前期最早期初的留存收益，体现了可比性要求
实质重于形式	含义：经济实质重于法律形式。 特征：表里不一，以里为准	①金融负债与权益工具的区分（名股实债）。 ②售后回购、售后租回。 ③合并范围的确定
重要性	特征：抓大放小。 ①重要的信息应如实反映。 ②不重要的信息可以简化处理	①商品流通企业发生较小的购货费用，可以计入当期损益。 ②对不重要的前期差错，不用进行追溯调整
谨慎性	谨慎性要求企业对交易或者事项进行会计确认、计量和报告时应当保持应有的谨慎，不应高估资产或者收益、不应低估负债或者费用、不允许企业设置秘密准备	①计提预计负债。 ②计提资产减值准备、存货跌价准备、坏账准备等
及时性	及时性要求企业对于已经发生的交易或者事项，应当及时进行会计确认、计量和报告，不得提前或者延后	对已经满足收入确认条件的交易，推迟到以后年度确认收入，违背了及时性要求

▶ 彬哥解读

常考点：可比性、实质重于形式、重要性、谨慎性。他们的判断关键在于：
(1) 可比性：目的是确保信息口径一致。
(2) 重要性：抓大放小。
(3) 实质重于形式：表里不一，以里为准。
(4) 谨慎性：面对不确定性，报忧不报喜。
(5) 及时性：对相关性和可靠性起到制约作用。

【例题1-2·单选题·2020年】下列各项关于企业应遵循的会计信息质量要求的表述中，正确的是（　　）。
　　A. 企业应当以实际发生的交易或事项为依据进行确认、计量和报告
　　B. 企业对不同会计期间发生的相同交易或事项可以采用不同的会计政策
　　C. 企业在资产负债表日对尚未获得全部信息的交易或事项不应进行会计处理
　　D. 企业对不重要的会计差错无须进行差错更正
【答案】A
【解析】选项A正确，遵循了可靠性要求，可靠性要求企业应以实际发生的交易或事项为依据进行确认、计量。
　　选项B错误，违背了可比性要求，可比性要求企业对不同会计期间发生的相同交易或事项应当采用相同的会计政策。
　　选项C错误，违背了及时性要求，如果企业在资产负债表日对尚未获得全部信息的交易或事项不进行会计处理，虽然考虑了信息的可靠性和完整性，但获得的信息就失去了及时性，不符合及时性原则。
　　选项D错误，违背了可靠性、可比性等要求。企业对不重要的会计差错也需要进行差错更正，只是可以根据重要性原则，无须追溯调整以前年度的账簿和财务报告，直接调整当期的账簿和财务报告。

【例题1-3·多选题·2015年】下列各项交易事项的会计处理中，体现实质重于形式原则的有（　　）。
　　A. 将发行的附有强制付息义务的优先股确认为负债
　　B. 将附有追索权的商业承兑汇票出售确认为质押借款
　　C. 商品已售出，甲公司为确保能收回到期债款而保留商品的法定所有权（该权利通常不阻碍客户取得商品的控制权），在满足收入确认的其他条件时，甲公司确认了收入
　　D. 将企业未持有权益但能够控制的结构化主体纳入合并范围
【答案】ABCD
【解析】实质重于形式，特征是"表里不一"，会计处理要以"里"为准。
　　选项A正确，优先股从法律形式上看属于权益工具，但是具有强制付息义务的优先股从经济实质来看属于债务工具，应确认为负债，这体现实质重于形式原则。
　　选项B正确，商业承兑汇票出售从法律形式上看应终止确认，但附有追索权的商业承兑汇票出售从经济实质上来看确认为质押借款，这体现实质重于形式原则。
　　选项C正确，商品售出从法律形式上看所有权未转移，但从经济实质上看控制权已经转移，符合确认收入的条件，体现实质重于形式原则。
　　选项D正确，未持有权益的主体在法律形式上不应纳入合并范围，但合并从经济实质角度来看应当以控制为基础，具有控制权的结构化主体应当纳入合并范围，体现实质重于形式原则。

考点3　会计要素及其确认与计量（★★）

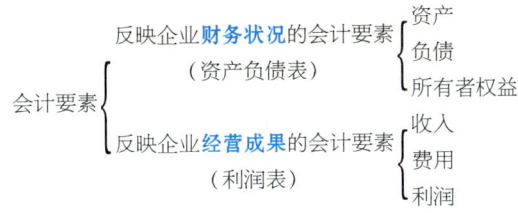

表 1-3

会计要素	定义	确认条件
资产	①资产预期会给企业带来经济**利益**。 之前已经确认为资产的项目，若不能再为企业带来经济利益，也不应确认为企业的资产（如盘亏的资产）。 ②资产应为企业拥有或者控制的资源。 ③资产是由企业**过去**的交易或者事项形成的。 企业预期在未来发生的交易或者事项不形成资产（如计划未来购入的设备）	①与该资源有关的经济利益**很可能**流入企业；（>50%且≤95%） ②该资源的成本或者价值能够可靠地计量
负债	①负债是企业承担的**现时义务**。 ②负债的清偿预期会导致经济利益**流出**企业。 ③负债是由企业**过去**的交易或者事项形成的	①与该资源有关的经济利益**很可能**流出企业；（>50%且≤95%） ②该资源的成本或者价值能够可靠地计量
所有者权益	①企业资产扣除负债后，由所有者享有的**剩余权益**。所有者权益又称为股东权益。（题目中出现的"净资产"指的也是所有者权益） ②来源：所有者投入的资本、直接计入所有者权益的利得和损失（其他综合收益）、留存收益等。 ③构成：实收资本（或股本）、资本公积（含资本溢价或股本溢价、其他资本公积）、其他综合收益、盈余公积和未分配利润等	由于所有者权益体现的是所有者在企业中的剩余权益，因此，所有者权益的确认主要依赖于其他会计要素，尤其是资产和负债的确认；所有者权益金额的确定也主要取决于资产和负债的计量
收入	企业在**日常活动**中形成的（营业外收入不算）、会导致所有者权益增加的（企业取得借款不算）、与所有者投入资本无关的经济利益的总流入（股东投入的资本不算）	企业应当在履行了合同中的履约义务，即在客户取得相关商品控制权时确认收入
费用	费用是指企业在**日常活动**中发生的（营业外支出不算）、会导致所有者权益减少的（偿还借款不算）、与向所有者分配利润无关的经济利益的总流出（向股东分红不算）	①与费用相关的经济利益应当**很可能**流出企业； ②经济利益流出企业的结果会导致资产的减少或者负债的增加； ③经济利益的流出额能够可靠计量
利润	利润是指企业在一定会计期间的经营成果。 构成：利润包括收入减去费用后的净额、直接计入当期利润的利得和损失等	利润反映的是收入减去费用、利得减去损失后的净额，因此，利润的确认主要依赖于收入和费用以及利得和损失的确认，其金额的确定也主要取决于收入、费用、利得、损失金额的计量

> **彬哥解读**
>
> （1）收入 vs 利得。
>
> 收入：日常活动，经济利益总流入，影响损益（计入利润表）。
>
> 利得：非日常活动，经济利益净流入，一般影响损益，特殊计入其他综合收益（计入资产负债表）。
>
> （2）费用 vs 损失。
>
> 费用：日常活动，经济利益总流出，影响损益。
>
> 损失：非日常活动，经济利益净流出，一般影响损益，特殊计入其他综合收益。

【例题1-4·多选题·2014年】下列交易事项中，能够引起资产和所有者权益同时发生增减变动的有（　　）。

A．分配股票股利

B．接受现金捐赠

C．财产清查中固定资产盘盈

D．以银行存款支付原材料采购价款

【答案】BC

【解析】选项A错误，分配股票股利，属于所有者权益内部变动，会增加股本、减少未分配利润，不影响所有者权益总额。

选项B正确，接受现金捐赠，会增加库存现金和营业外收入，而营业外收入等损益科目在期末会结转到未分配利润，因此该事项会导致资产和所有者权益同时增加。

选项C正确，固定资产盘盈按照会计差错处理，会增加固定资产和留存收益，导致资产和所有者权益同时增加。

选项D错误，支付原材料采购价款，会增加原材料、减少银行存款，属于资产内部增减变动，不影响资产和所有者权益总额。

考点4　计量属性（★★）

表1-4　　　　　　　　　　　　　　计量属性

计量属性	含义	适用范围	本质
历史成本	资产按照购置时支付的现金或者现金等价物的金额，或者按照购置资产时所付出的对价的公允价值计量	企业对会计要素计量时，一般采用历史成本，例如固定资产、存货等	反映"过去"的价值
重置成本	重置成本，又称现行成本，是指在当前市场条件下，重新取得同样一项资产所需支付的现金或现金等价物金额	盘盈存货、固定资产，一般采用重置成本	反映"当下"的价值
可变现净值	可变现净值是指在正常生产经营过程中，以预计售价减去进一步加工成本和销售所必须的预计税金、费用后的净值	存货期末按成本与可变现净值孰低计量	

续表

计量属性	含义	适用范围	本质
现值	现值是指对未来现金流量以恰当的折现率进行折现后的价值	具有融资性质的分期付款购入资产，用现值计量	反映"当下"的价值
公允价值	公允价值是指市场参与者在计量日发生的有序交易中，出售一项资产所能收到或者转移一项负债所支付的价格（脱手价格）	投资性房地产、金融资产可以采用公允价值计量	

**恭喜你，
已完成第一章的学习**

扫码免费进 >>>
2022年CPA带学群

唯一可以坚信的是，我们越是坚持在正确的道路上学习、感悟、行动下去，我们的收获肯定会越来越多。要牢记：千万不要小瞧那些无论历经逆境还是顺境都坚持不懈的人。

CHAPTER TWO

第二章 存货

考情雷达

本章属于基础章节,主要考点有:存货的初始计量、发出存货的计量、期末计量、存货的清查盘点。一般考查 1 道选择题,主要考查存货的初始成本和期末减值,但也可以与收入、所得税、债务重组、非货币性资产交换及合并财务报表等内容结合考查,分值在 3 分左右。

2022 年本章内容**无变化**。

考点地图

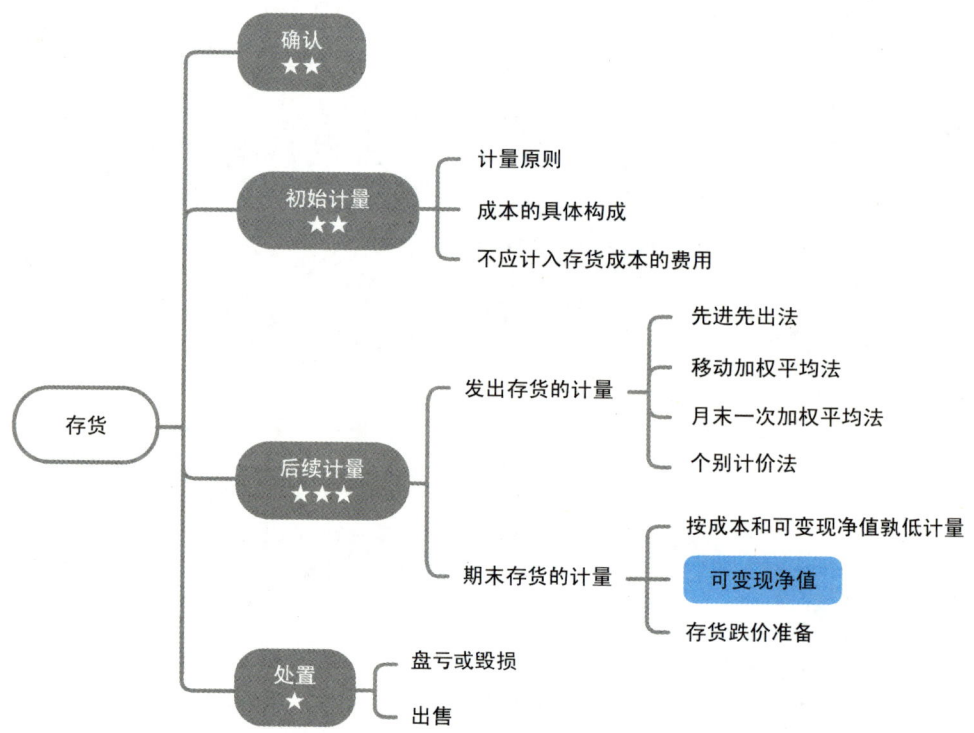

考点 1　存货的确认和初始计量（★★）

（一）存货的确认

存货,是指企业在日常活动中**持有以备出售**的产成品或商品、处在生产过程中的在产品、在生产过程或提供劳务过程中耗用的材料、物料等。

第二章 存货

表 2-1 存货的确认（高频考点）

属于企业存货	①企业接受外来原材料加工制造的**代制品**和为外单位加工修理的**代修品**，制造和修理**完成验收入库后**，应视同企业的产成品（即企业为加工或修理产品发生的**材料**、**人工费**等作为其存货核算）。 ②**房地产开发企业购入的用于建造商品房的土地使用权**属于企业的存货（类似加工制造企业的原材料）。 ③已经取得商品所有权，但尚未验收入库的**在途物资**。 ④已经发出但存货的控制权并未转移给购买方的**发出商品**。 ⑤**周转材料（例如包装物、低值易耗品等）**一般属于存货。但是，**周转材料**符合固定资产定义的，应当作为固定资产处理
不属于企业存货	**工程物资**（为建造固定资产等各项工程而储备的各种材料）虽然同属于材料，但是由于用于建造固定资产等各项工程不符合存货的定义，因此不能作为企业的存货进行核算

> 🖥️ **彬哥解读**
>
> 确认存货的注意事项：
> （1）要界定会计主体，明确是"谁"的存货。
> （2）要抓住 2 个关键点：
> ①控制权/所有权：属于该企业，即风险与报酬未转移出去。
> ②持有目的：准备出售。

【例题 2-1·多选题·真题改编】在年末甲公司的资产负债表作为存货项目列示的有（ ）。
A. 尚未领用的原材料
B. 尚未制造完成的在产品
C. 尚未领用的来料加工原材料
D. 已发出但尚未销售的委托代销产品
【答案】ABD
【解析】选项 C，来料加工原材料，控制权属于委托方，甲公司作为受托加工方，不应作为自己的存货核算。

（二）存货的初始计量

存货应当按照**成本**进行初始计量。存货成本包括采购成本、加工成本和使存货达到目前场所和状态所发生的其他成本。

1. 存货成本的计量原则

表 2-2

要点	备注
存货入账成本包括为**达到预定可销售状态**（通常以"入库"为时间节点）所发生的、**合理或必要的**、**价税费/料工费**	
①为达到预定可销售状态	若无特别说明，则以"**入库**"作为时间节点
②合理或必要的（正常的）	包括合理损耗、季节性停工损失，不包括自然灾害造成的损失
③价、税、费/料、工、费	"税"指的是**价内税**，可抵扣的增值税进项税额不计入存货成本

2. 存货成本的具体构成

表 2–3

采购成本	外购存货的成本即**存货的采购成本**，指企业物资从采购到**入库前**发生的全部支出，包括购买价款、相关税费（可抵扣进项税除外）、运输费、装卸费、保险费以及其他可归属于存货采购成本的费用
加工成本	存货**加工成本**由**直接人工**和**制造费用**构成，其实质是企业在进一步加工存货的过程中追加发生的生产成本，因此不包括直接由材料存货转移来的价值。其中直接人工指企业在生产产品过程中，直接从事产品生产的工人的职工薪酬。制造费用是指企业为生产产品和提供劳务而发生的各项**间接费用**。制造费用是一项间接生产成本，包括企业生产部门（如生产车间）管理人员的职工薪酬、折旧费、季节性和修理期间的停工损失等
其他成本	①企业取得存货的其他方式主要包括接受投资者投资、非货币性资产交换、债务重组、企业合并等。 ②投资者投入存货的成本**应当按照投资合同或协议约定的价值**确定，但合同或协议约定价值**不公允的除外**。在投资合同或协议约定价值**不公允**的情况下，**按照该项存货的公允价值**作为其入账价值。 ③通过非货币性资产交换、债务重组、企业合并等方式取得的存货的成本执行相关准则，但其后续计量和披露应当执行《存货准则》

3. 不应计入存货成本的费用（出题人常挖陷阱）

下列费用应当在发生时确认为当期损益，不计入存货成本：

（1）**非正常消耗**的直接材料、直接人工和制造费用（比如采购途中意外毁损、生产过程中的超定额损失等）；

（2）**仓储费用**（**除外：**在生产过程中为达到下一个生产阶段**所必需**的费用）；

（3）不能归属于使存货达到目前场所和状态的其他支出；

（4）企业采购**用于广告营销活动**的特定商品，向客户预付货款未取得商品时，应作为预付账款进行会计处理，待取得相关商品时计入当期损益（销售费用）。企业取得**广告营销性质的服务**比照该原则进行处理。

付款而未取得商品时：

借：预付账款

　　贷：银行存款

取得商品时：

借：销售费用

　　贷：预付账款

【例题2–2·单选题·真题改编】乙企业为增值税一般纳税人。本月购进原材料200吨，增值税专用发票注明的货款为6 000万元，增值税税额为960万元；发生的运输费用为350万元（不含税），运输费发票上注明的增值税税额为35万元，入库前的挑选整理费用为130万元。验收入库时发现数量短缺10%，经查属于运输途中合理损耗。乙企业该批原材料实际单位成本为每吨（　　）万元。

A. 32.4　　　　B. 41.53　　　　C. 37.38　　　　D. 36

【答案】D

【解析】购入原材料的实际总成本=6 000+350+130=6 480（万元），实际入库数量=200×（1－10%）=180（吨），所以乙企业该批原材料实际单位成本=入库总成本÷入库数量=6 480÷180=36（万元/吨）。

> **彬哥解读**
>
> 单位成本＝存货总成本/实际入库数量

	合理损耗	非合理损耗
存货总成本	计入，不剔除	不计入，要剔除
实际入库数量	不计入，均剔除	

【例题2－3·单选题·真题改编】甲公司为制造企业，其在日常经营活动中发生的下列费用或损失，应当计入存货成本的是（　　）。
A. 仓库保管人员的工资
B. 季节性停工期间发生的制造费用
C. 未使用管理用固定资产计提的折旧
D. 采购运输过程中因自然灾害发生的损失

【答案】B

【解析】仓库保管人员的工资计入管理费用，不影响存货成本；制造费用是一项间接生产成本，影响存货成本，选项B为正确选项；未使用管理用固定资产计提的折旧计入管理费用，不影响存货成本；采购运输过程中因自然灾害发生的损失计入营业外支出，不影响存货成本。

【例题2－4·单选题·2016年】2015年12月31日，甲公司向乙公司订购的印有甲公司标志、为促销宣传准备的卡通毛绒玩具到货并收到相关购货发票，50万元货款已经支付。该卡通毛绒玩具将按计划于2016年1月向客户及潜在客户派发，不考虑相关税费及其他因素。下列关于甲公司2015年对订购卡通毛绒玩具所发生支出的会计处理中，正确的是（　　）。
A. 确认为库存商品　　　　　　B. 确认为当期管理费用
C. 确认为当期销售成本　　　　D. 确认为当期销售费用

【答案】D

【解析】企业采购用于广告营销活动的特定商品，向客户预付货款未取得商品时，应作为预付账款进行会计处理，待取得相关商品时计入当期损益（销售费用）。

表 2-4

相关支出计入成本	相关支出不计入成本
不含税购买价款	增值税进项税额（准予抵扣）
增值税进项税额（不可抵扣）	用于连续生产应税消费品（准予抵扣）
其他相关税费（关税、运输费等）	非合理损耗
合理损耗	用于广告营销的特定商品
正常消耗的加工成本（料工费）	非正常消耗的加工成本（料工费）
季节性和修理期间的停工损失	超定额废品损失
定额内废品损失	正常的产品设计费用
为特定客户设计产品发生的直接可确定费用	入库后发生的仓储费用
为达到下一阶段所必需的仓储费用	自然灾害造成的存货净损失

考点 2　发出存货计量（★）

企业可采用**先进先出法、移动加权平均法、月末一次加权平均法**和**个别计价法**确定发出存货的实际成本（见表 2-5）。

表 2-5

方法	含义	要点
先进先出法	先进先出法是指以先购入的存货应先发出（销售或耗用）这样一种存货实物流转假设为前提，对发出存货进行计价的一种方法	**不计算平均价**，关键在于**认定发出/结存存货所属的批次**来确定价格
移动加权平均法	移动加权平均法是指以每次进货的成本加上原有库存存货的成本，除以每次进货数量与原有库存存货的数量之和，据以计算加权平均单位成本，作为在下次进货前计算各次发出存货成本的依据。 计算公式： 存货单位成本 = $\dfrac{\text{原有库存存货的实际成本} + \text{本次进货的实际成本}}{\text{原有库存存货数量} + \text{本次进货数量}}$ 发出存货成本 = 发出数量 × 本次发货前存货的单位成本 月末存货成本 = 月末存货数量 × 本月月末存货单位成本	**每次进货**重新算一次平均价，计算起点为**上次进货平均价格**
月末一次加权平均法	月末一次加权平均法是指以当月全部进货数量加上月初存货数量作为权数，去除当月全部进货成本加上月初存货成本，计算出存货的加权平均单位成本，以此为基础计算当月发出存货的成本和期末存货的成本。 计算公式： 存货单位成本 = $\dfrac{\text{月初库存存货的实际成本} + \text{本月购入存货的实际成本}}{\text{月初库存存货的数量} + \text{本月购入存货的数量}}$ 发出存货成本 = 发出数量 × 存货单位成本 月末存货成本 = 月末存货数量 × 存货单位成本	**每个月**重新算一次平均价，计算起点为**月初平均价格**

第二章 存货

续表

方法	含义	要点
个别计价法	个别计价法是假设存货具体项目的实物流转与成本流转相一致,逐一辨认各批发出存货和期末存货所属的购进批别或生产批别,分别按其购入或生产时所确定的单位成本计算各批发出存货和期末存货成本。在这种方法下,是把每一批存货的实际成本作为计算发出存货成本和期末存货成本的基础	对于**不能替代使用**的存货、为**特定项目专门购入或制造**的存货以及提供的劳务,通常采用**个别计价法**确定发出存货的成本

【例题2-5·单选题·真题改编】甲公司2018年12月份A商品有关收、发、存情况如下:

(1) 12月1日结存200件,单位成本为3万元。
(2) 12月6日购入300件,单位成本为3.2万元。
(3) 12月16日发出340件。
(4) 12月20日购入200件,单位成本为2.7万元。
(5) 12月27日发出180件。
(6) 12月31日购入400件,单位成本为3.1万元。则采用先进先出法、移动加权平均法、月末一次加权平均法计算A商品2018年12月月末结存存货的成本分别为( )万元。

A. 1 726、1 760、1 761
B. 1 725、1 765、1 754
C. 1 690、1 672、1 689
D. 1 726、1 759、1 761

【答案】A

【解析】

(1) 先进先出法:月末剩余存货数量为200+300-340+200-180+400=580(件),由于采用先进先出法,因此,580件中400件的单位成本为3.1万元,180件的成本本2.7万元,月末结存存货成本=400×3.1+180×2.7=1 726(万元)。

(2) 移动加权平均法:12月6日购货的移动加权平均单位成本=(200×3+300×3.2)÷(200+300)=3.12(万元);12月16日发出存货的成本=340×3.12=1 060.80(万元);12月20日购货的移动加权平均单位成本=(200×2.7+160×3.12)÷(200+160)=2.8867(万元);12月27日发出存货的成本=180×2.8867=519.6(万元);本月发出存货成本=1 060.8+519.6=1 580.4(万元);本月月末结存存货成本=(600+960+540+1 240)-1 580.4=1 759.6(万元)。

(3) 月末一次加权平均法:加权平均单位成本=(600+960+540+1 240)÷(200+300+200+400)=3.036(万元);本月月末结存存货成本=580×3.036=1 761.09(万元)。

考点3 期末存货的计量(★★★)

(一) 存货期末计量及存货跌价准备计量原则

资产负债表日,存货应当按照**成本**与**可变现净值孰低**计量。存货成本**高于**其可变现净值的，应当计提存货跌价准备，计入**当期损益（资产减值损失）**。

存货账面价值＝账面余额（也叫账面成本）－存货跌价准备

表 2-6   可变现净值的确定

步骤	要点
两个公式	①直接出售：**可变现净值＝估计售价－估计销售税费**； ②用于生产产品的原材料：可变现净值＝**产成品**估计售价－**产成品**估计销售税费－**至完工估计将要发生成本**
三种特殊情形	①材料用于生产产品：先确认产成品存在减值，才能计算材料的减值准备（做题可以简化计算）； ②合同签订：合同销售量**以内**的估计售价等于**合同价**，**超量**部分估计售价等于**市场价格**； ③资产负债表日后事项：所有估计均应为**资产负债表日的已知事项**（最佳估计）

> **彬哥解读**
>
> 在做题时，一定要注意两个关键点：
> 一是材料用途，出售——材料售价；生产产品——产成品售价；
> 二是有无签订合同，有合同部分——合同价；无合同部分——市场价。

【例题 2-6·单选题·真题改编】2011 年 10 月 20 日，甲公司与乙公司签订不可撤销的销售合同，拟于 2012 年 4 月 10 日以 40 万元的价格向乙公司销售 W 产品一件。该产品主要由甲公司库存自制半成品 S 加工而成，每件半成品 S 可加工成 W 产品一件。2011 年 12 月 31 日，甲公司库存 1 件自制半成品 S，成本为 37 万元，预计加工成 W 产品尚需发生加工费用 10 万元。当日，自制半成品 S 的市场销售价格为每件 33 万元，W 产品的市场销售价格为每件 36 万元。不考虑其他因素，2011 年 12 月 31 日甲公司应就库存自制半成品 S 计提的存货跌价准备为（　　）万元。

A. 1   B. 4   C. 7   D. 11

【答案】C

【解析】本题考点有两个：一是合同数量内按合同价；二是材料是为生产产品而持有的。因为甲公司与乙公司签订不可撤销合同，而 W 产品是由 S 半成品制作的，则 S 半成品的可变现净值要根据最终产品的市场价格确认，W 产品的市场售价就是合同价 40 万元。自制半成品 S 可变现净值＝W 产品市场售价－S 半成品加工成 W 产品尚需要的成本－销售 W 产品的销售费用＝40－10＝30（万元）。S 半成品成本为 37 万元，因此应该计提存货跌价准备＝37－30＝7（万元）。

【例题 2-7·单选题·真题改编】2016 年 12 月 31 日，甲公司持有乙原材料 200 吨，单位成本为 20 万元/吨。每吨乙原材料可加工生产丙产成品一件，该丙产成品售价为 21.2 万元/件，将乙原材料加工至丙产成品过程中发生加工费等相关费用共计 2.6 万元/件；当日，乙原材料的市场价格为 19.3 万元/吨。甲公司 2016 年财务报表批准报出前几日，乙原材料及丙产成品的市场价格开始上涨，其中乙原材料价格为 19.6 万元/吨，丙产成品的价格为 21.7 万元/件，甲公司在 2016 年以前未计提存货跌价准备。不考虑其他因素，甲公司 2016 年 12 月 31 日就持有的乙原材料应当计提的存货跌价准备是（　　）万元。

A. 80　　　　　　B. 280　　　　　　C. 140　　　　　　D. 180

【答案】B

【解析】乙原材料是用于加工生产丙产品的，则乙原材料的可变现净值要根据最终产品的市场价格确认。最终产品价格题目中告知了两个，一个是 12 月 31 日的价格为 21.2 万元/件，一个是财务报表批准报出前几日的价格 21.7 万元/件，这里我们用 12 月 31 日的价格：21.2 万元/件，因为题目问的是 12 月 31 日应当计提的存货跌价准备，且财务报表批准报出前价格上涨，是市场因素导致，则表明在 12 月 31 日，丙产品的市场价格为 21.2 万元/件。

故乙材料的 2016 年可变现净值 = 丙产品的市场价格（12 月 31 日）- 乙材料加工成丙产品过程中发生的加工费等相关费用 = 21.2 - 2.6 = 18.6（万元/件）。

乙材料应计提的存货跌价准备 = （乙材料的单位成本 - 乙材料的可变现净值）× 吨数 = (20 - 18.6) × 200 = 280（万元）。

（二）存货跌价准备的计提、转回与结转

表 2-7

事项	会计处理办法	会计分录
存货跌价准备的计提	企业应在每一资产负债表日，比较存货成本与可变现净值，计算出应计提的存货跌价准备，再与已计提数进行比较，若应计提数大于已计提数，应予补提。企业计提的存货跌价准备，应计入当期损益（资产减值损失）	借：资产减值损失 贷：存货跌价准备
存货跌价准备的转回	当以前减记存货价值的影响因素已经消失，减记的金额应当予以恢复，并在<u>原已计提的存货跌价准备金额内</u>转回，转回的金额计入当期损益（资产减值损失）	借：存货跌价准备 贷：资产减值损失
存货跌价准备的结转	企业计提了存货跌价准备，如果其中有部分存货已经销售，则企业在结转销售成本时，应同时结转已对其计提的存货跌价准备	借：主营业务成本 　　存货跌价准备 贷：库存商品

> 📺 **彬哥解读**
>
> （1）存货跌价准备是余额的概念，不等于（本期）计提的减值准备。
>
> （2）存货跌价准备可以转回，但以原已计提的存货跌价准备金额为限。
>
> （3）要注意区分存货跌价准备的转回与结转。转回是由期末存货可变现净值上升引起，与计提存货跌价准备的分录刚好相反。结转是由销售存货结转账面价值引起。

考点4 存货清查盘点（★）

存货清查，是指通过对存货的实地盘点，确定存货的实有数量，并与账面结存数量核对，从而确定存货实存数与账面结存数是否相符的一种专门方法。

表2-8   存货盘盈与盘亏的处理

事项	会计处理
盘盈	盘盈的存货应按其**重置成本**作为入账价值，并通过"待处理财产损溢"科目进行会计处理，按管理权限报经批准后，**冲减管理费用**。 管理费用　　　　待处理财产损溢　　　　　原材料等 　　　　　　　——待处理流动资产损溢 　　　　　　②批准处理后　　　　　①批准处理前
盘亏或毁损	存货发生的盘亏或毁损，应作为"待处理财产损溢"进行核算。 按管理权限报经批准后，根据造成存货盘亏或毁损的原因，分别对下列情况进行处理： ①属于**收发计量差错和管理不善**等原因造成的存货短缺，应先扣除残料价值、可以收回的保险赔偿和过失人赔偿，将**净损失**计入**管理费用**。（同时转出已经抵扣的进项税额） ②属于**自然灾害等非常原因**造成的存货毁损，应先扣除处置收入（如残料价值）、可以收回的保险赔偿和过失人赔偿，将**净损失**计入**营业外支出**。

> **关联贴纸**
>
> 非正常消耗分为两类：
>
> （1）管理不善造成存货盘亏或毁损，应先扣除残料价值、可以收回的保险赔偿和过失人赔偿后，将净损失计入管理费用。按照税法规定，相关增值税进项税额不能抵扣，应当予以转出，一并计入管理费用。
>
> （2）自然灾害等非正常原因造成的停工损失或存货净损失计入营业外支出，按照税法规定，相关增值税进项税额可以抵扣，无须转出。

【例题2-8·单选题·真题改编】甲公司库存产成品的月初数量为1 000台，月初账面余额为16 000万元，在产品的月初数量为400台，月初账面余额为1 200万元，当月为生产产品耗用原材料、发生直接人工和制造费用合计29 900万元，其中因自然灾害而发生的停工损失600万元。当月，甲公司完成生产并入库机床2 000台，销售机床2 400台。当月末甲公司库存A产成品数量为600台，无在产品。甲公司采用月末一次加权平均法按月计算发出产成品的成本。甲公司机床产成品当月月末账面余额为（　　）万元。

A. 9 180　　　　B. 9 420　　　　C. 9 300　　　　D. 15 500

【答案】C

【解析】选项C正确,因自然灾害而发生的停工损失600万元,属于非正常损失,应当作为营业外支出处理。月末一次加权平均法计算的机床的单位成本=(16 000+1 200+29 900−600)÷(1 000+2 000)=15.5(万元/台),当月月末机床产成品的账面余额=15.5×(1 000+2 000−2 400)=9 300(万元)。

本题中,月初在产品会在本月通过加工变成产成品,因此,在产品月初的账面余额1 200万元也构成本月产成品成本的一部分。

恭喜你,已完成第二章的学习

扫码免费进 >>>
2022年CPA带学群

知道自己要干什么,夜深人静,问问自己,将来的打算,并朝着那个方向去实现。
而不是无所事事和做一些无谓的事。

CHAPTER THREE

第三章 固定资产

考情雷达

本章属于比较重要章节,包括固定资产的确认与初始计量、折旧、后续支出、处置等会计处理。本章一般考查客观题,但也结合资产减值、债务重组、非货币性资产交换、借款费用、持有待售、合并报表等章节在主观题考查,每年分值在 3 分左右。

2022 年本章内容**无实质性变化**。

考点地图

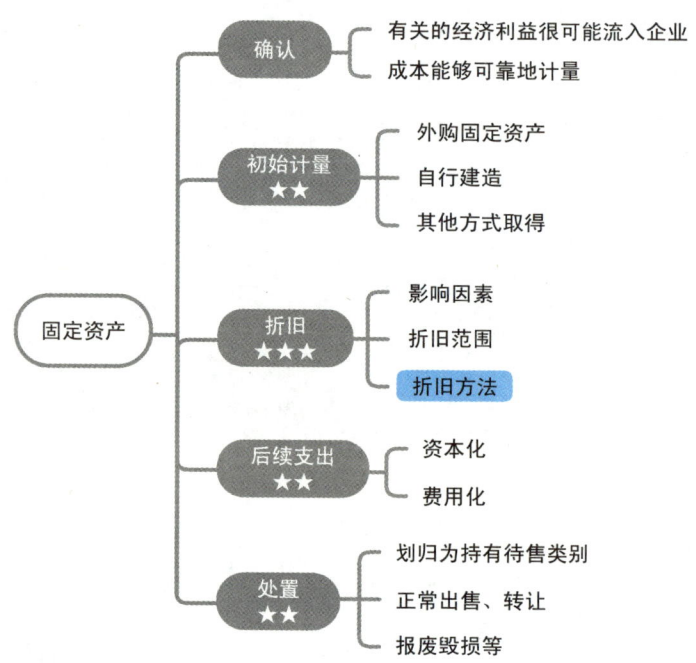

考点 1 固定资产的确认与初始计量(★★)

(一)固定资产的定义、确认条件、初始计量原则

表 3-1

项目	含义	特别说明
定义	固定资产,是指同时具有下列特征的有形资产: ①为生产商品、提供劳务、出租或经营管理而持有的(不是为了出售)。 ②使用寿命超过一个会计年度(非流动资产)	出租的固定资产,是指企业以经营租赁方式出租的机器设备类固定资产,不包括以经营租赁方式出租的建筑物,后者属于投资性房地产,不属于固定资产
确认条件	固定资产在符合定义的前提下,应当同时满足以下两个条件,才能加以确认: ①与该固定资产有关的经济利益很可能流入企业。 ②该固定资产的成本能够可靠地计量	同第一章总论中资产的确认条件

续表

项目	含义	特别说明
初始计量原则	①固定资产应当按照**成本**进行初始计量。 ②固定资产的成本,是指企业购建某项固定资产达到**预定可使用状态前**所发生的一切**合理**、**必要**的支出	固定资产的初始计量是指确定固定资产的**取得成本**

(二) 外购固定资产的成本

企业外购固定资产的成本,包括购买价款、相关税费、使固定资产达到**预定可使用状态前**所发生的可归属于该项资产的运输费、装卸费、安装费和**专业人员服务费**等。

> **彬哥解读**
>
> (1) 相关税费包括关税、契税、车辆购置税等,但不包括可以抵扣的增值税进项税额。
>
> (2) 员工培训费不计入固定资产的成本,应当直接计入当期损益(对比专业人员服务费)。
>
> (3) 外购固定资产分为购入不需要安装的固定资产和购入需要安装的固定资产两类。**需要安装的固定资产**需要将所有成本归集到"**在建工程**"科目,安装完毕交付使用时再结转至"固定资产"。

表3-2　　　　　　　　　　　　　　外购固定资产3个特殊情形

情形	成本确定原则	会计分录
(1) 以一笔款项购入多项**没有单独标价**的固定资产	应当按照各项固定资产的**公允价值比例**对总成本进行分配,分别确定各项固定资产的成本	略
(2) 外购**需要安装**的固定资产	通过"在建工程"核算,在外购价税费基础上,加上安装成本	①购入时: 借:在建工程 　　应交税费——应交增值税(进项税额) 　贷:银行存款等 ②安装时领用原材料、支付安装工人工资等: 借:在建工程 　贷:原材料、应付职工薪酬等 ③安装完毕交付使用时: 借:固定资产 　贷:在建工程
(3) 购买固定资产的价款超过正常信用条件延期支付,实质上**具有融资性质**的(分期付款购买固定资产)	固定资产的成本以**购买价款的现值**为基础确定。 链接至【关联贴纸】实际利率法应用于金融负债	①购入时: 借:固定资产(购买价款的现值) 　　未确认融资费用(差额) 　贷:长期应付款(应付金额) ②每个资产负债表日按实际利率摊销未确认融资费用和支付价款: 借:财务费用/在建工程(满足资本化条件) 　贷:未确认融资费用 借:长期应付款 　贷:银行存款

关联贴纸

实际利率法应用于金融负债。

1. 货币时间价值

货币具有时间价值,因此现金流有现值、终值的区别,终值和现值的差就是利息(由于会生息,同样一笔钱当前价值的金额和未来价值的金额是不一样的)。

(1)"单笔现金流模型":复利终值(或现值)。

复利终值即是期初放一笔钱,放到到期价值多少,而复利现值则恰好相反,是到期日需要拿到一笔固定的金额,现在应该存多少钱。

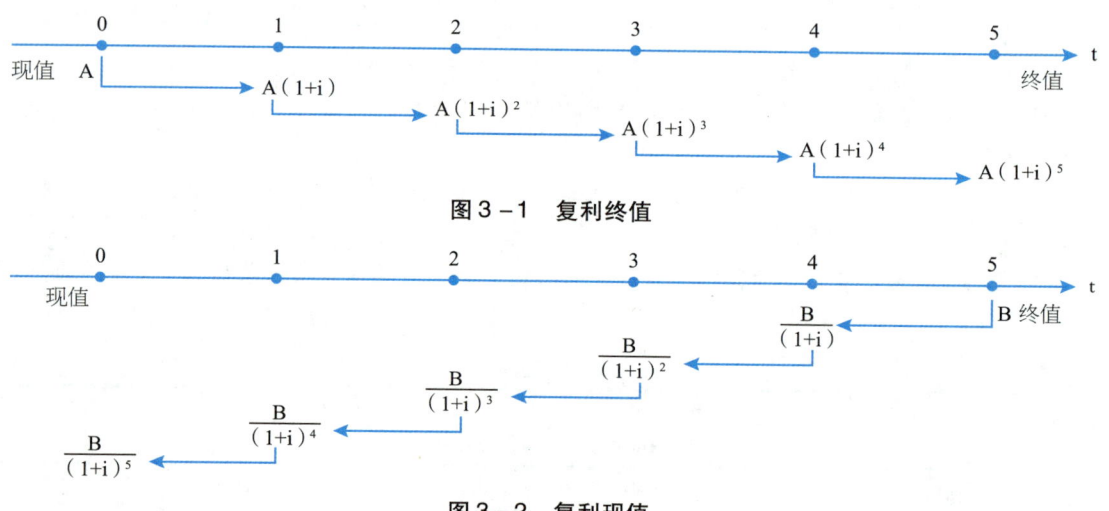

图 3-1 复利终值

图 3-2 复利现值

(2)"多笔现金流模型":年金终值(或现值)。

年金是指每年支付一笔固定的金额。年金终值是指每年支付一笔固定的金额,到期总共价值多少;而年金现值是指每年支付一笔固定的金额,当前价值多少。

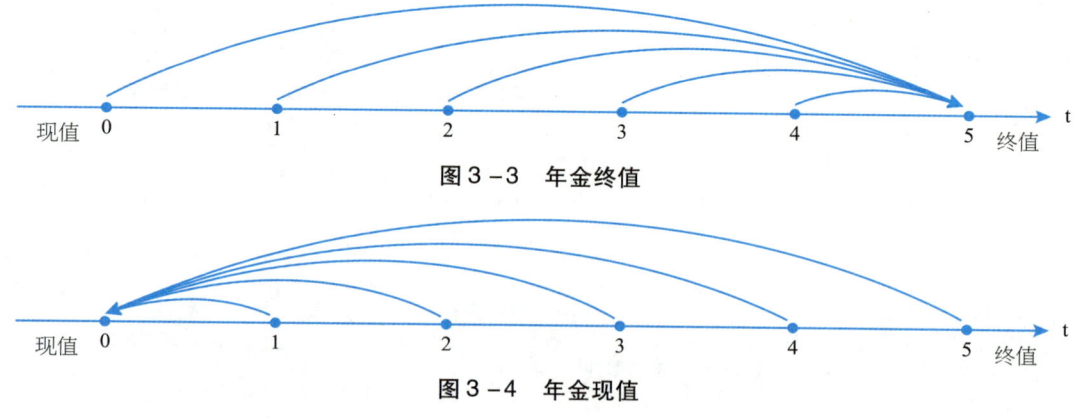

图 3-3 年金终值

图 3-4 年金现值

熟练辨认模型后,关键要会选择题目给出的相关系数见表 3-3。

表3-3

复利现值系数	(P/F, i, n)，其中P代表现值，F代表终值，i代表利率，n代表期数，这些值会直接在题目中告诉，无须计算
复利终值系数	(F/P, i, n)
年金现值系数	(P/A, i, n)，这里A代表年金
年金终值系数	(F/A, i, n)

2. 实际利率法

实际利率法是以**期初未还本金（以下简称"期初本金"）**为计息基础，以**实际利率**为利率，以**约定的计息频率**作为复利频率，计算利息的方法。

（1）实际利率法计算利息要点。

表3-4

实际利率法要素	要点	备注
期初本金	未来需偿还现金流现值即本期期初未偿还本金	即负债的初始入账金额/期初**摊余成本**
实际利率	折现率	**通常题目给定或试算法可求出**
复利频率	复利频率决定做题模式中的计算分期	通常按年付息，也可能按半年、季度
摊余成本	区分摊余成本、账面余额、账面价值、列报金额： ①账面余额＝该科目的期末余额（未扣除备抵科目余额） ②摊余成本＝账面价值＝账面余额－减值准备余额（扣除备抵科目余额） ③列报金额＝账面价值－下期偿还本金＝下期期末摊余成本	区分资产与负债： ①负债不涉及减值，因此账面余额＝摊余成本。 ②长期负债在列报时要根据流动性拆分为2部分，1年内要还的本金划分为流动负债（"一年内到期的非流动负债"）列报，1年之后要还的本金继续作为非流动负债列报

（2）做题模式。

表3-5

时间点	1	2	……直至到期	核心要点	会计处理
期初本金				每期收到现金流 { 利息 / 本金 }	需掌握，详见例题
实际利息					
支付现金流					
实际偿还本金					
期末本金					

> **彬哥解读**
>
> 期末本金＝期初本金－实际偿还本金
>
> 因为，实际偿还本金＝支付现金流－实际利息（即本期支付现金，先还利息，再还本金）。
>
> 期末本金＝期初本金－（支付现金流－实际利息）＝期初本金＋实际利息－支付现金流
>
> 即：
>
> 期末摊余成本＝期初摊余成本＋实际利息－支付现金流

【例题3-1·多选题·真题改编】 甲公司2017年1月1日从乙公司购入一台机器设备作为固定资产使用，该机器已收到，不需安装。购货合同约定，机器设备的总价款为3 000万元，分3年支付，2017年12月31日支付1 500万元，2018年12月31日支付900万元，2019年12月31日支付600万元。假定甲公司3年期银行借款年利率为6%。已知：(P/F，6%，1)＝0.9434；(P/F，6%，2)＝0.8900，(P/F，6%，3)＝0.8396。下列会计处理中正确的有（ ）。

A．2017年1月1日固定资产入账金额为2 719.86万元
B．2017年1月1日未确认融资费用余额为280.14万元
C．2017年度未确认融资费用摊销额为163.19万元
D．2017年12月31日"长期应付款"摊余成本为1 383.05万元

【答案】 ABCD

【解析】 选项A，固定资产入账金额＝1 500×0.9434＋900×0.8900＋600×0.8396＝2 719.86（万元）；选项B，未确认融资费用余额＝3 000－2 719.86＝280.14（万元）；选项C，2017年度未确认融资费用摊销额＝2 719.86×6%＝163.19（万元）；选项D，2017年12月31日"长期应付款"的摊余成本＝2 719.86×（1＋6%）－1 500＝1 383.05（万元）。

做题模式解析：

项目	2017年	2018年	2019年	会计处理
期初本金	2 719.86	1 383.05	566.03	初始确认： 借：固定资产 　　未确认融资费用 　贷：长期应付款 后续计量： 借：财务费用（或资本化） 　贷：未确认融资费用 借：长期应付款 　贷：银行存款
实际利息	163.19	82.98	33.97	
支付现金流	1 500	900	600	
实际偿还本金	1 336.81	817.02	566.03	
期末本金	1 383.05	566.03	0	

勾稽检查：

$$\sum 实际偿还本金 = 2\,719.86 = 初始未偿本金余额$$

$$\sum 实际利息（财务费用）= 280.14 = 初始未确认融资费用$$

$$\sum 支付现金流 = 初始的未偿本金余额 + 初始的未确认融资费用 = 初始的长期应付款$$

一句话解释上述勾稽关系检查：还完的所有现金流 = 还完的本金 + 还完的利息

第一年	2017年1月1日： 借：固定资产　　　　　　　　　　　　　（现值）2 719.86 　　未确认融资费用　　　　　　　　　　（未付利息）280.14 　　贷：长期应付款　　　　　　　　　　（未付本息和）3 000 2017年12月31日： 借：财务费用　　　　　　　　　　　　　　　　163.19 　　贷：未确认融资费用　　　　　　　　　　　　163.19 借：长期应付款　　　　　　　　　　　　　　　1 500 　　贷：银行存款　　　　　　　　　　　　　　　1 500		
	2017年12月31日长期应付款摊余成本 = 2 719.86 + 163.19 − 1 500 = 1 383.05（万元）		
第二年	2018年12月31日： 借：财务费用　　　　　　　　　　　　　　　　82.98 　　贷：未确认融资费用　　　　　　　　　　　　82.98 借：长期应付款　　　　　　　　　　　　　　　900 　　贷：银行存款　　　　　　　　　　　　　　　900		
	2018年12月31日长期应付款摊余成本 = 1 383.05 + 82.98 − 900 = 1 383.05（万元）		
第三年	2019年12月31日： 借：财务费用　　　　　　　　　　　　　　　　33.97 　　贷：未确认融资费用　　　　　　　　　　　　33.97 借：长期应付款　　　　　　　　　　　　　　　600 　　贷：银行存款　　　　　　　　　　　　　　　600		

（三）自行建造固定资产的成本

自行建造固定资产的成本，由建造该项资产**达到预定可使用状态前**所发生的**必要支出**构成，包括工程用物资成本、人工成本、缴纳的相关税费、应予资本化的借款费用以及应分摊的间接费用等。

企业自行建造固定资产，包括**自营方式**建造固定资产和**出包方式**建造固定资产两种方式。两种方式下，发生（或结算）的工程成本应通过"在建工程"科目核算，工程达到预定可使用状态时，从"在建工程"科目结转至"固定资产"科目。

1. 自行建造固定资产的成本

表 3-6

自营方式建造	①用于生产设备的工程物资、领用原材料、领用自制产成品等，进项税额均可抵扣。 ②建设期间发生的工程物资**盘亏**、报废及毁损（自然灾害原因导致的除外），减去残料价值以及保险公司、过失人等赔款后的**净损失**，**计入所建工程项目的成本**；**盘盈**的工程物资或处置净收益，**冲减所建工程项目的成本**。工程完工后发生的工程物资**盘盈、盘亏、报废、毁损**，计入当期**营业外收支**。 ③符合资本化条件，应计入所建造固定资产成本的借款费用按照《企业会计准则第17号——借款费用》的有关规定处理。 ④所建造的固定资产**已达到预定可使用状态，但尚未办理竣工决算**的，应当**自达到预定可使用状态之日起**，根据工程预算、造价或者工程实际成本等，按**暂估价值转入固定资产**，并按有关计提固定资产折旧的规定，**计提固定资产折旧**。待办理了竣工决算手续后再调整原来的暂估价值，但不需要调整原来的折旧额
出包方式建造	①企业为建造固定资产通过出让方式取得**土地使用权**而支付的土地出让金不计入在建工程成本，应确认为**无形资产**。这里注意区分：房地产企业为构建商品房取得的土地使用权，应确认为存货。 ②企业以出包方式建造固定资产，其成本由建造该项固定资产达到预定可使用状态前所发生的必要支出构成，包括建筑工程支出、安装工程支出以及待摊支出。 ③待摊支出指在建设期间发生的不能直接计入某项固定资产价值而应**由所建造固定资产共同负担的相关费用**，包括为建造工程发生的**管理费**、**可行性研究费**、临时设施费、公证费、**监理费**、税金、资本化利息、**建设期间工程物资盘亏报废毁损净损失**

【例题3-2·多选题·真题改编】下列各项中，不影响在建工程成本的是（　　）。
A. 建造期间工程物资盘亏净损失（非自然灾害造成）
B. 在建工程人员的职工薪酬
C. 在建工程试运行收入
D. 不符合资本化条件的借款利息
【答案】CD
【解析】选项C，根据2022年大纲新变化，在建工程试运行收入要根据是否与日常活动相关计入营业收入或者资产处置损益，不再计入在建工程。选项D，不符合资本化条件的借款利息，应费用化计入当期损益。

2. 高危行业企业按照国家规定提取的安全生产费的会计处理

表 3-7

提取安全费用时	计入相关产品的成本或当期损益，同时记入"**专项储备**"科目。 借：生产成本（或当期损益） 　　贷：专项储备

使用提取的安全费用时	①属于费用性支出，直接冲减专项储备。 借：专项储备 　　贷：银行存款 ②形成固定资产的：待安全项目完工**达到预定可使用状态时**确认为固定资产；同时按照形成固定资产的成本冲减专项储备，并确认相同金额的累计折旧。该固定资产在**以后期间不再计提折旧**。 借：在建工程 　　应交税费——应交增值税（进项税额） 　　贷：银行存款等 借：固定资产 　　贷：在建工程 借：**专项储备** 　　贷：**累计折旧（全额计提，以后不提）**

> **彬哥解读**
>
> （1）"专项储备"是所有者权益类的一级科目，增加记贷方，减少记借方。
>
> （2）"累计折旧"是固定资产的备抵科目，与其他资产类的备抵科目一样，增加记贷方，减少记借方。正好与资产类科目的借贷方向相反。

【例题 3-3·单选题·真题改编】甲公司是一家煤矿企业，依据开采的原煤产量按月提取安全生产费，提取标准为每吨 15 元，假定每月原煤产量为 10 万吨。2016 年 5 月 26 日，经有关部门批准，该企业购入一批需要安装的用于改造和完善矿井运输的安全防护设备，价款为 100 万元，增值税进项税额为 17 万元，设备预计于 2016 年 6 月 10 日安装完成。甲公司于 2016 年 5 月份支付安全生产设备检查费 10 万元。假定 2016 年 5 月 1 日，甲公司"专项储备——安全生产费"余额为 500 万元。不考虑其他相关税费，2016 年 5 月 31 日，甲公司"专项储备——安全生产费"余额为（　　）万元。

A．525　　　　　B．650　　　　　C．640　　　　　D．500

【答案】C

【解析】5 月 31 日，生产设备未完工，不冲减专项储备，甲公司"专项储备——安全生产费"余额 = 500 + 10 × 15 - 10 = 640（万元）。

3. 特定行业特定固定资产弃置费用的会计处理

表 3-8

处理原则	存在**弃置费用**时需要将弃置费用的**现值计入固定资产**的**入账价值**
	弃置费用最终发生的金额（终值）与计入固定资产的价值（现值）之间的差额按照**实际利率法**计算的摊销金额作为每年的财务费用计入当期损益
	一般工商企业的固定资产发生的报废清理费用**不属于**弃置费用，应当在发生时作为**固定资产的处置费用**处理

续表

处理原则	由于技术进步、法律要求或市场环境变化等原因，特定固定资产的履行弃置义务可能会发生支出金额、预计弃置时点、折现率等的变动，从而引起原确认的**预计负债的变动**。此时，应按照以下原则调整该固定资产的成本： ①对于**预计负债的减少**，以该**固定资产账面价值**为限扣减固定资产成本。如果预计负债的减少额超过该固定资产账面价值，**超出部分确认为当期损益**。 ②对于**预计负债的增加**，**增加该固定资产的成本**。 按照上述原则调整的固定资产，在资产剩余使用年限内计提折旧。一旦该固定资产的使用**寿命结束**，预计负债的**所有后续变动**应在**发生时确认为损益**

会计分录	借：固定资产
	  贷：在建工程（实际发生的建造成本）
	    预计负债（弃置费用的现值）
	借：财务费用（每期期初预计负债的摊余成本×实际利率）
	  贷：预计负债
	借：预计负债
	  贷：银行存款等（发生弃置费用支出时）

【例题3-4·单选题·真题改编】甲公司是一家核电能源企业，30年前建成一座核电站，其原值为500 000万元，2016年12月31日，其账面价值为130 000万元。该核电站弃置费用确认的预计负债于2016年12月31日的现值为200 000万元。该核电站尚可使用年限为10年，预计净残值为0，采用年限平均法计提折旧。若2016年12月31日重新确认的预计负债现值为180 000万元，则甲公司2017年上半年该核电站应计提的折旧额为（　　）万元。

A. 11 000　　　　B. 5 500　　　　C. 13 000　　　　D. 6 500

【答案】B

【解析】2016年12月31日，调整后固定资产账面价值=130 000-（200 000-180 000）=110 000（万元）；

2017年上半年固定资产折旧额=110 000÷10×1/2=5 500（万元）。

4. 关于企业将固定资产达到预定可使用状态前或者研发过程中产出的产品或副产品对外销售（以下统称"试运行销售"）的会计处理（2022年新变化）

表3-9

交易或事项	具体规定
（1）试运行销售	①对试运行销售相关的收入和成本分别进行会计处理，计入当期损益。 ②不应将试运行销售相关收入抵销相关成本后的净额冲减固定资产成本或者研发支出
（2）试运行产出的有关产品或副产品在对外销售前	①符合《企业会计准则第1号——存货》规定的应当确认为存货（以后销售确认收入、结转成本） ②符合其他相关企业会计准则中有关资产确认条件的应当确认为相关资产（以后销售确认资产处置损益）
（3）固定资产达到预定可使用状态前的必要支出	①应计入该固定资产成本，比如测试固定资产可否正常运转而发生的支出。 ②测试固定资产可否正常运转，指评估该固定资产的技术和物理性能是否达到生产产品、提供服务、对外出租或用于管理等标准的活动，不包括评估固定资产的财务业绩

> **彬哥解读**
>
> 新旧准则的变动。
>
> 准则以前规定基建项目的试运行成本与试运行销售收入作为联合试车费用或收入，应记入"在建工程——待摊支出"。但根据最新规定（会计准则解释第15号），试运行销售收入与成本分别核算，计入企业当期损益；未实现销售的反映为存货或其他资产。

（四）其他方式取得的固定资产的成本

1. 投资投入的固定资产的成本

应按照合同或者协议**约定价值**确定，但是约定价值**不公允的除外**。

2. 通过非货币性资产交换、债务重组、企业合并等方式取得固定资产的成本

详见后续章节相关内容。

3. 盘盈固定资产的成本

作为**前期差错更正**处理，在按管理权限报经批准处理前，应通过"**以前年度损益调整**"科目核算。

考点2　固定资产折旧（★★★）

（一）固定资产折旧的定义

折旧，是指在固定资产的使用寿命内，按照确定的方法对**应计折旧额**进行系统分摊。

应计折旧额 = 固定资产原价 − 预计净残值 − 已计提的固定资产减值准备累计金额

（二）影响固定资产折旧的因素

影响固定资产折旧的因素主要有以下几个方面：

（1）固定资产原价（即固定资产的成本）；

（2）固定资产的使用寿命；

（3）预计净残值（预计处置价款扣除处置费用后的金额）；

（4）固定资产减值准备。

（三）固定资产折旧范围

表 3-10

总体原则	企业应当对所有的固定资产计提折旧，但是，**已提足折旧仍继续使用的固定资产**和**单独计价入账的土地**除外
注意事项	①固定资产应当按月计提折旧。固定资产应自**达到预定可使用状态**时开始计提折旧，终止确认时或划分为持有待售非流动资产时停止计提折旧。**当月增加的固定资产**，当月不计提折旧，**从下月起计提折旧**；**当月减少的固定资产**，当月仍计提折旧，**从下月起不计提折旧**。（2017年真题） ②固定资产**提足折旧后**，不论能否继续使用，均**不再计提折旧**，**提前报废**的固定资产也**不再补提折旧**。所谓提足折旧是指已经提足该项固定资产的应计折旧额。 ③处于更新改造过程停止使用的固定资产，应将其账面价值转入在建工程，不再计提折旧。更新改造项目达到预定可使用状态转为固定资产后，再按重新确定的折旧方法和该项固定资产尚可使用寿命计提折旧

表 3-11　　　　　　　　　　固定资产折旧易错点

需要折旧	不需要折旧
①**未使用**的固定资产需计提折旧，而且折旧费用计入"管理费用"。 ②因**大修理而停工**的固定资产需要提取折旧，但折旧费用按受益对象原则处理	①已提足折旧仍继续使用的固定资产。 ②按规定单独作价作为固定资产入账的土地。 ③改扩建、更新改造期间的固定资产。 ④划分为持有待售的固定资产。 ⑤提前报废的固定资产

【例题 3-5·多选题·真题改编】下列固定资产中，应当计提折旧的有（　　）。
A. 按照规定单独估价作为固定资产入账的土地
B. 大修理停用的固定资产
C. 持有待售的固定资产
D. 已经完工并投入使用但尚未办理竣工决算的自建产房
E. 季节性停用的固定资产
F. 正在改扩建而停止使用的固定资产
G. 因产品市场不景气尚未投入使用的固定资产
【答案】BDEG
【解析】此处将折旧范围结合固定资产更新改造一并考查
更新改造、改扩建：一般符合资本化条件，转入在建工程且建造期间停止计提折旧。
大修理：一般不符合资本化条件，相关支出费用化，固定资产正常计提折旧。
日常修理：一定全部费用化，固定资产正常计提折旧。

（四）固定资产折旧方法

表 3-12

折旧方法	折旧基础	计算公式
年限平均法 （直线法）	原价 - 预计净残值	年折旧额 =（原价 - 预计净残值）/预计使用年限 月折旧额 = 年折旧额/12
工作量法	原价 - 预计净残值	单位工作量折旧额 =（原价 - 预计净残值）/预计总工作量 月折旧额 = 固定资产当月工作量 × 单位工作量折旧额
双倍余额递减法	原价 - **累计折旧** （账面净值/折余价值）	年折旧率 = 2/预计使用寿命（年） 年折旧额 = 期初账面净值 × 年折旧率 **最后两年改为年限平均法。** 年折旧额 =（原价 - 累计折旧 - 预计净残值）/2
年数总和法	原价 - 预计净残值	年折旧率 = 尚可使用寿命/预计使用寿命的年数总额 年折旧额 =（原价 - 预计净残值）× 年折旧率

第三章 固定资产

> **记忆面包**
>
> 双倍余额递减法折旧基础递减、折旧率固定，且前几年折旧不考虑净残值，最后两年改为年限平均法要考虑净残值。
>
> 年数总和法折旧基础固定，折旧率递减。

> **彬哥解读**
>
> （1）如果固定资产计提减值准备，应将该固定资产视为一项新资产，按减值后的账面价值（扣除预计净残值）作为折旧基础，在剩余使用寿命内重新计提折旧。
>
> （2）几个易混概念：
>
> ①固定资产原值＝固定资产原价＝固定资产成本＝固定资产初始入账价值
>
> ②固定资产净值＝固定资产原值－累计折旧
>
> ③固定资产账面价值＝固定资产原值－累计折旧－固定资产减值准备

【例题3-6·单选题·真题改编】2013年11月20日，甲公司购进一台需要安装的A设备，取得的增值税专用发票上注明的设备价款为950万元，可抵扣增值税进项税额为161.5万元，款项已通过银行支付。安装A设备时，甲公司领用原材料36万元（不含增值税额），支付安装人员工资14万元。2013年12月30日，A设备达到预定可使用状态。A设备预计使用年限为5年，预计净残值率为5%，甲公司采用双倍余额递减法计提折旧。2016年度对A设备计提的折旧是（　　）万元。

A．136.8　　　B．144　　　C．187.34　　　D．190

【答案】B

【解析】甲公司A设备的入账价值＝950＋36＋14＝1 000（万元），2014年计提的折旧＝1 000×2/5＝400（万元），2015年计提的折旧＝（1 000－400）×2/5＝240（万元），2016年计提的折旧＝（1 000－400－240）×2/5＝144（万元）。

【例题3-7·单选题·真题改编】甲公司为增值税一般纳税人，该公司2016年5月10日购入设备一台，价款为500万元，可抵扣增值税进项税额为85万元。为购买该设备发生运输途中保险费20万元。设备安装过程中，领用材料50万元，相关增值税进项税额为8.5万元支付安装工人工资12万元。该设备于2016年12月30日达到预定可使用状态。甲公司对该设备采用年数总和法计提折旧，预计使用10年，预计净残值为0。假定不考虑其他因素，2017年该设备应计提的折旧额为（　　）万元。

A．102.18　　　B．103.64　　　C．105.82　　　D．120.64

【答案】C

【解析】2016年12月30日甲公司购入固定资产的入账价值＝500＋20＋50＋12＝582（万元），2017年该设备应计提的折旧额＝582×10/55＝105.82（万元）。

(五) 固定资产折旧的会计处理

固定资产应当按月计提折旧，并根据用途计入相关资产的成本或者当期损益。（受益对象原则）

借：制造费用（生产用固定资产的折旧）
　　管理费用（行政用固定资产的折旧）
　　销售费用（销售部门用固定资产的折旧）
　　在建工程（用于工程的固定资产的折旧）
　　其他业务成本（经营租出的固定资产的折旧）
　贷：累计折旧

(六) 折旧相关的复核

表3-13

总体原则	企业至少应当于**每年年度终了**，对固定资产的使用寿命、预计净残值和折旧方法进行复核
注意事项	①使用寿命预计数与原先估计数有差异的，应当调整固定资产使用寿命。 ②预计净残值预计数与原先估计数有差异的，应当调整预计净残值。 ③与固定资产有关的经济利益**预期消耗方式**发生重大改变，企业应当改变固定资产折旧方法。 ④固定资产使用寿命、预计净残值和折旧方法的改变应当作为**会计估计变更**，按照《企业会计准则第28号——会计政策、会计估计变更和差错更正》处理

考点3　固定资产后续支出（★★）

固定资产的后续支出，是指固定资产使用过程中发生的更新改造支出、修理费用等。

固定资产后续支出的处理原则为：符合资本化条件的，应当计入固定资产成本或其他相关资产的成本（例如，与生产产品相关的固定资产的后续支出计入相关产成品的成本），同时将被替换部分的账面价值扣除；不符合资本化条件的，应当计入当期损益。

(一) 资本化的后续支出

表3-14

交易或事项	会计分录
固定资产转入改扩建时	借：在建工程 　　累计折旧 　　固定资产减值准备 　贷：固定资产
发生改扩建工程支出时	借：在建工程 　贷：银行存款等
替换原固定资产的某组成部分时	借：银行存款或原材料（残值价值） 　　营业外支出（净损失） 　贷：在建工程（被替换部分的账面价值）

续表

交易或事项	会计分录
生产线改扩建工程达到预定可使用状态时	借：固定资产 　贷：在建工程
改扩建期间，固定资产停止计提折旧。转为固定资产后，按重新确定的使用寿命、预计净残值和折旧方法计提折旧。	

彬哥解读

（1）改扩建期间，固定资产停止计提折旧。

（2）固定资产在更新改造后的账面价值 = 更新改造前的账面价值 + 改扩建支出 − 被替换部分账面价值

如果题目只给出被替换部分的原价，要先按照折旧方法计算被替换部分的累计折旧，然后用原价减累计折旧，求出其账面价值。

（二）费用化的后续支出

与固定资产有关的修理费用等后续支出，不符合资本化条件的，应当根据不同情况分别在发生时计入当期管理费用或销售费用。

（1）行政管理部门等发生的固定资产修理费用等后续支出，在"**管理费用**"科目核算。

（2）企业发生的与专设销售机构相关的固定资产修理费用等后续支出，在"**销售费用**"科目核算。

（3）企业固定资产更新改造支出不满足资本化条件的，在发生时应直接计入**当期损益**。

（4）与存货的生产和加工相关的固定资产的修理费用按照存货成本原则进行处理，即企业生产车间（部门）发生的固定资产修理费用等后续支出，在"**制造费用**"科目核算。

【例题3-8·单选题·真题改编】公司董事会决定于2020年3月31日对生产用车间厂房进行技术改造。2020年3月31日，该固定资产的账面原价为5 000万元，已计提折旧为3 000万元，未计提减值准备；该固定资产预计使用寿命为20年，预计净残值为零，按年限平均法计提折旧。为改造该固定资产领用生产用原材料585万元，发生人工费用190万元，领用工程用物资1 300万元；被拆除部分的原价为1 000万元。假定该厂房于2020年11月25日达到预定可使用状态并交付生产使用，预计尚可使用寿命为15年，预计净残值为零，按年限平均法计提折旧。假定不考虑相关税费等其他因素的影响。甲公司2020年度对该生产用固定资产计提的折旧额为（　　）万元。

　　A. 123.75　　　B. 127.5　　　C. 82.92　　　D. 130.25

【答案】C

【解析】改造前（2020年1月至3月）固定资产计提折旧 = 5 000 ÷ 20 × 3/12 = 62.5（万元），改造后固定资产入账金额 = （5 000 − 3 000）+ 585 + 190 + 1 300 − （1 000 − 3 000 ×

1 000÷5 000）＝3 675（万元），改造后（2020 年 12 月）该固定资产计提的折旧额＝3 675÷15×1/12＝20.42（万元），甲公司 2020 年度对该固定资产计提的折旧额＝20.42＋62.5＝82.92（万元）。

【例题 3－9·单选题·真题改编】 甲公司采用年限平均法对固定资产计提折旧，发生的有关交易或事项如下：为遵守国家有关环保的法律规定，2017 年 1 月 31 日，甲公司对 A 生产设备进行停工改造，安装环保装置。3 月 25 日，新安装的环保装置达到预定可使用状态并交付使用，共发生成本 600 万元。至 1 月 31 日，A 生产设备的成本为 18 000 万元，已计提折旧 9 000 万元，未计提减值准备。A 生产设备预计使用 16 年，已使用 8 年，安装环保装置后还可使用 8 年；环保装置预计使用 5 年。甲公司 2017 年度 A 生产设备及环保装置应计提的折旧是（　　）万元。

　　A．937.50　　　　B．993.75　　　　C．1 027.50　　　　D．1 125.00

【答案】 C

【解析】 企业购置的环保设备和安全设备的使用虽然不能直接为企业带来经济利益，但有助于企业从相关资产中获取经济利益，或者将减少企业未来经济利益的流出，因此，发生的成本是计入安装成本；环保装置按照预计使用 5 年来计提折旧；A 生产设备按照 8 年计提折旧。2017 年计提的折旧金额＝A 生产设备（不含环保装置）（18 000÷16×1/12）＋A 生产设备（不含环保装置）9 000÷8×9/12＋环保装置 600÷5×9/12＝1 027.5（万元）。

考点 4　固定资产的处置（★★）

（一）固定资产终止确认条件

固定资产满足下列条件之一的，应当予以终止确认：

（1）该固定资产处于处置状态；

（2）该固定资产预期通过使用或处置不能产生经济利益。

（二）固定资产处置的账务处理

表 3－15

情形	处理原则
①划归为持有待售类别而出售、转让	按照持有待售非流动资产、处置组的相关内容进行会计处理，链接至《持有待售》章节
②未划归为持有待售类别而出售、转让	通过"固定资产清理"科目归集所发生的损益，其产生的利得或损失转入"资产处置损益"科目，影响当期损益；
③固定资产因报废毁损等原因而终止确认	通过"固定资产清理"科目归集所发生的损益，其产生的利得或损失计入营业外收入/营业外支出

第三章 固定资产

▶ 📖 考点收纳盒

固定资产处置的会计分录见表3-16。

表3-16

步骤	会计分录
1. 固定资产转入清理	借：固定资产清理（账面价值） 　　累计折旧 　　固定资产减值准备 　贷：固定资产
2. 发生的清理费用	借：固定资产清理 　贷：银行存款 　　　应交税费（除增值税以外的其他税费）
3. 出售收入和残料等的处理	借：银行存款（出售价款、残料变价收入） 　　原材料（残料价值） 　贷：固定资产清理 　　　应交税费——应交增值税（销项税额）
4. 保险赔偿的处理	借：其他应收款 　　银行存款 　贷：固定资产清理
5. 清理净损益的处理	（1）属于正常出售、转让所产生的损失或利得。 借：资产处置损益 　贷：固定资产清理（或相反分录） （2）属于已丧失使用功能正常报废所产生的损失或利得。 ①产生损失： 借：营业外支出——非流动资产毁损报废损失 　贷：固定资产清理 ②产生利得： 借：固定资产清理 　贷：营业外收入——非流动资产毁损报废利得

▶ 📖 彬哥解读

（1）固定资产清理，一定要通过"固定资产清理"科目进行账务处理（区别于无形资产处置）。

（2）处置净损益要区分情形记入不同的科目：

出售、转让：处置净损益要记入资产处置损益科目；

报废：计入营业外收入（净收益）或者营业外支出（净损失）。

（3）处置净损益＝实际收到价款（即售价－清理费用）－被处置固定资产的账面价值

（三）固定资产的清查

表 3-17

情形	处理原则
①固定资产**盘盈**的会计处理	盘盈的固定资产，作为**前期差错处理**。在按管理权限报经批准前，应按照**重置成本**记入"以前年度损益调整"科目；报批之后转入**"盈余公积""未分配利润"**。
②固定资产**盘亏**的会计处理	在按管理权限报经批准前，应按照账面价值记入"待处理财产损溢"科目；报批之后记入**营业外支出**。

恭喜你，
已完成第三章的学习

扫码免费进 >>>
2022年CPA带学群

我们之所以活得累，是因为放不下架子，撕不开面子，解不开心结。其实想开了就会发现，世界上的一切问题，都能用"关你屁事"和"关我屁事"来回答。

第四章 无形资产

CHAPTER FOUR

考情雷达

本章属于比较重要章节,包括:无形资产的初始计量、后续计量和处置。本章除了考查客观题,也会在主观题中结合投资性房地产、非货币性资产交换、债务重组、所得税以及合并财务报表等内容考查,分值在 3 分左右。在学习本章时,要注意与固定资产对比学习,重点掌握两者区别。

2022 年本章内容**无实质性变化**。

考点地图

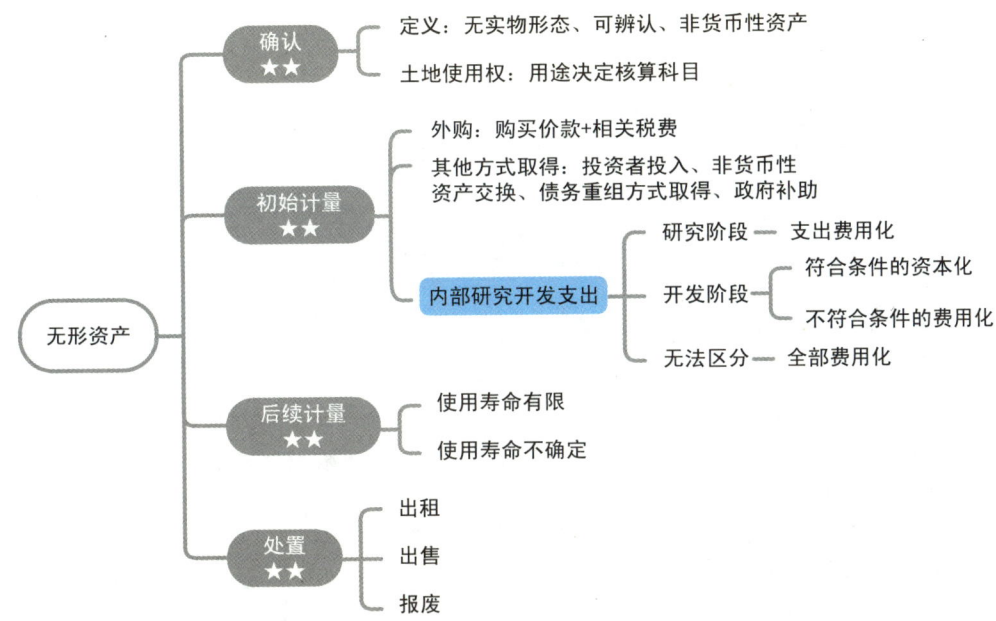

考点 1　无形资产的确认和初始计量（★★）

（一）无形资产的定义与特征

无形资产是指企业拥有或者控制的没有实物形态的可辨认非货币性资产（见表 4-1）。

表 4-1

特征	要点
（1）没有实物形态	①主要包括专利权、非专利技术、商标权、著作权、土地使用权、特许权等。 ②不包括企业内部产生的品牌、报刊名

续表

特征	要点
(2) 可辨认	**商誉不是无形资产**,因为商誉无法与企业自身区分开来,即不具有可辨认性。 商誉＝合并成本－享有被购买方在购买日可辨认净资产公允价值的份额
(3) 非货币性资产	非货币性资产与货币性资产相对,货币性资产指的是**货币资金**或者**取得固定或者可确定金额**的货币资金的权利,比如应收账款、应收票据等

▶ 📺 考点收纳盒

土地使用权的处理见表4－2。

表4－2

性质	用途	核算科目
土地使用权（不一定是无形资产,要看具体的用途）	用于建造厂房、办公楼等自用建筑物	无形资产
	房地产开发企业用于建造对外出售的**商品房**	**存货**
	已经出租或者持有以备**增值**后转让的土地	**投资性房地产**
	单独估价并入账的土地作为固定资产核算（后续不计提折旧）	**固定资产**
	购买建筑物支付价款中包含土地使用权价款的	①能够合理分配：分别作为**固定资产**、**无形资产**； ②不能合理分配：全部作为**固定资产**

▶ 📺 彬哥解读

用于建造自用建筑物的土地使用权,单独作为无形资产,其摊销要根据受益对象计入对应的成本费用。在工程建造期间,土地使用权的摊销计入在建工程；在工程完工后计入其他成本费用科目。

(二) 无形资产的初始计量

1. 外购的无形资产成本

表4－3

包括	其成本包括购买价款、相关税费以及直接归属于使该项资产达到预定用途所发生的其他支出。 其中,直接归属于使该项资产达到预定用途所发生的其他支出包括: ①使无形资产达到预定用途所发生的**专业服务费用**； ②测试无形资产是否**能够正常发挥作用**的费用等
不包括	下列各项不包括在无形资产的初始成本中: ①为引入新产品进行宣传发生的广告费、管理费用及其他间接费用； ②无形资产已经达到预定用途以后发生的费用

【提示】购买的无形资产超过正常信用条件延期支付价款,实质上具有融资性质的,无形资产的成本应以购买价款的现值为基础确定。购买价款的现值与应付价款之间的差额作为未确认的融资费用,在付款期间内按照实际利率法确认为利息费用。（链接至分期付款购买固定资产【关联贴纸】）

【例题4-1·多选题】2012年1月1日,甲公司从乙公司购入一项无形资产,由于资金周转紧张,甲公司与乙公司协议以分期付款方式支付款项。协议约定:该无形资产作价2 000万元,甲公司每年年末付款400万元,分5年付清。假定银行同期贷款利率为5%,5年期5%利率的年金现值系数为4.3295。不考虑其他因素,下列甲公司与该无形资产相关的会计处理中,正确的有(   )。

A. 2012年财务费用增加86.59万元
B. 2013年财务费用增加70.92万元
C. 2012年1月1日确认无形资产2 000万元
D. 2012年12月31日长期应付款列报为2 000万元

【答案】AB

【解析】2012年1月1日确认无形资产=400×4.3295=1 731.8(万元),选项C错误;2012年财务费用增加=400×4.3295×5%=1 731.8×5%=86.59(万元),选项A正确;2013年财务费用增加=(1 731.8+86.59-400)×5%=70.92(万元),选项B正确;一年以内的应付账款,不属于长期应付款的列报范围,2013年未确认融资费用摊销额为70.92万元,2013年应付本金减少额=400-70.92=329.08(万元),该部分金额应在2012年12月31日资产负债表中"一年内到期的非流动负债"项目中反映。2012年12月31日长期应付款列报即为2013年12月31日的摊余成本=(1 731.8+86.59-400)-329.08=1 089.31(万元),选项D错误。

【提示】长期应付款列报金额不等于其摊余成本,要将未来一年内偿还的本金扣除出去,单独作为"一年内到期的非流动负债"列报。即长期应付款列报金额=期末摊余成本(本期期末未还本金)-未来1年内要还的本金=下一年期末摊余成本(下一年期末未付本金)

2. 投资者投入的无形资产成本

投资者投入无形资产的成本,应当按照投资合同或协议约定的价值确定,如果合同或协议约定价值不公允时,应按无形资产的公允价值作为无形资产的初始成本。

3. 通过非货币性资产交换、债务重组等方式取得的无形资产成本

详见非货币性资产交换、债务重组章节。

4. 通过政府补助取得的无形资产成本

通过政府补助取得的无形资产,按公允价值计量;公允价值不能可靠取得的,按名义金额(1元)计量。

考点2　内部研究开发支出的确认和计量(★★★)

对企业自行进行的研究开发项目,应当区分研究阶段与开发阶段两个部分,分别进行核算。内部研究开发支出,**研究阶段**的支出**全部费用化**,计入当期损益;**开发阶段**的支出**符合条件的资本化,不符合资本化条件的计入当期损益**;如果确实**无法区分**研究阶段的支出和开发阶段的支出,应将其所发生的研发支出**全部费用化**,计入当期损益。

1. 内部研究开发支出的基本原则

表4-4

三要素	无形资产取得方式 & 划分类型			
①为达到预定可使用状态的； ②合理的、必要的（正常的）； ③价税费、料工费	内部研发：	研究阶段	费用化期间	资本化期间
			开发阶段 （开发阶段不符合资本化条件，或无法区分的部分需费用化）	
	外购研发：	全部资本化		

提示：（1）对于外购的研发项目本身不论是处于研究阶段还是开发阶段，外购研发的支出均予以资本化；
（2）同一无形资产在开发过程满足资本化条件之后，对于未满足资本化条件时已经费用化的研发支出**不应进行调整**

2. 内部研究开发支出的具体账务处理

表4-5

①企业自行开发无形资产发生的研发支出	借：研发支出——费用化支出（不满足资本化条件的支出） 　　　　　——资本化支出（满足资本化条件的支出） 　贷：原材料、银行存款、应付职工薪酬等
②期（月）末，将"研发支出——费用化支出"转入"管理费用"科目	借：管理费用 　贷：研发支出——费用化支出
③研究开发项目达到预定用途形成无形资产	借：无形资产 　贷：研发支出——资本化支出

【例题4-2】2017年1月1日，甲公司经董事会批准研发某项新产品专利技术，该公司董事会认为，研发该项目具有可靠的技术和财务等资源的支持，并且一旦研发成功将降低该公司生产产品的生产成本。该公司在研究开发过程中发生材料费5 000万元、人工工资1 000万元，以及其他费用4 000万元，总计10 000万元，其中，符合资本化条件的支出为6 000万元。2017年12月31日，该专利技术已经达到预定用途。

甲公司的账务处理如下：
（1）发生研发支出：
借：研发支出——费用化支出　　　　　　　　　　40 000 000
　　　　　　——资本化支出　　　　　　　　　　60 000 000
　贷：原材料　　　　　　　　　　　　　　　　　50 000 000
　　　应付职工薪酬　　　　　　　　　　　　　　10 000 000
　　　银行存款　　　　　　　　　　　　　　　　40 000 000
（2）2017年12月31日，该专利技术已经达到预定用途：
借：管理费用　　　　　　　　　　　　　　　　　40 000 000
　　无形资产　　　　　　　　　　　　　　　　　60 000 000
　贷：研发支出——费用化支出　　　　　　　　　40 000 000
　　　　　　——资本化支出　　　　　　　　　　60 000 000

考点 3　无形资产的后续计量（★★）

（1）无形资产分为**使用寿命有限**的无形资产和**使用寿命不确定**的无形资产。

（2）使用寿命不确定的无形资产不用摊销，应该每年进行减值测试，测试表明确实发生减值的，按资产减值处理。

（3）使用寿命有限的无形资产应该摊销。企业选择的无形资产摊销方法，应根据与无形资产有关的经济利益的预期消耗方式做出决定，包括直线法、产量法等。无法可靠确定其预期消耗方式的，应当采用直线法进行摊销。

（4）同固定资产折旧，摊销金额要根据受益对象计入有关资产的成本或者当期损益。

借：制造费用（用于特定产品生产的列入该产品的成本）
　　管理费用（自用的一般无形资产）
　　其他业务成本（出租的无形资产）
　贷：累计摊销

（5）当月增加的无形资产，当月开始摊销；当月减少的无形资产，当月不再摊销。

> **关联贴纸**
> 固定资产是当月增加下月开始折旧，当月减少当月还需要折旧。

（6）使用寿命有限的无形资产，其残值一般应当视为零，但下列情况除外：

①有第三方承诺在无形资产使用寿命结束时愿意以一定的价格购买该项无形资产；

②可以根据活跃市场得到无形资产预计残值信息，并且该市场在该项无形资产使用寿命结束时可能存在。

考点收纳盒

无形资产使用寿命的确定及摊销的范围见图 4-1。

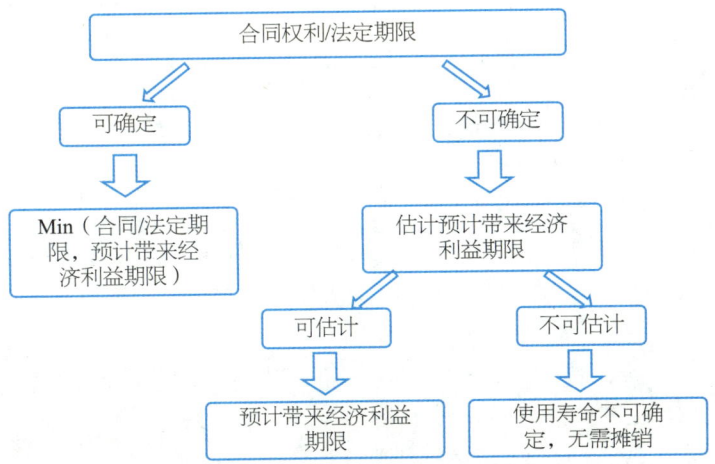

图 4-1　无形资产使用寿命的确定及摊销的范围

文字题要点：

（1）**源自合同性权利或其他法定权利**取得的无形资产，其**使用寿命不应超过合同性权利或其他法定权利的期限**。

合同性权利或其他法定权利在到期时**因续约等延续**，且有证据表明企业**续约不需要付出大额成本的**，**续约期应当计入使用寿命**。

（2）**没有明确的合同或法律规定**的无形资产，企业应当**综合各方面情况**，如**聘请相关专家进行论证**或**与同行业的情况进行比较以及参考企业的历史经验**等，以确定无形资产为企业带来**未来经济利益的期限**。

（3）如果经过这些努力确实**无法合理确定无形资产为企业带来经济利益期限**，再将其**作为使用寿命不确定的无形资产**。

（4）对于**使用寿命不确定**的无形资产，在持有期间内**不需要摊销**，但应当在**每个会计期末进行减值测试**。

（5）企业应当在**每个会计期末**对**使用寿命不确定的无形资产的使用寿命进行复核**。如果有证据表明无形资产的使用寿命是有限的，视为**会计估计变更**，应当估计其使用寿命，并按使用寿命有限的无形资产的处理原则进行处理。

关联拓展

关于减值的特殊规定（见表 4-6）。

表 4-6

一般规定	无形资产与固定资产在减值方面均适用《资产减值准则》，一般都要在资产存在**减值迹象**时才做减值测试
特殊规定	以下三类资产持有期间不摊销，但需要至少**每个会计期末进行减值测试**： ①对于**使用寿命不确定**的无形资产，在持有期间内不需要摊销，但应当在**每个会计期末进行减值测试**； ②**未达到预定可使用状态的开发支出**（资本化的研发支出）； ③商誉

【例题4-3】下列各项关于无形资产会计处理的表述中，正确的是（　　）。

A. 自行研究开发的无形资产在尚未达到预定用途前无须考虑减值

B. 非同一控制下的企业合并中，购买方应确认被购买方在该项交易前未确认但可单独辨认且公允价值能够可靠计量的无形资产

C. 使用寿命不确定的无形资产在持有过程中不应该摊销也不考虑减值

D. 同一控制下的企业合并中，合并方应确认被合并方在该交易前未确认的无形资产

【答案】B

【解析】选项A，尚未达到预定可使用状态的无形资产，无论是否存在减值迹象，均应进行减值测试；选项C，使用寿命不确定的无形资产持有过程中不应摊销，但至少需要在每年年末进行减值测试；选项D，不需要确认该金额。

第四章 无形资产

【例题4-4】下列关于使用寿命有限的无形资产摊销的表述中,正确的有( )。
A. 有特定产量限制的经营特许权,应采用产量法进行摊销
B. 自达到预定用途的下月起开始摊销
C. 无法可靠确定与其有关的经济利益预期实现方式的,应采用直线法进行摊销
D. 至少应于每年年末对使用寿命进行复核
【答案】AD
【解析】使用寿命有限的无形资产应自达到预定用途的当月开始摊销,选项B错误;无法可靠确定与其有关的经济利益预期消耗方式的,应采用直线法进行摊销,选项C错误。

考点4 无形资产的处置(★★)

1. 无形资产的出租

表4-7

步骤	会计分录
①应当按照有关收入确认原则确认所取得的转让使用权收入	借:银行存款 　贷:其他业务收入 　　　应交税费——应交增值税(销项税额)
②将发生的与该转让使用权有关的相关费用计入其他业务成本	借:其他业务成本 　贷:累计摊销 　　　银行存款等

2. 无形资产的出售与报废

表4-8

情形	处理原则
①未划归为持有待售类别而出售、转让的	企业应当将取得的价款与该无形资产账面价值及相关税费(不包括确认的增值税销项税额)的差额计入资产处置损益。 借:银行存款 　　累计摊销 　　无形资产减值准备 　贷:无形资产 　　　应交税费——应交增值税(销项税额) 　　　资产处置损益
②无形资产因报废毁损等原因而终止确认	无形资产预期不能为企业带来未来经济利益的,应当将该无形资产的账面价值予以转销,其账面价值转作当期损益(营业外支出)。

【例题4-5】甲公司为增值税一般纳税人,2020年7月1日,甲公司将某商标权出租给普朗克公司,租期为5年,每年收取租金30万元,增值税税额1.8万元。甲公司在出租期间内不再使用该商标权。该商标权系甲公司2017年1月1日购入的,初始入账价值为

100万元,预计使用年限为20年,采用直线法摊销,无残值。假定不考虑除增值税以外的其他税费,甲公司2020年度该商标权影响营业利润的金额为（   ）万元。

A. 5　　　　　B. 6.8　　　　　C. 10　　　　　D. 15

【答案】C

【解析】甲公司2020年度出租该商标权影响营业利润的金额=2020年下半年租金收入（其他业务收入）−2020年商标权摊销=（30÷2）−（100÷20）=10（万元）。

【例题4−6】甲公司为增值税一般纳税人,2020年1月4日,甲公司与普朗克公司签订商标销售合同,将一项酒类商标出售,甲公司开出的增值税专用发票上注明的价款为100万元,增值税税额为6万元,款项已经存入银行。该商标的账面余额为160万元,已累计摊销金额为40万元,已计提减值准备25万元,不考虑其他因素。甲公司出售无形资产计入资产处置损益的金额为（   ）万元。

A. 16　　　　　B. 10　　　　　C. −60　　　　　D. 5

【答案】D

【解析】出售无形资产计入资产处置损益的金额=100−（160−40−25）=5（万元）。甲公司会计处理如下:

借:银行存款　　　　　　　　　　　　　　　　　　　　　　　106
　　累计摊销　　　　　　　　　　　　　　　　　　　　　　　 40
　　无形资产减值准备　　　　　　　　　　　　　　　　　　　 25
　　贷:无形资产　　　　　　　　　　　　　　　　　　　　　 160
　　　　应交税费——应交增值税（销项税额）　　　　　　　　　 6
　　　　资产处置损益　　　　　　　　　　　　　　　　　　　　 5

> **恭喜你,**
> **已完成第四章的学习**
>
> 扫码免费进 >>>
> 2022年CPA带学群
>
>
>
> 曾经的我们都有一颗望海的心,却从没为前往大海做过真正的努力。我相信,只要你摒弃掉"战术上勤奋,战略上懒惰"的思维误区,拨云见日将成为常态,你早晚会成为自己曾经所仰望的人。

CHAPTER FIVE

第五章　投资性房地产

考情雷达

本章属于基础性章节，包括投资性房地产的定义、后续计量、转换与处置。一般以客观题形式进行考核，但也经常与非货币性资产交换、债务重组、所得税及会计政策变更、差错更正等内容结合在主观题中进行考查，分值在 3 分左右。投资性房地产是从固定资产、无形资产中分离出来，在学习时要注意对比学习，重点把握投资性房地产计量模式变更与投资性房地产转换这两个易混点。

2022 年本章内容无实质性变化。

考点地图

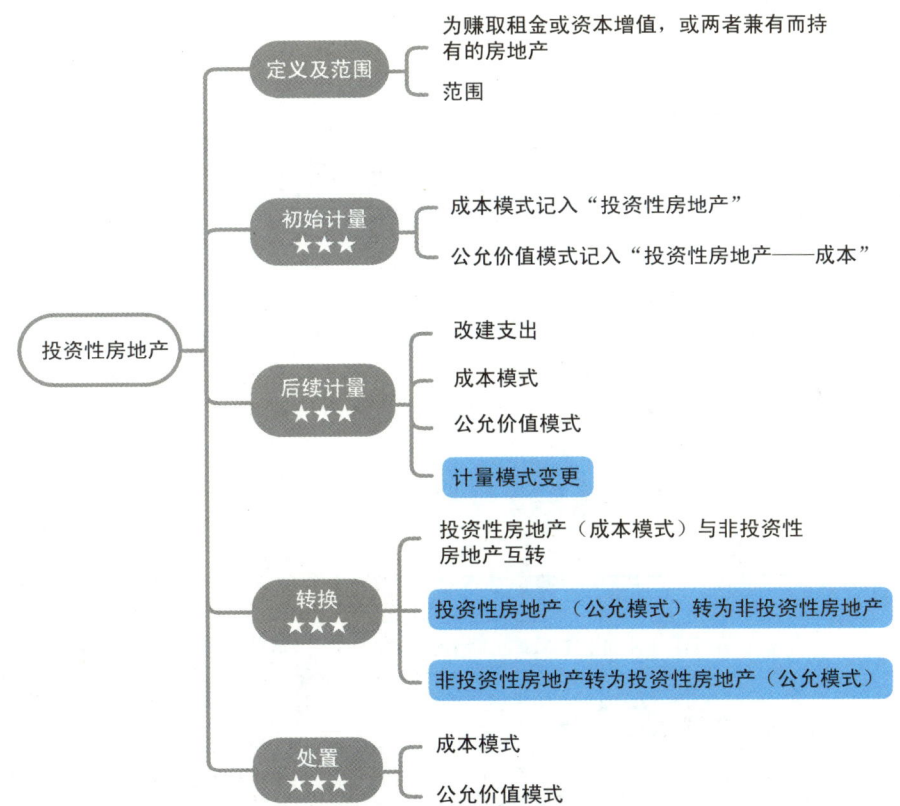

考点 1　投资性房地产的确认与初始计量（★★★）

（一）投资性房地产的定义

投资性房地产，是指为赚取租金或资本增值，或两者兼有而持有的房地产。投资性房地产应当能够单独计量和出售。

> **彬哥解读**
>
> （1）投资性房地产是一种经营性活动（处置计入其他业务收入、其他业务成本）；
> （2）投资性房地产不同于企业作为生产经营场所的房地产（固定资产、无形资产）和房地产开发企业用于销售的商品房（开发产品）；
> （3）投资性房地产有两种计量模式：成本模式、公允价值模式。

（二）投资性房地产的范围

表 5-1

范围	要点
（1）**已出租**的土地使用权（经营租赁）	企业计划用于出租但**尚未出租的土地使用权，不属于此类**
（2）**持有并准备增值后转让**的土地使用权	按照**国家规定认定的闲置土地不属于此类**
（3）**已出租**的建筑物（经营租赁）	①已出租建筑物，是指企业拥有产权并出租的建筑物。企业租入再**转租**的建筑物不属于投资性房地产。 ②对于**空置**建筑物或**在建**建筑物： 企业管理当局（**董事会**或类似机构）作出**正式书面决议**，明确表明**将其用于经营出租且持有意图短期内不再发生变化**的，即使**尚未签订租赁协议**，也可视为投资性房地产

> **彬哥解读**
>
> （1）投资性房地产必须满足两个条件：
> ①属于企业的房或地：租入后再转租的不算。
> ②用途是投资（已出租或持有并准备增值）：计划出租（空置建筑物、在建建筑物除外）、自用、出售都不算。
> （2）关于几种易混情形的说明见表5-2。

表 5-2

易混情形	相关说明
提供服务 VS 出租	①企业将建筑物出租，按租赁协议向承租人提供的相关**辅助服务在整个协议中不重大**的，如企业将办公楼出租并向承租人提供保安、维修等**辅助服务**，应当将该建筑物确认为**投资性房地产**； ②企业拥有并**自行经营**的旅馆饭店，其经营目的主要是通过**提供客房服务赚取服务收入**，该旅馆饭店**不确认为投资性房地产**
单独计量 VS 无法单独计量	①某项房地产，部分用于赚取租金或资本增值、部分用于生产商品、提供劳务或经营管理，能够**单独计量和出售的**，用于**赚取租金或资本增值**的部分，应当确认为**投资性房地产**； ②**不能够单独计量和出售的**，用于**赚取租金或资本增值**的部分，**不确认为投资性房地产**

【例题5-1】下列各项中，属于投资性房地产的是（　　）。
A. 地产公司持有的商品房
B. 持有并准备增值后转让的土地使用权

C. 待出租的建筑物
D. 以经营租赁方式租入后再转租的建筑物

【答案】B

【解析】投资性房地产包括：(1) 已出租的土地使用权；(2) 持有并准备增值后转让的土地使用权；(3) 已出租的建筑物。

选项 A，应当为地产公司的存货；选项 C，待出租的建筑物不属于投资性房地产；选项 D，以经营租赁方式租入的建筑物不属于企业持有的资产。

【例题 5-2】下列各项关于土地使用权会计处理的表述中，正确的有（　　）。
A. 为建造固定资产购入的土地使用权确认为无形资产
B. 土地使用权在地上建筑物达到预定可使用状态时与地上建筑物一并确认为固定资产
C. 已出租的土地使用权及其地上建筑物一并确认为投资性房地产
D. 用于建造厂房的土地使用权摊销金额在厂房建造期间计入在建工程成本

【答案】ACD

【解析】土地使用权的账面价值不与地上建筑物合并计算其成本，而仍作为无形资产进行核算，选项 B 错误。

（三）投资性房地产的初始计量

投资性房地产应当按照**成本**进行初始计量。（同固定资产、无形资产）

初始计量时，要注意后续计量模式是成本模式还是公允价值模式。如果是成本模式，应使用"投资性房地产"科目计量其初始成本。如果是公允价值模式，应使用"投资性房地产——成本"科目。

（四）投资性房地产的后续支出

1. 资本化的后续支出

对投资性房地产进行改建、扩建、装修，有关支出满足资产确认条件的，应当资本化。在再开发期间应继续将其作为投资性房地产（通过"**投资性房地产——在建**"科目核算），再开发期间不计提折旧或摊销（同固定资产更新改造，只是用"投资性房地产——在建"科目替代"在建工程"）。

2. 费用化的后续支出

有关后续支出不满足资产确认条件的，应当在发生时计入当期损益。（**其他业务成本**）

借：其他业务成本
　　贷：银行存款等

考点 2　投资性房地产的后续计量（★★★）

投资性房地产后续计量可以选择成本模式或公允价值模式，但同一企业只能采用一种模式对所有投资性房地产进行后续计量，不得同时采用两种计量模式。

1. 投资性房地产的后续计量模式

表 5-3

成本模式	公允价值模式
土地使用权→按照无形资产准则摊销、按照资产减值准则减值 **链接至无形资产的摊销**	以资产负债表日投资性房地产的**公允价值**为基础**调整其账面价值**
建筑物（**包括土地**）→按照固定资产准则折旧、按照资产减值准则减值 **链接至固定资产的折旧**	公允价值与原账面价值之间的**差额**计入当期损益（**公允价值变动损益**）
提示：（1）企业对投资性房地产的计量模式一经确定，**不得随意变更**。 （2）**成本模式转为公允价值模式**的，应当作为**会计政策变更**，差额调整期初留存收益。 （3）已采用公允价值模式计量的投资性房地产，**不得从公允价值模式转为成本模式**	

▶ 💬 **彬哥解读**

（1）成本模式同固定资产、无形资产类似，都要折旧或摊销、减值。

（2）公允价值模式应满足一定条件，不用折旧、摊销、减值，但在期末要确认公允价值变动（同交易性金融资产）。

（3）只能从成本模式变更为公允价值模式（按**会计政策变更**处理），不能从公允价值模式调整为成本模式。

（4）投资性房地产的公允价值计量的条件见表 5-4。

表 5-4

总体原则	企业**只有存在确凿证据表明投资性房地产的公允价值能够持续可靠取得**的，才可以采用**公允价值模式**对投资性房地产进行后续计量
同时满足	①投资性房地产所在地有活跃的房地产交易市场； ②企业能够从活跃的房地产交易市场上取得同类或类似房地产的市场价格及其他相关信息，从而对投资性房地产的公允价值作出合理的估计

2. 投资性房地产后续计量的会计分录

表 5-5

计量模式	交易或事项	会计分录
成本模式	①取得的租金收入	借：银行存款 　　贷：其他业务收入 　　　　应交税费——应交增值税（销项税额）
	②计提折旧（建筑物）或摊销（土地使用权）	借：其他业务成本 　　贷：投资性房地产累计折旧（摊销）
	③发生减值	借：资产减值损失 　　贷：投资性房地产减值准备

续表

计量模式	交易或事项	会计分录
公允价值模式	①取得的租金收入	同成本模式
	②期末公允价值变动	借：投资性房地产——公允价值变动 　　贷：公允价值变动损益 　　（或作相反的分录）
计量模式变更	成本模式→公允价值模式（不可逆）	借：投资性房地产——成本 　　投资性房地产累计折旧（摊销） 　　投资性房地产减值准备 　　贷：投资性房地产 　　　　盈余公积 　　　　利润分配——未分配利润

【例题5-3】甲公司对投资性房地产采用成本模式进行后续计量。自2019年1月1日起，甲公司将一项投资性房地产出租给某单位，租期为4年，每年收取租金650万元，增值税58.5万元。该投资性房地产原价为12 000万元，预计使用年限为40年，预计净残值为零；至2019年1月1日已使用10年，累计折旧3 000万元。2019年12月31日，甲公司在对该投资性房地产进行减值测试时，发现该投资性房地产的可收回金额为8 800万元。假定不考虑其他相关税费，该投资性房地产对甲公司2019年利润总额的影响金额为（　　）万元。

A. 250　　　　　B. 350　　　　　C. 450　　　　　D. 650

【答案】B

【解析】2019年计提折旧=(12 000-3 000)÷(40-10)=300（万元），2019年12月31日计提减值准备前投资性房地产账面价值=(12 000-3 000)-300=8 700（万元），因可收回金额为8 800万元，所以不需计提减值准备。该投资性房地产对甲公司2019年利润总额的影响金额=650-300=350（万元）。

【例题5-4】2018年12月31日，甲公司对外出租的一栋办公楼（作为投资性房地产核算）的账面原值为8 000万元，已计提折旧为500万元，未计提减值准备，且计税基础与账面价值相同。2019年1月1日，甲公司将该办公楼由成本模式改为公允价值模式计量，当日公允价值为10 500万元。甲公司适用所得税税率为25%。对此项变更，甲公司应调整2019年期初留存收益的金额为（　　）万元。

A. 1 875　　　　B. 2 250　　　　C. 2 500　　　　D. 3 000

【答案】B

【解析】投资性房地产后续计量模式由成本模式变更为公允价值模式属于会计政策变更，甲公司应调整2019年期初留存收益金额=[10 500-(8 000-500)]×(1-25%)=2 250（万元），故选项B正确。

考点3 投资性房地产的转换（★★★）

投资性房地产的转换是指因为用途改变而对房地产进行重新分类，即"自用房地产或存货"与"投资性房地产"的转换（投资性房地产的转换**不同于**投资性房地产**计量模式变更**，做题时要注意区分）。

（一）非投资性房地产与以成本模式计量的投资性房产的互转（非投转成投 + 成投转非投）

表 5-6

项目	以成本模式计量的投资性房产 转为 非投资性房地产	非投资性房地产 转为 以成本模式计量的投资性房产
自用房地产	投资性房地产（成本模式）转为自用房地产 借：固定资产/无形资产 　　投资性房地产累计折旧（摊销） 　　投资性房地产减值准备 　贷：投资性房地产 　　　累计折旧/累计摊销 　　　固定资产减值准备/无形资产减值准备	自用房地产转为投资性房地产（成本模式） 借：投资性房地产 　　累计折旧/累计摊销 　　固定资产减值准备/无形资产减值准备 　贷：固定资产/无形资产 　　　投资性房地产累计折旧（摊销） 　　　投资性房地产减值准备
存货	投资性房地产（成本模式）转为存货（对外出售商品房） 借：开发产品（倒挤） 　　投资性房地产累计折旧（摊销） 　　投资性房地产减值准备 　贷：投资性房地产	存货转为投资性房地产（成本模式） 借：投资性房地产（倒挤） 　　存货跌价准备 　贷：开发产品

（二）以公允价值计量的投资性房地产转非投资性房地产（公投转非投）

借：固定资产/无形资产/开发产品（公允价值）
　贷：投资性房地产——成本
　　　　　　　　　——公允价值变动（可借可贷）
　　　公允价值变动损益（差额，倒挤，可借可贷）

（三）非投资性房地产转以公允价值计量的投资性房地产（非投转公投）

借：投资性房地产——成本（公允价值）
　　累计折旧/累计摊销
　　固定资产减值准备/无形资产减值准备/存货跌价准备
　　公允价值变动损益（倒挤，借差）
　贷：固定资产/无形资产/开发产品
　　　其他综合收益（倒挤，贷差）

第五章 投资性房地产

> **彬哥解读**
>
> （1）非投资性房地产与投资性房地产（成本模式）的互转。
> 保持账面价值不变，直接调换对应科目（存货除外）。
> （2）投资性房地产（公允模式）转非投资性房地产。
> 公允价值与账面价值差额，直接计入公允价值变动损益。
> （3）非投资性房地产转投资性房地产（公允模式）。
> 公允价值＜账面价值，差额计入公允价值变动损益。
> 公允价值＞账面价值，差额计入其他综合收益（防止操纵利润）。

例如，甲公司今年本来亏损1 000万元，为了扭亏为盈，和关联方签订虚假合同，将一栋办公楼从自用改为出租，该办公楼是10年前购买，现在账面价值为500万元，公允价值为5 000万元，增值4 500万元。如果允许将增值计入利润，甲公司只需签订一个虚假合同，就能增加利润4 500万元，轻松实现扭亏为盈。

【例题5-5】甲房地产公司于2018年1月1日将一栋商品房对外出租并采用公允价值模式计量，租期3年，每年12月31日收取租金50万元。出租的时候，该商品房的成本为1 950万元，公允价值为2 150万元。2018年12月31日，该商品房的公允价值为2 100万元。甲公司2018年应确认的公允价值变动损益为（ ）万元。

A. 损失50　　　　B. 0　　　　C. 收益150　　　　D. 收益200

【答案】A

【解析】将存货转换为公允价值模式计量的投资性房地产，公允价值大于成本的差额200万元应当计入其他综合收益，2018年12月31日应确认的公允价值变动损失 = 2 150 - 2 100 = 50（万元）。每年的租金50万元应当计入其他业务收入，不影响公允价值变动损益的金额。

【例题5-6】2020年1月1日，甲公司将一项投资性房地产由成本模式转为公允价值模式计量。该投资性房地产原价为50 000万元，至转换时点已计提折旧10 000万元，未计提减值准备，当日该投资性房地产公允价值为60 000万元。甲公司按净利润的10%计提法定盈余公积，不提取任意盈余公积。假定不考虑所得税及其他因素的影响。则转换日影响甲公司2020年度资产负债表中"未分配利润"项目的年初金额为（ ）万元。

A. 2 000　　　　B. 1 500　　　　C. 18 000　　　　D. 13 500

【答案】C

【解析】将投资性房地产的后续计量模式由成本模式转为公允价值模式属于会计政策变更，公允价值与原账面价值的差额调整期初留存收益。转换日影响2020年资产负债表中期初"未分配利润"项目的金额 = [60 000 - (50 000 - 10 000)] × 90% = 18 000（万元）。

考点4 投资性房地产的处置（★★★）

表5-7

成本模式	公允价值模式
①确认收入： 借：银行存款 　　贷：其他业务收入 　　　　应交税费——应交增值税（销项税额） ②结转成本： 借：其他业务成本（倒挤） 　　投资性房地产累计折旧（摊销） 　　投资性房地产减值准备 　　贷：投资性房地产	①确认收入： 借：银行存款 　　贷：其他业务收入 　　　　应交税费——应交增值税（销项税额） ②结转成本： 借：其他业务成本 　　贷：投资性房地产——成本 　　　　　　　　　　——公允价值变动（可借可贷） ③结转持有期间公允价值变动形成的利得或损失： 借：公允价值变动损益（可借可贷） 　　贷：其他业务成本 同时： 借：其他综合收益 　　贷：其他业务成本

彬哥解读

（1）投资性房地产属于日常经营业务，出售时应按照总额法处理，要确认收入、结转成本，而不是把处置净损益转入资产处置损益。

（2）在处置以公允价值计量的投资性房地产时，一定要结转持有期间确认的公允价值变动损益和其他综合收益（非投转公投时资产评估增值形成的）。其中，结转公允价值变动损益属于损益科目重分类，不影响损益金额；结转其他综合收益会影响损益金额。

（3）投资性房地产处置的核心在于处置时**其他业务成本**的确认。

表5-8

计量模式	步骤	涉及核算科目	对方科目
成本模式	结平账面价值	投资性房地产 投资性房地产累计折旧（摊销） 投资性房地产减值准备	其他业务成本
公允价值模式	①结平账面价值	投资性房地产——成本 　　　　　　——公允价值变动	其他业务成本
	②结平其他综合收益	其他综合收益	
	③结平公允价值变动损益	公允价值变动损益	

【例题5-7】2018年6月30日，甲公司与乙公司签订租赁合同，合同规定甲公司将一栋自用办公楼出租给乙公司，租赁期为1年，年租金为200万元。当日，出租办公楼的公允价值为8 000万元，其账面价值5 500万元。2018年12月31日，该办公楼的公允价值

为9 000万元。2019年6月30日,甲公司收回租赁期届满的办公楼并对外出售,取得价款9 500万元。甲公司采用公允价值模式对投资性房地产进行后续计量,不考虑其他因素。上述交易或事项对甲公司2019年度损益的影响金额是(　　)万元。

A. 500　　　　　B. 6 000　　　　　C. 3 100　　　　　D. 7 000

【答案】C

【解析】思路：看到"非投资性房地产转投资性房地产（公允价值模式）",我们一定要注意"其他综合收益"。

第一步思考：第一句话,年租金200万元,这个毫无疑问会影响损益！而且2019年只有半年,因此计入损益的金额是100万元（这里告诉我们要注意时间）。

第二步思考：第二句话,出租办公楼的公允价值为8 000万元,其账面价值为5 500万元。从非投资性房地产转换为投资性房地产,公允价值上升,应该记入"其他综合收益"2 500万元,卖掉的时候影响损益。

第三步思考：第三句话,2018年12月31日,该办公楼的公允价值为9 000万元,高于转换时的公允价值1 000万元,应该记入"公允价值变动损益",出售的时候也要冲减"其他业务成本",但是不影响损益。

第四步,出售取得价款9 500万元,之前的账面价值是9 000万元,500万元为收益。

综上,上述交易或事项对甲公司2019年度损益的影响金额是：100 + 2 500 + 500 = 3 100（万元）。

【例题5-8】2017年2月5日,甲公司资产管理部门建议管理层将一闲置办公楼用于出租。2017年2月10日,董事会批准关于出租办公楼的议案,并明确出租办公楼的意图在短期内不会发生变化。当日,办公楼成本为3 200万元,已计提折旧为2 100万元,未计提减值准备,公允价值为2 400万元。甲公司采用公允价值模式对投资性房地产进行后续计量。2017年2月20日,甲公司与承租方签订办公楼租赁合同,租赁期为自2017年3月1日起2年,年租金为360万元。2017年3月1日办公楼公允价值为2 500万元。办公楼2017年12月31日的公允价值为2 600万元,2018年12月31日的公允价值为2 640万元。2019年3月1日,甲公司收回租赁期届满的办公楼并对外出售,取得价款2 800万元。甲公司2019年度因出售办公楼而应确认的损益金额是(　　)万元。

A. 160　　　　　B. 400　　　　　C. 1 460　　　　　D. 1 700

【答案】C

【解析】这个题目比较有意义,题目的问题是2019年因出售办公楼而确认的损益金额,而不是问的2019年影响损益的金额！分析如下：

①租金影响2019年的损益,但是不影响出售时的损益。

②售价2 800万元跟出售前的账面价值（公允价值）2 640万元的差额属于利润,影响损益。

③转换时的公允价值是 2 400 万元，年末是 2 640 万元，记入"公允价值变动损益"的金额是 240 万元，在售出的时候要冲减"其他业务成本"，但是这是利润表内部之间的转移，不影响损益的金额。

④从"非投资性房地产"转入"投资性房地产"，由于公允价值上升 1 300 万元 [2 400 − (3 200 − 2 100)]，记入"其他综合收益"，在卖掉的时候要冲减"其他业务成本"，这个影响损益。

所以 2019 年因出售办公楼而应确认的损益为：2 800 − 2 640 + 1 300 = 1 460（万元）。

**恭喜你，
已完成第五章的学习**

扫码免费进 >>>
2022年CPA带学群

从来就没有什么救世主，也没有神仙皇帝，想冲破自身牢笼从恶性循环中解脱，能依靠的唯有你自己。从现在起调整作息，从现在起寻找缝隙，从现在起拼尽全力。

CHAPTER SIX

第六章　长期股权投资与合营安排

考情雷达

本章属于超级重要章节，主要介绍了长期股权投资（简称"长投"）的初始计量、后续计量（成本法和权益法）、核算方法的转换与处置、合营安排等内容。既会考查客观题，也会考查主观题，经常结合合并报表一并考查综合分析题。

本章内容具有一定难度和综合性，在学习过程中建议优先搭建知识框架，在理解的基础上逐个突破难点。

2022 年本章内容**无变化**。

考点地图

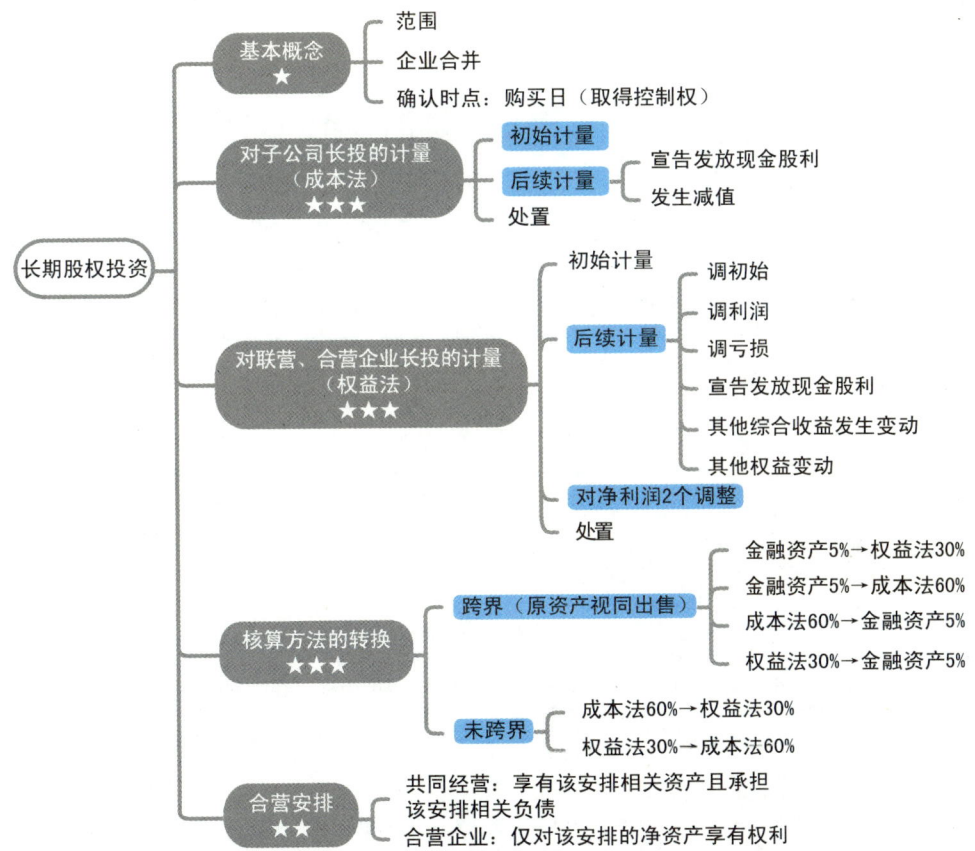

考点 1　长期股权投资的基本概念（★）

（一）长期股权投资的范围

长期股权投资包括投资方持有的对**联营企业**、**合营企业**以及**子公司**的投资。

表6-1

类别	影响程度(经济实质)	持股比例(法律形式)	后续计量方法
对子公司的股权投资	能够控制 (直接决定其财务经营政策)	一般达到50%以上	成本法
对合营企业的股权投资	能够共同控制 (与其他合营方集体控制)	一般在20%~50%之间	权益法
对联营企业的股权投资	具有重大影响 (能够参与其财务经营决策,例如在董事会中占有席位)	一般在20%~50%之间	权益法

> **彬哥解读**
>
> (1) 对被投资单位不具有控制、共同控制或重大影响的权益性投资,执行金融工具确认和计量准则。
>
>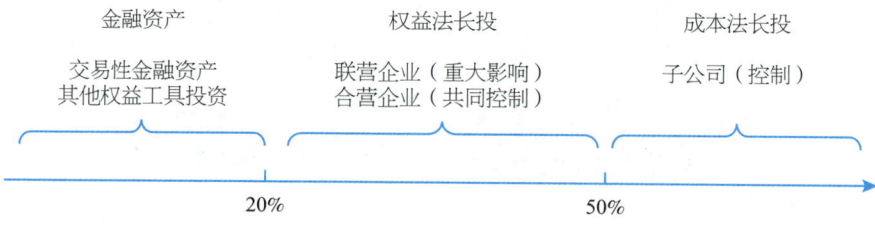
>
> (2) 就投资方的话语权来说,子公司>合营企业>联营企业。

(二) 企业合并

表6-2

定义	企业合并是将两个或两个以上单独的企业(主体)合并形成一个报告主体的交易或事项
	构成企业合并至少包括两层含义: ①取得对另一个或多个企业(或业务)的控制权。 ②所合并的企业必须构成业务。 业务是指企业内部某些生产经营活动或资产负债的组合,该组合具有投入、加工处理过程和产出能力,能够独立计算其成本费用或所产生的收入。企业取得的不形成业务的一组资产或是资产、负债组合时,应将购买成本基于购买日所取得的各项可辨认资产、负债的相对公允价值进行分配,不按照企业合并准则进行处理
合并方式	①控股合并。 A+B=A+B的模式,即A公司取得对B公司的控制权,但合并后A、B仍作为两个独立的公司继续经营。这种情况下需要在A公司的个别报表中确认对B公司的长期股权投资
	②吸收合并。 A+B=A的模式,A公司将B公司的资产和负债全部吸收进自己的公司,并以A公司的名义继续经营,而被吸收的B公司在合并后消失,因此无须确认长期股权投资
	③新设合并。 A+B=C的模式,A、B公司协议合并,把各自的资产和负债放在一起组成新的C公司,原来的A、B两个公司都消失,也不存在长期股权投资

合并类型	①同一控制下企业合并。 是指参与合并的企业在合并前后均受同一方或相同的多方最终控制，且该控制并非暂时性的
	②非同一控制下企业合并。 是指参与合并各方在合并前后不受同一方或相同多方最终控制的合并交易，即除判断属于同一控制下企业合并的情况以外其他的企业合并

（三）长期股权投资的确认时点

表6-3

定义		长期股权投资的确认指投资方能够在自身账簿和报表中确认对被投资单位股权投资的时点
确认时点	子公司投资	（1）应当在企业合并的**购买日（或合并日）**确认，即投资企业取得被投资单位**控制权**的日期。 （2）一般同时满足以下条件，则表示取得控制。 ①股东大会已通过； ②需经有关部门审批的，已获批准； ③已办理必要的转移手续； ④已支付大部分（一般过半），且有能力、有计划支付剩余款项； ⑤实际上已控制被投资方财务和经营政策，并承担相应的利益风险（关键条款）
	联营/合营企业投资	参照对子公司投资的确认条件进行

表6-4　　　　　　　　　　　　　股权投资账务处理总结

长期股权投资	子公司 （通过企业合并形成的长投）	同一控制下企业合并	账面价值 （最终控制方合并报表）	成本法 （分红+减值）	售价与账面价值的差额计入**投资收益**
		非同一控制下企业合并	公允价值		
	联营企业、合营企业 （即不构成企业合并形成的长投）		公允价值+ 交易费用	权益法 （6步调整）	差额计入**投资收益**，将**其他综合收益**、**资本公积**结转到投资收益或留存收益
金融资产	交易性金融资产		公允价值	公允价值 （公允价值变动损益）	差额计入**投资收益**
	其他权益工具投资		公允价值+交易费用	公允价值 （其他综合收益）	差额计入**留存收益**，将其他综合收益结转到**留存收益**

考点2　对子公司长期股权投资的计量（成本法）（★★★）

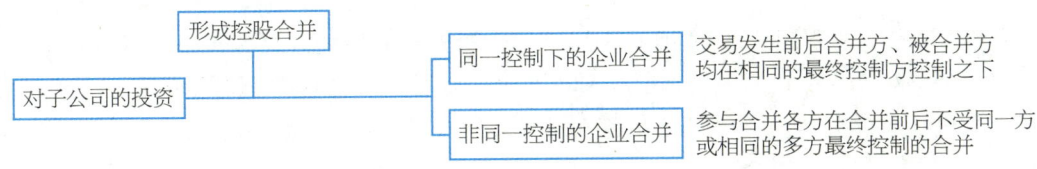

图6-1

（一）初始计量

1. 非同一控制下控股合并

（1）基本原则。

①初始入账金额（初始投资成本）：付出对价**公允价值**（即付出资产或承担负债或发行权益工具的公允价值）。

②付出对价为非现金资产的：视同出售，正常确认处置资产的损益。

③三个费用的处理。

企业合并的**中介费用**（审计费、律师费等）计入**管理费用**；

发行股票的券商佣金冲减资本公积——股本溢价，不足冲减的，依次冲减盈余公积、未分配利润；

发行债券的费用记入"应付债券——利息调整"。

（2）会计分录。

表 6-5

以支付现金、转让非现金资产或承担债务方式作为合并对价	以发行权益性证券作为合并对价
借：长期股权投资（付出对价公允价值） 　　贷：××负债（公允价值） 　　　　××资产（相当于卖掉资产，正常确认处置资产的损益） 借：管理费用（审计费、律师费等） 　　贷：银行存款	借：长期股权投资（发行股数×购买日股价） 　　贷：股本（发行股数×1） 　　　　资本公积——股本溢价（差额，倒挤） 借：资本公积——股本溢价（券商佣金等） 　　贷：银行存款 借：管理费用（审计费、律师费等） 　　贷：银行存款

> **彬哥解读**
>
> （1）付出对价为非现金资产的：视同出售，正常确认处置资产的损益。
>
> ①支付固定资产、无形资产：正常确认**资产处置损益**。
>
> ②支付存货、投资性房地产：正常**确认收入、结转成本**；结转其他综合收益、公允价值变动损益（仅限公允价值计量的投资性房地产）。
>
> ③支付金融资产：正常确认**投资收益**，结转其他综合收益（但如果是其他权益工具投资则应计入留存收益）。
>
> （2）购买价款中包含的**已宣告但尚未发放**的现金股利：同金融资产，应单独作为应收股利，不计入长期股权投资的成本。
>
> （3）以上是一次交易企业合并的情形，通过多次交易分步实现控制的会计处理，见"长期股权投资核算方法的转换"。

【例题 6-1·主观题】2017 年 1 月 1 日，BT 教育自非关联方取得 A 公司 60% 的股权，并于当日能够对 A 实施控制，支付价款 120 万元。为了合并，BT 教育聘请了专业资产评估机构，支付评估费用 10 万元。以上价款均以银行存款支付，不考虑其他因素。

BT 教育的账务处理为：

借：长期股权投资　　　　　　　　　　　　　　　　　　　120
　　贷：银行存款　　　　　　　　　　　　　　　　　　　　　　120
借：管理费用　　　　　　　　　　　　　　　　　　　　　10
　　贷：银行存款　　　　　　　　　　　　　　　　　　　　　　10

【例题6-2·主观题】2018年1月1日，BT教育自非关联方取得B公司70%的股权，并于当日能够对B实施控制，作为合并对价，BT教育发行股份100万股，每股3元，另外，BT教育因发行股票支付的佣金、手续费共5万元，以银行存款支付。不考虑其他因素。

BT 教育的账务处理为：

借：长期股权投资　　　　　　　　　　　　　　　　　　　300
　　贷：股本　　　　　　　　　　　　　　　　　　　　　　　100
　　　　资本公积——股本溢价　　　　　　　　　　（300-100）200
借：资本公积——股本溢价　　　　　　　　　　　　　　　　5
　　贷：银行存款　　　　　　　　　　　　　　　　　　　　　　5

2. 同一控制下控股合并

（1）基本原则。

①初始入账金额（初始投资成本）：合并日被合并方在最终控制方合并报表中可辨认净资产账面价值份额 + 全部商誉（最终控制方购买被合并方时所确认的金额）

②付出对价为非现金资产的：按账面价值终止确认，不确认处置资产的损益。

③差额的处理：付出对价的账面价值与长投账面价值的差额，计入资本公积——股本溢价。

④三个费用的处理：与非同一控制下企业合并相同。

（2）会计分录（见表6-6）。

表6-6

以支付现金、转让非现金资产或承担债务方式作为合并对价	以发行权益性证券作为合并对价
借：长期股权投资（合并日被合并方在最终控制方合并报表中可辨认净资产账面价值份额+商誉） 　　贷：××负债（账面价值） 　　　　××资产（账面价值） 　　　　资本公积——股本溢价（差额，倒挤） 借：管理费用（审计费、律师费等） 　　贷：银行存款	借：长期股权投资（合并日被合并方在最终控制方合并报表中可辨认净资产账面价值份额+商誉） 　　贷：股本（发行股数×1） 　　　　资本公积——股本溢价（差额，倒挤） 借：资本公积——股本溢价（券商佣金等） 　　贷：银行存款 借：管理费用（审计费、律师费等） 　　贷：银行存款

> **彬哥解读**
>
> 同一控制下，合并方和被合并方在合并前后都受同一方最终控制。例如，A公司和B公司在合并前都受C公司控制，现在A公司合并了B公司，那么相对于C公司来说，整个集团的资产、负债的价值并没有任何变化，只是集团内部股权结构的调整，合并报表的账面价值一定不会因此发生变化。同一控制下企业合并本质不是新的合并，不会形成新的商誉。被合并方的资产、负债，都以最终控制方合并报表中的账面价值为基础。若被合并方最初为集团外收购的，最初收购被合并方而在最终控制方合并报表层面形成的商誉，在同一控制合并后金额不发生变化。

【例题6-3·主观题】假设BT教育有2家全资子公司B和C，关系如下图所示。其中，箭头表示控制与被控制关系。

现在B公司从BT教育取得C公司60%的股权。假设C公司在BT教育合并财务报表中净资产账面价值是200万元；作为合并对价，B公司给BT教育支付一项账面价值为100万元的固定资产。

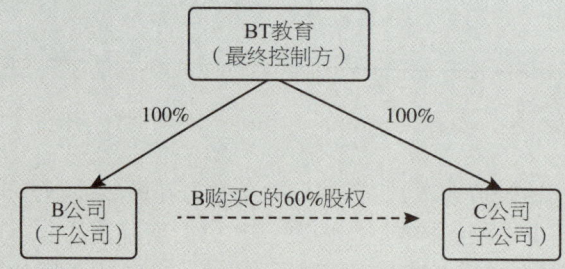

B公司的账务处理为：

方向	科目	金额	说明
借	长期股权投资	120（200×60%）即：C公司在BT教育合并报表的账面价值份额	C公司在企业集团中原来值多少钱，现在还是值多少钱（即同一体系，账面价值不变）
贷	固定资产	100 即：B付出资产的账面价值	固定资产按账面价值结转，不产生资产处置的损益（即同一体系，账面价值不变）
	资本公积——股本溢价	20（120-100）上述两项的差额，倒挤出来	(1) B付出固定资产的账面价值＜取得长投的账面价值：B从BT教育获得了净资产，即BT教育作为股东对子公司B进行注资，因此要增加B的资本公积。(2) 若B付出固定资产的账面价值＞取得长投的账面价值：BT教育从B获得了净资产，相当于BT教育作为股东从子公司B抽回了出资，因此要减少B的资本公积

第六章 长期股权投资与合营安排

📩 考点收纳盒

对子公司长期股权投资初始计量要点见表6-7。

表6-7

类别	做题标志	相同点	区分
非同一控制下企业合并	非关联方或者不存在最终控制方	（1）交易费用（审计、法律服务、资产评估等费用）计入管理费用。（2）发行股票的佣金、手续费冲减资本公积——股本溢价。（3）发行债券的费用，记入"应付债券——利息调整"。	长投初始入账价值=付出对价的**公允价值**
同一控制下企业合并	关联方或者存在最终控制方		长投初始入账价值=**最终控制方合并报表账面价值份额+商誉**

（二）后续计量

表6-8

交易或事项	会计分录
（1）被投资单位宣告发放现金股利	①被投资单位宣告发放现金股利： 借：应收股利 　　贷：投资收益 ②在实际收到时： 借：银行存款 　　贷：应收股利
（2）发生减值时	借：资产减值损失 　　贷：长期股权投资减值准备

📩 记忆面包

成本法核算的长投在个别报表上，只要不减值不追加不处置，账面价值永远不变。

【例题6-4·主观题】2017年1月1日，BT教育自非关联方取得A公司60%的股权，并于当日能够对A实施控制，支付价款120万元。为了合并，BT教育聘请了专业资产评估机构，支付评估费用10万元。2017年度，A公司实现净利润100万元。2018年3月25日，A公司宣告发放现金股利10万元。2018年5月1日，BT教育收到A公司发放的现金股利。

BT教育的账务处理为：
（1）2017年1月1日。
借：长期股权投资　　　　　　　　　　　　　　　　　　　120
　　贷：银行存款　　　　　　　　　　　　　　　　　　　　　120
借：管理费用　　　　　　　　　　　　　　　　　　　　　10
　　贷：银行存款　　　　　　　　　　　　　　　　　　　　　10

(2) 2018 年 3 月 25 日。

借：应收股利　　　　　　　　　　　　　　　　（10×60%）6
　　贷：投资收益　　　　　　　　　　　　　　　　　　　　6

(3) 2018 年 5 月 1 日。

借：银行存款　　　　　　　　　　　　　　　　　　　　　6
　　贷：应收股利　　　　　　　　　　　　　　　　　　　　6

（三）处置

会计分录：

借：银行存款
　　长期股权投资减值准备
　　贷：长期股权投资
　　　　投资收益

接《例 6-4》2019 年 1 月 1 日，BT 教育以 200 万元的价格将 A 公司股份全部出售。BT 教育账务处理为：

借：银行存款　　　　　　　　　　　　　　　　　　　　200
　　贷：长期股权投　　　　　　　　　　　　　　　　　　120
　　　　投资收益　　　　　　　　　　　　　　（200-120）80

考点 3　对联营企业、合营企业的长期股权投资的计量（权益法）（★★★）

（一）初始计量

原则：

（1）初始入账金额（初始投资成本）：付出对价公允价值 + 交易费用；

（2）付出对价为非现金资产的：视同出售，正常确认处置资产的损益（具体损益科目同处置资产）；

（3）中介费用（审计费、律师费等）：计入长投成本；

（4）发行股票的券商佣金：冲减资本公积——股本溢价，不足冲减，依次冲盈余公积、未分配利润。

表 6-9

以支付现金、转让非现金资产或承担债务方式作为合并对价	以发行权益性证券作为合并对价
借：长期股权投资——投资成本（付出对价公允价值+交易费用） 　　贷：××负债（公允价值） 　　　　××资产（公允价值，相当于卖掉资产，正常确认处置资产的损益） 　　　　银行存款（审计费、律师费等）	借：长期股权投资——投资成本（发行股数×购买日股价+交易费用） 　　贷：股本（发行股数×1） 　　　　资本公积——股本溢价（差额，倒挤） 　　　　银行存款（审计费、律师费等） 借：资本公积——股本溢价（券商佣金等） 　　贷：银行存款

彬哥解读

（1）在购买日，**要比较初始投资成本（付出成本）与享有被投资单位可辨认净资产公允价值的份额（取得公允）：**

①付出成本＞取得公允，属于商誉（在合并报表中确认），个别报表不用调整。

②付出成本＜取得公允，调增长投的初始成本，同时确认营业外收入。

分录为：

借：长期股权投资——投资成本
　　贷：营业外收入

【提示】可以理解为报喜不报忧。

（2）做题注意事项：

陷阱1：如果题目问购买日影响损益的金额，除了考虑视同处置资产的损益，还要考虑是否确认营业外收入。

陷阱2：如果题目问初始投资成本，则初始投资成本＝付出对价公允价值＋交易费用（不要加上后面调增的金额）；但如果题目问的是入账价值，则需要加上后面调增的金额。

【例题6-5·主观题】2017年1月1日，BT教育取得甲公司30%股权，支付价款2 900万元，另支付资产评估费用100万元。取得投资日，甲公司可辨认净资产公允价值与账面价值相等，均为7 500万元。

BT教育账务处理为：

借：长期股权投资——投资成本　　　　　　　　　（2 900＋100）3 000
　　贷：银行存款　　　　　　　　　　　　　　　　　　　　　　　3 000

因为初始成本3 000万元＞享有被投资单位在购买日的可辨认净资产公允价值份额2 250万元（7 500×30%），所以不用调整初始成本。

假设：取得投资日，甲公司可辨认净资产公允价值与账面价值相等，均为12 000万元。

因为初始成本3 000万元＜享有被投资单位在购买日的可辨认净资产公允价值份额3 600万元（12 000×30%），所以要调增初始成本。

借：长期股权投资——投资成本　　　　　　　　　（3 600－3 000）600
　　贷：营业外收入　　　　　　　　　　　　　　　　　　　　　　　600

【例题6-6·单选题】甲公司以发行普通股股票的方式取得了乙公司25%的股权，能够对乙公司实施重大影响。已知，甲公司发行数量为20万股，每股公允价值为15元，每股面值为1元。为增发该部分股票，甲公司另向证券承销机构支付了30万元的佣金和手续费。当日，乙公司可辨认净资产的账面价值为4 000万元、公允价值为3 500万元。假定不考虑其他因素，甲公司取得该项股权投资应确认的资本公积为（　　）万元。

A．280　　　　　B．300　　　　　C．250　　　　　D．420

【答案】 C

【解析】 甲公司取得该项股权投资确认的资本公积=发行股票的公允价值总额-股票面值总额-支付的佣金及手续费=15×20-20×1-30=250（万元）。

（二）后续计量（权益法计量）

1. 计量原则：权益法（用别人的报表编自己的故事）

初始投资成本确定后，在投资持有期间根据投资企业享有被投资单位所有者权益份额的变动对投资账面价值进行调整。

> **彬哥解读**
>
> （1）权益法的核心在于长期股权投资的账面价值金额与其所代表的被投资方权益份额的价值相一致，其变动也能反映被投资方权益的变动。
>
> （2）权益法只认购买日被购买方可辨认净资产公允价值，后续计算均以该金额为基础进行持续计算。
>
> （3）权益法，就是个"跟屁虫"，它盯着对方的所有者权益（即净资产），净资产变了，就要跟着调整。
>
> 比如，甲年初花了1 000亿元，买了20%的乙公司股票，能够对其施加重大影响，将其作为长期股权投资，并采用权益法核算。
>
> 那长期股权投资的成本就是1 000亿元。期末，乙公司实现净利润100亿元，也就是净资产增加了100亿元，那长期股权投资也要调增20亿元。
>
> 当然，导致净资产变动的情形，除了有实现净利润，还有发生净亏损、宣告发放现金股利、其他综合收益变动、其他权益变动等。但要注意的是，类似发放股票股利、盈余公积转增资本等属于所有者权益项目的内部重分类事项，并不会导致净资产发生变动，所以不用调整长期股权投资的账面价值。

2. 具体账务处理（1+5，6步法）

表6-10　　　　　　　　权益法长投账务处理

步骤	做题要点	会计分录
调整初始投资成本（投资日）	①比较：初始投资成本 VS 享有被投资单位在购买日可辨认净资产公允价值的份额； ②前者<后者，才调	借：长期股权投资——投资成本 　　贷：营业外收入
被投资单位实现净利润	按比例确认被投资单位的利润： ①投资收益的计算。 投资收益=调整后的净利润×持股比例 具体计算链接至"权益法长投对净利润的2个调整"。 ②利润归属期问题。 投资企业仅享有被投资单位自投资日至资产负债表日实现的净利润	借：长期股权投资——损益调整 　　贷：投资收益

续表

步骤	做题要点	会计分录
被投资单位发生净亏损	①**投资损失的计算。** 投资收益＝调整后的净亏损×持股比例 ②**超额亏损：按顺序。** 冲减长投账面价值（通过损益调整科目，将长投账面价值调减到0为止）→冲减长期应收款→确认预计负债→账外备查登记 （以后又开始赚钱了，反着依次调回来）	借：投资收益 　　贷：长期股权投资——损益调整① 　　　　长期应收款② 　　　　预计负债③ 还不够，则账外备查④ （以后赚钱则依次作相反分录）
被投资单位宣告发放现金股利	不确认投资收益，视同投资的收回，应冲减长投账面价值	借：应收股利 　　贷：长期股权投资——损益调整 借：银行存款 　　贷：应收股利
被投资单位其他综合收益发生变动	要注意被投资单位其他综合收益能否重分类进损益，这决定将来处置长期股权投资时结转其他综合收益的去向； （能重分类进损益→转入投资收益；不能重分类进损益→转入留存收益）	借：长期股权投资——其他综合收益 　　贷：其他综合收益 （或作相反分录）
被投资单位其他权益变动	除净损益、宣告发放现金股利、其他综合收益以外的其他变动，常考的有： ①被投资单位获得其他股东资本性投入（资本公积）； ②被投资单位发行可转债（其他权益工具）； ③被投资单位确认权益结算股份支付（资本公积）； ④其他股东对被投资单位增资导致投资方持股比例变化（稀释股权）等。	借：长期股权投资——其他权益变动 　　贷：资本公积——其他资本公积 （或作相反分录）

> **彬哥解读**
>
> （1）被投资单位发放股票股利（不影响权益总额），投资企业不作账务处理，但应于除权日注明所增加的股数，以反映股份的变化情况。
>
> （2）权益法长投在期末如果发生减值，也要计提资产减值损失，确认长期股权投资减值准备。

【例题6-7·多选题·2017年】企业采用权益法核算长期股权投资时，下列各项中，影响长期股权投资账面价值的有（　　）。

A. 被投资单位其他综合收益变动　　B. 被投资单位发行一般公司债券

C. 被投资单位以盈余公积转增资本　　D. 被投资单位实现净利润

【答案】AD

【解析】选项BC，被投资单位所有者权益总额不发生变动，投资方不需要调整长期股权投资账面价值。

3. 权益法长投对净利润2个调整
（1）在**投资日**被投资单位资产或负债公允价值和账面价值的差异。

表6-11

基本原则	在计算归属于投资企业享有的净利润或承担的净亏损时，应当以**取得投资时点**被投资单位可辨认净资产的公允价值为基础，对被投资单位的净利润进行调整，即调整公允价值与账面价值的差额对被投资方净利润的影响
调整依据	被投资单位个别利润表中的净利润是以其持有的资产、负债**账面价值**为基础持续计算的，而投资企业在取得投资时，是以被投资单位有关资产、负债的**公允价值**为基础确定投资成本，长期股权投资的投资收益所代表的是于投资日被投资单位资产、负债在采用公允价值计量的情况下在未来期间通过经营产生的损益中归属于投资企业的部分，因此需要进行上述调整
调整公式	$\begin{cases} 存货调整：净利润-（购买日公允-账面）\times 当年出售比例 \\ 固定资产调整：净利润-\dfrac{（购买日公允-账面）}{尚可使用年限}\times\dfrac{当年折旧月数}{12} \end{cases}$ 减值调整：以购买日公允价值重新确定应计提的减值损失，并相应调整净利润。 提示： （1）购买日评估增值的部分调减（减值部分调增），无须区分交易发生当期或以后期间。 （2）计算折旧月数的时候不要去考虑固定资产当月增加下月折旧（因为该固定资产在购买日之前就已经存在于被投资单位）

【例题6-8·主观题】甲公司2021年1月1日取得乙公司30%的股权，对乙公司具有重大影响。2021年1月1日乙公司可辨认净资产的账面价值为9 000万元，公允价值为10 000万元，其中一项管理用无形资产账面价值为2 000万元，公允价值为3 000万元，取得投资时，该无形资产尚可使用年限为10年，采用年限平均法计提摊销，净残值为零，其他可辨认资产、负债的账面价值与公允价值相等。乙公司2021年实现净利润2 000万元。不考虑其他因素。

【解析】
2021年乙公司实际计提摊销金额=2 000÷10=200（万元）
2021年甲公司认为应计提摊销金额=3 000÷10=300（万元）
调整后的乙公司2021年净利润=2 000-（300-200）=1 900（万元）
2021年甲公司按应享有份额确认投资收益的金额=1 900×30%=570（万元）
借：长期股权投资——损益调整　　　　　　　　　　　　　570
　　贷：投资收益　　　　　　　　　　　　　　　　　　　570

【例题6-9·主观题·教材】甲公司于2007年1月10日购入乙公司30%的股份，购买价款为3 300万元，并自取得投资之日起派人参与乙公司的财务和生产经营决策。取得投资当日，乙公司可辨认净资产公允价值为9 000万元，除下表所列项目外，乙公司其他资产、负债的公允价值与账面价值相同。

单位：万元

项目	账面原价	已提折旧或摊销	账面价值	公允价值	乙公司预计使用年限	甲公司取得投资后剩余使用年限
存货	750	0	750	1 050		
固定资产	1 800	360	1 440	2 400	20	16
无形资产	1 050	210	840	1 200	10	8
合计	3 600	570		4 650		

假定乙公司于2007年实现净利润900万元，其中，在甲公司取得投资时的账面存货有80%对外出售。甲公司与乙公司的会计年度及采用的会计政策相同。固定资产、无形资产均按年限平均法（直线法）提取折旧或摊销，预计净残值均为0。假定甲、乙公司间未发生任何内部交易。

甲公司在确定因持有乙公司投资应享有的投资收益时，应在乙公司实现净利润的基础上，根据取得投资时乙公司有关资产的账面价值与其公允价值差额的影响进行调整（假定不考虑所得税影响）：

存货账面价值与公允价值的差额应调减的利润＝（1 050－750）×80%＝240（万元）

固定资产公允价值与账面价值差额应调整增加的折旧额＝2 400÷16－1 800÷20＝60（万元）

或＝（2 400－1 440）÷16＝60（万元）

无形资产公允价值与账面价值差额应调整增加的摊销额＝1 200÷8－1 050÷10＝45（万元）

或＝（1 200－840）÷8＝45（万元）

调整后的净利润＝900－240－60－45＝555（万元）

甲公司应享有份额＝555×30%＝166.50（万元）

确认投资收益的账务处理如下：

借：长期股权投资——损益调整　　　　　　　　　　　　　　　　　1 665 000
　　贷：投资收益　　　　　　　　　　　　　　　　　　　　　　　　　　1 665 000

（2）在**投资日后**投资企业与被投资单位发生内部交易（见表6－12）。

【提示】以下内容特指在个别报表中的处理。

表6－12

基本原则	投资企业与联营企业及合营企业之间发生的未实现**内部交易**损益，按照持股比例计算归属于投资企业的部分，应当予以抵销，在此基础上确认投资损益
处理要点	①未实现的内部交易利润要调减（亏损则调增，但如果资产发生减值损失的不调增），即先全部减掉，后续实现多少加回多少。 （跨年实现的记得在实现当年按实现比例调增当年利润） ②个别报表无须区分逆流和顺流，全部都要调。 （但合并报表要区分） ③投资方初始投资时以非货币性资产作为对价的，会计处理与未实现内部交易损益的调整一样。 （不要作为投资日评估增值部分来调整）

续表

内部交易	顺流交易	投资企业向其联营企业或合营企业**出售资产**
	逆流交易	联营企业或合营企业向投资企业**出售资产**
交易当年		存货调整：净利润－（售价－账面）＋（售价－账面）×当年出售比例 固定资产调整：净利润－（售价－账面）＋$\dfrac{(售价-账面)}{尚可使用年限}×\dfrac{当年折旧月数}{12}$ 或者： 存货调整：净利润－（售价－账面）×（1－当年出售比例） 固定资产调整：净利润－[（售价－账面）－（售价－账面）÷尚可使用年限×当年折旧月数÷12]
交易次年及以后		存货调整：净利润＋（售价－账面）×当年出售比例 固定资产调整：净利润＋$\dfrac{(售价-账面)}{尚可使用年限}×\dfrac{当年折旧月数}{12}$

【例题6-10·主观题·教材改编】甲企业于2017年1月取得乙公司20%有表决权股份，能够对乙公司施加重大影响。假定甲企业取得该项投资时，乙公司各项可辨认资产、负债的公允价值与其账面价值相同。2017年8月，乙公司将其成本为600万元的某商品以1 000万元的价格出售给甲企业，甲企业将取得的商品作为存货。至2017年资产负债表日，甲仍未对外出售该存货。乙2017年实现净利润为3 200万元。不考虑其他因素。

计算2017年甲企业持有乙公司股权应确认的投资收益并写出账务处理。

【解析】甲企业在按照权益法确认应享有乙公司2017年净损益时，应进行以下账务处理：

乙公司经调整后的净利润＝3 200－（1 000－600）＝2 800（万元）；应确认的投资收益＝2 800×20%＝560（万元）。

借：长期股权投资——损益调整　　　　　　　　　　　　　　560
　　贷：投资收益　　　　　　　　　　　　　　　　　　　　560

【拓展1】

假设2017年10月，甲企业出售60%的从乙公司采购的商品，计算2017年甲企业持有乙公司股权应确认的投资收益。

2017年甲企业确认的投资收益＝[3 200－（1 000－600）×（1－60%）]×20%＝608（万元）

【拓展2】

假设2018年，甲企业将该商品以1 200万元的价格全部出售给外部独立第三方，乙公司2018年实现净利润为3 000万元，计算2018年甲企业持有乙公司股权应确认的投资收益。

由于2017年产生的内部交易损益已实现，故甲企业在确认应享有乙公司2018年净损益时，应将原抵销的未实现内部交易损益加回乙公司2018实现净利润。

2018年甲企业确认的投资收益＝[3 000＋（1 000－600）]×20%＝680（万元）

考点收纳盒

权益法长投对净利润的 2 个调整（个别报表）见表 6-13。

表 6-13

	存货	固定资产和无形资产
投资时：被投资单位资产或负债的公允价值≠账面价值（减去应调增的费用）	调整后的净利润=净利润-（购买日公允-账面）×当期出售比例	调整后的净利润=净利润-（购买日公允-账面）÷尚可使用年限×（当年折旧月数÷12）
投资后：发生了内部交易（减去未实现内部交易损益）	交易发生当年	
	调整后的净利润=净利润-（售价-账面）×（1-当期出售比例）	净利润=净利润-（售价-账面）+（售价-账面）÷尚可使用年限×（当年折旧月数÷12）
	交易以后年度	
	调整后的净利润=净利润+（售价-账面）×当期出售比例	调整后的净利润=净利润+（售价-账面）÷尚可使用年限×（当年折旧月数÷12）

关联贴纸

权益法下抵销未实现内部损益的合并报表会计处理见表 6-14。

【提示】该考点属于偏僻难点，建议在第一轮学习时放弃，等学完合并报表之后再来学习。

表 6-14

定义	投资企业对外编制合并财务报表的（除了拥有联营企业或合营企业外还有子公司），应在合并财务报表中对长期股权投资（对联营企业或合营企业）及包含未实现内部交易损益的资产账面价值进行调整，抵销有关资产账面价值中包含的未实现内部交易损益，并相应调整对联营企业或合营企业的长期股权投资	
会计处理	类型	未实现损益体现在购买方的存货中	未实现损益体现在购买方的非流动资产中
	顺流交易	借：营业收入（销售价格×持股比例） 贷：营业成本（销售成本×持股比例） 　　投资收益（差额）	借：资产处置收益［（公允-账面）×持股比例］ 贷：投资收益
	逆流交易	借：长期股权投资（存货的未实现内部损益×持股比例） 贷：存货	借：长期股权投资（固定/无形资产的未实现内部损益×持股比例） 贷：固定资产/无形资产
BT 提醒：顺流交易合并报表的调整分录与被投资方是否对外出售无关		

彬哥解读

如果投资方不存在子公司，就不用编制合并报表，也就不存在未实现内部交易损益在合并报表的调整抵销。

如果投资方存在子公司，那就要编制合并报表，在合并报表底稿中，要对投资方与联营企业之间内部交易未实现损益进行调整抵销。

原理：调整分录=应有分录（合并报表要抵的）-已有分录（个别报表已抵的）。

合并报表：实际多什么就抵销什么。

个别报表：一律抵销投资收益和长期股权投资。

（1）顺流交易：投资方出售存货给联营企业。

合并报表：投资方多了营业收入、营业成本，联营企业多了存货（但联营企业的资产未纳入合并报表，在合并报表中体现为投资方的长期股权投资），要抵销。

个别报表：抵销投资收益、长期股权投资。

应有分录（合并报表）	已有分录（个别报表）	调整分录（应有－已有）
借：营业收入 　贷：营业成本 　　　长期股权投资（代替虚增存货）	借：投资收益 　贷：长期股权投资	借：营业收入 　贷：营业成本 　　　投资收益

（2）逆流交易：联营企业出售存货给投资方。

合并报表：投资方多了存货，联营企业多了营业收入、营业成本（联营企业利润未纳入合并报表，在合并报表中体现为投资方的投资收益），要抵销。

个别报表：抵销投资收益、长期股权投资。

应有分录（合并报表）	已有分录（个别报表）	调整分录（应有－已有）
借：投资收益（代替虚增利润） 　贷：存货	借：投资收益 　贷：长期股权投资	借：长期股权投资 　贷：存货

【总结】损益抵损益（顺流），资产抵资产（逆流）。
或者：顺流抵损益，逆流抵资产。

【例题6-11·主观题·教材改编】甲企业于2017年1月取得乙公司20%有表决权股份，能够对乙公司施加重大影响。假定甲企业取得该项投资时，乙公司各项可辨认资产、负债的公允价值与其账面价值相同。2017年8月，乙将其成本为600万元的某商品以1 000万元的价格出售给甲，甲企业将取得的商品作为存货。至2017年资产负债表日，甲仍未对外出售该存货。乙2017年实现净利润为3 200万元。不考虑其他因素，计算2017年甲持有乙公司股权应确认的投资收益并写出账务处理。

【解析】甲企业在按照权益法确认应享有乙公司2017年净损益时，应进行以下账务处理：

乙公司经调整后的净利润＝3 200－（1 000－600）＝2 800（万元）；应确认的投资收益＝2 800×20%＝560（万元）。

借：长期股权投资——损益调整　　　　　　　　　　　　560
　　贷：投资收益　　　　　　　　　　　　　　　　　　　　560

【拓展1】

进行上述处理后，假设投资企业有子公司，需要编制合并财务报表的，在合并财务报表中，因该未实现内部交易损益体现在投资企业持有存货的账面价值当中，应在合并财务报表中进行以下调整：

借：长期股权投资——损益调整　　　　　　　　　　[（1 000 -600）×20%] 80
　　贷：存货　　　　　　　　　　　　　　　　　　　　　　　　　　80

【拓展2】
假定至2017年12月31日，甲企业已对外出售该存货的70%，30%形成期末存货。
（1）乙公司经调整后的净利润=3 200-（1 000-600）×30%=3 080（万元），甲企业个别报表会计处理如下：
　　借：长期股权投资——损益调整　　　　　　　　　　（3 080×20%）616
　　　　贷：投资收益　　　　　　　　　　　　　　　　　　　　　　616
（2）甲企业若存在子公司，合并财务报表中进行以下调整：
　　借：长期股权投资——损益调整　　　　　　　　[（1 000-600）×30%×20%] 24
　　　　贷：存货　　　　　　　　　　　　　　　　　　　　　　　　24

【拓展3】
甲企业至2017年末未出售上述存货，于2018年将上述商品对外出售80%，乙公司2018年实现净利润为3 000万元。
（1）乙公司经调整后的净利润=3 000+400×80%=3 320（万元）
甲企业个别报表会计处理如下：
　　借：长期股权投资——损益调整　　　　　　　　　　（3 320×20%）664
　　　　贷：投资收益　　　　　　　　　　　　　　　　　　　　　　664
（2）甲企业若存在子公司，合并财务报表中进行以下调整：
　　借：长期股权投资——损益调整　　　　　　　　[（1 000-600）×20%×20%] 16
　　　　贷：存货　　　　　　　　　　　　　　　　　　　　　　　　16

（三）处置

1. 处理原则

（1）实际收到价款与账面价值的差额计入投资收益。

（2）持有期间确认的其他综合收益转入投资收益（能够重分类进损益的其他综合收益）或者留存收益（不能重分类进损益的其他综合收益）。

【提示】其他综合收益的分类链接至所有者权益章节。

（3）持有期间确认的其他资本公积转入投资收益。

> **彬哥解读**
>
> （1）投资企业确认的其他综合收益能否重分类进损益，要与被投资单位保持一致。如果是其他权益工具投资公允价值变动、重新设定收益计划形成的其他综合收益，则不能重分类进损益。
>
> （2）如果是处置部分股权投资后还按权益法核算：其他综合收益、其他资本公积按比例结转。

2. 会计分录

借：银行存款（实际收到价款）
　　贷：长期股权投资——投资成本
　　　　　　　　　　——损益调整（可能在借方）
　　　　　　　　　　——其他综合收益（可能在借方）
　　　　　　　　　　——其他权益变动（可能在借方）
　　　　投资收益（差额，倒挤）
借：其他综合收益
　　贷：投资收益/留存收益
（或作相反分录）
借：资本公积——其他资本公积
　　贷：投资收益
（或作相反分录）

【例题6-12·主观题】2017年1月1日，甲公司取得B公司30%股权，支付价款2 900万元，另支付资产评估费用100万元。取得投资日，B公司可辨认净资产公允价值与账面价值相等，均为7 500万元。

（1）2017年5月30日，B公司宣告发放现金股利500万元。

（2）2017年度，B公司实现净利润8 000万元，甲公司与B公司没有发生内部交易。

（3）2017年度，B公司因持有的其他债权投资公允价值变动计入其他综合收益200万元。

（4）2017年度，B公司因接受其他股东资本性投入导致资本公积增加300万元。

（5）2018年2月1日，甲公司处置持有B公司全部股份，收到价款6 000万元。

【解析】

（1）2017年5月30日，B公司宣告发放现金股利500万元。

借：应收股利　　　　　　　　　　　　　　　　　　　　　　150
　　贷：长期股权投资——损益调整　　　　　　　　　　　　　　150

（2）2017年度，B公司实现净利润8 000万元，甲公司与B公司没有发生内部交易。

借：长期股权投资——损益调整　　　　　　　　　　　　　2 400
　　贷：投资收益　　　　　　　　　　　　　　　　　　　　　2 400

（3）2017年度，B公司因持有的其他债权投资公允价值变动计入其他综合收益200万元。

借：长期股权投资——其他综合收益　　　　　　　　　　　　60
　　贷：其他综合收益　　　　　　　　　　　　　　　　　　　　60

（4）2017年度，B公司因接受其他股东资本性投入导致资本公积增加300万元。

借：长期股权投资——其他权益变动　　　　　　　　　　　　90
　　贷：资本公积——其他资本公积　　　　　　　　　　　　　　90

（5）2018年2月1日，甲公司处置持有B公司全部股份，收到价款6 000万元。

甲公司会计分录为：
借：银行存款　　　　　　　　　　　　　　　　　　　　6 000
　　贷：长期股权投资——投资成本　　　　　　　　　　3 000
　　　　　　　　　　——损益调整　　　　　（2 400－150）2 250
　　　　　　　　　　——其他综合收益　　　　　　　　　60
　　　　　　　　　　——其他权益变动　　　　　　　　　90
　　　　　　投资收益　　　　　　　　　　　　　　　　600
借：其他综合收益　　　　　　　　　　　　　　　　　　60
　　资本公积——其他资本公积　　　　　　　　　　　　90
　　贷：投资收益　　　　　　　　　　　　　　　　　　150

考点 4　长期股权投资核算方法的转换（★★★）

股权投资因为增资或者减资，导致性质发生改变，应调整会计核算方法。

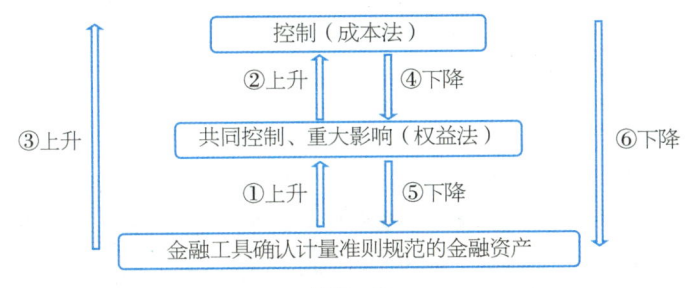

图 6－2

彬哥解读

长期股权投资转换的规律：跨界原则。

个别报表看科目，科目改变就发生跨界，应视同出售，先卖后买（本考点讲解）。

合并报表看控制，控制权改变就发生跨界，应视同出售，先卖后买（待合并报表讲解）。

（1）金融资产与长投互转：原股权投资视同出售，新股权投资以公允价值计量

①金融资产转长投：原金融资产视同出售，长投初始成本＝公允（原股权）＋公允（新付出对价）。

②长投转金融资产：原长投视同出售，金融资产初始成本＝公允。

（2）长投之间互转：原股权投资按账面价值结转，不视同出售

①权益法转成本法：原长投按账面结转，新长投初始成本＝账面（原股权投资）＋公允（新付出对价）。

②成本法转权益法：剩余股权先按账面价值结转，再按权益法追溯调整，注意区分净利润归属期。

(一) 金融资产→权益法

1. 会计处理原则:"跨界",视同出售(原金融资产做"卖掉"处理)
   (1) 长期股权投资初始投资成本=金融资产**公允**+新对价**公允**(含相关税费)。
   (2) 金融资产视同出售。
   ① 交易性金融资产:公允与账面之差计入投资收益;
   ② 其他权益工具投资:公允与账面之差及其他综合收益转留存收益。
   (3) 考虑调初始投资成本。
   初始投资成本＜享有净资产公允价值份额,则调增长投账面价值,并确认营业外收入。
2. 会计分录

表6-15

原投资为交易性金融资产	原投资为其他权益工具投资

借:长期股权投资——投资成本(金融资产公允+新对价公允)
  贷:交易性金融资产(账面价值)
    投资收益(金融资产公允与账面之差)
    银行存款等(新对价公允)
	借:长期股权投资——投资成本(金融资产公允+新对价公允)
	  贷:其他权益工具投资(账面价值)
	    盈余公积
	    利润分配——未分配利润
	    银行存款等(新对价公允)
	借:其他综合收益
	  贷:盈余公积
	    利润分配——未分配利润
	(或作相反分录)

【例题6-13·主观题·教材改编】2019年1月1日甲公司支付1 016万元(含交易费用1万元和已经宣告发放的现金股利15万元)购入乙公司发行的股票200万股,占乙公司表决权股份的5%。甲公司据金融工具确认和计量准则将其指定为以公允价值计量且其变动计入其他综合收益的非交易性权益工具投资。2019年末该金融资产的公允价值为1 040万元。2020年5月20日甲公司又以2 940万元的银行存款自另一非关联方处取得乙公司15%的股权,相关手续于当日完成。当日,乙公司可辨认净资产公允价值总额为20 000万元,至此持股比例达到20%。取得该部分股权后,按照乙公司章程规定,甲公司能够对乙公司施加重大影响,对该项股权投资转为采用权益法核算。不考虑相关税费等其他因素影响。当日,原5%股权投资的公允价值为980万元。

要求:写出从购买日到出售日该事项相关的账务处理。

【答案】
(1) 2019年1月1日购买日确认该金融资产:
借:应收股利   15
    其他权益工具投资——成本   1 001
  贷:银行存款   1 016
(2) 2019年12月31日确认公允价值变动:
借:其他权益工具投资——公允价值变动   39
  贷:其他综合收益   39

（3）2020 年 5 月 20 日购买日追加投资，确认长期股权投资：

借：长期股权投资——投资成本　　　　　　　　　　　　3 920
　　盈余公积　　　　　　　　　　　　　　　　　　　　　　6
　　利润分配——未分配利润　　　　　　　　　　　　　　 54
　　贷：其他权益工具投资——成本　　　　　　　　　　1 001
　　　　　　　　　　　　　——公允价值变动　　　　　　 39
　　　　银行存款　　　　　　　　　　　　　　　　　　2 940

（4）原确认的其他综合收益转到留存收益：

借：其他综合收益　　　　　　　　　　　　　　　　　　　39
　　贷：盈余公积　　　　　　　　　　　　　　　　　　　3.9
　　　　利润分配——未分配利润　　　　　　　　　　　　35.1

（5）初始投资成本 3 920 万元 < 应享有乙公司可辨认净资产公允价值的份额 4 000 万元，按照权益法调整长期股权投资的初始投资成本：

借：长期股权投资——投资成本　　　　　　　　　　　　　80
　　贷：营业外收入　　　　　　　　　　　　　　　　　　 80

（二）金融资产→成本法

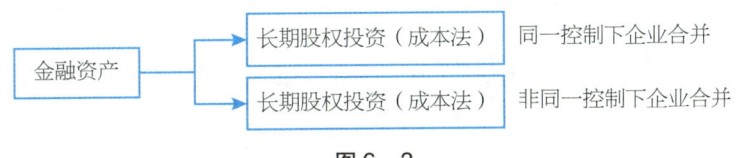

图 6-3

1. 非同一控制下企业合并

（1）基本原则："跨界"，视同出售（原金融资产做卖掉处理）。

$$长期股权投资初始投资成本 = 金融资产公允 + 新对价公允$$

金融资产视同出售：

①交易性金融资产：公允与账面之差计入投资收益。

②其他权益工具投资：公允与账面之差及其他综合收益转留存收益。

（2）会计分录见表 6-16。

表 6-16

原投资为交易性金融资产	原投资为其他权益工具投资
借：长期股权投资（金融资产公允+新对价公允） 　　贷：交易性金融资产（账面价值） 　　　　投资收益（金融资产公允与账面之差） 　　　　银行存款等（新对价公允）	借：长期股权投资（金融资产公允+新对价公允） 　　贷：其他权益工具投资（账面价值） 　　　　盈余公积 　　　　利润分配——未分配利润 　　　　银行存款等（新对价公允） 借：其他综合收益 　　贷：盈余公积 　　　　利润分配——未分配利润 （或作相反分录）

【例题6-14·主观题·教材改编】2018年1月1日，A公司以每股6元的价格购入某上市公司B公司的股票200万股，并由此持有B公司5%的股权。A公司与B公司不存在关联方关系。A公司将对B公司的投资作为交易性金融资产核算。2018年12月31日，B公司股价为每股6.5元。

2019年2月1日，A公司支付银行存款15 000万元，向B公司大股东收购B公司50%的股权，相关手续于当日完成，B公司当日股价为每股7元，B公司可辨认净资产的公允价值为24 000万元，不考虑相关税费。

请写出A公司取得B公司长期股权投资的会计分录。

【答案】

①2018年1月1日购买日确认该金融资产

借：交易性金融资产——成本　　　　　　　　　　　　　1 200
　　贷：银行存款　　　　　　　　　　　　　　　　　　　1 200

②2018年12月31日确认公允价值变动

借：交易性金融资产——公允价值变动　　（1 300－1 200）100
　　贷：公允价值变动损益　　　　　　　　　　　　　　　　100

③2019年2月1日购买日追加投资，确认长期股权投资

借：长期股权投资　　　　　　　　　　　　　　　　　　16 400
　　贷：银行存款　　　　　　　　　　　　　　　　　　　15 000
　　　　交易性金融资产——成本　　　　　　　　　　　　1 200
　　　　　　　　　　　　——公允价值变动　　　　　　　　100
　　　　投资收益　　　　　　　　　　　　　　　　　　　　100

2. 同一控制下企业合并（分步交易实现同一控制下企业合并）

（1）基本原则。

①长期股权投资初始投资成本＝最终控制方合并报表中的可辨认净资产账面价值份额＋全部商誉

②差额处理：新长投账面价值－（原投资账面价值＋新付出对价账面价值）的差额，计入资本公积——股本溢价

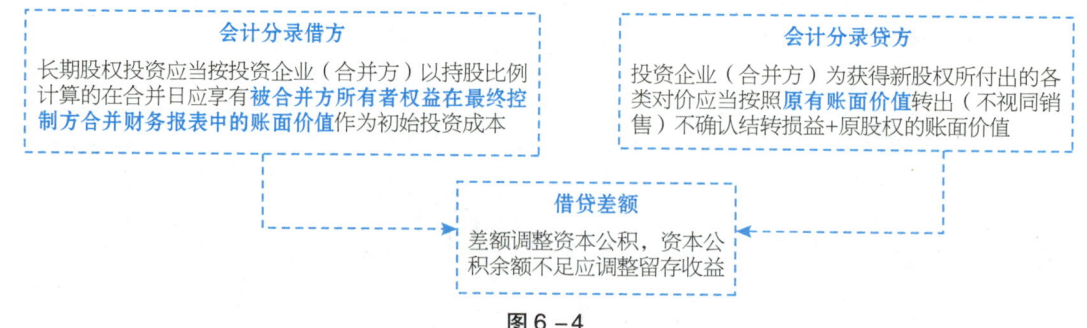

图6-4

注：合并之前持有的股权投资，因金融工具确认和计量准则核算而确认的其他综合收益等，暂不进行会计处理。

(2) 会计分录。

借：长期股权投资（合并日被合并方在最终控制方合并报表中可辨认净资产账面价值份额+全部商誉）
  贷：金融资产（原账面价值）
    银行存款等（新对价账面价值）
    资本公积——股本溢价（差额，倒挤）
借：管理费用（审计费、律师费等）
  贷：银行存款

【例题6-15·主观题·教材改编】 2015年5月1日，甲公司取得乙公司10%的股份，实际支付款项1 000万元，甲公司将该项股权投资作为交易性金融资产来核算。

2015年12月31日，该交易性金融资产公允价值为1 200万元。

2016年4月1日，甲公司支付银行存款6 000万元，又购入同一集团内另一企业丙公司持有的乙公司50%股权。丙公司原控制乙公司80%的股权。假设当日该交易性金融资产公允价值为1 500万元。

2016年4月1日，乙公司在最终控制方合并财务报表中的净资产账面价值为18 000万元。进一步取得投资后，甲公司对乙公司实施控制。甲公司和乙公司采用的会计政策相同。甲、乙和丙公司一直同受最终控制方的控制。

【答案】
(1) 2015年5月1日，取得交易性金融资产：
借：交易性金融资产——成本   1 000
  贷：银行存款   1 000
(2) 2015年12月31日，确认交易性金融资产公允价值变动：
借：交易性金融资产——公允价值变动   （1 200-1 000）200
  贷：公允价值变动损益   200
(3) 2016年4月1日，通过多次交易实现控制：
借：长期股权投资   （18 000×60%）10 800
  贷：银行存款   （新付出对价账面价值）6 000
    交易性金融资产——成本   1 000
        ——公允价值变动   200
    资本公积——股本溢价   【差额，倒挤】3 600

(三) 成本法→金融资产

1. 会计处理原则："跨界"，原成本法长投视同出售
(1) 金融资产：按转换日公允价值入账。
(2) 长期股权投资：视同出售，公允价值与账面价值的差额计入投资收益。

2. 会计分录

表6－17

处置部分股权	借：银行存款（处置部分收到价款） 　　贷：长期股权投资（原账面价值×处置比例） 　　　　投资收益（差额，可能在借方）
剩余股权按公允价值计量	借：其他权益工具投资/交易性金融资产（剩余股权在丧控日公允价值） 　　贷：长期股权投资（原账面价值×剩余股权比例） 　　　　投资收益（差额，可能在借方）

【例题6－16·主观题·教材改编】甲公司持有乙公司60%股权并能控制乙公司，投资成本为1 200万元，按成本法核算。2008年5月12日，甲公司出售所持乙公司股权的90%给非关联方，所得价款为1 800万元，剩余6%股权于丧失控制权日的公允价值为200万元，甲公司将其分类为以公允价值计量且其变动计入当期损益的金融资产中的交易性金融资产。假定不考虑其他因素，甲公司于丧失控制权日的会计处理如下：

（1）2008年5月12日处置部分股权：
借：银行存款　　　　　　　　　　　　　　　　　　　　　18 000 000
　　贷：长期股权投资　　　　　　　　　　　　　　　　　10 800 000
　　　　投资收益　　　　　　　　　　　　　　　　　　　　7 200 000
（2）剩余股权按公允价值重新计量：
借：交易性金融资产——成本　　　　　　　　　　　　　　2 000 000
　　贷：长期股权投资　　　　　　　　　　　　　　　　　 1 200 000
　　　　投资收益　　　　　　　　　　　　　　　　　　　　 800 000

（四）权益法→金融资产

1. 会计处理原则："跨界"，原权益法长投视同出售

（1）金融资产：按转换日公允价值入账。

（2）长期股权投资：视同出售，公允价值与账面价值的差额计入投资收益，持有期间确认的其他综合收益全部结转到投资收益（能重分类进损益的）或留存收益（不能重分类进损益的），其他资本公积全部结转到投资收益。

2. 会计分录

表6－18

处置部分股权	借：银行存款（处置部分收到价款） 　　贷：长期股权投资——投资成本/损益调整/其他综合收益/其他权益变动（原账面价值×处置比例） 　　　　投资收益（差额，可能在借方）
剩余股权按公允价值计量	借：其他权益工具投资/交易性金融资产（剩余股权在丧控日公允价值） 　　贷：长期股权投资——投资成本/损益调整/其他综合收益/其他权益变动（原账面价值×剩余股权比例） 　　　　投资收益（差额，可能在借方）

续表

| 其他综合收益和资本公积全部结转 | 借：其他综合收益
　　贷：投资收益/留存收益
借：资本公积——其他资本公积
　　贷：投资收益
（或作相反分录） |

> **彬哥解读**
>
> 原采用权益法核算的其他综合收益应当在终止采用权益法核算时，采用与被投资单位直接处置相关资产或负债相同的基础进行会计处理。
>
> 如果其他综合收益源于被投资方其他债权投资的价值变动，则转入投资收益。
>
> 如果源于被投资方其他权益工具投资的价值变动，则转入留存收益。

【例题 6-17·主观题·教材改编】 甲公司持有乙公司 30% 的有表决权股份，能够对乙公司施加重大影响，对该股权投资采用权益法核算。2008 年 10 月，甲公司将该项投资中的 50% 出售给非关联方，取得价款 1 800 万元。相关股权划转手续于当日完成。甲公司持有乙公司剩余 15% 股权，无法再对乙公司施加重大影响，指定为以公允价值计量且其变动计入其他综合收益的金融资产。股权出售日，剩余股权的公允价值为 1 800 万元。

出售该股权时，长期股权投资的账面价值为 3 200 万元，其中投资成本 2 600 万元，损益调整为 300 万元，因被投资单位的指定为以公允价值计量且其变动计入其他综合收益的金融资产的累计公允价值变动享有部分为 200 万元，除净损益、其他综合收益和利润分配以外的其他所有者权益变动为 100 万元。不考虑相关税费等其他因素影响。

甲公司的会计处理如下：

（1）处置部分股权：

借：银行存款　　　　　　　　　　　　　　　　　　　　　1 800
　　贷：长期股权投资——投资成本　　　　　　　　　　　　1 300
　　　　　　　　　　——损益调整　　　　　　　　　　　　　150
　　　　　　　　　　——其他综合收益　　　　　　　　　　　100
　　　　　　　　　　——其他权益变动　　　　　　　　　　　 50
　　　　投资收益　　　　　　　　　　　　　　　　　　　　　200

（2）剩余股权按公允价值计量：

借：其他权益工具投资——成本　　　　　　　　　　　　　1 800
　　贷：长期股权投资——投资成本　　　　　　　　　　　　1 300
　　　　　　　　　　——损益调整　　　　　　　　　　　　　150
　　　　　　　　　　——其他综合收益　　　　　　　　　　　100
　　　　　　　　　　——其他权益变动　　　　　　　　　　　 50
　　　　投资收益　　　　　　　　　　　　　　　　　　　　　200

（3）结转其他综合收益、资本公积：

借：其他综合收益　　　　　　　　　　　　　　　　　　200
　　贷：盈余公积　　　　　　　　　　　　　　（200×10%）20
　　　　利润分配——未分配利润　　　　　　　（200×90%）180
借：资本公积——其他资本公积　　　　　　　　　　　　100
　　贷：投资收益　　　　　　　　　　　　　　　　　　100

（五）权益法→成本法

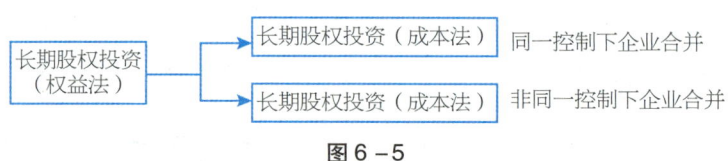

图6-5

1．非同一控制下企业合并

（1）会计处理原则：未"跨界"，原权益法长投不视同出售，按账面价值结转。

①长期股权投资初始投资成本＝原投资账面＋新对价公允

②原权益法长投在持有期间确认的其他综合收益、其他资本公积暂时不用转出，等以后处置长期股权投资时再转出。

（2）会计分录。

借：长期股权投资（原投资账面＋新对价公允）
　　贷：长期股权投资——投资成本
　　　　　　　　　　——损益调整
　　　　　　　　　　——其他综合收益
　　　　　　　　　　——其他权益变动
　　　　银行存款等（新对价公允）

【例题6-18·主观题】 A公司于2008年3月以12 000万元取得B公司20%的股权，并能对B公司施加重大影响，采用权益法核算该项股权投资，当年度确认对B公司的投资收益450万元。2009年4月，A公司又斥资15 000万元自C公司取得B公司另外30%的股权。A公司除净利润外，无其他所有者权益变动，按净利润的10%提取盈余公积。A公司对该项长期股权投资未计提任何减值准备。A公司所持B公司20%的股权在2009年4月的公允价值是16 000万元。购买日，A公司应进行以下账务处理：

个别报表的长期股权投资账面价值＝（12 000＋450）＋15 000＝27 450（万元）

借：长期股权投资　　　　　　　　　　　　　　　　　27 450
　　贷：银行存款　　　　　　　　　　　　　　　　　15 000
　　　　长期股权投资——投资成本　　　　　　　　　12 000
　　　　　　　　　　——损益调整　　　　　　　　　　　450

第六章 长期股权投资与合营安排

2. 同一控制下企业合并（与"金融资产→同一控制下成本法长投"相同）

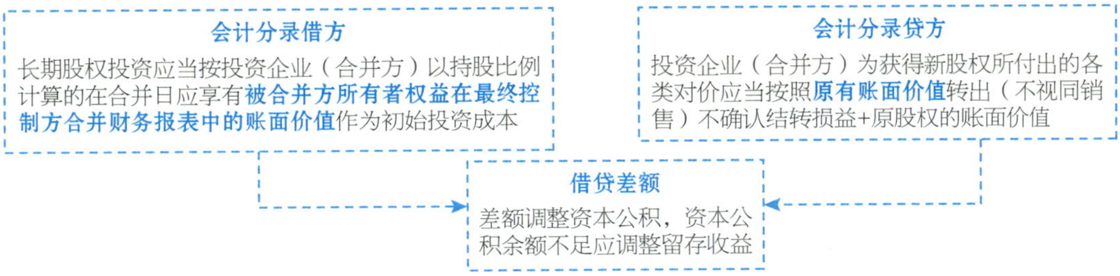

会计分录借方
长期股权投资应当按投资企业（合并方）以持股比例计算的在合并日应享有**被合并方所有者权益在最终控制方合并财务报表中的账面价值**作为初始投资成本

会计分录贷方
投资企业（合并方）为获得新股权所付出的各类对价应当按照**原有账面价值**转出（不视同销售）不确认结转损益+原股权的账面价值

借贷差额
差额调整资本公积，资本公积余额不足应调整留存收益

图 6-6

注：合并之前持有的股权投资，因权益法核算而确认的其他综合收益和资本公积，暂不进行会计处理。

【**例题6-19·主观题**】2015年1月1日，甲公司取得乙公司20%的股份，实际支付款项3 800万元，能够对乙公司施加重大影响，同日乙公司净资产账面价值为16 000万元（假设与公允价值相等）。

2015年度，乙公司实现净利润2 000万元，甲公司与乙公司未发生过内部交易，无其他所有者权益变动。

2016年1月1日，甲公司支付银行存款6 000万元，又购入同一集团内另一企业丙公司持有的乙公司40%股权。丙公司原控制乙公司80%的股权。

2016年1月1日，乙公司在最终控制方合并财务报表中的净资产账面价值为18 000万元。进一步取得投资后，甲公司对乙公司实施控制。甲公司和乙公司采用的会计政策相同。甲、乙和丙公司一直同受最终控制方的控制。假定上述交易不属于一揽子交易。

【**答案**】

（1）2015年1月1日，取得权益法长投：

借：长期股权投资——投资成本　　　　　　　　　　　　　　3 800
　　贷：银行存款　　　　　　　　　　　　　　　　　　　　　3 800

因为初始投资成本3 800万元大于享有被投资单位在取得投资日可辨认净资产的公允价值份额3 200万元（16 000×10%）。

（2）2015年12月31日，确认享有的投资收益：

借：长期股权投资——损益调整　　　　　　　　（2 000×20%）400
　　贷：投资收益　　　　　　　　　　　　　　　　　　　　　　400

（3）2016年1月1日，形成同一控制下企业合并：

借：长期股权投资　　　　　　　　　　　　（18 000×60%）10 800
　　贷：长期股权投资——投资成本　　　　　　　　　　　　　3 800
　　　　　　　　　　　——损益调整　　　　　　　　　　　　　400
　　　　银行存款　　　　　　　　　　　　　　　　　　　　　6 000
　　　　资本公积——股本溢价　　　　　　　　　　　　　　　　600

（六）成本法→权益法

1. 会计处理原则："未跨界"

（1）出售部分：售价与账面价值的差额计入投资收益；

(2) 剩余部分：先按账面价值结转，然后视为一开始就是权益法核算进行追溯调整。

2. 会计分录

表 6-19

处置部分	剩余部分
借：银行存款（实际收到价款） 贷：长期股权投资（处置部分账面） 　　投资收益（差额，倒挤）	借：长期股权投资——损益调整 　　　　　　　　——其他综合收益 　　　　　　　　——其他权益变动 贷：盈余公积（原投资时到处置期初部分） 　　利润分配——未分配利润（原投资时到处置期初部分） 　　投资收益（处置期初到处置日部分） 　　其他综合收益 　　资本公积——其他资本公积（或反向） （视情况看是否需要确认营业外收入，跨年度应通过留存收益核算）

彬哥解读

难点：成本法转权益法分录的推导。要对剩下股权进行追溯调整，即假设这部分股权从一开始就按照权益法进行核算，推掉之前的成本法核算结果，重新按照权益法核算，但涉及跨期损益的，由于已经结转到留存收益，所以要用留存收益代替损益类科目。

分析过程：调整分录＝应有分录－已有分录，也就是把已有分录全部推倒，按照权益法重新核算。思路按照权益法 6 步法来进行。

归纳总结：按照 6 步法思路来写调整抵销分录。

交易事项	调整分录	说明
1. 调初始成本	借：长期股权投资——投资成本 贷：营业外收入（或留存收益）	
2. 调实现净利润	借：长期股权投资——损益调整 贷：投资收益（或留存收益）	要区分损益归属期 以前年度损益——留存收益 当年的损益——投资收益
3. 调发生净亏损	借：投资收益（或留存收益） 贷：长期股权投资——损益调整	
4. 调宣告发放现金股利	借：投资收益（或留存收益） 贷：长期股权投资——损益调整	
5. 调其他综合收益变动	借：长期股权投资——其他综合收益 贷：其他综合收益	不涉及损益
6. 调其他权益变动	借：长期股权投资——其他权益变动 贷：资本公积——其他资本公积	

【例题 6-20·主观题】2007 年 1 月 1 日，甲公司支付 600 万元取得乙公司 100% 的股权，投资当时乙公司可辨认净资产的公允价值为 500 万元。2007 年 1 月 1 日至 2008 年 12 月 31 日，乙公司的净资产增加了 75 万元，其中按购买日公允价值计算实现的净利润 50 万元，持有指定为以公允价值计量且其变动计入其他综合收益的非交易性权益工具投资的公允价值上升 25 万元。

2009年1月8日，甲公司转让乙公司60%的股权，收取现金480万元存入银行，转让后甲公司对乙公司的持股比例为40%，能够对其施加重大影响。2009年1月8日，即甲公司丧失对乙公司的控制权日，乙公司剩余40%股权的公允价值为320万元。假定甲、乙公司提取盈余公积的比例均为10%。假定乙公司未分配现金股利，并不考虑其他因素。

甲公司个别财务报表的处理：

①确认部分股权处置收益（卖掉其中60%确认的投资收益！）	借：银行存款　　　　　　　　　　　　　　　　　　　4 800 000 　　贷：长期股权投资　　　　　　　（6 000 000×60%）3 600 000 　　　　投资收益　　　　　　　　　　　　　　　　1 200 000
②对剩余股权改按权益法核算	这里是剩余的部分进行追溯调整，假设当初买进就只是买了40%，那么我们就按照权益法进行后续计量，要调整初始投资成本，调整投资收益等，但是由于已经跨年度，以前年度的投资收益应该已经结转进股东权益，所以这里也要直接计入"盈余公积和未分配利润"。 借：长期股权投资——损益调整　　　　　　　　　　　200 000 　　　　　　　　　——其他综合收益　　　　　　　　100 000 　　贷：盈余公积　　　　　　（500 000×40%×10%）20 000 　　　　利润分配——未分配利润（500 000×40%×90%）180 000 　　　　其他综合收益　　　　　（250 000×40%）100 000

考点5　合营安排（★★）

（一）合营安排

表6-20

合营安排是指一项由两个或两个以上的参与方**共同控制**的安排。合营安排具有下列特征：		
①各**参与方**均受到该安排的**约束**； ②**两个或两个以上**的**参与方**对该安排**实施共同控制**。任何一个**参与方**都**不能够单独控制**该安排，对该安排具有共同控制的任何一个参与方均能够阻止其他参与方或参与方组合单独控制该安排		
特殊事项	①争议解决机制。 相关约定条款的存在**一般不会妨碍**某项安排成为合营安排。但是，如果在各方未就相关活动的重大决策达成一致意见的情况下，其中一方具备"一票通过权"或者潜在表决权等特殊权力，则需要仔细分析，**很可能具有特殊权力的一方实质上具备控制权**，不构成合营安排	
	②**仅享有保护性权利的参与方不享有共同控制**	
	③一项安排的**不同活动可能分别由不同的参与方或参与方组合主导**。 不同参与方分别主导不同相关活动时，相关的参与方需要分别评估自身是否**拥有主导对回报产生重大影响活动的权利**，从而确定是否能够控制该项安排，而不是与其他参与方共同控制该项安排	
	④综合评估多项相关协议。 有时，一项安排的各参与方之间可能存在多项相关协议。在单独考虑一份协议时，某参与方可能对合营安排具有共同控制，但在综合考虑该安排的目的和涉及的所有情况时，该参与方实际上可能对该安排并不具有共同控制。因此，在判断是否存在共同控制时，需要**综合考虑多项相关协议**	

（二）合营安排的分类

表 6-21

合营安排分为共同经营和合营企业
共同经营是指合营方享有该安排相关资产且承担该安排相关负债的合营安排 **合营企业**是指合营方仅对该安排的净资产享有权利的合营安排
合营安排分类的判断如下图所示：单独主体→法律形式→合同安排→其他事实和情况

```
         ┌─────────────────────────────────┐
         │ 合营安排是否通过单独主体达成    │──否──┐
         └─────────────────────────────────┘      │
                       ↓是                         │
         ┌─────────────────────────────────┐      │
         │ 单独主体的法律形式是否赋予各参  │      │
         │ 与方享有与安排有关资产的权利，  │──是──┤
         │ 并承担与安排相关负债的义务      │      │
         └─────────────────────────────────┘      │
                       ↓否                        共
         ┌─────────────────────────────────┐     同
         │ 合同安排的条款是否约定各参与方  │     经
         │ 享有与安排相关资产的权利，并承  │──是──┤营
         │ 担与安排相关负债的义务          │      │
         └─────────────────────────────────┘      │
                       ↓否                         │
         ┌─────────────────────────────────┐      │
         │ 其他相关事实和情况是否赋予各参  │      │
         │ 与方享有与安排相关资产的权利，  │──是──┘
         │ 并承担与安排相关负债的义务      │
         └─────────────────────────────────┘
                       ↓否
                  ┌─────────┐
                  │ 合营企业│
                  └─────────┘
```

【例题 6-21·单选题·2015 年】下列关于合营安排的表述中，正确的是（　　）。
A. 当合营安排未通过单独主体达成时，该合营安排为共同经营
B. 合营安排中参与方对合营安排提供担保的，该合营安排为共同经营
C. 两个参与方组合能够集体控制某项安排的，该安排构成合营安排
D. 合营安排为共同经营的，参与方对合营安排有关的净资产享有权利

【答案】A
【解析】合营安排是指一项由两个或两个以上的参与方共同控制的安排。合营安排分为共同经营和合营企业。共同经营，是指合营方享有该安排相关资产且承担该安排相关负债的合营安排。合营企业，是指合营方仅对该安排的净资产享有权利的合营安排。选项 B，参与方为合营安排提供担保（或提供担保的承诺）的行为本身并不直接导致一项安排被分类为共同经营；选项 C，必须是具有唯一一组集体控制的组合；选项 D，合营安排划分为合营企业的，参与方对合营安排有关的净资产享有权利。

【例题 6-22·多选题·2016 年】下列关于合营安排的说法中，正确的有（　　）。
A. 合营安排要求所有参与方都对该安排实施共同控制
B. 两个参与方组合能够集体控制某项安排的，该安排不构成共同控制
C. 能够对合营企业达到重大影响的参与方，应对其投资采用权益法核算
D. 合营安排为共同经营的，合营方按一定比例享有该安排相关资产且承担该安排相关负债

【答案】 BCD

【解析】 只要两个或两个以上的参与方对该安排实施共同控制，一项安排就可以被认定为合营安排，并不要求所有参与方都对该安排享有共同控制，因此选项 A 错误；选项 BCD 的表述满足会计准则的规定，故本题正确选项为 BCD。

▶ 考点收纳盒

合营安排、共同经营以及合营企业的判断见表 6-22。

表 6-22

合营安排	合营安排是指一项由两个或两个以上的参与方共同控制的安排。 合营安排分为共同经营和合营企业	
步骤	判断要点	适用准则
第一步：判断是否为合营安排	构成合营安排的应当存在：①唯一的；②最小的；③参与方组合	共同经营适用合营安排准则；合营企业适用长期股权投资准则
第二步：判断为共同经营还是合营企业	①合营安排未通过单独主体达成，属于共同经营 ②合营安排通过单独主体达成，分两种情况： a. 参与方对与安排相关的资产享有权利，对负债承担义务，属于共同经营； b. 单独主体对安排相关的资产享有权利，对负债承担义务；参与方对安排有关的净资产享有权利，属于合营企业	

提示：
①单独主体指具有单独可辨认的财务架构的主体，包括单独的法人主体和不具备法人主体资格但是具有法律所认可的单独可辨认财务架构的主体。
②合营安排不要求所有参与方分享控制权。参与方分为分享控制权的参与方（合营方）和不分享控制权的参与方（非合营方）

> 恭喜你，
> 已完成第六章的学习

扫码免费进 >>>
2022年CPA带学群

习题务必独立做，错没关系，错了的题目才是好题目。

第七章 资产减值

CHAPTER SEVEN

考情雷达

本章内容比较重要，分值在 4 分左右。一般以客观题形式进行考查，客观题主要涉及资产减值范围的判断、确定可收回金额（重点考察预计未来现金流量时应当考虑的因素）、商誉减值金额的计算。也可以结合固定资产、无形资产、长期股权投资、合并财务报表等内容以主观题形式进行考查。在学习时，要注意不同资产特性不同，其减值会计处理可能适用不同的准则。

2022 年本章内容**无实质性变化**。

考点地图

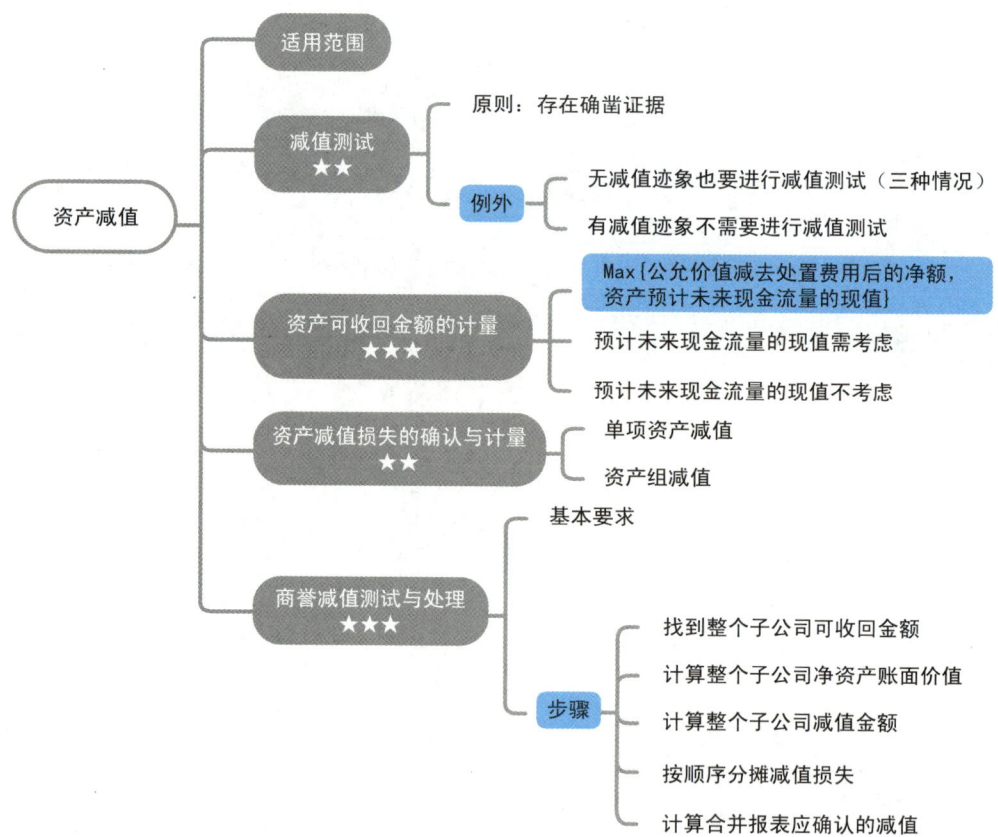

考点 1　资产减值概述（★★）

当企业资产的可收回金额（代表其实际价值）低于其账面价值时，即表明资产发生了减值，企业应当确认资产减值损失并把资产的账面价值减记至可收回金额（体现谨慎性要求）。

要注意的是，由于资产特性不同，其减值会计处理也有所差别，因而所适用的具体准则也不尽相同。

(一) 资产减值的范围

表7-1

项目	范围	特征（考点）
适用《资产减值》准则的减值	①长期股权投资；②投资性房地产（成本模式）；③固定资产（包括在建工程）；④生产性生物资产；⑤无形资产（包括研发支出）；⑥商誉；⑦探明石油天然气矿区权益和井及相关设施	减值以后不得转回
适用于其他准则的减值	应收账款、存货、消耗性生物资产、金融工具（债权投资、其他债权投资等）、持有待售、递延所得税资产、合同资产、合同成本（合同取得成本、合同履约成本）	减值以后可以转回

> **彬哥解读**
> （1）本章内容，特指适用于《资产减值》准则资产的减值会计处理。
> （2）《资产减值》准则规范的资产均为**非流动资产**，其发生减值后在以后的会计期间**不得转回**。该类资产以前期间计提的资产减值准备，需要等到资产处置时才可转出。
> （3）适用于其他准则的资产，例如存货、金融资产等，其发生减值后在以后的会计期间**可以转回**。

【例题7-1·多选题·2014年】下列各项资产计提减值后，持有期间内在原计提减值损失范围内可通过损益转回的有（ ）。
A. 存货跌价准备 B. 应收账款坏账准备
C. 债权投资减值准备 D. 其他债权投资减值准备
【答案】ABCD
【解析】选项ABCD在减值之后，均可以在原计提减值范围内通过损益转回原确认的减值金额。

(二) 资产减值的测试

1. 资产减值测试的原则
如果有确凿证据表明资产存在减值迹象的，应当进行减值测试，估计资产的可回收金额。即原则上，有减值迹象应当进行减值测试，没有减值迹象就不需要。

2. 两种例外
（1）无减值迹象也要进行减值测试。
以下3种特殊资产，因其价值通常具有较大不确定性，不论是否存在减值迹象都应当至少于每年年度终了进行减值测试：

①企业合并形成的商誉。
②使用寿命不确定的无形资产。
③尚未达到可使用状态的无形资产（研发支出——资本化支出）。

（2）有减值迹象不需要进行减值测试（重要性原则）。

①以前报告期间的计算结果表明，资产可收回金额显著高于其账面价值，之后又没有发生消除这一差异的交易或者事项的，资产负债表日可以不重新估计该资产的可收回金额。

②以前报告期间的计算与分析表明，资产可收回金额相对于资产减值准则中所列示的一种或者多种减值迹象反应不敏感，在本报告期间又发生了这些减值迹象的，在资产负债表日可以不因该减值迹象的出现而重新估计该资产的可收回金额。

考点 2　资产可收回金额的计量（★★★）

（一）可收回金额

表7-2

定义	资产可收回金额的估计，应当根据**公允价值减去处置费用后的净额**与资产**预计未来现金流量的现值**两者之间**较高者**确定
特殊考虑	①资产的公允价值减去处置费用后的净额与资产预计未来现金流量的现值，**只要有一项超过了资产的账面价值**，就表明该资产**没有发生减值**，不需再估计另一项金额。 ②没有确凿证据或者理由表明，资产预计未来现金流量现值显著高于其公允价值减去处置费用后的净额的，可以将资产的公允价值减去处置费用后的净额视为资产的可收回金额，如企业持有待售的资产。 ③资产的公允价值减去处置费用后的净额如果**无法可靠估计**的，应当以该资产**预计未来现金流量的现值**作为其可收回金额

（二）资产的公允价值减去处置费用后的净额的估计

表7-3

定义	资产的公允价值减去处置费用后的净额，通常反映的是资产如果被出售或者处置时可以收回的净现金收入
提示	公允价值－处置费用，可以参考存货的可变现净值理解。 ①相同：都是反映资产如果被出售或者处置时可以收回的净现金收入。 ②不同：资产减值的可收回金额除了考虑处置（可变现净值），还要考虑持有（预计未来现金流量现值），然后基于"理性人假设"选较高者

（三）资产预计未来现金流量的现值的估计

表7-4

定义	资产预计未来现金流量的现值，应当按照资产在**持续使用过程中**和**最终处置时**所产生的预计未来现金流量，选择恰当的折现率对其进行折现后的金额加以确定
考虑因素	①资产的预计未来现金流量。 ②资产的使用寿命。 ③折现率

续表

未来现金流量的预计	预计基础	①企业管理层应当在合理和有依据的基础上对**资产剩余使用寿命**内整个经济状况进行最佳估计，并将资产未来现金流量的预计，建立在经企业管理层批准的最近财务预算或者预测数据之上。 ②出于数据可靠性和便于操作等方面的考虑，建立在该预算或者预测基础上的预计现金流量最多涵盖 5 年，企业管理层如能证明更长的期间是合理的，可以涵盖更长的期间
	包含的内容	①资产持续使用过程中预计产生的现金流入。 ②为实现资产持续使用过程中产生的现金流入所必需的预计现金流出（**包括为使资产达到预定可使用状态所发生的现金流出**）。 ③资产使用寿命结束时，处置资产所收到或者支付的净现金流量
	不包含的内容（筹税改）	①所得税（税前现金流量与税前折现率保持一致）。 ②筹资活动。 ③尚未承诺的重组和可能发生的改良（预计现金流量应当以资产当前状况为基础，已承诺的重组要包括）。 ④内部转移价格应调整（应以市场价格预计现金流量）
折现率的预计		折现率应当反映当前市场货币时间价值和资产特定风险的**税前利率**，是企业在购置或投资资产时所要求的**必要报酬率**
外币未来现金流量		两步走：先折现→再折汇。 ①先用外币适用的折现率将现金流折算成外币现值。 ②再用外币现值×即期汇率算出本位币现值

【例题 7-2·单选题】2018 年 12 月 31 日，甲公司某在建工程项目的账面价值为 2 000 万元，预计至达到预定可使用状态尚需投入 200 万元。该项目以前未计提减值准备。由于市场发生了变化，甲公司于年末对该在建工程项目进行减值测试，经测试表明：扣除继续建造所需投入因素，预计未来现金流量现值为 1 800 万元，未扣除继续建造所需投入因素预计的未来现金流量现值为 1 950 万元。2018 年 12 月 31 日，该项目的市场销售价格减去相关费用后的净额为 1 850 万元。甲公司于 2018 年末对在建工程项目应确认的减值损失金额为（　　）万元。

A. 50　　　　　B. 200　　　　　C. 150　　　　　D. 0

【答案】C

【解析】在建工程只有达到预定可使用状态后才能产生现金流入，因此，在计算在建工程未来现金流量时，应考虑在建工程达到预定可使用状态前发生的现金流出，未来现金流量＝未来现金流入－未来现金流出，即按照"扣除继续建造所需投入因素计算未来现金流量现值"，才是在建工程项目的未来现金流量现值，此题为 1 800 万元，在建工程项目公允价值减去处置费用后的净额为 1 850 万元（这部分与未来投入无关，是按当前状况确定的），可收回金额为两者中的较高者 1 850 万元，该在建工程项目应确认的减值损失＝2 000－1 850＝150（万元）。

【例题7-3·单选题·2015年】下列关于固定资产减值的表述中，符合会计准则规定的是（　　）。
　　A. 预计固定资产未来现金流量应当考虑与所得税收付相关的现金流量
　　B. 固定资产的公允价值减去处置费用后的净额高于其账面价值，但预计未来现金流量现值低于其账面价值的，应当计提减值
　　C. 在确定固定资产未来现金流量现值时，应当考虑将来可能发生的与改良有关的预计现金流量的影响
　　D. 单项固定资产本身的可收回金额难以有效估计的，应当以其所在的资产组为基础确定可收回金额
【答案】D
【解析】选项A，预计资产未来现金流量不需要考虑筹资活动和所得税收付相关的现金流量；选项B，资产的可收回金额，应当根据其公允价值减去处置费用后的净额与资产预计未来现金流量的现值，两者之间较高者确定。当公允价值减去处置费用后的净额与预计未来现金流量现值中有一个高于账面价值，则不需要计提减值；选项C，预计资产的未来现金流量，应当以资产的当前状况为基础，不需要考虑将来可能会发生的、尚未作出承诺的重组事项或者与资产改良有关的预计未来现金流量。

考点3　资产减值损失的确认与计量（★★）

在估计资产可收回金额时，原则上应当以**单项资产**为基础，如果企业**难以对单项资产的可回收金额进行估计的**，应当以该资产所属的**资产组为基础**确定资产组的可收回金额。

考点收纳盒

单项资产减值处理见表7-5。

表7-5

比较	公式	减值三步走
账面价值	账面价值＝原值/账面余额/账面成本－累计折旧/摊销－减值准备余额	①计提减值。 账面价值＞可收回金额： 本期应计提减值＝账面价值－可收回金额 会计分录为： 借：资产减值损失 　　贷：××资产减值准备 ②未来适用。 减值后，每年折旧与摊销金额应按照减值后的账面价值重新计算 ③持有期间不转回。 资产减值损失一经计提持有不得转回，处置资产时减值准备随同资产账面价值一同结平
可收回金额	Max（公允价值－处置费用，预计未来现金流量现值）	

【例题 7-4·单选题】 2017 年 6 月 10 日，某上市公司（增值税一般纳税人）购入一台不需要安装的生产设备，支付价款 100 万元，增值税税额 16 万元，购入后即达到预定可使用状态。该设备的预计使用寿命为 10 年，预计净残值为 8 万元，按照年限平均法计提折旧。2018 年 12 月因出现减值迹象，对该设备进行减值测试，预计该设备的公允价值为 55 万元，处置费用为 13 万元；如果继续使用，预计未来使用及处置产生现金流量的现值为 35 万元，假定设备计提减值准备后原预计使用寿命、预计净残值和计提折旧的方法均不变。该生产设备 2019 年应计提的折旧额为（　　）万元。

　　A. 4　　　　　　B. 4.25　　　　　C. 4.375　　　　　D. 9.2

【答案】 A

【解析】 该生产设备 2018 年 12 月 31 日计提减值准备前的账面价值 = 100 − (100 − 8) ÷ 10 × 1.5 = 86.2（万元），可收回金额为 42 万元（55 − 13），计提减值准备后的账面价值为 42 万元。2019 年该生产设备应计提的折旧额 = (42 − 8) ÷ (10 − 1.5) = 4（万元）。

【例题 7-5·单选题】 2014 年 3 月 31 日，甲公司采用出包方式对某固定资产进行改良，该固定资产账面原价为 4 000 万元，预计使用年限为 8 年，至改良时已使用 3 年，预计净残值为 0，采用年限平均法计提折旧。甲公司支付出包工程款 120 万元，2014 年 8 月 31 日，固定资产改良完毕达到预定可使用状态并投入使用，预计尚可使用年限为 6 年，预计净残值为 0，仍采用年限平均法计提折旧。2014 年 12 月 31 日甲公司对该固定资产进行减值测试，预计其可收回金额为 2 200 万元，则甲公司 2014 年影响营业利润的金额为（　　）万元。

　　A. 545　　　　　B. 145.56　　　　C. 420　　　　　D. 300

【答案】 A

【解析】 注意影响营业利润的有三个因素：两个折旧和减值。2014 年改良前计提的折旧 4 000 ÷ 8 × (3 ÷ 12) = 125（万元），2014 年 8 月 31 日固定资产达到预定可使用状态的入账价值 = 4 000 − 4 000 ÷ 8 × 3 + 120 = 2 620（万元）。2014 年改良后计提的折旧 2 620 ÷ 6 × (4 ÷ 12) = 145.56（万元），2014 年末的账面价值 = 2 620 − 145.56 = 2 474.44（万元），应当计提减值损失 2 474.44 − 2 200 = 274.44（万元）。则甲公司 2014 年影响营业利润的金额 = 125 + 145.56 + 274.44 = 545（万元）。

考点 4　资产组的认定及减值处理（★★）

（一）资产组的认定

表 7-6

资产组的定义	资产组是指企业可以认定的**最小资产组合**，其产生的**现金流入**应当**基本独立**于其他资产或资产组产生的现金流入

	续表
资产组的认定	资产组的认定，应当考虑以下两个因素： ①产生的**主要现金流入是否独立**于其他资产。 ②考虑管理层对生产经营活动的管理监控方式和对资产的持续使用或处置的决策方式等
提示：资产组一经确定，不得随意变更	

【例题7-6·多选题】关于资产组的认定，下列说法中正确的有（　　）。
A. 应当以资产组产生的主要现金流出是否独立于其他资产或者资产组的现金流出为依据
B. 应当考虑企业管理层管理生产经营活动的方式
C. 应当考虑对资产的持续使用或者处置的决策方式
D. 资产组确定后，可随意变更
【答案】BC
【解析】选项A错误，资产组的认定应当以资产组产生的主要现金流入是否独立于其他资产或者资产组的现金流入为依据；选项D错误，资产组一经确定，不得随意变更。

（二）资产组减值测试

资产组减值测试的原理，与单项资产相同。具体会计处理方法为：
1. 计算出资产组减值损失

$$资产组减值损失 = 资产组账面价值 - 资产组可收回金额$$

2. 按顺序分摊
（1）首先抵减分摊至资产组中商誉的账面价值（以减至零为限）。
（2）然后根据资产组中除商誉之外的其他资产的账面价值比例分别抵减。
【注意】抵减后的各资产的账面价值不得低于以下三者之中**最高者**。
①该资产的公允价值减去处置费用后的净额（如可确定的）；
②该资产预计未来现金流量的现值（如可确定的）；
③零。

> **彬哥解读**
>
> 各资产分摊损失后的账面价值不得低于这条红线（该项资产的可收回金额）。

【例题7-7·主观题】XYZ公司有一条甲生产线，该生产线生产光学器材，由A、B、C三部机器构成，成本分别为400 000元、600 000元、1 000 000元。使用年限为10年，净残值为0，以年限平均法计提折旧。各机器均无法单独产生现金流量，但整条生产线构成完整的产销单位，属于一个资产组。2005年甲生产线所生产的光学产品有替代产品上市，到年底，导致公司光学产品的销路锐减40%，因此，对甲生产线进行减值测试。

2005年12月31日，A、B、C三部机器的账面价值分别为200 000元、300 000元、500 000元。估计A机器的公允价值减去处置费用后的净额为150 000元，B、C机器都无法合理估计其公允价值减去处置费用后的净额以及未来现金流量的现值。

整条生产线预计尚可使用5年。经估计其未来5年的现金流量及其恰当的折现率后，得到该生产线预计未来现金流量的现值为600 000元。由于公司无法合理估计生产线的公允价值减去处置费用后的净额，公司以该生产线预计未来现金流量的现值为其可收回金额。

鉴于在2005年12月31日该生产线的账面价值为1 000 000元，而其可收回金额为600 000元，生产线的账面价值高于其可收回金额，因此，该生产线已经发生了减值，因此，公司应当确认减值损失400 000元，并将该减值损失分摊到构成生产线的3部机器中。由于A机器的公允价值减去处置费用后的净额为150 000元，因此，A机器分摊了减值损失后的账面价值不应低于150 000元。

具体分摊过程如下表所示。

项目	机器A	机器B	机器C	整个生产线（资产组）
账面价值	200 000	300 000	500 000	1 000 000
可收回金额				600 000
减值损失				400 000
减值损失分摊比例	20%	30%	50%	
分摊减值损失	50 000	120 000	200 000	370 000
分摊后账面价值	150 000	180 000	300 000	
尚未分摊的减值损失				30 000
二次分摊比例		37.50%	62.50%	
二次分摊减值损失		11 250	18 750	30 000
二次分摊后应确认减值损失总额		131 250	218 750	
二次分摊后账面价值	150 000	168 750	281 250	600 000

注：按照分摊比例，机器A应当分摊减值损失80 000元（400 000×20%）。但由于机器A的公允价值减去处置费用后的净额为150 000元，因此，机器A最多只能确认减值损失50 000元（200 000－150 000），未能分摊的减值损失30 000元（80 000－50 000），应当在机器B和机器C之间进行再分摊。

根据上述计算和分摊结果，构成甲生产线的机器A、机器B和机器C应当分别确认减值损失50 000元、131 250元和218 750元，账务处理如下：

借：资产减值损失——机器A   50 000
　　　　　　——机器B   131 250
　　　　　　——机器C   218 750
　　贷：固定资产减值准备——机器A   50 000
　　　　　　　　　　　　——机器B   131 250
　　　　　　　　　　　　——机器C   218 750

（三）总部资产的减值测试（偏僻难点，简单了解即可）

1. 总部资产的特征

难以脱离其他资产产生独立的现金流，而且其账面价值难以完全归属于某一资产组（例如集团或事业部的办公楼、电子数据处理设备、研发中心等）。

2. 总部资产减值测试

（1）总部资产通常难以单独进行减值测试，需结合其他资产组进行。

（2）对某一资产组进行减值测试，应先认定相关的总部资产，再根据总部资产能否分摊至该资产组分情况处理：

①可以合理分摊进去的：按资产组账面价值和总部资产账面价值分摊减值；

【提示】分摊时，应按照账面价值比重分摊；若各资产组使用寿命不同，还要考虑时间权重。

②不能合理分摊的：扩大资产组范围，直至将总部资产分摊进去以后再按账面价值分摊。

【例题7-8·主观题·教材改编】ABC 高科技企业拥有 A、B 和 C 三个资产组，在 2010 年末，这三个资产组的账面价值分别为 200 万元、300 万元和 400 万元，没有商誉。这三个资产组为三条生产线，预计剩余使用寿命分别为 10 年、20 年和 20 年，采用直线法计提折旧。由于 ABC 公司的竞争对手通过技术创新推出了更高技术含量的产品，并且受到市场欢迎，从而对 ABC 公司产品产生了重大不利影响，为此，ABC 公司于 2010 年末对各资产组进行了减值测试。

在对资产组进行减值测试时，首先应当认定与其相关的总部资产。ABC 公司的经营管理活动由总部负责，总部资产包括一栋办公大楼和一个研发中心，其中办公大楼的账面价值为 300 万元，研发中心的账面价值为 100 万元。办公大楼的账面价值可以在合理和一致的基础上分摊至各资产组，但是，研发中心的账面价值难以在合理和一致的基础上分摊至各相关资产组。

其他资料：年末 A、B 和 C 三个资产组的可收回金额分别为 398 万元、328 万元和 542 万元；包含研发中心在内的最小资产组组合的可收回金额为 1 440 万元。

要求：确认总部资产（一栋办公大楼和一个研发中心）应确认的减值损失。

【解析】

（1）企业应确认各资产组的可收回金额，并将其与账面价值（包含已分摊的办公楼的账面价值部分）相比较，确认相应的减值损失。

对于办公大楼的账面价值，企业根据各资产组的账面价值和剩余使用寿命加权平均计算的账面价值分摊比例进行分摊，如下表所示。

项目	资产组 A	资产组 B	资产组 C	合计
各资产组账面价值	200	300	400	900
各资产组剩余使用寿命	10	20	20	
使用寿命计算的权重	1	2	2	
加权计算后的账面价值	200	600	800	1 600
办公大楼分摊比例（各资产组加权计算后的账面价值/各资产组加权平均计算后的账面价值合计）	12.50%	37.50%	50%	100%
办公大楼账面价值分摊到各资产组的金额	37.50	112.50	150	300
包括分摊的办公大楼账面价值部分的各资产组账面价值	237.50	412.50	550	1 200

资产组 A、B、C 的可收回金额分别为 398 万元、328 万元和 542 万元，相应的账面价值（包括分摊的办公大楼账面价值）分别为 237.5 万元、412.5 万元和 550 万元，资产组 B 和 C 的可收回金额均低于其账面价值，应当分别确认 84.5 万元和 8 万元减值损失，并将该减值损失在办公大楼和资产组之间进行分摊。

因资产组 B 发生减值损失 84.5 万元而导致办公大楼减值 23.05 万元（84.5×112.5÷412.5），导致资产组 B 中所包括资产发生减值 61.45 万元（84.5×300÷412.5）；因资产组 C 发生减值损失 8 万元而导致办公大楼减值 2 万元（8×150÷550），导致资产组 C 中所包括资产发生减值 6 万元（8×400÷550）。

（2）经过上述减值测试后，资产组 A、B、C 和办公大楼的账面价值分别为 200 万元、238.55 万元、394 万元和 274.95 万元，研发中心的账面价值仍为 100 万元，由此包括研发中心在内的最小资产组组合（即 ABC 公司）的账面价值总额为 1 207.50 万元（200 + 238.55 + 394 + 274.95 + 100），但其可收回金额为 1 440 万元，高于其账面价值，因此，企业不必再进一步确认减值损失（包括研发中心的减值损失）。

考点 5　商誉减值测试与处理（★★★）

表 7 – 7

基本要求	（1）企业合并所形成的商誉，无论是否出现减值迹象，每年末都要进行减值测试。 （2）商誉应当结合预期相关的资产组或者资产组组合进行减值测试（不能产生独立现金流）。	
步骤	步骤 1： 找到整个子公司可收回金额	题目会给
	步骤 2： 计算整个子公司净资产账面价值	①子公司净资产账面价值 = 可辨认净资产账面价值（以购买日公允价值为基础持续计算）+ 完全商誉 ②完全商誉 = 母公司商誉/持股比例 ③母公司商誉 = 合并成本 – 享有购买日子公司可辨认净资产公允价值份额
	步骤 3： 计算整个子公司减值金额	减值金额 = 净资产账面价值 – 可收回金额 提示：合并报表仅列报母公司商誉金额
	步骤 4： 按顺序分摊减值损失	①先冲减完全商誉。 ②完全商誉不足以冲减的，再抵减其他可辨认资产
	步骤 5： 计算合并报表应确认的减值	①合并报表应确认的减值 = 母公司商誉减值 + 其他可辨认净资产减值 ②母公司商誉减值 = 完全商誉减值×持股比例 提示：合并报表仅列报母公司商誉减值金额

彬哥解读

（1）在合并财务报表中仅确认属于母公司的商誉，没有确认子公司归属于少数股东的商誉。在对子公司进行减值测试时，由于其可收回金额的预计包括了归属于少数股东权益的商誉价值部分，为了使减值测试建立在一致的基础上，企业应当调整资产组的账面价值，将归属于少数股东权益的商誉包括在内，然后根据调整后的资产组账面价值与其可收回金额进行比较，以确定资产组（包括商誉）是否发生了减值。

（2）准则规定，在对包含商誉的相关资产组或者资产组组合进行减值测试时，应当先对不包含商誉的资产组或者资产组组合进行减值测试，计算可收回金额，并与相关账面价值相比较，确认相应的减值损失。再对包含商誉的资产组或者资产组组合进行减值测试，比较这些相关资产组或者资产组组合的账面价值（包括所分摊的商誉的账面价值部分）与其可收回金额，如相关资产组或者资产组组合的可收回金额低于其账面价值的，应当确认商誉的减值损失。这个规定，了解即可，并不影响我们的做题步骤。

【例题7-9·单选题】甲企业在2011年1月1日以1 600万元的价格收购了乙企业80%股权。在购买日，乙企业可辨认净资产的公允价值为1 500万元。假定乙企业的所有资产被认定为一个资产组，而且乙企业的所有可辨认资产均未发生资产减值迹象，未进行过减值测试。2011年末，甲企业确定该资产组的可收回金额为1 550万元，可辨认净资产的账面价值为1 350万元。2011年12月31日甲企业在合并报表中应确认的商誉的账面价值为（　　）万元。
　　A. 300　　　　　B. 100　　　　　C. 240　　　　　D. 160

【答案】D
【解析】购买日合并报表确认商誉=1 600-1 500×80%=400，该商誉金额反映母公司持股比例（即80%）对应的购买溢价。由此可推算出归属少数股东的商誉金额=400÷80%×20%=100，该金额构成被购买方不可辨认资产（商誉）的一部分，但不体现在账面上。

资产组减值均通过商誉减值实现，其中由母公司承担的减值金额为：300×80%=240（万元），该部分金额体现在账面上，减值后商誉账面价值为400-240=160（万元）；由少数股东承担的减值金额60万元，不体现在账面上。

合并报表会计处理：
借：资产减值损失　　　　　　　　　　　　　　　　　　　240
　　贷：商誉减值准备　　　　　　　　　　　　　　　　　　240

【例题7-10·单选题·2019年】2019年1月1日，甲公司以非同一控制下企业合并的方式购买了乙公司60%的股权，支付价款1 800万元。在购买日，乙公司可辨认净资产的账面价值为2 300万元，公允价值为2 500万元，没有负债和或有负债。2019年12月31日，乙公司可辨认净资产的账面价值为2 500万元，按照购买日的公允价值持续计算的金额为2 600万元，没有负债和或有负债。甲公司认定乙公司的所有资产为一个资产组，确定该资产组在2019年12月31日的可收回金额为2 700万元，经评估，甲公司判断乙公司资产组不存在减值迹象。不考虑其他因素，甲公司在2019年合并利润表中应当列报的资产减值损失金额是（　　）万元。
　　A. 200　　　　　B. 400　　　　　C. 240　　　　　D. 0

【答案】 C

【解析】

①本题考点：在对与商誉相关的资产组或者资产组组合进行减值测试时，由于其可收回金额的预计包括归属于少数股东的商誉价值部分，为了使减值测试建立在一致的基础上，企业应当调整资产组的账面价值，将归属于少数股东权益的商誉包括在内，然后，根据调整后的资产组账面价值与其可收回金额进行比较，以确定资产组（包括商誉）是否发生了减值。

②归属母公司商誉 = 合并成本 – 享有子公司可辨认净资产在购买日公允价值份额 = 1 800 – 2 500 × 60% = 300（万元）。完全商誉 = 300 ÷ 60% = 500（万元）。

③期末资产组账面价值 = 可辨认净资产账面价值（以购买日公允价值持续计算金额）+ 完全商誉账面价值 = 2 600 + 500 = 3 100（万元），大于其可收回金额2 700万元，应计提减值损失400万元。

④减值损失的分摊：资产组减值损失，首先由商誉分摊，超出部分再由其他资产分摊。由于减值损失400 < 完全商誉500，因此由完全商誉分摊减值损失400万元，其中归属于母公司商誉分摊减值 = 400 × 60% = 240（万元），归属于少数股东商誉分摊减值 = 400 × 40% = 160（万元）。

⑤合并报表中仅列报归属母公司商誉，期末应当列报的商誉减值损失 = 归属于母公司商誉减值损失 = 240（万元）。

恭喜你，已完成第七章的学习

扫码免费进 >>>
2022年CPA带学群

不鸣则已一鸣惊人的前提是你在某个领域不断的积蓄实力。你整日躺平、得过且过，还幻想有朝一日能一飞冲天，这种事只存在于玄幻小说里。

CHAPTER EIGHT

第八章 负债

考情雷达

本章属于非重点章节,主要以客观题的形式考查**应付债券**和**可转换公司债券**的会计处理,同时在主观题中可能将应付债券和借款费用结合考查或将可转换公司债券与每股收益结合考查。

学习本章时,一定要"抓重点",官方教材中涉及很多增值税和消费税的会计处理,但其不是会计的考试重点(此部分会计处理是税务师考试中涉税实务科目的重点),建议大家在学习本章时应重点学习应付债券(尤其可转换公司债券)的会计处理,并将其与借款费用、金融工具、每股收益等章节内容结合学习。

本章内容较上年相比**无变化**。

考点地图

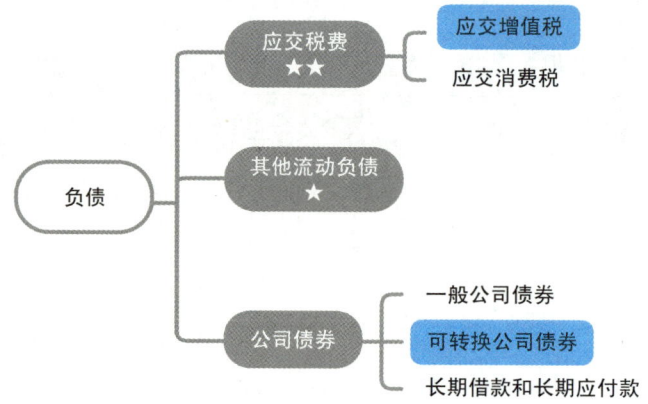

考点1 应交税费(★★)

(一)应交增值税

1. 一般购销业务

表8-1

购入商品时	借:库存商品 　　应交税费——应交增值税(进项税额) 贷:银行存款
销售商品时	借:银行存款 贷:主营业务收入 　　应交税费——应交增值税(销项税额)

2. 视同销售货物

表8-2

确认收入	借：长期股权投资**（用于投资）**（同控合并除外） 　　应付职工薪酬等**（自产产品用于职工福利）** 　　应付股利**（用于分红）** 　　贷：主营业务收入 　　　　应交税费——应交增值税（销项税额） 同时： 借：主营业务成本 　　贷：库存商品
不确认收入	借：营业外支出**（对外捐赠）** 　　销售费用**（市场推广、样品）** 　　管理费用**（交际应酬）** 等 　　贷：库存商品（账面价值） 　　　　应交税费——应交增值税（销项税额）（按计税价格计税）

【提示】如果将外购商品用于职工福利，不确认收入、结转成本，应将之前已经抵扣的进项税额转出。会计分录为：

借：应付职工薪酬
　　贷：库存商品（账面价值）
　　　　应交税费——应交增值税（进项税额转出）

3. 进项税额不予抵扣的情况及抵扣情况发生变化的会计处理

（1）一般纳税人购进货物，用于**简易计税**方法计税项目、**免征增值税项目**、**集体福利**或**个人消费**等，其进项税额不允许抵扣，应当**计入相关成本费用**。

（2）因发生非正常损失或改变用途等，导致原已计入进项税额但按现行增值税制度规定不得从销项税额中抵扣的，应当将进项税额转出。

借：应付职工薪酬/待处理财产损溢等
　　贷：应交税费——应交增值税（进项税额转出）

（3）原不得抵扣且未抵扣进项税额的固定资产、无形资产等，因改变用途等用于允许抵扣进项税额的应税项目的，应当在用途改变的次月调整相关资产账面价值，并按调整后的账面价值计提折旧或摊销。

借：应交税费——应交增值税（进项税额）
　　贷：固定资产/无形资产

4. 转出多交增值税和未交增值税

表8-3

（1）转出少交增值税	借：应交税费——应交增值税（转出未交增值税） 　　贷：应交税费——未交增值税
（2）转出多交增值税	借：应交税费——未交增值税 　　贷：应交税费——应交增值税（转出多交增值税）

5. 交纳增值税

表8-4

(1) 当月交纳当月的增值税	借：应交税费——应交增值税（已交税金） 　　贷：银行存款
(2) 当月交纳以前未交增值税	借：应交税费——未交增值税 　　贷：银行存款
(3) 企业预缴增值税	借：应交税费——预交增值税 　　贷：银行存款 月末： 借：应交税费——未交增值税 　　贷：应交税费——预交增值税

6. 增值税税控系统专用设备和技术维护费用抵减增值税额的会计处理

表8-5

(1) 初次购入增值税税控系统专用设备	①初次购买时： 借：固定资产（全额） 　　贷：银行存款/应付账款等 ②按规定抵减的增值税应纳税额： 借：应交税费——应交增值税（减免税款） 　　贷：管理费用等
(2) 发生技术维护费	①企业发生技术维护费： 借：管理费用等 　　贷：银行存款等 ②按规定抵减的增值税应纳税额： 借：应交税费——应交增值税（减免税款） 　　贷：管理费用等

> **彬哥解读**
>
> （1）按增值税有关规定，初次购买增值税税控系统专用设备支付的费用以及缴纳的技术维护费允许在增值税应纳税额中全额抵减。
>
> （2）企业购入增值税税控系统专用设备，按实际支付或应付的金额，借记"固定资产"科目，贷记"银行存款""应付账款"等科目。按规定抵减的增值税应纳税额，借记"应交税费——应交增值税（减免税款）"科目（小规模纳税人借记"应交税费——应交增值税"科目），贷记"管理费用"等科目。
>
> （3）企业发生技术维护费，按实际支付或应付的金额，借记"管理费用"等科目，贷记"银行存款"等科目。按规定抵减的增值税应纳税额，借记"应交税费——应交增值税（减免税款）"科目（小规模纳税人借记"应交税费—应交增值税"科目），贷记"管理费用"等科目。

【例题 8-1・多选题・2020 年】 2018 年 1 月 1 日，甲公司初次购买增值税税控系统专用设备，取得的增值税专用发票注明的价款为 300 万元，增值税额为 39 万元。甲公司将购买的增值税税控系统专用设备作为固定资产核算和管理。当年，甲公司计提增值税税控系统专用设备折旧 80 万元，发生技术维护费 50 万元。不考虑其他因素，下列各项关于甲公司上述交易或事项会计处理的表述中，正确的有（　　）。

A. 计提的 80 万元折旧计入当期管理费用
B. 发生的 50 万元技术维护费计入当期管理费用
C. 购买增值税税控系统专用设备支付的增值税额 39 万元计入当期管理费用
D. 购买增值税税控系统专用设备支付的价款及增值税额 339 万元计入固定资产的成本

【答案】 ABD

【解析】

①根据增值税有关规定，初次购买增值税税控系统专有设备支付的费用以及缴纳的技术维护费允许在增值税应纳税额中全额抵减。

②会计分录：

a. 购入增值税税控系统专用设备时

借：固定资产　　　　　　　　　　　　　　　　　　　　　（300＋39）339
　　贷：银行存款　　　　　　　　　　　　　　　　　　　　　　　　　　339

b. 按规定抵减增值税应纳税额（一般纳税人）

借：应交税费——应交增值税（减免税款）　　　　　　　　　　　　　　339
　　贷：管理费用　　　　　　　　　　　　　　　　　　　　　　　　　　339

c. 发生技术维护费时：

借：管理费用　　　　　　　　　　　　　　　　　　　　　　　　　　　　50
　　贷：银行存款　　　　　　　　　　　　　　　　　　　　　　　　　　 50

d. 按规定抵减增值税应纳税额（一般纳税人）

借：应交税费——应交增值税（减免税款）　　　　　　　　　　　　　　 50
　　贷：管理费用　　　　　　　　　　　　　　　　　　　　　　　　　　 50

e. 计提折旧时：

借：管理费用　　　　　　　　　　　　　　　　　　　　　　　　　　　　80
　　贷：累计折旧　　　　　　　　　　　　　　　　　　　　　　　　　　 80

③选项 A 正确，增值税税控系统专用设备作为管理用固定资产，计提折旧费用应计入当期管理费用。

④选项 B 正确，发生技术维护费时，将技术维护费计入当期管理费用。

⑤选项 C 错误，初次购买增值税税控系统专用设备支付的费用以及缴纳的技术维护费允许在增值税应纳税额中全额抵减（不是只有增值税额才允许抵减）。

⑥选项 D 正确，购入增值税税控系统专用设备时，将购买价款＋增值税额全部计入固定资产成本。

7. 减免增值税的账务处理（2022 年新增）

（1）对于当期直接减免的增值税：

借：应交税费——应交增值税（减免税款）
　　贷：其他收益

（2）当期按规定即征即退的增值税，也记入"其他收益"。

（二）应交消费税

1. 销售应税消费品：记入"税金及附加"
2. 在建工程领用应税消费品：记入成本（本质视同销售）
3. 委托加工

表 8-6

（1）收回后直接销售（不加价）	由受托方代交的消费税计入加工物资的成本	借：委托加工物资 　　贷：银行存款
（2）收回后继续加工应税消费品（或加价出售）	由受托方代交的消费税不计入成本，计入应交税费的借方	①代扣代交时： 借：应交税费——应交消费税 　　贷：银行存款 ②产品出售： 借：税金及附加 　　贷：应交税费——应交消费税（全额计征） ③补缴税款： 借：应交税费——应交消费税 　　贷：银行存款

> **彬哥解读**
>
> 消费税属于单一环节征收的税种，委托加工环节支付的消费税一般计入存货成本，在出售时不再重复征税。但也有例外，如果收回后加价出售或者加工后再出售，为了防止税款流失，国家规定在销售时要按照总额征税，但为了避免双重征税，纳税人可以抵减委托加工环节已经缴纳的消费税。

【例题 8-2·单选题·改编】甲公司为增值税一般纳税人，适用的增值税税率为 13%。甲公司委托乙公司（增值税一般纳税人）代为加工一批属于应税消费品的原材料（非金银首饰），该批委托加工原材料收回后用于继续加工应税消费品。发出原材料实际成本为 620 万元，支付的不含增值税的加工费为 100 万元，增值税额为 13 万元，代收代缴的消费税额为 80 万元。该批委托加工原材料已验收入库，其实际成本为（　　）万元。

A. 720　　　　　　B. 736　　　　　　C. 800　　　　　　D. 816

【答案】A

【解析】收回后用于继续加工的应税消费品，受托方代收代缴的消费税对于委托方而言是可以进行抵扣的，不能计入委托加工物资的成本，所以该批委托加工物资的实际成本 = 620 + 100 = 720（万元）。

甲公司（委托方）会计分录如下：

借：委托加工物资	720
应交税费——应交消费税	80
——应交增值税（进项税额）	13
贷：原材料	620
银行存款	193

考点2 其他流动负债（★）

表8-7

项目	定义	会计处理	
短期借款	指企业向银行或其他金融机构等借入的期限在一年以下（含一年）的各种借款	计提利息： 借：财务费用等 　贷：应付利息	
应付票据	应付票据是由出票人出票，付款人在指定日期无条件支付特定金额给收款人或者持票人的票据	带息应付票据	通常应在期末对尚未支付的应付票据计提利息，计入财务费用
		不带息应付票据	其面值就是票据到期时的应付金额
应付账款	应付账款指因购买材料、商品或接受劳务供应等而发生的债务	应付账款一般按应付金额入账，不按到期应付金额的现值入账	
预收账款	买卖双方协议商定，由购货方预先支付一部分货款给供应方而发生的一项负债	①收入合同中预收的款项计入"合同负债"科目。 ②其他合同（比如租赁合同）中预收的款项仍通过"预收账款"科目核算	
应付股利	应付股利，是指企业经股东大会或类似机构审议批准分配的现金股利或利润。企业股东大会或类似机构审议批准的利润分配方案、宣告分派的现金股利或利润，在实际支付前，形成企业的负债	①企业经股东大会或类似机构审议批准（而非董事会）的利润分配方案时： 借：利润分配 　贷：应付股利 ②实际支付时： 借：应付股利 　贷：银行存款	
其他应付款	其他应付款，是指企业除应付票据、应付账款、预收账款、应付职工薪酬、应付利息、应付股利、应交税费、长期应付款等以外的其他各项应付、暂收的款项	常见的其他应付款有售后回购方式形成的负债、企业发生的各种暂收款项等	

【例题8-3·单选题·2019年】根据我国公司法规定，上市公司在弥补亏损和提取法定公积金后所余税后利润，按照股份比例向股东分配利润。上市公司因分配现金利润而确认应付股利的时点是（　　）。

A. 实际分配股利时
B. 实现利润的当年末

C. 董事会通过利润分配预案时
D. 股东大会批准利润分配方案时

【答案】D

【解析】企业经股东大会或类似机构审议批准的利润分配方案，按应支付的现金股利或利润确认应付股利，因此选项D正确。

考点 3　公司债券

（一）一般公司债券

表 8-8

定义	公司债券是公司依照法定程序发行、约定在一定期限内还本付息的有价证券	
发行方式	溢价发行	若债券的票面利率**高于**同期银行存款利率，可按超过债券票面价值的价格发行 溢价是企业以后各期多付利息而事先得到的补偿
	折价发行	若债券的票面利率**低于**同期银行存款利率，可按低于债券面值的价格发行，称为折价发行 折价是企业以后各期少付利息而预先给投资者的补偿
	平价发行	若债券票面利率与同期银行存款利率**相同**，可按票面价格发行，称为平价发行
类型	分期付息、到期还本	到期一次还本付息
（1）发行	借：银行存款（实际收款） 　　贷：应付债券——面值 　　　　　　　　——利息调整（差额，倒挤） （发行费用计入初始成本，通过利息调整科目）	
（2）资产负债表日	①计提利息： 借：财务费用/在建工程等（期初摊余成本×实际利率） 　　应付债券——利息调整（差额，倒挤） 　　贷：应付利息（面值×票面利率） ②支付利息时： 借：应付利息 　　贷：银行存款	借：财务费用（期初摊余成本×实际利率） 　　应付债券——利息调整（差额） 　　贷：应付债券——应计利息（面值×票面利率）
（3）偿付	①计提最后一期利息： 借：财务费用/在建工程等（倒挤） 　　应付债券——利息调整（尾数） 　　贷：应付利息（面值×票面利率） ②偿付本金和最后一期利息： 借：应付债券——面值 　　应付利息（最后一期利息） 　　贷：银行存款	①计提最后一期利息： 借：财务费用等（倒挤） 　　应付债券——利息调整（尾数） 　　贷：应付债券——应计利息（面值×票面利率） ②偿付本金和全部利息： 借：应付债券——面值 　　　　　　——应计利息（全部利息） 　　贷：银行存款

第八章 负债

> **彬哥解读**
> （1）溢价或折价是发行债券企业在债券存续期内对利息费用的一种调整。
> （2）如果是到期一次还本付息的债券，持有期间不支付利息，期末计提利息形成的义务属于非流动负债，要用"应付债券——应计利息"代替"应付利息"。

【例题 8-4·主观题·教材】 2011 年 12 月 31 日，甲公司经批准发行 5 年期一次还本、分期付息的公司债券 10 000 000 元，债券利息在每年 12 月 31 日支付，票面利率为年利率 6%。假定债券发行时的市场利率为 5%。已知 (P/F, 5%, 5) = 0.7835，(P/A, 5%, 5) = 4.3295。

甲公司该批债券实际发行价格为：10 000 000 × 0.7835 + 10 000 000 × 6% × 4.3295 = 10 432 700（元）。

甲公司根据上述资料，采用实际利率法和摊余成本计算确定的利息费用。

（1）2011 年 12 月 31 日发行债券时：

借：银行存款　　　　　　　　　　　　　　　　　　　　　10 432 700
　　贷：应付债券——面值　　　　　　　　　　　　　　　　　　10 000 000
　　　　　　　　——利息调整　　　　　　　　　　　　　　　　　432 700

（2）2012 年 12 月 31 日计算利息费用时：

财务费用 = 10 432 700 × 5% = 521 635（元）

借：财务费用　　　　　　　　　　　　　　　　　　　　　521 635
　　应付债券——利息调整　　　　　　　　　　　　　　　　78 365
　　贷：应付利息　　　　　　　　　　　　　　　　　　　　　　600 000

2013 年、2014 年、2015 年确认利息费用的会计处理同 2012 年。

（3）2016 年 12 月 31 日归还债券本金及最后一期利息费用时：

借：财务费用　　　　　　　　　　　　　　　　　　　　　505 062.94
　　应付债券——面值　　　　　　　　　　　　　　　　　　10 000 000
　　　　　　——利息调整　　　　　　　　　　　　　　　　94 937.06
　　贷：银行存款　　　　　　　　　　　　　　　　　　　　　　10 600 000

（二）可转换公司债券

表 8-9

定义	债券持有人可按照发行时约定的价格将债券转换成公司普通股票的债券
特征	①债券持有人可以持有到期，可以在流通市场出售变现，也可以行使转股权将其换成股票。 ②该债券利率一般**低于**普通公司的债券利率，企业发行可转换债券可以降低筹资成本
基本原则	①企业发行的可转换公司债券，应当在初始确认时将其包含的负债成分和权益成分进行分拆，将负债成分确认为应付债券，将权益成分确认为**其他权益工具**。 ②在分拆时，应当先对**负债成分的未来现金流量**进行折现确定负债成分的初始确认金额，再按发行价格总额**扣除负债成分**初始确认金额后的金额确定权益成分的初始确认金额。 ③可转换公司债券发生的交易费用，应当在负债成分和权益成分之间按照各自的相对公允价值进行分摊

续表

会计处理		
	发行时 （**关键步骤**）	借：银行存款（实际筹资额） 　　应付债券——可转换公司债券（利息调整）（倒挤，可借可贷） 　贷：应付债券——可转换公司债券（面值） 　　　其他权益工具（权益成分公允－分摊的发行费）
	转股前	①负债成分：同一般公司债券，按实际利率法计提利息费用。 ②权益成分：按历史成本计量，保持不变
	转股时	借：应付债券——可转换公司债券（面值、利息调整）（账面余额） 　　其他权益工具（权益成分公允价值） 　　应付利息（尚未支付的利息） 　贷：股本（转股数） 　　　资本公积——股本溢价（差额）

【例题 8-5·主观题·教材】 甲公司经批准于 2011 年 1 月 1 日按面值发行 5 年期一次还本、按年付息的可转换公司债券 200 000 000 元，款项已收存银行，债券票面年利率为 6%。债券发行 1 年后可转换为普通股股票，初始转股价为每股 10 元，股票面值为每股 1 元。债券持有人若在当期付息前转换股票的，应按债券面值和应付利息之和除以转股价，计算转换的股份数。假定 2012 年 1 月 1 日债券持有人将持有的可转换公司债券全部转换为普通股股票，甲公司发行可转换公司债券时二级市场上与之类似的没有附带转换权的债券市场利率为 9%。已知（P/F, 9%, 5）= 0.6499，（P/A, 9%, 5）= 3.8897。甲公司的账务处理如下：

（1）2011 年 1 月 1 日发行可转换公司债券时：

借：银行存款　　　　　　　　　　　　　　　　　　　　　　　　200 000 000
　　应付债券——可转换公司债券（利息调整）　　　　　　　　　　23 343 600
　贷：应付债券——可转换公司债券（面值）　　　　　　　　　　　200 000 000
　　　其他权益工具　　　　　　　　　　　　　　　　　　　　　　23 343 600

可转换公司债券负债成分的公允价值为：200 000 000 × 0.6499 + 200 000 000 × 6% × 3.8897 = 176 656 400（元）

可转换公司债券权益成分的公允价值为：200 000 000 - 176 656 400 = 23 343 600（元）

（2）2011 年 12 月 31 日确认利息费用时：

借：财务费用等　　　　　　　　　　　　　　　　　　　　　　　15 899 076
　贷：应付利息——可转换公司债券利息　　　　　　　　　　　　12 000 000
　　　应付债券——可转换公司债券（利息调整）　　　　　　　　　3 899 076

（3）2012 年 1 月 1 日债券持有人行使转换权时（假定利息尚未支付）：

转换的股份数为：（200 000 000 + 12 000 000）/10 = 21 200 000（股）

		借：应付债券——可转换公司债券（面值）	200 000 000
		应付利息——可转换公司债券利息	12 000 000
		其他权益工具	23 343 600
		贷：股本	21 200 000
		应付债券——可转换公司债券（利息调整）	19 444 524
		资本公积——股本溢价	194 699 076

（三）长期借款和长期应付款

表8-10

长期借款	定义		指企业从银行或其他金融机构借入的期限在一年以上（**不含一年**）的借款
	会计分录	借入 长期借款	借：银行存款 　　长期借款——利息调整 贷：长期借款——本金
		资产 负债表日	借：在建工程/制造费用/财务费用 　　长期借款——利息调整（**差额，可能在贷方**） 贷：应付利息
		归还长期 借款本金	借：长期借款——本金 贷：银行存款
长期应付款	定义		除长期借款和应付债券以外的其他各种长期应付款项（**新准则下，应付融资租入固定资产的租赁费不使用该科目，而使用租赁负债科目**）
	内容		以分期付款方式购入固定资产发生的应付款项

恭喜你，
已完成第八章的学习

扫码免费进 >>>
2022年CPA带学群

所有的馈赠，都在暗中标好了价格，想要得到，必须付出。你只管努力，老天自有安排。顺其自然而不安于现状，是对人生这场旅程最好的回报！

第九章 职工薪酬

CHAPTER NINE

考情雷达

本章属于重点章节,主要介绍了职工薪酬的会计处理,考试时既可以客观题形式进行考核,又可以在主观题中结合差错更正等相关内容进行考核。近几年考试分值为5分左右。

在学习时,应重点掌握短期薪酬(非货币性福利、累积带薪缺勤、利润分享计划)和辞退福利的账务处理,有选择性地掌握设定收益计划考点(掌握计入其他综合收益项目即可)。

2022年本章内容无变化。

考点地图

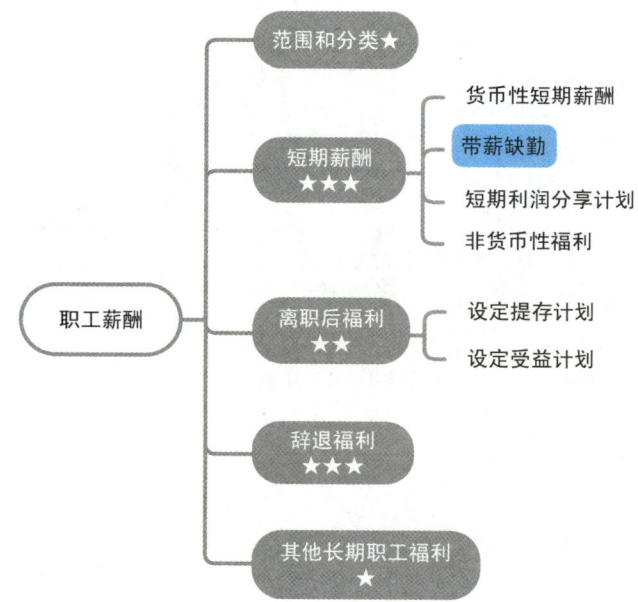

考点1 职工和职工薪酬的范围和分类（★）

（一）职工的概念

职工,是指与企业订立劳动合同的所有人员,含全职、兼职和临时职工,也包括虽未与企业订立劳动合同但由企业正式任命的人员。

> **彬哥解读**
> （1）董事、监事、劳务派遣工属于企业职工;
> （2）企业聘请为其提供培训服务的大学教授不属于企业职工。

（二）职工薪酬的概念及分类

职工薪酬，是指企业为获得职工提供的服务或终止劳动关系而给予的各种形式的报酬。企业提供给职工配偶、子女、受赡养人、已故员工遗属及其他受益人等的福利，也属于职工薪酬。

职工薪酬主要包括短期薪酬、离职后福利、辞退福利和其他长期职工福利。

【例题9-1·多选题·2020年】2018年，甲公司发生的相关交易或事项如下：(1)为给境外派到境内的10名高管人员提供临时住所，租入10套住房，每年租金共120万元；(2)因业务调整拟解除150名员工劳动关系，经与被辞退员工协商一致向每位被辞退员工支付20万元补偿；(3)实施员工带薪休假制度，发生员工休假期间的工资80万元；(4)为40名中层干部团购商品房，2 500万元购房款由甲公司垫付。

下列各项中，甲公司应当作为职工薪酬进行会计处理的有（　　）。

A. 向被辞退员工支付补偿
B. 为高管人员租房并支付租金
C. 支付员工带薪休假期间的工资
D. 为中层干部团购商品房垫付款项

【答案】ABC

【解析】选项A，属于职工薪酬中的辞退福利。选项B，属于职工薪酬中的非货币性福利。选项C，属于职工薪酬中的带薪缺勤。选项D，为职工垫付商品房款项，不属于职工薪酬内容，应将垫付款计入其他应收款。

考点2　短期薪酬的确认与计量（★★★）

（一）货币性短期薪酬

表9-1

处理原则	企业应当在职工为其提供服务的会计期间，将实际发生的短期薪酬确认为负债，并根据受益对象原则计入相关的成本或费用。	
内容	①职工工资、奖金、津贴和补贴。 ②职工福利费。 ③三费一金（**不包括失业金和养老金**，它们属于离职后福利），工会经费和职工教育经费	
会计分录	计提时	发放时
	借：生产成本（生产工人的工资） 　　制造费用（车间管理人员的工资） 　　管理费用（行政管理人员的工资） 　　销售费用（销售人员的工资） 　　在建工程（基建人员的工资） 　　研发支出（研发人员的工资） 　　贷：应付职工薪酬	借：应付职工薪酬 　　贷：银行存款

【例题9-2·主观题·教材】 2015年6月,甲公司当月应发工资1 560万元,其中:生产部门直接生产人员工资1 000万元;生产部门管理人员工资200万元;公司管理部门人员工资360万元。

根据所在地政府规定,公司分别按照职工工资总额的10%和8%计提医疗保险费和住房公积金,缴纳给当地社会保险经办机构和住房公积金管理机构。公司分别按照职工工资总额的2%和1.5%计提工会经费和职工教育经费。

假定不考虑所得税影响。

应计入生产成本的职工薪酬金额 = 1 000 + 1 000 × (10% + 8% + 2% + 1.5%) = 1 215(万元)

应计入制造费用的职工薪酬金额 = 200 + 200 × (10% + 8% + 2% + 1.5%) = 243(万元)

应计入管理费用的职工薪酬金额 = 360 + 360 × (10% + 8% + 2% + 1.5%) = 437.4(万元)

职工薪酬明细

职工	工资	医疗保险费(10%)	住房公积金(8%)	工会经费(2%)	职工教育经费(1.5%)	小计
生产工人	1 000	100	80	20	15	1 215
车间管理人员	200	20	16	4	3	243
管理部门人员	360	36	28.8	7.2	5.4	437.4
合计	1 560	156	124.8	31.2	23.4	1 895.4

公司应根据上述业务,做如下账务处理:

借:生产成本 12 150 000
　　制造费用 2 430 000
　　管理费用 4 374 000
　　贷:应付职工薪酬——工资 15 600 000
　　　　　　　　　　——医疗保险费 1 560 000
　　　　　　　　　　——住房公积金 1 248 000
　　　　　　　　　　——工会经费 312 000
　　　　　　　　　　——职工教育经费 234 000

（二）带薪缺勤

表 9–2

定义			企业对各种原因产生的缺勤进行补偿，如年休假、病假、短期伤残假、婚假、产假、丧假、探亲假等
分类	累积带薪缺勤	定义	是指带薪权利可以结转下期的带薪缺勤，本期尚未用完的带薪缺勤权利可以在未来期间使用
		会计处理	①确认累积带薪缺勤权利当期（第1年）。 企业应当在职工提供了服务从而增加了其未来享有的带薪缺勤权利时，确认与累积带薪缺勤相关的职工薪酬，并以累积未行使权利而增加的**预期支付金额**计量。 **当期确认职工薪酬＝预计使用人数×预计使用天数×日工资** （后进先出的话，先抵减当年本身的假期） 借：管理费用等 　　贷：应付职工薪酬 ②实际行权累积带薪缺勤权利的下期（第2年）。 实际行权数与之前预计数存在差异的，做**会计估计变更处理**，差额直接计入当期损益，不用追溯调整。 借：应付职工薪酬（前期预计数） 　　贷：银行存款（实际使用数） 　　　　管理费用等（差额，倒挤）
	非累积带薪缺勤	定义	是指带薪权利不能结转下期的带薪缺勤，本期尚未用完的带薪缺勤权利将予以取消，并且职工离开企业时也无权获得现金支付
		会计处理	不做账，实际缺勤时确认相关薪酬

> **彬哥解读**
>
> 假设每年工作日为300天，2021年公司授予每位员工5天带薪假，在2021年如果没有用完，可以结转到2022年使用。小彬每天的工资是100元，2021年未使用带薪假，预计将于2022年全部使用。2022年，小彬实际使用5天带薪假。

年份	分析	会计处理	备注
2021	小彬上班300天，企业负担的支付义务包括：工资30 000＋累积带薪假5天 累积带薪假5天预计要支付的金额＝5×100＝500	①正常工资： 借：管理费用　　　　30 000 　　贷：应付职工薪酬　　30 000 借：应付职工薪酬　　30 000 　　贷：银行存款　　　　30 000 ②计提累积带薪假支付义务： 借：管理费用　　　　　 500 　　贷：应付职工薪酬　　　500	根据权责发生制，虽然企业在2022年才支付累积带薪假对应的工资，但在2021年就已经承担累积带薪假的支付义务，因此应在2021年计提与累积带薪假相关的成本费用
2022	小彬上班295天，企业本应支付工资29 500元，但由于小彬使用上年度累积带薪假5天，企业需额外支付工资500元	①正常工资： 借：管理费用　　　　29 500 　　贷：应付职工薪酬　　29 500 借：应付职工薪酬　　29 500 　　贷：银行存款　　　　29 500 ②行使累积带薪假： 借：应付职工薪酬　　　500 　　贷：银行存款　　　　　500	

【例题9-3·主观题·教材】乙公司共有1 000名职工，从2015年1月1日起，该公司实行累积带薪缺勤制度。该制度规定，每个职工每年可享受5个工作日带薪年休假，未使用的年休假只能向后结转一个日历年度，超过1年未使用的权利作废，不能在职工离开公司时获得现金支付；职工休年休假是以后进先出为基础，即首先从当年可享受的权利中扣除，再从上年结转的带薪年休假余额中扣除；职工离开公司时，公司对职工未使用的累积带薪年休假不支付现金。

2015年12月31日，每个职工当年平均未使用带薪年休假为2天。根据过去的经验并预期该经验将继续适用，乙公司预计2016年有950名职工将享受不超过5天的带薪年休假，剩余50名职工每人将平均享受6天半年休假，假定这50名职工全部为总部各部门经理，该公司平均每名职工每个工作日工资为300元。

分析：乙公司在2015年12月31日应当预计由于职工累积未使用的带薪年休假权利而导致预期将支付的工资负债，即相当于75天（50×1.5）的年休假工资22 500元（75×300），并做如下账务处理：

借：管理费用　　　　　　　　　　　　　　　　　　　　22 500
　　贷：应付职工薪酬——累积带薪缺勤　　　　　　　　　　22 500

2016年，如果50名职工均未享受累积未使用的带薪年休假，则冲回上年度确认的费用：

借：应付职工薪酬——累积带薪缺勤　　　　　　　　　　22 500
　　贷：管理费用　　　　　　　　　　　　　　　　　　　22 500

【例题9-4·单选题·2016年】甲公司实行累积带薪休假制度，当年未享受的休假只可结转至下一年度。2014年末，甲公司因当年管理人员未享受休假而预计将于2015年支付职工薪酬20万元。2015年末，该累积带薪休假尚有40%未使用，不考虑其他因素。下列各项中，关于甲公司因其管理人员2015年未享受累积带薪休假而原多预计的8万元负债（应付职工薪酬）于2015年的会计处理，正确的是（　　）。

A. 不作账务处理
B. 从应付职工薪酬转出计入资本公积
C. 冲减当期的管理费用
D. 作为会计差错追溯重述上年财务报表相关项目的金额

【答案】C

【解析】根据题意甲公司规定未使用的带薪假只能结转下一年度，2014年确认的20万元职工薪酬中有8万元于2015年未使用，该差异不属于会计差错，因此无须追溯调整。预计额与实际额的差额则直接冲减当期损益即可（管理费用）。综上，选项C正确。

（三）短期利润分享计划

表9-3

定义	企业制订有短期利润分享计划的，如当职工完成规定业绩指标，或者在企业工作了特定期限后，能够享有按照企业净利润的一定比例计算的薪酬

| 会计处理 | ①根据超出业绩目标的利润及分配比例确认相关薪酬。
②不属于利润分配活动。
③根据企业经济效益增长实际情况提取的奖金，属于奖金计划，应比照利润分享计划进行处理 |

【例题9-5·单选题·2020年】2018年9月16日，甲公司发布短期利润分享计划。根据该计划，甲公司将按照2018年度利润总额的5%作为奖金，发放给2018年7月1日至2019年6月30日在甲公司工作的员工。如果有员工在2019年6月30日前离职，离职的员工将不能获得奖金。利润分享计划支付总额也将按照离职员工的人数相应降低。该奖金将于2019年8月30日支付。2018年度，在未考虑利润分享计划的情况下，甲公司实现利润总额20 000万元。2018年末，甲公司预计职工离职将使利润分享计划支付总额降低至利润总额的4.5%。不考虑其他因素，甲公司2018年12月31日因上述短期利润分享计划应当确认的应付职工薪酬金额是（　　）万元。

A. 450　　　　　　B. 500　　　　　　C. 1 000　　　　　　D. 900

【答案】A

【解析】甲公司2018年12月31日因该短期利润分享计划应当确认的应付职工薪酬金额 = 20 000 × 4.5% × 1 ÷ 2 = 450（万元），因此选项A正确。

（四）非货币性福利

1. 发放自产产品或外购商品

表9-4

情形	处理方法	会计分录
自产产品	按该产品的公允价值和相关税费（**销项税额**），计量应计入成本费用的职工薪酬金额，相关收入和成本的处理与正常商品销售相同（**视同销售**）	①决定发放时： 　借：管理费用等（根据受益对象） 　　贷：应付职工薪酬 ②实际发放时： 　借：应付职工薪酬 　　贷：主营业务收入 　　　　应交税费——应交增值税（销项税额） 　借：主营业务成本 　　贷：库存商品
外购商品	应当按照该商品的账面价值（购买日公允价值）和相关税费（**进项税额转出**）计入成本费用（**不视同销售**）	①外购时： 　借：库存商品 　　　应交税费——应交增值税（进项税额） 　　贷：银行存款 ②决定发放时： 　借：管理费用等（根据受益对象） 　　贷：应付职工薪酬 ③实际发放时： 　借：应付职工薪酬 　　贷：库存商品 　　　　应交税费——应交增值税（进项税额转出）

【例题9-6·单选题】甲公司为增值税一般纳税人,销售和进口货物适用的增值税税率为13%。2019年6月甲公司董事会决定将本公司生产的500件产品作为福利发放给公司管理人员。该批产品的单位成本为1.2万元,市场销售价格为每件2万元(不含增值税税额)。假定不考虑其他相关税费,甲公司在2019年因该项业务应计入管理费用的金额为(   )万元。

A. 600　　　　B. 770　　　　C. 1 000　　　　D. 1 130

【答案】D

【解析】企业向职工发放自产产品作为非货币性福利的,应当视同销售,按照公允价值和相关税费计量。甲公司2019年因该项业务应计入管理费用的金额 = 500×2×(1+13%) = 1 130(万元)。

【例题9-7·主观题·教材】甲公司为一家生产笔记本电脑的企业,共有职工200名,2020年2月,公司以其生产的成本为10 000元的高级笔记本电脑和外购的每部不含税价格为1 000元的手机作为春节福利发放给公司每名职工。该型号笔记本电脑的售价为每台14 000元,甲公司适用的增值税税率为13%,已开具了增值税专用发票;甲公司以银行存款支付了购买手机的价款和增值税进项税额,已取得增值税专用发票,适用的增值税税率为13%。假定200名职工中170名为直接参加生产的职工,30名为总部管理人员。

分析:企业以自己生产的产品作为福利发放给职工,应计入成本费用的职工薪酬金额以公允价值计量,计入主营业务收入,产品按照成本结转,但要根据相关税收规定,视同销售计算增值税销项税额。外购商品发放给职工作为福利,应当将交纳的增值税进项税额计入成本费用(进项税额转出)。

笔记本电脑的售价总额 = 14 000×170+14 000×30 = 2 380 000+420 000 = 2 800 000(元)

笔记本电脑的增值税销项税额 = 170×14 000×13% + 30×14 000×13% = 309 400 + 54 600 = 364 000(元)

甲公司决定发放非货币性福利(自产的电脑)时,应作如下账务处理:

借:生产成本　　　　　　　　　　　(170×14 000×1.13)2 689 400
　　管理费用　　　　　　　　　　　(30×14 000×1.13)474 600
　　贷:应付职工薪酬——非货币性福利　　　　　　　3 164 000

实际发放笔记本电脑时,应作如下账务处理:

借:应付职工薪酬——非货币性福利　　　　　　　3 164 000
　　贷:主营业务收入　　　　　　　　　　　　　　2 800 000
　　　　应交税费——应交增值税(销项税额)　　　　364 000
借:主营业务成本　　　　　　　　　　　　　　2 000 000
　　贷:库存商品　　　　　　　　　　　　　　　　2 000 000

手机的采购成本 = 170×1 000 + 30×1 000 = 170 000 + 30 000 = 200 000(元)

手机的进项税额 = 170 × 1 000 × 13% + 30 × 1 000 × 13% = 22 100 + 3 900 = 26 000（元）

甲公司决定发放非货币性福利（外购的手机）时，应作如下账务处理：

借：生产成本　　　　　　　　　　　　　　　　　（170 × 1 000 × 1.13）192 100
　　管理费用　　　　　　　　　　　　　　　　　　（30 × 1 000 × 1.13）33 900
　　　贷：应付职工薪酬——非货币性福利　　　　　　　　　　　　　　226 000

购买手机时，甲公司应作如下账务处理：

借：库存商品　　　　　　　　　　　　　　　　　　　　　　　　　　200 000
　　应交税费——应交增值税（进项税额）　　　　　　　　　　　　　 26 000
　　　贷：银行存款　　　　　　　　　　　　　　　　　　　　　　　226 000

实际发放手机时，应作如下账务处理：

借：应付职工薪酬——非货币性福利　　　　　　　　　　　　　　　　226 000
　　　贷：库存商品　　　　　　　　　　　　　　　　　　　　　　　200 000
　　　　　应交税费——应交增值税（进项税额转出）　　　　　　　　 26 000

2. 提供汽车、住房等供职工无偿使用

表 9 – 5

分类	会计分录
自有住房	借：管理费用等 　　贷：应付职工薪酬 借：应付职工薪酬 　　贷：累计折旧（自有住房计提折旧）
租来的住房	借：管理费用等 　　贷：应付职工薪酬 借：应付职工薪酬 　　贷：其他应付款（应付租金）

【例题 9 – 8 · 主观题】公司决定为企业的部门经理每人租赁住房一套，并提供轿车一辆免费使用，轿车的月折旧总额为 1.8 万元，外租住房的月租金总额为 3.5 万元。

乙公司对该非货币性福利的会计处理如下：

（1）计提轿车折旧时：

借：管理费用　　　　　　　　　　　　　　　　　　　　　　　　　　18 000
　　　贷：应付职工薪酬——非货币性福利　　　　　　　　　　　　　 18 000
借：应付职工薪酬——非货币性福利　　　　　　　　　　　　　　　　18 000
　　　贷：累计折旧　　　　　　　　　　　　　　　　　　　　　　　18 000

(2) 确认租金费用时：
借：管理费用　　　　　　　　　　　　　　　　　　35 000
　　贷：应付职工薪酬——非货币性福利　　　　　　　　35 000
借：应付职工薪酬——非货币性福利　　　　　　　　35 000
　　贷：其他应付款　　　　　　　　　　　　　　　　35 000

3. 向职工提供企业支付了补贴的商品或服务

表 9-6

分类	会计处理	会计分录
规定了服务年限	将补贴金额（市场价－内部售价）作为**长期待摊费用**，在规定服务年限内摊销	①出售时： 借：银行存款（向职工收取款项） 　　长期待摊费用（补贴金额） 　　贷：固定资产（原购置价款） ②每年摊销时： 借：管理费用等 　　贷：应付职工薪酬 借：应付职工薪酬 　　贷：长期待摊费用
未规定服务年限	将补贴金额直接计入当期相关资产成本或当期损益	借：银行存款（向职工收取款项） 　　管理费用等（补贴金额） 　　贷：固定资产（原购置价款）

【例题 9-9·主观题·教材】2015 年 5 月，甲公司购买了 100 套全新的公寓拟以优惠价格向职工出售，该公司共有 100 名职工，其中 80 名为直接生产人员，20 名为公司总部管理人员。甲公司拟向直接生产人员出售的住房平均每套购买价为 100 万元，向职工出售的价格为每套 80 万元；拟向管理人员出售的住房平均每套购买价为 180 万元，向职工出售的价格为每套 150 万元。假定该 100 名职工均在 2015 年度中陆续购买了公司出售的住房，售房协议规定，职工在取得住房后必须在公司服务 15 年。不考虑相关税费。

甲公司出售住房时应作如下账务处理：

借：银行存款　　　　　（800 000×80＋1 500 000×20）94 000 000
　　长期待摊费用　　　（200 000×80＋300 000×20）22 000 000
　　贷：固定资产　　　（1 000 000×80＋1 800 000×20）116 000 000

出售住房后的每年，甲公司应当按照直线法在 15 年内摊销长期待摊费用，并作如下账务处理：

借：生产成本　　　　　　　（200 000×80÷15）1 066 667
　　管理费用　　　　　　　（300 000×20÷15）400 000
　　贷：应付职工薪酬——非货币性福利　　　　　1 466 667

借：应付职工薪酬——非货币性福利	1 466 667
贷：长期待摊费用	1 466 667

考点3 离职后福利的确认与计量（★★）

表9-7

项目	设定提存计划 （职工承担精算风险）	设定受益计划 （企业承担精算风险）	
含义	是指向独立的基金缴存固定费用后，企业不再承担进一步支付义务（如养老保险、失业保险、企业年金等）	除设定提存计划以外的离职后福利计划	
确认原则	在资产负债表日确认职工薪酬，计入当期损益或相关资产的成本	计入当期损益的金额	计入其他综合收益的金额
		（1）服务成本。 ①当期服务成本。 ②过去服务成本。 ③结算利得或损失。 （2）设定受益计划净负债或净资产的利息净额	设定受益计划净负债或净资产的重新计量，包括： （1）**精算利得和损失**。 （2）**计划资产回报**，扣除包含在设定受益计划净负债或净资产的利息净额中的金额。 （3）**资产上限影响的变动**，扣除包括在设定受益计划净负债或净资产的利息净额中的金额

> **彬哥解读**
>
> （1）设定受益计划内容多而抽象，但考试主要考查计入当期损益和计入其他综合收益的情形，学习时抓住这个考点即可，其他可以选择性放弃。
> （2）设定受益计划计入的其他综合收益不能重分类进损益。

【例题9-10·单选题·2015年】下列各项有关职工薪酬的会计处理中，正确的是（　　）。
A. 与设定受益计划相关的当期服务成本应计入当期损益
B. 与设定受益计划负债相关的利息费用应计入其他综合收益
C. 与设定受益计划相关的过去服务成本应计入期初留存收益
D. 因重新计量设定受益计划净负债产生的精算损失应计入当期损益
【答案】A
【解析】选项B，应该计入当期损益；选项C，应该计入当期成本或损益；选项D，应该计入其他综合收益。

考点4 辞退福利的确认与计量（★★★）

表9-8

定义	企业在职工劳动合同到期之前解除与职工的劳动关系，或者为鼓励职工自愿接受裁减而给予职工的补偿
确认原则	企业向职工提供辞退福利的，应当在以下两者**孰早日**确认职工薪酬： ①企业不能单方面撤回辞退福利时。 ②企业确认**重组**相关的成本或费用时。
计量	①职工没有选择权的：根据计划条款和职工数量计算出应计提的职工薪酬。 ②自愿接受裁员：因为数量不确定，根据或有事项准则来预计。 ③补偿款项超过一年以后支付的：应选择恰当折现率折现，以**现值**计入当期损益
会计处理	借：管理费用 　　贷：应付职工薪酬
内退	比照辞退福利处理，即：内退日至正式退休日的工资、保险等一次性计入当期损益，在正式退休后按离职后福利处理

> **彬哥解读**
>
> 由于被辞退的员工不再为企业带来未来经济利益，因此，对于所有辞退福利，在满足确认条件时一次性计入管理费用，不计入资产成本。

【例题9-11·多选题·2019年】下列各项关于职工薪酬会计处理的表述中，错误的有（　　）。

A. 重新计量设定受益计划净负债或净资产而产生的变动计入其他综合收益

B. 将租赁的汽车无偿提供给高级管理人员使用的，按照每期应付的租金计量应付职工薪酬

C. 以本企业生产的产品作为福利提供给职工的，按照该产品的成本和相关税费计量应付职工薪酬

D. 因辞退福利而确认的应付职工薪酬，按照辞退职工提供服务的对象计入相关资产的成本

【答案】CD

【解析】选项A正确，设定受益计划净负债或净资产的重新计量应当计入其他综合收益，且在后续期间不能重分类计入损益。

选项B正确，租赁住房等资产供职工无偿使用的，应当根据受益对象，将每期应付租金计入相关资产成本或者当期损益，并确认应付职工薪酬。

选项C错误，企业以自产产品作为福利提供给职工的，应视同销售，即按照产品的公允价值和相关税费计入职工薪酬；如果是以外购商品作为福利发放给职工，才按照商品账面价

值和进项税额计入应付职工薪酬。

选项 D 错误，因辞退福利而确认的应付职工薪酬，应当在满足确认条件时一次性计入管理费用。

考点5　其他长期职工福利的确认与计量（★）

其他长期职工福利，是指除短期薪酬、离职后福利和辞退福利以外的其他所有职工福利（除以上 3 种之外的），例如长期带薪缺勤、长期残疾福利、长期利润分享计划和长期奖金计划。

**恭喜你，
已完成第九章的学习**

扫码免费进 >>>
2022年CPA带学群

耐得住眼前的寂寞，才守得住未来的繁华。把眼光放长，路才会更长；经得起岁月漫长，岁月才会还你圆满。

CHAPTER TEN

第十章 股份支付

考情雷达

本章属于比较重要章节,主要以客观题的形式考查股份支付的分类、股份支付的确认与计量、可行权条件的种类、集团股份支付,同时也可以单独考查计算分析题,或者结合差错更正、所得税、每股收益等在综合题中考查。近几年平均分值 5 分左右。

本章内容难度较大,在学习时注意循序渐进,切勿急躁。要注意的是,本章中的限制性股票在 2019 年考查了一整道综合题,但其性质属于低频难点,建议在会计备考的第一轮战略"放弃",但考前冲刺时务必应试掌握其会计处理的核心分录。

2022 年本章内容**无变化**。

考点地图

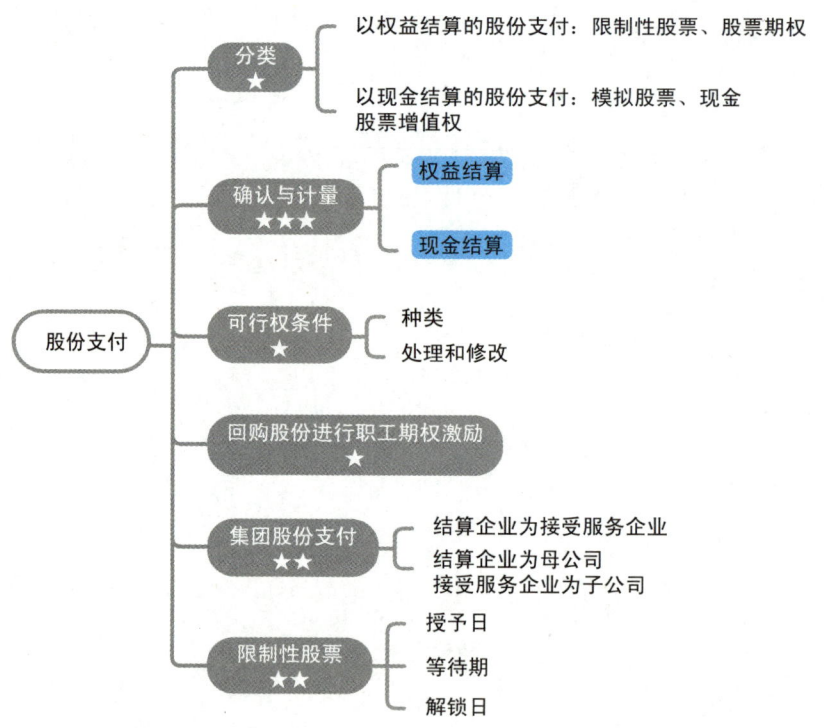

考点 1 股份支付概述（★）

表 10-1

定义	企业为获取职工和其他方**提供服务**而授予权益工具或者承担以权益工具为基础确定的负债的交易
特征	①是企业与职工或其他方之间发生的交易。 ②是以获取职工或其他方服务为目的的交易。 ③交易的对价或其定价与企业自身权益工具未来的价值密切相关

续表

环节	授予日	股份支付协议获得股东大会批准的日期
	可行权日	**可行权条件**得到满足、职工或其他方具有从企业取得权益工具或现金**权利**的日期（条件达成，具有权利）
	行权日	职工和其他方行使权利、获取现金或权益工具的日期（行使权利）
	等待期	从授予日至可行权日的时段，是可行权条件得到满足的期间
类型	以权益结算的股份支付	用权益工具作为对价结算，例如限制性股票、股票期权
	以现金结算的股份支付	用现金或其他资产作为对价结算，例如模拟股票、现金股票增值权

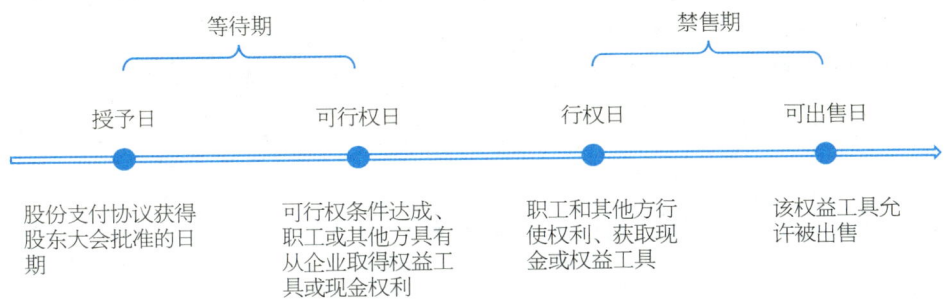

图 10-1

表 10-2　　　　　　　　　　类比非货币性资产交换理解股份支付本质

交换	非货币性资产交换	股份支付	股份支付对应会计科目
换入	非货币性资产	职工或者其他方的服务	成本费用
换出	非货币性资产	①权益工具； ②现金或其他资产（金额取决于权益工具）	①资本公积； ②应付职工薪酬

股份支付的本质也是一种"非货币性质的交易"，换入价值确定也遵循类似的原则：
①一般：以换出权益工具/金融负债的公允价值为基础确认换入服务的价值；
②特殊：换入"其他方的服务"，则以换入服务的公允价值为基础确认

表 10-3　　　　　　　　　　　　　　股份支付的分类

分类	定义	典型类别
以权益结算的股份支付	以**股份或其他权益工具**作为对价进行结算（本质为发行权益工具）	限制性股票； 股票期权
以现金结算的股份支付	以股份或其他权益工具为基础计算的**交付现金或其他资产义务**（本质为承担金融负债）	模拟股票； 现金股票增值权

提示：现金股票增值权和模拟股票，是用现金支付模拟的股权激励机制，即与股票挂钩但用现金支付。
除不需要实际行权和持有股票之外，现金股票增值权的运作原理与股票期权是一样的；
除不需要实际授予股票和持有股票之外，模拟股票的运作原理与限制性股票是一样的

【例题10-1·单选题·2014年】下列各项中，应当作为以现金结算的股份支付进行会计处理的是（　　）。
A. 低于市价向员工出售限制性股票的计划
B. 授予高管人员低于市价购买公司股票权利的期权计划
C. 公司承诺达到业绩条件时向员工无对价定向发行股票的计划
D. 授予研发人员以预期股价相对于基准日股价的上涨幅度为基础支付奖励款的计划

【答案】D
【解析】
（1）选项ABC，是企业为获取职工服务而以权益工具作为对价进行结算的交易，属于以权益结算的股份支付；
（2）选项D，是企业为获取服务而承担的以权益工具为基础计算的交付现金义务的交易，属于以现金结算的股份支付。

考点2　股份支付的确认与计量（★★★）

表10-4

项目		权益结算的股份支付	现金结算的股份支付
原则		按**授予日**股份支付工具的公允价值计量，不关心后续公允价值变动	按**每个资产负债表日**股份支付工具的公允价值重新计量
授予日	有等待期的	不作会计处理	
	可立即行权	借：管理费用等 　贷：资本公积——股本溢价	借：管理费用等 　贷：应付职工薪酬
在等待期内的每个资产负债表日		借：管理费用等 　贷：资本公积——其他资本公积	借：管理费用等 　贷：应付职工薪酬
可行权日之后		不再调整	公允价值变动计入公允价值变动损益 借：公允价值变动损益 　贷：应付职工薪酬 （或反向）
行权日		借：银行存款 　　资本公积——其他资本公积 　贷：股本 　　资本公积——股本溢价	借：应付职工薪酬 　贷：银行存款

提示：（1）以上为**一次授予、一次行权**的股份支付的会计处理。
（2）对于"一次授予，分期行权"，要拆分为几个独立的股份支付计划，分别进行会计处理。

第十章 股份支付

> **彬哥解读**
>
> （1）关于股份支付工具的公允价值，要注意两点：
>
> ①权益结算股份支付，是以**授予日**股份支付工具（例如股票期权等）的公允价值为基础；现金结算股份支付，是以**每个资产负债表日**股份支付工具（即承担的负债）公允价值为基础。
>
> ②股份支付工具的公允价值不同于普通股的公允价值。例如，股票期权的公允价值一般不等于普通股的公允价值。题目一般会直接给出股份支付工具的公允价值，如果没有给出，则要计算其内在价值。在做题时，可以简化计算，股份支付工具公允价值＝内在价值＝普通股市价－行权价格。
>
> （2）股份支付的确认和计量本质上是会计估计变更。
>
> 会计估计变更适用未来适用法：会计估计发生改变，不代表着以前的会计处理是错误的，因此不需要进行追溯调整，直接调当期的账务处理即可。例如，第1年底估计有30人可以行权，以此为基础确认了第1年的成本费用；到了第2年底最新估计行权人数只有29人，不需要调整去年的成本费用，直接按最新估计去计算本年的成本费用即可（本期发生额＝期末累计－期初累计）。
>
> （3）关于在等待期应确认成本费用的计算。
>
> ①权益结算股份支付：**量变、价不变**。
>
> 截至本期累计应确认的成本费用金额＝预计授予权益工具数量×单价×时间进度
>
> ＝预计行权人数×每人授予权益工具数×**在授予日公允价值**×时间进度
>
> 当期应确认的成本费用金额＝截至本期累计应确认的成本费用－前期累计已确认金额
>
> ②现金结算股份支付：**量变、价变**。
>
> 截至本期累计应确认的成本费用金额＝预计授予权益工具数量×单价×时间进度
>
> ＝预计行权人数×每人授予权益工具数×**在资产负债表日公允价值**×时间进度
>
> 当期应确认的成本费用金额＝截至本期累计应确认的成本费用－前期累计已确认金额

【例题10-2·主观题·教材】 2011年12月，A公司董事会批准了一项股份支付协议。协议规定，2012年1月1日，公司向其200名管理人员每人授予100股股票期权，这些职员必须从2012年1月1日起在该公司连续服务3年，即可以4元每股购买100股A公司股票。公司估计该期权在授予日（2012年1月1日）的公允价值为15元。

第一年有20名职员离开A公司，A公司估计三年中离开的职员的比例将达到20%；第二年又有10名职员离开公司，公司将估计的职员离开比例修正为15%；第三年又有15名职员离开。

（1）费用和资本公积计算过程如下表所示。

单位：元

年份	计算	当期费用	累计费用
2012	200×100×(1－20%)×15×1/3	80 000	80 000

续表

年份	计算	当期费用	累计费用
2013	200×100×(1−15%)×15×2/3−80 000	90 000	170 000
2014	(200−20−10−15)×100×15−170 000	62 500	232 500

(2) 账务处理如下：

①2012 年 1 月 1 日：

授予日不作账务处理。

②2012 年 12 月 31 日：

借：管理费用　　　　　　　　　　　　　　　　　　　　　　　80 000

　　贷：资本公积——其他资本公积　　　　　　　　　　　　　　　80 000

③2013 年 12 月 31 日：

借：管理费用　　　　　　　　　　　　　　　　　　　　　　　90 000

　　贷：资本公积——其他资本公积　　　　　　　　　　　　　　　90 000

④2014 年 12 月 31 日：

借：管理费用　　　　　　　　　　　　　　　　　　　　　　　62 500

　　贷：资本公积——其他资本公积　　　　　　　　　　　　　　　62 500

⑤假设全部155 名职员都在 2015 年 12 月 31 日行权，A 公司股份面值为 1 元：

借：银行存款　　　　　　　　　　　　　　(155×100×4) 62 000

　　资本公积——其他资本公积　　　　　　　　　　　　　　　232 500

　　贷：股本　　　　　　　　　　　　　　(155×100×1) 15 500

　　　　资本公积——股本溢价　　　　　　　　　　　　　　　279 000

【例题 10−3·主观题·教材】2015 年初，公司为其 200 名中层以上职员每人授予 100 份现金股票增值权，这些职员从 2015 年 1 月 1 日起在该公司连续服务 3 年，即可按照当时股价的增长幅度获得现金，该增值权应在 2019 年 12 月 31 日之前行使。A 公司估计，该增值权在负债结算之前的每一资产负债表日以及结算日的公允价值和可行权后的每份增值权现金支出额如表 1 所示。

表 1

单位：元

年份	公允价值	支付现金
2015	14	
2016	15	
2017	18	16
2018	21	20
2019		25

第一年有20名职员离开A公司,A公司估计三年中还将有15名职员离开;第二年又有10名职员离开公司,公司估计还将有10名职员离开;第三年又有15名职员离开。第三年末,有70人行使股份增值权取得了现金。第四年末,有50人行使了股份增值权。第五年末,剩余35人也行使了股份增值权。费用和应付职工薪酬的计算过程如表2所示。

表2

时间	期初余额 (上期期末)	− 本期减少 (支付现金)	+ 本期增加 (当期费用)	= 期末余额 (期末累计金额)
第1年(2015)	0	0	77 000	77 000 [(200−35)×100×14×1/3]
第2年(2016)	77 000	0	83 000	160 000 [(200−40)×100×15×2/3]
第3年(2017)	160 000	112 000 [70×100×16]	105 000	153 000 [(200−45−70)×100×18]
第4年(2018)	153 000	100 000 [50×100×20]	20 500	73 500 [(200−45−70−50)×100×21]
第5年(2019)	73 500	87 500 [35×100×25]	14 000	0
总额		299 500	299 500	

彬哥解读

每年确认的成本费用是倒挤出来的,推导公式如下:

$$期初余额 - 本期减少 + 本期增加 = 期末余额$$

经过移项:

$$本期增加 = 期末余额 - 期初余额 + 本期减少$$

另外,建议画应付职工薪酬科目的丁字账,这样更好理解。

比如2017年丁字账:

应付职工薪酬

借	贷
	77 000 【2015年计入】
	83 000 【2016年计入】
【2017年支付转出】112 000	105 000 【倒挤算出】
	153 000 【2017年余额】

账务处理如下：

(1) 2015年12月31日：
借：管理费用　　　　　　　　　　　　　　　77 000
　　贷：应付职工薪酬——股份支付　　　　　　　　77 000

(2) 2016年12月31日：
借：管理费用　　　　　　　　　　　　　　　83 000
　　贷：应付职工薪酬——股份支付　　　　　　　　83 000

(3) 2017年12月31日：
借：管理费用　　　　　　　　　　　　　　　105 000
　　贷：应付职工薪酬——股份支付　　　　　　　　105 000
借：应付职工薪酬——股份支付　　　　　　　112 000
　　贷：银行存款　　　　　　　　　　　　　　　　112 000

(4) 2018年12月31日：
借：公允价值变动损益　　　　　　　　　　　20 500
　　贷：应付职工薪酬——股份支付　　　　　　　　20 500
借：应付职工薪酬——股份支付　　　　　　　100 000
　　贷：银行存款　　　　　　　　　　　　　　　　100 000

(5) 2019年12月31日：
借：公允价值变动损益　　　　　　　　　　　14 000
　　贷：应付职工薪酬——股份支付　　　　　　　　14 000
借：应付职工薪酬——股份支付　　　　　　　87 500
　　贷：银行存款　　　　　　　　　　　　　　　　87 500

考点3　可行权条件的种类、处理和修改（★）

（一）可行权条件的种类

表10-5

定义	可行权条件是指能够确定企业是否得到职工或其他方提供的服务且该服务使职工或其他方具有获取股份支付协议规定的权益工具或现金等权利的条件；反之，为**非可行权条件**				
分类	服务期限条件	指职工或其他方完成**规定服务期限**才可行权的条件（必须干满几年）			
	业绩条件	定义	指职工或其他方完成**规定服务期限**且企业达到特定业绩目标才可行权的条件		
		分类	市场条件	与**权益工具市场价格**相关的业绩条件，一般指股价	
			非市场条件	除市场条件之外的其他业绩条件，例如利润必须达到多少/销售目标最低达到多少才可行权的条件	

具体解读见表 10-6。

表 10-6

分类	是否影响对预计可行权情况的估计	是否影响对权益工具在授予日公允价值的估计
服务期限条件、非市场条件	影响	不影响
市场条件、非可行权条件	不影响	影响

（1）市场条件和非可行权条件是否得到满足不影响企业对预计可行权情况的估计。但是，企业在确定权益工具在授予日的公允价值时，应考虑市场条件和非可行权条件的影响。

【提示】如果最终未满足市场条件，首先不能行权，其次对已经认定的费用、成本不作冲转。

（2）对于可行权条件为业绩条件的股份支付，即使未满足市场条件，但满足了其他所有非市场条件（如利润增长率、服务期限等），企业就应当确认已取得的服务（确认成本费用）。

【提示】如果最终未满足非市场条件，首先不能行权，其次对已经认定的费用、成本应作冲转。

【例题 10-4·多选题·2014 年】下列关于附等待期的股份支付会计处理的表述中，正确的有（　　）。
A．以权益结算的股份支付，相关权益性工具的公允价值在授予日后不再调整
B．附市场条件的股份支付，应在市场及非市场条件均满足时确认相关成本费用
C．现金结算的股份支付在授予日不作会计处理，权益结算的股份支付应予处理
D．业绩条件为非市场条件的股份支付，等待期内应根据后续信息调整对可行权情况的估计

【答案】 AD
【解析】
①选项 B 错误，只要满足非市场条件，企业就应当确认相关成本费用；
②选项 C 错误，除立即可行权的股份支付外，现金结算的股份支付以及权益结算的股份支付在授予日均不做处理。

（二）可行权条件的修改与取消或结算

表 10-7

有利修改	原则	如果企业按照**有利于职工**的方式修改可行权条件，如缩短等待期、变更或取消业绩条件（非市场条件），企业在处理可行权条件时，**应当考虑修改后的可行权条件**
	情形	（1）如果修改增加了所授予权益工具的公允价值，企业应按照权益工具公允价值的增加相应地确认取得服务的增加。 （2）如果修改增加了所授予权益工具的数量，企业应将增加的权益工具的公允价值相应地确认为取得服务的增加

续表

不利修改	原则	如果企业以**不利于职工**的方式修改了可行权条件，如延长等待期、增加或变更业绩条件（非市场条件），企业在处理可行权条件时，**不应考虑修改后的可行权条件**
	情形	(1) 如果修改减少了授予权益工具的公允价值，企业应当继续以权益工具在授予日的公允价值为基础，确认取得服务的金额，而不应考虑权益工具公允价值的减少。 (2) 如果修改减少了授予的权益工具的数量，企业应当将减少部分作为已授予的权益工具的取消来进行处理
取消或结算		(1) 将取消或结算作为加速可行权处理，立即确认原本应在剩余等待期内确认的金额。 (2) 在取消或结算时支付给职工的所有款项均应作为权益的回购处理，回购支付的金额**高于**该权益工具在回购日公允价值的部分，计入**当期损益**。 (3) 针对企业向职工**授予新的权益工具**，应区分两种情形处理：如果在新权益工具授予日认定所授予新权益工具是用于**替代被取消权益工具的**，则应采用与**处理原权益工具条款和条件修改相同的方式**，对授予的替代权益工具进行处理；如果企业未将新授予的权益工具**认定为替代权益工具**，则应将其作为一项**新授予的股份支付**进行处理

> 📺 **彬哥解读**
>
> 有利还是不利，是站在职工角度而言。
>
> 有利修改，按修改后的情形处理；不利修改，假装不知道，仍按修改前的处理。（谨慎性原则）

考点 4　回购股份进行职工期权激励（★）

表 10-8

时点	会计处理	会计分录
回购时	按回购股份的全部支出作为库存股处理，同时备查登记	借：库存股 　　贷：银行存款（实际支付的款项）
等待期内每个资产负债表日	按照权益工具在授予日的公允价值，将取得的职工服务计入成本费用，同时增加资本公积（**其他资本公积**）	借：管理费用等 　　贷：资本公积——其他资本公积
行权时	企业应转销交付职工的库存股成本和等待期内资本公积（**其他资本公积**）的累计金额，同时按差额调整资本公积（**股本溢价**）	借：银行存款（企业收到的股票款） 　　资本公积——其他资本公积（等待期内资本公积累计额） 　　贷：库存股（交付给职工库存股的成本） 　　　　资本公积——股本溢价（倒挤差额）

BT 提醒：企业以回购股份的形式奖励本企业员工的，属于权益结算的股份支付

考点 5　集团股份支付（★★）

（一）结算企业为接受服务企业（同普通股份支付）

结算企业以其**本身权益工具**结算的，应当将该股份支付交易**作为权益结算的股份支付**处

理；除此之外，应当作为现金结算的股份支付处理。

（二）结算企业为母公司，接受服务企业为子公司

1. 结算企业以自身权益工具结算

结算企业以其本身权益工具结算的，应当将该股份支付交易作为权益结算的股份支付进行会计处理。接受服务企业按权益结算股份支付处理，企业集团将其作为以权益结算股份支付处理。

表 10-9

结算企业（母）	接受服务企业（子）	抵销分录	合并报表角度
借：长期股权投资 　贷：资本公积	借：管理费用 　贷：资本公积	借：资本公积 　贷：长期股权投资	借：管理费用 　贷：资本公积

抵销分录 = 合并报表认可分录 – 个别报表已有分录

2. 结算企业不以自身权益工具结算（现金或者其他主体的权益工具）

结算企业不是以其本身权益工具而是以集团内其他企业的权益工具结算的，应当将该股份支付交易作为现金结算的股份支付进行会计处理。接受服务企业依然按权益结算股份支付处理，企业集团作为以现金结算股份支付。

表 10-10

结算企业（母）	接受服务企业（子）	抵销分录	合并报表角度
借：长期股权投资 　贷：应付职工薪酬	借：管理费用 　贷：资本公积	借：资本公积 　　管理费用（倒挤） 　贷：长期股权投资	借：管理费用 　贷：应付职工薪酬

> **彬哥解读**
>
> 抵销母公司长投和子公司资本公积。母公司用的年末公允价值，子公司用的授予日公允价值，因此母公司长投金额与子公司资本公积金额是不同的，差额计入管理费用。

【例题 10-5·多选题】甲公司为母公司，其所控制的企业集团内 2013 年发生以下与股份支付相关的交易或事项：(1) 甲公司与其子公司（乙公司）高管签订协议，授予乙公司高管 100 万份股票期权，待满足行权条件时，乙公司高管可以每股 4 元的价格自甲公司购买乙公司股票；(2) 乙公司授予其研发人员 20 万份现金股票增值权，这些研发人员在乙公司连续服务 2 年，即可按照乙公司股价的增值幅度获得现金；(3) 乙公司自市场回购本公司股票 100 万股，并与销售人员签订协议，如未来 3 年销售业绩达标，销售人员将无偿取得该部分股票；(4) 乙公司向丁公司发行 500 万股本公司股票，作为支付丁公司为乙公司提供咨询服务的价款。不考虑其他因素，下列各项中，乙公司应当作为以权益结算的股份支付的有（　　）。

A. 乙公司高管与甲公司签订的股份支付协议
B. 乙公司与本公司销售人员签订的股份支付协议

C. 乙公司与本公司研发人员签订的股份支付协议
D. 乙公司以定向发行本公司股票取得咨询服务的协议

【答案】ABD

【解析】
①选项 A 正确，母公司授予子公司激励对象股票期权，子公司（乙公司）应当作为以权益结算的股份支付处理；
②选项 BD 正确，乙公司向本公司销售人员以及丁公司定向发行本公司股票取得职工销售服务及丁公司咨询服务，属于以权益结算的股份支付；
③选项 C 错误，授予本公司研发人员的现金股票增值权属于以现金结算的股份支付。

考点6 限制性股票（★★）

（一）授予限制性股票的股权激励计划

表 10-11

定义	限制性股票的股权激励方式是指激励对象按照股权激励计划规定的条件，从上市公司获得一定数量的股票，激励对象只有在符合股权激励计划规定条件下，才可申请解锁限制性股票，解锁后的限制性股票可依法自由流通
形式	上市公司实施限制性股票的股权激励安排中，常见做法是上市公司以非公开发行的方式向激励对象授予一定数量的公司股票，并规定锁定期和解锁期，在锁定期和解锁期内，不得上市流通及转让。达到解锁条件，可以解锁；如果全部或部分股票未被解锁而失效或作废，通常由上市公司按照事先约定的价格立即进行回购

（二）会计处理

表 10-12

授予日	①收到认股款： 借：银行存款 　（企业有关限制性股票按规定履行了增资手续） 　贷：股本 　　　资本公积——股本溢价	②就回购义务确认负债： 借：库存股 　（发行限制性股票数量×约定回购价格） 　贷：其他应付款
等待期	与权益结算股份支付处理相同 借：管理费用 　贷：资本公积——其他资本公积	
现金股利可撤销	预计可解锁部分	预计不可解锁部分
	借：利润分配 　贷：应付股利 借：其他应付款 　贷：库存股 实际支付： 借：应付股利 　贷：银行存款	借：其他应付款 　贷：应付股利 实际支付： 借：应付股利 　贷：银行存款

续表

	预计可解锁部分	预计不可解锁部分
现金股利不可撤销	借：利润分配 　　贷：应付股利 实际支付： 借：应付股利 　　贷：银行存款	借：管理费用等 　　贷：应付股利 实际支付： 借：应付股利 　　贷：银行存款
	不需回购	需回购
解锁日	借：其他应付款 　　（按解锁股票相对应的负债的账面价值） 　　贷：库存股 　　　（按解锁股票相对应的库存股的账面价值）	借：其他应付款（应支付回购款） 　　贷：银行存款 借：股本（注销量×1） 　　资本公积——股本溢价（差额） 　　贷：库存股（注销量对应的库存股账面价值）

> **彬哥解读**
>
> （1）在现金股利不可撤销的前提下：
>
> ①预计未来可解锁的限制性股票持有人，给他分配的现金股利应当作为**利润分配**进行会计处理；
>
> ②预计未来不可解锁的限制性股票持有人，给他分配的现金股利应当计入**当期成本费用**。
>
> （2）后续信息表明**不可解锁**限制性股票的**数量**与以前估计不同的，应当作为**会计估计变更**处理，直到解锁日预计不可解锁限制性股票的数量与实际未解锁限制性股票的数量一致。

恭喜你，
已完成第十章的学习

扫码免费进 >>>
2022年CPA带学群

跟正常人讲道理，不正常的人不需要道理。该和善的时候一定要和善，该骂的时候千万别忍让，时时处处的彬彬有礼那是烂好人。

CHAPTER ELEVEN

第十一章　借款费用

考情雷达

本章属于比较重点章节，主要以客观题的形式考查借款费用的范围、资本化期间的判断和借款费用资本化金额的计算等问题，同时在主观题中可能与应付债券和固定资产的购建等内容结合，考查专门借款和一般借款的利息资本化金额的计算。本章分值在 3 分左右。

建议考生在学习时要注意区分专门借款和一般借款的账务处理，在做题时通过画时间轴来辅助分析。

2022 年本章内容无变化。

考点地图

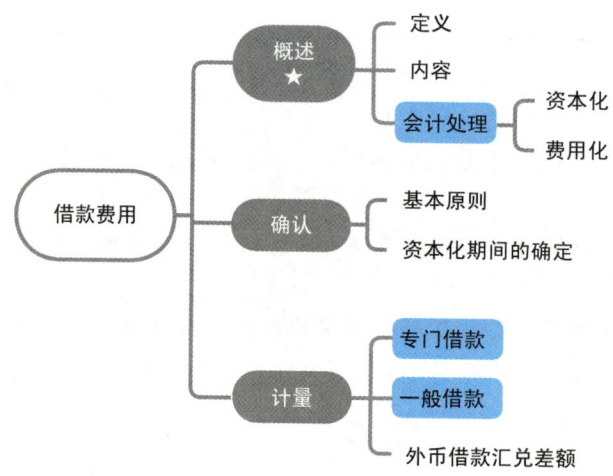

考点 1　借款费用概述（★）

（一）借款费用的范围

表 11-1

定义	因借入资金所付出的代价
内容	（1）实际利息费用（含折价、溢价的摊销）。 （2）外币借款汇兑差额。 （3）辅助费用，如借款发生的手续费、佣金等
会计处理	（1）**资本化：计入资产成本**。 企业发生的借款费用，可直接归属于符合资本化条件的资产的购建或者生产的，应当予以资本化，计入相关资产成本。 （2）**费用化：计入财务费用**。 其他借款费用，应当在发生时根据其发生额确认为费用，计入当期损益

第十一章 借款费用

> **彬哥解读**
> （1）企业发生的权益性融资费用（发行股票相关的费用），不属于借款费用；
> （2）承租人根据租赁准则所确认的融资租赁费用属于借款费用；
> （3）分期付款具有融资性质购买长期资产发生的融资费用属于借款费用。

【例题 11-1·单选题·2016 年】企业发生的下列各项融资费用中，不属于借款费用的是（　　）。
A. 股票发行费用
B. 长期借款的手续费
C. 外币借款的汇兑差额
D. 溢价发行债券的利息调整
【答案】A
【解析】企业发生的权益性融资费用，不属于借款费用。

（二）借款的范围（类别）

表 11-2

专门借款	指为购建或者生产符合资本化条件的资产而专门借入的款项，并通常应当具有标明该用途的借款合同
一般借款	指除专门借款之外的借款

（三）符合资本化条件的资产

需要经过相当长时间（≥1 年）的购建或者生产活动才能达到预定可使用或可销售状态的资产（固定资产、投资性房地产和存货等）。

考点 2　借款费用的确认

（一）借款费用的确认原则

表 11-3

解决问题	借款费用的确认主要解决的是将每期发生的借款费用资本化、计入相关资产的成本，还是将有关借款费用费用化、计入当期损益的问题
基本原则	①符合资本化条件的借款费用计入在建工程、投资性房地产和存货等资产。 ②不符合资本化条件而且属于筹建期内发生的部分则计入"管理费用"科目。 ③既不符合资本化条件又未发生在筹建期内的借款费用计入当期损益（财务费用）

> **彬哥解读**
> 只有发生在资本化期间的借款费用，才允许资本化。因此，在做题时，首先要确定资本化期间，建议通过画时间轴区分资本化期间和费用化期间，并附上各时点的现金流出。

（二）借款费用资本化期间的确定

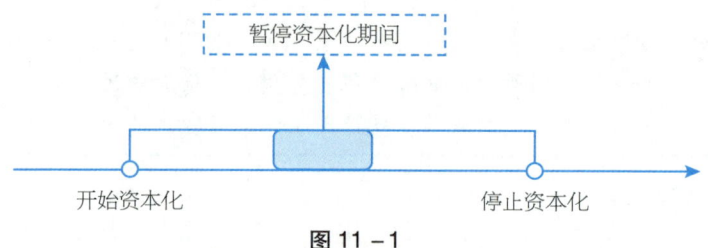

图 11－1

表 11－4

定义	借款费用资本化期间，是指从借款费用**开始资本化时点**到**停止资本化时点**的期间，但不包括借款费用**暂停资本化**的期间
开始时点	同时满足以下三个条件（即三者孰晚日）： （1）资产支出已经发生「**花钱**」**（不限于花借来的钱）**。 ①支付现金；②转移非现金资产；③承担带息债务。 （2）借款费用已经发生「**借钱**」。 （3）实体建造或生产工作已经开始「**动工**」

暂停资本化期间	原则		暂停资本化条件：**非正常中断**＋中断时间**连续超过 3 个月（同时满足）**。 暂停资本化期间借款费用处理：费用化
	非正常中断	定义	由于企业**管理决策**上的原因或者其他**不可预见**的原因导致（注意一点可以避免）
		情形	①企业与施工方发生了质量纠纷； ②工程、生产用料没有及时供应； ③资金周转发生了困难； ④施工、生产发生了安全事故； ⑤发生了与资产购建、生产有关的劳动纠纷等原因，导致资产购建或者生产活动发生中断
	正常中断	定义	资产达到预定可使用状态**必要的程序**、**可预见的不可抗力**导致（不可避免）
		内容	①质量或安全检查停工。 ②北方因冰冻季节停工。 ③南方因梅雨季节停工

停止时点	原则	购建或者生产符合资本化条件的资产达到**预定可使用或者可销售状态时**，借款费用应当停止资本化
	判断（满足之一即可）	①**实体建造**已经全部完成或实质上已经全部完成； ②与**设计要求**基本相符，即使有极个别与设计或者合同要求不相符的，但不影响其正常使用或销售； ③继续发生在所购建或生产的符合资本化条件的资产上的**支出**金额很少或者几乎不再发生； ④试运行或试生产出合格品
	特殊考虑	所购建或者生产的资产如果**分别建造、分别完工**的： ①各部分**可以单独使用或销售的**：在该部分达到可使用或可销售状态时**单独停止资本化**。 ②各部分必须**等到整体完工后才可使用或者对外销售**，应当在该资产**整体完工**时停止借款费用的资本化（该部分在其完工时并未达到可使用状态）

【例题11-2·多选题·2019年】根据企业会计准则的规定，符合资本化条件的资产在购建或生产的过程中发生非正常中断且中断时间超过3个月的，应当暂停借款费用的资本化。下列各项中，属于资产购建或生产非正常中断的有（　　）。

A. 因劳资纠纷导致工程停工
B. 因资金周转困难导致工程停工
C. 因发生安全事故被相关部门责令停工
D. 因工程用料未能及时供应导致工程停工

【答案】ABCD
【解析】非正常中断，通常是由于企业管理决策上的原因，或者其他不可预见的原因等导致的中断，选项ABCD均属于非正常中断的情形。

考点3　借款费用的计量

（一）专门借款

表11-5

基本原则	资本化金额	资本化期间所有利息 – 未动用部分的利息收入（即资本化期间净利息支出）
	费用化金额	费用化期间所有利息 – 未动用部分的利息收入（即费用化期间净利息支出）
会计分录		借：在建工程（资本化金额，倒挤） 　　应收利息（闲置部分取得利息收入） 　贷：应付利息 　　　应付债券——利息调整等 }（实际利息支出） 　　（折价或溢价发行债券时才存在利息调整的摊销）
注意事项		①资本化期间专门借款无论**有没有使用**，利息都要资本化，未使用部分的收益抵减资本化金额。 ②每一会计期间的利息资本化金额，不应当**超过**当期相关借款实际发生的利息金额

▶ 彬哥解读

（1）计算专门借款的资本化金额，先求全部利息支出（应付利息），再求闲置投资收益（应收利息），差额倒挤资本化金额（在建工程）。

（2）全部利息支出是指资本化期间的实际利息费用。如果是以折价或者溢价方式发行债券筹资，要注意全部利息支出不仅包括票面利息，还包括折价或者溢价的摊销。

（二）一般借款

表 11-6

基本原则	资本化金额 = 在资本化期间所占用一般借款的**加权平均本金** × **加权平均利率** 教材称为：累计支出加权平均数 × 一般借款的资本化率
	费用化金额 = 全年利息 - 资本化金额
累计支出加权平均数	= $\sum$（每笔占用本金 × 占用月数 ÷ 12） 每笔占用本金是指累计支出超过专门借款之后发生每笔支出金额
一般借款加权资本化率	= 实际总利息 ÷ $\sum$（每笔本金 × 存续月数 ÷ 12） 原理：平均利率 = 总利息 ÷ 总本金，由于借款时间可能不足一年，所以要考虑时间权重
会计分录	借：在建工程（资本化金额） 　　财务费用（费用化金额，倒挤） 　贷：应付利息 　　　应付债券——利息调整等 }（实际利息支出） （折价或溢价发行债券时才存在利息调整的摊销）

> **彬哥解读**
>
> 借款费用做题思路如下：
>
> （1）先画时间轴，区分资本化期间和费用化期间，并附上各时点现金流出、各期间专门借款闲置金额。
>
> （2）算专门借款资本化和费用化金额：
>
> 　　资本化金额 = 资本化期间净利息支出（全部利息 - 闲置收益）
>
> 　　费用化金额 = 费用化期间净利息支出（全部利息 - 闲置收益）
>
> （3）算一般借款资本化和费用化金额：
>
> 　　资本化金额 = 资本化期间内占用一般借款加权平均本金 × 加权平均利率
>
> 　　费用化金额 = 一般借款的全年利息 - 资本化金额
>
> （4）写分录（一定要单独写专门借款和一般借款分录，不然极易出错）：
>
> | 专门借款 | 一般借款 |
> |---|---|
> | 借：在建工程（资本化金额，倒挤）
　　应收利息（闲置部分取得利息收入）
　贷：应付利息
　　　应付债券——利息调整等
（折价或溢价发行债券时才存在利息调整的摊销） | 借：在建工程（资本化金额）
　　财务费用（费用化金额，倒挤）
　贷：应付利息
　　　应付债券——利息调整等 |

【例题11-3·单选题·2020年】甲公司2019年1月1日开始建造一栋办公楼,工期预计为2年,工程采用出包方式。该工程占用的两笔一般借款:一是2019年1月1日,向乙银行取得的长期借款500万元,期限2年,年利率为6%,分期付息到期还本。二是2019年7月1日,向丙银行取得的长期借款1 000万元,期限3年,年利率为8%,分期付息到期还本。假设不考虑其他因素,则甲公司2019年该工程占用一般借款的资本化率是( )。

A. 7.8% B. 7.0%
C. 7.5% D. 7.3%

【答案】B

【解析】2019年该工程一般借款的资本化率=(500×6%+1 000×8%×6/12)÷(500+1 000×6/12)=7%,选项B正确。

(三)外币专门借款汇兑差额资本化金额的确定

(1)**在资本化期间内**,外币**专门借款**本金及利息的汇兑差额,应当予以资本化,计入符合资本化条件的资产的成本。

(2)除外币专门借款之外的**其他外币借款**本金及其利息所产生的汇兑差额应当作为财务费用,计入当期损益。(重要性原则)

> ▶ 📺 **彬哥解读**
>
> 外币专门借款,正常处理(同非外币借款);外币其他借款,简化处理(全部费用化)。

【例题11-4·主观题·教材】甲公司于2010年1月1日正式动工兴建一幢厂房,工期预计为1年零6个月,工程采用出包方式,分别于2010年1月1日、2010年7月1日和2011年1月1日支付工程进度款。

甲公司为建造厂房于2010年1月1日专门借款3 000万元,借款期限为3年,年利率为5%。除此之外,没有其他专门借款。甲公司将闲置借款资金用于固定收益债券短期投资,该短期投资月收益率为0.5%。

在厂房建造过程中所占用的一般借款为两笔:

(1)向A银行长期贷款2 000万元,期限为2009年12月1日至2012年12月1日,年利率为6%,按年支付利息。

(2)发行公司债券1亿元,于2009年1月1日发行,期限为5年,年利率为8%,按年支付利息。

厂房于2011年6月30日完工,达到预定可使用状态。

甲公司为建造该厂房的支出金额如表1所示。

表1
单位：万元

日期	每期资产支出金额（万元）	累计资产支出金额（万元）	闲置借款资金用于短期投资金额（万元）
2010年1月1日	1 500	1 500	1 500
2010年7月1日	3 500	5 000	4 000
2011年1月1日	3 500	8 500	500
总计	8 500	—	

【答案及解析】

先画时间轴。

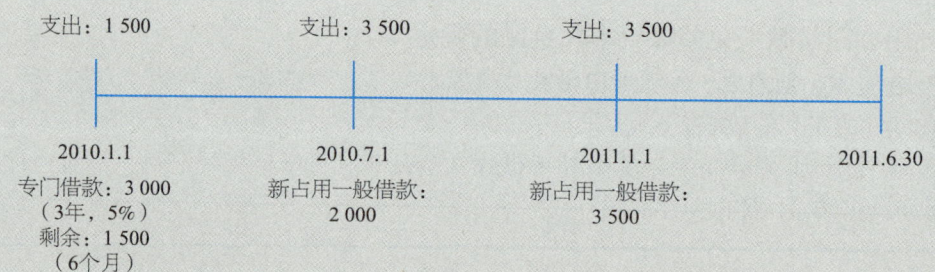

然后确定资本化期间为：2010年1月1日－2011年6月30日。

最后，具体会计处理如表2所示：

（1）2010年。

表2
单位：万元

专门借款	一般借款
①计算： 资本化期间总利息支出＝3 000×5%＝150 闲置收益＝1 500×0.5%×6＝45 资本化金额＝150－45＝105 ②会计分录： 借：在建工程　　　　　105 　　应收利息　　　　　45 　　贷：应付利息　　　　　150	①计算： 累计资产支出加权平均数＝2 000×180÷360＝1 000（万元） 一般借款的资本化率＝(2 000×6%＋10 000×8%)÷(2 000＋10 000)＝7.67% 资本化金额＝1 000×7.67%＝76.7（万元） 全部利息支出＝2 000×6%＋10 000×8%＝920（万元） 费用化金额＝920－76.7＝843.3（万元） ②会计分录： 借：在建工程　　　　　76.7 　　财务费用　　　　　843.3 　　贷：应付利息　　　　　920

（2）2011年。

2011年6月30日，厂房达到可使用状态，应将上半年满足资本化条件的借款费用计入在建工程，然后将在建工程全部金额转入固定资产。有关上半年（不考虑下半年）借款费用的处理如表3所示：

表3　　　　　　　　　　　　　　　　　　　　　　　　　　　　　　　　　　　　　　　单位：万元

专门借款	一般借款
①计算： 上半年利息支出：=3 000×5%×180÷360=75（万元） 闲置收益=0 资本化金额=75-0=75（万元） ②会计分录： 借：在建工程　　　　　　　75 　　贷：应付利息　　　　　　　　75	①计算： 累计资产支出加权平均数=(2 000+3 500)×180÷360=2 750（万元） 一般借款的资本化率=(2 000×6%×180÷360+10 000×8%×180÷360)÷(2 000×180÷360+10 000×180÷360)=7.67% 资本化金额=2 750×7.67%=210.925（万元） 全部利息支出=2 000×6%×180÷360+10 000×8%×180÷360=460（万元） 费用化金额=460-210.925=249.075（万元） ②会计分录： 借：在建工程　　　　　　　210.925 　　财务费用　　　　　　　249.075 　　贷：应付利息　　　　　　　　460

恭喜你，
已完成第十一章的学习

扫码免费进 >>>
2022年CPA带学群

不想输就别懒，努力不只是一句口头禅。真正的努力，从来不需要晒在朋友圈，从来不是做给别人看。没有谁的生活是容易的，努力本就是人生常态。

CHAPTER TWELVE

第十二章 或有事项

考情雷达

本章属于基础性章节,主要以客观题的形式考查或有事项中涉及的概念与其运用,同时在主观题中将几类或有事项具体应用(未决诉讼等)结合资产负债表日后事项、所得税以及前期差错更正考查,分值在 2 分左右。

2022 年本章内容**无变化**。

考点地图

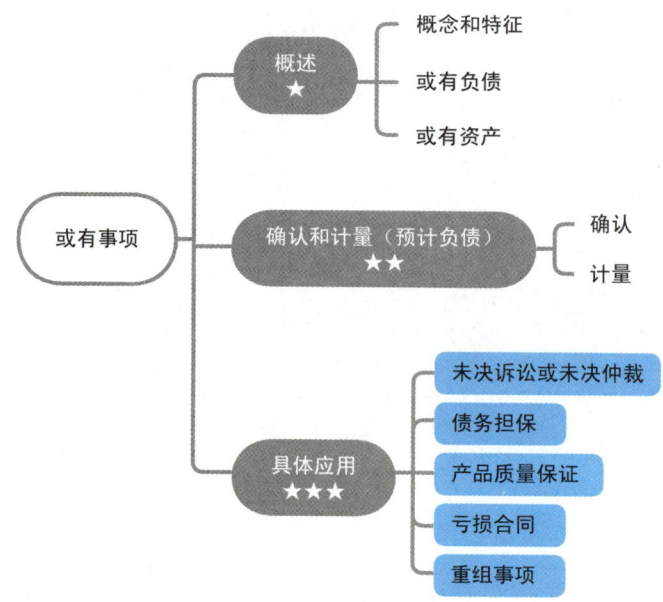

考点1 或有事项的概述（★）

（一）或有事项的概念和特征

表 12-1

定义	或有事项指过去的交易或者事项形成的,其结果须由某些未来事项的发生或不发生才能决定的不确定事项
特征	①或有事项是由过去的交易或事项形成的; ②或有事项的结果具有不确定性; ③或有事项的结果须由未来事项决定
常见的或有事项	①未决诉讼或未决仲裁;②债务担保;③产品质量保证(含产品安全保证);④亏损合同;⑤重组义务

（二）或有负债和或有资产

表 12-2

项目	定义	处理	转化
或有负债	指过去的交易或事项形成的潜在义务，其存在须通过未来不确定事项的发生或不发生予以证实；或过去的交易或事项形成的现时义务，履行该义务不是很可能导致经济利益流出企业或该义务的金额不能可靠计量	不确认（因不满足负债确认条件）。 应披露（极小可能除外）	应对或有负债进行复核，符合负债确认条件的需要转化为预计负债
或有资产	指过去的交易或者事项形成的潜在资产，其存在须通过未来不确定事项的发生或不发生予以证实	不确认（因不满足资产确认条件）。 不披露（很可能除外）	应对或有资产进行复核，符合资产确认条件（基本确定）的需要转化为资产

> 💬 **彬哥解读**
>
> 或有负债和或有资产有关确认与披露的规定，体现了谨慎性要求，资产比负债的要求高一级，转化（即确认条件）比披露的要求高一级。

基本确定	大于95% 小于100%
很可能	大于50% 小于等于95%
可能	大于5% 小于等于50%
极小可能	大于0 小于等于5%

考点2　或有事项的确认和计量（★★）

（一）或有事项的确认（预计负债的确认）

与或有事项有关的义务应当在同时符合以下三个条件时确认为负债，作为预计负债进行确认和计量：

（1）或有事项产生的义务是企业的现时义务（相对于潜在义务）；（2）义务的履行很可能导致经济利益的流出；（3）该义务的金额能够可靠地计量。

（二）预计负债的计量

表 12-3

计量原则	\multicolumn{2}{l|}{①预计负债应当按照履行相关现时义务所需支出的最佳估计数进行初始计量。 ②企业清偿预计负债所需支出可从第三方或其他方获得补偿时，针对补偿也需计量}
最佳估计数的确定	连续范围等概率	取中间值（题目会说各种可能性相同）
	单个项目	取最可能发生金额（题目会给出几个概率，选最大的）
	多个项目	加权平均数（主要指质量保证金）

续表

预期可获得补偿的处理	①企业清偿预计负债所需支出全部或部分预期由第三方补偿的，补偿金额只有在**基本确定**能够收到时才能作为资产单独确认。 ②确认的补偿金额**不应超过**预计负债的账面价值。 ③预期可获得的补偿在基本确定能收到时应确认为资产（其他应收款），**不能**作为预计负债金额的扣减
预计负债的复核	企业应当在资产负债表日对预计负债的账面价值进行复核，有确凿证据表明该账面价值不能真实反映当前最佳估计数的，应当按照当前最佳估计数对该账面价值进行调整

> **彬哥解读**
>
> （1）预计负债计量应考虑与或有事项有关的风险、不确定性、货币时间价值和未来事项。
>
> ①企业在不确定的情况下进行判断需要谨慎，使得收益或资产不会被高估，费用或负债不会被低估（体现谨慎性原则）。
>
> ②预计负债一般不需要折现，即相关现时义务的金额通常应当等于未来应支付的金额。但若预计负债的确认时点距实际清偿有较长的时间跨度，则货币时间价值的影响重大，那么在确定预计负债的确认金额时，有必要考虑采用现值计量（固定资产的弃置费用）。
>
> （2）预计负债计量无须考虑预期处置相关资产形成的利得。

考点3 或有事项会计的具体应用（★★★）

（一）常见的或有事项

表12-4

类型	会计处理		
未决诉讼或未决仲裁	借：管理费用（诉讼费） 营业外支出（赔偿款） 贷：预计负债	预计诉讼损失和实际发生金额不一致怎么办？ （1）属于日后事项，按日后事项准则处理。 （2）不属于日后事项，区分情形。 ①前期已合理计提：差额走营业外支出。 ②前期未合理计提：按前期差错更正处理。 ③前期因无法合理预计而未计提：计入营业外支出	
债务担保	借：营业外支出（担保损失） 贷：预计负债		
产品质量保证	（1）计提保修费（销售时）： 借：销售费用 贷：预计负债	（2）实际发生保修费时： 借：预计负债 贷：银行存款等	（3）保修期结束： （会计估计变更） 借：预计负债（冲减余额） 贷：销售费用

第十二章 或有事项

【例题12-1·单选题】2014年12月10日,甲公司因合同违约而涉及一桩诉讼案件。根据甲公司的法律顾问判断,最终的判决很可能对甲公司不利。2014年12月31日,甲公司尚未接到法院的判决,因诉讼须承担的赔偿金额也无法准确地确定。不过,据专业人士估计,赔偿金额可能在90万元至100万元之间(含甲公司将承担的诉讼费2万元),且该范围内支付各种赔偿金额的可能性相同。根据《企业会计准则第13号——或有事项》准则的规定,甲公司应在2014年利润表中确认的预计负债和营业外支出金额各为（　　）万元。

A. 100、98　　　B. 95、93　　　C. 95、95　　　D. 90、88

【答案】B

【解析】甲公司应确认的预计负债金额=(90+100)÷2=95(万元),其中,诉讼费2万元应计入管理费用,计入营业外支出的金额=95-2=93(万元)。

分录为:

借:管理费用　　　　　　　　　　　　　　　　　　　　20 000
　　营业外支出　　　　　　　　　　　　　　　　　　　930 000
　　贷:预计负债　　　　　　　　　　　　　　　　　　　　　950 000

【例题12-2·单选题】某公司今年分别销售甲、乙产品1万件和1.5万件,销售单价分别为100元和80元。公司向购买者承诺提供产品售后2年内免费保修服务,预计保修期内将发生的保修费在销售额的2%~6%之间。2014年实际发生保修费7万元,2014年1月1日预计负债的年初数为4万元。假定无其他或有事项,则甲公司2014年末资产负债表"预计负债"项目的金额为（　　）万元。

A. 8　　　　　　B. 13　　　　　　C. 5.8　　　　　D. 0

【答案】C

【解析】甲公司2014年末资产负债表"预计负债"项目的金额=4+(1×100+1.5×80)×(2%+6%)÷2-7=5.8(万元)。

分录为:

(1) 提取销售费用的时候:

借:销售费用　　　　　　　　　　　　　　　　　　　　88 000
　　贷:预计负债　　　　　　　　　　　　　　　　　　　　　88 000

注意保修费在2%~6%之间,取中间值就是4%。

(2) 实际发生保修费用的时候:

借:预计负债　　　　　　　　　　　　　　　　　　　　70 000
　　贷:银行存款　　　　　　　　　　　　　　　　　　　　　70 000

因此,期末的预计负债金额为:4(期初金额)+8.8(本年计提)-7(本年实际发生)=5.8(万元)。

（二）特殊的或有事项

1. 亏损合同（待执行合同变为亏损合同）

表 12-5

计量原则	①待执行合同变为亏损合同，同时该亏损合同产生的义务满足预计负债确认条件的，应当确认为预计负债。②预计负债的计量应当反映退出该合同的最低净成本，即履行该合同的成本与未能履行该合同而发生的补偿或处罚两者之中的**较低者**	
会计处理	存在标的资产（已经发生合同成本）	先对标的物的账面价值计提减值，超过部分的亏损才计提预计负债
	不存在标的资产（未发生合同成本）	损失全部计入预计负债

> **彬哥解读**
>
> （1）如果与亏损合同相关的义务不需支付任何补偿即可撤销，企业通常就不存在现时义务，**不应确认**预计负债。
>
> （2）如果与亏损合同相关的义务不可撤销，企业就存在了现时义务，同时满足该义务很可能导致经济利益流出企业且金额能够可靠地计量的，应当确认预计负债。
>
> （3）为什么先将亏损计入标的资产减值损失，超出部分才计入预计负债？
>
> 标的资产账面价值＝标的资产的成本
>
> 标的资产的可变现净值＝预计总收入－进一步加工成本
>
> 标的资产减值金额＝标的资产账面价值－标的资产可变现净值＝标的资产成本－（预计总收入－进一步加工成本）＝标的资产成本＋进一步加工成本－预计总收入＝总成本－总收入＝亏损
>
> 又因为资产减值是以资产账面价值减记到 0 为限，所以超出部分只能计入预计负债。

> 【例题 12-3·单选题·2012 年】2012 年 12 月 1 日，甲公司与乙公司签订一项不可撤销的产品销售合同，合同规定：甲公司于 3 个月后提交乙公司一批产品，合同价格（不含增值税额）为 500 万元，如甲公司违约，将支付违约金 100 万元。至 2012 年末，甲公司为生产该产品已发生成本 20 万元，因原材料价格上涨，甲公司预计生产该产品的总成本为 580 万元。不考虑其他因素，2012 年 12 月 31 日，甲公司因该合同确认的预计负债为（　　）万元。
>
> A. 20　　B. 60　　C. 80　　D. 100
>
> 【答案】B
>
> 【解析】甲公司继续执行合同发生的损失＝580－500＝80（万元），如违约将支付违约金 100 万元并可能承担已发生成本 20 万元的损失，甲公司应继续执行合同，执行合同将发生的成本＝580－20＝560（万元），应确认预计负债＝560－500＝60（万元）。
>
> 注意：有人问为什么不是 80 万元，因为 20 万元是已经发生的，是已经存在的损失，继续履行还将发生 60 万元的损失，我们计算的是预计负债。

2. 重组事项

表 12-6

定义	重组是指企业制定和控制的，将显著改变企业组织形式、经营范围或经营方式的计划实施行为
确认条件	企业因重组而承担了重组义务，并且同时满足预计负债的 3 个确认条件时，才能确认预计负债。（**承担重组义务 + 满足负债确认的 3 个条件**） 同时存在下列情况的，表明企业承担了重组义务： ①有详细、正式的重组计划，包括重组涉及的业务、主要地点、需要补偿的职工人数、预计重组支出、计划实施时间等； ②该重组计划已对外公告
计量原则	企业应当按照与重组有关的直接支出确定预计负债金额。 直接支出包括：人员遣散费、厂房设备租赁撤销费； 直接支出不包括：留用职工岗前培训、市场推广、新系统和营销网络投入等支出

> 彬哥解读
> （1）涉及遣散费的重组义务确认为预计负债时，使用"应付职工薪酬"科目；
> （2）涉及除遣散费外的重组义务确认为预计负债时，使用"预计负债"科目。

表 12-7　　　　　　　　　　与重组有关支出的判断表

支出项目	包括	不包括	不包括的原因
自愿遣散	√		
强制遣散（如果自愿遣散目标未满足）	√		
将不再使用的厂房的租赁撤销费	√		
将职工和设备从拟关闭的工厂转移到继续使用的工厂		√	支出与继续进行的活动相关
剩余职工的再培训		√	支出与继续进行的活动相关
新经理的招募成本		√	支出与继续进行的活动相关
推广公司新形象的营销成本		√	支出与继续进行的活动相关
对新分销网络的投资		√	支出与继续进行的活动相关
重组的未来可辨认经营损失（最新预计值）		√	支出与继续进行的活动相关
特定不动产、厂场和设备的减值损失		√	减值准备应当按照《企业会计准则第 8 号——资产减值》进行评估，并作为资产的抵减项，影响当期损益

【例题 12-4·单选题】甲公司由于受国际金融危机的不利影响，决定对乙事业部进行重组，将相关业务转移到其他事业部。经履行相关报批手续，甲公司对外正式公告其重组方案。甲公司根据该重组方案预计很可能发生的下列各项支出中，不应当确认为预计负债的是（　　）。

A. 自愿遣散费
B. 强制遣散费
C. 剩余职工岗前培训费
D. 不再使用厂房的租赁撤销费

【答案】C

【解析】企业应当按照与重组有关的直接支出确定预计负债金额。其中,直接支出是企业重组必须承担的直接支出,并且是与主体继续进行的活动无关的支出,不包括留用职工岗前培训、市场推广、新系统和营销网络投入等支出。

恭喜你,
已完成第十二章的学习

扫码免费进 >>>
2022年CPA带学群

想到与得到之间,隔着一个"做到"的距离。没有行动的梦想,不过就是空想。只有行动,才是给平庸生活最有力的回击。

CHAPTER THIRTEEN

第十三章　金融工具

考情雷达

本章属于超级重要章节，主要介绍了金融工具的分类、确认、计量、减值、转移、套期会计等内容。既会考查客观题，也会单独考查计算分析题，或者结合外币折算、长期股权投资、所得税考查综合分析题。本章分值在 10 分左右。

本章知识点较多且有很多专有名词晦涩难懂，是考生在拿下 CPA 会计路上的一只"拦路虎"。建议大家在学习本章时避轻就重（不必纠结专业术语），主抓各类金融资产的确认和计量（务必对比各类金融资产核算的区别和内在联系），在掌握核心考点的前提下向前延伸突破金融资产的分类，向后突破金融资产的重分类、减值。此外，本章中的套期会计属于 2018 年新增考点，当年考查了一道选择题，其性质属于低频难点，建议在备考的第一轮中战略"放弃"。

2022 年本章内容无变化。

考点地图

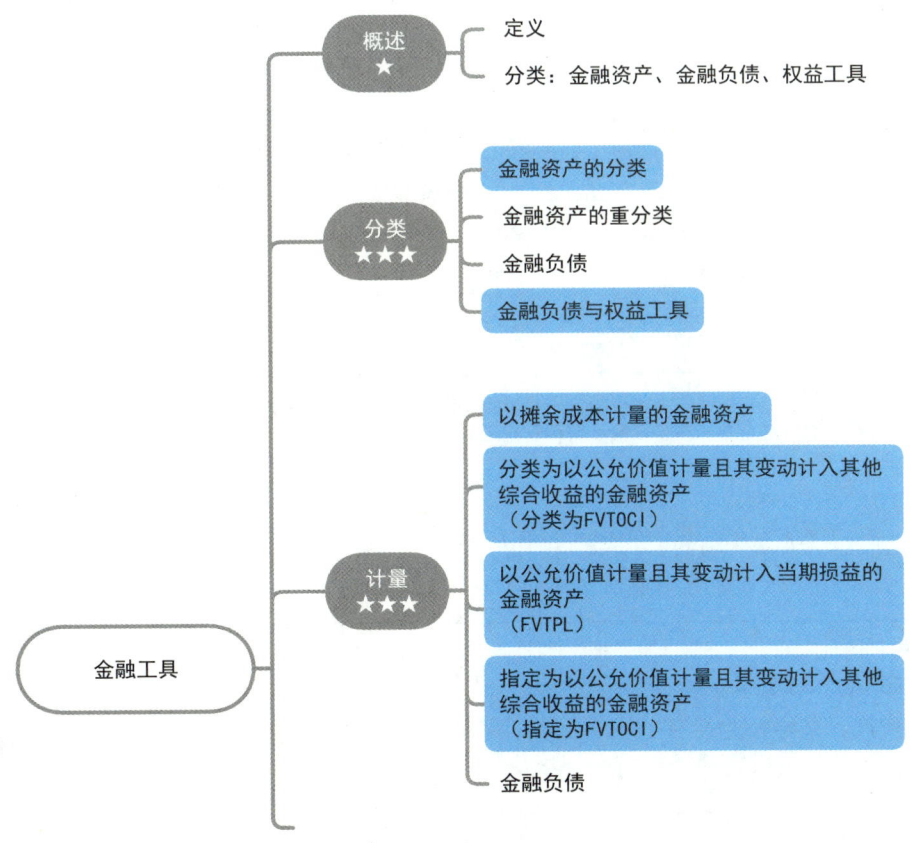

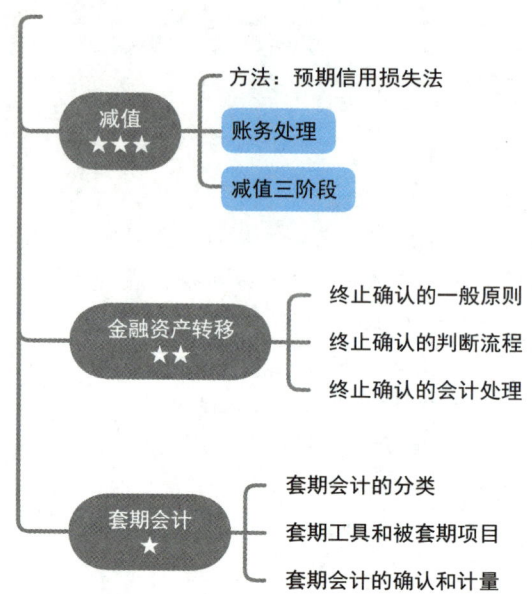

考点1 金融工具概述（★）

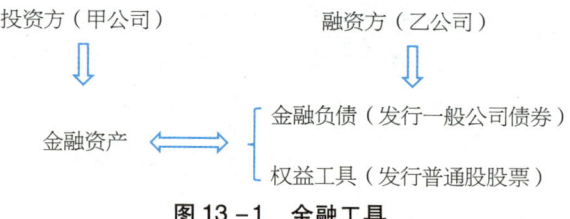

图13-1 金融工具

（一）金融工具的定义

表13-1

定义	金融工具，是指形成一方的金融资产并形成其他方的金融负债或权益工具的合同。 金融工具包括金融资产、金融负债和权益工具。
注意事项	①非合同权利或义务不是金融工具。 应交税费是企业按照税收法规规定承担的义务，不是以合同为基础的义务，因此不符合金融工具定义。 预计负债是推定义务而不是合同义务，也不符合金融工具定义。 ②长期股权投资属于金融资产，但不由《金融工具》准则规范。

（二）金融资产的定义

金融资产，是指企业持有的现金、其他方的权益工具以及符合下列条件之一的资产（见表13-2）。

第十三章 金融工具

表 13-2

条件	举例
①从其他方**收取现金或其他金融资产**的**合同权利**	例如，企业的银行存款、应收账款、应收票据和发放的贷款（银行）等均属于金融资产。 而**预付账款不是金融资产**，因其产生的未来经济利益是商品或服务，不是收取现金或其他金融资产的权利
②在潜在**有利条件**下，与其他方**交换**金融资产或金融负债的**合同权利**	例如，企业购入的看涨期权或看跌期权等衍生工具。 提示：期权是一种对赌协议，类似彩票。对于期权持有方，赌赢了赚大钱，赌亏了只损失期权费
③将来须用或可用企业自身权益工具进行结算的**非衍生工具合同**，且企业根据该合同将收到**可变数量**的**自身权益工具**	例如，1月1日甲公司向乙公司支付1 000万元，约定3个月后乙公司用甲公司普通股股票偿还这1 000万元，而甲公司可获取的普通股的数量由3月31日甲公司股价决定，甲公司应确认为金融资产
④将来须用或可用企业自身权益工具进行结算的**衍生工具合同**，但以**固定**数量的自身权益工具**交换固定**金额的现金或其他金融资产的衍生工具合同**除外**。 （"固定换固定"情形除外）	例如，甲公司于2021年1月1日向乙公司支付50万元购入以自身普通股为标的的看涨期权。根据该期权合同，甲公司有权以每股10元的价格向乙公司购入甲公司普通股30万股，行权日为2021年6月30日。在行权日，期权将以甲公司普通股净额结算。假设行权日甲公司普通股的每股市价为12元，则期权的公允价值为60万元〔（12－10）×30〕，则甲公司会收到5万元（60/12）万股自身普通股对看涨期权进行净额结算

> **彬哥解读**
>
> 金融资产还可以分为基础金融工具和衍生金融工具。
>
> 衍生工具，是指属于金融工具准则范围并同时具备下列特征的金融工具或其他合同：
>
> （1）其价值随特定利率、金融工具价格、商品价格、汇率、价格指数、费率指数、信用等级、信用指数或其他变量的变动而变动。
>
> （2）不要求初始净投资，或者与对市场因素变化预期有类似反应的其他合同相比，要求较少的初始净投资。
>
> （3）在未来某一日期结算。
>
> 常见基础金融工具有股票、基金、债券等，常见的衍生工具有期权、期货、远期合同等。

考点2 金融资产和金融负债的分类（★★★）

（一）金融资产的分类

企业应当根据其**管理金融资产的业务模式**和金融资产的**合同现金流量特征**，将金融资产划分为以下**三类**：

（1）以摊余成本计量的金融资产；

（2）以公允价值计量且其变动计入其他综合收益的金融资产；

（3）以公允价值计量且其变动计入当期损益的金融资产。

1. 管理金融资产的业务模式

表 13-3

业务模式	要点说明
以**收取合同现金流量**为目标的业务模式（到点收息，到点收本）	以下情况**不影响**企业采取以收取合同现金流量为目标的业务模式： ①企业在金融资产的**信用风险增加**时为减少信用损失而出售； ②出售只是**偶然发生（即使价值重大）**，或者**单独及汇总出售的价值非常小（即使频繁发生）**； ③出售发生在金融资产临近到期时，**且出售所得接近待收取的剩余合同现金流量**
以**收取合同现金流量和出售金融资产**为目标的业务模式（两者兼有）	在以收取合同现金流量和出售金融资产为目标的业务模式下，企业的关键管理人员认为收取合同现金流量和出售金融资产对于实现其管理目标而言**都是不可或缺的**。 例如，企业的目标是**管理日常流动性需求**同时**维持特定的收益率**，或将金融资产的存续期与相关负债的**存续期进行匹配**
其他业务模式（出售）	如果企业管理金融资产的业务模式**不是以收取合同现金流量为目标，也不是以既收取合同现金流量又出售金融资产来实现其目标**，则该企业管理金融资产的业务模式是其他业务模式。 在这种情况下，企业管理金融资产的目标是通过**出售金融资产以实现现金流量**，即使在持有金融资产的过程中会收取合同现金流量，亦不会影响这一判定

> **彬哥解读**
>
> （1）企业管理金融资产的业务模式是指企业如何管理其金融资产以产生现金流量。企业应当以**企业关键管理人员决定**的对金融资产进行管理的**特定业务目标为基础**，在**金融资产组合的层次上确定**其管理金融资产的业务模式；**同一**企业可能会采用**多个业务模式管理其金融资产**。
>
> （2）集团及各子公司应当根据**各自的实际情况确定**其管理金融资产的业务模式。对于**同一金融资产组合**，集团和子公司对其管理该组合的业务模式的判断**通常一致**。

2. 合同现金流量特征与基本借贷安排相一致

表 13-4

合同现金流量特征与基本借贷安排相一致即**合同现金流量特征符合基本借贷安排**：相关金融资产在特定日期产生的合同现金流量仅为对**本金和**以未偿付本金金额为基础的**利息**支付（合同约定现金流＝本金＋利息）	
一般情况下，**符合**基本借贷安排的金融资产	应收账款、普通债券、保本/固收理财产品
一般情况下，**不符合**基本借贷安排的金融资产	股票、基金（股票型、**债券型**、货币基金或者混合基金）、可转债
①本金是指金融资产在**初始确认**时的**公允价值**，本金金额**可能**因提前还款等原因在金融资产的**存续期内发生变动**； ②利息包括对**货币时间价值**、**与特定时期未偿付本金金额相关的**信用风险以及其他基本借贷风险（如流动性风险）、**成本和利润**（如管理费用）的对价。	

续表

针对第③点举例（了解即可）	③如果金融资产合同中包含与基本借贷安排无关的合同现金流量风险敞口或波动性敞口（例如权益价格或商品价格变动敞口）的条款，则此类合同不符合本金加利息的合同现金流量特征
	甲企业持有一项可转换成固定数量的发行人权益工具的债券，则该债券不符合本金加利息的合同现金流量特征，因为其回报与发行人的权益价值挂钩（现金流存在与借贷无关的风险敞口）
	如果贷款的利息支付金额与涉及债务人业绩的一些变量（如债务人的净收益）挂钩或者与权益指数挂钩，则该贷款不符合本金加利息的合同现金流量特征（现金流存在与借贷无关的风险敞口）
	甲企业持有一项具有固定到期日且支付浮动市场利率的债券。合同规定了利率浮动的上限——对于固定利率或浮动利率特征的金融工具，只要利息反映了对货币时间价值、与特定时期未偿付本金金额相关的信用风险，以及其他基本借贷风险、成本和利润的对价，则其符合本金加利息的合同现金流量特征。本例中，合同条款设定利率上限，可以看作固定利率和浮动利率相结合的工具，通过合同设定利率上限可能降低合同现金流量的波动性。
	某些金融资产的合同现金流量特征中包含杠杆因素，杠杆导致合同现金流量的变动性增加，不符合利息的经济特征。例如，期权、远期合同和互换合同等，此类合同不符合本金加利息的合同现金流量特征（杠杆因素导致波动性敞口）

> 📋 **记忆面包**
>
> 　　此处说的"基本借贷安排"不是咱们会计科目里的"借"与"贷"，其本质更接近生活中"欠债还钱"的借贷。遇到时可以联想一下"房贷"的偿还模式，只要超出了"仅还本付息"的范畴，就都不符合"基本借贷安排"。

3. 金融资产的具体分类

表 13-5

分类标准		所属类型	核算科目
合同现金流量特征	业务模式		
符合基本借贷安排	以收取合同现金流量为目标	以摊余成本计量的金融资产	债权投资、应收账款、贷款等
	以收取合同现金流量以及出售为双重目标	以公允价值计量且其变动计入其他综合收益的金融资产（分类型）	其他债权投资
	以出售为目标（其他业务模式）	以公允价值计量且其变动计入当期损益的金融资产	交易性金融资产
不符合基本借贷安排	不限制		
不符合基本借贷安排（权益工具投资）	不以出售为目标（非交易性）	以公允价值计量且其变动计入其他综合收益的金融资产（指定型）	其他权益工具投资
提示：在初始确认时，如果能够消除或显著减少会计错配，企业可以将金融资产指定为以公允价值计量且其变动计入当期损益的金融资产。该指定一经作出，不得撤销			

> **彬哥解读**
>
> （1）如何判断某项权益投资的会计处理是适用长期股权投资准则还是金融工具准则？
> ①首先，企业应当判断投资方是否对被投资单位实施控制、共同控制或重大影响，从而使该投资适用长期股权投资准则。
> ②其次，如果该投资不适用长期股权投资准则，企业应当根据金融工具确认计量准则，判断该投资是否为权益工具投资，并进行相应会计处理。
> ③风险投资机构、共同基金以及类似主体持有的、在初始确认时按照金融工具确认计量准则的规定以公允价值计量且其变动计入当期损益的金融资产，投资性主体对不纳入合并财务报表的子公司的权益性投资，适用金融工具确认计量准则。
> 提示：投资机构会买很多上市公司股票，有的持股比例还很高，但是因为投资机构实质不参与被投资公司的生产经营决策，所以并不具有重大影响或者控制，不作为长投来核算，更不纳入合并报表，而是作为交易性金融资产来核算，因此是适用金融工具准则的。
>
> （2）企业在非同一控制下的企业合并中确认的或有对价构成金融资产的，该金融资产应当分类为以公允价值计量且其变动计入当期损益的金融资产，不得指定为以公允价值计量且其变动计入其他综合收益的金融资产。
>
> （3）此处权益工具投资中的"权益工具"，是指对于工具发行方来说，满足本章中权益工具定义的工具。例如，普通股对于发行方而言，满足权益工具定义，对于投资方而言，属于权益工具投资。（2022年新增）
>
> （4）企业持有的符合《中国银保监会办公厅关于进一步规范商业银行结构性存款业务的通知》（银保监办发〔2019〕204号）定义的结构性存款，通常应当分类为以公允价值计量且其变动计入当期损益的金融资产。（2022年新增）

表13-6　　　　以公允价值计量且其变动计入其他综合收益的金融资产

项目	分类型	指定型
分类或指定条件	①业务模式：收取合同现金流量+出售； ②合同现金流量特征：满足基本借贷安排	非交易性权益工具投资
金融资产性质	债权类投资	股权类投资
科目	其他债权投资	其他权益工具投资
初始计量	公允价值+交易费用	公允价值+交易费用
后续计量	①公允价值变动计入的其他综合收益，以后能转损益； ②汇兑损益计入财务费用	①公允价值变动计入的其他综合收益，以后不能转损益； ②汇兑损益计入其他综合收益
处置	①实际收到价款与账面价值的差额计入投资收益； ②持有期间形成的其他综合收益转投资收益	①实际收到价款与账面价值的差额计入留存收益； ②持有期间形成的其他综合收益转留存收益

第十三章 金融工具

【例题13-1·单选题】甲公司利用自有资金购买银行理财产品。该理财产品为保本固定收益型，期限为6个月，不可转让交易，也不可提前赎回，实际收益超过保证收益的部分由银行享有。甲公司购买该理财产品的主要目的在于取得理财产品利息收入。不考虑其他因素，甲公司对持有的该银行理财产品，正确的会计处理是（　　）。
A. 指定为以公允价值计量且其变动计入其他综合收益的金融资产
B. 划分为以公允价值计量且其变动计入当期损益的金融资产
C. 划分为以公允价值计量且其变动计入其他综合收益的金融资产
D. 划分为以摊余成本计量的金融资产
【答案】D
【解析】该理财产品的合同现金流量为本金和利息，且企业管理该理财产品的业务模式为收取利息、收回本金，所以甲公司应当将该理财产品划分为以摊余成本计量的金融资产。

【例题13-2·单选题】甲公司有一个债券和权益工具的投资组合，正式的书面投资和风险管理规定要求该组合中权益工具所占的价值比重应限定在投资组合总价值的30%~45%之间；甲公司授权相关投资管理部门根据这一比例规定，购买或出售债券和权益工具以平衡该投资组合。如果该投资组合的管理部门被授权购买和出售金融资产以平衡投资组合中的风险，而不存在交易意图，且以往也没有为短期获利进行交易的说法。该组合中的债券和权益工具应分类为（　　）。
A. 以公允价值计量且其变动计入当期损益的金融资产
B. 以公允价值计量且其变动计入其他综合收益的金融资产
C. 以摊余成本计量的金融资产
D. 衍生金融资产
【答案】A
【解析】该组合的合同现金流量特征不是对本金和以未偿付本金金额为基础的利息的支付，即不能通过合同现金流量测试，只能作为以公允价值计量且其变动计入当期损益的金融资产。

（二）金融负债的分类

1. 金融负债的分类

除下列各项外，企业应当将金融负债分类为**以摊余成本计量的金融负债：**

（1）**以公允价值计量且其变动计入当期损益的金融负债**，包括交易性金融负债（含属于金融负债的衍生工具）和指定为以公允价值计量且其变动计入当期损益的金融负债。

（2）不符合终止确认条件的金融资产转移或继续涉入被转移金融资产**所形成的金融负债**。

（3）不属于上述第1项或第2项情形的**财务担保合同**，以及不属于以公允价值计量且其变动计入当期损益并将以低于市场利率贷款的**贷款承诺**。

> **彬哥解读**
> （1）除了极其特殊的情况，金融负债要么分类为以公允价值计量的金融负债，要么分类为以摊余成本计量的金融负债。
> （2）在非同一控制下的企业合并中，企业作为购买方确认的或有对价形成金融负债的，该金融负债应当按照以公允价值计量且其变动计入当期损益进行会计处理。

2. 公允价值选择权

在初始确认时，为了提供更相关的会计信息，企业可以将一项金融资产、一项金融负债或者一组金融工具指定为以公允价值计量且其变动计入当期损益，但该指定应当满足下列条件之一：

（1）该指定能够消除或显著减少会计错配。

（2）根据正式书面文件载明的企业风险管理或投资策略，以公允价值为基础对金融负债组合或金融资产和金融负债组合进行管理和业绩评价，并在内部以此为基础向关键管理人员报告。

（三）金融工具的重分类

本知识点安排在"金融工具的计量"讲解中。

考点3 金融负债和权益工具的区分（★★★）

（一）金融负债的定义

金融负债，是指企业符合下列条件之一的负债。

表13-7

条件	举例	对比金融资产
①向其他方**交付**现金或其他金融资产的**合同义务**	例如，企业发行的承诺支付固定利息的公司债券。	①从其他方**收取**现金或其他金融资产的**合同权利**
②在潜在**不利条件**下，与其他方**交换**金融资产或金融负债的**合同义务**	例如，企业发行的看涨期权或看跌期权等衍生工具。	②在潜在**有利条件**下，与其他方**交换**金融资产或金融负债的**合同权利**
③将来须用或可用企业自身权益工具进行结算的非衍生工具合同，且企业根据该合同将**交付可变数量**的自身权益工具	例如，A企业向B企业收取100万元，承诺两个月后向B企业交付本企业发行的普通股，交付的普通股数量根据交付时的股价确定，则该项承诺是一项金融负债	③将来须用或可用企业自身权益工具进行结算的非衍生工具合同，且企业根据该合同将**收到可变数量**的自身权益工具
④将来须用或可用企业自身权益工具进行结算的衍生工具合同，但以固定数量的自身权益工具交换固定金额的现金或其他金融资产的衍生工具合同除外（**固定换固定的除外**）	例如，公司发行以自身普通股为标的看涨期权，且期权将以普通股净额或者现金结算。 提示：如果以普通股总额结算，则属于固定换固定的情形	④将来须用或可用企业自身权益工具进行结算的衍生工具合同，但以固定数量的自身权益工具交换固定金额的现金或其他金融资产的衍生工具合同除外

（二）权益工具的定义

同时满足下列条件的，发行方应当将发行的金融工具分类为权益工具：

（1）该金融工具**不包括**交付现金或其他金融资产给其他方，或在潜在不利条件下与其他方交换金融资产或金融负债的合同义务；例如发行股票。（排除金融负债前 2 个条件）

（2）将来须用或可用企业自身权益工具结算该金融工具的，如该金融工具为非衍生工具，不包括交付可变数量的自身权益工具进行结算的合同义务；如为衍生工具，企业只能通过以固定数量的自身权益工具交换固定金额的现金或其他金融资产结算该金融工具。例如认股权证、以普通股总额结算的期权。（排除金融负债后 2 个条件）

综上，什么是权益工具？——不是金融负债的那个！

【例题 13-3·主观题】甲公司发行认股权证给乙公司，约定半年后按每股 10 元的价格定向增发 10 万股甲公司股票给乙公司，该认股权证报价 5 万元。

【解析】甲公司签订以自身权益工具进行结算的衍生工具合同，且符合以固定数量的自身权益工具交换固定金额的现金，因此应当将发行的金融工具分类为权益工具。

甲公司会计分录为（金额单位：万元）：

①发行认股权证时：

借：银行存款　　　　　　　　　　　　　　　　　5
　　贷：其他权益工具　　　　　　　　　　　　　　　5

②定增股份时：

借：银行存款　　　　　　　　　　　　　　　　　100
　　其他权益工具　　　　　　　　　　　　　　　　5
　　贷：股本　　　　　　　　　　　　　　　　　　10
　　　　资本公积——股本溢价　　　　　　　　　　95

（三）金融负债和权益工具区分的基本原则

表 13-8

判断要点	是	否	备注
发行方是否可以无条件避免交付现金或其他金融资产的义务	权益工具	金融负债	豁免清算交付义务 豁免股利推动机制 豁免票息递增机制
以自身权益工具作为结算方式进行结算的，是否符合"双固定原则"	权益工具	金融负债	—

彬哥解读

区分原则：

（1）最终以现金或者其他金融资产（除了自身权益工具以外的其他金融资产）结算该金融工具的，看是否能**无条件避免支付义务**。

（2）最终**以自身权益工具结算该金融工具的**，看是否支付**固定数量的自身权益工具**。

【例题13－4·主观题·例题】甲公司发行了一项年利率为8%、无固定还款期限、可自主决定是否支付利息的不可累积永续债，其他合同条款如下：（1）该永续债嵌入了一项看涨期权，允许甲公司在发行第5年及之后以面值回购该永续债。（2）如果甲公司在第5年末没有回购该永续债，则之后的票息率增加至11%（通常称为"票息递增"特征）。（3）该永续债票息在甲公司向其普通股股东支付股利时必须支付（即"股利推动机制"）。

假设：甲公司根据相应的议事机制能够自主决定普通股股利的支付；该公司发行该永续债之前多年来均支付普通股股利。

【解析】尽管甲公司多年来均支付普通股股利，但由于甲公司能够根据相应的议事机制自主决定普通股股利的支付，并进而影响永续债利息的支付，对甲公司而言，该永续债并未形成支付现金或其他金融资产的合同义务；尽管甲公司有可能在第5年末行使其回购权，但是甲公司并没有回购的合同义务，因此该永续债应整体被分类为权益工具。

【例题13－5·单选题·2017年】2017年1月1日，甲公司经批准发行10亿元优先股。发行合同规定：（1）期限5年，前5年票面年利率固定为6%，从第6年起，每5年重置一次利率，重置利率为基准利率加上2%，最高不超过9%；（2）如果甲公司连续3年不分派优先股股利，投资者有权决定是否回售；（3）甲公司可根据相应的议事机制决定是否派发优先股股利，但如果分配普通股股利，则必须先支付优先股股利；（4）如果因甲公司不能控制的原因导致控股股东发生变更的，甲公司必须按面值赎回该优先股。不考虑其他因素，下列各项关于甲公司上述发行优先股合同设定的条件会导致该优先股不能分类为所有者权益的因素是（　　）。

A．5年重置利率　　　　　　B．股利推动机制
C．甲公司控股股东变更　　　D．投资者有回售优先股的决定权

【答案】C

【解析】根据条款（4），甲公司不能控制股东变更该事项，其属于或有结算条款，且该事项的发生并非"极端罕见，显著异常且几乎不可能发生"。由于甲公司不能无条件地避免赎回优先股的义务。因此，甲公司应将该优先股划分为金融负债，故本题会导致该优先股不能分类为所有者权益的因素为选项C。

（四）金融负债与权益工具的重分类

表13－9

基本原则	由于发行的金融工具原合同条款约定的条件或事项随着时间的推移或经济环境的改变而发生变化，可能会导致已发行金融工具（含特殊金融工具）的重分类
权益工具重分类为金融负债	发行方原分类为权益工具的金融工具，自不再被分类为权益工具之日起，发行方应当将其重分类为金融负债。以重分类日该工具的公允价值计量，重分类日权益工具的账面价值和金融负债的公允价值之间的差额确认为权益
金融负债重分类为权益工具	发行方原分类为金融负债的金融工具，自不再被分类为金融负债之日起，发行方应当将其重分类为权益工具，以重分类日金融负债的账面价值计量

第十三章 金融工具

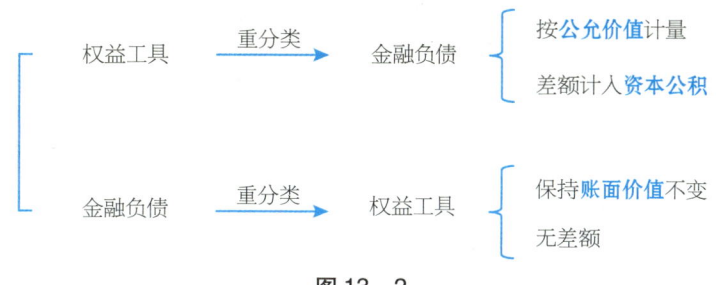

图 13-2

考点 4　金融资产的计量（★★★）

（一）以摊余成本计量的金融资产的会计处理

表 13-10

交易或事项	会计处理要点	会计分录
初始计量	①初始入账金额 = **公允价值 + 交易费用** ②实际支付的价款中包括的已到付息期但尚未领取的债券利息，应单独确认为**应收项目**	借：债权投资——成本（面值金额） 　　　　　　——利息调整（差额，也可能在贷方） 　　应收利息（已到付息期但尚未领取的利息） 　　贷：银行存款
后续计量 （资产负债表日计提利息收入）	①**分期付息**、一次还本的债券 （票面利息计入**应收利息**）	借：应收利息（债券面值×票面利率） 　　贷：投资收益（期初摊余成本或账面余额×实际利率） 　　　　债权投资——利息调整（差额，也可能在借方）
	②**到期一次还本付息**的债券 （票面利息计入**债权投资——应计利息**）	借：债权投资——应计利息（债券面值×票面利率） 　　贷：投资收益（期初摊余成本或账面余额×实际利率） 　　　　债权投资——利息调整（差额，也可能在借方）
处置	实际收到价款与账面价值的差额计入投资收益	借：银行存款 　　债权投资减值准备 　　贷：债权投资——成本 　　　　　　　　——利息调整（也可能在借方） 　　　　　　　　——应计利息 　　　　投资收益（差额，也可能在借方）

> 📺 **彬哥解读**
>
> （1）此处未考虑金融资产减值对计提利息收入的影响。
>
> ①在学习"金融资产减值"之前，投资收益的计算可以理解为：投资收益 = 期初摊余成本×实际利率。
>
> ②在学习"金融资产减值"之后，投资收益的计算要看**上期期末所处的金融资产减值阶段**。
>
> a. 第 1~2 阶段，即信用风险自初始确认后未显著增加或已显著增加但尚未发生信用减值
>
> 投资收益 = 期初**账面余额**×**实际利率**

b. 第3阶段,即初始确认后发生信用减值

$$投资收益 = 期初\textbf{摊余成本} \times \textbf{实际利率}$$

c. 购入或源生时已发生信用减值

$$投资收益 = 期初\textbf{摊余成本} \times \textbf{经信用调整的实际利率}$$

(2) 什么是摊余成本?

其实很简单,摊余成本就是借贷资金的剩余本金,它一般等于该金融资产或金融负债的账面价值。通俗来说,就是我借给你一笔钱,在计算实际利息和扣除已经收到的还款后,剩下本金有多少,也就是你还欠我多少。

如果还是觉得抽象,举个例子就明白了。

【例题13-6·主观题·改编】 2013年1月1日,向老师借给彬哥1 000万元,约定借款期限5年,每年按10%计息,但彬哥最近几年手头有点紧,只能每年支付59万的利息,5年期满时再还款1 250万元。

第一年:

2013年12月31日,在考虑计息和实际还款后,彬哥还欠向老师的金额=1 000(期初本金)+1 000×10%(实际利息)-59(实际还款)=1 041(万元),也就是该债券的摊余成本=1 041(万元)。

这个不难理解,年初向老师给彬哥借了1 000万元,实际利率10%,所以产生利息100万元,即本息和为1 100万元,但彬哥年底还回59万元,那还欠向老师1 041万元,这就是2013年期末摊余成本,也是2014年期初摊余成本,即2014年期初的本金。

在这里可以推导出摊余成本的基本公式:

$$期末摊余成本 = 期初摊余成本 \times (1 + 实际利率) - 当期还款$$

【提示】 当期还款金额一般是以发行债券的票面利息来给付。

第二年:

2014年12月31日摊余成本 = 期初摊余成本×(1+实际利率)-当期还款
= 1 041×(1+10%)-59
≈1 086

第三年:

2015年12月31日摊余成本 = 期初摊余成本×(1+实际利率)-当期还款
= 1 086×(1+10%)-59
≈1 136

第四年:

2016年12月31日摊余成本 = 期初摊余成本×(1+实际利率)-当期还款
= 1 136×(1+10%)-59
≈1 191

第五年：
2017 年 12 月 31 日摊余成本 = 期初摊余成本 ×（1 + 实际利率）- 当期还款
= 1 191 ×（1 + 10%）- 59 - 1 250
≈ 0

提示：（1）第 5 年到期时，当期还款除了有 59 万元利息，还有到期收回的 1 250 万元。
（2）因为四舍五入，尾数会有偏差，大家不用纠结。
相信大家看完了这个例子，再回过头看下面官方教材的例题，就不难理解了。

【例题 13-7·主观题·教材】 2013 年 1 月 1 日，甲公司支付价款 1 000 万元（含交易费用），从活跃市场上购入 A 公司 5 年期债券，面值 1 250 万元，票面年利率 4.72%，按年支付利息（即每年支付 59 万元），本金最后一次支付。假设该债券的实际利率为 10%。甲公司根据其管理该债券的业务模式和该债券的合同现金流量特征，将该债券分类为以摊余成本计量的金融资产。假定不考虑所得税、减值损失等因素。根据下表中的数据，甲公司的有关账务处理如下（金额单位：万元）：

单位：万元

日期	期初摊余成本（A）	实际利息收入（B = A×10%）	现金流入（C）	期末摊余成本（D = A + B - C）
2013 年	1 000	100	59	1 041
2014 年	1 041	104	59	1 086
2015 年	1 086	109	59	1 136
2016 年	1 136	114	59	1 191
2017 年	1 191	118 *	1 309	0

注：*尾数调整 1 250 + 59 - 1 191 = 118（万元）。

（1）2013 年 1 月 1 日，购入 A 公司债券：
借：债权投资——成本　　　　　　　　　　　　　　1 250
　　贷：银行存款　　　　　　　　　　　　　　　　　　　1 000
　　　　债权投资——利息调整　　　　　　　　　　　　　　250
2013 年 1 月 1 日，该债券的摊余成本 = 1 000（万元）。
（2）2013 年 12 月 31 日，确认实际利息收入、收到债券利息等：
借：应收利息　　　　　　　　　　　　　　　　　　59
　　债权投资——利息调整　　　　　　　　　　　　41
　　贷：投资收益　　　　　　　　　　　　　　　　　　　100
借：银行存款　　　　　　　　　　　　　　　　　　59
　　贷：应收利息　　　　　　　　　　　　　　　　　　　59

【提示】2013年12月31日，该债券的本息和=1 000×(1+10%)=1 100（万元）。收到对方支付的利息=59万元。

该债券期末摊余成本=本息和－收到对方支付的利息=1 100－59=1 041（万元）。

如果直接根据摊余成本的公式，2013年12月31日的摊余成本=1 000×(1+10%)－59=1 041（万元）。

（3）2014年12月31日，确认实际利息收入、收到债券利息等：

借：应收利息　　　　　　　　　　　　　　　　　　　　　　59
　　债权投资——利息调整　　　　　　　　　　　　　　　　45
　　贷：投资收益　　　　　　　　　　　　　　　　(1 041×10%)104
借：银行存款　　　　　　　　　　　　　　　　　　　　　　59
　　贷：应收利息　　　　　　　　　　　　　　　　　　　　59

【提示】2014年12月31日，该债券的本息和=1 041×(1+10%)=1 145（万元）。收到对方支付的利息=59万元。

该债券期末摊余成本=本息和－收到对方支付的利息=1 145－59=1 086（万元）。

如果直接根据摊余成本的公式，2014年12月31日的摊余成本=1 041×(1+10%)－59=1 086（万元）。

（4）2015年12月31日，确认实际利息收入、收到债券利息等：

借：应收利息　　　　　　　　　　　　　　　　　　　　　　59
　　债权投资——利息调整　　　　　　　　　　　　　　　　50
　　贷：投资收益　　　　　　　　　　　　　　　　(1 086×10%)109
借：银行存款　　　　　　　　　　　　　　　　　　　　　　59
　　贷：应收利息　　　　　　　　　　　　　　　　　　　　59

【提示】2015年12月31日，该债券的本息和=1 086×(1+10%)=1 195（万元）。收到对方支付的利息=59万元。

该债券期末摊余成本=本息和－收到对方支付的利息=1 195－59=1 136（万元）。

如果直接根据摊余成本的公式，2015年12月31日的摊余成本=1 086×(1+10%)－59=1 136（万元）。

（5）2016年12月31日，确认实际利息收入、收到债券利息等：

借：应收利息　　　　　　　　　　　　　　　　　　　　　　59
　　债权投资——利息调整　　　　　　　　　　　　　　　　55
　　贷：投资收益　　　　　　　　　　　　　　　　(1 136×10%)114
借：银行存款　　　　　　　　　　　　　　　　　　　　　　59
　　贷：应收利息　　　　　　　　　　　　　　　　　　　　59

【提示】2016年12月31日，该债券的本息和=1 136×(1+10%)=1 250（万元）。收到对方支付的利息=59万元

该债券期末摊余成本=本息和－收到对方支付的利息=1 250－59=1 191（万元）。

如果直接根据摊余成本的公式，2016年12月31日的摊余成本＝1 136×(1+10%)－59＝1 191（万元）

（6）2017年12月31日，确认实际利息收入、收到债券利息和本金等：

借：应收利息　　　　　　　　　　　　　　　　　　　　　　　59
　　　债权投资——利息调整
　　　（250－41－45－50－55，因为尾数调整，所以按总摊销－累计摊销来倒挤）59
　　　　贷：投资收益　　　　　　　　　　　　　　　　　　　　　　118
借：银行存款　　　　　　　　　　　　　　　　　　　　　　　59
　　　　贷：应收利息　　　　　　　　　　　　　　　　　　　　　　59
借：银行存款等　　　　　　　　　　　　　　　　　　　　　1 250
　　　　贷：债权投资——成本　　　　　　　　　　　　　　　　　1 250

【提示】这道题是来自官方教材例题，计算涉及四舍五入并不精确，不用纠结。

【例题13－8·单选题·2012年】2011年1月1日，甲公司购入乙公司当日发行的4年期分期付息（于次年初支付上年度利息）、到期还本债券，面值为1 000万元，票面年利率为5%，实际支付价款为1 050万元，另发生交易费用2万元。甲公司将该债券划分为以摊余成本计量的金融资产，每年年末确认投资收益，2011年12月31日确认投资收益35万元。2011年12月31日，甲公司该债券的摊余成本为（　　）万元。

A. 1 035　　　　B. 1 037　　　　C. 1 065　　　　D. 1 067

【答案】B

【解析】第一步：2011年1月1日，初始入账成本（期初摊余成本）为：1 050＋2＝1 052（万元）。

第二步：实际市场利率并没有告诉我们！那我们该怎么办？但是告诉了当年确认的投资收益35万元。

第三步：2011年12月31日，甲公司该债券的摊余成本＝期初摊余成本＋当年确定的投资收益－收到的利息＝1 052＋35－1 000×5%＝1 037（万元）。

（二）分类为以公允价值计量且其变动计入其他综合收益的金融资产（分类型）

表13－11

交易或事项	会计处理要点	会计分录
初始计量	①初始入账金额＝**公允价值＋交易费用** ②实际支付的价款中包括的已到付息期但尚未领取的债券利息，应单独确认为应收项目	借：其他债权投资——成本（面值金额） 　　　　　　　　　——利息调整（差额，也可能在贷方） 　　　应收利息（已到付息期但尚未领取的利息） 　　　贷：银行存款

续表

交易或事项	会计处理要点	会计分录
后续计量	①按实际利率法计提利息收入，摊销利息调整（同债权投资）	借：应收利息（债券面值×票面利率） 　　贷：投资收益（期初账面余额或摊余成本×实际利率） 　　　　其他债权投资——利息调整（差额，也可能在借方）
	②确认公允价值变动，计入其他综合收益	①若其他债权投资公允价值上升： 借：其他债权投资——公允价值变动 　　贷：其他综合收益 ②若其他债权投资公允价值下降： 借：其他综合收益 　　贷：其他债权投资——公允价值变动
处置	①实际收到价款与账面价值的差额计入投资收益	借：银行存款 　　贷：其他债权投资——成本 　　　　　　　　　　——利息调整（也可能在借方） 　　　　　　　　　　——公允价值变动（也可能在借方） 　　　　　　　　　　——应计利息（到期还本付息的债券） 　　　　投资收益（差额，可能在借方）
	②结转其他综合收益，转入投资收益	借：其他综合收益 　　贷：投资收益 （或相反分录）

> **彬哥解读**
>
> （1）此处依旧未考虑金融资产减值对计提利息收入的影响。详细表述见考点4【彬哥解读】。
>
> （2）如果是到期一次还本付息的债券，资产负债表日计提利息，应将"应收利息"用"其他债权投资——应计利息"代替。

【例题13-9·主观题·教材】 2013年1月1日，甲公司支付价款1 000万元（含交易费用）从公开市场购入A公司同日发行的5年期公司债券12 500份，债券票面价值总额为1 250万元，票面年利率为4.72%，于年末支付本年度债券利息（即每年利息为59万元），本金在债券到期时一次性偿还。假定该债券的实际利率为10%。甲公司根据其管理该债券的业务模式和该债券的合同现金流量特征，将该债券分类为以公允价值计量且其变动计入其他综合收益的金融资产。

其他资料如下：

（1）2013年12月31日，A公司债券的公允价值为1 200万元（不含利息）。

（2）2014年12月31日，A公司债券的公允价值为1 300万元（不含利息）。

（3）2015年12月31日，A公司债券的公允价值为1 250万元（不含利息）。

（4）2016年12月31日，A公司债券的公允价值为1 200万元（不含利息）。

（5）2017年1月20日，通过上海证券交易所出售A公司债券12 500份，取得价款1 260万元。

假定不考虑所得税、减值损失等因素。

时间	公允价值	摊余成本 ［期初摊余成本× （1＋10%）－59］	公允价值变动 期末余额 （本期期末公允价值－ 本期期末摊余成本）	公允价值变动 本期发生额 （期末余额－期初余额）
2013年1月1日	1 000	1 000	0	0 （本期累计－上期累计）
2013年12月31日	1 200	1 041 ［1 000×（1＋10%）－59］	159 （1 200－1 041）	159 （159－0）
2014年12月31日	1 300	1 086 ［1 041×（1＋10%）－59］	214 （1 300－1 086）	55 （214－159）
2015年12月31日	1 250	1 136 ［1 086×（1＋10%）－59］	114 （1 250－1 136）	－100 （114－214）
2016年12月31日	1 200	1 190 ［1 136×（1＋10%）－59］	10 （1 200－1 190）	－104 （10－114）

甲公司的有关账务处理如下（金额单位：万元）：

（1）2013年1月1日，购入A公司债券：

借：其他债权投资——成本　　　　　　　　　　　　　　　　　　　　1 250
　　贷：银行存款　　　　　　　　　　　　　　　　　　　　　　　　1 000
　　　　其他债权投资——利息调整　　　　　　　　　　　　　　　　　　250

【提示】2013年1月1日，其他债权投资的摊余成本＝1 000万元。

（2）2013年12月31日，确认A公司债券实际利息收入、公允价值变动，收到债券利息：

借：应收利息　　　　　　　　　　　　　　　　　　　　　　　　　　　59
　　其他债权投资——利息调整　　　　　　　　　　　　　　　　　　　　41
　　贷：投资收益　　　　　　　　　　　　　　　　　　　　（1 000×10%）100

借：银行存款　　　　　　　　　　　　　　　　　　　　　　　　　　　59
　　贷：应收利息　　　　　　　　　　　　　　　　　　　　　　　　　　59

借：其他债权投资——公允价值变动　　　　　　　　　　　　　　　　　159
　　贷：其他综合收益　　　　　　　　　　　　　　　　　　　　　　　159

【提示】2013年12月31日期末摊余成本＝1 000×（1＋10%）－59＝1 041（万元），债券的公允价值1 200万元，因此期末累计应确认的"其他债权投资——公允价值变动"＝1 200－1 041＝159（万元）；由于该科目已经确认的金额＝0，所以期末还要增加金额＝159－0＝159（万元）。

（3）2014年12月31日，确认A公司债券实际利息收入、公允价值变动，收到债券利息：

借：应收利息 59
　　其他债权投资——利息调整 45
　　贷：投资收益 （1 041×10%）104
借：银行存款 59
　　贷：应收利息 59
借：其他债权投资——公允价值变动 55
　　贷：其他综合收益 55

【注意】2014年12月31日期末摊余成本＝1 041×（1＋10%）－59＝1 086（万元），债券的公允价值1 300万元，故应累计调增"其他债权投资——公允价值变动"＝1 300－1 086＝214（万元），由于2013年12月31日已调增"其他债权投资——公允价值变动"159万元，本期还要增加金额＝214－159＝55（万元）。

（4）2015年12月31日，确认A公司债券实际投资收益、公允价值变动，收到债券利息：

借：应收利息 59
　　其他债权投资——利息调整 50
　　贷：投资收益 （1 086×10%）109
借：银行存款 59
　　贷：应收利息 59
借：其他综合收益 100
　　贷：其他债权投资——公允价值变动 100

【注意】2015年12月31日期末摊余成本＝1 086×（1＋10%）－59＝1 136（万元），债券的公允价值1 250万元，故应累计调增"其他债权投资——公允价值变动"＝1 250－1 136＝114（万元），由于2014年12月31日已累计调增"其他债权投资——公允价值变动"214万元，本期需要增加金额＝114－214＝－100（万元）。

（5）2016年12月31日，确认A公司债券实际利息收入、公允价值变动，收到债券利息：

借：应收利息 59
　　其他债权投资——利息调整 54
　　贷：投资收益 （1 136×10%）113
借：银行存款 59
　　贷：应收利息 59
借：其他综合收益 104
　　贷：其他债权投资——公允价值变动 104

【注意】2016年12月31日期末摊余成本＝1 136×（1＋10%）－59＝1 190（万元），债券的公允价值1 200万元，故应累计调增"其他债权投资——公允价值变动"＝1 200－1 190＝10（万元），由于2015年12月31日已累计调增"其他债权投资——公允价值变动"114万元，本期需要增加金额＝10－114＝－104（万元）。

（6）2017年1月20日，确认出售A公司债券实现的损益：

借：银行存款　　　　　　　　　　　　　　　　　　　　　　　　　1 260
　　其他债权投资——利息调整　　　　　　（250－41－45－50－54）60
　贷：其他债权投资——成本　　　　　　　　　　　　　　　　　　1 250
　　　　　　　　　　——公允价值变动　　　（0＋159＋55－100－104）10
　　　投资收益　　　　　　　　　　　　　　　　　　　　　　　　　60
借：其他综合收益　　　　　　　　　　　　　　　　　　　　　　　　10
　贷：投资收益　　　　　　　　　　　　　　　　　　　　　　　　　10

【提示】这道题是来自官方教材例题，计算涉及四舍五入并不精确，不用纠结。

（三）以公允价值计量且其变动计入当期损益的金融资产

表 13－12

交易或事项	会计处理要点	会计分录
初始计量	①初始入账金额＝公允价值。 ②交易费用计入**投资收益**。 ③已宣告但尚未发放的现金股利（股票）或已到付息期尚未领取的利息（债券），单独确认为应收项目	借：交易性金融资产——成本（公允价值） 　　投资收益（发生的交易费用） 　　应收股利（已宣告但尚未发放的现金股利） 　　应收利息（已到付息期但尚未领取的利息） 　贷：银行存款
后续计量	①持有期间被投资单位宣告发放现金股利或资产负债表日确认利息收入（按**票面利息**计提） ②资产负债表日交易性金融资产公允价值发生变动	借：应收股利/应收利息 　贷：投资收益 a. 公允价值上升时： 借：交易性金融资产——公允价值变动 　贷：公允价值变动损益 b. 公允价值下降时： 借：公允价值变动损益 　贷：交易性金融资产——公允价值变动
处置	①实际收到价款与账面价值的差额计入投资收益。 ②不结转公允价值变动损益	借：银行存款 　贷：交易性金融资产——成本 　　　　　　　　　　——公允价值变动（也可能在借方） 　　　投资收益（差额，也可能在借方）

彬哥解读

交易性金融资产影响损益总结：

（1）交易性金融资产出售时投资收益＝交易性金融资产处置时的损益影响＝净售价－处置时的账面价值；

（2）交易性金融资产在持有期间所实现的投资收益额＝①交易费用＋②到期的利息收益或宣告分红时认定的投资收益＋③转让时的投资收益。

（3）交易性金融资产在持有期间影响营业利润的金额＝①交易费用＋②到期的利息收益或宣告分红时认定的投资收益＋③持有期间公允价值变动＋④转让时的投资收益。

【例题13-10·主观题·教材】 2016年1月1日,甲公司从二级市场购入丙公司债券,支付价款合计1 020 000元(含已到付息期但尚未领取的利息20 000元),另发生交易费用20 000元。该债券面值1 000 000元,剩余期限为2年,票面年利率为4%,每半年末付息一次。甲公司根据其管理该债券的业务模式和该债券的合同现金流量特征,将该债券分类为以公允价值计量且其变动计入当期损益的金融资产。其他资料如下:

(1) 2016年1月5日,收到丙公司债券2015年下半年利息20 000元。
(2) 2016年6月30日,丙公司债券的公允价值为1 150 000元(不含利息)。
(3) 2016年7月5日,收到丙公司债券2016年上半年利息。
(4) 2016年12月31日,丙公司债券的公允价值为1 100 000元(不含利息)。
(5) 2017年1月5日,收到丙公司债券2016年下半年利息。
(6) 2017年6月20日,通过二级市场出售丙公司债券,取得价款1 180 000元(含1季度利息10 000元)。

假定不考虑其他因素,甲公司的账务处理如下:

(1) 2016年1月1日,从二级市场购入丙公司债券:

借:交易性金融资产——成本　　　　　　　　　　　　　　　1 000 000
　　应收利息　　　　　　(已到付息期但尚未领取的利息) 20 000
　　投资收益　　　　　　　　　　　　　　(交易费用) 20 000
　　贷:银行存款　　　　　　　　　　　　　　　　　　　　1 040 000

(2) 2016年1月5日,收到该债券2015年下半年利息20 000元:

借:银行存款　　　　　　　　　　　　　　　　　　　　　　　20 000
　　贷:应收利息　　　　　　　　　　　　　　　　　　　　　　20 000

(3) 2016年6月30日,确认丙公司债券公允价值变动和投资收益:

借:交易性金融资产——公允价值变动　　　　　　　　　　　150 000
　　贷:公允价值变动损益　　　　　　　　　　　　　　　　　150 000
借:应收利息　　　　　　　　　　　　　　　　　　　　　　　20 000
　　贷:投资收益　　　　　　　　　　　　　　　　　　　　　　20 000

(4) 2016年7月5日,收到丙公司债券2016年上半年利息:

借:银行存款　　　　　　　　　　　　　　　　　　　　　　　20 000
　　贷:应收利息　　　　　　　　　　　　　　　　　　　　　　20 000

(5) 2016年12月31日,确认丙公司债券公允价值变动和投资收益:

借:公允价值变动损益　　　　　　　　　　　　　　　　　　　50 000
　　贷:交易性金融资产——公允价值变动　　　　　　　　　　　50 000
借:应收利息　　　　　　　　　　　　　　　　　　　　　　　20 000
　　贷:投资收益　　　　　　　　　　　　　　　　　　　　　　20 000

(6) 2017年1月5日,收到丙公司债券2016年下半年利息:

借:银行存款　　　　　　　　　　　　　　　　　　　　　　　20 000
　　贷:应收利息　　　　　　　　　　　　　　　　　　　　　　20 000

(7) 2017 年 6 月 20 日，通过二级市场出售丙公司债券：
借：银行存款　　　　　　　　　　　　　　　　1 180 000
　　贷：交易性金融资产——成本　　　　　　　　　1 000 000
　　　　　　　　　　——公允价值变动　　　　　　　100 000
　　　　投资收益　　　　　　　　　　　　　　　　　80 000

【例题 13-11·单选题·2015 年】2014 年 2 月 5 日，甲公司以 7 元 1 股的价格购入乙公司股票 100 万股，支付手续费 1.4 万元。甲公司根据其管理该股票的业务模式和该股票的合同现金流量特征，将该股票投资分类为以公允价值计量且其变动计入当期损益的金融资产。2014 年 12 月 31 日，乙公司股票价格为 9 元 1 股。2015 年 2 月 20 日，乙公司分配现金股利，甲公司获得现金股利 8 万元；2015 年 3 月 20 日，甲公司以 11.6 元 1 股的价格将其持有的乙公司股票全部出售。不考虑其他因素，甲公司因持有乙公司股票在 2015 年确认的投资收益是（　　）万元。

A. 260　　　　　B. 468　　　　　C. 268　　　　　D. 466.6

【答案】C

【解析】

（1）卖掉的时候，收到的钱跟出售之前的账面之差计入投资收益：（11.6-9）×100 = 260（万元）。

（2）2015 年被投资单位宣告发放现金股利也是投资收益：8 万元。

所以 2015 年确认的投资收益：260+8 = 268（万元）。

以公允价值计量且其变动计入当期损益的金融资产，购买时支付的手续费要确认投资收益，但这里确认的是 2014 年的投资收益，并不影响 2015 年的。

（四）指定为以公允价值计量且其变动计入其他综合收益的非交易性权益工具投资

指定为以公允价值计量且其变动计入其他综合收益的非交易性权益工具投资不需计提减值，除了获得的股利（明确代表投资成本部分收回的股利除外）计入当期损益外，其他相关的利得和损失（包括汇兑损益）均应当计入其他综合收益，且后续不得转入当期损益。当其终止确认时，之前计入其他综合收益的累计利得或损失应当从其他综合收益中转出，计入留存收益。

表 13-13

交易或事项	会计处理要点	会计分录
初始计量	①初始入账金额 = **公允价值 + 交易费用**。 ②实际支付的价款中包括的已宣告但尚未发放的现金股利，应单独确认为**应收项目**	借：其他权益工具投资——成本（公允价值 + 交易费用） 　　应收股利（已宣告但尚未发放的现金股利） 　贷：银行存款

续表

交易或事项	会计处理要点	会计分录
后续计量	①被投资单位宣告发放现金股利。 ②被投资单位收到现金股利	①借：应收股利 　　贷：投资收益 ②借：银行存款 　　贷：应收股利
	资产负债表日公允价值变动	①若其他权益工具投资公允价值上升： 借：其他权益工具投资——公允价值变动 　　贷：其他综合收益 ②若其他权益工具投资公允价值下降： 借：其他综合收益 　　贷：其他权益工具投资——公允价值变动
处置	①实际收到价款与账面价值的差额计入**留存收益**。 ②结转其他综合收益，转入**留存收益**	借：银行存款 　　贷：其他权益工具投资——成本 　　　　　　　　　　　　——公允价值变动（也可能在借方） 　　　　盈余公积（差额，也可能在借方） 　　　　利润分配——未分配利润（差额，也可能在借方） 借：其他综合收益 　　贷：盈余公积 　　　　利润分配——未分配利润 （或作相反分录）

【例题13-12·主观题·教材】2016年5月6日，甲公司支付价款1 016万元（含交易费用1万元和已宣告发放现金股利15万元），购入乙公司发行的股票200万股，占乙公司有表决权股份的0.5%。甲公司将其指定为以公允价值计量且其变动计入其他综合收益的非交易性权益工具投资。

2016年5月10日，甲公司收到乙公司发放的现金股利15万元。

2016年6月30日，该股票市价为每股5.2元。

2016年12月31日，甲公司仍持有该股票；当日，该股票市价为每股5元。

2017年5月9日，乙公司宣告发放股利4 000万元。

2017年5月13日，甲公司收到乙公司发放的现金股利。

2017年5月20日，甲公司由于某特殊原因，以每股4.9元的价格将股票全部转让。假定不考虑其他因素，甲公司的账务处理如下（金额单位：元）

(1) 2016年5月6日，购入股票：
借：应收股利　　　　　　　　　　　　　　　　　　　　　　150 000
　　其他权益工具投资——成本　（交易费用计入成本）10 010 000
　　贷：银行存款　　　　　　　　　　　　　　　　　　　10 160 000

(2) 2016年5月10日，收到现金股利：
借：银行存款　　　　　　　　　　　　　　　　　　　　　　150 000
　　贷：应收股利　　　　　　　　　　　　　　　　　　　　150 000

(3) 2016年6月30日，确认股票价格变动：
借：其他权益工具投资——公允价值变动
　　　　　　　　　　　　　　　(2 000 000×5.2−10 010 000) 390 000

贷：其他综合收益　　　　　　　　　　　　　　　　　　　　　　　390 000
（4）2016年12月31日，确认股票价格变动：
借：其他综合收益　　　　　　　　（2 000 000×5 – 2 000 000×5.2）400 000
　　　贷：其他权益工具投资——公允价值变动　　　　　　　　　　　　400 000
（5）2017年5月9日，确认应收现金股利：
借：应收股利　　　　　　　　　　　　　　　　　（4 000 000×0.5%）200 000
　　　贷：投资收益　　　　　　　　　　　　　　　　　　　　　　　　200 000
（6）2017年5月13日，收到现金股利：
借：银行存款　　　　　　　　　　　　　　　　　　　　　　　　　200 000
　　　贷：应收股利　　　　　　　　　　　　　　　　　　　　　　　　200 000
（7）2017年5月20日，出售股票：
借：银行存款　　　　　　　　　　　　　　　　　　　　　　　　9 800 000
　　其他权益工具投资——公允价值变动　　　　　　　　　　　　　　10 000
　　盈余公积——法定盈余公积　　　　　　　　　　（200 000×10%）20 000
　　利润分配——未分配利润　　　　　　　　　　　（200 000×90%）180 000
　　　贷：其他权益工具投资——成本　　　　　　　　　　　　　　10 010 000
借：盈余公积——法定盈余公积　　　　　　　　　　（10 000×10%）1 000
　　利润分配——未分配利润　　　　　　　　　　　 （10 000×90%）9 000
　　　贷：其他综合收益　　　　　　　　　　　　　　　　　　　　　　10 000

【注意】"其他权益工具投资——公允价值变动"变动余额 = 390 000 – 400 000 = –10 000（元），指定为以公允价值计量且其变动计入其他综合收益的非交易性权益工具投资，当其终止确认时，之前计入其他综合收益的累计利得或损失应当从其他综合收益中转出，计入留存收益。

【例题13-13·单选题·2013年】2012年6月2日，甲公司自二级市场购入乙公司股票1 000万股，支付价款8 000万元，另支付佣金等费用16万元。甲公司将购入上述乙公司股票指定为以公允价值计量且其变动计入其他综合收益的非交易性权益工具投资。2012年12月31日，乙公司股票的市场价格为每股10元。2013年8月20日，甲公司以每股11元的价格将所持乙公司股票全部出售。在支付佣金等费用33万元后实际取得价款10 967万元。不考虑其他因素，甲公司出售乙公司股票应确认的留存收益是（　　）万元。

　　A. 967　　　　B. 2 951　　　　C. 2 984　　　　D. 3 000

【答案】B

【解析】甲公司将该股票指定为以公允价值计量且其变动计入其他综合收益的非交易性权益工具投资，除获得的股利计入当期损益之外，其他全部计入其他综合收益，且后续不得转为当期损益。终止确认时，要将其他综合收益转出，计入留存收益。故处置的时候，之前甲公司出售乙公司股票应确认的留存收益 = 10 967 – （8 000 + 16） = 2 951（万元）。

【例题13-14·单选题·2014年】下列与指定为以公允价值计量且其变动计入其他综合收益的非交易性权益工具投资相关的价值变动中,应当直接计入发生当期损益的是( )。

A. 指定为以公允价值计量且其变动计入其他综合收益的非交易性权益工具投资的公允价值的增加

B. 购买指定为以公允价值计量且其变动计入其他综合收益的非交易性权益工具投资时发生的交易费用

C. 指定以公允价值计量且其变动计入当期损益其他综合收益的非交易性权益工具投资持有期间获得的股利

D. 以外币计价的指定为以公允价值计量且其公允价值变动计入其他综合收益的非交易性权益工具投资由于汇率变动引起的价值上升

【答案】C

【解析】指定为以公允价值计量且其变化计入其他综合收益的非交易性权益工具投资的公允价值的增加计入其他综合收益,选项A错误;购买指定为以公允价值计量且其变化计入其他综合收益的非交易性权益工具投资时发生的交易费用计入初始投资成本,选项B错误;指定以公允价值计量且其变化计入其他综合收益的非交易性权益工具投资持有期间获得的股利计入当期损益,选项C正确;以外币计价的指定为以公允价值计量且其公允价值变动计入其他综合收益的非交易性权益工具投资由于汇率变动引起的价值上升计入其他综合收益,选项D错误。

考点收纳盒

(1) 金融资产初始计量要点。

企业初始确认金融资产或金融负债,应当按照**公允价值**计量。

表13-14

交易费用	一般情况下取得金融资产所支付的交易费用**计入金融资产成本**,两个特殊情况除外: ①以公允价值计量且其变动计入当期损益的金融资产,交易费用**计入投资收益**。 ②合并形成的**长期股权投资(包括同一控制和非同一控制)**,交易费用**计入管理费用**
应收项目	为取得金融资产支付的价款中包含的**已宣告但尚未发放**的债券利息或现金股利,应当**单独确认为应收项目,不计入金融资产成本**

(2) 各金融资产后续计量相关要点(包括减值)。

表13-15

类型	核算科目	框架要点
以摊余成本计量的金融资产	债权投资	实际利率法
以公允价值计量且其变动计入其他综合收益的金融资产(分类型)	其他债权投资	①实际利率法计提利息收入。 ②确认公允价值变动

续表

类型	核算科目	框架要点
以公允价值计量且其变动计入其他综合收益的金融资产（指定型）	其他权益工具投资	区别于分类型以公允价值计量且其变动计入其他综合收益的金融资产： ①**初始确认**时可以对**非交易性权益工具投资**进行**指定**，一经指定不得变更。 ②**不计提减值**（纯公允价值计量基础）。 ③除了被投资方**宣告发放股利时计入投资收益**，其他所有变动均不影响利润表；持有期间公允价值变动计入**其他综合收益**；处置收益直接计入**留存收益**，并将**之前计入其他综合收益的转入留存收益**
以公允价值计量且其变动计入当期损益的金融资产	交易性金融资产	与**投资收益**相关的特殊处理： ①**初始入账**时**交易费用计入投资收益（注意是借方）**。 ②**持有期间宣告**发放股利、利息计入投资收益，其中利息为**票面利息（因为不是摊余成本计量、不适用实际利率法）**。 ③**处置**时确认投资收益，历史期间**公允价值变动不调整为投资收益**（对比投资性房地产公允价值计量处置时的处理）

考点5 金融负债的计量（★★）

（一）初始计量

企业初始确认金融负债，应当按照**公允价值**计量，相关交易费用计入当期损益。

（二）后续计量

企业应当按照以下原则对金融负债进行后续计量：

（1）以公允价值计量且其变动计入当期损益的金融负债，应当按照公允价值进行后续计量，相关利得或损失应当计入当期损益。

（2）上述金融负债以外的金融负债，除特殊规定外，应当按摊余成本后续计量。

【例题13-15·主观题·教材】2016年7月1日，甲公司经批准在全国银行间债券市场公开发行10亿元人民币短期融资券，期限为1年，票面年利率5.58%，每张面值为100元，到期一次还本付息。所募集资金主要用于公司购买生产经营所需的原材料及配套件等。公司将该短期融资券指定为以公允价值计量且其变动计入当期损益的金融负债。假定不考虑发行短期融资券相关的交易费用以及企业自身信用风险变动。

2016年12月31日，该短期融资券市场价格每张120元（不含利息）；2017年6月30日，该短期融资券到期兑付完成。

据此，甲公司账务处理如下（金额单位：万元）：

（1）2016年7月1日，发行短期融资券：

借：银行存款　　　　　　　　　　　　　　　　　　　　100 000
　　贷：交易性金融负债　　　　　　　　　　　　　　　　　　100 000

(2) 2016年12月31日,年末确认公允价值变动和利息费用:

借:公允价值变动损益　　　　　　　(100 000×120/100－100 000) 20 000
　　贷:交易性金融负债　　　　　　　　　　　　　　　　　　　　　20 000
借:财务费用　　　　　　　　　　　　(100 000×5.58%×1/2) 2 790
　　贷:应付利息　　　　　　　　　　　　　　　　　　　　　　　　2 790

(3) 2017年6月30日,短期融资券到期:

借:财务费用　　　　　　　　　　　　　　　　　　　　　　　　　2 790
　　贷:应付利息　　　　　　　　　　　　　　　　　　　　　　　　2 790
借:交易性金融负债　　　　　　　　　　　　　　　　　　　　　120 000
　　应付利息　　　　　　　　　　　　　　　　　　　　　　　　　5 580
　　贷:银行存款　　　　　　　　　　　　　　　　　　　　　　　105 580
　　　　公允价值变动损益　　　　　　　　　　　　　　　　　　　20 000

考点6　金融资产的重分类（★★）

企业**改变其管理金融资产的业务模式**时,应当按照规定对所有受影响的相关金融资产进行重分类。企业对所有金融负债均不得进行重分类。

企业管理金融资产业务模式的变更是**一种极其少见的情形**。

企业对金融资产进行重分类,应当自重分类日起采用**未来适用法**进行相关会计处理,不得对以前已经确认的利得、损失（包括减值损失或利得）或利息进行追溯调整。重分类日,是指导致企业对金融资产进行重分类的业务模式发生变更后的首个报告期间的第一天。例如,甲上市公司决定于2017年3月22日改变某金融资产的业务模式,则重分类日为2017年4月1日（即下一个季度会计期间的期初）；乙上市公司决定于2017年10月15日改变某金融资产的业务模式,则重分类日为2018年1月1日。

（一）以摊余成本计量的金融资产的重分类

表13－16

重分类前	重分类后	重分类日计量规则
债权投资	交易性金融资产	应当按照该资产在重分类日**公允价值**进行计量,原账面价值与公允价值之间的差额计入当期损益（**公允价值变动损益**）。
	其他债权投资	①应当按照该金融资产在重分类日**公允价值**进行计量,原账面价值与公允价值之间的差额计入**其他综合收益**。 ②该金融资产重分类不影响其实际利率和预期信用损失的计量

【例题13－16·主观题·教材】 2016年10月15日,甲银行以公允价值500 000元购入一项债券投资,并按规定将其分类为以摊余成本计量的金融资产,该债券的账面余额为

500 000 元，2017 年 10 月 15 日，甲银行变更了其管理债券投资组合的业务模式，其变更符合重分类的要求，因此，甲银行于 2018 年 1 月 1 日将该债券从以摊余成本计量重分类为以公允价值计量且其变动计入当期损益。2018 年 1 月 1 日，该债券的公允价值为 490 000 元，已确认的减值准备为 6 000 元。假设不考虑该债券的利息收入。

甲银行会计处理如下：
借：交易性金融资产　　　　　　　　　　　　　　　　　490 000
　　债权投资减值准备　　　　　　　　　　　　　　　　　6 000
　　公允价值变动损益　　　　　　　　　　　　　　　　　4 000
　　贷：债权投资　　　　　　　　　　　　　　　　　　　500 000

（二）以公允价值计量且其变动计入其他综合收益的金融资产的重分类

表 13-17

重分类前	重分类后	重分类日计量规则
其他债权投资	债权投资	①应将之前计入其他综合收益的累计利得或损失转出，调整该金融资产在重分类日的公允价值（冲销已确认的公允价值），并以调整后的金额作为新账面价值。 ②视同该金融资产一直以摊余成本计量。 ③该金融资产重分类不影响其实际利率和预期信用损失的计量
	交易性金融资产	①应当继续以公允价值计量该金融资产。 ②将之前计入其他综合收益的累计利得或损失从其他综合收益转入当期损益

【例题 13-17·主观题·教材】2016 年 9 月 15 日，甲银行以公允价值 500 000 元购入一项债券投资，并按规定将其分类为以公允价值计量且其变动计入其他综合收益的金融资产，该债券的账面余额为 500 000 元，2017 年 10 月 15 日，甲银行变更了其管理债券投资组合的业务模式，其变更符合重分类的要求，因此，甲银行于 2018 年 1 月 1 日将该债券从以公允价值计量且其变动计入其他综合收益的金融资产重分类为以摊余成本计量的金融资产。2018 年 1 月 1 日，该债券的公允价值为 490 000 元，已确认的减值准备为 6 000 元。假设不考虑利息收入。

甲银行的会计处理如下：
借：债权投资　　　　　　　　　　　　　　　　　　　　500 000
　　其他债权投资——公允价值变动　　　　　　　　　　　10 000
　　其他综合收益——信用减值准备　　　　　　　　　　　6 000
　　贷：其他债权投资——成本　　　　　　　　　　　　　500 000
　　　　其他综合收益——其他债权投资公允价值变动　　　10 000
　　　　债权投资减值准备　　　　　　　　　　　　　　　6 000

应有分录（单位：万元） （按债权投资核算）	已有分录（单位：万元） （按其他债权投资核算）	调整分录＝应有分录－已有分录 （单位：万元）
2016.9.15 初始计量： 借：债权投资——成本　　50 　贷：银行存款　　　　　50	2016.9.15 初始计量： 借：其他债权投资——成本　50 　贷：银行存款　　　　　　50	借：债权投资——成本　　50 　贷：其他债权投资——成本　50
后续计量： (1) 不确认公允价值变动。 (2) 计提信用减值。 借：信用减值损失　0.6 　贷：债权投资减值准备　0.6	后续计量： (1) 确认公允价值变动。 借：其他综合收益——其他债权投资公允价值变动　1 　贷：其他债权投资——公允价值变动　1 (2) 计提信用减值。 借：信用减值损失　0.6 　贷：其他综合收益——信用减值准备　0.6	借：其他债权投资——公允价值变动　1 　贷：其他综合收益——其他债权投资公允价值变动　1 借：其他综合收益——信用减值准备　0.6 　贷：债权投资减值准备　0.6

【提示】怎么推导上面的调整分录，根据万能调整公式：

调整分录＝应有分录－已有分录

（三）以公允价值计量且其变动计入当期损益的金融资产的重分类

表 13–18

重分类前	重分类后	重分类日计量规则
交易性金融资产	债权投资	①应当以其在重分类日的**公允价值**作为新的账面余额。 ②企业应当根据该金融资产在重分类日的公允价值确定其实际利率。 ③企业应当自重分类日起对该金融资产适用金融资产减值的相关规定，并将重分类日视为初始确认日
	其他债权投资	①应当继续以**公允价值**计量该金融资产。 ②企业应当根据该金融资产在重分类日的公允价值确定其实际利率。 ③企业应当自重分类日起对该金融资产适用金融资产减值的相关规定，并将重分类日视为初始确认日

考点7　金融工具的减值（★★★）

（一）金融工具减值概述

1. 金融工具减值的方法——预期信用损失法

在预期信用损失法下，减值准备的计提不以减值的实际发生为前提，而是以**未来可能的违约事件造成的损失的期望值**来计量当前（资产负债表日）应当确认的损失准备。

2. 适用减值规定的金融工具

企业应当以预期信用损失为基础，对下列项目进行减值会计处理并确认损失准备：

（1）分类为以摊余成本计量的金融资产和以公允价值计量且其变动计入其他综合收益的

金融资产；（2）租赁应收款（应收融资租赁款）；（3）合同资产；（4）部分贷款承诺和财务担保合同（金融负债减值）。

3. 预期信用损失和损失准备的含义

（1）预期信用损失。

预期信用损失，是指以发生违约的风险为权重的金融工具信用损失的加权平均值。其中，发生违约的风险，可以理解为发生违约的概率。

【提示】这里的信用损失，是指企业按照原实际利率折现的、根据合同应收的所有现金流量与预期能收到的所有现金流量之间的差额，即全部现金短缺的现值。其中，对于企业购买或源生的已发生信用减值的金融资产，应按照该金融资产经信用调整的实际利率折现。由于预期信用损失考虑付款的金额和时间分布，因此即使企业预计可以全额收款但收款时间晚于合同规定的到期期限，也会产生信用损失。

（2）损失准备。

损失准备，是指针对分类为以摊余成本计量的金融资产、租赁应收款和合同资产的预期信用损失计提的准备，分类为以公允价值计量且其变动计入其他综合收益的金融资产的累计减值金额以及针对贷款承诺和财务担保合同的预期信用损失计提的准备。

（二）金融工具减值的三阶段

表13-19

	购买或源生时未发生信用减值			购买或源生时已发生信用减值
	第一阶段	第二阶段	第三阶段	
金融资产特征	信用风险自初始确认后未显著增加	信用风险自初始确认后已显著增加但尚未发生信用减值	确认后发生信用减值（存在表明发生减值的客观证据）	确认时已经发生信用减值
预期信用损失	按照未来12个月的预期信用损失计量损失准备	按照该工具整个存续期的预期信用损失计量损失准备	按照该工具整个存续期的预期信用损失计量损失准备	仅将初始确认后整个存续期内预期信用损失的变动确认为损失准备
利息收入	账面余额×实际利率	账面余额×实际利率	摊余成本×实际利率	摊余成本×经信用调整的实际利率
提示1：实际利率	①实际利率一经确认，不得随意变更。②实际利率，是将金融资产或金融负债在预计存续期的估计未来现金流量，折现为该金融资产账面余额（不考虑减值）或该金融负债摊余成本所使用的利率。③经信用调整的实际利率，是指将购入或源生的已发生信用减值的金融资产在预计存续期的估计未来现金流量，折现为该金融资产摊余成本的利率			
提示2：预期信用减值损失模型适用范围	①债权投资、其他债权投资。②租赁应收款（由租赁准则规范）。③合同资产（由收入准则规范）			

> **彬哥解读**
> （1）计提损失准备，一定影响期末摊余成本，但不一定影响下期利息收入的计算。在计算当期利息收入时，首先要看<u>上期期末所处金融工具减值的阶段</u>。如果是第一、第二阶段，不影响，用期初账面余额（未扣除损失准备）乘以实际利率；如果处于第三阶段，有影响，用期初摊余成本（扣除损失准备后的净额）乘以实际利率。
> （2）购买或源生时已发生信用减值的金融资产，相当于跨越第一、第二阶段，直接进入第三阶段。

（三）金融工具减值的账务处理

1. 减值准备的计提和转回

（1）减值准备的计提。

企业应当在资产负债表日计算金融工具（或金融工具组合）预期信用损失。如果金融工具（或金融工具组合）的预期信用损失**大于**该工具（或组合）当前减值准备的账面金额，企业应当将其差额确认为**信用减值损失**。

借：信用减值损失
　　资料减值损失（此处仅限于合同资产计提减值）
　　贷：贷款损失准备
　　　　债权投资减值准备
　　　　坏账准备
　　　　合同资产减值准备
　　　　租赁应收款减值准备
　　　　预计负债（用于贷款承诺及财务担保合同）
　　　　其他综合收益——信用减值准备（用于以公允价值计量且其变动计入其他综合收益的**债权类资产**）

（2）减值准备的转回。

如果资产负债表日计算金融工具（或金融工具组合）的预期信用损失**小于**该工具（或组合）当前减值准备的账面金额，则应当将差额确认为**减值利得**，做相反的会计分录。

2. 已发生信用损失金融资产的核销

企业实际发生信用损失，认定相关金融资产无法收回，经批准予以核销的，应当根据批准的核销金额，借记"贷款损失准备"等科目，贷记相应的资产科目，如"贷款""应收账款""合同资产""应收租赁款"等。若核销金额大于已计提的损失准备，还应按其差额借记"信用减值损失"科目。

借：××准备（已计提的损失准备）
　　信用减值损失（核销金额大于已计提的损失准备的差额）
　　贷：贷款/应收账款/合同资产/应收租赁款等（核销金额）

表 13-20　金融资产减值对于实际利率法计息本金以及账面价值的影响

金融资产减值对实际利率法计息本金、账面价值影响	原理	要点
金融资产减值不一定影响实际利率法计息本金的计算（关键在于减值处于哪个阶段）	本期实际利率法的计息本金取决上期期末账面余额（上期期末发生第一或第二阶段减值）或摊余成本（上期期末发生第三阶段减值）	上期期末发生第一、第二阶段减值的：本期计息本金＝上期期末账面余额＝上期期初未收回本金－上期已收回本金 上期期末发生第三阶段减值的：本期计息本金＝上期期末摊余成本
金融资产减值不一定影响账面价值（关键在于金融资产本身适用的计量基础是成本法还是公允价值法）	账面价值主要取决于金融资产适用的计量基础	债权投资（以摊余成本计量的金融资产）： 本期期末账面价值＝本期期末摊余成本 其他债权投资（以公允价值计量且其变动计入其他综合收益的金融资产）： 本期期末账面价值＝本期期末公允价值

【例题13-18·单选题】甲公司于2018年1月1日购入面值为1 000万元的5年期债券，实际支付的价款为1 000万元。该债券票面利率和实际利率为5%，每年1月1日付息。甲公司将其划分为以公允价值计量且其变动计入其他综合收益的金融资产。2018年12月31日，该项金融资产的公允价值为960万元。甲公司经评估认定该项金融工具的信用风险自初始确认后并未显著增加，经测算，该项金融资产12个月内的预期信用损失为100万元，不考虑其他因素，则该项金融资产对甲公司2018年损益的影响金额为（　　）万元。

A. －50　　　　　B. －60　　　　　C. －100　　　　　D. －150

【答案】A

【解析】能够影响"其他债权投资"损益的因素包括：（1）实际利率法确认利息收入；（2）减值；（3）外汇利得和损失；（4）终止确认时产生的损益。

会计分录：

2018年1月1日

　　借：其他债权投资——成本　　　　　　　　　　　　　　　　　　　1 000

　　　　贷：银行存款　　　　　　　　　　　　　　　　　　　　　　　1 000

2018年12月31日

　　借：应收利息　　　　　　　　　　　　　　　　　　　（1 000×5%）50

　　　　贷：投资收益　　　　　　　　　　　　　　　　　　　　　　　　50

　　借：其他综合收益　　　　　　　　　　　　　　　　　　　　　　　　40

　　　　贷：其他债权投资——公允价值变动　　　　　　　　（960－1 000）40

　　借：信用减值损失　　　　　　　　　　　　　　　　　　　　　　　　100

　　　　贷：其他综合收益　　　　　　　　　　　　　　　　　　　　　　100

该项金融资产对甲公司2018年损益的影响金额＝50－100＝－50（万元）。

【例题 13-19·多选题】 2018年1月1日甲公司支付价款1 020万元（与公允价值相等）购入某公司同日发行的3年期公司债券，另支付交易费用8.24万元，该公司债券的面值为1 000万元，票面年利率为4%，实际年利率为3%，每年12月31日支付上年利息，到期支付本金，甲公司将该公司债券划分为以公允价值计量且其变动计入其他综合收益的金融资产。2018年12月31日，甲公司收到债券利息40万元，该债券的公允价值为920万元，因债务人发生重大财务困难，该金融资产已发生信用减值，甲公司由此确认预期信用损失准备80万元。不考虑其他因素，甲公司下列会计处理中正确的有（　　）。

A. 2018年1月1日该项金融资产的初始确认金额为1 028.24万元
B. 2018年12月31日该项金融资产的账面价值为939.39万元
C. 2018年应确认资产减值损失99.09万元
D. 2019年应确认投资收益28.17万元

【答案】 AD

【解析】 选项A，该债券的初始确认金额=1 020+8.24=1 028.24（万元）；选项B，账面价值等于公允价值，为920万元；选项C，信用减值80万元通过其他综合收益计入信用减值损失；选项D，2018年12月31日确认公允价值变动前账面余额=1 028.24+1 028.24×3%－1 000×4%=1 019.09（万元），因已发生信用减值，2019年应确认投资收益=（1 019.09－80）×3%=28.17（万元）。

会计分录：

2018年1月1日。

借：其他债权投资——成本　　　　　　　　　　　　　　　　　　1 000
　　　　　　　　——利息调整　　　　　　　　　　　　　　　　28.24
　　贷：银行存款　　　　　　　　　　　　　　（1 020+8.24）1 028.24

2018年12月31日。

借：应收利息　　　　　　　　　　　　　　　　　（1 000×4%）40
　　贷：投资收益　　　　　　　　　　　　　　（1 028.24×3%）30.85
　　　　其他债权投资——利息调整　　　　　　　　　　　　　　9.15
借：银行存款　　　　　　　　　　　　　　　　　　　　　　　　40
　　贷：应收利息　　　　　　　　　　　　　　　　　　　　　　　40

在调整公允价值变动之前的账面价值=1 028.24－9.15=1 019.09（万元），期末公允价值=920（万元），应确认公允价值变动金额=920－1 019.09=－99.09（万元）。

借：其他综合收益　　　　　　　　　　　　　　　　　　　　　99.09
　　贷：其他债权投资——公允价值变动　　　　　　　　　　　　99.09
借：信用减值损失　　　　　　　　　　　　　　　　　　　　　　80
　　贷：其他综合收益　　　　　　　　　　　　　　　　　　　　　80

其他债权投资在2018年12月31日的账面余额（不含公允价值变动）=1 028.24－9.15=1 019.09（万元），摊余成本=账面余额（不含公允价值变动）－计提损失准备=1 019.09－80=939.09（万元）。

因为该金融资产在 2018 年 12 月 31 日已发生信用减值,即处于金融工具减值的第三阶段,因此 2019 年应确认的利息收入 = 期初摊余成本 × 实际利率 = 939.09 × 3% = 28.17(万元)。因此,选项 AD 正确。

考点 8 金融资产转移(★★)

表 13-21

分类	会计处理	情形
(1) **转移**了所有风险和报酬	终止确认	①企业**无条件出售**金融资产; ②企业出售金融资产,同时约定按回购日该金融资产的**公允价值回购**; ③企业出售金融资产,同时与转入方签订看跌或看涨期权合约,且该看跌或看涨期权为**深度价外期权**
(2) **保留**了所有风险和报酬	继续确认	①企业**融出**证券或进行证券**出借**; ②企业出售金融资产并与转入方签订回购协议,协议规定企业将按照**固定回购价格**; ③企业出售金融资产,同时向转入方签订看跌或看涨期权合约,且该看跌期权或看涨期权为一项**价内期权**; ④采用**附追索权方式出售**金融资产(例如应收账款保理)
(3) 部分转移	继续涉入	略,无须了解

【例题 13-20·多选题·2018 年】2017 年 12 月 1 日,甲公司将某项账面余额为 1 000 万元的应收账款(已计提坏账准备 200 万元)转让给丁投资银行,转让价格为当日公允价值 750 万元;同时与丁投资银行签订了应收账款的回购协议。同日,丁投资银行按协议支付了 750 万元。假定甲公司按以下不同的回购价格向丁投资银行回购应收账款,则甲公司在转让应收账款时不应终止确认的有(   )。

A. 以回购日该应收账款的市场价格回购

B. 以转让日该应收账款的市场价格回购

C. 以高于转让日该应收账款市场价格 20 万元的价格回购

D. 以转让价格加上转让日至回购日期间按照市场利率计算的利息回购

【答案】BCD

【解析】

(1) 选项 A 可以终止确认,以回购日的应收账款的市场价格回购表明企业与该金融资产相关的风险和报酬已经转移给丁银行,丁银行享有未来股价上涨的收益或承担股价下跌的风险,因此可以终止确认。

(2) 选项 B 不应终止确认,企业出售金融资产并与转入方签订回购协议,协议规定企业将按照固定回购价格向转入方回购原被转移金融资产,代表企业仍保留与金融资产相关的风险和报酬,企业不得终止确认相应的金融资产。

（3）选项 CD 不应终止确认，企业出售金融资产并与转入方签订回购协议，按照原售价加上合理的资金成本向转入方回购原被转移金融资产，代表企业仍保留与金融资产相关的风险和报酬，企业不得终止确认相应的金融资产。

考点9　套期会计（★）

（一）套期会计的概述

1. 定义

套期是指企业为管理外汇风险、利率风险、价格风险、信用风险等特定风险引起的风险敞口，指定金融工具为**套期工具**，以使套期工具的公允价值或现金流量变动，预期抵销被套期项目全部或部分公允价值或现金流量变动的风险管理活动。

2. 目标

在财务报告中反映企业采用金融工具管理因特定风险引起的风险敞口的风险管理活动的影响。

3. 分类

表 13－22

分类	定义	风险来源
公允价值套期	对已确认资产或负债、尚未确认的确定承诺，或上述项目组成部分的公允价值变动风险敞口进行的套期	该公允价值变动源于特定风险，且将影响企业的损益或其他综合收益（其中影响其他综合收益的情形，仅限于企业对指定为以公允价值计量且其变动计入其他综合收益的非交易性权益工具投资的公允价值变动风险敞口进行的套期）
现金流量套期	对现金流量变动风险敞口进行的套期	该现金流量变动源于与已确认资产或负债、极可能发生的预期交易，或与上述项目组成部分有关的特定风险，且将影响企业的损益
境外经营净投资套期	对境外经营净投资外汇风险敞口进行的套期	境外经营净投资套期中的被套期风险是指境外经营的记账本位币与母公司的记账本位币之间的折算差额

4. 分类举例

表 13－23

分类	举例
公允价值套期	①某企业签订一项以固定利率换浮动利率的利率互换合约，对其承担的固定利率负债的利率风险引起的公允价值变动风险敞口进行套期。 ②某石油公司签订一项 6 个月后以固定价格购买原油的合同（**尚未确认的确定承诺**），为规避原油价格风险，该公司签订一项未来卖出原油的期货合约，对该确定承诺的价格风险引起的公允价值变动风险敞口进行套期。 ③某企业购买一项看跌期权合同，对持有的指定为以公允价值计量且其变动计入其他综合收益的非交易性权益工具投资的证券价格风险引起的公允价值变动风险敞口进行套期

续表

分类	举例
现金流量套期	①某企业签订一项以浮动利率换固定利率的利率互换合约,对其承担的浮动利率债务的利率风险引起的现金流量变动风险敞口进行套期。 ②某橡胶制品公司签订一项期货合约,对 3 个月后预期极可能发生的与购买橡胶相关的价格风险引起的现金流量变动风险敞口进行套期。 ③某企业签订一项远期外汇合同,对以固定外币价格买入原材料的极可能发生的预期交易的外汇风险引起的现金流量变动风险敞口进行套期
境外经营净投资套期	某航空公司签订一项 3 个月后以固定外币金额购买飞机的合同(尚未确认的确定承诺),为规避外汇风险,签订一项外汇远期合同,对该确定承诺的外汇风险引起的公允价值变动或者现金流量变动风险敞口进行套期。 提示:企业对确定承诺的外汇风险进行套期的,可以将其作为现金流量套期或公允价值套期处理

5. 套期会计方法

表 13-24

定义	套期会计方法,是指企业将套期工具和被套期项目产生的利得或损失在相同会计期间计入当期损益(或其他综合收益)以反映风险管理活动影响的方法
提醒	企业使用金融工具进行风险管理的目的是对冲风险,减少企业损益的波动,而由于常规会计处理方法中有关会计确认和计量基础不一致,在一定会计期间不仅可能无法如实反映企业的风险管理活动,反而可能会在财务报表上"扩大风险"。因此,在常规会计处理方法下有可能会产生会计错配和损益波动(企业使用衍生工具对其持有的存货的价格风险进行套期,按照常规会计处理方法,该衍生工具应当以公允价值计量且其变动计入当期损益,而存货则以成本与可变现净值孰低计量,会导致利润表反映的损益产生较大的波动)

(二) 套期工具和被套期项目

1. 套期工具

表 13-25

定义	套期工具是指企业为进行套期而指定的,其公允价值或现金流量变动预期可抵销被套期项目公允价值或现金流量变动的金融工具	
分类	套期工具	提醒
	以公允价值计量且其变动计入当期损益的衍生工具(但签出期权除外)	①衍生工具包括远期合同、期货合同、互换和期权,以及具有上述一种或一种以上特征的工具。 ②衍生工具通常可以作为套期工具。 但衍生工具无法有效地对冲被套期项目风险的,不能作为套期工具(例如,企业的签出期权潜在损失可能大于被套期利得,无法对冲风险,故不能作为套期工具)
	以公允价值计量且其变动计入当期损益的非衍生金融资产或非衍生金融负债	指定为以公允价值计量且其变动计入当期损益、自身信用风险变动引起公允价值变动计入其他综合收益的金融负债,由于没有将整体公允价值变动计入损益,不能作为套期工具
	对于外汇风险套期,企业可将非衍生金融资产或非衍生金融负债的外汇风险成分指定为套期工具	选择以公允价值计量且其变动计入其他综合收益的非交易性权益工具投资不能作为套期工具

2. 被套期项目

表13-26

定义	指使企业面临公允价值或现金流量变动风险且被指定为被套期对象的、能够可靠计量的项目
原则	企业可以将下列单个项目、项目组合或其组成部分指定为被套期项目

	被套期项目	提醒
单个项目	已确认资产或负债	—
	尚未确认的确定承诺	①尚未确认是指尚未在资产负债表中确认。 ②确定承诺是指在未来某特定日期或期间,以约定价格交换特定数量资源、具有法律约束力的协议
	极可能发生的预期交易	预期交易是指尚未承诺但预期会发生的交易
	境外经营净投资	境外经营净投资是指企业在境外经营净资产中的权益份额。 ①企业既无计划也不可能在可预见的未来会计期间结算的长期外币货币性应收项目(**含贷款**),应当视同实质构成境外经营净投资的组成部分。 ②因销售商品或提供劳务等形成的期限较短的应收账款**不构成**境外经营净投资

(三) 套期会计的确认和计量

1. 公允价值套期的确认和计量

表13-27

		套期工具产生的利得或损失		会计分录
套期工具	一般情况	应当计入当期损益	利得	借:套期工具 贷:套期损益
			损失	借:套期损益 贷:套期工具
	特殊情况	若套期工具是对选择以公允价值计量且其变动计入其他综合收益的非交易性权益工具投资(**或其组成部分**)进行套期的,应计入其他综合收益——套期损益	利得	借:套期工具 贷:其他综合收益——套期损益
			损失	借:其他综合收益——套期损益 贷:套期工具
		因被套期风险敞口形成的利得或损失		会计分录
被套期项目	一般情况	应当计入当期损益,同时调整未以公允价值计量的已确认被套期项目的账面价值	利得	借:被套期项目 贷:套期损益
			损失	借:套期损益 贷:被套期项目
	特殊情况1	被套期项目为分类为以公允价值计量且其变动计入其他综合收益的金融资产(**或其组成部分**)的,其因被套期风险敞口形成的利得或损失应当计入当期损益,其账面价值已经按公允价值计量,不需要调整	利得	借:被套期项目 贷:套期损益
			损失	借:套期损益 贷:被套期项目

续表

被套期项目	特殊情况2	因被套期风险敞口形成的利得或损失		会计分录
		被套期项目为企业选择以公允价值计量且其变动计入其他综合收益的非交易性权益工具投资（或其组成部分）的，其因被套期风险敞口形成的利得或损失应当计入其他综合收益，其账面价值已经按公允价值计量，不需要调整	利得	借：被套期项目 　　贷：其他综合收益——套期损益
			损失	借：其他综合收益——套期损益 　　贷：被套期项目
	特殊情况3	被套期项目为尚未确认的确定承诺（或其组成部分）的，其在套期关系指定后因被套期风险引起的公允价值累计变动额应当确认为一项资产或负债，相关的利得或损失应当计入各相关期间的损益。当履行确定承诺而取得资产或承担负债时，应当调整该资产或负债的初始确认金额，以包括已确认的被套期项目的公允价值累计变动额		

2. 现金流量套期的确认和计量

表 13–28

		会计处理		会计分录
套期工具	账务处理	①套期工具产生的利得或损失中属于套期有效的部分，作为现金流量套期储备，应当计入其他综合收益。 ②套期工具产生的利得或损失中属于套期无效的部分，应计入当期损益	利得	借：套期工具 　　贷：其他综合收益（有效套期） 　　　　套期损益（无效套期）
			损失	借：其他综合收益（有效套期） 　　　　套期损益（无效套期） 　　贷：套期工具
现金流量套期储备	金额确定	①现金流量套期储备的金额，应当按照下列两项的绝对额中较低者确定： a. 套期工具自套期开始的累计利得或损失。 b. 被套期项目自套期开始的预计未来现金流量现值的累计变动额。 ②每期计入其他综合收益的现金流量套期储备金额应为当期现金流量套期储备的变动额		
	账务处理	①被套期项目为预期交易，且该预期交易使企业随后确认一项非金融资产或非金融负债（或非金融资产或非金融负债的预期交易形成一项适用于公允价值套期会计的确定承诺时），企业应将原在其他综合收益中确认的现金流量套期储备金额转出，计入该资产或负债的初始确认金额。 ②对于其他现金流量套期，企业应当在被套期的预期现金流量影响损益的相同期间，将原在其他综合收益中确认的现金流量套期储备金额转出，计入当期损益		
	终止运用套期方法	在其他综合收益中确认的累计现金流量套期储备金额，应当按照下列规定进行处理： ①被套期的未来现金流量预期仍然会发生的，累计现金流量套期储备的金额应当予以保留，并按照前述现金流量套期储备的后续处理规定进行会计处理。 ②被套期的未来现金流量预期不再发生的，累计现金流量套期储备的金额应当从其他综合收益中转出，计入当期损益		

3. 境外经营净投资套期的确认和计量

表13-29

基本原则	对境外经营净投资的套期,包括对作为净投资的一部分进行会计处理的货币性项目的套期,应当按照类似于现金流量套期会计的规定处理
会计处理	①套期工具形成的利得或损失中属于套期有效的部分,应当计入其他综合收益。全部或部分处置境外经营时,上述计入其他综合收益的套期工具利得或损失应当相应转出,计入当期损益。 ②套期工具形成的利得或损失中属于套期无效的部分,应当计入当期损益

恭喜你,
已完成第十三章的学习

扫码免费进 >>>
2022年CPA带学群

你背不会的课文总有人背的会,你做不完的题,总有人做的完,你求之不得的工作,总有人能代你来做。

CHAPTER FOURTEEN

第十四章 租赁

考情雷达

本章内容在以往属于非重点章节，但自从 2020 年实施新的租赁准则后，本章内容属于近年考查热点，至少要掌握到主观题的程度。尤其是承租人的会计处理，是主观题考查的重点。分数一般为 5 分左右。

2022 年本章内容无变化。

考点地图

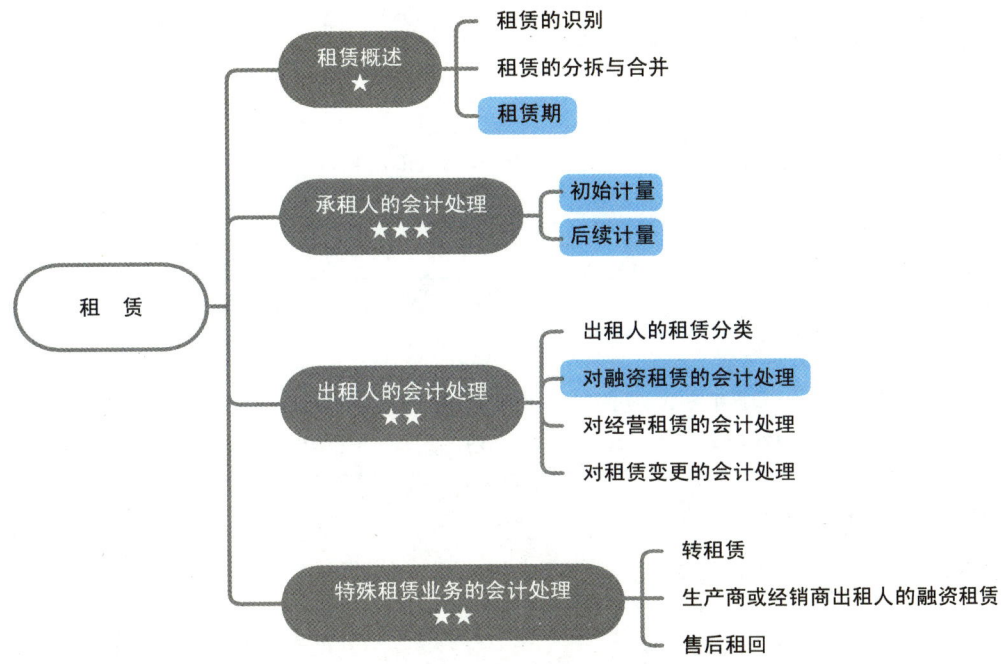

考点1 租赁概述（★）

（一）租赁的识别

表 14-1

定义	租赁，是指在一定期间内，出租人将资产的使用权让与承租人以获取对价的合同
判断原则	如果合同一方让渡了在一定期间内控制一项或多项已识别资产使用的权利以换取对价，则该合同为租赁或者包含租赁
适用范围	本准则适用于所有租赁，但下列各项除外： ①承租人通过许可使用协议取得的电影、录像、剧本、文稿等版权、专利等项目的权利，以及以出让、划拨或转让方式取得的土地使用权，适用无形资产准则。 ②出租人授予的知识产权许可，适用收入准则

续表

构成要素（三个缺一不可）	存在一定期间		"一定期间"也可以表述为已识别资产的使用量，例如，某项设备的产出量、出租汽车的公里数
	存在已识别资产	对资产的指定	已识别资产一般由合同直接指定，也可在资产可供客户使用时隐性指定
		物理可区分	①如果资产的部分产能在物理上可区分（例如，建筑物的一层），则该部分产能属于已识别资产。 ②如果资产的某部分产能与其他部分在物理上不可区分（例如，光缆的部分容量），则该部分**不属于**已识别资产
		供应方无实质替换权	同时满足两个条件表明供应商有实质替换权： ①供应商在整个租赁期间内都可替换（仅特定时间或特定事项发生后可替换的不属于有实质性替换权）。 ②供应商选择替换是有利可图的
	转移对已识别资产**使用权的控制**		①客户有权主导资产的使用。 ②客户获得因使用资产所产生的几乎全部经济利益

> **彬哥解读**
>
> 如何理解"已识别资产"？
> （1）明确具体、物理可分（不会客观混淆）；
> （2）供应商无实质性替换权（不会主观混淆）。

（二）租赁的分拆与合并

表14-2

租赁的分拆	包含多项单独租赁	应按单独价格比例分拆，分别对各项单独租赁进行会计处理
	包含租赁与非租赁	应按单独价格比例分拆，租赁部分按租赁准则处理，非租赁部分按其他准则处理，除非简化处理（全部作为租赁处理）
	BT提醒	单独租赁，应同时满足以下两个条件： ①承租人可从单独使用该资产或将其与易于获得的其他资源一起使用中获利。 ②该资产与合同中的其他资产不存在高度依赖或高度关联关系
租赁的合并		企业与同一交易方或其关联方在同一时间或相近时间订立的两份或多份包含租赁的合同，在满足下列条件之一时，应当合并为一份合同进行会计处理： ①该两份或多份合同基于<u>总体商业目的</u>而订立并<u>构成"一揽子"交易</u>，若不作为整体考虑则无法理解其总体商业目的。 ②该两份或多份合同中的某份合同的<u>对价金额取决于其他合同</u>的<u>定价或履行</u>情况。 ③该两份或多份合同<u>让渡的资产使用权合起来构成一项单独租赁</u>

第十四章 租赁

【例题14-1·主观题】 甲公司从乙公司租赁一台推土机、一辆卡车和一台长臂挖掘机用于采矿业务,租赁期为4年。乙公司同意在整个租赁期内维护各项设备。合同固定对价为3 000 000元,按年分期支付,每年支付750 000元。合同对价包含了各项设备的维护费用。

分析:甲公司未采用简化处理,而是将非租赁部分(维护服务)与租入的各项设备分别进行会计处理。甲公司认为租入的推土机、卡车和长臂挖掘机分别属于单独租赁,原因如下:(1)甲公司可从单独使用这三项设备中的每一项,或将其与易于获得的其他资源一起使用中获利(例如,甲公司易于租入或购买其他卡车或挖掘机用于其采矿业务);(2)尽管甲公司租入这三项设备只有一个目的(即从事采矿业务),但这些设备不存在高度依赖或高度关联关系。因此,甲公司得出结论,合同中存在三个租赁部分和对应的三个非租赁部分(维护服务)。甲公司将合同对价分摊至三个租赁部分和对应的三个非租赁部分。

市场上有多家供应方提供类似推土机和卡车的维护服务,因此这两项租入设备的维护服务存在可观察的单独价格。假设其他供应方的支付条款与甲、乙公司签订的合同条款相似,甲公司能够确定推土机和卡车维护服务的可观察单独价格分别为160 000元和80 000元。长臂挖掘机是高度专业化机械,其他供应方不出租类似挖掘机或为其提供维护服务。乙公司对从本公司购买相似长臂挖掘机的客户提供四年的维护服务,可观察对价为固定金额280 000元,分4年支付。因此,甲公司估计长臂挖掘机维护服务的单独价格为280 000元。甲公司观察到乙公司在市场上单独出租租赁期为4年的推土机、卡车和长臂挖掘机的价格分别为900 000元、580 000元和1 200 000元。

甲公司将合同固定对价3 000 000元分摊至租赁和非租赁部分的情况如下表所示。

单位:元

		推土机	卡车	长臂挖掘机	合计
可观察的单独价格	租赁	900 000	580 000	1 200 000	2 680 000
	非租赁				520 000①
	合计				3 200 000
固定对价总额					3 000 000
分摊率②					93.75%

注:①160 000 + 80 000 + 280 000 = 520 000(元)。
②按照规定,承租人按照推土机、卡车、长臂挖掘机这三个租赁部分单独价格分别为900 000元、580 000元、1 200 000元和非租赁部分的单独价格之和520 000元的相对比例,来分摊合同对价。分拆后,推土机、卡车和长臂挖掘机的租赁付款额(折现前)分别为843 750元、543 750元和1 125 000元。

(三)租赁期

表14-3

定义	租赁期是指承租人有权使用租赁资产且**不可撤销**的期间
租赁期开始日	(1)租赁期自**租赁期开始日**起计算。 (2)租赁期开始日,是指出租人提供租赁资产使其可供承租人使用的起始日期。 提示: ①若承租人在租赁协议约定的起租日或租金起付日之前,已获得对租赁资产使用权的控制,则表明租赁期已经开始。 ②租赁协议中对起租日或租金支付时间的约定,并不影响租赁期开始日的判断

续表

选择权	续租选择权	承租人有续租选择权，即有权选择续租该资产，且合理确定将行使该选择权的，租赁期还应当**包含**续租选择权涵盖的期间
	终止租赁选择权	承租人有终止租赁选择权，即有权选择终止租赁该资产，但合理确定将不会行使该选择权的，租赁期应当**包含**终止租赁选择权涵盖的期间
	购买选择权	①承租人有购买选择权，即有权在租赁结束时以约定的价格购入租赁的资产。 ②购买选择权在经济上与将租赁期延长至租赁资产全部剩余经济寿命的续租选择权类似
	不可撤销期间	租赁的不可撤销期间越短，承租人行使续租选择权或不行使终止租赁选择权的可能性就越大（原因在于不可撤销期间越短，获取替代资产的相对成本就越高）
对租赁期和购买选择权的重新评估		(1) 发生承租人**可控范围**内的重大事件或变化，且影响承租人是否合理确定将行使相应选择权的，承租人应当对其是否合理确定将行使续租选择权、购买选择权或不行使终止租赁选择权进行重新评估，并根据重新评估结果修改租赁期。 (2) 承租人可控范围内的重大事件或变化包括但不限于下列情形： ①在租赁期开始日**未预计到**的重大租赁资产改良，在可行使续租选择权、终止租赁选择权或购买选择权时，预期将为承租人带来**重大经济利益**。 ②在租赁期开始日**未预计到**的租赁资产的重大改动或定制化调整。 ③承租人做出的与行使或不行使选择权直接相关的经营决策。例如，决定续租互补性资产、处置可替代的资产或处置包含相关使用权资产的业务

【例题14-2·主观题】在某商铺的租赁安排中，出租人于2018年1月1日将房屋钥匙交付承租人，承租人在收到钥匙后，就可以自主安排对商铺的装修布置，并安排搬迁。合同约定有3个月的免租期，起租日为2018年4月1日，承租人自起租日开始支付租金。

要求：确认租赁开始日并说明理由。

【解析】此交易中，由于承租人自2018年1月1日起就已拥有对商铺使用权的控制，因此租赁期开始日为2018年1月1日，即租赁期包含出租人给予承租人的免租期。

【例题14-3·主观题】承租人签订了一份建筑租赁合同，包括4年不可撤销期限和2年按照市价行使的续租选择权。在搬入该建筑之前，承租人花费了大量资金对租赁建筑进行了改良，预计在4年结束时租赁资产改良仍将具有重大价值，且该价值仅可通过继续使用租赁资产实现。

【解析】在此情况下，承租人合理确定将行使续租选择权，因为如果在4年结束时放弃该租赁资产改良，将蒙受重大经济损失。因此，在租赁开始时，承租人确定租赁期为6年。

考点2　承租人的会计处理（★★★）

（一）初始计量

在租赁期开始日，承租人应当对租赁确认**使用权资产**和**租赁负债**，应用短期租赁和低价值资产租赁**简化处理**的除外。

表 14-4　　　　　　　　　　短期租赁和低价值资产租赁判断

类型	判断要点
短期租赁	租赁期**不超过 12 个月**且不含购买选择权
低价值资产租赁	单项租赁资产为**全新资产时价值较低**的租赁（绝对额，与承租人规模无关）

1. 租赁负债的初始计量

租赁负债应当按照租赁期开始日尚未支付的租赁付款额的现值进行初始计量。

表 14-5

租赁付款额的现值	租赁付款额	租赁付款额包括以下 5 项内容： ①固定租金 - 租赁激励。 即固定付款额及实质固定付款额（存在租赁激励的，应扣除相关金额）。 ②与指数或比率相关的可变租金 提示：基于租赁资产的绩效或使用的可变租金不计入租赁付款额。 ③行使购买选择权的价款（前提是承租人合理确定将行权） ④行使终止租赁选择权需支付的款项（前提是承租人合理确定将行权） ⑤根据承租人提供的担保余值预计应支付的款项（预计将支付的金额，而非全部担保金额）
	折现率	按顺序选择：①**租赁内含利率**→②**承租人增量借款利率**。 ①租赁内含利率：出租人的投资必要报酬率。 租赁收款额现值 + 未担保余值现值 = 租赁资产公允价值 + 初始直接费用 ②承租人增量借款利率：承租人借款的市场利率

2. 使用权资产的初始计量

表 14-6

定义	使用权资产，是指承租人可在租赁期内使用租赁资产的权利	
计量原则	在租赁期开始日，承租人应当按照**成本**对使用权资产进行初始计量	
4 项构成	①租赁负债；②初始直接费用；③预付或已付租金；④预计恢复支出	
会计处理		会计分录
承租人应按尚未支付的租赁付款额，贷记"租赁负债——租赁付款"；按**尚未支付的租赁付款额的现值**，借记"使用权资产"；按尚未支付的租赁付款额与其现值的差额，借记"租赁负债——未确认融资费用"		借：使用权资产（A 的现值） 　　租赁负债——未确认融资费用（差额） 　贷：租赁负债——租赁付款额（A）
除了租赁负债外，下列相关成本在初始计量时也应计入使用权资产： ①承租人发生的初始直接费用。 ②在租赁期开始日或之前支付的租赁付款额（存在租赁激励的，应**扣除**租赁激励相关金额）。 ③承租人为拆卸及移除租赁资产、复原租赁资产所在地或将租赁资产恢复至租赁条款约定状态预计将发生的成本		借：使用权资产 　贷：银行存款① 　　　银行存款/预付账款② 　　　预计负债③

彬哥解读

　　承租人发生的租赁资产改良支出不属于使用权资产，应当记入"长期待摊费用"科目。

【例题14-4·主观题】承租人甲公司就某栋建筑物的某一层楼与出租人乙公司签订了为期10年的租赁协议,并拥有5年的续租选择权。有关资料如下:(1)初始租赁期内的不含税租金为每年50 000元,续租期间为每年55 000元,所有款项应于每年年初支付;(2)为获得该项租赁,甲公司发生的初始直接费用为20 000元,其中,15 000元为向该楼层前任租户支付的款项,5 000元为向促成此租赁交易的房地产中介支付的佣金;(3)作为对甲公司的激励,乙公司同意补偿甲公司5 000元的佣金;(4)在租赁期开始日,甲公司评估后认为,不能合理确定将行使续租选择权,因此,将租赁期确定为10年;(5)甲公司无法确定租赁内含利率,其增量借款利率为每年5%,该利率反映的是甲公司以类似抵押条件借入期限为10年、与使用权资产等值的相同币种的借款而必须支付的利率。

为简化处理,假设不考虑相关税费影响。

分析:承租人甲公司的会计处理如下:

第一步,计算租赁期开始日租赁付款额的现值,并确认租赁负债和使用权资产。

在租赁期开始日,甲公司支付第1年的租金50 000元,并以剩余9年租金(每年50 000元)按5%的年利率折现后的现值计量租赁负债。计算租赁付款额现值的过程如下:

剩余9期租赁付款额 = 50 000×9 = 450 000(元)

租赁负债 = 剩余9期租赁付款额的现值 = 50 000×(P/A,5%,9) = 355 391(元)

未确认融资费用 = 剩余9期租赁付款额 − 剩余9期租赁付款额的现值 = 450 000 − 355 391 = 94 609(元)

借:使用权资产 405 391
　　租赁负债——未确认融资费用 94 609
　　贷:租赁负债——租赁付款额 450 000
　　　　银行存款(第1年的租赁付款额) 50 000

第二步,将初始直接费用计入使用权资产的初始成本。

借:使用权资产 20 000
　　贷:银行存款 20 000

第三步,将已收的租赁激励相关金额从使用权资产入账价值中扣除。

借:银行存款 5 000
　　贷:使用权资产 5 000

综上,甲公司使用权资产的初始成本 = 405 391 + 20 000 − 5 000 = 420 391(元)。

(二)后续计量

1. 租赁负债的后续计量

表14-7

项目	会计处理	会计分录
计量基础	承租人应按以下原则对租赁负债进行后续计量: ①确认租赁负债的利息时,增加租赁负债的账面金额。 ②支付租赁付款额时,减少租赁负债的账面金额。	借:财务费用/在建工程等 　　贷:租赁负债——未确认融资费用 借:租赁负债——租赁付款额 　　贷:银行存款

续表

项目	会计处理	会计分录
租赁负债的重新计量	在租赁期开始日后，当发生**四种情形**时，承租人应按照变动后的租赁付款额的现值重新计量租赁负债，并相应调整使用权资产的账面价值 （使用权资产账面价值已调减至零，但租赁负债仍需调减的，应将剩余金额计入当期损益）	借：使用权资产（**租赁付款额现值的增加值**） 　　租赁负债——未确认融资费用（**倒挤**） 　　贷：租赁负债——租赁付款额（**租赁付款额的增加额**） （或作相反的分录）

🔖 彬哥解读

租赁负债的重新计量 VS 租赁变更：

租赁负债重新计量，本质上属于会计估计变更。租赁变更，是指租赁合同发生了变更。

（1）租赁负债的重新估计。

表14-8

情形	适用折现率	租赁负债	使用权资产
原理：租赁负债的重新估计本质上是会计估计变更，即未来**现金流（即租赁应付款）的估计发生变动**，从而导致需要对**租赁负债**以及相应的**使用权资产**进行重新估计			
实质**固定付款额**发生变动	原折现率	重新调整租赁负债账面价值： ①现金流变动，调整租赁负债——租赁应付款； ②利息变动，调整租赁负债——未确认融资费用	对应调整使用权资产账面价值，使用权资产的账面价值已调减至零，但租赁负债仍需进一步调减的，承租人应当将剩余金额计入当期损益
用于确定租赁付款额的**指数或比率**发生变动	一般：原折现率。 特殊：浮动利率的变动而导致未来租赁付款额发生变动，适用修订后折现率		
购买选择权、**续租选择权**或**终止租赁选择权**的评估结果或实际行使情况发生变化	修订后折现率。 前提：导致该变化的是承租人可控范围内的事件（文字题）		
担保余值**预计的应付金额**发生变动	原折现率		
提示：①原折现率＝租赁期开始日折现率； ②修订后折现率＝重新估计日折现率			

（2）租赁的变更。

表14-9

租赁变更是指原合同条款**之外**的租赁范围、租赁对价、租赁期限的变更，包括增加或终止一项或多项租赁资产的使用权，延长或缩短合同规定的租赁期等。 **租赁变更生效日**，是指双方就租赁变更达成一致的日期	
租赁变更作为**一项单独租赁**处理	租赁发生变更且**同时符合**下列条件的，承租人应当将该租赁变更作为一项单独租赁进行会计处理： ①该租赁变更通过**增加一项或多项租赁资产的使用权**而扩大了租赁范围； ②增加的对价与租赁范围扩大部分的**单独价格按该合同情况调整后的金额相当**

续表

项目		
租赁变更未作为一项单独租赁处理	租赁变更未作为一项单独租赁进行会计处理的，在租赁变更生效日，承租人应当按照新租赁准则有关**租赁分拆**的规定对变更后合同的对价进行分摊；按照新租赁准则有关租赁期的规定确定变更后的租赁期；并采用**变更后的折现率**对变更后的租赁付款额进行折现，以重新计量租赁负债。 在计算变更后租赁付款额的现值时，承租人应当采用**剩余租赁期间的租赁内含利率**作为折现率；无法确定剩余租赁期间的租赁内含利率的，应当采用**租赁变更生效日的承租人增量借款利率**作为折现率。 就上述租赁负债调整的影响，承租人应区分以下情形进行会计处理： ①租赁变更导致租赁范围缩小或租赁期缩短的，承租人应当调减使用权资产的账面价值，以反映租赁的部分终止或完全终止。承租人应将部分终止或完全终止租赁的相关利得或损失计入**当期损益**。 ②其他租赁变更，承租人应当相应**调整使用权资产的账面价值**	

2. 使用权资产的后续计量

表 14 – 10

项目		会计处理	会计分录
基本原则		在租赁期开始日后，承租人应当采用成本模式对使用权资产进行后续计量	
使用权资产的折旧	折旧时间	使用权资产通常应自租赁期开始的当月计提折旧，当月计提确有困难的，也可选择自租赁期开始的下月计提折旧	借：管理费用等（根据受益对象原则） 贷：使用权资产累计折旧
	折旧方法	承租人在确定使用权资产的折旧方法时，应当根据与使用权资产有关的经济利益的**预期实现方式**做出决定（**通常承租人按直线法对使用权资产计提折旧**）	
	折旧年限	①承租人能够合理确定租赁期届满时取得租赁资产所有权的，应当在租赁资产剩余使用寿命内计提折旧； ②承租人无法合理确定租赁期届满时能够取得租赁资产所有权的，应在租赁期与租赁资产剩余使用寿命两者**孰短**的期间内计提折旧	
	折旧归属	计提的折旧金额应根据使用权资产的用途，计入相关资产的成本或者当期损益	
减值		①使用权资产减值准备一旦计提，**不得转回**。 ②承租人应当按照扣除减值损失之后的使用权资产的账面价值，进行后续折旧	借：资产减值损失 贷：使用权资产减值准备
基于租赁资产使用或绩效的可变租金		未纳入租赁负债计量的可变租赁付款额，承租人应当在**实际发生**时计入当期损益	借：销售费用等 贷：银行存款

【例题 14 –5·主观题】2019 年 1 月 1 日承租人甲公司与出租人乙公司签订为期 10 年的商铺租赁协议，并拥有 5 年的续租选择权。有关资料如下（为简化处理，假设不考虑相关税费影响）：

（1）初始租赁期内的不含税租金为每年 5 万元，续租期间为每年 5.5 万元，所有款项应于每年年初支付；

（2）为获得该项租赁，甲公司发生的初始直接费用为 2 万元，其中，1.5 万元为向该楼层前任租户支付的款项，5 000 元为向促成此租赁交易的房地产中介支付的佣金；

（3）作为对甲公司的激励，乙公司同意补偿甲公司 5 000 元的佣金；

(4) 在租赁期开始日,甲公司评估后认为,不能合理确定将行使续租选择权,因此,将租赁期确定为10年;

(5) 甲公司无法确定租赁内含利率,其增量借款利率为每年5%,该利率反映的是甲公司以类似抵押条件借入期限为10年、与使用权资产等值的相同币种的借款而必须支付的利率;

(6) 除固定付款额外,合同还规定租赁期间甲公司商铺当年销售额超过100万元的,当年应再支付按销售额的2%计算的租金,于当年年末支付;

(7) 如果商铺在租赁期结束时的公允价值低于400万元,则甲公司需向乙公司支付400万元与商铺公允价值之间的差额(租赁开始日甲公司预计租赁标的在租赁期结束时的公允价值为400万元)。

要求:

(1) 请写出承租人租赁开始日的账务处理并计算使用权资产的初始成本。

(2) 假设2019年12月31日甲向乙提前支付第二年租金,写出承租人的账务处理(小数点后保留3位)。

(3) 假设2019年甲公司销售额为150万元,写出承租人的相关账务处理。

(4) 假设2019年12月31日甲公司预计租赁标的在租赁期结束时的公允价值为300万元,写出承租人的相关账务处理。

【解析】

(1) ①计算租赁期开始日租赁付款额的现值,并确认租赁负债和使用权资产。在租赁期开始日,甲公司支付第1年的租金5万元,并以剩余9年租金(每年5万元)按5%的年利率折现后的现值计量租赁负债。

计算租赁付款额现值的过程如下:

☛剩余9期租赁付款额 = 5 × 9 = 45(万元)

☛租赁负债 = 剩余租赁付款额的现值 = 5 × (P/A,5%,9) = 35.54(万元)

☛未确认融资费用 = 45 − 35.54 = 9.46(万元)

借:使用权资产　　　　　　　　　　　　　　　　　　　　　35.54
　　租赁负债——未确认融资费用　　　　　　　　　　　　　　9.46
　　　贷:租赁负债——租赁付款额　　　　　　　　　　　　　　　45

注:(1) 合同中的可变租赁付款额与未来的销售额挂钩,而并非取决于指数或比率,因此不应被纳入租赁负债的初始计量中。

(2) 在租赁期开始日,甲公司预计租赁标的在租赁期结束时的公允价值为400万元,即甲公司预计在担保余值下将支付的金额为0。因此,甲公司在计算租赁负债时,与担保余值相关的付款额为0。

②将初始直接费用和租赁开始日支付的租赁付款额计入使用权资产的初始成本。

借:使用权资产　　　　　　　　　　　　　　　　　　　　　　7
　　　贷:银行存款　　　　　　　　　　　　　　　　　　　　(5+2)7

③将已收租赁激励金额从使用权资产入账价值中扣除。

借：银行存款　　　　　　　　　　　　　　　　　　　　　　　　0.5
　　贷：使用权资产　　　　　　　　　　　　　　　　　　　　　　0.5

综上，甲公司使用权资产的初始成本为：35.54 + 7 - 0.5 = 42.04（万元）。

（2）年末甲公司向乙公司支付第二年的租赁付款额 5 万元，其中，1.777 万元（35.54 × 5%）是当年的利息，3.223 万元（5 - 1.777）是本金，即租赁负债的账面价值减少 3.223 万元；同时按照直线法对使用权资产计提折旧。

借：租赁负债——租赁付款额　　　　　　　　　　　　　　　　　　5
　　贷：银行存款　　　　　　　　　　　　　　　　　　　　　　　5
借：财务费用——利息费用　　　　　　　　　　　　　　　　　　1.777
　　贷：租赁负债——未确认融资费用　　　　　　　　　　　　　1.777
借：管理费用　　　　　　　　　　　　　　　　（42.04÷10）4.204
　　贷：使用权资产累计折旧　　　　　　　　　　　　　　　　4.204

（3）当年年末甲公司的销售额为 150 万元。甲公司年末应支付的可变租赁付款额为 3 万元（150 × 2%），在实际发生时计入当期损益。

借：销售费用等　　　　　　　　　　　　　　　　　　　　　　　　3
　　贷：银行存款等　　　　　　　　　　　　　　　　　　　　　　3

（4）应将担保余值下预计应付的金额 100 万元纳入租赁付款额，并使用不变的折现率来重新计量租赁负债。

借：使用权资产　　　　　　　　　　　　[100 ×（P/F，5%，9）] 64.46
　　租赁负债——未确认融资费用　　　　　　　　　　　　　　　35.54
　　贷：租赁负债——租赁付款额　　　　　　　　　　　　　　　100

📦 考点收纳盒

承租人的会计处理：

业务本质：分期付款购买资产，比照分期付款购买固定资产来处理。

1. 初始计量

表 14-11

类别	构成	拆分分录	总分录
①预付款：预付账款	预付租金	借：使用权资产 　　贷：预付账款	借：使用权资产 　　租赁负债——未确认融资费用③ 　　贷：租赁负债——租赁付款额③ 　　　　银行存款② 　　　　预付账款① 　　　　预计负债③
②现付款：银行存款	现付租金	借：使用权资产 　　贷：银行存款	
	初始直接费用（佣金）		
③未付款：负债	未付租金（租赁负债）	借：使用权资产（现值） 　　租赁负债——未确认融资费用 　　贷：租赁负债——租赁付款额	
	恢复费用（预计负债）	借：使用权资产（现值） 　　贷：预计负债	

【提示】 如果存在租赁激励，要扣除租赁激励。

2. 后续计量

表 14-12

类别	构成	分录	备注
使用权资产	折旧	借：管理费用等（受益原则） 贷：使用权资产累计折旧	开始：一般当月，也可以下月 期限：孰短
	减值	借：资产减值损失 贷：使用权资产减值准备	不可以转回
租赁负债	利息费用	借：财务费用/在建工程 贷：租赁负债——未确认融资费用	增加负债
	支付租金	借：租赁负债——租赁付款额 贷：银行存款	减少负债
	重新计量	借：使用权资产 　　租赁负债——未确认融资费用 　贷：租赁负债——租赁付款额 （或作相反的分录）	2个租金改变（因浮动利率可变租金-新利率，其他-原利率）+3个行权改变（新利率）+1个担保改变（原利率）
未纳入租赁负债的可变租金		借：销售费用等 贷：银行存款	直接计入当期损益

【提示】 租赁资产后期发生改良支出，应计入长期待摊费用（非使用权资产）。

【例题14-6·单选题】 2020年1月1日，甲公司与乙公司签订一份租赁协议，协议约定，甲公司从乙公司租入一栋办公楼，租赁期开始日为2020年2月1日，租赁期限为4年，年租金55万元，于每年年末支付。甲公司在租赁期开始日之前支付租赁付款额为20万元，租赁期开始日前尚未支付的租赁付款额的现值为100万元，甲发生的初始直接费用为2万元。甲公司预计租赁结束时恢复该办公楼租赁前使用状态将要发生的支出的现值为3万元，已享受的租赁激励为5万元。假定不考虑其他因素，甲公司于租赁期开始日应确认的使用权资产金额为（　　）万元。

A. 120　　　　　B. 122　　　　　C. 105　　　　　D. 125

【答案】 A

【解析】 应确认的使用权资产=20+100+2+3-5=120（万元）。

【例题14-7·多选题·2014年】 下列各项关于承租人会计处理的表述中，正确的有（　　）。

A. 不取决于指数或比率的可变租赁付款额应于发生时计入当期损益

B. 预计将发生的履约成本应计入租赁负债

C. 承租人有终止租赁选择权，但合理确定将不会行使该选择权的，租赁期应当包含终止租赁选择权涵盖的期间

D. 知悉租赁内含利率时，应以租赁内含利率对租赁付款额折现

【答案】ACD

【解析】可变租赁付款额中，仅取决于指数或比率的可变租赁付款额纳入租赁负债的初始计量中，选项 B 错误。

【例题 14-8·单选题·2020 年】2019 年 6 月 30 日，甲公司与乙公司签订租赁合同，从乙公司租入一栋办公楼。根据租赁合同的约定，该办公楼不可撤销的租赁期为 5 年，租赁期开始日为 2019 年 7 月 1 日；月租金为 25 万元，于每月月末支付，首 3 个月免付租金；在不可撤销的租赁期到期后，甲公司拥有 3 年按市场租金行使的续租选择权。从 2019 年 7 月 1 日起算，该办公楼剩余使用寿命为 30 年。假定在不可撤销的租赁期结束时甲公司将行使续租选择权，不考虑其他因素，甲公司对该办公楼使用权资产计提折旧的年限是（　　）年。

A. 4.75　　　　B. 5　　　　C. 8　　　　D. 30

【答案】C

【解析】承租人无法合理确定租赁期届满时能够取得租赁资产所有权的，应在租赁期（不可撤销租赁期 5 年 + 续租期 3 年 = 8 年）与租赁资产剩余使用寿命（30 年）两者孰短的期间内计提折旧，即甲公司应按 8 年对使用权资产计提折旧。

【例题 14-9·多选题】甲公司就一处办公场所签订了一项为期 20 年的租赁合同。在第 9 年年初，甲公司与出租人同意对原租赁剩余的 12 年租赁进行修改，将租赁付款额从每年 120 万元降至每年 100 万元。租赁内含利率无法直接确定。甲公司在租赁期开始日的增量借款年利率为 8%，在第 9 年年初的增量借款年利率为 10%。每年的租赁付款额在每年年末支付。不考虑其他因素，甲公司下列会计处理不正确的有（　　）。

A. 在第 9 年年初，甲公司应基于剩余租赁期为 12 年、年付款额 100 万元以及年利率为 8% 对租赁负债进行重新计量

B. 在第 9 年年初，甲公司应基于剩余租赁期为 12 年、年付款额 100 万元以及年利率为 10% 对租赁负债进行重新计量

C. 甲公司将修改后负债的账面金额与修改前一刻的租赁负债的差额计入当期损益

D. 甲公司将修改后负债的账面金额与修改前一刻的租赁负债的差额确认为对使用权资产的调整

【答案】AC

【解析】

①在计算变更后租赁付款额的现值时，承租人应当采用剩余租赁期间的租赁内含利率作为修订后的折现率；无法确定剩余租赁期间的租赁内含利率的，应当采用租赁变更生效日的承租人增量借款利率作为修订后的折现率，选项 B 正确、选项 A 错误。

②租赁变更导致租赁范围缩小或租赁期缩短的，承租人应当调减使用权资产的账面价值，以反映租赁的部分终止或完全终止。承租人应将部分终止或完全终止租赁的相关利得或损失计入当期损益。其他租赁变更，承租人应当相应调整使用权资产的账面价值。甲公司对变更对价的修改应当相应调整使用权资产的账面价值，选项D正确，选项C错误。

提示：本题目考查的是租赁变更，不是考查因会计估计变更对租赁负债进行重新计量。发生租赁变更，且变更部分不构成单独租赁的，应当按照变更后的条款（新租赁付款额、新的折现率）对租赁负债进行重新计量。

考点3 出租人的会计处理（★★）

（一）出租人的租赁分类

出租人应当在租赁开始日将租赁分为融资租赁和经营租赁。

表14-13

融资租赁：实质上转移了与租赁资产所有权有关的几乎全部风险和报酬（所有权最终可能转移，也可能不转移）。 经营租赁：排除法		
判断为融资租赁的条件（至少存在其中一种情况即可）	①租赁期届满所有权转移	在租赁期届满时，租赁资产的所有权转移给承租人
	②预期行使低价购买选择权（买）	承租人有购买租赁资产的选择权，所订立的购买价款预计将远低于行使选择权时租赁资产的公允价值，因而在租赁开始日就可以合理确定承租人将行使该选择权
	③租赁期≥租赁资产剩余寿命的75%	资产的所有权虽然不转移，但租赁期占租赁资产使用寿命的大部分。实务中，这里的"大部分"一般指租赁期占租赁开始日租赁资产使用寿命的75%以上（含75%）
	④租赁收款额现值＞租赁资产公允价值的90%	在租赁开始日，租赁收款额的现值几乎相当于租赁资产的公允价值。实务中，这里的"几乎相当于"，通常掌握在90%以上
	⑤租赁资产性质特殊	租赁资产性质特殊，如果不作较大改造，只有承租人才能使用

提示：（1）融资租赁本质上是"处置"融资租赁资产，而非出租。
（2）存在以下迹象的，也有可能分类为融资：
①若承租人撤销租赁，撤销租赁对出租人造成的损失由承租人承担；
②资产余值的公允价值波动所产生的利得或损失归属于承租人；
③承租人有能力以远低于市场水平的租金继续租赁至下一期间（与购买选择权类似，如果续租选择权行权价远低于市场水平，可以合理确定承租人将继续租赁至下一期间）；
（3）租赁开始日后，除非发生租赁变更，出租人无须对租赁的分类进行重新评估。租赁资产预计使用寿命、预计余值等会计估计变更或发生承租人违约等情况变化的，出租人不对租赁进行重分类

（二）出租人对融资租赁的会计处理

表 14-14

初始确认	原则	在**租赁期开始日**，出租人应当对融资租赁确认**应收融资租赁款**，并终止确认**融资租赁资产**
	确认**应收融资租赁款**	出租人对应收融资租赁款进行初始计量时，应当以**租赁投资净额**作为应收融资租赁款的入账价值。 租赁投资净额＝租赁收款额现值＋**未担保余值的现值** 　　　　　　＝租赁资产公允价值＋初始直接费用
	终止确认**融资租赁资产**	可以理解为：以融资租赁资产（公允价值）、支付的银行存款（出租人支付的初始直接费用）作为对价，取得"应收融资租赁款"这项租赁投资
	会计分录	借：应收融资租赁款——租赁收款额 　　　　　　　　　　——未担保余值 　贷：银行存款（初始直接费用） 　　　融资租赁资产（账面价值） 　　　**资产处置损益**（融资租赁资产公允价值与账面价值的差额） 　　　应收融资租赁款——未实现融资收益
后续计量	出租人应在确认租赁期内按照折现率计算并确认各个期间的利息收入	借：应收融资租赁款——未实现融资收益 　贷：租赁收入——利息收入
	出租人收到租赁收款额时，应**冲减**"应收融资租赁款——租赁收款额"	借：银行存款 　贷：应收融资租赁款——租赁收款额
	出租人取得的未纳入租赁投资净额计量的可变租赁付款额，应当在实际发生时计入当期损益	借：银行存款/应收账款 　贷：租赁收入——可变租赁付款额

出租人与承租人的有关概念见表 14-15。

表 14-15　　　　　出租人与承租人的有关概念

承租人		出租人	
相关概念	定义	相关概念	定义
租赁付款额（现金流出）	是指承租人向出租人支付的与在租赁期内使用租赁资产的权利相关的款项。 **租赁付款额包含内容：** ①固定租金－租赁激励。 ②与**指数或比率有关的**可变租金。 ③行使购买选择权的价款。 ④行使终止租赁选择权的款项。 ⑤承租人因担保余值预计需支付金额	租赁收款额（现金流入）	出租人因让渡在租赁期内使用租赁资产的权利而应向承租人收取的款项。 **租赁收款额包含内容：** ①租赁付款额的前4项。 ②承租人及其相关方担保余值＋独立第三方担保余额（即**担保余值**）
租赁内含利率	出租人的租赁收款额的现值与未担保余值的现值之和等于租赁资产公允价值与出租人的初始直接费用之和的利率		

续表

承租人		出租人	
相关概念	定义	相关概念	定义
承租人增量借款利率	承租人的借款利率		出租人适用折现率仅为租赁内含利率
租赁负债	承租人应当按照租赁期开始日尚未支付的租赁付款额的现值对租赁负债进行初始计量	应收融资租赁款	出租人应当以租赁投资净额作为应收融资租赁款的入账价值。 租赁投资净额 ＝租赁收款额现值＋未担保余值现值 ＝租赁资产公允价值＋初始直接费用
承租人的初始直接费用	承租人支付的为达成租赁所发生的增量成本。 常见属于：佣金、印花税。 不属于：为评估是否签订租赁而发生的差旅费、律师费。 提示：该金额影响使用权资产的入账价值，与租赁付款额无关	出租人的初始直接费用	出租人支付的为达成租赁所发生的增量成本。 提示：该金额影响应收融资租赁款的入账价值，与租赁收款额无关
担保余值	与出租人无关的一方向出租人提供担保，保证在租赁结束时租赁资产的价值至少为某指定的金额		
未担保余值	租赁资产余值中，出租人无法保证能够实现或仅由与出租人有关的一方予以担保的部分		
实质固定付款额	在形式上可能包含变量但实质上无法避免的付款额		
租赁激励	指出租人为达成租赁向承租人提供的优惠，包括出租人向承租人支付的与租赁有关的款项、出租人为承租人偿付或承担的成本等		
可变租赁付款额	承租人为取得在租赁期内使用租赁资产的权利，而向出租人支付的因租赁期开始日后的事实或情况发生变化（而非时间推移）而变动的款项。可变租赁付款额可能与下列各项指标或情况挂钩： ①由于市场比率或指数数值变动导致的价格变动（如消费者价格指数、基准利率、市场租金费率变化）：计入租赁付款额。 ②承租人源自租赁资产的绩效（如销售提成）：发生时计入当期损益。 ③租赁资产的使用（如超里程数额外付费）：发生时计入当期损益		

【例题14-10·主观题】2019年12月1日，甲公司与乙公司签订了一份租赁合同，从乙公司租入塑钢机一台。租赁合同主要条款如下：

（1）租赁资产：全新塑钢机。

（2）租赁期开始日：2020年1月1日。

（3）租赁期：2020年1月1日至2025年12月31日，共72个月。

（4）固定租金支付：自2020年1月1日，每年年末支付租金160 000元。如果甲公司能够在每年年末的最后一天及时付款，则给予减少租金10 000元的奖励。

（5）取决于指数或比率的可变租赁付款额：租赁期限内，如遇中国人民银行贷款基准利率调整时，出租人将对租赁利率作出同方向、同幅度的调整。基准利率调整日之前各期和调整日当期租金不变，从下一期租金开始按调整后的租金金额收取。

（6）租赁开始日租赁资产的公允价值：该机器在 2019 年 12 月 31 日的公允价值为 700 000 元，账面价值为 600 000 元。

（7）初始直接费用：签订租赁合同过程中乙公司发生可归属于租赁项目的手续费、佣金 10 000 元。

（8）承租人的购买选择权：租赁期届满时，甲公司享有优惠购买该机器的选择权，购买价为 20 000 元，估计该日租赁资产的公允价值为 80 000 元。

（9）取决于租赁资产绩效的可变租赁付款额：2021 年和 2022 年两年，甲公司每年按该机器所生产的产品——塑钢窗户的年销售收入的 5% 向乙公司支付。

（10）承租人的终止租赁选择权：甲公司享有终止租赁选择权。在租赁期间，如果甲公司终止租赁，需支付的款项为剩余租赁期间的固定租金支付金额。

（11）担保余值和未担保余值均为 0。

（12）全新塑钢机的使用寿命为 7 年。

分析：出租人乙公司的会计处理如下：

第一步，判断租赁类型。

本例存在优惠购买选择权，优惠购买价 20 000 元远低于行使选择权日租赁资产的公允价值 80 000 元，因此在 2019 年 12 月 1 日就可合理确定甲公司将会行使这种选择权。另外，在本例中，租赁期 6 年，占租赁开始日租赁资产使用寿命的 86%（租赁期≥租赁资产剩余寿命的 75%）。同时，乙公司综合考虑其他各种情形和迹象，认为该租赁实质上转移了与该项设备所有权有关的几乎全部风险和报酬，因此将这项租赁认定为融资租赁。

第二步，确定租赁收款额。

①承租人的固定付款额是考虑扣除租赁激励后的金额。

（160 000 – 10 000）×6 = 900 000（元）

②取决于指数或比率的可变租赁付款额。

该款项在初始计量时根据租赁期开始日的指数或比率确定，因此本例题在租赁期开始日不做考虑。

③承租人购买选择权的行权价格。

租赁期届满时，甲公司享有优惠购买该机器的选择权，购买价为 20 000 元，估计该日租赁资产的公允价值为 80 000 元。优惠购买价 20 000 元远低于行使选择权日租赁资产的公允价值，因此在 2019 年 12 月 1 日就可合理确定甲公司将会行使这种选择权。

结论：租赁付款额中应包括承租人购买选择权的行权价格 20 000 元。

④终止租赁的罚款。

虽然甲公司享有终止租赁选择权，但若终止租赁，甲公司需支付的款项为剩余租赁期间的固定租金支付金额。

结论：根据上述条款，可以合理确定甲公司不会行使终止租赁选择权。

⑤由承租人向出租人提供的担保余值：甲公司向乙公司提供的担保余值为 0。

综上所述租赁收款额为：900 000 + 20 000 = 920 000（元）

第三步，确认租赁投资总额。

租赁投资总额=在融资租赁下出租人应收的租赁收款额+未担保余值

本例中租赁投资总额=920 000+0=920 000（元）

第四步，确认租赁投资净额的金额和未实现融资收益。

租赁投资净额在金额上等于租赁资产在租赁期开始日公允价值700 000元+出租人发生的租赁初始直接费用10 000元=710 000（元）

未实现融资收益=租赁投资总额-租赁投资净额=920 000-710 000=210 000（元）

第五步，计算租赁内含利率。

租赁内含利率是使租赁投资总额的现值（即租赁投资净额）等于租赁资产在租赁开始日的公允价值与出租人的初始直接费用之和的利率。

本例中列出公式：150 000×(P/A, r, 6)+20 000×(P/F, r, 6)=710 000，计算得到租赁的内含利率为7.82%。

第六步，账务处理。

2020年1月1日：

借：应收融资租赁款——租赁收款额	920 000
贷：银行存款	10 000
融资租赁资产	600 000
资产处置损益	100 000
应收融资租赁款——未实现融资收益	210 000

【例题14-11·主观题】 沿用〖例题14-10〗，以下说明出租人如何确认计量租赁期内各期间的利息收入。

分析：

第一步，计算租赁期内各期的利息收入，如下表所示。

日期 ①	租金 ②	确认的利息收入 ③=期初④×7.82%	租赁投资净额余额 期末④=期初④-②+③
2020年1月1日			710 000
2020年12月31日	150 000	55 522	615 522
2021年12月31日	150 000	48 134	513 656
2022年12月31日	150 000	40 168	403 824
2023年12月31日	150 000	31 579	285 403
2024年12月31日	150 000	22 319	157 722
2025年12月31日	150 000	12 278*	20 000
2025年12月31日	20 000		
合计	920 000	210 000	

注：*作尾数调整150 000+20 000-157 722=12 278。

第二步，会计分录。

2020 年 12 月 31 日收到第一期租金时：

借：银行存款　　　　　　　　　　　　　　　　　　　　150 000
　　贷：应收融资租赁款——租赁收款额　　　　　　　　　　　150 000
借：应收融资租赁款——未实现融资收益　　　　　　　　　55 522
　　贷：租赁收入　　　　　　　　　　　　　　　　　　　　　55 522

2021 年 12 月 31 日收到第二期租金时：

借：银行存款　　　　　　　　　　　　　　　　　　　　150 000
　　贷：应收融资租赁款——租赁收款额　　　　　　　　　　　150 000
借：应收融资租赁款——未实现融资收益　　　　　　　　　48 134
　　贷：租赁收入　　　　　　　　　　　　　　　　　　　　　48 134

（三）出租人对经营租赁的会计处理

表 14-16

租金	在租赁期内各个期间，出租人应采用直线法或者其他系统合理的方法将经营租赁的租赁收款额确认为租金收入
激励措施	①出租人提供免租期的，出租人应将租金总额在**不扣除**免租期的整个租赁期内，按直线法或其他合理的方法进行分配，免租期内应当确认租金收入。 ②出租人承担了承租人某些费用的，出租人应将该费用自租金收入总额中扣除，按扣除后的租金收入余额在租赁期内进行分配
初始直接费用	出租人发生的与经营租赁有关的初始直接费用应当资本化至租赁标的资产的成本，在租赁期内按照与租金收入相同的确认基础分期计入当期损益
折旧和减值	①对于经营租赁资产中的固定资产，出租人应当采用类似资产的折旧政策计提折旧；对于其他经营租赁资产，应当根据该资产适用的企业会计准则，采用系统合理的方法进行摊销。 ②出租人应当按照资产减值的规定，确定经营租赁资产是否发生减值，并对已识别的减值损失进行会计处理
可变租赁付款额	出租人取得的与经营租赁有关的可变租赁付款额，如果是与指数或比率挂钩的，应在租赁期开始日计入租赁收款额；除此之外的，应当在实际发生时计入当期损益

【例题 14-12·单选题·2019 年】2019 年 1 月 1 日，甲公司与乙公司签订租赁合同，将其一栋物业租赁给乙公司作为商场使用。根据合同约定，物业的租金为每月 50 万元，于每季末支付；租赁期为 5 年，自合同签订日开始算起；租赁期前 3 个月为免租期，乙公司免予支付租金；如果乙公司每年的营业收入超过 10 亿元，乙公司应向甲公司支付经营分享收入 100 万元。乙公司 2019 年度实现营业收入 12 亿元。甲公司认定上述租赁为经营租赁。不考虑增值税及其他因素，上述交易对甲公司 2019 年度营业利润的影响金额是（　　）万元。

A. 570　　　　　　B. 600　　　　　　C. 670　　　　　　D. 700

【答案】C
【解析】
①在出租人提供了免租期的情况下应将租金总额在整个租赁期内摊销，而不是在租赁期扣除免租期后的期间内按直线法或其他合理的方法进行摊销，免租期内应确认租金费用。
②出租人取得的与经营租赁有关的可变租赁付款额，如果是与指数或比率挂钩的，应在租赁期开始日计入租赁收款额；除此之外的，应当在实际发生时计入当期损益。
③甲公司 2019 年需要确认的租金费用 = (5×12－3)×50÷60×12＋100＝670（万元）。

【例题 14－13·单选题·2019 年】下列各项关于出租人会计处理的表述中，不正确的是（　　）。
　　A. 融资租赁下取决于指数的可变租赁付款额的现值在租赁期开始日计入应收融资租赁款
　　B. 融资租赁下应收融资租赁款的初始入账价值不包含出租人发生的初始直接费用
　　C. 出租人取得的与资产未来绩效挂钩的可变租赁付款额，应当在实际发生时计入当期损益
　　D. 经营租赁下收取的租金在租赁期内的各个期间按直线法或其他合理方法确认收入
【答案】B
【解析】选项 B，租赁内含利率，是指使出租人的租赁收款额的现值与未担保余值的现值之和等于租赁资产公允价值与出租人的初始直接费用之和的利率。因此，出租人发生的初始直接费用包含在租赁投资净额中，即包含在应收融资租赁款的初始入账价值中。

（四）出租人对租赁变更的会计处理（了解）

1. 融资租赁变更的会计处理

表 14－17

融资租赁变更作为一项单独租赁	将变更部分作为一项单独租赁进行会计处理	
融资租赁变更未作为一项单独租赁	假如变更在租赁开始日被分类为经营租赁	出租人应当自租赁变更生效日开始将其作为一项新租赁进行会计处理，并以租赁变更生效日前的租赁投资净额作为租赁资产的账面价值。 借：固定资产等 　　应收融资租赁款——未实现融资收益 　贷：应收融资租赁款——租赁收款额
	假如变更在租赁开始日被分类为融资租赁	重新计算该应收融资租赁款的账面余额，并将相关利得或损失计入当期损益（租赁收入等）。 借：租赁收入 　　应收融资租赁款——未实现融资收益 　贷：应收融资租赁款——租赁收款额 （或作相反分录）

2. 经营租赁变更的会计处理

经营租赁发生变更的，出租人应自变更生效日开始，将其作为一项新的租赁进行会计处

理，与变更前租赁有关的预收或应收租赁收款额视为新租赁的收款额。

考点4 特殊租赁业务的会计处理（★★）

（一）转租赁

表14-18

项目	要点	文字题要点
处理原则	盯住"中间人"的会计处理：原租赁合同的承租人＝转租赁合同的出租人	原租赁合同和转租赁合同通常都是单独协商的，转租出租人对原租赁合同和转租赁合同分别根据承租人和出租人的会计处理要求，进行会计处理
具体情形	"中间人"作为承租人：判断是否为短期/低价值租赁并采用简化处理	原租赁为短期租赁，且转租出租人作为承租人已按照准则采用简化会计处理方法的，应将转租赁分类为经营租赁
	"中间人"作为出租人：判断是经营租赁还是融资租赁	转租出租人应基于原租赁中产生的使用权资产，而不是租赁资产（如作为租赁对象的不动产或设备）进行分类。原租赁资产不归转租出租人所有，原租赁资产也未计入其资产负债表。因此，转租出租人应基于其控制的资产（即使用权资产）进行会计处理
基本会计分录	作为承租人	借：使用权资产 　　租赁负债——未确认融资费用 　贷：租赁负债——租赁付款额
	作为出租人	借：应收融资租赁款——租赁收款额 　贷：融资租赁资产→替换为：使用权资产 　　资产处置损益 　　应收融资租赁款——未实现融资收益

【例题14-14·多选题】转租赁合同的出租人将转租赁分类为融资租赁的，下列表述正确的是（　　）。
A. 终止确认与原租赁相关的使用权资产，并确认转租赁投资净额
B. 将使用权资产与转租赁投资净额之间的差额确认为损益
C. 在资产负债表中保留原租赁的租赁负债，该负债代表应付原租赁出租人的租赁付款额
D. 在转租期间，要确认转租赁的融资收益，但不需确认利息费用
【答案】ABC
【解析】在转租期间，要确认转租赁的融资收益，同时需要确认原租赁的利息费用。

（二）生产商或经销商出租人的融资租赁

会计处理原则如表14-19所示。

表14-19

项目	会计处理	会计分录
原则	生产商或经销商出租其产品或商品构成融资租赁，则该交易产生的损益应相当于直接销售标的资产所产生的损益（视同销售商品）	

续表

项目	会计处理	会计分录
确认收入	按照租赁资产公允价值与租赁收款额按市场利率折现的现值两者**孰低**确认收入	借：应收融资租赁款——租赁收款额（未来租金总额） 贷：主营业务收入（资产公允与租金现值的较低者） 　　应收融资租赁款——未实现融资收益（差额）
结转成本	按照**租赁资产账面价值扣除未担保余值的现值**后的余额结转销售成本	借：主营业务成本（账面价值－未担保余值的现值） 　　应收融资租赁款 贷：库存商品
初始直接费用	与其他融资租赁出租人不同，生产商或经销商出租人取得融资租赁所发生的成本**不计入租赁投资净额**（属于促销费用）	借：销售费用 贷：银行存款

> **彬哥解读**
>
> 对于承租人，租赁的本质是分期付款购买资产。
>
> 对于出租人，租赁的本质是分期收款销售资产。如果租出的是固定资产（普通租赁），视同分期收款销售固定资产，应将销售价款（租赁收款额的现值）与账面价值的差额计入资产处置损益。如果租出的是存货（生产商或经销商），视同分期收款销售存货，应确认收入、结转成本。

【例题 14-15·多选题】甲公司将其生产的设备以融资租赁的方式出租给乙公司，在租赁期开始日，租赁资产公允价值为 100 万元，租赁收款额按照市场利率折现的现值为 98 万元，按照合同利率折现的现值为 99 万元。租赁资产账面价值为 80 万元，未担保余值的现值为 2 万元。为取得融资租赁发生的增量成本为 1 万元。甲公司以下会计处理正确的有（　　）。

A. 在租赁期开始日应确认收入 100 万元

B. 在租赁期开始日应结转成本 78 万元

C. 为取得融资租赁发生的增量成本计入当期损益

D. 该租赁业务于租赁期开始日影响营业利润的金额为 20 万元

【答案】BC

【解析】选项 A 错误，租赁期开始日应按照租赁资产公允价值（100 万元）与租赁收款额按市场利率折现的现值（98 万元）两者孰低确认收入，即 98 万元；选项 D 错误，该租赁业务于租赁期开始日影响营业利润的金额为 98 －78 －1 ＝19（万元）。

（三）售后租回

表 14-20

售后租回	若企业（卖方兼承租人）将资产转让给其他企业（买方兼出租人），并从买方兼出租人租回该项资产，则卖方兼承租人和买方兼出租人均应按照售后租回交易的规定进行会计处理。盯住"**企业（卖方兼承租人）**"的会计处理

续表

评估是否属于销售	①承租人在资产转移给出租人之前已经取得资产的**控制权**：属于销售，构成售后租回。②承租人在资产转移给出租人之前未取得资产的**控制权**：不属于销售，不构成售后租回	
属于销售：确认收入+租入处理	卖方兼承租人	应当按原资产账面价值中与租回获得的使用权有关的部分，计量售后租回所形成的使用权资产，并仅就转让至买方兼出租人的权利确认相关利得或损失（也就是说原账面价值分成两部分，一部分与使用权资产有关，另一部分转让至买方兼出租人）。 借：银行存款 　　使用权资产 　　租赁负债——未确认融资费用 　贷：固定资产 　　　租赁负债——租赁付款额 　　　资产处置损益
	买方兼出租人	根据其他适用的企业会计准则对资产购买进行会计处理，并根据新租赁准则对资产出租进行会计处理
	销售对价≠资产公允价值	①售价＜公允价格：差额作为**预付租金**处理。②售价＞公允价格：差额作为**单独融资**业务
不属于销售：确认金融负债	卖方兼承租	**不终止确认**所转让的资产，而应当**将收到的现金作为金融负债**。 借：银行存款 　贷：长期应付款
	买方兼出租人	**不确认**被转让资产，而应当**将支付的现金作为金融资产**。 借：长期应收款 　贷：银行存款

【例题14-16·主观题】甲公司（卖方兼承租人）以货币资金24 000 000元的价格向乙公司（买方兼出租人）出售一栋建筑物，交易前该建筑物的账面原值是24 000 000元，累计折旧是4 000 000元。与此同时，甲公司与乙公司签订了合同，取得了该建筑物18年的使用权（全部剩余使用年限为40年），年租金为2 000 000元，于每年年末支付，租赁期满时，甲公司将以100元购买该建筑物。根据交易的条款和条件，甲公司转让建筑物不满足《企业会计准则第14号——收入》（2017）中关于销售成立的条件。假设不考虑初始直接费用和各项税费的影响。该建筑物在销售当日的公允价值为36 000 000元。

分析：在租赁期开始日，甲公司对该交易的会计处理如下：
借：银行存款　　　　　　　　　　　　　　　　　　　24 000 000
　贷：长期应付款　　　　　　　　　　　　　　　　　　24 000 000
在租赁期开始日，乙公司对该交易的会计处理如下：
借：长期应收款　　　　　　　　　　　　　　　　　　24 000 000
　贷：银行存款　　　　　　　　　　　　　　　　　　　24 000 000

【例题14-17·主观题】甲公司（卖方兼承租人）以货币资金40 000 000元的价格向乙公司（买方兼出租人）出售一栋建筑物，交易前该建筑物的账面原值是24 000 000元，累计折旧是 4 000 000 元。与此同时，甲公司与乙公司签订了合同，取得了该建筑物 18 年的使用权（全部剩余使用年限为 40 年），年租金为 2 400 000 元，于每年年末支付。根据交易的条款和条件，甲公司转让建筑物符合《企业会计准则第 14 号——收入》（2017）中关于销售成立的条件。假设不考虑初始直接费用和各项税费的影响。该建筑物在销售当日的公允价值为 36 000 000 元。

分析：由于该建筑物的销售价格高于公允价值，甲公司和乙公司分别进行了调整，以按照公允价值计量销售收益和租赁应收款。超额售价 4 000 000 元（40 000 000 − 36 000 000）作为乙公司向甲公司提供的额外融资进行确认。

甲、乙公司均确定租赁内含年利率为 4.5%。年付款额现值为 29 183 980 元（年付款额 2 400 000 元，共 18 期，按每年 4.5% 进行折现），其中 4 000 000 元与额外融资相关，25 183 980 元与租赁相关（分别对应年付款额 328 948 元和 2 071 052 元）。

具体计算过程如下：

年付款额现值 = 2 400 000 × (P/A, 4.5%, 18) = 29 183 980（元），额外融资年付款额 = 4 000 000 ÷ 29 183 980 × 2 400 000 = 328 948（元），租赁相关年付款额 = 2 400 000 − 328 948 = 2 071 052（元）。

1. 在租赁期开始日，甲公司对该交易的会计处理如下：

第一步，按租回获得的使用权部分占该建筑物的原账面金额的比例计算售后租回所形成的使用权资产：

使用权资产 = (24 000 000 − 4 000 000)（注1）× [25 183 980（注2）÷ 36 000 000（注3）] = 13 991 100（元）

注：（1）该建筑物的账面价值；
  （2）18 年使用权资产的租赁付款额现值；
  （3）该建筑物的公允价值。

第二步，计算与转让至乙公司的权利相关的利得。

出售该建筑物的全部利得 = 36 000 000 − 20 000 000 = 16 000 000（元），其中：

①与该建筑物使用权相关利得 = 16 000 000 ×（25 183 980 ÷ 36 000 000）= 11 192 880（元）；

②与转让至乙公司的权利相关的利得 = 16 000 000 −（a）= 16 000 000 − 11 192 880 = 4 807 120（元）。

第三步，会计分录：

（1）与额外融资相关。

借：银行存款　　　　　　　　　　　　　　　　　　　　　　　　4 000 000
　　贷：长期应付款　　　　　　　　　　　　　　　　　　　　　　　4 000 000

（2）与租赁相关。

借：银行存款　　　　　　　　　　　　　　　　　　　　　　　　36 000 000
　　使用权资产　　　　　　　　　　　　　　　　　　　　　　　　13 991 100
　　累计折旧　　　　　　　　　　　　　　　　　　　　　　　　　4 000 000

租赁负债——未确认融资费用　　　（37 278 936 − 25 183 980）12 094 956
　　　　贷：固定资产　　　　　　　　　　　　　　　　　　　24 000 000
　　　　　租赁负债——租赁付款额　　　　（2 071 052×18）37 278 936
　　　　　资产处置损益　　　　　　　　　　　　　　　　　　4 807 120
　　后续甲公司支付的年付款额 2 400 000 元中 2 071 052 元作为租赁付款额处理；328 948 元作为以下两项进行会计处理：结算金融负债 4 000 000 元而支付的款项、利息费用。
　　以第一年年末为例：
　　（1）与额外融资相关：
　　计息：
　　借：财务费用　　　　　　　　　　　　　（4 000 000×4.5%）180 000
　　　　贷：长期应付款　　　　　　　　　　　　　　　　　　　180 000
　　还款：
　　借：长期应付款　　　　　　　　　　　　　　　　　　　　　328 948
　　　　贷：银行存款　　　　　　　　　　　　　　　　　　　　328 948
　　（2）与租赁相关：
　　计息：
　　借：财务费用　　　　　　　　　　　　　（25 183 980×4.5%）1 133 279
　　　　贷：租赁负债——未确认融资费用　　　　　　　　　　1 133 279
　　支付租金：
　　借：租赁负债——租赁付款额　　　　　　　　　　　　　2 071 052
　　　　贷：银行存款　　　　　　　　　　　　　　　　　　　2 071 052
　　2. 综合考虑租期占该建筑物剩余使用年限的比例等因素，乙公司将该建筑物的租赁分类为经营租赁。
　　在租赁期开始日，乙公司对该交易的会计处理如下：
　　（1）购买固定资产：
　　借：固定资产　　　　　　　　　　　　　　　　　　　　　36 000 000
　　　　贷：银行存款　　　　　　　　　　　　　　　　　　　36 000 000
　　（2）向甲公司提供额外融资：
　　借：长期应收款　　　　　　　　　　　　　　　　　　　　4 000 000
　　　　贷：银行存款　　　　　　　　　　　　　　　　　　　4 000 000
　　租赁期开始日之后，乙公司将从甲公司处年收款额 2 400 000 元中的 2 071 052 元作为租赁收款额进行会计处理。从甲公司处年收款额中的其余 328 948 元作为以下两项进行会计处理：结算金融资产 4 000 000 元而收到的款项、利息收入。
　　以第一年末为例：
　　（1）与额外融资相关：
　　借：长期应收款　　　　　　　　　　　　（4 000 000×4.5%）180 000
　　　　贷：财务费用——利息收入　　　　　　　　　　　　　180 000

借：银行存款	328 948	
贷：长期应收款		328 948

（2）与租赁相关：

借：银行存款	2 071 052	
贷：租赁收入		2 071 052

3. 教材例题新思路。

（1）正常销售：

借：银行存款	3 600	
累计折旧	400	
贷：固定资产		2 400
资产处置损益		（虚增资产处置损益）1 600

（2）正常租赁：

借：使用权资产	（虚增使用权资产）2 518.398	
租赁负债——未确认融资费用	1 209.4956	
贷：租赁负债——租赁付款额		3 727.8936

（3）冲减虚增的资产处置损益和使用权资产：

借：资产处置损益	1 119.288	
贷：使用权资产		1 119.288

调整金额 = 应有 - 已有 = 转换比例 × 原资产账面价值 - 租赁负债公允价值
       = 2 000 × (2 518.398 ÷ 3 600) - 2 518.398 = -1 119.288（万元）

> ## 彬哥解读
>
> 售后回租的会计处理。
>
> （1）判断转让资产是否构成销售。
>
> 不构成：类似售后回购，属于融资行为（质押借款）；构成：混合交易（出售+租赁）。
>
> （2）构成销售的售后租回。
>
> 性质：混合交易，出售+租赁。
>
> 难点：为了避免虚增使用权资产和资产处置损益，准则认为，售后租回类似售后回购（回购的使用权资产），相当于卖掉一部分，然后再回购一部分（回购比例=使用权资产公允价值（即租赁收款额现值）/租赁资产公允价值），因此只能确认卖掉部分资产的处置损益；对于回购的部分资产，控制权并未转移，不能确认对应的资产处置损益，也不能按照公允价值重新计量，只能保持原账面价值不变。
>
> （3）附：准则晦涩表达。
>
> 在售后租回交易中的资产转让属于销售时，卖方兼承租人的会计处理为："应当按原资产账面价值中与租回获得的使用权有关的部分，计量售后租回所形成的使用权资产，并仅就转让至买方兼出租人的权利确认相关利得或损失"。

（4）为什么这样处理？

避免虚增资产和资产处置损益。

举例说明：BT 教育 100 平方米办公楼，现在急缺现金，打算出售 30 平方米。假设这 100 平方米办公楼账面价值 2 000 万元，公允价值 3 600 万元。现在这样操作：先把 100 平方米办公楼全部对外出售（进账 3 600 万元），然后出 2 520 万元（3 600 万元的 70%）买回 70 平方米。这样一来，BT 教育确认了全部资产处置损益 1 600 万元，还把 70 平方米的房子从原来账面价值 1 400 万元调整到公允价值 2 520 万元。

这种做法，虚增了资产和资产处置损益，会计准则绝对不允许。

现在回头看准则，就好理解了：

① "应当按原资产账面价值中与租回获得的使用权有关的部分，计量售后租回所形成的使用权资产"。

回购部分（控制权未转移）：买回的"70 平方米房子"，确认使用权资产

使用权资产 = 转换比例 × 原资产账面价值 = 70% × 2 000 = 1 400（万元）

【提示】转换比例 = 转换资产公允价值 / 原资产公允价值 = 租赁付款额现值 / 原资产公允价值

因为租赁本质就是分期付款购买资产，所以租赁资产公允价值 = 租赁付款额现值。

② "并仅就转让至买方兼出租人的权利确认相关利得或损失"。

处置部分（控制权已转移）：真卖的"30 平方米房子"

资产处置损益 = 处置部分公允价值 − 处置部分账面价值 = 处置比例 × (原资产公允价值 − 原资产账面价值) = 30% × (3 600 − 2 000) = 480（万元）

【提示】处置比例 = 处置资产公允价值 / 原资产公允价值

= (原资产公允价值 − 转换资产公允价值) / 原资产公允价值

= 1 − 转换比例

恭喜你，
已完成第十四章的学习

扫码免费进 >>>
2022年CPA带学群

"我生来就是高山而非溪流，我欲于群峰之巅俯视平庸的沟壑。我生来就是人杰而非草芥，我站在伟人之肩藐视卑微的懦夫。"

CHAPTER FIFTEEN

第十五章 持有待售的非流动资产、处置组和终止经营

考情雷达

本章属于非重点章节,主要考点有:持有待售的分类、持有待售的计量,以及终止经营的分类与列报。在学习时,重点掌握持有待售的非流动资产的计量,尤其是持有待售的长期股权投资的具体处理。本章持有待售的处置组属于偏僻难点,可以战略性"放弃"。本章分值在2分左右。

2022年本章内容无变化。

考点地图

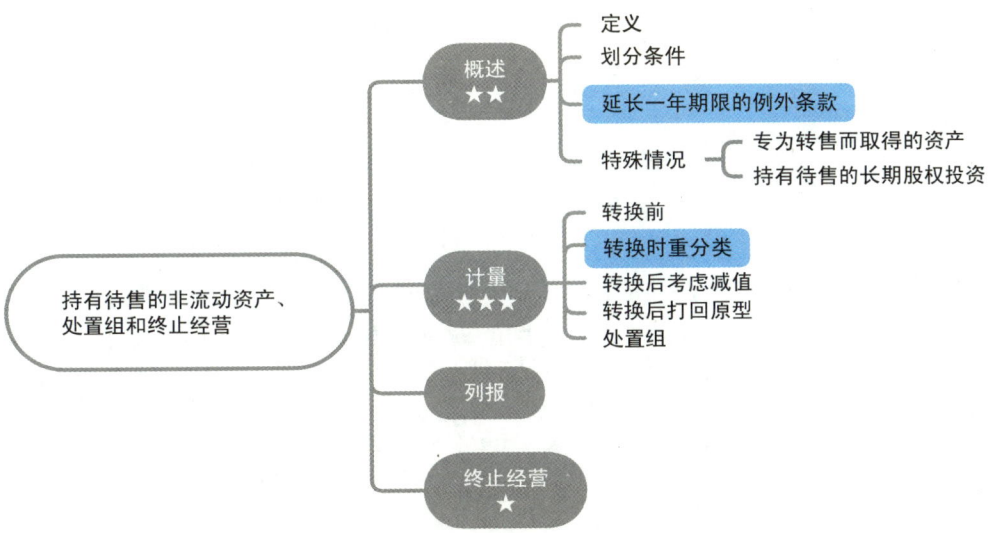

考点1 持有待售的分类(★★)

(一)持有待售的定义、划分条件

表 15-1

定义		企业主要通过出售而非持续使用一项非流动资产或处置组收回其账面价值的,应当将其划分为持有待售类别。 提示:处置组,是指在一项交易中作为整体通过出售或其他方式一并处置的一组资产,以及在该交易中转让的与这些资产直接相关的负债
划分条件 (同时满足)	可立即出售	根据类似交易中出售此类资产或处置组的惯例,在当前状况下可立即出售(已做好出售准备)
	出售极可能发生	①企业已经就一项出售计划作出决议。 ②获得确定的购买承诺。 ③预计出售将在一年内完成

209

续表

延长一年期限的例外条款	非关联方发生以下情形（关联方不允许例外）： ①买方意外设定条件，企业已采取措施且预计能在设定条件起1年内化解。 ②罕见情况（例如不可抗力引发的情况、宏观经济形势发生急剧变化等不可控情况），企业已采取措施且重新满足持有待售条件

> **彬哥解读**
> 持有待售，虽然已经签订合同，但暂时并未交付，该资产仍然在本企业，所以不能终止确认，但因为性质（用途）发生改变，所以要将其从非流动资产划分为流动资产（持有待售）。

（二）持有待售的特殊情况

1. 专为转售而取得的资产

如果在取得日满足"预计出售将在一年内完成"的规定条件，且 **3 个月** 内很可能满足划分为持有待售类别的**其他条件**（资产可立即出售 + 已作出决议 + 已获得购买承诺），应当在**取得日**将其划分为持有待售类别。

2. 持有待售的长期股权投资

表 15-2

长期股权投资类别	要点	备注
控制性权益 （子公司）	丧失控制权：**全部划分**为持有待售类别（个别报表长投**全部**划分为持有待售资产；合并报表**所有资产负债**分别划分为**持有待售资产**以及**持有待售负债**，**合并范围不变**）	全部划分原则
	不丧失控制权：**不划分**为持有待售类别	
非控制性权益 （联营、合营企业）	预计出售**部分划分**为持有待售资产	部分划分原则
	剩余部分继续按照**权益法**进行持续计量	

【例题 15-1·主观题】企业集团 G 拟出售持有的部分长期股权投资，假设拟出售的股权符合持有待售类别的划分条件。

情形一：企业集团 G 拥有子公司 100% 的股权，拟出售全部股权。

情形二：企业集团 G 拥有子公司 100% 的股权，拟出售 55% 的股权，出售后将丧失对子公司的控制权，但对其具有重大影响。

情形三：企业集团 G 拥有子公司 100% 的股权，拟出售 25% 的股权，仍然拥有对子公司的控制权。

情形四：企业集团 G 拥有子公司 55% 的股权，拟出售 6% 的股权，出售后将丧失对子公司的控制权，但对其具有重大影响。

情形五：企业集团 G 拥有联营企业 35% 的股权，拟出售 30% 的股权，G 持有剩余的 5% 股权，且对被投资方不具有重大影响。

情形六：企业集团 G 拥有合营企业 50% 的股权，拟出售 35% 的股权，G 持有剩余的 15% 股权，且对被投资方不具有共同控制或重大影响。

【解析】情形一，企业集团 G 应当在母公司个别财务报表中将拥有的子公司全部股权划分为持有待售类别，在合并财务报表中将子公司所有资产和负债划分为持有待售类别。

情形二，企业集团 G 应当在母公司个别财务报表中将拥有的子公司全部股权划分为持有待售类别，在合并财务报表中将子公司所有资产和负债划分为持有待售类别。

情形三，由于企业集团 G 仍然拥有对子公司的控制权，该长期股权投资并不是"主要通过出售而非持续使用收回其账面价值"的，因此不应当将拟处置的部分股权划分为持有待售类别。

情形四与情形二类似，企业集团 G 应当在母公司个别财务报表中将拥有的子公司 55% 的股权划分为持有待售类别，在合并财务报表中将子公司所有资产和负债划分为持有待售类别。

情形五，企业集团 G 应当将拟出售的 30% 股权划分为持有待售类别，不再按权益法核算，剩余 5% 的股权在前述 30% 的股权处置前，应当采用权益法进行会计处理，在前述 30% 的股权处置后，应当按照《企业会计准则第 22 号——金融工具确认和计量》有关规定进行会计处理。

情形六与情形五类似，企业集团 G 应当将拟出售的 35% 股权划分为持有待售类别，不再按权益法核算，剩余 15% 的股权在前述 35% 的股权处置前，应当采用权益法进行会计处理，在前述 35% 的股权处置后，应当按照《企业会计准则第 22 号——金融工具确认和计量》有关规定进行会计处理。

【例题15-2·单选题·2018 年】2017 年 12 月 15 日，甲公司与乙公司签订具有法律约束力的股权转让协议，将其持有的子公司——丙公司 70% 股权转让给乙公司。甲公司原持有丙公司 90% 股权，转让完成后，甲公司将失去对丙公司的控制，但能够对丙公司实施重大影响。截至 2017 年 12 月 31 日止，上述股权转让的交易尚未完成。假定甲公司拟出售的对丙公司投资满足划分为持有待售类别的条件。不考虑其他因素，下列各项关于甲公司 2017 年 12 月 31 日合并资产负债表列报的表述中，正确的是（   ）。

　　A. 对丙公司全部资产和负债按其净额在持有待售资产或持有待售负债项目列报
　　B. 将丙公司全部资产在持有待售资产项目列报，全部负债在持有待售负债项目列报
　　C. 将拟出售的丙公司 70% 股权部分对应的净资产在持有待售资产或持有待售负债项目列报，其余丙公司 20% 股权部分对应的净资产在其他流动资产或其他流动负债项目列报
　　D. 将丙公司全部资产和负债按照其在丙公司资产负债表中的列报形式在各个资产和负债项目分别列报

【答案】B
【解析】
①企业因出售对子公司的投资等原因导致其丧失对子公司的控制权，应当在拟出售的对子公司投资满足持有待售类别划分条件时：

> a. 在母公司个别财务报表中将对子公司投资整体划分为持有待售类别，而不是仅将拟处置的投资划分为持有待售类别。
>
> b. 在合并财务报表中将子公司所有资产和负债划分为持有待售类别，而不是仅将拟处置的投资对应的资产和负债划分为持有待售类别。但是，由于出售暂尚未完成，控制权仍未转移，无论对子公司的投资是否划分为持有待售类别，企业始终应当按照合并财务报表准则的规定确定合并范围，编制合并财务报表。
>
> ②选项 ACD 错误、选项 B 正确，应将丙公司全部资产作为持有待售资产项目列报，全部负债作为持有待售负债项目列报，而不是仅将拟处置的投资对应的资产和负债划分为持有待售类别。

3. 拟结束使用而非出售的非流动资产或处置组：不应当将其划分为持有待售类别

考点2　持有待售的计量（★★★）

（一）持有待售的非流动资产计量

表 15-3

环节	会计处理	备注
转换前正常处理	继续计提折旧或摊销，考虑减值	一切照旧
转换时重分类	旧资产：原有资产划分为持有待售。 ①先结转账面价值； ②再考虑是否确认持有待售减值准备（如果账面价值＞可收回金额）	①持有待售资产的可收回金额＝公允价值－出售费用（类似存货）； ②计提的持有待售资产减值准备，以后可以转回
	新资产：买入资产作为持有待售。 ①假定不划分为持有待售类别的初始入账金额与可收回金额孰低入账； ②差额计入资产减值损失	直接按两者孰低确定账面价值，减值损失在以后不能转回
转换后考虑减值	持有待售类别账面价值＞可收回金额，计提持有待售减值准备	持有待售类别不折旧不摊销但要考虑减值（类比存货）
	持有待售类别账面价值＜可收回金额，转回持有待售减值准备，以持有待售减值准备金额为限	划分为持有待售类别后非流动资产确认的资产减值损失可在其金额内转回；划分为持有待售类别前确认的资产减值损失不得转回
转换后打回原型	以假定未转换为持有待售类别持续计算的账面价值和可收回金额孰低者入账，入账价值与持有待售类别账面价值差额计入资产减值损失	—
处置持有待售非流动资产	处置持有待售类别时结平账面价值，差额计入投资收益（原资产为长期股权投资）或资产处置损益（原资产为固定资产、无形资产、处置组）	—

【例题15-3·主观题·教材】 企业A拥有一座仓库,原价为120万元,年折旧额为12万元,至2016年12月31日已计提折旧60万元。2017年1月31日,企业A与企业B签署不动产转让协议,拟在6个月内将该仓库转让,假定该不动产满足划分为持有待售类别的其他条件,且不动产价值未发生减值。

【解析】2017年1月31日,企业A应当将仓库资产划分为持有待售类别,并按照《企业会计准则第4号——固定资产》对该固定资产计提1月份折旧1万元。2017年1月31日,该仓库在划分为持有待售类别前的账面价值为59万元,此后不再计提折旧。

【例题15-4·主观题·教材】 2017年3月1日,公司L购入公司M全部股权,支付价款1 600万元。购入该股权之前,公司L的管理层已经做出决议,一旦购入公司M,将在一年内将其出售给公司N,公司M当前状况下即可立即出售。预计公司L还将为出售该子公司支付12万元的出售费用。公司L与公司N计划于2017年3月31日签署股权转让合同。

情形一:公司L与公司N初步议定股权转让价格为1 620万元。

【解析】公司M是专为转售而取得的子公司,其不划分为持有待售类别情况下的初始计量金额应为1 600万元,当日公允价值减去出售费用后的净额为1 608万元,按照二者孰低计量。L公司2017年3月1日的账务处理如下:

借:持有待售资产——长期股权投资　　　　　　　　　　　　　1 600
　　贷:银行存款　　　　　　　　　　　　　　　　　　　　　　1 600

情形二:公司L尚未与公司N议定转让价格,购买日股权公允价值与支付价款一致。

【解析】公司M是专为转售而取得的子公司,其不划分为持有待售类别情况下的初始计量金额为1 600万元,当日公允价值减去出售费用后的净额为1 588万元,按照二者孰低计量。L公司2017年3月1日的账务处理如下:

借:持有待售资产——长期股权投资　　　　　　　　　　　　　1 588
　　资产减值损失　　　　　　　　　　　　　　　　　　　　　　　12
　　贷:银行存款　　　　　　　　　　　　　　　　　　　　　　1 600

【例题15-5·主观题·教材】 承【例题15-4】2017年3月31日,公司L与公司N签订合同,转让所持有公司M的全部股权,转让价格为1 607万元,公司L预计还将支付8万元的出售费用。

情形一:2017年3月31日,公司L持有的公司M的股权公允价值减去出售费用后的净额为1 599万元,账面价值为1 600万元,以二者孰低计量,L公司2017年3月31日的账务处理如下:

借:资产减值损失　　　　　　　　　　　　　　　　　　　　　10 000
　　贷:持有待售资产减值准备——长期股权投资　　　　　　　10 000

情形二:2017年3月31日,公司L持有的公司M的股权公允价值减去出售费用后的净额为1 599万元,账面价值为1 588万元,以二者孰低计量,公司L不需要进行账务处理。

【例题15－6·主观题·教材】 承〖例题15－4〗和〖例题15－5〗，2017年6月25日，公司L为转让公司N的股权支付律师费5万元。6月29日，公司L完成对公司N的股权转让，收到价款1 607万元。

情形一：L公司2017年6月25日支付出售费用的账务处理如下：
借：投资收益　　　　　　　　　　　　　　　　　　　　　　　5
　　贷：银行存款　　　　　　　　　　　　　　　　　　　　　　5
L公司2017年6月29日的账务处理如下：
借：持有待售资产减值准备——长期股权投资　　　　　　　　　1
　　银行存款　　　　　　　　　　　　　　　　　　　　　　1 607
　　贷：持有待售资产——长期股权投资　　　　　　　　　　1 600
　　　　投资收益　　　　　　　　　　　　　　　　　　　　　　8

情形二：L公司2017年6月25日支付出售费用的账务处理如下：
借：投资收益　　　　　　　　　　　　　　　　　　　　　　　5
　　贷：银行存款　　　　　　　　　　　　　　　　　　　　　　5
L公司2017年6月29日的账务处理如下：
借：银行存款　　　　　　　　　　　　　　　　　　　　　　1 607
　　贷：持有待售资产——长期股权投资　　　　　　　　　　1 588
　　　　投资收益　　　　　　　　　　　　　　　　　　　　　 19

（二）持有待售的处置组（了解）

表15－4

处置组	定义	**处置组**是指在一项交易中作为整体通过出售或其他方式一并处置的一组资产，以及在该交易中转让的与这些资产直接相关的负债
	组成部分	处置组中可能包含企业的任何资产和负债，如流动资产、流动负债、非流动资产和非流动负债，也可能包含分摊的商誉
划分为持有待售前		应按照相应的会计准则计量处置组中的各项资产和负债的账面价值（**同持有待售的非流动资产的处理**）
划分为持有待售时		①将处置组中的资产和负债转为持有待售资产类别和持有待售负债类别： 固定资产和无形资产按照**净额**转到持有待售资产。 存货将成本和存货跌价准备**分别**转到持有待售资产和持有待售资产减值准备。 ②持有待售处置组的账面价值A与其公允价值减出售费用的金额B孰低计量： A＞B的差额计提资产减值损失和资产减值准备；A＜B则不进行会计处理
划分为持有待售后（区分处理原则）		①按照相关会计准则规定计量处置组中的**流动资产，适用其他准则计量规定的非流动资产和负债**的账面价值。 ②企业应比较资产负债表日持有待售的处置组**整体账面价值A**与公允价值减去出售费用后的净额B： 如果A＞B，差额确认为资产减值损失，同时计提持有待售资产减值准备。 提示：对于处置组确认的资产减值损失，应先抵减**商誉**账面价值（如有商誉），再根据处置组中**适用于持有待售准则的各项非流动资产**账面价值所占比重，按比例抵减其账面价值（**不应分摊至处置组中包含的流动资产或适用其他准则的非流动资产**）。 如果A＜B，以前减记的金额应当予以**恢复**，并按照处置组中除商誉外的非流动资产的账面价值所占比重按比例增加其账面价值，转回金额计入当期损益。 提示：已抵减的**商誉**账面价值，以及适用计量规定的非流动资产在划分为持有待售类别**前**确认的资产减值损失**不得转回**

彬哥解读

处置组是个"大杂烩",其包含的资产和负债因为性质不同,会计处理方式也不同。处置组中的项目可以分为以下几种(见表15-5):

表15-5

分类	项目	适用准则
流动资产	库存现金、应收账款、存货等	对应的资产准则
不适用持有待售准则的其他非流动资产	①投资性房地产	《企业会计准则第3号——投资性房地产》
	②生物资产	《企业会计准则第5号——生物资产》
	③职工薪酬形成的资产	《企业会计准则第9号——职工薪酬》
	④递延所得税资产	《企业会计准则第18号——所得税》
	⑤金融工具规范的资产	金融工具相关会计准则
	⑥保险合同产生的权利	保险合同相关会计准则
适用持有待售准则的其他非流动资产	除上述以外的资产,例如:固定资产、无形资产、投资性房地产(成本模式)、长期股权投资、商誉	《企业会计准则第42号——持有待售的非流动资产、处置组和终止经营》
负债	应付账款、应付职工薪酬等	对应的负债准则

(三)持有待售类别的列报

(1)持有待售资产和负债不能相互抵销。"持有待售资产"和"持有待售负债"应当分别作为**流动资产和流动负债**列示。

(2)对于当期首次满足持有待售类别划分条件的非流动资产或划分为持有待售类别的处置组的资产和负债,**不应当调整可比会计期间资产负债表,即不对其符合持有待售类别划分条件前各个会计期间的资产负债表进行项目的分类调整或重新列报**。

(3)非流动资产或处置组在资产负债表日至财务报告批准报出日之间满足持有待售类别划分条件的,**应当作为资产负债表日后非调整事项**进行会计处理,并在附注中披露相关信息。

【例题15-7·单选题·2014年】甲公司计划出售一项固定资产,该固定资产于2017年6月30日被划分为持有待售固定资产,公允价值为320万元,预计处置费用为5万元。该固定资产购买于2010年12月11日,原值为1 000万元,预计净残值为零,预计使用寿命为10年,采用年限平均法计提折旧,取得时已达到预定可使用状态。不考虑其他因素,该固定资产2017年6月30日应予列报的金额是(   )万元。

A. 315　　　　B. 320　　　　C. 345　　　　D. 350

【答案】A

【解析】

①2010年12月11日购买,固定资产当月增加,下月开始计提折旧,折旧应该开始于2011年1月,2017年6月30日划分为持有待售,固定资产当月减少,当月仍然计提折旧,折旧应该终止于2017年6月,因此折旧年限是6.5年。

②该固定资产 2017 年 6 月 30 日划分为持有待售固定资产前的账面价值 = 1 000 - 1 000 ÷ 10 × 6.5 = 350（万元），2017 年 6 月 30 日划分为持有待售固定资产的公允价值减去处置费用后的金额为 315 万元（320 - 5），划分为持有待售固定资产时按两者孰低计量，即按照 315 万元列报。

【解题技巧】
①划分为持有待售类别时，若该资产的账面价值低于其公允价值减去出售费用后的净额，则按账面价值列报，无须调整。
②若该资产的账面价值高于其公允价值减去出售费用后的净额，则应当将账面价值减记至公允价值减去出售费用后的净额，减记的金额确认为资产减值损失，计入当期损益，该资产按公允价值减去出售费用后的净额列报。

【例题 15-8·多选题·2016 年】为整合资产，甲公司 2014 年 9 月经董事会决议处置部分生产线。2014 年 12 月 31 日，甲公司与乙公司签订某生产线出售合同。合同约定：该项交易自合同签订之日起 10 个月内完成，原则上不可撤销，但因外部审批及其他不可抗力因素影响的除外。如果取消合同，主动提出取消的一方应向对方赔偿损失 360 万元。生产线出售价格为 2 600 万元，甲公司负责生产线的拆除并运送至乙公司指定地点，经乙公司验收后付款。甲公司该生产线 2014 年末账面价值为 3 200 万元，预计拆除、运送等费用为 120 万元。2015 年 3 月，在合同实际执行过程中，因乙公司所在地方政府出台新的产业政策，乙公司购入资产属于新政策禁止行业，乙公司提出取消合同并支付了赔偿款。至 2015 年 12 月 31 日，甲公司未找到合适买家。不考虑其他因素，下列关于甲公司对于上述事项的会计处理中，正确的有（　　）。

A. 自 2015 年 1 月起对拟处置生产线停止计提折旧
B. 2014 年资产负债表中该生产线列报为 3 200 万元
C. 2015 年将取消合同取得的乙公司赔偿款确认为营业外收入
D. 自 2015 年 3 月知晓合同将予取消时起，对生产线恢复计提折旧

【答案】AC
【解析】
①选项 A 正确，划分为持有待售的固定资产后，不再计提折旧，因此自 2015 年 1 月起对拟处置生产线停止折旧。
②选项 B 错误，2014 年该生产线账面价值为 3 200 万元，公允价值减去处置费用 = 2 600 - 120 = 2 480（万元），划分为持有待售固定资产时按两者孰低计，即 2014 年资产负债表中该生产线列报金额 = 2 480 万元。
③选项 C 正确，收到的赔偿款应确认为营业外收入。
④选项 D 错误，对于不再继续划分为持有待售类别的资产，应将其转入固定资产，次月开始计提折旧。

第十五章 持有待售的非流动资产、处置组和终止经营

考点3 终止经营（★）

表15-6

定义	终止经营，是指企业满足下列条件<u>之一</u>的、能够<u>单独区分</u>的组成部分，且该组成部分已经处置或划分为持有待售类别： ①该组成部分代表一项独立的主要业务或一个单独的主要经营地区； ②该组成部分是拟对一项独立的主要业务或一个单独的主要经营地区进行处置的一项相关联计划的一部分； ③该组成部分是专为转售而取得的子公司	
判断	①有一定规模（专为转售而取得的子公司除外）； ②能单独区分； ③已划分为持有待售或已处置（主要业务终止）	
列报	基本原则	企业应当在利润表中分别列示持续经营损益和终止经营损益
	持续经营损益	<u>不符合终止经营</u>的部分所产生的损益
	终止经营损益	<u>符合终止经营</u>的部分所产生的损益（包含整个报告期间，而非被认定终止经营后的期间）

> **彬哥解读**
>
> 划分终止经营的目的，就是为了将净利润细分为持续经营损益和终止经营损益，从而满足财务报告使用人的信息需要。持续经营损益是预期能够持续发生的，终止经营损益是一次性的，预期不能持续发生，两者完全不同。

【例题15-9·多选题·2019年】下列各项关于终止经营列报的表述中，错误的有（　　）。

A. 终止经营的相关损益作为持续经营损益列报
B. 终止经营的处置损益以及调整金额作为终止经营损益列报
C. 拟结束使用而非出售的处置组满足终止经营定义中有关组成部分条件的，自停止使用日起作为终止经营列报
D. 对于当期列报的终止经营，在当期财务报表中将处置日前原来作为持续经营损益列报的信息重新作为终止经营损益列报，但不调整可比会计期间利润表

【答案】AD
【解析】
①选项A错误、选项B正确，终止经营的相关损益应作为终止经营损益列报，列报的终止经营损益应当包含整个报告期间，而不仅包含认定为终止经营后的报告期间。
②选项C正确，拟结束使用的处置组满足终止经营定义的自停止使用日起作为终止经营列报。

③选项D错误,从财务报表可比性出发,对于当期列报的终止经营损益,企业应当在当期财务报表中将原来作为持续经营损益列报的信息重新作为可比会计期间的终止经营损益列报,调整可比期间利润表。

**恭喜你,
已完成第十五章的学习**

扫码免费进 >>>
2022年CPA带学群

可以坚信的是,越是坚持在正确的道路上学习、行动下去,收获肯定也会越来越多。

要牢记:千万不要小瞧那些无论历经逆境还是顺境都坚持不懈的人。

CHAPTER SIXTEEN

第十六章　所有者权益

考情雷达

本章属于非重点章节，主要以客观题的形式考查其他综合收益和资本公积的性质与分类，同时在主观题中可能与其他章节的交易事项结合考查会计处理。本章分值在 2 分左右。

本章内容属于基础性知识，相关科目的会计处理在其他章节都学过，难度不大。因此，建议大家在学习本章时注意总结和归纳，遇到已遗忘的地方及时回顾之前章节的内容，同时学习过程中重点关注其他权益工具和其他权益工具投资（金融资产）的区分。

2022 年本章内容**无变化**。

考点地图

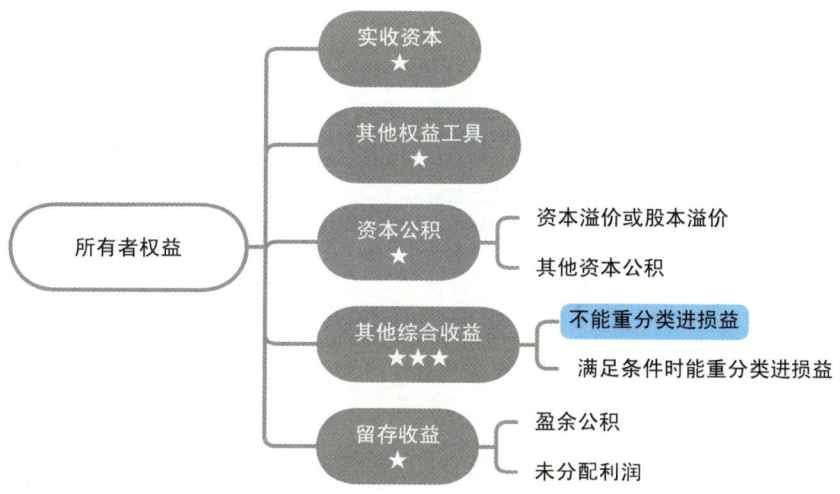

考点1　实收资本（★）

表 16-1

定义	实收资本是投资者投入资本形成法定资本的价值
特征	①在一般情况下无须偿还，可以长期周转使用。 ②实收资本的构成比例是确定所有者在企业所有者权益中所占的份额和参与企业财务经营决策的基础，也是企业进行利润分配或股利分配和清算时确定所有者对净资产的要求权的依据
分类	有限责任公司	①设"**实收资本**"科目。 ②新加入投资者出资额，按约定份额，记入"实收资本"，大于约定份额的部分，记入"资本公积——资本溢价"。 提示：由于企业创办者承担初创阶段的巨大风险且在企业内部形成留存收益，新加入的投资者将享有这些利益，要求其付出大于原有投资者的出资额，才能取得与原有投资者相同的投资比例，多出的份额作为资本公积，记入"资本公积"科目
	股份有限公司	①设"**股本**"科目。 ②对于发行股票的收入，企业将相当于股票面值部分记入"股本"科目，其余部分在扣除发行费、佣金等费用后，记入"资本公积——股本溢价"科目。 提示：股票面值为 1 元/股

续表

增加途径	一般途径	资本公积转增资本、盈余公积转增资本和所有者投入
	特殊途径	①企业发放股票股利（结合第6章长期股权投资）。 ②可转换公司债券持有人行使转股权（结合第8章负债）。 ③企业将重组债务转为资本（结合第21章债务重组）。 ④以权益结算的股份支付行权（结合第10章股份支付）

考点2 其他权益工具（★）

表16-2

定义	企业发行的除普通股以外的归类为权益工具的各种金融工具
基本原则	①对于归类为权益工具的金融工具，无论其名称中是否包含"债"，其利息支出或股利分配都应当作为发行企业的利润分配，其回购、注销等作为权益的变动处理。 ②对于归类为金融负债的金融工具，无论其名称中是否包含"股"，其利息支出或股利分配原则上按照借款费用进行处理，其回购或赎回产生的利得或损失等计入当期损益
科目设置	①应付债券：发行方对于归类为金融负债的金融工具。 ②衍生工具：对于需要拆分且形成衍生金融负债或衍生金融资产。 ③交易性金融负债：核算发行的且嵌入了非紧密相关的衍生金融资产或衍生金融负债的金融工具，如果发行方选择将其整体指定为以公允价值计量且其变动计入当期损益的金融工具。 ④其他权益工具：企业发行的除普通股以外的归类为权益工具的各种金融工具

▶ 🖥 关联贴纸

考试时要注意区分其他权益工具和其他权益工具投资（见表16-3）。

表16-3

科目	类别	常见关联考点
其他权益工具	权益类	与金融负债的区分（是否可以避免无条件支付）
其他权益工具投资	资产类	与其他债权投资的区分

【例题16-1·单选题·2013年】企业发生的下列交易或事项，不会引起当期"资本公积——股本溢价"发生变动的是（   ）。

A. 根据董事会决议，每2股股票缩为1股

B. 以资本公积转增股本

C. 授予员工股票期权，在等待期内确认相关费用

D. 同一控制下企业合并中取得被合并方净资产在最终控制方合并报表中账面价值的份额小于所支付的对价账面价值

【答案】C

【解析】授予员工股票期权，在等待期内确认的成本费用应记入"资本公积——其他资本公积"，不影响"资本公积——股本溢价"的变动，故本题，选项C正确。

第十六章 所有者权益

考点3　资本公积（★）

表16-4

定义	资本公积指企业收到投资者的超出其在企业注册资本（或股本）中所占份额的投资，以及除资本公积（资本溢价或股本溢价）项目以外所形成的其他资本公积
分类	**资本溢价或股本溢价** ①投资者出资额超出其在企业注册资本或股本中所占份额的差额计入资本溢价。 ②可转换公司债券持有人将债务转为资本，借贷差额计入资本溢价。 ③同一控制下企业合并在合并日取得对价与付出对价的差额计入资本溢价。 ④原归类为权益工具的金融工具重分类为金融负债的差额计入资本溢价。 ⑤发行权益性证券直接相关的手续费、佣金等交易费用冲减资本溢价。 ⑥股份有限公司回购本公司股票并注销，回购价与股票面值的差额计入资本溢价。 ⑦经济实质表明属于对企业的资本性投入，应当将相关的利得计入资本溢价。 ⑧缩股的差额计入资本溢价。
	其他资本公积 ①以权益结算的股份支付（结合第十章股份支付）。 ②采用权益法核算的长期股权投资（结合第六章长期股权投资与合营安排）

考点4　其他综合收益（★★★）

表16-5

定义	指企业根据其他会计准则规定未在当期损益中确认的各项利得和损失（直接计入所有者权益）
分类	**以后会计期间不能重分类进损益** ①重新计量设定受益计划变动额。 ②其他权益工具投资公允价值变动额及处置利得和损失。 ③企业自身信用风险公允价值变动（指定的金融负债）。 ④权益法下不能转损益的其他综合收益（权益法下根据被投资企业①-③而确认的其他综合收益）
	以后会计期间满足条件时能重分类进损益 ①非投→公投，资产增值形成的其他综合收益。 ②其他债权投资公允价值变动。 ③金融资产重分类计入其他综合收益的金额（债权投资→其他债权投资）。 ④其他债权投资信用减值准备。 ⑤现金流量套期准备（套期工具产生的利得或损失中属于套期有效部分）。 ⑥外币报表折算差额。 ⑦权益法下能转损益的其他综合收益（权益法下根据被投资企业①-⑥而确认的其他综合收益）

> **彬哥解读**
>
> （1）如何理解其他综合收益。
>
> 通过字面意义理解，核心名词是"收益"，是企业活动产生的利得或损失。"其他综合"是定语，是暂时或者永远不计入损益的利得或损失。

为什么不计？先搞清楚损益是什么，它是用来评价管理层经营成果的数字，永远不计是会计认为这个收益跟管理层经营举措没有任何关系，例如设定收益计划、其他权益工具投资，以及权益法长期股权投资这个跟屁虫。其他权益工具投资是管理层自己指定不计入损益。设定收益计划是精算问题，也跟管理层没有关系，所以永远不算利润。

剩下的其他情况都是属于暂时不计入损益的，主要是为了防止企业管理层通过这个科目来调节各期利润，但它的确和管理层经营成果相关，所以虽然暂时不计入损益，但允许以后转入损益。

（2）考试主要考其他综合收益的分类，建议先记忆不能转损益的3种特殊情况，然后通过排除法记忆能够转损益的其他情形。

【例题16-2·单选题·2017年】甲公司为境内上市公司。2017年，甲公司发生的导致其净资产变动的交易或事项如下：

（1）接受其大股东捐赠500万元；

（2）当年将作为存货的商品房改为出租，甲公司对投资性房地产采用公允价值模式进行后续计量。转换日，商品房的公允价值大于其账面价值800万元；

（3）按照持股比例计算应享有联营企业其他综合收益变动份额350万元；

（4）现金流量套期工具产生的利得中属于有效套期部分的金额120万元。

下列各项关于甲公司上述交易或事项产生的净资产变动在以后期间不能转入损益的是（　　）。

A. 接受大股东捐赠

B. 商品房改为出租时公允价值大于其账面价值的差额

C. 现金流量套期工具产生的利得中属于有效套期的部分

D. 按照持股比例计算应享有联营企业其他综合收益变动份额

【答案】A

【解析】本题考点就是两种类型的其他综合收益，也属于常考点。选项A，接受大股东捐赠，应当记入"资本公积——股本溢价（资本溢价）"，不能转为损益。

考点5　留存收益（★）

表16-6

盈余公积	定义	盈余公积是指企业按照规定从净利润中提取的各种积累资金
	分类	法定公积金	①公司制企业的法定公积金按照税后利润10%的比例提取。 ②公司法定公积金累计额达到公司注册资本的50%以上时，可以不再提取法定公积金。 ③公司的法定公积金不足以弥补以前年度亏损的，在提取法定公积金之前，应当先用当年利润弥补亏损
		任意公积金	公司从税后利润中提取法定公积金后，经股东会或者股东大会决议，还可以从税后利润中提取任意公积金

续表

盈余公积	作用	①用于弥补亏损；②用于转增资本；③扩大企业生产经营
	BT提醒	①公司弥补亏损和提取公积金后所余税后利润，有限责任公司股东按照实缴的出资比例分取红利，但全体股东约定不按照出资比例分取红利的除外； ②股份有限公司按照股东持有的股份比例分配，但股份有限公司章程规定不按持股比例分配的除外； ③盈余公积弥补亏损和转增资本，只不过是在企业所有者权益内部作结构上的调整，并不引起所有者权益总额的变化
未分配利润	定义	指企业留待以后年度进行分配的结存利润，也是企业所有者权益的组成部分
	会计处理	①应将各损益类科目的余额转入"本年利润"科目，结平各损益类科目； ②年度终了，应将本年净利润或净亏损转入"利润分配——未分配利润"科目。同时将"利润分配"科目所属的其他明细科目的余额转入"未分配利润"明细科目

恭喜你，
已完成第十六章的学习

扫码免费进 >>>
2022年CPA带学群

这个世界上没有不带伤的人，面对这些残忍你得彪悍的像一块顽石。无论什么时候，你都要记得，能治愈自己的，只有你自己；能拯救自己的，也只有你自己。

CHAPTER SEVENTEEN

第十七章 收入、费用和利润

考情雷达

本章属于超级重点章节，主要介绍了收入的确认与计量的 5 步法模型，以及特定交易的会计处理。本章不仅考查客观题，也会考查主观题，每年分值在 10 分左右。

本章大部分内容因依据国际会计准则直接翻译，读起来十分晦涩难懂，建议各位考生请勿"死磕"理论知识，而是加强对原文背后的逻辑和原理的深度学习，通过例题掌握相关的会计分录。

2022 年本章内容无变化。

考点地图

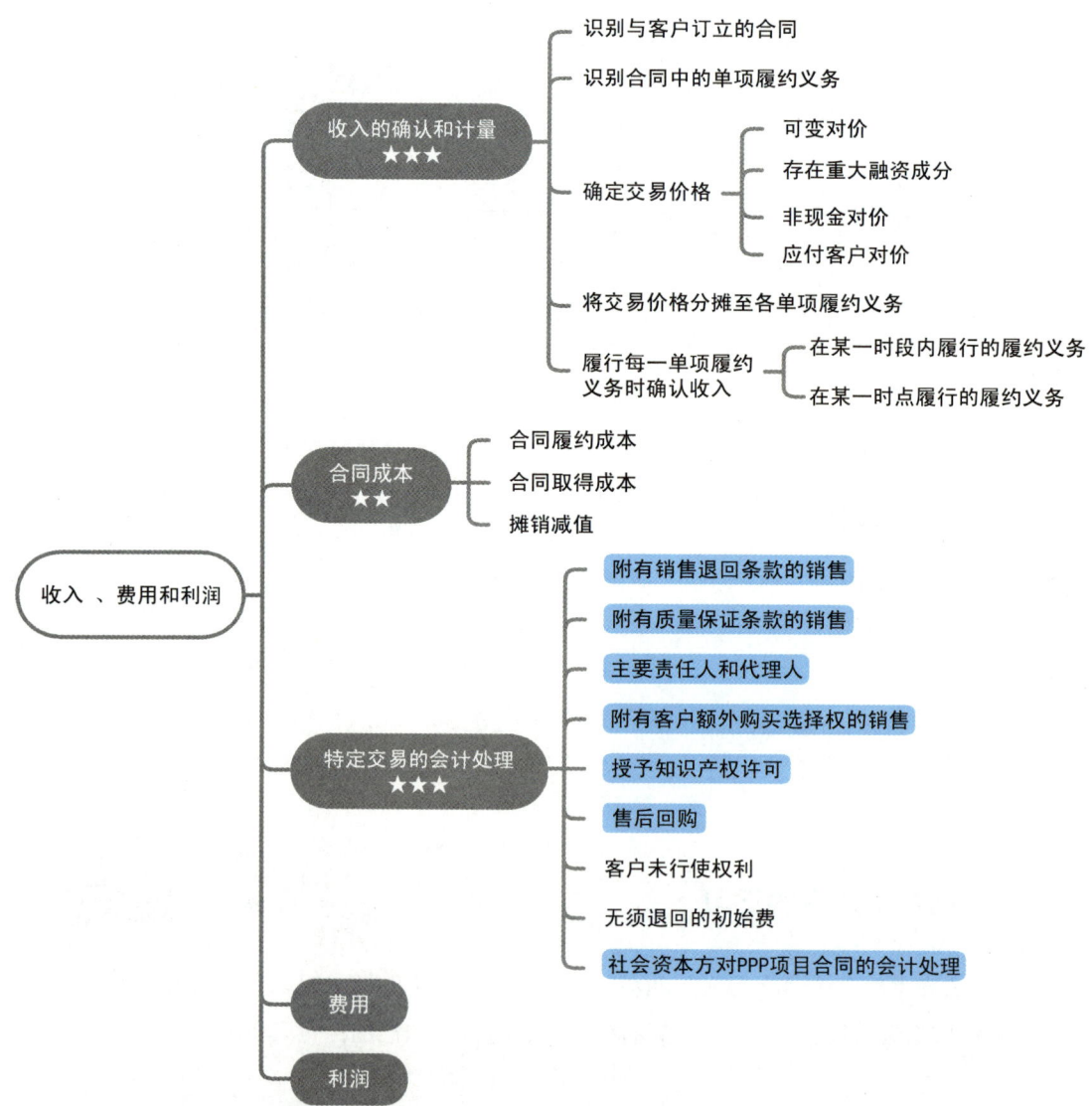

第十七章 收入、费用和利润

考点1　收入的概述（★）

（一）收入的定义
收入，是指企业在日常活动中形成的、会导致所有者权益增加的、与所有者投入资本无关的经济利益的总流入。

（二）收入准则适用范围
收入准则适用于所有与客户之间的合同，但是不涉及：
（1）企业对外出租资产收取的租金；（适用租赁准则）
（2）进行债权投资收取的利息；（适用金融工具准则）
（3）进行股权投资取得的现金股利；（适用金融工具、长期股权投资准则）
（4）保险合同取得的保费收入等。（适用保险合同准则）

要注意的是：①企业以存货换取客户的非货币性资产等属于非货币性资产交换，但本质属于"销售换出资产＋购买换入资产"的组合，所以换出存货视同销售存货，适用收入准则。而其他非货币性资产交换，按照《企业会计准则第7号——非货币性资产交换》进行会计处理。
②只有适用收入准则的合同，预收客户款项才作为合同负债确认，其他仍然作为预收账款确认。
③本章所称商品，既包括商品，也包括服务。

（三）收入的确认和计量
收入准则确认收入的五步法模型（见图17－1）：

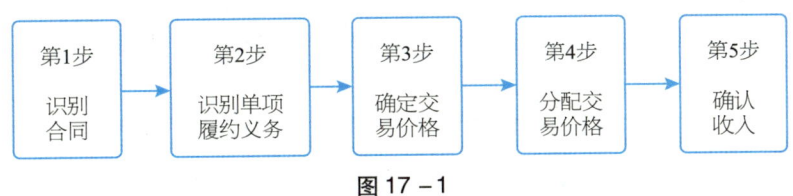

图 17－1

考点2　识别与客户订立的合同（★★）

（一）合同识别

表 17－1

定义	具有法律约束力的协议，包括书面形式、口头形式等其他形式
收入确认的前提条件	企业与客户之间的合同同时满足下列条件的，企业应在客户取得相关商品控制权时确认收入： （1）合同各方已批准合同并承诺履行义务； （2）合同明确了各方相关的权利和义务； （3）合同有明确的支付条款； （4）合同具有商业实质，即履行合同将改变未来现金流量的风险、时间分布或金额； （5）转让商品的对价很可能收回
合同的后续评估	（1）在合同开始日已经满足条件：在后续期间无须重新评估，除非有迹象表明发生重大变化。合同开始日通常是指合同生效日； （2）在合同开始日不满足条件：应当对其进行持续评估，并在其满足规定条件时确认收入

特殊说明	对于**不符合规定**的合同，企业只有在**不再负有向客户转让商品的剩余义务，且已向客户收取的对价无须退回时**，才能将已收取的对价确认为收入；**否**则应当将**已收取的对价作为负债**进行会计处理

（二）合同合并

与同一客户（或其关联方）同时订立或在相近时间内订立的多份合同，在满足下列条件之一时，应当合并为一份合同进行会计处理：

（1）基于**同一商业目的**而订立并构成**一揽子交易**，如一份合同在不考虑另一份合同的对价的情况下将会发生亏损；

（2）一份合同的对价金额**取决于其他合同的定价或履行情况**，比如一份合同发生违约，将会影响另一份合同的对价金额；

（3）这些合同中所承诺的商品构成**单项履约义务**。

> **彬哥解读**
>
> 合同合并，是体现实质重于形式的要求，如果名义上是多份合同，但彼此之间高度关联，那就应该作为一个合同来处理。这个知识点简单了解即可，不是考查重点。

（三）合同变更

合同变更，是指经合同各方同意对原合同范围或价格（或两者）作出的变更。

合同变更，要根据是否满足 2 个条件，分为 3 种情形进行处理（见表 17-2）。

表 17-2

2 个条件		3 种情形	会计处理
条件 1：合同变更增加了可明确区分的商品且其价款反映单独售价	条件 2：原合同已转让商品与未转让商品之间可明确区分		
满足	不考虑	情形 1：合同变更部分作为单独合同	原合同继续；新合同成立
不满足	满足	情形 2：原合同终止 + 新合同成立	原合同终止；原合同未履行部分 + 变更部分合并为新的合同；新合同的交易价格 = 原合同中尚未确认收入金额 + 合同变更中新增的对价金额
不满足	不满足	情形 3：合同变更部分作为原合同组成部分	在合同变更日重新计算履约进度，并调整当期收入和相应成本等（属于会计估计变更，采取未来适用法，不需要追溯调整之前的账务处理，直接调整当期的收入和成本）

【例题 17-1·主观题】甲公司承诺向某客户销售 120 件产品，每件产品售价 100 元，该批产品彼此之间可明确区分，且将于未来 6 个月陆续转让给该客户。甲公司将其中的 60

件产品转让给该客户后,双方对合同进行了变更,甲公司承诺向该客户额外销售30件相同的产品,这30件产品与原合同中的产品可明确区分,其售价为每件95元(假定该价格反映了合同变更时该产品的单独售价)。

【解析】由于新增的30件产品可明确区分且合同价款反映了新增产品的单独售价,应按单价100元继续执行原合同并将此30件产品销售作为一项新合同认定。

【例题17-2·主观题】公司A与客户B签订销售合同。公司A以100元的单价,销售100件产品给客户B,货款共计人民币10 000元。10天后,公司A交付了80件产品,确认了收入8 000元。第30天,双方签订变更合同,除原合同规定的权利义务之外,公司A以人民币50元的单价(假定该价格没有反映合同变更时的单独售价)再销售50件相同的产品给客户B。

【解析】虽然合同变更增加了可明确区分的商品及合同价款,但由于新增合同价款没有反映新增商品的单独售价,而且在合同变更日已转让商品与未转让商品之间可明确区分。因此,应当视为原合同终止,同时,将原合同未履约部分与合同变更部分合并为新合同进行会计处理。

即新合同对价=原合同剩余20件产品的对价2 000元+合同变更部分50件产品的对价2 500元,新合同产品的单价=(2 000+2 500)÷(20+50)=64.29(元)。

【例题17-3·主观题】2017年1月15日,乙建筑公司和客户签订了一项总金额为1 000万元的固定造价合同,在客户自有土地上建造一幢办公楼,预计合同总成本为700万元。假定该建造服务属于在某一时段内履行的履约义务,并根据累计发生的合同成本占合同预计总成本的比例确定履约进度。截至2017年末,乙公司累计已发生成本420万元,履约进度为60%(420÷700)。因此,乙公司在2017年确认收入600万元(1 000×60%)。2018年初,合同双方同意更改该办公楼屋顶的设计,合同价格和预计总成本因此而分别增加200万元和120万元。

【解析】
①由于合同变更后拟提供的剩余服务与在合同交更日或之前已提供的服务不可明确区分(该合同只有1项单项履约义务),因此,乙公司应当将合同变更作为原合同的组成部分进行会计处理。

②合同变更后的交易价格为1 200万元(1 000+200),乙公司重新估计的履约进度为51.2%[420÷(700+120)],乙公司在合同变更日应额外确认收入14.4万元(51.2%×1 200−600)。

考点3 识别合同中的单项履约义务(★★★)

合同开始日,企业应当识别该合同所包含的各单项履约义务,并确定各单项履约义务是在某一时段内履行,还是在某一时点履行;然后,在履行各单项履约义务时分别确认收入。

> 📧 **彬哥解读**

收入确认的底层逻辑见表17-3。

表17-3

卖方角度：企业**履行完毕**单项履约义务	买方角度：客户**取得控制权**
核心：交付实现	
交付实现，我们就可以对该项交付（deliverable）确认收入	
单项履约义务＝一项交付（deliverable）＝独立的收入确认单元（separate units of accounting）	

单项履约义务，是指合同中企业向客户转让可明确区分商品的承诺。企业应当将下列向客户转让商品的承诺作为单项履约义务：

1. 企业向客户转让可明确区分商品（或者商品和服务的组合）的承诺

企业向客户承诺的商品同时满足下列条件的，应当作为可明确区分商品：

（1）客户能够从该**商品本身**或从该商品与其他易于获得的资源一起使用中受益（**即商品本身可明确区分**）；

（2）企业向客户转让该商品的承诺与合同中其他承诺可单独区分，以识别企业承诺转让的是每一项商品，还是由这些商品组成的一个或多个**组合产出**（**即合同层面可明确区分**）。

【提示】表明合同层面不可区分的三种情形（见表17-4）。

表17-4

三种情形	案例胶卷
需**提供重大的服务**以将该商品与合同中承诺的其他商品**整合**成合同约定的组合产出转让给客户	企业为客户建造写字楼的合同中，企业需要提供重大的服务将所有商品或服务进行整合，以形成合同约定的一项组合产出（即写字楼）。因此，在合同中，砖头、水泥和人工等商品或服务彼此之间不能单独区分
该商品将对合同中承诺的其他商品予以**重大修改或定制**	企业承诺向客户提供其开发的一款现有软件，并提供安装服务，虽然该软件无须更新或技术支持也可直接使用，但是企业在安装过程中需要在该软件现有基础上对其进行定制化的重大修改，以使其能够与客户现有的信息系统相兼容。此时，转让软件的承诺与提供定制化重大修改的承诺在合同层面是不可明确区分的
该商品与合同中承诺的其他商品具有**高度关联性**	企业承诺为客户设计一种新产品并负责生产10个样品，企业在生产和测试样品的过程中需要对产品的设计进行不断的修正，导致已生产的样品均可能需要进行不同程度的返工。此时，企业提供的设计服务和生产样品的服务是不断交替反复进行的，二者高度关联，因此，在合同层面是不可明确区分的

2. 一系列实质相同且转让模式相同的、可明确区分的商品（了解即可）

企业应当将**实质相同且转让模式相同的一系列商品作为单项履约义务**，即使这些商品可明确区分。其中，转让模式相同，是指每一项可明确区分商品均满足在某一时间段内履行履约义务的条件，且采用相同方法确定其履约进度。**如酒店管理服务、保洁服务**等。

企业**为履行合同而应开展的初始活动，通常不构成履约义务，除非该活动向客户转让了承诺的商品**。比如某俱乐部为注册会员建立档案，该活动并未向会员转让承诺的商品，因此不构成单项履约义务。

第十七章 收入、费用和利润

▶ 📧 考点收纳盒

识别合同中的单项履约义务（见表17-5）。

表17-5

准则表述	助记	理解要点	涉及的特定交易
客户能够从该商品本身或者从该商品与其他易于获得的资源一起使用中受益	物理层面可区分	交付（deliverable）本身是可以独立的：常识判断法	附有质量保证条款的销售： ①保证类保证条款（既定标准）与销售商品不可区分，不构成单项履约义务； ②服务类保证条款（超越既定标准的额外服务）与销售商品可以区分，构成单项履约义务
企业向客户转让该商品的承诺	合同层面可区分	独立的交付是客户认可的：排除法以下3种情况表明合同层面不可区分： ①组合产出； ②重大修改或定制； ③重大关联。 助记要点：各项交付之间关系密切、相互影响，以至于少了任何一项交付都会导致客户达不到初始目的，以至于客户没有可能认可单项交付	
提示：（1）我们把独立的交付（即单项履约义务）作为独立的收入确认单元，分别进行收入确认； （2）判断是否构成单项履约义务，难点在于判断合同层面是否可区分			

【例题17-4·主观题】甲公司与乙公司签订合同，向其销售一批产品，并负责将该批产品运送至乙公司指定的地点，甲公司承担相关的运输费用。假定销售该产品属于在某一时点履行的履约义务，且控制权在出库时转移给乙公司。

【答案】本例中，甲公司向乙公司销售产品，并负责运输。该批产品在出库时，控制权转移给乙公司。在此之后，甲公司为将产品运送至乙公司指定的地点而发生的运输活动，属于为乙公司提供了一项运输服务。如果该运输服务构成单项履约义务，且甲公司是运输服务的主要责任人，甲公司应当按照分摊至该运输服务的交易价格确认收入。

【例题17-5·主观题】甲公司与乙公司签订合同，向其销售一批产品，并负责将该批产品运送至乙公司指定的地点，甲公司承担相关的运输费用。假定销售该产品属于在某一时点履行的履约义务，且控制权在送达乙公司指定地点时转移给乙公司。

【答案】本例中，甲公司向乙公司销售产品，并负责运输。该批产品在送达乙公司指定地点时，控制权转移给乙公司。由于甲公司的运输活动是在产品的控制权转移给客户之前发生的，因此不构成单项履约义务，而是甲公司为履行合同发生的必要活动。

▶ 📧 彬哥解读

（1）为什么要区分单项履约义务？

通俗说，就是只有"干活了"才有钱。针对有多重交易的合同，要明确到底有几个人干活，不能把全部收入算到一个人头上，避免虚增毛利和提前确认收入。比如买商品A送商品B的促销，收入要在AB之间分摊，不能全部算给A，避免虚增A的毛利。

（2）怎么识别单项履约义务？

通俗说，就是要搞清楚你到底卖的是什么？

比如，为客户建房，虽然向客户转移砖头、钢筋、水泥，但这些商品都不是你真正要卖的对象，你真正卖的是建筑服务，所以砖头、钢筋、水泥不属于单项履约义务，不能分摊收入。

（3）什么是在某一时段履行的单项履约义务？

通俗说，就是要干很久才能完成的义务，不像卖商品一下子就完事了。主要是卖劳务、卖服务，比如保洁服务，为客户建造房子（注意区别房地产开发商卖房子），为客户代工生产产品（注意区分商家卖自己的产品）。

考点4 确定交易价格（★★★）

交易价格，是指企业因向客户转让商品而预期有权收取的对价金额。

企业代第三方收取的款项（例如增值税）、预期将退还给客户的款项，应当作为负债处理，不计入交易价格。

合同标价不一定代表交易价格，还要考虑是否存在可变对价、重大融资成分、非现金对价、应付客户对价等因素（见表17-6）。

表17-6

考虑因素	要点	备注
可变对价（非固定）	①最佳估计数的确定：按**期望值**（多个结果）或**最可能发生的**（2个结果）金额确定； ②限制：不超过相关不确定性消除时**极可能不会发生重大转回的金额**（按最保守金额估计，谨慎性）； ③在每个资产负债表日要重新估计（会计估计变更）	①计入交易价格的，是可变对价的**最佳估计**（两种可能金额：**最可能发生金额**；多种可能金额：**期望值**）； ②计入交易价格的，是在相关不确定性消除时，**极可能不会发生重大转回的金额**（准则语言：满足限制条件）
重大融资成分	按照**现销价格**确定交易价格，现销价格与合同价款的差额采用实际利率法摊销（≤1年的可忽略融资成分），具体分为2种情形： ①先交货、后收钱：**交货时按现销价格确认收入（未来现金流现值）**，然后在未来期间按实际利率法确认**利息收入**，到期收回合同价款（本息和）； 本质：**现在销售＋投资行为**； ②先收钱、后交货：收钱时按**合同价款确认负债（未来现金流现值）**，然后在未来期间按实际利率法确认**利息支出**，交货时按该时点现销价格确认收入并冲减负债（以货物抵债）； 本质：**融资行为＋未来销售以货抵债**	①现销价格指的是实现**交付时**该商品的公允市场价格，并不一定是当前时点的公允市场价格； ②重大融资成分是因为融资导致的（即货币时间价值），并不是转让商品和收款存在时间间隔就属于重大融资成分，例如，储值卡销售、按实际销量收取特许权使用费、收取质量保证金等
非现金对价	①有公允价值：按照**非现金对价**在**合同开始日**的**公允价值**确定交易价格； ②无公允价值：参照向客户转让商品的单独售价确定交易价格； ③公允价值变动：因对价形式而发生变动（例如收到股票的价格变动）：不计入交易价格； ④其他原因导致：按可变对价处理	①非现金对价，是指销售商品收到的对价不是货币性资产，而是固定资产、无形资产、股权等非货币性资产； ②非现金对价，优先考虑换入资产的公允价值；但非货币性资产交换，优先考虑换出资产的公允价值

续表

考虑因素	要点	备注
应付客户对价	①不构成向客户购买商品：冲减交易价格，按确认收入时点与支付对价时点孰晚冲减收入； ②构成向客户购买商品：作为正常采购处理； 支付对价＞购入商品公允的，超出部分冲减收入； 购入商品公允价值无法取得的（当作0），全部冲减收入	应付客户对价，是企业销售商品收取客户价款的同时，另外向客户支付对价，要区分原因分别处理

> 📩 **彬哥解读**
>
> 为什么要考虑应付客户对价？
>
> 也是为了避免虚增收入。企业为了扩大收入，可能给客户提供买商品返现金的优惠，这时就只能以收到的净额（收到的钱－付出的钱）确认收入。比如BT教育为了上市要做大收入，向学员承诺，买CPA课程只要500元，而且下单后能够返现100元，那当然不能按照500元确认收入，只能按照400元确认收入。
>
> 当然，如果企业向客户付钱是因为向客户采购了商品，那就不会影响销售收入的确认，销售商品和采购商品本来就是两码事，区分清楚就好。

【例题17-6·单选题】2020年1月1日，甲公司采用分期收款方式向乙公司销售一批商品，合同约定的销售价格为5 000万元，分5年于每年12月31日等额收取。该批商品成本为4 000万元。如果采用现销方式，该批商品的销售价格为4 500万元。不考虑增值税等因素，2020年1月1日，甲公司该项销售业务的会计处理中，错误的是（　　）。

A. 增加"长期应收款"科目金额5 000万元
B. 增加"主营业务成本"科目金额4 000万元
C. 增加"主营业务收入"科目金额5 000万元
D. 减少"库存商品"科目金额4 000万元

【答案】C

【解析】选项C错误，该业务的相关分录：

借：长期应收款　　　　　　　　　　　　　　　　　　　　　　5 000
　　贷：主营业务收入　　　　　　　　　　　　　　　　　　　　4 500
　　　　未实现融资收益　　　　　　　　　　　　　　　　　　　　500
借：主营业务成本　　　　　　　　　　　　　　　　　　　　　　4 000
　　贷：库存商品　　　　　　　　　　　　　　　　　　　　　　4 000

【例题17-7·主观题】2018年1月1日，甲公司与乙公司签订合同，向其销售一批产品。合同约定，该批产品将于2年之后交货。合同中包含两种可供选择的付款方式，即乙公司可以在2年后交付产品时支付449.44万元，或者在合同签订时支付400万元。乙公司选择在合同签订时支付货款。该批产品的控制权在交货时转移。甲公司于2018年1月1日收到乙公司支付的货款。上述价格均不包含增值税，且假定不考虑相关税费影响。

本例中，按照上述两种付款方式计算的内含利率为 6%。考虑到乙公司付款时间和产品交付时间之间的间隔以及现行市场利率水平，甲公司认为该合同包含重大融资成分，在确定交易价格时，应当对合同承诺的对价金额进行调整，以反映该重大融资成分的影响；假定该融资费用不符合借款费用资本化的要求。甲公司的账务处理为：

(1) 2018 年 1 月 1 日收到货款。

借：银行存款　　　　　　　　　　　　　　　　　　　　　　　4 000 000
　　未确认融资费用　　　　　　　　　　　　　　　　　　　　　　494 400
　　　贷：合同负债　　　　　　　　　　　　　　　　　　　　　4 494 400

(2) 2018 年 12 月 31 日确认融资成分的影响。

借：财务费用　　　　　　　　　　　　　　　　（4 000 000×6%）240 000
　　　贷：未确认融资费用　　　　　　　　　　　　　　　　　　　240 000

(3) 2019 年 12 月 31 日交付产品。

借：财务费用　　　　　　　　　　　　　　　　（4 240 000×6%）254 400
　　　贷：未确认融资费用　　　　　　　　　　　　　　　　　　　254 400
借：合同负债　　　　　　　　　　　　　　　　　　　　　　　4 494 400
　　　贷：主营业务收入　　　　　　　　　　　　　　　　　　　4 494 400

表 17-7　　　　　　　　　　　　合同资产和合同负债

			权利	风险
合同资产	定义	当合同中包含两项或多项履约义务时，如果企业履行了其中的一项履约义务、向客户转让商品而获得了一项有权收取对价的权利，且该权利取决于时间流逝之外的其他因素，则企业应将其确认为合同资产而**不应**确认为应收款项		
	对比	合同资产	非无条件收款权，该权利除了时间流逝之外，还取决于其他条件（例如履行合同中其他履约义务）才能收到相应的合同对价	面临信用风险和履约风险
		应收账款	企业拥有无条件收取合同对价的权利，即企业仅仅随着时间的流逝即可收款	面临信用风险
合同负债	定义	合同负债是指企业已收或应收客户对价而应向客户转让商品的义务		
	对比	①销售商品合同中预收的款项记入"合同负债"科目。 ②其他的合同（比如租赁合同）中预收的款项仍通过"预收账款"科目核算		
提醒		①合同资产和合同负债应当在资产负债表中单独列示，并按流动性分别列示为"合同资产"或"其他非流动资产"以及"合同负债"或"其他非流动负债"； ②同一合同下的合同资产和合同负债应当以净额列示，不同合同下的合同资产和合同负债不能相互抵销		

【例题17-8·多选题】甲公司为客户生产一台专用设备。双方约定,如果甲公司能够在30天内交货,则可以额外获得1 000股客户的股票作为奖励。合同开始日,该股票的价格为每股6元;由于缺乏执行类似合同的经验,当日,甲公司估计,该1 000股股票的公允价值计入交易价格将不满足累计已确认的收入极可能不会发生重大转回的限制条件。合同开始日之后的第25天,公司将该设备交付给客户,从而获得了1 000股股票,该股票在此时的价格为每股8元。假定公司将该股票作为以公允价值计量且其变动计入当期损益的金融资产。甲公司下列会计处理中正确的有( )。

A. 合同开始日,甲公司应该将1 000股股票的公允价值6 000元计入交易价格
B. 合同开始日之后的第25天甲公司应确认收入6 000元
C. 合同开始日之后的第25天甲公司应确认公允价值变动损益2 000元
D. 合同开始日之后的第25天甲公司应确认交易性金融资产8 000元

【答案】BCD

【解析】选项A错误,合同开始日,该股票的价格为每股6元,由于缺乏执行类似合同的经验,当日,甲公司估计,该1 000股股票的公允价值计入交易价格将不满足累计已确认的收入极可能不会发生重大转回的限制条件,因此,甲公司不应将该1 000股股票的公允价值6 000元计入交易价格;

选项BCD正确,合同开始日之后的第25天,甲公司获得了1 000股股票,该股票在此时的价格为每股8元,甲公司应确认交易性金融资产8 000元(8×1 000),应当将股票(非现金对价)在合同开始日的公允价值6 000元(6×1 000)确认为收入,因对价形式原因而发生的变动,即2 000元(8 000-6 000)计入公允价值变动损益。

考点5 将交易价格分摊至各单项履约义务(★★★)

表17-8

处理原则	合同中包含两项或多项履约义务的,企业应当在合同开始日,按照各单项履约义务的单独售价比例,将交易价格分摊至各单项履约义务		
单独售价	定义		指企业向客户单独销售商品的价格
	单独售价无法观察	市场调整法	根据市场售价,考虑本企业的成本和毛利等进行适当调整后,确定其单独售价
		成本加成法	根据某商品的预计成本加上其合理毛利后的价格,确定其单独售价
		余值法	根据合同交易价格减去合同中其他商品可观察的单独售价后的余值,确定某商品单独售价
	BT提醒		企业在商品近期售价波动幅度巨大,或者因未定价且未曾单独销售而使售价无法可靠确定时,可采用余值法估计其单独售价

续表

分摊合同折扣	定义	合同折扣指合同中各单项履约义务所承诺商品单独售价之和高于合同交易价格金额
	一般情况	应分摊至各单项履约义务
	特殊情况	有确凿证据表明合同折扣仅与部分单项履约义务相关的,分摊至相关履约义务
分摊可变对价	一般情况	应分摊至各单项履约义务
	特殊情况	有确凿证据表明可变对价仅与部分单项履约义务相关的,分摊至相关履约义务
交易价格的后续变动	非合同变更导致的	应按照在合同开始日所采用的基础(各单项履约义务的单独售价)将该后续变动金额分摊至合同中的履约义务
	合同变更导致的	①**变更部分作为新合同**:先确定与哪个合同相关,再按分摊可变对价处理。 ②**原合同终止+新合同订立**:两次分摊,先将该可变对价后续变动按原合同开始日确定的单独售价为基础进行分摊,再将分摊至合同变更日尚未履行履约义务的可变对价后续变动额以新合同开始日确定的基础进行二次分摊。 ③**其他情形**:将该可变对价后续变动额分摊至合同变更日尚未履行的履约义务
	BT 提醒	企业不得因合同开始日之后单独售价的变动而重新分摊交易价格(因为交易价格以合同开始日的单独售价作为分摊基础)

> **彬哥解读**
>
> 合同价款 VS 交易价格 VS 单独售价:
> (1)合同价款是合同约定的价款。
> (2)交易价格是在合同层面应确认的总收入金额,它可能不等于合同价款,因为复杂合同中的合同价款可能还包含了可变对价、重大融资成分、非现金对价、应付客户对价等特殊因素。
> (3)单独售价是单项履约义务在合同开始日单独出售的价格(类似合同开始日公允价),它是分摊交易价格的基础,不一定等于单项履约义务应确认的收入金额,因为可能还要分摊合同折扣、可变对价等情形。

【例题17-9·主观题】2017年3月1日,甲公司与客户签订合同,向其销售A、B两项商品,A商品的单独售价为6 000元;B商品的单独售价为24 000元,合同价款为25 000元。合同约定,A商品于合同开始日交付,B商品在一个月之后交付,只有当两项商品全部交付之后,甲公司才有权收取25 000元的合同对价。假定A商品和B商品分别构成单项履约义务,其控制权在交付时转移给客户。上述价格均不包含增值税,且假定不考虑相关税费影响。

【答案】本例中,分摊至A商品的合同价款为5 000元 {[6 000÷(6 000+24 000)]×25 000},分摊至B商品的合同价款为20 000元 {[24 000÷(6 000+24 000)]×25 000},甲公司的账务处理如下:

(1) 交付 A 商品时：
借：合同资产　　　　　　　　　　　　　　　　　　　　　5 000
　　贷：主营业务收入　　　　　　　　　　　　　　　　　　　5 000
(2) 交付 B 商品时：
借：应收账款　　　　　　　　　　　　　　　　　　　　　25 000
　　贷：合同资产　　　　　　　　　　　　　　　　　　　　　5 000
　　　　主营业务收入　　　　　　　　　　　　　　　　　　20 000

【解析】合同中规定"只有当两项商品全部交付之后，甲公司才有权收取 25 000 元的合同对价"，本案例中是先交付 A 商品，一个月之后交付 B 商品，因此只有当 A、B 两个商品都交付才能确认"应收账款"，在交付 A 商品时只能确认"合同资产"。

考点6　履行每一单项履约义务时确认收入（★★★）

企业应当在履行了合同中的履约义务，即客户取得相关商品控制权时确认收入，控制权转移是确认收入的前提。

对于履约义务，企业首先判断履约义务是否满足在某一时段内履行的条件，如不满足，则该履约义务属于在某一时点履行的履约义务。

对于在某一时段内履行的履约义务，企业应当选取恰当的方法来确定履约进度；对于在某一时点履行的履约义务，企业应当综合分析控制权转移的迹象，判断其转移时点。

1. 判断方法（见表 17-9）

表 17-9

在某一时段内履行的履约义务（满足3种情形之一即可）	①客户在企业履约的同时即取得并消耗企业履约所带来的经济利益（边履约边受益），例如常规或经常性的服务。 ②客户能够控制企业履约过程中在建的商品，比如在客户场地上建造资产。 ③企业履约产出的商品具有不可替代用途，且该企业在整个合同期间内有权就累计已完成部分收取款项（不可替代用途+合格收款权），例如建造只有客户能够使用的专项资产，或按照客户的指示建造资产。 提示：合格收款权指因非企业自身原因导致合同终止的，企业有权就已经发生的成本以及合理利润要求补偿
在某一时点履行的履约义务	排除法：不属于在某一时段内履行的履约义务

2. 确认收入模式
(1) 在某一**时段**内履行的履约义务（见表 17-10）。

表 17-10

按照履约进度确认收入，确定履约进度的方法为：产出法、投入法	
特殊情况 （需调整成本）	(1) 已发生的成本并未反映企业履约进度。 例如因企业生产效率低下等原因而导致的非正常消耗。 (2) 已发生的成本与企业履约进度不成比例。 对于施工中尚未安装、使用或耗用的商品，当企业在合同开始日就能够预期将满足下列所有条件时，企业在确定履约进度时不应当包括商品的成本，而是应当按照其成本金额确认收入（**先买电梯后安装**）： ①该商品不构成单项履约义务。 ②客户先取得该商品的控制权，之后才接受与之相关的服务。 ③该商品的成本占预计总成本的比重较大。 ④企业自第三方采购该商品，且未深入参与其设计和制造，对于包含该商品的履约义务而言，企业是主要责任人。 (3) 特殊处理的调整步骤： ①客户取得商品控制权后，按照成本确认收入、结转成本。 ②把商品成本从预计总收入、预计总成本中扣除、重新计算履约进度并单独确认收入、结转成本

(2) 在某一**时点**履行的履约义务（见表 17-11）。

表 17-11

(1) 在转移商品控制权时一次确认收入	
(2) 判断客户是否已取得商品控制权	①享有现时收款权利。 ②已将该商品的法定所有权转移。 ③已将该商品实物转移。 ④已将该商品所有权上的主要风险和报酬转移。 ⑤客户已接受该商品
(3) 售后代管商品安排	在售后代管商品的安排下，企业除了考虑客户是否取得商品控制权的迹象之外，还应当**同时满足**下列条件，才表明客户取得了该商品的控制权： ①该安排必须具有商业实质，例如该安排是应客户的要求而订立的。 ②属于客户的商品必须能够单独识别，例如将属于客户的商品单独存放在指定地点。 ③该商品可以随时交付给客户。 ④企业不能自行使用该商品或将该商品提供给其他客户

> **彬哥解读**
>
> 按照履约进度确认收入的方法：
> (1) 当期收入 = 合同的交易价格 × 履约进度 - 以前会计期间**累计已确认的收入**
> 　　当期成本 = 合同预计总成本 × 履约进度 - 以前会计期间**累计已确认的成本**
> (2) 当履约进度**不能合理确定**时，企业已经发生的成本**预计能够得到补偿**的，应当按照**已经发生的成本金额**确认收入，直到履约进度**能够合理确定**为止。
> (3) 每一资产负债表日，企业应当对履约进度**进行重新估计**。（**会计估计变更**）

【例题17-10·主观题】甲公司是一家造船企业,与乙公司签订了一份船舶建造合同,按照乙公司的具体要求设计和建造船舶。甲公司在自己的厂区内完成该船舶的建造,乙公司无法控制在建过程中的船舶。甲公司如果想把该船舶出售给其他客户,需要发生重大的改造成本。双方约定,如果乙公司单方面解约,乙公司需向甲公司支付相当于合同总价30%的违约金,且建造中的船舶归甲公司所有。假定该合同仅包含一项履约义务,即设计和建造船舶。

【答案】本例中,船舶是按照乙公司的具体要求进行设计和建造的,甲公司需要发生重大的改造成本将该船舶改造之后才能将其出售给其他客户,因此,该船舶具有不可替代用途。然而,如果乙公司单方面解约,仅需向甲公司支付相当于合同总价30%的违约金,表明甲公司无法在整个合同期间内都有权就累计至今已完成的履约部分收取能够补偿其已发生成本和合理利润的款项。因此,甲公司为乙公司设计和建造船舶不属于在某一时段内履行的履约义务。

注意:本例中甲公司是"企业",乙公司是"客户","客户"乙公司无法控制在建过程中的船舶,而是由"企业"甲公司控制。

【例题17-11·主观题】甲公司于2018年12月1日接受一项设备安装任务,安装期为3个月,合同总收入600 000元,至年底已预收安装费440 000元,实际发生安装费用为280 000元(假定均为安装人员薪酬),估计还将发生安装费用120 000元。假定甲公司按实际发生的成本占估计总成本的比例确定安装的履约进度,不考虑增值税等其他因素。甲公司的账务处理如下:

实际发生的成本占估计总成本的比例 = 280 000 ÷ (280 000 + 120 000) × 100% = 70%
2018年12月31日确认的劳务收入 = 600 000 × 70% - 0 = 420 000(元)

(1)实际发生劳务成本。
借:合同履约成本——设备安装 280 000
　　贷:应付职工薪酬 280 000

(2)预收劳务款。
借:银行存款 440 000
　　贷:合同负债——××公司 440 000

(3)2018年12月31日确认劳务收入并结转劳务成本。
借:合同负债——××公司 420 000
　　贷:主营业务收入——设备安装 420 000
借:主营业务成本——设备安装 280 000
　　贷:合同履约成本——设备安装 280 000

【例题17-12·主观题·教材】2018年10月,甲公司与客户签订合同,为客户装修一栋办公楼并安装一部电梯,合同总金额为100万元。甲公司预计的合同总成本为80万元,其中包括电梯的采购成本30万元(补充:假定无毛利)。

2018年12月，甲公司将电梯运达施工现场并经过客户验收，客户已取得对电梯的控制权，但是根据装修进度，预计到2019年2月才会安装该电梯。

截至2018年12月，甲公司累计发生成本40万元，其中包括支付给电梯供应商的采购成本30万元以及因采购电梯发生的运输和人工等相关成本5万元。

假定该装修服务（包括安装电梯）构成单项履约义务，并属于在某一时段内履行的履约义务，甲公司是主要责任人，但不参与电梯的设计和制造；甲公司用成本法确定履约进度。上述金额均不含增值税。

【答案】截至2018年12月，甲公司发生成本40万元（包括电梯采购成本30万元以及因采购电梯发生的运输和人工等相关成本5万元），甲公司认为其已发生的成本和履约进度不成比例，因此需要对履约进度计算作出调整，将电梯的采购成本排除在已发生成本和预计总成本之外，在该合同中，该电梯不构成单项履约义务，其成本相对于预计总成本而言是重大的。

甲公司是主要负责人，但是未参与该电梯的设计和制造，客户先取得了电梯的控制权，随后才接受与之相关的安装服务，因此，甲公司在客户取得该电梯控制权时，按照电梯采购成本的金额确认转让电梯产生的收入。

2018年12月，该合同：

履约进度 = [（40 - 30）÷（总成本80 - 30）] = 20%

应确认的收入 = [（100 - 30）×20% + 30] = 44（万元）

应确认的成本 = [（80 - 30）×20% + 30] = 40（万元）

考点7　合同成本（★★）

（一）合同履约成本

表17-12

成本类别	概述
资本化成本	企业为履行合同发生的成本，不属于其他企业会计准则规范范围且同时满足下列条件的，应当作为合同履约成本确认为一项资产： ①该成本与一份当前或预期取得的合同直接相关，包括直接人工、直接材料、制造费用（或类似费用）、明确由客户承担的成本以及仅因该合同而发生的其他成本； ②该成本增加了企业未来用于履行履约义务的资源； ③该成本预期能够收回
费用化成本	企业应当在下列支出发生时，将其计入当期损益： ①管理费用； ②非正常消耗的直接材料、直接人工和制造费用（或类似费用），这些支出为履行合同发生，但未反映在合同价格中； ③与履约义务中已履行部分相关的支出； ④无法在尚未履行的与已履行的履约义务之间区分的相关支出

(二) 合同取得成本

企业为取得合同发生的增量成本预期能够收回的,应当作为合同取得成本确认为一项资产。但是,该资产摊销期限不超过一年的,可以在发生时计入当期损益。

增量成本,是指企业不取得合同就不会发生的成本。

企业为取得合同发生的、除预期能够收回的增量成本之外的其他支出(例如无论是否取得合同均会发生的差旅费、投标费、为准备投标资料发生的相关费用等),应当在发生时计入当期损益。但是,明确由客户承担的除外。

(三) 与合同履约成本和合同取得成本有关的资产的摊销和减值

表 17-13

摊销	①对于确认为资产的合同履约成本和合同取得成本,企业应当采用与该资产相关的商品收入确认相同的基础(即,在履约义务履行的时点或按照履约义务的履约进度)进行摊销,计入当期损益。 ②企业应当根据预期向客户转让与上述资产相关的商品的时间,对资产的摊销情况进行复核并更新,以反映该预期时间的重大变化。此类变化应当作为会计估计变更进行会计处理
减值	①合同履约成本和合同取得成本的账面价值高于下列两项的差额的,超出部分应当计提减值准备,并确认为资产减值损失: a. 企业因转让与该资产相关的商品预期能够取得的剩余对价; b. 为转让该相关商品估计将要发生的成本。 ②以前期间减值的因素之后发生变化,使得前款 a 减 b 的差额高于该资产账面价值的,应当转回原已计提的资产减值准备,并计入当期损益,但转回后的资产账面价值不应超过假定不计提减值准备情况下该资产在转回日的账面价值

(四) 合同履约成本与合同取得成本

表 17-14

成本类别	判断要点
合同取得成本	与合同的取得直接相关的增量成本。 增量成本:不取得合同就不会发生的成本
合同履约成本	与合同的履行直接相关的增量成本。 类比存货定义:为达到预定可交付状态所发生合理、必须的价税费/料工费

【例题 17-13·多选题】下列各项中,不应作为合同履约成本确认为资产的有( )。

A. 为取得合同发生但预期能够收回的增量成本
B. 为组织和管理企业生产经营发生的但非由客户承担的管理费用
C. 无法在尚未履行的与已履行(或已部分履行)的履约义务之间区分的支出
D. 为履行合同发生的非正常消耗的直接材料、直接人工和制造费用

【答案】ABCD
【解析】选项 A，应作为合同取得成本确认为一项资产，而不是合同履约成本；

选项 BCD，下列支出在实际发生时，应计入当期损益：①管理费用；②非正常消耗的直接材料、直接人工和制造费用（或类似费用），这些支出为履行合同发生，但未反映在合同价格中；③与履约义务中已履行部分相关的支出；④无法在尚未履行的与已履行的履约义务之间区分的相关支出。

【例题 17-14·多选题·2019 年】企业为取得销售合同发生的且由企业承担的下列支出，应在发生时计入当期损益的有（　　）。

A. 尽职调查发生的费用　　　　　　B. 投标活动发生的交通费
C. 投标文件制作费　　　　　　　　D. 招标文件购买费

【答案】ABCD
【解析】企业为取得合同发生的、除预期能够收回的增量成本之外的其他支出，如无论是否取得合同均会发生的差旅费、投标费、为准备投标资料发生的相关费用等，应当在发生时计入当期损益，除非这些支出明确由客户承担。因此，选项 ABCD 均正确。

考点 8　关于特定交易的会计处理（★★★）

（一）建造合同："合同结算"

表 17-15

要点	说明
适用情形	对于在某一时段内履行的履约义务涉及与客户结算对价的，一般通过"合同资产""合同负债"来核算，企业也可以设置"**合同结算**"科目（或其他类似科目）
明细科目	①**合同结算——收入结转** 核算按照履约进度结转的收入金额，即代表企业有权收款的金额。 ②**合同结算——价款结算** 核算某一时段内履行的履约义务在与客户定期结算的金额，即代表客户同意结算的金额（即企业实际收款的金额）
账务处理	例：甲企业某工程项目本年按照履约进度应确认收入 1 100 万元，实际发生成本 900 万元（假设均为工人薪酬），与客户按进度款结算 1 090 万元，当日收到客户银行转账 1 090 万元。甲企业会计处理： ①发生成本时。 　借：合同履约成本　　　　　　　　　　　　　　　　　　　　　　　900 　　　贷：应付职工薪酬　　　　　　　　　　　　　　　　　　　　　　900 ②期末确认收入、结转成本（变成亏损合同，要计提预计负债）。 　借：合同结算——收入结转　　　　　　　　　　　　　　　　　　1 100 　　　贷：主营业务收入　　　　　　　　　　　　　　　　　　　　　1 100 　借：主营业务成本　　　　　　　　　　　　　　　　　　　　　　　900 　　　贷：合同履约成本　　　　　　　　　　　　　　　　　　　　　900

续表

要点	说明
账务处理	提示：如果发生预计亏损，还要计提预计负债（以后每期复核，做会计估计变更处理）。 借：主营业务成本 　　贷：预计负债［（合同总成本－合同总收入）×（1－履约进度）］ ③与客户结算价款。 借：应收账款　　　　　　　　　　　　　　　　　　　　　　　　1 090 　　贷：合同结算——价款结算　　　　　　　　　　　　　　　　　　1 090 ④实际收款。 借：银行存款　　　　　　　　　　　　　　　　　　　　　　　　1 090 　　贷：应收账款　　　　　　　　　　　　　　　　　　　　　　　　1 090
列报	根据"合同结算"科目分析填列： ①借方余额：资产项目（即确认了收入，但没收到钱，形成未来收款的权利）。 预计1年内完成：合同资产。 预计1年后完成：其他非流动资产。 ②贷方余额：负债项目（即没有确认收入，但收到了钱，形成未来转让商品的义务）。 预计1年内完成：合同负债。 预计1年后完成：其他非流动负债

【例题17-15·主观题】 甲建筑公司与其客户签订一项总金额为580万元的固定造价合同，该合同不可撤销。甲公司负责工程的施工及全面管理，客户按照第三方工程监理公司确认的工程完工量，每年与甲公司结算一次；该工程已于2018年2月开工，预计2021年6月完工；预计可能发生的工程总成本为550万元。到2019年底，由于材料价格上涨等因素，甲公司将预计工程总成本调整为600万元。2020年末根据工程最新情况将预计工程总成本调整为610万元。假定该建造工程整体构成单项履约义务，并属于在某一时段内履行的履约义务，该公司采用成本法确定履约进度，不考虑其他相关因素。该合同的其他有关资料如下表所示。

合同相关资料　　　　　　　　　　　　　　　　　　　　　　　　　单位：万元

项目	2018年	2019年	2020年	2021年	2022年
年末累计实际发生成本	154	300	488	610	—
年末预计完成合同尚需发生成本	396	300	122	—	—
本期结算合同价款	174	196	180	30*	—
本期实际收到价款	170	190	190	—	30

注：*工程质保金30万元。

按照合同约定，工程质保金30万元需等到客户于2022年底保证期结束且未发生重大质量问题方能收款。上述价款均为不含税价款，不考虑相关税费的影响。

【答案】 甲公司的账务处理如下：

(1) 2018 年的账务处理：

①实际发生合同成本。

借：合同履约成本　　　　　　　　　　　　　　　　1 540 000
　　贷：原材料、应付职工薪酬等　　　　　　　　　　　　　1 540 000

②确认计量当年的收入并结转成本。

履约进度 = 1 540 000 ÷ (1 540 000 + 3 960 000) × 100% = 28%

合同收入 = 5 800 000 × 28% = 1 624 000（元）

借：合同结算——收入结转　　　　　　　　　　　　1 624 000
　　贷：主营业务收入　　　　　　　　　　　　　　　　　　1 624 000
借：主营业务成本　　　　　　　　　　　　　　　　1 540 000
　　贷：合同履约成本　　　　　　　　　　　　　　　　　　1 540 000

③结算合同价款。

借：应收账款　　　　　　　　　　　　　　　　　　1 740 000
　　贷：合同结算——价款结算　　　　　　　　　　　　　　1 740 000

④实际收到合同价款。

借：银行存款　　　　　　　　　　　　　　　　　　1 700 000
　　贷：应收账款　　　　　　　　　　　　　　　　　　　　1 700 000

2018 年 12 月 31 日，"合同结算"科目的余额为贷方 11.6 万元（174 − 162.4），表明甲公司已经与客户结算但尚未履行履约义务的金额为 11.6 万元，由于甲公司预计该部分履约义务将在 2019 年内完成，因此，应在资产负债表中作为合同负债列示。

(2) 2019 年的账务处理：

①实际发生合同成本。

借：合同履约成本　　　　　　　　　　　　　　　　1 460 000
　　贷：原材料、应付职工薪酬等　　　　　　　　　　　　　1 460 000

②确认计量当年的收入并结转成本，同时，确认合同预计损失。

履约进度 = 3 000 000 ÷ (3 000 000 + 3 000 000) × 100% = 50%

合同收入 = 5 800 000 × 50% − 1 624 000 = 1 276 000（元）

合同预计损失 = (3 000 000 + 3 000 000 − 5 800 000) × (1 − 50%) = 100 000（元）

借：合同结算——收入结转　　　　　　　　　　　　1 276 000
　　贷：主营业务收入　　　　　　　　　　　　　　　　　　1 276 000
借：主营业务成本　　　　　　　　　　　　　　　　1 460 000
　　贷：合同履约成本　　　　　　　　　　　　　　　　　　1 460 000
借：主营业务成本　　　　　　　　　　　　　　　　　 100 000
　　贷：预计负债　　　　　　　　　　　　　　　　　　　　　100 000

在 2019 年底，由于该合同预计总成本（600 万元）大于合同总收入（580 万元），预计发生损失总额为 20 万元，由于其中 10 万元（20 × 50%）已经反映在损益中，因此应将剩余的、为完成工程将发生的预计损失 10 万元确认为当期损失。根据《企业会计准则第 13 号——或有事项》的相关规定,待执行合同变成亏损合同的,该亏损合同产生的义务满足相关条件的,则应当对亏损合同确认预计负债。因此,为完成工程将发生的预计损失 10 万元应当确认为预计负债。

③结算合同价款。

借:应收账款 1 960 000
  贷:合同结算——价款结算 1 960 000

实际收到合同价款。

借:银行存款 1 900 000
  贷:应收账款 1 900 000

2019 年 12 月 31 日,"合同结算"科目的余额为贷方 80 万元(11.6 + 196 - 127.6),表明甲公司已经与客户结算但尚未履行履约义务的金额为 80 万元,由于甲公司预计该部分履约义务将在 2020 年内完成,因此,应在资产负债表中作为合同负债列示。

(3) 2020 年的账务处理:

①实际发生的合同成本。

借:合同履约成本 1 880 000
  贷:原材料、应付职工薪酬等 1 880 000

②确认计量当年的合同收入并结转成本,同时调整合同预计损失。

履约进度 = 4 880 000 ÷ (4 880 000 + 1 220 000) × 100% = 80%

合同收入 = 5 800 000 × 80% - 1 624 000 - 1 276 000 = 1 740 000(元)

合同预计损失 = (4 880 000 + 1 220 000 - 5 800 000) × (1 - 80%) - 100 000 = -40 000(元)

借:合同结算——收入结转 1 740 000
  贷:主营业务收入 1 740 000
借:主营业务成本 1 880 000
  贷:合同履约成本 1 880 000
借:预计负债 40 000
  贷:主营业务成本 40 000

在 2020 年底,由于该合同预计总成本(610 万元)大于合同总收入(580 万元),预计发生损失总额为 30 万元,由于其中 24 万元(30 × 80%)已经反映在损益中,因此预计负债的余额为 6 万元(30 - 24),反映剩余的、为完成工程将发生的预计损失,因此,本期应转回合同预计损失 4 万元。

③结算合同价款。

借:应收账款 1 800 000
  贷:合同结算——价款结算 1 800 000

④实际收到合同价款。

借:银行存款 1 900 000

贷：应收账款　　　　　　　　　　　　　　　　　　　　　　　1 900 000

　　2020年12月31日,"合同结算"科目的余额为贷方86万元(80+180-174),表明甲公司已经与客户结算但尚未履行履约义务的金额为86万元,由于该部分履约义务将在2021年6月底前完成,因此,应在资产负债表中作为合同负债列示。

　　(4) 2021年1~6月的账务处理：
　　①实际发生合同成本。
　　借：合同履约成本　　　　　　　　　　　　　　　　　　　　　　1 220 000
　　　　贷：原材料、应付职工薪酬等　　　　　　　　　　　　　　　　1 220 000
　　②确认计量当期的合同收入并结转成本及已计提的合同损失。
　　2021年1~6月确认的合同收入=合同总金额-截至目前累计已确认的收入=5 800 000-1 624 000-1 276 000-1 740 000=1 160 000(元)
　　借：合同结算——收入结转　　　　　　　　　　　　　　　　　　1 160 000
　　　　贷：主营业务收入　　　　　　　　　　　　　　　　　　　　　1 160 000
　　借：主营业务成本　　　　　　　　　　　　　　　　　　　　　　1 220 000
　　　　贷：合同履约成本　　　　　　　　　　　　　　　　　　　　　1 220 000
　　借：预计负债　　　　　　　　　　　　　　　　　　　　　　　　　60 000
　　　　贷：主营业务成本　　　　　　　　　　　　　　　　　　　　　　60 000

　　2021年6月30日,"合同结算"科目的余额为借方30万元(86-116),是工程质保金,需等到客户于2×22年底保质期结束且未发生重大质量问题后方能收款,应在资产负债表中作为合同资产列示。

　　(5) 2022年的账务处理：
　　①保质期结束且未发生重大质量问题。
　　借：应收账款　　　　　　　　　　　　　　　　　　　　　　　　　300 000
　　　　贷：合同结算　　　　　　　　　　　　　　　　　　　　　　　　300 000
　　②实际收到合同价款。
　　借：银行存款　　　　　　　　　　　　　　　　　　　　　　　　　300 000
　　　　贷：应收账款　　　　　　　　　　　　　　　　　　　　　　　　300 000

(二) 附有销售退回条款的销售

对于附有销售退回条款的销售,企业应当在客户取得相关商品控制权时：

(1) 按照因向客户转让商品而预期有权收取的对价金额(即,不包含预期因销售退回将退还的金额)确认收入(预计不会退货的部分)；按照预期因销售退回将退还的金额确认负债(预计负债——应付退货款)。

(2) 按预期将退回商品转让时的账面价值,扣除收回该商品预计发生的成本(包括退回商品的价值减损)后的余额,确认为一项资产(应收退货成本),按照所转让商品转让时的账面价值,扣除上述资产成本的净额结转成本。

(3) 每一资产负债表日,企业应当重新估计未来销售退回情况,如有变化,应当作为会计估计变更进行会计处理。

【例题17-16·主观题】 甲公司是一家健身器材销售公司。2017年11月1日,甲公司向乙公司销售5 000件健身器材,单位销售价格为500元,单位成本为400元,开出的增值税专用发票上注明的销售价格为250万元,增值税税额为32.5万元。健身器材已经发出,但款项尚未收到。根据协议约定,乙公司应于2017年12月31日之前支付货款,在2018年3月31日之前有权退还健身器材。甲公司根据过去的经验,估计该批健身器材的退货率约为20%。

在2017年12月31日,甲公司对退货率进行了重新评估,认为只有10%的健身器材会被退回。甲公司为增值税一般纳税人,健身器材发出时纳税义务已经发生,实际发生退回时取得税务机关开具的红字增值税专用发票。假定健身器材发出时控制权转移给乙公司。甲公司的账务处理如下:

【答案】 甲公司的账务处理如下:

(1) 2017年11月1日发出健身器材时。

借:应收账款　　　　　　　　　　　　　　　　　　　　　　　2 825 000
　　贷:主营业务收入　　　　　　　[5 000×(1-20%)×500] 2 000 000
　　　　预计负债——应付退货款　　　[5 000×20%×500] 500 000
　　　　应交税费——应交增值税(销项税额)　　　　　　　325 000
借:主营业务成本　　　　　　　　[5 000×(1-20%)×400] 1 600 000
　　应收退货成本　　　　　　　　　[5 000×20%×400] 400 000
　　贷:库存商品　　　　　　　　　　　　　　　　　　　2 000 000

(2) 2017年12月31日前收到货款时。

借:银行存款　　　　　　　　　　　　　　　　　　　　　　　2 825 000
　　贷:应收账款　　　　　　　　　　　　　　　　　　　　　2 825 000

(3) 2017年12月31日,甲公司对退货率进行重新评估。

借:预计负债——应付退货款　　[5 000×(20%-10%)×500] 250 000
　　贷:主营业务收入　　　　　　　　　　　　　　　　　　　250 000
借:主营业务成本　　　　　　　[5 000×(20%-10%)×400] 200 000
　　贷:应收退货成本　　　　　　　　　　　　　　　　　　　200 000

(4) 情形1:实际退货量=预计退货量(预计退10%,计500件)。

2018年3月31日发生销售退回,实际退货量为500件,退货款项已经支付。

借:预计负债——应付退货款　　　　　　　　　　(冲减余额) 250 000
　　应交税费——应交增值税(销项税额)　　(500×500×13%) 32 500
　　贷:银行存款　　　　　　　　　　　　　　(500×500×1.13) 282 500
借:库存商品　　　　　　　　　　　　　　　　　(500×400) 200 000
　　贷:应收退货成本　　　　　　　　　　　　　　(冲减余额) 200 000

情形2:实际退货量<预计退货量(预计退10%,计500件)。

2018年3月31日发生销售退回,实际退货量为400件,退货款项已经支付。

借：预计负债——应付退货款　　　　　　　　　　　　　（冲减余额）250 000
　　应交税费——应交增值税（销项税额）　　（400×500×13%）26 000
　贷：银行存款　　　　　　　　　　　　　　　　（400×500×1.13）226 000
　　　主营业务收入　　　　　　　　　　　（退的少，确认100件收入）50 000
借：库存商品　　　　　　　　　　　　　　　　　　　（400×400）160 000
　　主营业务成本　　　　　　　　　　　（退的少，确认100件成本）40 000
　贷：应收退货成本　　　　　　　　　　　　　　　　（冲减余额）200 000

情形3：实际退货量>预计退货量（预计退10%，计500件）。

2018年3月31日发生销售退回，实际退货量为600件，退货款项已经支付。

借：预计负债——应付退货款　　　　　　　　　　　　　（冲减余额）250 000
　　应交税费——应交增值税（销项税额）　　（600件×500×13%）39 000
　　主营业务收入　　　　　　　　　　　　（退的多，冲减100件收入）50 000
　贷：银行存款　　　　　　　　　　　　　　　　（600×500×1.13）339 000
借：库存商品　　　　　　　　　　　　　　　　　　　（600×400）240 000
　贷：应收退货成本　　　　　　　　　　　　　　　　（冲减余额）200 000
　　　主营业务成本　　　　　　　　　　　（退的多，冲减100件成本）40 000

【总结】退货的分析。

收入端：给客户退款，减少银行存款、冲减预计负债、销项税，差额倒挤主营业务收入
成本端：收回客户退货，库存商品重新入库，冲减应收退货成本，差额倒挤主营业务成本

即：

借：预计负债（预计退款）
　　应交税费——应交增值税（销项税额）　　｝实际退款
　贷：银行存款
　　　主营业务收入（差额，可借可贷）
借：库存商品（实际退货）
　贷：应收退货成本（预计退货）
　　　主营业务成本（差额，可借可贷）

（三）附有质量保证条款的销售

表17–16

定义	企业在向客户销售商品时，根据合同约定、法律规定或本企业以往的习惯做法等，可能会为所销售的商品提供质量保证，这些质量保证的性质可能因行业或者客户而不同		
分类	保证类质量保证	定义	为了向客户保证所销售的商品符合既定标准的保证
		特征	不可单独购买；法定；时限短（1年）
		会计处理	企业应当按照或有事项的规定进行会计处理

续表

分类	服务类质量保证	定义	在向客户保证所销售的商品符合既定标准之外提供一项单独的服务
		特征	可单独购买；非法定；时限长（**超过1年**）
		会计处理	应当将其作为单项履约义务
提醒	企业提供的质量保证同时包含上述两类的，应当分别对其进行会计处理，无法合理区分的，应当将这两类质量保证一起作为**单项履约义务**进行会计处理			

【例题17-17·主观题】甲公司与客户签订合同，销售一部手机。该手机自售出起一年内如果发生质量问题，甲公司负责提供质量保证服务。此外，在此期间内，由于客户使用不当（例如手机进水）等原因造成的产品故障，甲公司也免费提供维修服务。该维修服务不能单独购买。

【答案】本例中，甲公司的承诺包括：销售手机、提供质量保证服务以及维修服务。甲公司针对产品的质量问题提供的质量保证服务是为了向客户保证所销售商品符合既定标准，因此不构成单项履约义务；甲公司对由于客户使用不当而导致的产品故障提供的免费维修服务，属于在向客户保证所销售商品符合既定标准之外提供的单独服务，尽管其没有单独销售，该服务与销售手机可明确区分，应该作为单项履约义务。因此，在该合同下，甲公司的履约义务有两项：销售手机和提供维修服务，甲公司应当按照其各自单独售价的相对比例，将交易价格分摊至这两项履约义务，并在各项履约义务履行时分别确认收入。

（四）主要责任人和代理人

表17-17

判断要点	类别	收入确认
向客户转让商品前拥有对该商品的**控制权**	**主要责任人**（卖自己的货）	总额法
向客户转让商品前不拥有对该商品的**控制权**	**代理人**（帮别人卖货）	净额法

> 🖥 彬哥解读
>
> （1）在考虑控制权时需综合考虑以下3个因素：①拥有了主要定价权；②承担了主要存货风险；③承担了主要售后风险。
>
> （2）为什么要区分主要责任人和代理人？
>
> 也是为了避免虚增收入。比如京东自营和淘宝就属于完全不同性质的业务，京东自营卖的是自家的货，当然要按总额确认收入。但淘宝作为平台商，自己并不卖货，而是为别人卖货提供服务，所以别人卖货的收入不是淘宝的收入，淘宝只能以收到的佣金、手续费来确认收入。

【例题17-18】甲公司是一家经营高端品牌的百货公司,采用自主选择品牌直营模式。甲公司根据品牌定位,挑选某高端品牌乙公司作为其供应商之一,乙公司提供约定品牌商品,并与其他品牌同类商品统一摆放在甲公司指定位置。甲公司委派营业员销售该品牌商品,并负责专柜内的商品保管、出售、调配或下架,承担丢失和毁损风险,拥有未售商品的所有权。甲公司对百货公司内商品统一定价,统一收款。如果需办理退换货的,甲公司可自行决定为客户办理退换货、赔偿等事项,如属商品质量问题,可向乙公司追偿。假定不考虑其他因素。

【答案及解析】本例中,企业应当根据其在向客户转让商品前是否拥有对该商品的控制权,来判断其从事交易时的身份是主要责任人还是代理人。在客户付款购买商品之前,甲公司能够主导商品的使用,例如出售、调配或下架,并从中获得其几乎全部的经济利益,拥有对该商品的控制权,是主要责任人,在客户取得商品控制权时确认收入。

(五) 附有客户额外购买选择权的销售

表17-18

定义	某些情况下,企业在销售商品的同时,会向客户授予**选择权**,允许客户可以据此免费或者以折扣价格购买额外的商品
基本原则	①对于附有客户额外购买选择权的销售,企业应评估选择权是否向客户提供了一项**重大权利**。 ②若提供的选择权向客户提供了重大权利的,应作为单项履约义务
是否提供重大权利的判断	同时满足以下2个条件,就构成提供重大权利: ①客户只有在订立了合同的前提下才取得额外购买选择权。 ②客户行使该选择权购买额外商品时,能够享受到超过其他同类客户的折扣
会计处理	**向客户提供一项重大权利**：应当作为单项履约义务,将交易价格分摊至该履约义务,在客户未来行使购买选择权取得相关商品控制权时,或者该选择权失效时,确认相应的收入
	向客户提供一项非重大权利：应当将该选择权作为企业提出的要约,仅在该客户行使该选择权来购买额外商品或服务时,企业才能按照**收入**准则进行会计处理
奖励积分(提供重大权利)	①转移商品控制权时,按单独售价比例分摊交易价格。 借:银行存款 　　贷:主营业务收入(转让商品分摊的交易价格) 　　　　合同负债(奖励积分分摊的交易价格) ②未来使用积分期间,重新估计兑换率,按已兑换比例确认收入。 当期确认的收入=初始合同负债×累计已兑换数量÷预计总兑换数量-以前年度累计分摊金额 借:合同负债 　　贷:主营业务收入 ③到期结算,合同负债余额全部确认收入

【例题17-19·主观题】2017年1月1日,甲公司开始推行一项奖励积分计划。根据该计划,客户在甲公司每消费10元可获得1个积分,每个积分从次月开始在购物时可以抵减1元。截至2017年1月31日,客户共消费100 000元,可获得10 000个积分,根据历

史经验,甲公司估计该积分的兑换率为 95%。假定上述金额均不包含增值税,且假定不考虑相关税费影响。

【答案】本例中,甲公司认为其授予客户的积分为客户提供了一项重大权利,应当作为单项履约义务。客户购买商品的单独售价合计为 100 000 元,考虑积分的兑换率,甲公司估计积分的单独售价为 9 500 元(1×10 000×95%)。甲公司按照商品和积分单独售价的相对比例对交易价格进行分摊:

商品分摊的交易价格 = [100 000÷(100 000 + 9 500)]×100 000 = 91 324(元)
积分分摊的交易价格 = [9 500÷(100 000 + 9 500)]×100 000 = 8 676(元)

因此,甲公司应当在商品的控制权转移时确认收入 91 324 元,同时确认合同负债 8 676 元。

借:银行存款　　　　　　　　　　　　　　　　　　　　　100 000
　　贷:主营业务收入　　　　　　　　　　　　　　　　　　　 91 324
　　　　合同负债　　　　　　　　　　　　　　　　　　　　　　8 676

截至 2017 年 12 月 31 日,客户共兑换了 4 500 个积分,甲公司对该积分的兑换率进行了重新估计,仍然预计客户总共将会兑换 9 500 个积分。因此,甲公司以客户兑换的积分数占预期将兑换的积分总数的比例为基础确认收入。

积分当年应当确认的收入 = 4 500÷9 500×8 676 = 4 110(元);剩余未兑换的积分 = 8 676 - 4 110 = 4 566(元),仍然作为合同负债。

借:合同负债　　　　　　　　　　　　　　　　　　　　　　 4 110
　　贷:主营业务收入　　　　　　　　　　　　　　　　　　　　4 110

截至 2018 年 12 月 31 日,客户累计兑换了 8 500 个积分。甲公司对该积分的兑换率进行了重新估计,预计客户总共将会兑换 9 700 个积分。积分当年应当确认的收入 = 8 500÷9 700×8 676 - 4 110 = 3 493(元);剩余未兑换的积分 = 8 676 - 4 110 - 3 493 = 1 073(元),仍然作为合同负债。

借:合同负债　　　　　　　　　　　　　　　　　　　　　　 3 493
　　贷:主营业务收入　　　　　　　　　　　　　　　　　　　　3 493

(六)授予知识产权许可

表 17-19

定义		授予知识产权许可,是指企业授予客户对企业拥有的知识产权享有相应权利
形式		包括软件和技术、影视和音乐等的版权、特许经营权以及专利权、商标权和其他版权等
基本原则		企业向客户授予知识产权许可的,应当按照准则规定评估该知识产权许可是否构成单项履约义务,构成单项履约义务的,应当进一步确定其是在某一时段内履行还是在某一时点履行
分类	不构成单项履约义务	情形	①该许可构成有形商品的组成部分并且对于该商品的正常使用不可或缺。例如,企业向客户销售设备和相关软件,该软件内嵌于设备之中,该设备必须安装了该软件之后才能正常使用。 ②客户只有将该知识产权许可和相关服务一起使用才能够从中获益。客户取得授权许可,但只有通过企业提供的在线服务才能访问相关内容

分类			续表
分类	不构成单项履约义务	会计处理	授予客户的知识产权许可不构成单项履约义务的，企业应当将该知识产权许可和所售商品一起作为单项履约义务进行会计处理
	构成单项履约义务	情形	该知识产权许可明确可区分
		会计处理	按时点/时段确认收入： ①同时满足3个条件，为按时段确认收入： a. 合同要求或客户能够合理预期企业将从事对该项知识产权有重大影响的活动。 b. 该活动对客户将产生有利或不利影响。 c. 该活动不会导致向客户转让某项商品。 ②按时点确认收入：排除法
特殊考虑	收入的确认金额		①可变对价（销售提成）：应当在下列两项孰晚的**时点确认收入**： a. 客户**后续销售或使用行为实际发生**。 b. 企业履行相关履约义务。 提示：这是可变对价的例外规定，不能在合同开始日计入交易价格。 ②固定对价：按照**时间点/时间段确认收入**

【例题17-20·主观题】甲公司是一家设计制作连环漫画的公司。甲公司授权乙公司可在4年内使用其3部连环漫画中的角色形象和名称。甲公司的每部连环漫画都有相应的主要角色。但是，甲公司会定期创造新的角色，且角色的形象也会随时演变。乙公司是一家大型游轮的运营商，乙公司可以按不同的方式（例如，展览或演出）使用这些漫画中的角色。合同要求乙公司必须使用最新的角色形象。在授权期内，甲公司每年向乙公司收取1 000万元。

【答案】本例中，甲公司除了授予知识产权许可外不存在其他履约义务。甲公司基于下列因素的考虑，认为该许可的相关收入应当在某一时段内确认：

一是，乙公司合理预期（根据甲公司以往的习惯做法），甲公司将实施对该知识产权许可产生重大影响的活动，包括创作角色及出版包含这些角色的连环漫画等；

二是，这些活动直接对乙公司产生的有利或不利影响，这是因为合同要求乙公司必须使用甲公司创作的最新角色，这些角色塑造得成功与否，会直接对乙公司产生影响；

三是，尽管乙公司可以通过该知识产权许可从这些活动中获益，但在这些活动发生时并没有导致向乙公司转让任何商品或服务。

（七）售后回购

售后回购，是指企业销售商品的同时承诺或有权选择日后再将该商品购回的销售方式。

企业应当区分下列两种情形分别进行会计处理：

表 17-20

情形（准则原文）		原理	会计处理	
情形 1：企业因存在与客户的远期安排而负有回购义务（确定回购）		合理预计将回购→控制权实质未转移给客户	不确认收入	回购价≤原售价　租赁交易
				回购价＞原售价　融资交易
情形 2：企业负有应客户要求回购商品义务（可能回购，要进一步判断客户有无行权的重大经济动因）	客户有行使该要求权的重大经济动因。（回购价＞回购时市价）			
	客户无行使该要求权的重大经济动因。（回购价≤回购时市价）	不能合理预计将回购→控制权实质已转移给客户	确认收入	视同附有销售退回条款的销售进行会计处理

【例题 17-21·主观题】甲公司向乙公司销售一台设备，销售价格为 200 万元，同时双方约定两年之后，甲公司将以 120 万元的价格回购该设备。假定不考虑货币时间价值等其他因素影响。

【答案】本例中，根据合同有关甲公司在两年后回购该设备的约定，乙公司并未取得该设备的控制权。不考虑货币时间价值等影响，该交易的实质是乙公司支付了 80 万元（200-120）的对价取得了该设备 2 年的使用权。因此，甲公司应当将该交易作为租赁交易进行会计处理。

【例题 17-22·主观题】甲公司向乙公司销售其生产的一台设备，销售价格为 2 000 万元，双方约定，乙公司在 5 年后有权要求甲公司以 1 500 万元的价格回购该设备。甲公司预计该设备在回购时的市场价值将远低于 1 500 万元。

【答案】本例中，假定不考虑时间价值的影响，甲公司的回购价格低于原售价，但远高于该设备在回购时的市场价值，甲公司判断乙公司有重大的经济动因，行使其权利要求甲公司回购该设备。因此，甲公司应当将该交易作为租赁交易进行会计处理。

（八）客户未行使的权利

表 17-21

定义	某些情况下，企业收取的预收款无须退回，但是客户可能会放弃其全部或部分合同权利
基本原则	企业预期将有权获得与客户所放弃的合同权利相关的金额的，应当按照客户行使合同权利的模式按比例将上述金额确认为收入；否则，企业只有在客户要求其履行剩余履约义务的可能性极低时，才能将相关负债余额转为收入
提醒	①企业在确定其是否预期将有权获得与客户所放弃的合同权利相关的金额时，应当考虑将估计的可变对价计入交易价格的限制要求。 ②如果有相关法律规定，企业所收取的、与客户未行使权利相关的款项须转交给其他方的（例如，法律规定无人认领的财产需上交政府），企业不应将其确认为收入

> **彬哥解读**
> 该规定本质是解决如何处理客户放弃的合同权利的问题（如企业不用退回客户放弃充值卡余额），如果企业预期有权获取对方放弃的权利，则按比例将该放弃的金额确认为收入；如果企业预期无权收取，那就只能等企业没有履约义务时才能确认。

【例题17－23·主观题】甲公司经营连锁面包店。2018年，甲公司向客户销售5 000张储值卡，每张卡的面值为200元，总额为1 000 000元。客户可在甲公司经营的任何一家门店使用该储值卡进行消费。根据历史经验，甲公司预期客户购买的储值卡中将有大约相当于储值卡面值金额5%（即50 000元）的部分不会被消费。截至2018年12月31日，客户使用该储值卡消费的金额为400 000元。假定不考虑增值税等相关因素。

【答案】甲公司预期将有权获得与客户未行使的合同权利相关的金额为50 000元，该金额应当按照客户行使合同权利的模式按比例确认为收入。

甲公司在2018年销售的储值卡应当确认的收入包括两个部分，一个是客户实际消费的400 000元，另一部分是按比例分摊预期客户放弃的50 000元，即应当确认收入 = 400 000 + 50 000 × 400 000 ÷ 950 000 = 421 052.63（元）。

甲公司的账务处理为：
（1）销售储值卡：
借：库存现金　　　　　　　　　　　　　　　　　　　　　　1 000 000
　　贷：合同负债　　　　　　　　　　　　　　　　　　　　　　1 000 000
（2）根据储值卡的消费金额确认收入：
借：合同负债　　　　　　　　　　　　　　　　　　　　　　421 052.63
　　贷：主营业务收入　　　　　　　　　　　　　　　　　　　421 052.63

（九）无须退回的初始费

表17－22

企业在合同开始（或临近合同开始）日向客户收取的无须退回的初始费通常包括入会费、接驳费、初装费。企业收取该初始费时，应当评估该初始费是否与向客户转让已承诺的商品相关	①该初始费与向客户转让已承诺的商品相关，且转让该商品构成单项履约义务的，企业应当在转让该商品时，按照分摊至该商品的交易价格确认收入； ②该初始费与向客户转让已承诺的商品相关，但转让该商品不构成单项履约义务的，企业应当在包含该商品的单项履约义务履行时，按照分摊至该单项履约义务的交易价格确认收入； ③该初始费与向客户转让已承诺的商品不相关的，该初始费应当作为未来将转让商品的预收款，在未来转让该商品时确认为收入
在合同开始（或临近合同开始）日，企业通常必须开展一些初始活动，为履行合同进行准备，如一些行政管理性质的准备工作，**这些活动虽然与履行合同有关，但并没有向客户转让已承诺的商品，因此，不构成单项履约义务**，即使企业向客户收取的无须退回的初始费与这些初始活动相关（如健身房收取的会员登记费）**也不应在这些活动完成时将该初始费确认为收入**，而是**应当将该初始费作为未来将转让商品的预收款，在未来转让该商品时确认为收入**	
提示：本考点近年真题未考查、重要性较低，熟悉知识卡片按文字题掌握即可	

> **案例胶卷**
>
> 甲公司经营一家会员制健身俱乐部。甲公司与客户签订了为期2年的合同，客户入会之后可以随时在该俱乐部健身。除俱乐部的年费2 000元之外，甲公司还向客户收取了50元的入会费，用于补偿俱乐部为客户进行注册登记、准备会籍资料以及制作会员卡等初始活动所花费的成本。甲公司收的入会费和年费均无须返还。
>
> 本例中，甲公司承诺的服务是向客户提供健身服务，而甲公司为会员入会所进行的初始活动并未向客户提供其所承诺的服务，而只是一些内部行政管理性质的工作。因此，甲公司虽然为补偿这些初始活动向客户收取了50元入会费，但是该入会费实质上是客户为健身服务所支付的对价的一部分，故应当作为健身服务的预收款，与收取的年费一起在2年内分摊确认为收入。

（十）社会资本方对政府和社会资本合作（PPP）项目合同的会计处理（2022年新增）

1. PPP项目合同的特征和条件

PPP项目合同是指社会资本方与政府方依法依规就PPP项目合作所订立的合同。本部分规定的PPP项目合同应当同时具有以下两个特征：

（1）社会资本方在合同约定的运营期间内代表政府方使用PPP项目资产提供公共产品和服务；

（2）社会资本方在合同约定的期间内就其提供的公共产品和服务获得补偿（以下简称"双特征"）。

其中，社会资本方是指与政府方签订PPP项目合同的社会资本或项目公司；政府方是指政府授权或指定的PPP项目实施机构；PPP项目资产是指PPP项目合同中确定的用来提供公共产品和服务的资产，如自来水管道及配套设施、天然气管道及配套设施或高速公路。

本部分规定的PPP项目还应当同时符合以下两个条件：

（1）政府方控制或管制社会资本方使用PPP项目资产必须提供的公共产品和服务的类型、对象和价格；

（2）PPP项目合同终止时，政府方通过所有权、收益权或其他形式控制PPP项目资产的重大剩余权益（以下简称"双控制"）。对于运营期占项目资产全部使用寿命的PPP项目合同，即使项目合同结束时项目资产不存在重大剩余权益，如果该项目合同符合前述"双控制"条件中的第（1）项，则仍然适用本部分规定。除上述情况外，不同时符合"双特征"和"双控制"的PPP项目合同，社会资本方应当根据其业务性质按照其他有关规定进行会计处理。

值得说明的是，本部分所规定的PPP项目合同，与前述一般收入的合同有所差异。首先，社会资本方（一般为企业）是与政府方签订PPP项目合同，在合同约定的运营期间，由社会资本方代表政府方使用PPP项目资产向公众提供公共产品和服务，并获得补偿，这使得社会资本方的客户可能既有政府，也有公共产品和服务的使用者；其次，在上述"双控制"的条件下，PPP项目资产实质上由政府方控制，而非社会资本方，社会资本方仅是在合同运营期间使用PPP项目资产提供公共产品和服务，不像一般企业通过使用自己控制的资产生产销售产品或提供服务；最后，社会资本方获得的补偿存在不同模式，如特许经营权或可确定的现金金额。

这些差异使得社会资本方在确认和计量收入与相关资产时存在特殊的考虑，并涉及多项会计准则的相关规定。

2. 相关会计处理

社会资本方提供建造服务（含建设和改扩建）或发包给其他方等，应当确定其身份是主要责任人还是代理人，并进行会计处理，确认合同资产。如果社会资本方根据 PPP 项目合同约定，提供多项服务（如既提供 PPP 项目资产建造服务，又提供建成后的运营服务、维护服务）的，应当识别合同中的单项履约义务，将交易价格按照各项履约义务单独售价的相对比例分摊至各项履约义务。

在 PPP 项目资产的建造过程中发生的借款费用，社会资本方应当按照借款费用的规定进行会计处理。对于下述确认为无形资产的部分，社会资本方在相关借款费用满足资本化条件时，应当将其予以资本化，记入 "PPP 借款支出" 科目，并在 PPP 项目资产达到预定可使用状态时，结转至无形资产。除上述情形以外的其他借款费用，社会资本方均应予以费用化，计入财务费用。

PPP 项目资产达到预定可使用状态后，社会资本方应当按照收入的规定确认与运营服务相关的收入。同时，社会资本方不应当将 PPP 项目资产确认为固定资产。社会资本方根据 PPP 项目合同约定，在项目运营期间，有权向获取公共产品和服务的对象收取费用，但收费金额不确定的，该权利不构成一项无条件收取现金的权利，应当在 PPP 项目资产达到预定可使用状态时，将相关 PPP 项目资产的对价金额或确认的建造收入金额确认为无形资产，并按照无形资产的有关规定进行处理（"无形资产模式"）。

【例题 17-24】甲公司在境内从事各类公路的投资建设和运营业务。2021 年 1 月，甲公司与当地政府签订 PPP 项目合同，甲公司作为社会资本方负责当地高速公路的建设、运营和维护。根据 PPP 项目合同约定，PPP 项目合同期间为 10 年，其中项目建设期为 2 年、运营期为 8 年。甲公司有权在运营期内向通行车辆收取高速公路通行费，政府不对未来能够收取的车辆通行费或者通过的车流量提供保证。运营期满后，甲公司将 PPP 项目资产无偿移交给政府方。假设甲公司的建造服务和运营服务均构成单项履约义务，均满足在某一时段确认收入的条件，且甲公司从事 PPP 项目的身份为主要责任人。假设该合同满足上述"双特征"和"双控制"条件。甲公司预计其提供建造和运营服务的成本如表 1 所示。

表 1   单位：万元

项目	年份	成本
建造服务（每年）	2021~2022	4 000
运营服务（每年）	2023~2030	80

甲公司从事该 PPP 项目的资金全部来源于银行借款，借款年利率为 6.7%。假设市场类似建造服务的合理毛利率为 5%；甲公司 2023 年和 2024 年根据实际车流量收取的通行费用均为 1 600 万元（以后年度略）；合同期间各年的现金流均在年末发生。假定不考虑其他因素和相关税费。

本例中，甲公司向政府方提供建造高速公路的服务，并获得在合同约定的运营期内运营该高速公路的权利。虽然甲公司在运营期间有权向通行车辆收取高速公路通行费，但是其金额不确定，取决于通行车辆的类型、数量以及通行距离等，因此该权利不构成一项无条件收取现金的权利，应当按照上述无形资产模式进行会计处理。

甲公司通过向政府方提供建造服务取得高速公路运营权，属于非现金对价安排，甲公司应当按照收入的相关规定，通常按照非现金对价在合同开始日的公允价值确定交易价格，确认建造服务的收入。由于该无形资产的公允价值不能合理估计，甲公司采用成本加成法确定建造服务的单独售价，从而确定交易价格。考虑市场情况、行业平均毛利水平等因素之后，估计建造服务的合理毛利率为5%。甲公司预计其提供建造服务的成本和收入如表2所示。

表2
单位：万元

项目	年份	成本	收入
建造服务（每年）	2021～2022	4 000	4 200*

注：*4 000×(1+5%)=4 200（万元）。

甲公司在建造期间每年确认建造服务收入4 200万元，同时确认合同资产，在项目资产达到预定可使用状态时，将合同资产结转为无形资产，并按照无形资产的规定进行会计处理。在运营期间，甲公司将收到的通行费确认为运营服务收入。

甲公司在合同期间各年的账务处理如下：

1. 2021年的账务处理。

确认建造服务收入和成本：

借：合同资产	42 000 000
贷：主营业务收入	42 000 000
借：合同履约成本	40 000 000
贷：原材料、应付职工薪酬等	40 000 000
借：主营业务成本	40 000 000
贷：合同履约成本	40 000 000

注：由于现金流在年末发生，因此第一年没有借款费用资本化的影响。

2. 2022年的账务处理。

(1) 确认建造服务收入和成本（与2021年相同）。

(2) 确认资本化的借款费用：

借：PPP借款支出	(40 000 000×6.7%) 2 680 000
贷：短期借款/长期借款	2 680 000

(3) 在PPP项目资产达到预定可使用状态时，将合同资产及PPP借款支出结转为无形资产。

借：无形资产	(84 000 000 + 2 680 000) 86 680 000
贷：合同资产	84 000 000
PPP借款支出	2 680 000

3. 2023年的账务处理

（1）确认运营服务收入和成本：

借：银行存款　　　　　　　　　　　　　　　　　16 000 000
　　贷：主营业务收入　　　　　　　　　　　　　　　　16 000 000
借：合同履约成本　　　　　　　　　　　　　　　　　800 000
　　贷：原材料、应付职工薪酬等　　　　　　　　　　　800 000
借：主营业务成本　　　　　　　　　　　　　　　　　800 000
　　贷：合同履约成本　　　　　　　　　　　　　　　　 800 000

（2）对无形资产进行摊销：

借：主营业务成本　　　　　　　（86 680 000÷8）10 835 000
　　贷：累计摊销　　　　　　　　　　　　　　　　　10 835 000

4. 2024年及以后比照2023年进行账务处理

社会资本方根据PPP项目合同约定，在项目运营期间，满足有权收取可确定金额的现金（或其他金融资产）条件的，应当在社会资本方拥有收取该对价的权利（该权利仅取决于时间流逝的因素）时确认为应收款项，并按照金融工具的规定进行会计处理（"金融资产模式"）。社会资本方应当在PPP项目资产达到预定可使用状态时，将相关PPP项目资产的对价金额或确认的建造收入金额，超过有权收取可确定金额的现金（或其他金融资产）的差额，确认为无形资产（"混合模式"）。

【例题17-25】甲公司在境外某地从事各类公路的投资建设和运营业务。2021年1月，甲公司与当地政府签订PPP项目合同，甲公司作为社会资本方负责当地高速公路的建设、运营和维护。根据PPP项目合同约定，PPP项目合同期间为10年，其中项目建设期为2年、运营期为8年。根据PPP项目合同约定，合同期间的第8年末（即2028年末），甲公司需要对路面进行翻修，以使该道路保持一定的使用状态。运营期满后，甲公司将PPP项目资产无偿移交给政府方。甲公司的履约义务包括提供道路建造、运营和路面翻修的服务，假设上述服务均构成单项履约义务，均满足在某一时段确认收入的条件，且甲公司从事PPP项目的身份是主要责任人。假设该合同满足上述"双特征"和"双控制"条件。

按照PPP项目合同约定，政府方需要对甲公司提供的PPP项目资产进行验收，包括满足道路如期完工通车、符合当地环保要求，并在运营期间持续保持道路的使用状态和正常通行等要求。如果未满足验收条件，政府方则有权要求甲公司进行整改，直至验收合格。政府方验收合格后，在运营期间每年末向甲公司支付1 600万元。甲公司合理估计其能够达到验收条件。

甲公司采用成本加成法确定各单项履约义务的单独售价，考虑市场情况、行业平均毛利水平等因素之后，估计建造、运营以及路面翻修服务的合理毛利率分别为5%、20%和10%。甲公司预计其提供建造、运营和路面翻修服务的成本和收入如下表所示。

单元：万元

项目	年份	成本	收入
建造服务（每年）	2021～2022 年	4 000	4 200 *
运营服务（每年）	2023～2030 年	80	96 **
路面翻修服务	2028 年	800	880 ***

注：* 4 000×(1+5%)=4 200（万元）
** 80×(1+20%)=96（万元）
*** 800×(1+10%)=880（万元）

假设合同期间各年的现金流均在年末发生，通过插值法（使在合同开始日各项履约义务确认的收入现值等于各期现金流量现值的折现率）计算出该 PPP 项目的实际利率为 6.18%（假设该实际利率体现了合同开始时甲公司与政府方进行单独融资交易所反映的利率）。假定不考虑其他因素和相关税费。

本例中，根据 PPP 项目合同约定，在项目运营期间，甲公司每年自政府方取得 1 600 万元的对价，即甲公司在项目运营期间有权收取可确定金额的现金，应当按照上述金融资产模式进行会计处理。甲公司在建造期间每年确认建造服务收入 4 200 万元，同时确认合同资产，并在以后年度甲公司拥有收取对价的权利（该权利仅取决于时间流逝的因素）时，将合同资产转为应收款项。甲公司在运营期间每年确认的运营服务收入为 96 万元，在 2028 年确认的路面翻修服务收入为 880 万元。

甲公司在合同期间各年的账务处理如下：

1. 2021 年的账务处理

确认建造服务收入和成本：

借：合同资产　　　　　　　　　　　　　　　　　　　　　　　　42 000 000
　　贷：主营业务收入　　　　　　　　　　　　　　　　　　　　　　42 000 000
借：合同履约成本　　　　　　　　　　　　　　　　　　　　　　　40 000 000
　　贷：原材料、应付职工薪酬等　　　　　　　　　　　　　　　　　40 000 000
借：主营业务成本　　　　　　　　　　　　　　　　　　　　　　　40 000 000
　　贷：合同履约成本　　　　　　　　　　　　　　　　　　　　　　40 000 000

注：由于现金流在年末发生，因此第一年没有融资成分的影响。

2. 2022 年的账务处理

（1）确认建造服务收入和成本（与 2021 年相同）。

（2）确认融资成分的影响：

借：合同资产　　　　　　　　　　　　　　　（42 000 000×6.18%）2 595 600
　　贷：财务费用、利息收入等　　　　　　　　　　　　　　　　　　2 595 600

3. 2023 年的账务处理

（1）确认运营服务收入和成本：

借：合同资产　　　　　　　　　　　　　　　　　　　　　　　　　960 000
　　贷：主营业务收入　　　　　　　　　　　　　　　　　　　　　　960 000

借：合同履约成本　　　　　　　　　　　　　　　　800 000
　　贷：应付职工薪酬等　　　　　　　　　　　　　　　800 000
借：主营业务成本　　　　　　　　　　　　　　　　800 000
　　贷：合同履约成本　　　　　　　　　　　　　　　　800 000

（2）确认融资成分的影响：
借：合同资产　　　　　　　　　　　　　　　　　5 351 608
　　贷：财务费用、利息收入等　　　　　　　　　　　5 351 608

注：5 351 608 = [42 000 000 ×（1 + 6.18%）+ 42 000 000] × 6.18%

（3）甲公司在拥有收取对价的权利（该权利仅取决于时间流逝的因素）时，本例为政府方承担向甲公司支付款项的义务时，将合同资产转为应收款项。

借：应收账款　　　　　　　　　　　　　　　　16 000 000
　　贷：合同资产　　　　　　　　　　　　　　　　16 000 000

（4）从政府方收到款项：
借：银行存款　　　　　　　　　　　　　　　　16 000 000
　　贷：应收账款　　　　　　　　　　　　　　　　16 000 000

4. 2024年至2027年比照2023年进行账务处理。
5. 2028年的账务处理
（1）确认路面翻修服务收入和成本。

借：合同资产　　　　　　　　　　　　　　　　　8 800 000
　　贷：主营业务收入　　　　　　　　　　　　　　　8 800 000
借：合同履约成本　　　　　　　　　　　　　　　　8 000 000
　　贷：原材料、应付职工薪酬等　　　　　　　　　　8 000 000
借：主营业务成本　　　　　　　　　　　　　　　　8 000 000
　　贷：合同履约成本　　　　　　　　　　　　　　　　8 000 000

（2）其余账务处理比照2023年的会计分录进行。
6. 2029年及以后比照2023年进行账务处理。

【例题17-26·主观题】 承〖例17-24〗，假设按照PPP项目合同约定，运营期间甲公司有权向通行车辆收取通行费，但由于该条高速公路尚未全线贯通，对车流量可能有一定的不利影响，为保证甲公司的投资回报，政府方向甲公司保证甲公司在运营期间收到的金额不少于5 600万元，以及按6%年利率确定的利息金额以补偿甲公司取得收益的货币时间价值。甲公司预计运营期间每年收取的通行费用是1 600万元。

本例中，甲公司为政府方提供建造高速公路的服务，其有权收取的对价包括两部分：一是自政府方收取5 600万元现金的收款权利；二是在运营期间向通行车辆收取通行费的权利。由于确认的建造收入金额超过有权收取可确定金额的现金，因此应当按照上述混合模式进行会计处理。

甲公司建造期间每年确认收入金额为 4 200 万元 [4 000 ×(1 +5%)]，两年合计金额为 8 400 万元，甲公司在确认建造收入的同时确认合同资产，其中未来将分别确认为应收款项和无形资产的部分分摊如表1所示。

表1
单位：万元

年份	履约义务	收入	合同资产分摊	
			应收款项	无形资产
2021	建造服务	4 200	2 800	1 400
2022	建造服务	4 200	2 800	1 400
合计		8 400	5 600	2 800
分摊比例			67%	33%

甲公司提供建造服务取得对价中对应应收款项的部分包含重大融资成分，应当考虑货币时间价值的影响，由于本例中假定现金流均在年末发生，在建造期间应确认的利息收入为 168 万元（2 800 ×6%）。因此，在建造期结束时，甲公司未来应确认为应收款项的合同资产金额为 5 768 万元（5 600 +168）。

运营期间甲公司收到的通行费需要在应收款项和无形资产之间进行分摊，其中，分摊至应收款项的部分，视为应收款项的收回；分摊至无形资产的部分，确认为运营服务收入。分摊计算如表2所示。

表2

项目	数值
运营期初合同资产余额	5 768 万元
实际利率	6%
运营期年数	8 年
每年分摊至应收款项的部分	929 万元*
每年分摊至无形资产的部分	671 万元**

注：*通过年金方法计算每年分摊至应收款项的部分，为便于计算，本题年金现值系数取整数，即929 = 5 768/(P/A, 6%, 8)。
**1 600 −929 =671（万元）。

甲公司在合同期间各年的账务处理如下：
1. 2021 年的账务处理
确认建造服务收入和成本：
借：合同资产　　　　　　　　　　　　　　　　　　　　　　　　42 000 000
　　贷：主营业务收入　　　　　　　　　　　　　　　　　　　　　42 000 000
借：合同履约成本　　　　　　　　　　　　　　　　　　　　　　40 000 000
　　贷：原材料、应付职工薪酬等　　　　　　　　　　　　　　　　40 000 000

借：主营业务成本	40 000 000	
贷：合同履约成本		40 000 000

2. 2022 年的账务处理

（1）确认建造服务收入和成本（与 2021 年相同）。

（2）确认融资成分的影响；

借：合同资产	（28 000 000×6%）1 680 000	
贷：财务费用、利息收入等		1 680 000

（3）确认资本化的借款费用

借：PPP 借款支出	（40 000 000×6.7%×33%）884 400	
贷：短期借款/长期借款		884 400

注：2022 年的其余借款费用 1 795 600 万元（40 000 000×6.7%×67%）按照借款费用的相关规定计入财务费用。

（4）在 PPP 项目资产达到预定可使用状态时，将合同资产及 PPP 借款支出结转为无形资产。

借：无形资产	28 884 400
贷：合同资产	28 000 000
PPP 借款支出	884 400

建造期结束后，"合同资产"科目的余额为 5 768 万元（4 200×2+168−2 800），该部分合同资产属于在未来收取可确定金额的部分（即 5 600 万元），并按照实际利率法确认融资成分的影响，在甲公司拥有收取对价的权利（该权利仅取决于时间流逝的因素）时确认为应收款项；"无形资产"科目余额为 2 888.44 万元，该部分无形资产在运营期间按照直线法进行摊销。

3. 2023 年的账务处理

（1）当甲公司拥有收取对价的权利（该权利仅取决于时间流逝的因素）时，将取得无条件收款权的对价转为应收款项。当甲公司收到款项时，确认应收款项的收回。

借：应收账款	9 290 000
贷：合同资产	9 290 000
借：银行存款	9 290 000
贷：应收账款	9 290 000

（2）确认融资成分的影响：

借：合同资产	（57 680 000×6%）3 460 800	
贷：财务费用、利息收入等		3 460 800

（3）确认运营服务收入和成本：

借：银行存款	6 710 000
贷：主营业务收入	6 710 000
借：合同履约成本	800 000
贷：原材料、应付职工薪酬等	800 000

| 借：主营业务成本 | 800 000 |
| 贷：合同履约成本 | 800 000 |

（4）对无形资产进行摊销：

| 借：主营业务成本 | （28 884 400÷8）3 610 550 |
| 贷：无形资产——累计摊销 | 3 610 550 |

4. 2024年及以后比照2023年进行账务处理

社会资本方根据PPP项目合同，自政府方取得其他资产，该资产构成政府方应付合同对价的一部分的，社会资本方应当按照收入的规定进行会计处理，不作为政府补助。为使PPP项目资产保持一定的服务能力或在移交给政府方之前保持一定的使用状态，社会资本方根据PPP项目合同而提供的服务不构成单项履约义务的，应当将预计发生的支出，按照或有事项的规定进行会计处理。

【例题17-27】承〖例17-24〗，运营期间，该高速公路需要保持一定的使用状态，假定运营期间对道路的磨损是平均发生的，当路面磨损程度低于特定标准时，甲公司需要对路面进行翻修。甲公司预计其将在2028年末进行路面翻修的支出为1 000万元。

本例中，甲公司承担的路面翻修义务，是由于在运营期对高速公路的使用和磨损导致的，不构成单项履约义务，应当按照或有事项的相关规定，按照履行相关现时义务所需支出的最佳估计数确认一项预计负债，并考虑货币时间价值（本例假定折现率为6%）。因为甲公司预计在运营期间对道路的磨损是平均发生的，则在进行道路翻修前的6年运营期间内平均每年的金额约为167万元（即1 000/6，考虑折现影响前），路面翻修义务预计负债按下表计算确定。

单位：万元

年份	当期确认的预计负债 ①	当期确认的利息费用 ②二期初③×6%	预计负债余额 ③
2023	125	—	125*
2024	132	8	265
2025	140	16	421
2026	149	25	595
2027	158	36	789
2028	167	44**	1 000
合计	871	129	

注：*125=167/(1+6%)^5，以此类推，为便于计算，本题计算结果取整数。
**作尾数调整：44=1 000-789-167。

> （1）2023 年确认路面翻修义务预计负债
> 　　借：主营业务成本　　　　　　　　　　　　　　　　1 250 000
> 　　　　贷：预计负债　　　　　　　　　　　　　　　　　　1 250 000
> （2）2024 年确认路面翻修义务预计负债及财务费用
> 　　借：主营业务成本　　　　　　　　　　　　　　　　1 320 000
> 　　　　财务费用　　　　　　　　　　　　　　　　　　　　80 000
> 　　　　贷：预计负债　　　　　　　　　　　　　　　　　　1 400 000
> （3）2025 年及以后比照 2024 年进行账务处理

考点9　费用、利润（★★★）

（一）费用

费用是指企业在**日常活动中发生的**、会**导致所有者权益减少**的、**与向所有者分配利润无关**的经济利益的**总流出**。

表 17-23

期间费用	要点
管理费用	管理费用是指企业为**组织和管理企业生产经营**所发生的管理费用。 提示：企业在筹建期间内发生的开办费应计入管理费用
销售费用	销售费用是指企业在**销售商品和材料、提供劳务的过程中**发生的各种费用。 提示：商品流通企业采购商品过程中发生的采购费用应计入存货成本，不计入销售费用
研发费用	研发费用是指企业进行研究与开发过程中发生的费用化支出，以及计入管理费用的自行开发无形资产的摊销金额
财务费用	指企业为筹集生产经营所需资金等而发生的**筹资费用**

（二）利润

利润是指企业在**一定会计期间的经营成果**。利润包括收入减去费用后的净额、直接计入当期利润的利得和损失等。

直接计入当期利润的利得和损失，是指应当计入当期损益、会导致所有者权益发生增减变动的、与所有者投入资本或者向所有者分配利润无关的利得或者损失。

表 17-24

常考项目	公式
营业利润	营业利润＝营业收入－营业成本－**税金及附加**－**销售费用**－**管理费用**－**研发费用**－**财务费用**－**信用减值损失**－资产减值损失＋其他收益＋投资收益（－投资损失）＋净敞口套期收益（－净敞口套期损失）＋公允价值变动收益（－公允价值变动损失）＋资产处置收益（－资产处置损失）

续表

常考项目	公式
利润总额	**利润总额＝营业利润＋营业外收入－营业外支出** 其中： ①营业外收入是指企业发生的**与其日常活动无直接关系**的各项**利得**。 营业外收入是指企业发生的营业利润以外的收益。主要包括非流动资产毁损报废利得、与企业日常活动无关的政府补助、现金盘盈利得、捐赠利得等。 提示：企业**接受控股股东（或控股股东的子公司）或非控股股东（或非控股股东的子公司）直接或间接代为偿债、债务豁免或捐赠**，经济实质表明属于控股股东或非控股股东对企业的资本性投入，应当将相关的利得计入**所有者权益（资本公积）**。 ②营业外支出是指企业发生的**与其日常活动无直接关系**的各项**损失**。 营业外支出是指企业发生的营业利润以外的支出，主要包括非流动资产毁损报废损失、公益性捐赠支出、非常损失、固定资产盘亏损失等
净利润	**净利润＝利润总额－所得税费用**
综合收益总额	综合收益总额＝**净利润＋其他综合收益扣除所得税影响后的净额**

恭喜你，
已完成第十七章的学习

扫码免费进 >>>
2022年CPA带学群

有人的地方就有江湖，如果你没法提供别人所需的东西，你连走上牌桌的机会都不存在，他们不会因为你浪费哪怕1秒钟。

第十八章 政府补助

考情雷达

本章属于基础性章节，主要介绍了政府补助的确认与计量，主要涉及不同计量方法下政府补助的会计处理、政府补助的退回和特殊业务的会计处理。本章分值在2分左右。本章中的政策性优惠贷款贴息内容属于低频难点，建议在会计备考的第一轮中战略"放弃"，但考前冲刺时务必应试掌握其会计处理中的核心分录。

2022年本章内容**无变化**。

考点地图

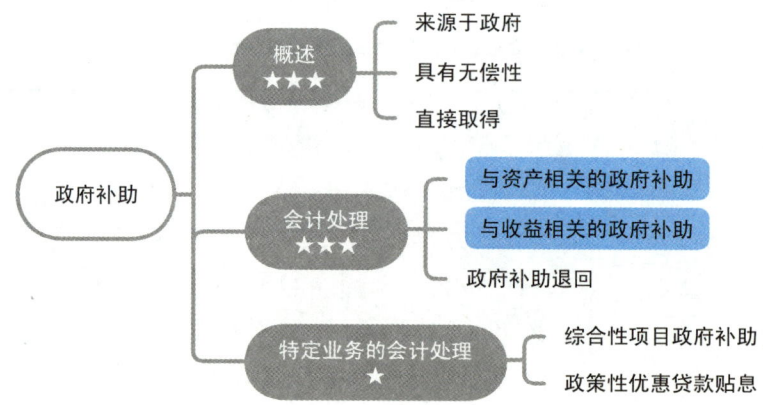

考点 1 政府补助概述（★★★）

政府补助是指企业从政府无偿取得货币性资产或非货币性资产。其主要形式包括政府对企业的无偿拨款、税收返还、财政贴息，以及无偿给予非货币性资产等。

表 18-1　　　　　　　　　　　　政府补助界定

三大特征	要点	举例
来源于政府	**来源于**政府的经济资源	企业取得的财政拨款，**先征后返（退）、即征即退、财政贴息**等方式返还的税款
具有无偿性	政府**投入资本**、政府购买服务等**互惠性交易不属于无偿**	与企业**销售商品或提供劳务等活动密切相关**，且来源于政府的经济资源是企业商品或服务的对价或者是对价的组成部分，**本质是政府购买商品或服务**，不属于政府补助，应当适用**收入准则**（例如家电下乡补贴、节假日高速免费通行）
直接取得	应当涉及货币性资产或者非货币性资产的直接**转移**	（1）通常情况下，直接减征、免征、增加计税抵扣额、抵免部分税额等不涉及资产直接转移的经济资源，不适用政府补助准则。 （2）但是，部分减免税款需要按照政府补助准则处理。 ①一般纳税人的加工型企业根据税法规定招用自主就业退役士兵，并按定额扣减的增值税。

第十八章 政府补助

续表

三大特征	要点	举例
直接取得	应当涉及货币性资产或者非货币性资产的直接**转移**	借：应交税费——应交增值税（减免税款） 　　贷：其他收益 ②即征即退的增值税。 借：银行存款 　　贷：其他收益 ③按规定直接减免的应交增值税税额，也计入其他收益
提示：增值税**出口退税**实际上是政府退回企业垫付的进项税，**不属于政府补助**		

【例题18-1·单选题·2018年】2017年度，甲公司发生的有关交易或事项如下：

①因生产并销售环保型冰柜收到政府补贴40万元。按规定甲公司每销售一台环保型冰柜，政府给予补贴500元。该环保型冰柜每台生产成本为900元，国家规定的销售价格为600元。

②为研发第二代节能环保型冰柜发生研究阶段支出900万元。税法允许税前抵扣1 575万元。

③按规定直接定额减免企业所得税300万元。

④按规定收到即征即退的增值税200万元。

不考虑其他因素，甲公司应作为政府补助进行会计处理的是（　　）。

A. 收到即征即退的增值税200万元

B. 收到政府给予的销售环保型冰柜补贴40万元

C. 研发第二代节能环保型冰柜发生的研发费用可予税前抵扣1 575万元

D. 直接定额减免企业所得税300万元

【答案】A

【解析】

①选项A正确，增值税即征即退属于政府补助。

②选项B错误，企业从政府取得经济资源，如果与企业销售商品密切相关，且来源于政府的经济资源是企业商品的对价组成部分，应当按照收入准则处理，不适用政府补助准则。

③选项CD错误，增加计税抵扣额、直接减征、免征等不涉及资产直接转移的税收优惠不适用政府补助准则。

【例题18-2·单选题·2013年】企业享受的下列税收优惠中，属于企业会计准则规定的政府补助的是（　　）。

A. 增值税出口退税

B. 免征的企业所得税

C. 减征的企业所得税

D. 先征后返的企业所得税

【答案】D

【解析】

①选项 A 错误，增值税出口退税本质是政府退回企业事先垫付的进项税，不属于政府补助。

②选项 BC 错误，直接减征、免征、增加计税抵扣额、抵免部分税额等税收优惠，不涉及政府向企业直接转移资产，不适用政府补助准则。

③选项 D 正确，先征后返的企业所得税，属于政府补助。

考点2　政府补助的会计处理（★★★）

（一）政府补助的会计处理方法

表 18-2

确认	政府补助的确认条件，同时满足下列条件的，才能予以确认：①企业能够满足政府补助所附条件；②企业能够收到政府补助		
计量	货币资金	①政府补助为货币性资产的，应当按照实际收到或应收的金额计量；②如果资产负债表日企业尚未收到补助资金，但企业在符合了相关政策规定后就相应获得了收款权，且与之相关的经济利益很可能流入企业，企业应当在这项补助成为**应收款**时按照应收的金额计量	
	非货币资金	政府补助为非货币性资产的，应当按照公允价值计量；公允价值不能可靠取得的，按照**名义金额**计量	
政府补助的分类	与资产相关	必须要形成长期资产	
	与收益相关	除与资产相关之外的（排除法）	
会计处理方法		总额法（全额确认为收益）	净额法（作为相关成本费用的扣减）
会计科目	日常活动	其他收益	冲成本费用
	非日常活动	营业外收入	冲营业外支出

> **彬哥解读**
>
> 如何判断是否"与日常经营活动相关"：
>
> （1）大原则：若政府补助补偿的成本费用是**营业利润之中**的项目，或该补助与日常销售行为密切相关如增值税即征即退等，则认为该政府补助与日常活动相关。否则，就是与企业日常活动无关。
>
> （2）企业收到**政府亏损补贴**属于"与日常活动相关"。
>
> （3）企业收到**个人所得税手续费返还**属于"与日常活动相关"。

第十八章　政府补助

（二）与资产相关的政府补助

表 18-3

总额法	净额法
①取得政府补助时： 借：银行存款 　　贷：递延收益（负债科目） ②在资产使用寿命期内分摊递延收益： 借：递延收益 　　贷：其他收益（日常） 　　　　营业外收入（非日常） ③提前处置，递延收益一次性转入资产处置损益： 借：递延收益 　　贷：资产处置损益（或营业外收入）	①取得政府补助时： 借：银行存款 　　贷：递延收益 ②购入资产时，将补助冲减相关资产账面价值： 借：固定资产 　　贷：银行存款 同时： 借：递延收益 　　贷：固定资产

> **彬哥解读**
>
> （1）如果企业先取得与资产相关的政府补助，再确认所购建的长期资产，应当在开始对相关资产计提折旧或进行摊销时按照合理、系统的方法将递延收益分期计入当期收益；
>
> （2）如果相关长期资产投入使用后企业再取得与资产相关的政府补助，应当在相关资产的<u>剩余使用寿命</u>内按照合理、系统的方法将递延收益分期计入当期收益。

【例题18-3·主观题】按照国家有关政策，企业购置环保设备可以申请补贴以补偿其环保支出。丁企业于2018年1月向政府有关部门提交了210万元的补助申请，作为对其购置环保设备的补贴。2018年3月15日，丁企业收到了政府补贴款210万元。2018年4月20日，丁企业购入不需安装环保设备，实际成本为480万元，使用寿命10年，采用直线法计提折旧（假设无残值）。2026年4月，丁企业出售这台设备，取得价款120万元。假定不考虑其他因素。

丁企业的账务处理如下：

交易或事项	总额法	净额法
2018年3月15日 实际收到财政拨款	借：银行存款　　　　　　210 　　贷：递延收益　　　　　　210	借：银行存款　　　　　　210 　　贷：递延收益　　　　　　210
2018年4月20日 购入设备	借：固定资产　　　　　　480 　　贷：银行存款　　　　　　480	借：固定资产　　　　　　480 　　贷：银行存款　　　　　　480 借：递延收益　　　　　　210 　　贷：固定资产　　　　　　210
自2018年5月起每个资产负债表日（月末）计提折旧，同时分摊递延收益	借：制造费用　　　　　　　4 　　贷：累计折旧　　　　　　　4 借：递延收益　　　　　　1.75 　　贷：其他收益（210÷10÷12）1.75	借：制造费用　　　　　　2.25 　　贷：累计折旧 　　　　（270÷10÷12）2.25

267

续表

交易或事项	总额法	净额法
2026年4月出售设备	借：固定资产清理　　　　　96 　　累计折旧　(4×12×8) 384 　　贷：固定资产　　　　　　480 借：银行存款　　　　　　　120 　　贷：固定资产清理　　　　96 　　　　资产处置损益　　　　24 借：递延收益　　　　　　　42 　　贷：资产处置损益　　　　42	借：固定资产清理　　　　　54 　　累计折旧　　　　　　　216 　　贷：固定资产　　　　　270 借：银行存款　　　　　　120 　　贷：固定资产清理　　　54 　　　　资产处置损益　　　66

（三）与收益相关的政府补助

表18-4

分类	交易或事项	总额法	净额法
用于补偿**已发生**的成本费用或损失	取得政府补助时	借：银行存款 　　其他应收款（满足确认条件） 　　贷：其他收益（日常） 　　　　营业外收入（非日常）	借：银行存款 　　其他应收款（满足确认条件） 　　贷：管理费用等（日常） 　　　　营业外支出（非日常）
用于**补偿以后**期间的成本费用或损失	（1）取得政府补助时	借：银行存款 　　其他应收款（满足确认条件） 　　贷：递延收益	
	（2）实际按规定用途使用补助资金时	借：递延收益 　　贷：其他收益（日常） 　　　　营业外收入（非日常）	借：递延收益 　　贷：管理费用等（日常） 　　　　营业外支出（非日常）

> **彬哥解读**
>
> 与收益相关的政府补助：
> （1）补偿已发生的成本费用，直接计入当期损益或冲减相关成本；
> （2）补偿以后发生的成本费用，收到时先计入递延收益，在以后发生相关成本费用的期间，分摊计入当期损益或冲减成本费用；
> （3）如果收到时无法确定是否满足政府补助所附条件，先计入其他应付款，在满足确认条件后再确认递延收益。

【例题18-4·主观题】甲企业于2017年3月15日与企业所在地地方政府签订合作协议，根据协议约定，当地政府将向甲企业提供1 000万元奖励资金，用于企业的人才激励和人才引进奖励，甲企业必须按年向当地政府报送详细的资金使用计划并按规定用途使用资金。协议同时还约定，甲企业自获得奖励起10年内注册地址不得迁离本区，否则政府有权追回奖励资金。甲企业于2017年4月10日收到1 000万元补助资金，分别在2017年12月、2018年12月、2019年12月使用了400万元、300万元和300万元，用于发放给总裁级别类高管年度奖金。

假设甲企业收到补助时，客观情况表明甲企业在未来10年内离开该地区的可能性很小，会计处理如下：

交易或事项	总额法	净额法
（1）2017年4月10日收到补助资金时	借：银行存款　　　　　1 000 　贷：递延收益　　　　　　1 000	借：银行存款　　　　　1 000 　贷：递延收益　　　　　　1 000
（2）2017年12月将补贴资金发放给高管时	借：递延收益　　　　　　400 　贷：其他收益　　　　　　　400	借：递延收益　　　　　　400 　贷：管理费用　　　　　　　400
（3）2018年12月将补贴资金发放给高管时	借：递延收益　　　　　　300 　贷：其他收益　　　　　　　300	借：递延收益　　　　　　300 　贷：管理费用　　　　　　　300
（4）2019年12月将补贴资金发放给高管时	借：递延收益　　　　　　300 　贷：其他收益　　　　　　　300	借：递延收益　　　　　　300 　贷：管理费用　　　　　　　300

（四）政府补助退回的会计处理

表18-5

基本原则	已确认的政府补助需要退回的，应在需要退回的当期分情况按照以下规定进行会计处理： ①初始确认时冲减相关资产账面价值的，调整资产账面价值； ②存在相关递延收益的，冲减相关递延收益账面余额，超出部分计入当期损益； ③属于其他情况的，直接计入当期损益
BT提醒	对于属于前期差错的政府补助退回，应当按照《会计政策、会计估计变更和差错更正》作为前期差错更正进行追溯调整

【例题18-5·主观题】丁企业于2018年1月向政府有关部门提交了210万元的补助申请，作为对其购置环保设备的补贴。2018年3月15日，丁企业收到了政府补贴款210万元。2018年4月20日，丁企业购入不需安装环保设备，实际成本为480万元，使用寿命10年，采用直线法计提折旧（假设无残值）。假设2019年5月，有关部门在对丁企业的检查中发现，丁企业不符合申请补助的条件，要求丁企业退回补助款。丁企业于当月退回了补助款210万元。

【解析】丁企业的账务处理如下：
①总额法下，2019年5月丁企业退回补助款时：
借：递延收益　　　　　　　　　　　　　　　　　　1 890 000
　　其他收益　　　　　　　　　　　　　　　　　　　210 000
　贷：银行存款　　　　　　　　　　　　　　　　　　2 100 000

②净额法下,应当视同一开始就没有收到政府补助,调整相关资产账面价值,将实际退回金额与账面价值调整数之间的差额计入当期损益。

2019年5月丁企业退回补助款时:

借:固定资产　　　　　　　　　　　　　　　　　　1 890 000
　　制造费用　　　　　　　　　　　　　　　　　　　 210 000
　　贷:银行存款　　　　　　　　　　　　　　　　　2 100 000

考点3　特定业务的会计处理(★)

(一)综合性项目政府补助

同时包含与资产和收益相关的,应当拆分,分别处理。

难以区分的,全部作为与**收益相关**的政府补助。

(二)政策性优惠贷款贴息

表18-6

间接贴息 (拨款给银行)	企业有两种方法可供选择: 方法一: 以实际收到的金额作为借款的入账价值,按优惠利率计算利息支出。 方法二: ①以借款的公允价值作为入账价值,按照实际利率法计算借款费用。 ②实际收到的金额与借款公允价值之间的差额确认为递延收益,采用实际利率法摊销,冲减借款费用
直接贴息 (拨款给企业)	先正常确认借款费用,再将对应的贴息冲减借款费用

【例题18-6·主观题】2019年1月1日,丙企业向银行贷款100万元,期限2年,按月计息,按季度付息,到期一次还本。由于这笔贷款资金将被用于国家扶持产业,符合财政贴息的条件,所以贷款利率显著低于丙企业取得同类贷款的市场利率。假设丙企业取得同类贷款的年市场利率为9%,丙企业与银行签订的贷款合同约定的年利率为3%,丙企业按年向银行支付贷款利息,财政按年向银行拨付贴息资金。贴息后实际支付的年利息率为3%,贷款期间的利息费用满足资本化条件,计入相关在建工程的成本。

方法一:以实际 收到的金额入账	2019年1月1日 丙企业收到贷款	借:银行存款　　　　　　　　　　100 　　贷:长期借款　　　　　　　　　　100
	2019年1月31日 月末按月计提利息	借:在建工程　　　(100×3%÷12)0.25 　　贷:应付利息　　　　　　　　　　0.25

续表

方法二：以借款的公允价值入账	—	借款部分（市场利率9%，票面利率3%，相当于折价发行）	政府补助部分（与收益相关）
	2019年1月1日丙企业收到贷款	借：银行存款　　　　　89.06 　　长期借款——利息调整 　　　　　　　　　　　10.94 　贷：长期借款——本金　100	借：银行存款　10.94 　贷：递延收益　10.94
	2019年1月31日月末按月计提利息	借：在建工程 　　(89.06×9%÷12) 0.67 　贷：应付利息　　　　　0.25 　　长期借款——利息调整 　　　　　　　　（倒挤）0.42	借：递延收益　0.42 　贷：在建工程　0.42

注：（1）每月支付0.25万元，连续支付24个月，2年后归还本金100万元，将以上现金流按24期，0.75%（9%÷12）折现到期初就是该笔借款的公允价值89.06万元。
（2）在这两种方法下，计入在建工程的利息支出是一致的，均为2 500元。

【例题18-7·主观题】接上例，丙企业与银行签订的贷款合同约定的年利率为9%，丙企业按月计提利息，按季度向银行支付贷款利息，以付息凭证向财政申请贴息资金。财政按年与丙企业结算贴息资金。

【解析】
①2019年1月1日，丙企业取得银行贷款100万元。
借：银行存款　　　　　　　　　　　　　　　　　　　　100
　贷：长期借款——本金　　　　　　　　　　　　　　　　　　　100
②2019年1月31日起每月月末，丙企业按月计提利息。
借：在建工程　　　　　　　　　　　　(100×9%÷12) 0.75
　贷：应付利息　　　　　　　　　　　　　　　　　　　　　0.75
借：其他应收款　　　　　　　　　　　(100×6%÷12) 0.5
　贷：在建工程　　　　　　　　　　　　　　　　　　　　　0.5

恭喜你，
已完成第十八章的学习

扫码免费进 >>>
2022年CPA带学群

人世间最可怕的就是，你不但孑然一身，还自我设限，一靠近舒适区边缘就畏首畏尾，最终碌碌无为。

CHAPTER NINETEEN

第十九章 所得税

考情雷达

本章属于超级重点章节，主要以主观题的形式考查不同交易和事项下所得税费用和递延所得税的会计处理，同时还与资产负债表日后事项和合并财务报表等章节结合考查递延所得税的处理。

所得税"入门"困难但"入门"后难度尚可。学习时，注重在理解原理基础上，掌握常见的做题套路。

2022 年本章内容无变化。

考点地图

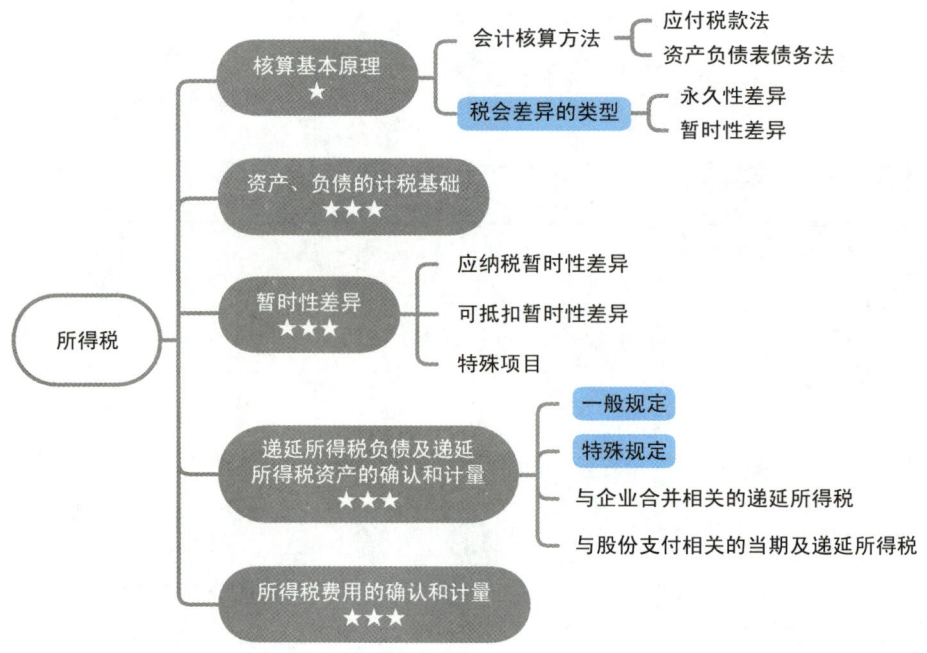

考点 1 所得税核算的基本原理（★）

（一）所得税会计核算方法

表 19-1

方法	原理	适用对象	会计分录
应付税款法	交多少税，算多少费（交税、算费都听税法）	适用中小企业	借：所得税费用 　　贷：应交税费——应交所得税
资产负债表债务法	交税听税法，算费听会计，会计把暂时性差异，通过递延所得税调回来	适用上市公司和大型国有企业（会计准则选定的方法）	借：所得税费用（会计认同的费用） 　　递延所得税××（倒挤，可能在贷方） 　　贷：应交税费——应交所得税（税法要交的税）

（二）资产负债表债务法

1. 定义

资产负债表债务法，要求企业从资产负债表出发，通过比较资产负债表上列示的资产、负债按照会计准则规定确定的账面价值与按照税法规定确定的计税基础，对于两者之间的差额分别应纳税暂时性差异与可抵扣暂时性差异，确认相关的递延所得税负债与递延所得税资产，在综合考虑当期应交所得税的基础上，确定每一会计期间利润表中的所得税费用。

$$所得税费用\begin{cases}递延所得税\\当期所得税\end{cases}$$

2. 所得税会计的一般程序

（1）按照相关企业会计准则规定，确定资产负债表中除递延所得税资产和递延所得税负债以外的其他资产和负债项目的账面价值。

（2）按照企业会计准则中对于资产和负债计税基础的确定方法，以适用的税收法规为基础，确定资产负债表中有关资产、负债项目的计税基础。

（3）比较资产、负债的账面价值与其计税基础，对于两者之间存在差异的，分析其性质，除会计准则中规定的特殊情况外，分别应纳税暂时性差异与可抵扣暂时性差异并乘以适用的所得税税率，确定资产负债表日递延所得税负债和递延所得税资产的应有金额，并与期初递延所得税负债和递延所得税资产的余额相比，确定当期应予进一步确认的递延所得税负债和递延所得税资产金额或应予转销的金额，作为递延所得税。

（4）就企业当期发生的交易或事项，按照适用的税法规定计算确定当期应纳税所得额，将应纳税所得额与适用的所得税税率计算的结果确认为当期应交所得税，作为利润表中应予确认的当期所得税（所得税费用——当期所得税）。

（5）确定利润表中的所得税费用。利润表中的所得税费用包括当期所得税（即当期应交所得税）和递延所得税两个组成部分，企业在计算确定了当期所得税和递延所得税后，两者之和（或之差），是利润表中的所得税费用。

3. 总结

（1）当期所得税 = 应纳税所得额 × 所得税税率
　　　　　　　 = (利润总额 ± 纳税调整金额) × 所得税税率

（2）所得税费用 = 当期所得税 + 递延所得税

（3）净利润 = 利润总额 − 所得税费用

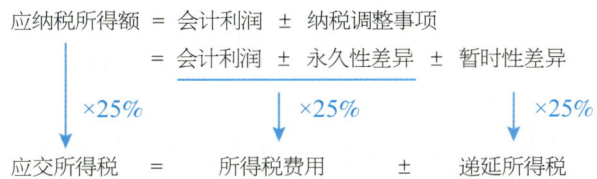

(三) 税会差异的类型

表 19-2

分类	特征	常考情形
永久性差异	这种差异在本期发生，在以后不会转回	①国债利息收入免税：纳税调减。 ②行政罚款、税收滞纳金：纳税调增。 ③非公益性捐赠：纳税调增。 ④超标的业务招待费：纳税调增
暂时性差异	资产或负债的账面价值与其计税基础不同产生的差额。 这种差异在本期发生，在以后会转回	①资产减值准备的计提。 ②资产公允价值的变动。 ③折旧、摊销的差异。 ④未弥补亏损。 ⑤超标广告费。 ⑥产品质量保证的计提。 ⑦内部研发形成的无形资产

(四) 举例说明

例 1：甲公司有 1 项固定资产，成本 60 万元，残值为 0，预计使用年限 2 年，会计采用年数总和法计提折旧，税法要求采用年限平均法计提折旧。

项目	2018 年	2019 年	累计
利润	100	100	
会计折旧	40	20	60
所得税费用	25（100×25%）	25（100×25%）	
税法折旧	30	30	60
暂时性差异	+10	-10	0
应纳税所得额	110（100+10）	90（100-10）	
应交所得税	27.5（110×25%）	22.5（90×25%）	

2018 年：发生可抵扣暂时性差异。
借：所得税费用　　　　　　25
　　递延所得税资产　　　　2.5
　　贷：应交税费——应交所得税
　　　　　　　　　　　　　27.5
如何理解：
本期发生费用 25 万元，但给税务局交了 27.5 万元，多交的 2.5 万元暂时存放在税务局，以后期间可以抵税。因此，该差异属于**可抵扣**暂时性差异，会在未来带来利益流入，应该确认为一项**资产**。

2019 年：转回可抵扣暂时性差异。
借：所得税费用　　　　　　25
　　贷：应交税费——应交所得税
　　　　　　　　　　　　　22.5
　　　　递延所得税资产　　2.5
如何理解：
本期发生费用 25 万元，但给税务局只交 22.5 万元，少交的 2.5 万元用以前多交的抵扣。

第十九章 所得税

例2：甲公司有1项固定资产，成本60万元，残值为0，预计使用年限2年，会计采用年限平均法计提折旧，税法要求采用年数总和法计提折旧。

项目	2018年	2019年	累计
利润	100	100	
会计折旧	30	30	60
所得税费用	25（100×25%）	25（100×25%）	
税法折旧	40	20	60
暂时性差异	-10	+10	0
应纳税所得额	90（100-10）	110（100+10）	
应交所得税	22.5（90×25%）	27.5（110×25%）	

2018年：发生应纳税暂时性差异。
借：所得税费用　　　　　　25
　　贷：应交税费——应交所得税
　　　　　　　　　　　　　22.5
　　　　递延所得税负债　　2.5
如何理解：
本期发生费用25万元，但只给税务局交了22.5万元，少交的2.5万元暂时欠着，以后期间再补交。因此，该差异属于应纳税暂时性差异，会在未来带来利益流出，应该确认为一项负债。

2019年：转回应纳税暂时性差异。
借：所得税费用　　　　　　25
　　递延所得税负债　　　　2.5
　　贷：应交税费——应交所得税
　　　　　　　　　　　　　27.5
如何理解：
本期发生费用25万元，但给税务局交了27.5万元，多交的2.5万元用于补以前欠的。

考点2　资产、负债的计税基础（★★★）

所得税会计的关键在于确定资产或负债的计税基础。在确定资产、负债的计税基础时，应严格遵循税收法规中对于资产的税务处理以及可税前扣除的费用等规定进行。

（一）资产的计税基础

资产的计税基础是指企业收回资产账面价值的过程中，计算应纳税所得额时按照税法规定可以自应税经济利益中抵扣的金额。即：

$$资产的计税基础 = 资产在未来期间计税时可以税前扣除的金额$$
$$= 取得成本 - 累计已税前扣除金额$$

> 📺 **彬哥解读**
>
> （1）资产在初始确认时，其计税基础一般为取得成本，即企业为取得某项资产支付的成本在未来期间准予税前扣除。（内部研发无形资产是例外）

(2) 在后续计量时,资产计税基础=取得成本-税法累计折旧或摊销。

一般只有固定资产、无形资产、投资性房地产,税法才允许扣除累计折旧或摊销,其他资产计税基础等于其原价。投资性房地产,不管会计上是以公允价值计量,还是以成本计量,税法一律按照固定资产或者无形资产来计提折旧或摊销。

常见资产的税会差异见表19-3。

表19-3

资产类别	账面价值	计税基础
存货	实际成本-存货跌价准备	实际成本
固定资产	实际成本-会计累计折旧-减值准备	原值-税法累计折旧
无形资产	实际成本-会计累计摊销-减值准备 (使用寿命不确定则不摊销)	①自行研发符合加计扣除的: 实际成本×175% - 会计累计摊销×175%(账面价值×175%) ②其他。 实际成本-税法累计摊销
投资性房地产	①成本模式。 实际成本-会计累计折旧或摊销-减值准备 ②公允价值模式。 当前公允	实际成本-税法累计折旧或摊销 (与固定资产类似)
以摊余成本计量的金融资产	摊余成本	账面余额
以公允价值计量的金融资产	当前公允	实际成本
长期股权投资	①成本法。 实际成本-减值准备 ②权益法。 账面余额-减值准备	实际成本

> **彬哥解读**
>
> 关于内部研发无形资产加计扣除的规定。
>
> 税法规定,对于企业为开发新技术、新产品、新工艺发生的研究开发费用,未形成无形资产计入当期损益的,在按照规定据实扣除的基础上,按照研究开发费用的75%加计扣除;形成无形资产的,按照无形资产成本的175%摊销。(账面价值≠计税基础,产生可抵扣暂时性差异,但不确认递延所得税资产——原因:例外条款)

【提示】会计准则中规定有例外条款,即如该无形资产的确认不是产生于企业合并交易、同时在确认时既不影响会计利润也不影响应纳税所得额,则不确认该暂时性差异的所得税影响。该种情况下,无形资产在初始确认时,对于会计与税收规定之间存在的暂时性差异不予确认，持续持有过程中，在初始未予确认暂时性差异的所得税影响范围内的摊销额等的差异亦不予确认。

【例题19-1·主观题·教材】A企业当期为开发新技术发生研究开发支出计2 000万元，其中研究阶段支出400万元，开发阶段符合资本化条件前发生的支出为400万元，符合资本化条件后至达到预定用途前发生的支出为1 200万元。假定税法规定，企业为开发新技术、新产品、新工艺发生的研究开发费用，未形成无形资产计入当期损益的，按照研究开发费用的75%加计扣除；形成无形资产的，按照无形资产成本的175%摊销。假定开发形成的无形资产在当期期末已达到预定用途（尚未开始摊销）。

【解析】A企业当期发生的研究开发支出中，按照会计准则规定应予费用化的金额为800万元，形成无形资产的成本为1 200万元，即期末所形成无形资产的账面价值为1 200万元。

A企业当期发生的2 000万元研究开发支出，按照税法规定可在当期税前扣除的金额为1 400万元（800+800×75%）。所形成的无形资产在未来期间可予税前扣除的金额为2 100万元（1 200×175%），其计税基础为2 100万元，形成暂时性差异900万元（2 100-1 200）。

应予说明的是，上述900万元暂时性差异因产生于无形资产的初始确认，该无形资产并非产生于企业合并，且该无形资产在初始确认时既未影响会计利润，也未影响到应纳税所得额，因此，该900万元暂时性差异的所得税影响不予确认。

【例题19-2·主观题】A企业于2016年12月20日取得的某项固定资产，原价为750万元，使用年限为10年，会计上采用年限平均法计提折旧，净残值为0。税法规定该类固定资产采用加速折旧法计提的折旧可于税前扣除，该企业在计税时采用双倍余额递减法计提折旧，净残值为0。2018年12月31日，企业估计该项固定资产的可收回金额为550万元。

【解析】2018年12月31日，在进行减值测试前该项固定资产的账面价值=750-75×2=600（万元），该账面价值大于其可收回金额550万元，两者之间的差额50万元应计提固定资产减值准备。因此该项固定资产的账面价值=750-75×2-50=550（万元）。

其计税基础=750-750×20%-600×20%=480（万元）

资产账面价值大于计税基础，属于应纳税暂时性差异。

【例题19-3·主观题】2017年10月20日，甲公司自公开市场取得一项权益性投资，支付价款2 000万元，作为交易性金融资产核算。2017年12月31日，该投资的市价为2 200万元。

【解析】2017年12月31日，交易性金融资产的账面价值=2 200（万元），计税基础=2 000（万元）。资产账面价值大于计税基础，属于应纳税暂时性差异。

【例题19-4·主观题】A 公司于 2017 年 1 月 1 日将其某自用房屋用于对外出租,该房屋的成本为 750 万元,预计使用年限为 20 年。转为投资性房地产之前,已使用 4 年,企业按照年限平均法计提折旧,预计净残值为 0。转为投资性房地产核算后,预计能够持续可靠取得该投资性房地产的公允价值,A 公司采用公允价值对该投资性房地产进行后续计量。假定税法规定的折旧方法、折旧年限及净残值与会计规定相同。同时,税法规定资产在持有期间公允价值的变动不计入应纳税所得额,待处置时一并计算确定应计入应纳税所得额的金额。该项投资性房地产在 2017 年 12 月 31 日的公允价值为 900 万元。

【解析】该投资性房地产在 2017 年 12 月 31 日的账面价值为其公允价值 900 万元,其计税基础为取得成本扣除按照税法规定允许税前扣除的折旧额后的金额,即其计税基础 = $750 - 750 \div 20 \times 5 = 562.5$(万元)。资产的账面价值大于计税基础,属于应纳税暂时性差异。

(二) 负债的计税基础

1. 负债计税基础的含义

负债的计税基础是指负债的账面价值减去未来期间计算应纳税所得额时按照税法规定可予抵扣的金额。

$$负债计税基础 = 负债账面价值 - 未来期间计税时可予抵扣的金额$$

2. 常见负债的税会差异

表 19-4

常考情形	暂时性差异
企业因销售商品提供售后服务等原因确认的**预计负债**	会计:企业应将预计提供售后服务发生的支出满足有关确认条件时,**在销售当期确认为费用**,同时确认预计负债。 税法:销售产品有关的支出可于**实际发生时税前扣除**。 计税基础 = 账面价值 - 未来期间按照税法规定可予税前扣除的金额 = 0
预收账款(合同负债)	会计:不满足收入确认条件(比如未实现交付)。 税法:不同的交易或事项,税法的规定也不同。 ①一般情形:税法对于收入确认原则与会计规定相同,会计上未确认收入时,计税时亦不计入应纳税所得额,计税基础等于账面价值,不存在暂时性差异。 ②特殊例外:若税法规定,不符合会计准则规定的收入确认条件,未确认为收入的预收款项,应计入当期应纳税所得额时,有关预收账款的计税基础为 0,即因其产生时已经计算交纳所得税,未来期间可全额税前扣除,则产生可抵扣暂时性差异,当期确认递延所得税资产
应付职工薪酬	会计:企业为获得职工提供的服务给予的各种形式的报酬以及其他相关支出均应作为企业的成本费用,在未支付之前确认为负债。 税法:对于合理的职工薪酬基本允许税前扣除,但税法中如果规定了税前扣除标准的,按照会计准则规定计入成本费用支出的金额超过规定标准部分,应进行纳税调整。 提示:关于应付职工薪酬的扣除标准见表 19-5
应付的罚款与滞纳金	**会计:**企业应交的罚款和滞纳金等,在尚未支付之前按照会计规定确认为费用同时作为负债反映。 税法:罚款和滞纳金不能税前扣除,即该部分费用无论是在发生当期还是在以后期间均不允许税前扣除,该差异属于**永久性税会差异**,无须确认递延所得税的影响

续表

常考情形	暂时性差异
递延收益	对于确认为递延收益的政府补助。 ①若按税法规定，该政府补助为免税收入，则不计入收到当期的应纳税所得额，未来期间会计上确认为收益时，也同样不计入应纳税所得额，因此，该差异属于永久性差异，不会产生递延所得税影响。 ②若按税法规定，应于收到当期计入应纳税所得额，则该递延收益的计税基础为0，递延收益的账面价值与其计税基础之间将产生可抵扣暂时性差异，应确认为递延所得税资产

常见扣除标准（见表19–5）。

表19–5

项目	扣除标准	超额部分	差异类型
职工福利费	不超过工资薪金总额×14%	超过部分不允许扣除	永久性差异
工会经费	不超过工资薪金总额×2%		
业务招待费	Min（实际支出×60%，营业收入×5‰）		
职工教育经费	不超过工资薪金总额×8%	允许以后年度结转	暂时性差异
广告费+宣传费	一般不超过营业收入×15%		
公益性捐赠支出	不超过利润总额×12%	允许以后3年以内结转	
提示：上述内容扣除标准熟悉即可，考试题目会告知，但必须掌握暂时性/永久性差异的判断以及处理思路			

> **彬哥解读**
> 会计和税法对收入、费用的确认原则。
> 会计：权责发生制。税法：据实扣除，不允许在实际发生成本费用前扣除。

【例题19–5·主观题】甲公司2016年因销售产品提供质量保证确认了预计负债800万元，当年度发生保修支出200万元，预计负债期末余额为600万元。税法规定，与产品销售相关的费用可以在实际发生时税前扣除。求2016年12月31日预计负债的账面价值与计税基础。

【解析】2016年12月31日预计负债的账面价值=600（万元）
计税基础=600–600=0（万元）
负债的账面价值大于计税基础，属于可抵扣暂时性差异。

【例题19–6·主观题】甲企业因为迟缴税款，被税务机关罚款10万元，分录为：
借：营业外支出　　　　　　　　　　　　　　　　　　　　　100 000
　　贷：其他应付款　　　　　　　　　　　　　　　　　　　　100 000

【解析】账面价值是10万元，税法上不允许在当期扣除，以后期间也不允许扣除，因此以后期间可以抵扣的金额为0，不存在账面价值和计税基础的差异。

考点 3　暂时性差异（★★★）

（一）定义

暂时性差异是指资产或负债的账面价值与其计税基础不同产生的差额。

除了因资产、负债的账面价值与其计税基础不同产生的暂时性差异以外，按照税法规定可以结转以后年度的未弥补亏损和税款抵减，也视同可抵扣暂时性差异处理。

（二）分类

根据暂时性差异对**未来期间**应纳税所得额影响的不同，分为应纳税暂时性差异和可抵扣暂时性差异。

表 19-6

类别	产生情形	对未来期间影响
应纳税暂时性差异	（1）资产：账面价值＞计税基础。 （2）负债：账面价值＜计税基础	会增加未来期间（收回资产或清偿负债时）应纳税所得额和应交所得税金额，导致经济利益流出，在发生时应确认为负债
可抵扣暂时性差异	（1）资产：账面价值＜计税基础。 （2）负债：账面价值＞计税基础	会减少未来期间（收回资产或清偿负债时）应纳税所得额和应交所得税金额，导致经济利益流入，在发生时应确认为资产
特殊项目	（1）税法规定可以结转以后年度的未弥补亏损及税款抵减。 （2）超过扣除限额的广告费和业务宣传费。 虽不是因资产、负债的账面价值与计税基础不同产生的，但均能够减少未来期间应纳税所得额和应交所得税金额，视同可抵扣暂时性差异，在满足条件时应确认递延所得税资产	

> **彬哥解读**
>
> 资产账面价值＞计税基础，该资产未来期间费用化金额不能全部税前扣除，导致未来期间纳税调增，产生经济利益流出，应该确认为负债。

【例题19-7·主观题】甲企业2016年的销售收入是1 000万元，发生了180万元的广告费和业务宣传费，其中150万元（1 000×15%）可以当期抵扣，剩下的30万元可以以后年度抵扣，因此这个30万元就是可抵扣暂时性差异。

即：账面价值＝0，计税基础＝30万元。

第十九章 所得税

考点 4 递延所得税负债及递延所得税资产的确认和计量（★★★）

（一）一般规定

表 19-7

暂时性差异	递延所得税负债或资产	对应的所得税影响
应纳税暂时性差异	①确认。 应纳税暂时性差异→确认递延所得税负债 ②计量。 递延所得税负债期末余额 = 应纳税暂时性差异余额×税率（未来转回期间的税率） 递延所得税负债本期发生额 = 期末余额 - 期初余额	影响利润表中**所得税费用**： ①增加递延所得税负债。 借：所得税费用 　　贷：递延所得税负债 ②减少递延所得税负债。 借：递延所得税负债 　　贷：所得税费用
可抵扣暂时性差异	①确认。 可抵扣暂时性差异→确认递延所得税资产 ②计量。 递延所得税资产期末余额 = 可抵扣暂时性差异余额×税率（未来转回期间的税率） 递延所得税资产本期发生额 = 期末余额 - 期初余额	影响利润表中**所得税费用**： ①增加递延所得税资产。 借：递延所得税资产 　　贷：所得税费用 ②减少递延所得税资产。 借：所得税费用 　　贷：递延所得税资产

> **彬哥解读**
>
> （1）根据谨慎性原则，确认因可抵扣暂时性差异产生的递延所得税资产，应以未来期间可能取得的应纳税所得额为限（题目都会明确告诉满足该前提）。
>
> （2）递延所得税资产的复核（减值的发生和转回）。
>
> 企业在确认了递延所得税资产以后，资产负债表日应当对递延所得税资产的账面价值进行复核。如果未来期间很可能无法取得足够的应纳税所得额用以利用可抵扣暂时性差异带来的利益，应当减记递延所得税资产的账面价值。减记的递延所得税资产，除原确认时计入所有者权益的，其减记金额亦应计入所有者权益外，其他的情况均应增加当期的所得税费用。
>
> 因无法取得足够的应纳税所得额利用可抵扣暂时性差异减记递延所得税资产账面价值的，以后期间根据新的环境和情况判断能够产生足够的应纳税所得额利用可抵扣暂时性差异，使得递延所得税资产包含的经济利益能够实现的，应相应恢复递延所得税资产的账面价值。

（二）特殊规定

1. 形成暂时性差异但不确认递延所得税资产或负债的特殊情况

表 19–8

常考情形	会计处理	税法处理	解释
商誉的初始确认（非同一控制的吸收合并形成商誉＋免税）	商誉＝合并成本－被购买方购买日可辨认净资产公允价值的份额	免税合并的情况下，商誉的计税基础为 0，其账面价值与计税基础形成"应纳税暂时性差异"，准则中规定不确认与其相关的递延所得税负债	①免税吸收合并下，商誉计税基础是 0；因为合并过程从来没有给税务局交过税，因此在处置子公司时，税务口径也不会让商誉账面价值去抵扣应税所得，**本质上是永久性差异**。 ②若确认递延所得税负债，则减少被购买方可辨认净资产公允价值，增加商誉，由此**商誉账面价值的计算进入不断循环状态**
内部研发形成无形资产即：除企业合并以外的其他交易或事项，如果该交易或事项发生时既不影响会计利润也不影响应纳税所得额，则所产生的资产、负债的初始确认金额与其计税基础不同所形成的暂时性差异，交易或事项发生时不确认相应的递延所得税资产或负债	按照实际发生额费用化；按照实际发生额资本化	企业为开发新技术、新产品、新工艺发生的研发费用，未形成无形资产计入当期损益的，据实扣除的基础上加计 75% 扣除；形成无形资产的按照无形资产成本的 175% 摊销	①**本质上是永久性差异**，当然不能确认递延所得税资产。 ②但是准则强行界定为"存在暂时性差异但不确认递延所得税资产的情形"
长期股权投资＋合理预期不出售（即同时满足以下两个条件：一是投资企业能够控制暂时性差异转回的时间；二是该暂时性差异在可预见的未来很可能不会转回）	控制性权益：成本法；非控制性权益：权益法	计税基础为取得时的实际成本（初始成本）	①一般来说长期股权投资账面价值和计税基础的暂时性差异应当确认递延所得税资产或负债。 ②同时满足 2 个条件的（合理预期不出售），由于不出售（账面价值不会变成 0），就不会有后续的暂时性差异转回，因此不确认递延所得税资产或负债

2. 与直接计入所有者权益的交易或事项相关的所得税

与当期及以前期间直接计入所有者权益的交易或事项相关的当期所得税及递延所得税应当计入所有者权益。直接计入所有者权益的交易或事项主要有：

（1）会计政策变更采用追溯调整法或对前期差错更正采用追溯重述法调整期初留存收益；

（2）以公允价值计量且其变动计入其他综合收益的金融资产公允价值的变动金额；

（3）同时包含负债及权益成分的金融工具在初始确认时计入所有者权益；

（4）自用房地产转为采用公允价值模式计量的投资性房地产时公允价值大于原账面价值的差额计入其他综合收益等。

递延所得税资产或负债对应的科目（见表 19–9）。

第十九章 所得税

表 19-9

情形	对应科目
一般情况	所得税费用（递延所得税费用）
追溯调整（会计政策变更、前期差错更正）	期初留存收益
①以公允价值计量且其变动计入其他综合收益的金融资产后续公允价值变动（其他债权投资、其他权益工具投资）。 ②非投转公投，公允大于账面的部分计入其他综合收益	其他综合收益
控股合并，在购买日被投资方资产或负债公允价值与账面价值的差额	资本公积
原理：盯住账面价值与计税基础差异对报表权益项目的影响。 差异影响利润，对应递延所得税费用。 差异影响留存收益，对应留存收益。 差异影响其他综合收益，对应其他综合收益。 差异影响资本公积，对应资本公积	

3. 与企业合并相关的递延所得税

表 19-10

情形	会计分录
购买日存在可抵扣暂时性差异，但当时由于估计后续没有足够的应纳税所得额而没有确认递延所得税资产的情况，购买日后12个月内发生基于购买日的情况，实际上有足够的应纳税所得额可以抵扣的，可以确认递延所得税资产并冲减商誉；商誉不足冲减的，差额部分计入当期损益	借：递延所得税资产 　　贷：商誉 　　　　所得税费用
除上述情况以外，确认与企业合并相关的递延所得税资产，应当计入当期损益	借：递延所得税资产 　　贷：所得税费用

【例题 19-8·主观题·教材】甲公司于 2018 年 1 月 1 日购买乙公司 80% 股权，形成非同一控制下企业合并。因会计准则规定与适用税法规定的处理方法不同，在购买日产生可抵扣暂时性差异 300 万元。假定购买日及未来期间企业适用的所得税税率为 25%。

购买日，因预计未来期间无法取得足够的应纳税所得额，未确认与可抵扣暂时性差异相关的递延所得税资产 75 万元。购买日确认的商誉为 50 万元。

①在购买日后 6 个月，甲公司预计能够产生足够的应纳税所得额用以抵扣企业合并时产生的可抵扣暂时性差异 300 万元。且该事实于购买日已经存在，则甲公司应作如下会计处理：

【答案】
借：递延所得税资产　　　　　　　　　　　　　　　　　　　　750 000
　　贷：商誉　　　　　　　　　　　　　　　　　　　　　　　　　500 000
　　　　所得税费用　　　　　　　　　　　　　　　　　　　　　　250 000

②假定，在购买日后6个月，甲公司根据新的事实预计能够产生足够的应纳税所得额用以抵扣企业合并时产生的可抵扣暂时性差异300万元，且该新的事实于购买日并不存在，则甲公司应作如下会计处理：

【答案】
借：递延所得税资产　　　　　　　　　　　　　　　　　　　750 000
　　贷：所得税费用　　　　　　　　　　　　　　　　　　　　　750 000

4. 与股份支付相关的当期及递延所得税

表19-11

处理原则	与股份支付相关的支出在按照会计准则规定确认为成本费用时，其相关的所得税影响应区别于税法的规定进行处理： ①如果税法规定与股份支付相关的支出不允许税前扣除，则不形成暂时性差异（永久性差异）； ②如果税法规定与股份支付相关的支出允许税前扣除，在按照会计准则规定确认成本费用的期间内，企业应当根据会计期末取得的信息估计可预前扣除的金额计算确定其计税基础及由此产生的暂时性差异，符合确认条件的情况下，应当确认相关递延所得税
附有业绩条件或服务条件的股权激励计划	（1）税法规定，在等待期确认的成本费用不允许税前扣除，待股权激励计划可行权时方可扣除，可抵扣金额＝行权时股票公允价值－行权支付金额。 （2）等待期确认成本费用的税会差异处理。 企业应根据期末的股票价格估计未来可以税前扣除金额，并以未来期间很可能取得的应纳税所得额为限确认递延所得税资产。如果预计未来期间可抵扣金额超过等待期确认的成本费用，超出部分形成的递延所得税资产应直接计入所有者权益。 ①等待期确认的成本费用＞预计未来可抵扣金额 借：递延所得税资产（预计未来可抵扣金额×税率） 　　贷：所得税费用 ②等待期确认的成本费用＜预计未来可抵扣金额 借：递延所得税资产（预计未来可抵扣金额×税率） 　　贷：资本公积［（预计未来可抵扣金额－等待期确认的成本费用）×税率］ 　　　　所得税费用（等待期确认的成本费用×税率）

5. 适用税率变化对已确认递延所得税资产或递延所得税负债的影响

按照新税率算出递延所得税资产或者负债的余额，扣减以前期间已确认的递延所得税资产或负债，得到本期发生额。

考点5　所得税费用的确认和计量（★★★）

在按照资产负债表债务法核算所得税的情况下，利润表中的所得税费用包括当期所得税和递延所得税两个部分。即：所得税费用＝当期所得税（当期应交所得税）＋递延所得税

（一）当期所得税

当期所得税，是指企业按照税法规定计算确定的针对当期发生的交易和事项，应交纳给税务部门的所得税金额，即应交所得税。

应纳税所得额＝会计利润＋纳税调增－纳税调减

应交所得税＝应纳税所得额×税率

> **彬哥解读**
> （1）如何分析纳税调整事项？
> 写出该交易或事项的会计分录，分析它对会计利润的影响，对比它对应纳税所得额的影响（比如是否要计入应税收益，是否允许抵扣等）。
> （2）关于当期应交所得税的补充知识点。

（二）企业所得税计税依据

应纳税所得额 = 收入总额 − 不征税收入 − 免税收入 − 各项扣除 − 以前年度亏损

或：　　应纳税所得额 = 税前会计利润 + 纳税调整增加额 − 纳税调整减少额

1. 不征税收入

不征税收入包括：财政拨款、依法收取并纳入财政管理的行政事业性收费、政府性基金以及国务院规定的其他不征税收入。

2. 免税收入

（1）国债利息收入。

（2）符合条件的居民企业之间的股息、红利等权益性投资收益。

（3）符合条件的非营利组织收入。

3. 税前扣除项目

企业实际发生的与取得收入有关的、合理的支出，包括成本、费用、税金、损失和其他支出，准予在计算应纳税所得额时扣除。

4. 禁止扣除项目

（1）向投资者支付的股息、红利等权益性投资收益款项。

（2）企业所得税税款。

（3）税收滞纳金。

（4）罚金、罚款和被没收财物的损失。

（5）企业发生的与生产经营活动无关的各种非广告性质的赞助支出。

（6）未经核定的准备金支出，比如计提的坏账准备、存货跌价准备、固定资产减值准备、无形资产减值准备、投资性房地产减值准备。

（7）企业之间支付的管理费、企业内营业机构之间支付的租金和特许权使用费，以及非银行企业内营业机构之间支付的利息。

（8）超过规定标准的捐赠支出。

（三）递延所得税

（1）递延所得税是指按照**所得税准则**规定**当期应予确认的**递延所得税资产和递延所得税负债金额，即递延所得税资产及递延所得税负债当期发生额的**综合结果，但不包括计入所有者权益**的交易或事项的所得税影响。

递延所得税 =（递延所得税负债的期末余额 − 递延所得税负债的期初余额）

−（递延所得税资产的期末余额 − 递延所得税资产的期初余额）

（2）企业因确认递延所得税资产和递延所得税负债产生的递延所得税，**一般**应当计入**所得税费用**，但以下**两种情况**除外：

①某项交易或事项按照会计准则规定应计入**所有者权益**的，由该交易或事项产生的递延所得税资产或递延所得税负债及其变化亦应计入**所有者权益**，**不构成**利润表中的**递延所得税费用**（或**收益**）。

②**企业合并中**取得的资产、负债，其账面价值与计税基础不同，应确认相关递延所得税的，递延所得税的确认影响**合并中**产生的**商誉**或是**计入当期损益**的金额，**不影响**所得税费用。

【**例题**19-9·**单选题**】2011年12月31日，甲公司因交易性金融资产和其他债权投资的公允价值变动，分别确认了10万元的递延所得税资产和20万元的递延所得税负债。甲公司当期应交所得税的金额为150万元。假定不考虑其他因素，该公司2011年度利润表"所得税费用"项目应列示的金额为（   ）万元。

  A. 120   B. 140   C. 160   D. 180

【**答案**】B

【**解析**】本题相关会计分录如下：

借：所得税费用   150
  贷：应交税费——应交所得税   150
借：递延所得税资产   10
  贷：所得税费用   10
借：其他综合收益   20
  贷：递延所得税负债   20

注意：以公允价值计量且其变动计入其他综合收益的金融资产的公允价值变动导致的差异计入所有者权益。

▶ 💬 **彬哥解读**

（1）易错点总结。

表19-12

（1）永久性差异与暂时性差异	永久性差异：只影响当期不影响递延；影响所得税费用总额。 暂时性差异：既影响当期又影响递延；不影响所得税费用总额。
（2）暂时性差异的发生与转回	都影响当期和递延所得税 应纳税暂时性差异：发生时纳税调减，转回时纳税调增 可抵扣暂时性差异：发生时纳税调增，转回时纳税调减
（3）增量与存量的关系	期末应有余额=暂时性差异×税率 期末确认或转回的金额=期末应有余额-期初余额
（4）如何分析对当期的影响	纳税调增或纳税调减 要点：写出会计分录，分析会计影响损益的金额、税法允许税前扣除的金额

续表

（5）万能验证公式	所得税费用＝当期应交所得税＋递延所得税 所得税费用＝（利润±永久性差异）×税率 提示： ①使用前提：税率保持不变。 ②永久性差异：罚款、滞纳金、国债利息收入、内部研发无形资产（教材视为暂时性差异，但本质上属于永久性差异，所以在用这个公式时要考虑）、非公益性捐赠等。 ③是加还是减，看永久性差异对当期应交所得税的影响，如果调增，那就加；如果调减，那就减

（2）所得税知识点总结。

表19-13

做题步骤	一般规律	特殊注意
（一）分析对应交所得税的影响	（1）纳税调增：不许扣（永久不许：罚款、滞纳金等；暂时不许：减值、预计负债）、限制扣（超标广告费、折旧差异等）。 （2）纳税调减：免税（国债利息）、加计扣除（加速折旧、内部研发无形资产加计扣除和摊销等）	如果属于永久性差异，只影响应交所得税，不影响递延所得税。 如国债利息收入、罚款、滞纳金、非公益捐赠等
（二）比较账面价值与计税基础	（1）资产的计税基础：未来允许税前扣除金额 资产的计税基础＝实际成本－税法累计折旧/摊销 提示：税法允许折旧/摊销的资产只有：固定资产、无形资产、投资性房地产。 （2）负债计税基础：未来不允许税前扣除金额 负债计税基础＝账面价值－未来允许税前扣除金额 提示：负债要么未来全部允许扣，要么全部不能扣，因此，其计税基础＝0或者账面价值	除了内部研发形成的无形资产，其他资产初始确认时计税基础＝实际成本。 初始确认：内部研发无形资产计税基础＝实际成本×175％。 后续计量：计税基础＝实际成本×175％－税法摊销（即会计摊销×175％）
（三）确认暂时性差异	（1）应纳税暂时性差异：资产账面价值＞计税基础，或者负债账面价值＜计税基础。 （2）可抵扣暂时性差异：资产账面价值＜计税基础，或者负债账面价值＞计税基础。 提示：资产和负债相反，记住资产（账面）大、应纳税，其他轻松推导	未弥补亏损、超标广告费（已支付）：虽然没有确认为资产或负债，但它们未来允许税前扣除，计税基础＝未来允许税前扣除金额，可以把它们视为账面价值为0的资产，因此存在可抵扣暂时性差异
（四）确认递延所得税资产/负债	（1）递延所得税负债余额＝应纳税暂时性差异×转回期间税率 （2）递延所得税资产余额＝可抵扣暂时性差异×转回期间税率 提示：①通过公式求出的是期末余额，影响所得税费用的是本期发生额； ②求递延用的是未来转回期间税率，而求应交所得税是用当期税率。	3个特殊项目：存在暂时性差异但不确认递延资产/负债： ①商誉； ②内部研发形成的无形资产； ③符合条件的长期股权投资

续表

做题步骤	一般规律	特殊注意
（五）确认所得税费用影响	（1）求出递延所得税负债期末余额，再减去期初余额。 借：所得税费用（倒挤） 　　贷：递延所得税负债（如果减少，则在借方） （2）求出递延所得税资产期末余额，再减去期初余额。 借：递延所得税资产（如果减少，则在贷方） 　　贷：所得税费用（倒挤） 提示：递延所得税费用=递延所得税负债（增加额）-递延所得税资产（增加额）	4个特殊项目：确认递延所得税资产/负债，但不影响所得税费用，影响所有者权益。 （1）追溯调整以前年度损益：影响留存收益，如差错更正、会计政策变更。 （2）以公允价值计量且其变动计入其他综合收益的金融资产：影响其他综合收益，如其他债权投资、其他权益工具投资。 （3）非投资性房地产转为公允价值计量的投资性房地产：如果公允价值大于账面价值，差额计入其他综合收益。 （4）免税合并：影响资本公积
（六）求出所得税费用金额	所得税费用=应交所得税+递延所得税	验证公式：所得税费用=（利润±永久性差异）×税率 提示：万能公式的前提是未来税率不会改变

【例题19-10·主观题】甲公司适用的企业所得税税率为25%，预计未来期间适用的企业所得税税率不会发生变化，且未来期间能够产生足够的应纳税所得额用以抵减可抵扣暂时性差异。2018年1月1日，甲公司递延所得税资产、递延所得税负债的年初余额均为0。甲公司2018年发生的会计处理与税收处理存在差异的交易或事项如下：

资料一：2017年12月20日，甲公司取得并立即提供给行政管理部门使用的一项初始入账金额为150万元的固定资产，预计使用年限为5年，预计净残值为0。会计处理采用年限平均法计提折旧，该固定资产的计税基础与初始入账金额一致。根据税法规定，2018年甲公司该固定资产的折旧额能在税前扣除的金额为50万元。

资料二：2018年11月5日，甲公司取得乙公司股票20万股，并将其指定为以公允价值计量且其变动计入其他综合收益的金融资产，初始入账金额为600万元。该金融资产的计税基础与初始入账金额一致。2018年12月31日，该股票的公允价值为550万元。税法规定，金融资产的公允价值变动不计入当期应纳税所得额，待转让时一并计入转让当期的应纳税所得额。

资料三：2018年12月10日，甲公司因当年偷税漏税向税务机关缴纳罚款200万元，税法规定，偷税漏税的罚款支出不得税前扣除。

甲公司2018年度实现的利润总额为3 000万元。

假定本题不考虑除企业所得税以外的税费及其他因素。

要求：

（1）计算甲公司2018年12月31日上述行政管理用固定资产的暂时性差异，判断该差异为应纳税暂时性差异还是可抵扣暂时性差异，并编制确认递延所得税资产或递延所得税负债的会计分录。

（2）计算甲公司 2018 年 12 月 31 日对乙公司股票投资的暂时性差异，判断该差异为应纳税暂时性差异还是可抵扣暂时性差异，并编制确认递延所得税资产或递延所得税负债的会计分录。

（3）分别计算甲公司 2018 年度应交企业所得税和所得税费用的金额，并编制相关会计分录。

项目	对当期所得税影响	对递延所得税影响					
		账面价值	计税基础	暂时性差异	递延资产或负债期末余额	递延资产或负债期初余额	递延所得税费用
资料一：固定资产	纳税调减 20（50－30）	120（150－150/5）	100（150－50）	20（应纳税）	5（递延负债）	0	借：所得税费用 5 贷：递延所得税负债 5
资料二：其他权益工具投资	不影响	550	600	50（可抵扣）	12.5（递延资产）	0	借：递延所得税资产 12.5 贷：其他综合收益 12.5
资料三：行政罚款 200 万元	纳税调增 200	—	—	—	—	—	—

会计利润＝3 000 万元

应纳税所得额＝3 000－20＋200＝3 180（万元），应交所得税＝3 180×25%＝795（万元）

递延所得税＝5 万元

所得税费用＝795＋5＝800（万元），或者所得税费用＝(3 000＋200)×25%＝800（万元）

【答案】

（1）固定资产的账面价值＝150－(150－0)÷5＝120（万元），计税基础＝150－50＝100（万元），资产的账面价值大于计税基础，形成应纳税暂时性差异 20 万元（120－100），应确认递延所得税负债期末余额＝20×25%＝5（万元）。由于递延所得税负债期初余额为 0，本期应增加递延所得税负债 5 万元（5－0）。

会计分录为：

借：所得税费用　　　　　　　　　　　　　　　　　　　　　　5

　　贷：递延所得税负债　　　　　　　　　　　　　　　　　　　　5

（2）其他权益工具投资的账面价值＝550 万元，计税基础＝600 万元，资产的账面价值小于计税基础，形成可抵扣暂时性差异 50 万元（600－550），应确认递延所得税资产期末余额＝50×25%＝12.5（万元）。由于递延所得税资产期初余额为 0，本期应增加递延所得税资产12.5万元（12.5－0）。另外，由于该事项发生时影响的是其他综合收益，因此该事项导致的暂时性差异影响的也是其他综合收益，不是所得税费用。

会计分录为：

借：递延所得税资产　　　　　　　　　　　　　　　　　　　　　12.5
　　贷：其他综合收益　　　　　　　　　　　　　　　　　　　　　12.5

（3）应纳税所得额＝3 000－20（事项一）＋200（事项三）＝3 180（万元）

应交所得税＝3 180×25%＝795（万元）

所得税费用＝应交所得税＋递延所得税＝795＋5（事项一）＝800（万元）

会计分录为：

借：所得税费用　　　　　　　　　　　　　　　　　　　　　　　795
　　贷：应交税费——应交所得税　　　　　　　　　　　　　　　　795

提示：如果预计未来税率不变，可以通过万能公式来验证所得税费用是否计算正确，所得税费用＝（会计利润±永久性差异）×税率＝（3 000＋200）×25%＝800（万元）。

【例题19－11·主观题·2016年】甲公司2015年初的递延所得税资产借方余额为50万元，与之对应的预计负债贷方余额为200万元；递延所得税负债无期初余额。甲公司2015年度实现的利润总额为9 520万元，适用的企业所得税税率为25%且预计在未来期间保持不变；预计未来期间能够产生足够的应纳税所得额用以抵扣可抵扣暂时性差异。甲公司2015年度发生的有关交易和事项中，会计处理与税收处理存在差异的相关资料如下：

资料一：2015年8月，甲公司向非关联企业捐赠现金500万元。

资料二：2015年9月，甲公司以银行存款支付产品保修费用300万元，同时冲减了预计负债年初贷方余额200万元。2015年末，保修期结束，甲公司不再预提保修费。

资料三：2015年12月31日，甲公司对应收账款计提了坏账准备180万元。

资料四：2015年12月31日，甲公司以定向增发公允价值为10 900万元的普通股股票为对价取得乙公司100%有表决权的股份，形成非同一控制下控股合并。假定该项企业合并符合税法规定的免税合并条件，且乙公司选择进行免税处理。乙公司当日可辨认净资产的账面价值为10 000万元，其中股本2 000万元，未分配利润8 000万元；除一项账面价值与计税基础均为200万元、公允价值为360万元的库存商品外，其他各项可辨认资产、负债的账面价值与其公允价值、计税基础均相同。

假定不考虑其他因素。

要求：

（1）计算甲公司2015年度的应纳税所得额和应交所得税。

（2）根据资料一至资料三，逐项分析甲公司每一交易或事项对递延所得税的影响金额（如无影响，也明确指出无影响的原因）。

（3）根据资料一至资料三，逐笔编制甲公司与递延所得税有关的会计分录（不涉及递延所得税的，不需要编制会计分录）。

（4）计算甲公司利润表中应列示的 2015 年度所得税费用。

（5）根据资料四，分别计算甲公司在编制购买日合并财务报表时应确认的递延所得税和商誉的金额，并编制与购买日合并资产负债表有关的调整的抵销分录。

【分析思路】

项目	对当期所得税影响	对递延所得税影响					
		账面价值	计税基础	暂时性差异	递延所得税资产或负债期末余额	递延所得税资产或负债期初余额	递延所得税费用
资料一：捐赠现金500万元	纳税调增500万元	—	—	—	—	—	—
资料二：发生保修费300万元，冲预计负债200万元	纳税调减200万元	0（期末余额为0）	0	0	0	50（递延所得税资产）	借：所得税费用 50 　贷：递延所得税资产 50
资料三：计提坏账准备180万元	纳税调增180万元	账面余额 -180	账面余额	可抵扣暂时性差异 180	180×25%=45（递延所得税资产）	0	借：递延所得税资产 45 　贷：所得税费用 45
资料四：免税合并，库存商品公允360万元，计税基础200万元	不影响损益	360（按取得日公允）	200	应纳税暂时性差异 160	160×25%=40（递延所得税负债）	0	借：资本公积 40 　贷：递延所得税负债 40

会计利润 = 9 520 万元

应纳税所得额 = 9 520 + 500 - 200 + 180 = 10 000（万元），应交所得税 = 10 000 × 25% = 2 500（万元）

递延所得税费用 = 50 - 45 = 5（万元）

所得税费用 = 2 500 + 5 = 2 505（万元），或者所得税费用 = (9 520 + 500) × 25% = 2 505（万元）

分析每个差异事项对当期所得税、递延所得税影响：

资料一：

捐赠的分录：

借：营业外支出　　　　　　　　　　　　　　　　　　　　　　　500
　　贷：库存现金　　　　　　　　　　　　　　　　　　　　　　　　　500

对当期所得税影响：捐赠支出计入营业外支出，导致会计利润减少500万元，但税法不允许税前扣除，所以在计算应纳税所得额时要调增500万元。

对递延所得税影响：非公益性现金捐赠，本期不允许税前扣除，未来期间也不允许抵扣，未形成暂时性差异，不确认递延所得税资产。

资料二：

支付产品保修费用300万元，分录为：

借：预计负债　　　　　　　　　　　　　　　　　　　　　200
　　销售费用　　　　　　　　　　　　　　　　　　　　　100
　　贷：银行存款　　　　　　　　　　　　　　　　　　　　　300

对当期所得税影响：支付产品保修费用300万元，会计上只计入费用100万元，导致利润只减少了100万元，但税法规定在实际支出时可税前扣除300万元，所以在计算应纳税所得额时要调减200万元。

对递延所得税影响：2015年末保修期结束，不再预提保修费，本期支付保修费用300万元，冲减预计负债年初余额200万元，因期末不存在暂时性差异，需要转回原确认的递延所得税资产50万元（200×25%）。

即：借：所得税费用　　　　　　　　　　　　　　　　　　　50
　　　贷：递延所得税资产　　　　　　　　　　　　　　　　　　50

资料三：

计提应收账款坏账准备的分录为：

借：信用减值损失　　　　　　　　　　　　　　　　　　　180
　　贷：坏账准备　　　　　　　　　　　　　　　　　　　　　180

对当期所得税影响：增加损失180万元，导致利润减少180万元，但税法不允许税前扣除，所以在计算应纳税所得额时要调增180万元。

对递延所得税影响：税法规定，尚未实际发生的预计损失不允许税前扣除，待实际发生损失时才可以抵扣，因此本期计提的坏账准备180万元，形成可抵扣暂时性差异，确认递延所得税资产45万元（180×25%），题目已知期初有对应递延所得税资产为0，所以本期应确认递延所得税资产45万元。即：

借：递延所得税资产　　　　　　　　　　　　　　　　　　　45
　　贷：所得税费用　　　　　　　　　　　　　　　　　　　　45

资料四：

按公允价值对非同一控制下取得子公司的财务报表进行调整的分录为：

借：存货　　　　　　　　　　　　　　　　　　（360-200）160
　　贷：资本公积　　　　　　　　　　　　　　　　　　　　　160

对当期所得税影响：将子公司存货从账面价值调整为公允价值计入的是"资本公积"，对会计利润无影响，所以不需要调整应纳税所得额。

对递延所得税影响：存货账面价值为360万元，计税基础为200万元，资产的账面价值大于计税基础，属于应纳税暂时性差异，年末递延所得税负债余额应为160×25%=40（万元），题目已知期初对应递延所得税负债为0，所以本期应确认递延所得税负债40万元。即：

借：资本公积 40
　　贷：递延所得税负债 40

【答案】

(1) 2015年度的应纳税所得额=9 520+500（向非关联方捐赠）-200（冲产品质量计提预计负债）+180（计提坏账准备）=10 000（万元）；

2015年度的应交所得税=10 000×25%=2 500（万元）。

(2) 资料一：对递延所得税无影响。

分析：非公益性现金捐赠，本期不允许税前扣除，未来期间也不允许抵扣，未形成暂时性差异，不确认递延所得税资产。

资料二：转回递延所得税资产50万元。

分析：2015年末保修期结束，不再预提保修费，本期支付保修费用300万元，冲减预计负债年初余额200万元，因期末不存在暂时性差异，需要转回原确认的递延所得税资产50万元（200×25%）。

资料三：确认递延所得税资产45万元。

分析：税法规定，尚未实际发生的预计损失不允许税前扣除，待实际发生损失时才可以抵扣，因此本期计提的坏账准备180万元形成可抵扣暂时性差异，确认递延所得税资产45万元（180×25%）。

(3) 资料一：

不涉及递延所得税的处理。

资料二：

借：所得税费用 50
　　贷：递延所得税资产 50

资料三：

借：递延所得税资产 45
　　贷：所得税费用 45

(4) 应交所得税=10 000×25%=2 500（万元）；

递延所得税费用=50-45=5（万元）；

2015年度所得税费用=当期所得税+递延所得税费用=2 500+5=2 505（万元）。

(5)

①购买日合并财务报表中应确认的递延所得税负债=(360-200)×25%=40（万元）。

②商誉=合并成本-购买日应享有被购买方可辨认净资产公允价值（考虑递延所得税后）的份额=10 900-(10 000+160-40)×100%=780（万元）。

抵销分录：

借：存货 160
　　贷：资本公积 160

借：资本公积 40
　　贷：递延所得税负债 40

借：股本	2 000	
未分配利润	8 000	
资本公积	120	
商誉	780	
贷：长期股权投资		10 900

> **恭喜你，**
> **已完成第十九章的学习**

扫码免费进 >>>
2022年CPA带学群

真正的愚蠢，是可以忍受几十年不快乐的人生，却不愿意花一年时间去学习，让自己改变一下。

CHAPTER TWENTY

第二十章 非货币性资产交换

考情雷达

本章属于基础性章节,主要介绍了非货币性资产交换的会计处理,涉及货币性资产与非货币性资产的区分、非货币性资产的确认和不同计量模式下非货币性资产交换的会计处理,一般以客观题形式考查,也可能结合金融工具、收入和长期股权投资等内容考查主观题。本章分值在 2~4 分。

2022 年本章内容**无变化**。

考点地图

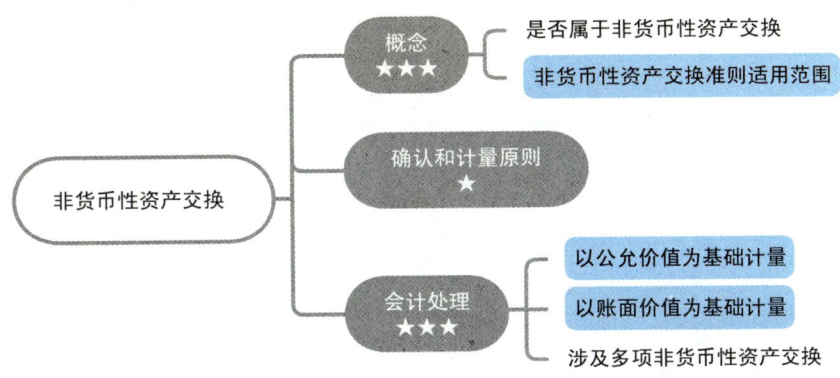

考点1 非货币性资产交换的概念（★★★）

非货币性资产交换,是指企业主要以固定资产、无形资产、投资性房地产和长期股权投资等**非货币性资产**进行的交换。该交换不涉及或只涉及**少量**的货币性资产（即补价）。

（一）判断是否属于非货币性资产交换

表 20-1

步骤	框架要点	备注
①换入、换出资产均为非货币性资产	货币性资产：**货币资金** +取得固定或可**确定**的货币资金的权利 非货币性资产：排除法	常考货币性资产： 现金、银行存款、应收账款、应收票据、**债权投资**等（钱、短期债权等） 常考非货币性资产： 存货、**预付账款**、固定资产、无形资产、投资性房地产、交易性金融资产、**其他债权投资**、其他权益工具投资、长期股权投资等
②涉及补价的,补价比例 <25%	补价比例 = 不含税补价/不含税最大公允价值	"不含税"指的是不含增值税
提示：不符合非货币性资产交换的,不适用非货币性资产交换准则,按照货币性资产交换来处理,视同正常销售/处置		

295

> **彬哥解读**
>
> 其他债权投资在《非货币性资产交换》准则中被认定为非货币性资产，但在《外币折算》准则中被认定为货币性资产，这是不同准则的冲突，需要注意辨析。

（二）非货币性资产交换准则适用范围

表20-2

步骤	框架要点
属于非货币性资产交换	详见"（一）判断是否属于非货币性资产交换"
不属于5种情形	①以**存货**作为换出资产，**换出方**适用收入准则（非现金对价），但换入方适用非货币性资产交换准则； ②非货币性资产交换中涉及**企业合并**，适用企业合并、长投、合并报表准则； ③非货币性资产交换中涉及**租赁**，适用租赁准则； ④非货币性资产交换中涉及**金融资产**，适用金融工具相关准则； ⑤非货币性资产交换的一方直接或间接对另一方持股且以股东身份进行交易，或者非货币性资产交换的双方均受同一方或相同的多方最终控制，且该非货币性资产交换的交易实质是交换的一方向另一方进行了权益性分配或交换的一方接受了另一方权益性投入，适用**权益性交易**的有关会计处理规定

【例题20-1·判断题】判断以下事项是否构成非货币性资产交换、是否适用非货币性资产交换准则。

事项	非货币性资产交换	适用非货币性资产交换准则
用一台机器设备换入一项专利权	√	√
房地产开发企业用一幢商品房换入一块土地的使用权	√	×
用无形资产换取乙公司的一批存货	√	√
用一项专利换入由租赁准则规范的使用权资产	√	×
集团重组中发生的无代价的非货币性资产划拨、划转行为	√	×
企业以发行股票形式取得的非货币性资产	×	×
用一项投资性房地产换入对被投资单位能够实施控制的长期股权投资	√	×
以对联营企业的股权投资换入一项投资性物业	√	√
甲公司以所持丙公司20%股权（具有重大影响）交换乙公司一批原材料	√	√
以原准备持有至到期的债券投资换入固定资产	×	×
企业从政府无偿取得非货币性资产	×	×

【例题20-2·单选题】对于甲公司而言,下列各项交易中,应该认定为非货币性资产交换进行会计处理的是(　　)。
　　A. 甲公司以一批产成品交换乙公司一台汽车
　　B. 甲公司以所持丙公司20%股权(具有重大影响)交换乙公司一批原材料
　　C. 甲公司以应收丁公司的2 200万元银行承兑汇票交换乙公司一栋办公用房
　　D. 甲公司以一项专利权交换乙公司一项非专利技术,并以银行存款收取补价,所收取补价占换出专利权公允价值的30%
【答案】B
【解析】
①选项A,企业以存货换取其他企业固定资产、无形资产等,换出存货的企业适用《企业会计准则第14号——收入》的规定进行会计处理;
②选项C,银行承兑汇票属于货币性资产;
③选项D,交换的资产均属于非货币性资产,但涉及的补价比例超过25%。

考点2　非货币性资产交换的确认和计量原则(★)

(一) 非货币性资产交换的确认原则

表20-3

确认时点	①换入资产:在换入资产符合资产定义并满足资产确认条件时予以确认。 ②换出资产:在换出资产满足资产终止确认条件时终止确认
换入资产的确认时点与换出资产的终止确认时点 存在不一致的	①换入资产满足资产确认条件,换出资产尚未满足终止确认条件的,在确认换入资产的同时将交付换出资产的义务确认为一项负债。 ②换入资产尚未满足资产确认条件,换出资产满足终止确认条件的,在终止确认换出资产的同时将取得换入资产的权利确认为一项资产

(二) 非货币性资产交换的计量原则

表20-4

条件	能否同时满足	计量基础
(1) 该项交换具有商业实质。 (2) 换入资产或换出资产的公允价值能够可靠地计量	√	公允价值
	×	账面价值

(1) 满足下列条件之一的非货币性资产交换具有商业实质:
①换入资产未来现金流量在风险、时间分布或金额方面与换出资产显著不同。
②使用换入资产与继续使用换出资产所产生的预计未来现金流量现值不同,且其差额与换入资产和换出资产的公允价值相比是重大的。
(2) 换入资产和换出资产的公允价值均能可靠计量的,应以换出资产的公允价值为基础计量,但有确凿证据表明换入资产的公允价值更加可靠的除外(实务中,考虑补价因素后,换入资产的公允与换出资产的公允是一致的)

考点3　非货币性资产交换的会计处理（★★★）

（一）以公允价值为基础计量的会计处理

表20-5

换入资产	处理原则	对于换入资产，应当以**换出资产的公允价值**和**应支付的相关税费**作为换入资产的成本进行初始计量，除非有确凿证据表明换入资产的公允价值比换出资产公允价值更加可靠。（视同购买） 提示：如果换入的是金融资产，则应根据金融工具准则按其公允价值确认入账成本
	换入资产入账价值	①换入资产入账价值＝换出资产公允＋换出资产销项税＋支付补价公允（或－收到补价公允）－换入资产的进项税＋与换入资产相关的税费 ②换入资产入账价值＝换入资产公允＋与换入资产相关的税费 提示：公式①优先于公式②，但实务中2个公式结果通常一致
换出资产	处理原则	对于换出资产，应当在终止确认时，将**换出资产的公允价值**与其**账面价值**之间的差额计入当期损益。（视同出售，该计哪就计哪）
	具体情形	①换出固定资产、无形资产：公允价值与账面价值的差额计入资产处置损益。 ②换出长期股权投资：差额计入投资收益；权益法长投还要结转其他综合收益、其他资本公积。 ③换出投资性房地产：确认其他业务收入、结转其他业务成本；公允价值计量的投资性房地产还要结转公允价值变动损益、其他综合收益。 ④换出金融资产： 债权投资、交易性金融资产：差额计入投资收益。 其他债权投资：差额及其他综合收益计入投资收益。 其他权益工具投资：差额及其他综合收益计入留存收益
BT提醒	涉及补价	①对于支付补价方：作为补价的货币性资产构成换入资产所付出对价的一部分。 ②对于收到补价方：作为补价的货币性资产构成换入资产的一部分
	相关税费	①与**换出资产有关**的相关税费：与**出售资产**相关税费的会计处理相同，一般影响换出资产的处置损益。 ②与**换入资产有关**的相关税费：与**购入资产**相关税费的会计处理相同，一般计入换入资产的成本

▶ 彬哥解读

以公平交换原则理解非货币性资产交换（见表20-6）。

表20-6

换出资产公允合计	＝	换入资产公允合计
换出资产公允价值 换出资产销项税额 支付补价		换入资产公允价值 换入资产进项税额 收到补价

第二十章 非货币性资产交换

续表

换出资产公允合计	=	换入资产公允合计

原理：**换入资产公允合计 = 换出资产公允合计**（符合公平交换原则）
即：换入资产公允价值 + 换入资产进项税额 + 收到补价 = 换出资产公允价值 + 换出资产销项税额 + 支付补价
推导：
换入资产公允价值 = 换出资产公允价值 + 换出资产销项税额 + 支付补价（或 − 收到补价）− 换入资产进项税额
换入资产入账价值 = 换入资产公允价值 + 与换入资产相关的税费 = 换出资产公允价值 + 换出资产销项税额 + 支付补价（或 − 收到补价）− 换入资产进项税额 + 与换入资产相关的税费
提示：（1）换出方换出的资产为存货时，按照**收入章节非现金对价处理**。
（2）其他情形下，即便是不属于非货币性资产交换准则适用范围（4 种特殊），**计算题也按照本框架处理**。

【例题20-3·主观题】2018年9月，A公司以生产经营过程中使用的一台设备交换B打印机公司生产的一批打印机，换入的打印机作为固定资产管理。A、B公司均为增值税一般纳税人，适用的增值税税率为13%。设备的账面原价为150万元，在交换日的累计折旧为45万元，公允价值为90万元。打印机的账面价值为110万元，在交换日的市场价格为90万元，计税价格等于市场价格。B公司换入A公司的设备是生产打印机过程中需要使用的设备。

假设A公司此前没有为该设备计提资产减值准备，整个交易过程中，除支付运杂费（换出资产）1.5万元外，没有发生其他相关税费。假设B公司此前也没有为库存打印机计提存货跌价准备，其在整个交易过程中没有发生除增值税以外的其他税费。

【解析】整个资产交换过程没有涉及收付货币性资产，因此，该项交换属于非货币性资产交换，但是否使用非货币性交换的准则，仍需进一步考虑。本例涉及固定资产与存货的交换，对A公司来讲，换入的打印机是经营过程中必须使用的机器，对B公司来讲，换入的设备是生产打印机过程中必须使用的机器，两项资产交换后对换入企业的特定价值显著不同，两项资产的交换具有商业实质；同时，两项资产的公允价值都能够可靠地计量，符合以公允价值计量的两个条件，因此，A公司和B公司均应当以换出资产的公允价值为基础，确定换入资产的成本，并确认产生的损益。

【账务处理】

A公司的账务处理	B公司的账务处理
借：固定资产清理　　　　　　　　　105 　　累计折旧　　　　　　　　　　　45 　　贷：固定资产——设备　　　　　　　150 借：固定资产清理　（换出资产运杂费）1.5 　　贷：银行存款　　　　　　　　　　1.5 借：固定资产——打印机　　　　　　90 　　应交税费——应交增值税（进项税额）11.7 　　贷：固定资产清理　　　　　　　　　90 　　　　应交税费——应交增值税（销项税额）11.7 借：资产处置损益　　　　　　　　　16.5 　　贷：固定资产清理　　　　　　　　　16.5 注：①换入资产的增值税进项税额 = 90×13% = 11.7（万元） ②换出设备的增值税销项税额 = 90×13% = 11.7（万元）	借：固定资产——设备　　　　　　　90 　　应交税费——应交增值税（进项税额）11.7 　　贷：主营业务收入　　　　　　　　　90 　　　　应交税费——应交增值税（销项税额）11.7 借：主营业务成本　　　　　　　　　110 　　贷：库存商品——打印机　　　　　　110 注：①换出打印机增值税销项税额 = 90×13% = 11.7（万元） ②换入设备的增值税进项税额 = 90×13% = 11.7（万元）

【例题20-4·多选题】 甲公司和乙公司均为增值税一般纳税人，购买及销售商品适用的增值税税率均为13%。甲公司和乙公司不存在任何关联方关系。2020年3月5日，甲公司以其持有的5 000股艾瑞克公司股票交换乙公司的一台办公设备，并将换入办公设备作为固定资产核算。甲公司所持有艾瑞克公司股票作为以公允价值计量且其变动计入当期损益的金融资产核算，资产交换日的账面价值为25万元，其中成本为18万元，累计确认公允价值变动为7万元，在交换日的公允价值为28万元。甲公司另向乙公司支付银行存款0.25万元。乙公司用于交换的办公设备的账面原价为40万元，已提折旧20万元，未计提减值准备，在交换日的公允价值为25万元。乙公司换入艾瑞克公司股票后没有改变原用途。假定该非货币性资产交换具有商业实质。下列会计处理中正确的有（ ）。

A. 甲公司换入设备入账价值为25万元
B. 乙公司换出办公设备应确认营业外收入
C. 乙公司换入艾瑞克公司股票确认为以公允价值计量且其变动计入其他综合收益的金融资产核算
D. 甲公司换出所持有艾瑞克公司股票影响营业利润的金额为3万元

【答案】 AD
【解析】
①选项A正确，甲公司换入设备在交换日的公允价值为25万元，且不涉及换入资产相关税费，因此，甲公司换入办公设备的入账价值为其公允价值25万元；
②选项B错误，办公设备系乙公司的固定资产，换出固定资产公允价值与账面价值的差额应计入资产处置损益；
③选项C错误，乙公司换入艾瑞克公司股票未改变用途，应确认为以公允价值计量且其变动计入当期损益的金融资产；
④选项D正确，甲公司换出所持有艾瑞克公司股票影响营业利润的金额=28-25=3（万元）。
做题模式解析：
甲公司：

换出资产	交易性金融资产 28	换出资产销项税 0	支付补价 0.25	换出资产公允合计 28.25
换入资产	固定资产 25=28.25-3.25	换入资产进项税 3.25=25×13%	取得补价 0	换入资产公允合计 28.25

换出交易性金融资产确认投资收益（影响营业利润）：28-25=3（万元）

乙公司：

换出资产	固定资产 25	换出资产销项税 3.25	支付补价	换出资产公允合计 28.25
换入资产	交易性金融资产 28=28.25-0.25	换入资产进项税 0	取得补价 0.25	换入资产公允合计 28.25

续表

换出固定资产确认资产处置损益（影响营业利润）： 25－（40－20）＝5（万元）

（二）以账面价值为基础计量的会计处理

表20－7

换出资产	换出资产账面价值	换出资产销项税	支付补价	换出资产账面合计
换入资产	换入资产入账价值	换入资产进项税	取得补价	换入资产账面合计

①换出资产账面合计＝换入资产账面合计（符合公平市场交易）
②确认换入资产入账价值：
换入资产入账价值＝换出资产账面合计－换入资产进项税－取得补价
③确认换出方换出资产对利润总额的影响：不视同处置，不影响损益

【例题20－5·主观题】 丙公司拥有一台专有设备，该设备账面原价450万元，已计提折旧330万元。丁公司拥有一项长期股权投资，账面价值90万元，两项资产均未计提减值准备。丙公司决定以其专有设备交换丁公司的长期股权投资，该专有设备是生产某种产品必须的设备。由于专有设备系当时专门制造、性质特殊，其公允价值不能可靠计量；丁公司拥有的长期股权投资在活跃市场中没有报价，其公允价值也不能可靠计量。经双方商定，丁公司支付了20万元补价。假定交易中没有涉及相关税费。

【解析】 该项资产交换涉及收付货币性资产，即补价20万元。对丙公司而言，收到的补价20万元÷换出资产账面价值120万元＝16.7％＜25％，因此，该项交换属于非货币性资产交换，丁公司的情况也类似。由于两项资产的公允价值不能可靠计量，因此，对于该项资产交换，换入资产的成本应当按照换出资产的账面价值确定，且不确认损益。

丙公司的账务处理	丁公司的账务处理
借：固定资产清理　　　　　　　120 　　累计折旧　　　　　　　　　330 　　贷：固定资产——专有设备　　　　450 借：长期股权投资　　（倒挤）100 　　银行存款　　　　　　　　　20 　　贷：固定资产清理　　　　　　　120	借：固定资产——专有设备（倒挤）110 　　贷：长期股权投资　　　　　　　90 　　　　银行存款　　　　　　　　20

（三）涉及多项非货币性资产交换的会计处理

表20-8

项目	以公允价值计量	以账面价值计量
换入资产	第1步：先单独确认**金融资产**入账价值。 金融资产入账价值=当日公允 第2步：再分摊**非金融资产**入账价值。 各非金融资产入账价值=公允价值比例×(换出资产总公允－金融资产公允)+与该资产相关的税费 公允价值比例=该资产公允/非金融资产总公允	各换入资产入账价值=公允价值比例×(换出资产的账面价值总额+支付补价的账面价值/－收到补价的公允价值)+与该资产相关的税费 提示：换入资产公允价值不能可靠计量的，也可以按照换入资产账面价值比例分摊
换出资产	视同销售，**差额计入当期损益**	换出资产终止确认时**不确认损益**

> 🗨️ **彬哥解读**
>
> 涉及多项资产的，优先确认金融资产入账价值，剩下待摊金额按比例分摊至非金融资产。

【例题20-6·主观题】甲公司和乙公司均为增值税一般纳税人，适用的增值税税率均为13%。2019年8月，甲公司决定以生产经营过程中使用的机器设备和专用货车换入乙公司生产经营过程中使用的小汽车和客运汽车。甲公司设备的账面原价为1 800万元，在交换日的累计折旧为300万元，公允价值为1 350万元；货车的账面原价为600万元，在交换日的累计折旧为480万元，公允价值为100万元。乙公司小汽车的账面原价为1 300万元，在交换日的累计折旧为690万元，公允价值为709.5万元；客运汽车的账面原价为1 300万元，在交换日的累计折旧为680万元，公允价值为700万元。乙公司另外向甲公司支付银行存款45.765万元，其中包括由于换出和换入资产公允价值不同而支付的补价40.5万元，以及换出资产销项税额与换入资产进项税额的差额5.265万元。

假定甲公司和乙公司都没有为换出资产计提减值准备；甲公司换入乙公司的小汽车、客运汽车作为固定资产使用和管理；乙公司换入甲公司的设备、货车作为固定资产使用和管理。假定甲公司和乙公司上述交易涉及的增值税进项税额按照税法规定可抵扣且已得到认证；不考虑其他相关税费。

【解析】本例涉及收付货币性资产，应当计算甲公司收到的货币性资产占甲公司换出资产公允价值总额的比例（等于乙公司支付的货币性资产占乙公司换入资产公允价值的比例），即：40.5÷(1 350+100)=2.79%<25%，可以认定这一涉及多项资产的交换行为属于非货币性资产交换。

甲公司	项目	账面价值	公允价值
换入	固定资产——小汽车		709.5
	固定资产——客运汽车		700

续表

甲公司	项目	账面价值	公允价值
换入	应交税费——应交增值税（进项税额）		（709.5＋700）×13%＝183.235
	银行存款（收到补价）		45.765
换出	固定资产——机器设备	1 800（原价）－300（累计折旧）＝1 500	1 350
	固定资产——专用货车	600（原价）－480（累计折旧）＝120	100
	应交税费——应交增值税（销项税额）		（1 350＋100）×13%＝188.5

甲公司的账务处理如下：

（1）根据税法的有关规定：

换出设备的增值税销项税额＝1 350×13%＝175.5（万元）

换出货车的增值税销项税额＝100×13%＝13（万元）

换入小汽车、客运汽车的增值税进项税额＝（709.5＋700）×13%＝183.235（万元）

（2）计算换入资产、换出资产公允价值总额：

换出资产公允价值总额＝1 350＋100＝1 450（万元）

换入资产公允价值总额＝709.5＋700＝1 409.5（万元）

（3）计算换入资产总成本：

换入资产总成本＝换出资产公允价值－收到的补价＋应支付的相关税费＝1 450－40.5＋0＝1 409.5（万元）

（4）计算确定换入各项资产的公允价值占换入资产公允价值总额的比例：

小汽车公允价值占换入资产公允价值总额的比例＝709.5÷1 409.5＝50.34%

客运汽车公允价值占换入资产公允价值总额的比例＝700÷1 409.5＝49.66%

（5）计算确定换入各项资产的成本：

小汽车的成本＝1 409.5×50.34%＝709.5（万元）

客运汽车的成本＝1 409.5×49.66%＝700（万元）

（6）会计分录（单位：万元）：

借：固定资产清理　　　　　　　　　　　　　　　　　　　　　　1 620

　　累计折旧　　　　　　　　　　　　　　　　　　　　　　　　　780

　　　贷：固定资产——设备　　　　　　　　　　　　　　　　　1 800

　　　　　　　　——货车　　　　　　　　　　　　　　　　　　　600

借：固定资产——小汽车　　　　　　　　　　　　　　　　　　　709.5

　　　　　　——客运汽车　　　　　　　　　　　　　　　　　　　700

	应交税费——应交增值税（进项税额）	183.235
	银行存款	45.765
贷：	固定资产清理	1 450
	应交税费——应交增值税（销项税额）	188.5
借：资产处置损益		170
贷：	固定资产清理	170

【例题 20-7·单选题】2014 年 3 月 2 日，甲公司以账面价值为 350 万元的厂房和 150 万元的专利权，换入乙公司账面价值为 300 万元的在建房屋和 100 万元的长期股权投资，不涉及补价。上述资产的公允价值均无法获得。不考虑其他因素，甲公司换入在建房屋的入账价值为（　　）万元。

A. 280　　　　　B. 300　　　　　C. 350　　　　　D. 375

【答案】D

【解析】甲公司换入在建房屋的入账价值 =（350 +150）×300 ÷（300 +100）=375（万元）。

> 恭喜你，
> 已完成第二十章的学习

扫码免费进 >>>
2022年CPA带学群

读书和学习是需要付出很多时间和精力的事情，但也是为自己积攒能力、为未来增添底气的必经之路。

CHAPTER TWENTY-ONE

第二十一章　债务重组

考情雷达

本章属于重要章节，介绍了债务重组的会计处理，主要涉及债权人与债务人不同视角下针对债务重组的会计处理。本章既可能考查客观题，也可能考查主观题。本章分值为 3~5 分。

2022 年本章内容无变化。

考点地图

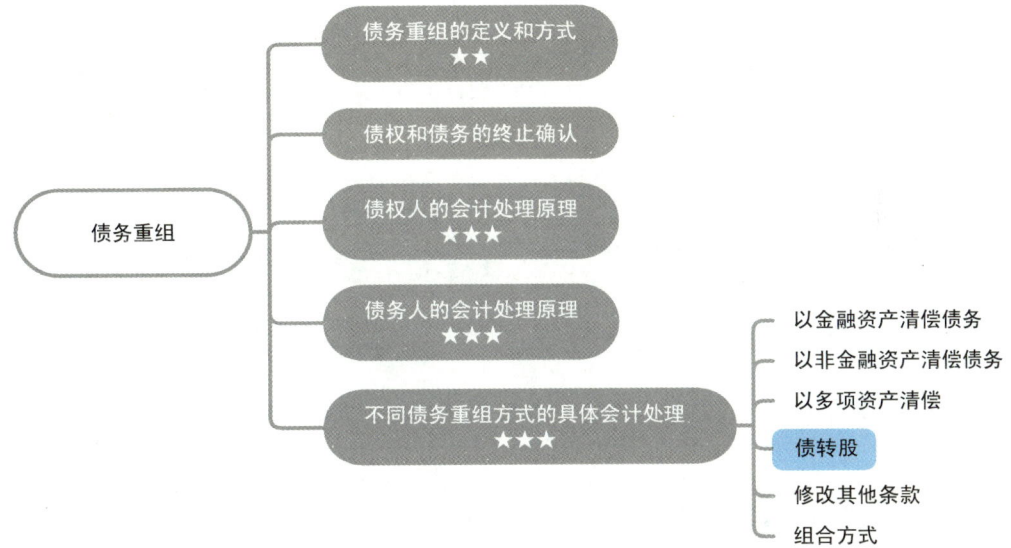

考点1　债务重组的定义和方式（★★）

（一）债务重组的定义和方式

表 21-1

项目	要点	备注
债务重组的定义	债务重组，是指在不改变交易对手方的情况下，经债权人和债务人协定或法院裁定，就清偿债务的时间、金额或方式等<u>重新达成协议</u>的交易	（1）债务重组不强调在债务人发生财务困难的背景下进行，也不论债权人是否作出让步（区别于旧准则）。 （2）债务重组中涉及的债权和债务，是指金融工具准则规范的债权债务
债务重组的方式	（1）债务人以资产清偿债务。 （2）债务人将债务转为权益工具。 （3）修改其他条款。 （4）以上 3 种方式的组合	（1）将债务转为权益工具，是指债务人将债务转为自身权益工具。 （2）修改其他条款，是指调整债务本金、改变债务利息、变更还款期限等

续表

项目	要点	备注
债务重组准则适用范围	不适用债务重组准则的2种情形： (1) 债务重组形成企业合并。 (2) 债务重组构成权益性交易	债务重组构成权益性交易的情形包括： ①债权人直接或间接对债务人持股，或者债务人直接或间接对债权人持股，且持股方以股东身份进行债务重组。 ②债权人与债务人在债务重组前后均受同一方或相同的多方最终控制，且该债务重组的交易实质是债权人或债务人进行了权益性分配或接受了权益性投入

（二）债权和债务的终止确认

表 21-2

情形	会计处理时间点	备注
债权人终止确认原债权	债权人在收取债权现金流量的合同权利终止时终止确认债权	通常债权人终止确认原债权与债务人终止确认原债务为同一天
债务人终止确认原债务	债务人在债务的现时义务解除时终止确认债务	
债权人确认新资产	相关资产符合其定义和确认条件时予以确认	盯住取得控制权
提示：对于在报告期间已经开始协商，但在报告期资产负债表日后的债务重组，不属于资产负债表日后调整事项		

考点2 债权人的会计处理原理（★★★）

▶ 💻 彬哥解读

关于债务重组的账务处理的本质（见表 21-3）。

表 21-3

债权人	先卖后买原则：卖掉原债权，买入抵债资产，差额计入投资收益。 终止确认原债权：视同处置金融资产，公允与账面的差额计入投资收益。 确认受让资产：视同购买抵债资产。 受让金融资产：按初始确认日其公允价值计量。 受让非金融资产：按合同生效日放弃债权的公允价值计量
债务人	抵债资产的账面价值与清偿负债账面价值的差额直接计入当期损益，不再区分资产处置的损益和债务重组的利得。 (1) 抵债资产未涉及非金融资产，例如以金融资产、权益工具偿债：差额计入投资收益。 (2) 抵债资产涉及非金融资产：差额计入其他收益

债权人的会计处理原则（类比非货币性资产交换）。

表21-4

换出资产	放弃债权的公允价值	—	换出资产公允合计
换入资产	换入资产的公允价值	换入资产进项税额	换入资产公允合计

（1）检查：换出资产公允合计＝换入资产公允合计。
（2）确认换入资产入账价值。
①一般，以放弃债权的公允价值为基础确定：
换入资产入账价值＝换出资产公允合计－换入资产进项税
债权人取得新资产为非金融资产，换入资产的入账价值以放弃债权的公允价值为基础确定。
②特殊，有确凿证据表明换入资产的公允价值比换出资产公允价值更可靠。
换入资产入账价值＝换入资产公允
债权人取得新资产为金融资产或者由纯金融资产构成的多项资产组合，换入资产的入账价值以该金融资产的公允价值为基础确定。
（3）确认换入方换出资产对利润总额的影响：按照处置资产处理，差额计入投资收益

提示：参照非货币性资产交换以公允价值为基础计量的会计处理，对比记忆

考点收纳盒

涉及交易费用的处理（同非货币性资产交换章节涉及框架）。

表21-5

情形	定位
支付与换入资产相关的直接税费	金融资产初始计量交易费用： ①一般：计入初始成本。 ②交易性金融资产：计入投资收益。 ③合并形成长投：计入管理费用
支付与换出资产相关的直接税费	作为处置收入的抵减，影响处置收益
发行股票相关的佣金手续费支出	冲减资本公积－资本溢价或股本溢价

【例题21-1·单选题】2020年1月1日，甲公司与乙公司进行债务重组，重组日甲公司应收乙公司账款账面余额为200万元，已计提坏账准备10万元，其公允价值为170万元，乙公司以持有A公司3%股权抵偿上述账款，该项股权投资的公允价值为170万元。甲公司为取得该项股权投资支付直接相关费用1万元，取得该项股权投资后，甲公司将其作为交易性金融资产核算。假定不考虑其他因素。甲公司债务重组取得交易性金融资产的入账价值为（　　）万元。

　　A. 170　　　　　B. 171　　　　　C. 180　　　　　D. 181

【答案】A

【解析】取得交易性金融资产适用金融工具确认和计量准则，应按其公允价值170万元作为其入账价值。

做题模式解析：

换出资产	放弃债权：应收账款 公允价值：170 账面价值：200－10＝190	—	换出资产公允价值合计 170
换入资产	换入资产入账价值 公允价值：170	换入资产进项税 0	换入资产公允价值合计 170

（1）检查：换出资产公允价值合计170＝换入资产公允价值合计170。
（2）换入资产入账价值：
换入资产入账价值＝入账时交易性金融资产公允价值＝170万元
支付与换入资产直接相关的交易费用1万元计入当期投资收益。
（3）换出资产确认损益：
结平账面价值：170－（200－10）＝－20 计入投资收益

甲公司会计分录为：
借：交易性金融资产——成本　　　　　　　　　　170
　　投资收益　　　　　　　　　　　　　　　　　21
　　坏账准备　　　　　　　　　　　　　　　　　10
　　贷：应收账款　　　　　　　　　　　　　　　　　　200
　　　　银行存款　　　　　　　　　　　　　　　　　　　1

【例题21－2·多选题】甲公司销售商品产生应收乙公司货款1 200万元，甲公司将其分类为以摊余成本计量的金融资产。因乙公司资金周转困难，逾期已1年以上尚未支付，甲公司就该债权计提了240万元坏账准备。2015年10月20日，双方经协商达成以下协议：乙公司以其生产的100件丙产品和一项应收银行承兑汇票偿还所欠甲公司货款。乙公司用以偿债的丙产品单件成本为5万元，市场价格（不含增值税）为8万元，银行承兑汇票票面金额为120万元。10月25日，甲公司收到乙公司的100件丙产品及银行承兑汇票，乙公司向甲公司开具了增值税专用发票，双方债权债务结清。当日，甲公司应收账款的公允价值为900万元。甲、乙公司均为增值税一般纳税人，适用增值税税率均为13%。不考虑其他因素，下列各项关于甲公司该项交易会计处理的表述中，正确的有（　　）。

A. 确认投资收益60万元
B. 确认增值税进项税额65万元
C. 确认丙产品入账价值676万元
D. 确认应收票据入账价值120万元

【答案】CD
【解析】
①选项A错误，甲公司应收账款账面价值为1 200－240＝960（万元），公允价值为900万元，确认投资收益为900－960＝－60（万元）；
②选项B错误，收到乙公司开具的增值税专用发票上的进项税额＝800×13%＝104（万元）；

③选项 C 正确,甲公司收到的丙产品,以放弃的债权的公允价值为基础计量,故丙产品入账价值 = 900 - 104 - 120 = 676(万元);
④选项 D 正确,收到的银行承兑汇票价值 = 120 万元。
会计分录为:

借:库存商品　　　　　　　　　　　　　　　　　　　　　　676
　　应交税费——应交增值税(进项税额)　　　　　　　　104
　　应收票据　　　　　　　　　　　　　　　　　　　　　　120
　　坏账准备　　　　　　　　　　　　　　　　　　　　　　240
　　投资收益　　　　　　　　　　　　　　　　　　　　　　 60
　　贷:应收账款　　　　　　　　　　　　　　　　　　　1 200

做题模式解析:
债务重组日:10 月 25 日。
依据:10 月 25 日,甲公司收到乙公司的 100 件丙产品及银行承兑汇票,乙公司向甲公司开具了增值税专用发票,双方债权债务结清。
甲公司于债务重组日进行会计处理:

换出资产	放弃债权:债权投资 公允价值:900 账面价值:1 200 - 240 = 960	—	—	换出资产公允价值合计 900
换入资产	换入存货入账价值	换入银行票据入账价值(公允价值:120)	换入资产进项税 100×8×13% = 104	换入资产公允价值合计 900

(1) 检查:换出资产公允价值合计 900 = 换入资产公允价值合计 900。
(2) 换入资产入账价值:
换入资产组整体入账价值 = 900 = 换出资产公允价值合计(以放弃债权的公允价值为基础)
①扣除资产组中金融资产公允价值。
银行票据:120
进项税:104("死数",理解为银行存款,故也相当于一项"金融资产")
②剩下的按照公允比例分摊——公允无法合理确定的按照账面或者其他合理比例分摊。
本题只剩下一项资产:存货,因此无须分摊
存货:900 - 120 - 104 = 676
(3) 换出资产确认损益:
结平账面价值:900 - (1 200 - 240) = -60 计入投资收益

【例题 21 - 3·多选题】M 公司与 N 公司均为增值税一般纳税人,购买及销售商品、设备适用的增值税均为 13%。M 公司销售给 N 公司一批商品,价款为 1 000 万元,增值税税额为 130 万元,款项尚未收到,M 公司对该笔账款已计提坏账准备 200 万元,其公允价值为 1 000 万元。因 N 公司发生资金困难,已无力偿还 M 公司的全部货款。经协商,M 公司同意 N 公司该笔欠款中的 300 万元延期收回,不考虑货币时间价值因素,剩余款项 N 公司分别用一批材料和一项设备(固定资产)予以抵偿。已知,原材料的成本为 150 万元,已计提存货跌价准备10万元，公允价值为100万元；设备原价400万元，已提折旧100万元，未计提减值准备，公允价值400万元。M公司下列会计处理中正确的有（　　）。

A. 重组债权入账价值为300万元　　B. 计入当期损益的金额为70万元
C. 原材料入账价值为127万元　　　D. 固定资产入账价值为508万元

【答案】ABCD
【解析】
①选项A正确，按金融工具确认和计量准则确认的重组债权的入账价值为300万元；
②选项B正确，计入当期损益的金额＝1 000－（1 130－200）＝70（万元）；
③选项C、D正确，原材料和固定资产入账总额＝放弃债权的公允价值1 000万元－重组债权300万元－增值税65万元[（100＋400）×13％]＝635（万元），按原材料和固定资产公允价值比例分配，原材料入账价值＝635×100÷500＝127（万元），固定资产入账价值＝635×400÷500＝508（万元）。

M公司会计分录如下：

借：原材料	127
固定资产	508
应交税费——应交增值税（进项税额）	65
应收账款——债务重组	300
坏账准备	200
贷：应收账款	1 130
投资收益	70

做题模式解析：
M公司于债务重组日进行会计处理：

换出资产	放弃债权：债权投资 公允价值：1 000 账面价值： 1 130－200＝930	—	—	—	换出资产公允价值合计 1 000
换入资产	换入新应收款入账价值 公允价值：300	换入存货入账价值（公允价值：100）	换入固定资产入账价值（公允价值：400）	换入资产进项税（100＋400）×13％＝65	换入资产公允价值合计 1 000

（1）检查：换出资产公允价值合计1 000＝换入资产公允价值合计1 000。
（2）换入资产入账价值：
换入资产组整体入账价值＝1 000＝换出资产公允价值合计（以放弃债权的公允价值为基础）
①扣除资产组中金融资产公允价值。
新应收款：300
进项税：65（理解为银行存款）
②剩下的按照公允比例分摊——公允无法合理确定的按照账面或者其他合理比例分摊——待分摊金额＝1 000－300－65＝635
存货：635×100÷（100＋400）＝127
固定资产：635×400÷（100＋400）＝508
（3）换出资产确认损益：
结平账面价值：1 000－（1 130－200）＝70 计入投资收益

考点3 债务人的会计处理原理（★★★）

债务人的会计处理见表21-6。

表21-6

债务重组方式	账务处理要点	备注
以资产抵偿债务	借：应付账款（账面价值） 　贷：金融/非金融资产（账面价值） 　　　投资收益/其他收益 换出资产为纯金融资产：投资收益 换出资产为非纯金融资产：其他收益 对于以其他权益工具投资清偿债务的，还需要将累计的其他综合收益结转出来： 借：其他综合收益 　贷：盈余公积 　　　未分配利润	—
债转股	借：应付账款（账面价值） 　贷：股本、资本公积——资本溢价/股本溢价（公允价值） 　　　投资收益 优先：发行股票本身公允价值。 其次：无法合理确定的，按照抵偿债务的公允价值	发行权益工具以及形成应付账款均适用金融工具准则，因此差异进投资收益
修改其他条款	借：原应付账款（账面价值） 　贷：新应付账款（公允价值） 　　　投资收益 换出：确认新的债务（公允） 换入：抵偿应付账款 换入-换出差额：计入投资收益	

> **彬哥解读**
>
> 以存货清偿债务的方式进行的债务重组，适用债务重组准则。
>
> 通常情况下，债务重组不属于企业的日常活动，因此债务重组不适用收入准则，不应作为存货的销售处理。所清偿债务账面价值与存货账面价值之间的差额，记入"其他收益"科目。

【例题21-4·单选题】乙企业应付甲企业账款的账面余额为260万元，甲企业与乙企业进行债务重组，乙企业以增发其普通股偿还债务。假设普通股每股面值为1元，重组日每股市价为3元，乙企业以80万股普通股抵偿该项债务，并支付给有关证券机构佣金手续费1万元。乙企业应计入当期损益及资本公积的金额分别为（　　）万元。

A. 20、159　　　B. 20、160　　　C. 19、159　　　D. 180、0

【答案】A

【解析】乙企业应计入当期损益的金额=260-3×80=20（万元），乙企业计入资本公积的金额=（3-1）×80-1=159（万元）。

乙公司会计分录为：

借：应付账款		260
贷：股本		80
资本公积——股本溢价		160
投资收益		20
借：资本公积——股本溢价		1
贷：银行存款		1

【例题 21-5·单选题】 甲公司应付乙公司购货款 2 000 万元于 2019 年 6 月 20 日到期，甲将该应付账款分类为以摊余成本计量的金融负债，乙公司将该应收款项分类为以摊余成本计量的金融资产。甲公司无法按期支付，经与乙公司协商进行债务重组，甲公司以其生产的 200 件 A 产品抵偿该债务，甲公司将抵债产品运抵乙公司并开具增值税专用发票后，原 2 000 万元债务结清，甲公司 A 产品的市场价格为每件 7 万元（不含增值税价格），成本为每件 4 万元。6 月 30 日，甲公司将 A 产品运抵乙公司并开具增值税专用发票。甲、乙公司均为增值税一般纳税人，适用的增值税税率均为 13%。当日，乙公司应收账款的公允价值为 1 300 万元，乙公司在该项交易前已就该债权计提 500 万元坏账准备。不考虑其他因素，下列关于该交易或事项的会计处理中，正确的是（　　）。

A. 甲公司应确认其他收益 1 018 万元
B. 乙公司应确认相关损益 82 万元
C. 甲公司应确认收入 1 400 万元
D. 乙公司应确认取得 A 商品成本 1 400 万元

【答案】 A

【解析】

①选项 A 正确，甲公司以存货偿还债务，其他收益 = 2 000 - 4×200 - 7×200×13% = 1 018（万元）；

②选项 B 错误，乙公司应收账款账面价值为 2 000 - 500 = 1 500（万元），公允价值为 1 300 万元，确认投资收益为 1 300 - 1 500 = -200（万元）；

③选项 C 错误，甲公司不应确认收入，也不结转成本；

④选项 D 错误，乙公司收到存货确认 A 商品成本 = 1 300 - 7×200×13% = 1 118（万元）。

甲公司会计分录为：

借：应付账款		2 000
贷：库存商品	（4×200）	800
应交税费——应交增值税（销项税额）	（7×200×13%）	182
其他收益	（2 000-800-182）	1 018

乙公司会计分录为：

借：库存商品	（1 300-182）	1 118

应交税费——应交增值税（进项税额）	（7×200×13%）	182
投资收益	［1 300－（2 000－500）］	200
坏账准备		500
贷：应收账款		2 000

考点4 不同债务重组方式的具体会计处理（★★★）

【提示】本部分内容无须特别记忆，掌握债务重组债权人、债务人的会计处理原理即可得到相关结论。

（一）以金融资产清偿债务

表21-7

主体	方法	分录
债权人	债权人受让包括现金在内的单项或多项金融资产的，应当按照金融工具确认和计量准则的规定进行确认和计量。金融资产初始确认时应当以**公允价值**计量，金融资产确认金额与债权终止确认日账面价值之间的差额记入"**投资收益**"科目	借：银行存款、其他债权投资、其他权益工具投资等（金融资产公允价值） 　　坏账准备 　　**投资收益**（金融资产公允价值与债权账面价值的差额） 　贷：应收账款（账面余额）
债务人	债务人以单项或多项金融资产清偿债务的，**债务的账面价值与偿债金融资产账面价值**的差额，记入**投资收益**科目。 偿债金融资产已计提减值准备的，应结转计提的减值准备。 抵债资产为其他债权投资：持有期间确认的其他综合收益转入投资收益。 抵债资产为其他权益工具投资：持有期间确认的其他综合收益转入留存收益（盈余公积、利润分配——未分配利润）	借：应付账款（账面价值） 　贷：银行存款、其他债权投资、其他权益工具投资等（账面价值） 　　**投资收益**（债务的账面价值－偿债金融资产账面价值） 借：其他综合收益 　贷：投资收益 （或作相反分录） 或者： 借：其他综合收益 　贷：盈余公积 　　利润分配——未分配利润 （或作相反分录）

（二）以非金融资产清偿债务

表21-8

主体	方法	分录
债权人	债权人初始确认受让的金融资产以外的资产时，应当按照下列原则以成本计量： ①存货的成本，包括**放弃债权的公允价值**和使该资产达到当前位置和状态所发生的可直接归属于该资产的税金、运输费、装卸费、保险费等**其他成本**。 ②对联营企业或合营企业投资的成本，包括放弃债权的公允价值和可直接归属于该资产的税金等其他成本。 ③投资性房地产的成本，包括放弃债权的公允价值和可直接归属于该资产的税金等其他成本。	借：库存商品、固定资产等（放弃债权的公允价值＋相关税费） 　　坏账准备 　　**投资收益**（放弃债权的公允价值与账面价值之间的差额） 　贷：应收账款 　　银行存款（相关税费）

续表

主体	方法	分录
债权人	④固定资产的成本，包括放弃债权的公允价值和使该资产达到预定可使用状态前所发生的可直接归属于该资产的税金、运输费、装卸费、安装费、专业人员服务费等其他成本。 ⑤无形资产的成本，包括放弃债权的公允价值和可直接归属于使该资产达到预定用途所发生的税金等其他成本。 放弃债权的公允价值与账面价值之间的差额，应当记入当期"投资收益"科目	
债务人	①债务人以单项或多项非金融资产清偿债务，或者以包含金融资产和非金融资产在内的多项资产清偿债务的，不需要区分资产处置损益和债务重组损益，也不需要区分不同资产的处置损益，而将所清偿债务账面价值与转让资产账面价值之间的差额记入"其他收益——债务重组收益"科目。偿债资产已计减值准备的应结转已计提的减值准备。 ②债务人以包含非金融资产的处置组清偿债务的，应当将所清偿债务和处置组中负债的账面价值之和与处置组资产的账面价值之间的差额记入"其他收益——债务重组收益"科目。处置组所属的资产组或资产组合，按照资产减值准则分摊了企业合并中取得的商誉的，该处置组应包含分摊至处置组的商誉。处置组中的资产已计提减值准备的应结转已计提的减值准备。 ③债务人以日常活动产出的商品或服务清偿债务的，应当将所清偿债务账面价值与存货等相关资产账面价值之间的差额，记入"其他收益——债务重组收益"科目	借：应付账款（账面价值） 贷：库存商品、无形资产、固定资产清理（账面价值） 　　其他收益（差额）

（三）以多项资产清偿

表21-9

主体	方法	分录
债权人	债权人受让多项非金融资产，或者包括金融资产、非金融资产在内的多项资产的，应当： ①按照《企业会计准则第22号——金融工具确认和计量》的规定确认和计量受让的金融资产； ②按照受让的金融资产以外的各项资产在债务重组合同生效日的公允价值比例，对放弃债权在合同生效日的公允价值扣除受让金融资产当日公允价值后的净额进行分配，并以此为基础分别确定各项资产的成本。 放弃债权的公允价值与账面价值之间的差额记入"投资收益"科目	借：交易性金融资产（按公允价值直接确认） 　　库存商品（分配确认） 　　固定资产（分配确认） 　　坏账准备 　　投资收益（放弃债权的公允价值与账面价值之间的差额） 贷：应收账款 　　银行存款（相关税费）
债务人	同"以非金融资产清偿债务"	借：应付账款（账面价值） 贷：交易性金融资产、库存商品、固定资产清理（账面价值） 　　其他收益——债务重组收益（所清偿债务账面价值与转让资产账面价值的差额）

四）债转股

表 21-10

主体	方法	分录
债权人	将债务转为权益工具方式进行债务重组导致债权人将债权转为对联营企业或合营企业的权益性投资的，债权人应当按照前述**以资产清偿债务方式**进行债务重组的规定计量其初始投资成本。 放弃债权的公允价值与账面价值之间的差额，应当计入**当期损益**	借：长期股权投资（放弃债权的公允价值+相关税费） 　　坏账准备 　　投资收益（放弃债权的公允价值与账面价值之间的差额） 　贷：应收账款 　　　银行存款（相关税费）
债务人	债务重组采用将债务转为权益工具方式进行的，债务人初始确认权益工具时，应当按照**权益工具的公允价值**计量，权益工具的公允价值不能可靠计量的，应当按照**所清偿债务的公允价值计量**。 所清偿债务账面价值与权益工具确认金额之间的差额，记入"**投资收益**"科目。债务人因发行权益工具而支出的相关税费等，应当依次冲减资本公积（资本或股本溢价）、盈余公积、未分配利润等	借：应付账款 　贷：实收资本（或股本） 　　　资本公积——资本溢价（或股本溢价） 　　　银行存款（支付相关税费） 　　　投资收益（清偿债务账面价值-权益工具金额）

五）修改其他条款

表 21-11

主体	全部终止确认	未全部终止确认
债权人	债务重组采用以修改其他条款方式进行的，如果修改其他条款导致全部债权终止确认，债权人应当按照修改后的条款以**公允价值初始计量新的金融资产**，新金融资产的确认金额与债权终止确认日账面价值之间的差额，记入"**投资收益**"科目	如果修改其他条款未导致债权终止确认，债权人应当根据其分类，**继续**以摊余成本、以公允价值计量且其变动计入其他综合收益，或者以公允价值计量且其变动计入当期损益进行后续计量。 对于以**摊余成本计量的债权**，债权人应当**根据重新议定合同的现金流量变化情况**，重新计算该重组债权的账面余额，并将相关利得或损失记入"**投资收益**"科目。 重新计算的该重组债权的账面余额，应根据将重新议定或修改的合同现金流量按债权原实际利率折现的现值确定，购买或源生的已发生信用减值的重组债权，应按经信用调整的实际利率折现。对于修改或重新议定合同所产生的成本或费用，债权人应当调整修改后的重组债权的账面价值，并在修改后重组债权的剩余期限内**摊销**
债务人	债务重组采用修改其他条款方式进行的，如果修改其他条款导致债务终止确认，债务人应当按照**公允价值计量重组债务**，终止确认的债务账面价值与重组债务确认金额之间的差额，记入"**投资收益**"科目	如果修改其他条款未导致债务终止确认，或者仅导致部分债务终止确认，对于未终止确认的部分债务，债务人应当根据其分类，继续以摊余成本、以公允价值计量且其变动计入当期损益或其他适当方法进行后续计量。 对于以摊余成本计量的债务，债务人应当根据重新议定合同的现金流量变化情况，重新计算该重组债务的账面价值，并将相关利得或损失记入"**投资收益**"科目。 重新计算的该重组债务的账面价值，应当根据将重新议定或修改的合同现金流量按债务的原实际利率折现的现值确定。 对于修改或重新议定合同所产生的成本或费用，债务人应当调整修改后的重组债务的账面价值，并在修改后重组债务的剩余期限内**摊销**。 提示：①如果重组债务未来现金流量（包括支付和收取的某些费用）现值与原债务的剩余期间现金流量现值之间的差异**超过10%**，则意味着新的合同条款进行了"实质性修改"或者重组债务是"实质上不同"的； ②有关现值的计算均采用原债务的实际利率

（六）组合方式

表 21-12

主体	方法
债权人	以组合方式进行债务重组的，债权人应当首先按照《企业会计准则第 22 号——金融工具确认和计量》的规定确认和计量受让的金融资产和重组债权，然后按照受让的金融资产以外的各项资产的公允价值比例，对放弃债权的公允价值扣除受让金融资产和重组债权确认金额后的净额进行分配，并以此为基础按照前述规定分别确定各项资产的成本。放弃债权的公允价值与账面价值之间的差额，应当计入投资收益。 提示：债务重组采用组合方式进行的，一般可以认为对全部债权的合同条款做出了实质性修改。 放弃债权的公允价值与账面价值之间的差额，记入"投资收益"科目
债务人	对于权益工具，债务人应当在初始确认时按照权益工具的公允价值计量，权益工具的公允价值不能可靠计量的，应当按照所清偿债务的公允价值计量。 对于修改其他条款形成的重组债务，债务人应当参照上文"修改其他条款"部分的内容，确认和计量重组债务。 所清偿债务的账面价值与转让资产的账面价值以及权益工具和重组债务的确认金额之和的差额，记入"其他收益——债务重组收益"或"投资收益"科目

【例题 21-6·主观题】 2020 年 6 月 18 日，甲公司向乙公司销售商品一批，应收乙公司款项的入账金额为 95 万元。甲公司将该应收款项分类为以摊余成本计量的金融资产。乙公司将该应付账款分类为以摊余成本计量的金融负债。2020 年 10 月 18 日，双方签订债务重组合同，乙公司以一项作为无形资产核算的非专利技术偿还该欠款。该无形资产的账面余额为 100 万元，累计摊销额为 10 万元，已计提减值准备 2 万元。10 月 22 日，双方办理完成该无形资产转让手续，甲公司支付评估费用 4 万元。当日，甲公司应收款项的公允价值为 87 万元，已计提坏账准备 7 万元，乙公司应付款项的账面价值仍为 95 万元。假设不考虑相关税费。

（1）债权人的会计处理。

2020 年 10 月 22 日，债权人甲公司取得该无形资产的成本为债权公允价值 87 万元与评估费用 4 万元，合计 91 万元。甲公司的账务处理如下：

借：无形资产　　　　　　　　　　　　　　　　　910 000
　　坏账准备　　　　　　　　　　　　　　　　　 70 000
　　投资收益　　　　　　　　　　　　　　　　　 10 000
　　贷：应收账款　　　　　　　　　　　　　　　950 000
　　　　银行存款　　　　　　　　　　　　　　　 40 000

（2）债务人的会计处理。

乙公司 10 月 22 日的账务处理如下：

借：应付账款　　　　　　　　　　　　　　　　　950 000
　　累计摊销　　　　　　　　　　　　　　　　　100 000
　　无形资产减值准备　　　　　　　　　　　　　 20 000
　　贷：无形资产　　　　　　　　　　　　　　1 000 000
　　　　其他收益——债务重组收益　　　　　　　 70 000

【拓展】假设甲公司管理层决议,受让该非专利技术后将在半年内将其出售,当日无形资产的公允价值为87万元,预计未来出售该非专利技术时将发生1万元的出售费用,该非专利技术满足持有待售资产确认条件。要求:写出该情形下债权人甲公司的账务处理。

【解析】10月22日,甲公司对该非专利技术进行初始确认时,按照无形资产入账价值91万元与公允价值减出售费用=87-1=86(万元)孰低计量。债权人甲公司的账务处理如下:

借:持有待售资产　　　　　　　　　　　　　　　　　860 000
　　坏账准备　　　　　　　　　　　　　　　　　　　 70 000
　　资产减值损失　　　　　　　　　　　　　　　　　 60 000
　　贷:应收账款　　　　　　　　　　　　　　　　　　　　950 000
　　　　银行存款　　　　　　　　　　　　　　　　　　　　 40 000

【例题21-7·主观题】2019年11月5日,甲公司向乙公司赊购一批材料,含税价为234万元。2020年9月10日,甲公司因发生财务困难,无法按合同约定偿还债务,双方协商进行债务重组。乙公司同意甲公司用其生产的商品、作为固定资产管理的机器设备和一项债券投资抵偿欠款。当日,该债权的公允价值为210万元,甲公司用于抵债的商品市价(不含增值税)为90万元,抵债设备的公允价值为75万元,用于抵债的债券投资市价为23.55万元。

抵债资产于2020年9月20日转让完毕,甲公司发生设备运输费用0.65万元,乙公司发生设备安装费用1.5万元。

乙公司以摊余成本计量该项债权。2020年9月20日,乙公司对该债权已计提坏账准备19万元,债券投资市价为21万元。乙公司将受让的商品、设备和债券投资分别作为低值易耗品、固定资产和以公允价值计量且其变动计入当期损益的金融资产核算。

甲公司以摊余成本计量该项债务。2020年9月20日,甲公司用于抵债的商品成本为70万元;抵债设备的账面原价为150万元,累计折旧为40万元,已计提减值准备18万元;甲公司以摊余成本计量用于抵债的债券投资,债券票面价值总额为15万元,票面利率与实际利率一致,按年付息。当日,该项债务的账面价值仍为234万元。

甲、乙公司均为增值税一般纳税人,适用增值税税率为13%,经税务机关核定,该项交易中商品和设备的计税价格分别为90万元和75万元。

要求:不考虑其他相关税费,请写出甲公司和乙公司针对该重组事项的会计处理(单位:万元)。

【答案】
(1)甲公司的账务处理(债务人)。
9月20日:
借:固定资产清理　　　　　　　　　　　　　　　　　92
　　累计折旧　　　　　　　　　　　　　　　　　　　40
　　固定资产减值准备　　　　　　　　　　　　　　　18
　　贷:固定资产　　　　　　　　　　　　　　　　　　　150

借：固定资产清理	0.65
贷：银行存款	0.65
借：应付账款	234
贷：固定资产清理	92.65
库存商品	70
应交税费——应交增值税（销项税额）	21.45
债权投资	15
其他收益——债务重组收益	34.9

（2）乙公司的账务处理（债权人）。

①2020年9月20日结转债务重组相关损益。

借：周转材料——低值易耗品	90
在建工程	75
应交税费——应交增值税（进项税额）	21.45
交易性金融资产	21
坏账准备	19
投资收益	7.55
贷：应收账款	234

②支付安装成本。

| 借：在建工程 | 1.5 |
| 贷：银行存款 | 1.5 |

③安装完毕后达到可使用状态。

| 借：固定资产 | 76.5 |
| 贷：在建工程 | 76.5 |

【BT提醒】低值易耗品和固定资产的成本应当以公允价值比例（90∶75）对放弃债权公允价值扣除受让金融资产公允价值后的净额进行分配后的金额为基础确认。

注：(1) 90 = 90 ÷ (90 + 75) × (210 - 23.55 - 11.7 - 9.75)；11.7 = 90 × 13%。
(2) 75 = 75 ÷ (90 + 75) × (210 - 23.55 - 11.7 - 9.75)；9.75 = 75 × 13%。

【例题21-8·主观题】2019年2月10日，甲公司从乙公司购买一批材料，约定6个月后甲公司应结清款项100万元（假定无重大融资成分）。乙公司将该应收款项分类为以公允价值计量且其变动计入当期损益的金融资产；甲公司将该应付款项分类为以摊余成本计量的金融负债。2019年8月12日，甲公司因无法支付货款与乙公司协商进行债务重组，双方商定乙公司将该债权转为对甲公司的股权投资。10月20日，乙公司办结了对甲公司的增资手续，甲公司和乙公司分别支付手续费等相关费用1.5万元和1.2万元。债转股后甲公司总股本为100万元，乙公司持有的抵债股权占甲公司总股本的25%，对甲公司具有重大影响，甲公司股权公允价值不能可靠计量。甲公司应付款项的账面价值仍为100万元。

2019年6月30日,应收款项和应付款项的公允价值均为85万元。

2019年8月12日,应收款项和应付款项的公允价值均为76万元。

2019年10月20日,应收款项和应付款项的公允价值仍为76万元。

要求:假定不考虑其他相关税费,请写出甲公司和乙公司针对该重组事项的会计处理。(单位:万元)

【答案】

(1)甲公司的账务处理(债务人)。

10月20日:

借:应付账款 100
  贷:实收资本 25
    资本公积——资本溢价 51
    投资收益 24

借:资本公积——资本溢价 1.5
  贷:银行存款 1.5

(2)乙公司的账务处理(债权人)。

①6月30日:

借:公允价值变动损益 15
  贷:交易性金融资产 15

②8月12日:

借:公允价值变动损益 9
  贷:交易性金融资产 9

③10月20日:

借:长期股权投资 77.2
  贷:交易性金融资产 76
    银行存款 1.2

【例题21-9·主观题】A公司为上市公司,2016年1月1日,A公司取得B银行贷款5 000万元,约定贷款期限为4年(即2019年12月31日到期),年利率6%,按年付息,A公司已按时支付所有利息。2019年12月31日,A公司出现严重资金周转问题,多项债务违约,信用风险增加,无法偿还贷款本金。2020年1月10日,B银行同意与A公司就该项贷款重新达成协议,新协议约定:

(1)A公司将一项作为固定资产核算的房产转让给B银行,用于抵偿债务本金1 000万元,该房产账面原值1 200万元,累计折旧400万元,未计提减值准备。

(2)A公司向B银行增发股票500万股,面值1元/股,占A公司股份总额的1%,用于抵偿债务本金2 000万元,A公司股票于2020年1月10日的收盘价为4元/股。

(3)在A公司履行上述偿债义务后,B银行免除A公司500万元债务本金,并将尚未偿还的债务本金 1 500 万元展期至 2020 年 12 月 31 日，年利率 8%；如果 A 公司未能履行（1）（2）所述偿债义务，B 银行有权终止债务重组协议，尚未履行的债权调整承诺随之失效。

B 银行以摊余成本计量该贷款，已计提贷款损失准备 300 万元。该贷款于 2020 年 1 月 10 日的公允价值为 4 600 万元，予以展期的贷款的公允价值为 1 500 万元。2020 年 3 月 2 日，双方办理完成房产转让手续，B 银行将该房产作为投资性房地产核算。2020 年 3 月 31 日，B 银行为该笔贷款补提了 100 万元的损失准备。2020 年 5 月 9 日，双方办理完成股权转让手续，B 银行将该股权投资分类为以公允价值计量且其变动计入当期损益的金融资产，A 公司股票当日收盘价为 4.02 元/股。

A 公司以摊余成本计量该贷款，截至 2020 年 1 月 10 日，该贷款的账面价值为 5 000 万元。不考虑相关税费。

（1）债权人的会计处理。（答案金额单位以万元表示）

A 公司与 B 银行以组合方式进行债务重组，同时涉及以资产清偿债务、将债务转为权益工具、包括债务豁免的修改其他条款等方式，可以认为对全部债权的合同条款做出了实质性修改，债权人在收取债权现金流量的合同权利终止时应当终止确认全部债权，即在 2020 年 5 月 9 日该债务重组协议的执行过程和结果不确定性消除时，可以确认债务重组相关损益，并按照修改后的条款确认新金融资产。

债权人 B 银行的账务处理如下：

①3 月 2 日：

投资性房地产成本 = 放弃债权公允价值 4 600 − 受让股权公允价值 2 000 − 重组债权公允价值 1 500 = 1 100（万元）

【提示】受让的非金融资产入账价值总额 = 放弃债权在合同生效日的公允价值 −（受让金融资产当日公允价值 + 重组债权当日公允价值）

借：投资性房地产　　　　　　　　　　　　　　　　　　　　1 100
　　贷：贷款——本金　　　　　　　　　　　　　　　　　　　1 100

②3 月 31 日：

借：信用减值损失　　　　　　　　　　　　　　　　　　　　100
　　贷：贷款损失准备　　　　　　　　　　　　　　　　　　　100

③5 月 9 日：

受让股权的公允价值 = 4.02 × 500 = 2 010（万元）

借：交易性金融资产　　　　　　　　　　　　　　　　　　　2 010
　　贷款——本金（新债权）　　　　　　　　　　　　　　　1 500
　　贷款损失准备　　　　　　　　　　　　　　　　　　　　400
　　贷：贷款——本金（原债权）　　　　　　　　　　　　　3 900
　　　　投资收益　　　　　　　　　　　　　　　　　　　　10

（2）债务人的会计处理。（答案金额单位以万元表示）

该债务重组协议的执行过程和结果不确定性于 2020 年 5 月 9 日消除时，债务人清偿该部分债务的现时义务已经解除,可以确认债务重组相关损益,并按照修改后的条款确认新金融负债。

债务人 A 公司的账务处理如下:

① 3 月 2 日:

借:固定资产清理　　　　　　　　　　　　　　　　　　　　　　　800
　　累计折旧　　　　　　　　　　　　　　　　　　　　　　　　　400
　　　贷:固定资产　　　　　　　　　　　　　　　　　　　　　　　1 200
借:长期借款——本金　　　　　　　　　　　　　　　　　　　　　800
　　　贷:固定资产清理　　　　　　　　　　　　　　　　　　　　　800

② 5 月 9 日:

借款的新现金流量 = 1 500 × (1 + 8%) ÷ (1 + 6%) = 1 528.3(万元)

现金流变化 = (1 528.3 − 1 500) ÷ 1 500 = 1.89% < 10%

因此针对 1 500 万元本金部分的合同条款的修改不构成实质性修改,不终止确认该部分负债。

借:长期借款——本金　　　　　　　　　　　　　　　　　　　　4 200
　　　贷:股本　　　　　　　　　　　　　　　　　　　　　　　　　500
　　　　　资本公积　　　　　　　　　　　　　　(500 × 4.02 − 500) 1 510
　　　　　长期借款——本金　　　　　　　　　　　　　　　　　　1 528.3
　　　　　其他收益——债务重组收益　　　　　　　　　　　　　　　661.7

> **恭喜你,**
> **已完成第二十一章的学习**
>
> 扫码免费进 >>>
> 2022年CPA带学群
>
>
>
> 任何生命来到世间,都得不断进取,挣扎求生,没谁能逃得过宿命。既然横竖都是死,那不如坦然些。

CHAPTER TWENTY-TWO

第二十二章 外币折算

考情雷达

本章属于非重要章节,主要介绍了外币业务会计处理和外币报表折算相关内容,一般考查客观题,分值在 2 分左右。

2022 年本章内容**无变化**。

在学习时,要注意区分外币业务会计处理和外币财务报表折算 2 个易混点。

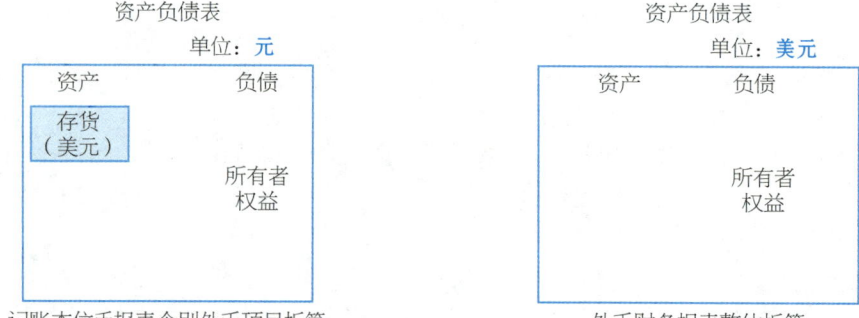

考点地图

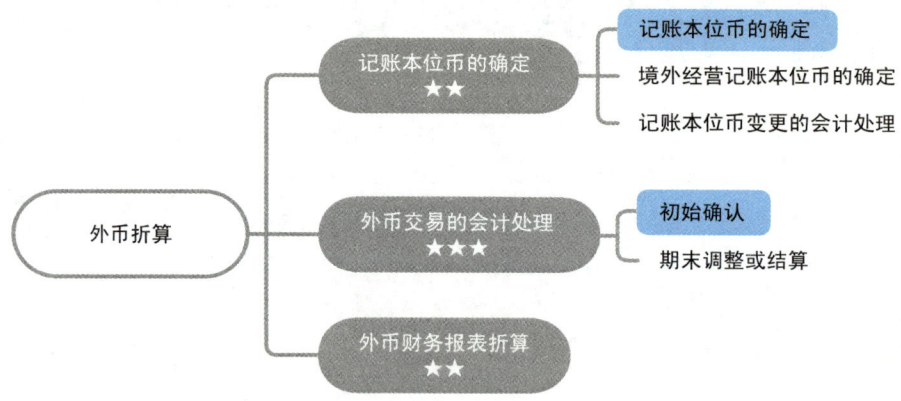

考点 1　记账本位币的确定（★★）

（一）记账本位币的确定

表 22-1

定义	记账本位币是指企业经营所处的**主要经济环境**中的货币
会计处理	企业通常应选择**人民币**作为记账本位币。 业务收支以人民币以外的货币为主的企业,可以其他货币作为记账本位币。但是,编报的财务会计报告应当折算为人民币

续表

考虑因素	企业选定记账本位币，应当考虑下列因素： ①收入，所选择的货币能够对企业商品和劳务销售价格起主要作用，通常以该货币进行商品和劳务销售价格的计价和结算。 ②支出，所选择的货币能够对商品和劳务所需人工、材料和其他费用产生主要影响，通常以该货币进行这些费用的计价和结算。 ③融资活动获得的资金以及保存从经营活动中收取款项时所使用的货币
BT 提醒	企业记账本位币一经确定，不得随意变更，除非与确定企业记账本位币相关的经营所处的主要经济环境发生重大变化

（二）境外经营记账本位币的确定

表 22 - 2

境外经营	（1）境外经营指企业在境外的子公司、合营企业、联营企业、分支机构。 （2）当企业在境内的子公司、合营企业、联营企业或者分支机构采用不同于企业的记账本位币的，也视同境外经营
境外经营记账本位币的确定	除了考虑企业选择记账本位币需要考虑的因素，还应当考虑境外经营与企业的关系（独立性）： （1）境外经营对其所从事的活动是否拥有很强的自主性。 没有自主性，选择与境内企业相同的记账本位币。 有自主性，可以选择不同的货币作为记账本位币。 （2）境外经营活动中与企业的交易是否在境外经营活动中占有较大比重。 占较大比重的，选择与境内企业相同的记账本位币。 不占较大比重的，可以选择不同的货币作为记账本位币。 （3）境外经营活动产生的现金流量是否直接影响企业的现金流量、是否可以随时汇回。 直接影响且可随时汇回的，选择与境内企业相同的记账本位币。 否则，可以选择不同的货币作为记账本位币。 （4）境外经营活动产生的现金流量是否足以偿还其现有债务和可预期的债务。 不足以偿还的，应选择与境内企业相同的记账本位币。 反之，可以选择不同的货币作为记账本位币
BT 提醒	境外经营不看位置是否在境外，而看记账本位币是否相同

【例题 22 - 1 · 多选题 · 2007 年】境外经营的子公司在选择确定记账本位币时，应当考虑的因素有（　　）。
A. 境外经营所在地货币管制状况
B. 与母公司交易占其交易总量的比重
C. 境外经营所产生的现金流量是否直接影响母公司的现金流量
D. 境外经营所产生的现金流量是否足以偿付现有及可预期的债务
【答案】　ABCD
【解析】　上述选项均正确。

(三) 记账本位币变更的会计处理

表 22-3

性质	会计政策的变更
会计处理	企业因经营所处的主要经济环境发生重大变化,确需变更记账本位币的,应当采用变更当日的即期汇率将所有项目折算为变更后的记账本位币,折算后的金额作为新的记账本位币的历史成本
BT 提醒	①由于采用同一即期汇率进行折算,因此,不会产生汇兑差额。 ②企业记账本位币发生变更的,其比较财务报表应当以可比当日的即期汇率折算所有资产负债表和利润表项目

考点2 外币交易的会计处理 (★★★)

(一) 外币交易的有关概念

表 22-4

汇率		定义	汇率是指两种货币相兑换的比率,是一种货币单位用另一种货币单位所表示的价格
	表示方式		①买入价(银行从顾客买进的价格)。 ②卖出价(银行卖给顾客的价格)。 ③中间价(银行买入价与卖出价的平均价,可以理解为真实汇率)
	即期汇率	定义	立即交付外汇时的结算价格
		BT 提醒	①为方便核算,准则规定企业用于记账的即期汇率一般指当日中国人民银行公布的人民币汇率的中间价。 企业发生外币兑换业务或涉及外币兑换的交易事项,应按照银行买入价或卖出价折算。 ②汇率变动不大的,为简化会计处理,企业在外币交易日或对外币报表的某些项目进行折算时,可采用即期汇率的近似汇率进行折算
	远期汇率	定义	在未来某一日交付时的结算价格
		BT 提醒	考试一般不涉及
外币交易	定义		外币交易是指企业发生以外币计价或者结算的交易,包括买入或者卖出以外币计价的商品或者劳务、借入或者借出外币资金和其他以外币计价或者结算的交易(**例如接受外币现金捐赠**)

(二) 外币交易的具体核算

1. 初始确认

表 22-5

一般外币交易		外币交易发生时,应在初始确认时采用交易日的**即期汇率**或**即期汇率**近似的汇率将外币金额折算为记账本位币金额
特殊外币交易	外币投入资本	①企业收到投资者以外币投入的资本,应当采用交易发生日即期汇率折算,**不得采用**合同约定汇率和即期汇率的近似汇率折算。 ②外币投入资本与相应的货币性项目的记账本位币金额之间**不产生**外币资本折算差额

续表

项目		会计处理
特殊外币交易	外币兑换	①当买入外币时: 借:银行存款——外币户（按记账汇率折算） 　　财务费用（汇兑损失） 　　贷:银行存款——人民币户（应以银行挂牌卖价来折算） ②当卖出外币时: 借:银行存款——人民币户（应以银行挂牌买价来折算） 　　财务费用（汇兑损失） 　　贷:银行存款——外币户（按记账汇率折算）

【例题22-2·主观题】乙股份有限公司的记账本位币为人民币，对外币交易采用交易日的即期汇率折算。2019年3月3日，从境外丙公司购入不需要安装的设备一台，设备价款为250 000美元，购入该设备当日的即期汇率为1美元=7.6元人民币，适用的增值税税率为16%，款项尚未支付，增值税以银行存款支付。

【解析】
借：固定资产　　　　　　　　　　　　　　　（250 000×7.6）1 900 000
　　应交税费——应交增值税（进项税额）　　　　　　　　　　304 000
　　贷：应付账款——美元　　　　　　　　　　　　　　　　1 900 000
　　　　银行存款　　　　　　　　　　　　　　　　　　　　　304 000

【例题22-3·主观题】乙股份有限公司以人民币为记账本位币，对外币交易采用交易日的即期汇率折算。2019年6月1日，将50 000美元到银行兑换为人民币，银行当日的美元买入价为1美元=7.55元人民币，中间价为1美元=7.60元人民币。

【解析】
借：银行存款——人民币　　　　　　　　　　　（50 000×7.55）377 500
　　财务费用——汇兑差额　　　　　　　　　　　　　　　　　　2 500
　　贷：银行存款——美元　　　　　　　　　　　（50 000×7.6）380 000

2. 期末调整或结算

表22-6

项目	具体解释	会计处理
外币货币性项目	货币性项目是指企业持有的货币资金和将以固定或可确定的金额收取的资产或者偿付的负债。 货币性项目分为货币性资产和货币性负债。 货币性资产：现金、银行存款、应收账款、其他应收款、长期应收款、债权投资、其他债权投资； 货币性负债：短期借款、应付账款、其他应付款、长期借款、应付债券和长期应付款等	按当期即期汇率折算，差额计入财务费用。 即资产负债表日或结算货币性项目时，应当采用当日的即期汇率折算，因当日即期汇率与初始确认时或者前一资产负债表日即期汇率不同而产生的汇兑差额，计入当期损益（财务费用）

续表

项目	具体解释	会计处理
外币非货币性项目	以历史成本计量的外币非货币性项目，如固定资产、无形资产、预收账款（合同负债）、预付账款、合同资产等	**不考虑汇率变动影响**，按历史成本计量。即：按交易发生日即期汇率折算，资产负债表日不改变其记账本位币金额，不产生汇兑差额
	以成本与可变现净值孰低计量的存货	**考虑汇率变动影响**。即：先将可变现净值按资产负债表日即期汇率折算为记账本位币金额，再与以记账本位币反映的存货成本比较，从而确定该项存货的期末价值
	以公允价值计量且其变动计入当期损益的金融资产（交易性金融资产）	期末公允价值以外币反映的，应将该外币金额按当期即期汇率折算为记账本位币金额，再与原记账本位币金额进行比较，差额计入**公允价值变动损益**
	指定为以公允价值计量且其变动计入其他综合收益的非交易性权益工具投资（其他权益工具投资）	期末公允价值以外币反映的，应将该外币金额按当期即期汇率折算为记账本位币金额，再与原记账本位币金额进行比较，差额计入**其他综合收益**

> **彬哥解读**
>
> 解题思路：
> （1）先计算出期末记账本位币应有金额（外币期末数×期末即期汇率）；
>
> 外币期末数＝期初数＋本期增加－本期减少
>
> （2）再计算期末记账本位币已有金额（期初记账本位币余额＋本期增加外币×折算汇率－本期减少外币×折算汇率）；
>
> （3）最后，将差额按表22-6计入相应科目：调整＝应有－已有。

【总结】外币交易会计处理（见表22-7）。

表22-7

项目		交易日	期末	汇兑差额去向
货币性项目（含应收项目、债权投资、其他债权投资）		交易日即期汇率	期末即期汇率	财务费用－汇兑差额
非货币性项目（含预付、预收款项）	固定资产等历史成本计量的资产	交易日即期汇率		无汇兑差额
	存货	交易日即期汇率	期末即期汇率（可变现净值）	资产减值损失
	交易性金融资产	交易日即期汇率	期末即期汇率	公允价值变动损益
	其他权益工具投资	交易日即期汇率	期末即期汇率	其他综合收益

【易混点提示】其他债权投资属于外币货币性项目,公允价值变动计入其他综合收益,汇兑差额计入财务费用;其他权益工具投资属于外币非货币性项目,公允价值变动及汇兑差额均计入其他综合收益。

【例题22-4·多选题】下列各项属于外币货币性项目的有( )。
A. 预收账款
B. 应交税费
C. 以公允价值计量且其变动计入其他综合收益的外币货币性金融资产
D. 应付职工薪酬
【答案】 CD
【解析】 预收款项、预付款项不属于货币性项目。选项B通常以人民币直接交税,不需设置应交税费外币账户,所以不属于外币性货币项目。

【例题22-5·单选题】甲公司外币业务采用业务发生时的即期汇率进行折算,按月计算汇兑损益。5月20日对外销售产品发生应收账款500万欧元,当日的市场汇率为1欧元=10.30元人民币。5月31日的市场汇率为1欧元=10.28元人民币;6月1日的市场汇率为1欧元=10.32元人民币;6月30日的市场汇率为1欧元=10.35元人民币。7月10日收到该应收账款,当日市场汇率为1欧元=10.34元人民币。该应收账款6月份应当确认的汇兑收益为( )万元人民币。
A. -10　　　　B. 15　　　　C. 25　　　　D. 35
【答案】 D
【解析】 该应收账款6月份应当确认的汇兑收益=500×(10.35-10.28)=35(万元人民币)。

【例题22-6·多选题·2017年】甲公司以人民币为记账本位币,2017年发生的有关外币交易或事项如下:(1)外币美元资本投入,合同约定的折算汇率与投入美元资本当日的即期汇率不同;(2)支付应付美元货款,支付当日的即期汇率与应付美元货款的账面汇率不同;(3)年末折算汇率与交易发生时的账面汇率不同。不考虑应予资本化的金额及其他因素,下列各项关于甲公司2017年上述外币交易或事项会计处理的表述中,正确的有( )。
A. 偿还美元账款时按偿还当日的即期汇率折算为人民币记账
B. 收到外币美元资本投入时按合同约定的折算汇率折算的人民币记账
C. 外币美元资本于年末按年末汇率折算的人民币金额调整其账面价值
D. 各外币货币性项目按年末汇率折算的人民币金额与其账面人民币金额的差额计入当期损益

【答案】AD

【解析】企业收到投资者以外币投入的资本,应当采用交易发生日即期汇率折算,不得采用合同约定汇率和即期汇率的近似汇率折算,所以选项 BC 不正确。

【例题 22-7·单选题·2019 年】下列各项关于外币折算会计处理的表述中,正确的是( )。

A. 以公允价值计量且其变动计入其他综合收益的金融资产形成的汇兑差额计入其他综合收益

B. 以公允价值计量且其变动计入其他综合收益的外币非交易性权益工具投资形成的汇兑差额计入其他综合收益

C. 收到投资者以外币投入的资本时,外币投入资本与相应的货币性项目均按合同约定汇率折算,不产生外币资本折算差额

D. 期末外币预收账款以当日即期汇率折算并将由此产生的汇兑差额计入当期损益

【答案】B

【解析】选项 A,如果是其他债权投资,则汇率波动计入财务费用,公允价值波动计入其他综合收益;选项 C,应按当日即期汇率折算,不能按合同约定汇率折算;选项 D,预收账款是非货币性项目,期末不需要折算。

考点 3 外币财务报表折算(★★)

表 22-8

定义	在将企业的境外经营通过合并、权益法核算等纳入企业的财务报表中时,需要将企业境外经营的财务报表折算为以企业记账本位币反映的财务报表,这就是外币财务报表的折算
基本原则	①资产负债表中的资产和负债项目,采用资产负债表日的即期汇率折算,所有者权益项目除"未分配利润"项目外,其他项目采用发生时的即期汇率折算。 ②利润表中的收入和费用项目,采用交易发生日的即期汇率或即期汇率的近似汇率折算。 ③外币财务报表折算差额。企业对境外经营的财务报表进行折算时,应当将外币财务报表折算差额在合并资产负债表中所有者权益项目下单独列示(**其他综合收益**)
特殊项目的处理	企业境外经营为子公司的情况下,企业在编制合并财务报表时,对于境外经营财务报表的折算差额,归属于母公司应分担的部分在合并资产负债表和合并所有者权益变动表中所有者权益项目下"其他综合收益"项目列示,属于子公司少数股东应分担的部分应并入"少数股东权益"项目列示
境外经营的处置	企业在处置境外经营时,应当将资产负债表中所有者权益项目下列示的、与该境外经营相关的外币财务报表折算差额,自所有者权益项目转入处置当期损益;部分处置境外经营的,应当按处置的比例计算处置部分的外币财务报表折算差额,转入处置当期损益

【例题22-8·多选题·2012年】 下列各项关于对境外经营财务报表进行折算的表述中，正确的有（　　）。

A. 对境外经营财务报表折算产生的差额应在合并资产负债表中单独列示
B. 合并报表中对境外子公司财务报表折算产生的差额应由控股股东享有或分担
C. 对境外经营财务报表中实收资本项目的折算应按业务发生时的即期汇率折算
D. 处置境外子公司时应按处置比例计算处置部分的外币报表折算差额计入当期损益

【答案】 ACD

【解析】 合并报表中对境外子公司财务报表折算产生的差额中，少数股东应分担的外币财务报表折算差额，应并入少数股东权益列示于合并资产负债表。

借：其他综合收益
　　贷：少数股东权益

恭喜你，
已完成第二十二章的学习

扫码免费进 >>>
2022年CPA带学群

你得不断去打破自己的舒适区，不断去经历你所害怕的事情，直到把它们全部装进自己的技能篮。

CHAPTER TWENTY-THREE

第二十三章 财务报告

考情雷达

本章属于重点章节，主要以客观题的形式考查资产负债表中流动项目和非流动项目的划分、利润表中营业利润和净利润的计算、现金流的区分和关联方的认定等内容。本章分值在 6 分左右。

2022 年本章内容**无变化**。

考点地图

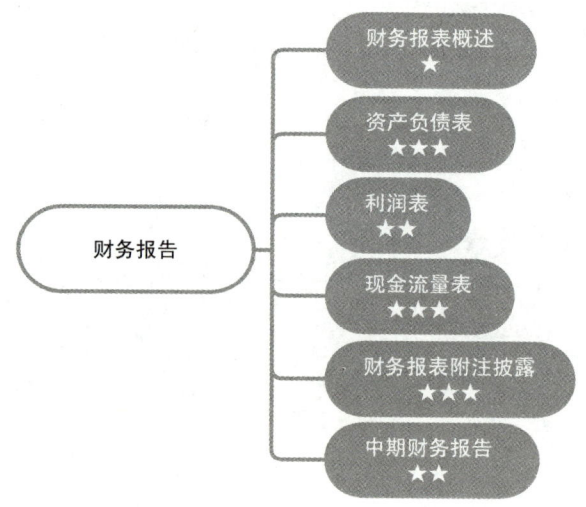

考点 1 财务报表概述（★）

表 23-1

定义	财务报表是对企业财务状况、经营成果和现金流量的结构性表述	
组成	4 表 1 注： 资产负债表、利润表、现金流量表、所有者权益**（或股东权益）**变动表、附注	
分类	按照编制时间	年度财务报表
		中期财务报表（月报、季报、半年报）
	按其编制主体	个别财务报表
		合并财务报表
基本要求	（1）依据各项会计准则确认和计量的结果编制财务报表。 （2）**列报基础**：持续经营是会计的基本前提，也是会计确认、计量及编制财务报表的基础。 （3）**权责发生制**：除现金流量表按照收付实现制编制外，企业应当按照权责发生制编制其他财务报表。 （4）**列报的一致性**：财务报表项目的列报应当在各个会计期间保持一致，不得随意变更（可比性）。 （5）依据重要性原则单独或汇总列报项目： 性质或功能不同的项目，一般应当在财务报表中单独列报（存货、固定资产）。 性质或功能类似的项目，一般可以合并列报（原材料、在产品统称为存货）	

第二十三章 财务报告

续表

基本要求	某些项目的重要性程度不足以在资产负债表、利润表、现金流量表或所有者权益变动表中单独列示，但可能对附注却具有重要性，则应当在附注中单独披露。 （6）财务报表项目应当以总额列报，资产和负债、收入和费用、直接计入当期利润的利得和损失项目的金额不得相互抵销，即不得以净额列报，但下列三种情况不属于抵销，可以以净额列示： ①一组类似交易形成的利得和损失应当以净额列示，但具有重要性的除外（如汇兑收益和汇兑损失、为交易目的而持有的金融工具形成的利得和损失应当以净额列报）。 ②资产或负债项目按扣除备抵项目后的净额列示，不属于抵销。 ③非日常活动产生的利得和损失，以同一交易形成的收益加减相关费用后的净额列示更能反映交易实质的，不属于抵销（例如处置固定资产的利得或损失，按净额于资产处置收益项目列报）。 （7）**比较信息的列报**：企业在列报当期财务报表时，至少应提供所列报项目上一个可比会计期间的比较数据

考点2 资产负债表（★★★）

表23-2　　　　　　　　　　　　资产负债表（样表）

资产	期末余额	上年年末余额	负债和所有者权益	期末余额	上年年末余额
流动资产			流动负债		
货币资金			短期借款		
交易性金融资产			交易性金融负债		
衍生金融资产			衍生金融负债		
应收票据			应付票据		
应收账款			应付账款		
应收款项融资			预收款项		
预付款项			合同负债		
其他应收款			应付职工薪酬		
存货			应交税费		
合同资产			其他应付款		
持有待售资产			持有待售负债		
一年内到期的非流动资产			一年内到期的非流动负债		
其他流动资产			其他流动负债		
流动资产合计			流动负债合计		
非流动资产			非流动负债		
债权投资			长期借款		
其他债权投资			应付债券		
长期应收款			其中：优先股		

续表

资产	期末余额	上年年末余额	负债和所有者权益	期末余额	上年年末余额
长期股权投资			永续债		
其他权益工具投资			租赁负债		
其他非流动金融资产			长期应付款		
投资性房地产			预计负债		
固定资产			递延收益		
在建工程			递延所得税负债		
生产性生物资产			其他非流动负债		
油气资产			非流动负债合计		
使用权资产			负债合计		
无形资产			所有者权益（或股东权益）：		
开发支出			实收资本（或股本）		
商誉			其他权益工具		
长期待摊费用			其中：优先股		
递延所得税资产			永续债		
其他非流动资产			资本公积		
非流动资产合计			减：库存股		
			其他综合收益		
			专项储备		
			盈余公积		
			未分配利润		
			所有者权益（或股东权益）合计		
资产总计			负债和所有者权益（或股东权益）总计		

▶ 考点收纳盒

资产负债表相关内容（见表23-3）。

表23-3

定义	资产负债表是反映企业在某一特定日期财务状况的财务报表。它反映企业在某一特定日期所拥有或控制的经济资源、所承担的现时义务和所有者对净资产的要求权

续表

流动性	基本原则	根据财务报表列报准则的规定，资产负债表上资产和负债应当按照流动性分别分为流动资产和非流动资产、流动负债和非流动负债列示
	资产的流动性	资产满足下列条件之一的，应当归类为流动资产： ①预计在一个正常营业周期中变现、出售或耗用（存货、应收票据和应收账款，即使超过一年也属于流动性项目）。 ②主要为交易目的而持有（例如交易性金融资产）。 提示：并非所有的交易性金融资产都是流动性资产，例如自资产负债表日起超过12个月到期且预期持有超过12个月的衍生工具应当划分为非流动资产/负债。 ③预计在资产负债表日起一年内（含一年）变现。 ④自资产负债表日起一年内，交换其他资产或清偿负债能力不受限制的现金或其他等价物
	负债的流动性	负债满足下列条件之一的，应当归类为流动负债： ①预计在一个正常营业周期中清偿（应付票据、应付账款、应付职工薪酬，即使超过一年也属于流动性项目）。 ②主要为交易目的而持有。 ③自资产负债表日起一年内到期应予以清偿。 ④企业无权自主地将清偿推迟至资产负债表日后一年以上（即使在资产负债表日后期间重新签订清偿计划，仍应当作为流动负债列报，重点是"自主"）
		资产负债表日后事项对流动负债与非流动负债划分的影响： （1）资产负债表日起一年内到期的负债。 ①企业有意图且有能力自主地将清偿义务展期至资产负债表日后一年以上的，应当归类为非流动负债。 ②如果企业不能自主地将清偿义务展期的，即使在资产负债表日后、财务报告批准报出日前签订了重新安排清偿计划协议，该项负债仍应当归类为流动负债。 （2）违约长期债务。 ①企业在资产负债表日或之前违反了长期借款协议，导致贷款人可随时要求清偿的负债，应当归类为流动负债。 ②如果贷款人在资产负债表日或之前同意提供在资产负债表日后一年以上的宽限期，在此期限内企业能够改正违约行为，且贷款人不能要求随时清偿的，该项负债应当归类为非流动负债
填列方法	"期末余额"填列方法	（1）根据总账科目的余额填列。 其他权益工具投资、递延所得税资产、长期待摊费用、短期借款、应付票据、持有待售负债、交易性金融负债、递延收益、递延所得税负债、实收资本、其他权益工具、库存股、资本公积、专项储备、盈余公积、货币资金、其他应付款等。 （2）根据明细账科目的余额分析计算填列。 例如，"应收款项融资"项目，反映资产负债表日以公允价值计量且其变动计入其他综合收益的应收票据和应收账款等。应根据"应收票据""应收账款"科目的明细科目期末余额分析填列。 （3）根据总账科目和明细账科目的余额分析计算填列。 例如，"长期借款""应付债券"项目，应分别根据"长期借款""应付债券"总账科目余额扣除"长期借款""应付债券"科目所属的明细科目中将在资产负债表日起一年内到期，且企业不能自主地将清偿义务展期的部分后的金额计算填列。 （4）根据有关科目余额减去其备抵科目余额后的净额填列。 例如，"固定资产"项目，应根据"固定资产"和"固定资产清理"科目的期末余额，减去"累计折旧"和"固定资产减值准备"科目的期末余额后的金额填列。 （5）综合运用上述填列方法分析填列。 例如，"合同资产"和"合同负债"项目，应根据"合同资产"科目和"合同负债"科目的明细科目期末余额分析填列，同一合同下的合同资产和合同负债应当以净额列示，其中： ①净额为借方余额的，应当根据其流动性在"合同资产"或"其他非流动资产"项目中填列，已计提减值准备的，还应减去"合同资产减值准备"科目中相应的期末余额后的金额填列； ②净额为贷方余额的，应当根据其流动性在"合同负债"或"其他非流动负债"项目中填列

填列方法	"上年年末余额"填列方法	本表中的"上年年末余额"栏通常根据上年末有关项目的期末余额填列,且与上年年末资产负债表"期末余额"栏相一致。 如果企业发生了会计政策变更、前期差错更正,应当对"上年年末余额"栏中的有关项目进行相应调整。 如果企业上年度资产负债表规定的项目名称和内容同本年度不一致,应当对上年年末资产负债表相关项目的名称和数字按照本年度的规定进行调整,填入"上年年末余额"栏

【例题23-1·多选题·2013年】甲公司2013年12月31日持有的下列资产、负债中,应当作为2013年资产负债表中流动性项目列报的有( )。

A. 将于2014年7月出售的账面价值为800万元的以公允价值计量且其变动计入其他综合收益的金融资产

B. 预付固定资产购买价款1 000万元,该固定资产将于2014年6月取得

C. 因计提固定资产减值确认递延所得税资产500万元,相关固定资产没有明确的处置计划

D. 到期日为2014年6月30日的负债2 000万元,该负债在2013年资产负债表日后期间已签订展期一年的协议

【答案】ABD

【解析】

①选项B,预付购买价款并且准备一年内转为固定资产,属于流动性项目;

②选项C,应作为非流动资产列报;

③选项D,对于在资产负债表日起一年内到期的负债,甲公司不能自主地将清偿义务展期,即使在资产负债表日后事项期间重新签订清偿计划,仍应当作为流动负债列报,这里的关键就是能否自主。

提示:预付账款应该记入流动资产还是非流动资产,其实实务界有两种观点,但是纵观CPA历年的考题,一直采用以下观点:如果预付账款预计将在未来一年之内结转为其他资产,则预付账款应作为流动资产列报,否则应作为非流动资产列报。

【例题23-2·多选题·2016年】甲公司2015年12月31日有关资产、负债如下:(1) 分类为以公允价值计量且其变动计入其他综合收益的金融资产核算的一项信托投资,期末公允价值1 200万元,合同到期日为2017年2月5日,在此之前不能变现;(2) 因2014年销售产品形成到期日为2016年8月20日的长期应收款账面价值3 200万元;(3) 应付供应商货款4 000万元,该货款已超过信用期,但尚未支付;(4) 因被其他方提起诉讼计提的预计负债1 800万元,该诉讼预计2016年3月结案,如甲公司败诉,按惯例有关赔偿款需在法院做出判决之日起60日内支付。不考虑其他因素,甲公司2015年12月31日的资产负债表中,上述交易或事项产生的相关资产、负债应当作为流动性项目列报的有( )。

A. 应付账款4 000万元

B. 预计负债 1 800 万元
C. 长期应收款 3 200 万元
D. 分类为以公允价值计量且其变动计入其他综合收益的金融资产 1 200 万元

【答案】ABC

【解析】所谓流动性项目列报，最基本要求是为交易目的而持有的，预计在一个营业周期中变现、耗用、出售或清偿。

事项（2）~（4）都可在一个营业周期内变现、耗用或清偿，故属于流动性项目。

事项（1）因距离合同到期日实际超过1年，且到期前不能变现，因此应当作为非流动项目列报。

【例题23-3·多选题·2017年】甲公司2016年12月31日持有的下列资产、负债中，应当在2016年12月31日资产负债表中作为流动性项目列报的有（   ）。

A. 持有但准备随时变现的商业银行非保本浮动收益理财产品
B. 预计将于2017年4月底前出售的分类为以公允价值计量且其变动计入其他综合收益的金融资产核算的债权投资
C. 作为衍生工具核算的2016年2月签订的到期日为2018年8月的外汇汇率互换合同
D. 当年支付定制生产用设备的预付款3 000万元，按照合同约定该设备预计交货期为2018年2月

【答案】AB

【解析】流动性资产列报，最基本要先看是否为交易目的而持有，是否预计在资产负债表日起一年内（含一年）变现。超过12个月的，看是否在一个正常营业周期中变现、出售或耗用。

①选项A主要为交易目的而持有，应该划分为流动性资产；
②选项B预计在资产负债表日起一年内（含一年）变现，应该划分为流动性资产；
③选项C，该衍生工具2018年8月到期，其持有时间为20个月，超过12个月的衍生工具应当划分为非流动资产；
④选项D，该设备预计交货期为2018年2月，交货时间为14个月，该预付账款在一个正常营业周期内无法变现、出售或耗用，应划分为非流动资产。

考点3 利润表（★★）

表23-4　　　　　　　　　　利润表（样表）

项目	本期金额	上期金额
一、营业收入		
减：营业成本		

续表

项目	本期金额	上期金额
税金及附加		
销售费用		
管理费用		
研发费用		
财务费用		
其中：利息费用		
利息收入		
加：其他收益		
投资收益（损失以"－"号填列）		
其中：对联营企业和合营企业的投资收益		
以摊余成本计量的金融资产终止确认收益（损失以"－"号填列）		
净敞口套期收益（损失以"－"号填列）		
公允价值变动收益（损失以"－"号填列）		
信用减值损失（损失以"－"号填列）		
资产减值损失（损失以"－"号填列）		
资产处置收益（损失以"－"号填列）		
二、营业利润（亏损以"－"列示）		
加：营业外收入		
减：营业外支出		
三、利润总额（亏损以"－"号填列）		
减：所得税费用		
四、净利润（亏损以"－"号填列）		
（一）持续经营净利润（净亏损以"－"号填列）		
（二）终止经营净利润（净亏损以"－"号填列）		
五、其他综合收益的税后净额		
（一）不能重分类进损益的其他综合收益		
1. 重新计量设定受益计划变动额		
2. 权益法下不能转损益的其他综合收益		
3. 其他权益工具投资公允价值变动		
4. 企业自身信用风险公允价值变动		
……		

续表

项目	本期金额	上期金额
（二）能重分类进损益的其他综合收益		
1. 权益法下可转损益的其他综合收益		
2. 其他债权投资公允价值变动		
3. 金融资产重分类计入其他综合收益的金额		
4. 其他债权投资信用减值准备		
5. 现金流量套期储备		
6. 外币财务报表折算差额		
……		
六、综合收益总额		
七、每股收益		
（一）基本每股收益		
（二）稀释每股收益		

考点收纳盒

利润表重要计算公式（见表 23-5）。

表 23-5

项目	计算过程
营业收入	营业收入 = 主营业务收入 + 其他业务收入
营业利润	营业利润 = 营业收入 - 营业成本 - 税金及附加 - 销售费用 - 管理费用 - 研发费用 - 财务费用 - 资产减值损失 - 信用减值损失 + 其他收益 + 投资收益 + 净敞口套期收益 + 公允价值变动收益 + 资产处置收益（**如果不是收益，而是损失，则以负号"-"列示**）
利润总额	利润总额 = 营业利润 + 营业外收入 - 营业外支出
净利润	净利润 = 利润总额 - 所得税费用
其他综合收益的税后净额	反映企业根据企业会计准则规定未在损益中确认的各项利得和损失**扣除所得税影响后**的净额
综合收益总额	反映企业净利润与其他综合收益的**税后净额**的合计金额

【例题 23-4·单选题】2015 年 2 月 20 日，甲公司以每股 10 元的价格从二级市场购入乙公司股票 10 万股，支付价款 100 万元，另支付相关交易费用 2 万元。甲公司将购入的乙公司股票指定为以公允价值计量且其变动计入其他综合收益的金融资产核算。2015 年 12 月 31 日，乙公司股票市场价格为每股 15 元。甲公司适用的所得税税率为 25%。甲公司 2015 年利润表中因所持有乙公司股票应确认的"其他综合收益"金额是（　　）万元。

A. 36　　　　B. 48　　　　C. 50　　　　D. 112.5

【答案】A

【解析】甲公司持有乙公司股票2015年12月31日的账面价值＝15×10＝150（万元），初始成本＝100+2＝102（万元），2015年利润表中因该项投资应确认的"其他综合收益"的金额＝（150-102）×（1-25%）＝36（万元）。

考点4 现金流量表（★★★）

现金流量表是指反映企业在一定会计期间现金和现金等价物流入和流出的报表。

（一）现金及现金等价物

表23-6

核算口径	判断要点
现金	库存现金＋可以随时用于支付的存款
现金等价物	指企业持有的期限短、流动性强、易于转换为已知金额现金、价值变动风险很小的投资。现金等价物通常包括购买日起<u>三个月内到期的债券投资</u>
提示：现金流量表中现金及现金等价物是一个整体，核算其流入和流出，因此企业现金形式的转换、现金和现金等价物之间的转换不属于现金流量表的内容，不影响现金流入、流出以及净额	

【例题23-5·单选题·2014年】下列各项中，能够引起现金流量净额发生变动的是（　　）。

A. 以存货抵偿债务
B. 以银行存款支付采购款
C. 将现金存为银行活期存款
D. 以银行存款购买2个月内到期的债券投资

【答案】B

【解析】
①选项A，不涉及现金流量变动；
②选项B，使现金流量减少，能够引起现金流量表净额发生变动；
③选项C，现金和银行活期存款都属于现金等价物，不涉及现金流量净额变动；
④选项D，2个月内到期的债券投资属于现金等价物，银行存款换取现金等价物不涉及现金流量净额的变动。

【例题23-6·单选题·2020年】2018年12月31日，甲公司持有的投资包括：（1）持有联营企业（乙公司）30%股份；（2）持有子公司（丙公司）60%股份；（3）持有的5年期国债；（4）持有丁公司发行的期限为2个月的短期债券。不考虑其他因素，甲公司在编制2018年度个别现金流量表时，应当作为现金等价物列示的是（　　）。

A. 对乙公司的投资
B. 对丙公司的投资
C. 所持的 5 年期国债
D. 所持丁公司发行的期限为 2 个月的短期债券

【答案】D

【解析】现金等价物，是指企业持有的期限短、流动性强、易于转换为已知金额现金、价值变动风险很小的投资。例如，企业购买后 3 个月内到期的债券投资。因此选项 D 正确。

（二）现金流量的分类

现金流量是指某一段时间内企业现金和现金等价物的流入和流出数量，可以分为三类，即经营活动产生的现金流量、投资活动产生的现金流量和筹资活动产生的现金流量。

表 23-7

类别	定义	判断要点
投资活动产生的现金流量	对内投资：长期资产的购建及处置； 对外投资：不包括在现金等价物范围内的投资及其处置活动	现金流特征：先流出，再流入
筹资活动产生的现金流量	导致企业资本及债务规模和构成发生变化的活动，包括发行股票或接受投入资本、分派现金股利、取得和偿还银行借款、发行和偿还公司债券等	现金流特征：先流入，再流出
经营活动产生的现金流量	企业投资活动和筹资活动以外的所有交易和事项，包括销售商品或提供劳务、购买商品或接受劳务、收到返还的税费、支付工资、缴纳各项税款等	排除法

提示：（1）判断属于哪一类现金流量，前提是该事项不属于现金及现金等价物内部的转换。
（2）判断时遵循"相关性原则"，比如筹资过程中支付的佣金手续费属于筹资活动；分配股利属于筹资活动，而收到股利属于投资活动；收到因自然灾害报废固定资产的保险赔偿款属于投资活动，而收到保险公司对于存货毁损的赔偿款则属于经营活动

彬哥解读

（1）对于混合性的现金流量分类，优先级为：筹资＞投资＞经营。

例 1，支付的为购建固定资产发生的专门借款利息，既属于投资活动（购建固定资产），又属于筹资活动（借款），属于混合性现金流量，根据优先级应分类为筹资活动现金流量。例 2，支付的在建工程人员工资，既属于经营活动（支付职工工资），又属于投资活动（购建固定资产），属于混合性现金流量，根据优先级应分类为投资活动现金流量。

(2) 与租赁相关的现金流量的分类（2022年新增）。

①支付的按租赁准则简化处理的短期租赁付款额、低价值资产租赁付款额、未纳入租赁负债的可变租赁付款额，以及支付的短期租赁和低价值资产租赁相关的预付租金和租赁保证金应当计入经营活动现金流出；

②企业应当将偿还租赁负债本金和利息所支付的现金，以及支付的预付租金和租赁保证金计入筹资活动现金流出。

(3) 企业实际收到的政府补助，无论是与资产相关还是与收益相关，均在"收到其他与经营活动有关的现金"项目填列。

▶ 考点收纳盒

几类易混淆的现金流分类（见表23-8）。

表23-8

情形	现金流分类
银行承兑汇票到期兑现	经营活动
银行承兑汇票贴现且不附追索权	经营活动
银行承兑汇票贴现且附追索权	筹资活动
应收账款保理且附追索权	筹资活动
提示：以上相关情形不符合框架中的现金流特征，需要特殊记忆所属类别	

【例题23-7·多选题·2012年】制造企业下列各项交易或事项所产生的现金流量中，属于现金流量表中"投资活动产生的现金流量"的有（　　）。

A. 出售期初购买的债券收到的现金
B. 收到股权投资的现金股利
C. 支付的为购建固定资产发生的专门借款利息
D. 收到因自然灾害而报废固定资产的保险赔偿款

【答案】ABD

【解析】选项A正确，出售自己购入的债券，属于投资活动的现金流入；选项B正确，股权投资属于投资活动；选项C错误，支付的为购建固定资产发生的专门借款利息，属于筹资活动的现金流出；选项D正确，收到因自然灾害而报废固定资产的保险赔偿款，该补偿对应的是固定资产，而固定资产属于投资活动。

【例题23-8·多选题·2013年】甲公司2012年发生与现金流量相关的交易或事项包括：(1) 以现金支付管理人员的现金股票增值权500万元；(2) 办公楼换取股权交易中，以现金支付补价240万元；(3) 销售A产品收到现金5 900万元；(4) 支付经营租入固定资产租金300万元；(5) 支付管理人员报销差旅费2万元；(6) 发行权益性证券收到现金5 000万元。下列各项关于甲公司2012年现金流量相关的表述中，正确的有（　　）。

A. 经营活动现金流出 802 万元　　B. 经营活动现金流入 5 900 万元
C. 投资活动现金流出 540 万元　　D. 筹资活动现金流入 10 900 万元

【答案】AB
【解析】
①选项 A 正确，事项（1）、（4）、（5）属于经营活动现金流出，经营活动现金流出 = 500 + 300 + 2 = 802（万元）。
②选项 B 正确，事项（3）属于经营活动现金流入，经营活动现金流入为 5 900 万元。
③选项 C 错误，事项（2）属于投资活动现金流出，投资活动现金流出为 240 万元。
④选项 D 错误，事项（6）属于筹资活动现金流入，筹资活动现金流入为 5 000 万元。

（三）间接法计算

根据规定，企业应当采用间接法在现金流量表附注中披露将净利润调节为经营活动现金流量的信息。

调整内容可以分为两类：一是调整不影响现金流量的损益项目；二是剔除投资活动、筹资活动对现金流量的影响。

表 23-9

调节项目	具体内容
利润表调节项目：调增损失、调减收益	没有发生现金支出的损失：调增。 ①资产减值损失、信用减值损失。 ②折旧、摊销的费用
	不属于经营活动的费用或损失：调增（收益则调减）。 ①资产处置损失。 ②投资损失。 ③财务费用。 ④公允价值变动损失
资产负债表调节项目：借方调减、贷方调增	资产的减少（贷方）：调增（如资产增加，则在借方，就调减）。 ①递延所得税资产减少。 ②存货的减少。 ③经营性应收项目减少。
	负债的增加（贷方）：调增（如负债减少，则在借方，就调减）。 ①递延所得税负债的增加。 ②经营性应付项目增加

> **彬哥解读**
>
> （1）利润表 + 资产：反向调；负债：同向调。
> （2）资产反向调整原因。
> 买资产：资产增加、现金减少；卖资产：资产减少、现金增加。
> （3）负债同向调整原因。
> 借钱：负债增加、现金增加；还钱：负债减少、现金减少。

【例题23-9·单选题】某企业当期净利润为600万元,投资收益为100万元,与筹资活动有关的财务费用为50万元,经营性应收项目增加75万元,经营性应付项目减少25万元,固定资产折旧为40万元,无形资产摊销为10万元。则该企业当期经营活动产生的现金流量净额为( )万元。

A. 400 B. 850 C. 450 D. 500

【答案】D

【解析】该企业当期经营活动产生的现金流量净额=600-100+50-75-25+40+10=500(万元)。

经营性应收项目,属于资产,比如应收账款增加了,说明收入增加,但这笔钱并没有收到,故需要对净利润调减。经营性应付项目,属于负债,比如应付账款减少了,表明我们欠款少了,说明我们多支付了现金,故需要对净利润调减。

考点5 财务报表附注披露(★★★)

(一)分部报告

1. 经营分部的认定

经营分部,是指企业内同时满足下列条件的组成部分:

(1) 该组成部分能够在日常活动中产生收入、发生费用;

(2) 企业管理层能够定期评价该组成部分的经营成果,以决定向其配置资源、评价其业绩;

(3) 企业能够取得该组成部分的财务状况、经营成果和现金流量等有关会计信息。

2. 报告分部的认定

表23-10

入选分部要求	满足3个条件之一	该分部的分部**收入**占所有分部收入合计的10%或者以上
		该分部的分部**利润(亏损)**的绝对值,占所有盈利分部利润合计额或者所有亏损分部亏损合计额的绝对值两者中较大者的10%或者以上
		该分部的分部**资产**占所有分部资产合计额的10%或者以上(**没有净资产、负债**)
	未满足条件但企业认为披露分部信息对财报使用者有用	
数量要求	报告分部的数量通常**不超过10个**。如果报告分部的数量超过10个需要合并的,以经营分部的合并条件为基础,对相关的报告分部予以合并	
累计收入要求	报告分部的对外交易收入合计额占合并总收入或企业总收入的比重未达到75%的,将其他的分部确定为报告分部(即使它们未满足规定的条件),**直到该比重达到75%**	

【例题23-10·单选题·2018年】下列各经营分部中,可以确认为报告分部的是( )。

A. 该分部的分部负债占所有分部负债合计额20%以上

B. 该分部的分部收入占所有分部收入2%,但管理层认为该分部信息对投资者有用

C. 该分部的净资产占所有分部净资产合计额的 10% 以上
D. 该分部的分部收入占所有盈利分部收入合计额的 10% 以上

【答案】B
【解析】
①选项 AC 错误，应当为该分部的分部资产占所有分部资产合计额的 10% 或者以上，没有负债和净资产的判断标准。
②选项 D 错误，应当为该分部的分部收入占所有分部收入合计的 10% 或者以上。

（二）关联方披露

1. 构成关联方关系的情形

表 23-11

法规	构成关联方关系
《企业会计准则第 36 号——关联方披露》（2016）	该企业的母公司，包括直接控制、间接控制，只要能控制就行。 对该企业实施共同控制的投资方。 对该企业施加重大影响的投资方。 与该企业受同一母公司控制的其他企业。 该企业的子公司，包括直接控制、间接控制，只要能控制就行。 该企业的合营企业。 该企业的联营企业
	该企业的主要投资者个人及与其关系密切的家庭成员。 该企业或其母公司的关键管理人员及其关系密切的家庭成员。 该企业主要投资者个人、关键管理人员或与其关系密切的家庭成员控制、共同控制的其他企业
	该企业关键管理人员提供服务的提供方与服务接受方：提供关键管理人员服务的主体（以下简称服务提供方）向接受该服务的主体（以下简称服务接受方）提供关键管理人员服务的，服务提供方和服务接受方之间是否构成关联方关系应当具体分析判断。 ①服务接受方在编制财务报表时，应当将服务提供方作为关联方进行相关披露。服务接受方可以不披露服务提供方所支付或应支付给服务提供方有关员工的报酬，但应当披露其接受服务而应支付的金额。 ②服务提供方在编制财务报表时，不应仅仅因为向服务接受方提供了关键管理人员服务就将其认定为关联方，而应当按照《企业会计准则第 36 号——关联方披露》判断双方是否构成关联方并进行相应的会计处理
《企业会计准则解释第 13 号》（2019）	企业与其所属企业集团的其他成员单位（包括母公司和子公司）的合营企业或联营企业 企业的合营企业与企业的其他合营企业或联营企业

2. 不构成关联方的情形

（1）与该企业发生**日常往来**的资金提供者、公用事业部门、政府部门和机构，以及因与该企业发生**大量交易而存在经济依存关系**的**单个**客户、供应商、特许商、经销商或代理商之间，**不构成关联方关系**。

（2）仅仅同受**国家控制**而不存在控制、共同控制或重大影响关系的企业，不构成关联方关系。

（3）与该企业共同控制合营企业的合营者之间，通常不构成关联方关系。

（4）两方或两方以上受同一方重大影响的企业之间不构成关联方。

> **彬哥解读**
>
> 关联方：只看血缘，不看姻缘。因此，"夫妻企业"不属于，"母子企业"属于，"姊妹企业"一般属于（塑料姐妹花除外）。
> （1）夫妻企业：合营方之间、联营者之间。
> （2）母子企业（广义）：母公司与子公司、合营方与合营企业、联营方与联营企业。
> （3）姊妹企业：子公司与子公司（受同一方控制），企业与集团内其他成员单位的合营企业或者联营企业，企业的合营企业与企业的其他合营企业或联营企业。
> （4）塑料姐妹花：受同一方重大影响的企业之间。

3. 关联关系的披露

（1）企业**无论是否发生关联方交易**，**均应当**在附注中披露与该企业之间存在**直接控制**关系的**母公司和子公司**有关的信息。

（2）企业与关联方发生关联方交易的，应当在附注中披露该关联方关系的性质、交易类型及交易要素。

（3）对外提供**合并**财务报表的，对于已经包括在**合并范围内**各企业之间的**交易不予披露**。

【例题23-11·单选题·2020年】甲公司是乙公司和丙公司的母公司，丁公司和戊公司分别是乙公司的合营企业和联营企业，己公司和庚公司分别是丙公司的合营企业和联营企业。下列各种关系中，不构成关联方关系的是（　　）。

A. 甲公司和乙公司　　　　B. 乙公司和己公司
C. 戊公司和庚公司　　　　D. 丙公司和戊公司

【答案】C
【解析】
①选项A，甲公司和乙公司属于母子公司，构成关联方。
②选项B，企业与其所属企业集团的其他成员单位的合营企业或联营企业构成关联方关系，乙公司和丙公司属于同一企业集团，乙公司与集团其他成员单位丙公司的合营企业（己公司）构成关联方。
③选项C，戊公司与庚公司之间不具有控制、共同控制、重大影响，不构成关联方。
④选项D，企业与其所属企业集团的其他成员单位的合营企业或联营企业构成关联方关系，乙公司和丙公司属于同一企业集团，丙公司与集团其他成员单位乙公司的联营企业（戊公司）构成关联方。

【例题23-12·单选题·2016年】下列各项中，不构成江海公司关联方的是（　　）。

A. 江海公司外聘的财务顾问甲公司
B. 江海公司总经理之子控制的乙公司
C. 与江海公司同受集团公司（红光公司）控制的丙公司

D. 江海公司拥有15%股权并派出一名董事的被投资单位丁公司

【答案】A

【解析】
①选项A不构成，江海公司与外聘的财务顾问甲公司只是发生业务往来的两个公司，不具有控制、共同控制和重大影响，不属于关联方。
②选项B构成，企业与该企业主要投资者个人、关键管理人员或与其关系密切的家庭成员控制、共同控制的其他企业之间，构成关联方。
③选项C构成，丙公司与江海公司受同一方控制，构成关联方。
④选项D构成，江海公司能对丁公司具有重大影响，构成关联方。

考点6 中期财务报告（★★）

中期财务报告，是指以中期为基础编制的财务报告。中期财务报告包括月度、季度、半年度，也包括年初至本中期末的财务报告。

表 23-12

至少应当包括的部分	（1）资产负债表；（2）利润表；（3）现金流量表；（4）附注（三表一注，无所有者权益变动表）		
编制应遵循的原则	（1）遵循与**年度财务报告相一致**的会计政策原则； （2）遵循重要性原则（重要性程度的判断以**中期财务数据**为基础，**不得以预计的年度财务数据为基础**）； （3）遵循及时性原则		
确认与计量原则	（1）中期财务报告确认与计量的基本原则： ①中期财务报告中各会计要素的确认和计量原则应当与年度财务报告所采用的原则相一致。 ②在编制中期财务报告时，中期会计计量应当以年初至本中期末为基础。 ③不得随意变更会计政策。 （2）季节性、周期性或者偶然性取得的收入的确认和计量： 对于季节性、周期性或者偶然性取得的收入，除了在会计年度末允许预计或者递延之外，企业都应当在发生时予以确认和计量，**不应当在中期财务报表中预计或者递延**。 （3）会计年度中不均匀发生的费用的确认与计量： 对于会计年度中不均匀发生的费用，除了在会计年度末允许预提或者待摊之外，**企业均应当在发生时予以确认和计量，不应当在中期财务报表中预提或者待摊**		
比较报表编制要求	资产负债表	本中期	比较报表
		本中期末	上年度末
	利润表	①本中期的利润表（本期发生）。 ②年初至本中期末的利润表（本期累计）	①上年同中期的利润表（本期发生）。 ②上年初至上年同中期末的利润表（本期累计）
	现金流量表	年初至本中期末的	上年度年初至上年可比中期末的

【例题23-13·单选题·2015年】下列有关编制中期财务报告的表述中，符合会计准则规定的是（ ）。

A. 中期财务报告会计计量以本报告期期末为基础
B. 在报告中期内新增子公司的中期末不应将新增子公司纳入合并范围
C. 中期财务报告会计要素确认和计量原则应与本年度财务报告相一致
D. 中期财务报告的重要性判断应以预计的年度财务报告数据为基础

【答案】C

【解析】
①选项A错误,在编制中期财务报告时,中期会计计量应当以年初至中期末为基础;
②选项B错误,在报告中期内新增子公司的,则在中期末应当将该子公司财务报表纳入合并财务报表的合并范围中;
③选项C正确,中期财务报告会计要素确认和计量原则应与本年度财务报告相一致;
④选项D错误,中期财务报告的重要性判断应当以中期财务报告数据为基础,不得以预计的年度财务数据为基础。

【例题23-14·多选题·2017年】下列各项关于中期财务报告编制的表述中,正确的有(   )。
A. 中期财务报告编制时采用的会计政策、会计估计应当与年度报告相同
B. 对于会计年度中不均衡发生的费用,在报告中期如尚未发生,应当基于年度水平预计中期金额后确认
C. 报告中期处置了合并报表范围内子公司的,中期财务报告中应当包括被处置子公司当期期初至处置日的相关信息
D. 编制中期财务报告时的重要性应当以至中期期末财务数据为依据,在估计年度财务数据的基础上确定

【答案】AC

【解析】
①选项B错误,对于会计年度中不均衡发生的费用,应当在发生时予以确认和计量,在报告中期如尚未发生,不应当在中期财务报表中预计。
②选项D错误,编制中期财务报告时的重要性应当以至中期期末财务数据为依据,而不得以预计的年度财务数据为基础。

恭喜你,
已完成第二十三章的学习

扫码免费进 >>>
2022年CPA带学群

学习要有归零的心态,也要有从头再来的勇气;学习上的遗憾不是我不行,而是我本可以。

CHAPTER TWENTY-FOUR

第二十四章 会计政策、会计估计及其变更和差错更正

考情雷达

本章属于比较重要章节,主要介绍会计政策变更、会计估计变更和差错更正的有关概念及相应会计处理,客观题主要考查会计政策变更和会计估计变更的区分,主观题经常结合其他章节考查前期差错更正的会计处理。本章分值在 5~10 分左右。

2022 年本章内容**无变化**。

考点地图

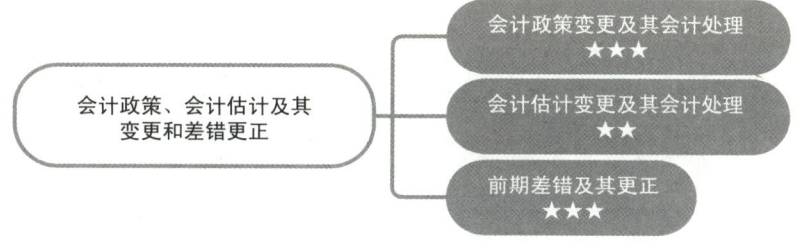

考点1 会计政策变更及其会计处理（★★★）

（一）会计政策

表 24-1

定义	会计政策是指企业在会计确认、计量和报告中所采用的**原则**、**基础**和**会计处理方法**	
BT 提醒	原则	主要指会计要素确认原则
	基础	主要指**计量基础**，包括历史成本、重置成本、可变现净值、现值和公允价值等
	会计处理方法	指会计准则规定的**具体会计处理方法**
	①企业在日常活动中持有待售的商品如果与之相关的经济利益很可能流入企业且其成本能够可靠计量应将其确认为"存货"「**原则**」。 ②企业取得存货应当按照成本进行计量「**基础**」。 ③企业应合理选择发出存货成本的计算方法,以合理确定当期发出存货的实际成本「**方法**」	

（二）会计政策变更

表 24-2

定义	指企业对**相同的**交易或者事项由原来采用的会计政策改用另一会计政策的行为
情形	法律行政法规或者国家统一的会计制度等要求变更	2006 年 2 月 5 日,财政部修订《企业会计准则第 1 号——存货》,禁止企业采用**后进先出法**作为发出存货成本的计量方法（旧存货准则允许该计量方法）,则在新准则实施后,企业将发出存货成本的计算方法由后进先出法变更为新存货准则允许的方法,该变更属于**法定变更**

续表

情形	有证据表明能提供更可靠、更相关的会计信息	企业一直采用成本模式对**投资性房地产**进行后续计量，如果企业能够从房地产交易市场上持续地取得同类或类似房地产的市场价格及其他相关信息，从而能够对投资性房地产的公允价值做出合理的估计，此时企业可以将投资性房地产的后续计量方法由成本模式变更为公允价值模式，该变更属于**自愿变更**
BT 提醒	\multicolumn{2}{l}{为了保证会计信息的**可比性**，一般情况下，企业采用的会计政策在每一会计期间和前后各期应当保持一致，**不得随意变更**，否则会削弱会计信息的可比性}	
不属于会计政策变更的情形	\multicolumn{2}{l}{（1）本期发生的交易或者事项与以前相比具有本质差别而采用新的会计政策（事项本身变更）。 ①企业将自用办公楼改为出租，由固定资产核算改为投资性房地产核算。 ②因处置部分股权投资丧失了对子公司的控制导致长期股权投资的后续计量方法由成本法转换为权益法，不属于会计政策变更。（注意区分于执行新准则，例如新准则规定对子公司的长期股权投资由权益法改为成本法核算）。 （2）对初次发生或不重要的事项采用新的会计政策。 例如，对低值易耗品的处理方法由一次摊销法变更为分次摊销法}	

（三）会计政策变更的会计处理

发生会计政策变更时，有两种会计处理方法，即追溯调整法和未来适用法。

1. 追溯调整法

表24-3

定义	追溯调整法是指对某项交易或事项变更会计政策，视同该项交易或事项初次发生时即采用变更后的会计政策，并以此对财务报表相关项目进行调整的方法
思路	①对于比较财务报表期间的会计政策变更，应调整各期间净损益各项目和财务报表其他相关项目，视同该政策在比较期间一直采用； ②对于比较财务报表可比期间以前的会计政策变更的累积影响数，应调整比较财务报表最早期间的期初留存收益和财务报表其他相关项目
步骤	计算会计政策变更的累积影响数（变更后相对于变更前的影响数） 会计政策变更累积影响数，是指按照变更后的会计政策对以前各期追溯计算的列报前期最早期初留存收益应有金额与现有金额之间的差额。 会计政策变更的累积影响数，通常可以通过以下各步计算获得： 根据新的会计政策重新计算受影响的前期交易或事项 ⇓ 计算两种会计政策下的差异 ⇓ 计算差异的所得税影响 ⇓ 确定前期中每一期的税后差异 ⇓ 计算会计政策变更的累积影响数 「调数」 【BT 提醒】按照变更后的会计政策对以前各期追溯计算的列报前期最早期初留存收益时不考虑由于以前期间净利润的变化而需要分配的股利和以前年度的应交所得税，但若该追溯调整涉及暂时性差异，则需考虑递延所得税的调整，从而考虑前期所得税费用的调整

第二十四章 会计政策、会计估计及其变更和差错更正

续表

步骤		
	编制相关项目的调整分录	①**损益类项目**：调整期初留存收益，通过"盈余公积"和"利润分配—未分配利润"科目核算； ②**其他项目**：直接调整相关项目「调账」
	调整列报前期财务报表相关项目及其金额	①**资产负债表**：调整期初余额； ②**利润表**：调整上期金额； ③**所有者权益变动表**：调整本年金额栏和上年金额栏「调表」
	附注说明	①**采用追溯调整法**：说明会计政策变更的性质、内容和原因；当期和各期可比期间财务报表受影响的项目名称和调整金额。 ②**无法采用追溯调整法**：说明该事实情况和原因，以及会计政策变更后的时点和具体应用情况「调附注」
BT 提醒	会计政策变更对以前年度损益进行追溯调整时，应重新计算各列报期的每股收益	

【例题 24-1·主观题·教材】甲公司 2015 年、2016 年分别以 4 500 000 元和 1 100 000 元的价格从股票市场购入 A、B 两只以交易为目的的股票（假设不考虑购入股票发生的交易费用），市价一直高于购入成本。公司采用成本与市价孰低法对购入股票进行计量。公司从 2017 年起对其以交易为目的购入的股票由成本与市价孰低改为公允价值计量，公司保存的会计资料比较齐备，可以通过会计资料追溯计算。假设所得税税率为 25%，公司按净利润的 10% 提取法定盈余公积，按净利润的 5% 提取任意盈余公积。公司发行普通股 4 500 万股，未发行任何稀释性潜在普通股。

两种方法计量的交易性金融资产账面价值（见表1）。

表1　　　　　　　　　　　　　　　　　　　　　　　　　　　　　　　　单位：元

会计政策	成本与市价孰低	2015 年末公允价值	2016 年末公允价值
A 股票	4 500 000	5 100 000	5 100 000
B 股票	1 100 000	—	1 300 000

根据上述资料，甲公司的会计处理如下：
(1) 计算改变交易性金融资产计量方法后的累积影响数（见表2）。

表2　　　　　　　　　　　　　　　　　　　　　　　　　　　　　　　　单位：元

时间	公允价值	成本与市价孰低	税前差异	所得税影响	税后差异
2015 年末	5 100 000	4 500 000	600 000	150 000	450 000
2016 年末	1 300 000	1 100 000	200 000	50 000	150 000
合计	6 400 000	5 600 000	800 000	200 000	600 000

甲公司 2017 年 12 月 31 日的比较财务报表列报前期最早期初为 2016 年 1 月 1 日。

甲公司在 2015 年末按公允价值计量的账面价值为 5 100 000 元，按成本与市价孰低计量的账面价值为 4 500 000 元，两者的所得税影响为 150 000 元，两者差异的税后净影响额为 450 000 元，即为该公司追溯至 2016 年期初由成本与市价孰低改为公允价值的累积影响数。

甲公司在 2016 年末按公允价值计量的账面价值为 6 400 000 元，按成本与市价孰低计

量的账面价值为 5 600 000 元，两者的所得税影响合计为 200 000 元，两者差异的税后净影响额为 600 000 元，其中，450 000 元是调整 2016 年初累积影响数，150 000 元是调整 2016 年当期金额。

甲公司按照公允价值重新计量 2016 年末 B 股票账面价值，其结果为公允价值变动收益少计了 200 000 元，所得税费用少计了 50 000 元，净利润少计了 150 000 元。

(2) 编制有关项目的调整分录：

①对 2015 年有关事项的调整分录：

a. 调整会计政策变更累积影响数：

借：交易性金融资产——公允价值变动　　　　　　　　　　　　600 000
　　贷：利润分配——未分配利润　　　　　　　　　　　　　　　450 000
　　　　递延所得税负债　　　　　　　　　　　　　　　　　　　150 000

b. 调整利润分配：

按照净利润的 10% 提取法定盈余公积，按照净利润的 5% 提取任意盈余公积，共计提取盈余公积 450 000×15% = 67 500（元）。

借：利润分配——未分配利润　　　　　　　　　　　　　　　　67 500
　　贷：盈余公积　　　　　　　　　　　　　　　　　　　　　　67 500

②对 2016 年有关事项的调整分录：

a. 调整交易性金融资产：

借：交易性金融资产——公允价值变动　　　　　　　　　　　　200 000
　　贷：利润分配——未分配利润　　　　　　　　　　　　　　　150 000
　　　　递延所得税负债　　　　　　　　　　　　　　　　　　　 50 000

b. 调整利润分配：

按照净利润的 10% 提取法定盈余公积，按照净利润的 5% 提取任意盈余公积，共计提取盈余公积 150 000×15% = 22 500（元）。

借：利润分配——未分配利润　　　　　　　　　　　　　　　　22 500
　　贷：盈余公积　　　　　　　　　　　　　　　　　　　　　　22 500

③财务报表调整和重述（财务报表略）：

甲公司在列报 2017 年财务报表时，应调整 2017 年资产负债表有关项目的年初余额、利润表有关项目的上年金额及所有者权益变动表有关项目的上年金额和本年金额。

a. 资产负债表项目的调整：

调增交易性金融资产年初余额 800 000 元；调增递延所得税负债年初余额 200 000 元；调增盈余公积年初余额 90 000 元；调增未分配利润年初余额 510 000 元。

b. 利润表项目的调整：

调增公允价值变动收益上年金额 200 000 元；调增所得税费用上年金额 50 000 元；调增净利润上年金额 150 000 元；调增基本每股收益上年金额 0.0033 元。

注：调增基本每股收益上年金额 = 调增净利润÷公司流通在外普通股股数 =（150 000÷10 000）÷4 500 = 0.0033（元/股）。

c. 所有者权益变动表项目的调整:

调增盈余公积上年年初金额67 500元,未分配利润上年年初金额382 500元,所有者权益合计上年年初金额450 000元。

调增盈余公积上年金额22 500元,未分配利润上年金额127 500元,所有者权益合计上年金额150 000元。

调增盈余公积本年年初金额90 000元,未分配利润本年年初金额510 000元,所有者权益合计本年年初金额600 000元。

2. 未来适用法

未来适用法,是指将变更后的会计政策应用于变更日及以后发生的交易或者事项,或者在会计估计变更当期和未来期间确认会计估计变更影响数的方法。

在未来适用法下,不需要计算会计政策变更产生的累积影响数,也无需重新编制以前年度的财务报表。

【例题24-2·单选题】甲公司发出存货按先进先出法计价,期末存货按成本与可变现净值孰低法计价。2015年1月1日将发出存货由先进先出法改为加权平均法。2015年初A材料账面余额等于账面价值40 000元,数量为50千克。2015年1月、2月分别购入A材料600千克、350千克,单价分别为850元、900元,3月5日领用A材料400千克。甲公司用未来适用法对该项会计政策变更进行会计处理,则2015年第一季度末A材料的账面余额为(   )元。

A. 540 000　　　　B. 467 500　　　　C. 510 000　　　　D. 519 000

【答案】D

【解析】单位成本 = (40 000 + 600 × 850 + 350 × 900) ÷ (50 + 600 + 350) = 865(元/千克);

2015年第一季度末A材料的账面余额 = (50 + 600 + 350 - 400) × 865 = 519 000(元)。

3. 会计政策变更会计处理方法的选择

(1) 国家有规定的,按国家有关规定执行。

(2) 能追溯调整的,采用追溯调整法处理(追溯到可追溯的最早期期初)。

(3) 不能追溯调整的,采用未来适用法处理。

考点2　会计估计变更及其会计处理(★★)

(一) 会计估计

表24-4

定义	会计估计是指财务报表中具有计量不确定性的货币金额
特点	①会计估计的存在是由于经济活动中内在的不确定性因素的影响; ②进行会计估计时往往以最近可利用的信息或资料为基础; ③会计估计不会削弱会计确认和计量的可靠性

(二) 会计估计变更

表 24-5

定义	指由于资产和负债的当前状况及预期经济利益和义务发生了变化，从而对资产或负债的账面价值或者资产的定期消耗金额进行调整	
原因	赖以进行估计的基础发生了变化	企业的某项无形资产摊销年限原定为 10 年，若后续情况表明，该资产的受益年限不足 10 年，则应相应调整摊销年限
	取得新的信息，积累了更多经验	企业对应收账款计提坏账准备比例为 10%，后来根据新得到的信息，对方财务状况恶化，发生坏账的可能性为 80%，则企业需要补提坏账准备
BT 提醒	①会计估计变更并不意味着以前期间会计估计是错误的； ②如果以前期间的会计估计是错误的，则属于前期差错，应按前期差错更正的会计处理方法进行处理	

▶ 考点收纳盒

会计政策变更与会计估计变更的划分及常考项目（见表 24-6）。

表 24-6

项目	会计政策变更	会计估计变更
判断基础	会计确认/计量基础/列报项目是否发生变更	根据会计确认、计量基础和列报项目所选择的、为取得与资产负债表项目有关的金额或数值**（如预计使用寿命、净残值等）**所采用的处理方法的变更
判断方法	判断某变更事项是否涉及会计确认、计量基础选择或列报项目的变更，当至少涉及上述一项变更时，该事项是会计政策变更；一项都不涉及时，该事项可以判断为会计估计变更	
BT 提醒	会计估计变更和会计政策变更无法分清时，应视为会计估计变更进行处理	
常考项目	(1) 投资性房地产计量模式的改变。 (2) 发出存货计价方法的变更。 (3) 新收入准则收入确认原则由原来的风险报酬转移改为控制权转移。 (4) 新金融工具将原来金融资产的分类改为三分类。 (5) 新租赁准则将原经营租赁资产确认为使用权资产	一般与金额的估计有关。 (1) 存货可变现净值的确定。 (2) 公允价值的确定。 (3) 与折旧、摊销有关的确定。 (4) 合同履约进度的确定。 (5) 预计负债最佳估计数的确定

(三) 会计估计变更的会计处理

企业对会计估计变更应当采用未来适用法处理。

(1) 会计估计变更仅影响变更当期的，其影响数应当在变更当期予以确认。

(2) 会计估计变更既影响变更当期又影响未来期间的，其影响数应当在变更当期和未来期间予以确认。

【例题 24-3·单选题·2014 年】甲公司为某集团母公司，其与控股子公司（乙公司）会计处理存在差异的下列事项中，在编制合并财务报表时，应当作为会计政策予以统一的是（ ）。

A. 甲公司产品保修费用的计提比例为售价的 3%，乙公司为售价的 1%

B. 甲公司对机器设备的折旧年限按不少于10年确定，乙公司为不少于15年

C. 甲公司对投资性房地产采用成本模式进行后续计量，乙公司采用公允价值模式

D. 甲公司对1年以内应收款项计提坏账准备的比例为期末余额的5%，乙公司为期末余额的10%

【答案】C

【解析】选项ABD，属于会计估计；选项C，属于会计政策。

【例题24-4·多选题】下列情形中，应采用未来适用法处理的有（　　）。

A. 当期期初确定会计政策变更对以前各期累积影响数不切实可行

B. 固定资产折旧方法发生变更

C. 固定资产预计使用年限发生变更

D. 难以对某项变更区分为会计政策变更或会计估计变更

E. 当期期初确定会计政策变更对以前各期累积影响数能够合理确定

【答案】ABCD

【解析】固定资产折旧方法、预计使用年限和净残值的变更都属于会计估计变更，应采用未来适用法处理；企业难以对某项变更区分会计政策变更或会计估计变更的，应当将其作为会计估计变更，采用未来适用法处理；当期期初确定会计政策变更对以前各期累积影响数能够合理确定，应采用追溯调整法处理。

考点3　前期差错及其更正（★★★）

（一）前期差错概述

前期差错，是指由于没有运用或错误运用下列两种信息，而对前期财务报表造成省略或错报：

（1）编报前期财务报表时预期能够取得并加以考虑的可靠信息；

（2）前期财务报告批准报出时能够取得的可靠信息。

前期差错通常包括计算错误、应用会计政策错误、疏忽或曲解事实以及舞弊产生的影响等。

（二）前期差错更正的会计处理

表24-7

不重要的前期差错	采用**未来适用法**，无需调整财务报表相关项目的期初数，但调整发现当期与前期相同的相关项目： ①影响损益的，应直接计入本期与前期相同的净损益项目； ②不影响损益的，应调整本期与前期相同的相关项目
重要的前期差错	采用**追溯重述法**，确定前期差错影响数不切实可行的除外 ①影响损益的，应将其对损益的影响数调整，发现当期的期初留存收益，财务报表其他相关项目的期初数也一并调整； ②不影响损益的，应调整财务报表相关项目的期初数
BT提醒	对于年度资产负债表日至财务报告批准报出日之间发现的报告年度的会计差错及报告年度前不重要的前期差错，应按照《企业会计准则第29号——资产负债表日后事项》的规定进行处理

【例题 24-5·主观题·教材】 B 公司在 2016 年发现，2015 年公司漏记一项生产用固定资产的折旧费用 150 000 元，所得税申报表中未扣除该项费用。假设 2015 年适用所得税税率为 25%，无其他纳税调整事项。该公司按净利润的 10%、5% 提取法定盈余公积和任意盈余公积。公司发行股票份额为 1 800 000 股。假定税法允许调整应交所得税。假定 2015 年用该设备生产的产品均已完工并全部对外销售。

（1）分析前期差错的影响数。

2015 年少计折旧费用 150 000 元；多计所得税费用 37 500 元（150 000×25%）；多计净利润 112 500 元；多计应交税费 37 500 元（150 000×25%）；多提法定盈余公积和任意盈余公积 11 250 元（112 500×10%）和 5 625 元（112 500×5%）。

（2）编制有关项目的调整分录。

①补提折旧：

借：以前年度损益调整　　　　　　　　　　　　　　　　150 000
　　贷：累计折旧　　　　　　　　　　　　　　　　　　　　150 000

②调整应交所得税：

借：应交税费——应交所得税　　　　　　　　　　　　　37 500
　　贷：以前年度损益调整　　　　　　　　　　　　　　　　37 500

③将"以前年度损益调整"科目余额转入利润分配：

借：利润分配——未分配利润　　　　　　　　　　　　　112 500
　　贷：以前年度损益调整　　　　　　　　　　　　　　　　112 500

④调整利润分配有关数字：

借：盈余公积　　　　　　　　　　　　　　　　　　　　16 875
　　贷：利润分配——未分配利润　　　　　　　　　　　　　16 875

（3）财务报表调整和重述（财务报表略）。

B 公司在列报 2016 年财务报表时，应调整 2016 年资产负债表有关项目的年初余额，利润表有关项目及所有者权益变动表的上年金额也应进行调整。

①资产负债表项目的调整：

调减固定资产 150 000 元；调减应交税费 37 500 元；调减盈余公积 16 875 元；调减未分配利润 95 625 元。

②利润表项目的调整：

调增营业成本上年金额 150 000 元；调减所得税费用上年金额 37 500 元；调减净利润上年金额 112 500 元；调减基本每股收益上年金额 0.0625 元（112 500÷10 000÷180）。

③所有者权益变动表项目的调整：

调减前期差错更正项目中盈余公积上年金额 16 875 元，未分配利润上年金额 95 625 元，所有者权益合计上年金额 112 500 元。

第二十四章 会计政策、会计估计及其变更和差错更正

考点收纳盒

表24-8 会计政策变更、会计估计变更与差错更正的适用方法

事项	情形	会计处理方法
会计政策变更	①国家有规定的，按国家有关规定执行	追溯调整法/未来适用法
	②能追溯调整的，采用追溯调整法处理（追溯到可追溯的最早期期初）	追溯调整法
	③不能追溯调整的，采用未来适用法处理（当期期初确定会计政策变更对以前各期累计影响数不切实可行）	未来适用法
会计估计变更	所有情形	未来适用法
差错更正	①不重要的前期差错	未来适用法
	②能追溯调整的，采用追溯调整法处理	追溯重述法
	③不能追溯调整的，采用未来适用法处理	未来适用法

提示：（1）**不重要的**交易或者事项采用新的会计政策，不属于会计政策变更。如：低值易耗品由一次摊销法变更为五五摊销法。
（2）对于年度资产负债表日至财务报告批准报出日之间发现的报告年度的**会计差错及报告年度前不重要的前期差错**，应按照《企业会计准则第29号——资产负债表日后事项》的规定进行处理。（即报表未对外报出的，**重要以及不重要的资产负债表日后事项＋发现报告前期的不重要事项**，全部作为**资产负债表日后调整事项**处理，直接**调报告期的数**）

表24-9 追溯调整法与追溯重述法的处理比较

项目	追溯调整法	追溯重述法
适用情形	会计政策变更	前期差错更正
涉及损益事项记入科目	利润分配——未分配利润	以前年度损益调整
所得税因素影响	当期所得税费用× 递延所得税费用√	当期所得税费用√ 递延所得税费用√

提示：（1）判断对当期所得税费用的影响，关键看该调整是否会影响应纳税所得额的计算。
（2）判断对递延所得税费用的影响，关键看该调整是否属于形成暂时性差异并确认递延所得税资产或负债的情形

**恭喜你，
已完成第二十四章的学习**

扫码免费进 >>>
2022年CPA带学群

牛羊才成群结队，猛兽都是独来独往。顶级的斗士从来不在意身边人内卷与否，他们只在意更远的星空。

第二十五章 资产负债表日后事项

CHAPTER TWENTY-FIVE

考情雷达

本章属于不太重要章节,主要以**客观题**的形式考查资产负债表日后调整事项和非调整事项的区别,同时在**主观题**中可能结合或有事项、资产减值、销售退回、所得税和前期差错更正等内容考查相应账务处理。本章分值在2~4分。

2022年本章内容**无变化**。

考点地图

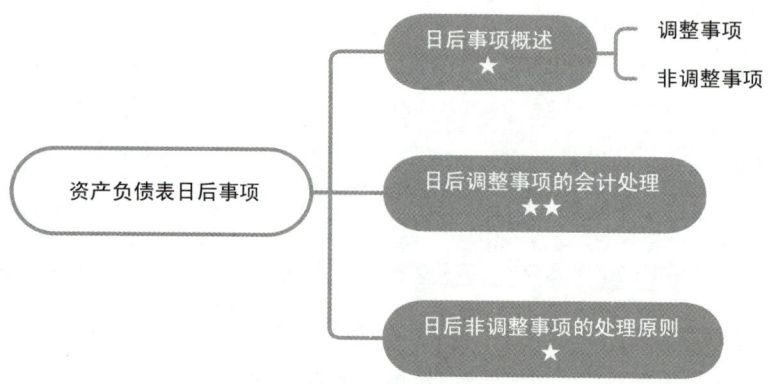

考点1 资产负债表日后事项概述(★)

(一)资产负债表日后事项概述

表25-1

定义	资产负债表日后事项,是指**资产负债表日**至**财务报告批准报出日**之间发生的有利或不利事项		
概念解析	资产负债日	含义	指会计年度末和会计中期期末
		分类	年度资产负债表日	指每年的12月31日
			中期资产负债表日	指各会计中期期末
	财务报告批准报出日	指董事会或类似机构批准财务报告报出的日期	
	有利或不利事项	"有利或不利事项",是指资产负债表日后对企业财务状况和经营成果具有一定影响(**既包括有利影响也包括不利影响**)的事项	
	资产负债表日后事项涵盖的期间	自资产负债表日次日起至财务报告批准报出日止的一段时间	

(二)资产负债表日后事项的内容

资产负债表日后事项包括资产负债表日后调整事项和资产负债表日后非调整事项。

第二十五章 资产负债表日后事项

1. 调整事项

表 25-2

定义	指对资产负债表日已经存在的情况提供了新的或进一步证据的事项（**与过去有关**）
特征	①该事项在资产负债表日或以前已经存在，资产负债表日后得以证实； ②对按资产负债表日存在状况编制的财务报表产生重大影响
内容	①资产负债表日后诉讼案件结案，法院判决证实了企业在资产负债表日已经存在现时义务，需要调整原先确认的与该诉讼案件相关的预计负债，或确认一项新负债； ②资产负债表日后取得确凿证据，表明某项资产在资产负债表日发生了减值或者需要调整该项资产原先确认的减值金额； ③资产负债表日后进一步确定了资产负债表日前购入资产的成本或售出资产的收入； ④资产负债表日后发现了财务报表舞弊或差错

2. 非调整事项

表 25-3

定义	指表明资产负债表日后发生的情况的事项（**与上期无关的大事**）
特征	①该事项在资产负债表日并未发生或存在，完全是期后发生的事项； ②不影响资产负债表日的财务报表数字，但影响资产负债表日后的财务状况和经营成果，会影响**报表使用者**的决策
内容	①资产负债表日后发生重大诉讼、仲裁、承诺； ②资产负债表日后资产价格、税收政策、外汇汇率发生重大变化； ③资产负债表日后因自然灾害导致资产发生重大损失； ④资产负债表日后发行股票和债券以及其他巨额举债； ⑤资产负债表日后资本公积转增资本； ⑥资产负债表日后发生巨额亏损； ⑦资产负债表日后发生企业合并或处置子公司； ⑧资产负债表日后，企业利润分配方案中拟分配的以及经审议批准宣告发放的股利或利润

▶ 考点收纳盒

判断是否是资产负债表日后事项见表 25-4。

表 25-4

资产负债表日后涵盖期间	调整事项	资产负债表日必须存在	调整资产负债表日已经编制的财务报表（调本期）
	非调整事项	重要非调整事项	不调整应披露
		不重要非调整事项	不调整不披露

提示：（1）资产负债表日后涵盖期间为自资产负债表日次日起至**财务报告批准报出日**（最后一个）止，**跟实际报表报出日没有关系**。
（2）如果过了财务报表批准报出日，再发生这种调整事项是不能调整的，直接作为"新的事项"，**反映到当年的会计报表就行**。

【例题 25-1·多选题·2017 年】甲公司 2016 年财务报表于 2017 年 4 月 10 日批准对外报出，下列各项关于甲公司 2017 年发生的交易或事项中，属于 2016 年资产负债表日后调整事项的有（　　）。

A. 2 月 10 日，甲公司董事会通过决议，将投资性房地产的后续计量由成本模式变更为公允价值模式

B. 3 月 2 日，发现 2015 年度存在一项重大会计差错，该差错影响 2015 年利润表及资产负债表有关项目

C. 3 月 10 日，2016 年底的一项未决诉讼结案，法院判甲公司胜诉并获赔偿 1 800 万元，但甲公司无法判断对方的财务状况和支付能力

D. 4 月 3 日，收到 2016 年 11 月销售的一批已确认销售收入的商品发生 15% 的退货，按照购销合同约定，甲公司应当返还客户与该部分商品相关的货款

【答案】BD

【解析】选项 A 该事项发生在资产负债表日后，且在资产负债表日以前并不存在，故属于非调整事项。

选项 B，该事项发生在资产负债表日前，只是在资产负债表日后才发现，故属于调整事项。

选项 C，该事项发生在资产负债表日前，但因无法判断对方财务状况和支付能力，故不能确认该笔赔偿为营业外收入，故不影响资产负债表，该事项属于非调整事项。

选项 D，退货发生在资产负债表日后，但由于该笔退货在资产负债表日前销售的时候就已经确认了退货率，故属于资产负债表日以前就存在，只是现在进一步确认了，故属于调整事项。

【例题 25-2·单选题·2019 年】2018 年 12 月 31 日，甲公司应收乙公司货款 1 000 万元，由于该应收款项尚在信用期内，甲公司按照 5% 的预期信用损失率计提坏账准备 50 万元。甲公司 2018 年度财务报表于 2019 年 3 月 15 日经董事会批准对外报出。下列各项中，属于资产负债表日后调整事项的是（　　）。

A. 乙公司于 2019 年 1 月 10 日宣告破产，甲公司应收乙公司货款很可能无法收回

B. 乙公司于 2019 年 2 月 24 日发生火灾，甲公司应收乙公司货款很可能无法收回

C. 乙公司于 2019 年 3 月 5 日被另一公司吸收合并，甲公司应收乙公司货款可以全部收回

D. 乙公司于 2019 年 3 月 10 日发生安全生产事故，被相关监管部门责令停业，甲公司应收乙公司货款很可能无法收回

【答案】A

【解析】资产负债表日后调整事项是指对资产负债表日已经存在的情况提供了新的或进一步证据的事项。乙宣告破产，也就是为已经计提的坏账准备提供进一步的证据，选项 A 正确。选项 BCD 为资产负债表日后才发生的新的情况，且上一年度并不存在，所以不进行调整。

【例题25-3·多选题·2018年】下列各项中,属于资产负债表日后调整事项的有( )。
A. 资产负债表日后事项期间发生重大火灾损失
B. 报告年度已售商品在资产负债表日后事项期间发生退回
C. 资产负债表日后事项期间发现报告年度不重要的会计差错
D. 报告年度按照暂估价值入账的固定资产在资产负债表日后事项期间办理完成竣工决算手续

【答案】BCD

【解析】资产负债表日后调整事项,是指对资产负债表日已经存在的情况提供了新的或进一步证据的事项。

选项A,火灾的发生不影响资产负债表日企业的财务报表数字,只说明资产负债表日后发生了某些情况,属于资产负债表日后非调整事项。

考点2 资产负债表日后调整事项的会计处理（★★）

表25-5

原则	资产负债表日后发生的调整事项,应当如同资产负债表所属期间发生的事项一样,做出相关账务处理,并对资产负债表日已经编制的财务报表进行调整			
会计处理步骤	（1）税前调整	①涉及损益的项目通过"以前年度损益调整"科目核算; ②涉及利润分配的项目直接在"利润分配"科目核算; ③不涉及损益和利润分配的项目,调整相关科目		
	（2）所得税调整	当期所得税	汇算清缴前	调整**报告年度**的应交所得税
			汇算清缴后	调整**本年度**的应交所得税
		递延所得税	根据具体情况来判断确认或者转回递延所得税	
	（3）留存收益	将"以前年度损益调整"科目余额转入"利润分配——未分配利润"科目,相应的调整"盈余公积"科目		
	（4）报表项目调整	①调整报告年度财务报表项目的期末数或本年发生数; ②调整本年度财务报表项目的期初数或上年发生数; ③上述调整涉及报表附注内容的,还应当做出相应调整; ④凡涉及货币资金的均属当期,不调整报告年度报表项目		

彬哥解读

调整财务报表时,不包括现金流量表和资产负债表"货币资金"项目。

因为,这两者均采用收付实现制原则编制,如果后续进行调整违背收付实现制。

【例题25-4·主观题·教材】甲公司与乙公司发生诉讼,2009年12月31日人民法院尚未判决,甲公司根据或有事项计提预计负债600万元。2010年2月8日,经人民法院判决甲公司应赔偿乙公司800万元，甲、乙双方均服从判决。判决当日，甲公司向乙公司支付赔偿款800万元。

甲、乙两公司2009年所得税汇算清缴均在2010年3月10日完成（假定该项预计负债产生的损失不允许在预计时税前抵扣，只有在损失实际发生时，才允许税前抵扣）。

假定：财务报告批准报出日是次年3月31日，所得税税率为25%，按净利润的10%提取法定盈余公积，提取法定盈余公积后不再作其他分配；调整事项按税法规定均可调整应缴纳的所得税；涉及递延所得税资产的，均假定未来期间很可能取得用来抵扣暂时性差异的应纳税所得额；不考虑报表附注中有关现金流量表项目的数字。

要求：写出2009年12月31日和资产负债表日后期间甲公司的账务处理。

提示：编制调整会计分录的通用方法。

基本原理：原有分录+调整分录=正确分录，即：调整分录=正确分录-原有分录

那么，最稳妥的办法，是把正确的分录写出来，然后减去原有的分录（即调反借贷方向），经过整理后剩下的分录就是要编写的调整分录。当然，涉及损益科目要通过"以前年度损益调整"科目。

这个方法适用于会计政策变更、差错更正、资产负债表日后事项、合并报表调整抵销分录等。

原分录	正确分录	调整分录（正确分录-原分录）
借：营业外支出 600 　贷：预计负债 600	借：营业外支出 800 　贷：其他应付款 800	借：以前年度损益调整 200 　　预计负债 600 　贷：其他应付款 800
计算应纳税所得额时，不允许税前扣除	计算应纳税所得额时，允许税前扣除800元	借：应交税费——应交所得税 200 　贷：以前年度损益调整 200

【提示】很多人对调整当期应交所得税不理解，容易和所得税纳税调增、调减弄混淆。

假设调整前的会计利润为X万元，由于计提预计负债600万元不允许税前扣除，则调整前应纳税所得额=X+600（万元）。

因为调整后营业外支出多计提200万元，现在的会计利润=X-200（万元），而且支付的赔偿支出800万元允许税前扣除，则调整后应纳税所得额=会计利润=X-200（万元）。

因此，调整后应纳税所得额比调整前应纳税所得额减少了800万元，会导致应交所得税减少200万元（800×25%）。

原分录	正确分录	调整分录（正确分录-原分录）
考虑递延所得税影响： 借：递延所得税资产 150 　贷：所得税费用 150	不存在暂时性差异	借：以前年度损益调整 150 　贷：递延所得税资产 150

续表

原分录	正确分录	调整分录（正确分录－原分录）
调整留存收益		借：利润分配——未分配利润　135 　　盈余公积　　　　　　　　　15 　　贷：以前年度损益调整　　　　　150

因此，甲公司在资产负债表日后期间的账务处理如下：

（1）记录支付的赔偿款。

借：以前年度损益调整——营业外支出　　　　　　　　　　　200
　　预计负债　　　　　　　　　　　　　　　　　　　　　　600
　　贷：其他应付款——乙公司　　　　　　　　　　　　　　　　800
借：其他应付款——乙公司　　　　　　　　　　　　　　　　800
　　贷：银行存款　　　　　　　　　　　　　　　　　　　　　　800

（此分录作为 2010 年的会计事项处理）

（2）调整递延所得税资产。

借：以前年度损益调整——所得税费用　　　　（600×25%）150
　　贷：递延所得税资产　　　　　　　　　　　　　　　　　150

（3）调整应交所得税。

借：应交税费——应交所得税　　　　　　　　（800×25%）200
　　贷：以前年度损益调整——所得税费用　　　　　　　　　200

（4）将"以前年度损益调整"科目余额转入未分配利润、盈余公积。

借：利润分配——未分配利润　　　　　　　　　　　　　135
　　盈余公积　　　　　　　　　　　　　　　　　　　　15
　　贷：以前年度损益调整　　　　　　　　　　　　　　　150

【例题 25-5·主观题·教材】甲公司于 2018 年 8 月销售给乙公司一批产品，货款为 100 万元（含增值税），乙公司于 9 月份收到货，按销售合同规定，乙公司应于收到所购物资后 2 个月内付款。但由于乙公司财务状况不佳，到 2018 年 12 月 31 日仍未付款，甲公司针对该应收账款计提了 40 万元的坏账准备。甲公司于 2019 年 3 月 12 日收到乙公司通知，乙公司已宣告破产清算，无力偿还所欠部分货款，甲公司预计可收回应收账款的 20%。假定 2018 年 A 公司会计利润为 960 万元。

要求：写出 2018 年 12 月 31 日和资产负债表日后期间甲公司的账务处理。

【BT 解析】该事项属于资产负债表日后调整事项，具体账务处理如下表：

2018 年 12 月 31 日甲公司会计处理	2019 年 3 月 12 日甲公司会计处理
（1）确认应收账款减值： 　借：信用减值损失　　　　　　　40 　　贷：坏账准备　　　　　　　　　　40 （2）确认应交税费： 　借：所得税费用　　　　　　　250 　　贷：应交税费——应交所得税　　250 （3）确认递延所得税资产： 　借：递延所得税资产　　　　　10 　　贷：所得税费用　　　　　　　　10	（1）补提坏账准备（100×80%－40）： 　借：以前年度损益调整　　　　　40 　　贷：坏账准备　　　　　　　　　　40 （2）调增递延所得税资产： 　借：递延所得税资产　　　　　10 　　贷：以前年度损益调整　　　　　10 （3）将以前年度损益调整余额转入留存收益： 　借：利润分配——未分配利润　　27 　　　盈余公积　　　　　　　　　3 　　贷：以前年度损益调整　　　　　30

【例题 25－6·主观题·教材】甲公司 2019 年 11 月 8 日销售一批商品给乙公司，取得收入 120 万元（不含税，增值税税率 13%）。甲公司发出商品后，按照正常情况已确认收入，并结转成本 100 万元。2019 年 12 月 31 日，该笔货款尚未收到，甲公司未对应收账款计提坏账准备。2020 年 1 月 12 日，由于产品质量问题，本批货物被退回。甲公司于 2020 年 2 月 28 日完成 2019 年所得税汇算清缴。

要求：写出 2019 年 12 月 31 日与 2020 年 1 月 12 日甲公司的账务处理。

【BT 解析】该事项属于资产负债表日后调整事项，账务处理如下表：

2019 年 12 月 31 日甲公司会计处理	2020 年 1 月 12 日甲公司会计处理
（1）确认收入： 　借：应收账款　　　　　　　135.6 　　贷：主营业务收入　　　　　　120 　　　　应交税费——应交增值税（销项税额） 　　　　　　　　　　　　　　　15.6 （2）结转成本： 　借：主营业务成本　　　　　　100 　　贷：库存商品　　　　　　　　　100	（1）调整确认收入： 　借：以前年度损益调整　　　　120 　　　应交税费——应交增值税（销项税额）15.6 　　贷：应收账款　　　　　　　　　135.6 （2）调整结转成本： 　借：库存商品　　　　　　　　100 　　贷：以前年度损益调整　　　　　100 （3）调整应缴纳的所得税： 　借：应交税费——应交所得税　　5 　　贷：以前年度损益调整　　　　　5 （4）将以前年度损益调整余额转入留存收益： 　借：利润分配——未分配利润　13.5 　　　盈余公积　　　　　　　　1.5 　　贷：以前年度损益调整　　　　　15

考点 3　资产负债表日后非调整事项的处理原则（★）

资产负债表日后非调整事项，是表明资产负债表日后发生的情况的事项，与资产负债表日存在状况无关，不应调整资产负债表日的财务报表。

但有的非调整事项重大，对财务报告使用者具有重大影响，如不加以说明将会影响财务报告使用者做出正确估计和决策，因此，按准则规定应适当披露。

【例题 25-7·单选题】 甲公司 2018 年 12 月 31 日应收乙公司账款 2 000 万元,按照当时估计已计提坏账准备 200 万元。2019 年 2 月 20 日,甲公司获悉乙公司于 2019 年 2 月 18 日向法院申请破产。甲公司估计应收乙公司账款全部无法收回。甲公司按照净利润的 10% 提取法定盈余公积,2018 年度财务报表于 2019 年 4 月 20 日经董事会批准对外报出。不考虑其他因素。甲公司因该资产负债表日后事项减少 2018 年 12 月 31 日未分配利润的金额是(　　)万元。

A. 180　　　　　B. 1 620　　　　　C. 1 800　　　　　D. 2 000

【答案】 B

【解析】 甲公司因该事项减少的 2018 年度未分配利润金额 =(2 000 - 200)×(1 - 10%)= 1 620(万元)。

【总结】 会计调整事项影响未分配利润金额的计算公式:

影响未分配利润金额 = 税前损益差异 ×(1 - 25%)×(1 - 10%)

恭喜你,
已完成第二十五章的学习

扫码免费进 >>>
2022年CPA带学群

想到与得到之间,隔着一个"做到"的距离。没有行动,所谓梦想,不过就是空想。只有行动,才是给平庸生活最好的回击。

CHAPTER TWENTY-SIX

第二十六章 企业合并

考情雷达

本章属于非重点章节，介绍了合并财务报表相关内容，主要涉及企业合并的概念、企业合并的方式及分类、企业合并涉及的或有对价和反向购买的会计处理，在考试中主要以主观题或客观题的形式考查企业合并中涉及的或有对价的会计处理。

本章中的反向购买会计处理仅于2016年综合题中考查（当年教材对该知识点的教材例题进行修订）其实质属于低频难点，建议考生在备考的第一轮中战略"放弃"，但考前冲刺时务必应掌握其会计处理中的核心分录。

2022年本章内容无变化。

考点地图

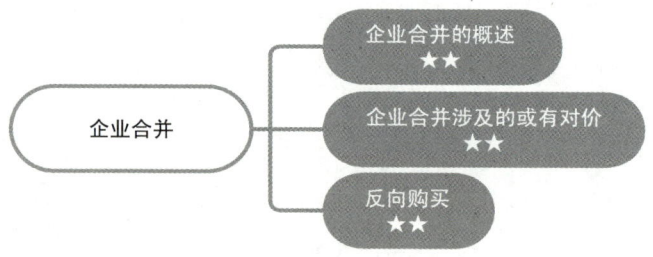

考点1 企业合并的概述（★★）

企业合并的概述见表26-1。

表26-1

定义	企业合并是将两个或两个以上单独的企业（主体）合并形成一个报告主体的交易或事项
条件	①被购买方需构成业务； ②交易结果需取得一个或多个业务的控制权。 ☞如果一个企业取得了对另一个或多个企业的控制权，而被购买方（或被合并方）并不构成业务，则该交易或事项不形成企业合并
方式	**控股合并**：合并方通过获得被合并方**股权**并主导其生产经营决策并从中获益，被合并方在企业合并后仍维持独立法人地位 A ↘ ↙ B → A+B A公司与B公司属于母子公司关系，二者是一个集团 **吸收合并**：合并方通过获得被合并方的**全部净资产**并将其资产、负债并入自身的报表进行核算，被合并方在企业合并后法人地位被注销 A ↘ ↙ B → A B公司注销 **新设合并**：参与合并各方在合并后法人资格均被注销，重新注册一家新企业持有参与合并各方的资产和负债，在新的基础上经营 A ↘ ↙ B → C A公司和B公司注销

第二十六章 企业合并

续表

类型划分		
	同一控制下企业合并	指参与合并的企业在合并前后均受同一方或相同的多方最终控制且该控制并非暂时性的
	非同一控制下企业合并	指参与合并的企业在合并前后不受同一方或相同的多方最终控制且该控制并非暂时性的

考点2 企业合并涉及的或有对价（★★）

表26-2

定义	某些情况下，合并各方可能在合并协议中约定，根据未来一项或多项或有事项的发生，合并方（**购买方**）通过发行额外证券、支付额外现金或其他资产等方式追加合并对价，或者要求返还之前已经支付的对价，这将导致产生企业合并的或有对价问题
同一控制下企业合并涉及的或有对价	（1）同一控制下企业合并方式形成的长期股权投资，初始投资时，应按照《企业会计准则第13号——或有事项》的规定，**判断是否**应就**或有对价**确认**预计负债**或者确认资产（**其他应收款**），以及应**确认的金额**； （2）**确认预计负债或资产的**，该预计负债或资产金额与**后续或有对价结算金额**的差额不影响**当期损益**，而应当调整资本公积（**资本溢价或股本溢价**），资本公积（资本溢价或股本溢价）**不足冲减**的，调整**留存收益**。 【彬哥解读】同一控制下企业合并的初始投资成本＝享有被合并方可辨认净资产在最终控制方合并报表账面价值份额＋商誉（最终控制方外购被合并方形成的），与支付对价账面价值的差额，计入资本公积（资本溢价或股本溢价）。因此，或有对价满足确认条件的，并不影响初始投资成本和当期损益。
非同一控制下的企业合并涉及的或有对价	（1）基本规定：在购买日或有对价的处理。 购买方应当将合并协议约定的或有对价作为企业合并转移对价的一部分，按照其在购买日的公允价值计入企业合并成本。 ①或有对价符合权益工具和金融负债定义的，购买方应当将支付或有对价的义务确认为一项权益或负债（**其他权益工具、交易性金融负债**）。 ②符合资产定义并满足资产确认条件的，购买方应当将符合合并协议约定条件的、可收回的部分已支付合并对价的权利确认为一项资产（**交易性金融资产**）。 （2）特殊规定：**在**购买日后或有对价的处理。 ①购买日后12个月内出现对购买日已存在情况新的或进一步证据需要调整或有对价的，应予以确认并调整合并成本和商誉（如在购买日公允价值**暂时不能确定**，但在**12个月内**确定）。 ②其他情况发生的或有对价变化或调整，不对企业合并成本进行调整（如基于**盈利情况**作出的承诺）
BT提醒	（1）无论是购买日后12月内还是其他时点，如果是由于出现新的情况导致对原估计或有对价进行调整的，则不能再对企业合并成本进行调整： ①相关或有对价属于金融工具的，应以公允价值计量，公允价值变动计入当期损益； ②相关或有对价为权益性质的，不进行会计处理； （2）或有对价为资产的，不得指定为以公允价值计量且其变动计入其他综合收益的金融资产

【例题26-1·主观题·教材】A上市公司2009年1月2日以现金3亿元自B公司购买其持有的C公司100%股权，并于当日向C公司董事会派出成员，主导其财务和生产经营决策。股权转让协议约定，B公司就C公司在收购完成后的经营业绩向A公司做出承诺；C公司2009年、2010年、2011年度经审计扣除非经常性损益后归属于母公司股东的净利润分别不低于2 000万元、3 000万元和4 000万元。如果C公司未达到承诺业绩，B公司将在

C公司每一相应年度的审计报告出具后30日内，按C公司实际实现的净利润与承诺利润的差额，以现金方式对A公司进行补偿。购买日，A公司根据C公司所处市场状况及行业竞争力等情况判断，预计C公司能够完成承诺期利润。2009年，C公司实现净利润2 200万元（完成）。2010年，由于整体宏观经济形势变化，C公司实现净利润2 400万元（未完成，差额600万元），且预期2011年该趋势将持续，预计能够实现净利润约2 600万元（未完成，差额1 400万元）。

其他资料：A上市公司与B上市公司在交易前不存在关联关系，该项企业合并应为非同一控制下企业合并。

要求：写出购买日、2009年末、2010年末的账务处理。

【解析】

①本案例中购买日为2009年1月2日，当日A上市公司支付了有关价款3亿元，同时估计C公司能够实现承诺利润，或有对价估计为0。A上市公司应当确认对C公司长期股权投资成本为3亿元。

借：长期股权投资　　　　　　　　　　　　　　　　　30 000
　　贷：银行存款　　　　　　　　　　　　　　　　　　　30 000

②2009年C公司实现了预期利润，A上市公司无需进行会计处理。

③2010年C公司未实现预期利润，且预计2011年也无法实现，则A上市公司需要估计该或有对价的公允价值并予以确认。因该预期利润未实现的情况是在购买日后新发生的，在购买日后超过12个月且不属于对购买日已存在状况的进一步证据，应于资产负债表日将该或有对价公允价值的变动计入当期损益。B公司对有关利润差额的补偿将以现金支付，该或有对价属于金融工具，应当按照金融工具的原则进行处理。2010年末A上市公司估计该或有对价的公允价值为2 000万元，并进行如下会计处理：

借：交易性金融资产　　　　　　　　　　（1 400+600）2 000
　　贷：公允价值变动损益　　　　　　　　　　　　　　　2 000

注：本例中有关或有对价的公允价值调整在个别财务报表中不作为对长期股权投资成本的调整，相应地，在合并财务报表中，亦不能调整购买日原已确认商誉金额。但由于C公司未实现预期利润，可能表明购买日原已确认商誉已发生减值，A上市公司应当对商誉进行减值测试。

【拓展】

①2011年5月1日，B公司向甲公司支付未完成业绩的补偿款600万元：

借：银行存款　　　　　　　　　　　　　　　　　　　　600
　　贷：交易性金融资产　　　　　　　　　　　　　　　　　600

②2011年C公司实现净利润3 000万元，甲公司当年末会计处理如下：

借：公允价值变动损益　　　　　　　　　　　　　　　　400
　　贷：交易性金融资产　　　　　　　　　　　　　　　　　400

考点3　反向购买（★★）

（一）反向购买概述

表26-3

定义	非同一控制下的企业合并，以发行权益性证券交换股权的方式进行的，通常发行权益性证券的一方为购买方。但某些企业合并中，发行权益性证券的一方因其生产经营决策在合并后被参与合并的另一方所控制，发行权益性证券的一方虽然为法律上的母公司，但其为会计上的被购买方，该类企业合并通常称为"反向购买"
BT举例	A公司为一家规模较小的上市公司，B公司为一家规模较大的公司。B公司拟通过收购A公司的方式达到上市目的，但该交易通过A公司向B公司原股东（甲公司）发行普通股用以交换B公司原股东持有的对B公司股权方式实现（A公司支付自身股权换取甲公司持有的B公司股权）。该项交易后，B公司原股东（甲公司）持有A公司50%以上股权，A公司持有B公司50%以上股权，A公司为法律上的母公司、B公司为法律上的子公司，从会计角度，A公司为被购买方，B公司为购买方

（二）反向购买会计处理

表26-4

合并成本	计算主体	反向购买中，法律上的子公司（B公司，会计上的母公司）需要计算企业合并成本，而法律上的母公司（A公司）无需计算合并成本
	金额	指法律上的子公司若以发行权益性证券的方式为获取在合并后报告主体的股权比例，应向法律上母公司（A公司）的股东发行权益性证券数量与权益性证券的公允价值计算的结果。 ①假定B公司发行本公司普通股在合并后主体享有的股权比例； ②B公司原股东在A公司发行普通股后占有的A公司股权比例。 ☞为使①和②相同，B公司应发行的本公司普通股数量，再乘以B公司普通股的每股公允价值，便得到B公司的合并成本
	公式	合并成本=（会计上购买方原普通股股数/购买方原股东在合并后报告主体占的股权比例-会计上购买方原普通股股数）×购买方每股股票的公允价值
合并报表	编制主体	表面上法律上的母公司（A公司）编制，但实际上站在会计上的母公司（B公司）角度来编制的
	遵循原则	①合并财务报表中，法律上子公司即会计上的母公司的资产、负债应以其合并前的账面价值进行确认和计量（即会计上的子公司的资产、负债应以其公允价值进行确认和计量）。 ②合并财务报表中的留存收益和其他权益余额应当反映的是法律上子公司（会计上的母公司）在合并前的留存收益和其他权益余额。 ③合并财务报表中的权益性工具的金额应当反映法律上子公司（会计上的母公司）合并前发行在外的股份面值以及假定在确定该项企业合并成本过程中新发行的权益性工具的金额。但是在合并财务报表中的权益结构应当反映法律上母公司的权益结构，即法律上母公司发行在外权益性证券的数量及种类。 ④企业合并成本大于合并中取得的法律上母公司（会计上子公司）可辨认资产公允价值的份额体现为商誉，小于合并中取得的法律上母公司（被购买方）可辨认净资产公允价值的份额确认为合并当期损益。 ⑤合并财务报表的比较信息应当是法律上子公司的比较信息（即法律上子公司的前期合并财务报表）。 ⑥法律上子公司（会计上的母公司）的有关股东在合并过程中未将其持有的股份转换为对法律上母公司（会计上的子公司）股份，该部分股东享有的权益份额在合并财务报表中应作为少数股东权益列示

续表

合并报表	遵循原则	☞因法律上子公司的部分股东未将其持有的股份转换为法律上母公司的股权，其享有的权益份额仅仅限于对法律上子公司的部分，该部分少数股东权益反映的是少数股东按持股比例计算享有法律上子公司合并前净资产账面价值的份额
	BT提醒	①对于法律上母公司的所有股东，虽然该项合并中其被认为被购买方，但其享有合并形成报告主体的净资产及损益，不应作为少数股东权益列示。 ②上述反向购买的会计处理原则仅适用于合并财务报表的编制。法律上母公司在该项合并中形成的对法律上子公司长期股权投资成本的确定，应当遵从《企业会计准则第2号——长期股权投资》的相关规定
每股收益		①发生反向购买当期，用于计算每股收益的发行在外普通股加权平均数为： ☞自当期期初至购买日，发行在外的普通股数量应假定为在该项合并中法律上母公司向法律上子公司股东发行的普通股数量。 ☞自购买日至期末发行在外的普通股数量为法律上母公司实际发行在外普通股股数。 ②反向购买后对外提供比较合并财务报表的，其比较前期合并财务报表中的基本每股收益，应以法律上子公司在每一比较报表期间归属于普通股股东的净损益除以在反向购买中法律上母公司向法律上子公司股东发行的普通股股数计算确定（把购买方股数换成被购买方的）

【例题26-2·主观题·教材】A上市公司于2017年9月30日通过定向增发本企业普通股对B企业进行合并，取得B企业100%股权。假定不考虑所得税影响。有关资料如下：

（1）2017年9月30日，A公司通过定向增发本企业普通股，以2股换1股的比例自B企业原股东处取得了B企业全部股权。A公司共发行了1 800万股普通股以取得B企业全部900万股普通股。

（2）A公司普通股在2017年9月30日的公允价值为20元，B企业每股普通股当日的公允价值为40元。A公司、B企业每股普通股的面值为1元。

（3）2017年9月30日，A公司除非流动资产公允价值较账面价值高4 500万元以外，其他资产、负债项目的公允价值与其账面价值相同。

（4）本次合并前A公司发行在外普通股1 500万股，B公司发行在外普通股900万股。

（5）假定A公司与B企业在合并前不存在任何关联方关系。

要求：判断本次合并的购买方与被购买方以及合并成本。

【解析】

①对于该项企业合并，虽然在合并中发行权益性证券的一方为A公司，但因其生产经营决策的控制权在合并后由B企业原股东控制，B企业为购买方，A公司为被购买方。

②A公司在该项合并中向B企业原股东增发了1 800万股普通股，合并后B企业原股东持有A公司的股权比例为54.55%（1 800÷3 300），如果假定B企业发行本企业普通股在合并后主体享有同样的股权比例，则B企业应当发行的普通股股数为750万股（900÷54.55%－900），其公允价值为30 000万元，企业合并成本为30 000万元。

【拓展】

（1）本例中假定B企业2016年实现合并净利润1 800万元，2017年A公司与B企业形成的主体实现合并净利润为3 450万元，自2016年1月1日至2017年9月30日，B企业发行在外的普通股股数未发生变化。要求：计算每股收益。

①A 公司 2017 年基本每股收益 = 3 450 ÷（1 800 × 9 ÷ 12 + 3 300 × 3 ÷ 12）= 1.59（元/股）。

②提供比较报表的情况下，比较报表中的每股收益应进行调整，A 公司 2016 年的基本每股收益 = 1 800 ÷ 1 800 = 1（元/股）。

（2）本例中，B 企业的全部股东中假定只有其中的 90% 以原持有的对 B 企业股权换取了 A 公司增发的普通股。A 公司应发行的普通股股数为 1 620 万股（900 × 90% × 2）。企业合并后，B 企业的股东拥有合并后报告主体的股权比例为 51.92%（1 620 ÷ 3 120）。通过假定 B 企业向 A 公司发行本企业普通股在合并后主体享有同样的股权比例，在计算 B 企业须发行的普通股数量时不考虑少数股权的因素，故 B 企业应当发行的普通股股数为 750 万股（900 × 90% ÷ 51.92% − 900 × 90%），B 企业在该项合并中的企业合并成本为 30 000 万元（750 × 40），B 企业未参与股权交换的股东拥有 B 企业的股份为 10%，享有 B 企业合并前净资产的份额为 6 000 万元（60 000 × 10%），在合并财务报表中应作为少数股东权益列示。

恭喜你，
已完成第二十六章的学习

扫码免费进 >>>
2022年CPA带学群

不期待突如其来的好运，只愿付出的努力终有回报，愿每个认真努力的现在，会有一个水到渠成的未来。

CHAPTER TWENTY-SEVEN

第二十七章 合并财务报表

考情雷达

本章属于超重点章节，包括合并财务报表（以下简称合并报表）的编制范围、合并财务报表的编制以及调整抵销分录的编写。主要以主观题形式考查合并财务报表编制过程中各类调整分录、抵销分录和特殊交易在合并报表中的处理，偶尔在客观题中考查合并财务报表编制的基本原则和流程。

本章属于全书最重要也是最难的一章，相应内容不仅是第六章长期股权投资和第二十六章企业合并的延伸，同时还涉及存货、固定资产和金融资产等多个章节的基础性内容，综合性极强。因此，在学习本章前请各位考生务必复习下长期股权投资和股权类金融资产相关的会计处理。

第一遍学不懂很正常，大家千万不要气馁！前期务必不断思考和钻研本章内容，拿下长投合并的会计处理，但实在无法理解的考生在考前千万不要放弃，务必应试记忆相应的调整抵销分录！特殊交易在合并报表的会计处理本质上属于低频难点，建议考生在备考的第一轮中战略"放弃"，但考前冲刺时务必应试掌握其会计处理中的核心分录！

2022年本章内容**无实质性变化**。

考点地图

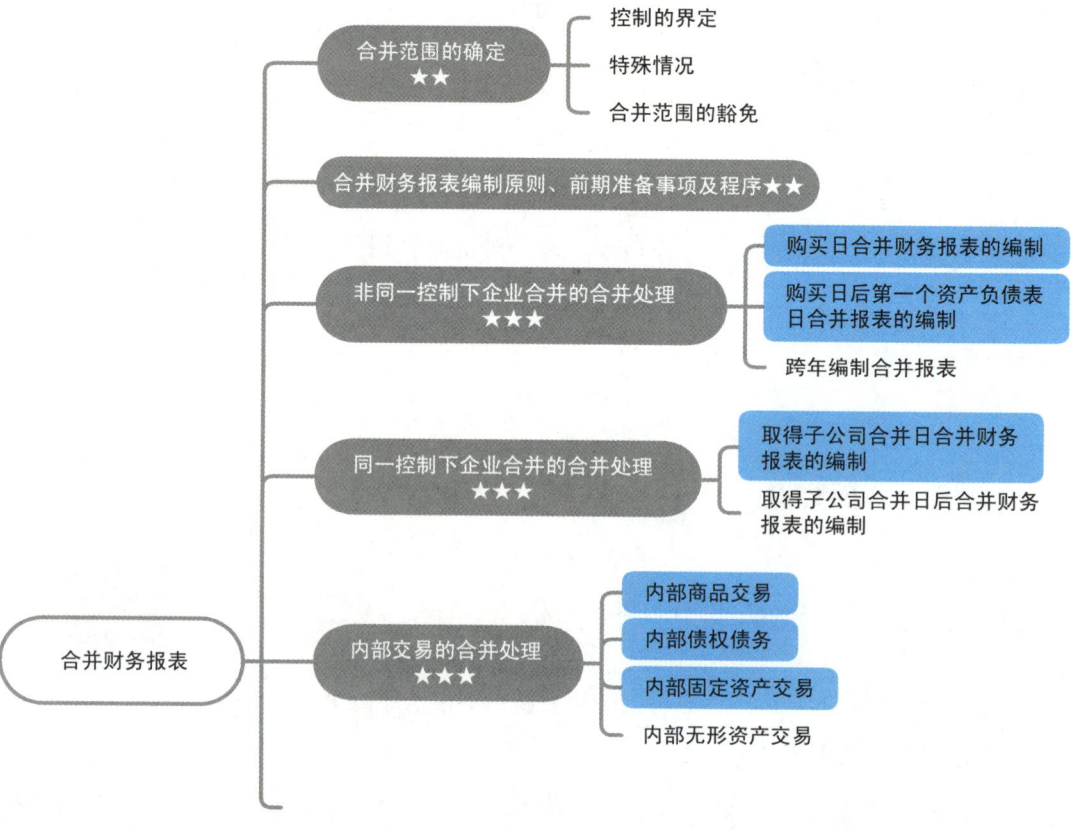

第二十七章 合并财务报表

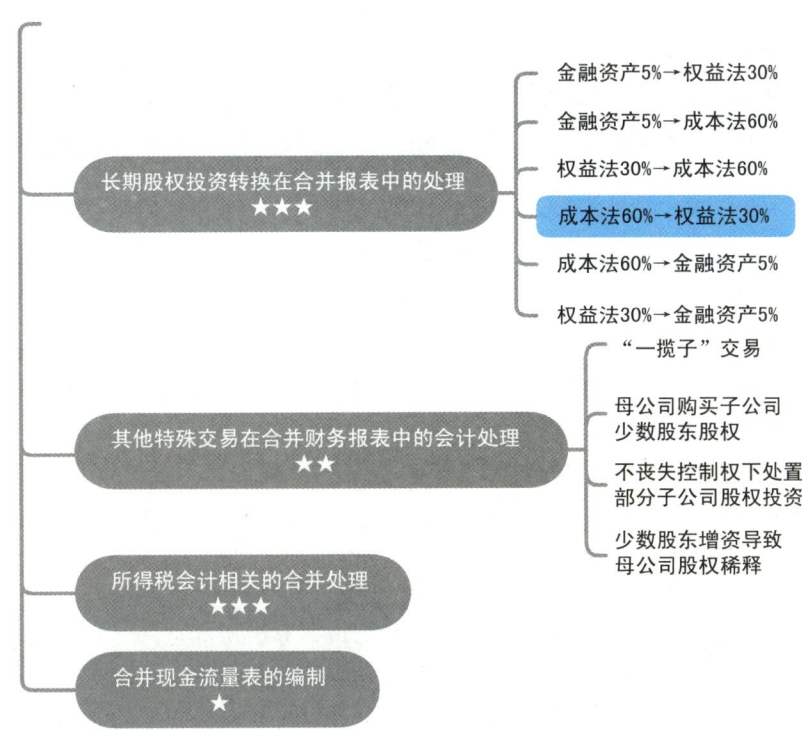

考点1 合并范围的确定（★★）

（一）合并范围的界定：控制的界定

表 27-1

基本原则	合并财务报表的合并范围应当以**控制**为基础予以确定	
控制	定义	控制指投资方拥有对被投资方的权力，通过参与被投资方的相关活动而享有可变回报，并且有能力运用对被投资方的权力影响其回报金额
	要素	投资方只有**同时具备**以下两个要素时，才能控制被投资方： ①因涉入被投资方而享有可变回报； ②拥有对被投资方的权力，并且有能力运用对被投资方的权力影响其回报金额
	判断	在判断投资方是否能够控制被投资方时，应进行以下判断： ①判断被投资方的设立目的和设计； ②判断通过涉入被投资方的活动享有的是否为可变回报； ③判断投资方是否对被投资方拥有权力，并能够运用此权力影响回报金额

【例题 27-1·多选题】下列各项中，满足控制条件的有（   ）。
A. 拥有对被投资方的权利
B. 通过参与被投资方的相关活动而享有可变回报
C. 有能力运用对被投资方的权力影响其回报金额
D. 参与被投资方的财务和生产经营决策

【答案】ABC

【解析】控制，是指投资方拥有对被投资方的权力，通过参与被投资方的相关活动而享有可变回报，并且有能力运用对被投资方的权力影响其回报金额。选项 D，不能确定是否满足达到控制的条件。

（二）纳入合并范围的特殊情况——对被投资方可分割部分的控制

在少数情况下，如果有确凿证据表明同时满足下列条件并且符合相关法律法规规定的，投资方应当将被投资方的一部分视为被投资方可分割的部分，进而判断是否控制该部分（可分割部分）：

（1）该部分的资产是偿付该部分负债或该部分其他利益方的唯一来源，不能用于偿还该部分以外的被投资方的其他负债；

（2）除与该部分相关的各方外，其他方不享有与该部分资产相关的权利，也不享有与该部分资产剩余现金流量相关的权利。

> **彬哥解读**
>
> 如果同时满足以上 2 个条件，实质上该部分的所有资产、负债及其他相关权益均与被投资方的剩余部分相隔离，即：该部分的资产产生的回报不能由该部分以外的被投资方其他部分使用，该部分的负债也不能用该部分以外的被投资方资产偿还。

（三）合并范围的豁免——投资性主体

表 27-2

原则	母公司应当将其全部子公司纳入合并范围
豁免规定	如果母公司是**投资性主体**，则只应将那些为投资性主体的投资活动**提供相关服务**的子公司纳入合并范围，其他子公司不应予以合并，母公司对其他子公司的投资应当按照公允价值计量且其变动计入当期损益
投资性主体	当母公司同时满足以下三个条件时，该母公司属于投资性主体： ①该公司是以向投资方提供投资管理服务为目的，从一个或多个投资者处获取资金； ②该公司的唯一经营目的，是通过资本增值、投资收益或两者兼有而让投资者获得回报； ③该公司按照公允价值对几乎所有投资的业绩进行计量和评价

> **彬哥解读**
>
> 一个投资性主体的母公司如果其本身不是投资性主体，则应当将其控制的全部主体，包括投资性主体以及通过投资性主体间接控制的主体，纳入合并财务报表范围。

【例题 27-2·多选题·2016 年】甲公司（非投资性主体）为乙公司、丙公司的母公司，乙公司为投资性主体，拥有两家全资子公司，两家子公司均不为乙公司的投资活动提供相关服务，丙公司为股权投资基金，拥有两家联营企业，丙公司对其拥有的两家联营企业按照公允价值考核和评价管理层业绩。不考虑其他因素，下列关于甲公司、乙公司和丙公司对其所持股权投资的会计处理中，正确的有（　　）。

A. 乙公司不应编制合并财务报表

B. 丙公司在个别报表中对其拥有的两家联营企业的投资应按照公允价值计量，公允价值变动计入当期损益

C. 乙公司在个别报表中对其拥有的两家子公司应按照公允价值计量，公允价值变动计入投资收益

D. 甲公司在编制合并财务报表时，应将通过乙公司间接控制的两家子公司按公允价值计量，公允价值计入当期损益

【答案】ABC

【解析】选项 AC，如果母公司是投资性主体，则母公司应当仅将为其投资活动提供相关服务的子公司纳入合并范围，其他子公司不应当予以合并，母公司对其他子公司的投资应当按照公允价值计量且其变动计入当期损益；乙公司的两家子公司不为乙公司提供相关服务，因此不应纳入乙公司合并范围。

选项 B，丙公司对其拥有的两家联营企业按照公允价值考核和评价管理层业绩，说明丙公司将其作为"直接指定为以公允价值计量且其变动计入当期损益的金融资产"核算。

选项 D，一个投资性主体的母公司如果其本身不是投资性主体，则应当将其控制的全部主体，包括投资性主体以及通过投资性主体间接控制的主体，纳入合并财务报表范围。

考点2　合并财务报表编制原则、前期准备事项及程序（★★）

表27-3

合并报表的特点	①反映的对象是由母公司和其全部子公司组成的会计主体； ②编制者是母公司，但所对应的会计主体是由母公司及其控制的所有子公司所构成的企业集团； ③合并财务报表是站在合并财务报表主体的立场上，以纳入合并范围的企业个别财务报表为基础，根据其他有关资料，抵销母公司与子公司、子公司相互之间发生的内部交易，考虑了特殊交易事项对合并财务报表的影响后编制的，旨在反映合并财务报表主体作为一个整体的财务状况、经营成果和现金流量	
编制原则	①以个别财务报表为基础编制； ②一体性原则； ③重要性原则	
构成	合并资产负债表	反映母公司和子公司所形成的企业集团某一特定日期财务状况的报表
	合并利润表	反映母公司和子公司所形成的企业集团整体在一定期间内经营成果的报表
	合并所有者权益变动表	①反映**母公司**在一定期间内，包括经营成果分配在内的所有者（或股东）权益增减变动情况的报表； ②它是从**母公司**的角度，站在母公司所有者的立场反映企业所有者（或股东）在母公司中的权益增减变动情况的报表
	合并现金流量表	反映母公司和子公司所形成的企业集团在一定期间现金流入、流出量以及现金净增减变动情况的报表
	附注	对在合并报表中（4表）列示项目的文字描述或明细资料，以及对未能在这些报表中列示项目的说明等

续表

前期准备事项	①统一母子公司的会计政策（与母公司**保持一致**，2种方法：调整子公司或者要求**子公司重新编制**）； ②统一母子公司的资产负债表日及会计期间； ③对子公司以外币表示的财务报表进行折算； ④收集编制合并财务报表的相关资料
编制程序	①设置合并工作底稿； ②将母子公司个别报表的数据过入合并工作底稿并计算出汇总数； ③编制内部抵销分录并放入合并工作底稿； ④根据母子公司个别报表汇总数和内部抵销分录计算报表各项目合并数； ⑤根据合并数填列合并财务报表

考点 3　非同一控制下企业合并的合并处理（★★★）

（一）非同一控制下取得子公司购买日合并财务报表的编制

表 27-4

步骤	调整抵销分录
1. 按购买日公允价值对子公司的报表项目进行调整	如果评估增值： 借：固定资产/无形资产/存货-原价 　　贷：资本公积 如果评估减值： 借：资本公积 　　贷：固定资产/无形资产/存货-原价
2. 抵销母公司对子公司长期股权投资与子公司调整后的所有者权益	借：股本/实收资本 　　资本公积（考虑评估增值或减值调整后的金额）① 　　其他综合收益 　　盈余公积 　　未分配利润 　　商誉（借方差额）② 　贷：长期股权投资 　　　少数股东权益③ 　　　盈余公积、未分配利润（贷方差额）

【计算公式】

①调整后的资本公积＝子公司在购买日的账面价值＋评估增值－评估减值

②商誉＝合并成本（即长期股权投资的入账价值）－子公司可辨认净资产在购买日公允价值×母公司持股比例

如果求出是负商誉，应当调整长期股权投资入账价值，并确认营业外收入。但是，由于非同一控制下企业合并在购买日只编制合并资产负债表，不需要编制合并利润表，应将该差额计入合并资产负债表的盈余公积和未分配利润。

③少数股东权益＝调整后的子公司所有者权益总额×子公司少数股东持股比例

④调整后的子公司所有者权益总额＝子公司所有者权益账面价值＋评估增值－评估减值

> **彬哥解读**
> 非同一控制下企业合并，在购买日只需要编制合并资产负债表。

【例题27-3·主观题】2017年1月1日，甲公司以定向增发公司普通股票的方式，自非关联方购买取得A公司80%的股权。甲公司定向增发普通股股票100万股（每股面值1元），市场价格每股为10元。A公司当日可辨认净资产的公允价值为1 200万元，账面价值为1 000万元，其中股本500万元、资本公积200万元、盈余公积200万元、未分配利润100万元。差异由一批存货和一项固定资产导致。该批存货成本400万元（未计提存货跌价准备），公允价值500万元。该固定资产账面价值为160万元，其中，原价200万元，累计折旧40万元，未计提减值准备；公允价值为260万元，预计尚可使用年限为8年，净残值为0。

要求：
（1）编写甲公司在购买日个别报表的分录。
（2）计算合并报表应确认的商誉金额。
（3）编写合并日合并报表的调整抵销分录。

【答案】
（1）甲公司在购买日个别报表的分录：

借：长期股权投资	1 000
贷：股本	100
资本公积——股本溢价	900

（2）商誉＝合并成本－享有被投资单位在购买日可辨认净资产公允价值份额＝1 000－1 200×80%＝40（万元）。

（3）编制合并日合并报表调整抵销分录。
①按购买日公允价值调整子公司报表项目：

借：存货	（500－400）100
固定资产	（260－160）100
贷：资本公积	200

②抵销母公司对子公司的长期股权投资与子公司的所有者权益：

借：股本	500
资本公积	（200＋200）400
盈余公积	200
未分配利润	100
商誉	40
贷：长期股权投资	1 000
少数股东权益	（1 200×20%）240

（二）在购买日后第一个资产负债表日合并报表的编制

表27-5

步骤	合并报表调整抵销分录
1. 按购买日公允价值为基础，对子公司的财务报表项目进行调整 **（调公允）**	①按购买日公允价值调整子公司资产和负债项目： 借：固定资产/无形资产/存货——原价 　　贷：资本公积 ②调整因资产评估增值对本年净利润的影响（即补提折旧/摊销，或调增销售成本）： 借：管理费用等 　　营业成本 　　贷：固定资产——累计折旧（补提折旧） 　　　　无形资产——累计摊销（补提摊销） 　　　　存货（补提销售成本）
2. 将母公司长期股权投资由成本法调整为权益法核算结果 **（调长投）**	①子公司当年实现净利润（合并日－期末）： 借：长期股权投资 　　贷：投资收益（**调整后净利润**×母公司持股比例） （如发生净亏损，则作相反分录） ②子公司当年宣告发放现金股利： 借：**投资收益** 　　贷：长期股权投资 ③子公司当年发生其他综合收益变动： 借：长期股权投资 　　贷：其他综合收益（或相反分录） ④子公司当年发生其他权益变动： 借：长期股权投资 　　贷：资本公积（或相反分录） 提示： ①确认母公司投资收益时应以子公司调整后净利润作为计算基础，调整后净利润只考虑购买日子公司资产或负债公允价值与账面价值的差额的影响，不考虑内部交易的影响（这与个别报表长期股权投资权益法核算不同），因为内部交易未实现损益会在第五步进行单独抵销处理。 **调整后净利润＝账面净利润－补提折旧/摊销/销售成本（即公允价值与账面价值的差额在当年已实现的部分）** ②这里是将成本法核算结果调整为权益法核算结果，由于被投资单位宣告发放现金股利时，个别报表已经确认了投资收益，所以在合并报表中应将投资收益进行抵销。 ③以上调整分录也可以合并为： 借：长期股权投资（子公司本年净资产变动×母公司持股比例） 　　贷：投资收益（**子公司本年净损益变动**×母公司持股比例） 　　　　其他综合收益（子公司本年其他综合收益变动×母公司持股比例） 　　　　资本公积（子公司本年其他权益变动×母公司持股比例） **子公司本年净损益变动＝本年调整后净利润－宣告发放现金股利**

续表

步骤	合并报表调整抵销分录
3. 抵销母公司对子公司长期股权投资与子公司所有者权益 （抵权益）	借：股本/实收资本（子公司期初数＋本年增减变动） 　　资本公积（子公司期初数＋评估增值） 　　其他综合收益（子公司期初数＋本年增减变动） 　　盈余公积（子公司期初数＋本年提取盈余公积） 　　年末未分配利润（子公司期初数＋调整后净利润－本年提取盈余公积－本年宣告发放现金股利） 　　商誉（购买日确认金额） 　　贷：长期股权投资（按权益法调整后的账面价值） 　　　　少数股东权益（子公司调整后的所有者权益×少数股东持股比例） 提示： ①子公司所有者权益是按购买日资产和负债的公允价值为基础持续计算的，即抵销的是调整后的子公司所有者权益；少数股东权益是指由子公司少数股东所享有的子公司所有者权益份额，它也是以调整后的金额确定的。 ②年末未分配利润＝子公司期初数＋本年调整后净利润－本年提取盈余公积－本年宣告发放的现金股利 **调整后净利润＝账面净利润－补提折旧/摊销/销售成本（即公允价值与账面价值的差额在当年已实现的部分）** 本年提取盈余公积＝子公司账面净利润×10% 一般题目会直接给出本年提取盈余公积和宣告发放现金股利的金额
4. 抵销母公司对子公司的投资收益与子公司当年的利润分配项目 （抵损益）	借：投资收益（子公司调整后的净利润×母公司持股比例） 　　少数股东损益（子公司调整后的净利润×少数股东持股比例） 　　年初未分配利润（子公司年初未分配利润） 　　贷：提取盈余公积（子公司当年提取的盈余公积） 　　　　对所有者（或股东）的分配（子公司当年分配的现金股利） 　　　　年末未分配利润（差额，倒挤） 提示： ①抵销母公司对子公司确认的投资收益与子公司利润分配项目，是为了让合并财务报表反映**母公司**的股东权益的变动情况。 ②借方表示利润分配的来源，即年初未分配利润＋本年实现净利润（调整后金额），本年实现净利润中母公司享有的份额由投资收益反映，少数股东享有的份额由少数股东损益反映。 ③贷方表示利润分配的去向，包括提取盈余公积、向股东分配利润、分配到下一年的年末未分配利润。另外，提取盈余公积、向股东分配利润等属于所有者权益变动表中的报表项目，对应的会计科目是"利润分配——提取盈余公积"等
5. 抵销内部交易未实现的损益	详见考点"内部交易的合并处理"

【例题27-4·主观题】2017年1月1日，甲公司以定向增发公司普通股票的方式，自非关联方购买取得A公司80%的股权。甲公司定向增发普通股股票100万股（每股面值1元），市场价格每股为10元。A公司当日可辨认净资产的公允价值为1 200万元，账面价值为1 000万元，其中股本500万元，资本公积200万元、盈余公积200万元、未分配利润100万元。差异由一批存货和一项固定资产导致。该批存货成本400万元（未计提存货跌价准备），公允价值500万元。该固定资产账面价值为160万元，其中，原价200万元，累计折旧40万元，未计提减值准备；公允价值为260万元，预计尚可使用年限为8年，净残值为0。

(1) 年末，A公司该批存货对外出售60%。
(2) A公司2017年实现净利润500万元，提取盈余公积50万元，宣告发放现金股利100万元。

要求：编写2017年12月31日甲公司合并报表的调整抵销分录。

【答案】
(1) 按购买日公允价值调整子公司相关的报表项目。
调整分录：
借：存货——原价　　　　　　　　　　　　　　　　　　　(500－400) 100
　　固定资产——原价　　　　　　　　　　　　　　　　　(260－160) 100
　　　贷：资本公积　　　　　　　　　　　　　　　　　　　　　　　　200
借：营业成本　　　　　　　　　　　　　　　　　　　[(500－400)×60%] 60
　　管理费用　　　　　　　　　　　　　　　　　　　　[(260－160)÷8] 12.5
　　　贷：存货　　　　　　　　　　　　　　　　　　　　　　　　　　60
　　　　　固定资产——累计折旧　　　　　　　　　　　　　　　　　12.5

分析：
① 存货公允价值与账面价值的差额对营业成本的影响。

个别报表	调整分录	合并报表
A公司：存货成本400万元，销售60%，应结转销售成本240万元。 借：营业成本　　240 　　贷：存货　　240		企业集团：存货成本500万元，销售60%，应结转销售成本300万元。 借：营业成本　　300 　　贷：存货　　300
	合并工作底稿：将个别报表项目金额调整到合并报表应有的金额： 借：营业成本　　60 　　贷：存货　　60	

② 固定资产公允价值与账面价值的差额对折旧费用的影响。

个别报表	调整分录	合并报表
A公司：固定资产账面价值160万元，剩余使用年限8年，本年应计提折旧20万元。 借：管理费用　　20 　　贷：固定资产——累计折旧　　20		企业集团：固定资产账面价值260万元，剩余使用年限8年，本年应计提折旧32.5万元。 借：管理费用　　32.5 　　贷：固定资产——累计折旧　　32.5
	合并工作底稿：将个别报表项目金额调整到合并报表应有的金额： 借：管理费用　　12.5 　　贷：固定资产——累计折旧　　12.5	

(2) 将母公司对子公司长期股权投资从成本法调整为权益法核算结果。

①子公司实现净利润 500 万元,考虑购买日子公司资产公允价值与账面价值差额对净利润的影响后,调整后净利润 = 500 − (500 − 400)×60% − (260 − 160)÷8 = 427.5(万元)。

甲公司应确认投资收益 = 427.5×80% = 342(万元)。

调整分录为:

借:长期股权投资　　　　　　　　　　　　　　　　　　　　342
　　贷:投资收益　　　　　　　　　　　　　　　　　　　　　　342

②子公司宣告发放现金股利 100 万元。

调整分录为:

借:投资收益　　　　　　　　　　　　　　　　　(100×80%) 80
　　贷:长期股权投资　　　　　　　　　　　　　　　　　　　　80

长期股权投资调整后的账面价值 = 1 000 + 342 − 80 = 1 262(万元)。

分析:将母公司长期股权投资从成本法调整为权益法核算结果(见下表)。

个别报表	调整分录	合并报表
甲公司:按成本法核算。 ①子公司实现净利润: 不作账务处理 ②子公司宣告发放现金股利: 借:应收股利　　80 　　贷:投资收益　　80		企业集团:按权益法核算。 ①子公司实现净利润: 借:长期股权投资　342 　　贷:投资收益　　342 ②子公司宣告发放现金股利: 借:应收股利　　80 　　贷:长期股权投资　80
	合并工作底稿:将个别报表项目金额调整到合并报表应有的金额。 ①子公司实现净利润: 借:长期股权投资　342 　　贷:投资收益　　342 ②子公司宣告发放现金股利: 借:投资收益　　80 　　贷:长期股权投资　80	

【提示】在编制合并报表时,计算子公司调整后的净利润不需要考虑内部交易影响,只需考虑购买日资产公允价值与账面价值差异的影响。

(3) 抵销母公司长期股权投资和子公司所有者权益。

合并报表应确认的商誉 = 合并成本 − 享有被投资单位在购买日可辨认净资产公允价值份额 = 1 000 − 1 200×80% = 40(万元)。

抵销分录为:

借:股本　　　　　　　　　　　　　　　　　　　　　　　　500
　　资本公积　　　　　　　　　　　　　　　　　　(200 + 200) 400
　　盈余公积　　　　　　　　　　　　　　　　　　(200 + 50) 250

年末未分配利润　　　　　　　　　　　　　（100+427.5-50-100）377.5
　　　商誉　　　　　　　　　　　　　　　　　　　　　　　　　　　40
　　　贷：长期股权投资　　　　　　　　　　　　（1 000+342-80）1 262
　　　　　少数股东权益　　　　　　　　　　[（1 200+427.5-100）×20%] 305.5
　提示：
　资本公积=子公司期初数+资产评估增值调整数=200+200=400（万元）
　盈余公积=子公司期初数+本年计提数=200+50=250（万元）
　年末未分配利润=子公司期初数+本年实现调整后净利润-本年提取盈余公积-本年发放现金股利=100+427.5-50-100=377.5（万元）
　子公司调整后所有者权益总额=所有者权益项目之和=500+400+250+377.5=1 527.5（万元）
　或者：子公司调整后所有者权益总额=以购买日可辨认净资产公允价值持续计算的金额=购买日可辨认净资产公允价值+实现净利润（以购买日公允价值为基础持续计算金额，即调整后净利润）-发放现金股利=1 200+427.5-100=1 527.5（万元）。
　少数股东权益=子公司调整后所有者权益总额×少数股东持股比例=1 527.5×20%=305.5（万元）
　长期股权投资=1 000+342-80=1 262（万元）
　验证：借方合计=贷方合计=1 567.5万元，正确。
　（4）抵销母公司投资收益与子公司当年利润分配。
　抵销分录为：
　　　借：投资收益　　　　　　　　　　　　　　　　（427.5×80%）342
　　　　　少数股东损益　　　　　　　　　　　　　　（427.5×20%）85.5
　　　　　年初未分配利润　　　　　　　　　　　　　　　　　　　100
　　　贷：提取盈余公积　　　　　　　　　　　　　　　　　　　　50
　　　　　向股东分配利润　　　　　　　　　　　　　　　　　　　100
　　　　　年末未分配利润　　　　　　　　　　　（100+427.5-50-100）377.5
　提示：
　投资收益=子公司调整后净利润×母公司持股比例=427.5×80%=342（万元）
　少数股东损益=子公司调整后净利润×少数股东持股比例=427.5×20%=85.5（万元）
　年初未分配利润=子公司在购买日未分配利润的金额（题目已知）=100（万元）
　提取盈余公积=子公司本年提取盈余公积金额=子公司账面净利润×提取盈余公积比例（题目已知）
　向所有者（或股东）的分配=子公司当年宣告发放的现金股利（题目已知）
　年末未分配利润=子公司期初数+本年实现调整后净利润-本年提取盈余公积-本年发放现金股利=100+427.5-50-100=377.5（万元）（同第3步抵销分录中该项目金额相同）
　验证：借方合计=贷方合计=527.5（万元），正确。
　（5）抵销内部交易未实现损益（本题不存在）。

（三）在购买日后第二个资产负债表日合并报表的编制（即跨年编制合并报表）

1. 步骤

（1）**调公允**：按购买日公允价值为基础，对子公司的财务报表项目进行调整。

（2）**调长投**：将母公司长期股权投资由成本法调整为权益法核算结果。

（3）**抵权益**：抵销母公司对子公司长期股权投资与子公司所有者权益。

（4）**抵损益**：抵销母公司对子公司的投资收益与子公司当年的利润分配项目。

（5）抵销内部交易未实现的损益。

2. 具体会计处理

（1）按购买日公允价值为基础，对子公司的财务报表项目进行调整（调公允）。

表27-6

①按购买日公允价值调整子公司资产和负债项目	②调整因资产评估增值对**以前年度**净利润的影响（即补提以前年度的折旧/摊销，或调增以前年度对外销售成本）	③调整因资产评估增值对**当年净利润**的影响（即补提当年的折旧/摊销，调增当年对外销售成本）
借：固定资产/无形资产/存货－原价 　贷：资本公积（若评估减值，则作相反分录）	借：**年初未分配利润** 　贷：固定资产——累计折旧（补提以前年度折旧） 　　无形资产——累计摊销（补提以前年度摊销） 　　存货（补提以前年度销售成本）	借：管理费用 　　营业成本 　贷：固定资产——累计折旧（补提折旧） 　　无形资产——累计摊销（补提摊销） 　　存货（补提销售成本）

（2）将母公司长期股权投资由成本法调整为权益法核算结果（调长投）。

表27-7

调整事项	调整子公司以前年度净资产变动对长期股权投资的影响	调整子公司当年净资产变动对长期股权投资的影响
实现的净利润（如发生净亏损，则作相反分录）	借：长期股权投资 　贷：**年初未分配利润**（以前年度调整后净利润×母公司持股比例）	借：长期股权投资 　贷：**投资收益**（当年调整后净利润×母公司持股比例）
宣告发放的现金股利	借：**年初未分配利润** 　贷：长期股权投资	借：**投资收益** 　贷：长期股权投资
其他综合收益变动	借：长期股权投资 　贷：其他综合收益（或相反分录）	借：长期股权投资 　贷：其他综合收益（或相反分录）
发生的其他权益变动	借：长期股权投资 　贷：资本公积（或相反分录）	借：长期股权投资 　贷：资本公积（或相反分录）
以上调整分录也可以合并为： 借：长期股权投资（子公司自购买日后净资产变动×母公司持股比例） 　贷：年初未分配利润（**子公司以前年度净损益变动**×母公司持股比例） 　　投资收益（**子公司本年净损益变动**×母公司持股比例） 　　其他综合收益（子公司自购买日后其他综合收益变动×母公司持股比例） 　　资本公积（子公司自购买日后其他权益变动×母公司持股比例） **子公司净损益变动＝调整后净利润－宣告发放的现金股利**		

（3）抵销母公司对子公司长期股权投资与子公司所有者权益（抵权益）。

表27-8

会计分录	借：股本/实收资本（子公司本年年初数+本年增减变动） 资本公积（子公司本年年初数+本年增减变动） 其他综合收益（子公司本年年初数+本年增减变动） 盈余公积（子公司本年年初数+本年提取盈余公积） 年末未分配利润（子公司本年年初数+本年调整后净利润-本年提取盈余公积-本年宣告发放现金股利） 商誉（购买日确认金额） 贷：长期股权投资（按权益法调整后的本年年末账面价值） 少数股东权益（子公司调整后本年年末所有者权益×少数股东持股比例）
提示	①子公司所有者权益是按购买日资产和负债的公允价值为基础持续计算的，即抵销的是调整后的子公司所有者权益；少数股东权益是指由子公司少数股东所享有的子公司所有者权益份额，它也是以调整后的金额确定的。 ②年末未分配利润=子公司年初数+本年调整后净利润-本年提取盈余公积-本年宣告发放的现金股利 **调整后净利润=账面净利润-补提折旧/摊销/销售成本（即公允价值与账面价值的差额在当年已实现的部分）** 本年提取盈余公积=子公司账面净利润×10% 一般题目会直接给出本年提取盈余公积和宣告发放现金股利的金额

（4）抵销母公司对子公司的投资收益与子公司当年的利润分配项目**（抵损益）**。

表27-9

会计分录	借：投资收益（子公司调整后的净利润×母公司持股比例） 少数股东损益（子公司调整后的净利润×少数股东持股比例） 年初未分配利润（子公司本年年初未分配利润） 贷：提取盈余公积（子公司本年提取的盈余公积） 对所有者（或股东）的分配（子公司本年分配的现金股利） 年末未分配利润（差额，倒挤）
提示	①抵销母公司对子公司确认的投资收益与子公司利润分配项目，是为了让合并财务报表反映**母公司**的股东权益的变动情况。 ②借方表示利润分配的来源，即年初未分配利润+本年实现净利润（调整后金额），本年实现净利润中母公司享有的份额由投资收益反映，少数股东享有的份额由少数股东损益反映。 ③贷方表示利润分配的去向，包括提取盈余公积、向股东分配利润、分配到下一年的年末未分配利润。另外，提取盈余公积、向股东分配利润等属于所有者权益变动表中的报表项目，对应的会计科目是"利润分配——提取盈余公积"等

（5）抵销内部交易未实现的损益。详见考点"内部交易的合并处理"。

> **彬哥解读**
>
> （1）母公司在购买日后的每个资产负债表日，都需要编制合并财务报表。
> （2）每次编制合并报表，都是在个别报表项目简单相加的基础上，以购买日公允价值为基础进行追溯调整。所以，第（1）（2）步调整分录，可以划分为调以前年度和调本年度2个部分。

（3）本期合并财务报表中年初"所有者权益"各项目的金额应与上期合并财务报表中的期末"所有者权益"对应项目的金额一致，因此，上期编制合并财务报表时涉及股本（或实收资本）、资本公积、其他综合收益、盈余公积项目的，在本期编制合并财务报表调整和抵销分录时均应用"股本（或实收资本）——年初""资本公积——年初""其他综合收益——年初""盈余公积——年初"项目代替；对于上期编制调整和抵销分录时涉及利润表中的项目及所有者权益变动表"未分配利润"的项目，在本期编制合并财务报表调整分录和抵销分录时均应用"未分配利润——年初"项目代替。

【应试技巧】考试一般考合并日和第一年合并报表的处理，如果考第二年合并报表处理，可以这样简单操作：

（1）把第一年调整分录照抄过来，利润表的项目（即损益类项目）改为"年初未分配利润"；

（2）再补上第二年的调整分录（即将第二年个别报表项目金额调整为合并报表应有金额）。

【例题27-5·主观题·教材】甲公司2011年1月1日以定向增发公司普通股票的方式，购买取得A公司70%的股权。甲公司定向增发普通股股票10 000万股（每股面值为1元），甲公司普通股股票面值每股为1元，市场价格每股为2.95元。甲公司并购A公司属于非同一控制下的企业合并，假定不考虑所得税、甲公司增发该普通股股票所发生的审计以及发行等相关的费用。

A公司在购买日股东权益总额为32 000万元，其中股本为20 000万元，资本公积为8 000万元、盈余公积为1 200万元、未分配利润为2 800万元。A公司购买日应收账款账面价值为3 920万元、公允价值为3 820万元；存货的账面价值为20 000万元、公允价值为21 100万元；固定资产账面价值为18 000万元、公允价值为21 000万元。购买日股东权益公允价值总额为36 000万元。

要求：
（1）编写甲公司个别报表取得长期股权投资的分录。
（2）计算合并报表应确认的商誉金额。
（3）编制购买日合并报表的调整抵销分录。

【答案及解析】
（1）甲公司将购买取得A公司70%的股权作为长期股权投资入账，其账务处理如下：

借：长期股权投资　　　　　　　　　　　　　　　　　　29 500
　　贷：股本　　　　　　　　　　　　　　　　　　　　　　　　　10 000
　　　　资本公积　　　　　　　　　　　　　　　　　　　　　　　19 500

（2）商誉＝合并成本－被购买方可辨认净资产公允价值的份额＝29 500－36 000×70%＝4 300（万元）

（3）编制购买日合并报表调整抵销分录。
①按购买日公允价值调整子公司的资产或负债：

借：存货　　　　　　　　　　　　　　　　　　　　1 100
　　固定资产　　　　　　　　　　　　　　　　　　　3 000
　　贷：应收账款　　　　　　　　　　　　　　　　　　　100
　　　　资本公积　　　　　　　　　　　　　　　　　　4 000

②将母公司的长期股权投资与子公司的所有者权益进行抵销：

借：股本　　　　　　　　　　　　　　　　　　　　　20 000
　　资本公积　　　　　　　　　　　　（8 000 +4 000）12 000
　　盈余公积　　　　　　　　　　　　　　　　　　　1 200
　　未分配利润　　　　　　　　　　　　　　　　　　2 800
　　商誉　　　　　　　　　　　　　　　　　　　　　4 300
　　贷：长期股权投资　　　　　　　　　　　　　　　　29 500
　　　　少数股东权益　　　　　　　　（36 000×30%）10 800

【例题27-6·主观题·教材】接〚例题27-5〛，甲公司2011年1月1日以定向增发普通股票的方式，购买持有A公司70%的股权。甲公司对A公司长期股权投资的金额为29 500万元，甲公司购买日编制的合并资产负债表中确认合并商誉4 300万元。

A公司在购买日股东权益总额为32 000万元，其中股本为20 000万元，资本公积为8 000万元、盈余公积为1 200万元、未分配利润为2 800万元。A公司购买日应收账款账面价值为3 920万元、公允价值为3 820万元；存货的账面价值为20 000万元、公允价值为21 100万元；固定资产账面价值为18 000万元、公允价值为21 000万元。

A公司2011年12月31日股东权益总额为38 000万元，其中股本为20 000万元、资本公积为8 000万元、盈余公积为3 200万元、未分配利润为6 800万元。A公司2011年全年实现净利润10 500万元，A公司当年提取盈余公积2 000万元、向股东分配现金股利4 500万元。截至2011年12月31日，应收账款按购买日确认的金额收回，确认的坏账已核销；购买日存货公允价值增值部分，当年已全部实现对外销售。

购买日固定资产公允价值增加系公司用办公楼增值。该办公楼采用的折旧方法为年限平均法，该办公楼剩余折旧年限为20年，假定该办公楼评估增值在未来20年内平均摊销。

要求：编写甲公司在2011年编制合并财务报表时的调整抵销分录。

【答案及解析】
1. 甲公司2011年年末编制合并财务报表时相关项目计算如下：
A公司调整后本年净利润=10 500+[100（购买日应收账款公允价值减值的实现而调减信用减值损失）-1 100（购买日存货公允价值增值的实现而调增营业成本）-150（固定资产公允价值增值计算的折旧而调增管理费用）]=9 350（万元）
150万元系固定资产公允价值增值3 000万元按剩余折旧年限摊销额。

A公司调整后本年年末未分配利润=2 800（年初）+9 350-2 000（提取盈余公积）-4 500（分派股利）=5 650（万元）

权益法下甲公司对A公司投资的投资收益=9 350×70%=6 545（万元）

权益法下甲公司对A公司长期股权投资本年年末余额=29 500+6 545-4 500（分派股利）×70%=32 895（万元）

少数股东损益=9 350×30%=2 805（万元）

少数股东权益的年末余额=10 800+2 805-4 500×30%=12 255（万元）

很多同学在这里纠结：

（1）少数股东权益的10 800万元是从哪里得来？首先〖例题27-5〗里面有，其次呢，假设不管上一道题，那么少数股东权益不就是相当于被购买方可辨认净资产的公允价值的份额吗？本题说了股东权益是32 000万元，那么我们一定要形成一个条件反射，看见账面就要去迅速地寻找公允价值，本题没有明确告诉，但是告诉了各项资产负债的公允账面相差4 000万元，所以公允价值是36 000万元，所以少数股东权益的初始金额是10 800万元。

（2）本题告诉的A公司年末的股东权益，我们需要按照公允和账面的差额进行调整之后方可抵销。

2. 甲公司2011年编制合并财务报表时，应当进行如下调整抵销处理：

（1）按公允价值对A公司财务报表项目进行调整。根据购买日A公司资产和负债的公允价值与账面价值之间的差额，调整A公司相关公允价值变动的资产和负债项目及资本公积项目。

在合并工作底稿中，其调整分录如下：

借：存货　　　　　　　　　　　　　　　　　　　　　　　　　1 100
　　固定资产　　　　　　　　　　　　　　　　　　　　　　　　3 000
　　贷：应收账款　　　　　　　　　　　　　　　　　　　　　　　　100
　　　　资本公积　　　　　　　　　　　　　　　　　　　　　　　4 000
借：营业成本　　　　　　　　　　　　　　　　　　　　　　　　1 100
　　贷：存货　　　　　　　　　　　　　　　　　　　　　　　　　1 100
借：管理费用　　　　　　　　　　　　　　　　　　　　　　　　　150
　　贷：固定资产　　　　　　　　　　　　　　　　　　　　　　　　150
借：应收账款　　　　　　　　　　　　　　　　　　　　　　　　　100
　　贷：信用减值损失　　　　　　　　　　　　　　　　　　　　　　100

（2）按照权益法对甲公司财务报表项目进行调整。

借：长期股权投资　　　　　　　　　　　　　　　　　　　　　　6 545
　　贷：投资收益　　　　　　　　　　　　　　　　　　　　　　　6 545
借：投资收益　　　　　　　　　　　　　　　　　　（4 500×70%）3 150
　　贷：长期股权投资　　　　　　　　　　　　　　　　　　　　　3 150

（3）母公司长期股权投资与子公司所有者权益的抵销。

借：股本　　　　　　　　　　　　　　　　　　　　　　　　　20 000

资本公积	（8 000＋4 000）	12 000
盈余公积		3 200
年末未分配利润		5 650
商誉		4 300
贷：长期股权投资		32 895
少数股东权益		12 255

（4）母公司投资收益与子公司利润分配等项目的抵销。

借：投资收益	6 545
少数股东损益	2 805
年初未分配利润	2 800
贷：提取盈余公积	2 000
向股东分配利润	4 500
年末未分配利润	5 650

（5）应收股利与应付股利的抵销。

借：其他应付款——应付股利	3 150
贷：其他应收款——应收股利	3 150

【例题27－7·主观题·教材】接〖例题27－6〗，A公司在购买日相关资产和负债等资料同上，即购买日A公司股东权益总额为32 000万元，其中股本为20 000万元，资本公积为8 000万元、盈余公积为1 200万元、未分配利润为2 800万元。A公司购买日应收账款账面价值为3 920万元、公允价值为3 820万元；存货的账面价值为20 000万元、公允价值为21 100万元；固定资产账面价值为18 000万元、公允价值为21 000万元。截至2012年12月31日，应收账款按购买日公允价值的金额收回；购买日的存货，当年已实现对外销售。

购买日固定资产公允价值增加的系公司管理用办公楼，该办公楼采用的折旧方法为年限平均法。

该办公楼剩余折旧年限为20年，假定该办公楼评估增值在未来20年内平均摊销。

A公司2012年12月31日股东权益总额为44 000万元，其中股本为20 000万元、资本公积为8 000万元、盈余公积为5 600万元、未分配利润为10 400万元。A公司2012年全年实现净利润12 000万元，A公司当年提取盈余公积2 400万元、向股东分配现金股利6 000万元。

要求：编写甲公司在2012年编制合并财务报表时的调整抵销分录。

1. 甲公司编制2012年合并财务报表时，相关项目计算如下：

A公司调整后本年净利润＝12 000－150（固定资产公允价值增值计算的折旧）＝11 850（万元）

A公司调整后本年年初未分配利润＝6 800＋100（上年实现的购买日应收账款公允价值减值）－1 100（上年实现的购买日存货公允价值增值）－150（固定资产公允价值增值计算的折旧）＝5 650（万元）

A公司调整后本年年末未分配利润＝5 650＋11 850－2 400（提取盈余公积）－6 000（分派股利）＝9 100（万元）

权益法下甲公司对A公司投资的投资收益＝11 850×70%＝8 295（万元）

权益法下甲公司对A公司长期股权投资本年年末余额＝32 895（上年年末长期股权投资余额）＋8 295－6 000（分配股利）×70%＝36 990（万元）

少数股东损益＝11 850×30%＝3 555（万元）

少数股东权益的年末余额＝12 255＋3 555－6 000×30%＝14 010（万元）

2. 甲公司2012年编制合并财务报表时，应当进行的调整抵销处理如下：

（1）按公允价值对A公司财务报表项目进行调整：

借：存货	1 100	
固定资产	3 000	
贷：应收账款		100
资本公积		4 000
借：年初未分配利润	1 100	
贷：存货		1 100
借：年初未分配利润	150	
贷：固定资产		150
借：应收账款	100	
贷：年初未分配利润		100
借：管理费用	150	
贷：固定资产		150

或：

借：固定资产	（3 000－150）2 850	
年初未分配利润	1 150	
贷：资本公积		4 000
借：管理费用	150	
贷：固定资产		150

（2）按照权益法对甲公司财务报表项目进行调整：

借：长期股权投资	6 545	
贷：年初未分配利润		6 545
借：年初未分配利润	3 150	
贷：长期股权投资		3 150
借：长期股权投资	8 295	
贷：投资收益		8 295
借：投资收益	（6 000×70%）4 200	
贷：长期股权投资		4 200

（3）母公司长期股权投资与子公司所有者权益的抵销：

借：股本		20 000
资本公积	（8 000 + 4 000）	12 000
盈余公积		5 600
未分配利润		9 100
商誉		4 300
贷：长期股权投资		36 990
少数股东权益		14 010

（4）母公司投资收益与子公司利润分配等项目的抵销：

借：投资收益	8 295
少数股东损益	3 555
年初未分配利润	5 650
贷：提取盈余公积	2 400
向股东分配利润	6 000
年末未分配利润	9 100

（5）应收股利与应付股利的抵销：

借：其他应付款——应付股利	4 200
贷：其他应收款——应收股利	4 200

考点4　同一控制下企业合并的合并处理（★★★）

（一）取得子公司合并日合并财务报表的编制

表 27-10

步骤	调整抵销分录
1. 抵销母公司对子公司长期股权投资与子公司调整后的所有者权益	借：股本（实收资本） 　　资本公积 　　其他综合收益 　　盈余公积 　　未分配利润 　　贷：长期股权投资 　　　　少数股东权益
2. 对被合并方在企业**合并前**实现的留存收益中归属于合并方的部分，应自合并方资本公积（资本溢价或股本溢价）转入留存收益	借：资本公积 　　贷：盈余公积（被合并方盈余公积×母公司持股比例） 　　　　未分配利润（被合并方未分配利润×母公司持股比例） 提示：假定不考虑留存收益恢复因素则无须进行该步会计处理

> **彬哥解读**
>
> （1）同一控制下的企业合并，应当在合并日按照被合并方所有者权益在最终控制方合并财务报表中的账面价值的份额作为个别报表中长期股权投资的初始投资成本。
>
> （2）合并方在合并中确认取得的被合并方的资产、负债仅限于被合并方账面上原已确认的资产和负债，合并中不产生新的资产和负债，也不产生新的商誉，但被合并方在企业合并前账面上原已确认的商誉应作为合并中取得的资产确认。
>
> （3）同一控制下企业合并中按一体化存续原则，在合并财务报表上，子公司资产和负债按原账面价值计量；对被合并方在企业合并前实现的留存收益中归属于合并方的部分，应自合并方资本公积（资本溢价或股本溢价）转入留存收益。
>
> （4）母公司在合并日需编制合并日的合并资产负债表、合并利润表、合并现金流量表等合并财务报表。

（二）取得子公司合并日后合并财务报表的编制

表27-11

步骤	合并报表调整抵销分录
1. 将母公司长期股权投资由成本法调整为权益法核算结果（**调长投**）	（1）调整子公司**以前年度**净资产变动对长期股权投资的影响。 ①子公司以前年度实现净利润： 借：长期股权投资 　　贷：**年初未分配利润** （如发生净亏损，则作相反分录） ②子公司以前年度宣告发放现金股利： 借：**年初未分配利润** 　　贷：长期股权投资 ③子公司以前年度发生其他综合收益变动： 借：长期股权投资 　　贷：其他综合收益 ④子公司以前年度发生其他权益变动： 借：长期股权投资 　　贷：资本公积 （2）调整子公司**当年**净资产变动对长期股权投资的影响。 ①子公司当年实现净利润： 借：长期股权投资 　　贷：**投资收益** （如发生净亏损，则作相反分录） ②子公司当年宣告发放现金股利： 借：**投资收益** 　　贷：长期股权投资 ③子公司当年发生其他综合收益变动： 借：长期股权投资 　　贷：其他综合收益（或作相反分录） ④子公司当年发生其他权益变动： 借：长期股权投资 　　贷：资本公积（或作相反分录）

续表

步骤	合并报表调整抵销分录
1. 将母公司长期股权投资由成本法调整为权益法核算结果（调长投）	提示：以上调整分录也可以合并为： 借：长期股权投资（子公司自购买日后净资产变动×母公司持股比例） 　　贷：年初未分配利润（子公司以前年度净损益变动×母公司持股比例） 　　　　投资收益（子公司本年净损益变动×母公司持股比例） 　　　　其他综合收益（子公司自购买日后其他综合收益变动×母公司持股比例） 　　　　资本公积（子公司自购买日后其他权益变动×母公司持股比例）
2. 抵销母公司对子公司长期股权投资与子公司所有者权益（抵权益）	借：股本（实收资本） 　　资本公积 　　其他综合收益 　　盈余公积 　　年末未分配利润 　　贷：长期股权投资 　　　　少数股东权益
3. 抵销母公司对子公司的投资收益与子公司当年的利润分配项目（抵损益）	借：投资收益 　　少数股东损益 　　年初未分配利润 　　贷：提取盈余公积 　　　　对所有者（或股东）的分配 　　　　年末未分配利润
4. 对被合并方在企业合并前实现的留存收益中归属于合并方的部分，应自合并方资本公积（资本溢价或股本溢价）转入留存收益	借：资本公积 　　贷：盈余公积（被合并方盈余公积×母公司持股比例） 　　　　未分配利润（被合并方未分配利润×母公司持股比例） 提示：假定不考虑留存收益恢复因素则无须进行该步会计处理
5. 抵销内部交易未实现的损益	详见考点"内部交易的合并处理"

> **彬哥解读**
>
> 在合并财务报表中，子公司少数股东分担的当期亏损超过了少数股东在该子公司期初所有者权益中所享有的份额的（即发生超额亏损），其余额仍应当冲减少数股东权益，即少数股东权益可以出现负数。

【例题27-8·主观题·教材】甲公司2012年1月1日以28 600万元的价格取得A公司80%的股权，A公司净资产的公允价值为35 000万元。甲公司在购买A公司过程中发生审计、评估和法律服务等相关费用120万元。上述价款均以银行存款支付。甲公司与A公司均为同一控制下的企业。A公司采用的会计政策与甲公司一致。

A公司股东权益总额为32 000万元，其中股本为20 000万元，资本公积为8 000万元，盈余公积为1 200万元，未分配利润为2 800万元。合并后，甲公司在A公司股东权益中所拥有的份额为25 600万元。

甲公司对 A 公司长期股权投资的初始投资成本为 25 600 万元。购买该股权过程中发生的审计、估值等相关费用直接计入当期损益，即计入当期管理费用。

借：长期股权投资——A 公司　　　　　　　　　　　25 600
　　管理费用　　　　　　　　　　　　　　　　　　　120
　　资本公积——资本溢价（或股本溢价）　　　　　3 000
　　贷：银行存款　　　　　　　　　（28 600+120）28 720

在本例中，对于甲公司为购买 A 公司所发生的审计及评估等费用实际上已支付给会计师事务所等中介机构，不属于甲公司与 A 公司所构成的企业集团内部交易，不涉及抵销处理的问题。编制合并日合并资产负债表时，甲公司应当进行如下抵销处理：

借：股本　　　　　　　　　　　　　　　　　　　20 000
　　资本公积　　　　　　　　　　　　　　　　　　8 000
　　盈余公积　　　　　　　　　　　　　　　　　　1 200
　　未分配利润　　　　　　　　　　　　　　　　　2 800
　　贷：长期股权投资　　　　　　　　　　　　　25 600
　　　　少数股东权益　　　　　　　　　　　　　 6 400
借：资本公积　　　　　　　　　　　　　　　　　　3 200
　　贷：盈余公积　　　　　　　　　　（1 200×80%）960
　　　　未分配利润　　　　　　　　　（2 800×80%）2 240

考点 5　内部交易的合并处理（★★★）

【做题模式】内部交易的抵销处理的万能套路见表 27-12。

表 27-12

步骤	备注
1. 确认个别报表中账务处理、相关递延所得税资产/负债处理（明确个别报表资产负债账面价值和计税基础）	—
2. 确认合并报表中账务处理、相关递延所得税资产/负债处理（明确合并报表资产负债账面价值和计税基础）	合并报表中某项资产的计税基础等于该资产所在个别报表的计税基础
3. 以合并报表的结果作为目标，从个别报表调整到合并报表	—

（一）内部商品交易的合并处理

表 27-13　　　　　　　　　内部商品交易的合并处理

内部销售收入和内部销售的抵销处理	将期初存货中未实现内部销售损益抵销	借：年初未分配利润（年初存货中未实现内部销售利润） 　　贷：营业成本
	将本期内部商品销售收入抵销	借：营业收入（本期内部商品销售产生的收入） 　　贷：营业成本

续表

内部销售收入和内部销售的抵销处理	将期末存货中未实现内部销售利润抵销	借：营业成本 　　贷：存货（期末存货中未实现内部销售损益）
存货跌价准备的合并处理	抵销上年计提的存货跌价准备（抵期初）	借：存货——存货跌价准备 　　贷：年初未分配利润
	抵销因本期销售存货结转的存货跌价准备	借：营业成本 　　贷：存货——存货跌价准备
	抵销本期补提或转回的存货跌价准备	借：存货——存货跌价准备 　　贷：资产减值损失 （抵销转回存货跌价准备则作相反分录）

> **彬哥解读**
>
> 以上是内部商品交易在合并财务报表的抵销处理，需要记牢抵销分录并能够熟练运用。抵销分录的具体推导过程在下面会详细展开说明，在你理解有关推导过程后将有助于更好地掌握该知识点。

1. 内部销售收入和内部销售成本的抵销处理

（1）购买企业内部购进的商品当期全部实现销售时的抵销处理。

【例题27-9·主观题·教材】甲公司拥有A公司70%的股权，系A公司的母公司。甲公司本期个别利润表的营业收入中有3 000万元，系向A公司销售产品取得的销售收入，该产品销售成本为2 100万元。

A公司在本期将该产品全部售出，其销售收入为3 750万元，销售成本为3 000万元，并分别在其个别利润表中列示。

对此，编制合并财务报表将内部销售收入和内部销售成本予以抵销时，应编制如下抵销分录：

　　借：营业收入　　　　　　　　　　　　　　　　　　　　　　　　3 000
　　　　贷：营业成本　　　　　　　　　　　　　　　　　　　　　　　　3 000

【做题模式1】调整（抵销）分录＝合并报表应有分录－个别报表已有分录。

个别报表	调整（抵销）分录	合并报表
甲公司： 借：银行存款　　3 000 　　贷：营业收入　　3 000 借：营业成本　　2 100 　　贷：存货　　　　2 100		企业集团： 借：银行存款　　3 750 　　贷：营业收入　　3 750 借：营业成本　　2 100 　　贷：存货　　　　2 100

续表

个别报表	调整（抵销）分录	合并报表
A公司： 借：存货　　　　　　　3 000 　　贷：银行存款　　　　　3 000 借：银行存款　　　　　　3 750 　　贷：营业收入　　　　　3 750 借：营业成本　　　　　　3 000 　　贷：存货　　　　　　　3 000		企业集团： 借：银行存款　　　　　3 750 　　贷：营业收入　　　　3 750 借：营业成本　　　　　2 100 　　贷：存货　　　　　　2 100
	合并工作底稿：将个别报表项目金额调整到合并报表应有的金额。 借：营业收入　　　3 000 　　贷：营业成本　　　3 000	

【彬哥解读】在个别报表中，甲公司确认内部销售收入 3 000 万元、结转内部销售成本 2 100 万元；A 公司以购买价款确认存货成本 3 000 万元，对外销售时确认销售收入 3 750 万元，结转销售成本 3 000 万元。

从企业集团整体来看，集团内部企业之间的商品购销活动实际上相当于一个企业内部物资调拨活动（存放地点的改变），既不会实现利润，也不会增加商品的价值。因此，企业集团只认可确认的对外销售收入 3 750 万元、结转存货成本 2 100 万元，甲公司确认的内部销售收入 3 000 万元，A 公司结转的内部销售成本 3 000 万元，应在合并工作底稿中进行抵销。

【做题模式2】内部商品销售在合并工作底稿的处理。

项目	甲	A	合计数 （个别报表）	抵销分录	合并数 （集团认可）
营业收入	3 000	3 750	6 750	3 000	3 750
营业成本	2 100	3 000	5 100	3 000	2 100
存货					

（2）购买企业内部购进的商品未实现对外销售时的抵销处理。

【例题27-10·主观题·教材】甲公司系 A 公司的母公司。甲公司本期个别利润表的营业收入中有 2 000 万元，系向 A 公司销售商品实现的收入，其商品成本为 1 400 万元，销售毛利率为 30%。

A 公司本期从甲公司购入的商品在本期均未实现销售，期末存货中包含有 2 000 万元从甲公司购进的商品，该存货中包含的未实现内部销售损益为 600 万元。

编制合并利润表时，将内部销售收入、内部销售成本及存货价值中包含的未实现内部销售损益抵销时，其抵销分录如下：

借：营业收入	2 000
贷：营业成本	1 400
存货	600

【做题模式】内部商品销售在合并工作底稿的处理。

项目	甲	A	合计数（个别报表）	抵销分录	合并数（集团认可）
营业收入	2 000		2 000	2 000	0
营业成本	1 400		1 400	1 400	0
存货		2 000	2 000	600	1 400

（3）内部购销，一部分对外售出，一部分形成存货。

【例题27-11·主观题·教材】甲公司本期个别利润表的营业收入中有5 000万元，系向A公司销售产品取得的销售收入，该产品销售成本为3 500万元，销售毛利率为30%。

A公司在本期将该批内部购进商品的60%实现销售，其销售收入为3 750万元，销售成本为3 000万元，销售毛利率为20%，并列示于其个别利润表中；该批商品的另外40%则形成A公司期末存货，即期末存货为2 000万元，列示于A公司的个别资产负债表之中。

方法一：拆分处理，即60%部分当期全部实现销售，40%部分未实现对外销售。

①60%的部分（已经对外售出）。

内部销售收入=5 000×60%=3 000（万元）

内部销售成本=3 500×60%=2 100（万元）

抵销分录如下：

借：营业收入	3 000
贷：营业成本	3 000

②40%的部分（未对外售出）。

内部销售收入=5 000×40%=2 000（万元）

内部销售成本=3 500×40%=1 400（万元）

抵销分录如下：

借：营业收入	2 000
贷：营业成本	1 400
存货	600

以上2笔分录可以合并为：

借：营业收入	5 000
贷：营业成本	4 400
存货（期末存货未实现的内部损益）	600

方法二：先假设都销售出去，再抵销未实现的内部销售损益。
①先抵销本期内部销售收入：
借：营业收入　　　　　　　　　　　　　　　　　　　　　　　5 000
　　贷：营业成本　　　　　　　　　　　　　　　　　　　　　　　　　5 000
②再抵销期末存货中包含的未实现内部销售损益：
借：营业成本　　　　　　　　　　　　　　　　　　　　　　　　600
　　贷：存货　　　　　　　　　　　　　　[（5 000 – 3 500）×40%］600

（4）连续编制合并报表时内部销售商品的合并处理。即上年发生内部销售存货，本期编制合并报表抵销分录。

表 27-14

第 1 年	第 2 年
①抵销本年内部销售收入和内部销售成本： 借：营业收入 　　贷：营业成本	①抵销上年内部销售收入和内部销售成本： 借：年初未分配利润 　　贷：年初未分配利润（可以不做）
②抵销本年存货中未实现内部交易损益： 借：营业成本 　　贷：存货	②抵销年初存货中未实现内部交易损益： 借：年初未分配利润 　　贷：营业成本 提示：假定上期存货中包含的未实现内部销售损益在本期实现，将上期未实现内部销售损益转为本期实现利润，冲减当期的合并销售成本
—	③抵销本年内部销售收入和内部销售成本： 借：营业收入 　　贷：营业成本
—	④抵销本年存货中未实现内部交易损益： 借：营业成本 　　贷：存货

【例题27-12·主观题·教材】 上期甲公司与A公司内部购销资料、内部销售的抵销处理及其合并工作底稿（局部）见〖例题27-11〗（即：甲公司向A公司销售产品，收入5 000万元，成本3 500万元，A公司实现对外销售60%，对外销售收入3 750万元，其余40%形成存货）。

本期甲公司的个别财务报表中向A公司销售商品取得销售收入6 000万元，销售成本4 200万元，甲公司本期销售毛利率与上期相同为30%。

A公司个别财务报表中从甲公司购进商品本期实现对外销售收入为5 625万元，销售成本为4 500万元，销售毛利率为20%（无关条件）。

期末内部购进形成的存货为 3 500 万元（期初存货 2 000 万元 + 本期购进存货 6 000 万元 - 本期销售成本 4 500 万元），存货价值中包含的未实现内部销售损益为 1 050 万元（3 500 × 30%）。

【答案】

上期〖例题 27-11〗	本期〖例题 27-12〗
①借：营业收入　　　　5 000 　　贷：营业成本　　　　　5 000	①抵销上年内部销售收入和内部销售成本： 借：年初未分配利润　　　　5 000 　　贷：年初未分配利润　　　　　5 000 （可以不做）
②借：营业成本　　　　600 　　贷：存货　　　　　　　600	②抵销年初存货中未实现内部交易损益： 借：年初未分配利润　　　　600 　　贷：营业成本　　　　　　600
	③抵销本年的内部销售收入和内部销售成本： 借：营业收入　　　　6 000 　　贷：营业成本　　　　　6 000
	④抵销本年存货中未实现内部交易损益： 借：营业成本　　　　1 050 　　贷：存货　　　　　　　1 050

2. 存货跌价准备的合并处理

（1）初次编制合并财务报表时存货跌价准备的合并处理。

表 27-15

做题步骤	备注
确认**个别报表中应计提的存货跌价准备**	个别报表账面价值 = 内部销售价格 个别报表可变现净值：题目已知条件
确认**合并报表中应计提的存货跌价准备**	合并报表账面价值 = 内部销售成本 合并报表可变现净值 = 个别报表可变现净值
以**合并报表的结果作为目标**，从个别报表调整到合并报表	调整金额 = 合并报表应有金额 - 个别报表已有金额

【例题 27-13·主观题·教材】甲公司向子公司（乙公司）销售一批存货，该批存货的成本为 600 万元，销售价格为 1 000 万元。因此，该批存货在乙公司的个别财务报表的账面价值是 1 000 万元，但是合并报表的账面价值是 600 万元，我们来画图看看：

```
                            ───── 1 000万元  乙公司个别报表
      400万元缓冲
      只要减值不超过400万元
      不会伤及合并报表
                            ───── 600万元   合并报表
```

从上图我们可以看出，个别报表的账面价值是 1 000 万元，合并报表的账面价值是 600 万元，个别报表的存货跌价幅度只要不超过 400 万元，并不会导致合并报表的账面价值减值，因此在合并报表看来，只要在 400 万元内的存货跌价准备都不是真的跌价，都应该全额转回。

假设乙公司认为存货的市场价格下跌，确认了 200 万元的存货跌价准备。

乙公司的个别财务报表处理：

借：资产减值损失　　　　　　　　　　　　　　　　　　　　　　　　200
　　贷：存货跌价准备　　　　　　　　　　　　　　　　　　　　　　　　200

合并报表就要做一个反分录：

借：存货——存货跌价准备　　　　　　　　　　　　　　　　　　　　200
　　贷：资产减值损失　　　　　　　　　　　　　　　　　　　　　　　　200

假设乙公司认为存货的市场价格下跌，确认了 500 万元的存货跌价准备。

乙公司个别财务报表的处理：

借：资产减值损失　　　　　　　　　　　　　　　　　　　　　　　　500
　　贷：存货跌价准备　　　　　　　　　　　　　　　　　　　　　　　　500

合并报表认为 400 万元的存货跌价准备应该转回，多的 100 万元确实减值了：

借：存货——存货跌价准备　　　　　　　　　　　　　　　　　　　　400
　　贷：资产减值损失　　　　　　　　　　　　　　　　　　　　　　　　400

根据以上分析过程，可以总结得出：

情形	存货跌价准备的处理
1. 购买企业本期期末内部购进存货的可变现净值低于其取得成本，但高于销售企业销售成本	全部冲回
2. 购买企业本期期末内部购进存货的可变现净值既低于该存货的取得成本，也低于销售企业的该存货的取得成本	部分冲回

【例题 27 - 14·主观题】 甲公司为 A 公司的母公司。甲公司本期向 A 公司销售商品 2 000 万元，其销售成本为 1 400 万元，并以此在其个别利润表中列示。A 公司购进的该商品当期全部未实现对外销售而形成期末存货；期末对存货进行检查时，发现该存货已经部分陈旧，其可变现净值降至 1 320 万元。为此，A 公司期末对该存货计提存货跌价准备 680 万元。

在编制本期合并财务报表时，应进行如下抵销处理：

（1）将内部销售收入与内部销售成本抵销：

借：营业收入　　　　　　　　　　　　　　　　　　　　　　　　　　2 000
　　贷：营业成本　　　　　　　　　　　　　　　　　　　　　　　　　　2 000

(2) 将内部销售形成的存货价值中包含的未实现内部销售损益抵销：

借：营业成本　　　　　　　　　　　　　　　　　　　　　　　600
　　贷：存货　　　　　　　　　　　　　　　　　　　　　　　　600

(3) 将A公司本期计提的存货跌价准备中相当于未实现内部销售利润的部分抵销：

借：存货——存货跌价准备　　　　　　　　　　　　　　　　　600
　　贷：资产减值损失　　　　　　　　　　　　　　　　　　　　600

【做题模式】存货跌价准备抵销处理。

	账面价值	可变现净值	计提存货跌价准备	分录
个别报表	2 000	1 320	680	借：资产减值损失　　680 　　贷：存货——存货跌价准备　　680
合并报表	1 400	1 320	80	借：资产减值损失　　80 　　贷：存货——存货跌价准备　　80
抵销分录			−600	借：存货——存货跌价准备　　600 　　贷：资产减值损失　　600

(2) 连续编制合并财务报表时存货跌价准备的合并处理（跨年抵销）。

①抵销**上期**个别报表多计提的存货跌价准备：

借：存货
　　贷：年初未分配利润

②抵销**本期**个别报表因对外销售存货多结转的存货跌价准备：

借：营业成本
　　贷：存货

③抵销**本期**个别报表多计提或转回的存货跌价准备：

借：存货
　　贷：资产减值损失

(抵销转回存货跌价准备则作相反分录)

> **彬哥解读**
>
> (1) 存货减值测试是比较成本与可变现净值，个别报表成本是购入方的购买价格（即销售方的销售价格），合并报表的成本是销售方的成本。只要可变现净值没有低于合并报表的成本，合并报表就不会发生减值。
>
> (2) 合并报表的抵销，不是直接抵销期末余额的差异，而是要进行追溯调整，即先抵销期初差异，再抵销本期发生额的差异。

【例题27-15·主观题·教材】 甲公司是乙公司的母公司，2011年甲公司销售商品给乙公司，售价100万元，成本60万元，乙公司购入后当年并未售出，年末该存货的可变现净值为70万元。

2012年乙公司将上年购入的商品对外出售50%，年末商品的可变现净值为26万元。

要求：

（1）编制2011年合并报表与存货相关的抵销分录。

（2）编制2012年合并报表与存货相关的抵销分录。

【答案】

（1）编制2011年合并报表与存货相关的抵销分录。

①抵销内部销售收入和内部销售成本：

借：营业收入	100
贷：营业成本	100
借：营业成本	40
贷：存货	40

②抵销个别报表多计提的存货跌价准备：

借：存货	30
贷：资产减值损失	30

【分析过程】 存货跌价准备抵销处理：

	账面价值	可变现净值	计提存货跌价准备	分录
个别报表	100	70	30	借：资产减值损失　　30 　　贷：存货——存货跌价准备　30
合并报表	60	70	0	无
抵销分录			-30	借：存货——存货跌价准备　30 　　贷：资产减值损失　　30

（2）编制2012年合并报表与存货相关的抵销分录。

①抵销内部销售收入和内部销售成本：

借：年初未分配利润	40
贷：营业成本	40
借：营业成本	20
贷：存货 （40×50%）	20

②抵销存货跌价准备：

抵销上年多计提的存货跌价准备。

借：存货	30
贷：年初未分配利润	30

③抵销本期多结转的存货跌价准备：
借：营业成本　　　　　　　　　　　　　　　　　　　　　　　　　　15
　　贷：存货　　　　　　　　　　　　　　　　　　　　　　　　　　　　15
④抵销本期期末个别报表多计提的存货跌价准备：
借：存货　　　　　　　　　　　　　　　　　　　　　　　　　　　　5
　　贷：资产减值损失　　　　　　　　　　　　　　　　　　　　　　　　5

关于存货跌价准备抵销分录的分析过程

存货跌价准备	期初余额	本期销售结转	本期计提或转回	期末余额
个别报表	30	−15	+9	24
合并报表	0	0	+4	4
抵销金额	−30	+15	−5	−20

（二）内部债权债务的合并处理

表27−16　　　　　　　　　内部债权债务的合并处理

1. 内部债权债务项目本身的抵销		借：债务类项目 　　贷：债权类项目
2. 内部投资收益（利息收入）和利息费用的抵销		借：投资收益 　　贷：财务费用（在建工程等）
3. 内部应收账款计提坏账准备的抵销	抵销坏账准备的期初数	借：应收账款——坏账准备 　　贷：年初未分配利润
	将本期计提（或冲回）的坏账准备数额抵销	借：应收账款——坏账准备 　　贷：信用减值损失 （或作相反分录）

表27−17　　　　　　　　　内部债权债务的合并处理

步骤	备注
1. 确认**个别报表中账务处理**	债权方：确认债权资产，可能还计提或转回坏账准备和递延所得税资产。 债务方：确认负债
2. 确认**合并报表中账务处理**	企业集团：发生内部债权债务，只是集团内部资金运动，不会增加集团的资产和负债；既然不存在债权资产，那就更不存在因债权资产衍生出来的坏账以及递延所得税资产**（统统不认可）**
3. 以**合并报表的结果作为目标**，从个别报表调整到合并报表	**直接反冲**个别报表确认的内部债权和债务、计提或转回的坏账、确认的递延所得税资产

1. 内部债权债务项目本身的抵销

在编制合并资产负债表时，需要进行抵销处理的内部债权债务项目主要包括：（1）应收账款与应付账款；（2）应收票据与应付票据；（3）预付账款与预收账款；（4）长期债券投资与应付债券；（5）应收股利与应付股利；（6）其他应收款与其他应付款。

抵销分录为：

借：债务类项目

　　贷：债权类项目

2. 内部应收账款计提坏账准备的抵销

在应收账款采用备抵法核算其坏账损失的情况下，某一会计期间坏账准备的数额是以当期应收账款为基础计提的。在编制合并财务报表时，随着内部应收账款的抵销，也需将与此相联系的内部应收账款计提的坏账准备抵销。其抵销程序如下：

首先抵销坏账准备的期初数，抵销分录为：

借：应收账款——坏账准备

　　贷：年初未分配利润

然后将本期计提（或冲回）的坏账准备数额抵销，抵销分录与计提（或冲回）分录借贷方向相反。

即：借：应收账款——坏账准备

　　　　贷：信用减值损失

或：借：信用减值损失

　　　　贷：应收账款——坏账准备

以上总结为：先抵期初，再抵销本期发生。

【例题27-16·主观题】甲公司是A公司的母公司，2014年12月31日甲公司个别资产负债表应收账款中有475万元为应收A公司货款，该应收账款账面余额为500万元，甲公司当年计提坏账准备25万元。

甲公司在编制合并报表时，应将内部应收账款与应付账款相互抵销，同时，还应将内部应收账款计提的坏账准备予以抵销。

其抵销分录为：

①抵销内部债权债务本身：

借：应付账款　　　　　　　　　　　　　　　　　　　　　　500

　　贷：应收账款　　　　　　　　　　　　　　　　　　　　　　500

②抵销计提的坏账准备：

借：应收账款——坏账准备　　　　　　　　　　　　　　　　　25

　　贷：信用减值损失　　　　　　　　　　　　　　　　　　　　　25

分析：调整（抵销分录）=合并报表应有分录－个别报表已有分录。

个别报表	调整（抵销）分录	合并报表
甲公司： 借：应收账款　　　　　500 　　贷：××××　　　　　　　500 借：信用减值损失　　　　25 　　贷：应收账款——坏账准备　　25 A公司： 借：××××　　　　　　500 　　贷：应付账款　　　　　　500		无
	合并工作底稿：将个别报表项目金额调整到合并报表应有的金额（此处直接反冲）。 借：应付账款　　　　　　500 　　贷：应收账款　　　　　　　500 借：应收账款——坏账准备　　25 　　贷：信用减值损失　　　　　25	

【例题27-17·主观题】 接〖例题27-16〗，甲公司是A公司的母公司，2014年12月31日甲公司个别资产负债表应收账款中有475万元为应收A公司货款，该应收账款账面余额为500万元，甲公司当年计提坏账准备25万元。

2015年12月31日该笔内部应收账款仍未收回，甲公司补提坏账准备5万元。

甲公司在编制2015年合并财务报表时，应对内部债权债务进行如下抵销处理。

抵销分录为：

①抵销内部债权债务本身：

借：应付账款　　　　　　　　　　　　　　　　　　　500
　　贷：应收账款　　　　　　　　　　　　　　　　　　　500

②抵销期初计提的坏账准备：

借：应收账款——坏账准备　　　　　　　　　　　　　25
　　贷：年初未分配利润　　　　　　　　　　　　　　　　25

③抵销本期补提的坏账准备：

借：应收账款——坏账准备　　　　　　　　　　　　　5
　　贷：信用减值损失　　　　　　　　　　　　　　　　　5

【做题模式】 内部应收账款计提坏账准备的抵销。

坏账准备	期初余额	本期计提或转回	期末余额
个别报表	25	+5	30
合并报表	—	—	—
抵销金额	-25	-5	

或者：

上年	本年
①抵销本年应收账款与应付账款： 借：应付账款　　　　500 　　贷：应收账款　　　　　500	①抵销本年应收账款与应付账款： 借：应付账款　　（只抵销本期期末数）500 　　贷：应收账款　　　　　　　　　500
②抵销本年坏账准备与信用减值损失： 借：应收账款——坏账准备　25 　　贷：信用减值损失　　　　　25	②抵销上期计提的坏账准备（抵期初）： 借：应收账款——坏账准备　25 　　贷：年初未分配利润　　　　25
	③抵销本年确认的（或冲减的）坏账准备（抵本期发生）： 借：应收账款——坏账准备　　5 　　贷：信用减值损失　　　　　　5

（三）内部固定资产交易的合并处理

1. 未发生固定资产清理的内部交易固定资产的抵销

表 27－18

抵销期初固定资产原价中未实现内部损益	借：年初未分配利润 　　贷：固定资产——原价（内部销售固定资产时售价与账面价值的差额）
抵销期初累计多提折旧	借：固定资产——累计折旧（以前期间累计多提折旧） 　　贷：年初未分配利润
抵销本期购入的固定资产原价中未实现内部销售损益（如有）	①销售方销售产品或商品，购买方作为固定资产： 借：营业收入（内部销售价格） 　　贷：营业成本（内部销售成本） 　　　　固定资产——原价（差额） ②销售方销售固定资产，购买方作为固定资产： 借：资产处置收益（销售价格－账面价值） 　　贷：固定资产——原价
抵销本期多提折旧	借：固定资产——累计折旧（本期多提折旧） 　　贷：管理费用

【例题 27－18·主观题】甲公司系乙公司的母公司。2018 年 1 月 1 日，甲公司将生产的机器设备出售给乙公司，设备成本为 100 万元，销售价格为 300 万元。乙公司购入设备后作为管理用固定资产，预计使用年限为 10 年，残值为 0，按直线法计提折旧。为了简化计算，当年折旧按 12 个月计算。

2018 年合并报表调整抵销分录为：

借：营业收入　　　　　　　　　　　　　　　　　　　　　　　　　　　300

    贷：营业成本　　　　　　　　　　　　　　　　　　　　　　　100
        固定资产——原价　　　　　　　　　　　　　　　　　200
借：固定资产——累计折旧　　　　　　　　　　　　　　　　　　20
    贷：管理费用　　　　　　　　　　　　　　　　　　　　　　　20

【做题模式1】 调整（抵销）分录＝合并报表应有分录－个别报表已有分录。

个别报表	调整（抵销）分录	合并报表
甲公司：销售存货。 借：银行存款　　　300 　　贷：营业收入　　　300 借：营业成本　　　100 　　贷：存货　　　　　100 乙公司：购买固定资产并使用。 借：固定资产　　　300 　　贷：银行存款　　　300 借：管理费用　　　30 　　贷：固定资产——累计折旧　30		企业集团：领用自产产品作为管理用固定资产。 借：固定资产　　　100 　　贷：存货　　　　　100 借：管理费用　　　10 　　贷：固定资产——累计折旧　10
	合并工作底稿：将个别报表项目金额调整到合并报表应有的金额。 借：营业收入　　　300 　　贷：营业成本　　　100 　　　　固定资产　　　200 借：固定资产——累计折旧　20 　　贷：管理费用　　　20	

【做题模式2】 内部固定资产交易在合并工作底稿的处理。

		甲	乙	合计金额	抵销分录	合并金额
营业收入		300		300	300	0
营业成本		100		100	100	0
固定资产	原价		300	300	200	100
	累计折旧		30	30	20	10
管理费用			30	30	20	10

2019年调整抵销分录为：

借：年初未分配利润　　　　　　　　　　　　　　　　　　　　200
　　贷：固定资产——原价　　　　　　　　　　　　　　　　　200
借：固定资产——累计折旧　　　　　　　　　　　　　　　　　20
　　贷：年初未分配利润　　　　　　　　　　　　　　　　　　20
借：固定资产——累计折旧　　　　　　　　　　　　　　　　　20
　　贷：管理费用　　　　　　　　　　　　　　　　　　　　　20

2. 发生固定资产清理的内部交易固定资产的抵销

把未发生固定资产清理的调整抵销分录中"固定资产"替换为"**资产处置收益**"即可。

表 27-19

抵销期初固定资产原价中未实现内部销售利润	借：年初未分配利润 贷：**资产处置收益**（期初固定资产原价中未实现内部销售利润）
抵销期初累计多提折旧	借：**资产处置收益**（以前期间累计多提折旧） 贷：年初未分配利润
抵销本期多提折旧	借：**资产处置收益**（本期多提折旧） 贷：管理费用

【例题 27-19·主观题】A 公司和 B 公司为甲公司控制下的两个子公司。A 公司于 2011 年 1 月 1 日，将自己生产的产品销售给 B 公司作为固定资产使用，A 公司销售该产品的销售收入为 1 680 万元，销售成本为 1 200 万元。B 公司以 1 680 万元的价格作为该固定资产的原价入账。

B 公司购买的该固定资产用于公司的行政管理，该固定资产属于不需要安装的固定资产，当月投入使用，其折旧年限为 4 年，预计净残值为 0。

为简化合并处理，假定该内部交易固定资产在交易当年按 12 个月计提折旧。

B 公司于 2013 年 12 月（过了 3 年）对该内部交易固定资产进行清理处置，在对其清理过程中取得清理净收益 25 万元。

要求：请编写 2011 年、2012 年、2013 年编制合并财务报表时的抵销分录。

【答案】

2011 年（第 1 年）	2012 年（第 2 年）	2013 年（第 3 年——报废当年）
①抵销本期固定资产内部交易未实现损益： 借：营业收入　　1 680 　贷：营业成本　　1 200 　　　固定资产——原价　480	①抵销未实现的内部交易损益： 借：年初未分配利润　480 　贷：固定资产原价　480	①抵销未实现的内部交易损益： 借：年初未分配利润　480 　贷：资产处置收益　480
②抵销本期（第 1 年）多提的折旧： 借：固定资产——累计折旧 　　　　　　　　120 　贷：管理费用　　120	②抵销第 1 年多提的折旧： 借：固定资产——累计折旧 　　　　　　　　120 　贷：年初未分配利润　120	②抵销前 2 年多提的折旧： 借：资产处置收益　240 　贷：年初未分配利润　240
	③抵销本年（第 2 年）多提的折旧： 借：固定资产——累计折旧 　　　　　　　　120 　贷：管理费用　　120	③抵销本年（第 3 年）多提的折旧： 借：资产处置收益　120 　贷：管理费用　　120

(四) 内部无形资产交易的合并处理

表 27-20

1. 将期初无形资产原价中未实现内部销售利润抵销	借：年初未分配利润 贷：无形资产——原价（期初无形资产原价中未实现内部销售利润）
2. 将期初累计多提摊销抵销	借：无形资产——累计摊销（以前期间累计多提摊销） 贷：年初未分配利润
3. 将本期购入的无形资产原价中未实现内部销售利润抵销	借：资产处置收益 贷：无形资产——原价
4. 将本期多提摊销抵销	借：无形资产——累计摊销（本期多提摊销） 贷：管理费用

> **彬哥解读**
> 内部无形资产交易的合并处理，基本与内部固定资产交易合并处理相同。

考点6 长期股权投资转换在合并报表中的处理（★★★）

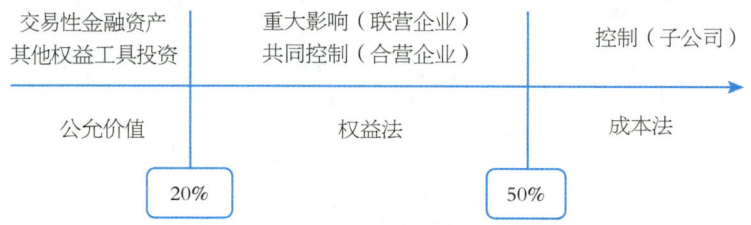

图 27-1

核心总结：1 个原则（跨界），2 张报表（个别+合并），6 种情形（3 增 3 减）。

（一）1 个原则：跨界

个别报表：看科目，科目改变就跨界，要视同销售，按照先卖（原股权投资）后买（新股权投资）来处理。

合并报表：看控制，控制权改变就跨界，要视同销售，按照先卖（原股权投资）后买（新股权投资）来处理。

（二）2 张报表+6 种情形

表 27-21

项目	个别报表	合并报表	合并抵销
①金融资产→权益法	跨界 长投成本=公允（原）+公允（新）	不涉及	不涉及

第二十七章 合并财务报表

续表

项目	个别报表	合并报表	合并抵销
②金融资产→成本法	跨界 长投成本=公允（原）+公允（新）	跨界 合并成本=公允（原）+公允（新）	不涉及
③权益法→成本法	未跨界：保持原投资账面不变 长投成本=账面（原）+公允（新）	跨界 （相当于先全部卖掉原来投资，再加上新对价买回全部长投）	①按购买日**公允**重新计量原投资，差额计入**投资收益**。 ②结转**其他综合收益、资本公积**
④成本法→权益法	未跨界 出售部分：差额计入投资收益 剩余部分：按**权益法**进行追溯调整	跨界 投资收益=售价与账面价值之差+结转的其他综合收益、资本公积 （相当于先卖掉全部长投（合并报表按权益法核算），再按公允价值买回剩余投资）	①按购买日**公允**重新计量剩余投资，差额计入**投资收益**。 ②结转**其他综合收益、资本公积**。 ③对个别报表确认的**投资收益进行调整**
⑤成本法→金融资产	跨界 出售部分：差额计入投资收益 剩余部分：视同出售，按**公允**重新计量		①结转**其他综合收益、资本公积**。 ②对个别报表确认的**投资收益进行调整**
⑥权益法→金融资产	跨界 出售部分：差额计入投资收益 剩余部分：视同出售，按**公允**重新计量	不涉及	不涉及

> **彬哥解读**
> （1）合并报表对子公司投资是按照权益法核算。
> （2）调整抵销原理。
>   调整分录=应有分录（合并报表的处理）-已有分录（个别报表处理）
> 即先把按合并报表要求处理的分录写出来，再减去按个别报表要求处理的分录，经过整理后，就是考试要编写的调整抵销分录。

（三）经典例题

1. 成本法转权益法

【例题27-20·主观题·教材】2018年1月1日甲公司支付600万元取得100%的股权，投资当时乙公司可辨认净资产的公允价值为500万元，商誉为100万元。2018年1月1日至2018年12月31日，乙公司的净资产增加了75万元，其中按购买日公允价值计算实现的净利润为50万元，持有的以公允价值计量且其变动计入其他综合收益（债务工具）的公允价值升值25万元。2019年1月8日甲公司转让乙公司60%的股权，收取现金480万元存入银行，转让后甲公司对乙公司的持股比例为40%，能够对其施加重大影响。2019年1月8日，即甲公司丧失对乙公司的控制权日，乙公司剩余40%股权的公允价值为320万元。假定甲、乙公司提取盈余公积的比例均为10%。假定乙公司未分配现金股利，并不考虑其他因素。

要求：写出甲公司在其个别财务报表和合并财务报表中的账务处理。

【答案及解析】

①甲公司个别财务报表的会计处理如下：

2019年1月8日确认部分股权处置损益：

借：银行存款　　　　　　　　　　　　　　　　　　　　　　480
　　贷：长期股权投资　　　　　　　　　　　　（600×60%）360
　　　　投资收益　　　　　　　　　　　　　　　　　　　　120

对剩余股权改按权益法核算：

借：长期股权投资　　　　　　　　　　　　　　　　　　　　30
　　贷：盈余公积　　　　　　　　　　　　（50×40%×10%）2
　　　　利润分配——未分配利润　　　　　（50×40%×90%）18
　　　　其他综合收益　　　　　　　　　　　　（25×40%）10

②甲公司合并财务报表的会计处理如下：

将剩余股权的账面价值调整为公允价值：

借：长期股权投资　　　　　　　　　　　　　　　　　　　　320
　　贷：长期股权投资　　　　　　　　　　　　　　　　　　270
　　　　投资收益　　　　　　　　　　　　　　　　　　　　50

对个别财务报表中确认的处置股权的投资收益归属期间进行调整：

借：投资收益　　　　　　　　　　　　　　　（75×60%）45
　　贷：盈余公积　　　　　　　　　　　　（50×60%×10%）3
　　　　未分配利润　　　　　　　　　　　（50×60%×90%）27
　　　　其他综合收益　　　　　　　　　　　　（25×60%）15

将与原投资相关的其他综合收益转入当期损益：

借：其他综合收益　　　　　　　　　　　　　　　　　　　　25
　　贷：投资收益　　　　　　　　　　　　　　　　　　　　25

【补充】合并报表调整抵销分录的推导过程。

	应有分录（合并报表）	已有分录（个别报表）	调整分录（应有－已有）
处置部分（60%）	按权益法核算。 ①持有期间确认净资产变动： 借：长期股权投资　　45 　　贷：盈余公积 　　　　（50×60%×10%）3 　　　　未分配利润 　　　　（50×60%×90%）27 　　　　其他综合收益 　　　　　（25×60%）15 ②出售确认投资收益： 借：银行存款　　　480 　　贷：长期股权投资 　　　　（360+45）405 　　　　投资收益　　75	按成本法核算。 ①持有期间保持账面价值不变： 无 ②出售确认投资收益： 借：银行存款　　480 　　贷：长期股权投资　360 　　　　投资收益　　120	借：投资收益　45 　　贷：盈余公积　　3 　　　　未分配利润 　　　　　　　27 　　　　其他综合收益 　　　　　　　15 （即对个别报表确认的投资收益进行调整）

续表

	应有分录（合并报表）	已有分录（个别报表）	调整分录（应有－已有）
剩余部分（40%）	按权益法核算。 ①持有期间确认净资产变动： 借：长期股权投资　30 　贷：盈余公积 　　（50×40%×10%）2 　　未分配利润 　　（50×40%×90%）18 　　其他综合收益 　　（25×40%）10 ②视同出售，确认投资收益： 借：长期股权投资　320 　贷：长期股权投资 　　（240+30）270 　　投资收益　　50	按权益法进行追溯调整。 ①持有期间确认净资产变动： 借：长期股权投资　30 　贷：盈余公积　　2 　　未分配利润　18 　　其他综合收益　10 ②不视同出售： 无	借：长期股权投资 　　　　　　320 　贷：长期股权投资 　　　　　　270 　　投资收益　　50 （即对个别报表剩余股权投资按公允价值重新计量，差额计入投资收益）
持有期间确认的其他综合收益	借：其他综合收益　25 　贷：投资收益　　25	按成本核算，无其他综合收益的确认与结转	借：其他综合收益 　　　　　　　25 　贷：投资收益　　25 （结转合并报表持有期间确认的其他综合收益、资本公积）

2. 权益法转成本法

【例题27-21·主观题·2020年】2017年至2018年，甲公司发生的相关交易或事项如下：

（1）甲公司持有乙公司20%股权，能够对乙公司施加重大影响。2017年1月1日，甲公司对乙公司股权投资的账面价值为4 000万元，其中投资成本为3 200万元，损益调整为500万元，以后期间可转入损益的其他综合收益为300万元。取得乙公司20%股权时，乙公司各项可辨认资产、负债的公允价值与其账面价值相同。

2017年度，乙公司实现净利润1 800万元，分配现金股利1 200万元，无其他所有者权益变动事项。

（2）2017年12月10日，甲公司与丙公司签订股权转让协议，协议约定：甲公司以发行本公司普通股为对价，受让丙公司所持的乙公司35%股权；双方同意以2017年11月30日经评估乙公司全部股权公允价值15 000万元为依据，确定乙公司35%股权的转让价格为5 250万元，由甲公司以5元/股的价格向丙公司发行1 050万股本公司普通股作为支付对价。

2018年1月1日，甲公司向丙公司定向发行本公司普通股1 050万股，丙公司向甲公司交付乙公司35%股权，发行股份的登记手续以及乙公司股东的变更登记手续已办理完成。当日，甲公司对乙公司董事会进行改选，改选后甲公司能够控制乙公司的相关活动。购买日，甲公司股票的公允价值为7.5元/股，原持有乙公司20%股权的公允价值为4 500万元；

乙公司净资产的账面价值为14 000万元（其中股本为8 000万元，盈余公积为2 000万元，未分配利润为4 000万元），可辨认净资产的公允价值为16 000万元，除一项固定资产的公允价值大于其账面价值2 000万元外，其他各项资产、负债的公允价值与账面价值相同。

其他有关资料：第一，在取得乙公司35%股权前，甲公司与丙公司不存在关联方关系。第二，甲公司与乙公司之间未发生内部交易。第三，本题不考虑税费及其他因素。

要求：

（1）根据资料（1），编制甲公司2017年对乙公司股权投资进行权益法核算的会计分录，计算甲公司对乙公司股权投资2017年12月31日的账面价值。

（2）根据资料（2），编制甲公司取得乙公司35%股权的会计分录，计算甲公司取得股权日在其个别财务报表中对乙公司股权投资的账面价值。

（3）根据上述资料，判断甲公司合并乙公司的企业合并类型，并说明理由；如为非同一控制下企业合并，说明购买日，计算甲公司购买乙公司的合并成本和商誉，并编制甲公司购买日在合并财务报表中的调整和抵销分录。

【答案】

（1）

借：长期股权投资——损益调整　　　　　　　　　　　　　360
　　贷：投资收益　　　　　　　　　　　　　　　　　　　　　360
借：应收股利　　　　　　　　　　　　　　　　　　　　　　240
　　贷：长期股权投资——损益调整　　　　　　　　　　　　　240

2017年12月31日甲公司对乙公司股权投资的账面价值 = 4 000 + 360 - 240 = 4 120（万元）。

（2）

借：长期股权投资　　　　　　　　　　　　　（1 050×7.5）7 875
　　贷：股本　　　　　　　　　　　　　　　　（1 050×1）1 050
　　　　资本公积　　　　　　　　　　　　　（7 875 - 1 050）6 825

对乙公司股权投资的账面价值 = 4 120 + 7 875 = 11 995（万元）。

（3）

企业合并类型：属于非同一控制下企业合并。

理由：甲公司与丙公司在该项交易发生前不存在关联方关系；不存在交易发生前后均对参与合并各方实施最终控制的一方。

购买日：2018年1月1日。

理由：甲公司对乙公司董事会进行改选，改选后能够控制乙公司。

企业合并成本 = 7.5×1 050 + 4 500 = 12 375（万元）。

商誉 = 12 375 - （16 000×55%）= 3 575（万元）。

①调子公司资产和负债：账面价值→公允价值：

借：固定资产　　　　　　　　　　　　　　　　　　　　　2 000
　　贷：资本公积　　　　　　　　　　　　　　　　　　　　　　2 000

②调母公司长期股权投资：

按购买日公允价值重新计量原来股权投资，公允价值与账面价值差额计入投资收益。

借：长期股权投资　　　　　　　　　　　　　　　　　　　　380
　　贷：投资收益　　　　　　　　　　　　　　（4 500 - 4 120）380

结转原股权投资持有期间确认的其他综合收益、资本公积。

借：其他综合收益　　　　　　　　　　　　　　　　　　　　300
　　贷：投资收益　　　　　　　　　　　　　　　　　　　　　　300

③抵销母公司长期股权投资和子公司所有者权益：

借：股本　　　　　　　　　　　　　　　　　　　　　　　8 000
　　资本公积　　　　　　　　　　　　　　　　　　　　　　2 000
　　盈余公积　　　　　　　　　　　　　　　　　　　　　　2 000
　　未分配利润　　　　　　　　　　　　　　　　　　　　　4 000
　　商誉　　　　　　　　　　　　　　　　　　　　　　　　3 575
　　贷：长期股权投资　　　　　　　　　　　　　　　　　　12 375
　　　　少数股东权益　　　　　　　　　　　　　　　　　　　7 200

3. 权益法转金融资产

【例题 27-22·主观题·2019 年】 甲公司没有子公司，不需要编制合并财务报表。甲公司相关年度发生与投资有关的交易或事项如下：

（1）2017 年 1 月 1 日，甲公司通过发行普通股 2 500 万股（每股面值 1 元）取得乙公司 30% 股权，能够对乙公司施加重大影响。甲公司所发行股份的公允价值为 6 元/股，甲公司取得投资时乙公司可辨认净资产的账面价值为 50 000 万元，公允价值为 55 000 万元，除 A 办公楼外，乙公司其他资产及负债的公允价值与其账面价值相同。A 办公楼的账面余额为 30 000 万元，已计提折旧 15 000 万元，公允价值为 20 000 万元。乙公司对 A 办公楼采用年限平均法计提折旧，该办公楼预计使用 40 年，已使用 20 年，自甲公司取得乙公司投资后尚可使用 20 年，预计净残值为零。

（2）2017 年 6 月 3 日，甲公司以 300 万元的价格向乙公司销售产品一批，该批产品的成本为 250 万元。至 2017 年末，乙公司已销售上述从甲公司购入产品的 50%，其余 50% 产品尚未销售形成存货。

2017 年度，乙公司实现净利润 3 600 万元，因分类为以公允价值计量且其变动计入其他综合收益的金融资产公允价值变动而确认的其他综合收益 100 万元。

（3）2018年1月1日，甲公司以12 000万元的价格将所持乙公司15%股权予以出售，款项已存入银行。出售上述股权后，甲公司对乙公司不再具有重大影响，将所持乙公司剩余15%股权指定为以公允价值计量且其变动计入其他综合收益的金融资产，公允价值为12 000万元。

（4）2018年12月31日，甲公司所持乙公司15%股权的公允价值为14 000万元。

（5）2019年1月1日，甲公司将所持乙公司15%股权予以出售，取得价款14 000万元。

其他有关资料：第一，甲公司按照年度净利润的10%计提法定盈余公积。第二，本题不考虑相关税费及其他因素。

要求：

（1）根据资料（1），计算甲公司对乙公司股权投资的初始投资成本，编制相关会计分录。

（2）根据资料（1）和资料（2），计算甲公司对乙公司股权投资2017年度应确认的投资损益，编制相关会计分录。

（3）根据资料（3），计算甲公司出售所持乙公司15%股权产生的损益，编制相关会计分录。

（4）根据资料（4）和资料（5），编制甲公司与持有及出售乙公司股权相关的会计分录。

【答案】

（1）初始投资成本＝2 500×6＝15 000（万元），享有被投资单位在投资日可辨认净资产的公允价值份额＝55 000×30%＝16 500（万元），应调增初始成本1 500万元（16 500－15 000），同时确认营业外收入。

借：长期股权投资——投资成本　　　　　　　　　　　　　15 000
　　贷：股本　　　　　　　　　　　　　　　　　　　　　　2 500
　　　　资本公积——股本溢价　　　　　　　　　　　　　　12 500
借：长期股权投资——投资成本　　　　　　　　　　　　　 1 500
　　贷：营业外收入　　　　　　　　　　　　　　　　　　　 1 500

（2）2017年度乙公司调整后净利润＝3 600－（20 000÷20－30 000÷40）－（300－250）×50%＝3 325（万元）。

甲公司2017年度应确认的投资损益＝3 325×30%＝997.5（万元）

借：长期股权投资——损益调整　　　　　　　　　　　　　　997.5
　　贷：投资收益　　　　　　　　　　　　　　　　　　　　　997.5
借：长期股权投资——其他综合收益　　　　　（100×30%）30
　　贷：其他综合收益　　　　　　　　　　　　　　　　　　　　30

（3）出售所持乙公司15%股权产生的损益＝（12 000＋12 000）－（15 000＋1 500＋997.50＋30）＋30＝6 502.5（万元）。

借：银行存款		12 000
贷：长期股权投资——投资成本		8 250
——损益调整		498.75
——其他综合收益		15
投资收益		3 236.25
借：其他权益工具投资——成本		12 000
贷：长期股权投资——投资成本		8 250
——损益调整		498.75
——其他综合收益		15
投资收益		3 236.25
借：其他综合收益		30
贷：投资收益		30

（4）借：其他权益工具投资——公允价值变动　（14 000－12 000）2 000
　　　贷：其他综合收益　　　　　　　　　　　　　　　　　　2 000
借：银行存款　　　　　　　　　　　　　　　　　　　　14 000
　贷：其他权益工具投资——成本　　　　　　　　　　　12 000
　　　　　　　　　　　　——公允价值变动　　　　　　 2 000
借：其他综合收益　　　　　　　　　　　　　　　　　　 2 000
　贷：盈余公积　　　　　　　　　　　　　　　　　　　　 200
　　　利润分配——未分配利润　　　　　　　　　　　　 1 800

4. 金融资产转成本法

【例题27－23·主观题·2017年】甲股份有限公司（以下简称"甲公司"）2015年、2016年发生的有关交易或事项如下：

（1）2015年2月10日，甲公司自公开市场以6.8元/股购入乙公司股票2 000万股，占乙公司发行在外股份数量的4%，取得股票过程中另支付相关税费等40万元。甲公司将其指定为以公允价值计量且其变动计入其他综合收益的金融资产。

（2）2015年7月1日，甲公司以4 800万元取得丙公司20%股权。当日，交易各方办理完成了股权变更登记手续，丙公司可辨认净资产公允价值为28 000万元，其中除一项土地使用权的公允价值为2 400万元，账面价值为1 200万元外，其他资产、负债的公允价值与账面价值相同。该土地使用权未来仍可使用10年，丙公司采用直线法摊销预计净残值为0。

当日，根据丙公司章程规定，甲公司向丙公司董事会派出一名成员，参与财务和生产经营决策。

（3）2015年12月31日，乙公司股票的收盘价为8元/股。

(4) 2016年6月30日,甲公司自公开市场进一步购买乙公司股票20 000万股(占乙公司发行在外普通股的40%),购买价格为8.5元/股,支付相关税费400万元。当日,有关股份变更登记手续办理完成,乙公司可辨认净资产公允价值为400 000万元。购入上述股份后,甲公司立即对乙公司董事会进行改选,改选后董事会由7名董事组成,其中甲公司派出4名成员。乙公司章程规定,除公司合并、分立等事项应由董事会2/3成员通过外,其他财务和生产经营决策由董事会1/2以上(含1/2)成员通过后实施。

(5) 2016年,甲公司与乙公司、丙公司发生的交易或事项如下:

7月20日,甲公司将其生产的一台设备销售给丙公司,该设备在甲公司的成本为600万元,销售给丙公司的售价为900万元,有关款项已通过银行存款收取。丙公司将取得的设备作为存货,至2016年末,尚未对外销售。

8月30日,甲公司自乙公司购进一批产品,该批产品在乙公司的成本为800万元,甲公司的购买价格为1 100万元,相关价款至2016年12月31日尚未支付。甲公司已将其中的30%对集团外销售。乙公司对1年以内应收账款(含应收关联方款项)按余额5%计提坏账准备。

(6) 丙公司2016年实现净利润4 000万元,2015年末持有的分类为以公允价值计量且其变动计入其他综合收益的金融资产在2016年数量未发生变化,年末公允价值下跌400万元,但未达到丙公司应对其计提减值准备的标准。

其他有关资料:本题中不考虑所得税等相关税费影响以及其他因素;有关各方在交易前不存在任何关联方关系。

要求:

(1) 编制甲公司2015年与取得和持有乙公司股份相关的会计分录;确定甲公司取得丙公司20%股权应当采用的核算方法并说明理由,编制甲公司2015年与取得丙公司股权相关的会计分录。

(2) 判断甲公司对乙公司企业合并的类型并说明理由;确定甲公司对乙公司的合并日或购买日并说明理由;确定该项交易的企业合并成本,判断企业合并类型为非同一控制下企业合并的,计算确定该项交易中购买日应确认的商誉金额。

(3) 计算甲公司2016年度合并利润表中应当确认的投资收益,编制甲公司2016年个别财务报表中与持有丙公司投资相关的会计分录。

(4) 编制甲公司2016年合并财务报表时与丙公司、乙公司未实现内部交易损益相关的调整或抵销分录。

【答案】

(1) 借:其他权益工具投资——成本　　　　　　(2 000×6.8+40) 13 640
　　　　贷:银行存款　　　　　　　　　　　　　　　　　　　　　13 640
　　借:其他权益工具投资——公允价值变动　　(2 000×8-13 640) 2 360
　　　　贷:其他综合收益——其他权益工具投资公允价值变动　　　2 360

甲公司对持有的丙公司20%股权应当采用权益法核算。

理由：甲公司在取得丙公司股权后，能够派出董事参与丙公司的财务和生产经营决策，对丙公司具有重大影响。

借：长期股权投资——投资成本　　　　　　　　　　　　　　　　　　4 800
　　贷：银行存款　　　　　　　　　　　　　　　　　　　　　　　　　　4 800
借：长期股权投资——投资成本　　　　　　　（28 000×20% - 4 800）800
　　贷：营业外收入　　　　　　　　　　　　　　　　　　　　　　　　　 800

（2）该合并为非同一控制下企业合并。

理由：因为交易各方在合并前不具有关联方关系，不存在交易事项发生前后均能对交易各方实施控制的最终控制方。

2016年6月30日为甲公司合并乙公司的购买日。

理由：当日甲公司对乙公司董事会进行改选，改选后能够控制乙公司财务和生产经营。

通过多次交换分步实现非同一控制下控股合并，合并报表中，合并成本=原投资的公允价值+新投资的公允价值。

甲公司对乙公司企业合并成本=2 000×8.5+20 000×8.5=187 000（万元）。

商誉=合并成本-享有子公司可辨认净资产在购买日公允价值的份额=187 000 - 400 000×（4% + 40%）=11 000（万元）。

（3）甲公司2016年合并利润表应当确认的投资收益=（4 000 - 120 - 300）×20% + （900 - 600）×20% = 716 + 60 = 776（万元）。

甲公司持有丙公司20%的股份，在甲公司的个别报表中确认投资收益=（4 000 - 120 - 300）×20% = 716（万元）。

借：长期股权投资——损益调整　　［（4 000 - 1 200÷10 - 300）×20%］716
　　贷：投资收益　　　　　　　　　　　　　　　　　　　　　　　　　 716
借：其他综合收益　　　　　　　　　　　　　　　　　　　（400×20%）80
　　贷：长期股权投资——其他综合收益　　　　　　　　　　　　　　　　 80

【提示】

①投资方与联营企业发生顺流交易，如果他存在子公司，在编制合并报表中，需要按持股比例抵销顺流交易导致投资方虚增的营业收入、营业成本，以及联营企业虚增的存货价值（用长投替代），但在个别报表中抵销的是长期股权投资和投资收益，因此在编制调整抵销分录时要把多抵销的投资收益加回来。调整分录为：

借：营业收入（内部销售收入×持股比例）
　　贷：营业成本（内部销售成本×持股比例）
　　　　投资收益（未实现损益×持股比例）

简而言之，也就是顺流交易，在合并利润表中确认投资收益时，只需考虑投资时联营企业的账面和公允价值产生的影响，而不考虑内部交易对合并利润表中投资收益的影响。

②投资方与联营企业发生逆流交易，如果他存在子公司，在编制合并报表中，需要抵销逆流交易导致投资方虚增的存货，以及联营企业虚增的营业收入、营业成本（用投资收益替代），但在个别报表中抵销的是长期股权投资和投资收益，因此在编制调整抵销分录时要把

多抵销的长期股权投资加回来。抵销分录为：

借：长期股权投资（未实现损益×持股比例）
　　贷：存货

③另外，甲公司增资乙公司股权后达到控制，由其他权益工具投资转为成本法长投，原来其他权益工具投资视同出售，差额计入留存收益，不会影响投资收益。

（4）丙公司的内部交易：

借：营业收入　　　　　　　　　　　　　　　　　　（900×20%）180
　　贷：营业成本　　　　　　　　　　　　　　　　　（600×20%）120
　　　　投资收益　　　　　　　　　　　　　　　　　　　　　　60

乙公司的内部交易：

借：应付账款　　　　　　　　　　　　　　　　　　　　　　1 100
　　贷：应收账款　　　　　　　　　　　　　　　　　　　　1 100

借：应收账款　　　　　　　　　　　　　　　　　　（1 100×5%）55
　　贷：信用减值损失　　　　　　　　　　　　　　　　　　　55

借：营业收入　　　　　　　　　　　　　　　　　　　　　　1 100
　　贷：营业成本　　　　　　　　　　　　　　　　　　　　1 100

借：营业成本　　　　　　　　　　　　　　　　　　　　　　210
　　贷：存货　　　　　　　　　　　　　[（1 100－800）×(1－30%)] 210

借：少数股东权益　　　　　　　　　　　　　　　　（210×56%）117.6
　　贷：少数股东损益　　　　　　　　　　　　　　　　　　　117.6

考点7　其他特殊交易在合并财务报表中的会计处理（★★）

（一）"一揽子"交易

表27-22

定义	各项交易的条款、条件以及经济影响符合以下一种或多种情况，通常应将多次交易事项作为"一揽子"交易进行会计处理： ①这些交易是同时或者在考虑了彼此影响的情况下订立的。 ②这些交易整体才能达成一项完整的商业结果。 ③一项交易的发生取决于其他至少一项交易的发生。 ④一项交易单独看是不经济的，但是和其他交易一并考虑时是经济的	
合并报表会计处理	**分步取得**对子公司股权投资直到取得控制权的各项交易属于"一揽子"交易	将各项交易作为一项取得子公司控制权的交易进行会计处理
	多次交易**分步处置**对子公司股权投资直至丧失控制权属于"一揽子"交易	应将各项交易作为一项处置原有子公司并丧失控制权的交易进行会计处理，其中，对于丧失控制权之前的每一次交易，处置价款与处置投资对应的享有该子公司自购买日开始持续计算的净资产账面价值的份额之间的差额，在合并财务报表中应当计入**其他综合收益**，在丧失控制权时一并转入丧失控制权当期的损益

(二) 母公司购买子公司少数股东股权

表 27-23

项目	会计处理	会计分录
个别报表	按照付出对价的**公允价值**确认新取得长期股权投资的入账价值	借：长期股权投资（公允价值） 　　贷：银行存款
合并报表	属于权益交易，新取得的长期股权投资应当按照**账面价值**计量（即按新增持股比例计算应享有子公司自购买日开始持续计算的可辨认净资产份额），与付出对价账面价值的差额，调整**资本公积**，资本公积不足冲减的，依次冲减**留存收益**	借：长期股权投资（账面价值） 　　贷：银行存款 　　　　资本公积（差额）
调整抵销	以合并报表结果为目标，将个别报表账务处理调整为合并报表处理结果，即： 调整抵销分录＝合并报表应有分录－个别报表已有分录	

> **彬哥解读**
>
> 购买子公司少数股权在合并财务报表中属于控股股东和非控股股东之间的权益性交易，由于控制权未发生改变，不属于企业合并，因此不影响商誉。

【例题 27-24·主观题】甲公司 2020 年初购得乙公司 80% 的股份，初始成本为 5 000 万元，当日乙公司可辨认净资产公允价值为 6 000 万元，2021 年初甲公司又购入了乙公司 10% 的股份，买价为 800 万元。自购买日开始持续计算的乙公司净资产为 6 500 万元。

【答案及解析】

(1) 母公司个别报表角度的会计处理：
借：长期股权投资　　　　　　　　　　　　　　　　　　　800
　　贷：银行存款　　　　　　　　　　　　　　　　　　　　800

(2) 按合并角度此项交易属于内部权益交易：
借：长期股权投资　　　　　　　　　　　（6 500×10%）650
　　资本公积　　　　　　　　　　　　　　　　　　　　　150
　　贷：银行存款　　　　　　　　　　　　　　　　　　　　800

(3) 合并报表的准备工作：
借：资本公积　　　　　　　　　　　　　　　　　　　　　150
　　贷：长期股权投资　　　　　　　　　　　　　　　　　　150

（三）不丧失控制权下处置部分子公司股权投资

表 27-24

项目	会计处理	会计分录
个别报表	出售股权取得的价款与所处置投资账面价值（成本法）的差额，确认为投资收益	借：银行存款 　贷：长期股权投资（成本法） 　　　投资收益
合并报表	属于权益交易，出售股权取得的价款与所处置投资账面价值（权益法，即处置的长期股权投资相对应享有子公司自合并日开始持续计算的可辨认净资产份额）的差额，确认为**资本公积**，资本公积不足冲减的，调整**留存收益**	借：银行存款 　贷：长期股权投资（权益法） 　　　资本公积（差额）
调整抵销	以合并报表结果为目标，将个别报表账务处理调整为合并报表处理结果，即： 调整抵销分录＝合并报表应有分录－个别报表已有分录	

> **彬哥解读**
> 由于控制权没有发生改变，合并财务报表中的商誉金额不因持股比例变化而改变。

【例题 27-25·主观题】甲公司 2015 年初购得乙公司 80% 的股份，初始成本为 5 000 万元，当日乙公司可辨认净资产公允价值为 6 000 万元，2015 年全年实现公允净利润 500 万元，2016 年初甲公司出售了乙公司 10% 的股份，售价为 800 万元。

【答案及解析】
甲公司个别报表角度的会计处理：
（1）2016 年初处置投资时：
借：银行存款　　　　　　　　　　　　　　　　　　　　800
　贷：长期股权投资　　　　　　　　　（5 000÷80%×10%）625
　　　投资收益　　　　　　　　　　　　　　　　　　　175
（2）合并报表角度的会计处理：
①先对当初 80% 股权按权益法核算结果进行追溯调整：
借：长期股权投资　　　　　　　　　　　　（500×80%）400
　贷：年初未分配利润　　　　　　　　　　（500×80%）400
②按合并角度，此交易属于内部权益交易，不能确认损益：
借：银行存款　　　　　　　　　　　　　　　　　　　　800
　贷：长期股权投资　　　　　　　　[（6 000+500）×10%] 650
　　　资本公积　　　　　　　　　　　　　　　　　　　150
（3）合并报表调整抵销分录：
借：长期股权投资　　　　　　　　　　　　　　　　　　375
　　投资收益　　　　　　　　　　　　　　　　　　　　175

贷：资本公积	150
年初未分配利润	400

（四）少数股东增资导致母公司股权稀释

1. 稀释后母公司未丧失控制权

表 27-25

项目	会计处理	会计分录
个别报表	无须进行会计处理	
合并报表	增资前的母公司持股比例×增资前子公司账面净资产份额＝A（已有金额） 增资后的母公司持股比例×增资后子公司账面净资产份额＝B（应有金额） A＞B：调减资本公积，资本公积不足冲减的，调整留存收益； A＜B：调增资本公积	借：长期股权投资 B 　　贷：长期股权投资 A 　　　　资本公积（差额，可能在借方）

2. 稀释后母公司丧失控制权

表 27-26

项目	会计处理
个别报表	按成本法转权益法处理 得到：增资额×剩余持股比例 失去：（原长投账面价值÷原持股比例）×（原持股比例－剩余持股比例） 差额：计入投资收益
合并报表	视同销售，原理同主动处置股权（收到对价为0）

（五）交叉持股的合并处理

表 27-27

定义	由母公司和子公司组成的企业集团中，母公司持有子公司一定比例股份，同时子公司也持有母公司一定比例股份，即相互持有对方的股份
会计处理	（1）对于母公司持有的子公司股权。 与通常情况下母公司长期股权投资与子公司所有者权益的合并抵销处理相同。 （2）对于子公司持有的母公司股权。 ①按初始成本列于合并资产负债表的"库存股"； ②权益法下确认的投资收益应予抵销； ③按其他权益工具投资核算的，冲销公允价值变动的处理
BT 提醒	子公司相互之间持有的长期股权投资，应当比照母公司对子公司的股权投资的抵销方法，将长期股权投资与其对应的子公司所有者权益中所享有的份额相互抵销

(六) 逆流交易的合并处理

如果母子公司之间发生逆流交易，即子公司向母公司出售资产，则所发生的未实现内部交易损益，应当按照母公司对该子公司的分配比例在"归属于母公司所有者的净利润"和"少数股东损益"之间分配抵销。（逆流交易）

借：少数股东权益
　　贷：少数股东损益（逆流交易产生的未实现内部交易损益×少数股东持股比例）

【BT 提醒】

（1）母公司向子公司出售资产所发生的未实现内部交易损益，应当全额抵销"归属于母公司所有者的净利润"；（顺流交易）

（2）子公司向母公司出售资产所发生的未实现内部交易损益，应当按照母公司对该子公司的分配比例在"归属于母公司所有者的净利润"和"少数股东损益"之间分配抵销；（逆流交易）

【例题 27-26·主观题·教材】（逆流交易）

甲公司是 A 公司的母公司，持有 A 公司 80% 的股份。

2013 年 5 月 1 日，A 公司向甲公司销售商品 1 000 万元，商品销售成本为 700 万元，甲公司以银行存款支付全款，将购进的该批商品作为存货核算。

截至 2013 年 12 月 31 日，该批商品仍有 20% 未实现对外销售。

2013 年末，甲公司对剩余存货进行检查，发现未发生存货跌价损失。除此之外，甲公司与 A 公司 2013 年未发生其他交易（不考虑所得税等影响）。

【答案】 2013 年存货中包含的未实现内部销售损益为 60 万元 [(1 000 - 700)×20%]。

在 2013 年合并财务报表工作底稿中的抵销分录如下：

借：营业收入　　　　　　　　　　　　　　　1 000
　　贷：营业成本　　　　　　　　　　　　　　1 000
借：营业成本　　　　　　　　　　　　　　　　60
　　贷：存货　　　　　　　　　　　　　　　　　60

同时：

由于该交易为逆流交易，应将内部销售形成的存货中包含的未实现内部销售损益在甲公司和 A 公司少数股东之间进行分摊。

在存货中包含的未实现内部销售损益中，归属于少数股东的未实现内部销售损益分摊金额为 12 万元（60×20%）。

在 2013 年合并财务报表工作底稿中的抵销分录如下：

借：少数股东权益　　　　　　　　　　　　　　12
　　贷：少数股东损益　　　　　　　　　　　　　12

考点8 所得税会计相关的合并处理（★★★）

【做题模式】 内部交易的抵销处理的万能套路。

表27-28

步骤	备注
1. 确认**个别报表中账务处理**、**相关递延**所得税资产/负债处理（明确**个别报表资产负债账面价值和计税基础**）	
2. 确认**合并报表中账务处理**、**相关递延**所得税资产/负债处理（明确**合并报表资产负债账面价值和计税基础**）	合并报表中某项资产的计税基础等于该资产所在个别报表的计税基础
3. 以**合并报表的结果为目标**，从个别报表调整到合并报表	

彬哥解读

（1）合并调整抵销的基本原理：调整抵销分录＝应有分录－已有分录。

（2）涉及跨年度，先抵销期初差异，再抵销本年计提或转回的差异，表27-29工具有助于分析跨年度递延所得税的调整抵销。

表27-29

递延所得税资产（或负债）	期初余额	本期补提或转回	期末余额
个别报表（已有）			
合并报表（应有）			
抵销分录（应有－已有）			

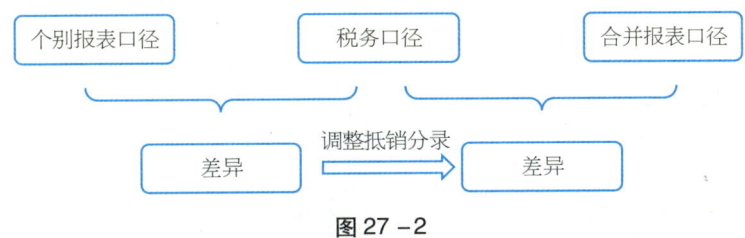

图27-2

（一）在购买日子公司资产或负债的公允价值与账面价值的差异所形成的所得税会计的合并处理

如果是非同一控制下企业合并构成免税合并，则合并报表计税基础保持不变，即等于个别报表的原账面价值，但合并报表资产或负债的账面价值是以购买日公允价值为基础持续计算，因此会形成暂时性差异，需要确认递延所得税负债（或资产），但影响的是资本公积。

调整分录为：

（1）按购买日公允价值调整子公司的资产和负债。

借：固定资产——原价（假设资产评估增值）

贷：资本公积

（2）因在合并报表中资产账面价值大于计税基础所形成的应纳税暂时性差异，确认相应的递延所得税负债（**先形成应纳税暂时性差异，对应科目为资本公积**）。

借：资本公积
　　　贷：递延所得税负债［（公允价值－账面价值）×25%］

（3）补提本年折旧费用。

借：管理费用
　　　贷：固定资产——累计折旧

（4）因补提折旧转回一定的应纳税暂时性差异，相应转回对应的递延所得税负债（**再转回应纳税暂时性差异，对应科目为所得税费用**）。

借：递延所得税负债（本年补提折旧金额×25%）
　　　贷：所得税费用

【提示】如果资产评估减值，则属于可抵扣暂时性差异。

（二）内部应收账款相关所得税会计的抵销（先抵销期初、再抵销本年补提或转回金额）

（1）先抵销期初坏账准备对递延所得税的影响。

借：年初未分配利润（期初坏账准备余额×税率）
　　　贷：递延所得税资产

（2）再抵销个别报表本期补提或者转回的递延所得税资产。

如果个别报表补提（坏账准备增加）。

借：所得税费用
　　　贷：递延所得税资产

如果个别报表转回（坏账准备减少），则作相反的分录。

> **彬哥解读**
>
> 企业集团不认可内部债权债务，直接把个别报表每笔账务处理（确认内部债权债务、计提或转回坏账准备、确认或转回递延所得税资产等）按时间顺序依次反冲即可。

【例题27-27·主观题】P公司2014年12月31日个别资产负债表中的内部应收账款期末余额为500万元，坏账准备余额为25万元。假定P公司2014年系首次编制合并财务报表。

抵销分录为：

借：应付账款　　　　　　　　　　　　　　　　　　　　500
　　　贷：应收账款　　　　　　　　　　　　　　　　　　　　500
借：应收账款——坏账准备　　　　　　　　　　　　　　25
　　　贷：信用减值损失　　　　　　　　　　　　　　　　　　25

借：所得税费用　　　　　　　　　　　　　　　　　　　　　　　　　　　6.25
　　贷：递延所得税资产　　　　　　　　　　　　　　　　　　　　　　　　　6.25

【分析】2014年递延所得税的抵销。

递延所得税资产（或负债）	账面价值	计税基础	计提递延所得税资产
个别报表（已有）	475	500	6.25（25×25%）
合并报表（应有）	—	—	—
抵销分录（应有－已有）			－6.25

接上：若P公司2015年12月31日个别资产负债表中的内部应收账款期末余额为600万元，坏账准备余额为30万元。

抵销分录为：

借：应付账款　　　　　　　　　　　　　　　　　　　　　　　　　　　　600
　　贷：应收账款　　　　　　　　　　　　　　　　　　　　　　　　　　　　600
借：应收账款——坏账准备　　　　　　　　　　　　　　　　　　　　　　25
　　贷：年初未分配利润　　　　　　　　　　　　　　　　　　　　　　　　　25
借：应收账款——坏账准备　　　　　　　　　　　　　　　　　　　　　　5
　　贷：信用减值损失　　　　　　　　　　　　　　　　　　　　　　　　　　5

应抵销递延所得税资产余额＝30×25%＝7.5（万元）

借：年初未分配利润　　　　　　　　　　　　　　　　　　　　　　　　　6.25
　　贷：递延所得税资产　　　　　　　　　　　　　　　　　　　　　　　　　6.25
借：所得税费用　　　　　　　　　　　　　　　　　　　　　　　　　　　1.25
　　贷：递延所得税资产　　　　　　　　　　　　　　　　　　　　　　　　　1.25

【分析】2015年递延所得税的抵销。

递延所得税资产（或负债）	期初余额	本期计提或转回	期末余额
个别报表（已有）	6.25（25×25%）	1.25（7.5－6.25）	7.5（30×25%）
合并报表（应有）	—	—	—
抵销分录（应有－已有）	－6.25	－1.25	

（三）内部交易存货相关所得税会计的合并处理

1. 先抵销期初递延所得税的差异

借：年初未分配利润
　　贷：递延所得税资产

2. 再抵销本期递延所得税的差异

借：所得税费用
　　贷：递延所得税资产

或作相反的分录：

> **彬哥解读**
>
> （1）合并报表中存货成本＝销售方存货的初始成本。
>
> 　　　个别报表中存货成本＝购买方存货的初始成本（销售价格）
>
> 　　　计税基础＝购买方存货的初始成本（销售价格）
>
> （2）固定资产、无形资产也是按照同样的原理抵销。
>
> 　　　基本原理：调整抵销分录＝应有分录－已有分录
>
> 涉及跨年度，先抵销期初差异，再抵销本年计提或转回的差异。

【例题27-28·主观题】甲公司拥有乙公司60%的表决权股份，能够控制乙公司财务和经营决策。2018年10月，甲公司将本公司生产的一批产品出售给乙公司，不含增值税销售价格为600万元，成本为360万元。至2018年12月31日，乙公司尚未将该批产品对外出售。甲公司、乙公司适用的所得税税率均为25%。税法规定，企业取得的存货以历史成本作为计税基础。假定本例中从合并财务报表角度在未来期间能够产生足够的应纳税所得额利用可抵扣暂时性差异。

要求：作出甲公司在编制合并报表时的抵销会计处理。

【答案】

甲公司在编制合并报表时，应进行以下抵销处理：

借：营业收入　　　　　　　　　　　　　　　　　　　　　　　　600

　　贷：营业成本　　　　　　　　　　　　　　　　　　　　　　360

　　　　存货　　　　　　　　　　　　　　　　　　　　　　　　240

进行上述抵销后，因上述内部交易产生的存货项目账面价值为360万元，在其所属纳税主体（乙公司）的计税基础为600万元，应当在合并财务报表中确认相关的所得税影响：

借：递延所得税资产　　　　　　　　　　　　　［（600－360）×25%］60

　　贷：所得税费用　　　　　　　　　　　　　　　　　　　　　60

【分析】递延所得税的抵销。

递延所得税资产（或负债）	账面价值	计税基础	计提递延所得税资产
个别报表（已有）	600	600	0
合并报表（应有）	360	600	60（240×25%）
抵销分录（应有－已有）			+60

【例题27-29·主观题】2014年1月1日，P公司以银行存款购入S公司80%的股份，能够对S公司实施控制。2014年S公司从P公司购进A商品400件，购买价格为每件2万元（不含增值税，下同）。P公司A商品每件成本为1.5万元。2014年S公司对外销售A商品300件，每件销售价格为2.2万元；2014年末结存A商品100件。2014年12月31日，A商品每件可变现净值为1.8万元；S公司对A商品计提存货跌价准备20万元。

2015年S公司对外销售A商品20件，每件销售价格为1.8万元。2015年12月31日，S公司年末存货中包括从P公司购进的A商品80件，A商品每件可变现净值为1.4万元。S公司个别财务报表中A商品存货跌价准备的期末余额为48万元。假定P公司和S公司均采用资产负债表债务法核算所得税，适用的所得税税率均为25%。

要求：编制2014年和2015年与存货有关的抵销分录（编制抵销分录时应考虑递延所得税的影响）。

【答案】
（1）2014年抵销分录。
①抵销内部销售收入和内部销售成本。

借：营业收入　　　　　　　　　　　　　　　　　　　　　（400×2）800
　　贷：营业成本　　　　　　　　　　　　　　　　　　　　　　　　800
借：营业成本　　　　　　　　　　　　　　　　　　　　　　　　　　50
　　贷：存货　　　　　　　　　　　　　　　　　　　[100×(2-1.5)]50

②抵销计提的存货跌价准备。

借：存货——存货跌价准备　　　　　　　　　　　　　　　　　　　　20
　　贷：资产减值损失　　　　　　　　　　　　　　　　　　　　　　20

【分析】2014年存货跌价准备的抵销。

存货跌价准备	成本	可变现净值	计提存货跌价准备
个别报表（已有）	200（100×2）	180（100×1.8）	20
合并报表（应有）	150（100×1.5）	180（100×1.8）	0
抵销分录（应有-已有）			-20

③调整合并财务报表中递延所得税资产。

借：递延所得税资产　　　　　　　　　　　　　　　　　　　　　　　7.5
　　贷：所得税费用　　　　　　　　　　　　　　　　　　　　　　　7.5

【分析】2014年递延所得税的抵销。

递延所得税资产（或负债）	账面价值	计税基础	计提递延所得税资产
个别报表（已有）	180（200-20）	200	5
合并报表（应有）	150	200	12.5
抵销分录（应有-已有）			+7.5

（2）2015年抵销分录。
①抵销内部销售收入和内部销售成本。

借：年初未分配利润　　　　　　　　　　　　　　　　　　　　　　　50
　　贷：营业成本　　　　　　　　　　　　　　　　　　　　　　　　50

```
借：营业成本                                        40
    贷：存货                          [80×(2-1.5)] 40
②抵销存货跌价准备。
抵销期初存货跌价准备：
借：存货——存货跌价准备                             20
    贷：年初未分配利润                               20
抵销本期销售商品结转的存货跌价准备：
借：营业成本                           [20×(20÷100)] 4
    贷：存货——存货跌价准备                            4
抵销本期补提的存货跌价准备：
借：存货——存货跌价准备                             24
    贷：资产减值损失                                 24
```

【分析】2015 年存货跌价准备的抵销。

存货跌价准备	期初余额	本期销售结转	本期计提或转回	期末余额
个别报表	20（200-180）	-4（20×20%）	32［48-(20-4)］	48
合并报表	0	0	8（8-0）	8（80×1.5-80×1.4）
抵销金额	-20	+4	-24	

说明：2015 年期末合并报表存货成本 120 万元（80×1.5），可变现净值为 112 万元（80×1.4），应计提存货跌价准备 8 万元。

③调整合并财务报表中递延所得税资产。

```
借：递延所得税资产                                  7.5
    贷：年初未分配利润                              7.5
借：所得税费用                                      7.5
    贷：递延所得税资产                              7.5
```

【分析】2015 年递延所得税的抵销。

递延所得税资产	期初余额	本期计提或转回	期末余额
个别报表	5（20×25%）	7（12-5）	12（48×25%）
合并报表	12.5（50×25%）	-0.5	12（80×2-80×1.4）×25%
抵销金额	+7.5	-7.5	

考点9　合并现金流量表的编制（★）

表 27-30

定义	合并现金流量表是综合反映母公司及其子公司组成的企业集团在一定会计期间现金流入、现金流出数量以及其增减变动情况的财务报表

续表

编制原则	合并现金流量表以母公司和子公司的现金流量表为基础，在抵销母公司与子公司、子公司相互之间发生内部交易对合并现金流量表的影响后，由母公司编制。合并现金流量表也可以以合并资产负债表和合并利润表为依据进行编制
抵销项目	①母公司与子公司、子公司相互之间当期以现金投资或收购股权增加的投资所产生的现金流量应当抵销。 ②母公司与子公司、子公司相互之间当期取得投资收益收到的现金，应当与分配股利、利润或偿付利息支付的现金相互抵销。 ③母公司与子公司、子公司相互之间以现金结算债权与债务所产生现金流量应当抵销。 ④母公司与子公司、子公司相互之间当期销售商品所产生的现金流量应当抵销。 ⑤母公司与子公司、子公司相互之间处置固定资产、无形资产和其他长期资产收回的现金净额，应当与购建固定资产、无形资产和其他长期资产支付的现金相互抵销。 ⑥母公司与子公司、子公司相互之间当期发生的其他内部交易所产生的现金流量应当抵销

恭喜你，
已完成第二十七章的学习

扫码免费进 >>>
2022年CPA带学群

做一个对自己负责的人，遇到问题，陷入迷茫时，不要被这种迷茫吞噬，不要试图逃避。要勇于直面问题，努力寻找解决问题的方法，找到自己真正想去的方向。

第二十八章 每股收益

考情雷达

本章属于非重点章节,主要介绍了基本每股收益、稀释每股收益和每股收益的列报,主要以客观题形式进行考查,每年分值在1~2分。

本章中的限制性股票等待期中稀释每股收益的计算、多项潜在普通股下稀释每股收益的计算和配股下基本每股收益的计算属于低频难点,建议考生在备考的第一轮中战略"放弃",但本章中其他考点务必掌握。

2022年本章内容**无变化**。

考点地图

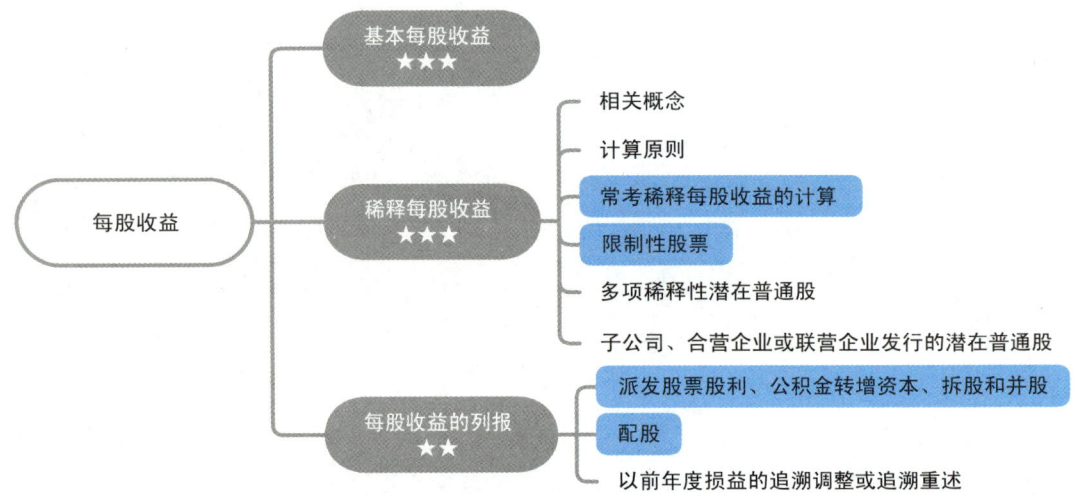

考点1 基本每股收益（★★★）

（一）每股收益

每股收益是指普通股股东每持有**一股普通股**所能享有的**企业净利润**或**需承担的企业净亏损**。

每股收益包括基本每股收益和稀释每股收益两类。

（二）基本每股收益

基本每股收益＝归属于普通股股东的当期净利润÷发行在外普通股的加权平均数

表28-1　　　　　　　　　　　基本每股收益计算

计算要点	核心	常考调整因素公式化	易错点
分子	归母净利润	母公司净利润＋子公司净利润中归属母公司份额的部分－其他权益工具宣告发放股利/利息	①所得税影响（允许税前列支需考虑）。②时间因素

第二十八章 每股收益

续表

计算要点	核心	常考调整因素公式化	易错点
分母	发行在外实际普通股	期初发行在外普通股＋本期增发普通股×已发行时间/12－本期回购普通股×已回购时间/12	①时间加权；②比较期间

提示：（1）关于基本 EPS 的"普通股"范畴。
基本每股收益考虑"发行在外的实际普通股"，**优先股不属于普通股**、**限制性股票**有收回的可能性，因此**均不属于"发行在外的实际普通股"**范畴。
企业存在发行在外的除普通股以外的金融工具的，在计算基本每股收益时，基本每股收益中的分子，即归属于普通股股东的净利润**不应包含其他权益工具的股利或利息**。对于发行的不可累积**优先股等其他权益工具应扣除当期宣告发放的股利**；对于发行的累积优先股等其他权益工具，**无论当期是否宣告发放股利，均应予以扣除**。
①分子：其他权益工具宣告发放股利、利息应从归母净利润中剔除，允许税前列支的还应考虑所得税影响。
②分母：优先股以及限制性股票均不属于发行在外实际普通股的计算范畴
（2）关于股票股利、拆股和并股的时间权重以及比较期间列报的特殊处理。
企业**派发股票股利**、**公积金转增资本**、**拆股或并股**等，会增加或减少其发行在外普通股或潜在普通股的数量，但并**不影响所有者权益总额**，这既不影响企业所拥有或控制的经济资源也不改变企业的盈利能力。为了保持会计指标的前后期可比性，企业应当在相关报批手续全部完成后，**按调整后的股数重新计算各列报期间的每股收益**。上述变化发生于**资产负债表日至财务报告批准报出日之间**的，应当以**调整后的股数重新计算**各列报期间的每股收益。
①本期数：本期发生，视同期初已发生。
②往期数：视同比较期间期初已发生，重新计算

【例题28-1·单选题】 甲公司 2020 年度实现净利润 480 000 万元，发行在外普通股加权平均数为 500 000 万股。2020 年 1 月 1 日，甲公司按票面金额发行 1 200 万股优先股，优先股每股票面金额为 100 元。该批优先股股息不可累积，即当年度未向优先股股东足额派发股息的差额部分，不可累积到下一计息年度。2020 年 12 月 31 日，甲公司宣告并以现金全额发放当年优先股股息，股息率为 6％。根据该优先股合同条款规定，甲公司将该批优先股分类为权益工具，优先股股息不在所得税前列支。甲公司 2020 年基本每股收益为（　　）元/股。

A. 0.80　　　B. 0.95　　　C. 0.81　　　D. 1.25

【答案】 B

【解析】 选项 B 正确，对企业发行的不可累积优先股等其他权益工具应在归属于普通股股东的净利润中扣除当期宣告发放的优先股股利，则归属于普通股股东的净利润＝480 000－100×1 200×6％＝472 800（万元），基本每股收益＝472 800÷500 000＝0.95（元/股）。

【拓展】 若该优先股为 2020 年 7 月 1 日发行，2020 年基本每股收益为多少？

若该优先股为 2020 年 7 月 1 日发行，则归属于普通股股东的净利润＝480 000－100×1 200×6％×1/2＝476 400（万元），基本每股收益＝476 400÷500 000＝0.9528（元/股）。

【例题28-2·单选题】甲公司2020年初发行在外的普通股股数为20 000万股，3月1日新发行普通股10 800万股，12月1日回购普通股4 800万股，以备将来奖励职工之用。该公司当年度实现归属于普通股股东的净利润为6 500万元。不考虑其他因素，则甲公司2020年度基本每股收益为（　　）元/股。

A. 0.325　　　　B. 0.23　　　　C. 0.245　　　　D. 0.26

【答案】B

【解析】选项B正确，甲公司2020年发行在外普通股加权平均数＝20 000×12/12＋10 800×10/12－4 800×1/12＝28 600（万股），基本每股收益＝6 500÷28 600＝0.23（元/股）。

【例题28-3·单选题】2014年3月原股本2.5亿元，2014年4月30日，每10股送2股。2014年7月1日增发股份到4亿。2014年的净利润为4亿元，则2014年基本每股收益为（　　）元/股。

A. 1.14　　　　B. 1.50　　　　C. 0.83　　　　D. 1.80

【答案】A

【解析】把分母计算出来，即可得到基本每股收益，2014年4月30日买10送2，要调整2014年的股份＝2.5×1.2＝3（亿股）。2014年7月1日实际增发1亿股。计算2014年的每股收益时分母是3.5亿股（3＋1×6/12），2014年基本每股收益＝4/(3＋1×6/12)＝1.14（元/股）。

【拓展】若2013年的净利润为3亿元，2013年初至2014年3月发行在外的实际普通股数量没有发生变动，则2014年比较利润表中2013年的基本每股收益为多少？

若2013年的净利润为3亿元，2013年初至2014年3月发行在外的实际普通股数量没有发生变动，则2014年比较利润表中2013年的基本每股收益需要重新计算：2013年基本每股收益＝3÷(2.5×1.2)＝1（元/股）。

考点2　稀释每股收益（★★★）

（一）稀释每股收益相关概念

表28-2

要点	原文
①稀释每股收益以基本每股收益作为调整基础	稀释每股收益是以基本每股收益为基础，假设企业所有发行在外的稀释性潜在普通股均已转换为普通股，从而分别调整归属于普通股股东的当期净利润以及发行在外普通股的加权平均数计算而得的每股收益
②稀释每股收益仅考虑具有稀释性的潜在普通股转换假设	需要特别说明的是，潜在普通股是否具有稀释性的判断标准是看其对持续经营每股收益的影响；也就是说，假定潜在普通股当期转换为普通股，如果会减少持续经营每股收益或增加持续经营每股亏损，表明具有稀释性，否则，具有反稀释性

第二十八章 每股收益

续表

要点	原文
③常见潜在普通股的三大类别	目前，我国企业发行的潜在普通股主要有**可转换公司债券**、**认股权证**、**股票期权**等

（二）稀释每股收益的计算原则

表28-3

调整步骤	调整要点
分子调整	①**当期已确认为费用**的稀释性潜在普通股的**利息**。 ②稀释性潜在普通股**转换时**将产生的**收益或费用**。 上述调整应当考虑相关的所得税影响
分母调整	①假定转换的为具有稀释性的潜在普通股。 计算稀释每股收益时，当期发行在外普通股的加权平均数应当为计算基本每股收益时普通股的加权平均数与假定稀释性潜在普通股转换为已发行普通股而增加的普通股股数的加权平均数之和。 ②转换日的确定以发行日为基础。 计算**稀释性潜在普通股转换**为已发行普通股而增加的普通股股数的加权平均数时，**以前期间发行的**稀释性潜在普通股，**应当假设在当期期初转换**为普通股；**当期发行**的稀释性潜在普通股，**应当假设在发行日转换**普通股

（三）常考稀释每股收益的计算

稀释每股收益计算本质是在基本每股收益的基础上调整，因此框架包括**基本每股收益计算的基本框架**以及**调整事项**两个部分。

表28-4

常考情形	具有稀释性的判断	分子调整要点	分母调整要点	提示
认股权证、股票期权	①盈利企业； ②行权价格低于当期普通股平均市场价格	不调整分子	①确定"白送"普通股数量； "白送"普通股＝拟行权时转换的普通股股数－行权价格×拟行权时转换的普通股股数÷当期普通股平均市场价格 ②确定"白送"普通股的假设时间； 以前期间发行的权证或期权，视同期初转换；本期发行的权证或期权，视同发行日转换	提示：只有"白送"普通股具有稀释性，公允买入普通股不具有稀释性，不予调整
回购承诺	①盈利企业； ②回购价格高于当期普通股平均市场价格	不调整分子	同"认股权证、股票期权"： ①"白送"普通股＝回购价格×承诺回购的普通股股数÷当期普通股平均市场价格－承诺回购的普通股股数 ②以前期间做出的承诺，视同期初转换；本期做出的承诺，视同承诺日转换	

续表

常考情形	具有稀释性的判断	分子调整要点	分母调整要点	提示
可转换公司债券	①增量股的每股收益小于基本每股收益,可转换公司债券具有稀释作用; ②增量股的每股收益=分子调整金额/分母调整金额	影响本期损益的可转债利息支出(计入财务费用金额)×(1-所得税税率)	①确定可转债可以转换为普通股的数量; 可转债可以转换为普通股的数量=可转债面值总额/约定转股比 ②确定转换普通股的假设时间; 以前期间发行的可转债,视同期初转换;本期发行的可转债,视同发行日转换	提示:具有稀释性的可转债应当将可转换的普通股总数作为具有稀释性的普通股股数

【例题28-4·单选题】甲公司2020年度归属于普通股股东的净利润为2 000万元,发行在外普通股加权平均数为4 000万股。2020年3月1日,该公司与其股东签订了一份远期回购合同,承诺一年后以每股5.5元的价格回购其发行在外的960万股普通股。假设该普通股在2020年3月至12月平均市场价格为每股5元。甲公司2020年度稀释每股收益为( )元/股。

A. 0.39 B. 0.40 C. 0.20 D. 0.49

【答案】D

【解析】选项D正确,2020年度甲公司调整增加的普通股股数=960×5.5÷5-960=96(万股),稀释每股收益=2 000÷(4 000+96×10/12)=0.49(元/股)。

【例题28-5·单选题】甲公司为上市公司,2020年1月1日发行在外的普通股股数为54 000万股,2020年度实现归属于普通股股东的净利润为35 000万元,当年各期普通股平均市价均为每股10元。2020年与权益性工具相关的交易或事项如下:①4月20日,宣告发放股票股利,以年初发行在外普通股股数为基础每10股送1股,除权日为5月1日;②7月1日,根据经批准的股权激励计划,授予高管人员12 000万份股票期权。每份期权行权时可以按每股4元的价格购买甲公司1股普通股,行权日为2021年8月1日;③12月1日,甲公司按高价回购普通股12 000万股,以备实施股权激励计划之用。下列关于每股收益会计处理的表述中,错误的是( )。

A. 回购的库存股不应当在计算基本每股收益的分母中扣除

B. 对于盈利企业,行权价格低于当期普通股平均市价的股票期权具有稀释性

C. 甲公司2020年度的基本每股收益为0.6元/股

D. 甲公司2020年度的稀释每股收益为0.56元/股

【答案】A

【解析】选项A错误,公司回购的库存股不属于发行在外的普通股,且无权参与利润分配,应当在计算分母时扣除;

选项B正确,对于盈利企业,认股权证、股票期权等的行权价格低于当期普通股平均市场价格时,具有稀释性;

选项 C 正确，基本每股收益 = 35 000 ÷（54 000×1.1 − 12 000×1/12）= 35 000 ÷ 58 400 = 0.60（元/股）；

选项 D 正确，稀释每股收益 = 35 000 ÷ [58 400 +（12 000 − 12 000×4/10）×6/12] = 0.56（元/股）。

【例题 28-6·单选题】甲公司 2020 年度归属于普通股股东的净利润为 25 400 万元，期初发行在外普通股股数为 10 000 万股，本年普通股股数未发生变化。2020 年 1 月 1 日，公司按面值发行 40 000 万元的三年期可转换公司债券，债券每张面值 100 元，票面年利率为 2%，利息自发行之日起每年支付一次，即每年 12 月 31 日为付息日。该批可转换公司债券自发行结束之日起 12 个月以后即可转换为公司股票，即转股期为发行 12 个月后至债券到期日止的期间。转股价格为每股 10 元，即每 100 元债券可转换为 10 股面值为 1 元的普通股股票。假定可转换公司债券利息不符合资本化条件，直接计入当期损益，甲公司适用的所得税税率为 25%。不考虑可转换公司债券在负债成分和权益成分的分拆，且债券票面利率等于实际利率。甲公司 2020 年度稀释每股收益为（　　）元/股。

A. 2.55　　　B. 0.15　　　C. 0.25　　　D. 1.86

【答案】D

【解析】选项 D 正确，2020 年度甲公司每股收益 = 25 400 ÷ 10 000 = 2.54（元/股）。假设可转换公司债券转股所增加的净利润 = 40 000×2%×(1−25%) = 600（万元），假设转换所增加的普通股股数 = 40 000 ÷ 10 = 4 000（万股），增量股的每股收益 = 600 ÷ 4 000 = 0.15（元/股），因增量股的每股收益小于基本每股收益，所以可转换公司债券具有稀释作用，2020 年度甲公司稀释每股收益 =（25 400+600）÷（10 000+4 000）= 1.86（元/股）。

（四）限制性股票

上市公司采取授予**限制性股票**的方式进行股权激励的，在其**等待期内**应当按照以下原则计算每股收益。

1. 等待期内基本每股收益的计算

表 28-5

总原则	基本每股收益**仅考虑**发行在外的普通股，按照归属于普通股股东的当期净利润除以发行在外普通股的加权平均数计算。 限制性股票**由于未来可能被回购**，性质上属于**或有可发行股票**，因此在计算基本每股收益时**不应当包括在内**。		
具体计算方法	方法分类	定义	等待期内计算基本每股收益
	现金股利**可撤销**	一旦**未达到解锁条件**，被回购限制性股票的持有者将无法获得（或需要退回）其在等待期内应收（或已收）的现金股利	分子应扣除**当期**分配给预计未来可解锁限制性股票持有者的现金股利；分母不应包含限制性股票的股数

具体计算方法	现金股利不可撤销	不论是否达到解锁条件，限制性股票持有者仍有权获得（或不得要求退回）其在等待期内应收（或已收）的现金股利。在分配利润时，这些股票拥有与普通股相同的权利，属于同普通股股东一起参与剩余利润分配的其他权益工具	分子应扣除归属于（不强调当期分配）预计未可解锁限制性股票的净利润；分母不应包含限制性股票的股数

2. 等待期内稀释性每股收益的计算

上市公司在等待期内稀释每股收益的计算，应视解锁条件不同采取不同的方法：

（1）解锁条件仅为服务期限条件的，公司应假设资产负债表日尚未解锁的限制性股票已于当期期初（或晚于期初授予日）全部解锁，并参照本章中股份期权的有关规定考虑限制性股票的稀释性。

> **彬哥解读**
>
> 行权价格低于公司当期普通股平均市场价格时，应当考虑其稀释性，计算稀释每股收益。
>
> 其中：行权价格是指限制性股票的发行价格加上资产负债表日尚未取得职工服务按《企业会计准则第11号——股份支付》有关规定计算确定的公允价值。
>
> 即：
>
> 行权价格 = 限制性股票的发行价格 + 资产负债表日尚未取得的职工服务的公允价值
>
> 锁定期内计算稀释每股收益时，分子应加回计算基本每股收益分子时已扣除的当期分配给（注意：强调当期分配给）预计未来可解锁限制性股票持有者的现金股利或归属于预计未来可解锁限制性股票的净利润。
>
> 稀释每股收益 = 当期净利润 ÷（普通股加权平均数 + 调整增加的普通股加权平均数）
>
> = 当期净利润 ÷ [普通股加权平均数 +（限制性股票股数 − 行权价格 × 限制性股票股数 ÷ 当期普通股平均市场价格）]

【特别提示】限制性股票若为当期发行的，则还需考虑时间权数计算加权平均数。

（2）解锁条件包含业绩条件的，公司应假设资产负债表日即为解锁日并据以判断资产负债表日的实际业绩情况是否满足解锁要求的业绩条件。

①若满足业绩条件的，应当参照上述解锁条件仅为服务期限条件的有关规定计算稀释性每股收益；

②若不满足业绩条件的，计算稀释性每股收益时不必考虑此限制性股票的影响。

【例题28-7·主观题】（现金股利可撤销、解锁条件仅为服务期限条件）

甲公司为上市公司，采用授予职工限制性股票的形式实施股权激励计划。

2015年1月1日，公司以非公开发行的方式向600名管理人员每人授予100股自身股票（每股面值为1元），授予价格为每股8元。

当日，600 名管理人员出资认购了相关股票，总认购款为 480 000 元，甲公司履行了相关增资手续。

甲公司估计该限制性股票股权激励在授予日的公允价值为每股 15 元。

激励计划规定，这些管理人员从 2015 年 1 月 1 日起在甲公司连续服务 3 年的，所授予股票将于 2018 年 1 月 1 日全部解锁；其间离职的，甲公司将按照原授予价格每股 8 元回购相关股票。

2015 年 1 月 1 日至 2018 年 1 月 1 日期间，所授予股票不得上市流通或转让；激励对象因获授限制性股票而取得的现金股利由公司代管，作为应付股利在解锁时向激励对象支付；对于未能解锁的限制性股票，公司在回购股票时应当扣除激励对象已享有的该部分现金分红。

2015 年度，甲公司实现净利润 500 万元，发行在外普通股（不含限制性股票）加权平均数为 200 万股，宣告发放现金股利每股 1 元；甲公司估计三年中离职的管理人员合计为 80 人，当年年末有 30 名管理人员离职。

假定甲公司 2015 年度当期普通股平均市场价格为每股 35 元。

【答案】

①基本每股收益（现金股利可撤销）

＝[当期净利润 5 000 000 − 当期分配股利 1 元/股 ×（600 − 80）×100]÷2 000 000

＝2.47（元/股）

②稀释每股收益。

首先，判断是否具有稀释性。

行权价格 ＝8（发行价）+15（授予日的公允价值）×2/3 ＝18（元），小于 35 元。

由于行权价格低于当期普通股平均市场价格，因此应当考虑限制性股票的稀释性。

其次，发行在外的限制性股票在 2015 年的加权平均数 ＝600 人 ×100 股/人 ×（364÷365）+（600 人 − 当年离职人数 30 人）×100 股/人 ×（1÷365）＝59 991.78（股）。

稀释每股收益 ＝5 000 000÷[2 000 000 +（59 991.78 − 18 ×59 991.78÷35）]

＝5 000 000÷2 029 139

＝2.46（元/股）

（五）多项稀释性潜在普通股

稀释性潜在普通股应当按照其稀释程度从大到小的顺序计入稀释每股收益，直至稀释每股收益达到最小值。

其中"稀释程度"，根据不同潜在普通股转换的增量股的每股收益大小进行衡量，即：假定稀释性潜在普通股转换为普通股时，将增加的归属于普通股股东的当期净利润除以增加的普通股股数加权平均数所确定的金额。

在确定计入稀释每股收益的顺序时，通常应首先考虑股份期权和认股权证的影响。

每次发行的潜在普通股应当视为不同的潜在普通股，分别判断其稀释性，而不能将其作为一个总体考虑。

（六）子公司、合营企业或联营企业发行的潜在普通股

（1）子公司、合营企业、联营企业发行能够转换成其普通股的稀释性潜在普通股时，不仅应当包括在其稀释每股收益的计算中，而且还应当包括在合并稀释每股收益以及投资者稀释每股收益的计算中。

（2）合并每股收益的计算：

基本每股收益＝（归属于母公司普通股股东的净利润＋包括在合并基本每股收益计算中的子公司净利润部分）÷母公司当期发行在外的普通股股数的加权平均数

稀释每股收益＝（归属于母公司普通股股东的净利润＋子公司净利润中归属于普通股且由母公司享有的部分＋子公司净利润中归属于认股权证等稀释性潜在普通股且由母公司享有的部分）÷母公司当期发行在外的普通股股数的加权平均数

【例题28-8】甲公司为乙公司的母公司，持有乙公司60%的普通股股权。乙公司采用授予职工限制性股票的形式实施股权激励计划。2015年1月1日，乙公司以非公开发行的方式向乙公司的200名管理人员每人授予1万股自身股票（每股面值为1元），授予价格为每股10元。当日，200名管理人员均出资认购了相关股票，总认购款为2 000万元，乙公司履行了相关增资手续，该限制性股票激励计划在授予日的公允价值为每股5元。激励计划规定，这些管理人员从2015年1月1日起在乙公司连续服务3年的，所授予股票将于2018年1月1日全部解锁；其间离职的，乙公司将按照原授予价格每股10元回购相关股票。激励对象因获授限制性股票而取得的现金股利由公司代管，作为应付股利在解锁时向激励对象支付；对于未能解锁的限制性股票，公司在回购股票时应扣除激励对象已享有的该部分现金分红。

2015年度，甲公司归属于普通股股东的净利润为50 000万元（不包括子公司乙公司的利润），发行在外的普通股加权平均数为20 000万股，乙公司归属于普通股股东的净利润为33 000万元，发行在外普通股（不含限制性股票）加权平均数为12 500万股，乙公司未宣告发放股利。假定2015年度，乙公司普通股平均市场价格为每股25元。

2015年每股收益计算如下：

（1）乙公司每股收益：

①基本每股收益＝33 000/12 500＝2.64（元/股）

②行权价格＝限制性股票的发行价格＋资产负债表日尚未取得的职工服务的公允价值＝10＋5×2/3＝13.33（元/股）

由于行权价格均低于当期普通股平均市场价格25元，因此应当考虑限制性股票的稀释性。

发行在外的限制性股份在2015年的加权平均数＝200×1＝200（万股）

稀释每股收益＝33 000÷[12 500＋（200－13.33×200/25）]＝2.62（元/股）

（2）甲公司合并每股收益：

①归属于母公司普通股股东的母公司净利润＝50 000万元

包括在合并基本每股收益计算中的子公司净利润部分＝2.64×12 500×60%
　　　　　　　　　　　　　　　　　　　　　　　　＝19 800（万元）

基本每股收益=(50 000+19 800)÷20 000=3.49(元/股)

②子公司净利润中归属于普通股且由母公司享有的部分=2.62×12 500×60%
=19 650(万元)

稀释每股收益=(50 000+19 650)÷20 000=3.48(元/股)

考点3 每股收益的列报(★★)

(一)派发股票股利、公积金转增资本、拆股和并股("三剑客")

表28-6

性质	企业派发股票股利、公积金转增资本、拆股或并股等,会增加或减少其发行在外普通股或潜在普通股的数量,但并不影响所有者权益总额,这既不影响企业所拥有或控制的经济资源也不改变企业的盈利能力,即意味着同样的损益现在要由扩大或缩小了的股份规模来享有或分担
会计处理	为了保持会计指标的前后期可比性,企业应当在相关报批手续全部完成后,按调整后的股数重新计算各列报期间的每股收益
BT提醒	如果上述变化发生于资产负债表日后期间,应当以调整后的股数重新计算各列报期间的每股收益

> **彬哥解读**
>
> 计算基本每股收益时,不用考虑时间加权,因为这是所有者权益内部增减变动,跟增发新股不同。

【例题28-9·主观题】 某企业2016年和2017年归属于普通股股东的净利润分别为1 596万元和1 848万元,2016年1月1日发行在外的普通股800万股,2016年4月1日按市价新发行普通股160万股,2017年7月1日分派股票股利,以2016年12月31日总股本960万股为基数每10股送3股,假设不存在其他股数变动因素。2017年度比较利润表中每股收益的计算如下:

2017年发行在外的普通股加权平均数=(800+160+288)×12/12=1 248(万股)

(注意:上面的288是派发的股票股利,由于股票都是对老股东进行派发,因此并未加权)

2016年度发行在外普通股加权平均数=800×1.3×12/12+160×1.3×9/12=1 196(万股)

(注意:之所以把2016年的股数乘1.3,是因为2017年分派了股票股利,如果2016年不重新计算,会给人造成2017年的每股收益突然下降很多的错觉)

2017年度基本每股收益=1 848÷1 248=1.48(元/股)

2016年度基本每股收益=1 596÷1 196=1.33(元/股)

【例题 28-10·单选题·2018 年】 甲公司 2016 年度和 2017 年度归属于普通股股东的净利润分别为 3 510 万元和 4 360 万元,2016 年 1 月 1 日,甲公司发行在外普通股为 2 000 万股。

2016 年 7 月 1 日,甲公司按照每股 12 元的市场价格发行普通股 500 万股,2017 年 4 月 1 日,甲公司以 2016 年 12 月 31 日股份总额 2 500 万股为基数,每 10 股以资本公积转增股本 2 股。

不考虑其他因素,甲公司在 2017 年度利润表中列报的 2016 年度的基本每股收益是( )元/股。

A. 1.17　　　　B. 1.30　　　　C. 1.50　　　　D. 1.40

【答案】 B

【解析】 在 2017 年度利润表中列报的 2016 年度的基本每股收益 = 3 510 ÷ [(2 000 + 500 × 6/12) × 1.2] = 1.30(元/股)。

(二) 配股

表 28-7

定义	配股是向<u>全部现有股东以低于当前股票市价的价格</u>发行普通股,实际上可以理解为按市价发行股票和无对价送股的混合体。 **【特别提示】** 只考虑无条件送股,视为列报最早期间就已经发行在外
计算流程	(1) 每股理论除权价格 =(行权前发行在外普通股的公允价值总额 + 配股收到的款项)÷ 行权后发行在外的普通股股数　**(总价值/总股数)** (2) 调整系数 = 行权前发行在外普通股的每股公允价值 ÷ 每股理论除权价格 (3) 因配股重新计算上年度基本每股收益 = 上年度基本每股收益 ÷ 调整系数 (4) 本年度基本每股收益 = 归属于普通股股东的当期净利润 ÷(配股前发行在外普通股股数 × 调整系数 × 配股前普通股发行在外的时间权重 + 配股后发行在外普通股加权平均数)
特别说明	(1) 企业向特定对象(不是原来全体股东)以低于当前市价的价格发行股票的,不考虑送股因素。虽然它与配股具有相似的特征,即发行价格低于市价。但是,后者属于向非特定对象增发股票;而前者往往是企业出于某种战略考虑或其他动机向特定对象以较低的价格发行股票,或者特定对象除认购股份以外还以其他形式予以补偿,因此,倘若综合这些因素,向特定对象发行股票的行为可以视为不存在送股因素,视同发行新股处理。 (2) 企业存在发行在外的除普通股以外的金融工具的,在计算基本每股收益时,基本每股收益中的分子,即归属于普通股股东的净利润<u>不应包含其他权益工具的股利或利息</u>,其中,对于发行的不可累积优先股等其他权益工具应扣除当期宣告发放的股利,对于发行的累积优先股等其他权益工具,无论当期是否宣告发放股利,均应予以扣除。基本每股收益计算中的分母,为发行在外普通股的加权平均股数

【例题 28-11·主观题】 某企业 2017 年度归属于普通股股东的净利润为 23 500 万元,2017 年 1 月 1 日发行在外普通股股数为 8 000 万股,2017 年 6 月 10 日,该企业发布增资配股公告,向截至 2017 年 6 月 30 日所有登记在册的老股东配股,配股比例为每 4 股配 1 股,配股价格为每股 6 元,除权交易基准日为 2017 年 7 月 1 日。假设行权前一日的市价为每股 11 元,2016 年度基本每股收益为 2.64 元/股。2017 年度比较利润表中的基本每股收益的计算如下:

每股理论除权价格 =（11×8 000+6×2 000）÷（8 000+2 000）=10（元）
调整系数 =11÷10=1.1
因配股重新计算的 2016 年度基本每股收益 =2.64÷1.1=2.4（元/股）
2017 年度基本每股收益 = 23 500÷（8 000×1.1×6/12+10 000×6/12）=2.5（元/股）

需要说明的是，企业存在发行在外的除普通股以外的金融工具的，在计算基本每股收益时，基本每股收益中的分子，即归属于普通股股东的净利润不应包含其他权益工具的股利或利息，其中，对于发行的不可累积优先股等其他权益工具应扣除当期宣告发放的股利，对于发行的累积优先股等其他权益工具，无论当期是否宣告发放股利，均应予以扣除。基本每股收益计算中的分母，为发行在外普通股的加权平均股数。

对于同普通股股东一起参加剩余利润分配的其他权益工具，在计算普通股每股收益时，归属于普通股股东的净利润不应包含根据可参加机制计算的应归属于其他权益工具持有者的净利润。

（三）以前年度损益的追溯调整或追溯重述

按照《企业会计准则第 28 号——会计政策、会计估计变更和差错更正》的规定**对以前年度损益进行追溯调整或追溯重述**的，应当重新计算各列报期间的每股收益。

**恭喜你，
已完成第二十八章的学习**

扫码免费进 >>>
2022年CPA带学群

世界上所有的事情都在你还没有准备好的时候就开始了，在你准备好的时候就结束了。让我们一起做好当下的每件事情，抓住每一个可以抓住的瞬间。

CHAPTER TWENTY-NINE

第二十九章 公允价值计量

考情雷达

本章属于非重点章节,主要介绍了公允价值的相关概念、估值技术的运用、公允价值的判断,偶尔考查1道客观题,分值在1~2分。本章内容抽象,学习难度较大,建议在第一轮学习时放弃,等考前突击掌握热门考点即可。

2022年本章内容**无变化**。

考点地图

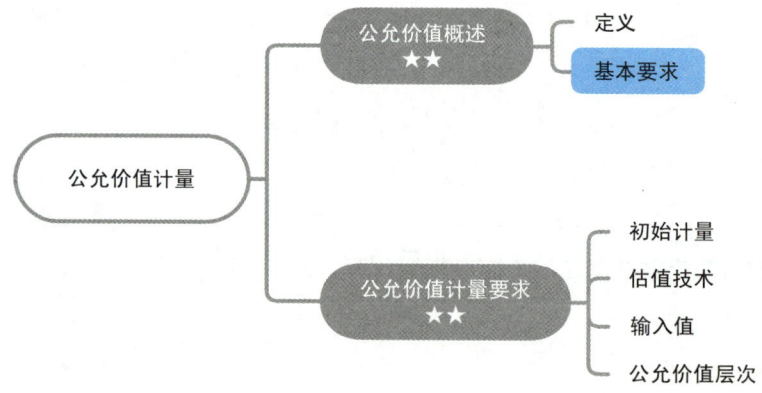

考点1 公允价值概述（★★）

（一）公允价值的定义

公允价值,是指市场参与者在计量日发生的有序交易中,出售一项资产所能收到或者转移一项负债所需支付的价格,即脱手价格。

（二）公允价值计量的基本要求

1. 以公允价值计量的相关资产或负债

表29-1

定义	以公允价值计量的相关资产式负债指其他相关会计准则要求或允许企业以公允价值计量的资产或负债
基本原则	企业以公允价值计量相关资产或负债,应当考虑该**资产或负债的特征**以及该资产或负债是以**单项还是以组合**的方式进行计量等因素
特征	①资产状况和所在位置。 ②对资产出售或使用的限制（区分该限制是针对该资产本身的还是资产持有者的）
计量单元	①计量单元,是指相关资产或负债以单独或者组合方式进行计量的最小单位。 ②企业是以单项还是以组合的方式对相关资产或负债进行公允价值计量,取决于该资产或负债的计量单元

2. 应用于相关资产或负债公允价值计量的有序交易

表 29-2

定义	有序交易是在计量日前一段时期内该资产或负债具有惯常市场活动的交易，不包括被迫清算和抛售
基本原则	①企业判定相关资产或负债的交易是有序交易的，在以公允价值计量该资产或负债时，应当考虑该交易的价格，即以交易价格为基础确定该资产或负债的公允价值。 ②企业判定相关资产或负债的交易不是有序交易的，在以公允价值计量该资产或负债时，不应考虑该交易的价格，或者赋予该交易价格较低权重。 ③企业根据现有信息不足以判定该交易是否为有序交易的，应当考虑该交易的价格。相对于其他已知的有序交易价格，企业应赋予该交易较低权重
非有序交易的情形	①在当前市场情况下，市场在计量日之前一段时间内不存在相关资产或负债的惯常市场交易活动。 ②在计量日之前，相关资产或负债存在惯常的市场交易，但资产出售方或负债转移方仅与单一的市场参与者进行交易。 ③资产出售方或负债转移方处于或者接近于破产或托管状态，即资产出售方或负债转移方已陷入财务困境。 ④资产出售方为满足法律或者监管规定而被要求出售资产，即被迫出售。 ⑤与相同或类似资产或负债近期发生的其他交易相比，出售资产或转移负债的价格是一个异常值

3. 有序交易发生的主要市场或最有利市场

表 29-3

基本原则	企业以公允价值计量相关资产或负债，应当假定出售资产或者转移负债的有序交易在该资产或负债的主要市场进行。不存在主要市场的，企业应假定该交易在相关资产或负债的最有利市场进行
主要市场	主要市场，是指相关资产或负债交易量最大和交易活跃程度最高的市场
最有利市场	最有利市场，是指在考虑交易费用和运输费用后，能够以最高金额出售相关资产或者以最低金额转移相关负债的市场
应用	①企业应当以主要市场上相关资产或负债的价格为基础，计量该资产或负债的公允价值。 ②不存在主要市场或者无法确定主要市场的，企业应当以相关资产或负债最有利市场的价格为基础，计量其公允价值
BT 提醒	①企业在确定最有利市场时，应当考虑交易费用、运输费用等。 ②企业在根据主要市场或最有利市场的交易价格确定相关资产或负债的公允价值时，不应根据交易费用对该价格进行调整，但是应该根据运输费用对交易价格进行调整

【易混点区分】见表 29-4。

表 29-4

确定最有利市场时	应当考虑运输费用、交易费用等	出售资产的净额 = 交易价格 - 运输费用 - 交易费用
确定公允价值时	应当考虑运输费用，但不考虑交易费用	公允价值 = 交易价格 - 运输费用

【例题 29-1·单选题·2018 年】甲公司在非同一控制下企业合并中取得 10 台生产设备，合并日以公允价值计量这些生产设备，甲公司可以进入 X 市场或 Y 市场出售这些生产设备，合并日相同生产设备每台交易价格分别为 180 万元和 175 万元。如果甲公司在 X 市

场出售这些合并中取得的生产设备，需要支付相关交易费用100万元，将这些生产设备运到X市场需要支付运费60万元；如果甲公司在Y市场出售这些合并中取得的生产设备，需要支付相关交易费用的80万元，将这些生产设备运到Y市场需要支付运费20万元。假定上述生产设备不存在主要市场，不考虑增值税及其他因素，甲公司上述生产设备的公允价值总额是（　　）万元。

A. 1 730　　　　B. 1 650　　　　C. 1 740　　　　D. 1 640

【答案】A

【解析】分别计算各个市场可以获得的经济利益：X市场可以获得的经济利益＝180×10－100－60＝1 640（万元）；市场Y可以获得的经济利益＝175×10－80－20＝1 650（万元）；因此应当选择市场Y为最有利市场，因此公允价值＝175×10－20＝1 730（万元）。企业根据主要市场或最有利市场的交易价格确定相关资产或负债的公允价值时，不应根据交易费用对该价格进行调整。交易费用不包括运输费用。

4. 主要市场或最有利市场中的市场参与者

表29－5

定义	在相关资产或负债的主要市场或者在不存在主要市场情况下的最有利市场中，相互独立的、熟悉资产或负债情况的、能够且愿意进行资产或负债交易的买方和卖方
特征	①市场参与者应当相互独立，不存在关联方关系； ②市场参与者应当熟悉情况，根据可获得的信息，对相关资产或负债以及交易具备合理认知； ③市场参与者应当有能力并愿意进行相关资产或负债的交易，而非被迫或以其他强制方式进行交易
考虑因素	①所计量的相关资产或负债； ②该资产或负债的主要市场（或者在不存在主要市场情况下的最有利市场）； ③企业将在主要市场或最有利市场进行交易的市场参与者。 ☞企业以公允价值计量相关资产或负债，应当基于市场参与者之间的交易确定该资产或负债的公允价值

考点2　公允价值计量要求（★★）

（一）公允价值初始计量

表29－6

基本原则	①企业应当根据交易性质和相关资产或负债的特征等，判断初始确认时的公允价值是否与其交易价格相等。 企业在取得资产或者承担负债的交易中，交易价格是取得该资产所支付或者承担该负债所收到的价格，即**进入价格**。而相关资产或负债的公允价值是**脱手价格**，即出售该资产所能收到的价格或者转移该负债所需支付的价格。 ②大多数情况下，相关资产或负债的进入价格等于其脱手价格

续表

BT 提醒	①在下列情况中，企业以公允价值对相关资产或负债进行初始计量的（**不以交易价格进行初始计量**） ➤关联方之间的交易。 ➤被迫进行的交易。 ➤交易价格所代表的计量单元不同于以公允价值计量的相关资产或负债的计量单元。 ➤进行交易的市场不是该资产或负债的主要市场（或者在不存在主要市场情况下的最有利市场）。 ②企业以公允价值进行初始计量，交易价格与公允价值的差额应当按照会计准则的要求进行处理，如果会计准则对此未作出明确规定，企业应当将该差额计入当期损益

（二）估值技术

表 29 - 7

定义		估计市场参与者在计量日当前市场情况下的有序交易中出售资产或者转移负债的价格的方法
基本原则		①相关资产或负债存在活跃市场公开报价的，企业应优先使用该报价确定该资产或负债公允价值。 ②若不存在公开报价，估值技术通常包括市场法、收益法和成本法，企业应当根据实际情况从这三种方法中选择一种或多种估值技术，企业选择上述三种估值方法中的哪种或哪几种确定相关资产或负债的公允价值并不存在优先顺序。 ③如果企业所使用的估值技术未能考虑市场参与者在对相关资产或负债估值时所考虑的所有因素，那么企业通过该估值技术获得的金额不能作为对计量日当前交易价格的估计
分类	市场法	利用相同或类似的资产、负债或资产和负债组合的价格以及其他相关市场交易信息进行估值的技术
	收益法	将未来金额转换成单一现值的估值技术。企业使用收益法时，应当反映市场参与者在计量日对未来现金流量或者收入费用等金额的预期。 企业使用的收益法包括现金流量折现法（包括传统法，即折现率调整法和期望现值流量法）、多期超额收益折现法、期权定价模型（布莱克—斯科尔斯模型、二叉树模型、蒙特卡洛模拟法等）等估值方法
	成本法	反映当前要求重置相关资产服务能力所需金额的估值技术，通常是指现行重置成本
变更		①企业在公允价值计量中使用的估值技术一经确定，不得随意变更。除非变更估值技术或其应用方法能使计量结果在当前情况下同样或者更能代表公允价值。 ②企业变更估值技术及其应用方法的，应当按照会计估计变更处理，并根据公允价值计量准则的披露要求对估值技术及其应用方法的变更进行披露

【例题 29 - 2·单选题·2019 年】甲公司持有非上市公司的乙公司 5% 股权。以前年度，甲公司采用上市公司比较法、以市盈率为市场乘数估计所持乙公司股权投资的公允价值。由于客观情况发生变化，为使计量结果更能代表公允价值，甲公司从 2019 年 1 月 1 日起变更估值方法，采用以市净率为市场乘数估计所持乙公司股权投资的公允价值。对于上述估值方法的变更，甲公司正确的会计处理方法是（　　）。

A. 作为会计估计变更进行会计处理，并按照《企业会计准则第 28 号——会计政策、会计估计变更和差错更正》的规定对会计估计变更进行披露

B. 作为前期差错更正进行会计处理，并按照《企业会计准则第 28 号——会计政策、会计估计变更和差错更正》的规定对前期差错更正进行披露

C. 作为会计估计变更进行会计处理,并按照《企业会计准则第 39 号——公允价值计量》的规定对估值技术及其应用的变更进行披露

D. 作为会计政策变更进行会计处理,并按照《企业会计准则第 28 号——会计政策、会计估计变更和差错更正》的规定对会计政策变更进行披露

【答案】C

(三) 输入值

市场参与者所使用的假设即为输入值,可分为可观察输入值和不可观察输入值。

企业使用估值技术时,应当优先使用可观察输入值,仅当相关可观察输入值无法取得或取得不切实可行时才使用不可观察输入值。企业通常可以从交易所市场、做市商市场、经纪人市场、直接交易市场获得可观察输入值。

(四) 公允价值层次

1. 定义

企业应当将估值技术所使用的输入值划分为三个层次,并最优先使用活跃市场上相同资产或负债未经调整的报价(第一层次输入值),最后,使用不可观察输入值(第三层次输入值)。

2. 分类

表 29-8

第一层次输入值		企业在计量日能够取得的相同资产或负债在活跃市场上未经调整的报价
第二层次输入值	定义	除第一层次输入值外相关资产或负债直接或间接可观察的输入值
	内容	①活跃市场中类似资产或负债的报价; ②非活跃市场中相同或类似资产或负债的报价; ③除报价以外的其他可观察输入值,包括在正常报价间隔期间可观察的利率和收益率曲线等; ④市场验证的输入值等
第三层次输入值	定义	相关资产或负债的不可观察输入值
	内容	①不能直接观察和无法由可观察市场数据验证的利率、股票波动率; ②企业合并中承担的弃置义务的未来现金流量、企业使用自身数据作出的财务预测等
	BT 提醒	企业只有在相关资产或负债几乎很少存在市场交易活动,导致相关可观察输入值无法取得或取得不切实可行的情况下,才能使用第三层次输入值,即不可观察输入值

恭喜你,
已完成第二十九章的学习

扫码免费进 >>>
2022年CPA带学群

要努力,但是不要着急。繁花锦簇,硕果累累都需要过程。

CHAPTER THIRTY

第三十章 政府及民间非营利组织会计

考情雷达

本章属于不重要章节，一般只考查个别客观题，只在2018年教材修改变化时考了一道计算分析题。本章内容多、杂、陌生，学习性价比低，在第一轮学习时可以战略"放弃"。在冲刺阶段，我们选择性掌握几个相对比较重要的内容即可。需要掌握的有：政府会计概述、国库集中支付业务、库存物品、应付职工薪酬、民间非营利组织概述。

2022年本章内容无变化。

考点地图

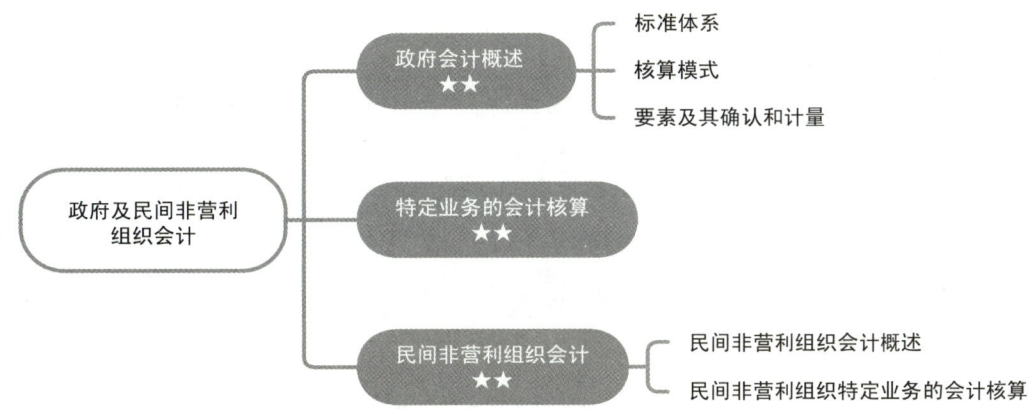

考点1 政府会计概述（★★）

（一）政府会计标准体系

我国的政府会计标准体系由政府会计基本准则、具体准则及应用指南和政府会计制度等组成。

（二）政府会计核算模式

政府会计由预算会计和财务会计构成。

即：对纳入部门预算管理的现金收支业务，在进行财务会计核算的同时，进行预算会计核算。（平行记账规则）

1. 双功能

（1）预算会计；（2）财务会计。

2. 双基础

（1）收付实现制；（2）权责发生制。

3. 双报告

（1）政府决算报告；（2）政府财务报告。

①资产负债表；②收入费用表；③现金流量表。

（三）政府会计要素及其确认和计量

1. 政府预算会计要素

政府预算会计要素包括预算收入、预算支出与预算结余。

2. 政府财务会计要素

政府财务会计要素包括资产、负债、净资产、收入和费用。

考点2　政府单位特定业务的会计核算（★★）

（一）财政拨款收支业务

实行国库集中支付的单位，财政资金的支付方式包括财政直接支付和财政授权支付。

1. 财政直接支付

表30－1

交易或事项	财务会计	预算会计
（1）收到"财政直接支付入账通知书"时	借：固定资产、业务活动费用等 　　贷：财政拨款收入	借：行政支出、事业支出等 　　贷：财政拨款预算收入
（2）年末，根据本年度财政直接支付预算指标数与实际支出数的差额	借：财政应返还额度 　　贷：财政拨款收入	借：资金结存——财政应返还额度 　　贷：财政拨款预算收入
（3）下年度恢复直接支付额度后并发生实际支出时	借：固定资产、业务活动费用等 　　贷：财政应返还额度	借：行政支出、事业支出等 　　贷：资金结存——财政应返还额度

【应试技巧】如何写预算会计的分录？

（1）预算会计的特点：与钱有关，包括收钱（预算收入）、花钱（预算支出）、存钱（预算结存）；

（2）预算会计分录：先写出财务会计分录，然后找出其中与钱有关的，再翻译成预算会计科目（见表30－2）。

表30－2

财务会计	预算会计
财政拨款收入	财政拨款预算收入
零余额账户用款额度	资金结存——零余额账户用款额度
财政应返还额度	资金结存——财政应返还额度
银行存款	资金结存——货币资金

【例题30-1·主观题】2017年10月9日,某事业单位根据经过批准的部门预算和用款计划,向同级财政部门申请支付第三季度水费105 000元。10月18日,财政部门经审核后,以财政直接支付方式向自来水公司支付了该单位的水费105 000元。10月23日,该事业单位收到了"财政直接支付入账通知书"。该事业单位的账务处理如下:

借:单位管理费用　　　　　　　　　　　　　　　　　　　105 000
　　贷:财政拨款收入　　　　　　　　　　　　　　　　　　　　105 000
同时,
借:事业支出　　　　　　　　　　　　　　　　　　　　　105 000
　　贷:财政拨款预算收入　　　　　　　　　　　　　　　　　　105 000

【例题30-2·主观题】2017年12月31日,某行政单位财政直接支付指标数与当年财政直接支付实际支出数之间的差额为100 000元。2018年初,财政部门恢复了该单位的财政直接支付额度。2018年1月15日,该单位以财政直接支付方式购买一批办公用物资(属于上年预算指标数),支付给供应商50 000元价款。

该行政单位的账务处理如下:
(1) 2017年12月31日补记指标。
借:财政应返还额度——财政直接支付　　　　　　　　　　100 000
　　贷:财政拨款收入　　　　　　　　　　　　　　　　　　　　100 000
同时,
借:资金结存——财政应返还额度　　　　　　　　　　　　100 000
　　贷:财政拨款预算收入　　　　　　　　　　　　　　　　　　100 000
(2) 2018年1月15日使用上年预算指标购买办公用品。
借:库存物品　　　　　　　　　　　　　　　　　　　　　50 000
　　贷:财政应返还额度——财政直接支付　　　　　　　　　　　50 000
同时,
借:行政支出　　　　　　　　　　　　　　　　　　　　　50 000
　　贷:资金结存——财政应返还额度　　　　　　　　　　　　　50 000

2. 财政授权支付

表30-3

交易或事项	财务会计	预算会计
(1) 收到"授权支付到账通知书"时	借:零余额账户用款额度 　　贷:财政拨款收入	借:资金结存——零余额账户用款额度 　　贷:财政拨款预算收入
(2) 使用额度时	借:固定资产、业务活动费用等 　　贷:零余额账户用款额度	借:行政支出、事业支出等 　　贷:资金结存——零余额账户用款额度

续表

交易或事项	财务会计	预算会计
(3) 年末注销未用完的额度时	借：财政应返还额度 　贷：零余额账户用款额度	借：资金结存——财政应返还额度 　贷：资金结存——零余额账户用款额度
(4) 年末财政授权支付预算指标数大于零余额账户用款额度下达数	借：财政应返还额度 　贷：财政拨款收入	借：资金结存——财政应返还额度 　贷：财政拨款预算收入
(5) 下年初恢复上年末注销的额度时	借：零余额账户用款额度 　贷：财政应返还额度	借：资金结存——零余额账户用款额度 　贷：资金结存——财政应返还额度
(6) 下年度收到财政部门批复的上年未下达零余额账户用款额度时	借：零余额账户用款额度 　贷：财政应返还额度	借：资金结存——零余额账户用款额度 　贷：资金结存——财政应返还额度

【例题 30-3·主观题】2017 年 3 月，某科研所根据经过批准的部门预算和用款计划，向同级财政部门申请财政授权支付用款额度 180 000 元。4 月 6 日，财政部门经审核后，以财政授权支付方式下达了 170 000 元用款额度。4 月 8 日，该科研所收到了代理银行转来的"授权支付到账通知书"。

该科研所的账务处理如下：

借：零余额账户用款额度　　　　　　　　　　　　　　　　170 000
　　贷：财政拨款收入　　　　　　　　　　　　　　　　　　　170 000
同时，
借：资金结存——零余额账户用款额度　　　　　　　　　　170 000
　　贷：财政拨款预算收入　　　　　　　　　　　　　　　　　170 000

【例题 30-4·主观题】2017 年 12 月 31 日，某事业单位经与代理银行提供的对账单核对无误后，将 150 000 元零余额账户用款额度予以注销。另外，本年度财政授权支付预算指标数大于零余额账户用款额度下达数，未下达的用款额度为 200 000 元。2018 年度，该单位收到代理银行提供的额度恢复到账通知书及财政部门批复的上年末未下达零余额账户用款额度。

该事业单位的账务处理如下：

(1) 2017 年 12 月 31 日注销额度。

借：财政应返还额度——财政授权支付　　　　　　　　　150 000
　　贷：零余额账户用款额度　　　　　　　　　　　　　　　 150 000
同时，
借：资金结存——财政应返还额度　　　　　　　　　　　 150 000
　　贷：资金结存——零余额账户用款额度　　　　　　　　　 150 000

(2) 2017年12月31日补记指标数。

借：财政应返还额度——财政授权支付　　　　　　　　　　　200 000
　　贷：财政拨款收入　　　　　　　　　　　　　　　　　　　　200 000

同时，

借：资金结存——财政应返还额度　　　　　　　　　　　　　200 000
　　贷：财政拨款预算收入　　　　　　　　　　　　　　　　　　200 000

(3) 2018年恢复额度。

借：零余额账户用款额度　　　　　　　　　　　　　　　　　150 000
　　贷：财政应返还额度——财政授权支付　　　　　　　　　　　150 000

同时，

借：资金结存——零余额账户用款额度　　　　　　　　　　　150 000
　　贷：资金结存——财政应返还额度　　　　　　　　　　　　　150 000

(4) 2018年收到财政部门批复的上年末未下达的额度。

借：零余额账户用款额度　　　　　　　　　　　　　　　　　200 000
　　贷：财政应返还额度——财政授权支付　　　　　　　　　　　200 000

同时，

借：资金结存——零余额账户用款额度　　　　　　　　　　　200 000
　　贷：资金结存——财政应返还额度　　　　　　　　　　　　　200 000

（二）非财政拨款收支业务

1. 事业（预算）收入

事业收入是指事业单位开展专业业务活动及其辅助活动实现的收入。

2. 捐赠（预算）收入和支出

(1) 捐赠（预算）收入。

捐赠收入指单位接受其他单位或者个人捐赠取得的收入。

捐赠预算收入指单位接受的现金支出。

(2) 捐赠（支出）费用。

3. 债务预算收入和债务还本支出

债务预算收入是指事业单位按规定从银行和其他金融机构介入的、纳入部门预算管理的、不以财政资金作为偿还来源的债务本金。

债务还本支出是指事业单位偿还自身承担的纳入预算管理的从金融机构举借的债务本金的现金流出。

4. 投资支出

投资支出指事业单位以货币资金对外投资发生现金流出。

（三）预算结转结余及分配业务

单位应当严格区分财政拨款结转结余和非财政拨款结转结余。财政拨款结转结余不参与事业单位的结余分配，单独设置"财政拨款结转"和"财政拨款结余"科目核算。非财政拨款结转结余通过设置"非财政拨款结转""非财政拨款结余""专用结余""经营结余""非财政拨款结余分配"等科目核算。

（四）净资产业务

单位财务会计中净资产的来源主要包括累计实现的盈余和无偿调拨的净资产。在日常核算中，单位应当在财务会计中设置"累计盈余""专用基金""无偿调拨净资产""权益法调整"和"本期盈余""本期盈余分配""以前年度盈余调整"等科目。

（五）资产业务

下面主要介绍资产业务的几个共性内容及应收账款、库存物品、固定资产、无形资产、公共基础设施和政府储备物资的核算。

1. 资产取得

单位资产取得的方式包括外购、自行加工或自行建造、接受捐赠、无偿调入、置换换入、租赁等。资产在取得时按照成本进行初始计量，并分别按照不同取得方式进行会计处理。

表30-4

外购的固定资产	购买价款、相关税费（不包括按规定可抵扣的增值税进项税额），以及使得资产达到目前场所和状态或交付使用前所发生的归属于该项资产的其他费用
自行加工或自行建造的资产	其成本包括该项资产至验收入库或交付使用前所发生的全部必要支出
接受捐赠的非现金资产	（1）对于存货、固定资产、无形资产而言，其成本按照有关凭据注明的金额加上相关税费等确定；没有相关凭据可供取得，但按规定经过资产评估的，其成本按照评估价值加上相关税费等确定；没有相关凭据可供取得，也未经资产评估的，其成本比照同类或类似资产的市场价格加上相关税费等确定；没有相关凭据且未经资产评估、同类或类似资产的市场价格也无法可靠取得的，按照名义金额（人民币1元）入账。 （首先凭据注明的金额，然后资产评估金额，然后同类或类似资产的市场价格，最后才是名义金额。要注意加上相关税费） （2）对于投资和公共基础设施、政府储备物资、保障性住房、文物文化资产等经管资产而言，其初始成本只能按照前三个层次进行计量，不能采用名义金额计量。 （3）单位对于接受捐赠的资产，其成本能够确定的，应当按照确定的成本减去相关税费后的净额计入捐赠收入。资产成本不能确定的，单独设置备查簿进行登记，相关税费等计入当期费用
无偿调入的资产	其成本按照调出方账面价值加上相关税费等确定。但是，无偿调入资产在调出方的账面价值为零（即已按制度规定提足折旧）或账面余额为名义金额的，单位（调入方）应当将调入过程中其承担的相关税费计入当期费用，不计入调入资产的初始入账成本
置换取得的资产	其成本按照换出资产的评估价值，加上支付的补价或减去收到的补价，加上为换入资产发生的其他相关支出确定

2. 资产处置

通常情况下，单位应当将被处置资产账面价值转销计入资产处置费用，并按照"收支两条线"将处置净收益上缴财政。如按规定将资产处置净收益纳入单位预算管理的，应将净收益计入当期收入。

（六）负债业务

1. 应缴财政款

表 30-5

具体交易事项	财务会计	预算会计
（1）单位取得或应收按照规定应缴财政的款项时	借：银行存款/应收账款 　　贷：应缴财政款	由于应缴财政的款项不属于纳入部门预算管理的现金收支，因此不进行预算会计处理
（2）上缴应缴财政的款项时	借：应缴财政款 　　贷：银行存款	

2. 应付职工薪酬

表 30-6

具体交易事项	财务会计	预算会计
确认应付职工薪酬	借：业务活动费用/单位管理费用/在建工程等 　　贷：应付职工薪酬	—
从职工薪酬中代扣各种款项	借：应付职工薪酬 　　贷：其他应交税费——应交个人所得税（代扣个人所得税） 　　　　应付职工薪酬——社会保险费、住房公积金（代扣社保费） 　　　　其他应收款（代扣房租等）	—
单位向职工支付工资、津贴补贴等薪酬，或按国家有关规定缴纳职工社会保险费和住房公积金时	借：应付职工薪酬 　　贷：财政拨款收入/零余额账户用款额度/银行存款	借：行政支出/事业支出/经营支出 　　贷：财政拨款预算收入/资金结存

【例题 30-5·主观题】2017 年 5 月，某事业单位为开展专业业务活动及其辅助活动人员发放工资 500 000 元，津贴 300 000 元，奖金 100 000 元，按规定应代扣代缴个人所得税 30 000 元，该单位以国库授权支付方式支付薪酬并上缴代扣的个人所得税。财会部门根据有关凭证，应做如下账务处理：

（1）计算应付职工薪酬时：

借：业务活动费用　　　　　　　　　　　　　　　　　　　　　　900 000
　　贷：应付职工薪酬　　　　　　　　　　　　　　　　　　　　　900 000

（2）代扣个人所得税时：

借：应付职工薪酬　　　　　　　　　　　　　　　　　　　　　　30 000
　　贷：其他应交税费——应交个人所得税　　　　　　　　　　　　30 000

（3）实际支付职工薪酬：

借：应付职工薪酬　　　　　　　　　　　　　　　　　　　　　　870 000
　　贷：零余额账户用款额度　　　　　　　　　　　　　　　　　　870 000

> 同时，
> 借：事业支出 870 000
>   贷：资金结存——零余额账户用款额度 870 000
> （4）上缴代扣的个人所得税时：
> 借：其他应交税费——应交个人所得税 30 000
>   贷：零余额账户用款额度 30 000
> 同时，
> 借：事业支出 30 000
>   贷：资金结存——零余额账户用款额度 30 000

考点3　民间非营利组织会计（★★）

（一）民间非营利组织会计概述

1. 民间非营利组织的概念和特征

民间非营利组织，是指在民政部门登记的社会团体、基金会和民办非企业单位。其特征有：

（1）该组织不以营利为宗旨和目的。

（2）资源提供者向该组织投入资源不取得经济回报。

（3）资源提供者不享有该组织的所有权。

2. 民间非营利组织会计的主要特点包括：

（1）以权责发生制为会计核算基础。

（2）由于民间非营利组织资源提供者既不享有组织的所有权，也不取得经济回报，因此，其会计要素不应包括所有者权益和利润，而是设置了净资产这一要素。

（3）在采用历史成本计价的基础上，引进了公允价值计量基础。

3. 民间非营利组织的会计要素

反映财务状况的会计要素包括资产、负债和净资产，其会计等式为：资产－负债＝净资产；

反映业务活动情况的会计要素包括收入和费用，其会计等式为：收入－费用＝净资产变动额。

4. 民间非营利组织财务会计报告

民间非营利组织的财务会计报告由会计报表、会计报表附注和财务情况说明书组成。会计报表至少应当包括资产负债表、业务活动表和现金流量表三张基本报表。

> 【例题30-6·多选题】下列各项中，属于民间非营利组织会计要素的有（　　）。
> A. 收入　　　　B. 费用　　　　C. 利润　　　　D. 所有者权益
> 【答案】AB
> 【解析】民间非营利组织的会计要素包括资产、负债、净资产、收入和费用。

(二) 民间非营利组织特定业务的会计核算

1. 捐赠业务

（1）捐赠的特征。无偿；自愿；不带有商业目的。

（2）捐赠收入的分类。限定性收入和非限定性收入。

（3）捐赠承诺。对于捐赠承诺，不能确认收入，但可以在会计报表附注中披露。

（4）劳务捐赠。对于劳务捐赠，不能确认收入，但应当在会计报表附注中作相关披露。

（5）捐赠收入的账务处理：

①捐赠收入的确认。对于收到捐赠的现金资产，收到款项时，借记"银行存款"科目，贷记"捐赠收入"科目。

对于收到的非现金资产，有凭据按凭据标明金额入账；没有凭据或者凭据标明金额不公允的，应当以其公允价值作为入账价值。

②期末结转。会计期末，捐赠收入的明细科目要结转入净资产，"捐赠收入——限定性收入"余额结转入"限定性净资产"，"捐赠收入——非限定性收入"余额结转入"非限定性净资产"。

对于附捐赠条件的捐赠业务，比如捐赠业务做完后，对于余下的款项要退回，则要按需偿还的金额，借记"管理费用"科目，贷记"其他应付款"等科目。

【例题30-7·单选题·2018年】下列各项关于非营利组织会计处理的表述中，正确的是（　　）。

A. 捐赠收入于捐赠方作出书面承诺时确认

B. 接受的劳务捐赠按照公允价值确认捐赠收入

C. 收到受托代理资产时确认受托代理资产，同时确认受托代理负债

D. 如果捐赠方没有提供有关凭据，受赠的非现金资产按照名义价值入账

【答案】C

【解析】选项A，对于无条件的捐赠，民间非营利组织应当在捐赠收到时确认收入；对于附条件的捐赠，应当在取得捐赠资产控制权时确认收入；

选项B，对于接受的劳务捐赠，不予确认，但应当在会计报表附注中作相关披露；

选项D，对于民间非营利组织接受捐赠的非现金资产，如果捐赠方没有提供有关凭据的，受赠资产应当以其公允价值作为入账价值。

2. 受托代理业务

（1）受托代理业务的概念。受托代理业务是指民间非营利组织从委托方收到受托资产，并按照委托人的意愿将资产转赠给指定的其他组织或者个人的受托代理过程。

（2）受托代理业务的界定。民间非营利组织的受托代理业务与其通常从事的捐赠活动存在本质上的差异。

①在受托代理业务中，民间非营利组织并不是受托代理资产的最终受益人，只是代受益人保管这些资产。而对于接受捐赠的资产，民间非营利组织对于资产以及资产带来的收益具有控制权。

②在受托代理业务中，民间非营利组织只是起到中介人的作用，帮助委托人将资产转赠或转交给指定的受益人，并没有权力改变受益人和受托代理资产的用途。

③在受托代理业务中,委托人通常需要明确指出具体受益人的姓名或受益单位的名称,才能称为"指定的"受益人。

④受托代理业务通常应当签订明确的书面协议,而且通常是委托方、受托方和受益人三方共同签订的。

(3)受托代理业务的核算。民间非营利组织需要设置两个会计科目,即"受托代理资产"和"受托代理负债"科目。

①收到代理资产时:
借:受托代理资产
　　贷:受托代理负债

②转赠或者转出受托代理资产时:
借:受托代理负债
　　贷:受托代理资产

③收到的受托代理资产如果为现金、银行存款或其他货币资金,可以不通过"受托代理资产"科目核算,而在"现金""银行存款""其他货币资金"科目下设置"受托代理资产"明细科目进行核算。

3. 会费收入

会费收入是指民间非营利组织根据章程等的规定向会员收取的会费。一般情况下,民间非营利组织的会费收入为非限定性收入,除非相关资产提供者对资产的使用设置了限制。民间非营利组织的会费收入通常属于非交换交易收入。

(1)收到会费收入。
借:银行存款
　　贷:会费收入——非限定性收入
　　　　　　——限定性收入

(2)期末。
借:会费收入——非限定性收入
　　贷:非限定性净资产
借:会费收入——限定性收入
　　贷:限定性净资产

4. 业务活动成本

业务活动成本是指民间非营利组织为了实现其业务活动目标、开展某项目活动或者提供服务所发生的费用。

民间非营利组织发生的业务活动成本,应当按照其发生额计入当期费用。业务活动成本的主要账务处理如下:

(1)发生的业务活动成本。
借:业务活动成本
　　贷:现金、银行存款、存货、应付账款

(2)会计期末,将"业务活动成本"科目的余额转入非限定性净资产。
借:非限定性净资产
　　贷:业务活动成本

5. 净资产

（1）限定性净资产。

民间非营利组织应当设置"限定性净资产"科目来核算本单位的限定性净资产，并可根据本单位的具体情况和实际需要，在"限定性净资产"科目下设置相应的二级科目和明细科目。

①期末结转限定性收入：

借：捐赠收入——限定性收入
　　政府补助收入——限定性收入等
　　　贷：限定性净资产

②限定性净资产的重分类。如果限定性净资产的限制已经解除，应当对净资产进行重新分类，将限定性净资产转为非限定性净资产。

借：限定性净资产
　　　贷：非限定性净资产

（2）非限定性净资产的核算。

①期末结转非限定性收入和成本费用项目。

收入转入非限定性净资产：

借：捐赠收入——非限定性收入
　　会费收入——非限定性收入
　　提供服务收入——非限定性收入
　　政府补助收入——非限定性收入
　　商品销售收入——非限定性收入等
　　　贷：非限定性净资产

结转成本进入非限定性净资产：

借：非限定性净资产
　　　贷：业务活动成本、管理费用、筹资费用等

②限定性净资产的重分类。如果限定性净资产的限制已经解除，应当对净资产进行重新分类。

有些情况下，资源提供者或者国家法律、行政法规会对以前期间未设置限制的资产增加时间或用途限制，应将非限定性净资产转入限定性净资产，借记"非限定性净资产"科目，贷记"限定性净资产"科目。

③调整以前期间非限定性收入、费用项目。如果因调整以前期间非限定性收入、费用项目而涉及调整非限定性净资产的，应当就需要调整的金额，借记或贷记有关科目，贷记或借记"非限定性净资产"科目。

**恭喜你，
已完成第三十章的学习**

扫码免费进 >>>
2022年CPA带学群

没有人能回到过去重新活过，但你我都可以从现在开始，决定我们未来的模样。

BT 教育——陪伴奋斗年华

致敬这个时代最有梦想的人

　　有时候会觉得自己很孤单，哪怕并不缺少亲人朋友关切的眼神。因为没有处在相同的境地，没有面临等同的压力，没有殊途同归的共同目标，所以有口难言，情绪都烂在心里。想要与志同道合的朋友喝酒聊天，想要在他们眼里找回激情和梦想，想要与保持着同一份初心的人一路前行。

　　陪伴，是最温暖的情怀，是最长情的告白，而 BT 教育就想要送你这一份温暖，陪伴奋斗年华。

　　学习知识固然重要，可是陪伴或许才是教育的本质。有"效率"的陪伴，应该是"双向沟通"，就像高效的学习不应当只是"单向传输"一样。老师懂你的困惑，你也能跟上老师的节奏，及时的互通和反馈才是陪伴的真谛！信息时代里，我们缺少的绝对不是那堆冷冰冰的知识，而是能有良师在授业解惑之余不断引导你培养终身受益的学习方法，也是益友持续鼓励你不渝前行，这或许就是教育的本质。这样的经历在我们学生时代也许并不陌生，只是多年之后再回首，那些坚定又充实的学习时光竟然是那般遥远。在 BT 教育里，我们想要给你陪伴，带你再回那段时光。

　　纵然无线 Wi-Fi 不能传递热能，可是陪伴却可以带来无限温情。直播间里，老师说"懂得了就扣 1"，一连串的 1111 让我们透过屏幕感受到你们的欣喜和雀跃；班级群里，助教说"复习完了要打卡"，同学们较着劲儿地报进度，互相鼓励着去坚持，真切地觉得在奋斗的不只是自己。

　　纵使我们来自全国各地，可是有着相同的奋斗心情。我们在一群素未谋面的陌生人中嗅到了至真至纯的人情味儿，让早读成为了习惯，拼搏至凌晨成为了常态。助教的督促，老师的答疑，同学的鼓励，让汗水终将换来理想成绩的感动。正是对这份温暖的向往，对目标的矢志不渝，让你在最美的年华，选择了奋斗在 BT 教育。一个人走得很快，一群人相伴可以走得更远。

　　熹微晨光中，鸟鸣和 BT 教育陪你，静谧的夜里，咖啡和 BT 教育陪你；没有休息的周六日，没有旅行的假期，BT 教育一直陪你，陪你！陪你遥望真理无穷，陪你感受每进一寸的欢喜，陪你平缓坎坷心情，陪你度过奋斗年华！

　　BT 教育—陪伴奋斗年华。BestTime，最美的年华，奋斗在 BT 教育！

使用说明

CPA 知识涉及面广，知识点零散，记忆强度大，但其逻辑非常连贯，像一棵大树，从树干伸展到树枝再到树叶，体系严谨。学习过程中若能沿着考点脉络不断延伸，再不断消化拓展，即可事半功倍，这便是通关的捷径。

思维框架图的作用就是调动鲜活的思考力，梳理你脑中的知识，并形成完整的体系。这样不仅可以避免混淆知识之间的关系，出现丢三落四、张冠李戴的情况，还可以有效地帮助你巩固记忆，将整本书越背越薄、越背越快。

所以思维框架图绝不是简单地将教材目录和各级标题抄一抄即可，而应该运用归纳整理能力提炼知识要点，接着理清知识点之间的逻辑脉络，进而重组内容架构。为贯彻 BT 教育高效应试的特色，我们在 CPA 思维框架图独创如下特点：

☆ 1. 根据考点分割，进行考情分析

我们整理了近 10 年真题，并统计了每个考点的考查频次。除此之外，每章的知识点我们都配置了考情分析、考频、分值、命题形式，重点内容一目了然。只有知道考什么、怎么考，我们才能有的放矢地分配好精力，高效学习。

☆ 2. 重点标记、一目了然

我们对每一科的考点都标注了星级，★的数量代表考频高低，一星为低频考点，若时间紧张，可适度选择放弃；但若想追求高分则尽量全部掌握。

☆ 3. 内容精简、考点全面

我们对每个考点都进行了深度提炼加工，在全面覆盖考点的基础上，减少了 95% 以上的文字量，极大减轻了学习负担。

思维框架图的使用方法

针对不同的学习阶段，巧妙地使用思维框架图，可以达成不同的效果，框架图可以贯穿你的备考全程，真正做到一册在手，学习不愁。

【预习阶段——内容提要】

在脑海中对章节建立整体模块布局，重要的考点还需进行额外标注，大概扫一下前三级内容标题。

【复习阶段——学霸笔记】

使用思维框架图，复习刚刚学完的章节，能将散装概念再次梳理，并形成结构性极强的体系，帮助自己加深理解、巩固记忆。

打开对应章节的思维框架图，从上到下，从左到右，出声朗读，完成初步梳理。再采用费曼学习法用自己的语言把知识点讲给自己听，若能够流畅地讲述下去，则证明本章内容已基本掌握；若某个地方卡住了，说明知识消化存在问题，则标记疑惑点，再次学习直至掌握。

对于时间较充裕的同学，这时候需要你拿出一张白纸自己画思维框架图，再与我们的思维框架图进行对比，查漏补缺；对于时间紧张的同学，则画出大体框架，在脑海中不断填充细节。

【背诵阶段——通关手册】

CPA 的备考过程其实是与遗忘作斗争的过程，这份自带考点考频分析表、做题技巧的思维框架图，就是你冲刺背诵最好的笔记，相比满满文字的讲义，思维框架图更清晰，且有助于你点、线、面地逐步复述知识点，查漏补缺，再搭配语音微课，利用碎片化时间不断重复巩固记忆，可以有效将书越背越薄、越背越牢！

扫码免费领取题库+随书附送讲义资料

目录
CONTENTS

第一章　总　论 1
第二章　存　货 2
第三章　固定资产 4
第四章　无形资产 6
第五章　投资性房地产 7
第六章　长期股权投资与合营安排 9
第七章　资产减值 11
第八章　负　债 12
第九章　职工薪酬 13
第十章　股份支付 15
第十一章　借款费用 17
第十二章　或有事项 18
第十三章　金融工具 20
第十四章　租　赁 23
第十五章　持有待售的非流动资产、
　　　　　处置组和终止经营 26
第十六章　所有者权益 28
第十七章　收入、费用和利润 30
第十八章　政府补助 34
第十九章　所得税 36
第二十章　非货币性资产交换 38

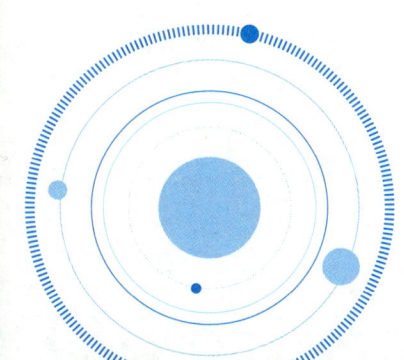
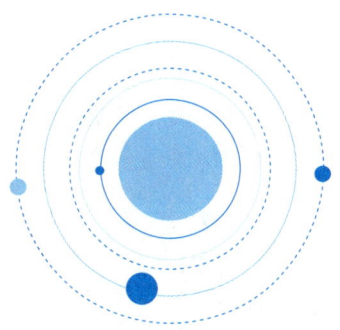

目 录
CONTENTS

第二十一章　债务重组……………………………………39
第二十二章　外币折算……………………………………41
第二十三章　财务报告……………………………………42
第二十四章　会计政策、会计估计及其变更和差错更正………44
第二十五章　资产负债表日后事项………………………45
第二十六章　企业合并……………………………………46
第二十七章　合并财务报表………………………………47
第二十八章　每股收益……………………………………52
第二十九章　公允价值计量………………………………54
第三十章　　政府及民间非营利组织会计………………55

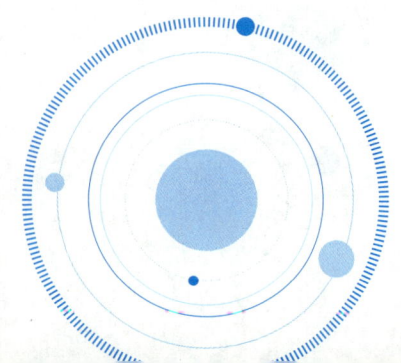
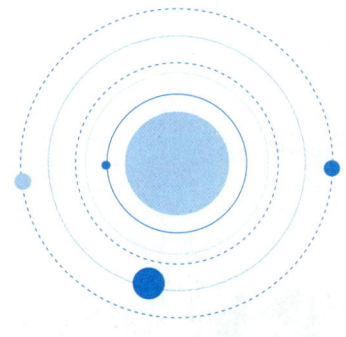

第一章
总 论

- 分值比重：2分左右
- 命题形式：选择题
- ★ 核心考点：会计的理论基础，对后面章节具有统驭作用

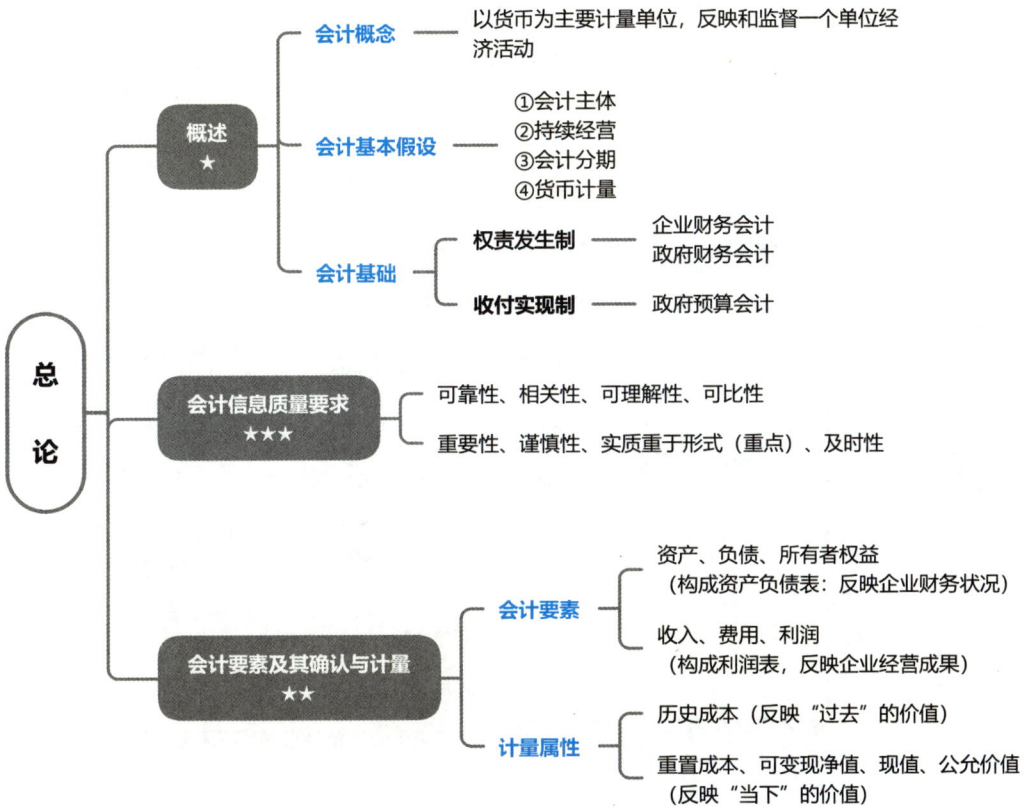

第二章 存货

- 分值比重：3分左右
- 命题形式：选择题
- ★ 核心考点：存货初始计量、期末计量、清查盘点、发出存货计量

存货

确认 ★

- **定义** —— 日常活动中持有以备出售
- **属于存货**
  - ①来料加工的加工成本
  - ②用于建商品房的土地使用权
  - ③取得所有权的在途物资
  - ④控制权尚未转移的发出商品
  - ⑤部分周转材料
- **不属于存货** —— 工程物资

初始计量 ★★

- **计量原则**
  - 为达到预定可销售状态
  - 合理或必要的（正常的）
  - 价、税、费/料、工、费
- **成本的具体构成**
  - **外购取得** —— 购买价款+其他相关费用（非正常损失不计入成本）
  - **加工取得** —— 形成过程中发生的各种成本之和
  - **其他方式取得** —— 公允价值
  - **存货盘盈** —— 按其重置成本作为入账价值 通过"待处理财产损溢"科目，冲减当期管理费用
- **不应计入存货成本的费用**
  - 非正常消耗
  - 入库后的仓储费（必要生产环节除外）
  - 不能归属于使存货达到目前场所和状态的其他支出
  - 采购用于广告营销活动的特定商品

后续计量 ★★★

- **发出存货的计量方法**
  - **先进先出法** —— 先购入的先发出
  - **移动加权平均法** —— 每次进货都要重新计算一次存货的成本
  - **月末一次加权平均法** —— 当月全部进货数量加月初存货数量的加权平均成本
  - **个别计价法** —— 逐一确认成本

...接下页

存货

期末存货的计量

...接上页

按成本和可变现净值孰低计量

可变现净值
- 直接用于出售 —— 材料售价 – 材料估计销售税费
- 加工后出售 —— 产成品售价 – 产成品估计销售税费 – 进一步加工成本
- 有合同
  - ①估计售价为合同价（若无合同，估计售价为一般市场价格）
  - ② 一部分有合同，一部分没有合同，则期末存货计量分开计算，分别计提存货跌价准备，不得相互抵销

存货跌价准备
- 计提：每一个资产负债表日，比较存货与可变现净值，当可变现净值小于存货成本时，确认减值。记入"资产减值损失"
- 转回：当减值因素消失，存货跌价准备在原已计提的存货跌价准备的金额内转回，转回的金额记入当期损益（资产减值损失）

处置 ★

盘亏或毁损
① 人为原因造成的，扣除残料价值、保险及过失人赔偿后，将净损失金额记入管理费用
② 自然原因造成的，扣除残料价值、保险赔偿等，将净损失金额记入营业外支出

出售
①确认收入，结转成本
②对于已计提存货跌价准备的存货，在结转销售成本时，应同时结转对应的已经计提的存货跌价准备
借：存货跌价准备
　贷：主营业务成本

第三章

固定资产

- 分值比重：3分左右
- 命题形式：选择题、计算题
- ★ 核心考点：固定资产的确认与初始计量、折旧、后续支出、处置

固定资产

定义
为生产商品、提供劳务、出租或经营管理而持有的、使用寿命超过一个会计年度的有形资产

初始计量 ★★

- **外购固定资产**
  - 成本=购买价款+相关税费
  - 需安装的先归集到"在建工程"
  - 分期付款以现值计入成本，差额计入未确认融资费用

- **自行建造**
  - 成本=达到预定可使用状态前所发生的必要支出
  - 通过"在建工程"科目核算

- **其他方式取得**
  - **投资者投入**——协议约定价值（约定价值不公允除外）
  - **盘盈**——按照前期差错更正处理
  - 非货币性资产交换、债务重组、企业合并等方式

- **弃置费用**——将弃置费用的现值计入固定资产成本，未来期间按实际利率摊销

后续计量 ★★★

- **折旧**
  - **影响因素**——原价、预计使用寿命、净残值、减值准备
  - **折旧范围**
    - 未使用的固定资产、大修理而停工的固定资产都需要折旧
    - 以下固定资产无需折旧：
      ①已提足折旧继续使用的
      ②单独作价作为固定资产入账的土地
      ③处于改扩建、更新改造期间
      ④划分为持有待售
      ⑤提前报废
  - **折旧方法**——年限平均法、工作量法、双倍余额递减法、年数总和法

…接下页

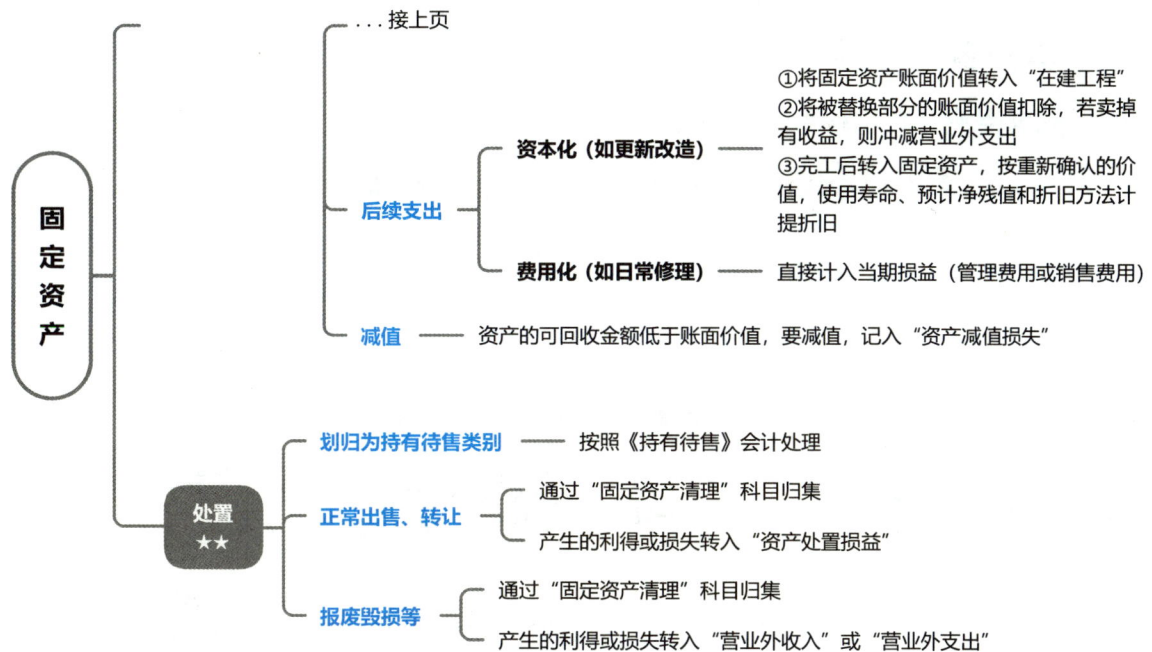

第四章

无形资产

- 分值比重：3分左右
- 命题形式：计算题、综合题
- 核心考点：无形资产的确认和初始计量、后续计量、处置、内部研究开发支出的确认和计量

无形资产

- **确认 ★**
  - 定义 —— 无实物形态、可辨认、非货币性资产
  - 土地使用权的处理
    - 一般 —— 作为无形资产，例如买地建房自用，土地价款计入无形资产，不计入在建工程，但建造期间土地使用权的摊销要计入在建工程
    - 特殊
      - 房地产企业用来建造商品房 —— 作为存货（开发成本）
      - 用于出租或者资本增值的 —— 作为投资性房地产
      - 外购房屋支付价款 —— 应当在房和地之间合理分配，难以分配全部作为固定资产

- **初始计量 ★★**
  - 外购
    - 正常付款 —— 购买价款+相关税费+其他支出（专业人员服务费、测试费等）
    - 融资性质 —— 以购买价款的现值确定，现值与售价的差额作为未确认融资费用，在信用期间按实际利率法摊销，计入财务费用等
  - 内部研发
    - 研究阶段 —— 全部费用化（期末转管理费用）
    - 开发阶段
      - 符合条件的资本化（完工时转无形资产）
      - 不符合条件的费用化（期末转管理费用）
    - 无法区分 —— 全部费用化

- **后续计量 ★★**
  - 使用寿命有限 —— 当月增加当月摊销、当月减少当月不再摊销
  - 使用寿命不确定 —— 无需摊销，每年进行减值测试
  - 减值 —— 资产的可收回金额低于账面价值，要减值

- **处置 ★★**
  - 出租 —— 确认其他业务收入、结转其他业务成本
  - 出售 —— 售价与账面价值的差额计入资产处置损益
  - 报废 —— 报废净损益计入营业外支出

第五章

投资性房地产

- 分值比重：3分左右
- 命题形式：计算题、综合题
- 核心考点：投资性房地产的确认与初始计量、后续计量、转换、处置

投资性房地产

- **定义及范围 ★**
  - 范围
    - 为赚取租金或资本增值，或两者兼有而持有的房地产
    - 已出租的土地使用权
    - 持有并准备增值后转让的土地使用权
    - 已出租的建筑物
  - 不属于投资性房地产的情形
    - 被国家认定的闲置土地
    - 计划出租但尚未出租的土地使用权
    - 自用房地产，例如厂房、办公楼
    - 作为存货的房地产，例如房地产企业对外出售的商品房

- **初始计量 ★★**
  - 外购：购买价款+相关费用；公允模式下有二级科目"——成本"
  - 自建：各项支出的成本之和

- **后续计量 ★★★**
  - 计量模式
    - 成本模式
      - ①取得租金收入贷记"其他业务收入"
      - ②计提折旧借记"其他业务成本"
      - ③发生减值借记"资产减值损失"
    - 公允价值模式
      - ①取得租金收入贷记"其他业务收入"
      - ②公允价值变动计入公允价值变动损益
    - 计量模式变更：成本模式→公允价值模式（不可逆）
  - 改建
    - 资本化部分计入"投资性房地产——在建"
    - 费用化部分计入"其他业务成本"

- **转换 ★★★**
  - 非投转成投 / 成投转非投
    - 保持账面价值不变
    - 调换对应科目（开发产品除外）
  - 公投转非投：公允价值入账，公允价值与原账面价值差额计入公允价值变动损益

...接下页

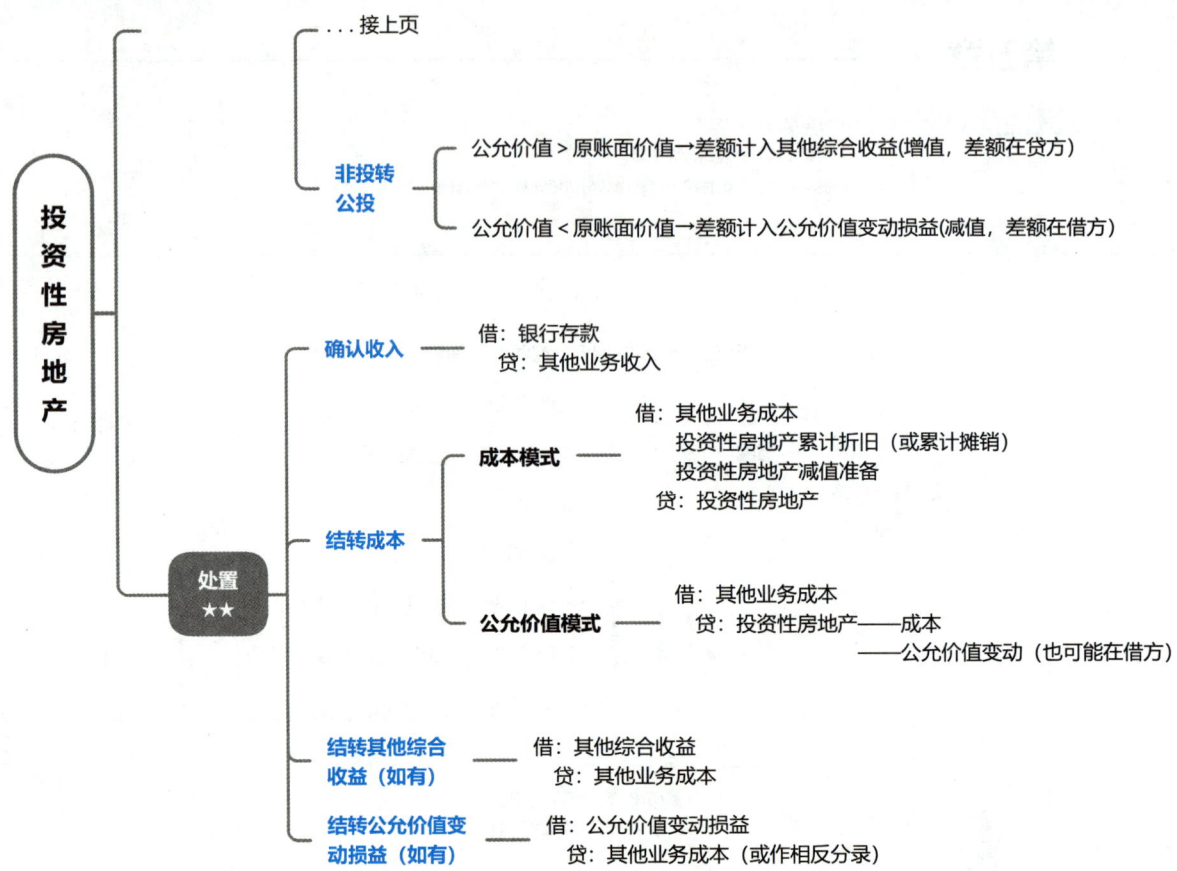

第六章

长期股权投资与合营安排

- 分值比重：10分左右
- 命题形式：选择题、计算题、综合题
- 核心考点：对子公司长期股权投资的计量（成本法）、
  对联营企业、合营企业的长期股权投资的计量（权益法）、
  长期股权投资核算方法的转换、合营安排

长期股权投资与合营安排
- 基本概念 ★
  - 范围
    - 对子公司投资 —— 控制，成本法
    - 对合营企业投资 —— 共同控制，权益法
    - 对联营企业投资 —— 重大影响，权益法
  - 企业合并
    - 合并方式
      - 控股合并
      - 吸收合并
      - 新设合并
    - 合并类型
      - 同一控制下
      - 非同一控制下
  - 确认时点 —— 购买日（取得控制权）

- 对子公司长投的计量（成本法）★★★
  - 初始计量
    - 初始入账金额
      - 非同一控制下 —— 按付出对价公允价值入账
      - 同一控制下 —— 按最终控制方合并报表中可辨认净资产账面价值份额+全部商誉入账
    - 3个费用
      - 中介费用（律师、审计费）：计入管理费用
      - 发行股票佣金：冲"资本公积——股本溢价"
      - 发行债券费用：计入"应付债券——利息调整"
  - 后续计量
    - 宣告发放现金股利
      - 借：应收股利
      - 贷：投资收益
    - 发生减值
      - 借：资产减值损失
      - 贷：长期股权投资减值准备
  - 处置
    - 借：银行存款
      - 长期股权投资减值准备
    - 贷：长期股权投资
      - 投资收益

- 对联营、合营企业长投的计量（权益法）★★★
  - 初始计量
    - 初始入账金额 —— 付出对价公允价值+交易费用
    - 付出对价为非现金资产：视同出售，公允与账面价值的差额计入当期损益
    - 3个费用
      - 中介费用（律师、审计费等）：计入成本
      - 发行股票佣金：冲"资本公积——股本溢价"
      - 发行债券费用：计入"应付债券——利息调整"
  - ...接下页

9

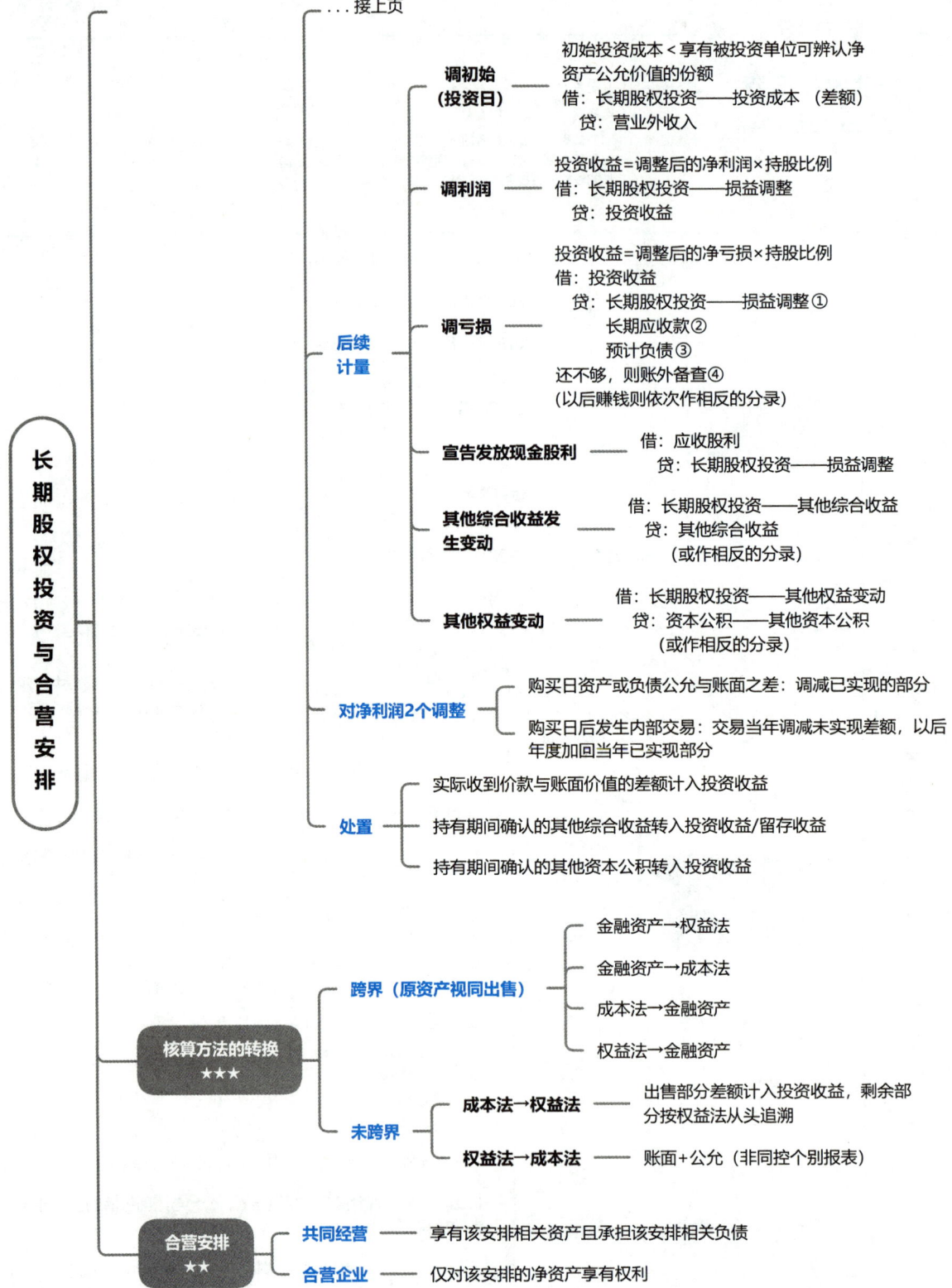

第七章 资产减值

- 分值比重：4分左右
- 命题形式：计算题
- ★ 核心考点：资产可收回金额的计量、商誉减值测试与处理

资产减值

适用范围 ★★
- **适用本准则**——固定资产、无形资产、投资性房地产（成本模式）、长期股权投资、商誉等（减值以后不得转回）
- **不适用本准则**——存货、应收账款、金融资产、合同资产、合同成本、递延所得税资产、持有待售等（减值以后可以转回）

减值测试 ★
- **原则**——有减值迹象才需要进行减值测试
- **例外**
  - 无减值迹象也要进行减值测试
    - ①企业合并形成的商誉
    - ②使用寿命不确定的无形资产
    - ③尚未达到可使用状态的无形资产
  - 有减值迹象不需要进行减值测试（重要性原则）

资产可收回金额的计量 ★★★
- max{公允价值减去处置费用后的净额，资产预计未来现金流量的现值}
- **预计未来现金流量的现值需考虑**
  - ①资产在持续使用期间预计产生的现金流入
  - ②资产在持续使用期间必需的预计现金流出
  - ③处置资产时预计的净现金流量
- **预计未来现金流量的现值不考虑**
  - ①所得税
  - ②筹资活动
  - ③尚未承诺的重组和可能发生的改良
  - ④内部转移价格应调整

资产减值损失的确认与计量 ★★
- **单项资产减值**
  - 借：资产减值损失
  - 贷：XX资产减值准备
- **资产组减值**
  - **认定**——最小资产组合，一经确定，不得随意变更
  - **会计处理方法**
    - ①先算出资产组减值损失
    - ②然后按顺序分摊（优先商誉，其次各资产账面价值比例）

商誉的减值 ★★★
- **基本要求**
  - 无论是否出现减值迹象，每年末都要减值测试
  - 结合与其相关的资产组或者资产组合进行减值测试
- **步骤**
  - 找到整个子公司可收回金额
  - 计算整个子公司净资产账面价值
  - 计算整个子公司减值金额
  - 按顺序分摊减值损失
  - 计算合并报表应确认的减值

第八章
负 债

- 分值比重：4分左右
- 命题形式：选择题、计算题
- 核心考点：应交税费、其他流动负债、公司债券

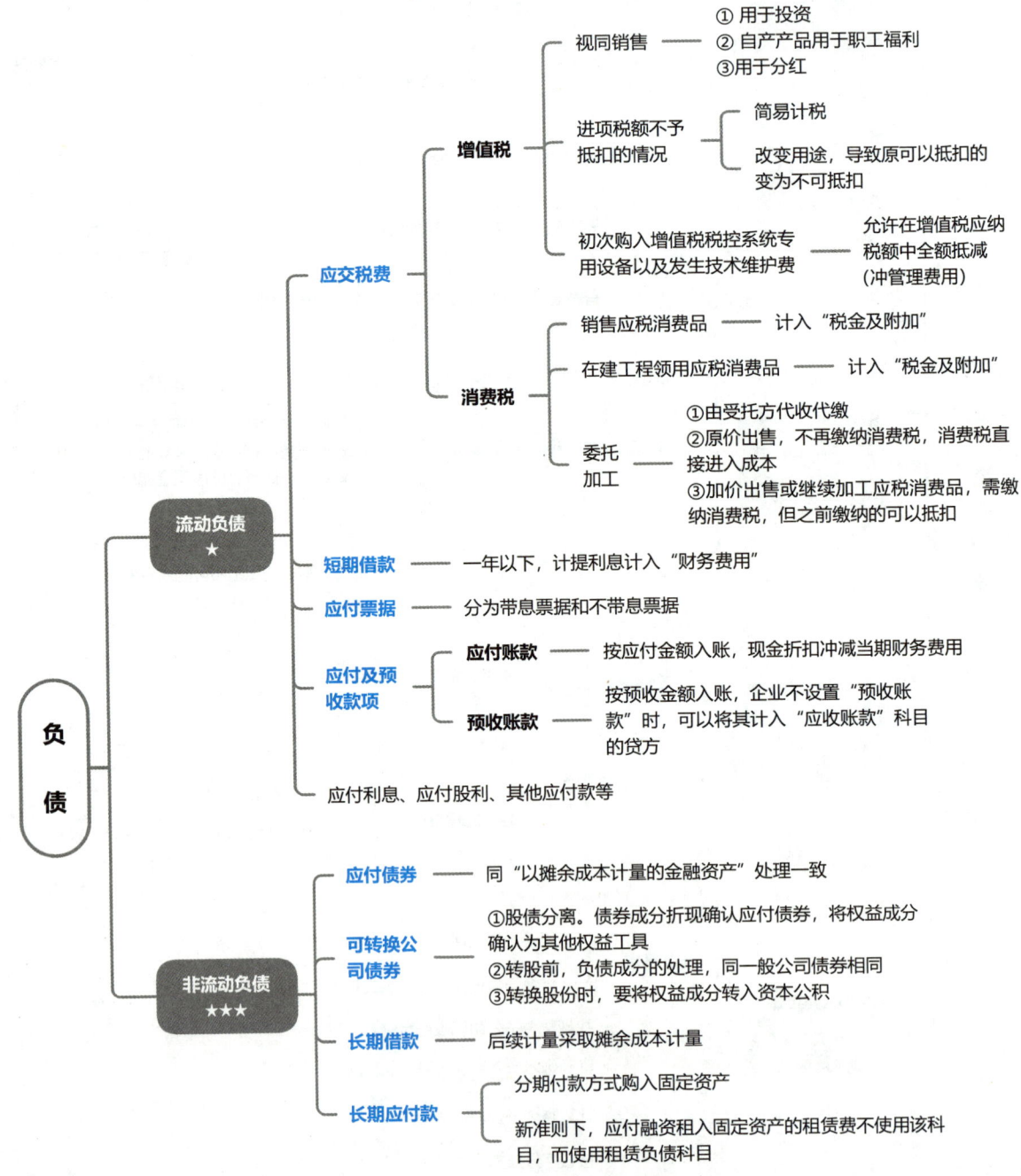

第九章

职工薪酬

- 分值比重：5分左右
- 命题形式：选择题、计算题
- ★ 核心考点：短期薪酬的确认与计量、辞退福利的确认与计量

职工薪酬
├─ 范围和分类 ★ ── 为获得职工提供的服务或解除劳动关系而给予的各种形式的报酬或补偿
└─ 短期薪酬 ★★★
    ├─ 货币性短期薪酬 ── 按照受益对象计入当期损益或相关资产成本
    ├─ 带薪缺勤
    │   ├─ 累积带薪缺勤
    │   │   ├─ 特征 ── 本期未用完，可以结转下期继续使用
    │   │   └─ 确认的职工薪酬=预计使用人数×预计使用天数×每日工资
    │   └─ 非累积带薪缺勤
    │   ├─ 特征 ── 本期未用完，过期作废
    │   └─ 缺勤视作满勤，无需另外做账
    ├─ 短期利润分享计划 ── 属于职工薪酬，不属于利润分配
    └─ 非货币性福利
        ├─ 原则 ── 公允价值计量，公允价值不能可靠取得的，可以采用成本计量
        ├─ 以自产产品发放
        │   ├─ 原则 ── 视同销售，即确认收入，结转成本；金额=产品的公允价值+销项税额
        │   ├─ 决定发放时
        │   │   借：管理费用等（受益对象原则）
        │   │   贷：应付职工薪酬
        │   └─ 实际发放时
        │   借：应付职工薪酬
        │   贷：主营业务收入
        │   应交税费——应交增值税(销项税额)
        │   借：主营业务成本
        │   贷：库存商品
        └─ 以外购商品发放
            ├─ 原则 ── 结转账面价值，同时转出进项税额；金额=外购商品的成本+进项税额
            ├─ 购入时
            │   借：库存商品
            │   应交税费——应交增值税（进项税额）
            │   贷：银行存款
            └─ ...接下页

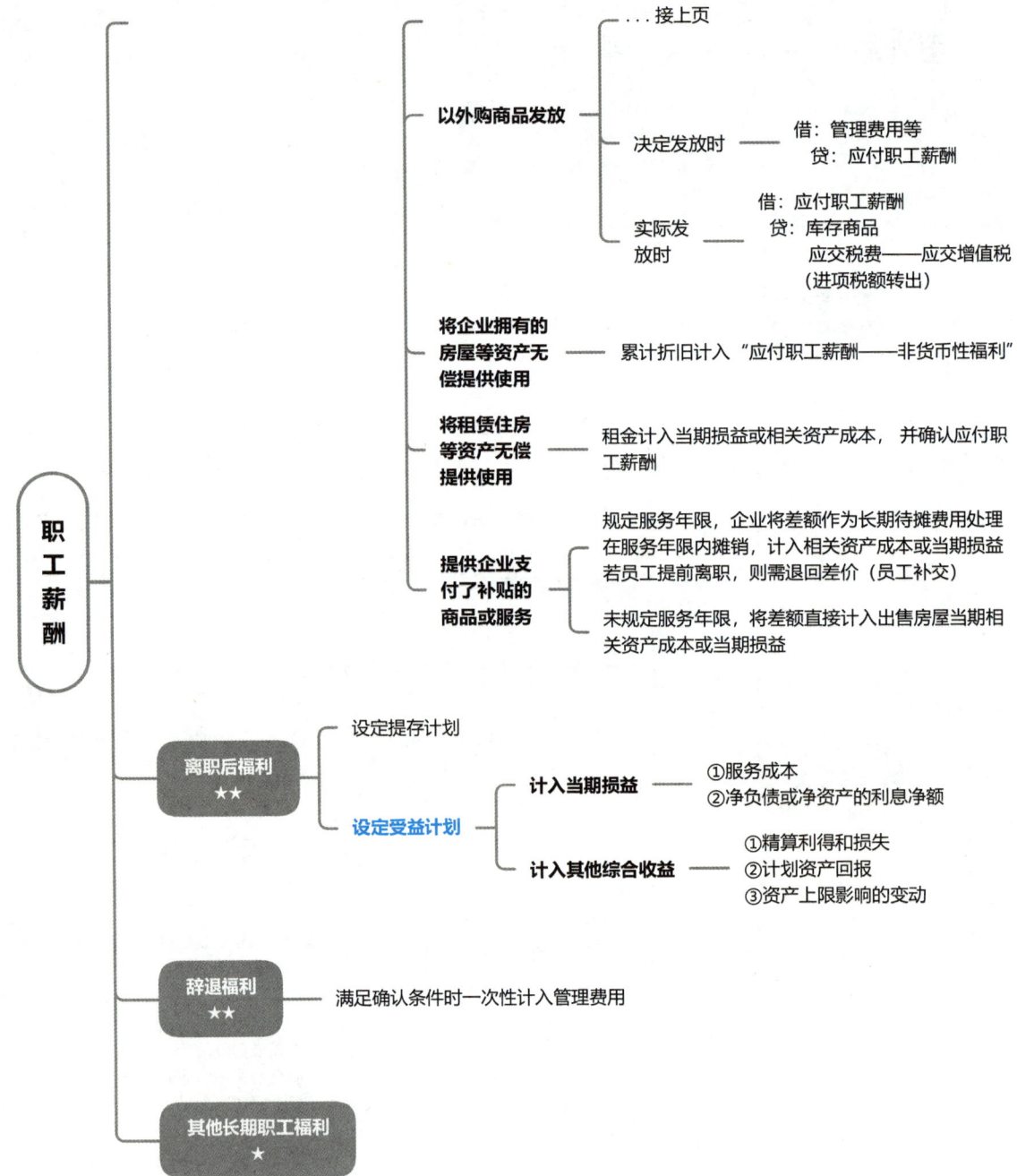

第十章 股份支付

- 分值比重：5分左右
- 命题形式：选择题
- 核心考点：股份支付的确认与计量、集团股份支付、限制性股票

股份支付

概述 ★

- **环节**：授予日、可行权日、行权日、出售日
- **类型**
  - **权益结算**：限制性股票和股票期权
  - **现金结算**：模拟股票和现金股票增值权

确认和计量 ★★★

- **权益结算**
  - 以授予日股份支付工具的公允价值为基础
  - ①授予日不作会计处理（特殊情况除外）
  - ②在等待期内确认"资本公积——其他资本公积"
  - ③行权日转"股本"、"资本公积——股本溢价"

- **现金结算**
  - 以每个资产负债表日股份支付工具公允价值为基础
  - ①授予日不作会计处理（特殊情况除外）
  - ②在等待期内确认"应付职工薪酬"
  - ③可行权日后，公允价值变动计入公允价值变动损益

- **可行权条件**
  - **种类**
    - 服务期限条件
    - 业绩条件：市场条件/非市场条件
  - **可行权条件的修改**
    - 有利于职工的，应当考虑修改后的可行权条件
    - 不利于职工的，不应考虑修改后的可行权条件

- **回购股份进行职工期权激励**
  - ① 回购时：借：库存股
    贷：银行存款
  - ② 等待期内：借：管理费用等
    贷：资本公积—其他资本公积
  - ③ 行权时：借：银行存款（企业收到的股票款）
    资本公积—其他资本公积
    （等待期内资本公积累计额）
    贷：库存股（交付给职工库存股的成本）
    资本公积—股本溢价（倒挤差额）

- **集团股份支付**
  - **结算企业为接受服务企业**
    - 用自身权益工具结算：权益结算股份支付
    - 用现金、其他方权益工具结算：现金结算股份支付
  - **结算企业为母公司接受服务企业为子公司**
    - 结算企业以自身权益工具结算 — 权益结算的股份支付
    - 结算企业不以自身权益工具结算 — 现金结算的股份支付
    - 接受服务企业 — 不存在结算义务，均属于权益结算股份支付

...接下页

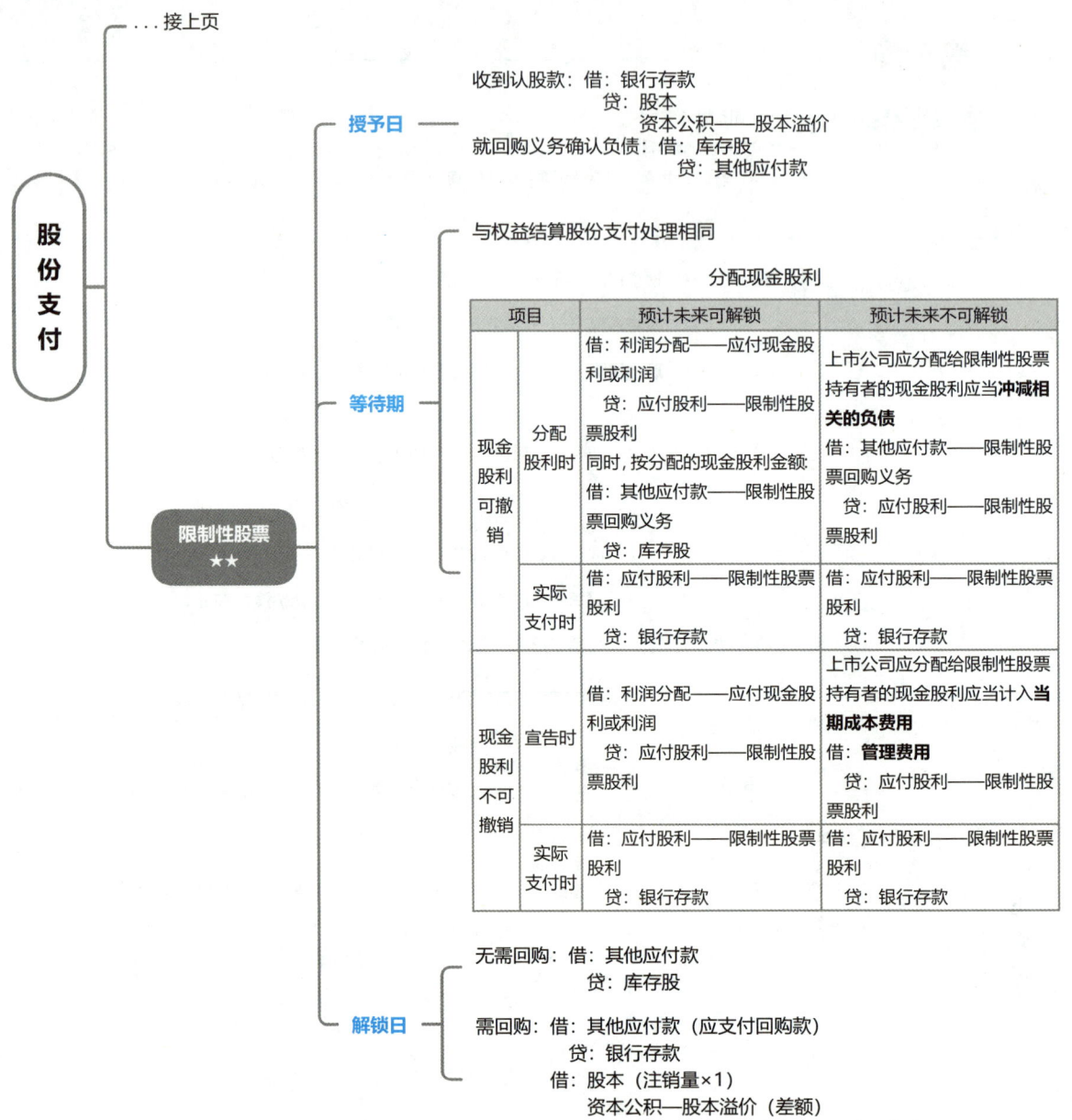

第十一章

借款费用

- 分值比重：3分左右
- 命题形式：选择题、计算题
- ★ 核心考点：借款费用的计量

借款费用

- **概述 ★**
  - 定义：借入资金所付出的代价
  - 范围
    - 实际利息费用（含折价、溢价的摊销）
    - 外币借款汇兑差额
    - 辅助费用
  - 会计处理
    - **资本化** —— 计入资产成本
    - **费用化** —— 计入财务费用

- **确认 ★**
  - 开始
    - ①资产支出已发生
    - ②借款费用已发生
    - ③生产活动已开始
  - 暂停 —— **非正常中断+连续超过3个月** —— 利息费用计入当期损益
  - 停止
    - 资产达到预定可使用或者可销售状态
    - ①如果资产各部分分别完工，各部分可以独立使用或对外销售，则分别停止资本化
    - ②如果必须全部完工才能使用，那就全部完工后再停止资本化

- **计量 ★**
  - 专门借款
    - **资本化金额** —— 资本化期间全部净利息支出
    - **费用化金额** —— 非资本化期间全部净利息支出
  - 一般借款
    - **资本化金额** —— 资本化期间所占用一般借款的加权平均本金×加权平均利率
    - **费用化金额** —— 全年利息-资本化金额
  - 外币借款汇兑差额
    - **外币专门借款** —— 资本化期间本金和利息的汇兑差额全部资本化
    - **外币一般借款** —— 资本化期间本金和利息的汇兑差额全部费用化（简化处理）

第十二章

或有事项

- 分值比重：2分左右
- 命题形式：选择题、计算题
- ★ 核心考点：或有事项会计的具体应用

或有事项

概述 ★

- **概念和特征**
  - 过去的交易或事项形成的
  - 结果具有不确定性
  - 结果须由未来事项决定

- **或有负债**
  - 不确认，可能（5%＜概率≤50%）发生时应披露
  - **转化为预计负债的条件** —— 同时满足
    - 现时义务
    - 经济利益很可能（50%＜概率≤95%）流出企业
    - 金额能够可靠计量

- **或有资产**
  - 不确认，很可能（50%＜概率≤95%）发生时才披露
  - **转化为资产的条件** —— 同时满足
    - 经济利益基本确定（95%＜概率＜100%）流入企业
    - 金额能够可靠计量

计量 ★★

- **预计负债最佳估计数的确定**
  - 连续范围等概率：中间值
  - 多个项目：概率加权平均值
  - 单个项目：最大可能的值

- **预期可获得的补偿**
  - 在满足基本确定条件时单独确认为其他应收款（不得冲减预计负债），金额不超过预计负债
  - 借：其他应收款
    贷：营业外支出

- **预计负债的考虑因素**
  - 风险和不确定性
  - 货币时间价值
  - 未来事项（不考虑资产处置利得）

- **复核**
  - 在资产负债表日对预计负债的账面价值进行复核，根据最新估计进行调整（属于会计估计变更）

…接下页

或有事项

...接上页

具体应用 ★★★

未决诉讼或未决仲裁
- 借：管理费用（诉讼费）
  营业外支出（赔偿款）
  贷：预计负债
- **预计损失与实际发生额不一致**
  - 日后事项按准则处理
  - 非日后事项
    - 已合理计提差额：计入营业外支出
    - 未合理计提：按前期差错更正
    - 因无法合理预计而未计提：计入营业外支出

债务担保
- 借：营业外支出（担保损失）
  贷：预计负债

产品质量保证
- ①销售发生时计提保修费 —— 借：销售费用 贷：预计负债
- ②实际发生保修费时 —— 借：预计负债 贷：银行存款等
- ③保修义务结束时 —— 借：预计负债 贷：销售费用

亏损合同
- 预计负债计量应当反映退出合同的最低净成本
- 如果不需支付任何补偿即可撤销，不应确认预计负债
- **不存在标的资产** —— 损失全部计入预计负债
- **存在标的资产** —— 先对标的物的账面价值计提减值，超过部分的亏损才计提预计负债

重组事项
- **确认条件：同时满足**
  - ①已承担重组义务
    - 有详细、正式的重组计划
    - 该重组计划已对外公告
  - ②满足预计负债确认的3个条件
- **计量金额（仅此两项直接支出）**
  - 遣散费用（自愿、强制），属于辞退福利 —— 借：管理费用 贷：应付职工薪酬
  - 不再使用的厂房、设备的租赁撤销费 —— 借：营业外支出 贷：预计负债

第十三章

金融工具

- 分值比重：10分左右
- 命题形式：选择题、计算题、综合题
- 核心考点：金融资产的分类、金融负债和权益工具的区分、金融资产的计量、金融工具的减值

金融工具

- **概述 ★**
  - **定义** —— 形成一方的金融资产并形成其他方的金融负债或权益工具的合同
  - **分类** —— 金融资产、金融负债、权益工具

- **分类 ★★★**
  - **金融资产分类**
    - **分类依据** —— 管理金融资产的业务模式+合同现金流量特征
    - **具体分类**
      - ①以摊余成本计量的金融资产
      - ②（指定/分类为）以公允价值计量且其变动计入其他综合收益的金融资产
      - ③以公允价值计量且其变动计入当期损益的金融资产
  - **金融资产的重分类**
    - **条件** —— 业务模式变更
    - **情形** —— 三类金融资产可以重分类；金融负债、其他权益工具投资不允许重分类
  - **金融负债**
    - （指定/分类为）以公允价值计量且其变动计入当期损益的金融负债
    - 以摊余成本计量的金融负债
    - 不符合终止确认条件的金融资产转移或继续涉入被转移金融资产所形成的金融负债
    - 部分财务担保合同以及低于市场利率贷款的贷款承诺
  - **金融负债和权益工具**
    - **区分**
      - 是否能无条件避免支付义务
      - 是否满足"固定换固定"
    - **重分类**
      - 权益工具转金融负债按公允价值计量，差额计入资本公积
      - 金融负债转权益工具，保持账面不变，无差额

- **计量 ★★★**
  - **以摊余成本计量的金融资产（债权投资）**
    - 初始计量：交易费用计入成本
    - 后续计量：分期付息、一次还本的债券，票面利息计入应收利息；到期一次还本付息的债券，票面利息计入债权投资——应计利息
    - 处置：实际收到价款与账面价值的差额计入投资收益
  - **分类为以公允价值计量且其变动计入其他综合收益的金融资产（其他债权投资）**
    - 初始计量：交易费用计入成本
    - 后续计量：按实际利率法计提利息收入，摊销利息调整；公允价值变动，计入其他综合收益
    - 处置：差额计入投资收益，结转其他综合收益，转入投资收益
  - ...接下页

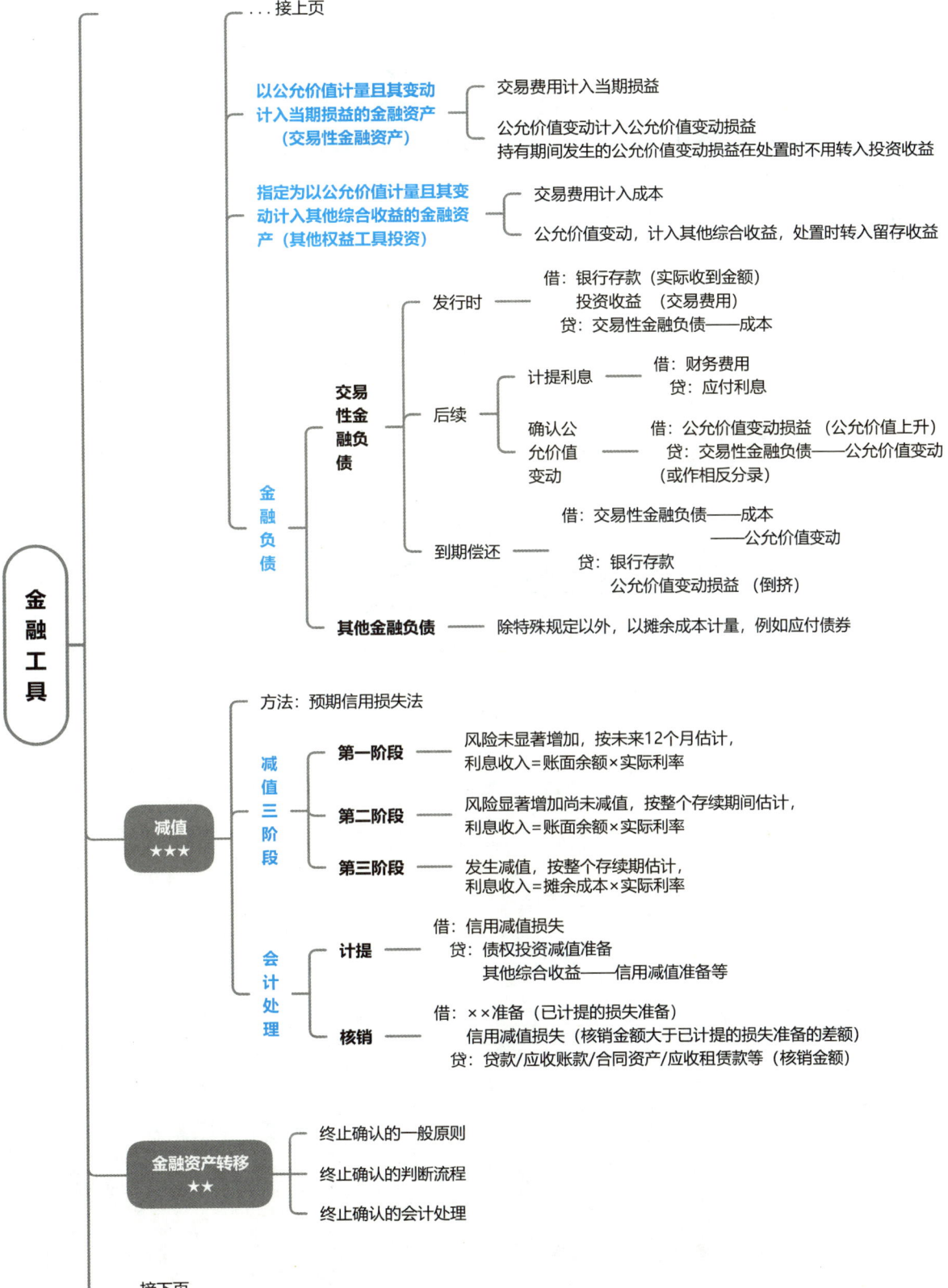

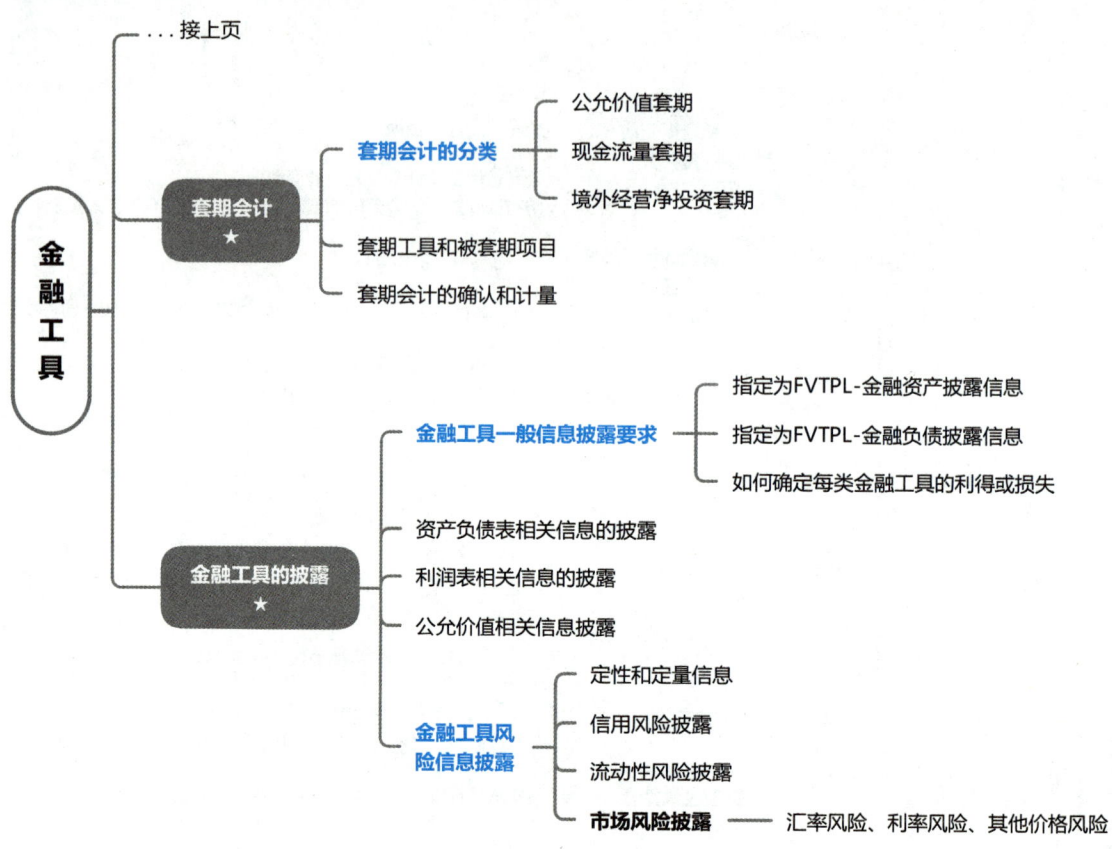

第十四章 租赁

- 分值比重：5分左右
- 命题形式：选择题、计算题、综合题
- ★ 核心考点：承租人的会计处理、出租人的会计处理、特殊租赁业务的会计处理

租赁

概述 ★

- **租赁的识别（租赁要素）**
  - 存在一定期间
  - 存在已识别资产
  - 转移对已识别资产使用权的控制

- **租赁的分拆**
  - **单独租赁**
    - 可从单独使用该资产或将其与易于获得的其他资源一起使用中获利
    - 该资产与合同中的其他资产不存在高度依赖或高度关联关系
  - **包含多项单独租赁**
  - **包含租赁与非租赁**
  - 按单独价格比例分拆

- **租赁的合并**
  - 构成一揽子交易
  - 对价金额取决于其他合同的定价或履行情况
  - 让渡的资产使用权合起来构成一项单独租赁

- **租赁期**
  - 自租赁期开始日起计算
  - **选择权**——续租选择权、终止租赁选择权、购买选择权
  - 对租赁期和购买选择权的重新评估

承租人的会计处理 ★★★

- **初始计量**
  - 租赁负债
    - 按照租赁期开始日尚未支付的租赁付款额的现值进行初始计量
    - 租赁付款额包括：
      - ①固定租金-租赁激励
      - ②与指数或比率相关的可变租金
      - ③行使购买选择权的价款
      - ④行使终止租赁选择权需支付的款项
      - ⑤根据承租人提供的担保余值预计应支付的款项（非全部担保金额）
      - （③④前提是承租人合理确定将行权）
    - 折现率——①租赁内含利率→②承租人增量借款利率

...接下页

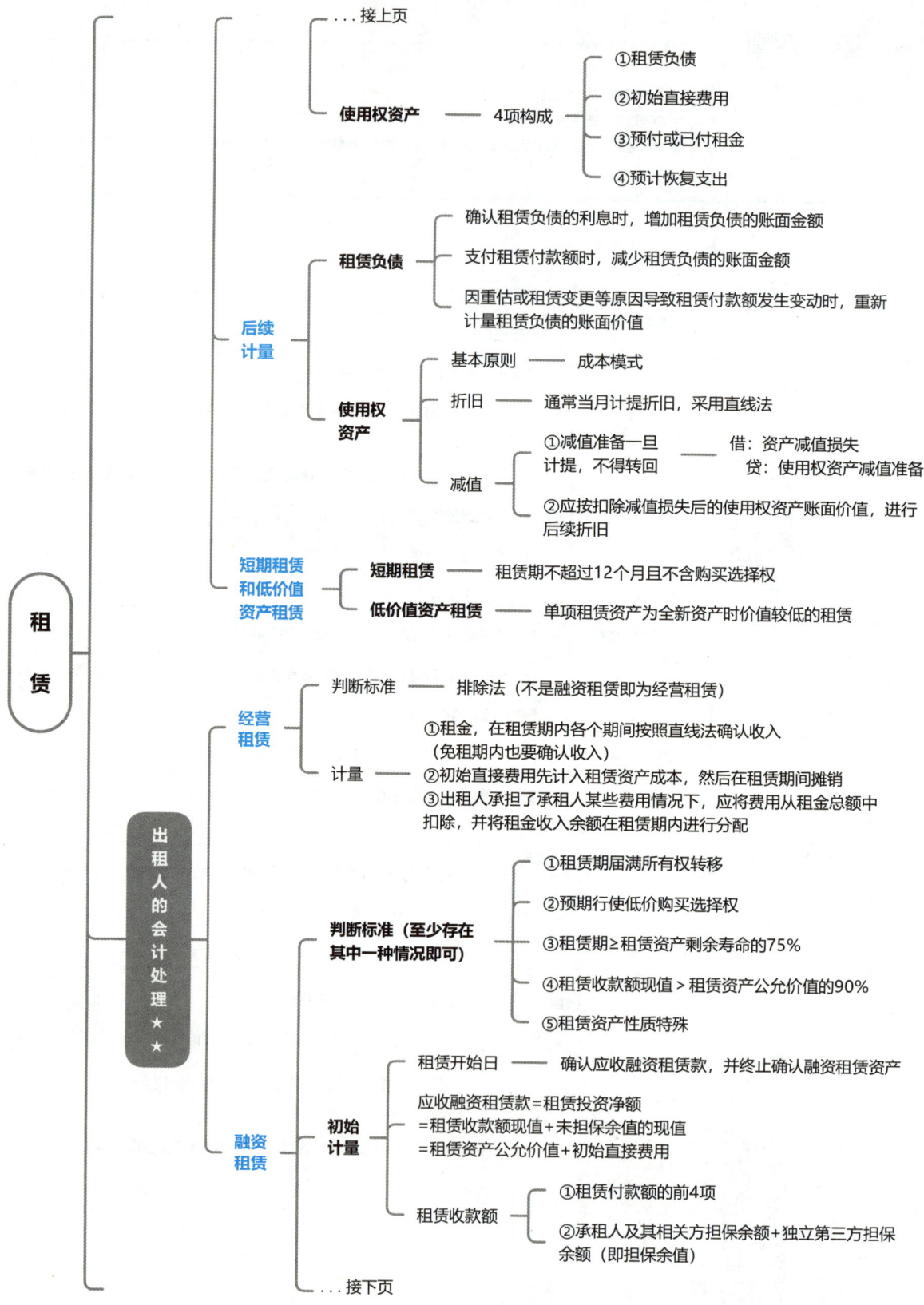

租赁

...接上页

后续计量

- 确认各个期间的利息收入
  - 借：应收融资租赁款—未实现融资收益
  - 贷：租赁收入—利息收入
- 收到租赁收款额
  - 借：银行存款
  - 贷：应收融资租赁款—租赁收款额
- 取得未纳入租赁投资净额计量的可变租赁付款额时
  - 借：银行存款/应收账款
  - 贷：租赁收入—可变租赁付款额

特殊租赁业务的会计处理 ★★★★

转租赁
原租赁合同的承租人=转租赁合同的出租人

生产商或经销商出租人的融资租赁

- **确认收入**
  - 借：应收融资租赁款—租赁收款额（未来租金总额）
  - 贷：主营业务收入（资产公允与租金现值的较低者）
    - 应收融资租赁款—未实现融资收益（差额）
- **结转成本**
  - 借：主营业务成本（账面价值-未担保余值的现值）
    - 应收融资租赁款
  - 贷：库存商品
- **初始直接费用**
  - 借：销售费用
  - 贷：银行存款

售后租回

- 承租人在资产转移给出租人前
  - 已经取得资产的控制权，属于销售，构成售后租回 —— 确认收入+租入处理
  - 未取得资产的控制权，不属于销售，不构成售后租回 —— 确认金融负债

第十五章

持有待售的非流动资产、处置组和终止经营

- 分值比重：2分左右
- 命题形式：选择题、综合题
- ★ 核心考点：持有待售的计量

持有待售的非流动资产、处置组和终止经营

分类 ★★

基本要求

- **分类原则**
  - 同时满足两个条件
    - 可立即出售
    - 出售极可能发生
  - 处置组：作为整体通过出售或其他方式一并处置的一组资产

- **延长一年期限的例外条款**
  - 发生企业无法控制的原因
    - 意外设定条件（买方或其他方）
    - 发生罕见情况
  - 将在一年内重新满足持有待售条款
  - 不是关联方交易

- **不再继续符合划分条件的处理**
  - 不应当继续划分为持有待售类别
  - 剩余仍满足划分条件，企业应当将新组成的处置组划分为持有待售的处置组，否则单独划分为持有待售的非流动资产

具体应用

- **专为转售而取得的非流动资产或处置组** —— 3个月内很可能满足划分条件，在取得日划分

- **持有待售的长期股权投资**
  - 对子公司的投资
    - 丧失对子公司的控制权
      - 在个别财务报表中，将对子公司投资整体划分为持有待售类别
      - 在合并财务报表中，将子公司所有资产和负债都要划分为持有待售类别
    - 不会丧失对子公司的控制权 —— 不用确认为持有待售资产，因为不是"主要通过出售而非持续使用一项非流动资产或处置组收回其账面价值"
  - 对联营企业和合营企业的投资 —— 如果将部分份额划分为持有待售资产，剩下的份额不管还有多少，仍然应当按照权益法核算，直到持有待售资产彻底处置掉

- **拟结束使用而非出售的非流动资产或处置组**
  - 企业不应当将其划分为持有待售类别
  - 对于暂时停止使用的非流动资产，不应当认为其拟结束使用，也不应当将其划分为持有待售类别

...接下页

持有待售的非流动资产、处置组和终止经营

...接上页

持有待售的非流动资产计量 ★★★

转换前
继续计提折旧或摊销，考虑减值，一切照旧

转换时重分类

原有资产划分持有待售
① 先结转账面价值
② 再考虑是否确认持有待售减值准备
（如果账面价值＞可收回金额）
借：资产减值损失
　　贷：持有待售减值准备
③ 计提的持有待售资产减值准备，以后可以转回

买入资产作为持有待售
① 假定不划分为持有待售类别的初始入账金额与可收回金额孰低入账
② 差额计入资产减值损失（减值损失在以后不能转回）

转换后考虑减值
- 持有待售类别账面价值＞可收回金额 —— 计提持有待售减值准备
- 持有待售类别账面价值＜可收回金额 —— 转回持有待售减值准备，以持有待售减值准备金额为限

转换后打回原型
- 假定未转换为持有待售类别持续计算的账面价值和可收回金额孰低者入账
- 差额计入资产减值损失

处置
- 结平账面价值
- **原资产为长期股权投资** —— 差额计入投资收益
- **原资产为固定资产、无形资产、处置组** —— 差额计入资产处置损益

列报 ★

- 持有待售资产和负债不应当相互抵销
- 当期首次满足划分条件的，不调整其符合条件前各个会计期间的资产负债表项目的分类或列报
- 在资产负债表日至财务报告批准报出日之间满足持有待售类别划分条件的，应当作为资产负债表日后非调整事项进行会计处理，并在附注中披露相关信息

终止经营 ★

定义
满足下列条件之一的、能够单独区分的组成部分，且该组成部分已经处置或划分为持有待售类别
① 代表一项独立的主要业务或一个单独的主要经营地区
② 是拟对一项独立的主要业务或一个单独的主要经营地区进行处置的一项相关联计划的一部分
③ 是专为转售而取得的子公司

列报
- 在利润表中分别列示持续经营损益和终止经营损益
- 列报的终止经营损益应当包含整个报告期间，而不仅包含认定为终止经营后的报告期间

特殊事项的列报
- 企业专为转售而取得的持有待售子公司的列报
- 不再继续划分为持有待售类别的列报

第十六章

所有者权益

- 分值比重：2分左右
- 命题形式：选择题
- 核心考点：其他综合收益

所有者权益

- **实收资本 ★**
  - 确认 —— 为发行股票所支付的佣金，冲减"资本公积——股本溢价"
  - 增加
    - 一般途径
      - 资本公积转为实收资本或股本
      - 盈余公积转为实收资本
      - 接受所有者投入
    - 特殊途径
      - 股份有限公司发放股票股利
      - 可转债持有人行使转换权利
      - 企业将重组债务转为资本
      - 以权益结算的股份支付行权

- **其他权益工具 ★**
  - 注意区分
    - ①金融负债和权益工具的区分
    - ②其他权益工具和其他权益工具投资的区分

- **资本公积 ★**
  - 资本溢价 —— 投资者投入时，大于按其投资比例计算的出资部分
  - 股本溢价 —— 溢价发行时，超过面值的部分
  - 其他资本公积

- **其他综合收益 ★★★**
  - 不能重分类进损益的
    - 重新计量设定受益计划变动额
    - 其他权益工具投资公允价值变动额
    - 企业自身信用风险公允价值变动（指定的金融负债）
    - 权益法下不能转损益的其他综合收益
  - ……接下页

所有者权益

满足条件时可以重分类进损益的（接上页）

- 非投→公投，资产增值形成的其他综合收益
- 其他债权投资公允价值变动
- 金融资产重分类计入其他综合收益的金额（债权投资→其他债权投资）
- 其他债权投资信用减值准备
- 现金流量套期准备（套期工具产生的利得或损失中属于套期有效部分）
- 外币财务报表折算差额
- 权益法下能转损益的其他综合收益

留存收益 ★

盈余公积

- **分类**
  - 法定盈余公积 —— 税后利润的10%提取
  - 任意盈余公积 —— 没有比例限制
- **提取**
  - 外商投资企业按净利润提取的储备基金、企业发展基金，也属于盈余公积核算
  - 外商投资企业提取的职工奖励及福利基金，按应付职工薪酬核算
- **用途** —— 可用于弥补亏损、扩大生产经营、转增资本

未分配利润

- 分配股利或利润
- 弥补亏损

第十七章

收入、费用和利润

- 分值比重：10分左右
- 命题形式：选择题、计算题、综合题
- 核心考点：五步法模型、合同成本、特定交易会计处理

收入、费用和利润

- **收入的确认和计量★★★**
  - **识别与客户订立的合同**
    - 合同识别
      - 收入确认的前提：合同应满足的5个条件
        - ①各方已批准合同并承诺履行
        - ②合同明确了各方权利和义务
        - ③合同有明确的支付条款
        - ④合同具有商业实质
        - ⑤对价很可能收回
      - 后续评估——满足条件则不用，未满足条件则需要
    - 合同合并
      - 基于同一商业目、构成一揽子交易
      - 一份合同的对价取决于其他合同的定价或履行情况
      - 这些合同所承诺的商品构成同一个单项履约义务
    - 合同变更
      - ①合同变更部分作为单独合同：增加了可明确区分商品+新增价款反映单独售价
      - ②原合同终止，原合同未转让部分与变更部分作为新合同：不属于情形1+已转让与未转让商品可明确区分
      - ③合同变更部分作为原合同组成部分：不属于情形1+已转让与未转让商品不可明确区分
  - **识别合同中的单项履约义务**
    - 转让可明确区分的商品的承诺
      - 要同时满足2个条件
        - 商品能够明确区分（商品本身）
        - 商品与合同中其他商品可明确区分（合同层面）
      - 合同层面不可区分的3类情形
        - ①需提供重大服务将商品整合为组合产出（为客户建房子）
        - ②需进行重大修改或定制（销售软件+定制化安装）
        - ③与其他商品具有高度关联（设计产品+生产样品）
    - 一系列实质相同且转让模式相同、可明确区分的商品
  - **确定交易价格**
    - 可变对价
      - 最佳估计数的确定——期望值或最可能发生金额
      - 限制——累计确认收入不超过相关不确定性消除时极可能不发生重大转回的金额
    - 存在重大融资成分
      - 按现销价格确定交易价格，与合同价格的差额，属于融资成分，按实际利率摊销
      - 间隔不超过1年，可以不考虑
    - 非现金对价
      - 先按非现金资产在合同开始日的公允价值确定交易价格
      - 如果公允价值不能合理估计，则按商品单独售价
      - 合同开始日后因对价形式发生的公允变动：不计入交易价格
    - ...接下页

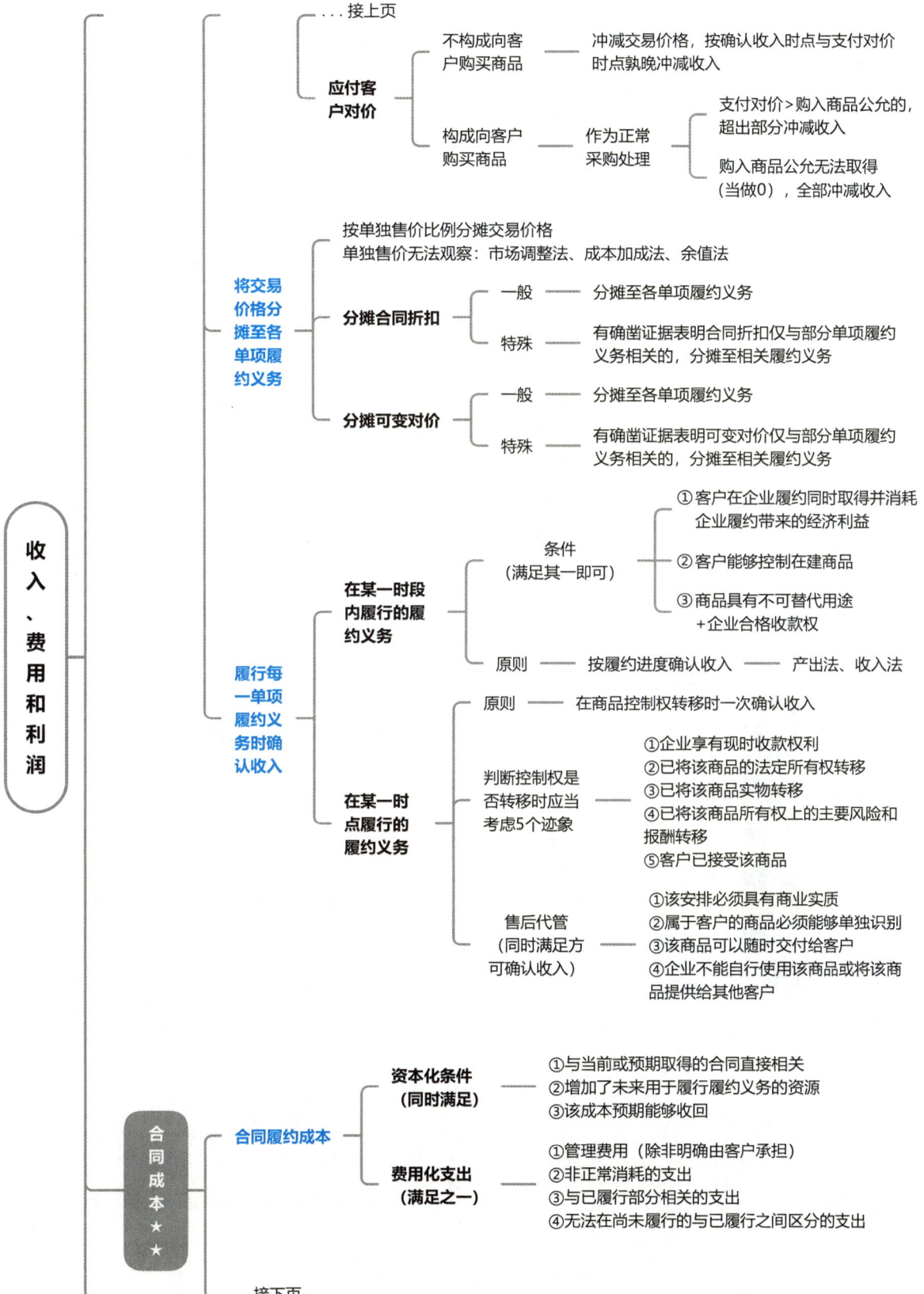

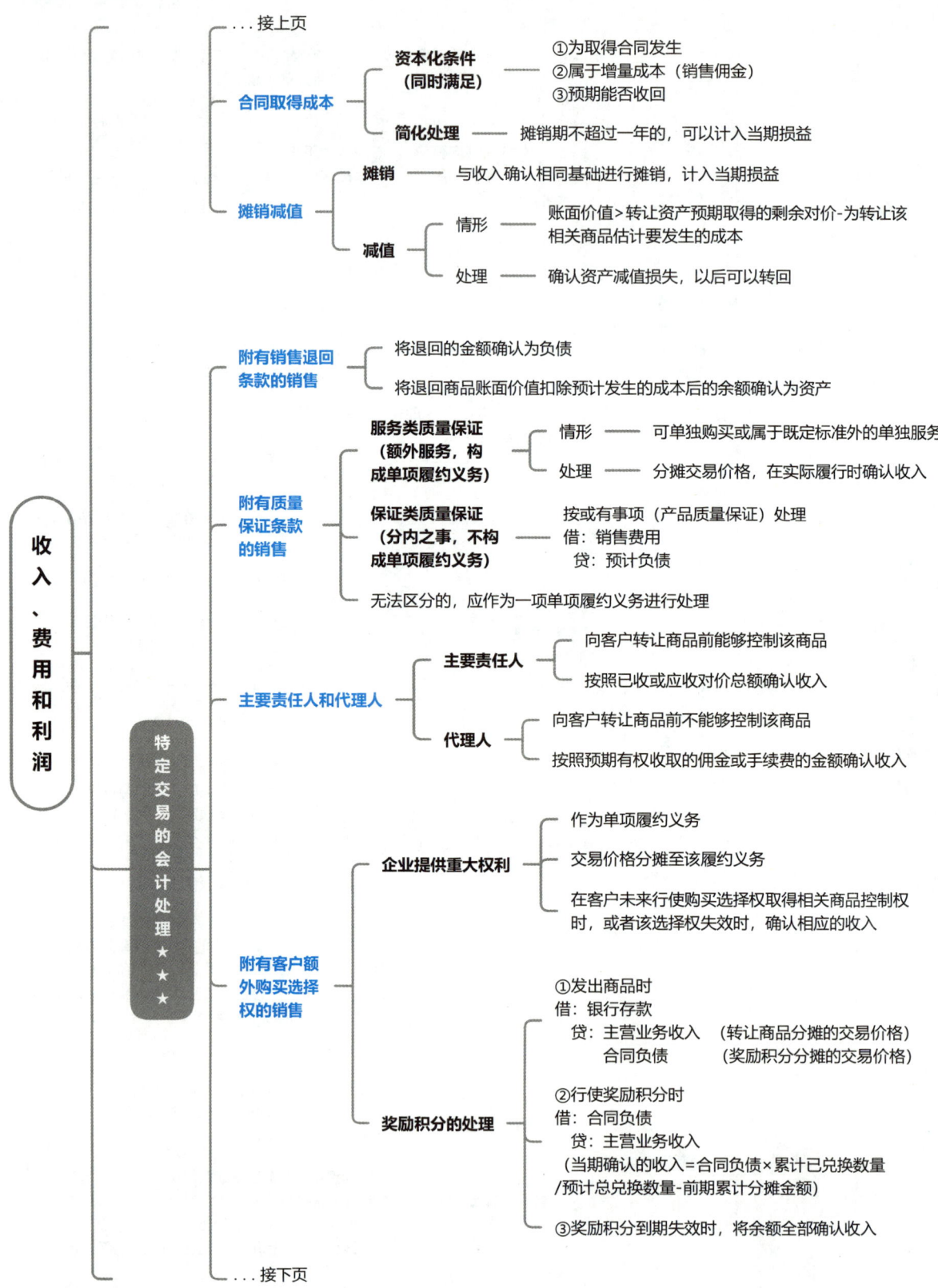

收入、费用和利润

收入（接上页）

授予知识产权许可

不构成单项履约义务
- 情形：
  - ① 该许可构成有形商品的组成部分并且对于该商品的正常使用不可或缺
  - ② 客户只有将该知识产权许可和相关服务一起使用才能够从中获益
- 会计处理：将该知识产权许可和其他商品一起作为一项履约义务进行会计处理

构成单项履约义务
- 在某一时段内履行：应同时满足3个条件：
  - ① 企业将从事有重大影响的活动
  - ② 该活动对客户将产生有利或不利影响
  - ③ 该活动不会导致向客户转移商品
- 在某一时点履行——情形：不属于时段义务

按销售或使用情况收取特许权使用费的：应当在以下两项孰晚的时点确认收入：
- ① 客户后续销售或使用行为实际发生
- ② 企业履行相关履约义务

售后回购

- ① 企业有权力或义务（一定要回购）
  - 回购价格 < 原售价 —— 租赁交易
  - 回购价格 ≥ 原售价 —— 融资交易（抵押借款）
- ② 客户有选择权——在合同开始日评估客户是否将行权
  - 行权 —— 按情形①处理
  - 不行权 —— 作为附有销售退回条款的销售处理

客户未行使权利

- **一般预收款** —— 作为合同负债，在履行相关义务时转入收入
- **无需退回的预收款** —— 企业预期有权获得客户放弃的合同权利时，按比例确认收入；否则只有在客户要求履约可能性极低时才能转入收入
- **特殊情形** —— 法律规定无人认领的财产需上交政府，企业不应确认收入

无需退回的初始费

- **初始费与向客户转让已承诺的商品相关**
  - 构成单项履约义务 —— 按照分摊至该商品的交易价格确认收入
  - 不构成单项履约义务 —— 按照分摊至包含该商品的单项履约义务的交易价格确认收入
- **初始费与向客户转让已承诺的商品不相关** —— 该初始费应当作为未来将转让商品的预收款，在未来转让该商品时确认为收入

社会资本方对PPP项目合同的会计处理

费用

① 生产费用，直接计入产品成本，比如制造费用；
② 期间费用，直接计入当期损益，比如管理费用、销售费用、财务费用；

利润

营业利润、利润总额、净利润、营业外收支、本年利润

第十八章

政府补助

- 分值比重：2分左右
- 命题形式：选择题、计算题
- 核心考点：政府补助概述及会计处理

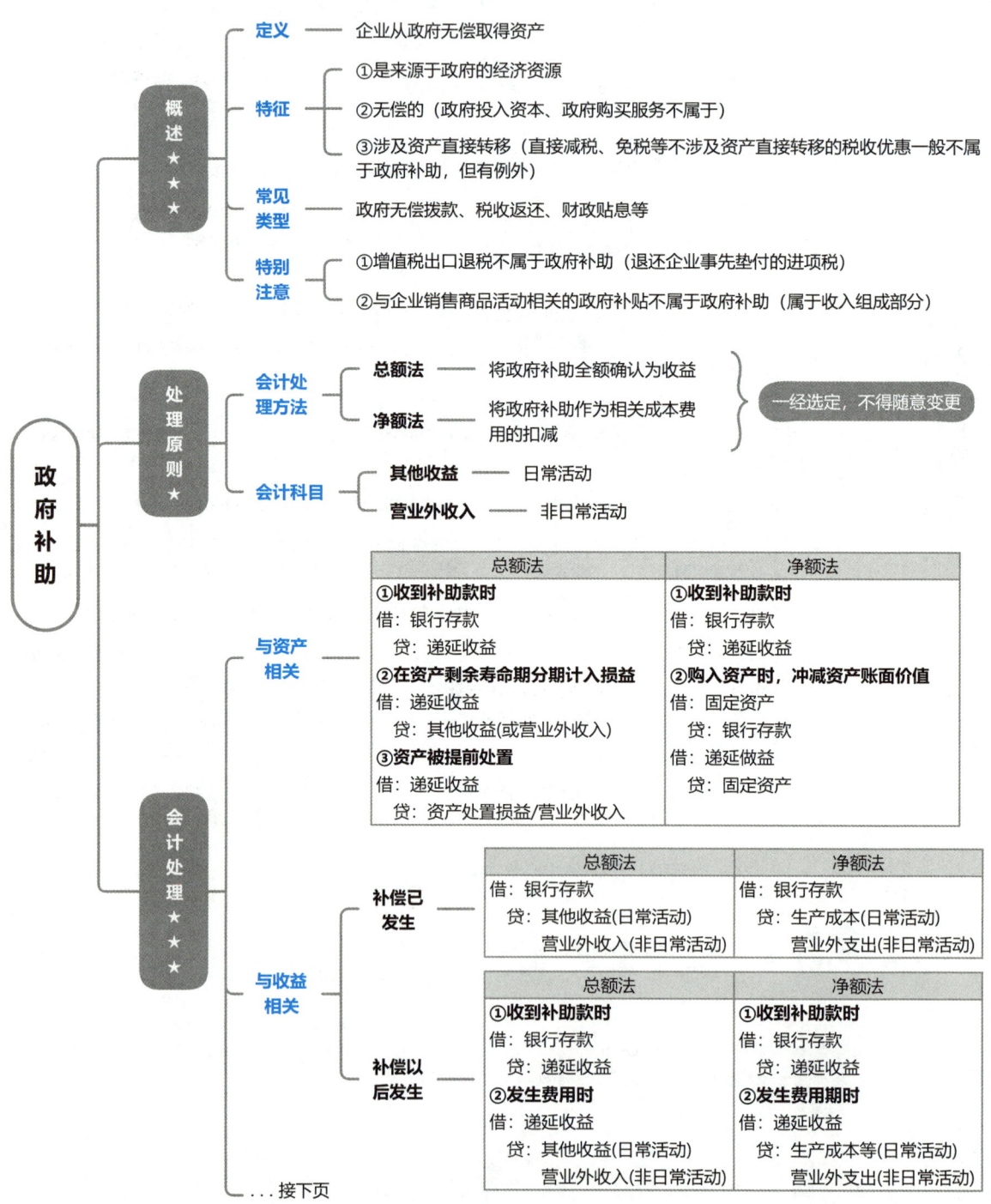

... 接下页

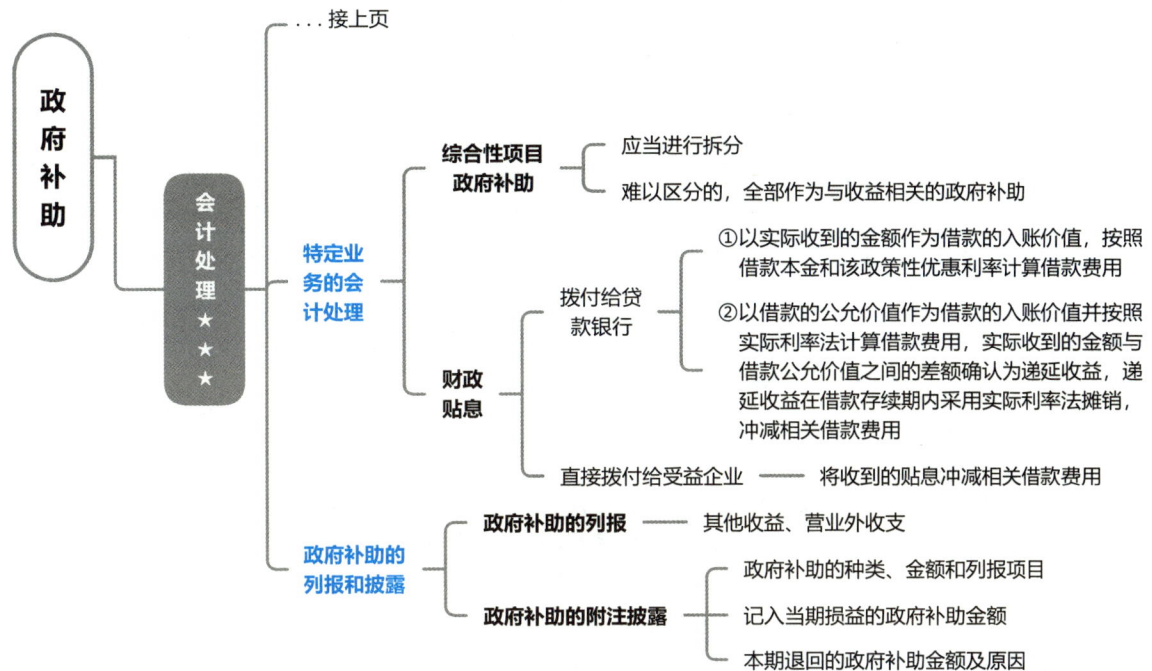

第十九章 所得税

- 分值比重：6分左右
- 命题形式：选择题、计算题、综合题
- 核心考点：资产、负债的计税基础、暂时性差异、递延所得税负债及递延所得税资产的确认和计量、所得税费用的确认和计量

所得税

概述 ★

资产负债表债务法
借：所得税费用（会计认同的费用）
　　递延所得税XX（倒挤，可能在贷方）
贷：应交税费——应交所得税（税法规定要交的税）

核算程序
① 确定资产、负债的账面价值
② 确定资产、负债的计税基础
③ 比较账面价值与计税基础，确定暂时性差异
④ 确定递延所得税资产或负债
⑤ 计算所得税费用

计税基础 ★★★

资产

资产计税基础=未来期间允许税前抵扣的金额
　　　　　　=初始成本-税法累计折旧/摊销

- 初始计量
  - 一般：等于初始成本，与会计不存在差异
  - 特殊：若内部研发形成无形资产符合加计扣除条件，在初始计量时，其计税基础=初始成本×175%
- 后续计量
  ① 税法对固定资产、无形资产、投资性房地产允许折旧或摊销进行税前扣除
  ② 税法不允许计提减值准备、不允许按公允价值计量

负债

负债计税基础=负债的账面价值-未来期间允许税前扣除的金额

常见情形：

- 预计负债（产品质量保证）
  - 税法规定：计提时不允许扣除，在实际发生保修费时据实扣除
  - 计税基础=0

- 预收账款（合同负债）
  - 一般：税法与会计确认收入时点相同，不存在差异。计税基础=账面价值
  - 特殊：对于特殊行业，税法规定预收款项在收到时计入应纳税所得额交税，但未来在会计确认收入时可以扣除。计税基础=0

- 应付职工薪酬
  ① 税法对工资允许据实扣除，一般不存在差异
  ② 对超过规定标准部分
  若在未来也不允许扣除，则属于永久性差异
  若在未来允许扣除，则形成暂时性差异

- 应付的行政罚款与滞纳金
  属于永久性差异
  计税基础=账面价值

…接下页

所得税

暂时性差异 ★★★

…接上页

- 递延收益
  - ①若该政府补助为免税收入，则属于永久性差异 计税基础=账面价值
  - ②若属于非免税收入，且税法规定在收到时计入应纳税所得额，但在会计确认收益时允许扣除 计税基础=0

- 资产或负债账面价值和其计税基础不同产生的差额
- 分类
  - **应纳税暂时性差异**
    - 资产账面价值大于其计税基础
    - 负债账面价值小于其计税基础
  - **可抵扣暂时性差异**
    - 资产账面价值小于其计税基础
    - 负债账面价值大于其计税基础
    - 特殊项目：未弥补亏损、超标广告费（虽不是资产、负债，但会导致未来多扣税，属于可抵扣暂时性差异）

递延所得税负债及递延所得税资产的确认 ★★★

- 递延所得税负债（期末余额）=应纳税暂时性差异×税率（未来转回期间）
- 递延所得税资产（期末余额）=可抵扣暂时性差异×税率（未来转回期间）

- **特殊暂时性差异**
  - 有暂时性差异但不确认递延所得税
    - ①商誉
    - ②内部研发形成无形资产
    - ③拟长期持有的长期股权投资
  - 确认递延所得税，但不影响所得税费用
    - ①追溯调整、追溯重述以前年度损益：期初留存收益
    - ②其他债权投资、其他权益工具投资公允变动：其他综合收益
    - ③非投转公投+公允>账面：其他综合收益
    - ④免税合并可辨认资产或负债公允与账面的差额：资本公积

- **税率变化**——按新税率重新计量递延所得税资产或负债的余额

所得税费用的确认和计量 ★★★

- 所得税费用=当期所得税+递延所得税
- 验证公式：所得税费用=（会计利润±永久性差异）×税率（前提是税率保持不变）

- **当期所得税**
  - 当期所得税=应纳税所得额×税率（当期）
  - 应纳税所得额 = 利润 + 纳税调增 - 纳税调减
  - 借：所得税费用
    贷：应交税费——应交所得税

- **递延所得税** =△递延所得税负债 -△递延所得税资产
  - 借：所得税费用/其他综合收益等
    贷：递延所得税负债
    （或作相反分录）
  - 借：递延所得税资产
    贷：所得税费用/其他综合收益等
    （或作相反分录）

第二十章

非货币性资产交换

- 分值比重：3分左右
- 命题形式：选择题
- ★ 核心考点：非货币性资产交换的概念及会计处理

非货币性资产交换

认定 ★★★

非货币性资产交换的定义
- ①换入、换出资产均为非货币性资产
- ②涉及补价的，补价比例 < 25%

不适用该准则的例外情形
- 企业用存货交换其他方的非货币性资产，换出方适用《收入》准则
- 涉及企业合并，适用《企业合并》、《长投》、《合并报表》准则
- 涉及租赁收款额、使用权资产的，适用《租赁》准则
- 涉及金融资产，适用《金融工具》相关准则
- 权益性交易

确认和计量 ★

确认
- 换入资产 —— 符合资产定义并满足资产确认条件时予以确认
- 换出资产 —— 满足资产终止确认条件时终止确认

计量
- 公允价值计量
- 账面价值计量

会计处理 ★★★

涉及单一资产

公允价值计量
- 条件
  - ①该项交换具有商业实质
  - ②换入资产或换出资产的公允价值能够可靠计量
- 会计处理
  - 视同销售，先卖后买
  - 换入资产入账价值 = 换出资产公允 + 换出资产销项税 + 支付补价公允（或 - 收到补价公允）- 换入资产的进项税 + 与换入资产相关的税费
  - 换出资产：公允价值与换出资产账面价值的差额计入当期损益

账面价值计量
- 条件 —— 不满足公允价值计量条件的
- 会计处理
  - 换入资产入账价值 = 换出资产账面合计 - 换入资产进项税 - 取得补价
  - 不确认损益

涉及多项非货币性资产交换的 —— 原则：按照"公允价值占比"或"账面价值占比"计量

第二十一章

债务重组

- 分值比重：4分左右
- 命题形式：选择题、计算题
- ★ 核心考点：债权人和债务人的会计处理原理、不同债务重组方式的具体会计处理

债务重组
├─ 定义 ★★
│   ├─ 定义 —— 不改变交易对手方的情况下，经债权人和债务人协定或法院裁定，就清偿债务的时间、金额或方式等重新达成协议的交易
│   ├─ 涉及债权债务 —— 仅指金融工具准则规范的债权和债务
│   ├─ 不适用情形
│   │   ├─ 债务重组形成企业合并
│   │   └─ 债务重组构成权益性交易
│   └─ 债权和债务的终止确认
│   ├─ **债权人终止确认原债权** —— 收取债权现金流量的合同权利终止时
│   ├─ **债务人终止确认原债务** —— 债务的现时义务解除时
│   └─ **债权人确认新资产** —— 取得控制权时
│
├─ 债权人的会计处理原理 ★★★
│   └─ 先卖后买原则
│   ├─ 终止确认原债权 —— 视同处置金融资产，公允与账面的差额计入投资收益
│   └─ 确认受让资产
│   ├─ 受让金融资产 —— 初始确认日公允价值计量
│   └─ 受让非金融资产 —— 合同生效日放弃债权的公允价值计量
│
├─ 债务人的会计处理原理 ★★★
│   ├─ 抵债资产账面价值与清偿负债账面价值的差额计入当期损益
│   └─ 计入损益科目
│   ├─ **抵债资产含非金融资产** —— 其他收益
│   └─ **抵债资产不含非金融资产** —— 投资收益
│
└─ 不同债务重组方式的具体会计处理 ★★★
    ├─ 以金融资产清偿债务
    │   ├─ 债权人
    │   │   借：银行存款、其他债权投资、其他权益工具投资等
    │   │   （金融资产公允价值）
    │   │   坏账准备
    │   │   投资收益（金融资产公允价值与债权账面价值的差额）
    │   │   贷：应收账款（账面余额）
    │   └─ 债务人
    │   借：应付账款（账面价值）
    │   贷：银行存款、其他债权投资、其他权益工具投资等
    │   （账面价值）
    │   投资收益（债务的账面价值-偿债金融资产账面价值）
    │   借：其他综合收益
    │   贷：投资收益
    └─ …接下页

39

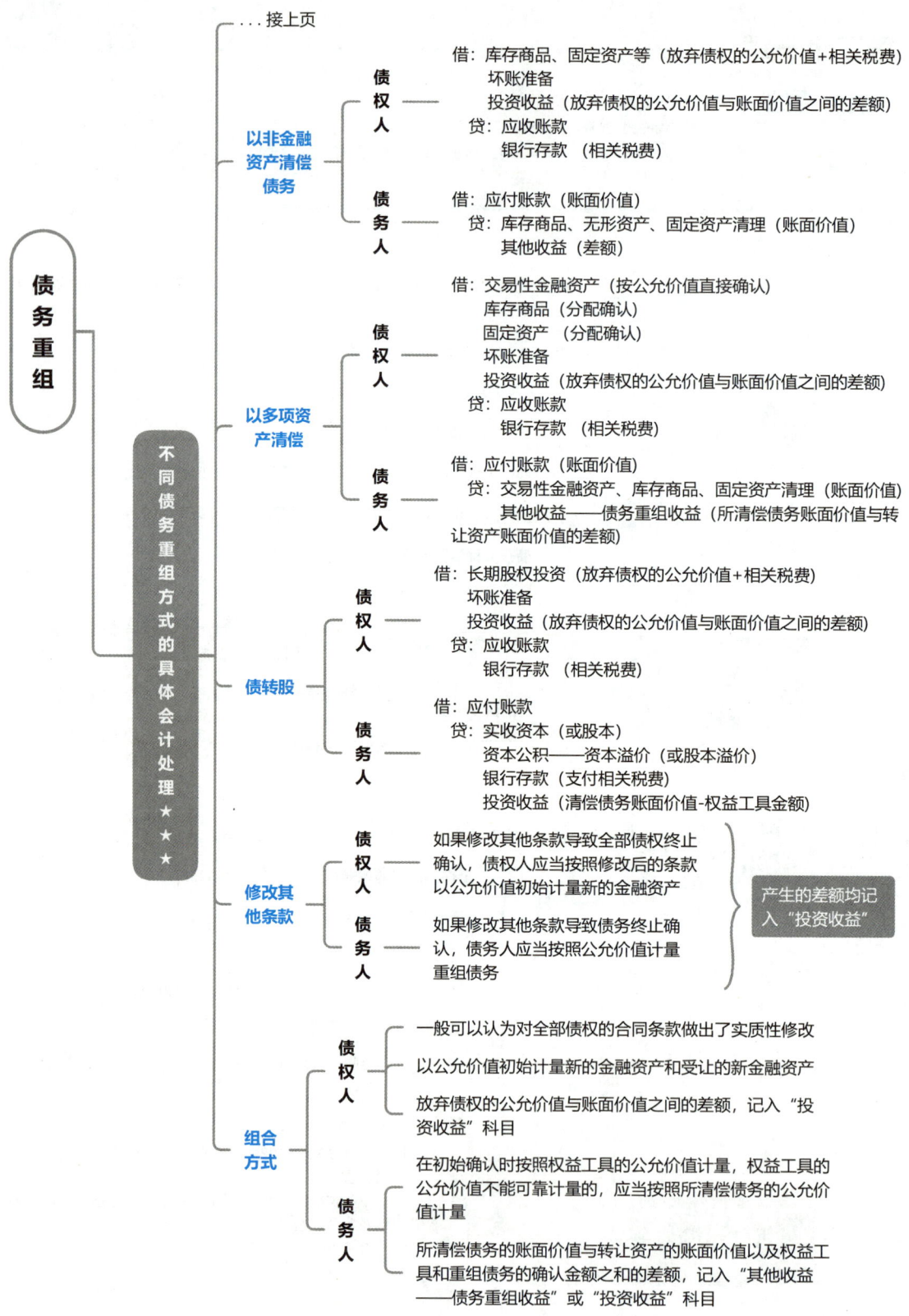

第二十二章

外币折算

- 分值比重：2分左右
- 命题形式：选择题、计算题、综合题
- ★ 核心考点：外币交易的会计处理、外币财务报表折算

外币折算

记账本位币的确定 ★★

- **定义**：用于记账的货币；通常选择人民币，业务收支以其他货币为主的，可以选择其他货币，但编制报表要用人民币

- **考虑因素**：
  ①对商品或劳务进行计价或结算的货币（卖）
  ②对所需人工、材料等费用进行计价或结算的货币（买）
  ③融资活动取得以及保存从经营活动收取款项的货币（借、存）

- **境外经营考虑因素**：
  ①对其所从事活动的自主性（自主性）
  ②与本企业交易的比重（内部交易比重）
  ③产生现金流量是否影响本企业现金流量、是否可以随时汇回
  ④产生的现金流量是否足以偿还其债务

- **变更**：
  ①不得随意变更，除非主要经济环境发生变化
  ②确需变更，采用变更当日即期汇率折算，不产生汇兑差额

外币交易的会计处理 ★★★

- **初始确认**：
  - **一般外币交易**：采用交易发生日的即期汇率或近似汇率折算
  - **外币投入资本**：只能采用交易发生日即期汇率折算（唯一选择）
  - **外币兑换**：采用银行买入价或卖出价（实际汇率）折算，差额计入财务费用

- **期末调整（或结算）**：
  - **货币性项目**：采用资产负债表日即期汇率重新折算，产生的汇兑差额，计入当期损益（财务费用）
  - **非货币性项目**：
    ①固定资产等（以历史成本计量）：无需重新折算（保持原记账本位币不变）
    ②存货：先将外币可变现净值按照即期汇率折算为记账本位币，再与初始成本进行比较，考虑计提存货跌价准备
    ③交易性金融资产：先将公允价值按即期汇率折算为记账本位币，与原记账本位币的汇兑差额计入公允价值变动损益
    ④其他权益工具投资：先将公允价值按即期汇率折算为记账本位币，与原记账本位币金额的汇兑差额计入其他综合收益
    提示：其他债权投资汇兑损益计入当期损益

外币财务报表折算 ★★★

- **折算汇率**：
  - **资产和负债项目**：采用资产负债表日的即期汇率
  - **所有者权益项目**：除"未分配利润"外，其他项目采用发生时的即期汇率折算
  - **利润表中收入和费用**：采用交易发生日的即期汇率或者近似汇率折算

- **折算差额**：
  - 在合并资产负债表中其他综合收益项目列示
  - **非全资子公司**：
    - 母公司承担折算差额在其他综合收益项目列示
    - 少数股东承担的折算差额在少数股东权益项目列示

- **境外经营的处置**：
  - 处置时，将其他综合收益转入当期损益
  - 部分处置时，按按照处置的比例转入当期损益

第二十三章

财务报告

- 分值比重：6分左右
- 命题形式：选择题
- 核心考点：资产负债表、利润表、财务报表附注披露、中期财务报告

财务报告

资产负债表 ★★★

反映企业在某一特定日期财务状况

列示

- **资产流动性划分**
  - ①一个正常营业周期中变现、出售或耗用
  - ②为交易而持有
  - ③一年内变现
  - ④一年内，交换其他资产或清偿负债的能力不受限制的现金或现金等价物

- **负债流动性划分**
  - ①一个正常营业周期中清偿
  - ②为交易而持有
  - ③一年内到期清偿
  - ④无权自主将清偿推迟至资产负债表日后一年以上

- **特殊项目** —— 划分为持有待售的资产或负债，应当归类为流动资产或负债

填列

- **总账科目余额**
  - 直接填列 —— 大多数都属于此类
  - 几个总账科目计算 —— 货币资金
- **明细科目余额计算** —— 开发支出、预付账款、应收账款、预收账款、应付职工薪酬
- **总账和明细账余额** —— 长期借款：要减去一年内到期且不能自主将清偿义务展期的长期借款后的金额
- **余额减去备抵后的净额** —— 长期股权投资、固定资产、无形资产等
- 综合运用上述填列方法分析填列

利润表 ★★★

反映企业在一定会计期间经营成果

①营业收入=主营业务收入+其他业务收入

②营业利润=营业收入-营业成本-税金及附加-销售费用-管理费用-研发费用-财务费用-资产减值损失-信用减值损失+其他收益+投资收益+净敞口套期收益+公允价值变动收益+资产处置收益

③利润总额=营业利润+营业外收入-营业外支出

④净利润=利润总额-所得税费用

...接下页

...接上页

财务报告

现金流量表 ★★★★

反映一定会计期间现金和现金等价物流入和流出

现金等价物
①通常是指从购买日起3个月内到期的债券（权益性投资一般不属于此类）
②现金和现金等价物之间的转换，不属于现金流量的内容

填列
- **经营活动** —— 不属于投资和筹资（排除法）
- **投资活动** —— 取得和收回投资、购建和处置固定（无形）资产
- **筹资活动** —— 发行股份、分派现金股利、银行借款、发行和偿还公司债券、融资租赁

编制示例
- **直接法**
- **调整法**
  - 净利润→经营活动现金流量净额
  - 利润表调整
    - ①使净利润减少，调增
    - ②使净利润增加，调减
  - 资产负债表调整
    - ①资产项目：反向调
    - ②负债项目：同向调

附注 ★★★★

分部报告
- **经营分部的认定** —— 能够独立进行会计核算的组成部分
- **报告分部的确定**
  - ①收入、利润（亏损）、资产占10%以上
  - ②数量不得超过10个；超过10个，需要合并
  - ③报告分部对外交易收入合计占比75%以上
- **分部信息披露**
  - ①应当以经营分部为基础，确认报告分部
  - ②披露分部信息要提供前期比较数据

关联方关系
不构成关联方关系
①大量交易而存在经济依存关系的企业
②合营企业的另一合营方
③仅仅只是共同受国家控制，但相互之间没有关系
④受同一方重大影响的企业之间

中期财务报告 ★★

①与年度报告相一致的会计政策原则
②以年初至中期末为基础
③提供比较财务报表
④重要性程度，应当以中期财务数据为基础

第二十四章

会计政策、会计估计及其变更和差错更正

- 分值比重：7分左右
- 命题形式：选择题、计算题
- 核心考点：会计政策和会计估计的变更及其会计处理、前期差错及其更正

会计政策、会计估计及其变更和差错更正

会计政策变更 ★★★

会计政策变更确认
① 会计确认的指定或选择的变更
② 计量基础的指定或选择的变更
③ 列报项目的指定或选择的变更
④ 难以分辨的，将其作为会计估计变更

不属于
① 本期发生的交易或事项与以前相比具有本质差别（事变+变更政策）
② 对初次发生或不重要的交易或事项采用新会计政策

常考情形
① 投资性房地产后续计量：成本模式→公允模式
② 存货发出计价方法改变
③ 政府补助会计处理方法：总额法→净额法
④ 国家修改收入、金融资产等准则

会计处理
- 法定变更 —— 按国家相关规定处理
- 自主变更
  - 追溯调整法
    ① 计算累积影响数
    ② 编制调整分录（以前年度损益用期初留存收益代替）
    ③ 调整报表项目
    ④ 编写附注
  - 未来适用法 —— 变更后的政策应用于变更日及以后发生的交易或事项

【注意】发出存货的方法改变属于会计政策变更，但用未来适用法处理

会计估计变更 ★★

变更原因
① 赖以估计的基础发生变化
② 取得新信息，积累更多经验

常考情形
① 资产折旧/摊销方法的改变
② 计提坏账准备的比例变更

会计处理 —— 未来适用法

前期差错更正 ★★★

不重要的前期差错
未来适用法
不追溯调整，只调整发现当期相关项目

重要的前期差错
追溯重述法
涉及损益科目：以前年度损益调整

第二十五章

资产负债表日后事项

- 分值比重：3分左右
- 命题形式：选择题、计算题
- 核心考点：资产负债表日后调整事项与非调整事项的会计处理

资产负债表日后事项
- 涵盖期间 ★
  - 资产负债表日——财务报告批准报出日
- 调整事项 ★★
  - 定义——对资产负债表日已经存在的情况提供了新的或进一步证据的事项。
  - 事项
    - ①资产负债表日后诉讼案件结案；
    - ②资产负债表日后取得证据，证明某资产在资产负债表日减值或需要调整
    - ③资产负债表日后进一步确定了资产负债表日前购入资产的成本或售出收入
    - ④资产负债表日后发现了财务报表舞弊或差错
  - 会计处理
    - ①应当调整资产负债表日的财务报表
    - ②损益科目：用"以前年度损益调整"科目代替，最后转留存收益
    - ③涉及利润分配的，直接在"利润分配——未分配利润"科目核算
    - ④资产负债表科目：直接调相关科目
    - ⑤**所得税调整**
      - 税会处理一致：调应交所得税
      - 税会处理不一致：调递延所得税
- 非调整事项 ★
  - ①资产负债表日后发生的新事项（与过去无关）
  - ②与资产负债表日存在状况无关，不应调整资产负债表日的财务报表
  - ③重要的非调整事项，按准则规定应适当披露

第二十六章

企业合并

- 分值比重：2分左右
- 命题形式：综合题
- ★ 核心考点：企业合并的概述、企业合并涉及或有对价

企业合并

- **概述 ★★**
  - **定义**：将两个或两个以上单独的企业（主体）合并形成一个报告主体的交易或事项
  - **条件**：
    - ① 被购买方需构成业务
    - ② 交易结果需是取得一个或多个业务的控制权
  - **方式**：
    - 控股合并
    - 吸收合并
    - 新设合并
  - **类型划分**：
    - 同一控制下企业合并
    - 非同一控制下企业合并

- **涉及或有对价 ★★★**
  - **定义**：合并协议中约定，根据未来一项或多项或有事项的发生，合并方（购买方）追加合并对价，或要求返还之前已经支付的对价，导致产生企业合并的或有对价问题
  - **会计处理（非同控）**：
    - **或有对价符合权益工具和金融负债定义** —— 其他权益工具、交易性金融负债
    - **符合资产定义并满足资产确认条件的** —— 交易性金融资产
    - 购买日后12个月内出现对购买日已存在情况新的或进一步证据需要调整或有对价的，应予以确认并调整合并成本和商誉，其他情况发生的或有对价变化或调整，不对企业合并成本进行调整

- **反向购买 ★**
  - **会计处理**
    - **公式**：合并成本 =（会计上购买方原普通股股数/购买方原股东在合并后报告主体占的股权比例 - 会计上购买方原普通股股数）×购买方每股股票的公允价值
    - **合并报表列报**：
      - 计算及编制合并报表主体 —— 法律上的子公司（会计上的母公司）
      - 资产负债类（除商誉）=被购买方在购买日的公允价值+购买方的账面价值
      - 留存收益=购买方合并前金额×被购买方持有购买方公司股份比例
  - **每股收益**：
    - **期初-购买日**：发行在外的普通股数量应假定为该项合并中法律上母公司向法律上子公司股东发行的普通股数量
    - **购买日-期末**：普通股数量为法律上母公司实际发行在外的普通股数量

46

第二十七章

合并财务报表

- 分值比重：12分左右
- 命题形式：选择题、综合题
- ★ 核心考点：非同一控制下和同一控制下企业合并的合并处理、内部交易的合并处理、长期股权投资转换在合并报表的处理

合并财务报表

- **范围 ★★**
  - 以控制为基础予以确定
  - **范围的豁免** —— 投资性主体

- **编制原则、前期准备事项及程序 ★**
  - **编制原则**
    - ①以个别财务报表为基础编制
    - ②一体性原则
    - ③重要性原则
  - **构成** —— 4表1注
  - **前期准备事项**
    - ①统一会计政策
    - ②统一资产负债表日及会计期间
    - ③折算子公司外币财务报表
    - ④收集编制合并财务报表的相关资料

- **非同一控制合并报表 ★★★**
  - **购买日处理（四步走）**
    - ①个别报表确认长期股权投资
    - ②计算商誉 —— 商誉=初始投资成本-被购买方可辨认净资产公允价值的份额
    - ③将子公司从账面调整到公允价值
      - 借：各项资产
      - 贷：资本公积
    - ④将母公司的长期股权投资和子公司的股东权益抵销
      - 借：股本/实收资本
      　　资本公积（考虑评估增值或减值调整后的金额）
      　　其他综合收益
      　　盈余公积
      　　未分配利润
      　　商誉（借方差额）
      - 贷：长期股权投资
      　　少数股东权益
      　　盈余公积、未分配利润（贷方差额）

...接下页

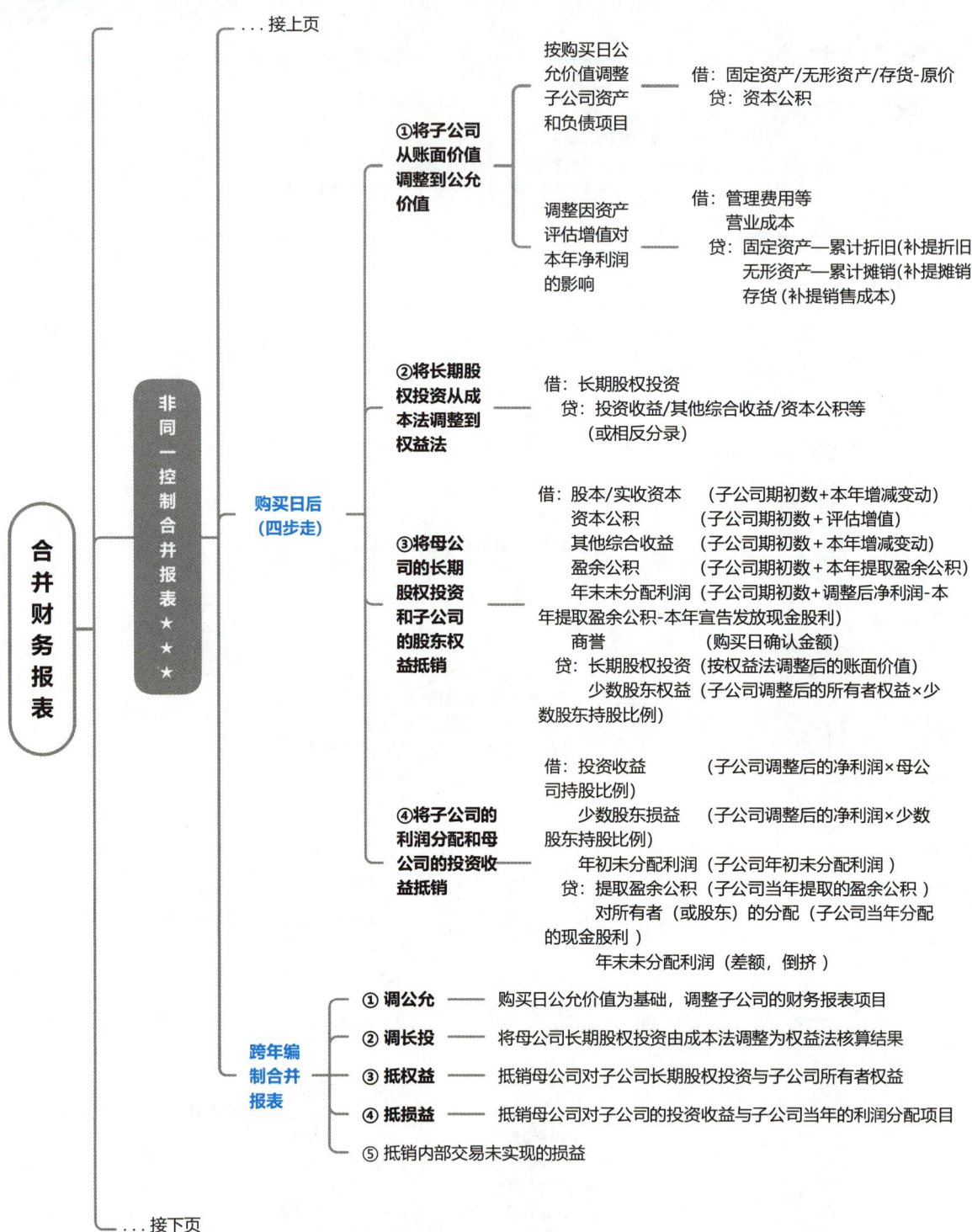

... 接上页

合并财务报表

同一控制下企业合并 ★★★

合并日（三步走）

① 个别报表确认长期股权投资

② **母公司的长期股权投资和子公司的股东权益抵销**
借：股本（实收资本）
　　资本公积
　　其他综合收益
　　盈余公积
　　未分配利润
　贷：长期股权投资
　　　少数股东权益

③ **转回子公司的留存收益，以母公司的资本公积为限**
借：资本公积
　贷：盈余公积（被合并方盈余公积×母公司持股比例）
　　　未分配利润（被合并方未分配利润×母公司持股比例）

合并日后（五步走）

① 将长期股权投资从成本法调整到权益法
② 将母公司的长期股权投资和子公司的股东权益抵销
③ 将子公司的利润分配和母公司的投资收益进行抵销
④ 对被合并方在企业合并前实现的留存收益中归属于合并方的部分，应自合并方资本公积（资本溢价或股本溢价）转入留存收益
⑤ 抵销内部交易未实现的损益

内部交易合并处理 ★★★

内部商品交易

① 内部商品交易抵销

- 将年初存货中未实现内部销售利润抵销
  借：年初未分配利润（年初存货中未实现内部销售利润）
　贷：营业成本

- 将本期内部商品销售收入及销售成本抵销
  借：营业收入（本期内部商品销售产生的收入）
　贷：营业成本

- 将期末存货中未实现内部销售损益抵销
  借：营业成本
　贷：存货（期末存货中未实现内部销售损益）

② 发生减值的调整

- 先抵销存货跌价准备期初数
  借：存货—存货跌价准备
　贷：年初未分配利润

- 抵销因本期销售存货结转的存货跌价准备
  借：营业成本
　贷：存货—存货跌价准备

- 抵销存货跌价准备期末数与上述余额的差额（以存货中未实现内部销售利润为限）
  借：存货—存货跌价准备
　贷：资产减值损失
（抵销转回存货跌价准备则作相反分录）

③ 涉及到递延所得税资产

- 确认本期合并财务报表中递延所得税资产期末余额（即列报金额）
- 调整合并财务报表中本期递延所得税资产

... 接下页

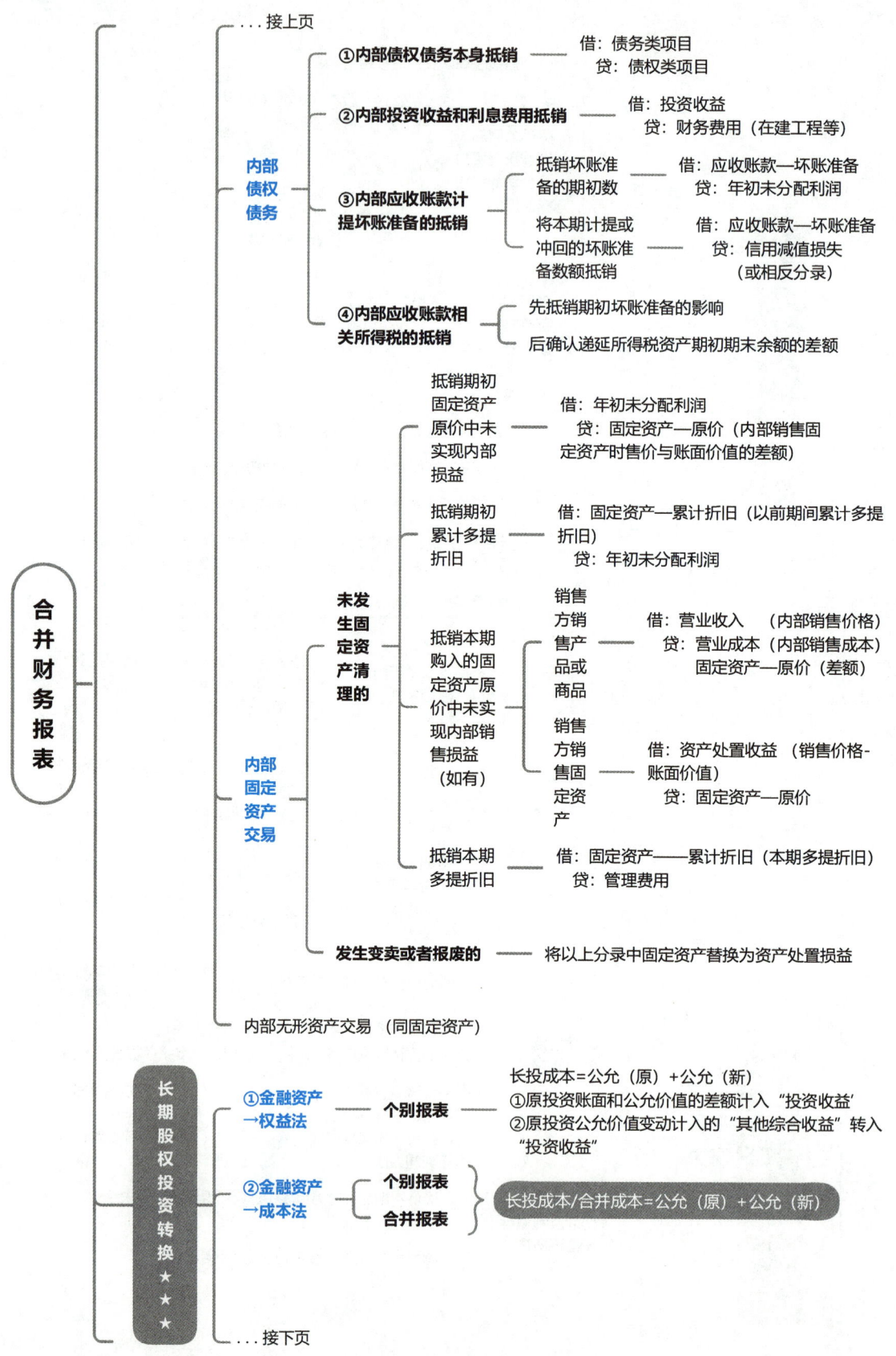

合并财务报表

长期股权投资转换 ★★★

③ 权益法→成本法
- **个别报表**：长投成本=账面（原）+公允（新）
- **合并报表**：
  - 长投成本=公允（原）+公允（新）
  - ①按购买日公允重新计量原投资，差额计入投资收益
  - ②结转其他综合收益、资本公积

④ 成本法→权益法
- **个别报表**：
  - 出售部分：差额计入投资收益
  - 剩余部分：按权益法进行追溯调整
  - 投资收益=售价与账面价值之差+结转的其他综合收益、资本公积
- **合并报表**：
  - ①按购买日公允重新计量剩余投资，差额计入投资收益
  - ②结转其他综合收益、资本公积
  - ③对个别报表确认的投资收益进行调整

⑤ 成本法→金融资产
- **个别报表**：
  - 出售部分：差额计入投资收益
  - 剩余部分：视同出售，按公允重新计量
  - 投资收益=售价与账面价值之差+结转的其他综合收益、资本公积
- **合并报表**：
  - ①结转其他综合收益、资本公积
  - ②对个别报表确认的投资收益进行调整

⑥ 权益法→金融资产
- **个别报表**：
  - 出售部分：差额计入投资收益
  - 剩余部分：视同出售，按公允重新计量

其他特殊交易在合并财务报表中的会计处理 ★★

- 一揽子交易

母公司购买子公司少数股东股权
- **个别报表**：按照付出对价的公允确认新取得长投的入账价值
- **合并报表**：属于权益交易，新取得长按照账面价值计量，差额调整资本公积，不足冲减的，依次冲减留存收益

不丧失控制权下处置部分子公司股权投资
- **个别报表**：
  借：银行存款
  　贷：长期股权投资（成本法）
  　　　投资收益
- **合并报表**：
  借：银行存款
  　贷：长期股权投资（权益法）
  　　　资本公积　　（差额）

> 调整抵销分录=合并报表应有分录-个别报表已有分录

少数股东增资导致母公司股权稀释
- **未丧失控制权**：差额调整资本公积，资本公积不足冲减的，调整留存收益
- **丧失控制权**：视同销售，原理同主动处置股权

- 交叉持股的合并处理

逆流交易的合并处理
借：少数股东权益
　贷：少数股东损益（逆流交易产生的未实现内部交易损益×少数股东持股比例）

合并现金流量表的编制 ★

第二十八章

每股收益

- 分值比重：4分左右
- 命题形式：选择题、计算题、综合题
- 核心考点：基本每股收益、稀释每股收益

每股收益

基本每股收益 ★★
- 基本每股收益=归属于普通股股东的当期净利润÷发行在外普通股的加权平均数
- 分子：母公司净利润+子公司净利润中归属母公司份额的部分-其他权益工具宣告发放股利÷利息
- 分母：期初发行在外普通股+本期增发普通股×已发行时间/12-本期回购普通股×已回购时间÷12

稀释每股收益 ★★★

计算原则
- 分子调整（净利润调整）：①当期已确认为费用的稀释性潜在普通股的利息 ②稀释性潜在普通股转换时将产生的收益或费用 上述调整应当考虑相关的所得税影响
- 分母调整（股数的调整）：假定稀释性潜在普通股转换为已发行普通股而增加的普通股股数

认股权证、股份期权
- 确定"白送"普通股数量：增加的普通股股数=拟行权时转换的普通股股数-行权价格×拟行权时转换的普通股股数÷当期普通股平均市场价格
- 确定"白送"普通股的假设时间：以前期间发行的权证或期权，视同期初转换；本期发行的权证或期权，视同发行日转换

①不调整分子 ②只有"白送"普通股具有稀释性，公允买入普通股不具有稀释性，不予调整

回购承诺
- 回购价高于普通股平均市场价格，具有稀释性
- "白送"普通股=回购价格×承诺回购的普通股股数÷当期普通股平均市场价格-承诺回购的普通股股数
- 以前期间做出的承诺，视同期初转换；本期做出的承诺，视同承诺日转换

可转换公司债券
- 稀释每股收益=（净利润+假设转换时增加的净利润）÷（发行在外普通股加权平均数+假设转换所增加的普通股股数加权平均数）
- 解析步骤：①股债分离 ②增加净利润=债券成分×无转化债券的市场利率×（1-所得税率）③增加股数=债券面值÷转股价格 ④增量股的每股收益（增量股每股收益小于基本每股收益，才具有稀释性）⑤计算稀释每股收益

...接下页

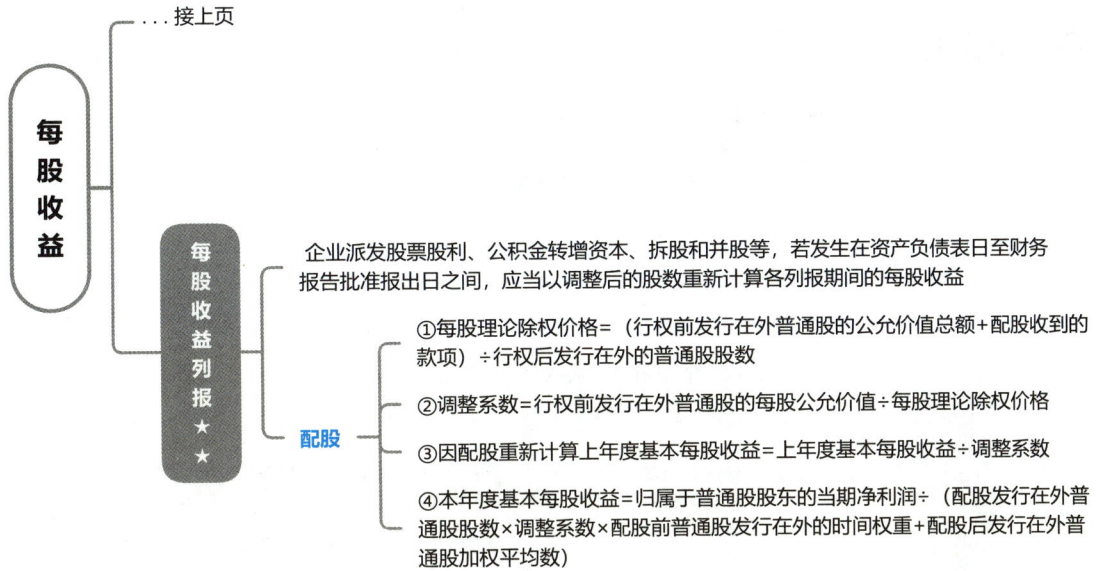

第二十九章

公允价值计量

- 分值比重：2分左右
- 命题形式：选择题
- ★ 核心考点：公允价值概述、公允价值计量要求

公允价值计量

公允价值概述 ★★

- **定义**
- **基本要求**
  - 以公允价值计量的相关资产或负债
  - 应用于相关资产或负债公允价值计量的有序交易
  - **有序交易发生的主要市场或最有利市场**
    - 企业应当以主要市场上相关资产或负债的价格为基础，计量该资产或负债的公允价值
    - 不存在主要市场或者无法确定主要市场的，企业应当以相关资产或负债最有利市场的价格为基础，计量其公允价值
  - 主要市场或最有利市场中的市场参与者
- **易混点区分**
  - 确定最有利市场时 —— 应当考虑运输费用、交易费用等
  - 确定公允价值时 —— 应当考虑运输费用，但不考虑交易费用

公允价值计量要求 ★★

- **初始计量**
  - ①应当根据交易性质和相关资产或负债的特征等，判断初始确认时的公允价值是否与其交易价格相等
  - ②大多数情况下，相关资产或负债的进入价格等于其脱手价格
  - ③**不以交易价格进行初始计量的情况**
    - 关联方之间的交易
    - 被迫进行的交易
    - 交易价格所代表的计量单元不同于以公允价值计量的相关资产或负债的计量单元
    - 进行交易的市场不是该资产或负债的主要市场（或者在不存在主要市场情况下的最有利市场）
  - ④交易价格与公允价值的差额应当按照会计准则的要求进行处理，如果会计准则对此未作出明确规定，企业应当将该差额计入当期损益
- **估值技术**
  - 市场法、收益法、成本法
  - **变更** —— 一经确定，不得随意变更
- **输入值**
  - 可观察输入值
  - 不可观察输入值
- **公允价值层次**
  - 第一层次输入值 —— 计量日能够取得的相同资产或负债在活跃市场上未经调整的报价
  - 第二层次输入值 —— 除第一层次输入值外可观察的输入值
  - 第三层次输入值 —— 不可观察输入值

第三十章

政府及民间非营利组织会计

- 分值比重：2分左右
- 命题形式：选择题
- ★ 核心考点：政府单位特定业务的会计核算

政府及民间非营利组织会计

- 概述 ★★
  - 标准体系 —— 由政府会计基本准则、具体准则及应用指南和政府会计制度等组成
  - 核算模式
    - **适度分离** —— 双功能、双基础、双报告
    - 相互衔接
  - 会计要素及其确认和计量
    - **政府预算会计要素** —— 预算收入、预算支出与预算结余
    - **政府财务会计要素** —— 资产、负债、净资产、收入和费用
  - 政府财务报告和决算报告
    - 财务报告——反映政府会计主体某一特定日期的财务状况和某一会计期间的运行情况和现金流量等
    - 决算报告——反映政府会计主体年度预算收支执行结果

- 政府单位特定业务会计核算 ★★
  - 单位会计核算一般原则（对于纳入部门预算管理的现金收支业务，在采用财务会计核算的同时应当进行预算会计核算）
    - **预算会计**
      - 预算收入-预算支出=预算结余
      - 收付实现制
    - **财务会计**
      - 资产-负债=净资产 收入-费用=本期盈余
      - 权责发生制
  - 国库集中支付业务
    - 财政直接支付
      - 收到"财政直接支付入账通知书"时
        - 预算会计
          - 借：事业支出、行政支出等
          - 贷：财政拨款预算收入
        - 财务会计
          - 借：库存物品、固定资产、应付职工薪酬、业务活动费用、单位管理费用等
          - 贷：财政拨款收入
      - 年度终了，根据本年度财政直接支付预算指标数与当年财政直接支付实际支出数的差额
      - 下年度恢复财政直接支付额度后，单位以财政直接支付方式发生实际支出时
    - ……接下页

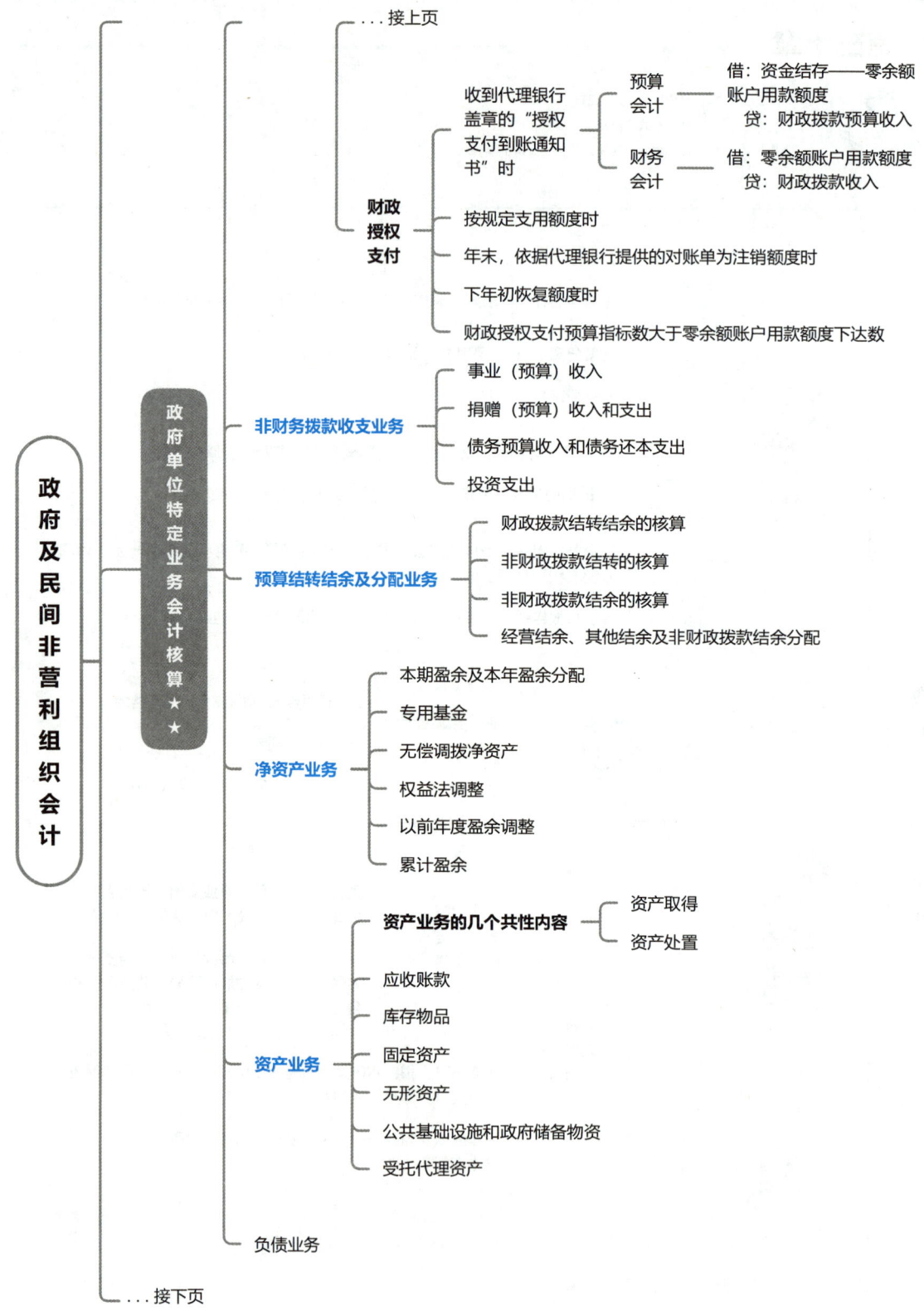

政府及民间非营利组织会计

...接上页

民间非营利组织会计 ★★

会计概述

定义：通过筹集社会民间资金举办的、不以营利为目的，从事教育、科技、文化、卫生、宗教等社会公益事业，提供公共产品的社会服务组织

特征
- ①该组织不以营利为宗旨和目的
- ②资源提供者向该组织投入资源不取得经济回报
- ③资源提供者不享有该组织的所有权

特点
- ①以权责发生制为会计核算基础
- ②在采用历史成本计价的基础上，引入公允价值计量基础
- ③其会计要素不应包括所有者权益和利润，而是设置了净资产这一要素

会计要素
- 反映财务状况：资产-负债=净资产（净资产包括限定性净资产和非限定性净资产）
- 反映业务成果：收入-费用=净资产变动额（收入分为交换交易所形成的和非交换交易所形成的）

民间非营利组织财务会计报告
- 资产负债表、业务活动表和现金流量表三张基本报表
- 分为年度财务会计报告和中期财务会计报告

特定业务的会计核算
- 捐赠业务
- 受托代理业务
- 会费收入
- 业务活动成本
- 净资产

2022 21天突破

注册会计师全国统一考试应试指导

李彬教你考注会®

ACCOUNTING

会 计
习题册

李彬 编著　BT教育 组编

中国财经出版传媒集团
经济科学出版社

前言

　　解题能力是应试的核心，虽然这么多年来考生们已达成了"真题为王"的共识，但面对如何刷题、如何掌握命题规律、如何切实提升考试成绩，这些问题仍然一脸茫然。

　　为此，我们进行了反复的内测试验，最终凝结成了新版习题册，该书与 BT 教育 21 天突破主教材的考点制接轨，将前十年真题全部按照考点进行专项整合，考生可根据做题情况直接定位自身的薄弱环节，查漏补缺。

　　除此之外，我们还一改传统"只言片语"的题目解析形式，将解析进行了全面翔实的补充，彻底解决大家看不懂、做不会的困扰。2022 年我们还增添了【抢分技巧】【审题思路】等实用性超强的板块，助大家彻底消化每道真题，迅速提分。

1. 考点制分割，重点分级

　　为了凸显应试理念，帮考生快速、高效地完成通关目标，我们一改官方教材的章/节格局，一律以「考点」为任务单元进行全面重组，对每个考点进行了专门解读，并将该考点所对应的历年真题按此类目悉数列入。

　　此外，我们还根据真题考频对考点重要性进行了标星分级，★越多，代表其重要性越强，轻重缓急，一目了然。

2. 解析更为详细

　　与传统习题册的简略版解析不同，为了让同学们对真题有更深入独到的见解，充分提升得分能力，我们将解析进行了丰富优化，对每道题的解读都追求精深而细致，彻底吃透解题原理。

　　历年真题中，对于相同考点的考查方法往往趋于一致，我们将类似的考法还进行了延伸总结，帮助大家一通百通，全面躲避出题人埋下的各类陷阱。

3. 主观题审题思路

　　主观题是绝大多数考生的重灾区，尤其是纯文字题，在海量的案例材料中，很难做到精准定位，继而掌握正确的做题思路。为此我们在每段主观题题干旁都给出了破题指导，完善大家的审题思路，规范大家的做题过程。

4. 题码检索

　　除了纸质真题册外，我们还有线上题库 App，考生可追踪刷题数据，智能组卷练习，还能对往日错题进行打包回顾。建议大家先下载"BT 教育"App，以后遇到不会的题目，直接在

题库中搜索该题的【题码】，就能找到对应的答案和解析，而且还能查看每道题目的名师视频解析，帮你彻底吃透真题。

5. 拓展真题

本书已收录了近五年的精华真题，实乃每章必刷真题，如果考生们想追求更扎实的训练效果，请扫码获取近十年拓展真题，对知识点进行进一步消化。

扫码免费领取题库＋随书附送讲义资料

目 录
CONTENTS

习题

第一章　总论	1
第二章　存货	4
第三章　固定资产	7
第四章　无形资产	12
第五章　投资性房地产	15
第六章　长期股权投资	19
第七章　资产减值	27
第八章　负债	32
第九章　职工薪酬	34
第十章　股份支付	39
第十一章　借款费用	43
第十二章　或有事项	46
第十三章　金融工具	49
第十四章　租赁	59
第十五章　持有待售的非流动资产	64
第十六章　所有者权益	67
第十七章　收入	70
第十八章　政府补助	76
第十九章　所得税	79
第二十章　非货币性资产交换	83
第二十一章　债务重组	87
第二十二章　外币折算	92
第二十三章　财务报告	95
第二十四章　会计政策、会计估计及其变更和差错更正	103
第二十五章　资产负债表日后事项	106
第二十六章　企业合并	110
第二十七章　合并财务报表	111
第二十八章　每股收益	123
第二十九章　公允价值计量	127
第三十章　政府以及民间非营利组织会计	129
跨章节综合题	131

答案

第一章	总论·答案	146
第二章	存货·答案	148
第三章	固定资产·答案	152
第四章	无形资产·答案	156
第五章	投资性房地产·答案	159
第六章	长期股权投资·答案	163
第七章	资产减值·答案	174
第八章	负债·答案	180
第九章	职工薪酬·答案	184
第十章	股份支付·答案	189
第十一章	借款费用·答案	193
第十二章	或有事项·答案	196
第十三章	金融工具·答案	200
第十四章	租赁·答案	212
第十五章	持有待售的非流动资产·答案	217
第十六章	所有者权益·答案	221
第十七章	收入·答案	224
第十八章	政府补助·答案	230
第十九章	所得税·答案	233
第二十章	非货币性资产交换·答案	238
第二十一章	债务重组·答案	243
第二十二章	外币折算·答案	248
第二十三章	财务报告·答案	251
第二十四章	会计政策、会计估计及其变更和差错更正·答案	260
第二十五章	资产负债表日后事项·答案	262
第二十六章	企业合并·答案	266
第二十七章	合并财务报表·答案	267
第二十八章	每股收益·答案	282
第二十九章	公允价值计量·答案	286
第三十章	政府以及民间非营利组织会计·答案	288
跨章节综合题·答案		290

习题

01 第一章 总论

「考情分析」

考点	星级	近十年考频	2012年	2013年	2014年	2015年	2016年	2017年	2018年	2019年	2020年	2021年
1. 会计概念、基本假设、会计基础	★	3					√				√	√
2. 会计信息质量要求	★★★	6			√	√	√	√	√		√	
3. 会计要素及其确认与计量	★★	1			√							

「考点1」会计概念、基本假设、会计基础（★）

1. 「2021年·多选题·题码156818」

    2020年，甲公司发生的有关交易或事项如下：①甲公司持有乙公司60%的股权，其与丙公司签订合同，拟全部出售对乙公司的股权投资，截至2020年末已办理完成股权过户登记手续，出售股权所得价款已收存银行；②甲公司发现应于2019年确认为当年费用的某项支出未计入2019年利润表，该费用占2019年实现净利润的0.2%；③自甲公司设立以来，其对销售的商品一贯提供3年内的产品质量保证，但在与客户签订的合同或法律法规中并没有相应的条款；④因甲公司对丁公司提供的一批商品存在质量问题，丁公司向法院提起诉讼，向甲公司索赔500万元，截至2020年12月31日法院仍未作出最终判决。不考虑其他因素，下列各项关于上述交易或事项会计处理的表述中，正确的有（ ）。

    A. 甲公司销售商品提供3年内的产品质量保证属于一项推定义务
    B. 甲公司未在2019年确认的费用因其不重要而无需调整2019年度的财务报表
    C. 乙公司虽被甲公司出售，但乙公司的财务报表仍应按持续经营假设对会计要素进行确认、计量和报告
    D. 甲公司未经法院最终判决的诉讼事项因资产负债表日未获得全部信息而无需进行会计处理，符合及时性要求

2. 「2016年·单选题·题码143912」

    甲公司2014年12月20日与乙公司签订商品销售合同。合同约定：甲公司应于2015年5月20日前将合同标的商品运抵乙公司并经验收，在商品运抵乙公司前灭失、毁损、价值变动等风险由甲公司承担。甲公司该项合同中所售商品为库存W商品，2014年12月30日，甲公司根据合同向乙公司开具了增值税专用发票并于当日确认了商品销售收入。W商品于2015年5月10日发出并于5月15日运抵乙公司验收合格。对于甲公司2014年W商品销售收入确认的恰当性判断，除考虑与会计准则规定的收入确认条件的符合性以外，还应考虑可能违背的会计基本假设是（ ）。

A. 会计主体　　　　B. 会计分期　　　　C. 持续经营　　　　D. 货币计量

「考点2」会计信息质量要求（★★★）

1. 「2020年·单选题·题码143913」
   下列各项关于企业应遵循的会计信息质量要求的表述中，正确的是（　　）。
   A. 企业应当以实际发生的交易或事项为依据进行确认、计量和报告
   B. 企业对不同会计期间发生的相同交易或事项可以采用不同的会计政策
   C. 企业在资产负债表日对尚未获得全部信息的交易或事项不应进行会计处理
   D. 企业对不重要的会计差错无需进行差错更正

2. 「2018年·单选题·题码143914」
   2017年1月1日开始，甲公司按照会计准则的规定采用新的财务报表格式进行列报。因部分财务报表列报项目发生变更，甲公司对2017年度财务报表可比期间的数据按照变更后的财务报表列报项目进行了调整。甲公司的上述会计处理体现的会计信息质量要求是（　　）。
   A. 可比性　　　　B. 权责发生制　　　　C. 实质重于形式　　　　D. 会计主体

3. 「2017年·单选题·题码143915」
   甲公司销售乙产品，同时对售后3年内出现质量问题的产品承担免费保修义务，有关产品更换或修理至达到正常使用状态的支出由甲公司承担。2016年，甲公司共销售乙产品1 000件，根据历史经验估计，因履行售后保修承诺预计将发生的支出为600万元，甲公司确认了销售费用，同时确认为预计负债。甲公司该会计处理体现的会计信息质量要求是（　　）。
   A. 可比性　　　　B. 谨慎性　　　　C. 及时性　　　　D. 实质重于形式

4. 「2017年·单选题·题码143916」
   甲公司在编制2017年度财务报表时，发现2016年度某项管理用无形资产未摊销，应摊销金额20万元，甲公司将该20万元补记的摊销额计入了2017年度的管理费用。甲公司2016年和2017年实现的净利润分别为20 000万元和18 000万元。不考虑其他因素，甲公司上述会计处理体现的会计信息质量要求是（　　）。
   A. 重要性　　　　B. 相关性　　　　C. 可比性　　　　D. 及时性

5. 「2016年·单选题·题码143917」
   甲公司2015年经批准发行10亿元永续中票。其发行合同约定：
   ① 采用固定利率，当期票面利率＝当期基准利率＋1.5%，前5年利率保持不变，从第6年开始每5年重置一次，票面利率最高不超过8%；
   ② 每年7月支付利息，经提前公告当年应予发放的利息可递延，但付息前12个月，如遇公司向普通股股东分红或减少注册资本，则利息不能递延，否则递延次数不受限制；
   ③ 自发行之日起5年后，甲公司有权决定是否实施转股；
   ④ 甲公司有权决定是否赎回，赎回前长期存续。
   根据以上条款，甲公司将该永续中票确认为权益，其所体现的会计信息质量要求是（　　）

A. 相关性　　　　　B. 可靠性　　　　　C. 可理解性　　　　　D. 实质重于形式

「考点3」会计要素及其确认与计量（★★）

「2014年·多选题·题码143918」

下列交易事项中，能够引起资产和所有者权益同时发生增减变动的有（　　）。

A. 分配股票股利　　　　　　　　　B. 接受现金捐赠
C. 财产清查中固定资产盘盈　　　　D. 以银行存款支付原材料采购价款

02 第二章 存货

「考情分析」

考点	星级	近十年考频	2012年	2013年	2014年	2015年	2016年	2017年	2018年	2019年	2020年	2021年
1. 存货的确认和初始计量	★★	6	√		√		√	√			√	√
2. 发出存货计量	★	1		√								
3. 期末存货的计量	★★★	6					√	√	√	√	√	√
4. 存货清查盘点	★	0										

「考点 1」 存货的确认和初始计量（★★）

1. 「2021 年·多选题·题码 156817」

   下列各项关于企业存货计量的表述中，正确的有（   ）。

   A. 存货入库后发生的仓储费用应计入存货成本

   B. 生产设备发生的日常维修费用应计入存货成本

   C. 受托加工存货成本中不应包括委托方提供的材料成本

   D. 季节性停工期间生产车间发生的停工损失应计入存货成本

2. 「2017 年·单选题·题码 143931」

   下列各项中，应当计入存货成本的是（   ）。

   A. 季节性停工损失　　　　　　　B. 超定额废品损失

   C. 新产品研发人员薪酬　　　　　D. 采购材料入库后的储存费用

3. 「2016 年·单选题·题码 143932」

   2015 年 12 月 31 日，甲公司向乙公司订购的印有甲公司标志、为促销宣传准备的卡通毛绒玩具到货并收到相关购货发票，50 万元货款已经支付。该卡通毛绒玩具将按计划于 2016 年 1 月向客户及潜在客户派发，不考虑相关税费及其他因素。下列关于甲公司 2015 年对订购卡通毛绒玩具所发生支出的会计处理中，正确的是（   ）。

   A. 确认为库存商品　　　　　　　B. 确认为当期管理费用

   C. 确认为当期销售成本　　　　　D. 确认为当期销售费用

4. 「2020 年·多选题·题码 143941」

   下列项目中，应当计入存货成本的有（   ）。

   A. 在生产过程中为达到下一个生产阶段所必需的仓储费用

   B. 存货的加工成本

   C. 企业采购用于广告营销活动的特定商品

   D. 非正常消耗的直接材料、直接人工和制造费用

「考点 2」发出存货计量（★）

「2013 年·单选题·题码 143933」

甲公司为增值税一般纳税人，采用先进先出法计量发出 A 原材料的成本。2011 年初，甲公司库存 200 件 A 原材料的账面余额为 200 万元，未计提跌价准备。6 月 1 日购入 A 原材料 250 件，成本为 2 375 万元（不含增值税），运输费用为 80 万元（发票上注明的增值税税额为 7.2 万元），保险费用为 0.23 万元。1 月 31 日、6 月 6 日、11 月 12 日分别发出 A 原材料 150 件、200 件和 30 件。甲公司 2011 年 12 月 31 日库存 A 原材料的成本是（　　）万元。

A. 665.00　　　　B. 686.00　　　　C. 687.40　　　　D. 700.00

「考点 3」期末存货的计量（★★★）

1. **「2020 年·单选题·题码 143934」**

甲公司为房地产开发企业，2019 年 1 月通过出让方式取得一宗土地，支付土地出让金 210 000 万元。根据土地出让合同的约定，该宗土地拟用于建造住宅，使用期限为 70 年，自 2019 年 1 月 1 日开始计算。2019 年末，上述土地尚未开始开发，按照周边土地最新出让价格估计，其市场价格为 195 000 万元，如将其开发成住宅并出售，预计售价总额为 650 000 万元，预计开发成本为 330 000 万元，预计销售费用及相关税费为 98 000 万元。不考虑增值税及其他因素，上述土地在甲公司 2019 年 12 月 31 日资产负债表中列示的金额是（　　）万元。

A. 195 000　　　B. 207 000　　　C. 222 000　　　D. 210 000

2. **「2019 年·单选题·题码 143935」**

甲公司 2018 年末库存乙原材料 1 000 件，单位成本 2 万元。甲公司计划将乙原材料加工成丙产品对外出售，每 2 件乙原材料可以加工成 1 件丙产品。2018 年 12 月 31 日，乙材料的市场价格为 1.8 万元/件，用乙原材料加工成的丙产品市场价格为 4.7 万/件，将 2 件乙原材料加工成 1 件丙产品过程中预计发生加工费用 0.6 万元，预计销售每件丙产品发生的销售费用以及相关税费为 0.2 万元。2019 年 3 月，在甲公司 2018 年财务报表经董事会批准报出前，乙原材料的市场价格为 2.02 万元。假定不考虑其他因素，甲公司 2018 年乙原材料应当计提的存货跌价准备是（　　）万元。

A. 0　　　　　　B. 50　　　　　　C. 200　　　　　　D. 250

3. **「2018 年·单选题·题码 143936」**

甲公司主要从事 X 产品的生产和销售，生产 X 产品使用的主要材料 Y 材料全部从外部购入。2017 年 12 月 31 日，在甲公司财务报表中库存 Y 材料的成本为 5 600 万元。若将全部库存 Y 材料加工成 X 产品，甲公司估计还需发生成本 1 800 万元，预计加工而成的 X 产品售价总额为 7 000 万元，预计的销售费用及相关税费总额为 300 万元。若将库存材料全部予以出售，其市场价格为 5 000 万元。假定甲公司持有 Y 材料的目的系用于 X 产品的生产，不考虑其他因素，甲公司在对 Y 材料进行期末计量时确定的可变现净值是（　　）万元。

A. 4 900　　　　B. 5 000　　　　C. 5 600　　　　D. 7 000

4. 「2017年·单选题·题码143937」

甲公司为增值税一般纳税人。2017年1月1日甲公司库存原材料的账面余额为2 500万元，账面价值为2 000万元；当年购入原材料增值税专用发票注明的价款为3 000万元，增值税进项税额为510万元，当年领用原材料按先进先出法计算发出的成本为2 800万元（不含存货跌价准备）；当年年末原材料的成本大于其可变现净值，两者差额为300万元。不考虑其他因素。甲公司2017年12月31日原材料的账面价值是（　　）万元。

A. 2 200　　　　　　B. 2 400　　　　　　C. 2 710　　　　　　D. 3 010

5. 「2017年·单选题·题码143938」

2016年12月31日，甲公司持有乙原材料200吨，单位成本为20万元/吨，每吨乙原材料可加工生产一件丙产成品，该丙产成品售价为21.2万元/件，将乙原材料加工至丙产成品过程中发生加工费等相关费用共计2.6万元/件；当日，乙原材料的市场价格为19.3万元/吨。甲公司2016年财务报表批准报出前几日，乙原材料及丙产成品的市场价格开始上涨，其中乙原材料价格为19.6万元/吨，丙产成品的价格为21.7万元/件，甲公司在2016年以前未计提存货跌价准备。不考虑其他因素，甲公司2016年12月31日就持有的乙原材料应当计提的存货跌价准备是（　　）万元。

A. 80　　　　　　　B. 140　　　　　　　C. 180　　　　　　　D. 280

6. 「2016年·单选题·题码143939」

B公司期末存货采用成本与可变现净值孰低法计量。2015年9月26日B公司与M公司签订销售合同：由B公司于2016年3月6日向M公司销售笔记本电脑1 000台，销售价格为每台1.2万元。2015年12月31日B公司库存笔记本电脑1 200台，单位成本为每台1万元，账面成本为1 200万元。2015年12月31日市场销售价格为每台0.95万元，预计销售税费均为每台0.05万元。2015年12月31日笔记本电脑应计提的存货跌价准备的金额为（　　）万元。

A. 1 180　　　　　　B. 20　　　　　　　C. 0　　　　　　　D. 180

7. 「2019年·多选题·题码143942」

在确定存货可变现净值时，应当考虑的因素有（　　）。

A. 持有存货的目的　　　　　　　　B. 存货的采购成本
C. 存货的市场销售价格　　　　　　D. 资产负债表日后事项

「考点4」存货清查盘点（★）

「单选题·题码143940」

某增值税一般纳税人因台风毁损库存材料一批，该批原材料实际成本为210 000元，收回残料价值20 000元（不考虑收回材料的进项税），保险公司赔偿150 000元。该企业购入材料的增值税税率为13%，则该批毁损原材料造成的非常损失净额是（　　）元。

A. 190 000　　　　　B. 40 000　　　　　C. 67 300　　　　　D. 60 000

03 第三章 固定资产

「考情分析」

考点	星级	近十年考频	2012年	2013年	2014年	2015年	2016年	2017年	2018年	2019年	2020年	2021年
1. 固定资产的确认与初始计量	★★	5	√		√	√		√	√			
2. 固定资产折旧	★★	5	√		√	√				√		√
3. 固定资产后续支出	★★	3		√			√			√		
4. 固定资产的处置	★	1										√

「考点1」 固定资产的确认与初始计量（★★）

1. 「2018年・单选题・题码144536」
   甲公司为增值税一般纳税人，2017年5月开始建造办公楼。下列各项中，应计入甲公司所建造办公楼成本的是（　　）。
   A. 办公楼建造期间发生的工程物资报废净损失
   B. 办公楼开始建造前借入的专门借款发生的利息费用
   C. 为建造办公楼购入的工程物资支付的增值税进项税额
   D. 办公楼达到预定可使用状态后发生的相关费用

2. 「2017年・单选题・题码144537」
   甲公司2016年取得一项固定资产，与取得该资产相关的支出：
   ① 支付购买价款300万元、增值税进项税额39万元，另支付购入过程中运输费8万元、相关增值税进项税额0.72万元；
   ② 为使固定资产符合甲公司特定用途，购入后甲对其进行了改造。改造过程中领用本公司原材料6万元，相关增值税为1.02万元，发生职工薪酬3万元，甲公司为增值税一般纳税人。
   不考虑其他因素，该固定资产的入账价值是（　　）万元。
   A. 317　　　　　B. 317.88　　　　　C. 318.02　　　　　D. 369.90

3. 「2017年・单选题・题码144538」
   甲公司为啤酒生产企业，为答谢长年经销其产品的代理商，经董事会批准，2016年为过去3年达到一定销量的代理商每家免费配备一台冰箱。按照甲公司与代理商的约定，冰箱的所有权归甲公司，在预计使用寿命内免费提供给代理商使用，甲公司不会收回，亦不会转作他用。甲公司共向代理商提供冰箱500台，每台价值1万元，冰箱的预计使用寿命为5年，预计净残值为0。甲公司对本公司使用的同类固定资产采用年限平均法计提折旧。不考虑其他因素，下列各项关于甲公司免费提供给代理商使用冰箱会计处理的表述中，正确的是（　　）。

A. 将冰箱的购置成本作为 2016 年销售费用计入当期利润表

B. 将冰箱的购置成本作为过去 3 年的销售费用，追溯调整以前年度损益

C. 作为本公司固定资产，按照年限平均法在预计使用年限内分期计提折旧

D. 因无法控制冰箱的实物及其使用，将冰箱的购置成本确认为无形资产并分 5 年摊销

4. 「2015 年·单选题·题码 144539」

甲公司是一家煤矿企业，依据开采的原煤产量按月提取安全生产费，提取标准为每吨 15 元，假定每月原煤产量为 10 万吨。2014 年 5 月 26 日，经有关部门批准，该企业购入一批需要安装的用于改造和完善矿井运输的安全防护设备，价款为 100 万元，增值税的进项税额为 13 万元，设备预计于 2014 年 6 月 10 日安装完成。甲公司于 2014 年 5 月份支付安全生产设备检查费 10 万元。假定 2014 年 5 月 1 日，甲公司"专项储备——安全生产费"余额为 500 万元。不考虑其他相关税费，2014 年 5 月 31 日，甲公司"专项储备——安全生产费"余额为（　　）万元。

A. 523 B. 650 C. 640 D. 540

5. 「2017 年·多选题·题码 144541」

甲公司为境内上市公司，2016 年 3 月 10 日为筹集生产线建设资金，通过定向增发本公司股票募集资金 30 000 万元。生产线建造工程于 2016 年 4 月 1 日开工，至 2016 年 10 月 31 日，募集资金已全部投入。为补充资金缺口，11 月 1 日，甲公司以一般借款（甲公司仅有一笔年利率为 6% 的一般借款）补充生产线建设资金 3 000 万元。建造过程中，甲公司领用本公司原材料一批，成本为 1 000 万元。至 2016 年 12 月 31 日，该生产线建造工程仍在进行当中。不考虑税费及其他因素，下列各项甲公司 2016 年所发生的支出中，应当资本化并计入所建造生产线成本的有（　　）。

A. 领用本公司原材料 1 000 万元

B. 使用募集资金支出 30 000 万元

C. 使用一般借款资金支出 3 000 万元

D. 2016 年 11 月 1 日至年底占用一般借款所发生的利息

6. 「2014 年·多选题·题码 144542」

甲公司以出包方式建造厂房，建造过程中发生的下列支出中，应计入所建造固定资产成本的有（　　）。

A. 支付给第三方监理公司的监理费

B. 为取得土地使用权而缴纳的土地出让金

C. 建造期间工程物资盘亏净损失

D. 季节性因素暂停建造期间外币专门借款的汇兑损益

7. 「2012 年·多选题·题码 156869」

下列各项中，不应计入在建工程项目成本的是（　　）。

A. 在建工程试运行收入

B. 建造期间工程物资盘盈净收益

C. 建造期间工程物资盘亏净损失

D. 为在建工程项目取得的财政专项补贴（总额法）

「考点2」 固定资产折旧（★★）

1. 「2014年·单选题·题码145366」

   甲公司某项管理用固定资产系2015年6月30日购入并投入使用，该设备原值1 200万元，预计使用年限12年，预计净残值为0，按年限平均法计提折旧。2018年6月，市场出现更先进的替代资产，管理层重新评估了该资产的剩余使用年限，预计其剩余使用年限为6年，预计净残值仍为0。2018年该设备应计提的折旧额为（　　）万元。

   A. 200　　　　　B. 100　　　　　C. 75　　　　　D. 125

2. 「2012年·单选题·题码145367」

   甲公司为增值税一般纳税人，该公司2016年5月10日购入需安装设备一台，价款为500万元，可抵扣增值税进项税额为65万元。为购买该设备发生运输途中保险费20万元。设备安装过程中，领用材料50万元，相关增值税进项税额为6.5万元；支付安装工人工资12万元。该设备于2016年12月30日达到预定可使用状态。甲公司对该设备采用年数总和法计提折旧，预计使用10年预计净残值为0。假定不考虑其他因素，2017年该设备应计提的折旧额为（　　）万元。

   A. 102.18　　　B. 103.64　　　C. 105.82　　　D. 120.64

3. 「2012年·单选题·题码145368」

   2019年11月20日，甲公司购进一台需要安装的A设备，取得的增值税专用发票上注明的设备价款为950万元，可抵扣增值税进项税额为123.5万元，款项已通过银行支付。安装A设备时，甲公司领用原材料36万元（不含增值税额），支付安装人员工资14万元。2019年12月30日，A设备达到预定可使用状态。A设备预计使用年限为5年，预计净残值率为5%，甲公司采用双倍余额递减法计提折旧。求甲公司2022年度对A设备计提的折旧是（　　）万元。

   A. 136.8　　　　B. 144　　　　C. 187.34　　　D. 190

4. 「2019年·多选题·题码145371」

   下列各项关于固定资产会计处理的表述中，正确的有（　　）。

   A. 为提升性能进行更新改造的固定资产停止计提折旧

   B. 为保持固定资产（与存货生产无关）使用状态发生的日常修理支出予以资本化计入固定资产成本

   C. 甲公司已签订不可撤销合同，拟按低于账面价值的价格出售固定资产，甲公司停止计提折旧并按账面价值结转固定资产清理

   D. 达到预定可使用状态但尚未办理竣工决算的固定资产以暂估价值为基础计提折旧

5. 「2015年·多选题·题码145372」

   下列关于固定资产折旧会计处理的表述中，正确的有（　　）。

   A. 固定资产在定期修理间隔期间应当停止计提折旧

B. 已达到预定可使用状态但尚未办理竣工决算的固定资产应当按暂估价值计提折旧

C. 自用固定资产转为按照成本模式后续计量的投资性房地产后仍应当计提折旧

D. 与固定资产相关的经济活动所产生的收入发生重大改变的,应当调整折旧方法

「考点3」 固定资产后续支出 (★★)

1. 「2016年·单选题·题码145369」

   甲公司为增值税一般纳税人。2015年2月,甲公司对一条生产线进行改造,该生产线改造时的账面价值为3 500万元。其中,拆除原冷却装置部分的账面价值为500万元。生产线改造过程中发生以下费用或支出:

   ① 购买新的冷却装置1 200万元,增值税税额为156万元;
   ② 在资本化期间发生专门借款利息80万元;
   ③ 生产线改造过程中发生人工费用320万元;
   ④ 领用库存原材料200万元,增值税税额为26万元;
   ⑤ 外购工程物资400万元 (全部用于该生产线),增值税税额为68万元。

   该改造工程于2015年12月达到预定可使用状态。不考虑其他因素,下列各项关于甲公司对该生产线改造达到预定可使用状态结转固定资产时确定的入账价值中,正确的是 (　　) 万元。

   A. 4 000　　　B. 5 506　　　C. 5 200　　　D. 5 700

2. 「单选题·题码145370」

   甲公司于2015年6月20日对一条生产线进行更新改造,该生产线原值为1 000万元,预计使用年限为5年,已经使用年限为2年,预计净残值为0,采用年限平均法计提折旧。更新改造过程中领用本企业产品一批,计入在建工程的价格为215万元,发生人工费用50万元,领用工程物资125万元。用一台300万元的部件替换生产线中已经报废的部件账面原值350万元 (已无使用价值,残值为0)。该改造工程于2015年9月30日达到预定可使用状态并交付使用。经改造后该生产线尚可使用年限为3年,预计净残值为0,折旧方法不变,则2016年12月31日该生产线账面价值为 (　　) 万元。

   A. 630　　　B. 589.09　　　C. 606.67　　　D. 567.2

3. 「2019年改编·多选题·题码145373」

   下列关于固定资产更新改造的说法中,正确的有 (　　)。

   A. 固定资产更新改造期间需要对该固定资产计提折旧
   B. 固定资产更新改造时,要将固定资产的账面价值转入在建工程进行核算
   C. 固定资产更新改造期间/建造期间领用自产产品,应当使用其成本,而非市场价值
   D. 固定资产更新改造期间被替换部分的变价收入要冲减在建工程成本

「考点4」 固定资产的处置 (★)

「多选题·题码145374」

某企业2016年12月购入一台不需要安装的设备,购买价款210万元,不考虑增值税,预计使用5年,采用年限平均法计提折旧,预计净残值10万元。2017年末该设备发生减值,

预计可收回金额 120 万元，计提减值准备后，预计使用年限、预计净残值和折旧方法不变。2018 年 6 月，企业出售该设备，取得价款 80 万元，发生相关税费 2 万元。根据以上资料，不考虑其他因素，会计处理正确的是（　　）。

A. 2017 年末该设备计提减值准备 50 万元
B. 2018 年该设备计提折旧 20 万元
C. 企业出售该设备，营业利润减少 28.25 万元
D. 企业出售该设备，营业利润减少 27 万元

04 第四章 无形资产

「考情分析」

考点	星级	近十年考频	2012年	2013年	2014年	2015年	2016年	2017年	2018年	2019年	2020年	2021年
1. 无形资产的确认和初始计量	★	4			√			√	√		√	
2. 内部研究开发支出的确认和计量	★★★	2						√		√		
3. 无形资产的后续计量	★★	3			√						√	√

「考点1」 无形资产的确认和初始计量（★）

1. 「2014年·单选题·题码145391」

   下列各项中，制造企业应确认为无形资产的是（　　）。

   A. 自创的商誉

   B. 企业合并产生的商誉

   C. 内部研究开发项目研究阶段发生的支出

   D. 以缴纳土地出让金方式取得的土地使用权

2. 「2018年·多选题·题码145393」

   甲公司为房地产开发企业，主要从事商品房的开发和销售。2017年甲公司发生的有关交易或事项如下：

   ① 1月10日，经拍卖取得一块70年使用权的土地，用于建造自用的实验室。

   ② 为开发商品房占用了一般借款。

   ③ 将未使用的一般借款用于短期投资。甲公司没有专门借款，按开发商品房发生的累计支出加权平均数乘以所占用一般借款的资本化率计算确定资本化利息金额。

   不考虑其他因素，下列各项中关于甲公司上述交易或事项会计处理的表述中，正确的有（　　）。

   A. 将建造自用实验室的土地确认为无形资产并按70年摊销

   B. 将建造自用实验室的土地2017年度的摊销额计入所开发商品房的成本

   C. 将一般借款的资本化利息金额计入所开发商品房的成本

   D. 将一般借款用于短期投资获得的收益冲减所开发商品房的成本

3. 「2017年·多选题·题码145394」

   甲为增值税一般纳税人，2017年1月1日，甲公司通过公开拍卖市场以5 000万元购买一块可使用50年的土地，用于建造商品房。为建造商品房，甲公司于2017年3月1日向银行专门借款4 000万元，年利率5%（等于实际利率）。截至2017年12月31日，建造商品房累计支出5 000万元，增值税进项税额585万元，商品房尚在建造过程中，专门借款未使用期间获得投资收益 5 万元。不考虑其他因素，下列各项关于甲公司购买土地使用权建造商品房会计处理的表述中，正确的有（　　）。
A. 购买土地使用权发生的成本计入所建造商品房的成本
B. 2017 年专门借款应支付的利息计入所建造商品房的成本
C. 建造商品房所支付的增值税进项税额计入所建造商品房的成本
D. 专门借款未使用期间获得的投资收益冲减所建造商品房的成本

「考点 2」 内部研究开发支出的确认和计量（★★★）

1. 「2017 年・单选题・题码 145395」
   甲公司 2018 年 1 月开始研发一项新技术，2019 年 1 月进入开发阶段，2019 年 12 月 31 日完成开发并申请了专利。该项目 2018 年发生研究费 600 万元，截至 2019 年末累计发生研发费用 1 600 万元，其中符合资本化条件的金额为 1 000 万元，按照税法规定，研发支出可按实际支出的 175% 税前抵扣。不考虑其他因素，下列各项关于甲公司上述研发项目会计处理的表述中，正确的是（　　）。
   A. 将研发项目发生的研究费用确认为长期待摊费用
   B. 实际发生的研发费用与其可予税前抵扣金额的差额确认为递延所得税资产
   C. 自符合资本化条件起至达到预定用途时所发生的研发费用资本化计入无形资产
   D. 研发项目在达到预定用途后，将所发生全部研究和开发费用可予以税前抵扣金额的所得税影响额确认为所得税费用

2. 「2019 年・多选题・题码 145396」
   下列关于无形资产会计处理的表述中，错误的有（　　）。
   A. 外包无形资产开发活动在实际支付价款时确认无形资产
   B. 使用寿命不确定的无形资产只在存在减值迹象时进行减值测试
   C. 无法区分研究阶段和开发阶段的支出，全部费用化计入当期损益
   D. 在无形资产达到预定用途前为宣传新技术发生的费用，计入无形资产成本

「考点 3」 无形资产的后续计量（★★）

1. 「2016 年・单选题・题码 145392」
   2012 年 1 月 1 日，甲公司将某商标权出租给乙公司，租期为 3 年，每年收取租金 100 万元。该商标权系甲公司 2009 年 1 月 1 日购入的，初始入账价值为 1 000 万元，预计使用年限为 20 年，采用直线法摊销，预计无残值。假定不考虑相关税费，甲公司 2012 年度出租该商标权影响营业利润的金额为（　　）万元。
   A. 20　　　　　　　B. 60　　　　　　　C. 50　　　　　　　D. 100

2. 「2020 年・多选题・题码 145397」
   下列各项资产中，后续计量时不应当进行摊销的有（　　）。
   A. 持有待售的无形资产
   B. 使用寿命不确定的无形资产
   C. 非同一控制下企业合并取得的法律保护期还剩 10 年的专利权

D. 尚未达到预定用途的开发阶段支出

3. 〔2014 年·多选题·题码 145398〕

2012 年 1 月 1 日，甲公司从乙公司购入一项无形资产，由于资金周转紧张，甲公司与乙公司协议以分期付款方式支付款项。协议约定：该无形资产作价 2 000 万元，甲公司每年年末付款 400 万元，分 5 年付清。假定银行同期贷款利率为 5%，5 年期 5% 利率的年金现值系数为 4.329 5。不考虑其他因素，下列甲公司与该无形资产相关的会计处理中，正确的有（   ）。

A. 2012 年财务费用增加 86.59 万元
B. 2013 年财务费用增加 70.92 万元
C. 2012 年 1 月 1 日确认无形资产 2 000 万元
D. 2012 年 12 月 31 日长期应付款列报为 2 000 万元

05　第五章　投资性房地产

「考情分析」

考点	星级	近十年考频	2012年	2013年	2014年	2015年	2016年	2017年	2018年	2019年	2020年	2021年
1. 投资性房地产的确认与初始计量	★★	2					√				√	
2. 投资性房地产的后续计量	★★	2									√	√
3. 投资性房地产的转换	★★★	6	√			√	√		√	√	√	

「考点 1」 投资性房地产的确认与初始计量（★★）

1. 「2016 年·单选题·题码 145420」
   长江公司为一家多元化经营的综合性集团公司，不考虑其他因素，其纳入合并范围的下列子公司对所持有土地使用权的会计处理中，不符合会计准则规定的是（　　）。
   A. 子公司甲为房地产开发企业，将土地使用权取得成本计入所建造商品房成本
   B. 子公司乙将取得的用于建造厂房的土地使用权在建造期间的摊销计入当期管理费用
   C. 子公司丙将持有的土地使用权对外出租，租赁开始日停止摊销并转为采用公允价值进行后续计量
   D. 子公司丁将用作办公用房的外购房屋价款按照房屋建筑物和土地使用权的相对公允价值分别确认为固定资产和无形资产，采用不同的年限计提折旧或摊销

2. 「2020 年·多选题·题码 145426」
   甲公司发生的相关交易或事项如下：
   ① 经拍卖取得一块土地，甲公司拟在该土地上建造一栋办公楼。
   ② 经与乙公司交换资产取得土地使用权，甲公司拟在该土地上建造商品房。
   ③ 购入一厂房，厂房和土地的公允价值均能可靠计量。
   ④ 将原自用的土地改为出租。
   不考虑其他因素，下列各项关于甲公司持有土地会计处理的表述中，正确的有（　　）。
   A. 购入厂房取得的土地确认为固定资产
   B. 交换取得用于建造商品房的土地确认为存货
   C. 将自用改为出租的土地从租赁期开始日起确认为投资性房地产
   D. 拍卖取得用于建造办公楼的土地确认为无形资产

「考点 2」 投资性房地产的后续计量（★★）

「2019 年·单选题·题码 145421」
甲公司注册在乙市，在该市有大量的投资性房地产，由于地处偏僻，乙市没有活跃的房地产交易市场，无法取得同类或类似房地产的市场价格。以前年度，甲公司对乙市投资性房

地产采用公允价值模式进行后续计量。经董事会批准,甲公司从2019年1月1日起将投资性房地产的后续计量由公允价值模式改变为成本模式。假定投资性房地产后续计量模式的改变对财务报表的影响重大,甲公司正确的会计处理方法是( )。

A. 作为会计估计变更采用未来适用法进行会计处理
B. 作为会计政策变更采用未来适用法进行会计处理
C. 作为会计政策变更采用追溯调整法进行会计处理,并相应调整可比期间信息
D. 作为前期差错更正采用追溯重述法进行会计处理,并相应调整可比期间信息

「考点3」投资性房地产的转换(★★★)

1. 「2020年·单选题·题码145422」

    2019年3月8日,甲公司董事会通过将其自用的一栋办公楼用于出租的议案,并形成书面决议。2019年4月30日,甲公司已将该栋办公楼全部腾空,达到可以出租的状态。2019年5月25日,甲公司与乙公司签订租赁合同,将该栋办公楼出租给乙公司。根据租赁协议的约定,该栋办公楼的租赁期为10年,租赁期开始日为2019年6月1日,前两个月为免租期,乙公司不需要支付租金。不考虑其他因素,甲公司上述自用办公楼转换为房地产的转换日是( )。

    A. 2019年3月8日 B. 2019年4月30日
    C. 2019年6月1日 D. 2019年5月25日

2. 「2020年·单选题·题码145423」

    2018年1月20日,甲公司与丙公司签订租赁协议,将原出租给乙公司并即将在2018年3月1日到期的厂房租赁给丙公司。该协议约定,7月1日起将厂房出租给丙公司,租赁期为5年,每月租金为60万元,租赁期首3个月免租金。为满足丙公司租赁厂房的需要,甲公司2018年3月2日起对厂房进行改扩建,改扩建工程2018年6月29日完工并达到预定可使用状态。甲公司对出租厂房采用成本模式进行后续计量。不考虑其他因素,下列各项关于甲公司上述交易或事项会计处理的表述中,正确的是( )。

    A. 2018年确认租金收入180万元
    B. 改扩建过程中的厂房确认为投资性房地产
    C. 厂房改扩建过程中发生的支出直接计入当期损益
    D. 厂房在改扩建期间计提折旧

3. 「2016年·单选题·题码145424」

    下列各项有关投资性房地产会计处理的表述中,正确的是( )。

    A. 以成本模式后续计量的投资性房地产转换为存货,存货应按转换日的公允价值计量,公允价值大于原账面价值的差额应确认为其他综合收益
    B. 以成本模式后续计量的投资性房地产转换为自用固定资产,自用固定资产应按转换日的公允价值计量,公允价值小于原账面价值的差额确认为当期损益
    C. 以存货转换为以公允价值模式后续计量的投资性房地产,投资性房地产应按转换日的公允价值计量,公允价值小于存货账面价值的差额确认为当期损益

D. 以公允价值模式后续计量的投资性房地产转换为自用固定资产，自用固定资产应按转换日的公允价值计量，公允价值大于账面价值的差额确认为其他综合收益

4. 「2012年·单选题·题码145425」

2016年6月30日，甲公司与乙公司签订租赁合同，合同规定甲公司将一栋自用办公楼出租给乙公司，租赁期为1年，年租金为200万元。当日，出租办公楼的公允价值为8 000万元，其账面价值为2 500万元。2016年12月31日，该办公楼的公允价值为9 000万元。2017年6月30日，甲公司收回租赁期届满的办公楼并对外出售，取得价款9 500万元。甲公司采用公允价值模式对投资性房地产进行后续计量，不考虑其他因素。上述交易或事项对甲公司2017年年度损益的影响金额是（　　）万元。

A. 500　　　　　　　　　　　B. 6 000
C. 6 100　　　　　　　　　　D. 7 000

5. 「2018年·多选题·题码145427」

甲公司以公允价值对投资性房地产进行后续计量。甲公司2017年度与投资性房地产有关的事项如下：

① 出租的厂房2017年末的公允价值为1 650万元，该厂房上年末的账面价值为1 700万元。
② 2017年1月1日，将原拟自用的商品房改为出租，转换日的公允价值小于其账面价值80万元。
③ 2017年1月1日，将原自用乙办公楼改为出租，转换日的公允价值大于账面价值600万元。
④ 收到出租丙办公楼2017年4月至12月的租金540万元。按照租赁协议的约定，丙办公楼的租赁期自2017年1月1日起至2017年12月31日止，2017年1月至3月免收租金。

下列各项关于甲公司与以上事项相关会计处理的表述中，正确的有（　　）。

A. 2017年末出租的厂房按1 700万元计量
B. 拟自用改为出租的商品房转换日的公允价值小于其账面价值的差额80万元计入当期损益
C. 自用改为出租的乙办公楼转换日的公允价值大于账面价值600万元计入其他综合收益
D. 出租丙办公楼2017年度每月确认租金收入45万元

主观题部分

「2019年·计算分析题节选·题码146902」

甲公司2018年度发生的交易或事项如下（本题不考虑相关税费及其他因素）： 2018年1月1日，甲公司与乙公司签订租赁合同，将本公司原作为固定资产核算的一栋写字楼出租给乙公司，[1]租赁期为5年，年租金为400万元，于每年末支付。该写字楼的成本为8 000万元，至出租时已计提折旧1 200万元。按照周边写字楼的市场价格估计，该写字楼的公允价值为9 400万元。[2]12月31日，甲公司收到乙公司支付的当年租金400万元。甲	【审题要点】 [1] 本题考查固定资产转投资性房地产，要注意投资性房地产的计量模式。 [2] 采用公允价值计量投资性房地产，转换日要注意比较公允价值与原账面价值的大小，根据大小情况计入其他综合收益或者公允价值变动损益科目。

公司采用公允价值模式对投资性房地产进行后续计量。12月31日，因租赁市场短期回调，甲公司上述出租写字楼的公允价值为 9 200 万元。

「要求」根据上述资料，计算上述交易或事项对甲公司 2018 年度其他综合收益的影响金额，编制相关会计分录。

06 第六章 长期股权投资

「考情分析」

考点	星级	近十年考频	2012年	2013年	2014年	2015年	2016年	2017年	2018年	2019年	2020年	2021年
1. 对子公司长期股权投资的计量（成本法）	★★★	2			√							√
2. 对联营企业、合并企业的长期股权投资的计量（权益法）	★★★	8	√		√	√		√	√	√	√	
3. 长期股权投资核算方法的转换	★★★	5		√			√			√	√	
4. 合营安排	★	3					√	√				√

「考点1」 对子公司长期股权投资的计量（成本法）（★★★）

1. 「2014年·单选题·题码145440」

甲公司 2013 年 7 月 1 日自母公司（丁公司）取得乙公司 60% 的股权，当日，乙公司个别财务报表中净资产账面价值为 3 200 万元。该股权系丁公司于 2011 年 6 月自公开市场购入，丁公司在购入乙公司 60% 股权时确认了 800 万元商誉。2013 年 7 月 1 日，以丁公司取得该股权时乙公司可辨认净资产公允价值为基础持续计算的乙公司可辨认净资产价值为 4 800 万元。为了该交易，甲支付有关审计等中介机构费用 120 万元。不考虑其他因素，甲应确认对乙公司股权投资的初始投资成本是（　　）万元。

A. 1 920　　　　　B. 2 040　　　　　C. 2 880　　　　　D. 3 680

2. 「单选题·题码145441」

甲公司以定向增发股票的方式购买同一集团内另一企业持有的 A 公司 80% 股权。为取得该股权，甲公司增发 2 000 万股普通股，每股面值为 1 元，每股公允价值为 5 元；支付承销商佣金 50 万元。取得该股权时，A 公司净资产账面价值为 9 000 万元，公允价值为 12 000 万元。假定甲公司和 A 公司采用的会计政策相同，甲公司取得该股权时应确认的资本公积为（　　）万元。

A. 5 150　　　　　B. 5 200　　　　　C. 7 550　　　　　D. 7 600

3. 「单选题·题码145442」

甲公司以一批库存商品和一项分类为以公允价值计量且其变动计入其他综合收益的金融资产作为对价从丁公司手中取得乙公司 60% 的股权，当日便取得对乙公司的控制权。甲公司付出的分类为以公允价值计量且其变动计入其他综合收益的金融资产的公允价值为 2 000 万元，账面价值为 1 500 万元（其中成本 1 100 万元，公允价值变动 400 万元）；库存商品的公允价值为 2 600 万元，账面余额为 1 700 万元，未计提跌价准备。甲公司另支付审计、评估费用35万元。购买日，乙公司可辨认净资产的公允价值为5 200万元，甲、乙公司均为增值税一般纳税人，适用的增值税税率均为13%，甲、丁公司交易前不存在关联方关系，则甲公司因取得长期股权投资影响损益的金额为（　　）万元。

A. 1 560　　　　B. 1 765　　　　C. 1 478　　　　D. 1 698

4. 「多选题·题码145456」

下列关于取得同一控制下的企业合并的长期股权投资初始计量说法中，正确的有（　　）。

A. 合并方发生的审计、法律服务、评估咨询等中介费用计入当期损益
B. 以发行权益性工具作为合并对价，为发行权益性工具而发生的手续费，冲减资本公积（资本溢价或股本溢价），不足冲减的，依次冲减盈余公积和未分配利润
C. 以发行债务性工具作为合并对价，为发行债务性工具而发生的手续费，应当计入债务性工具的初始确认金额
D. 如果被合并方在被合并以前，是最终控制方通过非同一控制下的企业合并所控制的，则合并日长期股权投资的初始投资成本还应包含相关商誉金额

「考点2」对联营企业、合并企业的长期股权投资的计量（权益法）（★★★）

1. 「2018年·单选题·题码145443」

2016年1月1日，甲公司以1 500万元的价格购入乙公司30%股权，能对乙公司施加重大影响。当日，乙公司可辨认净资产的公允价值为4 800万元，与其账面价值相同。2016年度，乙公司实现净利润800万元，其他综合收益增加300万元；乙公司从甲公司购入某产品并形成年末存货900万元（未发生减值），甲公司销售该产品的毛利率25%。2017年度，乙公司分派现金股利400万元，实现净利润1 000万元，上年度从甲公司购入的900万元产品全部对外销售。甲公司投资乙公司前，双方不存在关联方关系。不考虑税费及其他因素，甲公司对乙公司股权投资在其2017年末合并资产负债表中应列示的金额是（　　）万元。

A. 1 942.5　　　　B. 2 062.5　　　　C. 2 077.5　　　　D. 2 010

2. 「2017年·单选题·题码145444」

乙公司为丙公司和丁公司共同投资设立。2017年1月1日，乙公司增资扩股，甲公司出资450万元取得乙公司30%股权并能够对其施加重大影响。甲公司投资日，乙公司可辨认净资产的公允价值和账面价值为1 600万元。2017年，乙公司实现净利润900万元，其他综合收益增加120万元。甲公司拟长期持有对乙公司的投资。甲公司适用的所得税税率为25%。不考虑其他因素，下列各项关于甲公司2017年对乙公司投资相关会计处理的表述中，正确的是（　　）。

A. 按照实际出资金额确定对乙公司投资时点的账面价值
B. 将按持股比例计算应享有乙公司其他综合收益变动的份额确认为投资收益
C. 投资时将实际出资金额与享有乙公司可辨认净资产份额之间的差额确认为其他综合收益
D. 对乙公司投资年末账面价值与计税基础不同产生的应纳税暂时性差异，不应确认递延所得税负债

3. 「2014年·单选题·题码145445」

    2014年2月1日，甲公司以增发1 000万本公司普通股股票和一台大型设备为对价，取得乙公司25%的股权。其中，所发行普通股面值为每股1元，公允价值为每股10元。为增发股份，甲公司向证券承销机构等支付佣金和手续费400万元。用作对价的设备账面价值为1 000万元，公允价值为1 200万元。当日，乙公司可辨认净资产公允价值为40 000万元。假定甲公司能够对乙公司施加重大影响。不考虑其他因素，甲公司该项长期股权投资的初始投资成本是（　　）万元。

    A. 10 000　　　B. 11 000　　　C. 11 200　　　D. 11 600

4. 「2012年·单选题·题码145446」

    甲公司持有乙公司30%的股权，能够对乙公司施加重大影响。2012年度乙公司实现净利润8 000万元，当年6月20日，甲公司将成本为600万元的商品以1 000万元的价格出售给乙公司，乙公司将其作为管理用固定资产并于当月投入使用，预计使用10年，净残值为0，采用年限平均法计提折旧。不考虑其他因素，甲公司在其2012年度的个别财务报表中应确认对乙公司投资的投资收益为（　　）万元。

    A. 2 100　　　B. 2 280　　　C. 2 286　　　D. 2 400

5. 「单选题·题码145447」

    甲公司2017年1月1日以3 000万元的价格购入乙公司30%的股份，另支付相关费用15万元。甲公司取得该项投资后对乙公司具有重大影响。在购入时乙公司可辨认净资产的公允价值为11 000万元（假定乙公司各项可辨认资产、负债的公允价值与账面价值相等）。乙公司2017年实现净利润600万元。假定不考虑其他因素，该投资对甲公司2017年度利润总额的影响为（　　）万元。

    A. 165　　　B. 180　　　C. 465　　　D. 480

6. 「单选题·题码145448」

    A公司持有B公司30%的股权，能够对B公司生产经营产生重大影响，此投资在2018年末的账面价值为1 200万元。2019年1月1日A公司销售一批商品给B公司，这批商品成本为700万元，售价为900万元，未计提减值。B公司分别于2019年、2020年对外出售该批存货的60%、40%。B公司分别于2019年、2020年实现净利润500万元、600万元。假定不考虑其他因素，A公司该项投资在2020年末的账面价值为（　　）万元。

    A. 1 530　　　B. 1 468　　　C. 1 482　　　D. 1 515

7. 「单选题·题码145449」

    甲公司以发行普通股股票的方式取得了乙公司25%的股权，能够对乙公司实施重大影响。已知，甲公司发行数量为20万股，每股公允价值为15元，每股面值为1元。为增发该部分股票，甲公司另向证券承销机构支付了30万元的佣金和手续费。当日，乙公司可辨认净资产的账面价值为4 000万元、公允价值为3 500万元。假定不考虑其他因素，甲公司取得该项股权投资应确认的资本公积为（　　）万元。

    A. 280　　　B. 300　　　C. 250　　　D. 420

8. 「2020年·多选题·题码145457」

2018年1月1日，甲公司出售所持联营企业（乙公司）的全部30%股权，出售所得价款1 800万元。出售当日，甲公司对乙公司股权投资的账面价值为1 200万元，其中投资成本为850万元，损益调整为120万元，因乙公司持有的非交易性权益工具投资公允价值变动应享有其他综合收益的份额为50万元，因乙公司所持丙公司股权被稀释应享有的资本公积份额为180万元。另外，甲公司应收乙公司已宣告但尚未发放的现金股利10万元。不考虑税费及其他因素，下列各项关于甲公司出售乙公司股权会计处理的表述中，正确的有（　　）。

A. 应收股利10万元在出售当期确认为信用减值损失
B. 因乙公司所持丙公司股权被稀释应享有资本公积份额180万元从资本公积转入出售当期的投资收益
C. 因乙公司非交易性权益工具投资公允价值变动应享有其他综合收益份额50万元从其他综合收益转入出售当期的留存收益
D. 确认出售乙公司股权投资的投资收益600万元

9. 「2017年·多选题·题码145458」

甲公司为境内上市的非投资性主体，其持有其他企业股权或权益的情况如下：
① 持有乙公司30%的股权并能对其施加重大影响；
② 持有丙公司50%的股权并能与丙公司的另一投资方共同控制丙公司；
③ 持有丁公司5%的股权但对丁公司不具有控制、共同控制和重大影响；
④ 持有戊结构化主体的权益并能对其施加重大影响。

下列各项关于甲公司持有其他企业股权或权益会计处理的表述中，正确的有（　　）。

A. 甲对乙的投资采用权益法进行后续计量
B. 甲对丙的投资采用成本法进行后续计量
C. 甲对丁的投资采用公允价值进行后续计量
D. 甲对戊的投资采用公允价值进行后续计量

10. 「2013年·多选题·题码145459」

甲公司2013年1月2日取得乙公司30%的股权，并与其他投资方共同控制乙公司。甲公司和乙公司在2013年发生的下列交易或事项中，会对甲公司2013年个别财务报表中确认对乙公司投资收益产生影响的有（　　）。

A. 乙公司股东大会通过发放股票股利的议案
B. 甲公司将成本为50万元的产品以80万元出售给乙公司作为固定资产
C. 投资时甲公司投资成本小于应享有乙公司可辨认净资产公允价值的份额
D. 乙公司将账面价值200万元的专利权作价360万元出售给甲公司作为无形资产

「考点3」 长期股权投资核算方法的转换（★★★）

1. 「2016年·单选题·题码145450」

甲公司2013年7月以860万元取得100万股乙公司普通股，占乙公司发行在外普通股股份的0.5%，作为其他权益工具投资核算。乙公司股票2013年末收盘价为每股10.2元。

2014年4月1日，甲公司又出资27 000万元取得乙公司15%的股份，按照乙公司章程规定，自取得该股份之日起，甲公司有权向乙公司董事会派出成员；当日，乙公司股票价格为每股9元。2015年5月，乙公司经股东大会批准进行重大资产重组（接受其他股东出资），甲公司在该项重大资产重组后持有乙公司的股权比例下降为10%，但仍能向乙公司董事会派出董事并对乙公司施加重大影响。不考虑其他因素，下列关于因持有乙公司股权对甲公司各期间利润影响的表述中，正确的是（   ）。

A. 2014年持有乙公司15.5%的股权应享有乙公司净利润的份额影响2014年利润
B. 2013年持有乙公司股权期末公允价值相对于取得成本的变动额影响2013年利润
C. 2015年因重大资产重组，相应享有乙公司净资产份额的变动额影响2015年利润
D. 2014年增持股份时，原所持100万股乙公司股票公允价值与账面价值的差额影响2014年利润

2. [单选题·题码145451]

2016年4月10日，A公司将其持有的对B公司80%的股权出售给某企业，出售取得价款8 800万元。在出售80%的股权后，A公司对B公司的持股比例变为10%，在被投资单位董事会中没有派出代表，对B公司股权投资在活跃市场中有报价，公允价值能够可靠计量，A公司将该项投资由成本法改为以公允价值计量且其变动计入其他综合收益的金融资产核算。在处置投资前，原对B公司90%的股权投资为2014年取得并采用成本法核算，至2016年4月10日，该项长期股权投资的账面价值为9 000万元，该股权投资未计提减值准备。剩余10%股权的公允价值为1 100万元。不考虑其他因素，A公司2016年4月10日个别报表确认的投资收益为（   ）万元。

A. 800   B. 0   C. 900   D. 1 300

3. [单选题·题码145452]

2010年3月10日，甲公司处置其所持有的乙公司20%的股权，取得价款400万元，甲公司对剩余10%的股权投资指定为以公允价值计量且其变动计入其他综合收益的金融资产核算。甲公司对其原有股权采用权益法核算，已知原股权的账面价值为360万元（其中投资成本为270万元，损益调整为40万元，因被投资单位其他债权投资累计公允价值变动享有部分为50万元）。处置股权当日，剩余股权的公允价值为200万元，乙公司可辨认净资产公允价值为2 000万元。不考虑其他因素，则甲公司在减资当日应确认的投资收益的金额为（   ）万元。

A. 120   B. 140   C. 240   D. 290

4. [单选题·题码145453]

甲公司持有乙公司30%的有表决权股份，能够对乙公司施加重大影响，对该股权投资采用权益法核算。2018年10月，甲公司将该项投资中的50%出售给非关联方，取得价款1 800万元。相关股权划转手续于当日完成。甲公司持有乙公司剩余15%股权，无法再对乙公司施加重大影响，将其分类为以公允价值计量且其变动计入当期损益的金融资产。股权出售日，剩余股权的公允价值为1 800万元。出售该股权时，长期股权投资的账面价值为3 200万元，其中投资成本2 600万元，损益调整为300万元，因被投资单位的分类为以公允价值计量且其变动计入其他综合收益的金融资产的累计公允价值变动享有部分为200万元，

除净损益、其他综合收益和利润分配以外的其他所有者权益变动为 100 万元。不考虑相关税费等其他因素影响。该笔交易总共需要确认的投资收益为（　　）万元。

A. 200　　　　B. 400　　　　C. 500　　　　D. 700

5. 「单选题·题码 145454」

2019 年 1 月 1 日，甲公司以 2 800 万元取得乙公司 70% 的股权，款项以银行存款支付，乙公司 2019 年 1 月 1 日可辨认净资产公允价值总额为 4 500 万元（假定其公允价值等于账面价值），假设合并前甲公司与乙公司不存在任何关联方关系。甲公司对该项投资采用成本法核算。2019 年乙公司实现净利润 800 万元，因分类为以公允价值计量且其变动计入其他综合收益的金融资产公允价值变动确认其他综合收益 200 万元，乙公司当年未分派现金股利。2020 年 1 月 3 日，甲公司出售乙公司 40% 的股权，取得出售价款 2 000 万元，当日乙公司可辨认净资产公允价值总额为 6 000 万元。出售后甲公司对乙公司丧失控制，但具有重大影响，则剩余股权调整之后的账面价值为（　　）万元。

A. 1 650　　　　B. 1 500　　　　C. 2 000　　　　D. 1 800

6. 「2020 年·多选题·题码 145460」

甲公司持有乙公司 3% 的股权，对乙公司不具有重大影响。甲公司在初始确认时将对乙公司股权投资指定为以公允价值计量且其变动计入其他综合收益的金融资产。2018 年 5 月，甲公司对乙公司进行增资，增资后甲公司持有乙公司 20% 的股权，能够对乙公司施加重大影响。不考虑其他因素，下列各项关于甲公司对乙公司股权投资会计处理的表述中，正确的有（　　）。

A. 增资后原持有 3% 股权期间公允价值变动金额从其他综合收益转入增资当期损益

B. 原持有 3% 股权的公允价值与新增投资而支付对价的公允价值之和作为 20% 股权投资的初始投资成本

C. 增资后 20% 股权投资的初始投资成本小于应享有乙公司可辨认净资产公允价值份额的差额计入增资当期损益

D. 对乙公司增资后改按权益法核算

「考点 4」合营安排（★）

1. 「2015 年·单选题·题码 145455」

下列关于合营安排的表述中，正确的是（　　）。

A. 当合营安排未通过单独主体达成时，该合营安排为共同经营

B. 合营安排中参与方对合营安排提供担保的，该合营安排为共同经营

C. 两个参与方组合能够集体控制某项安排的，该安排构成合营安排

D. 合营安排为共同经营的，参与方对合营安排有关的净资产享有权利

2. 「2016 年·多选题·题码 1522951」

不考虑其他因素，下列关于合营安排的表述中，正确的有（　　）。

A. 合营安排要求所有参与方都对该安排实施共同控制

B. 能够对合营企业施加重大影响的参与方，应当对其投资采用权益法核算

C. 两个参与方组合能够集体控制某项安排的,该安排不构成共同控制
D. 合营安排为共同经营的,合营方按一定比例享有该安排相关资产且承担该安排相关负债

主观题部分

1. 「2020 年·计算分析题·题码 148521」

甲公司 2018 年度财务报表经董事会批准于 2019 年 3 月 15 日向外报出。甲公司 2018 年度财务报表相关的交易或事项如下:

❶ 2018 年 1 月 1 日,甲公司从无关联关系的第三方处受让了其所持乙公司 30% 的股权,转让价格为 2 000 万元,款项已用银行存款支付,乙公司的股东变更登记手续已经办理完成。取得投资当日,乙公司的可辨认净资产账面价值为 5 000 万元,公允价值为 7 000 万元[1],除账面价值为 1 000 万元、公允价值为 3 000 万元的专利权外,其他资产、负债的公允价值与账面价值相同。该专利权预计使用年限为 10 年,预计净残值为 0,采用直线法摊销。[2] 受让乙公司股权后,甲公司能够对乙公司施加重大影响。甲公司拟长期持有乙公司的股权。2018 年,乙公司账面实现净利润 1 000 万元,因金融资产公允价值变动确认其他综合收益 50 万元。[3]

❷ 其他相关资料:乙公司会计政策和会计期间与甲公司相同。甲公司和乙公司均为境内居民企业,适用所得税税率为 25%。取得乙公司股权日,乙公司可辨认净资产公允价值与账面价值的差额不考虑所得税的影响。本题不考虑税费及其他因素。

【审题要点】

「1」权益法核算的长投在初始计量时,初始投资成本 2 000 万元小于应享有被投资方可辨认净资产公允价值的份额 2 100 万元(7 000 ×30%),应当调增投资成本,确认营业外收入。

「2」购买日被投资企业可辨认净资产的公允价值高于账面价值 2 000 万元,后续计算投资收益时,应考虑折旧额差异对投资单位净利润的影响。

「3」根据 18 年发生的项目可以得出,长期股权投资——损益调整科目增加额 =(1 000 - 2 000 ÷10)×30% =240(万元),长期股权投资——其他综合收益科目增加额 =50 ×30% =15(万元)。

「要求」

(1) 根据资料❶计算甲公司对乙公司股权投资的入账价值,并编制相关会计分录。
(2) 根据资料❷计算甲公司对乙公司股权投资 2018 年应确认的投资收益和其他综合收益,并编制相关会计分录。

2. 「2019 年·计算分析题·题码 88650」

甲公司没有子公司,不需要编制合并财务报表。甲公司相关年度发生与投资有关的交易或事项如下:

❶ 2017 年 1 月 1 日,甲公司通过发行普通股 2 500 万股(每股面值 1 元)取得乙公司 30% 股权,能够对乙公司施加重大影响。[1] 甲公司所发行股份的公允价值为 6 元/股,甲公司取得投资时乙公司可辨认净资产的账面价值为 50 000 万元,公允价值 55 000 万元[2],除 A 办公楼外,乙公司其他资产及负债的公允价值与其账面价值相同。A 办公楼的账

【审题要点】

「1」"施加重大影响",说明本题考查权益法长期股权投资。

「2」初始投资成本 15 000 万元(2 500 ×6)小于应享有被投资方可辨认净资产公允价值的份额 16 500 万元(55 000 ×30%),应当调增投资成本,确认营业外收入。

「3」固定资产的账面价值与公允价值之间的差额为 5 000 万元,后续计算投资收益时,

面余额为 30 000 万元，已计提折旧 15 000 万元，公允价值为 20 000 万元[3]。乙公司对 A 办公楼采用年限平均法计提折旧，该办公楼预计使用 40 年，已使用 20 年，自甲公司取得乙公司投资后尚可使用 20 年，预计净残值为零。

❷ 2017 年 6 月 3 日，甲公司以 300 万元的价格向乙公司销售产品一批，该批产品的成本为 250 万元。至 2017 年末，乙公司已销售上述从甲公司购入产品的 50%，其余 50% 产品尚未销售形成存货[4]。2017 年度，乙公司实现净利润 3 600 万元，因分类为以公允价值计量且其变动计入其他综合收益的资产公允价值变动而确认的其他综合收益 100 万元。[5]

❸ 2018 年 1 月 1 日，甲公司以 12 000 万元的价格将所持乙公司 15% 股权予以出售，款项已存入银行。出售上述股权后，甲公司对乙公司不再具有重大影响，将所持乙公司剩余 15% 股权指定为以公允价值计量且其变动计入其他综合收益的金融资产[6]，公允价值为 12 000 万元。

❹ 2018 年 12 月 31 日，甲公司所持乙公司 15% 股权的公允价值为 14 000 万元。

❺ 2019 年 1 月 1 日，甲公司将所持乙公司 15% 股权予以出售，取得价款 14 000 万元。

其他相关资料：甲公司按照年度净利润的 10% 计提法定盈余公积；本题不考虑相关税费及其他因素。

应考虑折旧额差异对投资单位净利润的影响。

[4] 发生顺流交易，在计算调整净利润时要抵销未实现内部销售损益 25 万元［(300 - 250)×50%］。

[5] 被投资方因其他债权投资公允价值变动形成的其他综合收益，属于以后能够重分类进损益的其他综合收益，在处置长期股权投资时，应将持有期间确认的其他综合收益转入投资收益。

[6] 权益法长期股权投资转金融资产，属于"跨界"，原长投视同"卖掉"，剩余股权投资按公允价值计量。

「要求」

(1) 根据资料❶，计算甲公司对乙公司股权投资的初始投资成本，编制相关会计分录。

(2) 根据资料❶和资料❷计算甲公司对乙公司股权投资 2017 年应确认的投资损益，编制相关会计分录。

(3) 根据资料❸，计算甲公司出售所持乙公司 15% 股权产生的损益，编制相关会计分录。

(4) 根据资料❹和资料❺，编制甲公司与持有及出售乙公司股权相关的会计分录。

07 第七章 资产减值

「考情分析」

考点	星级	近十年考频	2012年	2013年	2014年	2015年	2016年	2017年	2018年	2019年	2020年	2021年
1. 资产减值概述	★★	2	√		√							
2. 资产可收回金额的计量	★★	2	√								√	
3. 资产减值损失的确认与计量	★★	2	√								√	
4. 商誉减值测试与处理	★★★	4					√	√		√		√

「考点1」 资产减值概述（★★）

1. 「2014年·多选题·题码145518」
   下列各项中，无论是否有确凿证据表明资产存在减值迹象，均应至少于每年年末进行减值测试的有（   ）。
   A. 对联营企业的长期股权投资
   B. 使用寿命不确定的专有技术
   C. 非同一控制下企业合并产生的商誉
   D. 尚未达到预定可使用状态的无形资产

2. 「2014年·多选题·题码145519」
   下列资产计提减值后，持有期间内在原计提减值损失范围内可以转回的有（   ）。
   A. 存货跌价准备
   B. 应收账款坏账准备
   C. 债权投资减值准备
   D. 其他债权投资减值准备

3. 「2012年·多选题·题码145520」
   下列各项资产中，在其持有期间内可以转回已计提的减值准备的有（   ）。
   A. 开发支出
   B. 债权投资
   C. 其他债权投资
   D. 其他权益工具投资

4. 「多选题·题码145521」
   按照《企业会计准则第8号——资产减值》的规定，下列表述中正确的有（   ）。
   A. 尚未达到预定可使用状态的无形资产不用每年进行测试
   B. 使用寿命不确定的无形资产，无论是否存在减值迹象，每年年末都应当进行减值测试
   C. 因企业合并所形成的商誉，无论是否存在减值迹象，每年年末都应当进行减值测试
   D. 资产的公允价值减去处置费用后的净额，通常反映的是资产如果被出售或者处置时可以收回的净现金收入；其中，处置费用包括为使资产达到可销售状态所发生的财务费用和所得税费用

「考点 2」 资产可收回金额的计量（★★）

1.「2020 年·单选题·题码 145508」

为了资产减值测试的目的，企业需要对资产未来现金流量进行预计，并选择恰当的折现率对其进行折现，以确定资产预计未来现金流量现值。根据企业会计准则的规定，预计资产未来现金流量的期限应当是（　　）。

A. 5 年　　　　　　　　　　　　B. 永久

C. 资产剩余使用寿命　　　　　　D. 企业经营期限

2.「2015 年·单选题·题码 145509」

下列关于固定资产减值的表述中，符合会计准则规定的是（　　）。

A. 预计固定资产未来现金流量应当考虑与所得税收付相关的现金流量

B. 固定资产的公允价值减去处置费用后的净额高于其账面价值，但预计未来现金流量现值低于其账面价值的应当计提减值

C. 确定固定资产未来现金流量现值时应当考虑将来可能发生的与改良有关的预计现金流量的影响

D. 单项固定资产本身的可收回金额难以有效估计的，应当以其所在的资产组为基础确定可收回金额

3.「2010 年·单选题·题码 145510」

企业在计量资产可收回金额时，下列各项中，不属于资产预计未来现金流量的是（　　）。

A. 为维持资产正常运转发生的现金流出

B. 资产持续使用过程中产生的现金流入

C. 未来年度为改良资产发生的现金流出

D. 未来年度因实施已承诺重组减少的现金流出

4.「单选题·题码 145511」

2019 年 12 月 31 日，A 公司自行研发尚未完成但符合资本化条件的开发项目的账面价值为 14 000 万元。该项目以前未计提减值准备。由于市场出现了与其开发相类似的项目，A 公司于年末对该项目进行减值测试，经测试表明：扣除继续开发所需投入因素预计未来现金流量现值为 11 200 万元，未扣除继续开发所需投入因素预计未来现金流量现值为 11 800 万元。2019 年 12 月 31 日，该项目的市场销售价格减去相关费用后的净额为 10 000 万元。A 公司于 2019 年年末对该开发项目应确认的减值损失金额为（　　）万元。

A. 400　　　　B. 800　　　　C. 2 800　　　　D. 2 200

「考点 3」 资产减值损失的确认与计量（★★）

1.「单选题·题码 145512」

甲公司对投资性房地产采用成本模式进行后续计量。自 2011 年 1 月 1 日起，甲公司将一项投资性房地产出租给某单位，租期为 4 年，每年收取租金 650 万元。该投资性房地产原价为 12 000 万元，预计使用年限为 40 年，预计净残值为 0；至 2011 年 1 月 1 日已使用 10

年，累计折旧3 000万元。2011年12月31日，甲公司在对该投资性房地产进行减值测试时，发现该投资性房地产的可收回金额为8 800万元。假定不考虑相关税费，该投资性房地产对甲公司2011年利润总额的影响金额为（　　）万元。
A. 250　　　　　　B. 350　　　　　　C. 450　　　　　　D. 650

2. 「单选题・题码145513」
下列各项关于资产期末计量的表述中，正确的是（　　）。
A. 无形资产期末按照可收回金额计量
B. 固定资产期末按照账面价值与可收回金额孰低计量
C. 投资性房地产期末按照公允价值计量
D. 存货期末按照账面价值与可变现净值孰低计量

3. 「单选题・题码145514」
甲公司从事房地产开发业务，2018年10月1日因商品房滞销决定将其中的一套商品房出租给乙公司，并于当日开始出租，并对其以公允价值模式进行后续计量，租赁期开始日的公允价值为108万元，年租金为15万元于每年末支付，该套商品房的建造成本为120万元，已经在8月份计提20万元的减值准备，2018年末该房产的公允价值为105万元，则因该项房产而影响的甲公司2018年营业利润的金额为（　　）万元。
A. −17.5　　　　　B. −23　　　　　　C. 0.75　　　　　　D. −19.25

4. 「2020年・多选题・题码145522」
甲公司相关固定资产和无形资产减值的会计处理如下：
① 对于尚未达到预定可使用状态的无形资产，在每年年末进行减值测试；
② 如果连续3年减值测试的结果表明，固定资产的可收回金额超过其账面价值的20%，且报告期间未发生不利情况，资产负债表日不需重新估计该资产的可收回金额；
③ 如果固定资产的公允价值减去处置费用后的净额与该资产预计未来现金流量的现值中，有一项超过了该资产的账面价值，不需再估计另一项金额；
④ 如果固定资产的公允价值减去处置费用后的净额无法可靠估计，以该资产预计未来现金流量的现值作为其可收回金额。
不考虑其他因素，下列各项关于甲公司固定资产和无形资产减值的会计处理中，正确的有（　　）。
A. 连续3年固定资产可收回金额超过其账面价值20%时的处理
B. 固定资产的公允价值减去处置费用后的净额无法可靠估计时的处理
C. 固定资产的公允价值减去处置费用后的净额与该资产预计未来现金流量的现值中有一项超过该资产账面价值时的处理
D. 未达到预定可使用状态的无形资产减值测试的处理

「考点4」 商誉减值测试与处理（★★★）

1. 「2019年・单选题・题码145515」
2019年1月1日，甲公司以非同一控制下企业合并的方式购买了乙公司60%的股权，支付价款1 800万元。在购买日，乙公司可辨认净资产的账面价值为2 300万元，公允价值为2 500万元，没有负债和或有负债。2019年12月31日，乙公司可辨认净资产的账面价值为2 500万元，按照购买日的公允价值持续计算的金额为2 600万元，没有负债和或有负债。甲公司认定乙公司的所有资产为一个资产组，确定该资产组在2019年12月31日的可收回金额为2 700万元，经评估，甲公司判断乙公司资产组不存在减值迹象。不考虑其他因素，甲公司在2019年合并利润表中应当列报的资产减值损失金额是（ ）万元。

A. 200 B. 400 C. 240 D. 0

2. 「2019年·单选题·题码145516」

甲公司2018年5月通过非同一控制下企业合并的方式取得乙公司60%的股权，并能够对乙公司实施控制。甲公司因该项企业合并确认商誉7 200万元。2018年12月31日，乙公司可辨认净资产的账面价值为18 000万元，按照购买日的公允价值持续计算的金额为18 800万元。甲公司将乙公司认定为一个资产组，确定该资产组在2018年12月31日的可收回金额为22 000万元。经评估，甲公司判断乙公司资产组不存在减值迹象。不考虑其他因素，甲公司在2018年度合并财务报表中应确认的商誉减值损失金额是（ ）万元。

A. 4 000 B. 3 200 C. 8 800 D. 5 280

3. 「单选题·题码145517」

甲企业在2015年1月1日以1 600万元的价格收购了乙企业80%股权，并能够控制乙企业的财务和经营决策。此前甲企业和乙企业无关联方关系。在购买日，乙企业可辨认净资产的公允价值为1 500万元，没有负债和或有负债。假定乙企业的所有资产被认定为一个资产组，而且乙企业的所有可辨认净资产均未发生资产减值迹象，未进行过减值测试。2015年年末，甲企业经计算确定该资产组的可收回金额为1 550万元，按购买日公允价值持续计算的可辨认净资产的账面价值为1 350万元。则甲企业在2015年年末合并财务报表中应列示的商誉的账面价值为（ ）万元。

A. 300 B. 100 C. 240 D. 160

4. 「2017年·多选题·题码145523」

2016年末，甲公司某项资产组（均为非金融长期资产）存在减值迹象，经减值测试，预计资产组的未来现金流量现值为4 000万元、公允价值减去处置费用后的净额为3 900万元；该资产组的账面价值为5 500万元，其中商誉的账面价值为300万元。2017年末，该资产组的账面价值为3 800万元，预计未来现金流量现值为5 600万元、公允价值减去处置费用后的净额为5 000万元。该资产组2016年前未计提减值准备。不考虑其他因素。下列各项关于甲公司对该资产组减值会计处理的表述中，正确的有（ ）。

A. 2017年末资产组的账面价值为3 800万元
B. 2016年末应计提资产组减值准备1 500万元
C. 2017年末资产组中商誉的账面价值为300万元
D. 2016年末应对资产组包含的商誉计提300万元的减值准备

5. 「2016年·多选题·题码145524」

下列关于商誉会计处理的表述中，正确的有（ ）。

A. 商誉应当结合与其相关的资产组或资产组组合进行减值测试
B. 与商誉相关的资产组或资产组组合发生的减值损失首先抵减分摊至资产组或资产组组合中商誉的账面价值
C. 商誉于资产负债表日不存在减值迹象的,无须对其进行减值测试
D. 与商誉相关的资产组或资产组组合存在减值迹象的,首先对不包含商誉的资产组或资产组组合进行减值测试

08 第八章 负债

「考情分析」

考点	星级	近十年考频	2012年	2013年	2014年	2015年	2016年	2017年	2018年	2019年	2020年	2021年
1. 其他流动负债	★	3								√	√	√
2. 公司债券	★	2		√								√

「考点1」 其他流动负债（★）

1. 「2021年・单选题・题码156811」

    甲公司为增值税一般纳税人。2020年，甲公司发生的有关交易或事项如下：①初次购买增值税税控系统专用设备，实际支付200万元；②支付增值税税控系统技术维护费用50万元；③交纳资源税100万元；④交纳印花税80万元。假定税法规定，初次购买增值税税控系统专用设备支付的费用以及缴纳的技术维护费允许在增值税应纳税额中全额抵扣。不考虑其他因素，下列各项关于甲公司上述交易或事项会计处理的表述中，正确的是（　　）。

    A. 交纳的资源税应计入生产成本
    B. 交纳的印花税应直接计入当期管理费用
    C. 支付增值税税控系统技术维护费在增值税应纳税额中抵扣时应确认为营业收入
    D. 初次购买增值税税控系统专用设备支付的费用在增值税应纳税额中抵扣时应冲减当期管理费用

2. 「2019年・单选题・题码145532」

    根据我国公司法规定，上市公司在弥补亏损和提取法定公积金后所余税后利润，按照股份比例向股东分配利润。上市公司因分配现金利润而确认应付股利的时点是（　　）。

    A. 实际分配股利时   B. 实现利润的当年末
    C. 董事会通过利润分配预案时 D. 股东大会批准利润分配方案时

3. 「单选题・题码145533」

    甲公司为增值税一般纳税人，适用的增值税税率为13%。甲公司委托乙公司（增值税一般纳税人）代为加工一批属于应税消费品的原材料（非金银首饰），该批委托加工原材料收回后用于继续加工应税消费品。发出原材料实际成本为620万元，支付的不含增值税的加工费为100万元，增值税额为13万元，代收代缴的消费税额为80万元。该批委托加工原材料已验收入库，其实际成本为（　　）万元。

    A. 720   B. 736   C. 800   D. 816

4. 「2020年・多选题・题码145537」

    下列各项关于增值税会计处理的表述中，正确的有（　　）。

    A. 小规模纳税人将自产的产品分配给股东，视同销售货物计算缴纳的增值税计入销售成本

B. 一般纳税人购进货物用于免征增值税项目，其进项税额计入相关成本费用
C. 一般纳税人月终计算出当月应交或未交的增值税，通过"应交税费——未交增值税"科目核算
D. 一般纳税人核算使用简易计税方法缴纳的增值税，通过"应交税费——简易计税"科目核算

5. 「2020年·多选题·题码145538」

2018年1月1日，甲公司初次购买增值税税控系统专用设备，取得的增值税专用发票注明的价款为300万元，增值税额为39万元。甲公司将购买的增值税税控系统专用设备作为固定资产核算和管理。当年，甲公司计提增值税税控系统专用设备折旧80万元，发生技术维护费50万元。不考虑其他因素，下列各项关于甲公司上述交易或事项会计处理的表述中，正确的有（　　）。

A. 计提的80万元折旧计入当期管理费用
B. 发生的50万元技术维护费计入当期管理费用
C. 购买增值税税控系统专用设备支付的增值税额39万元计入当期管理费用
D. 购买增值税税控系统专用设备支付的价款及增值税额339万元计入固定资产的成本

「考点2」公司债券（★）

1. 「2013年·单选题·题码145534」

甲公司2012年1月1日发行1 000万份可转换公司债券，每份面值为100元，每份发行价格为100.5元。可转换公司债券发行2年后，每份可转换公司债券可以转换4股甲公司普通股（每股面值1元）。甲公司发行该可转换公司债券确认的负债初始计量金额为100 150万元。2013年12月31日，与该可转换公司债券相关负债的账面价值为100 050万元。2014年1月2日，该可转换公司债券全部转换为甲公司股份。甲公司因可转换公司债券的转换应确认的资本公积（股本溢价）是（　　）万元。

A. 350　　　　B. 400　　　　C. 96 050　　　　D. 96 400

2. 「单选题·题码145535」

甲公司经批准于2015年1月1日以50 000万元的价格（不考虑相关税费）发行面值总额为50 000万元的可转换公司债券。该可转换公司债券期限为5年，每年1月1日付息、票面年利率为4%，实际年利率为6%。已知（P/A，6%，5）=4.2124，（P/F，6%，5）=0.7473。2015年1月1日发行可转换公司债券时应确认的权益成分的公允价值为（　　）万元。

A. 45 789.8　　B. 4 210.2　　C. 50 000　　D. 0

3. 「单选题·题码145536」

某股份有限公司于2014年1月1日发行3年期，次年1月1日支付上年度利息、到期一次还本的公司债券，债券面值为200万元，票面年利率为5%，实际年利率为6%，发行价格为196.65万元，另支付发行费用2万元。按实际利率法确认利息费用。该债券2015年度确认的利息费用为（　　）万元。

A. 11.78　　　B. 12　　　　C. 10　　　　D. 11.68

09 第九章 职工薪酬

「考情分析」

考点	星级	近十年考频	2012年	2013年	2014年	2015年	2016年	2017年	2018年	2019年	2020年	2021年
1. 职工和职工薪酬的范围和分类	★	1									√	
2. 短期薪酬的确认与计量	★★★	6		√			√	√		√	√	√
3. 离职后福利的确认与计量	★★	1				√						
4. 辞退福利的确认与计量	★★	3					√	√		√		

「考点1」职工和职工薪酬的范围和分类（★）

「2020年·多选题·题码145545」

2018年，甲公司发生的相关交易或事项如下：

① 为给境外派到境内的10名高管人员提供临时住所，租入10套住房，每年租金共120万元；

② 因业务调整拟解除150名员工劳动关系，经与被辞退员工协商一致向每位被辞退员工支付20万元补偿；

③ 实施员工带薪休假制度，发生员工休假期间的工资80万元；

④ 为40名中层干部团购商品房，2 500万元购房款由甲公司垫付。

下列各项中，甲公司应当作为职工薪酬进行会计处理的有（　　）。

A. 向被辞退员工支付补偿

B. 为高管人员租房并支付租金

C. 支付员工带薪休假期间的工资

D. 为中层干部团购商品房垫付款项

「考点2」短期薪酬的确认与计量（★★★）

1.「2021年·单选题·题码156812」

2020年，甲公司发生的有关交易或事项如下：①甲公司以其生产的产品作为奖品，奖励给20名当年度被评为优秀的生产工人。上述产品的销售价格总额为500万元，销售成本为420万元；②根据甲公司确定的利润分享计划，以当年度实现的利润总额为基础，计算的应支付给管理人员利润分享金额为280万元；③甲公司于当年起对150名管理人员实施累积带薪年休假制度，每名管理人员每年可享受7个工作日的带薪年休假，未使用的年休假只能向后结转一个日历年度，超过1年未使用的权利作废，也不能得到任何现金补偿。2020年，有10名管理人员每人未使用带薪年休假2天，预计2021年该10名管理人员将每人休假9天。甲公司平均每名管理人员每个工作日的工资为300元。不考虑相关税费及其他因素，下列各项关于甲公司上述职工薪酬会计处理的表述中，正确的是（　　）。

A. 将自产的产品作为奖品发放应按 420 万元确认应付职工薪酬

B. 2020 年应确认 10 名管理人员未使用带薪年休假费用 0.6 万元并计入管理费用

C. 根据利润分享计划计算的 2020 年应支付给管理人员的 280 万元款项应作为利润分配处理

D. 2020 年应从工资费用中扣除已享受带薪年休假权利的 140 名管理人员的工资费用 29.4 万元

2. 「2020 年·单选题·题码 145541」

2018 年 9 月 16 日，甲公司发布短期利润分享计划。根据该计划，甲公司将按照 2018 年度利润总额的 5% 作为奖金，发放给 2018 年 7 月 1 日至 2019 年 6 月 30 日在甲公司工作的员工。如果有员工在 2019 年 6 月 30 日前离职，离职的员工将不能获得奖金。利润分享计划支付总额也将按照离职员工的人数相应降低。该奖金将于 2019 年 8 月 30 日支付。2018 年度，在未考虑利润分享计划的情况下，甲公司实现利润总额 20 000 万元。2018 年年末，甲公司预计职工离职将使利润分享计划支付总额降低至利润总额的 4.5%。不考虑其他因素，甲公司 2018 年 12 月 31 日因上述短期利润分享计划应当确认的应付职工薪酬金额是（　　）万元。

A. 450　　　　B. 500　　　　C. 1 000　　　　D. 900

3. 「2016 年·单选题·题码 145542」

甲公司实行累积带薪休假制度，当年未享受的休假只可结转至下一年度。2014 年末，甲公司因当年度管理人员未享受休假而预计将于 2015 年支付的职工薪酬 20 万元。2015 年末，该累积带薪休假剩 40% 未使用，不考虑其他因素。下列各项中，关于甲公司因其管理人员 2015 年末享受累积带薪休假而原多预计的 8 万元负债（应付职工薪酬）在 2015 年的会计处理，正确的是（　　）。

A. 不作账务处理

B. 从应付职工薪酬转出计入资本公积

C. 冲减当期的管理费用

D. 作为会计差错追溯重述上年财务报表相关项目金额

4. 「单选题·题码 145543」

甲公司为增值税一般纳税人，销售和进口货物适用的增值税税率为 13%。2019 年 5 月甲公司董事会决定将本公司生产的 500 件产品作为福利发放给公司管理人员。该批产品的单位成本为 1.2 万元，市场销售价格为每件 2 万元（不含增值税税额）。假定不考虑其他相关税费，甲公司在 2019 年因该项业务应计入管理费用的金额为（　　）万元。

A. 600　　　　B. 730　　　　C. 1 000　　　　D. 1 130

5. 「2017 年·多选题·题码 145546」

2017 年，甲公司发生与职工薪酬有关的交易或事项如下：

① 以甲公司生产的产品作为福利发放给职工，该产品的生产成本为 1 500 万元，市场价格为 1 800 万元。

② 为职工缴纳 200 万元的"五险一金"。

③ 根据职工入职期限，分别可以享受 5～15 天的年休假，当年未用完的带薪休假权利予以取消。甲公司职工平均日工资为 120 元/人。

④ 对管理人员实施 2017 年度的利润分享计划，按当年年度利润实现情况，相关管理人员可分享利润 500 万元。

不考虑其他因素，下列各项关于甲公司 2017 年与职工薪酬有关会计处理的表述中，正确的是（　　）。

A. 对职工未享受的休假权利无须进行会计处理
B. 管理人员应分享的利润确认为当期费用，计入损益
C. 以产品作为福利发放给职工按产品的生产成本计入相关成本费用
D. 为职工缴纳的"五险一金"按照职工所在岗位分别确认为相关成本费用

「考点 3」离职后福利的确认与计量（★★）

「2015 年・单选题・题码 145544」

下列各项有关职工薪酬的会计处理中，正确的是（　　）。

A. 与设定受益计划相关的当期服务成本应计入当期损益
B. 与设定受益计划负债相关的利息费用应计入其他综合收益
C. 与设定受益计划相关的过去服务成本应计入期初留存收益
D. 因重新计量设定受益计划净负债产生的精算损失应计入当期损益

「考点 4」辞退福利的确认与计量（★★）

「2019 年・多选题・题码 145547」

下列各项关于职工薪酬会计处理的表述中，错误的有（　　）。

A. 重新计量设定受益计划净负债或净资产而产生的变动计入其他综合收益
B. 将租赁的汽车无偿提供给高级管理人员使用的，按照每期应付的租金计量应付职工薪酬
C. 以本企业生产的产品作为福利提供给职工的，按照该产品的成本和相关税费计量应付职工薪酬
D. 因辞退福利而确认的应付职工薪酬，按照辞退职工提供服务的对象计入相关资产的成本

主观题部分

1. 「2019 年・计算分析题・题码 148562」

甲公司 2018 年度发生与职工薪酬相关的交易或事项如下：

❶ 甲公司当年度应发工资总额为 8 600 万元，其中：生产工人工资为 6 000 万元，车间管理人员工资为 1 000 万元，公司管理部门人员工资为 600 万元，销售部门人员工资为 1 000 万元。[1] 按照所在地政府部门的规定，甲公司分别按照员工工资总额的 10%、8%、2% 和 1.5% 计提职工医疗保险、住房公积金、工会经费和职工教育经费。甲公司以银行存款支付员工工资 8 600 万元，支付医疗保险 860 万

【审题要点】

「1」计提应付职工薪酬应区分受益对象计入不同的成本或费用科目。生产工人工资计入生产成本、车间管理人员工资计入制造费用、管理部门人员工资计入管理费用、销售人员工资计入销售费用。

「2」支付给兼职的独立董事的报酬应计入"管理费用"。

元,支付住房公积金688万元,支付工会经费172万元,支付职工教育经费129万元。另外,甲公司向兼职的独立董事支付报酬120万元。[2]

❷ 甲公司自2018年1月1日起实行累积带薪缺勤制度,规定:每名员工每年可享受7天带薪休假,未使用的休假可向后结转1个年度,超期1个年度的未使用休假作废,员工在离开甲公司时对未使用的休假不能获得现金支付。员工带薪年休假以后进先出为基础,即先从当年可享受的休假权利中扣除,再从上1年结转的带薪年休假余额中扣除。2018年12月31日,甲公司800名员工平均未使用带薪年休假为3天。根据同行业公司的经验,甲公司预计2019年度有700名员工将享受不超过7天的带薪年休假,其余100名员工每人将平均享受10天带薪年休假,假定其全部为甲公司的管理人员。甲公司每名员工日平均工资为320元。[3]

❸ 2018年1月1日起,甲公司为总部管理人员提供自建宿舍供其免费使用,同时为副总经理以上异地工作人员每人租赁一套住房。按照该政策,甲公司为60名管理人员每人提供1间免费宿舍,按照自建成本计算每间宿舍年折旧额为1.8万元,同类住房市场年租金为2.2万元;为8名副总经理以上异地工作人员每人租赁一套年租金3万元的公寓。本年度公寓的租赁款已用银行存款支付。[4]

其他相关资料:假定甲公司按年度计算发放应付工资;按照国家相关政策,员工工资总额不包括向兼职的独立董事支付的报酬,也不包括员工因未使用带薪年休假而预期将支付的薪酬;本题不考虑相关税费及其他因素。

[3] 累积带薪缺勤制度下,企业应以累计未行使权利而增加的未来期间预期支付金额计量。预计2019年超过7天带薪休假部分对应的职工薪酬金额,按照受益对象计入当期损益。

[4] 甲公司将自有房屋提供给管理人员免费使用,应将住房每期的折旧费用计入管理费用,同时确认应付职工薪酬。企业将租赁房屋提供给职工免费使用的,则按每期应付租金计量。

「要求」根据上述资料,逐项说明上述交易或事项的会计处理,并编制相关的会计分录。

2.「2017年·计算分析题·题码39578」

甲股份有限公司(以下简称"甲公司")2016年发生的与职工薪酬相关的事项如下:

❶ 事项1:4月10日,甲公司董事会通过决议,以本公司自产产品作为奖品,对乙车间全体员工超额完成一季度生产任务进行奖励,每名员工奖励一件产品。该车间员工总数为200人,其中车间管理人员30人,一线生产工人170人,发放给员工的本公司产品市场售价为3 000元/件,成本为1 800元/件。4月20日,200件产品发放完毕。[1]

❷ 事项2:甲公司共有2 000名员工,从2016年1月1日起,该公司实行累积带薪休假制度,规定每名职工每年可享受7个工作日带薪休假,未使用的年休假可向后结转1个年

【审题要点】

[1] 企业将自产产品发放给员工作为福利的,应视同销售,确认收入结转成本。车间管理人员的部分计入制造费用,一线生产工人的部分计入生产成本。

[2] 累积带薪缺勤应当以累计未行使权利而增加的未来期间预期支付金额计量。预计2017年超出7天休假部分对应的职工薪酬金额,按照受益对象计入当期损益。

[3] 研发人员工资应确认应付职工薪酬,费用化部分应计入管理费用,资本化部分计入无形资产的成本。

度，超过期限未使用的作废，员工离职时也不能取得现金支付。2016年12月31日，每名职工当年平均未使用带薪休假为2天。根据过去的经验并预期该经验将继续适用，甲公司预计2017年有1 800名员工将享受不超过7天带薪休假，剩余200名员工每人将平均享受8.5天休假，该200名员工中150名为销售部门人员，50名为总部管理人员。甲公司平均每名员工每个工作日工资为400元。甲公司职工年休假以后进先出为基础，即有关休假首先从当年可享受的权利中扣除。[2]

❸ 事项3：甲公司正在开发丙研发项目，2016年共发生项目研发人员工资200万元，其中自2016年1月1日研发开始至6月30日期间发生的研发人员工资120万元属于费用化支出，7月1日至11月30日研发项目达到预定用途前发生研发人员工资80万元属于资本化支出。有关工资以银行存款支付。[3]

❹ 事项4：2016年12月20日，甲公司董事会做出决议，拟关闭设在某地区的一分公司，并对该分公司员工进行补偿，方案为：对因尚未达到法定退休年龄提前离开公司的员工给予一次性离职补偿30万元，另外自其达到法定退休年龄后，按照每月1 000元的标准给予退休后补偿。涉及员工80人、每人30万元的一次性补偿2 400万元已于12月26日支付。每月1 000元的退休后补偿将于2017年1月1日起陆续发放，根据精算结果，甲公司估计该补偿义务的现值为1 200万元。[4]

其他有关资料：甲公司为增值税一般纳税人，适用的增值税税率为13%。本题不考虑其他因素。

「要求」就甲公司2016年发生的与职工薪酬有关的事项逐项说明其应进行的会计处理并编制相关会计分录。

[4] 该项补偿属于辞退福利，由于被辞退的职工不再为企业带来未来经济利益，因此所有辞退福利应于辞退计划满足负债确认条件的当期一次计入管理费用。

10 第十章　股份支付

「考情分析」

考点	星级	近十年考频	2012年	2013年	2014年	2015年	2016年	2017年	2018年	2019年	2020年	2021年
1. 股份支付概述	★	2			√				√			
2. 股份支付的确认与计量	★★★	8	√	√	√	√	√	√		√		√
3. 可行权条件的种类、处理和修改	★	2			√						√	
4. 回购股份进行职工期权激励	★	1			√							
5. 集团股份支付	★★	4			√		√	√		√		

「考点1」股份支付概述（★）

1. 「2014年·单选题·题码145554」
   下列各项中，应当作为以现金结算的股份支付进行会计处理的是（　　）。
   A. 以低于市价向员工出售限制性股票的计划
   B. 授予高管人员低于市价购买公司股票的期权计划
   C. 公司承诺达到业绩条件时向员工无对价定向发行股票的计划
   D. 授予研发人员以预期股价相对于基准日股价的上涨幅度为基础支付奖励款的计划

2. 「2018年·多选题·题码145561」
   乙公司、丙公司和丁公司均为甲公司的子公司。甲公司及其相关子公司经各自董事会批准，于2017年1月1日对甲公司以及相关子公司管理人员或员工进行激励，具体激励如下：
   ① 甲公司以自身普通股授予乙公司管理人员；
   ② 丙公司按照上年实现净利润的5%分配给在职员工；
   ③ 丁公司以自身普通股授予其管理人员；
   ④ 甲公司以其生产的产品分配给在职员工。
   下列各项关于甲公司及其相关子公司对其管理人员或员工进行激励的安排中，应按股份支付会计准则进行会计处理的有（　　）。
   A. 甲公司以其生产的产品分配给员工
   B. 丙公司按上年净利润的5%分配给员工
   C. 甲公司以自身普通股授予乙公司管理人员
   D. 丁公司以自身普通股授予其管理人员

「考点2」股份支付的确认与计量（★★★）

1. 「2017年·单选题·题码145555」

   2016年1月1日，甲公司经股东大会批准与其高管人员签订股份支付协议，协议约定：等待期为2016年1月1日起2年，2年期满有关高管人员仍在甲公司工作且每年净资产收益率不低于15%的，高管人员每人可无偿取得10万股甲公司股票。甲公司普通股按董事会批准该股份支付协议前20天平均市场价格计算的公允价值为20元/股，授予日甲公司普通股的公允价值为18元/股。2016年12月31日，甲公司普通股的公允价值为15元/股。根据甲公司生产经营情况及市场价格波动等因素综合考虑，甲公司预计该股份支付行权日其普通股的公允价值为24元/股。不考虑其他因素，下列各项中，属于甲公司在计算2016年因该股份支付确认费用时应使用的普通股的公允价值是（　　）。

   A. 预计行权日甲公司普通股的公允价值

   B. 2016年1月1日甲公司普通股的公允价值

   C. 2016年12月31日甲公司普通股的公允价值

   D. 董事会批准该股份支付协议前20天按甲公司普通股平均市场价格计算的公允价值

2. 「2012年·单选题·题码145556」

   2016年1月1日，经股东大会批准，甲公司向50名高管人员每人授予1万份股票期权。根据股份支付协议规定，这些高管自2016年1月1日起在甲公司连续服务3年，即可以每股5元的价格购买1万股甲公司普通股。2016年1月1日，每份股票期权的公允价值为15元。2016年无高管离开公司，甲公司预计未来两年将有5名高管离开公司。2016年12月31日，甲公司授予高管的股票期权每份公允价值为13元。甲公司因该事项在2016年应确认的管理费用金额是（　　）万元。

   A. 195　　　　B. 216.67　　　　C. 225　　　　D. 250

3. 「2010年·单选题·题码145557」

   下列关于股份支付会计处理的表述中，不正确的是（　　）。

   A. 股份支付的确认和计量，应以符合相关法规要求、完整有效的股份支付协议为基础

   B. 对以权益结算的股份支付换取职工提供服务的，应按所授予权益工具在授予日的公允价值计量

   C. 对以现金结算的股份支付，在可行权日之后应将相关权益的公允价值变动计入当期损益

   D. 对以权益结算的股份支付，在可行权日之后应将相关的所有者权益按公允价值进行调整

4. 「单选题·题码145558」

   2014年1月1日，甲公司向50名高管人员每人授予2万股股票期权，这些人员从被授予股票期权之日起连续服务满2年，即可按每股6元的价格购买甲公司2万股普通股股票（每股面值1元）。每份股票期权在授予日的公允价值为12元。2015年10月20日，甲公司从二级市场以每股15元的价格回购本公司普通股股票100万股，拟用于高管人员股权激励。在等待期内，甲公司没有高管人员离职。2015年12月31日，高管人员全部行权，当日甲公司普通股市场价格为每股16元。2015年12月31日，甲公司因高管人员行权应确认的

股本溢价为（　　）万元。
A. 200　　　　　B. 300　　　　　C. 500　　　　　D. 1 700

「考点 3」 可行权条件的种类、处理和修改（★）

1. 「2020 年·多选题·题码 145562」
   下列各项中，影响企业对股份支付预计可行权情况做出估计的有（　　）。
   A. 市场条件　　B. 服务期限条件　　C. 非可行权条件　　D. 非市场条件

2. 「2014 年·多选题·题码 145563」
   下列各项关于附等待期的股份支付会计处理的表述中，正确的有（　　）。
   A. 以权益结算的股份支付，相关权益性工具的公允价值在授予日后不再调整
   B. 附市场条件的股份支付，应在市场及非市场条件均满足时确认相关成本费用
   C. 现金结算的股份支付在授予日不作会计处理，权益结算的股份支付应予处理
   D. 业绩条件为非市场条件的股份支付，等待期内应根据后续信息调整对可行权情况的估计

「考点 4」 回购股份进行职工期权激励（★）

「单选题·题码 145559」
2016 年 12 月 20 日，经股东大会批准，甲公司向 100 名高管人员每人授予 2 万股普通股（每股面值 1 元）。根据股份支付协议的规定，这些高管人员自 2017 年 1 月 1 日起在公司连续服务满 3 年，即可于 2019 年 12 月 31 日无偿获得授予的普通股。甲公司普通股 2016 年 12 月 20 日的市场价格为每股 12 元，2016 年 12 月 31 日的市场价格为每股 15 元。2017 年 2 月 8 日，甲公司从二级市场以每股 10 元的价格回购本公司普通股 200 万股，拟用于高管人员股权激励。在等待期内，甲公司没有高管人员离开公司。2019 年 12 月 31 日，高管人员全部行权。当日，甲公司普通股市场价格为每股 13.5 元。求：甲公司因高管人员行权增加的股本溢价金额是（　　）万元。
A. -2 000　　　　B. 0　　　　　C. 400　　　　　D. 2 400

「考点 5」 集团股份支付（★★）

1. 「2019 年·单选题·题码 145560」
   甲公司是上市公司，经股东大会批准，向其子公司（乙公司）的高级管理人员授予其自身的股票期权。对上述股份支付方式，在甲公司和乙公司的个别财务报表中，正确的会计处理方法是（　　）。
   A. 均以权益结算股份支付确认
   B. 均以现金结算股份支付确认
   C. 甲公司以权益结算股份支付确认，乙公司以现金结算股份支付确认
   D. 甲公司以现金结算股份支付确认，乙公司以权益结算股份支付确认

2. 「2019 年·多选题·题码 151222」
   甲公司在集团内实施以下员工持股计划：

① 甲公司将其持有的部分对子公司（乙公司）股份以 5 元/股的价格出售给乙公司员工持股平台。
② 乙公司授予本公司部分员工股票期权，行权价格为 6 元/股，授予日每份股票期权的公允价值为 15 元。
③ 甲公司的另一个子公司（丙公司）将其持有的乙公司 2% 的股份无偿赠与乙公司员工持股平台，赠与日乙公司 2% 股份的公允价值为 800 万元。
④ 乙公司授予本公司部分研发人员限制性股票，授予价格为 6 元/股，授予日乙公司限制性股票公允价值为 12 元/股。

不考虑其他因素，上述交易或事项中，构成乙公司股份支付的有（　　）。
A. 乙公司授予本公司员工股票期权
B. 乙公司授予研发人员限制性股票
C. 甲公司出售给乙公司员工持股平台股份
D. 丙公司赠与乙公司持股平台股份

主观题部分

「2019 年·计算分析题节选·题码 148563」

甲公司 2018 年度发生的交易或事项如下（本题不考虑相关税费及其他因素）：

2018 年 1 月 1 日，甲公司以 5 元/股的授予价格向公司 20 名高管人员授予限制性股票 800 万股，发行价款 4 000 万元已收到并存入银行，限制性股票的登记手续已办理完成。[1]根据限制性股票激励计划，激励对象在同时满足下列条件时，方可解除限制：激励对象自授予限制性股票之日起在甲公司持续服务满 3 年；且 3 年内公司的净资产收益率达到 10%。否则，甲公司将按照授予价格回购激励对象持有的限制性股票。[2]当日，甲公司股票的市场价格为 20 元/股。2018 年度，甲公司没有高管人员离开公司，净资产收益率达到 13%。甲公司预计未来 2 年也不会有人离开公司，每年的净资产收益率能够实现 10% 的目标。[3]本题不考虑相关税费及其他因素。

【审题要点】

「1」对于授予限制性股票的股权激励计划，向职工发行的限制性股票按有关规定履行了注册登记等增资手续的，上市公司应当根据收到职工缴纳的认股款确认股本和资本公积——股本溢价，同时，就回购义务确认负债，作收购库存股处理。

「2」限制性股票（股份支付权益工具）在授予日的公允价值等于普通股在授予日的市场价值减去授予价格，其差额应在锁定期内作为股份支付费用计入相关期间损益。

「3」等待期内每个资产负债表日，按照授予日权益工具的公允价值计入成本费用和"资本公积——其他资本公积"后，不确认其后续公允价值变动。当期计提金额 = 期末余额 − 期初金额 =（总人数 − 已离职人数 − 预计将离职人数）× 每人授予数量 × 授予日公允价值 × 服务期/等待期 − 以前累计已确认金额。

「要求」根据上述资料，计算上述交易或事项对甲公司 2018 年度其他综合收益的影响金额，编制相关会计分录。

11 第十一章 借款费用

「考情分析」

考点	星级	近十年考频	2012年	2013年	2014年	2015年	2016年	2017年	2018年	2019年	2020年	2021年
1. 借款费用概述	★	3				√			√			√
2. 借款费用的确认	★	3								√	√	√
3. 借款费用的计量	★	6			√	√			√	√	√	

「考点1」借款费用概述（★）

「2018年·单选题·题码145583」

下列各项中，不属于借款费用的是（　　）。

A. 外币借款发生的汇兑收益
B. 因借款发生的辅助费用
C. 以咨询费的名义向银行支付的借款利息
D. 发行股票支付的承销商佣金及手续费

「考点2」借款费用的确认（★）

1. 「2020年·单选题·题码145584」

   2018年5月1日，甲公司正式动工兴建一栋厂房。为解决厂房建设需要资金，2018年6月1日，甲公司从乙银行专门借款4 000万元，期限为1年，2019年3月30日，厂房全部完工。2019年4月10日，厂房经验收达到预定可使用状态。2019年5月20日，厂房投入使用。2019年5月31日甲公司偿还乙银行上述借款。不考虑其他因素，甲公司厂房工程借款费用停止资本化的时点是（　　）。

   A. 2019年3月30日　　　　　　B. 2019年4月10日
   C. 2019年5月31日　　　　　　D. 2019年5月20日

2. 「2019年·多选题·题码145589」

   根据企业会计准则的规定，符合资本化条件的资产在购建或生产的过程中发生非正常中断且中断时间连续超过3个月的，应当暂停借款费用的资本化。下列各项中，属于资产购建或生产非正常中断的有（　　）。

   A. 因劳资纠纷导致工程停工
   B. 因资金周转困难导致工程停工
   C. 因发生安全事故被相关部门责令停工
   D. 因工程用料未能及时供应导致工程停工

「考点3」借款费用的计量（★）

1. 「2021 年·单选题·题码 156820」

    2019 年 7 月 1 日，甲公司向银行借入 3 000 万元，借款期限 2 年，年利率 4%（类似贷款的市场年利率为 5%），该贷款专门用于甲公司办公楼的建造。2019 年 10 月 1 日，办公楼开始实体建造，甲公司支付工程款 600 万元。2020 年 1 月 1 日、2020 年 7 月 1 日又分别支付工程款 1 500 万元、800 万元。2020 年 10 月 31 日，经甲公司验收，办公楼达到预定可使用状态。2020 年 12 月 31 日，甲公司开始使用该办公楼。不考虑其他因素，下列各项关于甲公司建造办公楼会计处理的表述中，正确的是（　　）。

    A. 借款费用开始资本化的时间为 2019 年 7 月 1 日

    B. 借款费用应予资本化的期间为 2019 年 7 月 1 日至 2020 年 12 月 31 日止

    C. 按借款本金 3 000 万元、年利率 4% 计算的利息金额作为应付银行的利息金额

    D. 按借款本金 3 000 万元、年利率 4% 计算的利息金额在资本化期间内计入建造办公楼的成本

2. 「2020 年·单选题·题码 145585」

    为建造某大型设备，甲公司 2018 年 1 月 1 日从银行借入期限为 2 年的专门借款 2 000 万元，年利率为 4%（等于实际利率）。2018 年 4 月 1 日，甲公司开始建造该大型设备。当日，甲公司按合同约定预付工程款 500 万元。2018 年 7 月 1 日和 10 月 1 日，甲公司分别支付工程物资款 700 万元和工程进度款 400 万元。该大型设备 2019 年 12 月 31 日完工并达到预定可使用状态。不考虑其他因素，甲公司 2018 年度为建造该大型设备应予以资本化的借款利息金额是（　　）万元。

    A. 48　　　　　　B. 60　　　　　　C. 80　　　　　　D. 33

3. 「2019 年·单选题·题码 145586」

    2018 年 1 月 1 日，甲公司为购建生产线借入 3 年期专门借款 3 000 万元，年利率为 6%。

    ① 当年度发生与购建生产线相关的支出包括：1 月 1 日支付材料款 1 800 万元；3 月 1 日支付工程进度款 1 600 万元；9 月 1 日支付工程进度款 2 000 万元。甲公司将暂时未使用的专门借款用于货币市场投资，月利率为 0.5%。

    ② 除专门借款外，甲公司尚有两笔流动资金借款：一笔为 2017 年 10 月借入的 2 年期借款 2 000 万元，年利率为 5.5%；另一笔为 2018 年 1 月 1 日借入的 1 年期借款 3 000 万元，年利率为 4.5%。

    假定上述借款的实际利率与名义利率相同，不考虑其他因素，甲公司 2018 年度应予资本化的一般借款利息金额是（　　）万元。

    A. 45　　　　　　B. 49　　　　　　C. 168　　　　　　D. 217

4. 「2018 年·单选题·题码 145587」

    2016 年 3 月 5 日，甲公司开工建设一栋办公大楼，工期预计为 1.5 年。为筹集办公大楼后续建设所需要的资金，甲公司于 2017 年 1 月 1 日向银行专门借款 5 000 万元，借款期限为 2 年，年利率为 7%（与实际利率相同）。借款利息按年支付，2017 年 4 月 1 日、2017 年 6

月 1 日、2017 年 9 月 1 日。甲公司使用专门借款分别支付工程进度款 2 000 万元、1 500 万元、1 500 万元。借款资金闲置期间专门用于短期理财，共获得理财收益 60 万元。办公大楼于 2017 年 10 月 1 日完工，达到预计可使用状态。不考虑其他因素，甲公司 2017 年度应予资本化的利息金额是（　　）万元。

A. 262.5　　　　　B. 202.5　　　　　C. 350　　　　　D. 290

5. 「2013 年·单选题·题码 145588」

甲公司建造一条生产线，该工程预计工期两年，建造活动自 2014 年 7 月 1 日开始，当日预付承包商建造工程款 3 000 万元。9 月 30 日，追加支付工程进度款 2 000 万元。甲公司该生产线建造工程占用借款包括：

① 2014 年 6 月 1 日借入的 3 年期专门借款 4 000 万元，年利率 6%。

② 2014 年 1 月 1 日借入的 2 年期一般借款 3 000 万元，年利率 7%。

③ 甲公司将闲置部分专门借款投资货币市场基金，月收益率为 0.6%，不考虑其他因素。

2014 年该生产线建造工程应予资本化的利息费用是（　　）万元。

A. 119.5　　　　　B. 122.5　　　　　C. 137.5　　　　　D. 139.5

12 第十二章 或有事项

「考情分析」

考点	星级	近十年考频	2012年	2013年	2014年	2015年	2016年	2017年	2018年	2019年	2020年	2021年
1. 或有事项的概述	★	2									√	√
2. 或有事项的确认和计量	★★	3	√			√						√
3. 或有事项会计的具体应用	★★★	8	√		√	√		√	√	√	√	√

「考点 1」或有事项的概述（★）

「2020 年·单选题·题码 145596」

下列各项关于或有事项会计处理的表述中，正确的是（   ）。

A. 基于谨慎性原则将具有不确定性的潜在义务确认为负债

B. 或有资产在预期可能给企业带来经济利益时确认为资产

C. 在确定最佳估计数计量预计负债时，考虑与或有事项有关的风险、不确定性、货币时间价值和未来事项

D. 因或有事项预期可获得补偿在很可能收到时确认为资产

「考点 2」或有事项的确认和计量（★★）

1. 「2015 年·单选题·题码 145597」

下列关于或有事项的表述中，正确的是（   ）。

A. 或有事项形成的预计负债是企业承担的现时义务

B. 预计负债应与其相关的或有资产相抵后在资产负债表中以净额列报

C. 或有事项形成的资产应当在很可能收到时予以确认

D. 预计负债计量应考虑与其相关的或有资产预期处置产生的损益

2. 「2012 年·单选题·题码 145598」

下列各项关于预计负债的表述中，正确的是（   ）。

A. 预计负债是企业承担的潜在义务

B. 与预计负债相关支出的时间或金额具有一定的不确定性

C. 预计负债计量应考虑未来期间相关资产预期处置利得的影响

D. 预计负债应按相关支出的最佳估计数减去基本确定能够收到的补偿后的净额计量

「考点 3」或有事项会计的具体应用（★★★）

1. 「2020 年·单选题·题码 145599」

2019 年 12 月 17 日，甲公司因合同违约被乙公司起诉。2019 年 12 月 31 日，甲公司尚未收

到法院判决。在咨询了法律顾问后，甲公司认为其很可能败诉。预计将要支付的赔偿金额在400万元至800万元之间，而且该区间内每个金额的可能性相同。如果甲公司败诉并向乙公司支付赔偿，甲公司将要求丙公司补偿其上述诉讼而导致的损失，预计可能获得的补偿金额为其支付乙公司赔偿金额的50%。不考虑其他因素，甲公司2019年度因上述事项应当确认的损失金额是（　　）万元。

A. 300　　　　B. 400　　　　C. 500　　　　D. 600

2. 「2019年·单选题·题码145600」

2018年7月，甲公司因生产产品使用的非专利技术涉嫌侵权，被乙公司起诉。2018年12月31日案件仍在审理过程中。律师认为甲公司很可能败诉，预计赔偿金额在200万~300万元之间，如果败诉，甲公司需要支付诉讼费20万元，甲公司认为，其对非专利技术及其生产的产品已经购买了保险，如果败诉，保险公司按照保险合同的约定很可能对其进行赔偿，预计赔偿金额为150万元。不考虑其他因素，甲公司在其2018年度财务报表中对上述诉讼事项应当确认的负债金额是（　　）万元。

A. 200　　　　B. 250　　　　C. 150　　　　D. 270

3. 「2015年·单选题·题码145601」

下列各项关于或有事项会计处理的表述中，正确的是（　　）。

A. 与未决诉讼相关的支出应于实际支付赔偿款时确认
B. 存在标的资产的亏损合同，预计亏损大于标的资产减值损失的部分应计入当期损益
C. 与产品质量保证相关的负债应在质量保证期间内分期确认
D. 债务担保义务应于所担保债务存续期间内分期确认

4. 「2012年·单选题·题码145602」

甲公司为上市公司，其2016年度财务报告于2017年3月1日对外报出。该公司在2016年12月31日有一项未决诉讼，经咨询律师，估计很可能败诉并预计将要支付的赔偿金额、诉讼费等在760万元至1 000万元之间（其中诉讼费为7万元）。为此，甲公司预计了880万元的负债；2017年1月30日法院判决甲公司败诉，甲公司需赔偿1 200万元，并且另承担诉讼费用10万元。上述事项对甲公司2016年度利润总额的影响金额为（　　）万元。

A. -880　　　　B. -1 000　　　　C. -1 200　　　　D. -1 210

5. 「2012年·单选题·题码145603」

2012年12月1日，甲公司与乙公司签订一项不可撤销产品销售合同，合同规定：甲于3个月后提交乙公司一批产品，合同价格（不含增值税）为500万元，如甲公司违约，将支付违约金100万元。至2012年末，甲公司为生产该产品已发生成本20万元，因原材料价格上涨，甲公司预计生产该产品的总成本为580万元。不考虑其他因素2012年12月31日，甲公司因该合同确认的预计负债为（　　）万元。

A. 20　　　　B. 60　　　　C. 80　　　　D. 100

6. 「2012年·单选题·题码145604」

2012年12月，经董事会批准，甲公司自2013年1月1日起撤销某营销网点，该业务重组计划已对外公告。为实施该业务重组计划，甲公司预计发生以下支出或损失：因辞退职工

将支付补偿款 100 万元，因撤销门店租赁合同将支付违约金 20 万元，因处置门店内设备将发生损失 65 万元，因将门店内库存存货运回公司本部将发生运输费 5 万元。该业务重组计划对甲公司 2012 年度利润总额的影响金额为（　　）万元。

A．－120　　　　B．－165　　　　C．－185　　　　D．－190

7．「2018 年·多选题·题码 145605」

根据《或有事项》的规定，重组是指企业制定和控制的，将显著改变企业组织形式、经营范围或经营方式的计划实施行为。下列各项中，符合上述重组定义的交易或事项有（　　）。

A．出售企业的部分业务

B．对于组织结构进行较大调整

C．营业活动从一个国家迁移到其他国家

D．为扩大业务链条购买数家子公司

8．「2018 年·多选题·题码 145606」

经董事会批准，甲公司于 2017 年 6 月 30 日至年底期间关闭了部分业务，发生相关费用如下：

① 将关闭部分业务的设备转移至继续使用地点支付费用 1 500 万元；

② 遣散部分职工支付补偿款 600 万元；

③ 对剩余职工进行再培训发生费用 250 万元；

④ 提升公司形象而推出新广告发生费用 250 万元。

下列各项中，不应作为甲公司与重组相关的直接支出确认预计负债的有（　　）。

A．遣散部分职工支付补偿

B．为设备转移至继续使用地点支付的费用

C．为提升公司形象而推出新广告发生的费用

D．对剩余职工进行再培训发生的费用

13 第十三章 金融工具

「考情分析」

考点	星级	近十年考频	2012年	2013年	2014年	2015年	2016年	2017年	2018年	2019年	2020年	2021年
1. 金融资产和金融负债的分类和重分类	★★	3						√		√		√
2. 金融负债和权益工具的区分	★★★	3							√	√	√	
3. 金融资产的计量	★★★	6	√	√	√	√		√				√
4. 金融资产重分类的计量	★★	1									√	
5. 金融工具的减值	★★★	1									√	
6. 金融资产转移	★	2					√				√	
7. 套期会计	★	2							√			√

「考点1」 金融资产和金融负债的分类和重分类（★★）

「2017年·多选题·题码145630」

下列对复合金融工具的描述正确的有（　　）。
A. 应当先确定权益成分的公允价值并以此作为其初始确认金额
B. 企业发行的复合金融工具发生的交易费用，应当在负债成分和权益成分之间按照各自的相对公允价值进行分摊
C. 可转换公司债券是复合金融工具
D. 企业应当在初始确认时将复合金融工具的负债成分和权益成分进行分拆

「考点2」 金融负债和权益工具的区分（★★★）

1.「2017年·单选题·题码145617」

2017年1月1日，甲公司经批准发行10亿元优先股。发行合同规定：
① 期限5年，前5年票面年利率固定为6%；从第6年起，每5年重置一次利率，重置利率为基准利率加上2%，最高不超过9%；
② 如果甲公司连续3年不分派优先股股利，投资者有权决定是否回售；
③ 甲公司可根据相应的议事机制决定是否派发优先股股利（非累计），但如果分配普通股股利，则必须先支付优先股股利；
④ 如果因甲公司不能控制的原因导致控股股东发生变更的，甲公司必须按面值赎回该优先股。不考虑其他因素，下列各项关于甲公司上述发行优先股合同设定的条件会导致该优先股不能分类为所有者权益的因素是（　　）。

A. 5 年重置利率 B. 股利推动机制
C. 甲公司控股股东变更 D. 投资者有回售优先股的决定权

2. 「2017 年·多选题·题码 145618」
下列各项中，不属于金融负债的有（   ）。
A. 按照销售合同的约定预收的销货款 B. 按照产品质量保证承诺预计的保修费
C. 按照采购合同的约定应支付的设备款 D. 按照劳动合同的约定应支付职工的工资

「考点 3」 金融资产的计量（★★★）

1. 「2015 年·单选题·题码 145621」
2014 年 2 月 5 日，甲公司以每股 7 元的价格购入乙公司股票 100 万股，另支付手续费 1.4 万元。甲公司将该股票投资分类为交易性金融资产。2014 年 12 月 31 日，乙公司股票的价格为每股 9 元。2015 年 2 月 20 日，乙公司分配现金股利，甲公司获得现金股利 8 万元；2015 年 3 月 20 日，甲公司以每股 11.6 元的价格将其持有的乙公司股票全部出售。不考虑其他因素，甲公司因持有乙公司股票在 2015 年确认的投资收益是（   ）万元。
A. 260 B. 468 C. 268 D. 466.6

2. 「2014 年·单选题·题码 145624」
下列与指定为以公允价值计量且其变动计入其他综合收益的非交易性权益工具投资相关的价值变动中，应当直接计入发生当期损益的是（   ）。
A. 指定为以公允价值计量且其变动计入其他综合收益的非交易性权益工具投资的公允价值的增加
B. 购买指定为以公允价值计量且其变动计入其他综合收益的非交易性权益工具投资时发生的交易费用
C. 指定为以公允价值计量且其变动计入其他综合收益的非交易性权益工具投资持有期间获得的股利
D. 以外币计价的指定为以公允价值计量且其公允价值变动计入其他综合收益的非交易性权益工具投资由于汇率变动引起的价值上升

3. 「2013 年·单选题·题码 145625」
2012 年 6 月 2 日，甲公司自二级市场购入乙公司股票 1 000 万股，支付价款 8 000 万元，另支付佣金等费用 16 万元。甲公司将购入的上述乙公司股票指定为以公允价值计量且其变动计入其他综合收益的非交易性权益工具投资。2012 年 12 月 31 日，乙公司股票的市价为每股 10 元。2013 年 8 月 20 日，甲公司以每股 11 元的价格将所持有乙公司股票全部出售，在支付佣金等手续费用 33 万元后实际取得价款 10 967 万元。不考虑其他因素影响，甲公司出售乙公司股票应确认的留存收益是（   ）万元。
A. 967 B. 2 951 C. 2 984 D. 3 000

4. 「2012 年·单选题·题码 145626」
2016 年 6 月 9 日，甲公司支付价款 855 万元（含交易费用 5 万元）购入乙公司股票 100 万股，占乙公司有表决权股份的 1.5%，指定为以公允价值计量且其变动计入其他综合收益的金融资产核算。2016 年 12 月 31 日，该股票市场价格为每股 9 元。2017 年 2 月 5 日，乙公司宣告发放现金股利 1 000 万元。2017 年 8 月 21 日，甲公司以每股 8 元的价格将乙公司股票全部转让。甲公司 2017 年利润表中因该金融资产应确认的投资收益为（　　）万元。

A. 15　　　　B. −55　　　　C. −90　　　　D. −105

5. 「2012 年·单选题·题码 145619」

2011 年 1 月 1 日，甲公司购入乙公司当日发行的 4 年期分期付息（于次年年初支付上年度利息）、到期还本债券，面值为 1 000 万元，票面年利率为 5%，实际支付价款 1 050 万元，另发生交易费用 2 万元。甲公司将该债券划分为以摊余成本计量的金融资产，每年年末确认投资收益，2011 年 12 月 31 日确认投资收益 35 万元。2011 年 12 月 31 日，甲公司该债券的账面余额为（　　）万元。

A. 1 035　　　B. 1 037　　　C. 1 067　　　D. 1 065

6. 「单选题·题码 145620」

2017 年 1 月 1 日，甲公司自证券市场购入乙公司当日发行的面值总额为 2 000 万元的债券。购入时支付价款 2 032.75 万元，另外支付交易费用 12 万元。该债券系到期一次还本付息债券，期限为 3 年，票面年利率为 5%，实际年利率为 4%。甲公司根据其管理该债券的业务模式和该债券的合同现金流量特征，将该债券投资分类为以摊余成本计量的金融资产。则甲公司 2018 年因持有该以摊余成本计量的金融资产应确认的投资收益的金额为（　　）万元。

A. 100　　　B. 102.24　　　C. 85.06　　　D. 17.81

7. 「单选题·题码 145622」

甲公司 2017 年 10 月 10 日自证券市场购入乙公司发行的股票 100 万股，共支付价款 860 万元，其中包括交易费用 4 万元。购入时，乙公司已宣告但尚未发放的现金股利为每股 0.16 元。甲公司根据其管理该股票的业务模式和该股票的合同现金流量特征，将该股票投资分类为以公允价值计量且其变动计入当期损益的金融资产。2017 年 10 月 31 日，收到现金股利 16 万元。2017 年 12 月 2 日，甲公司出售该以公允价值计量且其变动计入当期损益的金融资产，收到价款 960 万元。甲公司 2017 年利润表中因该以公允价值计量且其变动计入当期损益的金融资产应确认的投资收益为（　　）万元。

A. 100　　　B. 116　　　C. 120　　　D. 132

8. 「单选题·题码 145623」

甲公司 2012 年 10 月从二级市场购入 50 万股某公司的普通股，共支付价款 200 万元（其中包含已宣告但尚未领取的现金股利 6 万元），另支付交易费用 2 万元。甲公司将该股权投资分类为以公允价值计量且其变动计入当期损益的金融资产。2012 年 11 月 5 日收到上述股利 6 万元，2012 年末上述股票的公允价值为 5 元/股，2013 年收到当年分配的现金股利 7 万元。2013 年 3 月 1 日，甲公司以 260 万元出售全部股票，另支付交易费用 3 万元。上述股票在甲公司持有期间对损益的影响为（　　）万元。

A. 65　　　B. 68　　　C. 61　　　D. 63

9. 「多选题·题码 24539」

下列有关分类为以公允价值计量且其变动计入其他综合收益的金融资产会计处理的表述中，正确的有（　　）。

A. 分类为以公允价值计量且其变动计入其他综合收益的金融资产发生的减值损失应计入当期损益，应减少该金融资产在资产负债表中列示的账面价值

B. 取得分类为以公允价值计量且其变动计入其他综合收益的金融资产发生的交易费用应计入资产成本

C. 分类为以公允价值计量且其变动计入其他综合收益的金融资产持有期间取得的现金股利应冲减资产成本

D. 以外币计价的分类为以公允价值计量且其变动计入其他综合收益的货币性金融资产发生的汇兑差额应计入当期损益

「考点 4」 金融资产重分类的计量（★★）

「2020 年·多选题·题码 145632」

2018 年，甲公司及其子公司发生的相关交易或事项如下：

① 因乙公司的信用等级下降，甲公司将持有并分类为以摊余成本计量的乙公司债券全部出售，同时将该类别的债权投资全部重分类为以公允价值计量且其变动计入其他综合收益的金融资产。

② 因考虑公允价值变动对净利润的影响，甲公司将持有丙公司 8% 的股权投资从以公允价值计量且其变动计入当期损益的金融资产，重分类为以公允价值计量且其变动计入其他综合收益的金融资产。

③ 甲公司的子公司（风险投资机构）新取得丁公司 36% 的股权并对其具有重大影响，对其投资采用公允价值计量。

④ 甲公司对戊公司增资，所持戊公司股权由 30% 增加至 60%，并能够对戊公司实施控制，甲公司将对戊公司的股权投资核算方法由权益法改为成本法。

下列各项关于甲公司及其子公司的交易或事项会计处理的表述中，正确的有（　　）。

A. 风险投资机构对所持丁公司股权投资以公允价值计量

B. 甲公司对戊公司股权投资核算方法由权益法改为成本法

C. 甲公司出售所持乙公司债券后对该类别的债权投资予以重分类

D. 甲公司对所持丙公司股权投资予以重分类

「考点 5」 金融工具的减值（★★★）

1. 「2020 年·单选题·题码 145627」

按照企业会计准则的规定，确定企业金融资产预期信用损失的方法是（　　）。

A. 应收取金融资产的合同现金流量与预期收取的现金流量之间差额的现值

B. 金融资产的预计未来现金流量与其账面价值之间的差额

C. 金融资产的公允价值减去处置费用后的净额与其账面价值之间的差额的现值

D. 金融资产的公允价值与其账面价值之间的差额

2. 「单选题·题码149743」

甲公司于2018年1月1日购入面值为1 000万元的5年期债券，实际支付的价款为1 000万元。该债券票面利率和实际利率为5%，每年1月1日付息。甲公司将其划分为以公允价值计量且其变动计入其他综合收益的金融资产。2018年12月31日，该项金融资产的公允价值为960万元。甲公司经评估认定该项金融工具的信用风险自初始确认后并未显著增加，经测算，该项金融资产12个月内的预期信用损失为100万元，不考虑其他因素，则该项金融资产对甲公司2018年损益的影响金额为（　　）万元。

A. -50　　　　　B. -60　　　　　C. -100　　　　　D. -150

3. 「多选题·题码149747」

2018年1月1日甲公司支付价款1 020万元（与公允价值相等）购入某公司同日发行的3年期公司债券，另支付交易费用8.24万元，该公司债券的面值为1 000万元，票面年利率4%，实际年利率为3%，每年12月31日支付上年利息，到期支付本金，甲公司将该公司债券划分为以公允价值计量且其变动计入其他综合收益的金融资产。2018年12月31日，甲公司收到债券利息40万元，该债券的公允价值为920万元，因债务人发生重大财务困难，该金融资产已发生信用减值，甲公司由此确认预期信用损失准备80万元。不考虑其他因素，甲公司下列会计处理中正确的有（　　）。

A. 2018年1月1日该项金融资产的初始确认金额为1 028.24万元
B. 2018年12月31日该项金融资产的账面价值为939.39万元
C. 2018年应确认资产减值损失99.09万元
D. 2019年应确认投资收益28.17万元

「考点6」 金融资产转移（★）

1. 「2020年·单选题·题码145628」

2018年3月20日，甲公司将所持账面价值为7 800万元的5年期国债以8 000万元的价格出售给乙公司。按照出售协议的约定，甲公司出售该国债后，与该国债相关的损失或收益均归乙公司承担或享有。该国债出售前，甲公司将其分类为以公允价值计量且其变动计入其他综合收益的金融资产。不考虑其他因素，下列各项关于甲公司出售国债会计处理的表述中，正确的是（　　）。

A. 终止确认所持国债的账面价值
B. 将出售国债取得的价款确认为负债
C. 出售国债取得的价款与其账面价值的差额计入所有者权益
D. 国债持有期间因公允价值变动计入其他综合收益的金额转为留存收益

2. 「2016年·单选题·题码145629」

2015年6月，甲公司与乙公司签订股权转让框架协议，协议约定将甲公司持有的丁公司20%的股权转让给乙公司，总价款为7亿元，乙公司分为三次支付。2015年支付了第一笔款项2亿元。为了保证乙公司的利益，甲公司于2015年11月将其持有的丁公司的5%股权过户给乙公司，但乙公司暂时并不拥有与该5%股权对应的表决权和利润分配权。假定甲公司、乙公司不存在关联方关系，不考虑其他因素。下列关于甲公司对该股权转让于2015年

会计处理的表述中,正确的是( )。

A. 将实际收到的价款确认为负债
B. 将实际收到价款与所对应的5%股权投资账面价值的差额确认为股权转让损益
C. 将甲公司与乙公司签订的股权转让协议作为或有事项在财务报表附注中披露
D. 将转让总价款与对丁公司20%股权投资账面价值的差额确认为股权转让损益,未收到的转让款确认为应收款

「考点7」 套期会计(★)

「2018年·多选题·题码145633」

下列各项中,能够作为公允价值套期的被套期项目有( )。

A. 已确认的负债
B. 尚未确认的确定承诺
C. 已确认资产的组成部分
D. 极可能发生的预期交易

主观题部分

1. 「2020年·综合分析题·题码119655」

2018年,甲公司发生的相关交易或事项如下[1]:

❶ 1月1日,甲公司以2 500万元从乙公司购入其发行的3年期资产管理计划的优先级A类资产支持证券,该证券的年收益率为5.5%。该资产管理计划系乙公司将其所有的股权投资和应收款项作为基础资产发行的资产支持证券,该证券分为优先级A类、优先级B类和次级类三种。按照发行协议的约定,优先级A类和优先级B类按固定收益率每年初支付上一年的收益,到期偿还本金和最后一年的收益;基础资产中每年产生的现金流量,按优先级和次级顺序依次支付优先级A类、优先级B类和次级类持有者的收益。该资产管理计划到期时,基础资产所产生的现金流量按上述顺序依次偿付持有者的本金及最后一年的收益;如果基础资产产生的现金流量不足以支付所有持有者的本金及收益的,按上述顺序依次偿付。[2]

❷ 8月7日,甲公司以2 000万元购入由某银行发行的两年期理财产品,预计年收益率为6%。根据该银行理财产品合同的约定,将客户投资理财产品募集的资金投资于3A级公司债券、申购新股和购买国债。[3]

❸ 9月30日,甲公司与其开户银行签订保理协议,将一年后到期的5 000万元不带息应收账款,按照4 800万元的价格出售给其开户银行。按照保理协议的约定,如果应收账款到期后债务人不能按期支付款项,甲公司有义务向其开户银行偿付。当日,甲公司收到其开户银行支付的4 800万元款项。甲公司对应收账款进行管理的目标是,将应收

【审题要点】

「1」结合题目,可以看出本题考查金融资产分类及其会计处理。

「2」该资产支持证券所属的基础资产包含股权投资,其合同现金流量特征不符合基本借贷安排,因此应当分类为以公允价值计量且其变动计入当期损益的金融资产。

「3」甲公司购买的理财产品合同规定所作的三类投资项目包含有股权投资,不符合基本借贷安排,因此应当分类为以公允价值计量且其变动计入当期损益的金融资产。

「4」甲公司管理应收账款的目标是将应收账款持有到期后收取款项,同时兼顾流动性要求转让应收账款,属于以收取合同现金流量和出售金融资产为目标的业务模式,且该应收账款的合同现金流量特征符合基本借贷安排,应分类为以公允价值计量且其变动计入其他综合收益的金融资产。

「5」根据合同条款,甲公司可以无条件避免交付现金或其他金融资产的合同义务,应将该永续债分类为权益工具。

「6」甲公司对拟出售的丁公司20%股权部分终止权益法核算并划分为持有待售资产(满足可立即出售,出售极可能发生的2个条件),剩余股权在出售股权之前仍采用权益法核算。

账款持有到期后收取款项,同时兼顾流动性要求转让应收账款。[4]

❹ 10月1日,甲公司向特定的合格机构投资者按面值发行永续债3 000万元。根据募集说明书的约定,本次发行的永续债无期限,票面年利率为4.8%,按年支付利息;5年后甲公司可以赎回,如果不赎回,票面年利率将根据当时的基准利率上浮1%;除非利息支付日前12个月发生甲公司向普通股股东支付股利等强制付息事件,甲公司有权取消支付永续债当期的利息,且不构成违约;在支付约定的永续债当期利息前,甲公司不得向普通股股东分配股利;甲公司有权按照永续债票面金额加上当期已决议支付但尚未支付的永续债利息之和赎回本次发行的永续债;本次发行的永续债不设置投资者回售条款,也不设置强制转换为普通股的条款。甲公司清算时,永续债持有者的清偿顺序劣后于普通债务的债权人,但在普通股股东之前。甲公司根据相应的议事机制,能够自主决定普通股股利的支付。[5]

❺ 12月31日,经董事会批准,甲公司与丙公司签订出售其所持丁公司20%股权的协议。协议约定,出售价格为3 500万元,甲公司应于2019年4月末前办理完成丁公司股权的产权转移手续。甲公司预计能够按照协议约定完成丁公司股权的出售,预计出售该股权发生的税费为400万元。甲公司持有丁公司30%股权并对其具有重大影响。截至2018年12月31日,甲公司对丁公司股权投资的账面价值为3 600万元,其中投资成本为2 400万元,损益调整为900万元,其他综合收益为300万元。[6]

本题不考虑税费及其他因素。

甲公司对拟出售的丁公司20%股权部分应当按照公允价值减出售费用后的净额,与其账面价值孰低计量。

「要求」

(1) 根据资料❶,判断甲公司购入的优先级A类资产支持证券在初始确认时应当如何分类,并说明理由。

(2) 根据资料❷,判断甲公司购入的银行理财产品在初始确认时应当如何分类,并说明理由。

(3) 根据资料❸,判断甲公司保理的应收账款在初始确认时应当如何分类,并说明理由;判断甲公司保理的应收账款能否终止确认,说明理由,并编制与应收账款保理相关的会计分录;说明该保理应收账款在甲公司2018年12月31日资产负债表中列示的项目名称。

(4) 根据资料❹,判断甲公司发行的永续债在初始确认时应当如何分类,说明理由,并编制相关会计分录。

(5) 根据资料❺,判断甲公司对拟出售的丁公司股权应当如何分类及计量,编制相关会计分录;说明甲公司保留所持丁公司10%股权投资在完成出售20%股权前的会计处理原则。

2.「2019 年·计算分析题·题码 131903」

甲公司为一家上市公司,相关年度发生与金融工具有关的交易或事项如下:[1]

❶ 2018 年 7 月 1 日,甲公司购入了乙公司同日按面值发行的债券 50 万张,该债券每张面值为 100 元,面值总额 5 000 万元,款项已以银行存款支付。根据乙公司债券的募集说明书,该债券的年利率为 6%(与实际利率相同),自发行之日起开始计息,债券利息每年支付一次,于每年 6 月 30 日支付;期限为 5 年,本金在债券到期时一次性偿还。甲公司管理乙公司债券的目标是在保证日常流动性需求的同时,维持固定的收益率。[2]

2018 年 12 月 31 日,甲公司所持上述乙公司债券的公允价值为 5 200 万元。

2019 年 1 月 1 日,甲公司基于流动性需求将所持乙公司债券全部出售,取得价款 5 202 万元。

❷ 2019 年 7 月 1 日,甲公司从二级市场购入了丙公司发行的 5 年期可转换债券 10 万张,[3]以银行存款支付价款 1 050 万元,另支付交易费用 15 万元。根据丙公司可转换债券的募集说明书,该可转换债券每张面值为 100 元;票面年利率为 1.5%,利息每年支付一次,于可转换债券发行之日起每满 1 年的当日支付;可转换债券持有人可于可转换债券发行之日满 3 年后第一个交易日起至到期日止,按照 20 元/股的转股价格将持有的可转换债券转换为丙公司的普通股。2019 年 12 月 31 日,甲公司所持上述丙公司可转换债券的公允价值为 1 090 万元。

❸ 2019 年 9 月 1 日,甲公司向特定的合格投资者按面值发行优先股 1 000 万股,每股面值 100 元,扣除发行费用 3 000 万元后的发行收入净额已存入银行。根据甲公司发行优先股的募集说明书,本次发行优先股的票面股息率为 5%;甲公司在有可分配利润的情况下,可以向优先股股东派发股息;在派发约定的优先股当期股息前,甲公司不得向普通股股东分配股利;除非股息支付日前 12 个月发生甲公司向普通股股东支付股利等强制付息事件,甲公司有权取消支付优先股当期股息,且不构成违约;优先股股息不累积;优先股股东按照约定的票面股息率分配股息后,不再同普通股股东一起参加剩余利润分配;甲公司有权按照优先股票面金额加上当期已决议支付但尚未支付的优先股股息之和赎回并注销本次发行的优先股;本次发行的优先股不设置投资者回售条款,也不设置强制转换为普通股的条款;[4]甲公司清算时,优先股股东的清偿顺序劣后于普通债务的债权人,但在普通股股东之前。甲公司根据相应的议事机

【审题要点】

[1] 结合题目,可以看出本题考查金融资产分类与计量。

[2] 甲公司管理乙公司债券的目标是在保证日常流动性需求的同时,维持固定的收益率,意味着其业务模式为收取合同现金流量和出售金融资产,且该债券的合同现金流量特征符合基本借贷安排,应将其分类为以公允价值计量且其变动计入其他综合收益的金融资产。

[3] 可转换公司债券既有一般债券工具投资的特征(本金+利息),同时还嵌入一项转股权(未来转为权益的权利),不完全符合基本借贷安排,应分类为以公允价值计量且其变动计入当期损益的金融资产。

[4] 甲公司发行优先股,有权取消股利支付,不设置回售条款,说明可以无条件避免交付现金或其他金融资产的合同义务,应将该优先股作为权益工具。

制,能够自主决定普通股股利的支付。
本题不考虑相关税费及其他因素。

「要求」
(1) 根据资料❶,判断甲公司所持乙公司债券应予确认的金融资产类别,从业务模式和合同现金流量特征两个方面说明理由,并编制与购入、持有及出售乙公司债券相关的会计分录。
(2) 根据资料❷,判断甲公司所持丙公司可转换债券应予确认的金融资产类别,说明理由,并编制与购入、持有丙公司可转换债券相关的会计分录。
(3) 根据资料❸,判断甲公司发行的优先股是负债还是权益工具,说明理由,并编制发行优先股的会计分录。

3.「2018 年·计算分析题·题码 46925」

2017 年 7 月 10 日,甲公司与乙公司签订股权转让合同,以 2 600 万元的价格受让乙公司所持丙公司 2% 股权。同日,甲公司向乙公司支付股权转让款 2 600 万元;丙公司的股东变更手续办理完成。受让丙公司股权后,甲公司将其指定为以公允价值计量且其变动计入其他综合收益的非交易性权益工具投资。[1]
2017 年 8 月 5 日,甲公司从二级市场购入丁公司发行在外的股票 100 万股(占丁公司发行在外有表决权股份的 1%),支付价款 2 200 万元,另支付交易费用 1 万元。根据丁公司股票的合同现金流量特征及管理丁公司股票的业务模式,甲公司将购入的丁公司股票作为以公允价值计量且其变动计入当期损益的金融资产核算。[2]
2017 年 12 月 31 日,甲公司所持上述丙公司股权的公允价值为 2 800 万元,所持上述丁公司股票的公允价值为 2 700 万元。
2018 年 5 月 6 日,丙公司股东会批准利润分配方案,向全体股东共计分配现金股利 500 万元。
2018 年 7 月 12 日,甲公司收到丙公司分配的股利 10 万元。
2018 年 12 月 31 日,甲公司所持上述丙公司股权的公允价值为 3 200 万元,所持上述丁公司股票的公允价值为 2 400 万元。
2019 年 9 月 5 日,甲公司将所持丙公司 2% 股权予以转让,取得款项 3 300 万元。2019 年 12 月 4 日,甲公司将所持上述丁公司股票全部出售,取得款项 2 450 万元。
其他资料:
① 甲公司对丙公司和丁公司不具有控制、共同控制或重大影响。
② 甲公司按实现净利润的 10% 计提法定盈余公积,不计提任

【审题要点】
「1」结合题目,可以看出本题考查金融资产计量的相关会计处理,包括初始取得,后续计量,处置。
购买乙公司股权的会计核算科目是其他权益工具投资,按照公允价值计量,初始入账金额为支付价款+交易费用,公允价值变动计入其他综合收益科目(不影响利润),处置时转留存收益(同样不影响利润)。
「2」购买丁公司股票的会计核算科目是交易性金融资产,按照公允价值计量,交易费用冲减投资收益,公允价值变动计入当期损益,处置时以前期间确认的公允价值变动损益无须转投资收益。

意盈余公积。

③ 不考虑税费及其他因素。

「要求」

（1）根据上述资料，编制甲公司与购入、持有及处置丙公司股权相关的全部会计分录。

（2）根据上述资料，编制甲公司与购入、持有及处置丁公司股票相关的全部会计分录。

（3）根据上述资料，计算甲公司处置所持丙公司股权及丁公司股票对其2019年度净利润和2019年12月31日所有者权益的影响。

14 第十四章 租赁

「考情分析」

考点	星级	近十年考频	2012年	2013年	2014年	2015年	2016年	2017年	2018年	2019年	2020年	2021年
1. 租赁的概述	★	2									√	√
2. 承租人的会计处理	★★★	5		√	√		√	√				√
3. 出租人的会计处理	★★	5	√	√					√	√		
4. 特殊租赁业务的会计处理	★★	1										√

「考点1」租赁的概述（★）

1. 「2020年·单选题·题码145641」

   2019年6月30日，甲公司与乙公司签订租赁合同，从乙公司租入一栋办公楼。根据租赁合同约定，该办公楼不可撤销的租赁期为5年，租赁期开始日为2019年7月1日，月租金为25万元，于每月月末支付，首3个月免付租金，在不可撤销的租赁期到期后，甲公司拥有3年按市场租金行使的续租选择权。从2019年7月1日起算，该办公楼剩余使用寿命为30年。假定不可撤销的租赁期结束时甲公司将行使续租选择权。不考虑其他因素，甲公司对该办公楼使用权资产计提折旧的年限是（　　）。

   A. 5年 B. 8年 C. 30年 D. 4.75年

2. 「单选题·题码145642」

   甲公司与供应商签订了使用指定卡车的为期12天的合同。卡车在合同中有明确规定，且供应商没有替换权。在合同期内只允许使用该卡车运输合同中指定的货物。合同规定了卡车可行驶的最大里程。甲公司可在合同规定范围内选择具体的行程。指定路程完成后，甲公司无权继续使用这辆卡车。待运输的货物以及装货、卸货的时间和地点在合同中明确规定。甲公司负责驾驶卡车。下列表述中错误的是（　　）。

   A. 该合同不包含卡车的租赁　　B. 该合同包含卡车的租赁
   C. 卡车属于已识别资产　　D. 此项租赁符合短期租赁的定义

3. 「单选题·题码145643」

   甲信息技术公司与乙公司签订一项合同协议，协议约定甲公司将一台指定服务器租给乙公司，租赁期为2年，甲公司负责整个租赁期内的服务器维护。合同对价中包含了服务器的维护费用。服务器的维护服务存在可观察的单独价格，且市场上多家公司可提供该维护服务。下列有关该合同协议的说法中，不正确的是（　　）。

   A. 合同中租赁服务器的约定适用租赁准则进行会计处理
   B. 甲公司将该合同按照租赁部分与非租赁部分进行分拆进行会计处理
   C. 合同中的维护服务在实际发生时适用收入准则进行会计处理

D. 合同中租赁服务器与维护服务具有高度关联，应作为一揽子合同进行处理

4.「多选题·题码145653」

下列关于租赁期的说法中，正确的有（　　）。

A. 承租人有续租选择权，且合理确定将行使该选择权的，租赁期应当包含续租选择权涵盖的期间

B. 如果不可撤销的租赁期间发生变化，企业应当修改租赁期

C. 租赁期不包括出租人给予承租人的免租期

D. 承租人有终止租赁选择权，且合理确定将会行使该选择权的，租赁期应当包含终止租赁选择权涵盖的期间

「考点2」承租人的会计处理（★★★）

1.「2017年·单选题·题码145644」

下列各项中，不构成租赁付款额组成部分的是（　　）。

A. 租金
B. 租赁激励相关金额
C. 取决于指数或比率的可变租赁付款额
D. 承租人提供的担保余值预计应支付的部分

2.「2017年·单选题·题码145645」

2016年甲公司租入一台机器设备，将租赁日确认的租赁负债初始计量金额和发生的初始直接费用作为使用权资产的入账价值。不考虑其他因素，甲公司后续在计算租赁负债在租赁期内各个期间的利息费用时，应优先采用的分摊率是（　　）。

A. 租赁合同规定利率
B. 银行同期贷款利率
C. 租赁内含利率
D. 承租人增量借款利率

3.「2017年·单选题·题码145646」

2019年甲公司租入一台机器设备，不考虑其他因素，甲公司在分摊租赁负债——未确认融资费用时，应当采用的分摊率是（　　）。

A. 合同规定利率
B. 银行同期贷款利率
C. 出租人出租资产的无风险利率
D. 使出租人的租赁收款额的现值与未担保余值的现值之和等于租赁资产公允价值与出租人的初始直接费用之和的利率

4.「单选题·题码145647」

下列各项中，不构成融资租赁中租赁收款额组成部分的是（　　）。

A. 出租人为承租人偿付或承担的成本
B. 取决于指数或比率的可变租赁付款额
C. 承租人或与其有关的第三方担保的资产余值
D. 独立于承租人和出租人的第三方担保的资产余值

5.「单选题·题码145648」

2020年1月1日，甲公司与乙公司签订一份租赁协议，协议约定，甲公司从乙公司租入一

栋办公楼,租赁期开始日为2020年2月1日,租赁期限为4年,年租金55万元,于每年年末支付。甲公司在租赁期开始日之前支付租赁付款额为20万元,租赁期开始日前尚未支付的租赁付款额的现值为100万元,甲发生的初始直接费用为2万元。甲公司预计租赁结束时恢复该办公楼租赁前使用状态将要发生的支出的现值为3万元,已享受的租赁激励为5万元。假定不考虑其他因素,甲公司于租赁期开始日应确认的使用权资产金额为( )万元。

A. 120 B. 122 C. 105 D. 125

6. 「2016年·多选题·题码145654」

下列关于承租人对租赁会计处理的表述中,正确的有( )。

A. 承租人对于租赁中可能发生与未来销售额挂钩的可变租赁付款额应于发生时计入当期损益

B. 承租人在租赁中发生的初始直接费用应当计入使用权资产的成本

C. 承租人在租赁开始时支付的租赁付款额应当计入使用权资产的成本

D. 为激励承租人,出租人补贴的佣金,承租人应当在租赁期间内摊销

7. 「2016年·多选题·题码145655」

下列关于租赁会计处理的表述中,正确的有( )。

A. 承租人对于租赁中可能发生的,不取决于指数或比率的可变租赁付款额,应于发生时计入当期损益

B. 承租人发生的初始直接费用应当计入使用权资产的成本

C. 根据承租人提供的担保余值预计应支付的款项应纳入租赁负债的初始计量

D. 出租人承担了应由承租人承担的相关费用时,承租人对于出租人所承担的费用应确认为当期损益

「考点3」出租人的会计处理(★★)

1. 「2019年·单选题·题码145649」

2019年1月1日,甲公司与乙公司签订租赁合同,将其一栋物业租赁给乙公司作为商场使用。根据合同约定,物业的租金为每月50万元,于每季度末支付;租赁期为5年,自合同签订日开始算起,租赁期前3个月为免租期,乙公司免予支付租金;如果在租赁期内乙公司每年的营业收入超过10亿元,乙公司(每年)应向甲公司支付经营分享收入100万元。乙公司2019年底实现营业收入12亿元。甲公司认定上述租赁为经营租赁。不考虑增值税及其他因素,上述交易对甲公司2019年营业利润的影响金额是( )万元。

A. 570 B. 600 C. 670 D. 700

2. 「2018年·单选题·题码145650」

下列各项关于出租人会计处理的表述中,不正确的是( )。

A. 融资租赁下取决于指数的可变租赁付款额的现值在租赁期开始日计入应收融资租赁款

B. 融资租赁下应收融资租赁款的初始入账价值不包含出租人发生的初始直接费用

C. 出租人取得的与资产未来绩效挂钩的可变租赁付款额,应当在实际发生时计入当期损益

D. 经营租赁下收取的租金在租赁期内的各个期间按直线法或其他合理方法确认为收入

3. 「2013 年·单选题·题码 145651」

甲公司将一台闲置机器设备以经营租赁方式租给乙公司使用。租赁合同约定：租赁期开始日为 2013 年 7 月 1 日，租赁期 4 年，年租金为 120 万元，租金每年 7 月 1 日支付。租赁期开始日起的前 3 个月免收租金。2013 年 7 月 1 日，甲公司收到乙公司支付的扣除免租期后的租金 90 万元。不考虑其他因素，甲公司 2013 年应确认的租金收入是（　　）万元。

A. 56.25　　　　B. 60　　　　C. 90　　　　D. 120

4. 「2012 年·单选题·题码 145652」

2012 年 1 月 2 日，甲公司采用融资租赁方式出租一条生产线。租赁合同规定：

① 租赁期为 10 年，每年收取固定租金 20 万元；

② 除固定租金外，甲公司每年按该生产线所生产的产品销售额的 1% 提成，据测算平均每年提成约为 2 万元；

③ 承租人提供的租赁资产担保余值为 10 万元；

④ 与承租人和甲公司均无关联关系的第三方提供的租赁资产担保余值为 5 万元；

⑤ 租赁资产在租赁开始日的公允价值为 209 万元。

甲公司为该项租赁支付的初始直接费用 1 万元，甲公司租赁期开始日应确认的应收融资租赁款——租赁收款额为（　　）万元。

A. 200　　　　B. 206　　　　C. 215　　　　D. 210

「考点 4」 特殊租赁业务的会计处理（★★）

主观题部分

「非真题·题码 100347」

| 2020 年 12 月 31 日，A 公司就某栋写字楼与 B 公司签订租赁合同，[1]相关资料如下：该合同租赁期限为 20 年，并拥有 8 年的续租选择权。[2]租赁价款为 3 000 万元。续租期间为每年 125 万元。2021 年 1 月 1 日，A 公司预付了 900 万元租赁费，剩余款项每年年末支付租金 105 万元。[3]A 公司无法确定租赁内含利率，其增量借款为 5%，同时合同约定，若 A 公司在租赁期第一年营业销售额达到 8 000 万元以上，则 A 公司需在第一年年末额外支付 18 万元租赁费用。[4]公司为获得该项租赁，发生初始直接费用 5 万元，以银行存款支付。作为对 A 公司的激励，B 公司同意于租赁期开始日补偿 A 公司 2 万元。[5]A 公司向 B 公司提供担保承诺，担保余值金额为 20 万元，A 公司预计该商业楼在租赁期结束时的公允价值为 30 万元。[6]该房地产预计尚可使用年限为 30 年。租赁期开始日，A 公司评估将不会行使续租选择权。 | 【审题要点】
「1」结合问题可以看出，本题会计主体为 A 公司，考查的是承租人的会计处理。包括初始计量、后续计量。在初始计量时，要依次确定租赁期（考虑是否行权），以及租赁负债、使用权资产的入账金额。
「2」由于存在续租选择权，在判断租赁期时要关注是否行权的信息。根据后续题干信息，可以合理判断甲不会行使续租选择权，因此租赁期为 20 年。
「3」在确定租赁负债时，要注意租金支付的时点。由于是每年年末支付，因此租赁付款额中未付固定租金 =105×20 =2 100（万元）。
「4」基于销售额的可变租金，不是取决于指数或者比率的可变租赁付款额，不能计入租赁负债，应在将来实际发生时计入当期损益。 |

第十四章 租赁

因此,租赁负债的现值 = 105 × (P/A,5%,20) = 1 308.53(万元)。

[5] 除了租赁负债1 308.53万元要计入使用权资产的成本,预付租金900万元,初始直接费用5万元(需扣除租赁激励2万元),都应当计入使用权资产的成本。因此,使用权资产成本 = 1 308.53 + 900 + 5 - 2 = 2 211.53(万元)。

[6] 在有担保余值的情况下,要考虑预计应支付的款项,本题中预计该商业楼在租赁期结束时的公允价值为30万元,大于担保余值20万元,因此不用考虑。

[要求] 假定不考虑其他因素。若A公司第一年营业销售额达到8 000万元以上,计算A公司因该租赁合同确认的使用权资产及租赁负债,并编制2021年的会计分录。
[(P/A,5%,20) = 12.4622;(P/F,5%,20) = 0.376]

15 第十五章 持有待售的非流动资产

「考情分析」

考点	星级	近十年考频	2012年	2013年	2014年	2015年	2016年	2017年	2018年	2019年	2020年	2021年
1. 持有待售的分类	★★	2				√				√		
2. 持有待售的计量	★★★	5			√		√	√	√	√		
3. 终止经营	★	2							√	√		

「考点1」持有待售的分类（★★）

「2015年·多选题·题码145659」

下列资产分类或转换的会计处理中，符合会计准则规定的有（　　）。

A. 将投资性房地产的后续计量由公允价值模式转为成本模式
B. 对子公司失去控制或重大影响导致将长期股权投资转换为以摊余成本计量的金融资产
C. 因签订不可撤销的出售协议，并且该项转让将在一年内完成，将对联营企业投资终止采用权益法并作为持有待售资产列报
D. 因业务模式变更，将以摊余成本计量的金融资产变更为以公允价值计量且其变动计入其他综合收益的金融资产

「考点2」持有待售的计量（★★★）

1. 「2018年·单选题·题码145657」

2017年12月15日，甲公司与乙公司签订具有法律约束力的股权转让协议，将其持有子公司——丙公司70%股权转让给乙公司。甲公司原持有丙公司90%股权，转让完成后，甲公司将失去对丙公司的控制，但能够对丙公司实施重大影响。截至2017年12月31日止。上述股权转让的交易尚未完成。假定甲公司拟出售的对丙公司投资满足划分为持有待售类别的条件。不考虑其他因素，下列各项关于甲公司2017年12月31日合并资产负债表列报的表述中，正确的是（　　）。

A. 对丙公司全部资产和负债按其净额在持有待售资产或持有待售负债项目列报
B. 将丙公司全部资产在持有待售资产项目列报，全部负债在持有待售负债项目列报
C. 将拟出售的丙公司70%股权部分对应的净资产在持有待售资产或持有待售负债项目列报，其余丙公司20%股权部分对应的净资产在其他流动资产或其他流动负债项目列报
D. 将丙公司全部资产和负债按照其在丙公司资产负债表中的列报形式在各个资产和负债项目分别列报

2. 「2014年·单选题·题码145658」

甲公司计划出售一项固定资产，该固定资产于2017年6月30日被划分为持有待售固定资产，公允价值为320万元，预计处置费用为5万元。该固定资产购买于2010年12月11

日，原值为 1 000 万元，预计净残值为零，预计使用寿命为 10 年，采用年限平均法计提折旧，取得时已达到预定可使用状态。不考虑其他因素，该固定资产 2017 年 6 月 30 日应予列报的金额是（　　）万元。

A. 315　　　　　　B. 320　　　　　　C. 345　　　　　　D. 350

3. 「2017 年·多选题·题码 145660」

2016 年 9 月 30 日，甲公司与独立第三方签订出售协议，拟将一项闲置管理用设备以 4 100 万元的价格出售给独立第三方，预计出售过程中将发生的处置费用为 100 万元。该设备为甲公司于 2014 年 7 月购入，原价为 6 000 万元，预计使用 10 年，预计净残值为零，已计提折旧 1 350 万元，未计提减值准备。至 2016 年 12 月 31 日，该设备出售尚未完成，但甲公司预计将于 2017 年第一季度完成。不考虑其他因素，下列各项关于甲公司因该设备对其财务报表影响的表述中，正确的有（　　）。

A. 甲公司 2016 年末因持有该设备应计提 650 万元减值准备
B. 甲公司 2016 年对该设备计提的折旧 600 万元计入当期损益
C. 甲公司 2016 年末资产负债表中因该交易应确认 4 100 万元应收账款
D. 该设备在 2016 年末资产负债表中应以 4 000 万元的价值列报为流动资产

4. 「2016 年·多选题·题码 145661」

为整合资产，甲公司 2014 年 9 月经董事会决议处置部分生产线。2014 年 12 月 3 日，甲公司与乙公司签订某生产线出售合同。合同约定：该项交易自合同签订之日起 10 个月内完成，原则上不可撤销，但因外部审批及其他不可抗力因素影响的除外。如果取消合同，主动提出取消的一方应向对方赔偿损失 360 万元。生产线出售价格为 2 600 万元，甲公司负责生产线的拆除并运送至乙公司指定地点，经乙公司验收后付款。甲公司该生产线 2014 年年末账面价值为 3 200 万元，预计拆除、运送等费用为 120 万元。2015 年 3 月，在合同实际执行过程中，因乙公司所在地方政府出台新的产业政策，乙公司购入资产属于新政策禁止行业，乙公司提出取消合同并支付了赔偿款。不考虑其他因素，下列关于甲公司对于上述事项的会计处理中，正确的有（　　）。

A. 自 2015 年 1 月起对拟处置生产线停止计提折旧
B. 2014 年资产负债表中该生产线列报为 3 200 万元
C. 2015 年将取消合同取得的乙公司赔偿款确认为营业外收入
D. 自 2015 年 3 月知晓合同将予取消时起，对生产线恢复计提折旧

「考点 3」 终止经营（★）

「2019 年·多选题·题码 145662」

下列各项关于终止经营列报的表述中，错误的有（　　）。

A. 终止经营的相关损益作为持续经营损益列报
B. 终止经营的处置损益以及调整金额作为终止经营损益列报
C. 拟结束使用而非出售的处置组满足终止经营定义中有关组成部分条件的，自停止使用日起作为终止经营列报
D. 对于当期列报的终止经营，在当期财务报表中将处置日前原来作为持续经营损益列报的

信息重新作为终止经营损益列报，但不调整可比会计期间利润表

主观题部分

「2019 年·综合题节选·题码 148574」

甲公司的注册会计师在对其 2018 年度财务报表进行审计时，对以下交易或事项的会计处理提出质疑：[1]

2018 年 1 月 1 日，甲公司持有联营企业（乙公司）30% 股权，账面价值为 3 200 万元，其中投资成本 2 600 万元，损益调整 600 万元。2018 年 9 月 30 日，甲公司与市场独立第三方签订不可撤销协议，以 4 000 万元的价格出售对乙公司 30% 股权。至 2018 年 12 月 31 日，上述股权出售尚未完成，甲公司预计将于 2019 年 6 月底前完成上述股权的出售。[2] 2018 年度，乙公司实现净利润 1 600 万元，其他综合收益增加 200 万元，其中，1 月 1 日至 9 月 30 日期间实现净利润 1 000 万元，其他综合收益增加 200 万元。[3] 税法规定，资产按取得时的成本作为计税基础。[4]

对于上述交易或事项，甲公司进行了以下会计处理：

借：长期股权投资　　　　　　　　540
　　贷：投资收益　　　　　　　　　　480
　　　　其他综合收益　　　　　　　　60

其他有关资料：

① 甲公司适用的企业所得税税率为 25%，未来年度能够取得足够的应纳税所得额用以抵扣可抵扣暂时性差异。

② 2018 年初，甲公司不存在递延所得税资产和负债的账面余额。

③ 甲公司原取得对乙公司 30% 股权时，乙公司可辨认净资产公允价值与其账面价值相同。

④ 本题不考虑除企业所得税外的其他税费及其他因素。

【审题要点】

「1」根据题目要求，可以得知，本题考查差错更正，更正分录＝正确分录－错误分录。

「2」根据题干信息，该拟出售的长期股权投资满足划分持有待售条件，按原账面价值和公允价值减去出售费用的净额孰低计量。

「3」该长期股权投资在划分为持有待售前按权益法核算，要根据被投资单位净资产变动调整长期股权投资的账面价值。

「4」本题要考虑所得税，拟出售长期股权投资账面价值与计税基础不同形成的暂时性差异，应确认递延所得税。要注意的是，要进一步分析差异原因，分别确定对应的科目（所得税费用或其他综合收益）。

「要求」根据上述资料，判断甲公司对上述交易或事项的会计处理是否正确，说明理由；如果会计处理不正确，编制更正甲公司 2018 年度财务报表的会计分录。

16 第十六章 所有者权益

「考情分析」

考点	星级	近十年考频	2012年	2013年	2014年	2015年	2016年	2017年	2018年	2019年	2020年	2021年
1. 其他权益工具	★	1									√	
2. 资本公积	★	4	√				√			√	√	
3. 其他综合收益	★★★	5				√		√	√	√		√
4. 留存收益	★	2							√			√

「考点 1」其他权益工具（★）

「2020 年·单选题·题码 145676」

下列各项交易或事项产生的差额中，应当计入所有者权益的是（ ）。

A. 企业发行可转换公司债券的发行价格与负债公允价值之间的差额

B. 企业将债务转为权益工具时债务账面价值与权益工具公允价值之间的差额

C. 企业购入可转换公司债券实际支付的价款与可转换公司债券面值之间的差额

D. 企业发行公司债券实际收到的价款与债券面值之间的差额

「考点 2」资本公积（★）

1. 「2019 年·单选题·题码 145677」

2018 年 5 月，甲公司以固定资产和无形资产作为对价，自独立第三方购买了丙公司 80% 股权，由于作为支付对价的固定资产和无形资产发生增值，甲公司产生大额应交企业所得税的义务，考虑到甲公司的母公司（乙公司）承诺为甲公司承担税费，甲公司没有计提因上述企业合并产生的相关税费。2018 年 12 月乙公司按照事先承诺为甲公司支付了因企业合并产生的相关税费。不考虑其他因素，对于上述乙公司为甲公司承担相关税费的事项，甲公司应当进行的会计处理的是（ ）。

A. 确认费用，同时确认收入　　B. 确认费用，同时确认所有者权益

C. 无须进行会计处理　　　　　D. 不作账务处理，但在财务报表附注中披露

2. 「2013 年·单选题·题码 145678」

下列交易或事项中，不会引起当期资本公积（资本溢价）发生变动的是（ ）。

A. 以资本公积转增股本

B. 根据董事会决议，每 2 股缩为 1 股

C. 授予员工股票期权在等待期内确认相关费用

D. 同一控制下企业合并中取得被合并方净资产份额小于所支付对价账面价值

3. 「2020年·多选题·题码145682」

下列各项中，在合并资产负债表中应当计入资本公积的有（　　）。

A. 同一控制下企业合并中支付的合并对价账面价值小于取得的净资产账面价值的差额

B. 存货转换为采用公允价值模式后续计量的投资性房地产时转换日公允价值大于账面价值的差额

C. 母公司在不丧失控制权的情况下部分处置对子公司的长期股权投资，处置价款大于处置长期股权投资相对应享有子公司自购买日开始持续计算的净资产份额的差额

D. 因联营企业接受新股东资本投入，投资方仍采用权益法核算时应享有的净资产份额发生变动的部分

4. 「2016年·多选题·题码145683」

甲公司2015年发生下列交易或事项：

① 以账面价值为18 200万元的土地使用权作为对价，取得同一集团内乙公司100%股权，合并日乙公司净资产在最终控制方合并报表中的账面价值为12 000万元。

② 为解决现金困难，控股股东代甲公司缴纳税款4 000万元。

③ 为补助甲公司当期研发投入，取得与收益相关的政府补助6 000万元。

④ 控股股东将自身持有的甲公司2%股权赠与甲公司10名管理人员并立即行权。

不考虑其他因素，会引起其2015年所有者权益中资本性项目发生变动的有（　　）。

A. 大股东代为缴纳税款

B. 取得与收益相关的政府补助

C. 控股股东对管理人员的股份赠与

D. 同一控制下企业合并取得乙公司股权

「考点3」 其他综合收益（★★★）

1. 「2019年·单选题·题码145679」

甲公司将原自用的办公楼用于出租，以赚取租金收入。租赁期开始日，该办公楼账面原价为14 000万元，已计提折旧为5 600万元，公允价值为12 000万元。甲公司对投资性房地产采用公允价值模式进行后续计量。甲公司上述自用办公楼转换为投资性房地产时公允价值大于原账面价值的差额在财务报表中列示的项目是（　　）。

A. 营业收入　　　　　　　　　B. 其他综合收益

C. 资本公积　　　　　　　　　D. 公允价值变动收益

2. 「2017年·单选题·题码145680」

甲公司为境内上市公司。2017年，甲公司发生的导致其净资产变动的交易或事项如下：

① 接受其大股东捐赠500万元。

② 当年将作为存货的商品房改为出租，甲公司对投资性房地产采用公允价值模式进行后续计量。转换日，商品房的公允价值大于其账面价值800万元。

③ 按照持股比例计算应享有联营企业其他综合收益的份额350万元（联营企业非投转投产生的其他综合收益）。

④ 现金流量套期工具产生的利得中属于有效套期部分的金额120万元。

下列各项关于甲公司上述交易或事项产生的净资产变动在以后期间不能转入损益的是（　　）。

A. 接受大股东捐赠
B. 商品房改为出租时公允价值大于其账面价值的差额
C. 现金流量套期工具产生的利得中属于有效套期的部分
D. 按照持股比例计算应享有联营企业其他综合收益变动份额

3. 「2019 年·多选题·题码 145684」

下列各项中，属于在以后期间满足规定条件时将重分类进损益的其他综合收益有（　　）。

A. 外币财务报表折算差额
B. 分类为以公允价值计量且其变动计入其他综合收益的金融资产公允价值变动
C. 分类为以公允价值计量且其变动计入其他综合收益的金融资产信用减值准备
D. 指定为以公允价值计量且其变动计入当期损益的金融负债因企业自身信用风险变动而引起的公允价值变动

4. 「2018 年·多选题·题码 145685」

甲公司 2017 年度因相关交易或事项产生以下其他综合收益：

① 以公允价值计量且其变动计入其他综合收益的债务工具投资因公允价值变动形成其他综合收益 3 200 万元。
② 按照应享有联营企业重新计量设定受益计划净负债变动的价值相应确认其他综合收益 500 万元。
③ 对子公司的外币报表进行折算产生的其他综合收益 1 400 万元。
④ 指定为以公允价值计量且其变动计入当期损益的金融负债因企业自身信用风险的变动形成其他综合收益 300 万元。

不考虑其他因素，上述其他综合收益在相关资产处置或负债终止确认时不应重分类计入当期损益的有（　　）。

A. 对子公司的外币财务报表进行折算产生的其他综合收益
B. 按照应享有联营企业重新计量设定受益计划净负债变动的份额相应确认其他综合收益
C. 指定为以公允价值计量且其变动计入当期损益的金融负债因企业自身信用风险的变动形成的其他综合收益
D. 以公允价值计量且其变动计入其他综合收益的债务工具投资因公允价值变动形成的其他综合收益

「考点 4」留存收益（★）

「2018 年·单选题·题码 145681」

下列各项，能够引起所有者权益总额变化的是（　　）。

A. 以资本公积转增资本
B. 增发新股
C. 向股东支付已宣告分派的现金股利
D. 以盈余公积弥补亏损

17 第十七章 收入

「考情分析」

考点	星级	近十年考频	2012年	2013年	2014年	2015年	2016年	2017年	2018年	2019年	2020年	2021年
1. 识别与客户订立的合同	★★	1							√			
2. 将交易价格分摊至各单项履约义务	★★★	1							√			
3. 履行各单项履约义务时确认收入	★★★	3								√	√	√
4. 合同成本	★★★	1							√			
5. 特定交易的会计处理	★★★	4							√	√	√	√
6. 收入的确认		1										√

「考点 1」 识别与客户订立的合同（★★）

1. 「2018 年·单选题·题码 149731」

   2017 年 2 月 1 日，甲公司与乙公司签订了一项总额为 20 000 万元的固定造价合同，在乙公司自有土地上为乙公司建造一栋办公楼。截至 2017 年 12 月 20 日止，甲公司累计已发生成本 6 500 万元。2017 年 12 月 25 日，经协商合同双方同意变更合同范围，增加装修办公楼的服务内容，合同价格相应增加 3 400 万元。假定上述新增合同价款不能反映装修服务的单独售价，不考虑其他因素，下列各项关于上述合同变更会计处理的表述中，正确的是（　　）。

   A. 合同变更部分作为单独合同进行会计处理

   B. 合同变更部分作为原合同的组成部分进行会计处理

   C. 原合同未履约部分与合同变更部分作为新合同进行会计处理

   D. 合同变更部分作为单项履约义务于完成装修服务时确认收入

2. 「2018 年·多选题·题码 159981·改编」

   2017 年 2 月 1 日，甲公司与乙公司签订了一项总额为 20 000 万元的固定造价合同，在乙公司自有土地上为乙公司建造一栋办公楼，预计合同总成本 10 000 万元，截至 2017 年 12 月 31 日止，甲公司累计已发生成本 6 500 万元。假设该建造服务属于某一时段内履行的履约义务，并按照投入法确定履约进度。2018 年初，经协商合同双方同意变更合同范围，增加装修办公楼的服务内容，合同价格和预计总成本因此分别增加 3 400 万元和 2 000 万元。假定上述新增合同价款不能反映装修服务的单独售价，不考虑其他因素，下列各项关于上述合同变更会计处理的表述中，正确的有（　　）。

   A. 甲公司 2017 年末确认收入 13 000 万元

B. 合同变更部分作为原合同的组成部分进行会计处理

C. 合同变更部分作为单独合同进行会计处理

D. 合同变更日应转回 324.22 万元已确认的收入

「考点 2」将交易价格分摊至各单项履约义务（★★★）

「多选题·题码 39827」

甲公司与客户签订合同，向其销售 A、B、C 三种产品，合同总价款为 120 万元，这三种产品构成 3 个单项履约义务。企业经常单独出售 A 产品，其可直接观察的单独售价为 50 万元；B 产品和 C 产品的单独售价不可直接观察，企业采用市场调整法估计 B 产品的单独售价为 25 万元，采用成本加成法估计 C 产品的单独售价为 75 万元。甲公司经常以 50 万元的价格单独销售 A 产品，并且经常将 B 产品和 C 产品组合在一起以 70 万元的价格销售。假定上述价格均不包含增值税。下列说法中正确的有（　　）。

A. 该合同的折扣应按照 ABC 产品单独售价的相对比例进行分摊

B. 该合同的折扣仅应归属于 B 产品和 C 产品

C. 分摊至 B 产品的交易价格为 17.5 万元

D. 分摊至 B 产品的交易价格为 20 万元

「考点 3」履行各单项履约义务时确认收入（★★★）

「2018 年·多选题·题码 149735」

对于在某一时点履行的履约义务，企业应当在客户取得相关商品控制权时确认收入。在判断客户是否取得商品的控制权时，企业应当考虑的迹象有（　　）。

A. 客户已接受该商品

B. 客户已拥有该商品的法定所有权

C. 客户就该商品负有现时付款义务

D. 客户已取得该商品所有权上的主要风险和报酬

「考点 4」合同成本（★★★）

「2018 年·多选题·题码 149736」

下列各项中，不应作为合同履约成本确认为资产的有（　　）。

A. 为取得合同发生但预期能够收回的增量成本

B. 为组织和管理企业生产经营发生的但非由客户承担的管理费用

C. 为履行合同发生的非正常消耗的直接材料、直接人工和制造费用

D. 无法在尚未履行的与已履行（或已部分履行）的履约义务之间区分的支出

「考点 5」特定交易的会计处理（★★★）

「2020 年·单选题·题码 149732」

2019 年 2 月 16 日，甲公司以 500 万元的价格向乙公司销售一台设备。双方约定，1 年以后甲公司有义务以 600 万元的价格从乙公司处回购该设备。对于上述交易，不考虑增值税及

其他因素，甲公司正确的会计处理方法是（　　）。
A. 作为融资交易进行会计处理
B. 作为租赁交易进行会计处理
C. 作为附有销售退回条款的销售交易进行会计处理
D. 分别作为销售和购买进行会计处理

主观题部分

1. 「2020 年·计算分析题·题码 119611」

2017～2020 年，甲公司及乙公司发生的相关交易或事项如下：

❶ 2017 年 3 月 10 日，甲公司以 6 000 万元的价格取得一宗土地使用权，使用期限 50 年，自 2017 年 4 月 1 日开始起算。该土地在甲公司所属的 A 酒店旁边，甲公司拟在新买的土地上建造 A 酒店 2 期。与土地使用权相关的产权登记手续于 2017 年 4 月 1 日办理完成，购买土地使用权相关的款项已通过银行转账支付。甲公司对该土地使用权按 50 年采用直线法摊销，预计净残值为零。[1]

❷ 2017 年 3 月 20 日，甲公司与乙公司签订一份固定造价合同，合同约定：乙公司为甲公司建造 A 酒店 2 期项目，合同价款为 16 000 万元，建造期间为 2017 年 4 月 1 日至 2019 年 9 月 30 日；乙公司负责工程的施工建造和管理，甲公司根据第三方工程监理公司确定的已完成工程量，每年年末与乙公司结算一次；在 A 酒店 2 期项目建造过程中甲公司有权修改其设计方案；如甲公司终止合同，A 酒店 2 期项目已建造的部分归甲公司所有[2]；如果工程发生重大质量问题，乙公司应按实际损失支付赔偿款；双方确定合同价款的 10% 作为质量保证金，如果工程在完工之日起 1 年内没有发生重大质量问题，甲公司将支付工程质量保证金。

❸ 2017 年 4 月 10 日，乙公司开始对 A 酒店 2 期项目进行施工，预计合同总成本为 12 000 万元。2018 年因建筑材料涨价等原因，乙公司将预计合同总成本调整为 18 000 万元。[3] 截至 2019 年 9 月 30 日，累计实际发生的工程成本为 17 500 万元。乙公司采用成本法确定履约进度，每年实际发生的成本中 60% 为建筑材料费用，其余为工资薪金支出。[4] 与该项目合同相关的资料如下：

单位：万元

项目	2017 年	2018 年	2019 年	2020 年
至年末累计实际发生成本	3 600	10 800	17 500	—

【审题要点】

「1」土地使用权在工程建造期间，摊销费用应计入在建工程。

「2」乙公司在客户（甲公司）场地上建造酒店，客户能够控制在建的商品，属于时段内履行的履约义务。

「3」2018 年调整合同总成本后，待执行合同变成亏损合同，应将预计未来期间将要发生亏损，计提预计负债，计入主营业务成本。

「4」合同履约成本中 60% 应计入原材料，40% 应计入应付职工薪酬。

续表

项目	2017年	2018年	2019年	2020年
预计完成合同尚需发生的成本	8 400	7 200	—	—
年末结算合同价款	4 800	5 600	5 600	—
实际收到价款	4 000	5 500	4 900	1 600

❹ 甲公司A酒店2期项目2019年9月30日完工，达到合同约定的可使用状态，并经验收后交付使用。

其他有关资料：

第一，甲公司与乙公司无关联方关系。

第二，乙公司建造A酒店2期项目整体构成单项履约义务。

第三，乙公司单独设置"合同结算"科目对工程项目进行核算，不设置"合同资产"和"合同负债"科目。

第四，本题不考虑税费及其他因素。

「要求」

（1）指出乙公司确认收入的时点，并说明理由。

（2）计算乙公司2018年和2019年分别应确认的收入。

（3）编制乙公司2018年与履行合同义务相关的会计分录，说明乙公司因履行该合同义务确认的资产和负债在2018年12月31日资产负债表中列示的项目名称及金额。

（4）计算甲公司A酒店2期项目的实际成本。

2. 「2019年·综合题节选·题码148664」

甲公司的注册会计师在对其2018年度财务报表进行审计时，对以下交易或事项的会计处理提出质疑[1]：

2018年度，甲公司因销售B产品共收取合同价款1 000万元。在销售B产品时，甲公司向客户承诺，在销售B产品2年内，由于客户使用不当等原因造成B产品故障，甲公司免费提供维修服务。甲公司2年期维修服务可以单独作出售，与本年度所售B产品相应的2年期维修服务售价为100万元，预计维修服务成本为80万元。[2]甲公司不附加产品免费维修服务情况下出售B产品的售价为920万元。上述已售B产品的成本为700万元。至2018年12月31日，尚未有客户向甲公司提出免费维修服务的要求。

假定税法对上述交易或事项的处理与企业会计准则的规定相同。对于上述交易或事项，甲公司进行了以下会计处理：

「审题要点」

[1] 根据题目问题，可以得知本题主要结合收入来考查差错更正，更正分录＝正确分录－错误分录。

[2] 附有质量保证条款的销售需判断质量保证是否构成单项履约义务。本题中质量保证可以单独出售，且是在产品既定标准之外提供的质量保证（因客户使用不当），因此，该质量保证构成单项履约义务，应分摊交易价格并确认收入，不能按照或有事项产品质量保证责任处理。

```
借：银行存款                    1 000
    贷：主营业务收入              1 000
借：主营业务成本                  700
    贷：库存商品                   700
借：销售费用                      80
    贷：预计负债                   80
```

其他有关资料：
① 甲公司适用的企业所得税税率为25%，未来年度能够取得足够的应纳税所得额用以抵扣可抵扣暂时性差异。
② 2018年初，甲公司不存在递延所得税资产和负债的账面余额。
③ 甲公司原取得对乙公司30%股权时，乙公司可辨认净资产公允价值与其账面价值相同。
④ 本题不考虑除企业所得税外的其他税费及其他因素。

「要求」根据上述资料，判断甲公司对上述交易或事项的会计处理是否正确，说明理由；如果会计处理不正确，编制更正甲公司2018年度财务报表的会计分录。

3. 「2018年·综合题节选·题码148693」

2019年7月1日，甲公司开始推行一项奖励积分计划。根据该计划，甲公司每销售1台合同价格为10 000万元的D设备，客户可获得625万个积分，每个积分从购买D设备的次年起3年内可在该客户再次购买D设备时抵减5元。2019年7月1日起至12月31日止期间，甲公司共计销售D设备10台，合同价格总额100 000万元及增值税总额13 000万元（假定税法规定按照全部合同价格计算的增值税销项税额），已收存银行；销售D设备产生的积分为6 250万个。该积分是甲公司向客户提供的一项重大权利，甲公司预计销售D设备积分的兑换率为80%。[1]甲公司负责提供销售D设备的质量保证服务，如果D设备在1年内出现质量问题，甲公司负责免费维修，但如果因客户员工操作不当等非设备本身质量原因导致的故障、甲公司不负责提供免费维修服务。[2]根据以往经验，甲公司销售的D设备1年保质期内70%不会发生质量问题；20%可能发生较小质量问题；10%发生较大质量问题。甲公司预计销售的D设备发生较小质量问题的维修费用为销售合同价格总额的1%；发生较大质量问题的维修费用为销售合同价格总额的2%。[3]

假设：甲公司销售货物的增值税税率为13%，除上述资料外，不考虑除增值税以外的税费及其他因素。

【审题要点】
「1」企业向客户提供重大权利的（奖励积分），应当将其作为单项履约义务。根据兑换率可以计算奖励积分的单独售价=6 250 × 80% ×5 =25 000（万元）。
「2」质量保证分为保证类质量保证和服务类质量保证，对于附有质量保证条款的销售，企业应当评估分类。如果属于保证类质保，应按照或有事项准则确认预计负债，并计入当期销售费用；如果属于服务类质保，应当作为单项履约义务，分摊交易价格。本题属于保证类的质量保证，是为了保证产品服务既定的质量标准。
「3」如果或有事项涉及多个项目，最佳估计数应按照各种可能结果及相关概率计算确定。

「要求」
（1）说明甲公司销售 D 设备合同附有的单项履约义务；
（2）计算每一单项履约义务应分摊的合同价格；
（3）计算甲公司因销售 D 设备应确认的质量保证费用；
（4）编制甲公司与销售 D 设备及相应的质量保证服务相关的会计分录。

4. 「2018 年·综合题节选·题码 148771」

2019 年 6 月 20 日，甲公司与丙公司签订合同约定：甲公司向丙公司销售 A、B 两种商品，A 商品于合同签订后的 3 个月内交付，B 商品于 A 商品交付后 6 个月内交付[1]；丙公司于 A、B 商品全部交付并经验收合格后的 2 个月内支付全部合同价款 5 000 万元。[2] 甲公司分别于 2019 年 9 月 10 日和 2020 年 2 月 20 日向丙公司交付了 A 商品和 B 商品，商品控制权也随之转移给丙公司。甲公司交付商品给丙公司的同时，开具了增值税专用发票。丙公司于 2020 年 4 月 10 日支付了全部合同价款及相关的增值税。甲公司 A 商品单独的销售价格为 2 240 万元；B 商品单独的销售价格为 3 360 万元。
甲公司销售货物的增值税税率为 13%，不考虑除增值税外的税费及其他因素。

【审题要点】
「1」当合同中包含两项或多项履约义务时，企业应当在合同开始日，按照各单项履约义务所承诺商品的单独售价的相对比例，将交易价格分摊至各单项履约义务。
「2」合同约定在交付 A、B 两项商品之后才有权收款，这属于有条件收款权，在交付 A 商品时应使用"合同资产"科目。

「要求」说明甲公司于合同开始日将交易价格分摊至各单项履约义务的原则和方法，计算各单项履约义务应分摊的合同价格，并编制与 2019 年销售商品相关的会计分录。

18 第十八章 政府补助

「考情分析」

考点	星级	近十年考频	2012年	2013年	2014年	2015年	2016年	2017年	2018年	2019年	2020年	2021年
1. 政府补助概述	★★★	5		√	√		√		√			√
2. 政府补助的会计处理	★★	8	√	√		√		√	√	√	√	√

「考点1」政府补助概述（★★★）

1. 「2018年·单选题·题码145695」

   2017年度，甲公司发生的有关交易或事项如下：

   ① 因生产并销售环保型冰柜收到政府补贴40万元。按规定甲公司每销售一台环保型冰柜，政府给予补贴500元。该环保型冰柜每台生产成本为900元，国家规定的销售价格为600元。

   ② 为研发第二代节能环保型冰柜发生研究阶段支出900万元。税法允许税前抵扣1 575万元。

   ③ 按规定直接定额减免企业所得税300万元。

   ④ 按规定收到即征即退的增值税200万元。

   不考虑其他因素，甲公司应作为政府补助进行会计处理的是（　　）。

   A. 收到即征即退的增值税200万元

   B. 收到政府给予的销售环保型冰柜补贴40万元

   C. 研发第二代节能环保型冰柜发生的研发费用可予税前抵扣1 575万元

   D. 直接定额减免企业所得税300万元

2. 「2016年·单选题·题码145696」

   甲公司从2010年开始，受政府委托进口医药类特种丙原料，再将丙原料销售给国内生产企业，加工出丁产品并由政府定价后销售给最终用户，由于国际市场上丙原料的价格上涨，而国内丁产品的价格保持不变，形成进销价格倒挂的局面。2014年之前，甲公司销售给生产企业的丙原料以进口价格为基础定价，国家财政弥补生产企业的进销差价；2014年以后，国家为规范管理，改为限定甲公司对生产企业的销售价格，然后由国家财政弥补甲公司的进销差价。不考虑其他因素，从上述交易的实质判断，下列关于甲公司从政府获得进销差价弥补的会计处理中，正确的是（　　）。

   A. 确认为与销售丙原料相关的销售收入

   B. 确认为与收益相关的政府补助，直接计入当期营业外收入

   C. 确认为所有者的资本性投入计入所有者权益

   D. 确认为与资产相关的政府补助，并按照销量比例在各期分摊计入营业外收入

3. 「2013 年·单选题·题码 145697」

企业享受的下列税收优惠中，属于企业会计准则规定的政府补助的是（　　）。
A. 增值税出口退税
B. 免征的企业所得税
C. 减征的企业所得税
D. 先征后返的企业所得税

「考点 2」政府补助的会计处理（★★）

1. 「2021 年·单选题·题码 156814」

2020 年，甲公司发生的有关交易或事项如下：①2 月 1 日，甲公司所在地政府与其签订的合同约定，甲公司为当地政府开发一套交通管理系统，合同价格 900 万元。该交通管理系统已于 2020 年 12 月 20 日经当地政府验收并投入使用，合同价款已收存甲公司银行。②经税务部门认定，免征甲公司 2020 年度企业所得税 150 万元。③甲公司开发的高新技术设备于 2020 年 9 月 30 日达到预定可使用状态并投入使用，该设备预计使用 10 年，预计净残值为零，采用年限平均法计提折旧。为鼓励甲公司开发高新技术设备，当地政府于 2020 年 7 月 1 日给予甲公司补助 100 万元。④收到税务部门退回的增值税额 80 万元。甲公司对政府补助采用总额法进行会计处理，不考虑相关税费及其他因素，下列各项关于甲公司 2020 年度对上述交易或事项会计处理的表述中，正确的是（　　）。

A. 免征企业所得税作为政府补助确认为其他收益
B. 退回的增值税额作为政府补助确认为其他收益
C. 为当地政府开发的交通管理系统取得的价款作为政府补助确认为其他收益
D. 当地政府给予的开发高新技术设备补助款作为政府补助于 2020 年确认 5 万元的其他收益

2. 「2018 年·单选题·题码 145698」

甲公司为从事集成电器设计和生产的高新技术企业，适用增值税先征后返政策。2017 年 3 月 31 日，甲公司收到政府即征即退的增值税税额 300 万元。2017 年 3 月 12 日，甲公司收到当地财政部门为支持其购买实验设备拨付的款项 120 万元，2017 年 9 月 26 日，甲公司购买不需要安装的实验设备一台并投入使用。实际成本为 240 万元，资金来源为财政拨款及其借款，该设备采用年限平均法计提折旧，预计使用 10 年。预计无净残值，甲公司采用总额法核算政府补助。不考虑其他因素，甲公司 2017 年度因政府补助应确认的收益是（　　）万元。

A. 303　　　　B. 300　　　　C. 420　　　　D. 309

3. 「2020 年·多选题·题码 145699」

下列各项关于企业取得的政府补助会计处理的表述中，错误的有（　　）。

A. 财政直接拨付受益企业的贴息资金采用总额法进行会计处理
B. 总额法下资产处置时，尚未摊销完的与资产相关的政府补助继续按期摊销计入当期损益
C. 同时包含与资产相关部分和与收益相关部分的政府补助难以区分时，全部作为与资产相关的政府补助进行会计处理
D. 同时使用总额法和净额法对不同类别的政府补助进行会计处理

4. 「2019年·多选题·题码145700」

下列各项关于已确认的政府补助需要退回的会计处理的表述中，正确的有（   ）。

A. 初始确认时冲减资产账面价值的，调整资产账面价值

B. 初始确认时计入其他收益或营业外收入的，直接计入当期损益

C. 初始确认时冲减相关成本费用或营业外支出的，直接计入当期损益

D. 初始确认时确认为递延收益的，冲减相关递延收益账面余额，超出部分计入当期损益

主观题部分

「2018年·计算分析题节选·题码148794」

甲公司是落户在某高新开发区的新能源汽车销售公司，其2017年发生以下交易或事项：

❶ 政府为了吸引投资，给予甲公司适当优惠政策。[1]该企业在2017年6月10日，以8 500万元购买了一块用于办公的土地，2017年6月20日，收到政府给予的该土地转让金补偿2 500万元[2]，该企业于2017年7月1日开始，在该土地上建造办公楼，到2017年底，办公楼尚未建造完成。[3]

❷ 甲公司销售新能源汽车，政府为了鼓励新能源汽车的推广，要求甲公司向客户以27万元/辆的价格销售汽车，该汽车的成本价为36万元，年底，政府按18万元/辆给予该企业补助。2017年，该企业向客户销售了4 000台新能源汽车，符合收入确认条件。年底收到政府财政拨款72 000万元。[4]

其他资料：甲公司以总额法确定相关政府补助，不考虑相关税费。

【审题要点】

「1」结合问题，可知本题考查政府补助，注意政府补助及其类型的判断标准、相关账务处理。

「2」可知该类型为与资产相关的政府补助，有总额法和净额法两种方法核算，结合下文，可知本题用总额法核算，在收到时先确认递延收益，在资产达到预定可使用状态后分摊计入当期损益。

「3」2017年该办公楼尚未达到预定可使用的状态，无需将递延收益分摊至损益。

「4」该补贴与企业销售商品活动相关，构成销售商品对价的组成部分，不属于政府补助，适用于收入准则。

「要求」

（1）判断上述事项中政府的拨款是否为政府补助，如果是，请说明其属于哪种性质的政府补助。

（2）就事项❶说明甲公司应进行的会计处理并编制相关会计分录。

（3）就事项❷说明甲公司应进行的会计处理并编制相关会计分录。

19 第十九章 所得税

「考情分析」

考点	星级	近十年考频	2012年	2013年	2014年	2015年	2016年	2017年	2018年	2019年	2020年	2021年
1. 暂时性差异	★★★	4					√	√		√		√
2. 递延所得税负债及递延所得税资产的确认和计量	★★★	4		√		√						√
3. 所得税费用的确认和计量	★★★	6	√		√		√	√		√		√

「考点 1」暂时性差异（★★★）

「多选题·题码 151025」

下列项目中，产生应纳税暂时性差异的有（   ）。
A. 税法折旧大于会计折旧形成的差额部分
B. 交易性金融资产，期末公允价值大于账面价值
C. 期末预提产品质量保证费用
D. 对无形资产，企业根据期末可收回金额小于账面价值的部分计提了减值准备

「考点 2」递延所得税负债及递延所得税资产的确认和计量（★★★）

「单选题·题码 145755」

甲公司适用的所得税税率为 25%，2017 年 12 月 31 日因职工教育经费超过税前扣除限额确认递延所得税资产 10 万元。2018 年，甲公司工资薪金总额为 4 000 万元，发生职工教育经费 90 万元。税法规定，工资按实际发放金额在税前列支，企业发生的职工教育经费支出，不超过工资薪金总额 8% 的部分，准予扣除；超过部分准予在以后纳税年度结转扣除。甲公司 2018 年 12 月 31 日下列会计处理中正确的是（   ）。

A. 转回递延所得税资产 2.5 万元 B. 增加递延所得税资产 22.5 万元
C. 转回递延所得税资产 10 万元   D. 增加递延所得税资产 25 万元

「考点 3」所得税费用的确认和计量（★★★）

1. 「2019 年·单选题·题码 145757」

甲公司适用的企业所得税税率为 25%，2019 年 6 月 30 日，甲公司以 3 000 万元（不含增值税）的价格购入一套环境保护专用设备，并于当月投入使用。按照企业所得税法的相关规定，甲公司对上述环境保护专用设备投资额的 10% 可以从当年应纳税额中抵免，当年不足抵免的，可以在以后 5 个纳税年度中抵免。2019 年度，甲公司实现利润总额 1 000 万元。假定甲公司未来 5 年很可能获得足够的应纳税所得额用来抵扣可抵扣亏损和税款抵减，不考虑其他因素，甲公司 2019 年度利润表中应当列报的所得税费用金额是（   ）万元。

A. -50　　　　　B. 0　　　　　C. 190　　　　　D. 250

2. 「2014年·单选题·题码145756」

2013年，甲公司实现利润总额210万元，包括：2013年收到的国债利息收入10万元，因违反环保法规被环保部门处以罚款20万元。甲公司2013年初递延所得税负债余额为20万元，年末余额为25万元，上述递延所得税负债均产生于固定资产账面价值与计税基础的差异。甲公司适用的所得税税率为25%。不考虑其他因素，甲公司2013年的所得税费用是（　　）万元。

A. 52.5　　　　B. 55　　　　C. 57.5　　　　D. 60

3. 「2012年·多选题·题码145759」

甲公司适用所得税税率为25%，其2019年发生的交易或事项中，会计与税收处理存在差异事项如下：

① 当期购入作为以公允价值计量且其变动计入其他综合收益的股票投资，期末公允价值大于取得成本160万元；

② 收到与资产相关的政府补助1 600万元，不属于免税收入，相关资产至年末尚未开始计提折旧。

甲公司2019年的利润总额为5 200万元，假定递延所得税资产/负债年初余额为零，未来期间能够取得足够应纳税所得额用以抵扣可抵扣暂时性差异，同时税法规定企业收到的政府补助应当一次性全部纳入应纳税所得额，下列关于甲公司2019年所得税的处理中，正确的有（　　）。

A. 所得税费用为900万元
B. 应交所得税为1 300万元
C. 递延所得税负债为40万元
D. 递延所得税资产为400万元

主观题部分

1. 「2019年·综合题节选·题码148796」

甲公司的注册会计师在对其2018年度财务报表进行审计时，对以下交易或事项的会计处理提出质疑[1]：

2018年度，甲公司进行内部研究开发活动共发生支出800万元，其中，费用化支出300万元，资本化支出500万元，均以银行存款支付。研发活动所形成的无形资产至2018年12月31日尚未达到预定可使用状态。税法规定，对于按照企业会计准则规定费用化的研发支出，计算当期应纳税所得额时加计75%税前扣除；对于资本化的研发支出，其计税基础为资本化金额的175%。[2] 对于上述交易，甲公司进行以下会计处理：

借：研发费用——费用化支出　　　300
　　　　　　——资本化支出　　　500
　　贷：银行存款　　　　　　　　　　800
借：管理费用　　　　　　　　　　300

【审题要点】

「1」结合问题可以看出，本题考查的是编写更正分录。

更正分录＝正确分录－错误分录

「2」看到内部研发无形资产加计扣除政策，就应该联想到这属于特殊的差异，不应确认递延所得税资产。

     贷：研发费用——费用化支出　　　　　　　　　300
借：递延所得税资产　　　　　　　　　　　　93.75
　　贷：所得税费用　　　　　　　　　　　　　93.75

其他有关资料：
① 甲公司适用的企业所得税税率为25%，未来年度能够取得足够的应纳税所得额用以抵扣可抵扣暂时性差异；
② 2018年初，甲公司不存在递延所得税资产和负债的账面余额；
③ 甲公司原取得对乙公司30%股权时，乙公司可辨认净资产公允价值与其账面价值相同。
④ 本题不考虑除企业所得税外的其他税费及其他因素。

「要求」
（1）根据上述资料，判断甲公司对上述交易或事项的会计处理是否正确，说明理由；
（2）如果会计处理不正确，编制更正甲公司2018年度财务报表的会计分录。

2.「2017年·综合题节选·题码148802」

甲公司为上市公司，该公司2018年发生的有关交易或事项如下：

❶ 9月30日，甲公司自外部购入一项正在进行中的研发项目，支付价款900万元，甲公司预计该项目前期研发已经形成一定的技术雏形，预计能够带来的经济利益流入足以补偿外购成本。[1]

❷ 甲公司组织自身研发团队在该项目基础上进一步研发，当年度共发生研发支出400万元，通过银行存款支付。[2] 甲公司判断有关支出均符合资本化条件，至2018年末，该项目仍处于研发过程中。[3]

❸ 税法规定，企业自行研发的项目，按照会计准则规定资本化的部分，其计税基础为资本化金额的175%；[4] 按照会计准则规定费用化的部分，当期可予税前扣除的金额为费用化金额的175%。

❹ 假设：本题中不考虑除所得税外其他相关税费的影响，甲公司适用的所得税税率为25%，假定甲公司在未来期间能够产生足够的应纳税所得额以抵扣可抵扣暂时性差异。

【审题要点】
「1」说明外购的研发项目符合资产的确认条件，可以确认为资产。
「2」甲公司在该项目基础上进一步的研发支出也符合资本化条件，应当用"研发支出——资本化支出"科目核算，此时账面价值=900+400=1 300（万元）。
「3」仍处于研发过程中，故无须将"研发支出——资本化支出"转入"无形资产"。
「4」可知根据税法规定，开发支出的计税基础=1 300×175%=2 275（万元），大于账面价值（1 300万元），形成可抵扣暂时性差异975万元（2 275-1 300），但不确认相关递延所得税。

「要求」
（1）说明甲公司应当进行的会计处理并说明理由；
（2）说明有关事项是否产生资产、负债的账面价值与计税基础间的暂时性差异，是否应确认相关递延所得税；
（3）编制与有关交易或事项相关的会计分录。

3. 「2016 年·计算分析题·题码 18602」

甲股份有限公司（以下简称"甲公司"）2018 年发生的有关交易或事项中，会计处理与所得税处理存在差异的包括以下几项：

❶ 1 月 1 日，甲公司以 3 800 万元取得对乙公司 20% 股权，并自取得当日起向乙公司董事会派出 1 名董事，能够对乙公司财务和经营决策施加重大影响。取得股权时，乙公司可辨认净资产的公允价值与账面价值相同，均为 16 000 万元。[1]

乙公司 2018 年实现净利润 500 万元，当年取得的分类为以公允价值计量且其变动计入其他综合收益的金融资产核算的股票投资，2018 年末市价相对于取得成本上升 200 万元。[2] 甲公司与乙公司 2018 年未发生交易。

甲公司拟长期持有对乙公司的投资。税法规定，我国境内设立的居民企业间股息、红利免税。[3]

❷ 甲公司 2018 年发生研发支出 1 000 万元，其中按照会计准则规定费用化的部分为 400 万元，[4] 资本化形成无形资产的部分为 600 万元。该研发形成的无形资产于 2018 年 7 月 1 日达到预定用途，预计可使用 5 年，采用直线法摊销，预计净残值为 0。[5] 税法规定，企业为开发新技术、新产品、新工艺发生的研究开发费用，未形成资产计入当期损益的，在据实扣除的基础上，按照研发费用的 75% 加计扣除；形成资产的，未来期间按照无形资产摊销金额的 175% 予以税前扣除。[6] 该无形资产摊销方法、摊销年限及净残值的税法规定与会计相同。

❸ 甲公司 2018 年利润总额为 5 200 万元。[7]

❹ 其他有关资料：本题中有关公司均为我国境内居民企业，适用的所得税税率均为 25%；预计甲公司未来期间能够产生足够的应纳税所得额用以抵扣可抵扣暂时性差异。

甲公司 2018 年初递延所得税资产与负债的余额均为 0，且不存在未确认递延所得税负债或资产的暂时性差异。

【审题要点】

[1] 可知甲公司对乙公司 20% 的股权投资应作为长期股权投资，并采用权益法核算。其初始投资成本 3 800 万元大于应享有被投资单位可辨认净资产公允价值的份额 3 200 万元（16 000 × 20%），故长期股权投资的入账价值为 3 800 万元。

[2] 根据 2018 年发生的项目可以得出，长期股权投资——损益调整科目增加额 = 500 × 20% = 100（万元），长期股权投资——其他综合收益科目增加额 = 200 × 20% = 40（万元）。此时长期股权投资的账面价值 = 3 800 + 100 + 40 = 3 940（万元）。

[3] 长期股权投资的账面价值 3 940 万元大于计税基础 3 800 万元，产生应纳税暂时性差异 140 万元。但甲公司拟长期持有对乙公司的投资，故不确认相关递延所得税影响。

[4] 费用化的部分不形成无形资产的成本，应先记入"研发支出——费用化支出"。期末转入"管理费用"。

[5] 可知该无形资产的入账金额为 600 万元，2018 年 7 月开始摊销，每月摊销额 = 600 ÷ 5 ÷ 12 = 10（万元），2018 年 12 月 31 日的账面价值 = 600 - 10 × 6 = 540（万元）。

[6] 费用化支出 400 万元加计 75% 扣除，当期应纳税额调减 = 400 × 75% = 300（万元）。资本化支出按 175% 摊销，当期应纳税额调减 600 × 175% ÷ 5 ÷ 12 × 6 - 10 × 6 = 45（万元），两者均影响应交所得税，但不应确认相关递延所得税。

[7] 应纳税所得额需要考虑上述事项中对当期损益的影响，可知甲公司 2018 年应纳税所得额 = 5 200 - 100 - 300 - 45 = 4 755（万元）。

「要求」

(1) 根据资料❶、资料❷，分别确定各交易或事项截至 2018 年 12 月 31 日所形成资产的账面价值与计税基础，并说明是否应确认相关的递延所得税资产或负债及其理由；

(2) 计算甲公司 2018 年应交所得税，编制甲公司 2018 年与所得税费用相关的会计分录。

20 第二十章 非货币性资产交换

「考情分析」

考点	星级	近十年考频	2012年	2013年	2014年	2015年	2016年	2017年	2018年	2019年	2020年	2021年
1. 非货币性资产的概念	★	9		√	√	√	√	√	√	√	√	√
2. 非货币性资产交换的会计处理	★★★	3		√	√		√					

「考点1」非货币性资产的概念（★）

1. 「2019年·单选题·题码145764」

   对于甲公司而言，下列各项交易中，应当认定为非货币性资产交换进行会计处理的是（　　）。

   A. 甲公司以其所持有的对丙公司的联营企业投资交换乙公司一批原材料
   B. 甲公司以一批产成品交换乙公司一台汽车
   C. 甲公司以应收丁公司的2 200万元银行承兑汇票交换乙公司的一栋办公用房
   D. 甲公司以一项专利权交换乙公司一项非专利技术，并以银行存款收取补价，所收取补价占换出专利权公允价值的30%

2. 「2018年·单选题·题码145765」

   甲公司为房地产开发企业，下列各项具有商业实质的资产交换交易中，甲公司应当适用《企业会计准则第7号——非货币性资产交换》的规定进行会计处理的是（　　）。

   A. 甲公司以其持有的乙公司5%股权换取丙公司的一块土地
   B. 甲公司以其持有的一项专利权换取戊公司的十台机器设备
   C. 甲公司以其一套用于经营出租的公寓换取丁公司以交易为目的的10万股股票
   D. 甲公司以其一栋已开发完成的商品房换取己公司的一块土地

3. 「2017年·单选题·题码145766」

   2017年，甲公司发生的有关交易或事项如下：

   ① 购入商品应付乙公司账款2 000万元，以库存商品偿付该欠款的20%，其余以银行存款支付；
   ② 以持有的公允价值2 500万元的对联营企业（丙公司）投资换取公允价值为2 400万元的丁公司25%股权（对其重大影响），补价100万元以现金收取并存入银行；
   ③ 以分期收款结算方式销售大型设备，款项分3年收回；
   ④ 甲公司向戊公司发行自身普通股，取得戊公司对己公司80%股权。上述交易均发生于非关联方之间。

   不考虑其他因素，下列各项关于甲公司2017年发生的上述交易或事项中，甲公司应当适用《企业会计准则第7号——非货币性资产交换》的规定进行会计处理的是（　　）。

A. 分期收款销售大型设备
B. 以甲公司普通股取得己公司80%股权
C. 以库存商品和银行存款偿付乙公司款项
D. 以丙公司股权换取丁公司股权并收到部分现金补价

4. 「2016年·单选题·题码145767」

下列各项中，甲公司应按非货币性资产交换进行会计处理的是（　　）。

A. 以持有的应收账款换取乙公司的产品
B. 以土地使用权换取乙公司的产品作为固定资产使用
C. 以持有的应收票据换取乙公司的电子设备
D. 以一项债权投资换取乙公司的一项股权投资

5. 「2020年·多选题·题码145772」

下列各项关于甲公司发生的交易或事项中，不适用非货币性资产交换准则进行会计处理的有（　　）。

A. 甲公司以专利权作价对其合营企业进行增资
B. 甲公司以出租的厂房换取乙公司所持联营企业的投资
C. 甲公司以持有的5年期债权投资换取丙公司的专有技术
D. 甲公司以生产用设备向股东分配利润

6. 「2018年·多选题·题码145773」

2017年度，甲公司发生的有关交易或事项如下：
① 以库存原材料偿付所欠乙公司账款的70%，其余应付账款以银行存款支付；
② 对以子公司（丙公司）的股权投资换取对丁公司40%股权并收到补价，收到的补价占换出丙公司股权公允价值的15%；
③ 租入一台设备，签发银行承兑汇票用于支付设备租赁费；
④ 向戊公司发行自身普通股，取得戊公司对乙公司60%的股权

上述交易或事项均发生于非关联方之间。上述交易或事项中不属于非货币性资产交换的有（　　）。

A. 签发银行承兑汇票支付设备租赁费
B. 以丙公司股权换取丁公司股权并收到补价
C. 以库存原材料和银行存款偿付所欠乙公司款项
D. 发行自身普通股取得乙公司60%股权

7. 「2018年·多选题·题码145774」

下列各项资产中，属于货币性资产的有（　　）。

A. 银行存款
B. 预付款项
C. 以公允价值计量且其变动计入当期损益的金融资产
D. 应收票据

8. 「2017 年・多选题・题码 145775」

甲公司为一部影视视频平台提供商。2016 年，甲公司以其拥有的一部电影的版权与乙公司一电视剧作品的版权交换。换出版权在甲公司的账面价值为 800 万元，换入版权在乙公司的账面价值为 550 万元。交易中未涉及货币资金收付。不考虑其他因素，下列各项关于甲公司对该交易的会计判断中，符合会计准则规定的有（　　）。

A. 该交易属于非货币性资产交换，应当按照非货币性资产交换的原则进行会计处理
B. 因换出电影版权处于使用期间内且无市场交易价值可供借鉴，在确定其公允价值时，可参考同类作品的对外版权许可收入并作适当调整
C. 无法可靠确定换入、换出资产公允价值的情况下，应按照换出资产的账面价值并考虑相关税费作为换入资产的入账价值
D. 因换入、换出资产内容、制作方法和演员团队、适用人群等并不相同，其带来的预期现金流量存在差异，该交易具有商业实质

9. 「2016 年・多选题・题码 145776」

甲公司为一家互联网视频播放经营企业，其为减少现金支出而进行的取得有关影视作品播放权的下列交易中，属于非货币资产交换的有（　　）。

A. 以应收商业承兑汇票换取其他方持有的乙版权
B. 以本公司持有的丙版权换取其他方持有的丁版权
C. 以将于 3 个月内到期的国债投资换取其他方持有的戊版权
D. 以作为其他权益工具投资核算的权益性投资换取其他方持有的己版权

「考点 2」非货币性资产交换的会计处理（★★★）

1. 「2015 年・单选题・题码 145768」

经与乙公司协商，甲公司以一批产品换入乙公司的一项专利技术，交换日，甲公司换出产品的账面价值为 560 万元，公允价值为 700 万元（等于计税价格），甲公司将产品运抵乙公司并向乙公司开具了增值税专用发票，当日双方办妥了专利技术所有权转让手续。经评估确认，该专利技术的公允价值为 800 万元，甲公司另以银行存款支付乙公司 57 万元，甲、乙公司均为增值税一般纳税人，适用的增值税税率均为 13% 和 6%，不考虑其他因素，甲公司换入专利技术的入账价值是（　　）万元。

A. 641　　　　　　B. 800　　　　　　C. 781　　　　　　D. 819

2. 「2012 年・单选题・题码 145769」

甲公司为增值税一般纳税人，2020 年 1 月 25 日以其拥有的一项非专利技术与乙公司生产的一批商品交换。交换日，甲公司换出非专利技术的原价为 80 万元，累计摊销为 15 万元，未计提减值准备，公允价值无法可靠计量；假定该非专利技术免征增值税，换入商品的账面余额为 72 万元，未计提存货跌价准备，公允价值为 100 万元，增值税税额为 13 万元，甲公司将其作为存货；甲公司另收到乙公司支付补价 30 万元。不考虑其他因素，甲公司对该交易应确认的损益为（　　）万元。

A. 0　　　　　　　B. 22　　　　　　C. 65　　　　　　D. 78

3. 「单选题·题码 145770」

甲公司将两辆大型运输车辆与 A 公司的一台生产设备相交换，另支付补价 10 万元。甲公司的两辆运输车辆账面原价为 140 万元，累计折旧为 25 万元，公允价值为 130 万元；A 公司的生产设备账面原价为 300 万元，累计折旧为 175 万元，公允价值为 140 万元。该非货币性资产交换具有商业实质。假定不考虑相关税费，甲公司对该非货币性资产交换应确认的损益为（   ）万元。

A. 0　　　　　　B. 5　　　　　　C. 10　　　　　　D. 15

4. 「单选题·题码 145771」

2020 年 5 月 1 日，A 公司以一项自用办公楼换入 B 公司持有 C 公司 20% 的股权。A 公司换出办公楼的公允价值为 510 万元，账面价值为 400 万元（其中账面原值为 600 万元，已计提折旧 200 万元）；B 公司换出的股权账面价值为 350 万元，公允价值为 480 万元，B 公司另向 A 公司支付补价 30 万元。A 公司将取得的股权作为长期股权投资核算，对 C 公司具有重大影响。交换当日，C 公司可辨认净资产公允价值为 2 500 万元。交换当日双方办妥了相关资产所有权转让手续。该项交换具有商业实质。不考虑增值税等其他因素，A 公司换入资产的入账价值为（   ）万元。

A. 480　　　　　B. 500　　　　　C. 510　　　　　D. 400

5. 「2013 年·多选题·题码 145777」

甲公司与丙公司签订一项资产置换合同，甲公司以其持有的联营企业 30% 的股权作为对价，另以银行存款支付补价 100 万元，换取丙公司生产的一大型设备，该设备的总价款为 3 900 万元，该联营企业 30% 股权的取得成本为 2 200 万元；取得时该联营企业可辨认净资产公允价值为 7 500 万元（可辨认资产、负债的公允价值与账面价值相等）。甲公司取得该股权后置换大型设备时，该联营企业累计实现净利润 3 500 万元，分配现金股利 400 万元，能够重分类净损益的其他综合收益增加 650 万元。交换日，甲公司持有该联营企业 30% 股权的公允价值为 3 800 万元，假设该项交换具有商业实质，不考虑税费及其他因素，下列各项对上述交易的会计处理中，正确的有（   ）。

A. 甲公司处置该联营企业股权，确认投资收益 620 万元

B. 丙公司确认换入该联营企业股权的入账价值为 3 800 万元

C. 丙公司确认换出大型专用设备收入为 3 900 万元

D. 甲公司确认换入大型专用设备的入账价值为 3 900 万元

21 第二十一章 债务重组

「考情分析」

考点	星级	近十年考频	2012年	2013年	2014年	2015年	2016年	2017年	2018年	2019年	2020年	2021年
1. 债务重组的定义和方式	★★	2							√			√
2. 债权人的会计处理	★★★	4			√		√	√				√
3. 债务人的会计处理	★★★	7	√		√	√	√	√				
4. 不同债务重组方式的具体会计处理	★★★	2		√								√

「考点 1」债务重组的定义和方式（★★）

1. 「2018 年·多选题·题码 145796」

下列各项交易或事项中，应按债务重组会计准则进行会计处理的有（　　）。
A. 向银行出售应收账款
B. 因债务人发生财务困难债权人豁免其部分债务
C. 债权人同意债务人用等值库存商品抵偿到期债务
D. 债权人在减免债务人部分债务本金的同时提高剩余债务的利息

「考点 2」债权人的会计处理（★★★）

1. 「2021 年·单选题·题码 145785」

甲公司为乙公司和丙公司的母公司，2020 年 5 月 1 日，甲公司与乙公司进行债务重组，重组日乙公司应收甲公司账款账面余额为 20 000 万元，已计提坏账准备 4 000 万元，其公允价值为 18 000 万元，2020 年 5 月 1 日，甲公司以丙公司 60% 股权偿还上述账款，60% 股权公允价值为 19 600 万元，丙公司个别财务报表可辨认净资产账面价值为 24 000 万元，甲公司合并财务报表中丙公司按购买日可辨认净资产公允价值持续计算的净资产账面价值为 28 000 万元。假定不考虑其他因素。乙公司在债务重组日影响损益的金额为（　　）万元。

A. 2 000　　　　B. 4 000　　　　C. 0　　　　D. 6 000

2. 「2018 年·单选题·题码 145786」

甲公司与乙公司均为增值税一般纳税人，因乙公司无法偿还到期债务，经协商，甲公司同意乙公司以库存商品偿还其所欠全部债务（甲公司将该应收款项分类为以摊余成本计量的金融资产）。债务重组日，甲公司应收乙公司债权的账面余额为 2 000 万元，已计提坏账准备 1 500 万元，当日该债权的公允价值为 678 万元，乙公司用于偿债商品的账面价值为 480 万元，公允价值为 600 万元，增值税税额为 78 万元，不考虑其他因素，甲公司因上述交易

应确认的投资收益金额是（　　）万元。
A. 0　　　　　B. -196　　　　　C. 1 304　　　　　D. 178

3. 「2014 年・单选题・题码 145787」
甲公司应收乙公司货款 2 000 万元，甲公司将该应收款项分类为以摊余成本计量的金融资产，因乙公司财务困难到期未予偿付，甲公司就该项债权计提 400 万元的坏账准备。2019 年 6 月 10 日，双方达成协议，约定以乙公司生产的 100 件 A 产品抵偿该债务。乙公司 A 产品售价为 13 万元/件（不含增值税），成本为 10 万元/件。当日，乙公司将抵债产品运抵甲公司并向甲公司开具了增值税专用发票，该债权的公允价值为 1 469 万元。甲、乙公司均为增值税一般纳税人，适用的增值税税率均为 13%。不考虑其他因素，甲公司应确认的投资收益是（　　）万元。
A. -131　　　　B. -279　　　　C. -300　　　　D. 600

4. 「单选题・题码 145788」
甲公司为增值税一般纳税人，适用的增值税税率为 13%。甲公司与乙公司就其所欠乙公司购货款 450 万元进行债务重组。甲将该应付账款分类为以摊余成本计量的金融负债，乙公司将该应收款项分类为以摊余成本计量的金融资产。根据协议，甲公司以其产品抵偿债务；甲公司交付产品后双方的债权债务结清。甲公司已将用于抵债的产品发出，并开出增值税专用发票。甲公司用于抵债产品的账面余额为 300 万元，已计提的存货跌价准备为 30 万元，公允价值（计税价格）为 350 万元。当日，乙公司应收账款的公允价值为 400 万元。乙公司对该债务重组应确认的投资收益为（　　）万元。
A. -50　　　　B. 50　　　　C. -54.5　　　　D. 180

5. 「单选题・题码 145789」
2020 年 3 月 1 日，甲公司与乙公司进行债务重组，重组日甲公司应收乙公司账款账面余额为 1 200 万元，已计提坏账准备 200 万元，其公允价值为 800 万元，乙公司以一批存货和一项以摊余成本计量的金融资产抵偿上述账款，存货公允价值为 500 万元，以摊余成本计量的金融资产公允价值为 400 万元。假定不考虑其他因素。甲公司债务重组取得存货的入账价值为（　　）万元。
A. 500　　　　B. 400　　　　C. 800　　　　D. 1 000

6. 「2016 年・多选题・题码 145797」
甲公司销售商品产生应收乙公司货款 1 200 万元，甲公司将其分类为以摊余成本计量的金融资产。因乙公司资金周转困难，逾期已 1 年以上尚未支付，甲公司就该债权计提了 240 万元坏账准备。2019 年 10 月 20 日，双方经协商达成以下协议：乙公司以其生产的 100 件丙产品和一项应收银行承兑汇票偿还所欠甲公司货款。乙公司用以偿债的丙产品单件成本为 5 万元，市场价格（不含增值税）为 8 万元，银行承兑汇票票面金额为 120 万元。10 月 25 日，甲公司收到乙公司的 100 件丙产品及银行承兑汇票，乙公司向甲公司开具了增值税专用发票，双方债权债务结清。当日，甲公司应收账款的公允价值为 900 万元。甲、乙公司均为增值税一般纳税人，适用增值税税率均为 13%。不考虑其他因素，下列各项关于甲公司该项交易会计处理的表述中，正确的有（　　）。

A. 确认投资收益 60 万元
B. 确认增值税进项税额 65 万元
C. 确认丙产品入账价值 676 万元
D. 确认应收票据入账价值 120 万元

7. 「多选题·题码 145798」

以下有关债权人受让资产的初始确认表述正确的有（　　）。
   A. 受让债权投资的初始确认金额为放弃债权公允价值与为取得债权投资的初始直接费用之和
   B. 受让投资性房地产初始确认金额为放弃债权的公允价值与可直接归属于该资产的税金等其他成本之和
   C. 受让存货的初始确认金额为放弃债权公允价值与使该存货达到当前位置和状态所发生的可直接归属于该资产的税金、运输费、装卸费、保险费等其他成本之和
   D. 受让联营企业投资初始确认金额为放弃债权公允价值与可直接归属于该资产的税金等其他成本之和

「考点 3」债务人的会计处理（★★★）

1. 「2017 年·单选题·题码 145791」

   甲公司欠乙公司货款 1 500 万元，因甲公司发生财务困难，无法偿还已逾期的货款。为此，甲公司与乙公司经协商一致，于 2017 年 6 月 4 日签订债务重组协议：甲公司以其拥有的账面价值为 650 万元、公允价值为 700 万元的设备，以及账面价值为 500 万元、公允价值为 600 万元的库存商品抵偿乙公司货款，差额部分于 2018 年 6 月底前以现金偿付 80%。其余部分予以豁免。双方已于 2017 年 6 月 30 日办理了相关资产交接手续。甲公司与乙公司不存在关联方关系。不考虑相关税费及其他因素，下列各项关于甲公司上述交易于 2017 年会计处理的表述中，正确的是（　　）。
   A. 甲公司确认债务重组收益 190 万元
   B. 甲公司确认延期偿付乙公司货款 280 万元的负债
   C. 甲公司抵债库存商品按公允价值 600 万元确认主营业务收入
   D. 甲公司抵债设备按公允价值与其账面价值的差额 50 万元确认处置利得

2. 「2014 年·单选题·题码 145792」

   2014 年 3 月 1 日，甲公司因发生财务困难，无力偿还所欠乙公司 800 万元款项（甲公司将该应付款项分类为以摊余成本计量的金融负债）。经双方协商同意甲公司以自有的一栋办公楼和一批存货抵偿所欠债务。用于抵债的办公楼原值为 700 万元，已提折旧为 200 万元，公允价值为 600 万元；用于抵债的存货账面价值为 90 万元，公允价值为 120 万元。不考虑税费等其他因素，下列有关甲公司对该项债务重组的会计处理中，正确的是（　　）。
   A. 确认债务重组收益 210 万元
   B. 确认商品销售收入 90 万元
   C. 确认其他综合收益 100 万元
   D. 确认资产处置利得 130 万元

3. 「2012 年·单选题·题码 145793」

   甲公司与乙公司均为增值税一般纳税人。因甲公司无法偿还到期债务（甲公司将该应付款项分类为以摊余成本计量的金融负债），经协商，乙公司同意甲公司以库存商品偿还其所欠全部债务。债务重组日，该应付账款的账面价值为 1 000 万元；用于偿债商品的账面价值为

600 万元，公允价值为 700 万元，增值税税额为 91 万元。不考虑其他因素，该债务重组对甲公司利润总额的影响金额为（　　）万元。

A. 100　　　　B. 181　　　　C. 309　　　　D. 300

4. 「多选题·题码 145799」

2020 年 3 月 2 日，甲公司与乙公司进行债务重组，重组日甲公司应收乙公司账款账面余额为 4 000 万元，已计提坏账准备 400 万元，其公允价值为 3 760 万元，甲公司同意乙公司以其一项分类为公允价值计量且其变动计入其他综合收益的金融资产抵偿全部债务，乙公司将该金融资产作为其他债权投资核算，账面价值为 3 500 万元，其中成本为 3 000 万元，公允价值变动 500 万元，未计提减值准备，公允价值为 3 600 万元。假定不考虑其他因素，关于乙公司该项债务重组以下说法正确的有（　　）。

A. 乙公司应结转其他债权投资账面价值 3 500 万元
B. 乙公司应结转应付账款账面价值 4 000 万元
C. 乙公司应确认投资收益 1 000 万元
D. 乙公司应确认投资收益 500 万元

「考点 4」不同债务重组方式的具体会计处理（★★★）

1. 「2013 年·单选题·题码 145794」

甲公司（债务人）应付乙公司购货款 2 000 万元于 2019 年 6 月 20 日到期，甲公司无力按期支付。甲公司将该应付款项分类为以摊余成本计量的金融负债，乙公司将该应收款项分类为以摊余成本计量的金融资产。6 月 30 日，经与乙公司协商进行债务重组，甲公司以其生产的 200 件 A 产品抵偿该债务，甲公司将抵债产品运抵乙公司并开具增值税专用发票后，原 2 000 万元债务结清，甲公司 A 产品市场价格为每件 7 万元（不含增值税税额），成本为每件 4 万元。当日，甲公司将 A 产品运抵乙公司并开具增值税专用发票。甲、乙公司均为增值税一般纳税人，适用的增值税税率均为 13%，当日该债权公允价值为 1 582 万元，经税务机关核定，该项交易中商品计税价格为 1 400 万元；乙公司在该项交易前已就该债权计提 400 万元坏账准备。不考虑其他因素，下列关于该交易或事项会计处理中，正确的是（　　）。

A. 甲公司应确认营业收入 1 400 万元　　B. 乙公司应确认投资收益 200 万元
C. 甲公司应确认其他收益 1 018 万元　　D. 乙公司应确认取得 A 商品成本 800 万元

2. 「单选题·题码 145795」

2020 年 3 月 8 日甲公司有一笔应收乙公司的账款 18 万元，双方协商进行债务重组。重组协议规定，乙公司以一项长期股权投资抵偿该账款。长期股权投资账面价值 13 万元（明细科目只涉及投资成本与损益调整）。甲公司将应收款项作为以摊余成本计量的金融资产核算，已计提坏账准备 1 万元。乙公司将应付款项作为以摊余成本计量的金融负债核算。2020 年 6 月 8 日办理完成股权转让手续，当日该股权的公允价值不能可靠计量；甲公司应收账款的公允价值为 14 万元。假定甲公司取得丙公司股权后能对其施加重大影响，不考虑相关税费。甲公司和乙公司因该事项影响当期损益的金额分别为（　　）。

A. 4 万元和 5 万元　　　　　　　　　　B. -3 万元和 5 万元

C. 13.2万元和14万元 D. 4万元和3万元

主观题部分

「2016年综合题节选·题码148815」

为支持甲公司开拓新兴市场业务，2015年12月4日，甲公司与其控股股东P公司[1]签订债务重组协议，协议约定P公司豁免甲公司所欠5 000万元货款。甲公司的会计处理如下：

借：应付账款　　　　　　　　　　　　5 000
　　贷：其他收益　　　　　　　　　　　5 000

【审题要点】
[1] 母公司对子公司债务豁免要注意判断是否属于资本投入。

「要求」逐项判断甲公司的会计处理是否正确，并说明理由；如果甲公司的会计处理不正确，编制更正的会计分录（无须通过"以前年度损益调整"科目）。

22 第二十二章 外币折算

「考情分析」

考点	星级	近十年考频	2012年	2013年	2014年	2015年	2016年	2017年	2018年	2019年	2020年	2021年
1. 外币交易的会计处理	★★★	5					√	√		√	√	√
2. 外币财务报表折算	★★	7	√		√	√	√	√				√

「考点1」外币交易的会计处理（★★★）

1. 「2019年·单选题·题码145803」
   下列各项关于外币折算会计处理的表述中，正确的是（　　）。
   A. 期末外币预收账款以当日即期汇率折算并将由此产生的汇兑差额计入当期损益
   B. 以公允价值计量且其变动计入其他综合收益的外币货币性金融资产形成汇兑差额计入其他综合收益
   C. 以公允价值计量且其变动计入其他综合收益的外币非交易性权益工具投资形成的汇兑差额计入其他综合收益
   D. 收到投资者以外币投入资本时，外币投入资本与相应的货币性项目均按合同约定汇率折算，不产生外币资本折算差额

2. 「2016年·单选题·题码145802」
   甲公司以人民币为记账本位币，发生外币交易时采用交易日的即期汇率折算。甲公司12月20日进口一批原材料并验收入库，货款尚未支付；原材料成本为80万美元，当日即期汇率为1美元=6.8元人民币。12月31日，美元户银行存款余额为1 000万美元，按年末汇率调整前的人民币账面余额为7 020万元，当日即期汇率为1美元=6.5元人民币。上述交易或事项对甲公司12月份营业利润的影响金额为（　　）万元人民币。
   A. -220　　　　B. -496　　　　C. -520　　　　D. -544

3. 「2020年·多选题·题码145805」
   下列各项金融资产或金融负债中，因汇率变动导致的汇兑差额应当计入当期财务费用的有（　　）。
   A. 外币应收账款
   B. 外币债券投资产生的应收利息
   C. 外币衍生金融负债
   D. 外币非交易性权益工具投资

4. 「2020年·多选题·题码145806」
   甲公司以人民币为记账本位币，下列各项关于甲公司外币折算会计处理的表述中，错误的有（　　）。
   A. 对境外经营财务报表进行折算产生的外币财务报表折算差额在合并资产负债表"其他综合收益"项目列示

B. 资产负债表日外币预付账款按即期汇率折算的人民币金额与其账面人民币金额之间的差额计入当期损益
C. 为购建符合资本化条件的资产而借入的外币专门借款本金及利息发生的汇兑损益在资本化期间内计入所购建资产的成本
D. 收到投资者投入的外币资本按合同约定汇率折算

5. 「2019 年·多选题·题码 145807」
   甲公司发生的外币交易及相应的会计处理如下：
   ① 为建造固定资产借入外币专门借款，资本化期间将该外币专门借款的利息及其汇兑损益计入在建工程；
   ② 自境外市场购入的存货，期末按外币可变现净值与即期汇率计算的结果确定其可变现净值，并以此为基础计提存货跌价准备；
   ③ 以外币计价的交易性金融资产，期末按外币市价与即期汇率计算的结果确定其公允价值，并以此为基础计算确认公允价值变动损益；
   ④ 收到投资者投入的外币资本，按照合同约定汇率折算实收资本。
   不考虑其他因素，甲公司对上述外币交易进行的会计处理中正确的有（   ）。
   A. 以外币计价的存货跌价准备的计提
   B. 外币专门借款利息及汇兑损益的处理
   C. 以外币计价的交易性金融资产公允价值变动损益的确认
   D. 股东作为出资投入的外币资本的折算

6. 「2017 年·多选题·题码 145808」
   甲公司以人民币为记账本位币，2017 年发生的有关外币交易或事项如下：
   ① 外币美元资本投入，合同约定的折算汇率与投入美元资本当日的即期汇率不同；
   ② 支付应付美元货款，支付当日的即期汇率与应付美元货款的账面汇率不同；
   ③ 年末折算汇率与交易发生时账面汇率不同。
   不考虑应予资本化的金额及其他因素，下列各项关于甲公司 2017 年上述外币交易或事项会计处理的表述中，正确的有（   ）。
   A. 偿还美元账款时按偿还当日的即期汇率折算为人民币记账
   B. 收到外币美元资本投入时按合同约定的折算汇率折算的人民币记账
   C. 外币美元资本于年末按年末汇率折算的人民币金额调整其账面价值
   D. 各外币货币性项目按年末汇率折算的人民币金额与其账面人民币金额的差额计入当期损益

7. 「2016 年·多选题·题码 145809」
   甲公司 2015 年发生以下外币交易或事项：
   ① 取得外币借款 1 000 万美元用于补充外币流动资金，当日即期汇率为 1 美元 = 6.34 元人民币
   ② 自国外进口设备支付预付款 600 万美元，当日即期汇率为 1 美元 = 6.38 元人民币
   ③ 出口销售确认美元应收账款 1 800 万美元，当日即期汇率为 1 美元 = 6.43 元人民币
   ④ 收到私募股权基金对甲公司投资 2 000 万美元，当日即期汇率为 1 美元 = 6.48 元人民币
   假定甲公司有关外币项目均不存在期初余额，2015 年 12 月 31 日美元对人民币的即期汇率

为 1 美元 =6.49 元人民币。不考虑其他因素，下列关于甲公司 2015 年 12 月 31 日因上述项目产生的汇兑损益会计处理的表述中，正确的有（　　）。

A. 应收账款产生汇兑收益应计入当期损益
B. 外币借款产生的汇兑损失应计入当期损益
C. 预付设备款产生的汇兑收益应抵减拟购入资产成本
D. 取得私募股权基金投资产生的汇兑收益应计入资本性项目

「考点 2」外币财务报表折算（★★）

1. 「2019 年·单选题·题码 151028」
   下列各项关于年度外币财务报表折算会计处理的表述中，正确的是（　　）。
   A. 外币财务报表折算差额在合并资产负债表的负债中单列项目列示
   B. 资产负债表中未分配利润项目的年末余额按年末资产负债表日的即期汇率折算
   C. 少数股东应分担的外币财务报表折算差额在合并资产负债表少数股东权益项目列示
   D. 利润表中营业收入项目的本年金额按年末资产负债表日的即期汇率折算

2. 「2016 年·单选题·题码 145801」
   下列各项关于外币报表折算的会计处理中，正确的是（　　）。
   A. 合并财务报表中各子公司之间存在实质上构成对另一子公司净投资的外币货币性项目，其产生的汇兑差额应由少数股东承担
   B. 以母公司记账本位币反映的实质上构成对境外经营子公司净投资的外币货币性项目，其产生的汇兑差额在合并财务报表中应转入其他综合收益
   C. 在合并财务报表中对境外经营子公司产生的外币报表折算差额应在归属于母公司的所有者权益中单列外币报表折算差额项目反映
   D. 以母、子公司记账本位币以外的货币反映的实质上构成对境外经营子公司净投资的外币货币性项目，其产生的汇兑差额在合并财务报表中转入当期财务费用

3. 「2017 年·多选题·题码 145810」
   甲公司为我国境内企业，其日常核算以人民币作为记账本位币。甲公司在英国和加拿大分别设有子公司，负责当地市场的运营，子公司的记账本位币分别为英镑和加元。甲公司在编制合并财务报表时，下列各项关于境外财务报表折算所采用汇率的表述中，正确的有（　　）。
   A. 英国公司的固定资产采用购入时的历史汇率折算为人民币
   B. 加拿大公司的未分配利润采用报告期平均汇率折算为人民币
   C. 英国公司持有的作为其他权益工具投资核算的股票投资采用期末汇率折算为人民币
   D. 加拿大公司的加元收入和成本采用报告期平均汇率折算为人民币

4. 「2012 年·多选题·题码 145811」
   下列各项关于对境外经营财务报表进行折算的表述中，正确的有（　　）。
   A. 对境外经营财务报表折算产生的差额应在合并资产负债表中"其他综合收益"项目列示
   B. 合并报表中对境外子公司财务报表折算产生的差额应由控股股东享有或分担
   C. 对境外经营财务报表中实收资本项目的折算应按业务发生时的即期汇率折算
   D. 处置境外子公司时应按处置比例计算处置部分的外币报表折算差额计入当期损益

23 第二十三章 财务报告

「考情分析」

考点	星级	近十年考频	2012年	2013年	2014年	2015年	2016年	2017年	2018年	2019年	2020年	2021年
1. 财务报表概述	★	2				√						√
2. 资产负债表	★★★	4					√	√		√	√	
3. 利润表	★★	7	√	√	√		√		√			
4. 现金流量表	★★★	10	√	√	√	√	√	√	√	√	√	
5. 所有者权益变动表	★	2						√	√			
6. 财务报表附注披露	★★★	7	√	√	√	√		√		√		
7. 中期财务报告	★★	5	√			√		√	√			√

「考点1」 财务报表概述（★）

1. 「2015年·多选题·题码145829」

    下列情形中，根据会计准则规定应当重述比较期间财务报表的有（　　）。

    A. 本年发现重要的前期差错

    B. 发生同一控制下企业合并，自最终控制方取得被投资单位60%股权

    C. 因部分处置对联营企业投资，将剩余长期股权投资转变为采用公允价值计量的金融资产

    D. 购买日后12个月内对上年非同一控制下企业合并中取得的可辨认资产、负债暂时确定的价值进行调整

「考点2」 资产负债表（★★★）

1. 「2020年·单选题·题码145815」

    甲公司采用商业汇票结算方式结算已出售产品货款，常持有大量的应收票据。甲公司对应收票据进行管理的目标是，将商业汇票持至到期以收取合同现金流量，同时兼顾流动性需求贴现商业汇票。不考虑其他因素，甲公司上述应收票据在资产负债表中列示的项目是（　　）。

    A. 应收票据 B. 应收款项融资

    C. 其他流动资产 D. 其他债权投资

2. 「2017年·单选题·题码145816」

    甲公司主营业务为自供电方购买电力后向实际用电方销售，其与供电方、实际用电方分别签订合同，价款分别结算。从供电方购入电力后，向实际用电方销售电力的价格由甲公司自行决定，并承担相关收款风险。2016年12月，因实际用电方拖欠甲公司用电款，甲公

司资金周转出现困难，相应地拖欠了供电方部分款项。为此，供电方提起仲裁，经裁决甲公司需支付电款2 600万元，该款项至2016年12月31日尚未支付。同时，甲公司起诉实际用电方，要求用电方支付用电款3 200万元，法院终审判决支持甲公司主张。甲公司在按照会计政策计提坏账准备后，该笔债权账面价值为2 400万元。不考虑其他因素，下列各项关于甲公司针对上述交易会计处理的表述中，正确的是（　　）。

A. 资产负债表中列报应收债权3 200万元和应付债务2 600万元

B. 资产负债表中列报对供电方的负债2 600万元，但不列报应收债权2 400万元

C. 资产负债表中列报应收债权2 400万元和应付债务2 600万元

D. 资产负债表中应收和应付项目以抵销后的净额列报为200万元负债

3.「2016年·单选题·题码145817」

2020年1月1日A公司与B公司签订租赁合同，A公司租入一栋办公楼，租期为三年，年租金300万元，于每年年末支付。A公司的增量借款利率为10%，假定不考虑其他因素，2020年租赁负债的期末报表列示金额为（　　）万元。[（P/A，10%，3）=2.4869；（P/F，10%，3）=0.7513]

A. 272.75　　　　　　　　　　B. 247.93

C. 520.68　　　　　　　　　　D. 446.07

4.「2019年·多选题·题码145830」

下列各项关于财务报表列报的表述中，正确的有（　　）。

A. 收到的扣缴个人所得税款手续费在利润表"其他收益"项目列报

B. 出售子公司产生的利得或损失在利润表"资产处置收益"项目列报

C. 收到与资产相关的政府补助在现金流量表中作为经营活动产生的现金流量列报

D. 自资产负债表日起超过1年到期且预期持有超过1年的以公允价值计量且其变动计入当期损益的金融资产在资产负债表中作为流动资产列报

5.「2019年·多选题·题码145831」

甲公司2018年12月31日持有的部分资产和负债项目包括：

① 准备随时出售的交易性金融资产2 600万元。

② 因内部研发活动予以资本化的开发支出1 200万元，该开发活动形成的资产至2018年底尚未达到预定可使用状态。

③ 将于2019年3月2日到期的银行借款2 000万元，甲公司正在与银行协商将其展期2年。

④ 账龄在1年以上的应收账款3 400万元，不考虑其他因素，上述资产和负债在甲公司2018年12月31日资产负债表中应当作为流动性项目列报的有（　　）。

A. 应收账款　　　　　　　　　B. 开发支出

C. 交易性金融资产　　　　　　D. 银行借款

6.「2017年·多选题·题码145832」

甲公司2016年12月31日持有的下列资产、负债中，应当在2016年12月31日资产负债表中作为流动性项目列报的有（　　）。

A. 预计将于2017年4月底前出售的作为其他债权投资核算的债权投资

B. 持有但准备随时变现的商业银行非保本浮动收益理财产品
C. 作为衍生工具核算的2016年2月签订的到期日为2018年8月的外汇汇率互换合同
D. 当年支付定制生产用设备的预付款3 000万元，按照合同约定该设备预计交货期为2018年2月

7. 「2017年·多选题·题码145833」

2016年末，甲公司与财务报表列报相关的事项如下：

① 购买的国债将于2017年5月到期。
② 甲公司发行的公司债券将于2017年11月到期兑付。
③ 乙公司定制的产品尚在加工中，预计将于2018年10月完工并交付乙公司。
④ 向银行借入的款项将于2017年6月到期，但甲公司可以自主地将清偿义务展期至2019年6月，甲公司预计将展期两年清偿该债务。

不考虑其他因素，下列各项关于甲公司上述事项于2016年末资产负债表列报的表述中，正确的有（   ）。

A. 为乙公司加工的定制产品作为流动资产列报
B. 甲公司可自主展期的银行借款作为流动负债列报
C. 甲公司持有的于2017年5月到期的国债作为流动资产列报
D. 甲公司发行的将于2017年11月到期兑付的债券作为流动负债列报

8. 「2016年·多选题·题码145834」

甲公司2015年12月31日有关资产、负债如下：

① 作为其他债权投资核算的一项信托投资，期末公允价值为1 200万元，合同到期日为2017年8月5日，在此之前不能变现；
② 因2014年销售产品形成到期日为2016年8月20日的长期应收款账面价值为3 200万元；
③ 应付供应商货款4 000万元，该货款已超过信用期，但尚未支付；
④ 因被其他方提起诉讼计提的预计负债1 800万元，该诉讼预计2016年3月结案。

如甲公司败诉，按惯例有关赔偿款需在法院做出判决之日起60日内支付。

不考虑其他因素，甲公司2015年12月31日的资产负债表中，上述交易或事项产生的相关资产、负债应当作为流动性项目列报的有（   ）。

A. 应付账款4 000万元
B. 预计负债1 800万元
C. 长期应收款3 200万元
D. 其他债权投资1 200万元

「考点3」利润表（★★）

1. 「2017年·单选题·题码145818」

甲公司2016年发生以下交易或事项：

① 销售商品确认收入24 000万元，结转成本19 000万元；
② 采用公允价值进行计量的投资性房地产取得出租收入2 800万元，2016年公允价值变动收益1 000万元；
③ 处置固定资产损失600万元；
④ 因持有以公允价值计量且其变动计入其他综合收益的金融资产确认公允价值变动收益

800万元；

⑤ 确认商誉减值损失2 000万元，不考虑其他因素，甲公司2016年营业利润是（　　）万元。

A. 5 200　　　　B. 6 200　　　　C. 6 800　　　　D. 8 200

2. 「2016年·单选题·题码145819」

甲公司发生的下列交易或事项中，相关会计处理将影响当年净利润的是（　　）。

A. 因重新计算设定受益计划净负债产生的保险精算收益

B. 因联营企业其他投资方单方增资导致应享有联营企业净资产份额的变动

C. 根据确定的利润分享计划，基于当年度实现利润计算确定应支付给管理职工的利润分享款

D. 将自用房屋转为采用公允价值进行后续计量的投资性房地产时，公允价值大于账面价值的差额

3. 「2016年·单选题·题码145820」

甲公司为增值税一般纳税人，2015年发生的有关交易或事项如下：

① 销售产品确认收入12 000万元，结转成本8 000万元，当期应交纳的增值税为1 060万元，有关税金及附加为100万元；

② 持有的交易性金融资产当期市价上升320万元、其他权益工具投资当期市价上升260万元；

③ 出售一项专利技术产生收益600万元；

④ 计提无形资产减值准备820万元。

甲公司交易性金融资产及其他权益工具投资在2015年末未对外出售，不考虑其他因素，甲公司2015年营业利润是（　　）万元。

A. 3 400　　　　B. 3 420　　　　C. 3 760　　　　D. 4 000

4. 「2018年·多选题·题码145835」

下列各项中，应当计入发生当期损益的有（　　）。

A. 以现金结算的股份支付形成的负债在结算前资产负债表日公允价值变动

B. 将分类为权益工具的金融工具重分类为金融负债时公允价值与账面价值的差额

C. 以摊余成本计量的金融资产重分类为以公允价值计量且其变动计入当期损益的金融资产时公允价值与原账面价值的差额

D. 自用房地产转换为采用公允价值模式计量的投资性房地产时公允价值小于原账面价值的差额

5. 「2014年·多选题·题码145836」

下列各项交易费用中，应当于发生时直接计入当期损益的有（　　）。

A. 与取得交易性金融资产相关的交易费用

B. 同一控制下企业合并中发生的审计费用

C. 取得联营企业投资发生的交易费用

D. 非同一控制下企业合并中发生的资产评估费用

「考点4」现金流量表（★★★）

1. 「2021年·多选题·题码156819」

2020年1月1日，甲公司与乙公司签订的商铺租赁合同约定，甲公司从乙公司租入一间商

铺，租赁期为 2 年，每月固定租金 2 万元，在此基础上再按照当月商铺销售额的 5% 支付变动租金。2020 年度，甲公司支付乙公司 31 万元，其中租赁保证金 2 万元，固定租金 24 万元，基于销售额计算的变动租金 5 万元。不考虑其他因素，下列各项关于甲公司 2020 年度支付的租金在现金流量表列示的表述中，正确的有（　　）。

A. 支付的 31 万元应当作为经营活动现金流出

B. 支付的固定租金 24 万元应当作为筹资活动现金流出

C. 支付的租赁保证金 2 万元应当作为筹资活动现金流出

D. 支付的基于销售额计算的变动租金 5 万元应当作为经营活动现金流出

2. 「2020 年·单选题·题码 145821」

2018 年 12 月 31 日，甲公司持有的投资包括：

① 持有联营企业（乙公司）30% 股份；

② 持有子公司（丙公司）60% 股份；

③ 持有的 5 年期国债；

④ 持有丁公司发行的期限为 2 个月的短期债券。

不考虑其他因素，甲公司在编制 2018 年度个别现金流量表时，应当作为现金等价物列示的是（　　）。

A. 对乙公司的投资

B. 对丙公司的投资

C. 所持的 5 年期国债

D. 所持丁公司发行的期限为 2 个月的短期债券

3. 「2017 年·单选题·题码 145822」

甲公司为制造业企业，2016 年产生下列现金流量：

① 收到客户订购商品预付款 3 000 万元；

② 税务部门返还上年度增值税税款 600 万元；

③ 支付购入作为交易性金融资产核算的股票投资款 1 200 万元；

④ 为补充营运资金不足，自股东取得经营性资金借款 6 000 万元；

⑤ 因存货非正常毁损取得保险赔偿款 2 800 万元。

不考虑其他因素，甲公司 2016 年经营活动现金流量净额是（　　）万元。

A. 5 200　　　　B. 6 400　　　　C. 9 600　　　　D. 12 400

4. 「2016 年·单选题·题码 145823」

甲公司 2015 年发生以下有关现金流量：

① 当期销售产品收回现金 36 000 万元，以前期间销售产品本期收回现金 20 000 万元；

② 购买原材料支付现金 16 000 万元；

③ 取得以前期间已交增值税返还款 2 400 万元；

④ 将当期销售产品收到的工商银行承兑汇票贴现，取得现金 8 000 万元；

⑤ 购买国债支付 2 000 万元。

不考虑其他因素，甲公司 2015 年经营活动产生的现金流量净额是（　　）万元。

A. 40 000　　　　B. 42 400　　　　C. 48 400　　　　D. 50 400

5. 「2019 年·多选题·题码 145837」

企业编制现金流量表将净利润调节为经营活动现金流量时，下列各项中，属于在净利润的基础上调整增加的项目有（　　）。

A. 管理用无形资产摊销
B. 存货的增加
C. 公允价值变动收益
D. 资产减值损失

6. 「2018 年·多选题·题码 145838」

2017 年度，甲公司产生现金流量的部分交易如下：
① 对外销售商品收到现金 15 000 万元；
② 收到联营企业分派的现金股利 200 万元；
③ 出售子公司收到现金 1 200 万元；
④ 向股东支付现金股利 3 600 万元；
下列各项关于甲公司上述交易产生的现金流量列报的表述中，正确的有（　　）。

A. 支付股东的现金股利作为筹资活动的现金流出
B. 对外销售商品收到的现金作为经营活动的现金流入
C. 收到联营企业分派的现金股利作为投资活动的现金流入
D. 出售子公司收到的现金作为筹资活动现金流入

「考点 5」所有者权益变动表（★）

1. 「2017 年·单选题·题码 145824」

下列各项关于甲公司 2016 年发生的交易或事项中，其会计处理会影响当年甲公司合并所有者权益变动表留存收益项目本年年初金额的是（　　）。

A. 上年年末资产的流动性与非流动性划分发生重要差错，本年予以更正
B. 收购受同一母公司控制的乙公司 60% 股权（至收购时已设立 5 年，持续盈利且未向投资者分配）交易符合作为同一控制下企业合并处理的条件
C. 自公开市场进一步购买联营企业股权，将持股比例自 25% 增加到 53% 并能够对其实施控制
D. 根据外在条件变化，将原作为使用寿命不确定的无形资产调整为使用寿命为 10 年并按直线法摊销

2. 「2018 年·多选题·题码 145839」

下列各项中，可能调整年度所有者权益变动表中"本年年初余额"的交易或事项有（　　）。

A. 前期差错更正
B. 同一控制下企业合并
C. 会计政策变更
D. 因处置股权导致对被投资单位的后续计量由成本法转为权益法

「考点 6」财务报表附注披露（★★★）

1. 「2021 年·多选题·题码 133852」

乙公司为甲公司的联营企业，丙公司为乙公司的全资子公司，丁公司为甲公司的母公司

（戊公司）的联营企业。不考虑其他因素，下列各项构成甲公司关联方的有（　　）。

A. 乙公司　　　B. 丙公司　　　C. 丁公司　　　D. 戊公司

2. ｢2020 年·单选题·题码 145825｣

甲公司是乙公司和丙公司的母公司，丁公司和戊公司分别是乙公司的合营企业和联营企业，己公司和庚公司分别是丙公司的合营和联营企业。下列各种关系中，不构成关联方关系的是（　　）。

A. 甲公司和乙公司
B. 乙公司和己公司
C. 戊公司和庚公司
D. 丙公司和戊公司

3. ｢2018 年·单选题·题码 145826｣

不考虑其他因素，下列选项中应该不作为甲公司关联方的是（　　）。

A. 甲公司经理之子控制的子公司丙公司
B. 甲公司的母公司控制的子公司乙公司
C. 甲公司持股 25% 的股权，并派出一名董事的丁公司
D. 甲公司聘请的会计师事务所

4. ｢2016 年·单选题·题码 145827｣

下列各方中，不构成江海公司关联方的是（　　）。

A. 江海公司外聘的财务顾问甲公司
B. 江海公司总经理之子控制的乙公司
C. 与江海公司同受集团公司（红光公司）控制的丙公司
D. 江海公司拥有 15% 股权并派出一名董事的被投资单位丁公司

5. ｢2020 年·多选题·题码 145840｣

2018 年，甲公司发生的相关交易或事项如下：

① 购入乙公司 2% 股份，对乙公司不具有重大影响；
② 根据与丙公司签订的战略合作协议，开始就某项高新技术项目进行十年期的合作研究；
③ 与母公司（M 公司）的子公司（丁公司）共同投资戊公司，甲公司持有戊公司 10% 股权，对戊公司不具有控制、共同控制或重大影响，丁公司持有戊公司 30% 股权并对戊公司具有重大影响；
④ 投资己公司，持有公司 25% 股份并对其具有重大影响。

除上述情形外，各公司间不存在其他任何关系。下列各项中，构成甲公司关联方的有（　　）。

A. 乙公司　　　B. 丙公司　　　C. 戊公司　　　D. 己公司

6. ｢2016 年·多选题·题码 145841｣

不考虑其他因素，下列各方中，构成甲公司关联方的有（　　）。

A. 与甲公司同受重大影响的乙公司
B. 甲公司财务总监之妻投资设立并控制的丁公司
C. 与甲公司共同经营华新公司的丙公司
D. 甲公司受托管理且能主导相关投资活动的戊资产管理计划

7. 「2015 年・多选题・题码 145842」

下列各经营分部中，应当确定为报告分部的有（　　）。

A. 该分部的分部负债占所有分部负债合计的 10% 或者以上

B. 该分部的分部利润（亏损）绝对额占所有盈利分部利润合计额或所有亏损分部亏损合计额较大者的 10% 或者以上

C. 该分部的分部收入占所有分部收入合计的 10% 或者以上

D. 该分部的分部资产占所有分部资产合计额的 10% 或者以上

「考点 7」 中期财务报告（★★）

1. 「2015 年・单选题・题码 145828」

下列有关编制中期财务报告的表述中，符合会计准则规定的是（　　）。

A. 中期财务报告会计计量以本报告期期末为基础

B. 在报告中期内新增子公司的中期期末不应将新增子公司纳入合并范围

C. 中期财务报告会计要素确认和计量原则应与本年度财务报告相一致

D. 中期财务报告的重要性判断应以预计的年度财务报告数据为基础

2. 「2017 年・多选题・题码 145843」

下列各项关于中期财务报告编制的表述中，正确的有（　　）。

A. 中期财务报告编制时采用的会计政策、会计估计应当与年度报告相同

B. 对会计年度中不均衡发生的费用，在报告中期如尚未发生，应当基于年度水平预计中期金额后确认

C. 报告中期处置合并报表范围内子公司的，中期财务报告中应当包括被处置子公司当期期初至处置日的相关信息

D. 编制中期财务报告时的重要性应以至中期期末财务数据为依据，在估计年度财务数据的基础上确定

3. 「2016 年・多选题・题码 145844」

下列关于企业中期财务报告附注应当披露的内容中，正确的有（　　）。

A. 企业经营的季节性或周期性特征

B. 会计估计变更的内容、原因及其影响数

C. 中期财务报告采用的会计政策与上年度财务报告相一致的声明

D. 中期资产负债表日到中期财务报告批准报出日之间发生的非调整事项

4. 「2012 年・多选题・题码 145845」

下列各项有关中期财务报告的表述中，正确的有（　　）。

A. 中期财务报告的会计计量应当以年初至本中期期末为基础

B. 中期资产负债表应当提供本中期期末和上年度末的资产负债表

C. 中期财务报告重要性程度的判断应当以中期财务数据为基础

D. 中期财务报告的编制应当遵循与年度财务报告相一致的会计政策

24 第二十四章 会计政策、会计估计及其变更和差错更正

「考情分析」

考点	星级	近十年考频	2012年	2013年	2014年	2015年	2016年	2017年	2018年	2019年	2020年	2021年
1. 会计政策变更及其会计处理	★★★	6		√	√	√		√	√			√
2. 会计估计变更及其会计处理	★★	2				√						√
3. 前期差错及其更正	★★★	1					√					

「考点1」会计政策变更及其会计处理（★★★）

1. 「2018年·单选题·题码145855」

   2017年1月1日，甲公司发生的事项如下：

   ① 因业务模式改变，将某项债权投资由以摊余成本计量的金融资产重分类为以公允价值计量且其变动计入当期损益的金融资产。

   ② 因不再出租，将某块土地使用权由以公允价值进行后续计量的投资性房地产转换为以成本计量的无形资产。

   ③ 执行新的收入准则，收入确认时点的判断标准由以风险报酬转移变更为以控制权转移。

   ④ 因增资甲对乙公司股权投资的后续计量由以公允价值计量且其变动计入当期损益的金融资产改为按权益法核算的长期股权投资。

   下列各项中，甲公司应当作为会计政策变更进行会计处理的是（　　）。

   A. 收入确认时点的判断标准由以风险报酬转移变更为以控制权转移
   B. 对乙公司股权投资的后续计量由以公允价值计量且其变动计入当期损益改为按权益法核算
   C. 以摊余成本计量的金融资产重分类为以公允价值计量且其变动计入当期损益的金融资产
   D. 以公允价值进行后续计量的投资性房地产转换为以成本计量的无形资产

2. 「2013年·单选题·题码145856」

   甲公司董事会决定的下列事项中，属于会计政策变更的是（　　）。

   A. 将自行开发无形资产的摊销年限由8年调整为6年
   B. 将账龄在1年以内应收账款的坏账计提比例由5%提高至8%
   C. 将发出存货的计价方法由先进先出法变更为移动加权平均法
   D. 将符合持有待售条件的固定资产由非流动资产重分类为流动资产列报

3. 「2017年·多选题·题码145859」

   甲公司专门从事大型设备制造与销售，设立后即召开董事会会议，确定有关会计政策和会计估计事项。下列各项关于甲公司董事会确定的事项中，属于会计政策的有（　　）。

   A. 某合同按照投入法确认收入

B. 投资性房地产采用公允价值模式进行后续计量

C. 按照生产设备预计生产能力，确定固定资产的使用寿命

D. 租入的固定资产作为甲公司的使用权资产进行核算

4. 「2015 年・多选题・题码 145860」

下列各项中属于会计政策变更的有（　　）。

A. 公允价值计量使用的估值技术由市场法变更为收益法

B. 按新的控制定义调整合并财务报表合并范围

C. 会计准则修订要求将不具有控制、共同控制和重大影响的权益性投资由长期股权投资转为其他权益工具投资

D. 因处置部分股权投资丧失对子公司控制，导致长期股权投资的后续计量方法由成本法转为权益法

「考点 2」 会计估计变更及其会计处理 （★★）

「2015 年・多选题・题码 145861」

甲公司 2014 年经董事会决议做出的下列变更中，属于会计估计变更的有（　　）。

A. 因车流量不均衡，将高速公路收费权的摊销方法由年限平均法改为车流量法

B. 因市场条件变化，将某项采用公允价值计量的金融资产的公允价值确定方法由第一层级转变为第二层级

C. 将发出存货的计价方法由月末加权平均法改为先进先出法

D. 改变离职后福利核算方法，按照新的会计准则有关设定受益计划的规定进行追溯

「考点 3」 前期差错及其更正 （★★★）

1. 「2016 年・单选题・题码 145857」

甲公司 2015 年 2 月购置了一栋办公楼，预计使用寿命为 40 年，为此，该公司 2015 年 4 月 30 日发布公告称：经公司董事会审议通过《关于公司固定资产折旧年限会计估计变更的议案》，决定调整公司房屋建筑物的预计使用寿命，从原来的 20 至 30 年调整为 20 至 40 年。不考虑其他因素。下列关于甲公司对该公告所述折旧年限调整会计处理的表述中，正确的是（　　）。

A. 对房屋建筑物折旧年限的变更应当作为会计政策变更并进行追溯调整

B. 对房屋建筑物折旧年限变更作为会计估计变更并应当从 2015 年 1 月 1 日起开始未来适用

C. 对 2015 年 2 月新购置的办公楼按照新的会计估计 40 年折旧不属于会计估计变更

D. 对因 2015 年 2 月新购置办公楼折旧年限的确定导致对原房屋建筑物折旧年限的变更应当作为重大会计差错进行追溯重述

2. 「2016 年・单选题・题码 145858」

甲公司 2012 年 10 月为乙公司的银行贷款提供担保。银行、甲公司、乙公司三方签订的合同约定：

① 贷款本金为 4 200 万元，自 2012 年 12 月 21 日起 2 年，年利率为 5.6%；

② 乙公司以房产为该项贷款提供抵押担保；

③ 甲公司为该贷款提供连带责任担保。

2014年12月22日，该项贷款逾期未付，银行要求甲公司履行担保责任。2014年12月30日，甲公司、乙公司与贷款银行经协商签订补充协议，约定将乙公司的担保房产变现，用以偿付该贷款本息。该房产预计处置价款可以覆盖贷款本息，甲公司在其2014年财务报表中未确认相关预计负债。2015年5月，因在乙公司出售该房产过程中出现未预料到的纠纷而无法出售，银行向法院提起诉讼，判决甲公司履行担保责任。经庭外协商，甲公司需于2015年7月和2016年1月分两次等额支付乙公司所欠借款本息，同时获得对乙公司的追偿权，但无法预计能否取得。

不考虑其他因素，甲公司对需履行的担保责任应进行的会计处理是（　　）。

A. 作为2015年事项将需支付的担保款计入2015年财务报表
B. 作为会计政策变更将需支付的担保款追溯调整2014年财务报表
C. 作为重大会计差错更正将需支付的担保款追溯重述2014年财务报表
D. 作为新发生事项将需支付的担保款分别计入2015年和2016年财务报表

25 第二十五章 资产负债表日后事项

「考情分析」

考点	星级	近十年考频	2012年	2013年	2014年	2015年	2016年	2017年	2018年	2019年	2020年	2021年
1. 资产负债表日后事项概述	★★	9			√	√	√	√	√	√	√	√
2. 资产负债表日后调整事项的会计处理	★★	2	√						√			

「考点1」 资产负债表日后事项概述（★★）

1. 「2019年·单选题·题码145877」

   2018年12月31日，甲公司应收乙公司货款1 000万元，由于该应收款项尚在信用期内，甲公司按照5%的预期信用损失率计提坏账准备50万元。甲公司2018年度财务报表于2019年3月15日经董事会批准对外报出。下列各项中，属于资产负债表日后调整事项的是（　　）。

   A. 乙公司于2019年1月10日宣告破产，甲公司应收乙公司货款很可能无法收回
   B. 乙公司于2019年2月24日发生火灾，甲公司应收乙公司货款很可能无法收回
   C. 乙公司于2019年3月5日被另一公司吸收合并，甲公司应收乙公司货款可以全部收回
   D. 乙公司于2019年3月10日发生安全事故，被相关监管部门责令停业，甲公司应收乙公司货款很可能无法收回

2. 「2018年·单选题·题码145884」

   甲公司2016年度财务报表于2017年3月20日经董事会批准对外提供，2017年1月1日至3月20日，甲公司发生的有关交易或事项如下：

   ① 2017年1月20日，法院对乙公司就2016年8月起诉甲公司侵犯知识产权案件作出终审判决，甲公司需支付乙公司的赔偿超过其2016年末预计金额200万元。

   ② 根据2016年12月31日甲公司与丙公司签订的销售协议，甲公司于2017年1月25日将其生产的产品发往丙公司并开出增值税专用发票。丙公司收到所购货物后发现产品质量存在严重问题，随即要求退货。甲公司于2017年2月3日收到丙公司退回的产品并开具红字增值税发票。

   ③ 2017年2月15日，甲公司收到丁公司2016年12月销售货款。

   ④ 2017年3月10日，甲公司与戊公司签订收购其持有的己公司全部股权的协议。

   假定上述交易或事项均具有重要性，不考虑其他因素，应作为甲公司2016年末资产负债表日后调整事项的是（　　）。

   A. 与丙公司发生的销售退回事项
   B. 与戊公司签订的收购股权协议
   C. 法院针对侵犯知识产权案件作出终审判决
   D. 收到丁公司货款

3. 「2020年·多选题·题码145881」

下列各项资产负债表日至财务报告批准报出日之间发生的事项中，不应作为调整事项调整资产负债表日所属年度财务报表相关项目的有（ ）。

A. 发生销售退回

B. 发生同一控制下企业合并

C. 拟出售固定资产在资产负债表日后事项期间满足划分为持有待售类别的条件

D. 发现报告年度财务报表存在重要差错

4. 「2019年·多选题·题码145882」

甲公司2018年度财务报表于2019年3月20日经董事会批准对外报出，其在2018年度资产负债表日后事项期间发生的下列交易或事项中，属于资产负债表日后调整事项的有（ ）。

A. 董事会通过2018年度利润分配预案，拟每10股派发1元现金股利

B. 因2018年6月收购的子公司当年实际利润未达到承诺金额，确定向交易对方收回部分已支付对价

C. 所持联营企业经审计的净利润与甲公司权益法核算时计算投资收益时使用的联营企业未经审计净利润金额存在差异

D. 2018年12月已确认销售的一批商品因质量问题被买方退回，税务机关开具的红字增值税专用发票已取得

5. 「2018年·多选题·题码145883」

下列各项中，属于资产负债表日后调整事项的有（ ）。

A. 资产负债表日后期间发生重大火灾损失

B. 报告年度已售商品在资产负债表日后事项期间发生退回

C. 报告年度按暂估价值入账的固定资产在资产负债表日后事项期间办理完成竣工决算手续

D. 资产负债表日后事项期间发现报告年度不重要的会计差错

6. 「2017年·多选题·题码145878」

甲公司2016年财务报表于2017年4月10日批准对外报出，下列各项关于甲公司2017年发生的交易或事项中，属于2016年资产负债表日后调整事项的有（ ）。

A. 2月10日，甲公司董事会通过决议，将投资性房地产的后续计量由成本模式变更为公允价值模式

B. 3月2日，发现2015年存在一项重大会计差错，该差错影响2015年利润表及资产负债表有关项目

C. 3月10日，2016年底的一项未决诉讼结案，法院判甲公司胜诉并获赔偿1 800万元，但甲公司无法判断对方的财务状况和支付能力

D. 4月3日，收到2016年11月销售的一批已确认销售收入的商品发生15%的退货，按照购销合同约定，甲公司应当返还客户与该部分商品相关的货款

7. 「2016年·多选题·题码145885」

甲公司2015年财务报告于2016年3月20日经董事会批准对外报出，其于2016年发生的下列事项中，不考虑其他因素，应当作为2015年度资产负债表日后调整事项的有（ ）。

A. 2月10日，收到客户退回2015年6月销售的部分商品，甲公司向客户开具红字增值税发票

B. 2月20日，一家子公司发生安全生产事故，造成重大财产损失，同时被当地安监部门罚款600万元

C. 3月15日，于2015年发生的某涉诉案件终审判决，甲公司需赔偿原告1 600万元，该金额较2015年末原已确认的预计负债多300万元

D. 3月18日，董事会会议通过2015年度利润分配预案，拟分配现金股利6 000万元，以资本公积转增股本，每10股转增2股

「考点2」资产负债表日后调整事项的会计处理（★★）

1. 「2012年·单选题·题码145879」

   甲公司为上市公司，其2016年度财务报告于2017年3月1日对外报出。该公司在2016年12月31日有一项未决诉讼，经咨询律师，估计很可能败诉并预计将支付的赔偿金额和诉讼费等在760万元至1 000万元之间（其中诉讼费为7万元）。为此，甲公司预计了880万元的负债；2017年1月30日，法院判决甲公司败诉，并需赔偿1 200万元，同时承担诉讼费用10万元。上述事项对甲公司2016年度利润总额的影响金额为（　　）万元。

   A. 880　　　　B. -1 000　　　　C. -1 200　　　　D. -1 210

2. 「单选题·题码145880」

   甲公司2018年12月31日应收乙公司账款2 000万元，按照当时估计已计提坏账准备200万元。2019年2月20日，甲公司获悉乙公司于2019年2月18日向法院申请破产。甲公司估计应收乙公司账款全部无法收回。甲公司按照净利润的10%提取法定盈余公积，2018年度财务报表于2019年4月20日经董事会批准对外报出。不考虑其他因素。甲公司因该资产负债表日后事项减少2018年12月31日未分配利润的金额是（　　）万元。

   A. 180　　　　B. 1 620　　　　C. 1 800　　　　D. 2 000

主观题部分

1. 「2017年·综合题节选·题码148821」

   甲公司为境内上市公司，2016年度财务报表于2017年2月28日经董事会批准对外报出。2016年，甲公司发生的有关交易或事项如下：

   ❶ 2017年1月20日，甲公司收到其客户丁公司通知，因丁公司所在地区于2017年1月18日发生自然灾害，[1]导致丁公司财产发生重大损失，无法偿付所欠甲公司货款1 200万元的60%。甲公司已对该应收账款于2016年末计提了200万元的坏账准备。

   ❷ 根据甲公司与丙公司签订的协议，甲公司应于2016年9月20日向丙公司交付一批乙产品，因甲公司未能按期交付，导致丙公司延迟向其客户交付商品而产生违约损失1 000

   【审题要点】

   「1」该事项属于在日后期间发生的新事项，属于非调整事项。

   「2」报表报出前，对资产负债表日已经存在的情况提供了新的或进一步证据，应予以调整。若发生在报表报出之后，则不追溯调整。

万元。为此，丙公司于 2016 年 10 月 8 日向法院提起诉讼，要求甲公司按合同约定支付违约金 950 万元以及由此导致的丙公司违约损失 1 000 万元。截至 2016 年 12 月 31 日，双方拟进行和解，和解协议正在商定过程中，甲公司经咨询其法律顾问后，预计很可能赔偿金额在 950 万元至 1 000 万元之间。为此，甲公司于年末预计 975 万元损失并确认为预计负债。2017 年 2 月 10 日，甲公司与丙公司达成和解。[2] 甲公司同意支付违约金 950 万元和丙公司的违约损失 300 万元，丙公司同意撤诉。甲公司于 2017 年 3 月 20 日通过银行转账支付上述款项。

本题不考虑相关税费及其他因素。

「要求」根据资料❶和❷，分别说明与甲公司有关的事项属于资产负债表日后调整事项还是非调整事项，并说明理由，如为调整事项，分别计算甲公司应调整 2016 年末留存收益的金额；如为非调整事项，说明其会计处理方法。

2.「2016 年·计算分析题节选·题码 148823」

甲公司为境内上市公司，2013 年 10 月 20 日，甲公司向乙银行借款 5 亿元。

借款期限为 5 年，年利率为 6%，利息按年支付，本金到期一次偿还。借款协议约定：如果甲公司不能按期支付利息，则从违约日起按年利率 7% 加收罚息。2013 年、2014 年，甲公司均按时支付乙银行借款利息。2015 年 1 月起，因受国际国内市场影响，甲公司出现资金困难，当年未按时支付全年利息。为此，甲公司按 7% 年利率计提该笔借款自 2015 年 1 月 1 日起的罚息 3 500 万元。2015 年 12 月 20 日，甲公司与乙银行协商，由乙银行向其总行申请减免甲公司的罚息。甲公司编制 2015 年财务报表时根据与乙银行债务重组的进展情况，预计双方将于近期达成减免罚息的协议，并据此判断 2015 年原按照 7% 年利率计提的该笔借款罚息 3 500 万元应全部冲回。2016 年 4 月 20 日，在甲公司 2015 年度财务报告经董事会批准报出日之前，甲公司与乙银行签订了《罚息减免协议》，协议的主要内容与之前甲公司估计的情况基本相符，即从 2016 年起，如果甲公司于借款到期前能按时支付利息并于借款到期时偿还本金，甲公司只需按照 6% 的年利率支付 2015 年及以后各年的利息；同时，免除 2015 年的罚息 3 500 万元。[1]

假定：甲公司上述借款按照摊余成本计量，不考虑折现及其他因素。

「要求」判断资产负债表日后事项期间达成的债务重组协议是否应作为 2015 年调整事项并说明理由。

【审题要点】

「1」关注时间节点，《罚息减免协议》是 2016 年签订的，属于新事项。

26 第二十六章　企业合并

「考情分析」

考点	星级	近十年考频	2012年	2013年	2014年	2015年	2016年	2017年	2018年	2019年	2020年	2021年
企业合并涉及的或有对价	★★	2					√				√	

「考点1」企业合并涉及的或有对价（★★）

1．「2020年·单选题·题码145892」

　　2016年12月30日，甲公司以发行新股作为对价，购买乙公司所持丙公司60%股份。乙公司在股权转让协议中承诺，在本次交易完成后的3年内（2017～2019年）丙公司每年净利润不低于5 000元，若丙公司实际利润低于承诺利润，乙公司将按照两者之间的差额及甲公司作为对价发行时的股票价格计算应返还给甲公司的股份数量，并在承诺期满后一次性予以返还。2017年，丙公司实际利润低于承诺利润，经双方确认，乙公司应返还甲公司相应的股份数量。不考虑其他因素，下列各项关于甲公司应收取乙公司返还的股份在2017年12月31日合并资产负债表中列示的项目名称是（　　）。

　　A．其他债权投资　　　　　　　　B．交易性金融资产
　　C．其他权益工具投资　　　　　　D．债权投资

2．「2016年·单选题·题码145893」

　　2014年1月1日，甲公司通过向乙公司股东定向增发1 500万股普通股（每股面值为1元，市价为6元），取得乙公司80%股权，并控制乙公司，另以银行存款支付财务顾问费300万元。双方约定，如果乙公司未来3年平均净利润增长率超过8%，甲公司需要另外向乙公司原股东支付100万元的合并对价。当日，甲公司预计乙公司未来3年平均净利润增长率很可能达到10%。该项交易前，甲公司与乙公司及其控股股东不存在关联方关系。不考虑其他因素，甲公司该项企业合并的合并成本是（　　）万元。

　　A．9 000　　　　B．9 300　　　　C．9 100　　　　D．9 400

27 第二十七章 合并财务报表

「考情分析」

考点	星级	近十年考频	2012年	2013年	2014年	2015年	2016年	2017年	2018年	2019年	2020年	2021年
1. 合并范围的确定	★★	3					√		√			√
2. 合并财务报表编制原则、前期准备事项及程序	★★	3			√			√	√			
3. 非同一控制下企业合并的合并处理	★★★	6	√	√			√		√		√	√
4. 同一控制下企业合并的合并处理	★★★	5		√		√		√		√		
5. 内部交易的合并处理	★★★	9	√	√	√	√	√		√	√	√	√
6. 其他特殊交易在合并财务报表中的会计处理	★★	5	√				√		√	√	√	
7. 合并现金流量表的编制	★	1						√				
8. 长期股权投资转换在合并报表的处理	★★★	5	√		√	√					√	

「考点1」合并范围的确定（★★）

1. 「2018・多选题・题码145903」

    下列各项中，满足控制条件的有（　　）。
    A. 拥有对被投资方的权力
    B. 通过参与被投资方的相关活动而享有可变回报
    C. 有能力运用对被投资方的权力影响其回报金额
    D. 参与被投资方的财务和生产经营决策

2. 「2016年・多选题・题码145904」

    甲公司（非投资性主体）为乙公司、丙公司的母公司，乙公司为投资性主体，拥有两家全资子公司，两家子公司均不为乙公司的投资活动提供相关服务，丙公司为股权投资基金，拥有两家联营企业，丙公司对其拥有的两家联营企业按照公允价值考核和评价管理层业绩。不考虑其他因素，下列关于甲公司、乙公司和丙公司对其所持股权投资的会计处理中，正确的有（　　）。
    A. 乙公司不应编制合并财务报表
    B. 丙公司在个别报表中对其拥有的两家联营企业的投资应按照公允价值计量，公允价值变动计入当期损益

C. 乙公司在个别报表中对其拥有的两家子公司应按照公允价值计量，公允价值变动计入当期损益

D. 甲公司在编制合并财务报表时，应将通过乙公司间接控制的两家子公司按公允价值计量，公允价值变动计入当期损益

「考点 2」 合并财务报表编制原则、前期准备事项及程序（★★）

1.「2017 年·单选题·题码 145899」

甲公司拥有对四家公司的控股权，其下属子公司的会计政策和会计估计均符合会计准则规定。甲公司在编制 2016 年合并财务报表时，对其子公司进行的下述调整中，正确的是（　　）。

A. 将子公司（乙公司）1 年以内应收账款坏账准备的计提比例由 3% 调整为与甲公司相同的计提比例 5%

B. 将子公司（丙公司）投资性房地产的后续计量模式由成本模式调整为与甲公司相同的公允价值模式

C. 将子公司（戊公司）闲置不用但没有明确处置计划的机器设备由固定资产调整为持有待售非流动资产并相应调整后续计量模式

D. 对 2016 年通过同一控制下企业合并取得的子公司（丁公司），将其固定资产、无形资产的折旧和摊销年限按照与甲公司相同的期限进行调整

2.「2016 年·单选题·题码 145900」

甲公司及子公司对投资性房地产采用不同的会计政策。具体为：子公司乙对作为投资性房地产核算的房屋采用公允价值模式进行后续计量；子公司丙对作为投资性房地产核算的土地使用权采用成本模式计量，按剩余 15 年期限分期摊销计入损益；子公司丁对出租的房屋采用成本模式计量，并按房屋仍可使用年限 10 年计提折旧；子公司戊对在建的投资性房地产采用公允价值模式进行后续计量。甲公司自身对作为投资性房地产的房屋采用成本模式进行后续计量，并按房屋仍可使用年限 20 年计提折旧。不考虑其他因素，下列关于甲公司在编制合并财务报表时，对纳入合并范围的各子公司投资性房地产的会计处理中，正确的是（　　）。

A. 将投资性房地产的后续计量统一为成本模式，同时统一有关资产的折旧或摊销年限

B. 对于公允价值能够可靠计量的投资性房地产采用公允价值计量，其他投资性房地产采用成本模式计量

C. 区分在用投资性房地产与在建投资性房地产，在用投资性房地产统一采用成本模式计量，而在建投资性房地产采用公允价值模式计量

D. 子公司的投资性房地产后续计量均应按甲公司的会计政策进行调整，即后续计量用成本模式并考虑折旧或摊销，折旧或摊销年限根据实际使用情况确定

「考点 3」 非同一控制下企业合并的合并处理（★★★）

「2018 年·单选题·题码 145901」

下列各项交易产生的费用中，不应计入相关资产成本或负债初始确认金额的是（　　）。

A. 外购无形资产发生的交易费用
B. 发行以摊余成本计量的公司债券时发生的交易费用
C. 承租人在租赁中发生的初始直接费用
D. 合并方在非同一控制下的企业合并中发生的中介费用

「考点 4」 同一控制下企业合并的合并处理 (★★★)

1. 「2015 年·单选题·题码 145902」

   下列各项关于无形资产会计处理的表述中，正确的是（　　）。
   A. 自行研究开发的无形资产在尚未达到预定用途前无须考虑减值
   B. 非同一控制下企业合并中，购买方应确认被购买方在该项交易前未确认但可单独辨认且公允价值能够可靠计量的无形资产
   C. 使用寿命不确定的无形资产在持有过程中不应该摊销也不考虑减值
   D. 同一控制下企业合并中，合并方应确认被合并方在该项交易前未确认的无形资产

2. 「2013 年·多选题·题码 145905」

   甲公司持有乙公司70%股权并控制乙公司，甲公司2013年度合并财务报表中少数股东权益为950万元，2014年度，乙公司发生净亏损3 500万元。无其他所有者权益变动，除乙公司外，甲公司没有其他子公司。不考虑其他因素，下列关于甲公司在编制2014年度合并财务报表的处理中，正确的有（　　）。
   A. 母公司所有者权益减少 950 万元
   B. 少数股东承担乙公司亏损 950 万元
   C. 母公司承担乙公司亏损 2 450 万元
   D. 少数股东权益的列报金额为 –100 万元

「考点 5」 内部交易的合并处理 (★★★)

1. 「2018 年·多选题·题码 145906」

   乙公司是甲公司购入的子公司，丙公司是甲公司设立的子公司。甲公司与编制合并财务报表相关的交易或事项如下：

   ① 甲公司以前年度购买乙公司股权并取得控制权时，乙公司某项管理用专利权的公允价值大于账面价值800万元，截至2016年末该金额累计已摊销400万元，2017年度摊销50万元。甲公司购买乙公司股权并取得控制权以前甲、乙公司之间不存在关联方关系。

   ② 乙公司被甲公司收购后，从甲公司购入产品并对外销售。2016年末，乙公司从甲公司购入 Y 产品并形成存货 1 000 万元（没有发生减值），甲公司销售 Y 产品的毛利率为 20%。2017 年度，乙公司已将上年末结存的 Y 产品全部出售给无关联的第三方。

   ③ 甲公司拥有的某栋办公楼系从丙公司购入，购入时支付的价款大于丙公司账面价款 1 600 万元，截至 2016 年末该金额累计已计提折旧 250 万元，2017 年度计提折旧 25 万元。

   不考虑税费及其他因素。下列各项关于甲公司编制 2017 年末合并资产负债表会计处理的表述中，正确的有（　　）。

A. 存货项目的年初余额应抵销 200 万元
B. 无形资产项目的年末余额应调整 350 万元
C. 未分配利润项目的年初余额应抵销 1 950 万元
D. 固定资产项目的年初余额应抵销 1 350 万元

2. 「2017 年·多选题·题码 145907」

2015 年 12 月 31 日，甲公司以某项固定资产及现金与其他三家公司共同出资设立乙公司，甲公司持有乙公司 60% 股权并能够对其实施控制；当日，双方办理了与固定资产所有权转移相关的手续。该固定资产的账面价值为 2 000 万元，公允价值为 2 600 万元。乙公司预计上述固定资产尚可使用 10 年，预计净残值为 0，采用年限平均法计提折旧，每年计提的折旧额直接计入当期管理费用。不考虑其他因素，下列各项关于甲公司在编制合并财务报表时会计处理的表述中，正确的有（　　）。

A. 2016 年合并利润表，管理费用项目抵销 60 万元
B. 2015 年合并利润表，资产处置收益项目抵销 600 万元
C. 2017 年末合并资产负债表，固定资产项目抵销 480 万元
D. 2017 年末合并资产负债表，未分配利润项目的年初数抵销 540 万元

「考点 6」 其他特殊交易在合并财务报表中的会计处理（★★）

「2017 年·多选题·题码 145908」

2016 年甲公司所属企业集团内各公司发生的下列交易或事项中，不考虑其他因素，会引起甲公司合并财务报表中归属于母公司所有者的权益金额减少的有（　　）。

A. 2 月 3 日，甲公司向其控股 60% 的子公司（乙公司）捐赠货币资金 3 000 万元
B. 8 月 20 日，甲公司的子公司（戊公司）以资本公积金转增股本，每 10 股转增 3 股
C. 9 月 10 日，甲公司控股 70% 的子公司（丙公司）向所有股东按持股比例派发 1 亿元股票股利
D. 12 月 31 日，甲公司的子公司（丁公司）持有的作为其他权益工具投资核算的股票投资公允价值相对年初下降 1 200 万元

「考点 7」 合并现金流量表的编制（★）

「2017 年·多选题·题码 145909」

2017 年，甲公司与其子公司（乙公司）发生的有关交易或事项如下：
① 甲公司收到乙公司分派的现金股利 600 万元。
② 甲公司将其生产的产品出售给乙公司用于对外销售，收到价款及增值税 585 万元。
③ 乙公司偿还上年度自甲公司购买产品的货款 900 万元。
④ 乙公司将土地使用权及其地上厂房出售给甲公司用于其生产，收到现金 3 500 万元。

下列各项关于甲公司上述交易或事项在编制合并现金流量表时应予抵销的表述中，正确的有（　　）。

A. 甲公司经营活动收到的现金 585 万元与乙公司经营活动支付的现金 585 万元抵销
B. 甲公司投资活动收到的现金 900 万元与乙公司筹资活动支付的现金 900 万元抵销

C. 甲公司投资活动收到的现金 600 万元与乙公司筹资活动支付的现金 600 万元抵销

D. 甲公司投资活动支付的现金 3 500 万元与乙公司投资活动收到的现金 3 500 万元抵销

主观题部分

1. 「2020 年・计算分析题・题码 119630」

2017~2018 年，甲公司发生的相关交易或事项如下：

❶ 甲公司持有乙公司 20% 股权，能够对乙公司施加重大影响。2017 年 1 月 1 日，甲公司对乙公司股权投资的账面价值为 4 000 万元，其中投资成本为 3 200 万元，损益调整为 500 万元，以后期间可转入损益的其他综合收益为 300 万元。[1]取得乙公司 20% 股权时，乙公司各项可辨认资产、负债的公允价值与其账面价值相同。[2]2017 年度，乙公司实现净利润 1 800 万元，分配现金股利 1 200 万元，无其他所有者权益变动事项。

❷ 2017 年 12 月 10 日，甲公司与丙公司签订股权转让协议，协议约定：甲公司以发行本公司普通股为对价，受让丙公司所持的乙公司 35% 股权；[3]双方同意以 2017 年 11 月 30 日经评估乙公司全部股权公允价值 15 000 万元为依据，确定乙公司 35% 股权的转让价格为 5 250 万元，由甲公司以 5 元/股的价格向丙公司发行 1 050 万股本公司普通股作为支付对价。

❸ 2018 年 1 月 1 日，甲公司向丙公司定向发行本公司普通股 1 050 万股，丙公司向甲公司交付乙公司 35% 股权，发行股份的登记手续以及乙公司股东的变更登记手续已办理完成。当日，甲公司对乙公司董事会进行改选，改选后甲公司能够控制乙公司的相关活动。[4]购买日，甲公司股票的公允价值为 7.5 元/股，原持有乙公司 20% 股权的公允价值为 4 500 万元；乙公司净资产的账面价值为 14 000 万元（其中股本为 8 000 万元，盈余公积为 2 000 万元，未分配利润为 4 000 万元），可辨认净资产的公允价值为 16 000 万元，[5]除一项固定资产的公允价值大于其账面价值 2 000 万元外，[6]其他各项资产、负债的公允价值与账面价值相同。

❹ 其他有关资料：
① 在取得乙公司 35% 股权前，甲公司与丙公司不存在关联方关系。
② 甲公司与乙公司之间未发生内部交易。
③ 本题不考虑税费及其他因素。

【审题要点】

「1」提示 1：施加重大影响，说明采用权益法核算。

提示 2：可转入损益，说明未来处置长期股权投资时，持有期间形成的其他综合收益要转入投资收益，而不是留存收益。

提示 3：取得时公允价值与账面价值相等，说明不用对净利润进行第一项调整。

「2」根据 2017 年的发生项可以得出，长期股权投资——损益调整科目增加额 =（1 800 - 1 200）×20% =120（万元），期末长期股权投资账面价值 =4 000 +120 =4 120（万元）。

「3」由此可以看出，此处考点为权益法转成本法。要注意区分个别报表和合并报表长期股权投资入账价值的差异。个别报表未"跨界"，长期股权投资入账价值 = 账面价值（原投资）+ 公允价值（新支付对价），合并报表合并成本 = 公允价值（原投资）+ 公允价值（新支付对价）。

「4」能够控制乙公司，说明购买日是 2018 年 1 月 1 日，合并成本、支付对价的公允价值要以购买日的公允价值为准，不能以约定的 2017 年 11 月 30 日为准。

「5」由此得出，甲公司支付对价公允价值 = 1 050 ×7.5 =7 875（万元）。

个别报表入账价值 = 账面（4 120）+ 公允（7 875）=11 995（万元）。

合并报表入账价值 = 公允（4 500）+ 公允（7 875）=12 375（万元）。

「6」说明在编制合并报表时，要按照购买日公允价值对乙公司该项固定资产的账面价值和后续折旧费用进行调整。

「要求」

（1）根据资料❶，编制甲公司 2017 年对乙公司股权投资进行权益法核算的会计分录，计算

甲公司对乙公司股权投资 2017 年 12 月 31 日的账面价值。

(2) 根据资料❷、❸，编制甲公司取得乙公司 35% 股权的会计分录，计算甲公司取得股权日在其个别财务报表中对乙公司股权投资的账面价值。

(3) 根据上述资料，判断甲公司合并乙公司的企业合并类型，并说明理由；如为非同一控制下企业合并，说明购买日，计算甲公司购买乙公司的合并成本和商誉，并编制甲公司购买日在合并财务报表中的调整和抵销分录。

2. 「2019 年·综合题·题码 148834」

甲公司相关年度发生的交易或事项如下：

❶ 2018 年 1 月 1 日，甲公司以发行 4 000 万股普通股（面值 1 元/股）为对价，从控股股东乙公司处购买其持有的丙公司 70% 股权。[1] 当日，甲公司所发行股份的公允价值为 7 元/股；丙公司所有者权益账面价值为 22 000 万元，其中股本 2 000 万元，资本公积 8 000 万元，盈余公积 8 000 万元，未分配利润 4 000 万元。另外，甲公司以银行存款支付中介机构费用 1 000 万元。[2] 甲公司当日对丙公司的董事会进行改选，改选后能够控制丙公司的相关活动。[3]

❷ 2018 年 3 月 10 日，甲公司将其生产的成本为 600 万元的商品以 800 万元的价格出售给丙公司。至 2018 年 12 月 31 日，丙公司自甲公司购入的商品已对外出售 40%，售价为 400 万元；其余 60% 部分尚未对外销售，形成存货。[4] 2018 年 7 月 2 日，甲公司以 1 800 万元的价格将一项专利技术转让给丙公司使用。该专利技术的成本为 1 200 万元，已摊销 120 万元，未计提减值准备。丙公司将转让的非专利技术用于内部管理，预计尚可使用 9 年，预计净残值为 0，采用直线法摊销。[5] 至 2018 年 12 月 31 日，丙公司尚未支付上述交易的价款；甲公司对账龄在 1 年以内包括关联方在内的应收款项，按照其余额的 5% 计提坏账准备。[6]

❸ 2018 年度，丙公司实现净利润 3 000 万元，因持有其他债权投资确认其他综合收益 600 万元。2018 年 12 月 31 日，丙公司账面所有者权益为 25 600 万元，其中股本 2 000 万元，资本公积 8 000 万元，其他综合收益 600 万元，盈余公积 8 300 万元，未分配利润 6 700 万元。[7]

❹ 丙公司 2019 年度第 1 季度实现净利润 1 000 万元，其他综合收益未发生变化。2019 年 3 月 31 日，丙公司账面所有者权益为 26 600 万元，其中股本 2 000 万元，资本公积 8 000 万元，其他综合收益 600 万元，盈余公积 8 300 万元，未分配利润 7 700 万元。

❺ 2019 年 4 月 1 日，甲公司支付价款 14 600 万元自外部独立第三方购买其所持丙公司 30% 股权，从而使丙公司成为

【审题要点】

「1」从控股股东购买丙公司 70% 的股权，说明该项交易属于同一控制下企业合并，要按照账面价值确认长期股权投资的初始成本。

「2」为企业合并发生的交易费用，应计入管理费用。

「3」能够控制，说明合并日为 2018 年 1 月 1 日。

「4」该交易属于内部销售存货（顺流交易），在合并报表要抵销期末存货包含的未实现内部交易损益金额 =（800－600）×60% = 120（万元）。

「5」该交易属于内部销售无形资产（顺流交易），在合并报表要抵销个别报表确认的资产处置收益以及多计提的摊销（因为交易日为 7 月 2 日，因此当年多摊销 6 个月）。

「6」未支付价款，说明要抵销因此产生的内部债权债务和计提的坏账准备。

「7」该事项属于丙公司所有者权益变动的情形，要相应调整合并报表中长期股权投资的账面价值和子公司所有者权益项目。

「8」母公司购买子公司少数股东股权，个别报表要按照支付对价的公允价值计量新增长期股权投资的入账成本，但合并报表要按照因新增持股比例对应享有子公司可辨认净资产自购买日公允价值持续计算的份额。

甲公司的全资子公司。甲公司另向提供服务的中介机构支付费用 300 万元。[8]

❻ 其他有关资料：

① 合并日，丙公司在其个别财务报表中资产、负债的账面价值与其在乙公司合并财务报表中的账面价值相同。

② 甲公司和丙公司均按照净利润的 10% 提取法定盈余公积，不计提任意盈余公积。

③ 本题不考虑相关税费及其他因素。

「要求」

（1）根据资料❶，判断甲公司合并丙公司的类型，说明理由，计算甲公司对丙公司长期股权投资的成本，并编制相关会计分录；编制合并日甲公司合并丙公司的抵销分录。

（2）根据上述资料，编制甲公司 2018 年度合并财务报表相关的调整和抵销分录。

（3）根据资料❺，判断甲公司 2019 年 4 月购买丙公司 30% 股权的性质，计算对丙公司 30% 股权投资在甲公司个别财务报表中应确认的金额，并编制相关会计分录。

（4）根据资料❺，计算甲公司购买丙公司 30% 股权时在合并财务报表中应确认的入账价值，并编制有关的调整抵销分录。

3. 「2018 年·综合题·题码 46936」

甲公司为一上市集团公司，持有乙公司 80% 股权，对其具有控制权；持有丙公司 30% 股权，能对其实施重大影响。2016 年及 2017 年发生的相关交易或事项如下：[1]

❶ 2016 年 6 月 8 日，甲公司将生产的一批汽车销售给乙公司，销售价格为 600 万元，汽车已交付乙公司，款项尚未收取。该批汽车的成本为 480 万元。[2] 2016 年 12 月 31 日，甲公司对尚未收回的上述款项计提坏账准备 30 万元。[3] 2017 年 9 月 2 日，甲公司收到乙公司支付的上述款项 600 万元。

乙公司将上述购入的汽车作为行政管理部门的固定资产于当月投入使用，该批汽车采用年限平均法计提折旧，预计使用 6 年，预计无净残值。[4]

❷ 2016 年 7 月 13 日，丙公司将成本为 400 万元的商品以 500 万元的价格出售给甲公司，货物已交付，款项已收取。甲公司将上述购入的商品向集团外单位出售，其中 50% 商品在 2016 年售完，其余 50% 商品在 2017 年售完。[5]

在丙公司个别财务报表上，2016 年度实现的净利润为 3 000 万元；2017 年度实现的净利润为 3 500 万元。

❸ 2016 年 8 月 1 日，甲公司以 9 000 万元的价格从非关联方购买丁公司 70% 股权，款项已用银行存款支付，丁公司股东的工商变更登记手续已办理完成。购买日丁公司可辨认净资产的公允价值为 12 000 万元（含原未确认的无形资产

【审题要点】

「1」具有控制权，说明对乙公司采用成本法核算；施加重大影响，说明对丙公司采用权益法核算。

「2」该交易属于顺流交易，母公司销售存货给子公司用作固定资产，在合并报表要抵销期末固定资产包含的未实现损益金额以及多计提的折旧金额。

「3」存在未支付款项，说明 2016 年要抵销因此产生的内部债权债务和计提的坏账准备；2017 年要抵销年初坏账准备贷方余额，以及子公司本年冲减坏账准备时产生的借方余额。

「4」2016 年 7 月开始计提折旧。因此 2016 年需抵销多计提折旧额 =（600 − 480）÷ 6 × 6/12 = 10（万元）；2017 年需抵销多计提折旧额 =（600 − 480）÷ 6 = 20（万元）。

「5」发生内部销售存货，在计算调整净利润时第一年要减去未实现内部交易损益 =（500 − 400）× 50% = 50（万元），第二年要加回当期已实现的内部交易损益 =（500 − 400）× 50% = 50（万元）。

「6」"从非关联方购买 70% 股权"，说明该交易或事项属于非同一控制下企业合并。

公允价值 1 200 万元），除原未确认的无形资产外，其余各项可辨认资产、负债的公允价值与账面价值相同。[6] 上述无形资产系一项商标权，采用直线法摊销，预计使用 10 年，预计无残值。甲公司根据企业会计准则的规定将购买日确定为 2016 年 8 月 1 日。

丁公司 2016 年 8 月 1 日个别资产负债表中列报的货币资金为 3 500 万元（全部为现金流量表中所定义的现金），列报的所有者权益总额为 10 800 万元，其中实收资本为 10 000 万元，盈余公积为 80 万元，未分配利润为 720 万元。在丁公司个别利润表中，2016 年 8 月 1 日起至 12 月 31 日止期间实现净利润 180 万元；2017 年度实现净利润 400 万元。

❹ 2017 年 1 月 1 日，甲公司将专门用于出租的办公楼租赁给乙公司使用，租赁期为 5 年，租赁开始日为 2017 年 1 月 1 日，年租金为 50 万元，于每年末支付。出租时，该办公楼的成本为 600 万元，已计提折旧 400 万元。甲公司对上述办公楼采用年限平均法计提折旧，预计使用 30 年，预计无残值。

乙公司将上述租入的办公楼专门用于行政管理部门办公。2017 年 12 月 31 日，乙公司向甲公司支付当年租金 50 万元。乙公司个别报表中使用权资产的原值为 216.48 万元，当年计提折旧 43.3 万元，租赁负债的初始确认金额为 216.48 万元，12 月 31 日的账面价值为 177.3 万元。[7]

❺ 其他有关资料：
① 本题所涉销售或购买的价格是公允的。2016 年以前，甲公司与子公司以及子公司相互之间无集团内部交易，甲公司及其子公司与联营企业无关联方交易。
② 甲公司及其子公司按照净利润的 10% 计提法定盈余公积，不计提任意盈余公积。
③ 甲公司及其子公司、联营企业在其个别财务报表中已按照企业会计准则的规定对上述交易或事项分别进行了会计处理。
④ 不考虑税费及其他因素。

[7] 个别报表分别确认投资性房地产与使用权资产，但合并报表角度需要将二者抵销。

「要求」

（1）根据资料❷，计算甲公司在其 2016 年和 2017 年个别财务报表中应确认的投资收益。
（2）根据资料❸，计算甲公司购买丁公司股权产生的商誉。
（3）根据资料❸，说明甲公司支付的现金在 2016 年度合并现金流量表中列报的项目名称，并计算该列报项目的金额。
（4）根据资料❹，说明甲公司租赁给乙公司的办公楼在 2017 年 12 月 31 日合并资产负债表中列报的项目名称，并陈述理由。
（5）根据上述资料，说明甲公司在其 2016 年度合并财务报表中应披露的关联方名称，分别简述不同类别的关联方应披露的关联方信息。

（6）根据上述资料，编制与甲公司2017年度合并资产负债表和合并利润表相关的调整分录和抵销分录。

4. 「2017年·综合题·题码39582」

甲股份有限公司（以下简称"甲公司"）2015年、2016年发生的有关交易或事项如下：

❶ 2015年2月10日，甲公司自公开市场以6.8元/股购入乙公司股票2 000万股，占乙公司发行在外股份数量的4%，取得股票过程中另支付相关税费等40万元。甲公司将其指定为以公允价值计量且其变动计入其他综合收益的金融资产。[1]

❷ 2015年7月1日，甲公司以4 800万元取得丙公司20%股权。当日，交易各方办理完成了股权变更登记手续，丙公司可辨认净资产公允价值为28 000万元，其中除一项土地使用权的公允价值为2 400万元，账面价值为1 200万元外，其他资产、负债的公允价值与账面价值相同。该土地使用权未来仍可使用10年，丙公司采用直线法摊销预计净残值为零。

当日，根据丙公司章程规定，甲公司向丙公司董事会派出一名成员，参与财务和生产经营决策。[2]

❸ 2015年12月31日，乙公司股票的收盘价为8元/股。[3]

❹ 2016年6月30日，甲公司自公开市场进一步购买乙公司股票20 000万股（占乙公司发行在外普通股的40%），购买价格为8.5元/股，支付相关税费400万元。当日，有关股份变更登记手续办理完成，乙公司可辨认净资产公允价值为400 000万元。购入上述股份后，甲公司立即对乙公司董事会进行改选，改选后董事会由7名董事组成，其中甲公司派出4名成员。乙公司章程规定，除公司合并、分立等事项应由董事会2/3成员通过外，其他财务和生产经营决策由董事会1/2以上（含1/2）成员通过后实施。[4]

❺ 2016年，甲公司与乙公司、丙公司发生的交易或事项如下：

7月20日，甲公司将其生产的一台设备销售给丙公司，该设备在甲公司的成本为600万元，销售给丙公司的售价为900万元，有关款项已通过银行存款收取。丙公司将取得的设备作为存货，至2016年末，尚未对外销售。[5]

8月30日，甲公司自乙公司购进一批产品，该批产品在乙公司的成本为800万元，甲公司的购买价格为1 100万元，相关价款至2016年12月31日尚未支付。甲公司已将其中的30%对集团外销售。[6]乙公司对1年以内应收账款（含应收关联方款项）按余额5%计提坏账准备。

❻ 丙公司2016年实现净利润4 000万元，2015年末持有的

【审题要点】

「1」其他权益工具投资交易费用计入成本。公允价值变动计入其他综合收益，处置时，相关损益及其他综合收益一并转入留存收益。

「2」派驻董事并参与被投资单位经营决策，说明具有重大影响，应采用权益法核算；在购买日要调整初始投资成本，比较初始投资成本（4 800万元）与享有可辨认净资产公允价值份额（28 000×20%＝5 600万元）；此外，由于土地使用权公允价值与账面价值存在差异，在计算调整净利润时要注意该差异的影响。

「3」其他权益工具投资在资产负债表日公允价值变动计入其他综合收益。

「4」改选后占多数董事席位，且其他财务和生产经营决策由董事会1/2以上（含1/2）成员通过后实施，说明能够控制。此处涉及金融资产转成本法长期股权投资，个别报表和合并报表均构成"跨界"。合并成本＝原投资的公允价值＋新投资的公允价值＝2 000×8.5＋20 000×8.5＝187 000（万元），商誉＝合并成本－享有子公司可辨认净资产在购买日公允价值的份额＝187 000－400 000×（4%＋40%）＝11 000（万元）。

「5」销售给丙公司，因此是权益法下发生内部交易，在计算调整后净利润时要减去未实现内部交易损益金额＝900－600＝300（万元）。

「6」该交易属于内部销售存货（逆流交易），在合并报表要抵销期末存货包含的未实现内部交易损益金额＝（1 100－800）×（1－30%）＝210（万元）；同时存在未支付价款，说明要抵销因此产生的内部债权债务和计提的坏账准备。

分类为以公允价值计量且其变动计入其他综合收益的金融资产在2016年数量未发生变化,年末公允价值下跌400万元,但未达到丙公司应对其计提减值准备的标准。

❼ 其他有关资料:
① 本题中不考虑所得税等相关税费影响以及其他因素。
② 有关各方在交易前不存在任何关联方关系。

「要求」

(1) 编制甲公司2015年与取得和持有乙公司股份相关的会计分录;确定甲公司取得丙公司20%股权应当采用的核算方法并说明理由,编制甲公司2015年与取得丙公司股权相关的会计分录。

(2) 判断甲公司对乙公司企业合并的类型并说明理由;确定甲公司对乙公司的合并日或购买日并说明理由;确定该项交易的企业合并成本,判断企业合并类型为非同一控制下企业合并的,计算确定该项交易中购买日应确认的商誉金额。

(3) 计算甲公司2016年度合并利润表中应当确认的投资收益,编制甲公司2016年个别财务报表中与持有丙公司投资相关的会计分录。

(4) 编制甲公司2016年合并财务报表时与丙公司、乙公司未实现内部交易损益相关的调整或抵销分录。

5.「2016年·综合题·题码18634」

甲公司及其子公司2013年、2014年、2015年进行的有关资本运作、销售等交易或事项如下:

❶ 2013年9月,甲公司与乙公司控股股东P公司签订协议,约定以发行甲公司股份为对价购买P公司持有的乙公司60%股权。协议同时约定:评估基准日为2013年9月30日,以该基准日经评估的乙公司股权价值为基础,甲公司以每股9元的价格发行本公司股份作为对价。乙公司全部权益(100%)于2013年9月30日的公允价值为18亿元,甲公司向P公司发行1.2亿股,交易完成后,P公司持有股份占甲公司全部发行在外普通股股份的8%。上述协议分别经交易各方内部决策机构批准并于2013年12月20日经监管机构核准。甲公司于2013年12月31日向P公司发行1.2亿股,当日甲公司股票收盘价为每股9.5元(公允价值);交易各方于当日办理了乙公司股权过户登记手续,甲公司对乙公司董事会进行改组。改组后乙公司董事会由7名董事组成,其中甲公司派出5名,对乙公司实施控制。[1]当日,乙公司可辨认净资产公允价值为18.5亿元(有关可辨认资产、负债的公允价值与账面价值相同)。乙公司2013年12月31日账面所有者权益构成为:实收资本40 000万元、资本公积60 000万元、盈余公积23 300万元、未分配利润61 700万元。该项交易中,甲公司以银

【审题要点】

「1」甲公司于2013年12月31日实现对乙公司的控制,因此合并成本、支付对价的公允价值要以购买日12月31日的公允价值为准,不能以约定的2013年9月30日为准。

「2」为企业合并发生的交易费用,应计入管理费用。

「3」协议约定,根据未来净利润实现情况,P公司对其补偿,满足或有对价的定义,要注意或有对价的会计处理。

「4」预计能够实现净利润,或有对价金额为0。

「5」该交易属于内部销售存货(逆流交易),少数股东需要按相应比例承担未实现内部交易损益。

「6」存在未支付价款,说明要抵销因此产生的内部债权债务和计提的坏账准备。

「7」2014年未实现预期利润,需要估计该或有对价的公允价值并予以确认,由于是购买日后新发生的,应于资产负债表日按或有对价公允价值变动计入当期损益。

「8」该交易属于内部销售固定资产,在合并报表要抵销个别报表确认的资产处置收益以

行存款支付法律、评估等中介机构费用1 200万元。[2]

❷ 协议约定，P公司承诺本次交易完成后的2014年、2015年和2016年三个会计年度乙公司实现的净利润分别不低于10 000万元、12 000万元和20 000万元。乙公司实现的净利润低于上述承诺利润的，P公司将按照出售股权比例，以现金对甲公司进行补偿。各年度利润补偿单独计算，且已经支付的补偿不予退还。[3] 2013年12月31日，甲公司认为乙公司在2014~2016年期间基本能够实现承诺利润，发生业绩补偿的可能性较小。[4]

❸ 2014年4月，甲公司自乙公司购入一批W商品并拟对外出售，该批商品在乙公司的成本为200万元，售价为260万元（不含增值税，与对第三方的售价相同），截至2014年12月31日，甲公司已对外销售该批商品的40%，[5]但尚未向乙公司支付货款。乙公司对1年以内的应收账款按照余额的5%计提坏账准备，对1~2年的应收账款按照20%计提坏账准备。[6]

❹ 乙公司2014年实现净利润5 000万元，较原承诺利润少5 000万元。2014年末，根据乙公司利润实现情况及市场预期，甲公司估计乙公司未实现承诺利润是暂时性的，2015年、2016年仍能够完成承诺利润；经测试该时点商誉未发生减值。[7] 2015年2月10日，甲公司收到P公司2014年业绩补偿款3 000万元。

❺ 2014年12月31日，甲公司向乙公司出售一栋房屋，该房屋在甲公司的账面价值为800万元，出售给乙公司的价格是1 160万元。乙公司取得后作为管理用房，预计未来仍可使用12年，采用年限平均法计提折旧，预计净残值为0。[8] 截至2015年12月31日，甲公司原自乙公司购入的W商品累计已有80%对外出售，货款仍未支付。[9]

❻ 乙公司2015年实现净利润12 000万元，2015年12月31日账面所有者权益构成为：实收资本40 000万元、资本公积60 000万元、盈余公积25 000万元、未分配利润77 000万元。

❼ 其他有关资料：本题中甲公司与乙公司、P公司在并购交易发生前不存在关联关系；本题中有关公司均按净利润的10%提取法定盈余公积，不计提任意盈余公积；不考虑相关税费和其他因素。

及多计提的折旧（因为交易日为12月31日，因此当年无多提折旧）。

「9」注意上年购入存货，当年既有销售又有结存的会计处理，款项仍未支付仍需抵销，因此产生的内部债权债务和计提的坏账准备以及由于账龄引起坏账准备金额变化。

「要求」

(1) 判断甲公司合并乙公司的类型，说明理由。

(2) 如为同一控制下企业合并，计算确定该项交易中甲公司对乙公司长期股权投资的成本；如为非同一控制下企业合并，确定该项交易中甲公司的企业合并成本，计算应确认商誉的金额。

（3）编制甲公司取得乙公司60%股权的相关会计分录。

（4）对于因乙公司2014年未实现承诺利润，说明甲公司应进行的会计处理及理由，并编制相关会计分录。

（5）编制甲公司2014年合并财务报表与乙公司相关的调整抵销会计分录。

（6）编制甲公司2015年合并财务报表与乙公司相关的调整抵销会计分录。

28 第二十八章 每股收益

「考情分析」

考点	星级	近十年考频	2012年	2013年	2014年	2015年	2016年	2017年	2018年	2019年	2020年	2021年
1. 基本每股收益	★★	5		√	√			√	√			√
2. 稀释每股收益	★★	5	√		√	√				√		√
3. 每股收益的列报	★★	5			√		√	√	√		√	√

「考点1」 基本每股收益（★★）

1. 「2017年·单选题·题码145916」

   甲公司为境内上市公司。2017年度，甲公司涉及普通股股数的有关交易或事项如下：

   ① 年初发行在外普通股25 000万股。

   ② 3月1日发行普通股2 000万股。

   ③ 5月5日，回购普通股800万股。

   ④ 5月30日注销库存股800万股。

   下列各项中，不会影响甲公司2017年度基本每股收益金额的是（ ）。

   A. 当年发行的普通股股数 B. 当年注销的库存股股数

   C. 当年回购的普通股股数 D. 年初发行在外的普通股股数

2. 「2017年·单选题·题码145917」

   甲公司为上市公司，2016年期初发行在外的普通股股数为8 000万股，当年度，甲公司合并财务报表中归属于母公司股东的净利润为4 600万元，发生的可能影响其发行在外普通股股数的事项有：

   ① 2016年4月1日，股东大会通过每10股派发2股股票股利的决议并于4月12日实际派发。

   ② 2016年11月1日，甲公司自公开市场回购本公司股票960万股，拟用于员工持股计划。

   不考虑其他因素，甲公司2016年基本每股收益是（ ）元/股。

   A. 0.49 B. 0.51 C. 0.53 D. 0.56

3. 「2016年·多选题·题码145925」

   甲公司2015年除发行在外普通股外，还发生以下可能影响发行在外普通股数量的交易或事项：

   ① 3月1日，授予高管人员以低于当期普通股平均市价在未来期间购入甲公司普通股的股票期权。

   ② 6月10日，以资本公积转增股本，每10股转增3股。

   ③ 7月20日，定向增发3 000万股普通股用于购买一项股权。

   ④ 9月30日，发行优先股8 000万股，按照优先股发行合同约定，该优先股在发行后2年，甲公司有权选择将其转换为本公司普通股。

不考虑其他因素，甲公司在计算2015年基本每股收益时，应当计入基本每股收益计算的股份有（　　）。

A. 为取得股权定向增发增加的发行在外股份数
B. 因资本公积转增股本增加的发行在外股份数
C. 因优先股于未来期间转股可能增加的股份数
D. 授予高管人员股票期权可能于行权条件达到时发行的股份数

「考点2」稀释每股收益（★★）

1. 「2019年·单选题·题码145918」

甲公司为上市公司，其2018年度基本每股收益为0.43元/股。甲公司2018年度发生的可能影响其每股收益的交易或事项如下：

① 发行可转换公司债券，其当年增量股的每股收益为0.38元。
② 授予高管人员2 000万股股票期权，行权价格为6元/股。
③ 接受部分股东按照市场价格的增资，发行在外普通股股数增加3 000万股。
④ 发行认股权证1 000万份，每份认股权证持有人有权利以8元的价格认购甲公司1股普通股。甲公司2018年度股票的平均市场价格为13元/股。

不考虑其他因素，下列各项中，对甲公司2018年度基本每股收益不具有稀释作用的是（　　）。

A. 股票期权　　　　　　　　B. 认股权证
C. 可转换公司债券　　　　　D. 股东增资

2. 「2014年·单选题·题码145919」

甲公司2013年实现归属于普通股股东的净利润为1 500万元，发行在外普通股的加权平均数为3 000万股。甲公司2013年有两项与普通股相关的合同：

① 4月1日授予的规定持有者可于2014年4月1日以5元/股的价格购买甲公司900万股普通股的期权合约；
② 7月1日授予员工100万份股票期权，每份期权于2年后的到期日可以3元/股的价格购买1股甲公司普通股。甲公司2013年普通股平均市场价格为6元/股。

不考虑其他因素，甲公司2013年稀释每股收益是（　　）元/股。

A. 0.38　　　　　　　　　　B. 0.48
C. 0.49　　　　　　　　　　D. 0.50

3. 「2012年·单选题·题码145920」

甲公司2016年度归属于普通股股东的净利润为1 200万元，发行在外的普通股加权平均数为2 000万股，当年度该普通股平均市场价格为每股5元。2016年1月1日，甲公司对外发行认股权证1 000万份，行权日为2017年6月30日，每份认股权证可以在行权日以3元的价格认购甲公司1股新发的股份。甲公司2016年度稀释每股收益金额是（　　）元/股。

A. 0.4　　　　　　　　　　 B. 0.46
C. 0.5　　　　　　　　　　 D. 0.6

4. 「2015年·多选题·题码145921」

对于盈利企业，下列各项潜在普通股中，在计算稀释性每股收益时，具有稀释性的有（ ）。

A. 发行的行权价格低于当期普通股平均市场价格的股份期权
B. 签订的承诺以高于当期普通股平均市场价格回购本公司股份的协议
C. 持有的增量每股收益大于当期基本每股收益的可转换公司债券
D. 发行的购买价格高于当期普通股平均市场价格的认股权证

「考点3」每股收益的列报（★★）

1. 「2020年·单选题·题码145922」

甲公司2017年度归属于普通股股东的净利润为5 625万元。2017年1月1日，甲公司发行在外普通股股数为3 000万股。2017年4月1日，甲公司按照每股10元的市场价格发行普通股1 000万股。2018年4月1日，甲公司以2017年12月31日股份总额4 000万股为基数，每10股以资本公积转增股本2股。不考虑其他因素，甲公司在2018年度利润表中列示的2017年度基本每股收益是（ ）元/股。

A. 1.25   B. 1.41
C. 1.50   D. 1.17

2. 「2018年·单选题·题码145923」

甲公司2016年度和2017年度归属于普通股股东的净利润分别为3 510万元和4 260万元，2016年1月1日，甲公司发行在外普通股为2 000万股。2016年7月1日，甲公司按照每股12元的市场价格发行普通股500万股，2017年4月1日，甲公司以2016年12月31日股份总额2 500万股为基数，每10股以资本公积转增股本2股。不考虑其他因素，甲公司在2017年度利润表中列报的2016年度的基本每股收益是（ ）元/股。

A. 1.17   B. 1.30
C. 1.50   D. 1.40

3. 「2018年·单选题·题码145924」

下列各项中，需要重新计算财务报表各列报期间每股收益的是（ ）。

A. 报告年度内发行普通股
B. 报告年度内发行可转换公司债券
C. 报告年度内以发行股份为对价实现非同一控制下企业合并
D. 报告年度内派发股票股利

4. 「2020年·多选题·题码145926」

下列各项情形中，根据企业会计准则的规定应当重述比较期间每股收益的有（ ）。

A. 报告年度发放股票股利
B. 报告年度因发生同一控制下企业合并发行普通股
C. 报告年度资产负债表日后事项期间以盈余公积转增股本
D. 报告年度因前期差错对比较期间损益进行追溯重述

5. 「2016年·多选题·题码145927」

下列各项中，需要重新计算财务报表各列报期间每股收益的有（   ）。

A. 报告年度以资本公积转增股本

B. 报告年度以发行股份为对价实现非同一控制下企业合并

C. 报告年度资产负债表日后事项期间分拆股份

D. 报告年度发现前期差错并采用追溯重述法重述上年度损益

第二十九章 公允价值计量

「考情分析」

考点	星级	近十年考频	2012年	2013年	2014年	2015年	2016年	2017年	2018年	2019年	2020年	2021年
公允价值计量要求	★★	6					√	√	√	√	√	√

「考点」公允价值计量要求（★★）

1. 「2020 年·单选题·题码 145929」

   公允价值计量所使用的输入值划分为三个层次，下列各项输入值之中，不属于第二层输入值的是（　　）。

   A. 活跃市场中相同资产或负债未经调整的报价
   B. 活跃市场中类似资产或负债的报价
   C. 非活跃市场中类似资产或负债的报价
   D. 非活跃市场中相同资产或负债的报价

2. 「2019 年·单选题·题码 145930」

   下列各项关于公允价值层次的表述中，不符合企业会计准则规定的是（　　）。

   A. 在计量日能够取得的相同资产或负债在活跃市场上未经调整的报价属于第一层次输入值
   B. 不能直接观察和无法由可观察市场数据验证的相关资产或负债的输入值属于第三层次输入值
   C. 公允价值计量结果所属的层次，由对公允价值计量整体而言重要的输入值所属的最高层次确定
   D. 除第一层次输入值之外相关资产或负债直接或间接可观察的输入值属于第二层次输入值

3. 「2019 年·单选题·题码 145931」

   甲公司持有非上市的乙公司 5% 股权。以前年度，甲公司采用上市公司比较法、以市盈率为市场乘数估计所持乙公司股权投资的公允价值。由于客观情况发生变化，为使计量结果更能代表公允价值，甲公司从 2019 年 1 月 1 日起变更估值方法，采用以市净率为市场乘数估计所持乙公司股权投资的公允价值。对于上述估值方法的变更，甲公司正确的会计处理方法是（　　）。

   A. 作为会计估计变更进行会计处理，并按照《企业会计准则第 39 号——公允价值计量》的规定对估值技术及其应用的变更进行披露
   B. 作为会计估计变更进行会计处理，并按照《企业会计准则第 28 号——会计政策、会计估计变更和差错更正》的规定对会计估计变更进行披露
   C. 作为前期差错更正进行会计处理，并按照《企业会计准则第 28 号——会计政策、会计估计变更和差错更正》的规定对前期差错更正进行披露
   D. 作为会计政策变更进行会计处理，并按照《企业会计准则第 28 号——会计政策、会计

估计变更和差错更正》的规定对会计政策变更进行披露

4. 「2018 年·单选题·题码 145932」

甲公司在非同一控制下企业合并中取得 10 台生产设备，合并日以公允价值计量这些生产设备，甲公司可以进入 X 市场或 Y 市场出售这些生产设备，合并日相同生产设备每台交易价格分别为 180 万元和 175 万元。如果甲公司在 X 市场出售这些合并中取得的生产设备，需要支付相关交易费用 100 万元。将这些生产设备运到 X 市场需要支付运费 60 万元，如果甲公司在 Y 市场出售这些合并中取得的生产设备，需要支付相关交易费用 80 万元，将这些生产设备运到 Y 市场需要支付运费 20 万元，假定上述生产设备不存在主要市场，不考虑增值税及其他因素，甲公司上述生产设备的公允价值总额是（　　）万元。

A. 1 650　　　　B. 1 640　　　　C. 1 740　　　　D. 1 730

5. 「2017 年·单选题·题码 145933」

企业在按照会计准则规定采用公允价值计量相关资产或负债时，下列各项有关确定公允价值的表述中，正确的是（　　）。

A. 在确定资产的公允价值时，可同时获取出价和要价的，应使用要价作为资产的公允价值

B. 以公允价值计量资产或负债，应当首先假定出售资产或转移负债的有序交易在该资产或负债的最有利市场进行

C. 在根据选定市场的交易价格确定相关资产或负债的公允价值时，应根据交易费用对有关价格进行调整

D. 使用估值技术确定公允价值时，应当使用市场上可观察输入值，在无法取得或取得可观察输入值不切实可行时才能使用不可观察输入值

30 第三十章　政府以及民间非营利组织会计

「考情分析」

考点	星级	近十年考频	2012年	2013年	2014年	2015年	2016年	2017年	2018年	2019年	2020年	2021年
1. 政府单位特定业务的会计核算	★	4							√	√	√	√
2. 民间非营利组织会计	★	3							√	√	√	

「考点1」政府单位特定业务的会计核算（★）

1. 「2020年·单选题·题码145958」

　　下列各项关于科研事业单位有关业务或事项会计处理的表述中，正确的是（　　）。

　A. 开展技术咨询服务收取的劳务费（不含增值税）在预算会计下确认为其他预算收入

　B. 年度终了，根据本年度财政直接支付预算指标数与本年财政直接支付实际支出数的差额，确认为其他预算收入

　C. 财政授权支付方式下，年度终了时根据代理银行提供的对账单核对无误后注销零余额账户用款额度的余额并于下年年初恢复

　D. 涉及现金收支的业务采用预算会计核算，不涉及现金收支的业务采用财务会计核算

2. 「2019年·多选题·题码145961」

　　下列各项关于政府单位特定业务会计核算的一般原则中，正确的有（　　）。

　A. 政府单位财务会计实行权责发生制

　B. 除另有规定外，单位预算会计采用收付实现制

　C. 对于纳入部门预算管理的现金收支业务，同时进行财务会计和预算会计核算

　D. 对于单位应上缴财政的现金所涉及的收支业务，进行预算会计处理

「考点2」民间非营利组织会计（★）

1. 「2019年·多选题·题码145959」

　　下列各项中，属于民间非营利组织会计要素的有（　　）。

　A. 收入　　　　　B. 费用　　　　　C. 利润　　　　　D. 所有者权益

2. 「2018年·单选题·题码145957」

　　下列各项关于非营利组织会计处理的表述中，正确的是（　　）。

　A. 捐赠收入于捐赠方做出书面承诺时确认

　B. 接受的劳务捐赠按照公允价值确认捐赠收入

　C. 如果捐赠方没有提供有关凭证，受赠的非现金资产按照名义价值入账

　D. 收到受托代理资产时确认受托代理资产，同时确认受托代理负债

3. 「2020年·多选题·题码145960」

民间非营利组织按照是否存在限定将收入分为限定性收入和非限定性收入，在判断收入是否存在限定时，应当考虑的因素有（　　）。

A. 时间　　　　B. 用途　　　　C. 来源　　　　D. 金额

跨章节综合题

1. 「2021年·题码133920」

2019年和2020年,甲公司多次以不同方式购买乙公司股权,实现对乙公司的控制[1],并整合两家公司的业务以实现协同发展,发生的相关交易或事项如下:

❶ 2019年3月20日,甲公司通过二级市场以1 810万元的价格购买100万股乙公司股票,持有乙公司5%的股权,不能对其施加重大影响。作为一项长期战略投资,甲公司将其指定为以公允价值计量且其变动计入其他综合收益的金融资产[2]。2019年3月20日,乙公司股票的每股公允价值为18元。2019年3月5日,乙公司宣告发放现金股利,每10股获得现金股利1元。[3] 2019年3月25日,甲公司收到现金股利10万元。2019年12月31日,乙公司股票的每股公允价值为25元。

❷ 2020年4月30日,甲公司与乙公司大股东签署协议以协议方式受让乙公司股票1 400万股。受让价格为42 000万元,并办理了股权过户登记手续,当日,乙公司股票的每股公允价值为30元。交易完成后,甲公司共持有乙公司股票1 500万股,持有乙公司75%的股权,能够对乙公司实施控制。[4] 2020年4月30日,乙公司净资产账面价值为6 000万元(其中:股本2 000万元,资本公积2 000万元,盈余公积1 000万元,未分配利润1 000万元)。当日乙公司可辨认净资产公允价值为6 400万元,[5] 两者差异的原因是乙公司的一项品牌使用权,其账面价值为1 000万元,公允价值为1 400万元,该品牌预计尚可使用20个月,按直线法摊销,预计净残值为0。[6]

❸ 收购乙公司后,甲公司董事会2020年5月通过决议整合甲公司和乙公司业务,批准甲、乙公司之间实施如下交易:

① 乙公司将一项已经完工并计入存货的房地产出售给甲公司,甲公司取得后作为商业地产出租经营。该房地产的账面价值为5 000万元,出售价格为8 000万元。[7]

② 甲公司将其生产的一批设备出售给乙公司作为管理用固定资产,该批设备的账面价值为1 400万元。销售价格为2 000万元。[8]

6月20日,上述交易完成,并办理价款支付和产权过户手续。甲公司将从乙公司取得的商业地产对外出租,将其分类为投资性房地产,采用公允价值模式进行后续计量,2020年6月20日和2020年12月31日,该房地产公允价值分别为8 000万元和8 500万元。乙公司将

【审题要点】

[1] 说明本题考查通过多次交易实现控制的企业合并,即长期股权投资核算方法的转换。

[2] 说明该股权投资应作为其他权益工具投资来核算。

[3] 要注意宣告发放现金股利的时间是在投资日之前,即支付价款中包含10万元已宣告但尚未发放的现金股利。

[4] 本题考查金融资产转成本法长投,属于"跨界",原持有的5%股权在转换日的公允价值=30×100=3 000(万元),加上受让1 400万股付出的对价42 000万元,长期股权投资的入账价值=42 000+3 000=45 000(万元)。

[5] 甲公司享有子公司在购买日可辨认净资产公允价值份额=6 400×75%=4 800(万元),商誉=45 000-4 800=40 200(万元)。

[6] 编制合并报表时,需将无形资产从账面价值调整至公允价值,差额计入资本公积。

[7] 此处为内部销售(逆流交易),编制合并报表时应抵销未实现内部销售损益,另外还要抵销少数股东应分摊的未实现内部销售损益。

[8] 此处为内部销售(顺流交易),编制合并报表时应抵销未实现内部销售损益。

[9] 可转债初始计量首先要"股债分离"。

从甲公司购入的设备作为管理用固定资产入账并投入使用，预计使用 10 年，预计净残值为 0，采用年限平均法计提折旧。

除上述交易外，甲公司与乙公司之间未发生其他交易或事项。

❹ 为了向整合后的业务发展提供资金，2020 年 6 月甲公司发行可转换公司债券 60 万份，该债券面值为 100 元，期限 3 年，票面年利率为 6%，利息于每年年末付息，每份债券发行后的任何时间转换为 10 份普通股。甲公司发行债券时，二级市场上与之类似按面值发行但没有转股权的债券的市场利率为 9%。[9]

2020 年 6 月 20 日，甲公司发行可转换公司债券的申请得到批复。6 月 30 日，甲公司成功按面值发行可转换公司债券办理完毕相关发行登记手续，筹集的资金存入专户管理。

❺ 其他资料：
① (P/F, 3, 9%) = 0.7722，(P/A, 3, 9%) = 2.5313。
② 甲公司按实现净利润的 10% 计提法定盈余公积，不计提任意盈余公积。
③ 本题不考虑相关税费及其他因素。

「要求」

（1）根据资料❶，计算甲公司 2019 年 3 月 20 日取得乙公司股权的初始入账金额，并编制甲公司 2019 年取得及持有乙公司股权相关的会计分录。

（2）根据资料❷，判断甲公司增持乙公司股权时，是否对甲公司个别财务报表损益产生影响，并说明理由；编制甲公司个别财务报表中与增持乙公司股权相关的会计分录。

（3）根据资料❶❷和❸，计算甲公司购买乙公司所产生的合并商誉金额，并编制甲公司 2020 年合并财务报表相关的抵销或调整分录。

（4）根据资料❹，计算甲公司所发行可转换公司债券在初始确认时权益成分的金额以及 2020 年应确认的利息费用，并编制相关会计分录。

2.「2021 年·题码 133925」

甲公司为一家上市公司，2017 年度和 2018 年度发生的有关交易或事项如下：

❶ 甲公司 2017 年 12 月 1 日起开始推行一项会员客户奖励积分计划。[1]根据该计划，会员客户在甲公司每月消费 100 元可获得 1 个积分，每个积分从次月开始在会员客户购物时可抵减 1 元。2017 年 12 月，甲公司共向其会员客户销售商品 1 000 万元，这些客户共获得 10 万个积分。根据历史经验，甲公司估计该积分的兑换率为 85%。2018 年 1 月，甲公司的会员客户在购物时使用了 2 万个积分，抵减购物款 2 万元。假定企业所得税法对上述交易的处理与企业会

【审题要点】

「1」奖励积分构成单项履约义务，应分摊交易价格，在计算其单独售价时要考虑预计兑换率的影响。

「2」限制性股票属于权益结算的股份支付，应以授予日限制性股票的公允价值为基础确认等待期的成本费用。限制性股票在授予日公允价值 = 普通股市价 − 行权价 = 20 − 5 = 15（元/股）。

「3」限制性股票在等待期确认的成本费用与预计可扣除金额存在暂时性差异的，应以预

计准则相同。

❷ 2017年1月1日，为激励高管人员，甲公司以每股5元的价格向20名高管人员每人授予50万股限制性股票（每股面值1元），发行价款5 000万元已于当日收存银行，并办理完成限制性股票的股权过户登记手续。根据限制性股票激励计划，被授予限制性股票的高管人员从2017年1月1日起在甲公司连续服务5年，其所授予的限制性股票才能够解除限售。如果这些高管人员在5年内离开甲公司，甲公司有权以授予价格每股5元回购其被授予的限制性股票。2017年末，甲公司预计限制性股票限售的5年内高管人员离职的比例为10%。2017年1月1日和2017年12月31日，甲公司股票的市场价格分别为每股20元和每股25元。[2] 根据企业所得税法规定，对于带有服务期限条件的股权激励计划，等待期内确认的成本费用不得税前扣除，待行权后根据实际行权时的股份公允价值与激励对象实行行权支付的价格之间的差额允许税前扣除。甲公司从期末股票的市场价估计未来因股份支付可在税前扣除的金额。[3]

❸ 2017年1月1日，甲公司购入一项房产并对外出租，将该房产作为投资性房地产核算，采用成本模式进行后续计量。该房产的购入成本为8 000万元。预计使用寿命为40年，预计净残值为0，采用年限平均法计提折旧。2018年1月1日，甲公司将投资性房地产的后续计量由成本模式变更为公允价值模式。[4] 当日，该房产的公允价值为8 500万元。假定企业所得税法规定，甲公司上述房产的折旧年限为20年，预计净残值为0，采用年限平均法计提的折旧可在税前扣除。

假定：2017年该投资性房地产按12个月计提折旧。

❹ 甲公司共有2 000名职工。从2017年1月1日起，实行累积带薪缺勤制度，该制度规定，每个职工每年可享受10个工作日带薪休假。未使用的年休假只能向后结转一个日历年度。超过1年未使用的休假权利作废。职工离职时，甲公司对职工未使用的累积带薪休假不支付现金。职工休假时以后进先出为基础，即首先从当年可享受的休假权利中扣除，再从上年结转的带薪休假的余额中扣除。2017年甲公司每个职工平均未使用带薪休假为4天，2017年12月31日甲公司预计2018年1 800名职工将享受不超过10天的带薪休假，另外200名职工每人平均享受12天年休假，这200名职工均为管理人员。甲公司管理人员平均每个工作日工资为600元。[5]

假定企业所得税法对上述交易的处理与企业会计准则相同。

计可扣除金额计提递延所得税资产，预计可扣除金额超过等待期确认的成本费用的部分所形成的递延所得税资产应直接计入所有者权益。

[4] 投资性房地产由成本模式变更为公允价值模式，作为会计政策变更处理，公允价值与账面价值的差额调整期初留存收益。

[5] 累积带薪缺勤，应在职工提供服务的期间以累积未行使权利而增加的预计支付金额计量。

【要求】

(1) 根据资料❶，计算甲公司2017年12月向会员客户销售商品应当确认的收入金额，以及2018年1月会员客户使用积分应当确认的收入金额，并编制相关会计分录。

(2) 根据资料❷，计算甲公司2017年度应确认的股份支付费用金额以及因股份支付应确认的递延所得税金额，授予限制性股票，确认股份支付费用及其递延所得税相关的会计分录。

(3) 根据资料❸，计算甲公司2017年度因投资性房地产应确认的递延所得税金额，并编制相关会计分录说明甲公司2018年1月1日变更投资性房地产后续计量模式的会计处理原则，并编制相关会计分录。

(4) 根据资料❹，计算甲公司2017年度因实行累积带薪制度应当确认的应付职工薪酬金额，并编制相关会计分录。

3.「2021年·题码131918」

甲公司发生以下交易或事项：

❶ 2018年1月1日，甲公司按面值发行为期3年、票面利息6%的可转换债券60万份，每份价值100元。同期市面不含转股权利的债券市场利率为9%。(P/F，9%，3)=0.7722，(P/A，9%，3)=2.5313；(P/F，6%，3)=0.8396，(P/A，6%，3)=2.6730。[1]

❷ 甲公司销售药品，2018年销售出5 000份药品，每份定价3万元，成本1万元，药品在1年内可退还，退还后甲公司会进行销毁。甲公司在2018年12月31日预计退货率为20%。在2019年时，甲公司收集了1~3月的实际退货率，发现实际退货率为10%，故甲公司于3月10日将退货率更改为15%，财务报告批准报出日为4月1日。[2]

❸ 甲公司负责工程建造，在其客户乙公司的区域建造了收入为9 000万元、预计成本为6 000万元的工程。合同签订日，乙公司支付10%，采购完成支付40%，验收完成支付40%，两年后工程无瑕疵支付最后10%。2018年，甲公司发生了4 000万元成本，其中3 000万元为乙公司让甲公司去指定供应商做设备采购。2019年12月31日，甲公司发生剩余成本并交付。乙公司可以控制在建工程，如果甲公司决定停止建造，乙公司可以另外安排新的工程建造公司在其基础上继续工作。[3]

❹ 2018年4月1日，甲公司将一处闲置商铺租赁给了A公司，租赁期3年，租金于每季度末收取300万元，由于A公司需要进行装修，甲公司随即将2018年第二季度作为免租期。[4] 此外，甲公司还将收取可变租金，以A公司营业收入的1%进行计算，[5] 于每年年末收取，2018年，A公司营业收入为2 400万元。

【审题要点】

「1」此处考查发行可转债的会计处理，先按市场利率对债券未来现金流折现求出其公允价值。

「2」此处考查附有销售退回条款的交易，日后期间预计退货率调整属于调整事项。

「3」客户（乙公司）可以控制在建工程，因此属于某一时段履行的履约义务，应当按照履约进度确认收入。

「4」出租人应将租金收入在全部租期中进行分摊，不能扣除免租期。

「5」基于销售额的可变租金应于实际发生时确认收入。

「6」此处考查限制性股票，属于权益结算的股份支付。

❺ 甲公司2018年12月31日，以5元每股向100名研发人员每人发行1万股作为未来3年的限制性股份支付，当日收到职工缴纳的认股款。在2019年中有5人离职，预计总离职率为10%。2019年12月31日股价为20元/股。[6]

「要求」
(1) 根据资料❶，计算该可转债负债成分期初的公允价值，计算2018年需要确认的利息费用，并编制相关会计分录。
(2) 根据资料❷，编制2018年与收入相关的会计分录。
(3) 根据资料❸，判断该工程是否属于某一时段履行的履约义务，说明理由，计算2018年和2019年应该确认的收入，并编制与其相关的会计分录。
(4) 根据资料❹，计算甲公司2018年应确认的租赁收入。
(5) 根据资料❺，请编制相关会计分录，另外对于离职的5人，请编制回购并注销的会计分录。

4. 「2020年·计算分析题·题码149101」

甲公司2018年度财务报表经董事会批准于2019年3月15日向外报出。甲公司2018年度财务报表相关的交易或事项如下：

❶ 2018年1月1日，甲公司从无关联关系的第三方处受让了其所持乙公司30%的股权，转让价格为2 000万元，款项已用银行存款支付，乙公司的股东变更登记手续已经办理完成。取得投资当日，乙公司的可辨认净资产账面价值为5 000万元，公允价值为7 000万元，[1]除账面价值为1 000万元、公允价值为3 000万元的专利权外，其他资产、负债的公允价值与账面价值相同。该专利权预计使用年限为10年，预计净残值为0，采用直线法摊销。[2]受让乙公司股权后，甲公司能够对乙公司施加重大影响。甲公司拟长期持有乙公司的股权。2018年，乙公司账面实现净利润1 000万元，因金融资产公允价值变动确认其他综合收益50万元。[3]

❷ 2018年12月31日，甲公司与所在地政府签订协议。根据协议的约定，甲公司将按照所在地政府的要求开发新型节能环保建筑材料，政府将在协议签订之日起1个月内向甲公司拨付款项2 000万元，新型建筑材料的研究成果将归政府所有[4]。当日，甲公司收到当地政府拨付的款项2 000万元。

❸ 2019年1月26日，甲公司的办公楼完成竣工决算手续，实际成本为68 000万元[5]。上述办公楼已于2017年12月28日完工并达到预定可使用状态，甲公司按预算金额62 000万元暂估入账[6]。该办公楼预计使用年限为50年，

【审题要点】

「1」权益法核算的长投在初始计量时，初始投资成本2 000万元小于享有被投资方可辨认净资产公允价值的份额2 100万元（7 000×30%），应当调增投资成本，确认营业外收入。

「2」购买日被投资企业可辨认净资产的公允价值和账面价值之差会影响对被投资公司利润的调整。

「3」根据2018年发生的项目可以得出，长期股权投资——损益调整科目增加额 = (1 000 −2 000÷10)×30% =240（万元），长期股权投资——其他综合收益科目增加额 =50×30% = 15（万元）。

「4」甲公司没有该项研究成果的所有权，可以判断该资金不属于政府补助，应按照收入准则进行会计处理。

「5」在办公楼完工并达到预定可使用状态时（2017年12月28日）就要按照预估金额（62 000万元）入账并以此为基础进行折旧。

「6」完成竣工决算手续后应将办公楼的入账价值调成实际成本（68 000万元），并后续以此为基础进行折旧，但无需调整之前已计提折旧。

预计净残值为 0，采用年限平均法计提折旧。

❹ 其他相关资料：乙公司会计政策和会计期间与甲公司相同。甲公司和乙公司均为境内居民企业，适用所得税税率为 25%。取得乙公司股权日，乙公司可辨认净资产公允价值与账面价值的差额不考虑所得税的影响。本题不考虑税费及其他因素。

「要求」

(1) 根据资料❶，计算甲公司对乙公司股权投资的入账价值，并编制相关会计分录。

(2) 根据资料❶，计算甲公司对乙公司股权投资 2018 年应确认的投资收益和其他综合收益，并编制相关会计分录。

(3) 根据资料❶，判断甲公司对乙公司长期股权投资形成的暂时性差异是否应确认递延所得税，并说明理由。如应确认递延所得税，计算递延所得税金额并编制相关会计分录。

(4) 根据资料❷，判断甲公司从政府取得的款项是否为政府补助，说明理由，并编制相关会计分录。

(5) 根据资料❸，判断甲公司完成办公楼决算手续的事项是否为资产负债表日后调整事项并说明理由。如为日后调整事项，计算该固定资产在 2018 年 12 月 31 日资产负债表中列示的金额，编制调整 2018 年度财务报表的会计分录。

5. 「2020 年·计算分析题·题码 131796」

甲公司以人民币为记账本位币，其发生的相关外币交易或事项如下：

❶ 2017 年 7 月 1 日，甲公司支付价款 500 万美元（含交易费用）购入乙公司同日发行的债券 5 万张。该债券单位面值为 100 美元，票面利率 6%（等于实际利率）。按年支付利息，于每年 6 月 30 日支付。[1] 债券期限为 5 年，本金在债券到期时一次性偿还。甲公司管理该债券的业务模式是持有该债券以保证收益率，同时考虑流动性需求。[2] 当日，美元兑人民币的即期汇率为 1 美元 =7.3 元人民币。

❷ 2017 年 12 月 31 日，美元兑人民币的即期汇率为 1 美元 =7.5 元人民币，甲公司所持乙公司债券的公允价值为 520 万美元。[3]

❸ 2018 年 6 月 30 日，甲公司收到乙公司支付的债券利息 30 万美元。当日，美元兑人民币的即期汇率为 1 美元 =7.4 元人民币。[4]

❹ 2018 年 12 月 31 日，美元兑人民币的即期汇率为 1 美元 =7.2 元人民币，甲公司所持乙公司债券的公允价值为 505 万美元。[5]

❺ 2019 年 1 月 1 日，甲公司将所持乙公司债券的 50% 予以出售，取得价款 250 万美元。当日，美元兑人民币的即期汇率为 1 美元 =7.2 元人民币。[6]

【审题要点】

根据题意，判断本题结合考查金融资产和外币折算。

「1」购买日为 7 月 1 日，2017 年只计提半年利息。计息日为每个资产负债表日，付息日为每年 6 月 30 日。

「2」"保证收益率 + 考虑流动性需求"，即属于"收取 + 出售"的业务模式，同时普通债券满足"本金 + 利息"的合同现金流量特征，判断该金融资产应分类为以公允价值计量且其变动计入其他综合收益的金融资产。

「3」其他债权投资属于货币性项目，2017 年 12 月 31 日要按照当日公允价值和即期汇率调整记账本位币金额，其中汇兑差额（外币金额×汇率变动）计入财务费用，公允价值变动（差额，倒挤）计入其他综合收益。另外，期末还要计提 2017 年下半年利息（应收利息 =500×6%×1÷2=15 万美元），按当日即期汇率折算，初始计量不产生折算差额。

「4」2018 年 6 月 30 日，应按当日即期汇率本题不考虑税费及其他因素。

计提上半年利息，然后结算2017年下半年和2018年上半年利息，汇兑差额计入财务费用。

「5」2018年12月31日，应按当日即期汇率重新折算其他债权投资的记账本位币金额，其中汇兑差额计入财务费用，公允价值变动计入其他综合收益。此外，还要计提2018年下半年利息。

「6」2019年1月1日，甲公司出售一半的其他债权投资，售价与其账面价值差额（50%的其他债权投资账面价值＋50%的2018年下半年应收利息）计入投资收益，同时应将持有期间确认的其他综合收益的50%转入投资收益。

「要求」

（1）根据资料❶，判断甲公司所购入乙公司债券应予确认的金融资产类别，并说明理由。

（2）根据上述资料，分别计算甲公司所持乙公司债券计入2017年度及2018年度损益的汇兑差额。

（3）根据上述资料，编制甲公司购入、持有及出售乙公司债券相关的会计分录。

6.「2020年·综合题·题码131845」

甲公司为增值税一般纳税人，销售货物适用的增值税税率为13%，适用的企业所得税税率为25%。[1]2018年，甲公司发生的相关交易或事项如下：

❶ 2月20日，甲公司与子公司（乙公司）签订销售合同，向其销售100件A产品，每件销售价格为20万元，每件生产成本为12万元。甲公司于3月25日发出A产品，并开出了增值税专用发票。根据销售合同的约定，如甲公司销售的A产品存在质量问题，乙公司可在1年内退货。甲公司根据历史经验，估计该批A产品的退货率为8%。[2]
乙公司于3月28日收到所购A产品并验收入库，当日通过银行转账支付上述货款。

❷ 3月15日，因存在质量问题，甲公司收到丙公司退回的10件A产品，同时收到税务部门开具的红字增值税专用发票，甲公司通过银行转账退回了相关款项。该退回的A产品是甲公司2017年出售给丙公司200件A产品中的其中一部分，每件销售价格为19万元，每件生产成本为12万元。2017年末，甲公司估计该批A产品的退货率为8%。
2018年3月15日，该批产品的退货期已满，除上述10件A产品退货外，无其他退货情况。[3]

❸ 5月30日，甲公司与丁公司签订销售合同，向丁公司销售500件B产品。根据销售合同的约定，甲公司11月20

【审题要点】

「1」题目给出增值税和所得税的税率，说明做题时要考虑这两个税。

「2」根据题意，该交易属于顺流交易，在合并报表中要进行抵销。附有销售退回条款的交易，在个别报表中要将预计要退还的价款作为预计负债，预计要收回的退货作为应收退货成本。

「3」实际退货10件，小于之前估计退货16件（200×8%），所以应调增主营业务收入114万元（6×19），调增主营业务成本72万元（6×12），并冲减之前确认的预计负债和应收退货成本。

「4」此处有2项质量保证承诺，其中1年内因质量问题提供免费维修是为了保证产品符合既定的标准，不构成单项履约义务，按或有事项产品质量保证责任计提预计负债和销售费用，质保期满提供3年维修服务，客户可以单独购买，与产品可以明确区分，构成单项履约义务，应分摊交易价格，确认收入。

「5」原估计退货率为8%，重新评估的退货率下降了3%，个别报表应当调减预计负债日前向丁公司交付 B 产品，销售价格总额为 9 800 万元；如果该批产品在 1 年之内发生质量问题，甲公司负责免费维修，但如因丁公司保管不善或使用不当造成的损坏，甲公司不提供免费维修服务；B 产品质保期满后，甲公司可以为该批产品提供未来 3 年维修服务，但丁公司需另外支付维修服务费用 300 万元。[4] 11 月 5 日，甲公司按照合同约定发出 B 产品，开具增值税专用发票，并收取货款。

❹ 2018 年末，甲公司本年销售给乙公司的 A 产品尚未发生退货，甲公司重新评估 A 产品的退货率为 5%；乙公司本年从甲公司购入的 A 产品对外销售 50%，其余形成存货。[5]

❺ 2018 年末，甲公司出租给乙公司办公楼的公允价值为 3 300 万元。该出租办公楼系甲公司从 2017 年 6 月 30 日起出租给乙公司以供其办公使用；租赁期开始日，该办公楼的账面原价为 2 500 万元，采用年限平均法计提折旧，预计使用 50 年，预计净残值为 0，截至租赁期开始日已计提折旧 500 万元，未计提减值准备。根据租赁合同的约定，该办公楼租赁期为 5 年，每年租金为 100 万元。

甲公司对投资性房地产采用公允价值模式进行后续计量。上述出租办公楼 2017 年 6 月 30 日的公允价值为 2 800 万元，2017 年 12 月 31 日的公允价值为 3 000 万元。[6]

❻ 其他有关资料：
① 上述销售价格不含增值税税额。
② 投资性房地产持有期间公允价值变动不计入应纳税所得额，以取得成本按期计提的折旧（与按转换为投资性房地产前会计上计提的折旧金额相同）可从应纳税所得额中扣除；存货按取得时的成本确定计税基础；除上所述外，甲公司其他交易或事项的会计处理与税法规定的税务处理不存在差异。
③ 甲公司预计未来年度有足够的应纳税所得额用以抵扣可抵扣暂时性差异。
④ 乙公司适用的企业所得税税率为 25%。
⑤ 本题不考虑除增值税和企业所得税以外的税费及其他因素。

和应收退货成本，相应调整主营业务收入和主营业务成本。此外，乙公司对外出售 50%，期末在合并报表应抵销未实现的内部销售损益。

「6」甲公司向子公司出租办公楼，属于顺流交易，在合并报表要抵销未实现内部交易损益。要注意的是，本题内部交易超出普通交易的范畴，涉及附有销售退回条款的交易、出租投资性房地产，同时考虑所得税，难度很大，单纯背分录无法解决问题，建议通过"调整分录＝应有分录－已有分录"的原理，在草稿纸上写出合并报表的应有分录，再减去个别报表已有分录，最终得出调整或抵销分录。

「要求」

(1) 根据资料❶，编制甲公司销售 100 件 A 产品的会计分录。

(2) 根据资料❷，编制甲公司收到退回 A 产品的会计分录。

(3) 根据资料❸，指出甲公司销售 B 产品合同附有的单项履约义务，并说明理由；计算每一单项履约义务应分摊的合同价格；说明甲公司销售 B 产品在质保期内提供的维修服务和质保期满后所提供维修服务分别应当如何进行会计处理。

(4) 根据资料❹，编制甲公司与重新评估 A 产品退货率相关的会计分录。

(5) 根据上述资料，编制甲公司 2018 年度合并财务报表的调整和抵销分录（不考虑与乙公司已确认的使用权资产及租赁负债相关的调整和抵销分录)。

7. 「2020年·综合分析题·题码131834」

甲公司是一家大型零售企业，其2019年度发生的相关交易或事项如下：

❶ 资料1：2019年1月1日，甲公司与乙公司签订商业用房租赁合同[1]，向乙公司租入A大楼一至四层商业用房用于零售经营根据租赁合同的约定，商业用房的租赁期为10年，自合同签订之日算起，乙公司有权在租赁期开始日5年以后终止租赁，但需向甲公司支付相当于6个月资金的违约金。[2]

每年租金为2 500万元，于每年年初支付。[3] 如果甲公司每年商品销售收入达到或超过100 000万元，甲公司还需支付经营分享收入100万元。[4] 租赁期到期后，甲公司有权按照每年2 500万元续租5年，租赁结束转移商业用房时，甲公司需将商业用房恢复至乙公司交付时的状态。

同日，甲公司向乙公司支付第一笔租金2 500万元。为获得该项租赁，甲公司向房地产中介支付佣金40万元。甲公司在租赁期开始时经评估认为，其可以合理确定将行使续租选择权，预计租赁期结束商业用房恢复最初状态将发生成本为60万元。[5] 甲公司对租入的使用权资产采用年限平均法自租赁期开始日计提折旧，预计净残值为0。

❷ 资料2：2019年4月1日，经过三个月的场地整理和商品准备，甲公司在租入的A大楼一至四层开设的B商场正式对外营业。

甲公司采用三种方式进行经营：

第一种是自行销售方式，即甲公司从供应商处采购商品并销售给顾客。

第二种是委托代销方式，即甲公司接受供应商的委托销售商品，并按照销售收入的一定比例收取费用。[6]

第三种是租赁柜台方式，即甲公司将销售商品的专柜租赁给商户经营，并每月收取固定的费用。

根据委托销售合同的约定，甲公司接受委托代销供应的商品，供应商应当确保所提供的商品符合国家标准，代销价格由供应商确定，在甲公司商场中的售价不得高于所在城市其他商场中相同商品的价格。供应商应指派促销员在甲公司商场内负责代销商品的销售服务工作，并妥善保管其在甲公司商场内的代销商品，并承担因保管不善及不可抗力而造成的一切风险和损失。供应商负责做好代销商品的售后服务工作，并承担因代销商品所引起的所有法律责任；代销商品的货款由甲公司收银台负责收取，发票由甲公司

【审题要点】

「1」结合问题，可以看出本题主要考查承租人的会计处理，包括初始计量、后续计量。在初始计量时，要依次确定租赁期（考虑是否行权）以及租赁负债、使用权资产的入账金额。

「2」由于存在终止租赁选择权和续租选择权，在判断租赁期时要关注是否行权的信息。根据后续题干信息，可以合理判断甲公司会行使续租选择权，因此租赁期=10+5=15（年）。

「3」在确定租赁负债时，要注意租金支付的时点。由于是每年年初支付，因此租赁付款额中未付固定租金=2 500×(15−1)=35 000（万元）。

「4」基于销售收入的可变租金，不是取决于指数或者比率的可变租赁付款额，不能计入到租赁负债，应在将来实际发生时计入当期损益。因此，租赁负债的现值=2 500×(P/A，6%，14)=23 237.5（万元）。

「5」除了租赁负债23 237.5万元要计入使用权资产的成本，已付租金2 500万元（第一年年初支付的租金），初始直接费用40万元（向中间支付佣金），承租人为拆卸、移除租赁资产、复原租赁资产所在场地或将租赁资产恢复至租赁条款约定状态预计要发生的成本60万元，都应当计入使用权资产的成本。因此，使用权资产成本=23 237.5+2 500+40+60=25 837.5（万元）。

「6」甲公司接受供应商的委托销售商品，按比例收取费用，承担的是代理人身份。

「7」在柜台租赁业务中，甲公司是作为转租人，转租赁期限为3年，原租赁期限为15年，转租赁期限占原租赁期限的比例远小于75%，因此甲公司转租柜台属于经营租赁。

「8」奖励积分构成单项履约义务，应按单独售价比例分摊交易价格，先确认为合同负债，在行使积分或者积分失效时确认收入。
奖励积分单独售价=850×1×90%=765（万元）。

负责对外开具，每月月末甲公司与供应商核对无误后，将扣除应收代销款后的金额支付给供应商。供应商应按甲公司代销商品收入的10%向甲公司支付代销费用。

在租赁柜台方式下，甲公司与商户签订3年的租赁协议，[7] 将制定区域的专柜租赁给商户，商户每月按照协议约定的固定金额支付租金；商户在专柜内负责销售甲公司指定类别的商品，但具体销售什么商品由商户自己决定。商户销售商品的货款由甲公司收银台负责收取，发票由甲公司负责对外开具，每月月末甲公司与商户核对无误后，将款项金额支付给商户。甲公司2019年度应向商户收取的租金800万元全部收到。2019年度甲公司B商场通过自行销售方式销售商品85 000万元，相应的商品成本73 000万元；通过委托销售方式销售商品26 000万元，相应的商品成本21 000万元；通过出租柜台方式销售商品16 000万元，相应的商品成本13 000万元。

❸ 资料3：甲公司的B商场自营业开始推行一项奖励积分计划。[8] 根据该计划，客户在B商场每消费100元（不包括通过委托销售方式和出租柜台销售的商品）可获得1积分，每个积分从次月开始在购物时可以抵减1元。截至2019年12月31日，甲公司共向客户授予奖励积分850万个；客户共兑换了450万个积分。根据甲公司其他地区商场的历史经验，甲公司估计该积分的兑换率为90%。

其他要求资料：

甲公司无法确定租赁内含利率，其增量借款利率为6%。

年金现值系数：(P/A，6%，15)=9.7122，(P/A，6%，14)=9.2950，(P/A，6%，10)=7.3601，(P/A，6%，9)=6.8017；复利现值系数：(P/F，6%，15)=0.4173，(P/F，6%，14)=0.4423，(P/F，6%，10)=0.5584，(P/F，6%，9)=0.5919。

本题不考虑税费及其他因素，答案中的金额单位为万元。

「要求」

(1) 根据资料❶，判断甲公司租入A大楼一至四层商业用房的租赁期，并说明理由。

(2) 根据资料❶，计算甲公司的租赁付款额及租赁负债的初始入账金额。

(3) 根据资料❶，计算甲公司使用权资产的成本，并编制相关会计分录。

(4) 根据资料❶，计算甲公司2019年度使用权资产的折旧额。

(5) 根据资料❶，计算甲公司2019年度租赁负债的利息费用，并编制相关会计分录。

(6) 根据资料❷，判断甲公司在委托销售方式下是主要责任人还是代理人，并说明理由。

(7) 根据资料❷，判断甲公司转租柜台是否构成一项租赁，并说明理由。

(8) 根据资料❷，判断甲公司转租柜台是经营租赁还是融资租赁，并说明理由。

(9) 根据资料❷，编制甲公司2019年度委托销售和租赁柜台方式下确认收入的会计分录。

（10）根据资料❷和资料❸，计算甲公司2019年度自行销售方式下商品和奖励积分应分摊的交易价格，并编制确认收入和结转已销商品成本的会计分录。

8.「2019年·综合题·题码88668」

甲公司拥有乙公司、丙公司、丁公司和戊公司等子公司，需要编制合并财务报表。甲公司及其子公司相关年度发生的交易或事项如下：[1]

❶ 乙公司是一家建筑施工企业，甲公司持有其80%股权。2016年2月10日，甲公司与乙公司签订一项总金额为55 000万元的固定造价合同，将A办公楼工程出包给乙公司建造，该合同不可撤销。A办公楼于2016年3月1日开工，预计2017年12月完工。乙公司预计建造A办公楼的总成本为45 000万元。甲公司和乙公司一致同意按照乙公司累计实际发生的成本占预计总成本的比例确定履约进度。2016年度，乙公司为建造A办公楼实际发生成本30 000万元；乙公司与甲公司结算合同价款25 000万元，实际收到价款20 000万元。由于材料价格上涨等因素，乙公司预计为完成工程尚需发生成本20 000万元。
2017年度，乙公司为建造A办公楼实际发生成本21 000万元；乙公司与甲公司结算合同价款30 000万元，实际收到价款35 000万元。
2017年12月10日，A办公楼全部完工，达到预定可使用状态。
2018年2月3日，甲公司将A办公楼正式投入使用。甲公司预计A办公楼使用50年，预计净残值为0，采用年限平均法计提折旧。[2]
2019年6月30日，甲公司以70 000万元的价格（不含土地使用权）向无关联关系的第三方出售A办公楼，款项已收到。[3]

❷ 丙公司是一家高新技术企业，甲公司持有其60%股权。为购买科学实验需要的B设备，2019年5月10日，丙公司通过甲公司向政府相关部门递交了400万元补助的申请。2019年11月20日，甲公司收到政府拨付的丙公司购置B设备补助400万元。2019年11月26日，甲公司将收到的400万元通过银行转账给丙公司。[4]

❸ 丁公司是一家专门从事水力发电的企业，甲公司持有其100%股权。丁公司从2015年2月26日开始建设C发电厂。
为解决丁公司建设C发电厂资金的不足，甲公司决定使用银行借款对丁公司增资。2017年10月11日，甲公司和丁公司签订增资合同，约定对丁公司增资50 000万元。

【审题要点】

「1」结合题目问题，该题主要考查母公司与其子公司发生内部交易在个别报表和合并报表的处理。

「2」该交易在甲公司个别报表属于按时段履行的履约义务，要根据履约进度确认收入、结转成本。
在合并报表中，该交易属于内部销售建造服务，总收入55 000万元，总成本45 000万元，在建造期间应抵销未实现的内部销售损益，在固定资产开始使用后还要抵销个别报表多计提的折旧。
另外，在跨年度抵销时，要注意先抵销期初，再抵销本期发生。

「3」2019年该固定资产被清理，在编制调整抵销分录时应用资产处置收益代替固定资产项目。

「4」该交易属于与资产相关的政府补助，补助对象是丙公司。

「5」母公司甲借入款项，对子公司丁增资，子公司丁将增资用于在建工程。站在个别报表角度，母公司甲应确认借款费用，子公司丁不确认借款费用。站在合并报表角度，企业集团应确认借款费用。

「6」母公司拟出售子公司部分股权，出售后将丧失控制，在满足持有待售划分条件时，在个别报表中应整体将长期股权投资划分为持有待售资产，在合并报表中仍继续将子公司纳入合并范围（因为拟出售，并未已经处置），并将子公司的资产作为持有待售资产、子公司负债作为持有待售负债全部纳入（不是部分）合并报表。

2018年1月1日，甲公司从银行借入专门借款50 000万元，并将上述借入款项作为出资款全部转账给丁公司。该借款期限为2年，年利率为6%（与实际利率相同），利息于每年年末支付。[5]

丁公司在2018年1月1日收到甲公司上述投资款。当日，支付工程款30 000万元。2019年1月1日，丁公司又使用甲公司上述投资款支付工程款20 000万元。丁公司未使用的甲公司投资款在2018年度产生的理财产品收益为600万元。

C发电厂于2019年12月31日完工并达到预定可使用状态。

❹戊公司是一家制造企业，甲公司持有其75%股权，投资成本为3 000万元。2019年12月2日，甲公司董事会通过决议，同意出售所持戊公司55%股权。2019年12月25日，甲公司与无关联关系的第三方签订不可撤销的股权转让合同，向第三方出售其所持戊公司55%股权，转让价格为7 000万元。甲公司预计，出售上述股权后将丧失对戊公司的控制，但能够对其具有重大影响。

2019年12月31日，上述股权尚未完成出售。戊公司在2019年12月31日全部资产的账面价值为13 500万元，全部负债的账面价值为6 800万元。甲公司预计上述出售将在一年内完成，因出售戊公司股权将发生的出售费用为130万元。[6]

其他有关资料：
① 乙公司、丙公司、丁公司和戊公司的会计政策与甲公司相同，资产负债表日和会计期间与甲公司保持一致。
② 本题不考虑相关税费及其他因素。

「要求」

(1) 根据资料❶，计算乙公司2016年度、2017年度分别应确认的收入，并编制2016年度与建造A办公楼业务相关的全部会计分录（实际发生成本的会计分录除外）。

(2) 根据资料❷，计算甲公司因出售A办公楼应确认的损益，并编制相关会计分录。

(3) 根据资料❶，编制甲公司2017年度、2018年度、2019年度合并财务报表的相关抵销分录。

(4) 根据资料❷，判断该政府补助是甲公司的政府补助还是丙公司的政府补助，并说明理由。

(5) 根据资料❸，说明甲公司发生的借款费用在其2018年度、2019年度个别财务报表和合并财务报表中分别应当如何进行会计处理。

(6) 根据资料❹，判断甲公司对戊公司的长期股权投资是否构成持有待售类别，并说明理由。

(7) 根据资料❹，说明甲公司对戊公司的长期股权投资在其2019年度个别财务报表和合并财务报表中分别应当如何列报。

9. 「2019年·材料题·题码100162」

2019年度甲公司发生了如下交易或事项：

❶ 2019年8月1日，甲公司与丁公司签订产品销售合同。合同约定，甲公司向丁公司销售最近开发的C商品1 000件，售价（不含增值税）为500万元，增值税税额为65万元；甲公司于合同签订之日起10日内将所售C商品交付丁公司，丁公司于收到C商品当日支付全部款项；丁公司有权于收到C商品之日起6个月内无条件退还C商品。[1] 2019年8月5日，甲公司将1 000件C商品交付丁公司并开出增值税专用发票，同时，收到丁公司支付的款项565万元。该批C商品的成本为400万元。根据历史经验，甲公司估计退货率为10%。

甲公司对上述交易或事项的会计处理为：

借：银行存款　　　　　　　　　　　565
　　贷：主营业务收入　　　　　　　　　500
　　　　应交税费——应交增值税（销项税额）　65
借：主营业务成本　　　　　　　　　400
　　贷：库存商品　　　　　　　　　　　400

❷ 2018年12月1日，经股东大会批准，甲公司向55名高管人员每人授予2万股普通股（每股面值1元）。根据股份支付协议的规定，这些高管人员自2019年1月1日起在公司连续服务满3年，即可于2021年12月31日无偿获得授予的普通股。甲公司普通股2018年12月1日的市场价格为每股12元，2019年12月31日的市场价格为每股15元。

2019年1月20日，甲公司从二级市场以每股4.5元的价格回购本公司普通股110万股，拟用于高管人员股权激励。至年末，无人离职，且甲公司预计将来也不会有高管人员离职。

2019年，甲公司分别确认管理费用和应付职工薪酬550万元。[2] 甲公司因回购股票冲减资本公积495万元。[3]

❸ 2019年4月3日，甲公司开始研发一项新技术，至年末已发生研究阶段支出200万元，开发阶段共发生支出450万元，其中符合资本化条件前发生支出150万元，至年末，该研发项目尚未完工。甲公司确认管理费用200万元，"研发支出"科目余额为450万元。[4]

❹ 甲公司为乙公司的母公司，2019年末甲公司应收账款的账面余额为5 000万元，其中，因向乙公司销售商品形成应收账款2 000万元，甲公司按照应收账款账面余额的5%计提坏账准备。2019年末，甲公司确定坏账准备期末余额为150万元。[5]

❺ 为调整产品结构，去除冗余产能，2019年甲公司推出一项鼓励员工提前离职的计划。该计划范围内涉及的员工共有

【审题要点】

[1] 该交易属于附有销售退回条款的交易，预计要退还的价款和收回的退货成本应分别确认预计负债和应收退货成本。

[2] 该事项属于以权益结算的股份支付，等待期内应当以股份支付工具在授予日公允价值确认成本费用。

[3] 回购股票应按支付价款确认库存股。

[4] 开发阶段符合资本化条件前发生支出150万元应予以费用化。

[5] 甲公司按5%计提坏账准备，坏账准备期末余额应为250万元（5 000×5%）。

[6] 辞退福利应在满足确认条件时一次计入当期管理费用。

1 000 人，平均距离退休年龄还有 5 年。甲公司董事会于 10 月 20 日通过决议，该计划范围内的员工如果申请提前离职，甲公司将每人一次性地支付补偿款 30 万元。根据计划公布后与员工达成的协议，其中的 800 人会申请离职。截至 2019 年 12 月 31 日，该计划仍在进行当中。[6]甲公司进行了以下会计处理：

借：长期待摊费用　　　　　　　　24 000
　　贷：预计负债　　　　　　　　　　24 000
借：营业外支出　　　　　　　　　　4 800
　　贷：长期待摊费用　　　　　　　　4 800

甲公司按照净利润的 10% 提取法定盈余公积，不提取任意盈余公积。假定不考虑其他因素。

「要求」根据上述资料，判断甲公司的会计处理是否正确，如不正确，请说明理由，并编制相应的调整分录；调整分录中涉及当期损益的，可直接调整相应会计科目。

10.「2018 年·综合题·题码 56412」

甲公司适用的企业所得税税率为 25%。经当地税务机关批准，甲公司自 2011 年 2 月取得第一笔生产经营收入所属纳税年度起，享受"三免三减半"的税收优惠政策，即 2011 年至 2013 年免交企业所得税，2014 年至 2016 年减半按照 12.5% 的税率缴纳企业所得税。甲公司 2013 年至 2017 年有关会计处理与税收处理不一致的交易或事项如下：[1]

❶ 2012 年 12 月 10 日，甲公司购入一台不需要安装即可投入使用的行政管理用 A 设备，成本为 6 000 万元。该设备采用年数总和法计提折旧，预计使用 5 年，预计无净残值。税法规定，固定资产按照年限平均法计提的折旧准予在税前扣除。假定税法规定的 A 设备预计使用年限及净残值与会计规定相同。[2]

❷ 甲公司拥有一栋五层高的 B 楼房，用于本公司行政管理部门办公。迁往新建的办公楼后，甲公司 2017 年 1 月 1 日与乙公司签订租赁协议，将 B 楼房租赁给乙公司使用。租赁合同约定，租赁期为 3 年，租赁期开始日为 2017 年 1 月 1 日；年租金为 240 万元，于每月月末分期支付。B 楼房转换为投资性房地产前采用年限平均法计提折旧，预计使用 50 年，预计无净残值；转换为投资性房地产后采用公允价值模式进行后续计量。转换日，B 楼房原价为 800 万元，已计提折旧为 400 万元，公允价值为 1 300 万元。2017 年 12 月 31 日，B 楼房的公允价值为 1 500 万元。税法规定，企业的各项资产以历史成本为计量基础；固定资产按照年限平均法计提的折旧准予在税前扣除。假定税法规定的

【审题要点】

「1」这个题目的特殊之处在于，甲公司因享受"三免三减半"的税收优惠，导致每年适用的所得税税率会发生改变，在求期末递延所得税资产或负债时要分辨差异转回期间及适用的税率。

「2」因为会计和税法对计提折旧方法的不同，会导致固定资产账面价值与计税基础不同，产生递延所得税资产或负债，在计算金额时要注意确定转回期间及适用的税率。

「3」转换日，非投转公投，公允价值大于账面价值的差额 900 万元（1 300 − 400），应计入其他综合收益，由此产生的应纳税暂时性差异，应确认递延所得税负债，影响其他综合收益。

转换后，投资性房地产因为后续公允价值变动和税法计提折旧所产生的暂时性差异，应确认递延所得税资产或负债，影响所得税费用。

「4」国债利息收入免税，属于永久性差异，只影响当期纳税调整，不影响递延所得税。

「5」甲公司公益性捐赠 600 万元，超过税法规定的扣除限额 540 万元（4 500 × 12%），超出部分允许以后年度扣除，属于可抵扣暂时性差异。

B楼房使用年限及净残值与其转换为投资性房地产前的会计规定相同。[3]

❸ 2017年7月1日,甲公司以1 000万元的价格购入国家同日发行的国债,款项已用银行存款支付。该债券的面值为1 000万元,期限为3年,年利率为5%(与实际利率相同),利息于每年6月30日支付,本金到期一次支付。甲公司根据其管理该国债的业务模式和该国债的合同现金流量特征,将购入的国债分类为以摊余成本计量的金融资产。税法规定,国债利息收入免交企业所得税。[4]

❹ 2017年9月3日,甲公司向符合税法规定条件的公益性社会团体捐赠现金600万元。税法规定,企业发生的公益性捐赠支出不超过年度利润总额12%的部分准予扣除。[5]

其他资料如下:

① 2017年度,甲公司实现利润总额4 500万元。
② 2013年初,甲公司递延所得税资产和递延所得税负债无余额,并未确认递延所得税资产的可抵扣暂时性差异和可抵扣亏损。除上面所述外,甲公司2013~2017年无其他会计处理与税收处理不一致的交易或事项。
③ 2013~2017年各年末,甲公司均有确凿证据表明未来期间很可能获得足够的应纳税所得额用来抵扣可抵扣暂时性差异。
④ 不考虑除所得税外的其他税费及其他因素。

「要求」

(1) 根据资料❶,分别计算甲公司2013~2017年各年A设备应计提的折旧,并填写完成下列表格。

单位:万元

项目	2013年12月31日	2014年12月31日	2015年12月31日	2016年12月31日	2017年12月31日
账面价值					
计税基础					
暂时性差异					

(2) 根据资料❷,编制甲公司2017年与B楼房转换为投资性房地产及其后续公允价值变动相关的会计分录。
(3) 根据资料❸,编制甲公司2017年与购入国债及确认利息相关的会计分录。
(4) 根据上述资料,计算甲公司2013~2016年各年末的递延所得税资产或负债余额。
(5) 根据上述资料,计算甲公司2017年的应交所得税和所得税费用,以及2017年末递延所得税资产或负债余额,并编制相关会计分录。

答案

01 第一章 总论·答案

「考点1」会计概念、基本假设、会计基础（★）

1.【答案】 ABC

【解析】

① 选项 A 正确，由于以往习惯做法，企业向外界表明了它将承担特定责任，从而使受影响的各方形成了其将履行那些责任的合理预期，这属于推定义务。

② 选项 B 正确，对于不重要的前期差错，无需进行追溯调整，直接调当期的账务处理即可。

③ 选项 C 正确，乙公司并没有发生不满足持续经营假设的情形，在编制财务报表时应按持续经营假设进行确认、计量和报告。

④ 选项 D 错误，为了及时提供会计信息，可能需要在有关交易或事项的信息全部获得之前就进行会计处理。对于未决诉讼，只要满足了预计负债的确认条件，就应该进行会计处理。

2.【答案】 B

【解析】 选项 B 正确，甲公司应于 2015 年 5 月 15 日转移商品控制权时确认收入，但甲公司却提前至 2014 年 12 月 30 日确认收入，这违背了会计分期的基本假设。

「考点2」会计信息质量要求（★★★）

1.【答案】 A

【解析】

① 选项 A 正确，遵循了可靠性要求，可靠性要求企业应以实际发生的交易或事项为依据进行确认、计量。

② 选项 B 错误，违背了可比性要求，可比性要求企业对不同会计期间发生的相同交易或事项应当采用相同的会计政策。

③ 选项 C 错误，违背了及时性要求，如果企业在资产负债表日对尚未获得全部信息的交易或事项不进行会计处理，虽然考虑了信息的可靠性和完整性，但获得的信息就失去了时效性，不符合时效性原则。

④ 选项 D 错误，违背了可靠性、可比性等要求。企业对不重要的会计差错也需要进行差错更正，只是可以根据重要性原则，无需追溯调整以前年度的账簿和财务报告，直接调整当期的账簿和财务报告。

2.【答案】 A

【解析】 可比性要求企业提供的会计信息应当相互可比。因部分财务报表列报项目发生变更，甲公司对 2017 年度财务报表可比期间的数据按照变更后的财务报表列报项目进行了调整，体现了可比性原则。

3. 【答案】B
   【解析】
   ① 后续因履行售后保修承诺预计将发生的支出为或有事项，甲公司对或有事项计提预计负债，体现了谨慎性要求。
   ② 谨慎性，要求不高估资产和收益，不低估负债和费用。
   ③ 常见的体现谨慎性的事项还有：计提资产减值准备、计提折旧或摊销、在物价持续下降的情况下发出存货采用先进先出法计价。
   因此，选项B正确。

4. 【答案】A
   【解析】重要性要求，对重要的交易或事项严格按规定的会计处理方法处理，但对于不重要交易或事项可以简化处理。甲公司对不重要的前期差错（20万元相对于18 000万元和20 000万元来说属于不重要），无需进行追溯调整，直接调整当期的账务处理，这种对不重要的事项进行简化处理，体现了重要性原则。
   因此，选项A正确。

5. 【答案】D
   【解析】实质重于形式原则，是指企业应当按照交易或事项的经济实质进行会计核算，而不应当仅仅按照它们的法律形式作为会计核算的依据。甲公司发行永续中票，虽然约定有支付利息，从法律形式上看符合债务工具的要求，但合同约定甲公司具有无限递延本息的权利且无强制赎回义务，即甲公司具有无条件避免交付现金等金融资产的合同义务，从经济实质上应将其分类为权益工具。这体现了实质重于形式的要求，因此选项D正确。

「考点3」会计要素及其确认与计量（★★）

【答案】BC
【解析】
① 选项A错误，分配股票股利，属于所有者权益内部变动，会增加股本、减少未分配利润，不影响资产和所有者权益总额。
② 选项B正确，接受现金捐赠，会增加库存现金和营业外收入，而营业外收入等损益科目在期末会结转到未分配利润，因此该事项会导致资产和所有者权益同时增加。
③ 选项C正确，固定资产盘盈按照会计差错处理，会增加固定资产和留存收益，导致资产和所有者权益同时增加。
④ 选项D错误，支付原材料采购价款，会增加原材料、减少银行存款，属于资产内部增减变动，不影响资产和所有者权益总额。

02 第二章 存货·答案

「考点1」存货的确认和初始计量（★★）

1. 【答案】BCD

   【解析】
   ① 选项A错误，入库后的仓储费一般计入当期损益，不计入存货成本。但如果是在生产过程中为达到下一个生产阶段所必需的仓储费用，则应计入存货成本。
   ② 选项B正确，生产设备发生的日常维修费用属于生产存货的合理必要支出应计入存货成本。
   ③ 选项C正确，受托加工存货成本中，只包括受托方投入的加工成本，不应包括委托方提供的材料成本。
   ④ 选项D正确，季节性停工期间发生的停工损失属于生产存货的合理必要支出，应计入存货成本。

2. 【答案】A

   【解析】
   ① 选项A正确，季节性停工损失，属于生产存货的合理必要支出，应计入存货成本。
   ② 选项B错误，超定额废品损失，属于生产存货的非合理必要支出，不应计入存货成本，应计入当期损益。
   ③ 选项C错误，新产品研发人员薪酬，应通过研发支出归集，如果满足资本化条件则转入无形资产的成本，费用化的部分应当计入当期损益。
   ④ 选项D错误，采购材料入库后的储存费用一般不计入存货成本，但是在生产过程中为达到下一个生产阶段所必需的仓储费用则应计入存货成本。

3. 【答案】D

   【解析】存货的特征是持有以备出售，而本题中企业采购的特定商品是用于广告营销活动，目的并非是"持有以备出售"，故取得相关商品不可将其确认为"存货"，相关支出应计入当期损益（销售费用）。

4. 【答案】AB

   【解析】
   ① 选项A正确，入库后的仓储费用一般计入当期损益，但属于在生产过程中为达到下一个生产阶段所必需的仓储费用应当计入存货成本。
   ② 选项B正确，存货加工成本应计入存货的成本。
   ③ 选项C错误，企业采购用于广告营销活动的特定商品应计入当期损益，不计入存货成本。
   ④ 选项D错误，非正常消耗的直接材料、直接人工、制造费用应当计入当期损益，不能计入存货成本。

「考点2」发出存货计量（★）

【答案】C

【解析】

① 先进先出法→假设先采购的存货先发出。

② 期初存货200件，本期采购250件，本期销售380件，而销售的380件中有200件是期初采购的，180件是本期采购的。

③ 期末剩余存货70件（200+250-380）属于当期采购的，故库存原材料成本=70×当期采购单价。

④ 当期采购单价=当期存货采购成本÷当期采购数量=（2 375+80+0.23）÷250=9.82（万元/件）。

⑤ 综上可知，2011年12月31日库存A原材料的成本=70×9.82=687.40（万元）。

「考点3」期末存货的计量（★★★）

1. 【答案】D

【解析】本题考查存货减值知识点。

房地产开发企业，用于建造商品房的土地使用权作为存货核算，不作为无形资产核算。在资产负债表日，存货应当按照成本与可变现净值孰低计量。由于该土地使用权用于生产产品，其在2019年末的可变现净值=产成品估计售价-产成品相关销售税费-进一步加工成本=650 000-98 000-330 000=222 000（万元），大于其成本210 000万元。

因此，该土地使用权未发生减值，在资产负债表中列示的金额为210 000万元。

2. 【答案】B

【解析】丙产品可变现净值=（4.7-0.2）×500=2 250（万元），丙产品成本=500×（4+0.6）=2 300（万元），因为丙产品成本>丙产品可变现净值，因此，丙产品发生减值。因为乙材料是用于生产丙产品，因此其在期末的可变现净值=丙产品的估计售价-丙产品的估计销售税费-进一步加工将发生的成本=（1 000÷2）×4.7-（1 000÷2）×0.2-（1 000÷2）×0.6=1 950（万元），小于其成本2 000万元（1 000×2），应计提存货跌价准备50万元（2 000-1 950）。

【抢分技巧】计算存货在期末的可变现净值应当以存货在资产负债表日的估计售价作为计量基础，除非在日后期间获得了新信息证实了存货在资产负债表日的估计售价，否则存货在日后期间的价格不影响期末可变现净值的计算。

3. 【答案】A

【解析】

产成品可变现净值=7 000-300=6 700（万元），产成品成本=5 600+1 800=7 400（万元），产成品成本>产成品可变现净值，因此产成品发生减值。因为Y材料是用于生产X产品，因此Y材料在期末的可变现净值=X产品的估计售价-X产品的估计销售税费-进一步加工将发生的成本=7 000-300-1 800=4 900（万元），小于其成本5 600万元，因此Y材料发生了减值，应计提存货跌价准备700万元。

【抢分技巧】求材料的可变现净值，首先要确定材料的用途，如果是用于生产产品，只能用产品估计售价作为计量基础。

4. 【答案】B

【解析】

① 原材料的期末账面价值等于其可变现净值和成本的孰低者。

② 从题干得知"期末原材料的成本＞原材料的可变现净值"，两者差额为300万元。

③ 期末原材料的账面价值＝期末原材料的可变现净值＝期末原材料的成本－300万元。

④ 期末原材料的成本＝期初原材料的成本＋本期采购的原材料的成本－本期销售的原材料的成本＝2 500＋3 000－2 800＝2 700（万元）。

⑤ 期末原材料的账面价值＝期末原材料的可变现净值＝2 700－300＝2 400（万元）。

⑥ 这里要注意区分账面价值和账面余额这两个概念。账面余额是资产科目的账户余额，未扣除相关备抵科目的金额。账面价值＝账面余额－备抵科目金额，例如，存货的账面价值＝存货的账面余额－存货跌价准备。

5. 【答案】D

【解析】丙产品的可变现净值＝21.2×200＝4 240（万元），丙产品的成本＝200×20＋2.6×200＝4 520（万元），丙产品的成本大于可变现净值，因此，丙产品发生减值。因为乙材料是用于生产丙产品，因此乙材料在期末的可变现净值＝丙产品的估计售价－丙产品的估计销售税费－进一步加工将发生的成本＝21.2×200－2.6×200＝3 720（万元），小于其成本4 000万元（200×20），应计提存货跌价准备280万元（4 000－3 720）。

6. 【答案】B

【解析】

① 销售合同约定数量1 000台，其可变现净值＝1 000×1.2－1 000×0.05＝1 150（万元），其成本＝1 000×1＝1 000（万元），未发生减值。

② 没有合同部分的可变现净值＝200×0.95－200×0.05＝180（万元），其成本＝200×1＝200（万元），发生减值，应计提存货跌价准备＝200－180＝20（万元）。

【抢分技巧】这道题的考点就是一批产品部分有销售合同，部分没有销售合同，需要我们分别核算，在草稿纸上面就需要将二者的数据分成两行来列，这样思路才不会乱。

7. 【答案】ACD

【解析】企业在确定存货的可变现净值时，应考虑的因素包括：

① 确定存货的可变现净值应当以取得确凿证据为基础。

② 确定存货的可变现净值应当考虑持有存货的目的。

③ 确定存货的可变现净值应当考虑资产负债表日后事项等影响。

「考点4」存货清查盘点（★）

【答案】B

【解析】本题存货因自然灾害导致毁损，其进项税额可以抵扣，无需转出。因此，该批毁损原材料造成的非常损失净额＝210 000－20 000－150 000＝40 000（元）。

本题分录：
① 报经批准前：
　　借：待处理财产损溢　　　　　　　　　　　　　　210 000
　　　　贷：原材料　　　　　　　　　　　　　　　　　　　210 000
② 报经批准后：
　　借：原材料　　　　　　　　　　　　　　　　　　20 000
　　　　其他应收款　　　　　　　　　　　　　　　150 000
　　　　营业外支出　　　　　　　　　　　　　　　 40 000
　　　　贷：待处理财产损溢　　　　　　　　　　　　　　210 000

【抢分技巧】如果因管理不善导致存货毁损，之前已经抵扣的进项税额要予以转出。

03 第三章 固定资产·答案

「考点1」 固定资产的确认与初始计量（★★）

1. 【答案】A

   【解析】
   ① 选项A正确，办公楼建造期间发生的工程物资报废净损失，应计入在建工程核算，最后转到固定资产的成本当中。提示：建造完毕之后发生的工程物资报废净损失，则计入当期损益。
   ② 选项B错误，办公楼开始建造前（非资本化期间）发生的专门借款的利息费用应当计入当期损益，不得资本化。
   ③ 选项C错误，为建造办公楼购入的工程物资支付的增值税进项税额可以抵扣，不计入在建工程中。
   ④ 选项D错误，办公楼达到预定可使用状态后发生的相关费用应当计入当期损益，不得资本化。

2. 【答案】A

   【解析】固定资产的成本，包括购买价款、相关税费（不含可抵扣增值税进项税额）、使固定资产达到预定可使用状态前所发生的合理必要支出。因此，该固定资产入账价值 = 购买价款300万元 + 运输费8万元 + 领用原材料6万元 + 发生职工薪酬3万元 =317（万元）。因此，选项A正确。

   【抢分技巧】对于增值税一般纳税人，可以抵扣的增值税进项税额不计入固定资产的成本；建造固定资产领用的原材料，按账面价值转入固定资产的成本。

3. 【答案】A

   【解析】为答谢代理商免费为其配备的冰箱，虽然所有权归属于甲公司，但实质上该冰箱由代理商控制，不能作为甲公司的固定资产核算，应在购买冰箱时，将所发生的支出直接计入销售费用。因此，选项A正确。

4. 【答案】C

   【解析】这道题的考点就在于固定资产建造完毕之后按固定资产入账价值一次性的冲减"专项储备"，截止到5月31日，该工程并未完工，因此暂时不用冲减。所以专项储备余额 = 500 + 10×15 − 10 =640（万元）。

5. 【答案】ABCD

   【解析】
   ① 自行建造的固定资产的成本，由建造该项资产达到预定可使用状态前所发生的合理必要支出构成，包括工程物资成本、人工成本、缴纳的相关税费、应予资本化的借款费用以及应分摊的间接费用。
   ② 选项A正确，建造生产线领用原材料应当按照其账面价值结转计入在建工程。
   ③ 选项B正确，使用募集资金投入生产线的支出应计入生产线的成本。

④ 选项 C 正确，使用一般借款资金支出 3 000 万元应当全部计入在建工程。这里的 3 000 万是使用一般借款的金额，不是借款费用的金额。

⑤ 选项 D 正确，本题开始资本化的时点为 2016 年 11 月 1 日（同时满足借钱、花钱、动工 3 个条件），在资本化期间占用一般借款所发生的利息应当资本化。

6. 【答案】ACD

【解析】

① 选项 AC 正确，以出包方式建造固定资产，其成本由建造该项固定资产达到预定可使用状态前所发生的必要支出构成，包括发生的建造工程支出，安装工程支出以及需分摊计入各固定资产价值的待摊费用，选项 AC 中的费用均属于待摊支出，因此应计入固定资产成本。

② 选项 B 错误，为取得土地使用权而缴纳的土地出让金应当单独确认为无形资产，不计入固定资产的成本。

③ 选项 D 正确，季节性的暂停建造不会导致资本化期间的暂停，故外币专门借款的汇兑损益满足资本化条件，应计入固定资产成本。

7. 【答案】AD

【解析】

① 选项 A 不应计入，固定资产联合试车收入和费用，旧准则是计入在建工程，2022 年教材修改，试运行收入要根据是否与日常活动相关计入营业收入或者资产处置损益。

② 选项 B 应计入，建设期间盘盈的工程物资应冲减工程项目的成本。

③ 选项 C 应计入，建设期间发生的工程物资盘盈、盘亏、报废、毁损，减去残料价值以及保险公司、过失人的赔款后的净损失，计入所建工程项目的成本。

④ 选项 D 不应计入，为在建工程项目取得的财政专项补贴，属于与资产相关的政府补助，总额法下，应该先确认为递延收益，后续分期计入当期损益。

⑤ 本题问的是不应计入，因此选项 AD 正确。

「考点 2」 固定资产折旧（★★）

1. 【答案】D

【解析】固定资产折旧年限的变更属于会计估计的变更，应当采用未来适用法，不用追溯调整。

2018 年应当计提的折旧 = 上半年变更前计提的折旧 + 下半年变更后计提的折旧 = 1 200 ÷ 12 ÷ 2 + (1 200 − 1 200 ÷ 12 × 3) ÷ 6 ÷ 2 = 125（万元）。

2. 【答案】C

【解析】外购固定资产确认的成本包括购买价款、相关税费、使固定资产达到预定可使用状态前所发生的可归属于该项资产的运输费、装卸费、安装费和专业人员服务费等。2016 年 12 月 30 日固定资产达到预定可使用状态时的入账价值 = 500 + 20 + 50 + 12 = 582（万元）。该设备采用年数总和法计提折旧，2017 年该设备应计提的折旧额 = (582 − 0) × 10 ÷ (1 + 2 + ⋯ + 10) = 105.82（万元）。

因此，选项 C 正确。

3. 【答案】B
   【解析】
   ① 2019 年 12 月 30 日达到预定可使用状态，2020 年 1 月就可以开始折旧。
   ② A 设备的成本 =950 +36 +14 =1 000（万元），所以 2020 年计提的折旧 = 1 000 ×2/5 = 400（万元）。
   ③ 2021 年计提的折旧 =（1 000 –400）×2/5 =240（万元）。
   ④ 2022 年计提的折旧 =（1 000 –400 –240）×2/5 =144（万元）。

4. 【答案】AD
   【解析】
   ① 选项 A 正确，固定资产在更新改造期间停止计提折旧。
   ② 选项 B 错误，为保持固定资产（与存货生产无关）使用状态发生的日常修理支出应当费用化，计入管理费用。
   ③ 选项 C 错误，固定资产满足持有待售条件后应转为持有待售资产核算，持有待售资产的入账价值是以固定资产账面价值与公允价值减去处置费用的净额两者较低者为准，即如果固定资产账面价值高于其公允价值减去出售费用后的净额，企业应将账面价值减记至公允价值减去处置费用后的净额，计提相应的持有待售资产减值准备。
   ④ 选项 D 正确，达到预定可使用状态但尚未办理竣工决算的固定资产以暂估价值为基础计提折旧，等办理竣工决算之后调整原入账价值，但不调整之前已经计提的折旧金额。

5. 【答案】BC
   【解析】
   ① 选项 A 错误，固定资产在定期修理间隔期间应继续计提折旧。
   ② 选项 B 正确，已达到预定可使用状态但尚未办理竣工决算的固定资产应当按暂估价值确定其成本，并计提折旧；待办理竣工决算后再按照实际成本调整原来的暂估价值，但不需要调整原来已计提的折旧额。
   ③ 选项 C 正确，采用成本模式核算的投资性房地产后续计量仍需计提折旧或摊销，但采用公允模式的投资性房地产不应计提折旧。
   ④ 选项 D 错误，企业确定固定资产的折旧方法时，应当根据固定资产有关的经济利益预期消耗方式做出决定。不能根据与固定资产在内的经济活动所产生的收入作为决定依据。

「考点3」 固定资产后续支出（★★）

1. 【答案】C
   【解析】更新改造后固定资产的入账价值 =更新改造前的账面价值 +更新改造发生的资本化支出 –被替换部分的账面价值 = 3 500（原账面价值）–500（拆除原冷却装置的账面价值）+1 200（新的冷却装置的价值）+80（资本化的利息支出）+320（人工费用）+200（领用的原材料）+400（工程物资）=5 200（万元）。

2. 【答案】A

【解析】本题两个考点：一是折旧时间，二是题目中给出的是被替换部分账面原值，计算固定资产更新改造后的入账价值时，要减去的是被替换部分账面价值。

2015年9月30日该固定资产更新改造后的入账价值 =（1 000 – 1 000÷5×2）+（215 + 50 + 125 + 300）–（350 – 350÷5×2）= 1 080（万元）。

在2015年10月~2016年12月期间该固定资产计提折旧 = 1 080÷3÷12×（3 + 12）= 450（万元），因此2016年12月31日该生产线账面价值 = 1 080 – 450 = 630（万元）。

【抢分技巧】本题虽然简单，但是也需要我们养成看题目的好习惯，改建之后的使用年限是"尚可/剩余使用年限"还是"预计使用年限"一定要看清楚。尚可使用年限 = 预计使用年限 – 已经使用年限。

3. 【答案】BC

【解析】

① 选项A错误，固定资产在更新改造期间应当停止计提折旧。

② 选项B正确，固定资产更新改造时，要将固定资产的账面价值转入在建工程进行核算。

③ 选项C正确，更新改造期间/建造期间领用自产产品，应当将其账面价值转入固定资产的成本。

④ 选项D错误，更新改造期间被替换部分的账面价值要冲减在建工程成本，若卖掉有收益，则冲减营业外支出。

「考点4」固定资产的处置（★）

【答案】AC

【解析】

① 该固定资产初始成本为210万元，从2017年1月开始计提折旧，2017年计提的折旧金额 =（210 – 10）÷5 = 40（万元）。

② 选项A正确，2017年12月31日账面价值 = 210 – 40 = 170（万元），大于可收回金额120万元，应计提减值准备50万元。

③ 选项B错误，发生减值后，该固定资产应按减值后的账面价值重新考虑折旧，账面价值为120万元，预计净残值10万元，剩余使用年限 = 5 – 1 = 4（年）。2018年1~6月，计提的折旧金额 =（120 – 10）÷4×6/12 = 13.75（万元）。

④ 选项C正确、选项D错误，2018年6月出售时，该固定资产账面价值 = 120 – 13.75 = 106.25（万元），或者 = 210 –（40 + 13.75）– 50 = 106.25（万元）。出售净损益 = 实际收到售价 – 账面价值 =（80 – 2）– 106.25 = –28.25（万元），计入资产处置损益，导致营业利润减少28.25万元。

04 第四章 无形资产·答案

「考点1」无形资产的确认和初始计量（★）

1.【答案】 D

【解析】

① 选项 AB 错误，无形资产是指企业拥有或控制的没有实物形态的可辨认非货币性资产。商誉是不可辨认的，不属于无形资产。

② 选项 C 错误，内部研究开发项目研究阶段发生的支出应当费用化，计入当期损益，不确认为资产。

③ 选项 D 正确，制造企业通过出让方式取得土地使用权而支付的土地出让金，应确认为无形资产。

2.【答案】 AC

【解析】

① 选项 A 正确、选项 B 错误，企业购入用于构建固定资产（自用实验室）的土地使用权应当确认为无形资产，且在固定资产建造期间将其摊销额计入固定资产的成本，不能计入商品房的成本。

② 选项 C 正确、选项 D 错误，一般借款的资本化利息金额应计入商品房成本，而一般借款的短期投资获得的收益应冲减利息费用化金额。只有专门借款在资本化期间闲置资金取得的投资收益，才能冲减所建造商品房的成本。

3.【答案】 ABD

【解析】

① 选项 A 正确，房地产开发企业取得的用于建造商品房的土地使用权应确认为存货，其成本计入商品房的成本。

② 选项 BD 正确，专门借款在资本化期间的全部利息支出应资本化，计入所建造商品房的成本。专门借款未使用部分获得的投资收益，应冲减所建造商品房的成本。

③ 选项 C 错误，可以抵扣的增值税进项税额应单独确认，不计入资产的成本。

「考点2」内部研究开发支出的确认和计量（★★★）

1.【答案】 C

【解析】 选项 A 错误、选项 C 正确，内部研究开发无形资产，研究阶段支出全部费用化，开发阶段支出符合资本化条件的支出应当计入无形资产成本，不符合资本化条件的支出仍然费用化。

选项 BD 错误，对于费用化支出，产生的差异只是影响当期应纳税所得额，不会产生暂时性差异，因此不确认递延所得税资产。对于资本化支出，存在可抵扣暂时性差异，但根据会计准则的规定，如该无形资产的确认不是产生于企业合并交易，同时在确认时既不影响会计利润也不影响应纳税所得额，按照所得税会计准则的规定，不确认有关暂时性差异的所得税影响。

2. 【答案】ABD
   【解析】
   ① 选项A错误，外包的无形资产开发活动应在研发完成达到预定用途时确认无形资产。
   ② 选项B错误，商誉、使用寿命不确定的无形资产、尚未达到预定用途的无形资产，无论是否存在减值迹象，都应在每年年末进行减值测试。
   ③ 选项C正确，无法区分研究阶段和开发阶段的支出，全部费用化计入当期损益。
   ④ 选项D错误，为引进新产品进行宣传发生的广告费、其他间接费用，不属于取得无形资产所发生的必要支出，不得计入无形资产的初始成本，而应计入当期损益。
   本题要求选择错误的，因此，选项ABD当选。

「考点3」无形资产的后续计量（★★）

1. 【答案】C
   【解析】出租无形资产，影响当年营业利润的金额＝取得租金收入－无形资产摊销＝100－1 000÷20＝50（万元）。因此，选项C正确，会计分录为：
   借：银行存款　　　　　　　　　　　　　　　　　　　　100
   　　贷：其他业务收入　　　　　　　　　　　　　　　　　　　100
   借：其他业务成本　　　　　　　　　　　　　　　　　　　50
   　　贷：累计摊销　　　　　　　　　　　　　　　（1 000÷20）50

2. 【答案】ABD
   【解析】
   ① 无形资产在初始确认和计量后，使用寿命有限的无形资产才需要在估计使用寿命内采用系统合理方法进行摊销，对用使用寿命不确定的无形资产则不需要进行摊销。
   ② 选项A不应当选，持有待售资产，不需要计提摊销或折旧。
   ③ 选项B不应当选，使用寿命不确定的无形资产，不需要摊销。
   ④ 选项C应当选，使用寿命有限的无形资产，需要进行摊销。
   ⑤ 选项D不应当选，尚未达到预定用途的开发阶段支出，没有作为无形资产确认，不需要进行摊销。
   因此，选项ABD应当选。

3. 【答案】AB
   【解析】
   ① 无形资产的入账价值＝400×(P/A，5%，5)＝1 731.8（万元），因此选项C错误。
   ② 2012年1月1日长期应付款的摊余成本＝1 731.8（万元），2012年应确认的财务费用＝长期应付款期初摊余成本×实际利率＝1 731.8×5%＝86.59（万元），因此选项A正确。
   ③ 2012年12月31日长期应付款的摊余成本＝1 731.8×(1＋5%)－400＝1 418.39（万元），2013年应确认的财务费用＝长期应付款期初摊余成本×实际利率＝1 418.39×5%＝70.92（万元），因此选项B正确。

④ 2012 年 12 月 31 日长期应付款列报金额 =2012 年 12 月 31 日账面价值（即摊余成本）−1 年内将偿付的本金 =1 418.39 −（400 −1 418.39 ×5%）=1 089.31（万元），因此选项 D 错误。

【抢分技巧】2012 年 12 月 31 日长期应付款列报金额 =2013 年 12 月 31 日长期应付款摊余成本。

摊余成本就是剩余本金，长期应付款作为非流动负债，在列报时要扣除以后一年内到期的本金，即等于下一年期末的本金。

05 第五章 投资性房地产·答案

「考点1」投资性房地产的确认与初始计量（★★）

1.【答案】 B

【解析】

① 选项A正确，房地产开发企业为建造商品房取得的土地使用权，应计入所建造商品房的成本。

② 选项B错误，为建造厂房取得土地使用权，在建造期间的摊销应计入在建工程。

③ 选项C正确，用于出租的土地使用权，应确认为投资性房地产，可以采用公允价值模式计量，后续期间不需进行摊销。

④ 选项D正确，外购房屋价款包含房屋建筑物和土地使用权价值的，应按公允价值比例分别确认为固定资产和无形资产，采用不同年限计提折旧或摊销。

【抢分技巧】

土地使用权的划分类别与划分依据

划分类别	划分依据
无形资产	①出让或者其他方式取得的，自行开发建设厂房等建筑物； ② 外购的房和地，能够在房与地之间合理分摊的
存货	专指房地产开发企业取得的，用于建造对外出售商品房的
固定资产	外购的房和地不能够在房与地之间合理分摊的，整体作为固定资产核算
投资性房地产	用于对外出租或者资本增值的

2.【答案】 BCD

【解析】

① 选项A错误，企业外购的房屋建筑物，实际支付价款中包括土地以及建筑物价值，应当对支付价款按照合理的方法（例如，公允价值比例）在土地和地上建筑物之间分配。如果无法进行合理分配的，应当全部作为固定资产。

② 选项B正确，用于建造商品房的土地使用权应确认为存货（开发成本）。

③ 选项C正确，土地使用权从自用改为出租，应从租赁期开始日改为投资性房地产核算。

④ 选项D正确，企业为建造固定资产通过拍卖方式取得的土地使用权而支付的价款不计入在建工程成本，而应确认为无形资产。

「考点2」投资性房地产的后续计量（★★）

【答案】 D

【解析】 选项D正确，由于乙市没有活跃的房地产交易市场，无法取得同类或类似房地产的市场价格，投资性房地产无法以公允价值模式进行后续计量，而甲公司却在以前年度对乙市投资性房地产采用公允价值模式进行后续计量，因此属于前期差错，而且对财务报表具有重大影响，应当作为前期差错更正采用追溯重述法进行会计处理，并相应调整可比期间信息。

「考点3」投资性房地产的转换（★★★）

1. 【答案】C

   【解析】自用房地产转换为投资性房地产，通常应于租赁期开始日，将固定资产或无形资产相应地转换为投资性房地产。因此，甲公司转换日为2019年6月1日。

   【抢分技巧】通常情况下，投资性房地产确认时点是租赁期开始日，唯一例外是在建的建筑物和空置建筑物，是以董事会做出正式书面决定用于出租的日期。本题计划用于出租的是自用的办公楼，不符合唯一例外情景。

2. 【答案】B

   【解析】

   ① 选项A错误，出租人提供免租期的，出租人应在不扣除免租期的整个租赁期内，采用直线法（或其他合理方法）进行分配，免租期内出租人应当确认租金收入，即2018年甲公司应确认的租金收入 = [60×（5×12 – 3）] ÷（5×12）×6 = 342（万元）。

   ② 选项B正确，投资性房地产改扩建后仍作为出租使用，使用性质不变，则在改扩建期间应继续将其作为投资性房地产核算。

   ③ 选项C错误，投资性房地产在改扩建期间的后续支出，满足投资性房地产确认条件的，应当将其资本化，计入投资性房地产成本。

   ④ 选项D错误，该厂房在改扩建期间尚未达到预定可使用状态，不计提折旧。

3. 【答案】C

   【解析】

   ① 选项AB错误，以成本模式计量的投资性房地产与非投资性房地产之间转换，直接按账面价值结转，不产生差额。

   ② 选项C正确，非投资性房地产转为以公允模式计量的投资性房地产，投资性房地产按转换日的公允价值计量。如果公允价值小于账面价值，差额计入当期损益（公允价值变动损益）；如果公允价值大于账面价值，差额计入其他综合收益。

   ③ 选项D错误，以公允价值计量的投资性房地产转为非投资性房地产，非投资性房地产按转换日公允价值计量，公允价值与账面价值的差额计入公允价值变动损益。

4. 【答案】C

   【解析】2017年上半年租金收入100万元影响损益，增加利润100万元。

   出售投资性房地产影响损益金额 = 售价与账面价值差额 + 结转其他综合收益 =（9 500 – 9 000）+（8 000 – 2 500）= 6 000（万元）。

   因此，上述交易或事项影响甲公司2017年年度损益金额 = 100 + 6 000 = 6 100（万元），选项C正确。

   【抢分技巧】出售投资性房产，应将持有期间确认的公允价值变动损益转入到其他业务成本,这属于损益科目的重分类,不影响损益总额。

会计分录为:

2016 年 6 月 30 日:

借:投资性房地产——成本	8 000
贷:固定资产	2 500
其他综合收益	5 500

2016 年 12 月 31 日:

借:投资性房地产——公允价值变动	1 000
贷:公允价值变动损益	1 000

2017 年 6 月 30 日:

借:银行存款	9 500
贷:其他业务收入	9 500
借:其他业务成本	9 000
贷:投资性房地产——成本	8 000
——公允价值变动	1 000
借:公允价值变动损益	1 000
贷:其他业务成本	1 000
借:其他综合收益	5 500
贷:其他业务成本	5 500

5. 【答案】BCD

【解析】

① 选项 A 错误,以公允价值模式计量的投资性房地产应在资产负债表日按公允价值计量,故 2017 年末按公允价值 1 650 万元计量。

② 选项 B 正确,自用改为出租的商品房转换日的公允价值小于其账面价值的借方差额计入当期损益(公允价值变动损益)。

③ 选项 C 正确,自用改为出租的乙办公楼转换日的公允价值大于账面价值产生的贷方差额计入其他综合收益。

④ 选项 D 正确,出租人提供免租期的,出租人应当将租金总额在不扣除免租期的整个租赁期内,按直线法或其他合理的方法进行分配,免租期内出租人应当确认租金收入,因此每月应确认 45 万元(540÷12)租金收入。

主观题部分

【解析】

固定资产转为以公允价值计量的投资性房产,公允价值大于账面价值的差额,应计入其他综合收益。甲公司应确认其他综合收益金额 = 9 400 - (8 000 - 1 200) = 2 600(万元)。会计分录:

2018 年 1 月 1 日:

借:投资性房地产——成本	9 400

	累计折旧	1 200
	贷：固定资产	8 000
	其他综合收益	2 600

2018 年 12 月 31 日：

借：公允价值变动损益　　　　　　　　　　　　　　　200
　　贷：投资性房地产——公允价值变动　　　　　　　　　　200
借：银行存款　　　　　　　　　　　　　　　　　　　400
　　贷：其他业务收入　　　　　　　　　　　　　　　　　400

【考点】投资性房地产的转换。

06 第六章 长期股权投资·答案

「考点1」对子公司长期股权投资的计量（成本法）（★★★）

1. 【答案】D

    【解析】同一控制下控股合并中，初始投资成本 = 享有被投资方在最终控制方合并报表中净资产账面价值份额 + 最终控制方取得被投资方时形成的商誉 = 4 800 × 60% + 800 = 3 680（万元）。

    因为最终控制方（丁公司）是通过外购方式取得被合并方（乙公司）的控制权，所以乙公司可辨认净资产在丁公司合并报表中的账面价值是以购买日公允价值为基础持续计算的金额。甲公司为企业合并支付的中介费用应当计入管理费用，不得计入长期股权投资的初始成本。

2. 【答案】A

    【解析】甲公司与A公司属于同一集团，因此该交易属于同一控制下企业合并，长期股权投资的初始成本 = 享有被投资方在最终控制方合并报表中所有者权益账面价值份额 + 最终控制方取得被投资方时形成的商誉 = 9 000 × 80% + 0 = 7 200（万元），支付对价账面价值 = 2 000 × 1 = 2 000（万元），差额5 200万元计入资本公积——股本溢价。另外，为发行股票支付的佣金50万元应冲减资本公积——股本溢价，因此，甲公司取得该股权应确认的资本公积 = 5 200 – 50 = 5 150（万元）。

    会计分录为：

    借：长期股权投资　　　　　　　　　　　　　　　　　　　　　7 200
    　　贷：股本　　　　　　　　　　　　　　　　　　　　　　　　　　2 000
    　　　　资本公积——股本溢价　　　　　　　　　　　　　　　　　　5 200
    借：资本公积——股本溢价　　　　　　　　　　　　　　　　　　　　50
    　　贷：银行存款　　　　　　　　　　　　　　　　　　　　　　　　　50

3. 【答案】B

    【解析】

    ① 分类为以公允价值计量且其变动计入其他综合收益的金融资产投资时公允价值和账面价值的差额要计入投资收益，同时之前形成的"其他综合收益"要转入投资收益 = (2 000 – 1 500) + 400 = 900（万元）。
    ② 为企业合并发生的交易费用应计入管理费用，影响损益 –35万元。
    ③ 换出存货视同销售，应确认收入、结转成本，影响损益金额 = 2 600 – 1 700 = 900（万元）。
    ④ 因此，甲公司因取得长期股权投资影响损益金额 = 900 – 35 + 900 = 1 765（万元）。
    ⑤ 甲公司会计分录如下：
    　　借：长期股权投资　　　　　　　　　　　　　　　　　　　　　4 938
    　　　　贷：其他债权投资——成本　　　　　　　　　　　　　　　　1 100
    　　　　　　　　　　　　——公允价值变动　　　　　　　　　　　　　400
    　　　　　　投资收益　　　　　　　　　　　　　　　　　　　　　　　500

主营业务收入	2 600
应交税费——应交增值税（销项税额）	338
借：主营业务成本	1 700
贷：库存商品	1 700
借：其他综合收益	400
贷：投资收益	400
借：管理费用	35
贷：银行存款	35

4. 【答案】ABCD

   【解析】

   ① 本题考查同一控制下控股合并形成的对子公司长期股权投资的确认和初始计量。

   ② 选项 A 正确，为企业合并发生的交易费用计入管理费用（借方）。

   ③ 选项 B 正确，为发行股票等权益性工具支付的佣金、手续费，冲减资本公积——股本溢价；不足冲减的，依次冲减盈余公积和未分配利润。

   ④ 选项 C 正确，为发行债券支付的佣金、手续费，计入负债的初始确认金额（应付债券——利息调整）。

   ⑤ 选项 D 正确，同一控制下企业合并，初始投资成本＝享有被投资方在最终控制方合并报表中净资产账面价值份额＋最终控制方取得被投资方时形成的商誉。

「考点2」对联营企业、合并企业的长期股权投资的计量（权益法）（★★★）

1. 【答案】D

   【解析】

   ① 购买日，初始投资成本＝1 500 万元，应享有被投资单位可辨认净资产公允价值＝1 440 万元（4 800×30%），1 500＞1 440，故本题中权益法下不对长期股权投资初始投资成本进行调整。

借：长期股权投资——投资成本	1 500
贷：银行存款	1 500

   ② 2016 年度后续计量：

   a. 乙公司实现净利润 800 万元，因存在内部交易，需调整利润。调整后的利润＝800－900×25%＝575（万元），应确认投资收益＝575×30%＝172.5（万元）。

借：长期股权投资——损益调整	172.5
贷：投资收益	172.5

   b. 其他综合收益增加 300 万元，应确认其他综合收益＝300×30%＝90（万元）。

借：长期股权投资——其他综合收益	90
贷：其他综合收益	90

   ③ 2017 年度后续计量：

   a. 实现净利润 1 000 万元，上年度从甲公司购入的 900 万元产品全部对外销售。应调整利润＝1 000＋900×25%＝1 225（万元），应确认投资收益＝1 225×30%＝367.5（万元）。

借：长期股权投资——损益调整 367.5
　　贷：投资收益 367.5
b. 分派现金股利400万元，确认应收股利=400×30%=120（万元）。
借：应收股利 120
　　贷：长期股权投资——损益调整 120

④ 因此，2017年末长期股权投资在资产负债表中应列示的金额=1 500+（800-900×25%+300）×30%+[（1 000+900×25%）-400]×30%=2 010（万元）。

2. 【答案】D

【解析】

① 选项A错误，不构成企业合并形成的长期股权投资，初始投资成本=支付对价公允价值+交易费用=450（万元），享有被投资单位在购买日净资产公允价值份额=1 600×30%=480（万元），应调增初始投资成本，调整后的入账价值=480万元。

会计分录为：

借：长期股权投资——投资成本 450
　　贷：银行存款 450
借：长期股权投资——投资成本 30
　　贷：营业外收入 30

② 选项B错误，将按持股比例计算应享有乙公司其他综合收益变动的份额确认为其他综合收益，不能确认为投资收益。

③ 选项C错误，投资时将实际出资金额与享有乙公司可辨认净资产份额之间的差额确认为营业外收入，而不是其他综合收益。

④ 选项D正确，拟长期持有的长期股权投资，其形成的应纳税暂时性差异，属于特殊暂时性差异，不确认递延所得税负债。

3. 【答案】C

【解析】非控股合并形成的长期股权投资的初始投资成本=支付对价的公允价值+交易费用，故甲公司该项长期股权投资的初始投资成本=1 000×10+1 200=11 200（万元）。发行股票时，向证券承销机构等支付佣金和手续费400万元，属于发行费用，不属于交易费用，不计入长期股权投资的初始成本，而是冲减资本公积——股本溢价。

【抢分技巧】题目要求的是长期股权投资的初始投资成本，默认是指调整前的入账价值。如果题目要求的是长期股权投资入账价值，则要考虑是否对长期股权投资初始成本进行调整。

4. 【答案】C

【解析】

① 以权益法核算的长期股权投资，在计算调整后净利润时要考虑2个调整：一是取得投资时被投资单位资产或负债公允价值与账面价值的差额对净利润的影响，在计算调整后净利润时要减去已实现的差额；二是取得投资后投资方与被投资方发生内部交易，在计算调整后净利润时要减去未实现的差额。

② 本题中，甲公司向联营企业乙公司出售商品，属于第2个调整，要减去未实现的差额，调整后净利润=8 000-[（1 000-600）-（1 000-600）÷10×6÷12]=7 620（万元）。

③ 甲公司在其2012年度的个别财务报表应确认的投资收益=7 620×30%=2 286（万元）。

5. 【答案】C

   【解析】

   ① 长期股权投资的初始投资成本3 015（3 000+15）＜享有被投资企业在购买日净资产公允价值份额3 300（11 000×30%），应调增长期股权投资账面价值285万元。

   会计分录为：

   借：长期股权投资——投资成本　　　　　　　　　　　　　　　　3 015
   　　贷：银行存款　　　　　　　　　　　　　　　　　　　　　　　3 015
   借：长期股权投资——投资成本　　　　　　　　　　　　　　　　　285
   　　贷：营业外收入　　　　　　　　　　　　　　　　　　　　　　　285

   ② 2017年实现净利润600万元，甲公司应确认投资收益=600×30%=180（万元）。

   会计分录为：

   借：长期股权投资——损益调整　　　　　　　　　　　　　　　　　180
   　　贷：投资收益　　　　　　　　　　　　　　　　　　　　　　　　180

   ③ 因此，该投资对甲公司2017年利润总额的影响=285+180=465（万元）。

6. 【答案】A

   【解析】

   ① 投资企业与其联营企业、合营企业之间发生的未实现内部交易损益，按照持股比例计算归属于投资企业的部分，应当予以抵销，在此基础上确认投资损益。

   ② 2019年，B公司经调整后的净利润=500-（900-700）×40%=420（万元）。

   ③ 2020年，对于2019年未实现的内部交易损益部分，在当年全部实现，故在2020年需要加回已经实现的内部交易损益，2020年B公司经调整后的净利润=600+（900-700）×40%=680（万元）。

   ④ A公司2020年末长期股权投资的账面价值=1 200+（420+680）×30%=1 530（万元）。

7. 【答案】C

   【解析】甲公司取得该项股权投资确认的资本公积=发行股票的公允价值总额-股票面值总额-支付的佣金及手续费=15×20-20×1-30=250（万元）。

   会计分录为：

   借：长期股权投资——投资成本　　　　　　　　　　　　　　　　　300
   　　贷：股本　　　　　　　　　　　　　　　　　　　　　　　　　　 20
   　　　　资本公积——股本溢价　　　　　　　　　　　　　　　　　　280
   借：资本公积——股本溢价　　　　　　　　　　　　　　　　　　　　30
   　　贷：银行存款　　　　　　　　　　　　　　　　　　　　　　　　 30

   因为初始投资成本300＜享有被投资方在购买日净资产公允价值份额875（3 500×25%），要调整初始投资成本。会计分录为：

   借：长期股权投资——投资成本　　　　　　　　　　　　　　　　　575
   　　贷：营业外收入　　　　　　　　　　　　　　　　　　　　　　　575

第六章 长期股权投资·答案

8. 【答案】BC

   【解析】

   ① 选项A错误，企业处置长期股权投资时，应相应结转与所售股权相对应的长期股权投资的账面价值，出售所得价款与处置长期股权投资账面价值之间的差额，应确认为投资收益。如果在处置时存在应收被投资单位已宣告但尚未发放的现金股利，应将"应收股利"与长期股权投资账面价值一并终止确认，两者账面价值与出售取得价款的差额确认为投资收益。

   ② 选项B正确，处置以权益法核算的长期股权投资，应将在持有期间确认的资本公积——其他资本公积转入投资收益。

   ③ 选项C正确，处置以权益法核算的长期股权投资，应将在持有期间确认的其他综合收益转入投资收益（能够重分类进损益的其他综合收益）或者留存收益（不能够重分类进损益的其他综合收益）。本题中其他综合收益是因为被投资单位其他权益工具投资公允价值变动形成的，属于不能重分类进损益的类别，应在处置长期股权投资时转入留存收益。

   ④ 选项D错误，处置长期股权投资，出售价款与处置长期股权投资（含应收股利）账面价值之间的差额，应确认为投资收益，同时应将持有期间确认的其他综合收益转入投资收益或留存收益，以及应将持有期间确认的资本公积——其他资本公积转入投资收益。

   ⑤ 相关会计处理如下（分录金额单位为万元）：

   借：银行存款　　　　　　　　　　　　　　　　1 800
   　　贷：长期股权投资——投资成本　　　　　　　　850
   　　　　　　　　　　——损益调整　　　　　　　　120
   　　　　　　　　　　——其他综合收益　　　　　　50
   　　　　　　　　　　——其他权益变动　　　　　　180
   　　　　　应收股利　　　　　　　　　　　　　　　10
   　　　　　投资收益　　　　　　　　　　　　　　　590
   借：资本公积　　　　　　　　　　　　　　　　　180
   　　贷：投资收益　　　　　　　　　　　　　　　　180
   借：其他综合收益　　　　　　　　　　　　　　　50
   　　贷：盈余公积　　　　　　　　　　　　　　　　5
   　　　　利润分配——未分配利润　　　　　　　　　45

   因此，处置长期股权投资，应确认的投资收益 = 590 + 180 = 770（万元）。

9. 【答案】AC

   【解析】

   ① 对子公司（能够控制）投资后续计量采用成本法，对联营企业（能够重大影响）或合营企业（能够共同控制）的投资后续计量采用权益法，对不具有控制、共同控制、重大影响的股权投资作为金融资产核算，按公允价值计量。

   ② 选项A正确，甲对乙能够施加重大影响，乙公司属于甲公司的联营企业，采用权益法计量。

   ③ 选项B错误，甲对丙公司具有共同控制，丙公司属于甲公司的合营企业，采用权益法

计量。

④ 选项 C 正确，甲公司对丁公司不具有控制、共同控制和重大影响，应当作为金融资产以公允价值计量。

⑤ 选项 D 错误，甲公司持有戊结构化主体的权益并能对其施加重大影响，应采用权益法核算。

10. 【答案】BD

【解析】

① 选项 A 错误，权益法下，被投资企业发放股票股利，不影响其所有者权益金额，投资企业不进行会计处理。

② 选项 C 错误，初始投资成本＜应享有被投资企业可辨认净资产公允价值的份额，投资企业应调增长期股权投资的入账价值，差额计入营业外收入，而非计入投资收益。

③ 选项 BD 正确，权益法下，投资企业与被投资企业发生内部交易，在计算调整净利润时应减去未实现的差额，从而影响投资企业按照权益法确认的投资收益。

「考点3」 长期股权投资核算方法的转换（★★★）

1. 【答案】A

【解析】

① 金融资产因增资转为以权益法核算的长期股权投资，应视同出售原金融资产，然后按公允价值购入长期股权投资。

② 选项 A 正确，因为甲在增资后对乙公司具有重大影响，甲应按照应享有或应分担的被投资单位实现的净损益的份额，确认投资收益，影响当年利润。

③ 选项 B 错误，其他权益工具投资公允价值变动应当计入其他综合收益，不影响当期损益。

④ 选项 C 错误，以权益法核算的长期股权投资，被投资企业发生除了净损益、发放现金股利、其他综合收益以外的其他权益变动，投资企业应按享有乙公司净资产份额的变动计入资本公积——其他资本公积，不影响利润。

⑤ 选项 D 错误，金融资产（此处为其他权益工具投资）转为以权益法核算的长期股权投资，原金融资产视同出售，其账面价值与公允价值的差额计入留存收益，持有期间确认的其他综合收益也转到留存收益，不影响当期利润。

2. 【答案】C

【解析】以成本法核算的长期股权投资因为减资改为金融资产核算，应视同出售全部股权投资，然后按公允价值购回剩余股权作为金融资产，因处置长期股权投资确认的投资收益 =（8 800 + 1 100）- 9 000 = 900（万元）。

会计分录为：

借：银行存款 8 800

  其他权益工具投资——成本 1 100

  贷：长期股权投资 9 000

    投资收益 900

3. 【答案】D

【解析】以权益法核算的长期股权投资因为减资转为以公允价值计量的金融资产,应视同出售全部长期股权投资,然后再按公允价值买回剩余股权投资作为金融资产核算。在持有期间确认的其他综合收益,在处置长期股权投资时应转入投资收益(能够重分类进损益的部分)。

因处置确认投资收益金额 = (400 + 200) − 360 + 50 = 290(万元)。

会计分录为:

借:银行存款		400
其他权益工具投资——成本		200
贷:长期股权投资——投资成本		270
——损益调整		40
——其他综合收益		50
投资收益		240
借:其他综合收益		50
贷:投资收益		50

4. 【答案】D

【解析】以权益法核算的长期股权投资因为减资转为以公允价值计量的金融资产,应视同出售全部长期股权投资,然后再按公允价值买回剩余股权投资作为金融资产核算。在持有期间确认的其他综合收益,在处置长期股权投资时应转入投资收益(能够重分类进损益的部分),除净损益、其他综合收益和利润分配以外的其他所有者权益变动全部转入当期损益。

因处置确认投资收益金额 = [(1 800 + 1 800) − 3 200] + 200 + 100 = 700(万元)。

会计分录为:

借:银行存款		1 800
交易性金融资产——成本		1 800
贷:长期股权投资——投资成本		2 600
——损益调整		300
——其他综合收益		200
——其他权益变动		100
投资收益		400
借:其他综合收益		200
贷:投资收益		200
借:资本公积——其他资本公积		100
贷:投资收益		100

5. 【答案】A

【解析】

① 该题考查成本法下长期股权投资转为权益法下长期股权投资,剩余股权投资先按账面价值结转,然后按权益法进行追溯调整。

② 剩余股权投资调整后的账面价值 = (2 800 ÷ 70%) × 30% + [4 500 × 30% − (2 800 ÷

70%）×30%］+（800 +200）×30% =1 650（万元）。

③ 会计分录为：

a. 出售部分：

一共持有乙公司 70% 股权，出售 40% 股权，即出售长期股权投资的比例 =40% ÷ 70% =4/7，出售长投的账面价值 =2 800 ×4/7 =1 600（万元）。

借：银行存款　　　　　　　　　　　　　　　　　　　　　　2 000
　　贷：长期股权投资　　　　　　　　　　　　　　　　　　　1 600
　　　　投资收益　　　　　　　　　　　　　　　　　　　　　　400

b. 剩余部分：

剩余 30% 股权，剩余长投的账面价值 =2 800 ×（30% ÷70%）=1 200（万元），要按照权益法进行追溯调整，先考虑是否调整初始成本（成本 <享有被投资方在购买日净资产公允价值份额），然后根据被投资方净资产变动调整长投账面价值。

调初始成本：初始成本 1 200 <享有被投资方在购买日净资产公允价值份额 1 350（4 500 ×30%）

借：长期股权投资——投资成本　　　　　　　　　　　　　　　150
　　贷：盈余公积　　　　　　　　　　　　　　　　（150 ×10%）15
　　　　利润分配——未分配利润　　　　　　　　　（150 ×90%）135

调净利润：

借：长期股权投资——损益调整　　　　　　　　　　（800 ×30%）240
　　贷：盈余公积　　　　　　　　　　　　　　　　（240 ×10%）24
　　　　利润分配——未分配利润　　　　　　　　　（240 ×90%）216

调其他综合收益：

借：长期股权投资——其他综合收益　　　　　　　　（200 ×30%）60
　　贷：其他综合收益　　　　　　　　　　　　　　　　　　　　60

因此，调整后长期股权投资账面价值 =1 200 +150 +240 +60 =1 650（万元）。

6.【答案】BCD

【解析】

① 金融资产（此处为其他权益工具投资）因增资转为以权益法核算的长期股权投资，应视同出售原金融资产，然后按公允价值购入长期股权投资。

② 选项 A 错误，其他权益工具投资因增资转为以权益法核算的长期股权投资，应按视同出售其他权益工具投资，其公允价值与账面价值的差额计入留存收益，持有期间公允价值变动形成的利得或损失应从其他综合收益转入留存收益。

③ 选项 B 正确，金融资产因增资转换为权益法核算的长期股权投资，应视同出售原金融资产，然后按公允价值购入长期股权投资，因此增资后长期股权投资的初始投资成本 =原金融资产的公允价值 +新支付对价公允价值。

④ 选项 C 正确，增资后，甲公司以权益法核算长期股权投资，其初始投资成本小于应享有的乙公司可辨认净资产公允价值份额的差额，应调整长期股权投资入账价值，并计入营业外收入，影响当期损益。

⑤ 选项 D 正确，增资后甲公司持有乙公司 20% 的股权，能够对乙公司施加重大影响，以权益法核算。

「考点4」合营安排（★）

1. 【答案】A

   【解析】
   ① 合营安排是指一项由两个或两个以上的参与方共同控制的安排。合营安排分为共同经营和合营企业。共同经营，是指合营方享有该安排相关资产的权利且承担该安排相关负债的义务的合营安排。合营企业，是指合营方仅对该安排的净资产享有权利的合营安排。
   ② 选项 A 正确，当合营安排未通过单独主体达成时，该合营安排为共同经营。
   ③ 选项 B 错误，参与方为合营安排提供担保（或提供担保的承诺）的行为本身并不直接导致一项安排被分类为共同经营。
   ④ 选项 C 错误，合营安排必须是具有唯一一组集体控制的组合。
   ⑤ 选项 D 错误，合营安排为共同经营的，参与方对合营安排的相关资产享有权利并对相关负债承担义务。合营安排划分为合营企业的，参与方对合营安排有关的净资产享有权利。

   【抢分技巧】

依据	类别	特征	关键词
未通过单独主体达成的	共同经营	合营方享有合营安排的资产、承担该安排的负债	共同经营、未通过单独主体、资产负债
通过单独主体达成的	共同经营	参与方中具有唯一一组集体控制的组合	唯一组合、合营安排
	合营企业	合营方仅对该安排的净资产享有权利	合营企业、净资产

2. 【答案】BCD

   【解析】
   ① 选项 A 错误，合营安排是指一项由两个及两个以上的参与方共同控制的安排，只要两个或两个以上的参与方对该安排实施共同控制，一项安排就可以被认定为合营安排，并不要求所有参与方都对该安排享有共同控制。
   ② 选项 B 正确，投资方对能够施加重大影响的股权投资，应当采用权益法核算。
   ③ 选项 C 正确，当且仅当相关活动的决策要求集体控制该安排的参与方一致同意时，才存在共同控制。如果存在两个或两个以上参与方组合能够集体控制某项安排的，该安排不构成共同控制。
   ④ 选项 D 正确，合营安排分为共同经营和合营企业。共同经营，是指合营方享有该安排相关资产的权利且承担该安排相关负债的义务的合营安排。合营企业，是指合营方仅对该安排的净资产享有权利的合营安排。合营安排为共同经营的，参与方按照约定的比例分

享合营安排的相关资产、全部利益和成本、费用、债务及义务。

主观题部分

1. 【解析】

   (1) 甲公司应享有的乙公司在购买日可辨认净资产公允价值份额 = 7 000 × 30% = 2 100（万元）> 取得股权支付的对价 2 000 万元，应调增甲公司长期股权投资的入账价值 100 万元（2 100 – 2 000），同时确认营业外收入 100 万元。

   会计分录：

借：长期股权投资——投资成本	2 000
贷：银行存款	2 000
借：长期股权投资——投资成本	100
贷：营业外收入	100

   (2) 调整后净利润 = 1 000 – (3 000 – 1 000) ÷ 10 = 800（万元）

   甲公司 2018 年应确认的投资收益金额 = 800 × 30% = 240（万元）

   应确认其他综合收益金额 = 50 × 30% = 15（万元）

   会计分录为：

借：长期股权投资——损益调整	240
贷：投资收益	240
借：长期股权投资——其他综合收益	15
贷：其他综合收益	15

   【考点】对联营企业、合营企业的长期股权投资的计量（权益法）。

2. 【解析】

   (1) 不构成企业合并取得长期股权投资，长期股权投资初始投资成本 = 支付对价公允价值 + 交易费用，因此甲公司对乙公司股权投资的初始投资成本 = 2 500 × 6 = 15 000（万元）。因为初始投资成本 15 000 < 应享有被投资企业在购买日可辨认净资产公允价值份额 16 500（55 000 × 30%），应调增长期股权投资账面价值。

   会计分录为：

借：长期股权投资——投资成本	15 000
贷：股本	2 500
资本公积——股本溢价	12 500
借：长期股权投资——投资成本	1 500
贷：营业外收入	1 500

   (2) 2017 年乙公司调整后净利润 = 3 600 – 5 000 ÷ 20 – (300 – 250) × 50% = 3 325（万元）

   甲公司应确认的投资损益 = 3 325 × 30% = 997.5（万元）

   会计分录：

借：长期股权投资——损益调整	997.5
贷：投资收益	997.5

借：长期股权投资——其他综合收益　　　　　　　　　　　　（100×30%）30
　　　贷：其他综合收益　　　　　　　　　　　　　　　　　　　　　　　　30

(3) 以权益法核算的长期股权投资因为减资转为金融资产，应视同出售全部股权投资，然后再按公允价值买回剩余的股权投资作为金融资产核算。因此，甲公司出售所持乙公司15%股权产生的损益=(12 000+12 000)-(15 000+1 500+997.5+30)+30=6 502.5（万元）。

会计分录为：

借：银行存款　　　　　　　　　　　　　　　　　　　　　　　　　12 000
　　其他权益工具投资——成本　　　　　　　　　　　　　　　　　12 000
　　贷：长期股权投资——投资成本　　　　　　　　　　　　　　　　16 500
　　　　　　　　　　——损益调整　　　　　　　　　　　　　　　　997.5
　　　　　　　　　　——其他综合收益　　　　　　　　　　　　　　30
　　　　投资收益　　　　　　　　　　　　　　　　　　　　　　　　6 472.5
借：其他综合收益　　　　　　　　　　　　　　　　　　　　　　　　30
　　贷：投资收益　　　　　　　　　　　　　　　　　　　　　　　　30

(4) 2018年12月31日：

借：其他权益工具投资——公允价值变动　　　　　　　　　　　　　2 000
　　贷：其他综合收益　　　　　　　　　　　　　　　　　　　　　　2 000

2019年1月1日：

借：银行存款　　　　　　　　　　　　　　　　　　　　　　　　　14 000
　　贷：其他权益工具投资——成本　　　　　　　　　　　　　　　　12 000
　　　　　　　　　　　　——公允价值变动　　　　　　　　　　　　2 000
借：其他综合收益　　　　　　　　　　　　　　　　　　　　　　　　2 000
　　贷：盈余公积　　　　　　　　　　　　　　　　　　　　　　　　200
　　　　利润分配——未分配利润　　　　　　　　　　　　　　　　　1 800

【考点】对联营企业、合营企业的长期股权投资的计量（权益法）、长期股权投资核算方法的转换。

07 第七章 资产减值·答案

「考点1」资产减值概述（★★）

1. 【答案】BCD

   【解析】
   ① 资产存在减值迹象是资产是否需要进行减值测试的前提，但是以下资产除外，即无论是否存在减值迹象，都应当至少于每年年度终了进行减值测试。
   ② 企业合并所形成的商誉。（选项 C 正确）
   ③ 使用寿命不确定的无形资产。（选项 B 正确）
   ④ 尚未达到预定可使用状态的无形资产。（选项 D 正确）

2. 【答案】ABCD

   【解析】选项 A 正确，在以前减记存货价值的影响已经消失的情况下，可以转回原已计提的存货跌价准备。
   选项 BCD 正确，根据金融工具减值的规定，应收账款、债权投资、其他债权投资发生减值后，以后可以转回原已计提的减值准备。

   【抢分技巧】

适用《资产减值》准则的资产（减值不可转回）	①长期股权投资； ②采用成本模式进行后续计量的投资性房地产； ③固定资产（包括在建工程）； ④无形资产（包括开发支出）； ⑤商誉		
适用于金融工具准则中的减值规定（减值可以转回）	①应收账款	②合同资产	③贷款
	④其他债权投资	⑤债权投资	⑥租赁应收款
适用于其他准则中的减值规定（减值可以转回）	①存货	②合同取得成本	③合同履约成本
	④递延所得税资产	⑤持有待售的非流动资产/处置组	

3. 【答案】BC

   【解析】选项 A 错误，开发支出属于无形资产内容，一旦计提减值准备，不得再转回。
   选项 BC 正确，根据金融工具减值的规定，债权投资、其他债权投资计提减值准备后，以后期间可以转回。
   选项 D 错误，其他权益工具投资无须考虑减值。

4. 【答案】BC

   【解析】
   ① 选项 A 错误，对于尚未达到预定可使用状态的无形资产，由于其价值具有较大的不确定

性，应当每年进行减值测试。

② 选项 BC 正确，使用寿命不确定的无形资产、企业合并形成的商誉、尚未达到预定可使用状态的无形资产，无论是否存在减值迹象，每年年末都应当进行减值测试。

③ 选项 D 错误，处置费用是指可以直接归属于资产处置的增量成本，包括与资产处置有关的法律费用、相关税费、搬运费以及为使资产达到可销售状态所发生的直接费用等，但是财务费用和所得税费用等不包括在内。

「考点2」 资产可收回金额的计量（★★）

1. 【答案】C

   【解析】选项 ABD 错误，企业管理层应当在合理和有依据的基础上对资产剩余使用寿命内整个经济状况进行最佳估计，并将资产未来现金流量的预计建立在经企业管理层批准的最近财务预算或者预测数据上。但是，出于数据可靠性和便于操作等方面考虑，建立在该预算或预测基础上的预计现金流量最多涵盖5年，企业管理层如能证明更长的期间是合理的，可以涵盖更长的时间。所以结合题意，最佳选项应当是选项 C。本题注意选项 A 的干扰。

2. 【答案】D

   【解析】

   ① 选项 AC 错误，预计资产未来现金流量应当考虑的因素：

   a. 以资产的当前状况为基础预计资产未来现金流量，不应当包括将来可能会发生的、尚未作出承诺的重组事项或者与资产改良有关的预计未来现金流量。（所以选项 C 错误）

   b. 预计资产未来现金流量不应当包括筹资活动和所得税收付产生的现金流量。（所以选项 A 错误）

   c. 对通货膨胀因素的考虑应当和折现率一致。

   d. 内部转移价格应当予以调整。

   ② 选项 B 错误，资产可收回金额的估计，应当根据其公允价值减去处置费用后的净额与资产预计未来现金流量的现值两者较高者确定。只要有一项超过了资产的账面价值，就表明资产没有发生减值。

   ③ 选项 D 正确，根据规定，如果有迹象表明一项资产可能发生减值的，企业应当以单项资产为基础估计其可收回金额。但是，在难以对单项资产的可收回金额进行估计的情况下，企业应当以该资产所属资产组为基础确定资产组的可收回金额。

3. 【答案】C

   【解析】

   ① 预计的资产未来现金流量应当包括下列内容：

   a. 资产持续使用过程中预计产生现金流入。（选项 B 不当选）

   b. 为实现资产持续使用过程中产生的现金流入所必须的预计现金流出（包括为使资产达到预定可使用状态所发生的现金流出）。（选项 A 不当选）

   c. 资产使用寿命结束时，处置资产所收到或者支付的净现金流量。

   ② 此外，预计资产未来现金流量时，应当以资产当前状况为基础，不应当包括与将来可能会发生、尚未作出承诺的重组事项或者与资产改良有关的预计未来现金流量，因此选项

C 应当选。

③ 但是，企业已经承诺重组的，预计未来现金流量时应当反映因重组所导致的估计未来现金流出。因此，选项 D 不应当选。

4. 【答案】C

【解析】本题是针对"开发支出"计提减值，在预计未来现金流量时，应考虑为使资产达到预计可使用状态所发生的现金流出，因此这里应选择扣除继续开发所需投入因素的预计未来现金流量的现值，即 11 200 万元。同时，该资产公允价值减去处置费用后的净额为 10 000 万元，因此可收回金额为两者较高者 11 200 万元，应对该开发项目确认的减值损失金额 = 14 000 − 11 200 = 2 800（万元）。

「考点 3」 资产减值损失的确认与计量（★★）

1. 【答案】B

【解析】2011 年利润总额的影响因素有：

① 年租金 650 万元，计入其他业务收入，增加利润。

② 2011 年计提折旧 =（12 000 − 0）÷ 40 = 300（万元），应计入其他业务成本，减少利润。

③ 2011 年 12 月 31 日计提减值准备前投资性房地产账面价值 = 12 000 − 3 000 − 300 = 8 700（万元），小于其可收回金额为 8 800 万元，所以不需计提减值准备。

因此该投资性房地产对甲公司 2011 年利润总额的影响金额 = 650 − 300 = 350（万元）。

2. 【答案】B

【解析】

① 选项 A 错误、选项 B 正确，固定资产减值准备和无形资产计提减值后不可转回，期末按照账面价值与可收回金额孰低计量。

② 选项 C 错误，投资性房地产后续计量有成本模式和公允价值模式，其中，采用公允价值模式计量的投资性房地产，期末按照公允价值计量；采用成本模式计量的投资性房地产，期末按照账面价值与可收回金额孰低计量。

③ 选项 D 错误，因存货计提减值后可以转回，存货不应按照账面价值与可变现净值孰低计量，而应按照成本与可变现净值孰低计量。

3. 【答案】D

【解析】本题的考点：投资性房地产的转换；利润表中影响营业利润的因素。

① 转换日，该非投资性房地产账面价值 = 120 − 20 = 100（万元），该商品房于 2018 年 8 月计提的 20 万元减值准备，影响当年营业利润。

借：资产减值损失　　　　　　　　　　　　　　20
　　　贷：存货跌价准备　　　　　　　　　　　　　　20

② 转换日，该非投资性房地产公允价值大于账面价值，按其差额，记入"其他综合收益"科目，不影响营业利润。

借：投资性房地产——成本　　　　　　　　　108
　　　存货跌价准备　　　　　　　　　　　　　　20

　　　　贷：开发产品　　　　　　　　　　　　　　　　　　　　　　　　120
　　　　　　其他综合收益　　　　　　　　　　　　　　　　　　　　　　8
③该投资性房地产出租，租金计入其他业务收入，影响营业利润，2018年租金收入 = 15÷12×3 = 3.75（万元）
　　　　借：银行存款　　　　　　　　　　　　　　　　　　　　　　　　3.75
　　　　　　贷：其他业务收入　　　　　　　　　　　　　　　　　　　　3.75
④期末公允价值变动金额 = 105 - 108 = -3（万元）
　　　　借：公允价值变动损益　　　　　　　　　　　　　　　　　　　　3
　　　　　　贷：投资性房地产——公允价值变动　　　　　　　　　　　　3
因此，影响2018年利润金额 = -20（资产减值损失）+ 3.75（其他业务收入）+ (-3)（公允价值变动损益）= -19.25（万元）。

4. 【答案】ABCD
【解析】
①选项A正确，在判断资产减值迹象以决定是否需要估计资产可收回金额时，应当遵循重要性原则。如果以前报告期间的计算结果表明，资产可收回金额远高于其账面价值，后期又没有发生消除这一差异的交易或者事项的，在资产负债表日可以不重新估计该资产的可收回金额。
②选项B正确，资产的公允价值减去处置费用后的净额如果无法可靠估计的，以该资产预计未来现金流量的现值作为其可收回金额。
③选项C正确，可收回金额是根据资产的公允价值减去处置费用后的净额与资产预计未来现金流量的现值两者之间孰高确定的，因此只要其中有一项超过了该资产的账面价值，就表明资产没有发生减值，无需再估计另一项金额。
④选项D正确，尚未达到预定用途的无形资产具有较大的不确定性，无论是否存在减值迹象，均应在每年年末进行减值测试。

「考点4」商誉减值测试与处理（★★★）
1. 【答案】C
【解析】
①本题考点：在对与商誉相关的资产组或者资产组组合进行减值测试时，由于其可收回金额的预计包括归属于少数股东的商誉价值部分，为了使减值测试建立在一致的基础上，企业应当调整资产组的账面价值，将归属于少数股东权益的商誉包括在内，然后，根据调整后的资产组账面价值与其可收回金额进行比较，以确定资产组（包括商誉）是否发生减值。
②归属母公司商誉 = 合并成本 - 应享有子公司可辨认净资产在购买日公允价值份额 = 1 800 - 2 500×60% = 300（万元）。完全商誉 = 300÷60% = 500（万元）。
③期末资产组账面价值 = 可辨认净资产账面价值（以购买日公允价值持续计算金额）+ 完全商誉账面价值 = 2 600 + 500 = 3 100（万元），大于其可收回金额2 700万元，应计提减值损失400万元。

④ 减值损失的分摊：资产组减值损失，首先由商誉分摊，超出部分再由其他资产分摊。由于减值损失 400 < 完全商誉 500，因此由完全商誉分摊减值损失 400 万元，其中归属于母公司商誉分摊减值 = 400 × 60% = 240（万元），归属于少数股东商誉分摊减值 = 400 × 40% = 160（万元）。

⑤ 合并报表中仅列报归属母公司商誉，期末应当列报的商誉减值损失 = 归属于母公司商誉减值损失 = 240（万元）。

【抢分技巧】

① 合并报表仅列报归属母公司商誉，但资产组减值测试要比较整个资产组的账面价值和可收回金额。整个资产组的账面价值 = 可辨认净资产账面价值（合并报表以购买日公允价值持续计算金额，而非子公司个别报表列报金额）+ 完全商誉（含归属少数股东商誉）。

② 此种题型常用解题步骤：a. 计算控股股东商誉；b. 计算完全商誉：完全商誉 = 控股股东商誉/控股股东股权比例；c. 该资产包含商誉的账面价值：资产可辨认净资产账面价值 + 完全商誉的价值；d. 将该资产的可收回金额与包含商誉的账面价值进行比较，确定减值金额；e. 求出完全商誉、其他资产分摊的减值损失；f. 求母公司商誉分摊的减值损失，即母公司商誉减值损失 = 完全商誉减值损失 × 持股比例。

2. 【答案】D

【解析】

① 完全商誉 = 归属母公司商誉 ÷ 母公司持股比例 = 7 200 ÷ 60% = 12 000（万元）。

② 期末资产组账面价值 = 可辨认净资产账面价值（合并报表中以购买日公允价值持续计算金额）+ 完全商誉 = 18 800 + 12 000 = 30 800（万元），大于其可收回金额 22 000（万元），应计提减值金额 = 30 800 - 22 000 = 8 800（万元）。

③ 资产组减值，应先冲减商誉账面价值，超出部分才由其他资产分摊。因为减值金额 < 商誉账面价值，因此，减值损失全部由商誉分摊。完全商誉分摊减值损失 = 8 800（万元），其中由归属母公司商誉分摊减值损失 = 8 800 × 60% = 5 280（万元）。

④ 合并报表仅列示归属母公司商誉，因此甲公司在 2018 年度合并财务报表中应确认的商誉减值损失金额是 5 280 万元。

【抢分技巧】本题中"经评估甲公司判断乙公司资产组不存在减值迹象"，说明资产组中可辨认净资产未发生减值，只有商誉发生减值。

3. 【答案】D

【解析】

① 合并财务报表中商誉计提减值准备前的账面价值 = 1 600 - 1 500 × 80% = 400（万元）。

② 完全商誉 = 400 ÷ 80% = 500（万元）。

③ 2015 年末合并财务报表中包含完全商誉的乙企业净资产的账面价值 = 1 350 + 500 = 1 850（万元），该资产组的可收回金额为 1 550 万元，该资产组应确认减值损失 = 1 850 - 1 550 = 300（万元）。

④ 因为完全商誉的价值为 500 万元，所以减值损失只冲减商誉 300 万元（资产组发生减值，首先要冲完全商誉，超出部分的损失再由其他资产来分摊）。其中，归属母公司商誉应分摊减值损失 = 300 × 80% = 240（万元），归属于少数股东商誉应分摊减值损失 =

300×20% = 60（万元）。

⑤ 合并财务报表中反映的是归属于母公司的商誉，未反映归属于少数股东权益的商誉，因此2015年末合并财务报表中列示的商誉的账面价值 = 400 - 240 = 160（万元）。

【抢分技巧】 合并报表中列报的商誉仅为归属母公司商誉，未包含归属少数股东商誉。但在进行减值测试时，必须比较整个资产组（包含完全商誉）的账面价值与可收回金额。此外，资产组的账面价值，是指以购买日公允价值为基础持续计算的金额。

4. **【答案】** ABD

   【解析】

   ① 选项BD正确，2016年末，资产组的可收回金额 = 资产公允价值减去处置费用后的金额与资产预计未来现金流量现值两者较高者 = 4 000万元，资产组账面价值 = 5 500万元，2016年末应确认的减值损失 = 5 500 - 4 000 = 1 500（万元），首先应冲减商誉300万元，超出部分再由其他资产承担。

   ② 选项A正确，2017年末资产组的可收回金额 = 5 600万元，资产组的账面价值 = 3 800万元，由于资产组中均为非金融长期资产，表明资产组计提减值后不可转回。因此2017年末资产组的账面价值为3 800万元。

   ③ 选项C错误，商誉计提减值后不可以转回，因此2017年末资产组中商誉的账面价值仍为0。

5. **【答案】** ABD

   【解析】

   ① 选项A正确，由于商誉难以产生现金流量，因此商誉应当结合与其相关的资产组或资产组组合进行减值测试。

   ② 选项B正确，由于商誉的价值具有较强的不确定性，与商誉相关的资产组或资产组组合发生的减值损失首先抵减分摊至资产组或资产组组合中商誉的账面价值。

   ③ 选项C错误，由于商誉的价值具有较强的不确定性，无论是否存在减值迹象，应当至少每年年度终了进行减值测试。

   ④ 选项D正确，准则规定，与商誉相关的资产组或资产组组合存在减值迹象的，首先对不包含商誉的资产组或资产组组合进行减值测试，计算可收回金额，并与相关账面价值比较，确定相应的减值损失（即先确定非商誉资产是否发生减值）。

08 第八章 负债·答案

「考点1」其他流动负债（★）

1. 【答案】D

   【解析】选项A错误，交纳的资源税应记入"税金及附加"。会计分录为：

   借：税金及附加
   　　贷：应交税费——应交资源税

   选项B错误，交纳的印花税应记入"税金及附加"。会计分录为：

   借：税金及附加
   　　贷：银行存款

   选项C错误、选项D正确，初次购买增值税税控系统专用设备支付的费用以及缴纳的技术维护费允许在增值税应纳税额中全额抵扣，会计分录为：

   借：应交税费——应交增值税（减免税款）
   　　贷：管理费用

2. 【答案】D

   【解析】根据会计规定，企业确认应付股利的时点是以股东大会批准利润分配日期为准，而不是董事会通过利润分配预案的时点，因此选项D正确。

3. 【答案】A

   【解析】收回后用于继续加工的应税消费品，委托方代收代缴的消费税可以进行抵扣，不能计入成本，所以该批委托加工物资的实际成本 = 620 + 100 = 720（万元）。

   会计分录如下：

   借：委托加工物资　　　　　　　　　　　　　　　　　720
   　　应交税费——应交消费税　　　　　　　　　　　　 80
   　　应交税费——应交增值税（进项税额）　　　　　　 13
   　　贷：原材料　　　　　　　　　　　　　　　　　　620
   　　　　银行存款　　　　　　　　　　　　　　　　　193

4. 【答案】BCD

   【解析】

   ① 选项A错误，小规模纳税人将自产的产品分配给股东，视同销售货物，计算缴纳的增值税应记入"应交税费——应交增值税"科目，并不计入销售成本。

   ② 选项B正确，一般纳税人购进货物用于简易计税、免税项目、集体福利或个人消费等，进项税额不得抵扣，应计入相关成本费用。

   ③ 选项C正确，一般纳税人月度终了计算当月应交或未交增值税时，通过"应交税费——未交增值税"科目核算。

   ④ 选项D正确，一般纳税人选择简易计税时，应该通过"应交税费——简易计税"科目核算。

5. 【答案】 ABD

【解析】

① 增值税有关规定，初次购买增值税税控系统专用设备支付的费用以及缴纳的技术维护费允许在增值税应纳税额中全额抵减。

② 会计分录：

    a. 购入增值税税控系统专用设备时：

        借：固定资产   （300＋39）339

            贷：银行存款   339

    b. 按规定抵减增值税应纳税额（一般纳税人）：

        借：应交税费——应交增值税（减免税款）   339

            贷：管理费用   339

    c. 发生技术维护费时：

        借：管理费用   50

            贷：银行存款   50

    d. 按规定抵减增值税应纳税额（一般纳税人）：

        借：应交税费——应交增值税（减免税款）   50

            贷：管理费用   50

    e. 计提折旧时：

        借：管理费用   80

            贷：累计折旧   80

③ 选项 A 正确，增值税税控系统专用设备作为管理用固定资产，计提折旧费用应计入当期管理费用。

④ 选项 B 正确，发生技术维护费时，将技术维护费计入当期管理费用。

⑤ 选项 C 错误，初次购买增值税税控系统专用设备支付的费用以及缴纳的技术维护费允许在增值税应纳税额中全额抵减（不是只有增值税额才允许抵减）。

⑥ 选项 D 正确，购入增值税税控系统专用设备时，将购买价款＋增值税额全部计入固定资产成本。

【抢分技巧】增值税税控系统专用设备和技术维护费用抵减增值税额的会计处理。

① 按增值税有关规定，初次购买增值税税控系统专用设备支付的费用以及缴纳的技术维护费允许在增值税应纳税额中全额抵减。

② 企业购入增值税税控系统专用设备，按实际支付或应付的金额，借记"固定资产"科目，贷记"银行存款""应付账款"等科目。按规定抵减的增值税应纳税额，借记"应交税费——应交增值税（减免税款）"科目（小规模纳税人借记"应交税费——应交增值税"科目），贷记"管理费用"科目。

③ 企业发生技术维护费，按实际支付或应付的金额，借记"管理费用"等科目，贷记"银行存款"等科目。按规定抵减的增值税应纳税额，借记"应交税费——应交增值税（减免税款）"科目（小规模纳税人借记"应交税费——应交增值税"科目），贷记"管理费用"等科目。

「考点2」公司债券（★）

1. 【答案】D

   【解析】

   ① 企业发行的可转换公司债券，应当在初始确认时将其包含的负债成分和权益成分进行分拆，在进行分拆时，应当先对负债成分的未来现金流量进行折现确定负债成分的初始计量金额，并确认为应付债券（本题中已直接给出：甲公司发行该可转换公司债券确认的负债初始计量金额为100 150万元），将权益成分确认为其他权益工具，确认的其他权益工具的金额 = 1 000 × 100.5 − 100 150 = 350（万元）。

   ② 债券转为股份时，负债成分账面价值和股本之间的差额确认的资本公积（股本溢价）的金额 = 100 050 − 4 × 1 000 = 96 050（万元）。

   ③ 其他权益工具转为资本公积（股本溢价）的金额 = 350万元。

   因此，甲公司因可转债的转换确认的资本公积（股本溢价）的金额 = 350 + 96 050 = 96 400（万元）。本题选项ABC错误，选项D正确。

2. 【答案】B

   【解析】负债成分的公允价值 = 发行债券未来现金流量按市场利率折现的现值 = 50 000 × (P/F, 6%, 5) + 50 000 × 4% × (P/A, 6%, 5) = 50 000 × 0.7473 + 50 000 × 4% × 4.2124 = 45 789.8（万元）。

   权益成分的公允价值 = 发行价格 − 负债成分公允价值 = 50 000 − 45 789.8 = 4 210.2（万元）。

3. 【答案】A

   【解析】2014年1月1日该债券的摊余成本 = 196.65 − 2 = 194.65（万元）。

   2014年12月31日该债券的摊余成本 = 194.65 × (1 + 6%) − 200 × 5% = 196.33（万元）。

   2015年确认的利息费用 = 196.33 × 6% = 11.78（万元）。

   【抢分技巧】

   ① 期末摊余成本 = 期初摊余成本 × (1 + 实际利率) − 当期应付利息 − 计提损失准备（如有）

   实际利息 = 期初摊余成本 × 实际利率

   ② 会计分录如下：

   a. 2014年1月1日：

   借：银行存款　　　　　　　　　　　　　　　　(196.65 − 2) 194.65
   　　应付债券——利息调整　　　　　　　　　　　　　　　　5.35
   　　贷：应付债券——面值　　　　　　　　　　　　　　　　　200

   b. 2014年12月31日：

   借：财务费用　　　　　　　　　　　　　　　(194.65 × 6%) 11.68
   　　贷：应付利息　　　　　　　　　　　　　　　(200 × 5%) 10
   　　　　应付债券——利息调整　　　　　　　　　　　　　　　1.68

   2014年12月31日摊余成本 = 194.65 × (1 + 6%) − 200 × 5% = 196.33（万元）

   或者2014年12月31日摊余成本 = (200 − 5.35) + 1.68 = 196.33（万元）

c. 2015年1月1日：
　　借：应付利息　　　　　　　　　　　　　　　　　10
　　　　贷：银行存款　　　　　　　　　　　　　　　　　　10
d. 2015年12月31日：
　　借：财务费用　　　　　　　　　　　　　　　　　11.78
　　　　贷：应付利息　　　　　　　　　　　　　　　　　　10
　　　　　　应付债券——利息调整　　　　　　　　　　　1.78

09 第九章 职工薪酬·答案

「考点1」职工和职工薪酬的范围和分类（★）

【答案】ABC

【解析】
① 选项A，属于职工薪酬中的辞退福利。
② 选项B，属于职工薪酬中的非货币性福利。
③ 选项C，属于职工薪酬中的带薪缺勤。
④ 选项D，为职工垫付商品房款项，不属于职工薪酬内容，应将垫付款计入其他应收款。

「考点2」短期薪酬的确认与计量（★★★）

1. 【答案】B

【解析】
① 选项A错误，企业以其生产的产品作为非货币性福利提供给职工的，视同销售，应当按照该产品的公允价值500万元和相关税费（本题不考虑）确认应付职工薪酬。
② 选项B正确，累计带薪缺勤，企业在向职工提供带薪权利时确认相关职工薪酬，以累计未行使权利而增加的预期支付金额计量，即预计支付金额 = 10×(9－7)×300 = 6 000（元）= 0.6（万元）。
③ 选项C错误，短期利润分享计划属于职工薪酬，不属于利润分配。
④ 选项D错误，累计带薪缺勤，在职工享有当年带薪休假权利时，视同职工出勤确认相关资产成本或当期费用，不应扣除职工休假期间的工资费用。

2. 【答案】A

【解析】甲公司2018年12月31日因该短期利润分享计划应当确认的应付职工薪酬金额 = 20 000×4.5%×1/2 = 450（万元），因此选项A正确。

3. 【答案】C

【解析】该类后续累积带薪休假实际数与预计数的差额并不作为会计差错处理，而是直接冲减当期的成本费用，因此选项C正确。

2015年末甲公司会计分录为：

借：应付职工薪酬　　　　　　　　　　　　　　　　　　8
　　贷：管理费用　　　　　　　　　　　　　　　　　　　　8

4. 【答案】D

【解析】
① 企业以自产产品作为福利提供给职工的，应视同销售，即按照产品的公允价值和相关税费，计量应计入相关成本费用的应付职工薪酬金额。
② 甲公司2019年因该项业务应计入管理费用的金额 = 500×2×(1+13%) = 1 130（万元）。
③ 会计分录为：

借：管理费用	1 130	
贷：应付职工薪酬		1 130
借：应付职工薪酬	1 130	
贷：主营业务收入		1 000
应交税费——应交增值税（销项税额）		130
借：主营业务成本	600	
贷：库存商品		600

5.【答案】ABD

【解析】

① 选项A正确，对于非累积带薪缺勤，当职工实际发生缺勤时，应当确认相关成本费用；对于职工未享受的休假权利无需进行会计处理。

② 选项B正确，管理人员应分享的短期利润，应根据受益对象原则，计入当期管理费用。

③ 选项C错误，企业以自产产品作为福利发放给职工，应按视同销售处理，应当按照该产品的公允价值和相关税费计入相关成本费用。如果是以外购商品作为福利发放给职工，才按照该商品账面价值和相关税费计入相关成本费用。

④ 选项D正确，为职工缴纳的"五险一金"，应根据受益对象原则，计入相关成本费用。

「考点3」离职后福利的确认与计量（★★）

【答案】A

【解析】选项A正确、选项BC错误，企业应当在损益中确认的设定受益计划产生的职工薪酬成本包括：服务成本和设定受益净负债或净资产的利息净额。其中，服务成本包括当期服务成本、过去服务成本和结算利得或损失。

选项D错误，设定受益净负债或净资产的重新计量应当计入其他综合收益，且在后续期间不能重分类计入损益。

【抢分技巧】

	与设定受益计划相关职工薪酬成本
计入当期损益	当期服务成本
	过去服务成本
	结算利得和损失
	设定受益计划净负债或净资产的利息净额
计入其他综合收益	重新计量设定受益计划净资产或净负债产生的变动： ①精算利得和损失； ②计划资产回报（需要扣除利息，不包括利息净额）； ③资产上限影响的变动（需要扣除利息，不包括利息净额）

「考点 4」辞退福利的确认与计量（★★）

【答案】CD

【解析】

① 选项 A 正确，设定受益净负债或净资产的重新计量应当计入其他综合收益，且在后续期间不能重分类计入损益。

② 选项 B 正确，租赁汽车等资产供职工无偿使用的，应当根据受益对象，将每期应付租金计入相关资产成本或者当期损益，并确认应付职工薪酬。

③ 选项 C 错误，企业以自产产品作为福利提供给职工的，应视同销售，即按照产品的公允价值和相关税费计入职工薪酬；如果是以外购商品作为福利发放给职工，才按照商品账面价值和相关税费计入应付职工薪酬。

④ 选项 D 错误，因辞退福利而确认的应付职工薪酬，应当在满足确认条件时一次性计入管理费用。

本题让选"错误"的，因此选项 CD 当选。

主观题部分

1. 【解析】

(1) 事项❶：

① 甲公司应根据受益对象的不同，将各个部门的员工工资以及与员工工资相关的医疗保险、住房公积金、工会经费和职工教育经费，分别计入相关成本费用，同时确认应付职工薪酬。

生产成本 = 6 000 × (1 + 10% + 8% + 2% + 1.5%) = 7 290（万元）；

制造费用 = 1 000 × (1 + 10% + 8% + 2% + 1.5%) = 1 215（万元）；

管理费用 = 600 × (1 + 10% + 8% + 2% + 1.5%) = 729（万元）；

销售费用 = 1 000 × (1 + 10% + 8% + 2% + 1.5%) = 1 215（万元）。

② 甲公司应将其支付给兼职的独立董事的报酬 120 万元确认为应付职工薪酬，并计入管理费用。

借：生产成本　　　　　　　　　　　　　　　　　　7 290
　　制造费用　　　　　　　　　　　　　　　　　　1 215
　　管理费用　　　　　　　　　　　　(729 + 120) 849
　　销售费用　　　　　　　　　　　　　　　　　　1 215
　　贷：应付职工薪酬　　　　　　　　　　　　　　10 569
借：应付职工薪酬　　　　　　　　　　　　　　　 10 569
　　贷：银行存款　　　　　　　　　　　　　　　 10 569

(2) 事项❷：

累积带薪缺勤，应根据预计下期将会行使累积带薪缺勤天数计提相关成本费用。2018 年因该累积带薪缺勤应确认管理费用 = (10 - 7) × 100 × 320 ÷ 10 000 = 9.6（万元）。

借：管理费用　　　　　　　　　　　　　　　　　　9.6

       贷：应付职工薪酬   9.6
（3）事项❸：
　　甲公司应将其为管理人员所提供的自建宿舍的折旧费以及其为副总经理租赁公寓所付租金作为非货币性福利处理，根据受益对象，将相关折旧额和应付租金确认管理费用，并确认应付职工薪酬。
　　借：管理费用   （1.8×60+3×8）132
　　　　贷：应付职工薪酬   132
　　借：应付职工薪酬   132
　　　　贷：累计折旧   （1.8×60）108
　　　　　　银行存款   （3×8）24

【考点】短期薪酬的确认与计量。

2. 【解析】
（1）事项❶：
　　甲公司以自产的产品作为非货币性福利提供给职工的，应按照视同销售处理，即按照该产品的公允价值和相关税费，计量应计入成本费用的职工薪酬金额，相关收入的确认、销售成本的结转和相关税费的处理，与正常商品销售相同。
　　会计分录：
　　借：生产成本   （170×3 000×1.13÷10 000）57.63
　　　　制造费用   （30×3 000×1.13÷10 000）10.17
　　　　贷：应付职工薪酬   67.8
　　借：应付职工薪酬   67.8
　　　　贷：主营业务收入   60
　　　　　　应交税费——应交增值税（销项税额）   7.8
　　借：主营业务成本   36
　　　　贷：库存商品   （1 800×200÷10 000）36
（2）事项❷：
　　甲公司应当在2016年资产负债表日，预计由于员工累积未使用的带薪年休假权利而导致预期将支付的职工薪酬，计入相关成本费用。根据甲公司预计2017年职工的年休假情况，有150名销售部门人员和50名总部管理人员将平均享受8.5天休假，平均每名员工每个工作日工资为400元。
　　则：2016年因累积带薪缺勤应确认销售费用=（8.5-7）×150×400÷10 000=9（万元）
　　因累积带薪缺勤应确认管理费用=（8.5-7）×50×400÷10 000=3（万元）
　　借：销售费用   9
　　　　管理费用   3
　　　　贷：应付职工薪酬   12
（3）事项❸：
　　甲公司为进行研发项目发生的研发人员工资应当按照内部研究开发无形资产的有关条

件判断其中应予资本化或费用化的部分，并确认为应付职工薪酬。

借：研发支出——费用化支出　　　　　　　　　　　　　　120
　　　　——资本化支出　　　　　　　　　　　　　　　80
　　贷：应付职工薪酬　　　　　　　　　　　　　　　　　　200
借：管理费用　　　　　　　　　　　　　　　　　　　　　　120
　　贷：研发支出——费用化支出　　　　　　　　　　　　　120
借：无形资产　　　　　　　　　　　　　　　　　　　　　　　80
　　贷：研发支出——资本化支出　　　　　　　　　　　　　　80
借：应付职工薪酬　　　　　　　　　　　　　　　　　　　　200
　　贷：银行存款　　　　　　　　　　　　　　　　　　　　200

（4）事项❹：

甲公司因为分公司关闭计划向员工支付每人30万元的补偿款为辞退福利，应于发生时一次性计入当期损益。对于员工在达到退休年龄后所支付的补偿款，虽然其于退休后付，但由于该补偿与部分员工因分公司关闭离开公司有关，又因为该部分补偿款的支付期限超过一年，故企业应当采用恰当折现率，以折现后的现值计入当期损益，故该退休后补偿的现值也应于发生时计入当期损益。

借：管理费用　　　　　　　　　　　　　　　　　　　　　3 600
　　贷：银行存款　　　　　　　　　　　　　　（80×30）2 400
　　　　应付职工薪酬　　　　　　　　　　　　　　　　　1 200

【考点】短期薪酬的确认与计量、辞退福利的确认与计量。

10 第十章 股份支付·答案

「考点1」股份支付概述（★）

1. 【答案】D

   【解析】
   ① 根据结算方式不同，股份支付工具可以分为以权益结算的股份支付和以现金结算的股份支付。如果最终支付的是自己的股份或者其他权益工具，则属于以权益结算的股份支付，例如限制性股票和股票期权。如果最终支付的是现金或者其他资产，则属于以现金结算的股份支付，例如模拟股票和现金股票增值权。
   ② 选项ABC错误，企业最终支付的均为自己的股票，属于以权益结算的股份支付。
   ③ 选项D正确，企业最终支付的是现金，属于以现金结算的股份支付。

2. 【答案】CD

   【解析】
   ① 选项A错误，甲公司以其生产的产品分配给员工属于非货币性福利，应按照职工薪酬准则进行会计处理。
   ② 选项B错误，丙公司按上年净利润的5%分配给员工属于利润分享计划，应按照职工薪酬准则进行会计处理。
   ③ 选项C正确，甲公司以自身普通股授予乙公司管理人员属于集团股份支付，应按股份支付准则进行会计处理。
   ④ 选项D正确，丁公司以自身普通股授予其管理人员属于以权益结算的股份支付，应按股份支付准则进行会计处理。

「考点2」股份支付的确认与计量（★★★）

1. 【答案】B

   【解析】以权益结算的股份支付应当以授予日的公允价值作为后续确认服务成本的基础，后续期间保持不变。本题中，授予日为2016年1月1日，因此选项B正确。

2. 【答案】C

   【解析】以权益结算的股份支付，在每个等待期期末，以该股份支付工具在授予日的公允价值为基础进行计量。甲公司因该股份支付协议在2016年应确认的管理费用金额 = (50 - 5) × 1 × 15 × 1/3 - 0 = 225（万元）。

   会计分录为：
   借：管理费用　　　　　　　　　　　　　　　　　　　　225
   　　贷：资本公积——其他资本公积　　　　　　　　　　　　225

3. 【答案】D

   【解析】
   ① 选项A正确，股份支付的确认和计量，应以符合相关法规要求、完整有效的股份支付协

议为基础。

② 选项 B 正确,以权益结算的股份支付,应当以该权益工具在授予日的公允价值计量。

③ 选项 C 正确,以现金结算的股份支付,在可行权日后相关负债的公允价值变动计入公允价值变动损益。

④ 选项 D 错误,以权益结算的股份支付,应以授予日的公允价值作为后续确认服务成本的基础,在可行权日后不需要确认后续权益工具公允价值的变动。

本题让选"不正确"的,因此选项 D 当选。

4. 【答案】B

【解析】甲公司因高管人员行权应确认的股本溢价 = 等待期确认其他资本公积 + 职工行权价款 − 行权冲减的库存股 = 50×2×12 + 50×2×6 − 15×100 = 300(万元)。

甲公司会计分录为:

① 在等待期内,累计确认的资本公积:

借:管理费用　　　　　　　　　　　　　　　　　　　　　　　　　　1 200
　　贷:资本公积——其他资本公积　　　　　　　　　　(50×2×12) 1 200

② 回购股份时:

借:库存股　　　　　　　　　　　　　　　　　　　　　　　　　　　1 500
　　贷:银行存款　　　　　　　　　　　　　　　　　　　　　　　　1 500

③ 行权时:

借:银行存款　　　　　　　　　　　　　　　　　　　　(50×2×6) 600
　　资本公积——其他资本公积　　　　　　　　　　　　　　　　　1 200
　　贷:库存股　　　　　　　　　　　　　　　　　　　　　　　　1 500
　　　　资本公积——股本溢价　　　　　　　　　　　　　　　　　300

「考点 3」可行权条件的种类、处理和修改(★)

1. 【答案】BD

【解析】选项 AC 错误,市场条件和非可行权条件是否得到满足,不影响企业对预计可行权情况的估计。

选项 BD 正确,非市场条件、服务期限条件影响企业对股份支付预计可行权情况的估计。

【抢分技巧】

企业在确定权益工具在授予日的公允价值时的考虑因素	企业通过预计可行权情况确定费用时考虑的因素
①市场条件(比如希望股价涨到多少钱); ②非可行权条件(行权条件之外的其他情况)	①非市场条件(比如公司今年盈利达到多少钱); ②服务期限(员工在公司工作达到多少年)
注意:市场条件和非可行权条件是否得到满足,不影响企业对预计可行权情况的估计(即不论是否得到满足,因企业收到了相关的服务,每年年末就应确定相关的成本费用,并且不应转回)。 例如:公司要求 3 年股价增长率均为 10% 以上(市场条件),且每年净利润达到 2 000 万元(非市场条件),第 1 年增长 8%,第 2 年增长 8%,第 3 年增长 9%,未满足市场条件,但是非市场条件满足了,仍确认成本费用,此处是准则的规定。	

2. 【答案】AD

【解析】

① 选项 A 正确，以权益结算的股份支付应以授予日的公允价值作为后续确认服务成本的基础，后续不进行调整。

② 选项 B 错误，附市场条件的股份支付，只要满足所有的非市场条件，企业就应当确认相关成本费用。

③ 选项 C 错误，在授予日，除立即可行权的股份支付外，不管是以现金结算的股份支付，还是以权益结算的股份支付，企业均不作会计处理。

④ 选项 D 正确，业绩条件为非市场条件的股份支付，等待期内应根据后续信息调整对可行权情况的估计。例如对预计离职人数的估计。

「考点4」回购股份进行职工期权激励（★）

【答案】C

【解析】

① 回购股票：

借：库存股　　　　　　　　　　　　　　　　　　　　　　　　2 000

　　贷：银行存款　　　　　　　　　　　　　　　　（200×10）2 000

② 等待期内，按照权益工具在授予日的公允价值，确认成本费用：

借：管理费用　　　　　　　　　　　　　　　　　（200×12）2 400

　　贷：资本公积——其他资本公积　　　　　　　　　　　　　2 400

2017 年确认管理费用 = 200×12×1/3 = 800（万元）

2018 年确认管理费用 = 200×12×2/3 - 800 = 800（万元）

2019 年确认管理费用 = 200×12 - 800 - 800 = 800（万元）

③ 行权时：

借：资本公积——其他资本公积　　　　　　　　　　　　　　2 400

　　贷：库存股　　　　　　　　　　　　　　　　　　　　　　2 000

　　　　资本公积——股本溢价　　　　　　　　　　　　　　　　400

④ 因此甲公司因高管人员行权增加的股本溢价金额是 400 万元。

「考点5」集团股份支付（★★）

1. 【答案】A

【解析】对于集团股份支付，结算企业（甲公司）以其自身权益工具结算的，应当将该股份支付作为权益结算股份支付处理；除此之外，应当作为现金结算股份支付。接受服务企业（乙公司）没有结算义务，应当将该股份支付作为权益结算股份支付处理。因此，选项 A 正确。

2. 【答案】ABCD

【解析】选项 AB 正确，乙公司授予本公司员工股票期权、授予本公司研发人员限制性股票，属于两种典型的权益结算股份支付工具。

选项CD正确，乙公司作为接受服务企业的子公司，没有结算义务，也作为权益结算的股份支付处理。

【抢分技巧】选项C和选项D中，甲公司和丙公司作为股份支付的结算方，授予的是其持有的集团内其他公司（乙公司）的股份，都属于现金结算的股份支付。

主观题部分

【解析】
上述交易或事项对甲公司2018年度其他综合收益的影响金额为0。

会计分录：

2018年1月1日：

借：银行存款	4 000	
贷：股本		800
资本公积——股本溢价		3 200
借：库存股	4 000	
贷：其他应付款		4 000

2018年12月31日：

2018年应确认的管理费用 = 800×(20－5)×1/3－0 = 4 000（万元）

借：管理费用	4 000	
贷：资本公积——其他资本公积		4 000

【抢分技巧】本题没有直接告诉股份支付工具（限制性股票）在授予日的公允价值，要通过计算其内在价值作为公允价值。股份支付工具的公允价值 = 普通股公允价值 － 行权价 = 20－5 = 15（元/股）。

【考点】限制性股票。

第十一章 借款费用·答案

「考点1」借款费用概述（★）
【答案】D
【解析】借款费用指企业因借入资金（即负债性融资）而付出的代价，包括借款利息费用（含借款折价或溢价的摊销）、借款手续费以及因外币借款而发生的汇兑差额等，另外承租人根据租赁会计准则所确认的融资租赁发生的融资费用也属于借款费用。因此，选项ABC均属于借款费用，不应当选。
对于企业发生的权益性融资费用，不应包括借款费用。在发生时应冲减"资本公积——股本溢价"，溢价不足冲减的应冲减留存收益。因此，选项D不属于借款费用，应当选。

「考点2」借款费用的确认（★）

1. 【答案】B
【解析】选项B正确，购建或者生产符合资本化条件的资产达到预定可使用或可销售状态时，借款费用应当停止资本化。2019年4月10日，厂房达到预定可使用状态，因此4月10日为停止资本化时点。

2. 【答案】ABCD
【解析】非正常中断，通常是由于企业管理决策上的原因或者其他不可预见的原因等所导致的中断。比如，企业因与施工方发生了质量纠纷，或者工程、生产用料没有及时供应（选项D），或者资金周转发生了困难（选项B），或者施工、生产发生了安全事故（选项C），或者发生了与资产购建、生产有关的劳动纠纷等原因（选项A），导致资产购建或者生产活动发生中断，均属于非正常中断。
【抢分技巧】非正常中断：管理问题＋不可预见的自然灾害。
正常中断：生产必经程序＋可预见季节原因（雨季、冰冻季节）。

「考点3」借款费用的计量（★）

1. 【答案】C
【解析】选项AB均错误，开始资本化要满足三个条件：①资产支出已经发生；②借款费用已经发生 ③相关建造活动已经开始。本题中满足以上3个条件的时点是2019年10月1日。停止资本化时点是资产达到预定可使用状态的日期，本题为2020年10月31日。因此，资本化期间为2019年10月1日至2020年10月31日。
选项C正确，选项D错误。专门借款，在资本化期间发生的实际利息支出应资本化，计入相关资产的成本，本题中应按借款本金3 000万元、年利率5%计算实际利息支出并计入资本化金额。企业在计提向银行支付的应付利息时，应按照借款本金3 000万元、票面年利率4%计算金额。

2. 【答案】B

【解析】

① 资本化期间：2018年4月1日~2018年12月31日，9个月。

② 专门借款资本化金额 = 资本化期间专门借款全部利息支出 - 闲置专门借款取得投资收益 = 2 000 ×4% ×9/12 - 0 = 60（万元）。

因此，选项B正确。

【抢分技巧】本题没有告诉闲置资金用于投资获取收益，因此闲置专门借款取得投资收益为0。

3. 【答案】B

【解析】本题资本化期间为2018年1月1日到2018年12月31日。

资金占用情况：

1月1日支付1 800万元：占用专门借款1 800万元，占用期间12个月。

3月1日支付1 600万元：占用专门借款1 200万元，占用一般借款400万元，占用期间10个月。

9月1日支付2 000万元：占用一般借款2 000万元，占用期间4个月。

2018年一般借款累计支出加权平均数 = 400 ×（10÷12）+2 000 ×（4÷12）= 1 000（万元）。

2018年所占用一般借款的资本化率 =（2 000 ×5.5% +3 000 ×4.5%）÷（2 000 +3 000）= 4.9%。

2018年一般借款资本化金额 = 1 000 ×4.9% = 49（万元）。

因此，选项B正确。

【抢分技巧】既有专门借款，又有一般借款，一定是先占用专门借款，超出部分才占用一般借款。

4. 【答案】B

【解析】甲公司于2016年3月5日已经动工，为了筹资后续建设所需资金，于2017年1月1日借入专门借款，说明在2017年1月1日前已经满足已经动工、已经花钱2个条件，再加上当日已经借款第3个条件，可以确定开始资本化时点为2017年1月1日，停止资本化时点为2017年10月1日，因此资本化期间为2017年1月1日到2017年10月1日。

资本化期间专门借款利息资本化金额 = 资本化期间专门借款全部利息支出 - 尚未动用借款资金取得的闲置收益 = 5 000 ×7% ×9÷12 - 60 = 202.5（万元）。因此，选项B正确。

5. 【答案】A

【解析】

① 资本化期间：

a. 开始资本化的条件：资产支出已经发生，借款费用已经发生，开始动工。

b. 资本化期间为：2014年7月1日至2014年12月31日。

② 资金占用情况：

a. 7月1日支付3 000万元：占用专门借款3 000万元。

b. 9月30日支付2 000万元：占用专门借款1 000万元，占用一般借款1 000万元，占用期间3个月。

c. 7月1日至9月30日：闲置1 000万元专门借款取得投资收益 = 1 000 × 0.6% × 3 = 18（万元）。

③ 资本化金额：

a. 专门借款资本化金额 = 资本化期间专门借款全部利息支出 − 闲置专门借款取得投资收益 = 4 000 × 6% × 6 ÷ 12 − 18 = 102（万元）。

b. 一般借款资本化金额 = 资本化期间占用一般借款利息支出 = 1 000 × 7% × 3 ÷ 12 = 17.5（万元）。

2014年利息资本化金额 = 102 + 17.5 = 119.5（万元）。

因此，选项A正确。

12 第十二章 或有事项·答案

「考点1」或有事项的概述（★）

【答案】C

【解析】
① 选项A错误，与或有事项有关的义务应当在同时符合以下三个条件时确认为负债，作为预计负债进行确认和计量：
  a. 该义务是企业承担的现时义务（非潜在义务）。
  b. 履行该义务很可能导致经济利益流出企业。
  c. 该义务的金额能够可靠地计量。
② 选项BD错误，因或有事项预期可获得的补偿只有在基本确定（不是可能、很可能）收到时才能确认为资产。
③ 选项C正确，企业在确定最佳估计数时，应当综合考虑与或有事项有关的风险和不确定性、货币时间价值和未来事项等因素。

「考点2」或有事项的确认和计量（★★）

1.【答案】A

【解析】
① 选项A正确，或有事项形成的预计负债是过去的交易或事项形成的现时义务。
② 选项BC错误，因或有事项预期可获得的补偿只有在基本确定（不是很可能）收到时才能确认为资产，而且应当单独列报，不能与预计负债进行抵销。
③ 选项D错误，企业在确定预计负债的最佳估计数时，应当考虑相关未来事项的影响，但不应考虑预期处置相关资产所产生的损益。

2.【答案】B

【解析】
① 选项A错误，预计负债是过去的交易或事项形成的现时义务，不能是潜在义务。
② 选项B正确，与预计负债有关的支出需要通过未来结果加以验证，具有不确定性。
③ 选项C错误，企业应当考虑可能影响履行现时义务所需金额的相关未来事项，但不应考虑与其处置相关资产形成的利得。
④ 选项D错误，因或有事项预期可获得的补偿只有在基本确定（不是很可能）收到时才能确认为资产，而不能作为预计负债金额的扣减。

「考点3」或有事项会计的具体应用（★★★）

1.【答案】D

【解析】
① 与或有事项有关的义务应当在同时符合以下三个条件时确认为负债，作为预计负债进行确认和计量：

a. 该义务是企业承担的现时义务。
b. 履行该义务很可能导致经济利益流出企业。
c. 该义务的金额能够可靠地计量。
② 本题中的未决诉讼满足负债确认条件,应当确认预计负债。因为预计赔偿支出符合"连续范围等概率"的情形,最佳估计数应取该范围内的中间值600万元[(400+800)÷2]。此外,因或有事项预期可获得的补偿不满足基本确定条件,甲公司不能将其作为资产确认。因此甲公司2019年度因上述事项应当确认的损失金额是600万元。
③ 会计分录:
借:营业外支出   600
   贷:预计负债   600

2. 【答案】D
【解析】本题考查预计负债最佳估计数,因为预计赔偿金额满足"连续范围等概率",应取其中间值250万元[(200+300)÷2]作为计量预计负债的最佳估计数。
会计分录为:
借:营业外支出   (赔偿支出)250
   管理费用   (诉讼费)20
   贷:预计负债   270
因此,选项D正确。
【抢分技巧】甲公司因或有事项预期可获得的补偿不满足基本确定条件,不能确认为资产。而且,即使满足基本确定条件确认为资产,也不能作为预计负债的扣减,即不影响预计负债确认金额。

3. 【答案】B
【解析】
① 选项A错误,与未决诉讼相关的支出应于满足负债确认条件时确认。
② 选项B正确,存在标的资产的亏损合同,预计亏损大于标的资产减值损失的部分应计入营业外支出,同时确认预计负债。
③ 选项C错误,与产品质量保证相关的负债应当在符合确认条件的情况下,在销售成立时确认预计负债。
④ 选项D错误,债务担保义务应于满足负债确认条件时确认。

4. 【答案】D
【解析】本题考查资产负债表日后事项。2017年1月30日,资产负债表日后诉讼案件结案,法院判决证实了甲公司在资产负债表日已经存在的现时义务,需要将2016年年度财务报表中原先确认赔偿金额和诉讼费从880万元调整到1 210万元。因此,上述事项对甲公司2016年年度利润总额的影响金额为1 210万元。
会计分录为:
收到判决前:
借:营业外支出   873
   管理费用   7

贷：预计负债	880

收到判决后：

借：以前年度损益调整	330
预计负债	880
贷：其他应付款	1 210

5. 【答案】B

【解析】

① 亏损合同存在标的资产，应对标的资产进行减值测试并按规定确认减值损失，如果预计亏损超过该减值损失，应将超过部分确认为预计负债。

② 甲公司不执行合同亏损100万元，执行合同亏损80万元，预计负债的计量应反映退出合同的最低净成本（即两者较低者），因此甲公司预计亏损金额为80万元。

③ 合同存在标的资产（在产品），且账面价值为20万元，应先对标的资产计提减值损失20万元，超过部分60万元再计提预计负债。因此，选项B正确。

【抢分技巧】为什么要对标的资产全额计提减值呢？

目前标的资产（在产品）成本为20万元，其可变现净值 = 产成品估计售价 – 产品成估计销售税费 – 完工将发生的成本 = 500 – 560 = –60（万元），在产品的成本大于其可变现净值，因此应对在产品全额计提减值20万元。

6. 【答案】C

【解析】

① 因辞退员工应支付的补偿100万元和因撤销门店租赁合同将支付的违约金20万元属于与重组有关的直接支出，应计入当期损益。

借：管理费用	100
贷：应付职工薪酬	100
借：营业外支出	20
贷：预计负债	20

② 因处置门店内设备将发生损失65万元属于设备发生了减值，应计提资产减值损失。

借：资产减值损失	65
贷：固定资产减值准备	65

③ 因将门店内库存存货运回公司本部将发生运输费5万元，不属于与重组有关的直接支出，也不属于资产减值损失，不影响2012年年度利润。

④ 因此，该业务重组计划对甲公司2012年年度利润总额的影响金额 = 100 + 20 + 65 = 185（万元）。

7. 【答案】ABC

【解析】

① 选项ABC正确，属于重组的事项主要包括：

　　a. 出售或终止企业的部分业务（选项A）；

　　b. 对企业的组织结构进行较大调整（选项B）；

c. 关闭企业的部分营业场所，或将营业活动由一个国家或地区迁移到其他国家或地区（选项 C）。

② 选项 D 错误，为扩大业务链条购买数家子公司不属于重组范畴。

8. 【答案】BCD

【解析】

① 选项 A，遣散部分职工支付补偿，属于与重组有关的直接支出，应确认为预计负债。

② 选项 B，为设备转移至继续使用地点支付的费用，属于继续进行的企业活动相关的事项，不属于与重组相关的直接支出，不应确认为预计负债。

③ 选项 C，为提升公司形象而推出新广告发生的费用，属于继续进行的企业活动相关的事项，不属于与重组相关的直接支出，不应确认为预计负债。

④ 选项 D，对剩余职工进行再培训发生费用，属于继续进行的企业活动相关的事项，不属于与重组相关的直接支出，不应确认为预计负债。

第十三章　金融工具·答案

「考点1」金融资产和金融负债的分类和重分类（★★）

【答案】BCD

【解析】
① 选项 A 错误、选项 D 正确，对于复合金融工具，企业应当在初始确认时将负债成分和权益成分进行分拆，分别进行处理。在进行分拆时，应当先确定负债成分的公允价值并以此作为其初始确认金额，再按照该金融工具整体的发行价格扣除负债成分初始确认金额后的金额确定权益成分的初始确认金额。
② 选项 B 正确，发行复合金融工具发生的交易费用，应当在负债成分和权益成分之间按照各自的相对公允价值进行分摊。
③ 选项 C 正确，可转换公司债券属于复合金融工具，相比于普通债券，多了一个转股权。

「考点2」金融负债和权益工具的区分（★★★）

1. 【答案】C

【解析】
① 选项 A 错误，重置利率有最高限制，不影响甲公司无条件避免支付利息。
② 选项 B 错误，甲公司可以避免支付普通股股利，进而可以无条件避免支付优先股股利。
③ 选项 C 正确，甲公司不能控制股东变更该事项，其属于或有结算条款，甲公司不能无条件地避免赎回优先股的义务，因此甲公司应将该优先股应划分为金融负债。
④ 选项 D 错误，只要甲公司不连续 3 年不分派优先股股利，就可以避免投资者回售。

2. 【答案】ABD

【解析】
① 金融负债，一般存在向其他方交付现金或者其他金融资产的合同义务。
② 选项 A，预收账款不属于金融负债，未来交付的是货物或者服务。
③ 选项 B，预计负债不属于金融负债，承担的是产品维修责任。
④ 选项 C，应付账款属于金融负债，未来交付的是现金。
⑤ 选项 D，应付职工薪酬不属于金融负债。

「考点3」金融资产的计量（★★★）

1. 【答案】C

【解析】
① 2015 年 2 月 20 日乙公司宣告发放现金股利，甲公司应该确认投资收益 8 万元。
② 2015 年 3 月 20 日甲公司出售交易性金融资产，售价与账面价值的差额应确认投资收益 = 11.6 × 100 − 9 × 100 = 260（万元）。

因此，甲公司因持有乙公司股票在 2015 年确认的投资收益 = 8 + 260 = 268（万元），选项 C 正确。

③ 会计分录为：
 a. 2014 年 2 月 5 日购入股票。

  借：交易性金融资产——成本   700
    投资收益   1.4
   贷：银行存款   701.4

 此处，交易费用计入当期损益，影响的是 2014 年的投资收益。

 b. 2014 年 12 月 31 日，乙公司股票的价格为每股 9 元。

  借：交易性金融资产——公允价值变动   200
   贷：公允价值变动损益   200

 此处不涉及投资收益科目。

 c. 2015 年 2 月 20 日，乙公司分配现金股利，甲公司获得现金股利 8 万元。

  借：应收股利   8
   贷：投资收益   8

 此处影响 2015 年投资收益 8 万元。

 d. 2015 年 3 月 20 日，甲公司以每股 11.6 元的价格将其持有的乙公司股票全部出售。

  借：银行存款   1 160
   贷：交易性金融资产——成本   700
     交易性金融资产——公允价值变动   200
     投资收益   260

 此处影响 2015 年投资收益 260 万元。

2. 【答案】C

【解析】

① 选项 A 错误，其他权益工具投资的公允价值变动应计入其他综合收益。
② 选项 B 错误，购买其他权益工具投资发生的交易费用应计入其初始成本。
③ 选项 C 正确，其他权益工具投资在被投资方宣告发放现金股利时应确认投资收益，影响损益。
④ 选项 D 错误，其他权益工具投资的汇兑差额应计入其他综合收益。

【抢分技巧】其他权益工具投资除获得的现金股利计入当期损益，其他相关的利得和损失（包括汇兑损益）均应当计入其他综合收益，且后续不得转损益。

3. 【答案】B

【解析】甲公司出售其他权益工具投资应确认的留存收益 = 售价与账面价值的差额 + 持有期间确认的其他综合收益结转留存收益的金额 = (10 967 − 1 000 × 10) + [1 000 × 10 − (8 000 + 16)] = 2 951（万元）。

会计分录为：

2012 年 6 月 2 日：

借：其他权益工具投资——成本   8 016
  贷：银行存款   8 016

2012 年 12 月 31 日：

| 借：其他权益工具投资——公允价值变动 | （1 000×10－8 016） 1 984 |
| | |

<small>借：其他权益工具投资——公允价值变动　　　　　　　　（1 000×10－8 016）1 984
　　贷：其他综合收益　　　　　　　　　　　　　　　　　　　　　　　　1 984
2013 年 8 月 20 日：
借：银行存款　　　　　　　　　　　　　　　　　　　　　　　　　　10 967
　　贷：其他权益工具投资——成本　　　　　　　　　　　　　　　　　　8 016
　　　　其他权益工具投资——公允价值变动　　　　　　　　　　　　　　1 984
　　　　盈余公积　　　　　　　　　　　　　　　　　　　　　　　　　　96.7
　　　　利润分配——未分配利润　　　　　　　　　　　　　　　　　　　870.3
借：其他综合收益　　　　　　　　　　　　　　　　　　　　　　　　　1 984
　　贷：盈余公积　　　　　　　　　　　　　　　　　　　　　　　　　　198.4
　　　　利润分配——未分配利润　　　　　　　　　　　　　　　　　　　1 785.6</small>

4.【答案】A

【解析】甲公司 2017 年利润表中因其他权益工具投资确认的投资收益＝享有乙公司宣告发放现金股利＝1 000×1.5%＝15（万元）。

【抢分技巧】其他权益工具投资除获得的现金股利计入当期损益，其他相关的利得和损失（包括汇兑损益）均应当计入其他综合收益，且后续不得转损益。

会计分录为：

2016 年 6 月 9 日：

借：其他权益工具投资——成本　　　　　　　　　　　　　　　　　　　855
　　贷：银行存款　　　　　　　　　　　　　　　　　　　　　　　　　　855

2016 年 12 月 31 日：

借：其他权益工具投资——公允价值变动　　　　　　　　　　　　　　　45
　　贷：其他综合收益　　　　　　　　　　　　　　　　　　　　　　　　45

2017 年 2 月 5 日：

借：应收股利　　　　　　　　　　　　　　　　　　　　　　　　　　　15
　　贷：投资收益　　　　　　　　　　　　　　　　　　　　　　　　　　15

2017 年 8 月 21 日：

借：银行存款　　　　　　　　　　　　　　　　　　　　　　　　　　　800
　　盈余公积　　　　　　　　　　　　　　　　　　　　　　　　　　　　10
　　利润分配——未分配利润　　　　　　　　　　　　　　　　　　　　　90
　　贷：其他权益工具投资——成本　　　　　　　　　　　　　　　　　　855
　　　　　　　　　　　　——公允价值变动　　　　　　　　　　　　　　　45

借：其他综合收益　　　　　　　　　　　　　　　　　　　　　　　　　45
　　贷：盈余公积　　　　　　　　　　　　　　　　　　　　　　　　　　4.5
　　　　利润分配——未分配利润　　　　　　　　　　　　　　　　　　　40.5

5.【答案】B

【解析】2011 年 12 月 31 日该债券的账面余额＝2011 年期末摊余成本＝期初摊余成本＋当期实际利息（投资收益）－票面利息（应收利息）＝（1 050＋2）＋35－1 000×5%＝1 037

（万元），因此，选项 B 正确。

会计分录为：

2011 年 1 月 1 日：

借：债权投资——成本　　　　　　　　　　　　　　　　　　　1 000
　　　　　　——利息调整　　　　　　　　　　　　　　　　　　52
　　贷：银行存款　　　　　　　　　　　　　　　　　　　　　1 052

2011 年 12 月 31 日：

借：应收利息　　　　　　　　　　　　　　　　　　　　　　　50
　　贷：投资收益　　　　　　　　　　　　　　　　　　　　　35
　　　　债权投资——利息调整　　　　　　　　　　　　　　　　15

因此，2011 年 12 月 31 日该债券的账面余额 = 1 052 - 15 = 1 037（万元）。

6. 【答案】C

【解析】

① 该债券属于到期一次还本付息债券，平时不会支付利息。2017 年 1 月 1 日该债券的摊余成本 = 2 032.75 + 12 = 2 044.75（万元），2017 年 12 月 31 日该债券的摊余成本 = 期初摊余成本 ×（1 + 实际利率）- 当期收取的利息 = 2 044.75 ×（1 + 4%）- 0 = 2 126.54（万元），2018 年 12 月 31 日应确认投资收益金额 = 期初摊余成本 × 实际利率 = 2 126.54 × 4% = 85.06（万元）。

② 会计分录：

a. 2017 年 1 月 1 日：

　借：债权投资——成本　　　　　　　　　　　　　　　　　　2 000
　　　　　　　——利息调整　　　　　　　　　　　　　　　　44.75
　　贷：银行存款　　　　　　　　　　　　　　　　　　　　2 044.75

b. 2017 年 12 月 31 日：

　借：债权投资——应计利息　　　　　　　　　　　（2 000 ×5%）100
　　贷：债权投资——利息调整　　　　　　　　　　　　　　　18.21
　　　　投资收益　　　　　　　　　　　　　　　（2 044.75 ×4%）81.79

2017 年末的摊余成本 = 2 044.75 ×（1 + 4%）= 2 126.54 万元

c. 2018 年 12 月 31 日：

　借：债权投资——应计利息　　　　　　　　　　　（2 000 ×5%）100
　　贷：债权投资——利息调整　　　　　　　　　　　　　　　14.94
　　　　投资收益　　　　　　　　　　　　　　　（2 126.54 ×4%）85.06

因此选项 C 正确。

【抢分技巧】本题是到期一次还本付息的债券，不是每年支付利息！债券面值承诺的利息在持有期间是计入"债权投资——应计利息"，并没有实际支付出去，因此不能从摊余成本中扣除。

7. 【答案】B

【解析】

① 甲公司 2017 年因该交易性金融资产应确认的投资收益 = -交易费用 + 售价与账面价值的差额 = -4 + [960 - (860 - 4 - 0.16×100)] = 116（万元）。

② 会计分录为：

a. 2017 年 10 月 10 日：

借：交易性金融资产——成本　　　　　　　　　　　840
　　应收股利　　　　　　　　　　　　　　　　　　16
　　投资收益　　　　　　　　　　　　　　　　　　4
　　贷：银行存款　　　　　　　　　　　　　　　　　　860

b. 2017 年 10 月 31 日：

借：银行存款　　　　　　　　　　　　　　　　　　16
　　贷：应收股利　　　　　　　　　　　　　　　　　　16

c. 2017 年 12 月 2 日：

借：银行存款　　　　　　　　　　　　　　　　　　960
　　贷：交易性金融资产——成本　　　　　　　　　　840
　　　　投资收益　　　　　　　　　　　　　　　　120

【抢分技巧】收到购买时已宣告的现金股利，不影响投资收益。

8. 【答案】B

【解析】

① 甲公司因该交易性金融资产影响损益金额 = 现金流入 - 现金流出 = -(200+2) + 6 + 7 + (260-3) = 68（万元）。

② 会计分录：

a. 2012 年 10 月购入股票：

借：交易性金融资产——成本　　　　　　　　　　　194
　　应收股利　　　　　　　　　　　　　　　　　　6
　　投资收益　　　　　　　　　　　　　　　　　　2
　　贷：银行存款　　　　　　　　　　　　　　　　　　202

b. 2012 年 11 月 5 日收到上述股利 6 万元：

借：银行存款　　　　　　　　　　　　　　　　　　6
　　贷：应收股利　　　　　　　　　　　　　　　　　　6

c. 2012 年 12 月 31 日确认公允价值变动：

借：交易性金融资产——公允价值变动　　(5×50-194) 56
　　贷：公允价值变动损益　　　　　　　　　　　　　56

d. 2013 年收到当年分配的现金股利 7 万元：

借：应收股利　　　　　　　　　　　　　　　　　　7
　　贷：投资收益　　　　　　　　　　　　　　　　　　7
借：银行存款　　　　　　　　　　　　　　　　　　7

　　　　贷：应收股利　　　　　　　　　　　　　　　　　　　　　　　　　　7
e. 2013 年 3 月 1 日出售股票：
　　借：银行存款　　　　　　　　　　　　　　　　　　　　　（260 – 3） 257
　　　　贷：交易性金融资产——成本　　　　　　　　　　　　　　　　　194
　　　　　　　　　　　　　——公允价值变动　　　　　　　　　　　　　　56
　　　　　　　　投资收益　　　　　　　　　　　　　　　　　　　　　　　7
③ 因此，上述股票在甲公司持有期间对损益的影响 = – 2 + 56 + 7 + 7 = 68（万元）。

【抢分技巧】 本题是计算该股票在甲公司持有期间对损益的影响，持有期间包括了从初始购入到处置整个过程中产生的损益影响金额。对交易性金融资产而言，这里的损益科目包括"公允价值变动损益"和"投资收益"两个科目金额的影响。

9. **【答案】** BD
【解析】
① 选项 A 错误，分类为以公允价值计量且其变动计入其他综合收益的金融资产发生的减值损失应计入当期损益，但不影响其账面价值。
会计分录为：
　　借：信用减值损失
　　　　贷：其他综合收益
② 选项 B 正确，取得分类为以公允价值计量且其变动计入其他综合收益的金融资产发生的交易费用应计入资产成本。
③ 选项 C 错误，以公允价值计量且其变动计入其他综合收益的金融资产持有期间取得的现金股利应确认为投资收益。
④ 选项 D 正确，以外币计价的分类为以公允价值计量且其变动计入其他综合收益的货币性金融资产发生的汇兑差额应计入当期损益。

「考点 4」金融资产重分类的计量（★★）

【答案】 AB
【解析】
① 选项 A 正确，风险投资机构、共同基金以及类似主体可以将其持有的对联营企业或合营企业投资在初始确认时，确认为以公允价值计量且其变动计入当期损益的金融资产，这是长期股权投资准则对于这种特定机构持有的联营企业或合营企业投资的特殊规定，但企业不能将其指定为以公允价值计量且其变动计入其他综合收益的金融资产。
② 选项 B 正确，这是因增资导致的长期股权投资从权益法到成本法的转换。
③ 选项 C 错误，企业只有改变其管理金融资产的业务模式时，才会需要按照规定对所有受影响的相关金融资产进行重分类；因乙公司的信用等级下降，甲公司将持有并分类为以摊余成本计量的乙公司债券全部出售，并不代表甲公司改变了持有的其他以摊余成本计量的金融资产的业务模式，所以不应重分类。
④ 选项 D 错误，企业只有改变其管理金融资产的业务模式时，才会需要按照规定对所有受影响的相关金融资产进行重分类，而不能是其他任何原因，比如出于对净利润的影响。

「考点 5」金融工具的减值（★★★）

1. 【答案】A

   【解析】信用损失，是指企业按照原实际利率折现的、根据合同应收的所有合同现金流量与预期收取的所有现金流量之间的差额，即全部现金短缺的现值，因此选项 A 正确。

2. 【答案】A

   【解析】能够影响"其他债权投资"损益的因素包括：（1）实际利率法确认利息收入；（2）减值；（3）外汇利得和损失；（4）终止确认时产生的损益。

   会计分录：

   2018 年 1 月 1 日：

   借：其他债权投资——成本　　　　　　　　　　　　　　　　　　　　　　1 000

   　　贷：银行存款　　　　　　　　　　　　　　　　　　　　　　　　　　1 000

   2018 年 12 月 31 日：

   借：应收利息　　　　　　　　　　　　　　　　　　（1 000 ×5%）50

   　　贷：投资收益　　　　　　　　　　　　　　　　　　　　　　　　　　50

   借：其他综合收益　　　　　　　　　　　　　　　　　　　　　　　　　　40

   　　贷：其他债权投资——公允价值变动　　　　　　　（960 -1 000）40

   借：信用减值损失　　　　　　　　　　　　　　　　　　　　　　　　　　100

   　　贷：其他综合收益　　　　　　　　　　　　　　　　　　　　　　　　100

   该项金融资产对甲公司 2018 年损益的影响金额 =50 -100 = -50（万元）。

3. 【答案】AD

   【解析】选项 A，该债券的初始确认金额 =1 020 +8.24 =1 028.24（万元）；选项 B，账面价值等于公允价值，为 920 万元；选项 C，信用减值 80 万元通过其他综合收益计入信用减值损失；选项 D，2018 年 12 月 31 日确认公允价值变动前账面余额 =1 028.24 +1 028.24 × 3% -1 000 ×4% =1 019.09（万元），因已发生信用减值，2019 年应确认投资收益 = （1 019.09 -80）×3% =28.17（万元）。

   会计分录：

   2018 年 1 月 1 日：

   借：其他债权投资——成本　　　　　　　　　　　　　　　　　　　　　　1 000

   　　　　　　　　　——利息调整　　　　　　　　　　　　　　　　　　　28.24

   　　贷：银行存款　　　　　　　　　　　　　　　　　（1 020 +8.24）1 028.24

   2018 年 12 月 31 日：

   借：应收利息　　　　　　　　　　　　　　　　　　（1 000 ×4%）40

   　　贷：投资收益　　　　　　　　　　　　　　　　　（1 028.24 ×3%）30.85

   　　　　其他债权投资——利息调整　　　　　　　　　　　　　　　　　　9.15

   借：银行存款　　　　　　　　　　　　　　　　　　　　　　　　　　　　40

   　　贷：应收利息　　　　　　　　　　　　　　　　　　　　　　　　　　40

   在调整公允价值变动之前的账面价值 =1 028.24 -9.15 =1 019.09（万元），期末公允价

值 =920（万元），应确认公允价值变动金额 =920－1 019.09 = －99.09（万元）。

借：其他综合收益　　　　　　　　　　　　　　　　　　　　　99.09
　　贷：其他债权投资——公允价值变动　　　　　　　　　　　　　　99.09
借：信用减值损失　　　　　　　　　　　　　　　　　　　　　　80
　　贷：其他综合收益　　　　　　　　　　　　　　　　　　　　　　80

其他债权投资在 2018 年 12 月 31 日的账面余额（不含公允变动）=1 028.24 －9.15 = 1 019.09（万元），摊余成本 =账面余额（不含公允变动）－计提损失准备 =1 019.09 －80 =939.09（万元）。

因为该金融资产在 2018 年 12 月 31 日已发生信用减值，即处于金融工具减值的第三阶段，因此 2019 年应确认的利息收入 =期初摊余成本 ×实际利率 =939.09 ×3% = 28.17（万元）因此，选项 AD 正确。

「考点 6」金融资产转移（★）

1.【答案】A

【解析】选项 A 正确、选项 B 错误，甲公司出售该国债后，与该国债相关的损失或收益均归乙公司承担或享有，说明满足金融资产终止确认条件，不能把出售国债取得的价款确认为负债。

选项 D 错误，甲公司将该国债分类为以公允价值计量且其变动计入其他综合收益的金融资产，通过其他债权投资来核算，出售价款与账面价值的差额计入投资收益，持有期间因公允价值变动计入其他综合收益的金额转为投资收益。

2.【答案】A

【解析】选项 A 正确、选项 BCD 错误，名义上甲公司虽将 5% 的股权转让给乙公司，但实质上乙公司并没有取得这部分股权的表决权和利润分配权利，甲公司保留了收取金融资产现金流量的权利，且没有承诺将收取的现金流量支付给乙公司的义务，实际上该资产并未转移，不符合资产终止确认的条件。

因此，甲公司应继续确认转移的 5% 的股权，而因资产转移收到的对价应当在收到时确认为一项金融负债。

「考点 7」套期会计（★）

【答案】ABC

【解析】选项 ABC 正确，公允价值套期，是指对已确认资产或负债、尚未确认的确定承诺，或上述项目组成部分的公允价值变动风险敞口进行的套期。

选项 D 错误，极可能发生的预期交易，属于现金流量套期的被套期项目。

主观题部分

1.【解析】

(1) 甲公司应将购入的优先级 A 类资产支持证券在初始确认时将其分类为以公允价值计量且其变动计入当期损益的金融资产。

理由：资产支持证券所属的基础资产包含股权投资，产生的合同现金流量不是对本金和以未偿付本金金额为基础的利息的支付，与基本借贷安排不一致，因此应当分类为以公允价值计量且其变动计入当期损益的金融资产。

(2) 甲公司购入的银行理财产品在初始确认时应当将其分类为以公允价值计量且其变动计入当期损益的金融资产。

理由：由于甲公司购买的理财产品合同规定所作的三类投资项目包含有股权投资，不全部是仅为对本金和以未偿付本金金额为基础的利息支付，与基本借贷安排不一致，因此应当分类为以公允价值计量且其变动计入当期损益的金融资产。

(3)

① 甲公司保理的应收账款在初始确认时应当分类为以公允价值计量且其变动计入其他综合收益的金融资产。

理由：甲公司管理应收账款的目标是将应收账款持有到期后收取款项，同时兼顾流动性要求转让应收账款，属于以收取合同现金流量和出售金融资产为目标的业务模式，且该应收账款满足本金加利息的合同现金流量特征。

② 甲公司应收账款不符合终止确认的条件，不应终止确认。

理由：按照保理协议的约定，如果应收账款到期债务人不能按期支付款项，甲公司具有向其开户银行偿付的义务；该保理的应收账款所有权上的风险和报酬尚未转移，不应终止确认相应的应收账款。

会计分录：

9月30日：

借：银行存款　　　　　　　　　　　　　　　　　　　　　　　4 800

　　贷：短期借款　　　　　　　　　　　　　　　　　　　　　　4 800

12月31日：

借：财务费用　　　　　　　　　　　　[(5 000－4 800)÷4] 50

　　贷：短期借款　　　　　　　　　　　　　　　　　　　　　　　50

③ 甲公司2018年12月31日资产负债表中列示的项目名称为：应收款项融资。

(4) 甲公司发行的永续债应当分类为权益工具。

理由：甲公司根据相应的议事机制能够自主决定普通股股利的支付（即无支付股息的义务）；同时，发行方发行的永续债无期限，不设置投资者回售条款，也不设置强制转换为普通股的条款（即无支付本金的义务），说明甲公司能够无条件避免交付现金或其他金融资产的合同义务。

会计分录：

借：银行存款　　　　　　　　　　　　　　　　　　　　　　　3 000

　　贷：其他权益工具　　　　　　　　　　　　　　　　　　　　3 000

【抢分技巧】其他权益工具是企业发行的除普通股以外的归类为权益工具的各种金融工具。

(5) 甲公司对拟出售的丁公司20%股权部分应当划分为持有待售资产。

甲公司对拟出售的丁公司20%股权部分应当按照公允价值减出售费用后的净额3 100（3 500－400）万元，与其账面价值2 400（3 600×20%÷30%）万元孰低计量。

会计分录：

借：持有待售资产		2 400	
贷：长期股权投资——投资成本			1 600
——损益调整			600
——其他综合收益			200

甲公司保留所持丁公司 10% 股权投资在完成出售部分股权前仍按权益法进行会计核算。

【考点】金融资产和金融负债的分类和重分类、金融负债和权益工具的区分。

2. 【解析】

(1) 甲公司所持乙公司债券应予确认的金融资产类别是以公允价值计量且其变动计入其他综合收益的金融资产。

理由：由于甲公司管理乙公司债券的目标是在保证日常流动性需求的同时，维持固定的收益率，该种业务模式是以收取合同现金流量和出售金融资产为目标的业务模式；所持乙公司债券的合同现金流量特征与基本借贷安排相一致，即在特定日期产生的现金流量仅为对本金和以未偿付本金金额为基础的利息的支付。

借：其他债权投资——成本		5 000
贷：银行存款		5 000
借：应收利息	(5 000×6%×1÷2) 150	
贷：投资收益		150
借：其他债权投资——公允价值变动		200
贷：其他综合收益		200
借：银行存款	5 202	
投资收益	148	
贷：其他债权投资——成本		5 000
——公允价值变动		200
应收利息		150
借：其他综合收益	200	
贷：投资收益		200

(2) 甲公司所持丙公司可转换债券应予确认的金融资产类别是以公允价值计量且其变动计入当期损益的金融资产。

理由：由于嵌入了一项转股权，甲公司所持丙公司可转换债券在基本借贷安排的基础上，会产生基于其他因素变动的不确定性，不符合本金和以未偿付本金金额为基础的利息支付额的合同现金流量特征。

借：交易性金融资产——成本		1 050
投资收益		15
贷：银行存款		1 065
借：应收利息		7.5
贷：投资收益		7.5
借：交易性金融资产——公允价值变动	(1 090−1 050) 40	
贷：公允价值变动损益		40

(3) 甲公司发行的优先股是权益工具。理由如下:

① 由于本次发行的优先股不设置投资者回售条款,甲公司能够无条件避免赎回优先股并交付现金或其他金融资产的合同义务。

② 由于甲公司有权取消支付优先股当期股息,甲公司能够无条件避免交付现金或其他金融资产支付股息的合同义务。

③ 在发生强制付息事件的情况下,甲公司根据相应的议事机制能够决定普通股股利的支付,因此也就能够无条件避免交付现金或其他金融资产支付股息的合同义务。

④ 会计分录:

借:银行存款　　　　　　　　　　　　　　　　　　　　　　97 000
　　贷:其他权益工具　　　　　　　　　　　　　　　　　　　　97 000

【考点】金融资产和金融负债的分类和重分类、金融负债和权益工具的区分。

3. 【解析】

(1) 甲公司与购入、持有及处置丙公司股权的会计分录如下:

2017 年 7 月 10 日:

借:其他权益工具投资——成本　　　　　　　　　　　　　　2 600
　　贷:银行存款　　　　　　　　　　　　　　　　　　　　　2 600

2017 年 12 月 31 日:

借:其他权益工具投资——公允价值变动　　(2 800 − 2 600) 200
　　贷:其他综合收益——其他权益工具投资公允价值变动　　　　200

2018 年 5 月 6 日:

借:应收股利　　　　　　　　　　　　　　　　　　　　　　　10
　　贷:投资收益　　　　　　　　　　　　　　　　　　　　　　10

2018 年 7 月 12 日:

借:银行存款　　　　　　　　　　　　　　　　　　　　　　　10
　　贷:应收股利　　　　　　　　　　　　　　　　　　　　　　10

2018 年 12 月 31 日:

借:其他权益工具投资——公允价值变动　　　　　　　　　　　400
　　贷:其他综合收益——其他权益工具投资公允价值变动　　　　400

2019 年 9 月 5 日:

借:银行存款　　　　　　　　　　　　　　　　　　　　　　3 300
　　贷:其他权益工具投资——成本　　　　　　　　　　　　　2 600
　　　　　　　　　　　　——公允价值变动　　(200 + 400) 600
　　　　盈余公积　　　　　　　　　　[(3 300 − 3 200) × 10%] 10
　　　　利润分配——未分配利润　　　　[(3 300 − 3 200) × 90%] 90

借:其他综合收益——其他权益工具投资公允价值变动　　　　　600
　　贷:盈余公积　　　　　　　　　　　　　　　　(600 × 10%) 60
　　　　利润分配——未分配利润　　　　　　　　　(600 × 90%) 540

(2) 甲公司与购入、持有及处置丁公司股票会计分录如下:

2017年8月5日：
借：交易性金融资产——成本　　　　　　　　　　　　　　　　2 200
　　投资收益　　　　　　　　　　　　　　　　　　　　　　　　　　1
　　贷：银行存款　　　　　　　　　　　　　　　　　　　　　　2 201
2017年12月31日：
借：交易性金融资产——公允价值变动　　　　　　　（2 700 - 2 200）500
　　贷：公允价值变动损益　　　　　　　　　　　　　　　　　　　500
2018年12月31日：
借：公允价值变动损益　　　　　　　　　　　　　　（2 700 - 2 400）300
　　贷：交易性金融资产——公允价值变动　　　　　　　　　　　　300
2019年12月4日：
借：银行存款　　　　　　　　　　　　　　　　　　　　　　　2 450
　　贷：交易性金融资产——成本　　　　　　　　　　　　　　　2 200
　　　　　　　　　　　——公允价值变动　　　　　　　　（500 - 300）200
　　　　投资收益　　　　　　　　　　　　　　　　　　（2 450 - 2 400）50

(3) 根据上述资料，计算甲公司处置所持丙公司股权及丁公司股票对其2019年度净利润和2019年12月31日所有者权益的影响。

对2019年度净利润的影响 = 2 450 - 2 400 = 50（万元）

对2019年12月31日所有者权益的影响 = 50 + （3 300 - 3 200）= 150（万元）

【抢分技巧】 计算处置时对净利润和所有者权益的影响要注意区分两种不一样的金融资产。交易性金融产处置时确认的投资收益为对净利润的影响（此处不考虑所得税），因为损益科目最终会结转到未分配利润，因此也会影响所有者权益；其他权益工具投资处置时出售净价与账面价值的差额计入留存收益，并将原确认的其他综合收益结转到留存收益，所以不影响净利润，但售价与账面价值的差额会影响所有者权益。

环节	日期	对丙公司股权投资 (其他权益工具投资)	对丁公司股权投资 (交易性金融资产)
初始 计量	2017.7.10（丙） 2017.8.5（丁）	成本：2 600	成本：2 200 交易费用：1（计入投资收益）
后续 计量	2017.12.31 期末公允变动	公允：2 800 变动：+200（其他综合收益）	公允：2 700 变动：+500（公允价值变动损益）
	2018.5.6 宣告分红 2018.7.12 收到分红	分红：10（投资收益） 收到：10	
	2018.12.31 期末公允变动	公允：3 200 变动：+400（其他综合收益）	公允：2 400 变动：-300（公允价值变动损益）
处置	2019.9.5 2019.12.4	售价：3 300 差额：100（留存收益） 结转其他综合收益：600（留存收益）	售价：2 450 差额：50（投资收益）

【考点】 金融资产的计量。

14 第十四章 租赁·答案

「考点1」租赁的概述（★）

1. 【答案】B

   【解析】租赁期包含以下考点：
   ① 租赁期是指承租人有权使用租赁资产且不可撤销的期间（本题中的5年）。
   ② 承租人有续租选择权，且合理确定将行使该选择权的，租赁期还应当包含续选择权涵盖的期间（本题中的3年）。
   ③ 租赁期自租赁期开始日起算，租赁期开始日是指出租人提供租赁资产使其可供承租人使用的起始日期，存在免租期的，不影响租赁期开始日的判断，因此租赁期不能扣除免租期（选项D就错在这里）。
   ④ 承租人无法合理确定租赁期届满时能够取得租赁资产所有权的，应在租赁期（不可撤销租赁期5年+续租期3年=8年）与租赁资产剩余使用寿命（30年）两者孰短的期间内计提折旧。
   因此，本题选B，甲公司应按8年对使用权资产计提折旧。

2. 【答案】A

   【解析】
   ① 一项合同要被分类为租赁，必须满足三要素：一是存在一定期间（为期12天）；二是存在已识别资产（合同明确规定且供应商无替换权的卡车）；三是资产供应方向客户转移对已识别资产使用权的控制（甲公司可在合同规定范围内选择具体的行程）。
   ② 该合同满足租赁的三要素，存在租赁，因此选项A错误，选项B正确。
   ③ 选项C正确，卡车在合同中有明确规定，且供应商没有替换权，因此卡车属于已识别资产。
   ④ 选项D正确，短期租赁是指不包含购买选择权且租赁期不超过12个月的租赁。本题中，合同期限为12天，符合短期租赁的定义。

3. 【答案】D

   【解析】
   ① 选项A正确，甲公司向乙公司让渡了在2年期间内控制指定服务器使用的权利，以换取对价，因此合同中关于服务器的约定属于租赁部分，应当适用租赁准则进行会计处理。
   ② 选项B正确，对于同时包含租赁和非租赁部分的合同，甲公司作为出租人应当将租赁部分与非租赁部分进行分拆处理。乙公司作为承租人可以自主选择分拆或者不分拆。
   ③ 选项C正确，维护服务不属于可识别的资产，因此是非租赁部分。出租人甲公司应当在实际发生时适用收入准则进行会计处理。
   ④ 选项D错误，维护服务存在可观察的单独价格，且市场上多家公司可提供该维护服务，因此应当将维护服务单独作为非租赁部分。

4. 【答案】AB

【解析】

① 选项 AB 正确，此处为准则规定。

② 选项 C 错误，租赁期自租赁期开始日起算。租赁期开始日，是指出租人提供租赁资产使其可供承租人使用的起始日期。租赁协议中对起租日或租金支付时间的约定，不影响租赁期开始日的判断。即：租赁期应当包含免租期。

③ 选项 D 错误，承租人有终止租赁选择权，且合理确定将会行使该选择权的，租赁期应当不包含终止租赁选择权涵盖的期间；如果合理确定将不会行使该选择权的，租赁期应当包含终止租赁选择权涵盖的期间。

「考点 2」承租人的会计处理（★★★）

1. 【答案】B

【解析】

① 选项 B 正确，承租人在确定租赁付款额时，应当扣除租赁激励相关金额。

② 租赁付款额包括以下五个内容：

　　a. 固定付款额及实质固定付款额（需扣除租赁激励金额）

　　b. 取决于指数或者比率的可变租赁付款额（只有这个可以，其他可变租赁付款额都不能计入）

　　c. 合理确定将行使选择权时，购买选择权的行权价格

　　d. 合理确定将行使选择权时，终止租赁需支付的款项

　　e. 在有担保余值的情况下，预计应支付的款项（这里要区分与租赁收款额的内容）

2. 【答案】C

【解析】

① 承租人应当按照固定的周期性利率计算租赁负债在租赁期内的各期间利息费用。

② 周期性利率指承租人对租赁负债进行初始计量时使用的折现率，一般采用租赁内含利率作为折现率，无法确认租赁内含利率时，应当采用承租人的增量借款利率作为折现率。

③ 本题选项中同时有租赁内含利率和增量借款利率，应当优先选择租赁内含利率。故选项 C 正确。

3. 【答案】D

【解析】承租人应当按照对租赁负债进行初始计量时所采用的折现率计算租赁负债在租赁期内各期间的利息费用。一般应当采用租赁内含利率作为折现率；无法确定租赁内含利率的，应当采用承租人增量借款利率作为折现率。

租赁内含利率，是指使出租人的租赁收款额的现值与未担保余值的现值之和等于租赁资产公允价值与出租人的初始直接费用之和的利率。

因此，选项 D 正确。

4. 【答案】A

【解析】本题考查的是出租人的会计处理，但是为了方便跟上题对比学习，故放在一起。

租赁收款额包括以下五个内容：

① 固定付款额及实质固定付款额（需扣除租赁激励金额）。
② 取决于指数或者比率的可变租赁付款额（只有这个可以，其他可变租赁付款额都不能计入）。
③ 合理确定将行使选择权时，购买选择权的行权价格。
④ 合理确定将行使选择权时，终止租赁需支付的款项。
⑤ 承租人、与承租人有关的一方以及有经济能力履行担保义务的独立第三方向出租人提供的担保余值。（这里要区分于租赁付款额的内容）

因此本题选 A。选项 A 属于租赁激励相关金额，应当从租赁收款额中扣除。

5. 【答案】A
【解析】
① 应确认的使用权资产 = 20 + 100 + 2 + 3 − 5 = 120（万元）
② 使用权资产包括以下四个内容：
    a. 租赁负债的初始计量金额（租赁期开始日前尚未支付的租赁付款额的现值为 100 万元）。
    b. 租赁开始日或之前支付的租赁付款额（需扣除租赁激励金额）（开始日之前支付租赁付款额为 20 万元 −已享受的租赁激励 5 万元）。
    c. 承租人发生的初始直接费用（甲发生的初始直接费用为 2 万元）。
    d. 承租人为拆卸、移除租赁资产、复原租赁资产所在场地或将租赁资产恢复至租赁条款约定状态预计要发生的成本（预计租赁结束时恢复该办公楼租赁前使用状态将要发生的支出的现值为 3 万元）。

6. 【答案】ABC
【解析】
① 选项 A 正确，可变租赁付款额中，仅取决于指数或比率的可变租赁付款额纳入租赁负债的初始计量中。其他可变租赁付款额，例如与未来销售额挂钩的可变租赁付款额，均不纳入租赁负债的初始计量中，而在实际发生时计入当期损益。
② 选项 BC 正确，承租人发生的初始直接费用、在租赁开始时支付的租赁付款额等应当计入使用权资产的成本。
③ 选项 D 错误。出租人补贴的佣金属于租赁激励，承租人应将其从使用权资产的账面价值中扣除。

【抢分技巧】2021 年新增考点：承租人发生的租赁资产改良支出不属于使用权资产，应当记入"长期待摊费用"科目。

7. 【答案】ABC
【解析】选项 ABC 正确、选项 D 错误，出租人承担了应由承租人承担的相关费用属于租赁激励，承租人在确定租赁负债时，应扣除租赁激励相关金额。

「考点 3」 出租人的会计处理（★★）

1. 【答案】C

   【解析】

   ① 关于免租期的规定：出租人提供免租期的，出租人应将租金总额在不扣除免租期的整个租赁期内，按直线法或其他合理的方法进行分摊，免租期内应当确认租金收入。

   本题中，需付款月份为 5×12−3=57（月）。需支付的租金总额 =50×57=2 850（万元）。

   整个租赁期为 5 年。每年应确认的租金收入 =2 850÷5=570（万元）。

   ② 出租人取得的 100 万元经营分享收入是与指数或比率无关的可变租赁付款额，应于实际发生时计入当期损益。根据题意，2019 年乙公司营业收入超过 10 亿元，故乙公司应向甲公司支付经营分享收入 100 万元，甲公司应将其计入当期损益。

   ③ 综上，上述交易对甲公司 2019 年营业利润的影响金额为 670 万元。

2. 【答案】B

   【解析】

   ① 选项 A 正确，取决于指数的可变租赁付款额属于租赁收款额的组成部分，应将其的现值在租赁期开始日计入应收融资租赁款。

   ② 选项 B 错误，出租人发生的初始直接费用包括在租赁投资净额中，也即包括在应收融资租赁款的初始入账价值中。

   ③ 选项 C 正确，与资产未来绩效挂钩的可变租赁付款额不属于取决于指数的可变租赁付款额，不构成租赁收款额的组成部分，应当在实际发生时计入当期损益。

   ④ 选项 D 正确，经营租赁下收取的租金在租赁期内的各个期间按直线法或其他合理方法确认为收入。

3. 【答案】A

   【解析】

   ① 关于免租期的规定：出租人提供免租期的，出租人应将租金总额在不扣除免租期的整个租赁期内，按直线法或其他合理的方法进行分配，免租期内应当确认租金收入。

   ② 本题中，需付款月份为 4×12−3=45 个月。需支付的租金总额 =45×（120÷12）=450（万元）。

   租赁期为 4 年。每年应确认的租金收入 =450÷4=112.5（万元）。

   ③ 甲公司 2013 年 7~12 月应确认的租金收入 =112.5×6/12=56.25（万元）。

4. 【答案】C

   【解析】

   ① 租赁收款额包含以下 5 项内容：

   a. 承租人需支付的固定付款额及实质固定付款额（租赁期 10 年，每年固定租金 20 万元，合计 200 万元）；

   b. 取决于指数或比率的可变租赁付款额（与销售额挂钩的可变租赁付款额不属于）；

c. 承租人购买选择权的行权价格（本题中无）；

d. 终止租赁的需支付的款项（本题中无）；

e. 由承租人、与出租人有关的一方以及有经济能力履行担保义务的独立第三方向出租人提供的担保余值（承租人提供担保余值10万元＋独立第三方提供的担保余值5万元）。

② 本题中，应收融资租赁款——租赁收款额＝200＋10＋5＝215万元，因此，选项C正确。

「考点4」特殊租赁业务的会计处理（★★）

主观题部分

【解析】

① 确认租赁期为20年，不包含续租选择权涵盖期间，因为预计不会行使续租选择权。

② 租赁付款额＝105×20＝2 100（万元），租赁付款额的现值＝105×（P/A，5%，20）＝105×12.4622＝1 308.53（万元），未确认融资费用＝2 100－1 308.531＝791.47（万元）。

③ 使用权资产的成本＝1 308.53＋900＋5－2＝2 211.53（万元）。

④ 会计分录：

a. 初始计量：

借：使用权资产　　　　　　　　　　　　　　　　　2 211.53
　　租赁负债——未确认融资费用　　　　　　　　　　791.47
　　贷：银行存款　　　　　　　　　　　　　（900＋5－2）903
　　　　租赁负债——租赁付款额　　　　　　　　　　2 100

b. 2021年12月31日，资产负债表日：

使用权资产计提折旧＝2 211.53÷20＝110.58

借：管理费用　　　　　　　　　　　　　　　　　　110.58
　　贷：使用权资产累计折旧　　　　　　　　　　　110.58

c. 确认租赁负债利息＝1 308.53×5%＝65.43，增加租赁负债：

借：财务费用　　　　　　　　　　　　　　　　　　65.43
　　贷：租赁负债——未确认融资费用　　　　　　　65.43

d. 支付租金105万元，减少租赁负债：

借：租赁负债——租赁付款额　　　　　　　　　　　105
　　贷：银行存款　　　　　　　　　　　　　　　　105

e. 营业销售额达标后额外支付18万元租赁费用应于发生时计入当期损益：

借：销售费用　　　　　　　　　　　　　　　　　　18
　　贷：银行存款　　　　　　　　　　　　　　　　18

【考点】承租人的会计处理。

15 第十五章 持有待售的非流动资产·答案

「考点1」持有待售的分类（★★）

【答案】CD

【解析】

① 选项A错误，投资性房地产后续计量模式可以从成本模式改为公允价值模式，但不得由公允模式变更为成本模式。

② 选项B错误，股权投资的合同现金流量特征不满足基本借贷安排，不能分类为以摊余成本计量的金融资产。

③ 选项C正确，满足可立即出售和出售极可能发生，应对联营企业投资终止采用权益法并作为持有待售资产列报。

④ 选项D正确，因业务模式变更，企业可以将以摊余成本计量的金融资产（债权投资）变更为以公允价值计量且其变动计入其他综合收益的金融资产（其他债权投资）。

「考点2」持有待售的计量（★★★）

1. 【答案】B

   【解析】

   ① 企业因出售对子公司的投资等原因导致其丧失对子公司的控制权，应当在拟出售的对子公司投资满足持有待售类别划分条件时：

   a. 在母公司个别财务报表中将对子公司投资整体划分为持有待售类别，而不是仅将拟处置的投资划分为持有待售类别。

   b. 在合并财务报表中将子公司所有资产和负债划分为持有待售类别，而不是仅将拟处置的投资对应的资产和负债划分为持有待售类别。但是，由于出售暂尚未完成，控制权仍未转移，无论对子公司的投资是否划分为持有待售类别，企业始终应当按照合并财务报表准则的规定确定合并范围，编制合并财务报表。

   ② 选项A错误、选项B正确，应将丙公司全部资产作为持有待售资产项目列报，全部负债作为持有待售负债项目列报。

   ③ 选项C错误，应将所有资产和负债划分为持有待售类别，而不是仅将拟处置的投资对应的资产和负债划分为持有待售类别。

   ④ 选项D错误，应将所有资产和负债划分为持有待售类别。

2. 【答案】A

   【解析】

   ① 划分为持有待售时该固定资产的账面价值 = 1 000 - 1 000 ÷ 10 × 6.5 = 350（万元）。

   ② 划分为持有待售时该固定资产的公允价值减去处置费用的净值 = 320 - 5 = 315（万元）。

   ③ 划分为持有待售固定资产应按照按上述两者孰低计量，即315万元。

   会计分录为：

   借：持有待售资产　　　　　　　　　　　　　　　　　　　　　350

	累计折旧	650
	贷：固定资产	1 000
借：资产减值损失		35
	贷：持有待售资产减值准备	35

【抢分技巧】对于持有待售的非流动资产，在初始计量时，应按照其账面价值与公允价值减去出售费用后的净额两者较低者计量。如果账面价值大于公允价值减去出售费用后的净额的，应当确认资产减值损失，同时计提持有待售资产减值准备。

3. 【答案】AD

【解析】

① 选项A正确，该固定资产在划分为持有待售时的账面价值=6 000-1 350=4 650（万元），可收回金额（公允价值减去出售费用的净额）=4 100-100=4 000（万元），应确认资产减值损失=4 650-4 000=650（万元）。

借：资产减值损失　　　　　　　　　　　　　　　650
　　贷：持有待售资产减值准备　　　　　　　　　650

② 选项B错误，甲公司9月30日满足划分为持有待售的条件，从10月起停止计提折旧，2016年该设备计提折旧=6 000÷10×9/12=450（万元）。

③ 选项C错误，2016年12月31日，该设备的控制权尚未转移，没有获得收款权利，故不应确认应收账款。

④ 选项D正确，持有待售资产应当作为流动资产列报，列报金额为4 000万元。

4. 【答案】AC

【解析】

① 选项A正确，持有待售的非流动资产不应计提折旧或摊销，生产线于2014年12月3日满足划分为持有待售资产的条件，应于次月（2015年1月）起停止计提折旧。

② 选项B错误，划分为持有待售时该固定资产的账面价值=3 200万元，公允价值减去出售费用的净额=2 600-120=2 480（万元），划分为持有待售的固定资产应按照按上述两者孰低计量，即2 480万元。

③ 选项C正确，2015年将取消合同取得的乙公司赔偿款应当确认为营业外收入。

④ 选项D错误，对于不再继续划分为持有待售类别的资产，应将其转入固定资产，次月开始计提折旧。

「考点3」终止经营（★）

【答案】AD

【解析】

① 选项A错误、选项B正确，终止经营的相关损益应当作为终止经营损益列报，列报的终止经营损益应当包含整个报告期间，而不应仅包含认定为终止经营后的报告期间。

② 选项C正确，拟结束使用的处置组满足终止经营定义的自停止使用日起作为终止经营列报。

③ 选项D错误，从财务报表可比性出发，对于当期列报的终止经营，企业应当在当期财务

报表中将原来作为持续经营损益列报的信息重新作为可比会计期间的终止经营损益列报，调整可比期间利润表。

主观题部分

【解析】

① 该事项会计处理不正确。

理由：对联营企业或合营企业的权益性投资全部或部分分类为持有待售资产的应当停止权益法核算，按账面价值与公允价值减出售费用的净额两者孰低计量，同时该股权计划出售，对其账面价值与计税基础的暂时性差异，应确认递延所得税负债。对于未划分为持有待售资产的剩余权益性投资，应当在划分为持有待售的那部分权益性投资出售前继续采用权益法进行会计处理。

② 正确分录如下：

a. 划分为持有待售前：

借：长期股权投资——损益调整	（1 000×30%）300
——其他综合收益	（200×30%）60
贷：投资收益	300
其他综合收益	60

b. 2018年9月30日划分为持有待售时：

借：持有待售资产	3 560
贷：长期股权投资——投资成本	2 600
——损益调整	（600+300）900
——其他综合收益	60

c. 2018年12月31日，划分为持有待售的长期股权投资账面价值（3 560万元）高于计税基础（2 600万元），形成应纳税暂时性差异960万元，应确认递延所得税负债。其中，900万元的暂时性差异影响损益，对应的递延所得税负债225万元（900×25%）影响所得税费用；60万元暂时性差异影响其他综合收益，对应递延所得税负债15万元（60×25%）不影响所得税费用，影响其他综合收益。

借：所得税费用	（900×25%）225
其他综合收益	（60×25%）15
贷：递延所得税负债	（960×25%）240

③ 因此，更正分录如下：

借：投资收益	（480−300）180
贷：长期股权投资——损益调整	180
借：持有待售资产	3 560
贷：长期股权投资——投资成本	2 600
——损益调整	900
——其他综合收益	60
借：所得税费用	225

    其他综合收益   15
     贷：递延所得税负债   240

【抢分技巧】 更正分录＝正确分录－错误分录。

正确分录	错误分录	更正分录

借：长期股权投资——损益调整
    （1 000×30%）300
    ——其他综合收益
    （200×30%）60
  贷：投资收益   300
    其他综合收益 60
借：持有待售资产 3 560
  贷：长期股权投资——投资成本
         2 600
    ——损益调整
    （600+300）900
    ——其他综合
      收益
        60
借：所得税费用 225
  其他综合收益 15
  贷：递延所得税负债 240
	借：长期股权投资
	    540
	  贷：投资收益
	     480
	   其他综合收益
	     60
		借：投资收益
		   180（480-300）
		  贷：长期股权投资——损益调整
		         180
		借：持有待售资产 3 560
		  贷：长期股权投资——投资成本
		         2 600
		    ——损益调整
		         900
		    ——其他综合
		      收益
		        60
		借：所得税费用 225
		  其他综合收益 15
		  贷：递延所得税负债 240

【考点】 持有待售的划分、持有待售的计量。

第十六章 所有者权益·答案

「考点1」其他权益工具（★）

【答案】A

【解析】
① 选项 A 正确，不考虑交易费用的情况下，企业发行可转换公司债券的发行价格与负债公允价值之间的差额记入"其他权益工具"科目，属于所有者权益。
② 选项 B 错误，债务重组将债务转为权益工具方式进行的，债务人初始确认权益工具时，应当按照权益工具的公允价值计量，权益工具的公允价值不能可靠计量的，应当按照所清偿债务的公允价值计量。所清偿债务账面价值与权益工具确认金额之间的差额，记入"投资收益"科目，属于当期损益。
③ 选项 C 错误，企业购入可转换公司债券，一般作为交易性金融资产核算，以所支付的对价计入交易性金融资产成本，不产生差额。
④ 选项 D 错误，企业发行公司债券时，实际收到价款与债券面值之间的差额记入"应付债券——利息调整"科目，属于负债。

「考点2」资本公积（★）

1. 【答案】B

【解析】选项 B 正确，企业接受控股股东（或控股股东的子公司）或非控股股东（或非控股股东的子公司）直接或间接代为偿债、债务豁免或捐赠，经济实质表明属于控股股东或非控股股东对企业的资本性投入，应当将相关利得计入所有者权益（资本公积）。本题中，接受母公司代缴税费实质上属于控股股东对企业的资本性投入，应作为权益性交易，应当将相关利得计入所有者权益（资本公积）。

会计分录为：

借：所得税费用
　　贷：资本公积

2. 【答案】C

【解析】
① 选项 A 错误，资本公积转增股本，导致"资本公积——资本溢价"减少。
② 选项 B 错误，"每2股缩为1股"会导致股本减少，"资本公积——资本溢价"增加。
③ 选项 C 正确，授予员工股票期权在等待期内确认的相关费用记入"资本公积——其他资本公积"，不影响"资本公积——资本溢价"。
④ 选项 D 错误，同一控制下企业合并取得被合并方净资产份额小于所支付对价账面价值的差额应记入"资本公积——资本溢价"。

3. 【答案】ACD

【解析】
① 选项 A 正确，同一控制下企业合并中支付的合并对价账面价值小于取得的净资产账面价

值的差额，记入"资本公积——股本溢价"科目，在"资本公积"项目列示。

② 选项 B 错误，存货转换为采用公允价值模式后续计量的投资性房地产，转换日公允价值大于账面价值的差额记入"其他综合收益"项目。

③ 选项 C 正确，母公司在不丧失控制权的情况下部分处置对子公司的长期股权投资，处置价款大于处置长期股权投资相对应享有子公司自购买日开始持续计算的净资产份额的差额，记入"资本公积"项目。

④ 选项 D 正确，因联营企业接受新股东的资本投入，导致投资方应享有的净资产份额发生变动，投资方仍然使用权益法核算的，即权益法下应享有的净资产份额变动记入"资本公积——其他资本公积"科目，在"资本公积"项目列示。

4. 【答案】ACD

【解析】

① 选项 A 正确，大股东代为缴纳税款，实质上属于股东对企业的资本性投入，应作为权益性交易，应当将相关利得计入所有者权益（资本公积）。

② 选项 B 错误，取得与收益相关的政府补助，用于补助当期已经发生的成本费用，应直接计入当期损益，不影响资本性项目。

③ 选项 C 正确，控股股东对管理人员的股份赠与，相当于集团股份支付，子公司没有结算义务，属于以权益结算的股份支付，计入资本公积。

④ 选项 D 正确，同一控制下企业合并取得乙公司股权，初始投资成本和换出的资产的账面价值的差额记入"资本公积——股本溢价"。

「考点3」 其他综合收益（★★★）

1. 【答案】B

【解析】选项 B 正确，自用房地产转为以公允价值后续计量的投资性房地产，公允价值大于原账面价值之间的差额计入其他综合收益。

2. 【答案】A

【解析】

① 选项 A 正确，接受大股东捐赠从经济实质上判断属于控股股东对企业的资本性投入，应作为权益性交易，相关利得计入所有者权益（资本公积），日后期间不得转入当期损益，会计分录为：

借：银行存款

　　贷：资本公积——股本溢价

② 选项 B 错误，商品房改为出租时公允价值大于其账面价值的差额应记入"其他综合收益"，处置时，转入当期损益（"其他业务成本"）。

③ 选项 C 错误，现金流量套期工具产生的利得中属于有效套期的部分，应当记入"其他综合收益"，以后期间可以转入损益。

④ 选项 D 错误，非投转投产生的"其他综合收益"，处置时冲减其他业务成本，会影响当期损益。

3. 【答案】ABC
   【解析】
   ① 选项 A 正确，外币财务报表折算差额产生的其他综合收益在处置时转入投资收益。
   ② 选项 B 正确，分类为以公允价值计量且其变动计入其他综合收益的金融资产公允价值变动在处置时转入投资收益。
   ③ 选项 C 正确，分类为以公允价值计量且其变动计入其他综合收益的金融资产信用减值准备在处置时转入投资收益。
   ④ 选项 D 错误，指定为以公允价值计量且其变动计入当期损益的金融负债因企业自身信用风险变动而引起的公允价值变动计入其他综合收益，结转时计入留存收益。

4. 【答案】BC
   【解析】
   ① 选项 A 错误，对子公司的外币财务报表进行折算产生的其他综合收益在处置时转入投资收益。
   ② 选项 B 正确，企业重新计量设定受益计划变动额产生的其他综合收益日后不得转损益，同时企业在权益法下根据被投资企业重新计量设定受益计划变动额而确认的其他综合收益也不得日后转损益。
   ③ 选项 C 正确，指定的以公允价值计量且其变动计入当期损益的金融负债因企业自身信用风险的变动形成的其他综合收益日后不得转损益，应转入留存收益。
   ④ 选项 D 错误，以公允价值计量且其变动计入其他综合收益的债务工具投资因公允价值变动形成的其他综合收益在处置时转入投资收益。

「考点4」留存收益（★）
【答案】B
【解析】
① 选项 AD 错误，以资本公积转增资本和以盈余公积弥补亏损，都是所有者权益内部科目的变化，不影响所有者权益总额。
② 选项 B 正确，增发新股会增加"股本"和"资本公积——股本溢价"，能够引起所有者权益总额变化。
③ 选项 C 错误，向股东支付已宣告分派的现金股利，涉及资产和负债科目增减变动（资产和负债同时减少），不影响所有者权益总额。

17 第十七章 收入·答案

「考点1」识别与客户订立的合同（★★）

1. 【答案】B

   【解析】企业应当区分下列三种情形对合同变更分别进行会计处理：

   情形①：合同变更部分作为单独合同：变更部分增加可明确区分商品＋新增价款反映单独售价。

   情形②：合同变更作为原合同终止及新合同订立：不属于情形① ＋ 原合同已转让商品与未转让商品之间可明确区分。

   情形③：合同变更部分作为原合同的组成部分：不属于情形① ＋ 原合同已转让商品与未转让商品之间不可明确区分。

   本题中，由于新增合同价款不能反映装修服务的单独售价，且在变更日原合同中已履行的部分和未履行的部分不可明确区分，因此，应当将该合同变更部分作为原合同的组成部分，在合同变更日重新计算履约进度，并调整当期收入和相应成本等。

   因此，选项B正确。

2. 【答案】ABD

   【解析】

   ① 选项A正确，2017年末履约进度 ＝6 500÷10 000×100％ ＝65％，应确认收入 ＝20 000× 65％ ＝13 000（万元）。

   ② 选项B正确、选项C错误，由于新增合同价款不能反映装修服务的单独售价，且在变更日原合同中已履行的部分和未履行的部分不可明确区分，因此，应当将该合同变更部分作为原合同的组成部分，在合同变更日重新计算履约进度，并调整当期收入和相应成本等。

   ③ 选项D正确，变更后的合同价格为23 400万元（20 000＋3 400），合同成本为12 000万元（10 000＋2 000），甲公司重新估计的履约进度为54.17％（6 500÷12 000）。因此，合同变更日（2018年初），按新履约进度应确认收入12 675.78万元（54.17％× 23 400），而由于在2017年12月31日已经确认13 000万元，故合同变更日应转回已确认的收入324.22万元（13 000 －12 675.78）。

   注：合同变更日应转回已确认的收入并非追溯调整2017年确认的收入。

「考点2」将交易价格分摊至各单项履约义务（★★★）

【答案】BC

【解析】

① 对于合同折扣，企业应当在各单项履约义务之间按比例分摊。有确凿证据表明合同折扣仅与合同中一项或多项（而非全部）履约义务相关的，企业应当将该合同折扣分摊至相关一项或多项履约义务。

② 选项A错误、选项B正确，这三种产品的单独售价合计为150万元，而该合同的价格为

120万元，因此该合同的折扣为30万元。由于甲公司经常将B产品和C产品组合在一起以70万元的价格销售，该价格与其单独售价的差额为30万元，与该合同的折扣一致，而A产品单独销售的价格与其单独售价一致，证明该合同的折扣仅应归属于B产品和C产品。

③ 选项C正确、选项D错误，分摊至A产品的交易价格为50万元，分摊至B产品和C产品的交易价格合计为70万元，甲公司应当进一步按照B产品和C产品的单独售价的相对比例将该价格在二者之间进行分摊，B产品为17.5（25÷100×70）万元，C产品为52.5（75÷100×70）万元。

「考点3」履行各单项履约义务时确认收入（★★★）

【答案】ABCD

【解析】判断客户何时取得商品控制权应从五个因素综合考虑：

① 企业就该商品享有现时收款权利（即客户就该商品负有现时付款义务）。
② 企业已将该商品的法定所有权转移给客户（即客户已拥有该商品的法定所有权）。
③ 企业已将该商品实物转移给客户（即客户已实际占有该商品）。
④ 企业已将该商品所有权上的主要风险和报酬转移给客户（即客户已取得该商品所有权上的主要风险和报酬）。
⑤ 客户已接受该商品。

综上，选项ABCD均正确。

「考点4」合同成本（★★★）

【答案】ABCD

【解析】选项A，为取得合同发生但预期能够收回的增量成本属于合同取得成本，而非合同履约成本。

选项BCD，应将有关支出直接接入当期损益，不应确认为资产。

「考点5」特定交易的会计处理（★★★）

【答案】A

【解析】选项A正确，企业约定售出商品后以固定价格回购的，如果回购价大于原售价，应当视为融资交易。如果回购价低于原售价，则视为租赁交易。

主观题部分

1. 【解析】

(1) 乙公司为甲公司建造A酒店2期项目属于在某一时段履行的履约义务，应在履约的各个期间确认收入。

理由：由于在甲公司所属土地上建造酒店2期项目，在建造过程中甲公司能够控制乙公司在履约过程中在建的A酒店2期项目。

(2) 乙公司应确认的收入：

2017 年应确认的收入 = 16 000 × 3 600 ÷ 12 000 = 4 800（万元）
2018 年应确认的收入 = 16 000 × 10 800 ÷ 18 000 − 4 800 = 4 800（万元）
2019 年应确认的收入 = 16 000 − 4 800 − 4 800 = 6 400（万元）

(3) 乙公司 2018 年与履行合同义务相关的会计分录：

① 实际发生合同成本：

借：合同履约成本　　　　　　　　　　　　　　（10 800 − 3 600）7 200
　　贷：原材料　　　　　　　　　　　　　　　　（7 200 × 60%）4 320
　　　　应付职工薪酬　　　　　　　　　　　　　（7 200 × 40%）2 880

② 确认计量当年收入并结转成本，同时确认合同预计损失：

借：合同结算——收入结转　　　　　　　　　　　　　　　　4 800
　　贷：主营业务收入　　　　　　　　　　　　　　　　　　4 800
借：主营业务成本　　　　　　　　　　　　　　　　　　　　7 200
　　贷：合同履约成本　　　　　　　　　　　　　　　　　　7 200
借：主营业务成本　　　　　　　　　　　　　（2 000 × 40%）800
　　贷：预计负债　　　　　　　　　　　　　　　　　　　　800

③ 结算合同价款：

借：应收账款　　　　　　　　　　　　　　　　　　　　　　5 600
　　贷：合同结算——价款结算　　　　　　　　　　　　　　5 600

④ 实际收到合同价款：

借：银行存款　　　　　　　　　　　　　　　　　　　　　　5 500
　　贷：应收账款　　　　　　　　　　　　　　　　　　　　5 500

乙公司 2018 年 12 月 31 日资产负债表中列示的项目名称为合同负债。
金额为 800 万元（4 800 + 5 600 − 4 800 − 4 800）。

【抢分技巧】

① 说明：在 2018 年底，由于合同预计总成本（18 000 万元）大于合同总收入（16 000 万元），预计发生损失总额为 2 000 万元。由于其中 2 000 × 60% = 1 200（万元）已经反应在损益中，因此应将剩余的、为完成工程将发生的预计损失 800 万元确认为当期损失。根据或有事项规定，待执行合同变成亏损合同的，该亏损合同产生的义务满足相关条件的，则应当对亏损合同确认预计负债。

② 合同结算贷方余额 800 万元，表明乙公司已经与客户结算但尚未履行履约义务的金额为 800 万元，由于乙公司预计该部分履约义务将在 2019 年完成，因此，应在资产负债表中作为合同负债列示。

③ "合同结算"在报表中列示时，需要根据其期末余额方向分析填列。

　a. 如果"合同结算"科目的期末余额在借方（即确认了收入，但没收到钱，形成未来收款的权利），分别在"合同资产"项目（一年之内完成结算）或"其他非流动资产"项目列示；

　b. 如果该科目的期末余额在贷方（即没有确认收入，但收到了钱，形成未来转让商品的义务），分别在"合同负债"项目（一年之内完成履约）或"其他非流动负债"项目列示。

④ 少收的钱是资产，多收的钱是负债。

（4）计算甲公司 A 酒店 2 期项目的实际成本。

A 酒店 2 期项目的实际成本 = 16 000 + (6 000 ÷ 50 × 2.5) = 16 300（万元）

（甲公司酒店的成本包括支付的承包价款 + 土地使用权在建造期间的摊销金额）

【抢分技巧】 乙公司在 2017 年、2018 年、2019 年、2020 年的会计分录。

2017 年	2018 年	2019 年	2020 年
发生成本 = 3 600 履约进度 = 3 600 ÷ 12 000 = 30% 确认收入 = 16 000 × 30% − 0 = 4 800 毛利 = 4 800 − 3 600 = 1 200 结算价款 4 800 实际收款 4 000	发生成本 = 10 800 − 3 600 = 7 200 履约进度 = 10 800 ÷ 18 000 = 60% 确认收入 = 16 000 × 60% − 4 800 = 4 800 毛利 = 4 800 − 7 200 = −2 400 合同预计损失 = (18 000 − 16 000) × 40% = 800，计提预计负债和主营业务成本。计提预计损失后毛利 = −3 200 结算价款 5 600 实际收款 5 500	发生成本 = 17 500 − 10 800 = 6 700 履约进度 = 17 500 ÷ 17 500 = 100% 确认收入 = 16 000 − 4 800 − 4 800 = 6 400 毛利 = 6 400 − 6 700 = −300 合同预计损失 = (17 500 − 16 000) × 0 = 0 冲减预计负债和主营业务成本。冲减后毛利 = −300 + 800 = 500 结算价款 5 600 实际收款 4 900	实际收款 1 600 （收回质量保证金）
借：合同履约成本 3 600 　贷：原材料、应付职工薪酬 3 600 借：合同结算 4 800 　贷：主营业务收入 4 800 借：主营业务成本 3 600 　贷：合同履约成本 3 600 借：应收账款 4 800 　贷：合同结算 4 800 借：银行存款 4 000 　贷：应收账款 4 000	借：合同履约成本 7 200 　贷：原材料、应付职工薪酬 7 200 借：合同结算 4 800 　贷：主营业务收入 4 800 借：主营业务成本 7 200 　贷：合同履约成本 7 200 借：主营业务成本 800 　贷：预计负债 800 借：应收账款 5 600 　贷：合同结算 5 600 借：银行存款 5 500 　贷：应收账款 5 500	借：合同履约成本 6 700 　贷：原材料、应付职工薪酬 6 700 借：合同结算 6 400 　贷：主营业务收入 6 400 借：主营业务成本 6 700 　贷：合同履约成本 6 700 借：预计负债 800 　贷：主营业务成本 800 借：应收账款 5 600 　贷：合同结算 5 600 借：银行存款 4 900 　贷：应收账款 4 900	借：银行存款 1 600 　贷：应收账款 1 600

续表

2017年	2018年	2019年	2020年
合同结算余额=0	合同结算余额=5 600－4 800＝800（贷方）	合同结算余额=0	

【考点】履行每一单项履约义务时确认收入。

2. 【解析】

① 不正确。

② 理由：对于附有质量保证条款的销售，企业应当评估该质量保证是保证类质保，还是服务类质保。如果属于保证类质保，应按照或有事项准则确认为预计负债，并计入当期销售费用；如果属于服务类质保应当作为单项履约义务。本题中的维修服务与销售商品明确可区分，应当作为单项履约义务进行处理。因此，应按B产品和维修服务的单独售价分摊合同交易价格。

B产品应分摊的交易价格＝1 000×920÷（920＋100）＝901.96（万元）

维修服务应分摊的交易价格＝1 000×100÷（920＋100）＝98.04（万元）

③ 更正分录为：

借：主营业务收入　　　　　　　　　　　　　　　　98.04
　　贷：合同负债　　　　　　　　　　　　　　　　　　　　98.04
借：预计负债　　　　　　　　　　　　　　　　　　80
　　贷：销售费用　　　　　　　　　　　　　　　　　　　　80

【抢分技巧】

正确分录	错误分录	更正分录
借：银行存款　　1 000 　　贷：主营业务收入 　　　　　　　901.96 　　　　合同负债　98.04 借：主营业务成本　700 　　贷：库存商品　　700	借：银行存款　　1 000 　　贷：主营业务收入　1 000 借：主营业务成本　700 　　贷：库存商品　　700 借：销售费用　　80 　　贷：预计负债　　80	借：主营业务收入 　　　　　　　98.04 　　贷：合同负债 　　　　　　　98.04 借：预计负债　80 　　贷：销售费用　80

【考点】特定交易会计处理。

3. 【解析】

(1) 甲公司销售合同中附有销售D设备和授予客户奖励积分两个单项履约义务。

理由：由于授予客户的奖励积分是甲公司向客户提供的一项重大权利，因此应作为一项单项履约义务。另外，甲公司提供的1年期内免费维修服务，属于保证类质量保证，不构成单项履约义务。

(2) 甲公司应将交易价格按D设备和授予客户奖励积分的单独售价的相对比例进行分摊。

奖励积分的估计单独售价＝6 250×5×80%＝25 000（万元）；

D 设备应分摊的交易价格 = 100 000 × [100 000 ÷ (100 000 + 25 000)] = 80 000（万元）；

奖励积分应分摊的交易价格 = 100 000 × [25 000 ÷ (100 000 + 25 000)] = 20 000（万元）。

(3) 甲公司因销售 D 设备应确认的质量保证费用 = 100 000 × (20% × 1% + 10% × 2%) = 400（万元）。

(4) 甲公司会计分录如下：

借：银行存款　　　　　　　　　　　　　　　　　　　　113 000
　　贷：主营业务收入　　　　　　　　　　　　　　　　　 80 000
　　　　合同负债　　　　　　　　　　　　　　　　　　　 20 000
　　　　应交税费——应交增值税（销项税额）　　　　　　 13 000
借：销售费用　　　　　　　　　　　　　　　　　　　　　　 400
　　贷：预计负债　　　　　　　　　　　　　　　　　　　　 400

【考点】特定交易的会计处理。

4. 【解析】
原则：当合同中包含两项或多项履约义务时，企业应当在合同开始日，按照各单项履约义务所承诺商品的单独售价的相对比例，将交易价格分摊至各单项履约义务。甲公司于合同开始日应将交易价格按照 A 商品和 B 商品的单独售价的相对比例进行分摊：

分摊至 A 商品的合同价格 = 5 000 × [2 240 ÷ (2 240 + 3 360)] = 2 000（万元）

分摊至 B 商品的合同价格 = 5 000 × [3 360 ÷ (2 240 + 3 360)] = 3 000（万元）

借：合同资产　　　　　　　　　　　　　　　　　　　　　2 260
　　贷：主营业务收入　　　　　　　　　　　　　　　　　 2 000
　　　　应交税费——应交增值税（销项税额）　　　　　　　 260

（由于 2019 年仅完成了 A 商品的交付，B 商品于 A 商品交付后 6 个月内交付，丙公司于 A、B 商品全部交付并经验收合格后的 2 个月内支付全部合同价款 5 000 万元，因此由于转让 A 商品而有权收取对价的权利取决于时间流逝之外的其他因素。故应确认"合同资产"）

【考点】将交易价格分摊至各单项履约义务。

18 第十八章 政府补助·答案

「考点1」政府补助概述（★★★）

1. 【答案】A

【解析】
① 选项 A 正确，增值税即征即退属于政府补助。
② 选项 B 错误，企业从政府取得经济资源，如果与企业销售商品密切相关，且来源于政府的经济资源是企业商品的对价组成部分，应当按照收入准则处理，不适用政府补助准则。
③ 选项 CD 错误，增加计税抵扣额、直接减征、免征等不涉及资产直接转移的税收优惠不适用政府补助准则。

【抢分技巧】政府补贴企业的商品差价不属于政府补助，其差价补贴实际是政府补助给消费者的补贴，没有直接转移资产给企业。这个很容易出错，需重点掌握，并结合收入章节掌握其会计处理。

2. 【答案】A

【解析】企业从政府取得经济资源，如果与企业销售商品密切相关，且来源于政府的经济资源是企业商品的对价组成部分，应当按照收入准则处理，不适用政府补助准则。甲公司从政府获得进销差价弥补，应当作为销售丙原料的收入组成部分，不适用政府补助。因此，选项 A 正确。

3. 【答案】D

【解析】
① 选项 A 错误，增值税出口退税本质是政府退回企业实现垫付的进项税，不属于政府补助。
② 选项 BC 错误，直接减征、免征、增加计税抵扣额、抵免部分税额等税收优惠，不涉及政府向企业直接转移资产，一般不适用政府补助准则。
③ 选项 D 正确，先征后返的企业所得税，属于政府补助。

「考点2」政府补助的会计处理（★★）

1. 【答案】B

【解析】选项 A 错误，免征企业所得税不涉及资产直接转移，不属于政府补助。

选项 B 正确，退回的增值税属于与日常活动相关的政府补助，甲公司采用总额法，应在收到时确认为其他收益。

选项 C 错误，互惠性活动不属于政府补助，企业为当地政府开发的交通管理系统取得的价款属于销售商品的收入。

选项 D 错误，当地政府给予的开发高新技术设备补助款属于与资产相关的政府补助，在资产达到预定可使用状态后（2020 年 9 月 30 日）在资产剩余寿命内摊销。因此，2020 年应确认的其他收益金额 = 100 ÷ 10 × 3/12 = 2.5（万元）。

2. 【答案】A
【解析】
① 收到即征即退的增值税额属于与收益相关的政府补助，用于补偿已经发生的相关成本费用或损失，且与企业日常活动相关，应直接计入当期损益（其他收益）。

借：银行存款　　　　　　　　　　　　　　　　　　　　　　　　　300
　　贷：其他收益　　　　　　　　　　　　　　　　　　　　　　　　　300

② 总额法下，针对与资产相关的政府补助，企业应当将递延收益在资产后续使用期间转到当期损益。

a. 2017 年 3 月 12 日收到政府拨付款时：

借：银行存款　　　　　　　　　　　　　　　　　　　　　　　　　120
　　贷：递延收益　　　　　　　　　　　　　　　　　　　　　　　　　120

b. 2017 年 9 月 26 日购买不需要安装的实验设备：

借：固定资产　　　　　　　　　　　　　　　　　　　　　　　　　240
　　贷：银行存款　　　　　　　　　　　　　　　　　　　　　　　　　240

c. 2017 年底采用年限平均法计提折旧：

借：管理费用　　　　　　　　　　　　　　　（240÷10×3÷12）6
　　贷：累计折旧　　　　　　　　　　　　　　　　　　　　　　　　　6
借：递延收益　　　　　　　　　　　　　　　（120÷10×3÷12）3
　　贷：其他收益　　　　　　　　　　　　　　　　　　　　　　　　　3

③ 甲公司 2017 年度因政府补助应确认的收益 =300+120÷10×3÷12=303（万元）。

【抢分技巧】
① 注意题干的说明，本题明确说明甲公司采用总额法核算政府补助，即无论是与收益相关的政府补助还是与资产相关的政府补助，均采用总额法进行核算。
② 本题的问题是甲公司 2017 年度因政府补助应确认的收益，所以不用考虑折旧金额。如果题目改成影响损益金额则应当考虑折旧的影响。
③ 其他收益属于营业利润，假如题目问影响甲公司 2017 年度营业利润的金额是多少，则答案同"②"，如果题目给出的是与公司日常活动无关的政府补助，要求甲公司 2017 年度营业利润的金额是多少，则与日常活动无关的这部分不需要考虑。

3. 【答案】ABC
【解析】
① 选项 A 错误，财政直接拨付受益企业的贴息资金，企业应当将对应的贴息冲减相关借款费用，不采用总额法进行会计处理。
② 选项 B 错误，总额法下资产处置时，尚未分摊的递延收益余额应一次性转入资产处置当期的损益，不再予以递延。
③ 选项 C 错误，同时包含与资产相关部分和与收益相关部分的政府补助难以区分的，企业应当全部作为与收益相关的政府补助进行处理。
④ 选项 D 正确，通常情况下，对同类政府补助业务只能选用一种方法，不得随意变更。但如果属于不同类别的政府补助业务，可以选择不同的方法处理。

本题要求选择错误的选项，因此选项 ABC 应当选。

4. 【答案】ABCD

【解析】政府补助的退回，应当在需要退回的当期分情况按照以下规定进行会计处理。

① 初始确认时冲减相关资产账面价值的，调整资产账面价值（选项 A 正确）；

② 存在相关递延收益的，冲减相关递延收益账面余额，超出部分计入当期损益（选项 D 正确）；

③ 属于其他情况的，直接计入当期损益。此外，对于属于前期差错的政府补助退回，应当按照前期差错更正进行追溯调整（选项 BC 正确）。

主观题部分

【解析】

(1) 事项❶属于与资产相关政府补助。甲公司取得用于购建办公楼的政府补助资金，属于与资产相关的政府补助。

事项❷不属于政府补助。甲公司从政府取得的补偿款与企业销售商品密切相关，且来源于政府的经济资源是商品对价的组成部分，应当按照收入准则的规定进行会计处理。

(2) 事项❶属于与资产相关的政府补助，在取得时应先计入递延收益，自资产达到预定可使用状态后，在该资产使用寿命内按照合理的方法分期计入当期损益。

会计分录：

借：银行存款　　　　　　　　　　　　　　　　　　　　2 500
　　贷：递延收益　　　　　　　　　　　　　　　　　　　　　　2 500

(3) 事项❷甲公司从政府取得的补偿款与企业销售商品密切相关，且来源于政府的经济资源是商品对价的组成部分，应当按照收入准则的规定进行会计处理。

会计分录：

借：应收账款　　　　　　　　　　　　（27×4 000）108 000
　　银行存款　　　　　　　　　　　　（18×4 000）72 000
　　贷：主营业务收入　　　　　　　　　　　　　　　　　　180 000
借：主营业务成本　　　　　　　　　　　　　　　　　144 000
　　贷：库存商品　　　　　　　　　　　　　　　　　　　　144 000

【考点】政府补助概述、政府补助的会计处理。

19 第十九章 所得税·答案

「考点1」暂时性差异（★★★）

【答案】AB

【解析】

① 选项A正确，税法折旧大于会计折旧，则资产的账面价值大于其计税基础，产生应纳税暂时性差异。

② 选项B正确，交易性金融资产，期末公允价值大于账面价值，导致资产账面价值大于其计税基础，产生应纳税暂时性差异。

③ 选项C错误，期末预提产品质量保证费用，其计税基础=负债账面价值-未来期间允许税前扣除金额=0，负债的账面价值大于其计税基础，形成可抵扣暂时性差异。

④ 选项D错误，资产减值准备税法不允许税前扣除，导致资产的账面价值小于其计税基础，形成可抵扣暂时性差异。

【抢分技巧】对于此类题目其实不用死抠书中公式，如减值准备，税法规定计提的减值损失不允许税前扣除，待实际发生时再税前扣除，则可以理解为，现在多收了企业减值准备这部分的税金，在实际发生损失的时候再抵减多收的这部分金额，即现在不允许抵扣所得税，在实际发生的时候再抵扣，这样从字面理解，其应该为可抵扣的暂时性差异。

「考点2」递延所得税负债及递延所得税资产的确认和计量（★★★）

【答案】C

【解析】

① 2017年职工教育经费超过税前扣除限额，确认递延所得税资产10万元，也就是当年超过税前扣除限额的金额=10÷25%=40（万元），可以在以后年度扣除。

② 2018年按税法规定可税前扣除的限额=4 000×8%=320（万元），2018年发生职工教育经费90万元，允许全额扣除。另外，2017年超过扣除限额的40万元，在2018年可以全部扣除（40<320-90），全部扣除之后不存在暂时性差异，应将对应的递延所得税资产10万元转回。

「考点3」所得税费用的确认和计量（★★★）

1. 【答案】A

【解析】

① 环保专用设备投资额的10%可以从当年的应纳税额中抵免，因此甲公司2019应纳税额抵减额=3 000×10%=300（万元），而2019年应交所得税=1 000×25%=250（万元）。

② 由于甲公司拥有抵免额300万元，因此2019年甲公司应交所得税为0元，而剩余的50万元抵免额可以在未来5年内抵免，同时由于假定甲公司未来5年很可能获得足够的应纳税所得额用来抵扣可抵扣亏损和税款抵免，因此2019年应确认递延所得税资产50万元，同时冲减所得税费用50万元。

③ 综上，甲公司 2019 年度利润表中应当列报的所得税费用金额为 -50 万元。

2. 【答案】B

【解析】方法一：

所得税费用 =（利润总额 +/ -税会永久性差异）×25%

甲公司 2013 年的所得税费用 =（210 -10 +20）×25% =55（万元），故选项 B 正确。

方法二：

2013 年甲公司有 3 个税会差异事项：

① 国债利息收入 10 万元，属于永久性差异，只影响当期纳税调整（调减 10 万元），不影响递延所得税。

② 行政罚款 20 万元，属于永久性差异，只影响当期纳税调整（调增 20 万元），不影响递延所得税。

③ 固定资产账面价值与计税基础的差异，属于暂时性差异，既影响当期纳税调整，又影响递延所得税。

该固定资产形成的递延所得税负债期末余额为 25 万元，期初余额为 20 万元，递延所得税负债本期增加 5 万元，说明新发生应纳税暂时性差异 20 万元（5÷25%）。发生应纳税暂时性差异，对当期应纳税所得额是纳税调减 20 万元，对递延所得税是增加递延所得税费用 5 万元。

因此，应纳税所得额 =税前会计利润 +纳税调增 -纳税调减 =210 -10 +20 -20 =200（万元）。

应交所得税 =200 ×25% =50（万元）。

递延所得税 =递延所得税负债增加额 -递延所得税资产增加额 =5（万元）。

所得税费用 =应交所得税 +递延所得税 =50 +5 =55（万元）。

【抢分技巧】应纳税暂时性差异，在发生时应纳税调减，在未来转回时应纳税调增。

3. 【答案】CD

【解析】甲公司有 2 个税会差异事项：

① 其他权益工具投资账面价值与计税基础的差异：

  a. 纳税调整：

    公允价值增加形成的利得，既不影响会计利润，也不影响应纳税所得额，无须纳税调整。

  b. 递延所得税影响：

    资产账面价值 >计税基础，属于应纳税暂时性差异 160 万元，应确认递延所得税负债 40 万元（160 ×25%），但不影响所得税费用，影响其他综合收益。

    借：其他综合收益   40
      贷：递延所得税负债   40

② 政府补助：

  a. 纳税调整：

    与资产相关政府补助，会计在收到时作为递延收益（负债科目），不影响当期会计利润，但税法规定不属于免税收入，要计入当期应纳税所得额，但在以后允许扣减，因此应纳税调增 1 600 万元。

b. 递延所得税影响：

负债账面价值 =1 600 万元，计税基础 =1 600 -1 600 =0，属于可抵扣暂时性差异 1 600 万元，应确认递延所得税资产 400 万元（1 600 ×25%），影响所得税费用 400 万元。

借：递延所得税资产　　　　　　　　　　　　　　　　　　　　　400
　　贷：所得税费用　　　　　　　　　　　　　　　　　　　　　　　　400

③ 综上，应纳税所得额 =5 200 +1 600 =6 800（万元）；

应交所得税 =6 800 ×25% =1 700（万元）；

递延所得税 = -400 万元；

所得税费用 =应交所得税 +递延所得税 =1 700 -400 =1 300（万元）；

因此，选项 AB 错误、选项 CD 正确。

【抢分技巧】

① 本题考查的均是所得税中的特殊事项，考点较为突出，如"以公允价值计量且其变动计入其他综合收益的金融资产"影响递延所得税负债，但是不影响所得税费用。

② 当收到与资产相关的政府补助，虽然计入递延收益，但税法规定当期一次性全部纳入应纳税所得额，对于没有学过税法的同学，这个知识点很容易忽略。不过注意考试中题干信息，一般会计考试中这种都会告知，但是建议掌握。

主观题部分

1. **【解析】**

(1) 甲公司会计处理不正确。

理由：该交易或事项不属于企业合并，同时在初始确认时既不影响会计利润也不影响应纳税所得额，根据准则规定，对该事项所形成的暂时性差异，不确认有关所得税影响。

(2) 更正分录：

借：所得税费用　　　　　　　　　　　　　　　　　　　　　　　93.75
　　贷：递延所得税资产　　　　　　　　　　　　　　　　　　　　　93.75

【考点】 暂时性差异、所得税费用的确认和计量。

2. **【解析】**

(1) 甲公司应当将外购研发项目的支出资本化，当期发生的研发支出中符合资本化条件的支出资本化。

理由：外购研发项目符合资产确认条件，应当确认为资产；

开发阶段中满足资本化条件的支出应当计入无形资产的成本。

(2) 该无形资产账面价值 =900 +400 =1 300（万元），计税基础 =未来期间允许税前扣除金额 =1 300 ×175% =2 275（万元），资产账面价值小于其计税基础，属于可抵扣暂时性差异。但是，根据会计准则规定，该交易或事项既不属于企业合并，在初始确认时也不影响会计利润和应纳税所得额，对该交易或事项形成的暂时性差异，不确认相关的递延所得税。

(3) 会计分录：

借：研发支出——资本化支出　　　　　　　　　　　　　　900
　　贷：银行存款　　　　　　　　　　　　　　　　　　　　　900
借：研发支出——资本化支出　　　　　　　　　　　　　　400
　　贷：银行存款　　　　　　　　　　　　　　　　　　　　　400

【考点】暂时性差异、所得税费用的确认和计量、内部研究开发支出的确认和计量。

3. 【解析】

(1) 甲公司对乙公司长期股权投资2018年12月31日的账面价值 = 3 800 + (500 + 200) × 20% = 3 940（万元），其计税基础为3 800万元。

该长期股权投资的账面价值与计税基础形成暂时性差异，但不应确认相关递延所得税负债。

理由：甲公司拟长期持有对乙公司的投资，所形成的暂时性差异在可预见的未来不会转回，对未来计税不影响，故不确认递延所得税负债。该项无形资产2018年12月31日的账面价值 = 600 − 600 ÷ 5 × 1 ÷ 2 = 540（万元），计税基础 = 540 × 175% = 945（万元）。该无形资产的账面价值与计税基础之间形成的可抵扣暂时性差异405（945 − 540）万元，企业不应确认相关的递延所得税资产。

理由：该交易非企业合并，该交易发生时既不影响会计利润，也不影响应纳税所得额，则所产生的暂时性差异不确认相应的递延所得税资产或负债。

(2) 应纳税所得额 = 5 200 − 100 − 300 − 45 = 4 755（万元）；

我国境内设立的居民企业间股息、红利免税，故乙公司实现净利润500万元中归属于甲公司的100（500 × 20%）万元，调减。

研发支出费用化的75%加计扣除，即300（400 × 75%）万元，调减。

无形资产，按照无形资产摊销金额的175%予以税前扣除，即45（600 ÷ 5 × 1 ÷ 2 × 75%）万元，调减。

应交所得税 = 4 755 × 25% = 1 188.75（万元）

借：所得税费用　　　　　　　　　　　　　　　　　　1 188.75
　　贷：应交税费——应交所得税　　　　　　　　　　　　1 188.75

【抢分技巧】

	对当期所得税的影响	对递延所得税影响					
		账面价值	计税基础	暂时性差异（期末余额）	递延资产或负债（期末余额）	递延资产或负债（期初余额）	递延所得税费用
(1) 长期股权投资	−100	3 940	3 800	140（应纳税差异）	不确认（特殊差异）	—	—
(2.1) 研发费用	−300	0	0	—	—	—	—
(2.2) 无形资产	−45	540	945	405（可抵扣差异）	不确认（特殊差异）	—	—

(1) 长期股权投资：

借：长期股权投资——投资成本　　　　　　　　　　　　　3 800
　　贷：银行存款　　　　　　　　　　　　　　　　　　　　　　　3 800
借：长期股权投资——损益调整　　　　　　　　　　　　　100
　　贷：投资收益　　　　　　　　　　　　　　　　　　　　　　　100
借：长期股权投资——其他综合收益　　　　　　　　　　40
　　贷：其他综合收益　　　　　　　　　　　　　　　　　　　　　40

会计确认投资收益100万元，增加利润100万元，但税法规定免税，不影响应纳税所得额，应纳税调减100万元。

(2) 内部研发无形资产：

借：研发支出——费用化支出　　　　　　　　　　　　　400
　　　　　　　——资本化支出　　　　　　　　　　　　　600
　　贷：银行存款　　　　　　　　　　　　　　　　　　　　　　1 000
借：管理费用　　　　　　　　　　　　　　　　　　　　400
　　贷：研发支出——费用化支出　　　　　　　　　　　　　　　400
借：无形资产　　　　　　　　　　　　　　　　　　　　600
　　贷：研发支出——资本化支出　　　　　　　　　　　　　　　600
借：管理费用　　　　　　　　　　　　　　　　　　　　60
　　贷：累计摊销　　　　　　　　　　　　　　　　　　　　　　　60

① 对于研发费用400万元，会计确认管理费用400万元，税法允许加计扣除75%，应纳税调减300万元（400×75%）。

② 对于无形资产摊销，会计摊销60万元，税法摊销105万元，应纳税调减45万元。

因此，会计利润=5 200万元；

应纳税所得额=5 200－100－300－45=4 755（万元），应交所得税=4 755×25%=1 188.75（万元）；

递延所得税=0；

所得税费用=1 188.75+0=1 188.75（万元），或者所得税费用=(5 200－100－300－45)×25%=1 188.75（万元）。

【考点】资产、负债的计税基础、所得税费用的确认和计量。

第二十章 非货币性资产交换·答案

「考点1」非货币性资产的概念（★）

1. 【答案】A

    【解析】

    ① 选项 A 正确，甲公司用长期股权投资（联营企业）交换乙公司原材料，构成非货币性资产交换，适用于该准则。

    ② 选项 B 错误，甲换出存货，虽然构成非货币性资产交换，但不适用于非货币性资产交换准则，适用收入准则。

    ③ 选项 C 错误，应收票据属于货币性资产，甲公司用应收票据交换乙公司固定资产，不属于非货币性资产交换。

    ④ 选项 D 错误，因为涉及补价比例超过 25%，该交易不属于非货币性资产交换。

2. 【答案】B

    【解析】

    ① 选项 AC 错误，非货币性资产交换中涉及金融资产的，不适用非货币性资产交换准则，而是适用金融工具准则进行会计处理。选项 A 中甲公司换出的乙公司 5% 股权、选项 C 中甲公司换入的以交易为目的的 10 万股股票都属于金融资产。

    ② 选项 B 正确，甲公司用无形资产换取戊公司固定资产，属于非货币性资产交换，也适用于非货币性资产交换准则。

    ③ 选项 D 错误，甲公司已开发完成的商品房属于甲公司的存货。企业以存货换取其他企业非货币性资产等的，换出存货的企业应当按照收入准则进行处理。

3. 【答案】D

    【解析】

    ① 选项 A 错误，分期收款销售大型设备不属于非货币性资产交换（分期销售商品应适用于收入准则）。

    ② 选项 B 错误，因其甲公司自身普通股属于公司所有者权益不属于非货币性资产，因此该交易不属于非货币性资产交换。

    ③ 选项 C 错误，以库存商品和银行存款偿付乙公司款项属于债务重组事项，不属于非货币性资产交换。

    ④ 选项 D 正确，丙公司为联营企业，对丁公司也只是产生重大影响，属于权益法核算的长期股权投资，因此以丙公司股权换取丁公司股权不涉及企业合并，且补价比例满足非货币性资产交换的定义，故该事项应当按照非货币性资产交换准则的规定进行会计处理。

4. 【答案】B

    【解析】

    ① 选项 AC 错误，应收账款、应收票据均属于货币性资产，用货币性资产交换其他资产，不属于非货币性资产交换。

② 选项 B 正确，甲公司换出土地使用权（无形资产），换入乙公司的产品（存货），应当按照非货币性资产交换进行会计处理。注意：乙公司换出存货应该按照收入准则进行会计处理。

③ 选项 D 错误，债权投资属于金融资产，非货币性资产交换涉及金融资产的，应按金融工具准则处理，不适用于非货币性资产交换准则。

5. 【答案】ACD

【解析】

① 非货币性资产交换，要同时满足 2 个条件：一是交易对象主要是非货币性资产；二是涉及补价比例 <25%。另外，下列交易事项虽然符合非货币性资产交换的定义，但由于已经有其他准则所规范，不适用于非货币性资产交换准则进行会计处理：

a. 换出存货的非货币性资产交换，换出方适用于收入准则。

b. 涉及企业合并的非货币性资产交换，适用企业合并、长期股权投资、合并报表准则。

c. 涉及金融资产的非货币性资产交换，适用金融工具准则（选项 C）。

d. 涉及使用权资产或租赁应收款的非货币性资产交换，适用租赁准则。

e. 构成权益性交易的非货币性资产交换，即一方对另一方持股且以股东身份进行交易或者双方具有相同的最终控制方，适用权益性交易原则处理（选项 A）。

② 选项 B，甲用固定资产换入其他企业持有的长期股权投资（联营企业、不涉及企业合并）构成非货币性资产交换，且适用于该准则。

③ 选项 D，甲公司以生产设备向股东分配利润，不构成非货币性资产交换。

6. 【答案】ACD

【解析】

① 选项 A 不属于，企业签发银行承兑汇票用于支付设备租赁费不涉及资产交换，不属于非货币性资产交换。

② 选项 B 属于，以子公司股权换丁公司股权，交易对象均属于非货币性资产，且补价比例小于 25%，故该交易属于非货币性资产交换行为（该事项涉及企业合并，虽然符合非货币性资产交换的定义，但是不适用于《非货币性资产交换》准则，而适用《企业合并》准则）。

③ 选项 C 不属于，以库存原材料偿付所欠乙公司账款的 70%，其余应付账款以银行存款支付，属于债务重组事项，不符合非货币性资产交换的定义。

④ 选项 D 不属于，甲公司发行自身普通股取得乙公司 60% 股权的交易中，因其发行的自身普通股属于公司所有者权益，不属于非货币性资产，因此该交易不属于非货币性资产交换。

7. 【答案】AD

【解析】

① 货币性资产，是指企业持有的货币资金和收取固定或可确定金额的货币资金的权利，包括现金、银行存款、应收账款和应收票据等。

② 选项 AD 正确，银行存款和应收票据均属于货币性资产。

③ 选项 B 错误，预付账款将收取的是货物或者服务，不属于货币性资产。

④ 选项 C 错误，以公允价值计量且其变动计入当期损益的金融资产有收取货币资金的权利，但是金额不确定，不属于货币性资产。

8. 【答案】ABCD
   【解析】
   ① 选项 A 正确，版权（无形资产）属于非货币性资产，且交易不涉及货币性资产，故属于非货币性资产交换。
   ② 选项 B 正确，企业应用市场法估计相关资产公允价值的，可利用相同或类似资产的市场价格进行调整。
   ③ 选项 C 正确，换入、换出资产的公允价值均不能可靠计量时，应当按照换出资产的账面价值和应支付的相关税费，作为换入资产的成本，无论是否支付补价，均不确认损益；收到或支付的补价作为确定换入资产成本的调整因素。
   ④ 选项 D 正确，企业发生的非货币性资产交换，满足下列条件之一的，视为具有商业实质：
     a. 换入资产的未来现金流量在风险、时间分布或金额方面与换出资产显著不同；
     b. 使用换入资产所产生的预计未来现金流量现值与继续使用换出资产所产生的预计未来现金流量现值不同，且其差额与换入资产和换出资产的公允价值相比是重大的。
   本题中因换入、换出资产内容、制作方法和演员团队、适用人群等并不相同，其带来的预期现金流量存在差异，应视为具有商业实质。

9. 【答案】BD
   【解析】
   ① 选项 AC 错误，选项 A 中换出的应收汇票和选项 C 中换出的将于 3 个月内到期的国债投资都属于货币性资产，不满足非货币性资产交换的概念。
   ② 选项 B 正确，版权（无形资产）属于非货币性资产，因此以本公司持有的丙版权换取其他方持有的丁版权属于非货币性资产交换。
   ③ 选项 D 正确，其他权益工具投资和版权（无形资产）均属于非货币性资产，因此二者交换属于非货币资产交换。
   【抢分技巧】
   ① 其他权益工具投资属于金融资产，因此该非货币性资产交换不适用于非货币性资产交换准则，而是适用金融工具准则。
   ② 做题时要注意区分：
     a. 是否属于非货币资产交换。
     b. 是否适用于《企业会计准则第 7 号——非货币性资产交换》的规定：
       比如换出存货、涉及金融工具、使用权资产、租赁应收款的非货币性资产交换，虽然符合非货币性资产交换的定义，但是都不适用于《非货币性资产交换》准则。

「考点 2」非货币性资产交换的会计处理（★★★）

1. 【答案】B
   【解析】
   ① 该交易符合非货币性资产交换的定义，且满足按公允价值计量的条件。

② 甲公司换入无形资产的入账价值 = 换出资产公允价值 + 换出资产销项税额 + 支付补价公允价值 – 换入资产进项税额 = 700 + 700 × 13% + 57 – 800 × 6% = 800（万元）。

③ 会计分录为：

借：无形资产		800
应交税费——应交增值税（进项税额）	（800×6%）	48
贷：主营业务收入		700
应交税费——应交增值税（销项税额）	（700×13%）	91
银行存款		57
借：主营业务成本		560
贷：库存商品		560

【抢分技巧】非货币性资产交换，一般以换出资产公允价值计量，除非有证据证明换入资产公允价值更加可靠。

2. 【答案】D

【解析】

① 该交易满足非货币性资产交换条件，且满足按公允价值计量的条件。

② 甲公司换出无形资产，应视同销售，公允价值与其账面价值的差额计入资产处置损益。无形资产账面价值 = 80 – 15 – 0 = 65（万元），公允价值 = 换入资产公允价值 + 换入资产销售税额 + 收到补价 = 100 + 13 + 30 = 143（万元），应确认资产处置损益 = 143 – 65 = 78（万元）。

③ 会计分录为：

借：库存商品	100
应交税费——应交增值税（进项税额）	13
累计摊销	15
银行存款	30
贷：无形资产	80
资产处置损益	78

3. 【答案】D

【解析】本题中非货币性资产交换具有商业实质且换入资产和换出资产公允价值均能够可靠计量，因此应以公允价值为基础计量，企业应当在换出资产终止确认时，将换出资产的公允价值与其账面价值之间的差额计入当期损益，因此应确认损益 = 130 – (140 – 25) = 15（万元）。因此，选项D正确。

4. 【答案】B

【解析】本题中非货币性资产交换具有商业实质且换入资产和换出资产公允价值均能够可靠计量，因此应以公允价值为基础计量。

A公司换入长期股权投资的初始成本 = 510（换出资产公允价值）– 30（收到补价）= 480（万元）。由于初始成本小于应享有C公司可辨认净资产公允价值的份额500万元（2 500 × 20%），应调增长期股权投资入账价值20万元（500 – 480），并相应确认营业外收入。因此，A公司换取资产的入账价值 = 480 + 20 = 500（万元）。

5. 【答案】ABCD

【解析】

① 该交易属于非货币性资产交换（交换对象属于非货币性资产+补价比例<25%），且满足按公允价值计量的条件（具有商业实质+资产公允价值能够可靠计量）。

② 甲公司换出长期股权投资（权益法），换入机器设备，同时支付补价100万元。

换出长期股权投资应视同出售，公允价值与账面价值差额应计入投资收益，同时应将持有期间确认的其他综合收益、资本公积（其他资本公积）转入投资收益。长期股权投资账面价值=2 200+（7 500×30%－2 200）+（3 500－400）×30%+650×30%=3 375（万元），公允价值为3 800万元，应确认投资收益金额=3 800－3 375+650×30%=620（万元）。

换入设备的入账价值=换出资产公允价值+支付补价公允价值=3 800+100=3 900（万元）。

因此，选项A正确、选项D正确。

③ 选项B正确，换入联营企业股权投资入账价值=换出设备公允价值－收到补价公允价值=3 900－100=3 800（万元）。

④ 选项C正确，丙公司换出生产的设备应视同销售，应确认收入3 900万元。

21 第二十一章 债务重组·答案

「考点1」债务重组的定义和方式（★★）

1. 【答案】BCD

   【解析】债务重组，是指在不改变交易对手方的情况下，经债权人和债务人协定或法院裁定，就清偿债务的时间、金额或方式等重新达成协议的交易。应该注意的是，债务重组不要求债务人发生财务困难，也不要求债权人作出让步。

   因此，选项 BCD 符合债务重组定义，选项 A 不属于债务重组的定义。

「考点2」债权人的会计处理（★★★）

1. 【答案】C

   【解析】

   ① 债权人与债务人在债务重组前后均受同一方或相同多方最终控制的债务重组构成权益性交易，应当适用权益性交易的有关会计处理规定，债权人和债务人不确认构成权益性交易的债务重组相关损益。

   ② 乙公司取得丙公司 60% 股权属于同一控制下企业合并，长期股权投资初始投资成本 = 28 000 ×60% =16 800（万元）。

   ③ 乙公司相关会计分录：

   借：长期股权投资　　　　　　　　　　　　　　　　　　　16 800
   　　坏账准备　　　　　　　　　　　　　　　　　　　　　　4 000
   　　贷：应收账款　　　　　　　　　　　　　　　　　　　　　　　20 000
   　　　　资本公积——资本溢价　　　　　　　　　　　　　　　　　　800

2. 【答案】D

   【解析】

   ① 债权人初始确认受让的非金融资产时，应以放弃债权的公允价值（本题中为 678 万元）与可归属于受让资产的其他成本之和作为受让资产的初始入账价值（扣除可抵扣的增值税 78 万元），故取得存货初始确认金额为 600 万元。

   ② 放弃债权的公允价值与账面价值之间的差额，应当计入投资收益。甲公司应确认的投资收益 =678 – (2 000 – 1 500) =178（万元）。

   ③ 会计分录如下：

   借：库存商品　　　　　　　　　　　　　　　　　　　　　　600
   　　应交税费——应交增值税（进项税额）　　　　　　　　　　78
   　　坏账准备　　　　　　　　　　　　　　　　　　　　　　1 500
   　　贷：应收账款　　　　　　　　　　　　　　　　　　　　　　　2 000
   　　　　投资收益　　　　　　　　　　　　　　　　　　　　　　　178

3. 【答案】A

   【解析】债权人初始确认受让的非金融资产时,应以放弃债权的公允价值与可归属于受让资产的其他成本之和作为受让资产的初始入账价值(扣除可抵扣的增值税),故取得存货初始确认金额 = 1 469 - 13 × 100 × 13% = 1 300(万元)。放弃债权的公允价值与账面价值之间的差额 = -131 万元 [1 469 - (2 000 - 400)],应当计入投资收益。因此,选项 A 正确。

   会计分录如下:

   借:库存商品　　　　　　　　　　　　　　　　　　　　　　1 300
   　　应交税费——应交增值税(进项税额)　　　　　　　　　　169
   　　坏账准备　　　　　　　　　　　　　　　　　　　　　　　400
   　　投资收益　　　　　　　　　　　　　　　　　　　　　　　131
   　　贷:应收账款　　　　　　　　　　　　　　　　　　　　　　2 000

4. 【答案】A

   【解析】债权人放弃债权的公允价值与账面价值之间的差额,记入"投资收益"科目。乙公司债务重组应确认的投资收益 = 400 - 450 = -50(万元)。因此,选项 A 正确。

5. 【答案】B

   【解析】债权人受让多项非金融资产,或者包括金融资产、非金融资产在内的多项资产的,应当按照《企业会计准则第 22 号——金融工具确认和计量》的规定确认和计量受让的金融资产;按照受让的金融资产以外的各项资产在债务重组合同生效日的公允价值比例,对放弃债权在合同生效日的公允价值扣除受让金融资产当日公允价值后的净额进行分配,并以此为基础分别确定各项资产的成本。放弃债权的公允价值与账面价值之间的差额,记入"投资收益"科目。

   因此,A 公司债务重组取得存货的入账价值 = 800 - 400 = 400(万元)。

6. 【答案】CD

   【解析】

   ① 选项 A 错误,放弃债权的公允价值与账面价值之间的差额,应当计入投资收益。甲公司应确认的投资收益 = 900 - (1 200 - 240) = -60 万元。

   ② 选项 B 错误,收到乙公司开具的增值税专用发票上进项税额 = 8 × 100 × 13% = 104(万元)。

   ③ 选项 C 正确,债权人初始确认非金融资产时,应以放弃债权的公允价值与可归属于受让资产的其他成本之和作为受让资产的初始入账价值(扣除可抵扣的增值税),故取得存货初始确认金额 = 900 - 120 - 104 = 676(万元)。

   ④ 选项 D 正确,收到的银行承兑汇票入账价值 = 120(万元)。

   ⑤ 会计分录为:

   借:库存商品　　　　　　　　　　　　　　　　　　　　　　676
   　　应交税费——应交增值税(进项税额)　　　　　　　　　　104
   　　应收票据　　　　　　　　　　　　　　　　　　　　　　　120
   　　坏账准备　　　　　　　　　　　　　　　　　　　　　　　240

投资收益 60
贷：应收账款 1 200

7. 【答案】BCD

【解析】

① 选项A错误，债权人受让包括现金在内的单项或多项金融资产的，应当按照《企业会计准则第22号——金融工具确认和计量》的规定进行确认和计量。金融资产初始确认时应当以其公允价值计量，金融资产确认金额与债权终止确认日账面价值之间的差额，记入"投资收益"科目。

② 选项BCD正确，债权人初始确认受让的非金融资产时（如投资性房地产、存货、长期股权投资等），应以放弃债权的公允价值（本题中为678万元）与可归属于受让资产的其他成本之和作为受让资产的初始入账价值。

「考点3」债务人的会计处理（★★★）

1. 【答案】A

【解析】

① 选项A正确，该事项甲公司应当确认债务重组收益 = 清偿负债账面价值 − 抵债资产账面价值 − 重组债务公允价值 = 1 500 − 650 − 500 − (1 500 − 700 − 600) × 80% = 190（万元）。

② 选项B错误，甲公司应确认重组债务金额 = (1 500 − 700 − 600) × 80% = 160（万元）。

③ 选项C错误，甲公司以存货清偿债务，应将清偿负债的账面价值与抵债资产账面价值的差额直接计入其他收益，不用视同出售。

④ 选项D错误，甲公司以资产清偿债务，应将清偿负债的账面价值与抵债资产账面价值的差额直接计入其他收益，不用视同出售，即无需区分资产处置损益与债务重组损益。

⑤ 甲公司会计分录为：

借：应付账款 1 500
贷：库存商品 500
　　固定资产清理 650
　　应付账款——重组债务 160
　　其他收益 190

2. 【答案】A

【解析】

① 选项A正确，甲公司应当确认债务重组收益 = 清偿负债账面价值 − 抵债资产账面价值 = 800 − 500 − 90 = 210（万元）。

② 选项B错误，甲公司以存货清偿债务，应将清偿负债的账面价值与抵债资产账面价值的差额直接计入其他收益，不用视同出售，即不确认收入、结转成本。

③ 选项C错误，本题中的事项不涉及其他综合收益。

④ 选项D错误，甲公司以资产清偿债务，应将清偿负债的账面价值与抵债资产账面价值的差额直接计入其他收益，不视同出售，即无需区分资产处置损益与债务重组损益。

⑤ 甲公司会计分录为：

借：固定资产清理		500
累计折旧		200
贷：固定资产		700
借：应付账款		800
贷：库存商品		90
固定资产清理		500
其他收益		210

3. 【答案】C

【解析】债务人以资产抵债，清偿负债账面价值与抵债资产账面价值的差额计入其他收益。该事项对甲公司利润影响金额＝1 000－600－91＝309（万元）。因此，选项C正确。

甲公司会计分录为：

借：应付账款		1 000
贷：库存商品		600
应交税费——应交增值税（销项税额）		91
其他收益		309

4. 【答案】ABC

【解析】债务人以单项或多项金融资产清偿债务的，清偿负债的账面价值与抵债金融资产账面价值的差额，记入"投资收益"科目。如果是以公允价值计量且其变动计入其他综合收益的金融资产抵债，还应将持有期间确认的其他综合收益转出到投资收益。

乙公司会计分录为：

借：应付账款		4 000
贷：其他债权投资——成本		3 000
——公允价值变动		500
投资收益		500
借：其他综合收益		500
贷：投资收益		500

因此，选项ABC正确。

「考点4」 不同债务重组方式的具体会计处理（★★★）

1. 【答案】C

【解析】

① 选项A错误，甲公司（债务人）以存货清偿债务，应将清偿负债的账面价值与抵债资产账面价值的差额直接计入其他收益，不用视同出售，即不确认收入、结转成本。

② 选项B错误，乙公司（债权人）确认投资收益＝放弃债权公允价值－放弃债权账面价值＝1 582－（2 000－400）＝－18（万元）。

③ 选项C正确，甲公司（债务人）应确认其他收益＝清偿负债账面价值－抵债资产账面价值＝2 000－800－1 400×13%＝1 018（万元）。

④ 选项D错误，债权人初始确认非金融资产时，应以放弃债权的公允价值与可归属于受让

资产的其他成本之和作为受让资产的初始入账价值（扣除可抵扣的增值税），故取得存货初始确认金额＝1 582－182＝1 400（万元）。

⑤甲公司和乙公司的会计分录如下：

甲公司（债务人）	乙公司（债权人）
借：应付账款　　　　　　　　　　2 000 　贷：库存商品　　　　　　　　　　800 　　　应交税费——应交增值税（销项税额） 　　　　　　　　　　　　　　　　182 　　　其他收益——债务重组收益　1 018	借：库存商品　　　　　　　　　　1 400 　　应交税费——应交增值税（进项税额） 　　　　　　　　　　　　　　　　182 　　坏账准备　　　　　　　　　　400 　　投资收益　　　　　　　　　　　18 　贷：应收账款　　　　　　　　　2 000

2.【答案】B

【解析】

①债务人以非金融资产抵债，清偿负债账面价值与抵债资产账面价值的差额应计入其他收益，计入其他收益金额＝18－13＝5（万元）。

债务人乙公司会计分录为：

借：应付账款　　　　　　　　　　　　　　　　　　　　　　　　　　18
　贷：长期股权投资　　　　　　　　　　　　　　　　　　　　　　　13
　　　其他收益　　　　　　　　　　　　　　　　　　　　　　　　　 5

②债权人受让非金融资产时，应以放弃债权的公允价值与可归属于受让资产的其他成本之和作为受让资产的初始入账价值，长期股权投资入账价值＝14（万元）。应将放弃债权的公允价值与其账面价值差额计入投资收益，计入投资收益的金额＝14－(18－1)＝－3（万元）。

债权人甲公司会计分录如下：

借：长期股权投资　　　　　　　　　　　　　　　　　　　　　　　　14
　　坏账准备　　　　　　　　　　　　　　　　　　　　　　　　　　 1
　　投资收益　　　　　　　　　　　　　　　　　　　　　　　　　　 3
　贷：应收账款　　　　　　　　　　　　　　　　　　　　　　　　　18

主观题部分

【解析】甲公司的会计处理不正确。

理由：为支持甲公司开拓新兴市场业务，甲公司与母公司签订的债务重组协议，该行为从经济实质上判断是控股股东的资本性投入，甲公司应将豁免债务全额计入所有者权益（资本公积）。

更正会计分录如下：

借：其他收益　　　　　　　　　　　　　　　　　　　　　　　　　5 000
　贷：资本公积——资本溢价　　　　　　　　　　　　　　　　　　5 000

【考点】债务人的会计处理。

22 第二十二章 外币折算·答案

「考点 1」外币交易的会计处理（★★★）

1. 【答案】C

   【解析】
   ① 选项 A 错误，预收账款属于以历史成本计量的外币非货币性项目，已在交易发生日按当日即期汇率折算，资产负债表日不应改变其记账本位币金额，不产生汇兑差额。
   ② 选项 B 错误，以公允价值计量且其变动计入其他综合收益的外币货币性金融资产（即其他债权投资）形成汇兑差额计入财务费用。
   ③ 选项 C 正确，以公允价值计量且其变动计入其他综合收益的外币非货币性金融资产（即其他权益工具投资）形成汇兑差额计入其他综合收益。
   ④ 选项 D 错误，企业收到投资者以外币投入的资本，采用交易日的即期汇率折算，不能按合同约定汇率或者即期汇率的近似汇率折算。

2. 【答案】B

   【解析】
   ① 期末，将所有外币货币性项目的外币余额，按照期末即期汇率折算为记账本位币金额，并与原记账本位币金额相比较，其差额记入"财务费用——汇兑差额"科目。本题中，"应付账款"和"银行存款"都属于外币货币性项目。
   ② 银行存款汇兑差额 = 1 000 × 6.5 − 7 020 = −520（万元），外币货币性资产的记账本位币金额减少，为汇兑损失。

   借：财务费用　　　　　　　　　　　　　　　　　　　　　　　　520
   　　贷：银行存款　　　　　　　　　　　　　　　　　　　　　　　　520

   ③ 应付账款汇兑差额 = 80 × 6.5 − 80 × 6.8 = −24（万元），外币货币性负债的记账本位币金额减少，为汇兑收益。

   借：应付账款　　　　　　　　　　　　　　　　　　　　　　　　24
   　　贷：财务费用　　　　　　　　　　　　　　　　　　　　　　　　24

   综上，上述交易或事项对甲公司 12 月份营业利润的影响金额 = −520 + 24 = −496（万元），因此选项 B 正确。

3. 【答案】AB

   【解析】
   ① 选项 AB 正确，应收账款、应收利息均属于货币性项目，期末汇兑差额应计入财务费用。
   ② 选项 C 错误，外币衍生金融负债属于以公允价值计量且其变动计入当期损益的金融负债，期末汇兑差额与其公允价值变动一并计入公允价值变动损益。
   ③ 选项 D 错误，外币非交易性权益工具投资（即其他权益工具投资）属于非货币性项目，汇兑差额与其公允价值变动一并计入其他综合收益。

4. 【答案】BD

【解析】

① 选项 A 正确,外币财务报表折算差额在合并资产负债表"其他综合收益"项目列示。

② 选项 B 错误,预付账款将收取的是货物或者服务,不属于货币性资产,而是属于以历史成本计量的外币非货币性项目,已在交易发生日按当日即期汇率折算,资产负债表日不应改变其记账本位币金额,不产生汇兑差额。

③ 选项 C 正确,外币专门借款本金和利息产生的汇兑差额在资本化期间计入所购建资产的成本。

④ 选项 D 错误,企业收到投资者以外币投入的资本,只能采用交易日的即期汇率折算,不能按合同约定汇率或者即期汇率的近似汇率折算。

5. 【答案】ABC

【解析】选项 ABC 均正确,符合会计准则的规定。

选项 D 错误,企业收到投资者以外币投入的资本,只能采用交易日的即期汇率折算,不能按合同约定汇率或者即期汇率的近似汇率折算。

6. 【答案】AD

【解析】

① 选项 A 正确,结算外币货币性项目时,将其外币结算金额按照当日即期汇率折算为记账本位币金额,并与原记账本位币金额相比较,其差额计入财务费用。

② 选项 B 错误,企业收到投资者以外币投入的资本,只能采用交易日的即期汇率折算,不能按合同约定汇率或者即期汇率的近似汇率折算。

③ 选项 C 错误,外币投入资本属于所有者权益,不属于货币性项目,已在交易发生日按当日即期汇率折算,资产负债表日不应改变其记账本位币金额,不产生汇兑差额。

④ 选项 D 正确,期末,企业应将所有外币货币性项目的外币余额,按照期末即期汇率折算为记账本位币金额,并与原记账本位币金额相比较,其差额计入财务费用。

7. 【答案】AB

【解析】

① 选项 AB 正确,应收账款、外币借款均属于外币货币性项目,期末企业应将所有外币货币性项目的外币余额,按照期末即期汇率折算为记账本位币金额,并与原记账本位币金额相比较,其差额计入财务费用。

② 选项 C 错误,预付账款将收取的是货物或者服务,不属于货币性资产,而是属于以历史成本计量的外币非货币性项目,已在交易发生日按当日即期汇率折算,资产负债表日不应改变其记账本位币金额,不产生汇兑差额。

③ 选项 D 错误,外币投入资本属于所有者权益,不属于货币性项目,已在交易发生日按当日即期汇率折算,资产负债表日不应改变其记账本位币金额,不产生汇兑差额。

「考点2」外币财务报表折算（★★）

1. 【答案】C

   【解析】

   ① 选项A错误、选项C正确，外币报表折算差额应当在合并资产负债表中"所有者权益"项目列示，而非在"负债"项目。其中归属于母公司的部分应在"其他综合收益"项目列示，少数股东分担的外币报表折算差额在"少数股东权益"项目列示。

   ② 选项B错误，资产负债表所有者权益项目中的未分配利润是在所有者权益变动表倒挤得出，而非使用汇率折算。

   ③ 选项D错误，利润表的收入和费用项目，采用交易发生日的即期汇率或即期汇率的近似汇率折算。

2. 【答案】B

   【解析】

   ① 选项AC错误、选项B正确，实质上构成对子公司净投资的外币货币性项目。

   ② 若以母公司或子公司的记账本位币反映，则应在抵销长期应收应付项目的同时，将其产生的汇兑差额转入"其他综合收益"的项目。

   ③ 若以母、子公司的记账本位币以外的货币反映，应将母、子公司此项外币货币性项目产生的汇兑差额相互抵销，差额记入"其他综合收益"项目。

   ④ 如果合并财务报表中各子公司之间也存在实质上构成对另一子公司（境外经营）净投资的外币货币性项目，在编制合并财务报表时应比照上述原则编制相应的抵销分录。产生的差额不应由少数股东承担。选项D错误，实质上构成对子公司净投资的外币货币性项目以母、子公司记账本位币以外的货币反映的，应将母、子公司此项外币货币性项目产生的汇兑差额相互抵销，差额转入"其他综合收益"项目。

3. 【答案】CD

   【解析】

   ① 选项A错误、选项C正确，固定资产、其他权益工具投资属于资产，资产负债表中的资产和负债项目，采用资产负债表日的即期汇率折算。

   ② 选项B错误，所有者权益中的"未分配利润"是根据所有者权益变动表倒挤出来的，无需换算。

   ③ 选项D正确，利润表中收入和费用项目采用交易发生日的即期汇率折算或即期汇率近似的汇率折算，平均汇率即为近似汇率。

4. 【答案】ACD

   【解析】选项B错误，合并报表中对境外子公司财务报表折算产生的差额中，少数股东应分担的外币财务报表折算差额，应并入少数股东权益列示于合并资产负债表。

   选项ACD正确，表述均满足会计准则规定。

23 第二十三章 财务报告·答案

「考点1」财务报表概述（★）

1. 【答案】ABD
   【解析】
   ① 选项A正确，对于重要的前期差错，应当在其发现当期的财务报表中，调整前期比较数据。
   ② 选项B正确，对于同一控制下的控股合并，在合并当期编制合并财务报表时，应当对合并资产负债表的期初数进行调整，同时应当对比较报表的相关项目进行调整，视同合并后的报告主体在以前期间一直存在。
   ③ 选项C错误，直接作为当期事项处理，不需要重述比较期间财务报表。
   ④ 选项D正确，合并当期期末，对企业合并成本或所取得的被购买方可辨认资产、负债以暂时确定的价值对企业合并进行处理，自购买日算起12个月内取得进一步的信息表明需对原暂时确定的价值进行调整的，应视同在购买日发生，进行追溯调整，同时对以暂时性价值为基础提供的比较报表信息也应进行相关的调整。

「考点2」资产负债表（★★★）

1. 【答案】B
   【解析】应收票据在特定日期产生的现金流量仅为对本金和以未偿付本金金额为基础的利息的支付，即符合"本金加利息"的合同现金流量特征，同时甲公司的业务模式是既包括收取合同现金流量又包括出售，应当将应收票据分类为以公允价值计量且其变动计入其他综合收益的金融资产。根据最新财务报表的列报要求，对于企业持有的以公允价值计量且其变动计入其他综合收益的应收票据和应收账款等，应当在财务报表中作为"应收款项融资"列报。
   因此，选项B正确。

2. 【答案】C
   【解析】财务报表项目应当以总额列报，资产和负债不得相互抵销。"应收账款"项目，应根据"应收账款"科目的期末余额，减去"坏账准备"科目中相关坏账准备期末余额后的净额2 400万元分析填列；"应付账款"项目，应根据"应付账款"所属明细科目贷方余额，加上"预付账款"所属明细科目贷方余额2 600万元填列。因此，选项C正确。

3. 【答案】A
   【解析】
   ① 2020年租赁负债项目的期末列报金额等于2021年末租赁负债的摊余成本，因为要剔除计入2020年期末"一年内到期的非流动负债"的金额。
   ② 2020年初承租人确认的租赁负债的摊余成本 = 300×2.4869 = 746.07（万元）。
   ③ 2020年末租赁负债的摊余成本 = 746.07×(1+10%) − 300 = 520.68（万元）。
   ④ 2021年末租赁负债的摊余成本 = 520.68×(1+10%) − 300 = 272.75（万元），选项A正确。
   ⑤ 分录如下：

2020年初租赁期开始日：

借：使用权资产　　　　　　　　　　　　　　　　　　　　　746.07
　　租赁负债——未确认融资费用　　　　　　　　　　　　　153.93
　　贷：租赁负债——租赁付款额　　　　　　　　　　　　　　　　900

2020年末：

借：财务费用　　　　　　　　　　　　　　　（746.07×10%）74.61
　　贷：租赁负债——未确认融资费用　　　　（746.07×10%）74.61
借：租赁负债——租赁付款额　　　　　　　　　　　　　　　　300
　　贷：银行存款　　　　　　　　　　　　　　　　　　　　　　300
借：管理费用　　　　　　　　　　　　　　　　（746.07÷3）248.69
　　贷：使用权资产累计折旧　　　　　　　　　　　　　　　　248.69

2021年末：

借：财务费用　　　　　　　　　　　　　　　（520.68×10%）52.07
　　贷：租赁负债——未确认融资费用　　　　（520.68×10%）52.07
借：租赁负债——租赁付款额　　　　　　　　　　　　　　　　300
　　贷：银行存款　　　　　　　　　　　　　　　　　　　　　　300
借：管理费用　　　　　　　　　　　　　　　　　　　　　　248.69
　　贷：使用权资产累计折旧　　　　　　　　　　　　　　　　248.69

4.【答案】AC

【解析】

①选项A正确，收到的扣缴个人所得税款手续费在利润表"其他收益"项目列报。

②选项B错误，出售子公司产生的利得或损失在利润表"投资收益"项目列报。

③选项C正确，收到政府补助的现金流量属于经营活动现金流量。

④选项D错误，自资产负债表日起超过1年到期且预期持有超过1年的以公允价值计量且其变动计入当期损益的金融资产在资产负债表中作为非流动资产列报。

5.【答案】ACD

【解析】

①选项A正确，应收账款即使账龄在1年以上，但预计在一个正常营业周期中变现，应当归类为流动资产。

②选项B错误，"开发支出"项目，应根据"研发支出"科目中所属的"资本化支出"明细科目期末余额填列，属于非流动资产。

③选项C正确，准备随时出售的交易性金融资产属于流动资产。

④选项D正确，将于2019年3月2日到期的银行借款2 000万元由于在资产负债表日企业并不能自主地将清偿义务展期到资产负债表日后一年以上，故仍属于流动负债。

6.【答案】AB

【解析】

①选项A正确，其他债权投资预计在资产负债表日起一年内（含一年）变现，应划分为流动资产列报。

② 选项 B 正确，持有但准备随时变现的商业银行非保本浮动收益理财产品，主要为交易目的而持有，应划分为流动资产列报。

③ 选项 C 错误，该衍生工具 2018 年 8 月到期，其持有时间为 20 个月，预计持有时间超过 12 个月的衍生工具应当划分为非流动资产列报。

④ 选项 D 错误，该设备预计交货期为 2018 年 2 月，交货时间为 14 个月，该预付账款在一个正常营业周期内无法变现、出售或耗用应划分为非流动资产。

7. 【答案】ACD

【解析】

① 选项 A 正确，为乙公司加工定制产品，为加工产品所发生的直接人工和材料等，应将其作为存货列报，属于流动项目。

② 选项 B 错误，在资产负债表日企业有意图且有能力自主地将清偿推迟至资产负债表日后一年以上的负债属于非流动负债。

③ 选项 C 正确，该国债将于一年内到期，属于流动项目。

④ 选项 D 正确，该债券将于一年内到期，属于流动项目。

8. 【答案】ABC

【解析】

① 选项 A 正确，应付账款预计在一个营业周期内变现，属于流动性项目。

② 选项 B 正确，预计负债自资产负债表日起一年内到期应予以清偿，属于流动性项目。

③ 选项 C 正确，预计在 1 年内收回的长期应收款属于流动性项目。

④ 选项 D 错误，合同到期日为 2017 年 8 月 5 日的信托投资在 2015 年资产负债表中属于非流动性项目。

「考点3」利润表（★★）

1. 【答案】B

【解析】

① 事项①：营业收入 =24 000，营业成本 =19 000；

② 事项②：营业收入 =2 800，公允价值变动收益 =1 000；

③ 事项③：资产处置收益 = –600；

④ 事项④：其他综合收益 =800，不影响损益；

⑤ 事项⑤：资产减值损失 =2 000；

因此，营业利润 =24 000 –19 000 +2 800 +1 000 –600 –2 000 =6 200（万元），选项 B 正确。

2. 【答案】C

【解析】

① 选项 A 错误，因重新计算设定受益计划净负债产生的保险精算收益计入其他综合收益，不影响净利润。

② 选项 B 错误，因联营企业其他投资方单方增资导致应享有联营企业净资产份额的变动计

入资本公积，不影响净利润。

③ 选项 C 正确，根据确定的利润分享计划，基于当年度实现利润计算确定应支付给管理职工的利润分享款计入当期管理费用，影响净利润。

④ 选项 D 错误，非投资性房地产转为以公允价值计量的投资性房地产，公允价值大于账面价值的差额计入其他综合收益，不影响净利润。

3. 【答案】D
【解析】

① 营业利润＝营业收入－营业成本－税金及附加－销售费用－管理费用－研发费用－财务费用－资产减值损失－信用减值损失＋其他收益＋投资收益＋净敞口套期收益＋公允价值变动收益＋资产处置收益

② 事项①，营业收入12 000万元，营业成本8 000万元，税金及附加100万元（注意：增值税属于价外税，不影响损益）。

③ 事项②，公允价值变动收益320万元，其他综合收益260万元（不影响损益）。

④ 事项③，资产处置收益600万元。

⑤ 事项④，资产减值损失820万元。

因此，营业利润＝12 000－8 000－100＋320＋600－820＝4 000（万元）。

4. 【答案】ACD
【解析】

① 选项 A 正确，以现金结算的股份支付形成的负债在结算前的每个资产负债表日公允价值变动计入公允价值变动损益。

② 选项 B 错误，将分类为权益工具的金融工具重分类为金融负债时公允价值与账面价值的差额计入资本公积，不影响损益。

③ 选项 C 正确，以摊余成本计量的金融资产重分类为以公允价值计量且其变动计入当期损益的金融资产时公允价值与原账面价值的差额计入公允价值变动损益。

④ 选项 D 正确，非投资性房地产转为以公允价值模式计量的投资性房地产时公允价值小于原账面价值的差额计入公允价值变动损益。

5. 【答案】ABD
【解析】

① 选项 A 正确，取得交易性金融资产而发生的交易费用应当计入当期损益（投资收益）。

② 选项 BD 正确，无论是同控还是非同控下，为企业合并而发生的审计、法律服务、评估咨询等中介费用应计入当期损益（管理费用）。

③ 选项 C 错误，取得联营企业投资发生的交易费用应当计入长期股权投资的初始投资成本。

「考点4」 现金流量表（★★★）

1. 【答案】BCD
【解析】企业支付的按租赁准则简化处理的短期租赁付款额、低价值资产租赁付款额、未纳入租赁负债的可变租赁付款额，以及支付的短期租赁和低价值资产租赁相关的预付租金和租赁保证金应当计入经营活动现金流出。企业应当将偿还租赁负债本金和利息所支付的现金，以及支付的预付租金和租赁保证金计入筹资活动现金流出。

因此，选项 A 错误，对于支付的 31 万元，其中固定租金 24 万元、租赁保证金 2 万元应作为筹资活动现金流出。基于销售额计算的变动租金 5 万元应计入经营活动现金流。选项 BCD 均正确。

2. 【答案】D

【解析】选项 D 正确，现金等价物，是指企业持有的期限短、流动性强、易于转换为已知金额现金、价值变动风险很小的投资，例如购买的 3 个月以内到期的债券投资。

3. 【答案】B

【解析】经营活动是指企业投资活动和筹资活动以外的所有交易和事项。
① 事项①属于经营活动中的销售商品，属于经营活动现金流入。
② 事项②属于经营活动中的收到的税费返还，属于经营活动现金流入。
③ 事项③属于投资活动中支付投资现金，属于投资活动现金流出。
④ 事项④属于筹资活动中取得借款，属于筹资活动现金流入。
⑤ 事项⑤属于经营活动中收到与经营活动相关的现金，属于经营活动现金流入。故经营活动现金流量净额 = 3 000 + 600 + 2 800 = 6 400（万元）。

4. 【答案】D

【解析】事项①②③④属于经营活动，事项⑤购买国债支付 2 000 万元属于投资活动。因此，选项 D 正确，经营活动产生的现金流量净额 = 36 000 + 20 000 - 16 000 + 2 400 + 8 000 = 50 400（万元）。

【抢分技巧】

事项④为不附追索权的票据贴息，相关现金流为经营活动现金流入；如果是附追索权贴现，收到的现金则属于筹资活动现金流入。

5. 【答案】AD

【解析】
① 选项 A 正确，无形资产摊销一般计入管理费用，属于非付现费用，减少利润，但不减少经营活动现金流量，应在净利润基础上调整增加。
② 选项 B 错误，存货增加，导致经营活动现金流量流出，但没有导致利润减少，应在净利润基础上调整减少。
③ 选项 C 错误，公允价值变动收益属于非经营活动收益，增加了当期利润，但没有增加经营活动现金流量，在净利润基础上应该调整减少。
④ 选项 D 正确，资产减值损失属于非付现费用，减少利润，但不减少经营活动现金流量，应在净利润基础上调整增加。

【抢分技巧】将净利润调节为经营活动现金流量净额的规律：
① 净利润调节项目：反向调，例如非经营活动收益，导致利润增加，要调减经营活动现金流量；
② 资产负债表调节项目：借减贷增，例如存货增加在借方，要调减经营活动现金流量。

6.【答案】ABC

【解析】选项 D 错误，出售子公司收到的现金属于投资活动现金流入。其他选项均正确。

「考点5」所有者权益变动表（★）

1.【答案】B

【解析】
① 选项 A 错误，资产流动性与非流动性的差错更正无需调整前期损益，因此不影响期初留存收益。
② 选项 B 正确，同一控制下企业合并，在合并报表中应将被合并方在合并日以前实现的留存收益中按照持股比例计算归属于合并方的部分自资本公积转入留存收益，因此可能影响留存收益期初余额。
③ 选项 C 错误，权益法转成本法，在合并报表中视同出售，原股权投资公允价值与账面价值的差额计入投资收益，持有期间确认的其他综合收益、资本公积应结转到投资收益（或留存收益），不影响期初留存收益。
④ 选项 D 错误，会计估计的变更适用未来适用法，不追溯调整以前年度损益。

2.【答案】ABCD

【解析】
① 选项 AC 正确，因前期差错更正和会计政策变更要对以前年度损益进行追溯调整或追溯重述，可能调整期初留存收益。
② 选项 B 正确，同一控制下企业合并，在合并报表中应将被合并方在合并日以前实现的留存收益中按照持股比例计算归属于合并方的部分自资本公积转入留存收益，因此可能影响留存收益期初余额。
③ 选项 D 正确，因处置投资导致对被投资单位的后续计量由成本法转为权益法，对剩余投资要采用追溯调整，可能影响期初留存收益。

「考点6」财务报表附注披露（★★★）

1.【答案】ABCD

【解析】选项 A，乙公司为甲公司的联营企业，构成关联方。
选项 B，乙公司是甲公司的联营企业，与甲公司构成关联方。丙公司为乙公司的全资子公司，则丙公司也与甲公司构成关联方。
选项 C，甲公司与其所属企业集团的其他成员单位（母公司戊）的合营企业或联营企业（丁公司）构成关联方。
选项 D，戊公司为甲公司的母公司，构成关联方。

2.【答案】C

【解析】
① 选项 A，甲公司和乙公司属于母子公司，构成关联方。
② 选项 B，企业与其所属企业集团的其他成员单位的合营企业或联营企业构成关联方关系，乙公司和丙公司属于同一企业集团，乙公司与集团其他成员单位丙公司的合营企业（己

公司）构成关联方。
③ 选项 C，戊公司与庚公司之间不具有控制、共同控制、重大影响，不构成关联方。
④ 选项 D，企业与其所属企业集团的其他成员单位的合营企业或联营企业构成关联方关系，乙公司和丙公司属于同一企业集团，丙公司与集团其他成员单位乙公司的联营企业（戊公司）构成关联方。
⑤ 本题问的是"不构成关联方关系的"，因此选项 C 正确。
【抢分技巧】关联方的存在是以控制、共同控制或重大影响为前提条件。

3. 【答案】D
   【解析】
   ① 选项 A 构成，企业与该企业主要投资者个人、关键管理人员或与其关系密切的家庭成员控制、共同控制的其他企业之间，构成关联方。丙公司属于甲公司的关键管理人员以及其关系密切的家庭成员控制或共同控制的公司，属于甲公司的关联方。
   ② 选项 B 构成，乙公司与甲公司受同一方控制，构成关联方。
   ③ 选项 C 构成，甲公司对丁公司具有重大影响，构成关联方。
   ④ 选项 D 不构成，与企业发生日常往来的资金提供者、公用事业部门、政府部门和机构，以及因与该企业发生大量交易而存在经济依存关系的单个客户、供应商、特许商、经销商和代理商之间，不构成关联方关系。

4. 【答案】A
   【解析】
   ① 选项 A 不构成，江海公司与外聘的财务顾问甲公司只是发生业务往来的两个公司，不具有控制、共同控制和重大影响，不属于关联方。
   ② 选项 B 构成，企业与该企业主要投资者个人、关键管理人员或与其关系密切的家庭成员控制、共同控制的其他企业之间，构成关联方。
   ③ 选项 C 构成，丙公司与江海公司受同一方控制，构成关联方。
   ④ 选项 D 构成，江海公司能对丁公司具有重大影响，构成关联方。

5. 【答案】CD
   【解析】
   ① 关联方的存在是以控制、共同控制或重大影响为前提条件。
   ② 选项 A 错误，甲公司对乙公司不具有重大影响、共同控制、控制，不构成关联方。
   ③ 选项 B 错误，甲公司与丙公司不具有重大影响、共同控制、控制，虽然因发生大量交易存在经济依存关系，但并不构成关联方。
   ④ 选项 C 正确，企业与其所属企业集团的其他成员单位的合营企业或联营企业构成关联方关系，甲公司和丁公司属于同一企业集团，甲公司与集团其他成员单位丁公司的联营企业（戊公司）构成关联方，因此，甲公司与戊公司构成关联方。
   ⑤ 选项 D 正确，甲公司对己公司具有重大影响，构成关联方。

6. 【答案】BD

【解析】

① 选项 A 不构成，受同一方重大影响的企业之间不构成关联方。

② 选项 B 构成，企业与该企业主要投资者个人、关键管理人员或与其关系密切的家庭成员控制、共同控制的其他企业之间，构成关联方。甲公司财务总监之妻投资设立并控制的丁公司属于甲公司的关键管理人员以及其关系密切的家庭成员控制或共同控制的公司。

③ 选项 C 不构成，与某企业共同控制合营企业的合营者之间，通常不构成关联方关系。

④ 选项 D 构成，甲公司能主导戊资产管理计划，即能够控制戊，构成关联方。

因此，选项 BD 正确。

7. 【答案】BCD

【解析】企业以经营分部为基础确认报告分部，经营分部满足下列条件之一的，应当确认为报告分部：

① 该分部的分部收入占所有分部收入合计的 10% 或者以上。

② 该分部的分部利润（亏损）的绝对额，占所有盈利分部利润合计额或者所有亏损分部亏损合计额的绝对额两者中较大者的 10% 或者以上。

③ 该分部的分部资产占所有的分部资产合计额的 10% 或者以上。

因此，选项 BCD 正确。

「考点 7」中期财务报告（★★）

1. 【答案】C

【解析】

① 选项 A 错误，在编制中期财务报告时，中期会计计量应当以年初至中期末为基础。

② 选项 B 错误，在报告中期内新增子公司的，则在中期末应当将该子公司财务报表纳入合并财务报表的合并范围中。

③ 选项 C 正确，中期财务报告会计要素确认和计量原则应与本年度财务报告相一致。

④ 选项 D 错误，中期财务报告的重要性判断应当以中期财务报告数据为基础，不得以预计的年度财务数据为基础。

2. 【答案】AC

【解析】

① 选项 A 正确，中期财务报告所采用的会计政策、会计估计应当与年度财务报表所采用的会计政策相一致。

② 选项 B 错误，对于会计年度中不均衡发生的费用，应当在发生时予以确认和计量，在报告中期如尚未发生，不应当在中期财务报表中预计或者递延。

③ 选项 C 正确，报告中期处置合并报表范围内子公司的，中期财务报告中应当包括被处置子公司当期期初至处置日的相关信息。

④ 选项 D 错误，编制中期财务报告时的重要性应当以中期财务数据为基础，而不得以预计的年度财务数据为基础。

3. 【答案】ABCD

【解析】"中期财务报告附注至少应当包括的内容"包括选项中所有内容，明细如下：

① 中期财务报表所采用的会计政策与上年度财务报表相一致的声明。（选项C）

② 会计估计变更的内容、原因及其影响数。（选项B）

③ 前期差错的性质及其更正金额。

④ 企业经营的季节性或者周期性特征。（选项A）

⑤ 存在控制关系的关联方发生变化的情况；关联方之间发生交易的，应当披露关联方关系的性质、交易类型和交易要素。

⑥ 合并财务报表的合并范围发生变化的情况。

⑦ 对性质特殊或者金额异常的财务报表项目的说明。

⑧ 证券发行、回购和偿还情况。

⑨ 向所有者分配利润的情况，包括在中期内实施的利润分配和已提出或者已批准但尚未实施的利润分配情况。

⑩ 根据《企业会计准则第35号——分部报告》规定披露分部报告信息的，应当披露经营分部的分部收入与分部利润（亏损）。

⑪ 中期资产负债表日至中期财务报告批准报出日之间发生的非调整事项。（选项D）

⑫ 上年度资产负债表日以后所发生的或有负债和或有资产的变化情况。

⑬ 企业结构变化情况，如企业合并，对被投资单位具有重大影响、共同控制或者控制的长期股权投资的购买或者处置，终止经营等。

⑭ 其他重大交易或者事项，包括重大的长期资产转让及其出售情况、重大的固定资产和无形资产取得情况、重大的研究和开发支出、重大的资产减值损失等。

因此，选项ABCD正确。

4. 【答案】ABCD

【解析】

① 选项A正确，在编制中期财务报告时，中期会计计量应当以年初至中期末为基础。

② 选项B正确，中期财务报告应当按照规定提供比较财务报表（本中期的资产负债表和上年度末的资产负债表）。

③ 选项C正确，中期财务报告重要性程度的判断应当以中期财务数据为基础，而不得以预计的年度财务数据为基础。

④ 选项D正确，中期财务报告所采用的会计政策和会计估计应当与年度财务报表所采用的会计政策相一致。

24 第二十四章 会计政策、会计估计及其变更和差错更正·答案

「考点1」会计政策变更及其会计处理（★★★）

1.【答案】 A

【解析】

① 选项 A 正确，执行新的会计准则属于企业采用新的会计政策，故收入判断标准的变更属于会计政策变更。

② 选项 BCD 错误，当资产的后续计量模式的变更是由于本期发生的新事项导致，且与以前相比具有本质差别而采用新计量模式的，则不属于会计政策变更。

2.【答案】 C

【解析】

① 选项 A 错误，无形资产的摊销方法、使用寿命和净残值的变更，属于会计估计变更。

② 选项 B 错误，资产减值的计提比例的变更属于会计估计变更。

③ 选项 C 正确，发出存货计价方法变更属于会计政策变更。

④ 选项 D 错误，固定资产因为满足划分持有待售的条件重新列报为流动资产，因为前后事项具有本质差异，所以不属于会计政策变更。

3.【答案】 ABD

【解析】

① 选项 A 正确，企业确认履约进度的方法属于会计政策。

② 选项 B 正确，投资性房地产后续计量模式属于会计政策。

③ 选项 C 错误，固定资产的折旧方法、折旧年限和净残值的确定，属于会计估计。

④ 选项 D 正确，租入的固定资产作为甲公司的使用权资产进行核算属于会计政策。

4.【答案】 BC

【解析】

① 选项 A 错误，公允价值计量使用的估值技术的选择属于会计估计，故其估值技术的变更属于会计估计变更。

② 选项 BC 正确，合并财务报表范围的调整、准则的修订都属于会计政策变更。

③ 选项 D 错误，当后续计量模式的变更是由于本期发生的新事项导致，且与以前相比具有本质差别而采用新的计量模式，则不属于会计政策变更。

「考点2」会计估计变更及其会计处理（★★）

【答案】 AB

【解析】

① 选项 A 正确，无形资产的摊销方法、使用寿命和净残值的变更，属于会计估计变更。

② 选项 B 正确，公允价值确定方法的变更属于会计估计变更。

③ 选项 CD 错误，存货计量方法的变更属于会计政策变更；使用新准则属于会计政策变更。

「考点3」前期差错及其更正（★★★）

1. 【答案】C

   【解析】

   ① 选项A错误，固定资产折旧年限的改变属于会计估计变更。

   ② 选项B错误，会计估计变更按照未来适用法处理，应该在变更当期及以后期间按照新的估计处理。

   ③ 选项C正确，对2015年2月新购置的办公楼按照新的会计估计40年计提折旧，不属于变更。

   ④ 选项D错误，固定资产折旧年限的改变不作为前期差错更正处理。

2. 【答案】A

   【解析】

   ① 选项A正确、选项BC错误，此项不属于会计准则中规定的"编报前期财务报表时能够合理预计取得并应当加以考虑的可靠信息"，也不属于"前期财务报表批准报出时能够取得的可靠信息"，即不属于差错，当然也不属于会计政策变更。

   ② 选项D错误，因2015年5月，法院判决甲公司履行担保责任，所以应将需支付的担保款计入2015年财务报表。

25 第二十五章 资产负债表日后事项·答案

「考点1」资产负债表日后事项概述（★★）

1.【答案】 A

【解析】选项 A 正确，乙公司于 2019 年 1 月 10 日宣告破产属于资产负债表日已经存在的情况（应收账款减值）的进一步证据，所以应将其作为资产负债表日后调整事项处理。

选项 BCD 错误，选项 BCD 中的事项均是在资产负债表日后期间新发生的事项，属于资产负债表日后非调整事项。

2.【答案】 C

【解析】

① 资产负债表日后调整事项，是指对资产负债表日已经存在的情况提供了新的或进一步证据的事项。非调整事项，是指表明资产负债表日后发生的事项。

② 选项 A 错误，甲公司于 2017 年 1 月 25 日将其生产的产品发往丙公司并开出增值税专用发票，该销售行为是资产负债表日后发生的，因此其销售退回属于资产负债表日后非调整事项。

③ 选项 B 错误，与戊公司签订的收购股权协议是资产负债表日后发生的事项，因此属于资产负债表日后非调整事项。

④ 选项 C 正确，法院针对侵犯知识产权案件作出终审判决为资产负债表日已经存在的情况提供了新的或进一步证据的事项，故该事项为资产负债表日后调整事项。

⑤ 选项 D 错误，该事项并非对资产负债表日已经存在的情况提供了新的或进一步证据，是收回应收账款，不需要对原来的会计处理进行调整，因此属于资产负债表日后非调整事项。

3.【答案】 BC

【解析】

① 资产负债表日后期间发生的事项究竟是调整事项还是非调整事项，取决于该事项表明的情况在资产负债表日或资产负债表日以前是否已经存在。若该情况在资产负债表日或之前已经存在，则属于调整事项；反之，则属于非调整事项。

② 选项 A 应该调整。资产负债表日后发生的报告年度销售退回，属于调整事项。

③ 选项 B 不用调整。资产负债表日后事项期间发生的同一控制下企业合并，属于资产负债表日后新发生的情况，属于非调整事项。

④ 选项 C 不用调整，资产负债表日后事项期间满足划分为持有待售类别的条件，该情况在资产负债表日或资产负债表日以前并不存在，属于非调整事项。

⑤ 选项 D 应该调整，资产负债表日后发现了财务报表舞弊或差错属于资产负债表日后调整事项（该事项发生在资产负债表日之前，只是在资产负债表日后才发现）。

本题问的是"不应作为调整事项的"，因此选项 BC 正确。

4. 【答案】BCD

【解析】

① 选项 A 错误，资产负债表日后期间，企业利润分配方案中拟分配的以及经审议批准宣告发放的现金股利或利润属于资产负债表日后非调整事项。

② 选项 B 正确，资产负债表日及所属会计期间已经存在某种情况，但当时并不知道其存在或者不能知道确切结果，资产负债表日后发生的事项能够证实该情况的存在或者确切结果，则该事项属于资产负债表日后事项中的调整事项。

③ 选项 C 正确，资产负债表日后发现了财务报表舞弊或差错属于资产负债表日后调整事项（该事项发生在资产负债表日之前，只是在资产负债表日后才发现）。

④ 选项 D 正确，销售行为在资产负债表日前已经发生，日后期间发生退回属于资产负债表日后调整事项。

5. 【答案】BCD

【解析】

① 资产负债表日后调整事项，是指对资产负债表日已经存在的情况提供了新的或进一步证据的事项。非调整事项，是指表明资产负债表日后发生的事项。

② 选项 A 错误，资产负债表日后期间发生重大火灾损失是新发生的事项，属于非调整事项。

③ 选项 B 正确，如果资产负债表日及所属会计期间已经存在某种情况（销售商品），但当时并不知道其存在或者不能知道确切结果（是否会发生退回），资产负债表日后发生的事项能够证实该情况的存在或者确切结果（日后确实发生退回），则该事项属于资产负债表日后事项中的调整事项。

④ 选项 C 正确，如果资产负债表日及所属会计期间已经存在某种情况（暂估入账），但当时并不知道其存在或者不能知道确切结果，资产负债表日后发生的事项能够证实该情况的存在或者确切结果（完成竣工结算），则该事项属于资产负债表日后事项中的调整事项。

⑤ 选项 D 正确，资产负债表日后发现了财务报表舞弊或差错属于资产负债表日后调整事项（该事项发生在资产负债表日之前，只是在资产负债表日后才发现）。

6. 【答案】BD

【解析】

① 资产负债表日后调整事项，是指对资产负债表日已经存在的情况提供了新的或进一步证据的事项。非调整事项，是指表明资产负债表日后发生的事项。判断资产负债表日后调整事项或非调整事项的本质，就是判断该事项表明的情况在资产负债表日或资产负债表日以前是否存在，若之前就存在，则属于调整事项，若之前不存在，则属于非调整事项。

② 选项 A 错误，该事项是在资产负债表日后新发生的，在资产负债表日及以前并不存在，故属于非调整事项。

③ 选项 B 正确，资产负债表日后发现了财务报表舞弊或差错属于资产负债表日后调整事项（该事项发生在资产负债表日之前，只是在资产负债表日后才发现）。

④ 选项 C 错误，未决诉讼结案虽发生在资产负债表日前并于日后结案，但因无法判断对方财务状况和支付能力，故不能确认该笔赔偿为营业外收入，不影响资产负债表，该事项

属于非调整事项。

⑤选项 D 正确，如果资产负债表日及所属会计期间已经存在某种情况（销售商品），但当时并不知道其存在或者不能知道确切结果（是否会发生退回），资产负债表日后发生的事项能够证实该情况的存在或者确切结果（日后确实发生退回），则该事项属于资产负债表日后事项中的调整事项。

7.【答案】AC

【解析】

①资产负债表日后调整事项，是指对资产负债表日已经存在的情况提供了新的或进一步证据的事项。非调整事项，是指表明资产负债表日后发生的事项。

②选项 A 正确，如果资产负债表日及所属会计期间已经存在某种情况（销售商品），但当时并不知道其存在或者不能知道确切结果（是否会发生退回），资产负债表日后发生的事项能够证实该情况的存在或者确切结果（日后确实发生退回），则该事项属于资产负债表日后事项中的调整事项。

③选项 B 错误，该事项属于资产负债表日后新发生的情况的事项，因此属于资产负债表日后非调整事项。

④选项 C 正确，资产负债表日后诉讼案件结案，法院判决证实了企业在资产负债表日已经存在现时义务，需要调整原先确认的与该诉讼案件相关的预计负债，或确认一项新负债。该事项属于资产负债表日后事项中的调整事项。

⑤选项 D 错误，这两个事项虽然发生在资产负债表日之后，财务报告报出之前，但因其属于资产负债表日后发生的新事项，故属于资产负债表日后期间非调整事项。

「考点2」资产负债表日后调整事项的会计处理（★★）

1.【答案】D

【解析】资产负债表日后诉讼案件结案，法院判决证实了企业在资产负债表日已经存在现时义务，需要调整原先确认的与该诉讼案件相关的预计负债，或确认一项新负债。
最终判决结果为甲公司一共赔偿了 1 210 万元（1 200 万元营业外支出和 10 万元管理费用），故上述事项对甲公司 2016 年度利润总额的影响金额为 -1 210 万元。
因此，本题选 D。

2.【答案】B

【解析】该事项属于资产负债表日后调整事项。
甲公司因该事项减少的 2018 年度未分配利润金额 = (2 000 - 200) × (1 - 10%) = 1 620（万元）
因此，本题选 B。

主观题部分

1.【解析】

①资料❶中的事项属于资产负债表日后非调整事项。

理由：自然灾害是在资产负债表日后新发生的事项，在资产负债表日及以前并不存在。因此，甲公司应将该事项作为资产负债表日后非调整事项处理。

会计处理方法：对于无法偿还的部分，应当补提坏账准备，直接计入2017年的当期损益。

会计分录：

借：信用减值损失　　　　　　　　　　　　　　　　　　　　　　　520

　　贷：坏账准备　　　　　　　　　　　　　　　（1 200×60%－200）520

② 资料❷中的事项属于资产负债表日后调整事项。

理由：丙公司于2016年10月8日向法院提起诉讼，即该事项在资产负债表日前已经存在，于日后期间（2017年2月10日）达成和解，属于对资产负债表日已经存在的情况提供了新的或进一步证据。因此，甲公司应将和解事项作为资产负债表日后调整事项处理。

应调整2016年末留存收益的金额＝975－（950＋300）＝－275（万元）。

【考点】资产负债表日后事项概述、资产负债表日后调整事项的会计处理。

2. 【解析】不应作为2015年调整事项。

理由：该协议是在2016年4月20日签订，2015年仅进行协商，未达成协议，因此达成的债务重组协议属于资产负债表日后新发生的事项，不应作为2015年调整事项。

【考点】资产负债表日后事项概述。

26 第二十六章 企业合并·答案

「考点1」企业合并涉及的或有对价（★★）

1. 【答案】B

【解析】根据金融工具准则和企业合并准则的规定，企业在非同一控制下的企业合并中确认的或有对价构成金融资产的，该金融资产应当分类为以公允价值计量且其变动计入当期损益的金融资产，即交易性金融资产，不得指定为以公允价值计量且其变动计入其他综合收益的金融资产。

2. 【答案】C

【解析】根据准则规定，非同一控制下企业合并涉及或有对价的，购买方应当根据合并协议约定将或有对价作为企业合并转移对价的一部分，按照其在购买日的公允价值计入企业合并成本。如果或有对价构成金融资产或金融负债的，应当以公允价值计量并将其变动计入当期损益；或有对价属于权益性质的，应作为权益性交易进行会计处理。因此，甲公司该项企业合并的成本 = 1 500 × 6 + 100 = 9 100（万元）。

【抢分技巧】以银行存款支付财务顾问费300万元，属于非同一控制下发生的审计、法律服务、评估咨询等中介费用，应计入管理费用。

27 第二十七章 合并财务报表·答案

「考点1」合并范围的确定（★★）

1. 【答案】ABC

   【解析】
   ① 投资方要实现控制，必须具备以下基本要素：
      a. 因涉入被投资方而享有可变回报；
      b. 拥有对被投资方的权力，并且有能力运用对被投资方的权力影响其回报金额。
   ② 投资方只有同时具备上述两个要素时，才能控制被投资方。因此，选项ABC正确。
   ③ 选项D错误，参与被投资方的财务和生产经营决策只能说明投资方对被投资方具有重大影响。

2. 【答案】ABC

   【解析】
   ① 选项AC正确，乙公司作为投资性主体，则只应将那些为投资性主体的投资活动提供相关服务的子公司纳入合并范围，其他子公司不应当予以合并，母公司对其他子公司的投资应当按照公允价值计量且其变动计入当期损益。乙公司只有两家子公司，而且这两家子公司均不为乙公司的投资活动提供服务，因此不应将其纳入合并范围，乙公司不需要编制合并报表，而应对两家子公司按照公允价值计量，公允价值变动计入当期损益。
   ② 选项B正确，根据准则规定，投资企业持有的对合营企业投资及联营企业投资，应当采用权益法核算。但是，风险投资机构、共同基金以及类似主体持有的，在初始确认时按照金融工具准则规定以公允价值计量且其变动计入当期损益的金融资产，无论以上主体是否对该部分投资具有重大影响，应当按照金融工具准则的规定进行确认和计量。
   ③ 选项D错误，一个投资性主体的母公司如果其本身不是投资性主体，则应当将其控制的全部主体，包括投资性主体以及通过投资性主体间接控制的主体，纳入合并财务报表范围，而不是将其作为金融资产来核算。

「考点2」合并财务报表编制原则、前期准备事项及程序（★★）

1. 【答案】B

   【解析】
   ① 在编制合并报表前，应当尽可能统一母公司和子公司的会计政策。
   ② 选项A错误，应收账款坏账准备的计提比例属于会计估计，不需要调整一致。
   ③ 选项B正确，投资性房地产的后续计量模式属于会计政策，需要进行调整一致。
   ④ 选项C错误，闲置不用但没有明确处置计划的机器设备不满足持有待售划分条件，不能调整为持有待售资产。
   ⑤ 选项D错误，固定资产、无形资产的折旧和摊销年限属于会计估计，不需要调整一致。

2. 【答案】D

【解析】

① 选项 A 错误，投资性房地产后续计量模式属于会计政策，在编制合并报表前应当统一，但有关资产折旧和摊销年限属于会计估计，不需要统一。

② 选项 B 错误，投资性房地产后续计量模式属于会计政策，应将子公司的全部投资性房地产后续计量模式调整为成本模式，与母公司保持一致。

③ 选项 C 错误，投资性房地产后续计量模式属于会计政策，应将子公司的全部投资性房地产后续计量模式调整为成本模式，与母公司保持一致。

④ 选项 D 正确，投资性房地产后续计量模式属于会计政策，应将子公司的全部投资性房地产后续计量模式调整为成本模式，与母公司保持一致。有关资产折旧和摊销年限属于会计估计，不需要统一。

「考点3」 非同一控制下企业合并的合并处理 （★★★）

【答案】D

【解析】

① 选项 A 错误，外购无形资产发生的交易费用计入无形资产的成本。

② 选项 B 错误，发行以摊余成本计量的公司债券时，发生的交易费用应当计入应付债券的初始成本。

③ 选项 C 错误，承租人在租赁中发生的初始直接费用应当计入使用权资产的入账价值。

④ 选项 D 正确，无论同一控制还是非同一控制下，为企业合并而发生的审计、法律服务、评估咨询等中介费用均应计入当期管理费用。

「考点4」 同一控制下企业合并的合并处理 （★★★）

1. 【答案】B

【解析】

① 选项 A 错误，尚未达到预定用途的无形资产，无论是否存在减值迹象，每年年末都要进行减值测试。

② 选项 B 正确，非同一控制中，只要被合并方的资产负债的公允价值能够可靠计量，都要在合并报表上确认相应的资产负债，故确认在该项交易前未确认的无形资产。

③ 选项 C 错误，使用寿命不确定的无形资产不用进行摊销，但至少应当在每年年末进行减值测试。

④ 选项 D 错误，同一控制是集团内部的事项，不产生新的资产、负债，因此不确认在该项交易前未确认的无形资产。

2. 【答案】CD

【解析】

① 选项 A 错误、选项 C 正确，子公司发生净亏损 3 500 万元，应由母公司承担的亏损 = 3 500 × 70% = 2 450（万元），会导致合并报表中母公司所有者权益减少 2 450 万元。

② 选项 B 错误，应由少数股东承担乙公司亏损 = 3 500 × 30% = 1 050（万元）。少数股东

权益可以是负数。

③ 选项 D 正确，少数股东权益的列报金额 = 950 − 1 050 = − 100（万元）。

「考点 5」内部交易的合并处理（★★★）

1. 【答案】ABCD

   【解析】

   ① 选项 A 正确，存货项目的年初余额应抵销的金额 = 存货项目在期初未实现内部销售损益 = 内部销售毛利×未出售比例 = 1 000 ×20% ×100% = 200（万元）。

   ② 选项 B 正确，无形资产项目的年末余额应调整的金额 = 无形资产在购买日公允价值大于账面价值的差额 − 截至 2017 年末累计已经摊销的差额 = 800 − (400 + 50) = 350（万元）。

   ③ 选项 C 正确，未分配利润项目的年初余额应抵销的金额 = 内部销售存货应抵销的未实现内部销售损益 + 内部销售固定资产在期初应抵销的未实现内部销售损益 + 在购买日无形资产公允价值与账面价值差额在期初已实现金额 = 200 + (1 600 − 250) + 400 = 1 950（万元）。

   ④ 选项 D 正确，固定资产项目的年初余额应抵销的金额 = 内部销售固定资产在期初未实现损益 = 1 600 − 250 = 1 350（万元）。

2. 【答案】ABCD

   【解析】合并报表中的抵销分录：

   ① 2015 年：

   借：资产处置收益　　　　　　　　　　　　　　　　　　　　　　600
   　　贷：固定资产——成本　　　　　　　　　　　(2 600 − 2 000) 600

   ② 2016 年：

   借：未分配利润——年初　　　　　　　　　　　　　　　　　　　600
   　　贷：固定资产　　　　　　　　　　　　　　　(2 600 − 2 000) 600
   借：固定资产——累计折旧　　　　　　　　　　　　　(600 ÷ 10) 60
   　　贷：管理费用　　　　　　　　　　　　　　　　　　　　　　　60

   ③ 2017 年：

   借：未分配利润——年初　　　　　　　　　　　　　　　　　　　600
   　　贷：固定资产——成本　　　　　　　　　　　(2 600 − 2 000) 600
   借：固定资产——累计折旧　　　　　　　　　　　　　(600 ÷ 10) 60
   　　贷：未分配利润——年初　　　　　　　　　　　　　　　　　　60
   借：固定资产——累计折旧　　　　　　　　　　　　　(600 ÷ 10) 60
   　　贷：管理费用　　　　　　　　　　　　　　　　　　　　　　　60

「考点 6」其他特殊交易在合并财务报表中的会计处理（★★）

【答案】AD

【解析】

① 选项 A 正确，母公司向非全资子公司捐赠 3 000 万元，导致净资产减少 3 000 万元。子

公司增加的 3 000 万元净资产，在合并报表中，其中 60%属于母公司享有，另外 40%属于少数股东享有。因此，该交易会导致合并报表中母公司所有者权益减少 1 200 万元（3 000 ×40%）。

② 选项 BC 错误，资本公积转增资本、派发股票股利，是所有者权益内部重分类，不影响权益总额，不会导致合并报表中归属于母公司权益金额减少。

③ 选项 D 正确，子公司因其他权益工具投资公允价值变动导致其他综合收益减少 1 200 万元，会导致在合并报表中母公司享有子公司权益相应减少。

「考点7」合并现金流量表的编制（★）

【答案】 ACD

【解析】

① 选项 A 正确、选项 B 错误，针对事项②和事项③，在编制合并现金流量表时，母公司与子公司之间销售商品所产生的现金流量应当抵销。而且，甲公司销售商品收到现金属于经营活动现金流量，乙公司购买商品属于经营活动现金流量，不属于筹资活动产生的现金流量。

② 选项 C 正确，针对事项①，在编制合并现金流量表时，母公司与子公司当期取得投资收益收到的现金，应当与分配股利支付的现金相互抵销。而且，甲公司收到现金股利属于投资活动产生的现金流量，乙公司分配现金股利属于筹资活动产生的现金流量。

③ 选项 D 正确，针对事项④，在编制合并现金流量表时，母公司与子公司之间处置无形资产所产生的现金流量应当抵销。而且，甲公司购买无形资产支付的现金属于投资活动产生的现金流量，乙公司出售无形资产属于投资活动产生的现金流量。

主观题部分

1. 【解析】

(1) 2017 年 12 月 31 日甲公司对乙公司股权投资的账面价值 = 4 000 + 360 − 240 = 4 120（万元）

借：长期股权投资——损益调整　　　　　　　　　　　　　360
　　贷：投资收益　　　　　　　　　　　　　　　　　　　　　　360
借：应收股利　　　　　　　　　　　　　　　　　　　　　240
　　贷：长期股权投资——损益调整　　　　　　　　　　　　　　240

(2) 对乙公司股权投资的账面价值 = 4 120 + 7 875 = 11 995（万元）

借：长期股权投资　　　　　　　　　　　　（1 050 ×7.5）7 875
　　贷：股本　　　　　　　　　　　　　　　　（1 050 ×1）1 050
　　　　资本公积　　　　　　　　　　　　（7 875 −1 050）6 825

(3) ① 企业合并类型：属于非同一控制下企业合并。

理由：甲公司与丙公司在该项交易发生前不存在关联方关系；不存在交易发生前后均对参与合并各方实施最终控制的一方。

② 购买日：2018 年 1 月 1 日。

理由：甲公司对乙公司董事会进行改选，改选后能够控制乙公司。

企业合并成本 = 7.5 × 1 050 + 4 500 = 12 375（万元）

商誉 = 12 375 −（16 000 × 55%）= 3 575（万元）

③ 调整和抵销分录。

借：固定资产		2 000
贷：资本公积		2 000
借：长期股权投资		380
贷：投资收益	（4 500 − 4 120）	380
借：其他综合收益		300
贷：投资收益		300
借：股本		8 000
资本公积		2 000
盈余公积		2 000
未分配利润		4 000
商誉		3 575
贷：长期股权投资		12 375
少数股东权益		7 200

【考点】长期股权投资转换在合并报表的处理、非同一控制下企业合并的合并处理。

2. 【解析】

(1) 甲公司从控股股东处购买丙公司 70% 股权能够对丙公司实施控制，则该交易属于同一控制下企业合并。

① 理由：甲公司和丙公司均受乙公司控制，在合并前后具有相同的最终控制方。

长期股权投资的初始投资成本 = 享有被合并方在最终控制方合并报表账面价值份额 + 商誉（最终控制方收购被合并方所确认的商誉）= 22 000 × 70% + 0 = 15 400（万元）

② 个别报表的分录：

借：长期股权投资	15 400
贷：股本	4 000
资本公积——股本溢价	11 400
借：管理费用	1 000
贷：银行存款	1 000

③ 合并报表调整和抵销分录：

借：股本	2 000
资本公积	8 000
盈余公积	8 000
未分配利润	4 000
贷：长期股权投资	15 400
少数股东权益	6 600

按持股比例恢复享有被合并方的留存收益：
　　借：资本公积　　　　　　　　　　　　　　　　　　　　8 400
　　　　贷：盈余公积　　　　　　　　　　　　　　（8 000×70%）5 600
　　　　　　未分配利润　　　　　　　　　　　　　（4 000×70%）2 800
（2）编制 2018 年度合并财务报表相关的调整和抵销分录：
　①将母公司长期股权投资从成本法调整为权益法：
　　借：长期股权投资　　　　　　　　　　　　　　（3 000×70%）2 100
　　　　贷：投资收益　　　　　　　　　　　　　　　　　　　　2 100
　　借：长期股权投资　　　　　　　　　　　　　　（600×70%）420
　　　　贷：其他综合收益　　　　　　　　　　　　　　　　　　420
　②抵销母公司长期股权投资和子公司所有者权益：
　　借：股本　　　　　　　　　　　　　　　　　　　　　　2 000
　　　　资本公积　　　　　　　　　　　　　　　　　　　　8 000
　　　　其他综合收益　　　　　　　　　　　　　　　　　　　600
　　　　盈余公积　　　　　　　　　　　　　　　　　　　　8 300
　　　　未分配利润　　　　　　　　　　　　　　　　　　　6 700
　　　　贷：长期股权投资　　　　　　　　　　　　　　　　17 920
　　　　　　少数股东权益　　　　　　　　　　　　　　　　 7 680
　③抵销母公司投资收益与子公司利润分配活动：
　　借：投资收益　　　　　　　　　　　　　　　　　　　　2 100
　　　　少数股东损益　　　　　　　　　　　　　　　　　　　900
　　　　年初未分配利润　　　　　　　　　　　　　　　　　4 000
　　　　贷：提取盈余公积　　　　　　　　　　　　　　　　　300
　　　　　　年末未分配利润　　　　　　　　　　　　　　　6 700
　④恢复留存收益：
　　借：资本公积　　　　　　　　　　　　　　　　　　　　8 400
　　　　贷：盈余公积　　　　　　　　　　　　　　（8 000×70%）5 600
　　　　　　未分配利润　　　　　　　　　　　　　（4 000×70%）2 800
　⑤抵销未实现内部交易损益：
　　借：营业收入　　　　　　　　　　　　　　　　　　　　　800
　　　　贷：营业成本　　　　　　　　　　　　　　　　　　　800
　　借：营业成本　　　　　　　　　　　　　　　　　　　　　120
　　　　贷：存货　　　　　　　　　　　　　　　［（800−600）×60%］120
　　借：资产处置收益　　　　　　　　　　　　　　　　　　　720
　　　　贷：无形资产　　　　　　　　　　　　　　　　　　　720
　　借：无形资产　　　　　　　　　　　　　　　　　　　　　 40
　　　　贷：管理费用　　　　　　　　　　　　　　（720÷9×6÷12）40
　　借：应付账款　　　　　　　　　　　　　　　　（1 800+800）2 600
　　　　贷：应收账款　　　　　　　　　　　　　　　　　　　2 600

借：应收账款——坏账准备　　　　　　　　　　　　　　　　　　　　130
　　　　　贷：信用减值损失　　　　　　　　　　　　　　　　　　　　　　　　130
（3）甲公司2019年4月购买丙公司30%股权属于权益性交易（母公司购买子公司少数股东股权），因甲公司原持有的70%丙公司股权控制丙公司，所以取得控制权后进一步地购买子公司的少数股权，属于权益性交易。

甲公司在个别报表中购买丙公司30%股权应确认长期股权投资的入账价值＝支付对价的公允价值＝14 600＋300＝14 900（万元）。

　　　借：长期股权投资　　　　　　　　　　　　　　　　　　　　　　14 900
　　　　　贷：银行存款　　　　　　　　　　　　　　　　　　　　　　　　14 900

【抢分提示】此处为取得长期股权投资支付的交易费用，因不涉及控制权的转移，不构成企业合并，不属于为企业合并所发生的交易费用，不应计入管理费用。

（4）甲公司购买丙公司30%股权时应在合并财务报表确认的入账价值＝按新增持股比例计算应享有子公司自购买日或合并日开始持续计算净资产份额＝26 600×30%＝7 980（万元），与支付对价公允价值14 900的差额6 920应冲减资本公积（股本溢价）。

调整抵销分录为：

　　　借：资本公积　　　　　　　　　　　　　　　　　　　　　　　　　6 920
　　　　　贷：长期股权投资　　　　　　　　　　　　　　　　　　　　　　　6 920

【考点】同一控制下企业合并的合并处理、内部交易的合并处理，对联营企业、合并企业的长期股权投资的计量（权益法）。

3. 【解析】
（1）在2016年个别财务报表中应确认的投资收益＝[3 000－(500－400)×50%]×30%＝885（万元）

在2017年个别财务报表中应确认的投资收益＝[3 500＋(500－400)×50%]×30%＝1 065（万元）

【抢分技巧】投资方与联营企业发生内部交易，在个别报表中，第一年要减去未实现内部交易损益，以后年度要加回当期已实现的内部交易损益。

（2）商誉＝9 000－12 000×70%＝600（万元）

（3）列报项目名称为"取得子公司及其他营业单位支付的现金净额"。

列报金额＝9 000－3 500＝5 500（万元）

（4）列报项目名称为"固定资产"。

理由：母子公司之间内部交易抵销，视同交易从未发生，即合并报表角度将甲公司租赁的办公楼由投资性房地产还原为固定资产，所以甲公司租赁给乙公司的办公楼在2017年12月31日的合并资产负债表中应列报在"固定资产"项目。

（5）甲公司在其2016年度合并财务报表中应披露的关联方：乙公司、丙公司、丁公司。

对于乙公司和丁公司，应披露与子公司有关的所有信息，例如名称、业务性质、注册地、注册资本及其变化、母公司对该子公司的持股比例和表决权比例。

对于丙公司，应披露关联方关系的性质（丙公司属于甲公司的联营企业）、交易类型

（丙公司向甲公司销售商品）及交易要素（商品交易价格500万元）。

(6) ① 甲公司与乙公司的抵销：

    a. 甲公司与乙公司内部销售固定资产的抵销：

        将期初固定资产原价中未实现内部销售利润抵销：

            借：年初未分配利润　　　　　　　　　　　　（600 −480）120

              贷：固定资产　　　　　　　　　　　　　　　　　　　　120

        将期初累计多提折旧抵销：

            借：固定资产——累计折旧　　　　　　　　　（120 ÷6 ÷2）10

              贷：年初未分配利润　　　　　　　　　　　　　　　　　10

        将本期多提折旧抵销：

            借：固定资产——累计折旧　　　　　　　　　　（120 ÷6）20

              贷：管理费用　　　　　　　　　　　　　　　　　　　　20

    b. 甲公司与乙公司内部债权债务的抵销：

        抵销坏账准备期初数：

            借：应收账款——坏账准备　　　　　　　　　　　　　　30

              贷：年初未分配利润　　　　　　　　　　　　　　　　　30

        抵销本期冲回的坏账准备数额：

            借：信用减值损失　　　　　　　　　　　　　　　　　　30

              贷：应收账款——坏账准备　　　　　　　　　　　　　　30

    c. 甲公司和乙公司之间的租赁交易的抵销：

           借：营业收入　　　　　　　　　　　　　　　　　　　　50

             贷：营业成本　　　　　　　　　　　　　　　（600 ÷30）20

                管理费用　　　　　　　　　　　　　　　　　　　　30

           借：固定资产　　　　　　　　　　　　　　（600 −400 −20）180

             贷：投资性房地产　　　　　　　　　　　　　　　　　180

② 甲公司与丁公司的调整抵销：

    a. 调子公司资产和负债：按购买日公允重新计量：

           借：无形资产　　　　　　　　　　　　　　　　　　　1 200

             贷：资本公积　　　　　　　　　　　　　　　　　　　1 200

           借：管理费用　　　　　　　　　　　　　　　（1 200 ÷10）120

              年初未分配利润　　　　　　　　　　　　（1 200 ÷10 ×5 ÷12）50

             贷：无形资产——累计摊销　　　　　　　　　　　　　170

    b. 调母公司长投：从成本法改为权益法核算：

           借：长期股权投资　　　　　　　　　　　　［(180 −50) ×70%］91

             贷：年初未分配利润　　　　　　　　　　　　　　　　　91

           借：长期股权投资　　　　　　　　　　　　　　　　　196

             贷：投资收益　　　　　　　　　　　　　　［(400 −120) ×70%］196

    （调整后长期股权投资账面价值 =9 000 +91 +196 =9 287 万元）

c. 抵销母公司长投和子公司所有者权益：

借：实收资本 10 000
　　资本公积 1 200
　　盈余公积　　　　　　　　　　[80+(180+400)×10%] 138
　　年末未分配利润
　　　　　[(720+(180−50)+(400−120)−(180+400)×10%)] 1 072
　　商誉 600
　贷：长期股权投资　　　　　　　　　　(9 000+91+196) 9 287
　　　少数股东权益　　[(10 000+1 200+138+1 072)×30%] 3 723

d. 抵销母公司投资收益与子公司当年利润分配：

借：投资收益　　　　　　　　　　　　　[(400−120)×70%] 196
　　少数股东损益　　　　　　　　　　　[(400−120)×30%] 84
　　年初未分配利润　　　　　　[720+(180−50)−180×10%] 832
　贷：提取盈余公积　　　　　　　　　　　　　　(400×10%) 40
　　　年末未分配利润　　　[832+(400−120)−400×10%] 1 072

【抢分技巧】

① 甲公司与联营企业丙公司发生的逆流交易，在2017年已经全部对外出售，所以不存在未实现内部交易损益，不需要在合并报表中进行调整抵销。

② 题目分析过程。

相关事项	2016年	2017年
乙公司 (子公司)	6月8日销售固定资产（顺流） 甲（存货）→乙（固定资产） 480万元　　600万元，6年 甲计提坏账准备30万元	1月1日出租办公楼（顺流） 甲　→乙 计提折旧20万元，租金50万元 甲收回应收账款
丁公司 (子公司)	8月1日购买丁公司70%股权 丁无形资产公允1 200万元，账面0， 预计使用10年，实现净利润180万元	实现净利润400万元
丙公司 (联营企业)	7月13日销售存货（逆流） 甲（存货）←丙（存货） 500万元　　400万元 甲对外出售50%	甲对外出售剩余50%

③ 内部债权债务的抵销的分析过程：

坏账准备	期初计提	本期转回
个别报表	+30 借：信用减值损失　　30 　　贷：坏账准备　　　　30	−30 借：坏账准备　　　　30 　　贷：信用减值损失　　30
合并报表	0	0
抵销分录	−30 借：应收账款——坏账准备 　　　　　　　　　　30 　　贷：信用减值损失　　30	+30 借：信用减值损失　　30 　　贷：应收账款——坏账准备 　　　　　　　　　　30

④ 租赁交易抵销的分析过程：

	甲 （个表）	乙 （个表）	合计数 （甲＋乙）	调整抵销	合并数 （集团认可）
投资性房地产	180 （200 −20）			180	
固定资产			180		180 （200 −20）
营业收入	50 （租金）		50		
营业成本	20 （折旧）			20	
管理费用		50 （租金）		30	20 （折旧）

⑤ 母公司长投和子公司所有者权益的分析过程：

丁公司 所有者权益	合并日 （2016 年 8 月 1 日）	合并日第 1 年底 （2016 年 12 月 31 日）	合并日第 2 年 （2017 年 12 月 31 日）
实收资本	10 000	10 000	10 000
资本公积	1 200 （0 ＋1 200）	1 200	1 200

续表

丁公司 所有者权益	合并日 (2016年8月1日)	合并日第1年底 (2016年12月31日)	合并日第2年 (2017年12月31日)
其他综合收益	0	0	0
盈余公积	80	98 (80 + 180 × 10%)	138 (98 + 400 × 10%)
未分配利润	720	832 [720 + (180 − 50) − 180 × 10%]	1 072 [832 + (400 − 120) − 400 × 10%]

【考点】内部交易的合并处理、其他特殊交易在合并财务报表中的会计处理、非同一控制下企业合并的合并处理。

4. 【解析】

(1) 甲公司2015年与取得和持有乙公司股份相关的会计分录如下：

借：其他权益工具投资——成本　　　　　　(2 000 × 6.8 + 40) 13 640
　　贷：银行存款　　　　　　　　　　　　　　　　　　　　　13 640

借：其他权益工具投资——公允价值变动　(2 000 × 8 − 13 640) 2 360
　　贷：其他综合收益——其他权益工具投资公允价值变动　　2 360

甲公司对持有的丙公司20%股权应当采用权益法核算。

理由：甲公司在取得丙公司股权后，能够派出董事参与丙公司的财务和生产经营决策，对丙公司具有重大影响。

借：长期股权投资——投资成本　　　　　　　　　　　　　　4 800
　　贷：银行存款　　　　　　　　　　　　　　　　　　　　　4 800

借：长期股权投资——投资成本　　　　　　(28 000 × 20% − 4 800) 800
　　贷：营业外收入　　　　　　　　　　　　　　　　　　　　800

(2) 该合并为非同一控制下企业合并。

理由：因为交易各方在合并前不具有关联方关系，不存在交易事项发生前后均能对交易各方实施控制的最终控制方。

2016年6月30日为甲公司合并乙公司的购买日。

理由：当日甲公司对乙公司董事会进行改选，改选后能够控制乙公司财务和生产经营。通过多次交换分步实现非同一控制下控股合并，合并报表中，合并成本 = 原投资的公允价值 + 新投资的公允价值。

甲公司对乙公司企业合并成本 = 2 000 × 8.5 + 20 000 × 8.5 = 187 000 (万元)

商誉 = 合并成本 − 享有子公司可辨认净资产在购买日公允价值的份额 = 187 000 − 400 000 × (4% + 40%) = 11 000 (万元)

(3) 甲公司2016年合并利润表应当确认的投资收益 = (4 000 − 120 − 300) × 20% + (900 − 600) × 20% = 716 + 60 = 776 (万元)

甲公司持有丙公司20%的股份，在甲公司的个别报表中确认投资收益 = (4 000 − 120 −

300）×20% =716（万元）

借：长期股权投资——损益调整　　［(4 000 -1200÷10 -300)×20%］716
　　　贷：投资收益　　　　　　　　　　　　　　　　　　　　　　716
借：其他综合收益　　　　　　　　　　　　　　　　　（400×20%）80
　　　贷：长期股权投资——其他综合收益　　　　　　　　　　　　80

（4）① 丙公司的内部交易：

借：营业收入　　　　　　　　　　　　　　　　　　（900×20%）180
　　　贷：营业成本　　　　　　　　　　　　　　　　（600×20%）120
　　　　　投资收益　　　　　　　　　　　　　　　　　　　　　　60

② 乙公司的内部交易：

借：应付账款　　　　　　　　　　　　　　　　　　　　　　　1 100
　　　贷：应收账款　　　　　　　　　　　　　　　　　　　　　1 100
借：应收账款　　　　　　　　　　　　　　　　　　（1 100×5%）55
　　　贷：信用减值损失　　　　　　　　　　　　　　　　　　　　55
借：营业收入　　　　　　　　　　　　　　　　　　　　　　　1 100
　　　贷：营业成本　　　　　　　　　　　　　　　　　　　　　1 100
借：营业成本　　　　　　　　　　　　　　　　　　　　　　　　210
　　　贷：存货　　　　　　　　　　［(1 100 -800)×(1 -30%)］210
借：少数股东损益　　　　　　　　　　　　　　　　（210×56%）117.6
　　　贷：少数股东权益　　　　　　　　　　　　　　　　　　　117.6

【抢分技巧】

① 投资方与联营企业发生顺流交易，如果投资方存在子公司，在编制合并报表中，需要按持股比例抵销顺流交易导致投资方虚增的营业收入、营业成本，以及联营企业虚增的存货价值（用长投替代），但在个别报表中抵销的是长期股权投资和投资收益，因此在编制调整抵销分录时要把多抵销的投资收益加回来。调整分录为：

借：营业收入（内部销售收入×持股比例）
　　　贷：营业成本（内部销售成本×持股比例）
　　　　　投资收益（未实现损益×持股比例）

简而言之，也就是顺流交易，在合并利润表中确认投资收益时，只需考虑投资时联营企业的账面和公允价值产生的影响，而不考虑内部交易对合并利润表中投资收益的影响。

② 投资方与联营企业发生逆流交易，如果投资方存在子公司，在编制合并报表中，需要抵销逆流交易导致投资方虚增的存货，以及联营企业虚增的营业收入、营业成本（用投资收益替代），但在个别报表中抵销的是长期股权投资和投资收益，因此在编制调整抵销分录时要把多抵销的长期股权投资加回来。

抵销分录为：

借：长期股权投资（未实现损益×持股比例）
　　　贷：存货

③ 另外，甲公司增资乙公司股权后达到控制，由其他权益工具投资转为成本法长投，原来其他权益工具投资视同出售，差额计入留存收益，不会影响投资收益。

【考点】对联营企业、合并企业的长期股权投资的计量（权益法）、长期股权投资转换在合并报表的处理、内部交易的合并处理。

5. 【解析】

(1) 甲公司对乙公司的合并属于非同一控制下企业合并。

理由：甲公司与乙公司、P公司在本次重组交易前不存在关联关系，不存在相同的最终控制方。

(2) 在2013年12月31日甲公司取得对乙公司的控制权，因此购买日为2013年12月31日。在计算合并成本时，应购买日当日支付对价的公允价值计量。

甲公司对乙公司的企业合并成本 = 12 000 × 9.5 = 114 000（万元）；

商誉 = 合并成本 − 享有子公司在购买日可辨认净资产公允价值份额 = 114 000 − 185 000 × 60% = 3 000（万元）。

(3) 相关会计分录如下：

借：长期股权投资	114 000
贷：股本	12 000
资本公积——股本溢价	102 000
借：管理费用	1 200
贷：银行存款	1 200

(4) 甲公司应将预期可能取得的补偿款计入预期获得年度（2014年）损益。

理由：该部分金额是非同一控制下企业合并中的或有对价，因不属于购买日后12个月内取得新的或者进一步证据表明购买日已存在状况，因此不需要对企业合并成本进行调整，应当以公允价值计量并将其变动计入当期损益。

2014年末补偿金额确定时：

借：交易性金融资产	3 000
贷：公允价值变动损益	3 000

2015年2月收到补偿款时：

借：银行存款	3 000
贷：交易性金融资产	3 000

(5) 2014年12月31日合并报表调整抵销分录：

① 将母公司长期股权投资从成本法调整为权益法：

借：长期股权投资	3 000
贷：投资收益	3 000

② 抵销母公司长期股权投资与子公司所有者权益：

借：实收资本		40 000
资本公积		60 000
盈余公积	(23 300 + 5 000 × 10%)	23 800
年末未分配利润	(61 700 + 5 000 − 5 000 × 10%)	66 200

    商誉   3 000

    贷：长期股权投资   （114 000 + 3 000）117 000

      少数股东权益   ［（185 000 + 5 000）×40%］76 000

  ③ 抵销母公司投资收益与子公司利润分配：

    借：投资收益   （5 000 ×60%）3 000

      少数股东损益   （5 000 ×40%）2 000

      年初未分配利润   61 700

    贷：提取盈余公积   （5 000 ×10%）500

      年末未分配利润   66 200

  ④ 抵销未实现内部交易损益：

    借：营业收入   260

      贷：营业成本   260

    借：营业成本   36

      贷：存货   36

    借：少数股东权益   14.4

      贷：少数股东损益   （36 ×40%）14.4

    借：应付账款   260

      贷：应收账款   260

    借：应收账款——坏账准备   13

      贷：信用减值损失   13

    借：少数股东损益   5.2

      贷：少数股东权益   （13 ×40%）5.2

    借：资产处置收益   360

      贷：固定资产   360

（6）2015 年 12 月 31 日合并报表调整抵销分录。

  ① 将母公司长期股权投资从成本法调整到权益法：

    借：长期股权投资   10 200

      贷：投资收益   （12 000 ×60%）7 200

      年初未分配利润   （5 000 ×60%）3 000

  ② 抵销母公司长期股权投资与子公司所有者权益：

    借：实收资本   40 000

      资本公积   60 000

      盈余公积   （23 800 + 12 000 ×10%）25 000

      年末未分配利润 （66 200 + 12 000 − 12 000 ×10%）77 000

      商誉   3 000

    贷：长期股权投资   （117 000 + 12 000 ×60%）124 200

      少数股东权益

           ［（40 000 + 60 000 + 25 000 + 77 000）×40%］80 800

  ③ 抵销母公司的投资收益和子公司的利润分配：

借：投资收益	（12 000×60%）7 200
少数股东损益	（12 000×40%）4 800
年初未分配利润	66 200
贷：提取盈余公积	（12 000×10%）1 200
年末未分配利润	77 000

④ 抵销未实现的内部交易损益：

借：年初未分配利润	360
贷：固定资产	（1 160−800）360
借：固定资产——累计折旧	（360÷12）30
贷：管理费用	30
借：应付账款	260
贷：应收账款	260

抵销坏账准备的期初数：

借：应收账款	（260×5%）13
贷：年初未分配利润	13
借：应收账款	（260×20%−13）39
贷：信用减值损失	39
借：年初未分配利润	（13×40%）5.2
贷：少数股东权益	5.2
借：少数股东损益	（39×40%）15.6
贷：少数股东权益	15.6
借：年初未分配利润	［（260−200）×60%］36
贷：营业成本	36
借：营业成本	12
贷：存货	［（260−200）×（1−80%）］12
借：少数股东损益	（60×40%×40%）9.6
少数股东权益	（60×20%×40%）4.8
贷：年初未分配利润	（60×60%×40%）14.4

因为该内部出售商品为逆流交易，应将内部销售形成的存货中包含的未实现内部销售损益在甲公司和乙公司少数股东之间进行分摊。所以年初存货中未实现内部销售利润抵销时，其中的14.4（36×40%）由少数股东承担。本期存货实现的利润，属于少数股东损益的部分要抵销。

分开写为：

借：少数股东权益	［（260−200）×60%×40%］14.4
贷：年初未分配利润	14.4
借：少数股东损益	［（260−200）×40%×40%］9.6
贷：少数股东权益	9.6

【考点】非同一控制下企业合并的合并处理、内部交易的合并处理、其他特殊交易在合并财务报表中的会计处理、企业合并涉及的或有对价。

第二十八章 每股收益·答案

「考点1」基本每股收益（★★）

1. 【答案】B

   【解析】
   ① 计算基本每股收益时，分母为当期发行在外普通股的算术加权平均数＝期初发行在外普通股股数＋当期新发行普通股股数×已发行时间÷报告期时间－当期回购普通股股数×已回购时间÷报告期时间
   ② 选项ACD错误，当年发行的普通股，回购普通股股数，年初发行在外的普通股股数均会影响当期发行在外普通股的算术加权平均数，进而影响基本每股收益的金额。
   ③ 选项B正确，公司库存股不属于发行在外的普通股，且无权参与利润分配，应当在计算分母时扣除。

2. 【答案】A

   【解析】
   ① 基本每股收益只考虑当期实际发行在外的普通股股份，按照归属于普通股股东的当期净利润除以当期实际发行在外普通股的加权平均数计算确定，当期发行在外普通股的算术加权平均数＝期初发行在外普通股股数＋当期新发行普通股股数×已发行时间/报告期时间－当期回购普通股股数×已回购时间÷报告期时间
   ② 发放股票股利属于所有者权益内部的变动，不会影响所有者权益总额，所以增加的股数不需要考虑时间权重。
   ③ 甲公司2016年基本每股收益＝4 600÷（8 000＋8 000÷10×2－960×2÷12）≈0.49（元/股）

   因此，选项A正确。

   【抢分技巧】如果回购股份发生在3月1日，其他条件不变，计算基本每股收益：4 600÷[（8 000－960×10÷12）×1.2]≈0.53（元/股）。

3. 【答案】AB

   【解析】
   ① 基本每股收益只考虑当期实际发行在外的普通股股份，按照归属于普通股股东的当期净利润除以当期实际发行在外普通股的加权平均数计算确定。
   ② 选项AB正确，发行、回购股份和三剑客（公积金转增资本、派发股票股利和拆股、并股）影响基本每股收益。
   ③ 选项CD错误，稀释性潜在普通股影响稀释每股收益的计算，不影响基本每股收益的计算。基本每股收益的分母为当期发行在外普通股的算术加权平均数，即期初发行在外普通股股数根据当期新发行或回购的普通股股数与相应时间权数的乘积进行调整后的股数。

「考点2」稀释每股收益（★★）

1. 【答案】D

   【解析】
   ① 由甲公司2018年度基本每股收益为0.43元/股可知，甲公司2018年为盈利企业。
   ② 选项AB错误，对于盈利企业，认股权证、股票期权等的行权价格低于当期普通股平均市场价格时，具有稀释性。
   ③ 选项C错误，对于可转换公司债券，如果增量股的每股收益（0.38元/股）小于原每股收益（0.43元/股），则说明该可转换公司债券具有稀释作用，应当计入稀释每股收益的计算中。
   ④ 选项D正确，股东按照市场价格的增资，不具有稀释作用。

2. 【答案】B

   【解析】资料①调整增加的普通股股数 =900 −900 ×5 ÷6 =150（万股）；
   资料②调整增加的普通股股数 =100 −100 ×3 ÷6 =50（万股）；
   甲公司2013年稀释每股收益 =1 500 ÷（3 000 +150 ×9 ÷12 +50 ×6 ÷12）=0.48（元/股）。

   【抢分技巧】计算稀释每股收益时要注意，这些稀释性的潜在普通股是假设在发行日就转换为普通股，因此在计算的时候需要考虑时间加权。

3. 【答案】C

   【解析】甲公司2016年度基本每股收益金额 =1 200 ÷2 000 =0.6（元/股），甲公司发行认股权证增加的普通股股数 =拟行权时转换的普通股股数 −行权价格 ×拟行权时转换的普通股股数 ÷当期普通股平均市场价格 =1 000 −1 000 ×3 ÷5 =400（万股）。
   稀释每股收益金额 =1 200 ÷（2 000 +400 ×12 ÷12）=0.5（元/股）。

4. 【答案】AB

   【解析】
   ① 选项A正确，对于盈利企业，认股权证、股份期权等的行权价格低于当期普通股平均市场价格时，具有稀释性。
   ② 选项B正确，企业承诺将回购其股份的合同中规定的回购价格高于当期普通股平均市场价格时，应当考虑其稀释性。
   ③ 选项C错误，对于可转换公司债券，如果增量股的每股收益小于原每股收益，则说明该可转换公司债券具有稀释作用；反之，不具有稀释作用。
   ④ 选项D错误，对于盈利企业，认股权证、股份期权等的行权价格低于当期普通股平均市场价格时具有稀释性；反之，不具有稀释作用。

「考点3」每股收益的列报（★★）

1. 【答案】A

   【解析】2017年度基本每股收益 =5 625 ÷（3 000 +1 000 ×9 ÷12）=1.5（元/股）；

2018年4月1日按每10股以资本公积转增股本2股,需要重新计算财务报表各列报期间每股收益,因此,甲公司在2018年度利润表中列示的2017年度基本每股收益=5 625÷[(3 000+1 000×9÷12)×1.2]=1.25(元/股),或者=1.5÷1.2=1.25。

因此,选项A正确。

2. 【答案】B

【解析】

① 基本每股收益=归属于普通股股东的当期净利润÷发行在外普通股的加权平均数

② 发行在外普通股加权平均数=期初发行在外普通股股数+当期新发行普通股股数×已发行时间÷报告期时间-当期回购普通股股数×已回购时间÷报告期时间

③ 需要重新计算财务报表各列报期间每股收益的情况有:派发股票股利、公积金转增资本、拆股和并股;配股;以前年度损益的追溯调整或追溯重述。

④ 2017年4月1日按每10股以资本公积转增股本2股,需要重新计算财务报表各列报期间每股收益,因此,甲公司在2017年度利润表中列示的2016年度基本每股收益=3 510÷[(2 000+500×6÷12)×1.2]=1.30(元/股)。

因此,选项B正确。

【抢分技巧】求2017年度利润表中列报的2017年度的基本每股收益:4 260÷[(2 000+500)×1.2]=1.42(元/股)。

3. 【答案】D

【解析】

① 需要重新计算财务报表各列报期间每股收益的情况有:派发股票股利、公积金转增资本、拆股和并股;配股;以前年度损益的追溯调整或追溯重述。

② 选项ABC错误,均不属于需要重新计算财务报表各列报期间每股收益的情况。

③ 选项D正确,报告年度内派发股票股利属于需要重新计算财务报表各列报期间每股收益的情况。

4. 【答案】ABCD

【解析】根据企业会计准则的规定应当重述比较期间每股收益的情况:

a. 报告年度企业派发股票股利(选项A),资本公积(未分配利润)转增股本(选项C),并股/拆股;

b. 报告年度企业发生配股;

c. 报告年度企业发现差错更正,采用追溯重述法重述上年度损益(选项D);

d. 报告年度企业发生会计政策变更,采用追溯调整法调整上年度损益;

e. 报告年度以发行股份为对价实现同一控制下企业合并(选项B)。

因此,选项ABCD正确。

【抢分技巧】每股收益的重新计算:

① 派发股票股利、公积金转增资本、拆股和并股。

企业派发股票股利、公积金转增资本、拆股或并股,会增加或减少其发行在外普通股或潜在普通股的数量,但并不会影响所有者权益金额,这既不影响企业所拥有的经济资源,也不会改变企业的盈利能力,即意味着同样的损益现在要由扩大或缩小了的股份规模来享有或分担。因此，为了保持会计指标的前后期可比性，企业应当按调整后的股数重新计算各列报期间的每股收益。上述变化发生于资产负债表日后期间的，应当以调整后的股数重新计算各列报期间的每股收益。

② 配股。

配股比较特殊，可以理解为按市价发行股票和无对价送股的混合体，其中包含的送股因素具有与股票股利相同的效果，导致发行在外普通股股数增加的同时，却没有相应的经济资源流入，因此需要重新计算各列报期间每股收益。

③ 以前年度损益的追溯调整或追溯重述。

按照《会计政策、会计估计变更和差错更正》的规定对以前年度损益进行追溯调整或追溯重述的，应当重新计算各列报期间的每股收益。

5. 【答案】ACD

【解析】

① 需要重新计算财务报表各列报期间每股收益的情况有：派发股票股利、公积金转增资本、拆股和并股；配股；以前年度损益的追溯调整或追溯重述。

② 选项 B 错误，企业发行股份，影响当期的每股收益，但不需要对各列报期间每股收益重新计算。

③ 选项 ACD 正确，属于需要重新计算财务报表各列报期间每股收益的情况。

第二十九章 公允价值计量·答案

「考点1」公允价值计量要求（★★）

1. 【答案】A

   【解析】第一层次输入值是指企业在计量日能够取得的相同资产或负债在活跃市场上未经调整的报价，因此选项A不属于第二层次输入值。

   第二层次输入值是除第一层次输入值外相关资产或负债直接或间接可观察的输入值，包括：
   ① 活跃市场中类似资产或负债的报价（选项B）；
   ② 非活跃市场中相同或类似资产或负债的报价（选项CD）；
   ③ 除报价以外的其他可观察输入值，包括在正常报价间隔期间可观察的利率和收益率曲线等；
   ④ 市场验证的输入值等。

2. 【答案】C

   【解析】公允价值计量结果所属的层次，由对公允价值计量整体而言重要的输入值所属的最低层次决定，故选项C不符合会计准则规定，其他选项均正确。

3. 【答案】A

   【解析】选项A正确，企业变更估值技术或其应用的，应当按照《企业会计准则第28号——会计政策会计估计变更和差错更正》的规定作为会计估计变更，并根据《企业会计准则第39号——公允价值计量》的披露要求对估值技术及其应用的变更进行披露，而不需要按照《企业会计准则第28号——会计政策、会计估计变更和差错更正》的规定对相关会计估计变更进行披露。

4. 【答案】D

   【解析】
   ① 主要市场为交易量最大、交易最活跃的市场。
   ② 如果没有主要市场，则要确定最有利市场，最有利市场是假设出售产品所获变现收益最大的市场。
   ③ 变现收益 = 市场价格 – 运输费用 – 交易费用
   ④ 公允价值（按最有利市场）= 市场价格 – 运输费用（不考虑交易费用）
   ⑤ 因该生产设备不存在主要市场，应以最有利市场确认其公允价值。最有利市场是指在考虑交易费用和运输费用后，能够以最高金额出售相关资产的市场。X市场变现收益 = $10 \times 180 - 100 - 60 = 1\,640$（万元）；Y市场变现收益 = $10 \times 175 - 80 - 20 = 1\,650$（万元），故Y市场为最有利市场。
   ⑥ 综上，生产设备公允价值 = $10 \times 175 - 20 = 1\,730$（万元）。

5. 【答案】D

   【解析】
   ① 选项A错误，当相关资产具有出价和要价时，企业可以使用出价和要价中在当前市场情况下最能代表该资产公允价值的价格计量该资产。

② 选项 B 错误，以公允价值计量资产或负债，应当首先假定出售资产或转移负债的有序交易在该资产或负债的主要市场进行。

③ 选项 C 错误，在根据选定市场的交易价格确定相关资产或负债的公允价值时，不应当根据交易费用对有关价格进行调整。

④ 选项 D 正确，符合准则规定。

第三十章 政府以及民间非营利组织会计·答案

「考点1」政府单位特定业务的会计核算（★）

1. 【答案】C

   【解析】
   ① 选项A错误，事业单位开展技术咨询服务收取的劳务费（不含增值税）在预算会计下确认为"事业预算收入"。
   ② 选项B错误，年度终了，根据本年度财政直接支付预算指标数与本年财政直接支付实际支出数的差额，在预算会计中确认为"财政拨款预算收入"。
   ③ 选项D错误，事业单位涉及现金收支的业务，在采用财务会计核算的同时应当进行预算会计核算；对于不涉及现金收支的业务仅需进行财务会计核算。
   ④ 选项C正确，此处为准则规定。

2. 【答案】ABC

   【解析】选项AB正确，政府会计包括财务会计和预算会计。财务会计采用权责发生制；预算会计采用收付实现制，国务院另有规定除外。
   选项C正确、选项D错误，对于纳入年度部门预算管理的现金收支业务，在采用财务会计核算的同时应当进行预算会计核算。但是，对于单位受托代理的现金以及不纳入部门预算管理的暂收暂付款项（如应上缴、应转拨或应退回的资金），仅需要进行财务会计处理，不需要进行预算会计处理。

「考点2」民间非营利组织会计（★）

1. 【答案】AB

   【解析】选项AB正确、选项CD错误，民间非营利组织会计要素有资产、负债、净资产、收入、费用，不应包括所有者权益和利润。

2. 【答案】D

   【解析】
   ① 选项A错误，对于无条件的捐赠，民间非营利组织应当在捐赠收到时确认收入；对于附条件的捐赠，应当在取得捐赠资产控制权时确认收入。对于捐赠承诺，不应予以确认，但可以在会计报表附注中作相关披露。
   ② 选项B错误，对于接受的劳务捐赠，不予确认，但应当在会计报表附注中作相关披露。
   ③ 选项C错误，对于民间非营利组织接受捐赠的非现金资产，如果捐赠方没有提供有关凭据的，受赠资产应当以其公允价值作为入账价值。
   ④ 选项D正确，收到受托代理资产时确认受托代理资产和受托代理负债。

3. 【答案】AB

【解析】民间非营利组织对于各项收入应当按是否存在限定区分为非限定性收入和限定性收入进行核算。如果资产提供者对资产的使用设置了时间限制或者用途限制，或对两者都设置了限制，则为限定性收入；除此之外的其他收入，为非限定性收入。因此，选项AB正确。

跨章节综合题·答案

1. 【解析】

    (1) 其他权益工具投资的初始入账金额为1 800万元。

    2019年3月20日：

    借：其他权益工具投资——成本　　　　　　　　　　　　　　　1 800
    　　应收股利　　　　　　　　　　　　　　　　　　　　　　　　 10
    　　　贷：银行存款　　　　　　　　　　　　　　　　　　　　　1 810

    2019年3月25日：

    借：银行存款　　　　　　　　　　　　　　　　　　　　　　　　 10
    　　　贷：应收股利　　　　　　　　　　　　　　　　　　　　　　 10

    2019年12月31日：

    借：其他权益工具投资——公允价值变动　　　　（2 500 - 1 800）700
    　　　贷：其他综合收益　　　　　　　　　　　　　　　　　　　　700

    (2) 甲公司增持乙公司股权时不会对其个别财务报表损益产生影响。因为其他权益工具投资转成本法长投，公允价值与账面价值的差额计入留存收益，持有期间确认的其他综合收益也是转入留存收益，均不影响损益。

    长期股权投资初始成本 = 100×30 + 42 000 = 45 000（万元）

    借：长期股权投资　　　　　　　　　　　　　　　　　　　　　45 000
    　　　贷：其他权益工具投资——成本　　　　　　　　　　　　　1 800
    　　　　　　　　　　　　　　　——公允价值变动　　　　　　　　700
    　　　　　银行存款　　　　　　　　　　　　　　　　　　　　42 000
    　　　　　盈余公积　　　　　　　　　　　[（3 000 - 2 500）×10%] 50
    　　　　　利润分配——未分配利润　　　　　[（3 000 - 2 500）×90%] 450

    借：其他综合收益　　　　　　　　　　　　　　　　　　　　　　 700
    　　　贷：盈余公积　　　　　　　　　　　　　　　　　　（700×10%）70
    　　　　　利润分配——未分配利润　　　　　　　　　　　（700×90%）630

    (3) 长期股权投资的合并成本 = 42 000 + 3 000 = 45 000（万元），享有子公司在购买日可辨认净资产公允价值所占份额6 400×75% = 4 800（万元），商誉 = 45 000 - 4 800 = 40 200（万元）。

    在2020年12月31日编制合并报表时：

    ① 按购买日公允价值调整子公司资产或负债：

    借：无形资产——原价　　　　　　　　　　　　　　　　　　　　400
    　　　贷：资本公积　　　　　　　　　　　　　　　　　　　　　　400

    借：管理费用　　　　　　　　　　　　　　　　　　　　　　　　 160
    　　　贷：无形资产——累计摊销　　　　　　　　　　（400÷20×8）160

    ② 按权益法调整母公司长期股权投资（缺少相关条件，默认不调）。

    ③ 抵销母公司长期股权投资和子公司所有者权益（缺少相关条件，默认不调）。

④ 抵销母公司投资收益和子公司利润分配（缺少相关条件，默认不调）。
⑤ 抵销未实现内部交易损益：
   a. 抵销乙公司向甲公司出售房地产：

      借：营业收入   8 000
         贷：营业成本   5 000
            其他综合收益   3 000

     此处还应写一笔逆流交易少数股东的抵销分录的，金额是未实现内部交易损益乘以少数股东比例，但是由于实务中合并报表比较复杂且有些地方也存在争议，所以我们尚未给出答案。

   b. 抵销甲公司向乙公司出售设备：

      借：营业收入   2 000
         贷：营业成本   1 400
            固定资产——原价   600
      借：固定资产——累计折旧   （600÷10÷12×6）30
         贷：管理费用   30

【抢分技巧】内部交易事项一：乙公司将一项已经完工并计入存货的房地产出售给甲公司，甲公司取得后作为商业地产出租经营。该房地产的账面价值为 5 000 万元，出售价格为 8 000 万元。

甲公司（购买一项投资性房地产）和乙公司（出售存货）个别报表分录	站在合并的角度应该有的分录（存货转为公允价值计量的投资性房地产）	将"个别报表"调整到"合并报表"的调整分录

甲公司：
借：投资性房地产——成本
                      8 000
   贷：银行存款   8 000
后续投资性房地产公允价值上升
借：投资性房地产——公允价值
      变动   500
   贷：公允价值变动损益
                     500
乙公司：
借：银行存款   8 000
   贷：主营业务收入 8 000
借：主营业务成本 5 000
   贷：开发产品   5 000
	借：投资性房地产——成本
	               8 000
	   贷：开发产品 5 000
	      其他综合收益 3 000
	后续投资性房地产公允价值上升
	借：投资性房地产——公允价值
	      变动 500
	   贷：公允价值变动损益
	               500
		借：营业收入
		             8 000
		   贷：营业成本
		            5 000
		      其他综合收益
		            3 000

有关的合并工作底稿如下：

	甲（个表）	乙（个表）	合计数（甲+乙）	合并数（集团认可）	调整抵销（借 贷）
营业收入		8 000	8 000		8 000
营业成本		5 000	5 000		5 000

续表

		甲（个表）	乙（个表）	合计数（甲+乙）	合并数（集团认可）	调整抵销（借 贷）
投资性房地产	成本	8 000		8 000	8 000	
	公允价值变动	500		500	500	
公允价值变动损益		500		500	500	
其他综合收益					3 000	3 000

内部交易事项二：甲公司将其生产的一批设备出售给乙公司作为管理用固定资产，该批设备的账面价值为 1 400 万元，销售价格为 2 000 万元。

甲公司（出售价值 1 400 万元存货）和乙公司（购买价值 200 万元的固定资产）个别报表分录	站在合并的角度应该有的分录（价值 1 400 万元的存货转为价值 1 400 万元的固定资产）	将"个别报表"调整到"合并报表"的调整分录
甲公司： 借：银行存款　　2 000 　贷：主营业务收入 2 000 借：主营业务成本 1 400 　贷：库存商品　　1 400 乙公司： 借：固定资产　　2 000 　贷：银行存款　　2 000 由于是 6 月 20 日购入，年折旧额 =2 000÷10×6/12 借：管理费用　　100 　贷：累计折旧　　100	借：固定资产　　1 400 　贷：库存商品　　1 400 由于是 6 月 20 日转化完毕，年折旧额 =1 400÷10×6/12 借：管理费用　　70 　贷：累计折旧　　70	借：营业收入 2 000 　贷：营业成本 1 400 　　　固定资产　600 借：固定资产——累计折旧　　30 　贷：管理费用　30

有关的合并工作底稿如下：

	甲（个表）	乙（个表）	合计数（甲+乙）	合并数（集团认可）	调整抵销（借 贷）	
营业收入	2 000		2 000	0	2 000	
营业成本	1 400		1 400	0		1 400
固定资产		2 000	2 000	1 400		600
累计折旧		100	100	70	30	
管理费用		100	100	70		30

(4) 甲公司所发行可转换公司债券在初始确认时：

负债成分的公允价值 = 60×100×6%×(P/A，9%，3) + 60×100×(P/F，9%，3) = 360×2.5313 + 6 000×0.7722 = 911.27 + 4 633.2 = 5 544.47（万元）

权益成分的公允价值 = 6 000 - 5 544.47 = 455.53（万元）

会计分录如下：

借：银行存款	6 000
应付债券——可转换公司债券（利息调整）	455.53
贷：应付债券——可转换公司债券（面值）	6 000
其他权益工具	455.53

2020年应确认的利息费用 = 5 544.47×9%×6÷12 = 249.5（万元）

会计分录如下：

借：财务费用	249.5
贷：应付利息	(6 000×6%×6÷12) 180
应付债券——可转换公司债券（利息调整）	69.5

【考点】第六章长期股权投资——长期股权投资核算方法的转换；第八章负债——公司债券；第十三章金融资产——以公允价值计量且其变动计入其他综合收益的金融资产（权益工具）的会计处理；第二十七章——内部交易的合并处理。

2. 【解析】

(1) 奖励积分的单独售价 = 10×1×85% = 8.5（万元）

甲公司按照销售商品和奖励积分单独售价的相对比例对交易价格进行分摊：

分摊至商品的交易价格 = 1 000÷(1 000 + 8.5)×1 000 = 991.57（万元）

分摊至积分的交易价格 = 8.5÷(1 000 + 8.5)×1 000 = 8.43（万元）

2017年12月确认收入的金额为991.57万元。

借：银行存款	1 000
贷：主营业务收入	991.57
合同负债	8.43

2018年1月，甲公司的会员客户在购物时使用了2万个积分，应确认收入的金额为 2÷8.5×8.43 = 1.98（万元）。

借：合同负债	1.98
贷：主营业务收入	1.98

(2) 授予日的会计分录为：

借：银行存款	5 000
贷：股本	(20×50×1) 1 000
资本公积——股本溢价	4 000
借：库存股	5 000
贷：其他应付款	5 000

2017年末，确认管理费用和资本公积金额 = (20 - 20×10%)×50×(20 - 5)÷5 - 0 = 2 700（万元）。

```
借：管理费用                                    2 700
    贷：资本公积——其他资本公积                   2 700
```
递延所得税金额=2 700×25%=675（万元）
预计未来期间可以抵扣的金额=(25-5)×20×50×(1-10%)=18 000（万元）
归属于本年的可扣除金额=18 000÷5=3 600（万元）
应以归属于本年的可扣除金额为限确认递延所得税资产，其中，等待期确认成本费用的金额应计入所得税费用，超出部分应直接计入所有者权益。
```
借：递延所得税资产              （3 600×25%）  900
    贷：所得税费用               （2 700×25%）  675
        资本公积——其他资本公积                 225
```
(3) 2017年12月31日，投资性房地产的账面价值=8 000-8 000÷40=7 800（万元），计税基础=8 000-8 000÷20=7 600（万元）。
投资性房地产账面价值7 800万元大于计税基础7 600万元，产生应纳税暂时性差异200万元，确认递延所得税负债50万元，影响所得税费用。
```
借：所得税费用                                  50
    贷：递延所得税负债                           50
```
2018年1月1日，投资性房地产由成本模式变更为公允价值模式，作为会计政策变更处理，并将变更时公允价值与账面价值的差额调整期初留存收益。
```
借：投资性房地产——成本                       8 500
    投资性房地产累计折旧                        200
    贷：投资性房地产                           8 000
        盈余公积                                70
        利润分配——未分配利润                   630
```
(4) 未使用的带薪年休假权利而应确认的工资=(12-10)×200×600÷10 000=24（万元）。
```
借：管理费用                                    24
    贷：应付职工薪酬                            24
```
【考点】第五章投资性房地产——投资性房地产的后续计量；第九章职工薪酬——短期薪酬的确认与计量；第十章股份支付——限制性股票；第十七章收入——特定交易的会计处理。

3. 【解析】

(1) 负债成分的公允价值=360×(P/A, 9%, 3)+6 000×(P/F, 9%, 3)=360×2.5313+6 000×0.7722=5 544.47（万元）
权益成分的公允价值=6 000-5 544.47=455.53（万元）
2018年需要确认的利息费用=5 544.47×9%=499（万元）
相关会计分录：
```
借：银行存款                                  6 000
    应付债券——可转换公司债券（利息调整）       455.53
    贷：应付债券——可转换公司债券（面值）       6 000
        其他权益工具                           455.53
```

借：财务费用		499
贷：应付利息		360
应付债券——可转换公司债券（利息调整）		139

(2) 退回药品后直接销毁，应收退货成本 =0。

会计分录如下：

借：应收账款		15 000
贷：主营业务收入		12 000
预计负债	（15 000 ×20%）	3 000
借：主营业务成本		5 000
贷：库存商品		5 000

(3) 甲公司在客户乙公司的场地上为其建造楼房，客户能够控制建造中的楼房，并且，如果甲公司决定停止建造，乙公司可以另外安排新的工程建造公司在其基础上继续工作，因此属于在某一时段履行的履约义务。

甲公司应当按照履约进度确认收入，履约进度按照已发生的成本占估计总成本比例计算，其中成本要扣除从外部购买设备的金额 3 000 万元，设备按照已发生的成本金额确认收入。

2018 年履约进度 =（4 000 -3 000）÷（6 000 -3 000）=33.33%

2018 年应确认的收入 =（9 000 -3 000）×33.33% +3 000 =5 000（万元）

2018 年应结转的成本 =（6 000 -3 000）×33.33% +3 000 =4 000（万元）

2018 年分录如下：

借：银行存款	（9 000 ×10%）	900
贷：合同负债		900
借：银行存款		3 600
贷：合同结算——价款结算		3 600
借：合同结算——收入结转		5 000
贷：主营业务收入		5 000
借：主营业务成本		4 000
贷：合同履约成本		4 000

2019 年分录如下：

借：合同结算——收入结转	（9 000 -5 000）	4 000
贷：主营业务收入		4 000
借：主营业务成本	（6 000 -4 000）	2 000
贷：合同履约成本		2 000
借：银行存款		3 600
贷：合同结算——价款结算		3 600

(4) 免租期也应该确认对应的租金收入，租金总额 =300 ×（3 +4 +4）=3 300（万元）；

2018 年应确认的租金收入 =3 300 ÷（4 +4 +4）×3 =825（万元）。

与 A 公司营业收入相关的可变租赁收款额 =2 400 ×1% =24（万元）；

甲公司 2018 年应确认的租赁收入 =825 +24 =849（万元）。

(5) 相关会计分录如下：

① 2018 年 12 月 31 日：

借：银行存款　　　　　　　　　　　　　　　　　　　500
　　贷：股本　　　　　　　　　　　　　　　　　　　　100
　　　　资本公积——股本溢价　　　　　　　　　　　　400
借：库存股　　　　　　　　　　　　　　　　　　　　500
　　贷：其他应付款——限制性股票回购义务　　　　　　500

② 2019 年 12 月 31 日：

确认管理费用：

授予日限制性股票公允价值 = 20 − 5 = 15（元/股），2019 年应确认的管理费用 = (100 − 10) × 15 ÷ 3 = 450（万元）。

借：管理费用　　　　　　　　　　　　　　　　　　　450
　　贷：资本公积——其他资本公积　　　　　　　　　　450

③ 回购并注销与离职人员相关的限制性股票。

借：其他应付款　　　　　　　　　　　　　　　　　　25
　　贷：银行存款　　　　　　　　　　　　　　　　　　25
借：股本　　　　　　　　　　　　　　　　　　　　　5
　　资本公积——股本溢价　　　　　　　　　　　　　20
　　贷：库存股　　　　　　　　　　　　　　　　　　　25

【考点】第八章负债——公司债券；第十章股份支付——限制性股票；第十四章租赁——租赁概述；第十七章收入——特定交易的会计处理、履行各单项履约义务时确认收入。

4. 【解析】

(1) 甲公司应享有的乙公司在购买日可辨认净资产公允价值份额 = 7 000 × 30% = 2 100（万元）> 取得股权支付的对价 2 000 万元，应调增甲公司长期股权投资的入账价值 100 万元（2 100 − 2 000），同时确认营业外收入 100 万元。

会计分录为：

借：长期股权投资——投资成本　　　　　　　　　　　2 000
　　贷：银行存款　　　　　　　　　　　　　　　　　　2 000
借：长期股权投资——投资成本　　　　　　　　　　　100
　　贷：营业外收入　　　　　　　　　　　　　　　　　100

(2) 调整后净利润 = 1 000 − (3 000 − 1 000) ÷ 10 = 800（万元）

甲公司 2018 年应确认的投资收益金额 = 800 × 30% = 240（万元）

应确认其他综合收益金额 = 50 × 30% = 15（万元）

会计分录为：

借：长期股权投资——损益调整　　　　　　　　　　　240
　　贷：投资收益　　　　　　　　　　　　　　　　　　240
借：长期股权投资——其他综合收益　　　　　　　　　15
　　贷：其他综合收益　　　　　　　　　　　　　　　　15

(3) 甲公司对乙公司长期股权投资采用权益法核算形成的暂时性差异不确认递延所得税。

理由：

① 甲公司拟长期持有乙公司的股权，所以因长期股权投资初始投资成本的调整（营业外收入）产生的暂时性差异以及因确认应享有被投资单位其他综合收益变动而产生的暂时性差异，预计未来期间不会转回，不会对未来期间的所得税产生影响，不确认递延所得税。

② 根据我国的税法规定居民企业间的股息红利免税，因而确认投资收益产生的暂时性差异，也不会对未来期间的所得税产生影响，不确认递延所得税。

(4) 不是政府补助。

理由：政府补助核算的是企业从政府无偿取得的货币性资产或非货币性资产（企业无需向政府交付商品及服务）。根据材料，甲公司取得的 2 000 万元资金用于开发新型节能环保建筑材料，且新型建筑材料的研究成果将归政府所有，所以甲公司不拥有所有权，不应按照政府补助进行会计处理。

借：银行存款　　　　　　　　　　　　　　　　　　　　　　　　　2 000
　　贷：合同负债　　　　　　　　　　　　　　　　　　　　　　　　　2 000

(5) 甲公司完成办公楼决算手续的事项属于资产负债表日后调整事项。

理由：

① 办公楼已于资产负债表日前完工并达到预定可使用状态，并按预算金额暂估入账，且办公楼于资产负债表日后完成竣工决算手续，竣工决算后应根据实际发生支出对已入账的资产成本进行调整，属于资产负债表日后调整事项。

② 竣工决算后根据实际支出调整固定资产成本，调整后固定资产成本 = 68 000（万元），固定资产预算成本 = 62 000（万元），因此调增固定资产成本 6 000 万元。

③ 竣工决算后应根据实际发生支出对已入账的资产成本进行调整，已计提折旧的，无需补提折旧，直接在以后按照调整后的固定资产账面价值计提折旧，因而暂估入账的固定资产在 2018 年发生的折旧额 = 62 000 ÷ 50 = 1 240（万元），不需要调整。

④ 综上，2018 年 12 月 31 日资产负债表中应列示的金额 = 68 000 − 62 000 ÷ 50 = 66 760（万元）。

⑤ 会计分录为：

借：固定资产　　　　　　　　　　　　　　　　　　　　　　　　　6 000
　　贷：其他应付款　　　　　　　　　　　　　　　　　　　　　　　6 000

【考点】第三章固定资产——固定资产折旧；第六章长期股权投资——对联营企业、合营企业的长期股权投资的计量（权益法）；第十八章政府补助——政府补助的概述；第十九章所得税——暂时性差异。

5. 【解析】

(1) 甲公司所购入乙公司债券应分类为以公允价值计量且其变动计入其他综合收益的金融资产。

理由：甲公司管理该债券的业务模式是持有该债券以保证收益率，同时考虑流动性需求，因此企业管理该金融资产的业务模式是既以收取合同现金流量为目标又以出售赚取差额收益为目标，同时该债券的合同现金流量特征满足基本借贷安排，应将其分类为以公允价值计量且其变动计入其他综合收益的金融资产（其他债权投资）。

(2) 其他债权投资形成的汇兑差额和外币应收利息产生的汇兑差额应当计入当期损益，通过财务费用核算。

① 2017 年末：
  a. 2017 年其他债权投资汇兑差额 =500×7.5 −500×7.3 =100（万元人民币）。
  b. 2017 年末计提的下半年外币应收利息 15 万美元（500×6%×6÷12）在期末按照期末即期汇率计算，不产生汇兑差额。

因此，甲公司所持乙公司债券计入 2017 年度损益的汇兑差额 =100（万元人民币）。

② 2018 年末：
  a. 2018 年其他债权投资的汇兑差额 =500×7.2 −500×7.5 = −150（万元人民币）。
  b. 2017 年末确认的半年应收利息在 2018 年 6 月 30 日结算时产生的汇兑差额 = 15×7.4 −15×7.5 = −1.5（万元人民币）。
  c. 2018 年末计提当年度外币应收利息 30 万美元（500×6%）在期末按照期末即期汇率计算，不产生汇兑差额。

因此，甲公司所持的债券计入 2018 年度损益的汇兑差额 = (−150) + (−1.5) = −151.5（万元人民币）。

(3) a. 2017 年 7 月 1 日：
  借：其他债权投资——成本　　　　　　　　　　(500×7.3) 3 650
    贷：银行存款　　　　　　　　　　　　　　　　　　　3 650

b. 2017 年 12 月 31 日计提半年利息：
  借：应收利息　　　　　　　　　　　　　　(500×6%×6÷12×7.5) 112.5
    贷：投资收益　　　　　　　　　　　　　　　　　　　112.5
  确认汇兑差额：
  借：其他债权投资——汇兑差额　　　　　　(500×7.5 −500×7.3) 100
    贷：财务费用　　　　　　　　　　　　　　　　　　　100
  确认公允价值变动：
  借：其他债权投资——公允价值变动　(520×7.5 −500×7.3 −100) 150
    贷：其他综合收益　　　　　　　　　　　　　　　　　150

c. 2018 年 6 月 30 日：
  计提上半年利息：
  借：应收利息　　　　　　　　　　　　　　(500×6%×6÷12×7.4) 111
    贷：投资收益　　　　　　　　　　　　　　　　　　　111
  确认汇兑差额：
  借：财务费用　　　　　　　　　　　　　　　　　　　　　　50
    贷：其他债权投资——汇兑差额　　　　(500×7.4 −500×7.5) 50
  结算第一年利息（2017 年 7 月 1 日至 2018 年 6 月 30 日）：
  借：银行存款　　　　　　　　　　　　　　　(500×6%×7.4) 222
    财务费用　　　　　　　　　　　　　　　　　　　　　1.5

　　　　贷：应收利息　　　　　　　　　　　　　　　　　　（111+112.5）223.5

d. 2018年12月31日：

　　计提下半年利息：

　　借：应收利息　　　　　　　　　　　（500×6%×6÷12×7.2）108
　　　　贷：投资收益　　　　　　　　　　　　　　　　　　　　　108

　　确认汇兑差额：

　　借：财务费用　　　　　　　　　　　　　（500×7.2－500×7.4）100
　　　　贷：其他债权投资——汇兑差额　　　　（500×7.2－500×7.4）100

　　确认公允价值变动：

　　其他综合收益＝期末公允价值×期末即期汇率－调整前账面价值

　　调整前其他债权投资的账面价值＝2017年期末公允价值×2017年期末即期汇率＋2018年汇兑差额＝520×7.5－50－100＝3 750（万元）

　　其他综合收益＝505×7.2－3 750＝－114（万元）

　　借：其他综合收益　　　　　　　　　　　　　　　　　　　　114
　　　　贷：其他债权投资——公允价值变动　　　　　　　　　　114

e. 2019年1月1日：

　　当期与期初购入时的汇兑差额＝250×7.2－250×7.3＝－25（万元）

　　2017年7月1日购入时账面价值的50%＝500×50%×7.3＝1 825（万元）

　　处置部分的公允价值变动＝505×50%×7.2－250×7.2＝18（万元）

　　处置部分半年的利息＝108×50%＝54（万元）

　　借：银行存款　　　　　　　　　　　　　　　　（250×7.2）1 800
　　　　其他债权投资——汇兑差额　　　　　　[（100－50－100）×1÷2]25
　　　　投资收益　　　　　　　　　　　　　　　　　　　　（差额）72
　　　　贷：其他债权投资——成本　　　　　　　　　（3 650×1÷2）1 825
　　　　　　　　　　　　——公允价值变动　　　　　[（150－114）×1÷2]18
　　　　　　　应收利息　　　　　　　　　　　　　　　（108×1÷2）54

　　借：其他综合收益　　　　　　　　　　　　　　　　　　　　18
　　　　贷：投资收益　　　　　　　　　　　　　　　　　　　　　18

```
         ┌──────────────────┐                    ┌──────────────────┐
         │汇兑差额：         │                    │汇兑差额：         │
         │本金=500×(7.5-7.3)│                    │本金=↓0.3×500=-150(万元)│
         │=100（万元）       │                    │利息=-1.5          │
         │利息=0             │                    │                  │
         └────────▲─────────┘                    └────────▲─────────┘
2017.7.1      2017.12.31            2018.6.30         2018.12.31
500万美元     公允520万美元                           公允505万美元
汇率7.3       汇率7.5↑0.2           汇率7.4↓0.1       汇率7.2↓0.2
              ①公允价波动
              ②计算利息
              ③汇兑差额
```

【考点】第十三章金融工具——金融资产和金融负债的分类和重分类、金融资产的计量；第二十二章外币折算——外币交易的会计处理。

6. 【答案】

(1) 甲公司销售 100 件 A 产品的会计分录如下：

借：银行存款　　　　　　　　　　　　　　　　　　　　　　2 260
　　贷：主营业务收入　　　　　　　　　（100×20－100×20×8%）1 840
　　　　预计负债　　　　　　　　　　　　　　　（100×20×8%）160
　　　　应交税费——应交增值税（销项税额）　　（100×20×13%）260
借：主营业务成本　　　　　　　　　　（100×12－100×12×8%）1 104
　　应收退货成本　　　　　　　　　　　　　　（100×12×8%）96
　　贷：库存商品　　　　　　　　　　　　　　　　　（100×12）1 200

(2) 甲公司收到退回 A 产品的会计分录如下：

借：预计负债——应付退货款　　　　　　　　　　（200×19×8%）304
　　应交税费——应交增值税（销项税额）　　　　（10×19×13%）24.7
　　贷：主营业务收入　　　　　　　　　　　　　　（304－10×19）114
　　　　银行存款　　　　　　　　　　　　　　　　　　　　　214.7
借：库存商品　　　　　　　　　　　　　　　　　　　　（10×12）120
　　主营业务成本　　　　　　　　　　　　　　　　（192－10×12）72
　　贷：应收退货成本　　　　　　　　　　　　　　（200×12×8%）192

或者：

① 根据实际退货量冲收入（用预计负债代替要冲的收入）：

借：预计负债　　　　　　　　　　　　　　　　　　　（10×19）190
　　应交税费——应交增值税（销项税额）　　　　（10×19×13%）24.7
　　贷：银行存款　　　　　　　　　　　　　　　（10×19×113%）214.7

② 根据实际退货量冲成本（用应收退货成本代替要冲的成本）：

借：库存商品　　　　　　　　　　　　　　　　　　　（10×12）120
　　贷：应收退货成本　　　　　　　　　　　　　　　　　　　　120

③ 冲掉多计提的预计负债和应收退货成本余额：

借：预计负债　　　　　　　　　　　　　　　　　　（304－190）114
　　贷：主营业务收入　　　　　　　　　　　　　　　　　　　　114
借：主营业务成本　　　　　　　　　　　　　　　　　　　　　　72
　　贷：应收退货成本　　　　　　　　　　　　　　　（192－120）72

(3) 解析如下：

① 甲公司销售 B 产品的合同附有二项单项履约义务：
　a. 销售 500 件 B 产品并提供质保期内的维修服务；
　b. 质保期满后提供未来 3 年的产品维修服务。
　理由：二项单项履约义务中，每一项履约义务均可单独区分；并按合同约定各自单独履行义务。

② 销售B产品应分摊的合同价格=(9 800+300)×9 800÷(9 800+300)=9 800
（万元）

质保期满后未来3年的维修服务价格=(9 800+300)×300÷(9 800+300)=300
（万元）

③ 甲公司在销售B产品1年的质保期内因质量问题提供的维修服务，应当按照或有事项的会计处理原则进行确认和计量；

质保期满后未来3年对甲公司销售给丁公司的B产品提供的维修服务，应当按照收入准则的规定，于提供维修服务的各期确认相关的收入。

(4) 甲公司与重新评估A产品退货率相关的会计分录如下：

借：预计负债——应付退货款　　　　(100×20×8%－100×20×5%) 60
　　贷：主营业务收入　　　　　　　　　　　　　　　　　　　　　60
借：主营业务成本　　　　　　　　　　　　　　　　　　　　　　　36
　　贷：应收退货成本　　　　　　　　(100×12×8%－100×12×5%) 36

(5)

① 与投资性房地产有关的内部交易调整与抵销分录：

方法一：官方公布答案。

分录	分录说明
借：其他综合收益　　　　　　800 　　贷：投资性房地产　　　　　　800	反向冲掉个别报表固定资产转投资性房地产时调增的资产价值和其他综合收益
借：递延所得税负债　　　　　　200 　　贷：其他综合收益　　　　　　200	反向冲掉个别报表固定资产转投资性房地产资产评估增值确认的递延所得税负债
借：年初未分配利润 　　　　(3 000－2 800) 200 　　贷：投资性房地产　　　　　　200	反向冲掉个别报表投资性房地产在2017年12月31日公允价值增加的分录，公允价值变动损益用年初未分配利润代替
借：年初未分配利润 　　　　(2 500÷50÷2) 25 　　固定资产 (2 000－25－50) 1 925 　　管理费用　　　　　　　　　　50 　　贷：投资性房地产　　　　　　2 000	反向冲掉个别报表固定资产转投资性房地产的转换分录，然后补提合并报表固定资产2017年下半年和2018年全年的折旧费用。2017年下半年折旧费用要用年初未分配利润代替
借：递延所得税负债 　　[(200+25)×25%] 56.25 　　贷：年初未分配利润　　　　56.25	抵销合并报表与个别报表在2017年因投资性房地产折旧、持有期间公允价值变动对递延所得税的影响差异
借：营业收入　　　　　　　　　100 　　贷：管理费用　　　　　　　　100	抵销个别报表租金收入和租金费用
借：公允价值变动收益　　　　　300 　　贷：投资性房地产　　　　　　300	抵销个别报表2018年投资性房地产公允价值增值的分录

续表

分录	分录说明
借：递延所得税负债 　　　　[（300+50）×25%] 87.5 　　贷：所得税费用　　　　　　87.5	抵销个别报表2018年投资性房地产折旧、持有期间公允价值增值确认的递延所得税负债

方法二：BT教育解题思路。

原理：调整分录＝应有分录（集团认可的合并报表分录）－已有分录（个别报表单独确认的分录）

即：针对投资性房地产的业务，分别写出其在个别报表的分录和在合并报表的分录，然后用合并报表分录减去个别报表分录，就是考试要求编写的调整抵销分录。

		2017年6月30日（转换前）	2017年6月30日（转换后）	2017年12月31日	2018年12月31日
个别报表	账面价值	2 000	2 800 借：投资性房地产 2 800 　贷：固定资产 2 000 　　　其他综合收益 800	3 000 借：投资性房地产 200 　贷：公允价值变动损益 200 借：管理费用 　（租金费用）50 　贷：银行存款 50 借：银行存款 50 　贷：其他业务收入 　　（租金收入）50	3 300 借：投资性房地产 300 　贷：公允价值变动损益 300 借：管理费用 100 　贷：银行存款 100 借：银行存款 100 　贷：其他业务收入 100
	计税基础	2 000	2 000	1 975 （折旧25）	1 925 （折旧50）
	递延所得税	0	借：其他综合收益 200 　贷：递延所得税负债 200	借：所得税费用 56.25 　贷：递延所得税负债 56.25	借：所得税费用 87.5 　贷：递延所得税负债 87.5
合并报表	账面价值	2 000	2 000	1 975 借：管理费用 　（折旧费用）25 　贷：固定资产 25	1 925 借：管理费用 　（折旧费用）50 　贷：固定资产 50
	计税基础	2 000	2 000	1 975（折旧25）	1 925（折旧50）
	递延所得税	0	0	0	0

续表

		2017年6月30日（转换前）	2017年6月30日（转换后）	2017年12月31日	2018年12月31日
调整抵销	抵销资产差异	0	借：固定资产 2 000 其他综合收益 800 贷：投资性房地产 2 800	借：公允价值变动损益 200 贷：投资性房地产 200 借：管理费用 25 贷：固定资产 25 借：营业收入 50 贷：管理费用 50	借：公允价值变动损益 300 贷：投资性房地产 300 借：管理费用 50 贷：固定资产 50 借：营业收入 100 贷：管理费用 100
	抵销递延所得税差异		借：递延所得税负债 200 贷：其他综合收益 200	借：递延所得税负债 56.25 贷：所得税费用 56.25	借：递延所得税负债 87.5 贷：所得税费用 87.5

【抢分技巧】

a. 对于合并报表而言，不认同内部投资性房地产的转换，认为只是集团固定资产地点的变动，账面价值保持不变，以后折旧不受影响。

b. 跨年度损益项目要改为年初未分配利润代替。

② 与存货有关的内部交易调整与抵销分录为：

方法一：官方公布答案。

会计分录	分录说明
借：营业收入 2 000 　　贷：营业成本 2 000 借：营业成本 400 　　贷：存货 　　[(100−120)×(1−50%)] 400 借：递延所得税资产（400×25%） 100 　　贷：所得税费用 100	个别报表：存货账面价值与计税基础相等，不存在暂时性差异，没有确认递延所得税资产 合并报表：存货账面价值＜计税基础，存在可抵扣暂时性差异400万元，应确认递延所得税资产100万元 调整抵销：补提递延所得税资产100万元，相应减少所得税费用
借：预计负债　（160−60）100 　　贷：营业收入 100 借：营业成本 60 　　贷：其他流动资产——应收退货成本 　　（96−36）60	个别报表：将5%预计退回价款100万元从营业收入转入预计负债；将5%预计收回的退货60万元从主营业务成本转入到应收退货成本（在资产负债表中列报为其他流动资产） 合并报表：资产存放地点的改变，不应确认收入和结转成本，也不存在预计负债和应收退货成本 调整抵销：反向冲掉个别报表的处理

续表

会计分录	分录说明
借：递延所得税负债　　　　15 　　所得税费用　　　　　　10 　　　贷：递延所得税资产　　　　25	个别报表： （1）预计负债账面价值100万元，计税基础＝100－100＝0，负债账面价值大于计税基础，属于可抵扣暂时性差异，应确认递延所得税资产25万元。 （2）应收退货成本账面价值＝60万元，计税基础＝0，属于应纳税暂时性差异，应确认递延所得税负债15万元
	合并报表：不认同预计负债和应收退货成本的存在，不存在暂时性差异
	调整抵销：冲掉个别报表确认的递延所得税资产25万元和递延所得税负债15万元

方法二：BT教育解题思路。

a. 甲向乙出售存货，成本1 200万元，售价2 000万元，预计退货率为5%。乙对外出售50%，假设售价为X万元。甲乙个别报表按单独交易来处理。

　　对于合并报表而言，不认同内部交易，只认同对外出售，存货成本为1 200万元，出售50%，结转成本600万元，取得售价X万元确认收入。

【分析过程】

	甲 （个表）	乙 （个表）	合计数 （甲＋乙）	调整抵销 （借　贷）	合并数 （集团认可）
营业收入	1 900	X	1 900＋X	1 900	X
预计负债	100		100	100	
营业成本	1 140	1 000	2 140	1 540	600
其他流动资产 （应收退货成本）	60		60	60	
存货	0	1 000	1 000	400	600

调整分录＝应有（集团认可的合并数）－已有（个别报表相加数），因此，关于存货内部销售的抵销分录为：

借：营业收入　　　　　　　　　　　　　　　　　　　　1 900
　　预计负债　　　　　　　　　　　　　　　　　　　　　100
　　　贷：营业成本　　　　　　　　　　　　　　　　　1 540
　　　　　其他流动资产　　　　　　　　　　　　　　　　60
　　　　　存货　　　　　　　　　　　　　　　　　　　　400

b. 关于个别报表和合并递延所得税的差异。

	差异事项	账面价值	计税基础	暂时性差异	递延所得税资产或负债	所得税费用
个别报表	预计负债	100	0 (100-100)	可抵扣暂时性差异100	确认递延所得税资产25	借：递延所得税资产 25 贷：所得税费用 25
个别报表	应收退货成本	60	0	应纳税暂时性差异60	确认递延所得税负债15	借：所得税费用 15 贷：递延所得税负债 15
合并报表	存货	600	1 000	可抵扣暂时性差异400	确认递延所得税资产100	借：递延所得税资产 100 贷：所得税费用 100
抵销分录						借：递延所得税资产 75 递延所得税负债 15 贷：所得税费用 90

税法规定，预计负债（预计退货要冲的收入）在计提时不允许扣除，在未来实际退货时才允许扣除，属于可抵扣暂时性差异。

应收退货成本（预计退货要冲的成本），在计提时不用纳税（会计冲了成本，增加利润，但税法不认，所以当期纳税调减），在未来实际收回退货时才需要纳税（会计没冲成本，冲减的是应收退货成本，不影响利润，但税法允许冲成本，所以未来纳税调增），属于应纳税暂时性差异。

调整分录＝应有分录（合并报表）－已有分录（个别报表），整理得到：

借：递延所得税资产　　　　　　　　　　　　　　　　　　　75
　　递延所得税负债　　　　　　　　　　　　　　　　　　　15
　　贷：所得税费用　　　　　　　　　　　　　　　　　　　90

【考点】第十七章收入——特定交易的会计处理；第二十七章合并财务报表——内部交易的合并处理、所得税会计相关的合并处理。

7.【解析】

(1) 甲公司租入A大楼一至四层商业用房的租赁期为15年。

理由：甲公司在租赁期开始时经评估认为可以合理确定将行使续租选择权，因此租赁期＝10+5=15（年）。

(2) 租赁付款额 = 2 500 × 14 = 35 000（万元）

租赁负债 = 尚未支付的租赁付款额现值 = 2 500 × (P/A, 6%, 14) = 23 237.5（万元）

租赁付款额包括以下五个内容：

① 固定付款额（本题中年租金为 2 500 万元，于每年年初支付，因此后续付款期为 14 期）；

② 取决于指数或者比率的可变租赁付款额（经营分享收入应于发生时计入当期损益）；

③ 合理确定将行使选择权时，购买选择权的行权价格（本题中没有）；

④ 合理确定将行使选择权时，终止租赁需支付的款项（本题中没有）；

⑤ 在有担保余值的情况下，预计应支付的款项（本题中没有）。

(3) 使用权资产成本 = 23 237.5 + 2 500 + 40 + 60 × (P/F, 6%, 15) = 25 802.54（万元）

使用权资产包括以下四个内容

① 租赁负债的初始计量金额 = 2 500 × (P/A, 6%, 14) = 23 237.5（万元）

② 租赁开始日或之前支付的租赁付款额（甲公司向乙公司支付第一笔租金 2 500 万元）

③ 承租人发生的初始直接费（向房地产中介支付佣金 40 万元）

④ 承租人为拆卸、移除租赁资产、复原租赁资产所在场地或将租赁资产恢复至租赁条款约定状态预计要发生的成本。（预计租赁期结束商业用房恢复最初状态将发生成本的现值为 25.04（60 × 0.4173）万元）

会计分录

借：使用权资产　　　　　　　　　　　　　　　　　　　　　25 802.54

　　租赁负债——未确认融资费用

　　　　　　（差额：35 000 + 2 540 + 25.04 − 25 802.54）11 762.5

　贷：租赁负债——租赁付款额　　　（尚未支付的租金）35 000

　　　银行存款　　（租赁开始日支付的租金 2 500 + 支付中介佣金 40）2 540

　　　预计负债　　　　　（预计恢复最初状态将发生成本的现值 60）25.04

(4) 甲公司 2019 年度使用权资产的折旧额 = 25 802.54 ÷ 15 = 1 720.17（万元）

计算依据：甲公司对租入的使用权资产采用年限平均法自租赁期开始日计提折旧，预计净残值为 0

(5) 甲公司 2019 年度租赁负债的利息费用 = 23 237.5 × 6% = 1 394.25（万元）

计算依据：租赁负债的利息费用 = 租赁负债初始入账金额 × 融资年利率 × 当期融资占用天数 ÷ 365

会计分录：

借：财务费用　　　　　　　　　　　　　　　　　　　　　　1 394.25

　贷：租赁负债——未确认融资费用　　　　　　　　　　　1 394.25

借：财务费用　　　　　　　　　　　　　　　　　　　　　　1.5

　贷：预计负债　　　　　　　　　　　　　　（25.04 × 6%）1.5

(6) 甲公司在委托销售方式下是代理人。

判断依据：

判断企业是主要责任人还是代理人，可以从履约义务和交易价格考虑：

履约义务：

a. 是否向客户转让商品或提供劳务，承担转让商品的主要责任；

b. 是否在转让商品之前或之后承担了该商品的存货风险；

c. 是否在转让给客户之前能够控制这些商品；

交易价格：是否有权自主决定所交易商品的价格等情况。

本题中：

① 供应商应当确保所提供的商品符合国家标准，代销价格由供应商确定，甲公司按照代销商品收入的10%收取代销手续费，即甲公司无权自主决定所交易商品的价格。

② 供应商承担因保管不善及不可抗力而造成的一切风险和损失，且负责做好代销商品的售后服务工作，并承担因代销商品所引起的所有法律责任，即甲公司不承担转让商品之前或之后该商品的存货风险。

因此，甲公司在委托销售方式下是代理人。

(7) 甲公司转租柜台构成一项租赁。

理由：

① 如果合同一方让渡了在一定期间内控制一项或多项已识别资产使用的权利以换取对价，则该合同为租赁或者包含租赁。

② 甲公司与商户签订租赁协议是3年，存在一定期间；甲公司租赁给商户的是指定区域的专柜，存在已识别资产；商户能够自由支配专柜，获得经济利益，即客户取得对已识别资产使用权的控制，且原租与转租交易对手是不同的企业。

(8) 甲公司转租柜台是经营租赁。

理由：转租赁期限为3年，原租赁期限为15年，转租赁期限占原租赁期限的比例远小于75%，因此属于经营租赁。

(9) 售出商品收到款项时并不确认收入，甲公司向委托方发出代销清单，委托方收到清单后确认收入，并与甲公司结算手续费，结算时甲公司将手续费确认为收入，同时支付委托方货款，冲销应付账款。

① 委托销售确认收入的会计分录：

出售代销商品时：

借：银行存款　　　　　　　　　　　　　　　　　　　　　　　　26 000

　　贷：应付账款　　　　　　　　　　　　　　　　　　　　　　26 000

与委托方结算手续费时：

借：应付账款　　　　　　　　　　　　　　　　　　　　　　　　26 000

　　贷：银行存款　　　　　　　　　　　　　　　　　　　　　　23 400

　　　　其他业务收入

　　　　（供应商按甲公司代销商品收入的10%向甲公司支付代销费用）2 600

② 租赁柜台方式下确认收入的会计分录：

借：银行存款　　　　　　　　　　　　　　　　　　　　　　　　　　800

　　贷：租赁收入　　　　　　　　　　　　　　　　　　　　　　　　800

(10) 甲公司销售商品的同时给予客户奖励积分，奖励积分作为一项单独的履约义务，交易价格应在商品和奖励积分间分摊。

考虑积分的兑换率，估计积分的单独售价765万元（1×850×90%），商品的单独售价85 000万元。

奖励积分应分摊的交易价格 = 85 000 × [850 × 90% ÷ (85 000 + 850 × 90%)] = 758.18（万元）

商品应分摊的交易价格 = 85 000 × [85 000 ÷ (85 000 + 850 × 90%)] = 84 241.82（万元）

积分兑确认收入的金额 = 758.18 × [450 ÷ (850 × 90%)] = 445.99（万元）

会计分录：

甲公司在商品控制权转移时将对应商品的交易价格确认收入，将对应的尚未兑换的奖励积分的交易价格确认为一项合同负债。

借：银行存款　　　　　　　　　　　　　　　　　　　　　85 000
　　贷：主营业务收入　　　　　　　　　　　　　　　　　84 241.82
　　　　合同负债　　　　　　　　　　　　　　　　　　　　758.18
借：主营业务成本　　　　　　　　　　　　　　　　　　　73 000
　　贷：库存商品　　　　　　　　　　　　　　　　　　　　73 000

当期客户兑换积分450万个，因此按照450万元占合同负债总额的比例，即客户行权进度，将合同负债结转确认为收入。

借：合同负债　　　　　　　　　　　　　　　　　　　　　445.99
　　贷：主营业务收入　　　　　　　　　　　　　　　　　　445.99

【考点】第十四章租赁——承租人的会计处理、出租人的会计处理；第十七章收入——特定交易的会计处理。

8.【解析】

（1）2016年度应确认的收入 = 55 000 × 30 000 ÷ (30 000 + 20 000) = 33 000（万元）

2017年度应确认的收入 = 55 000 − 33 000 = 22 000（万元）

① 确认收入并结转成本：

借：合同结算——收入结转　　　　　　　　　　　　　　　33 000
　　贷：主营业务收入　　　　　　　　　　　　　　　　　　33 000
借：主营业务成本　　　　　　　　　　　　　　　　　　　30 000
　　贷：合同履约成本　　　　　　　　　　　　　　　　　　30 000

② 结算合同价款：

借：应收账款　　　　　　　　　　　　　　　　　　　　　25 000
　　贷：合同结算——价款结算　　　　　　　　　　　　　　25 000

③ 实际收到价款：

借：银行存款　　　　　　　　　　　　　　　　　　　　　20 000
　　贷：应收账款　　　　　　　　　　　　　　　　　　　　20 000

（2）出售A办公楼应确认的损益 = 70 000 − (55 000 − 1 100 − 550) = 16 650（万元）

借：固定资产清理　　　　　　　　　　　　　　　　　　　53 350
　　累计折旧　　　　　　　　　　　　　　　　　　　　　　1 650
　　贷：固定资产　　　　　　　　　　　　　　　　　　　　55 000
借：银行存款　　　　　　　　　　　　　　　　　　　　　70 000

| | 贷：固定资产清理 | 53 350 |
| | 资产处置损益 | 16 650 |

(3) a. 2017 年度：

借：未分配利润——年初　　　　　　　　　　　　　　3 000
　　　贷：固定资产　　　　　　　　　　　　　　　　　　　　3 000
借：营业收入　　　　　　　　　　　　　　　　　　　22 000
　　　贷：营业成本　　　　　　　　　　　　　　　　　　　　21 000
　　　　　固定资产　　　　　　　　　　　　　　　　　　　　 1 000

b. 2018 年度：

借：未分配利润——年初　　　　　　　　　　　　　　4 000
　　　贷：固定资产　　　　　　　　　　　　　　　　　　　　4 000
借：固定资产——累计折旧　　　　　　　　　　　　　　 80
　　　贷：管理费用　　　　　　　　　　　　　　　　　　　　　 80

c. 2019 年度：

借：未分配利润——年初　　　　　　　　　　　　　　3 920
　　　贷：固定资产　　　　　　　　　　　　　　　　　　　　3 920
借：固定资产——累计折旧　　　　　　　　　　　　　　 40
　　　贷：管理费用　　　　　　　　　　　　　　　　　　　　　 40
借：固定资产　　　　　　　　　　　　　　　　　　　 3 880
　　　贷：资产处置收益　　　　　　　　　　　　　　　　　　3 880

【抢分技巧】

① 2016 年度会计分录：

借：营业收入　　　　　　　　　　　　　　　　　　　33 000
　　　贷：营业成本　　　　　　　　　　　　　　　　　　　　30 000
　　　　　固定资产　　　　　　　　　　　　　　　　　　　　 3 000

② 2016 年度合并工作底稿：

	甲	乙	合计数	调整抵销	合并数
营业收入		33 000		33 000	
营业成本		30 000		30 000	
在建工程	33 000			3 000	30 000

③ 内部销售建造合同，可以参照内部销售存货（取得方作为固定资产）进行调整抵销。

④ 跨年度抵销，先抵期初，再抵本期发生。可以先把以前年度调整抵销分录抄过来，然后再抵销本年度个别报表新发生的多余分录。

(4) 是丙公司的政府补助。

理由：该补助的对象是丙公司，甲公司只是起到代收代付的作用。

(5) 2018 年度：在个别财务报表中借款费用计入当期损益，金额为 3 000 万元；在合并财务报表中借款费用计入在建工程成本,金额为 2 400 万元。

2019 年度:在个别财务报表中借款费用计入当期损益,金额为 3 000 万元;在合并财务报表中借款费用计入在建工程成本,金额为 3 000 万元。

【抢分技巧】

① 甲公司在个别报表中,确认长期借款 50 000 万元,计提利息支出 3 000 万元,计入财务费用。对于企业集团,甲和丁都是一家人,因此,该交易视为集团向银行借入专门借款 50 000 万元,用于建造发电厂。

② 2018 年度属于资本化期间,专门借款利息支出 3 000 万元扣除闲置部分取得投资收益 600 万元的净额 2 400 万元,应计入在建工程。

③ 2019 年度属于资本化期间,专门借款利息支出 3 000 万元(无闲置金额),应计入在建工程。

(6)构成持有待售类别。

理由:由于甲公司已与无关联关系的第三方签订了具有法律约束力的不可撤销的股权转让合同,签订合同前的准备工作已经完成,甲公司按照合同约定可立即出售;甲公司董事会已就出售戊公司股权通过决议;甲公司已获得确定承诺;预计出售将在一年内完成。

(7)在个别财务报表中,将对戊公司的长期股权投资 3 000 万元全部在"持有待售资产"项目中列报。在合并财务报表中,将戊公司的资产 13 500 万元全部在"持有待售资产"项目中列报,将戊公司的负债 6 800 万元全部在"持有待售负债"项目中列报。

【抢分技巧】

持有待售的长期股权投资。

对子公司投资分类为持有待售类别	拟出售股权后保留非控制权益(丧失控制权)	在母公司个别报表中将对子公司投资整体划分为持有待售类别; 在合并财务报表中将子公司所有的资产与负债划分为持有待售类别
	拟出售股权后仍保留控制权(未丧失控制权)	该长期股权投资并不是"主要通过出售而非持续使用收回其账面价值"的,不应将拟处置的部分股权划分为持有待售类别
对联营/合营企业投资分类为持有待售资产	对联营企业或合营企业的权益性投资全部或部分分类为持有待售资产的,应当停止权益法核算;对于未划分为持有待售类别的剩余权益性投资,应当在划分为持有待售的那部分权益性投资出售前继续采用权益法进行会计处理	
BT 提醒	① 持有待售的对联营/合营企业的权益性投资不再符合持有待售划分条件时,应当自划分为持有待售类别日采用权益法进行追溯调整。 ② 持有待售的对子公司的权益性投资不再符合持有待售划分条件时,应当自划分为持有待售类别日进行追溯调整	

【考点】第三章固定资产——固定资产的处置；第十五章持有待售的非流动资产——持有待售的分类；第十七章收入——履行各单项履约义务时确认收入；第十八章政府补助——政府补助的会计处理；第二十七章合并财务报表——内部交易的合并处理。

9. 【解析】
   ① 资料❶会计处理不正确。
   理由：附有销售退回条款的销售，应根据预计退货率确认收入、结转成本，预计要退还的款项应确认为负债，预计要收回的退货应确认为应收退货成本。
   更正分录：
   借：主营业务收入　　　　　　　　　　　　　　　　　　50
   　　贷：预计负债　　　　　　　　　　　　　　　　　　　　50
   借：应收退货成本　　　　　　　　　　　　　　　　　　40
   　　贷：主营业务成本　　　　　　　　　　　　　　　　　　40

   ② 资料❷会计处理不正确。
   a. 甲公司对该股份支付按照现金结算的股份支付进行处理不正确。
   理由：股份支付协议约定以股票进行结算，因此甲公司应按照权益结算的股份支付的原则处理，按照授予日权益工具的公允价值确认成本费用金额以及资本公积金额。甲公司应该确认的资本公积=55×2×12×1÷3=440（万元）。
   更正分录：
   借：应付职工薪酬　　　　　　　　　　　　　　　　　　550
   　　贷：资本公积　　　　　　　　　　　　　　　　　　　　440
   　　　　管理费用　　　　　　　　　　　　　　　　　　　　110
   b. 甲公司回购股票冲减资本公积的处理不正确。
   理由：甲公司回购该股票应作为库存股核算，回购时不影响资本公积。
   更正分录：
   借：库存股　　　　　　　　　　　　　　　　　　　　　495
   　　贷：资本公积　　　　　　　　　　　　　　　　　　　　495

   ③ 资料❸甲公司的会计处理不正确。
   理由：开发阶段符合资本化条件之前发生的支出，也应予以费用化，企业应该将"研发支出——费用化支出"350万元全部转入管理费用。
   更正分录：
   借：管理费用　　　　　　　　　　　　　　　　　　　　150
   　　贷：研发支出——费用化支出　　　　　　　　　　　　　150

   ④ 资料❹甲公司的会计处理不正确。
   理由：企业因母子公司发生内部交易形成的应收账款在个别报表中也需要计提坏账准备。
   更正分录：
   借：信用减值损失　　　　　　　　　　　　　　　　　　100
   　　贷：坏账准备　　　　　　　　　　　　　　　　　　　　100

   ⑤ 资料❺甲公司该项交易的会计处理不正确。

理由：该项计划原则上应属于会计准则规定的辞退福利，有关一次性支付的辞退补偿金额应于计划确定时作为应付职工薪酬，相关估计应支付的金额全部计入当期损益，而不能在不同年度间分期摊销。

更正分录：

借：管理费用 24 000
　　贷：营业外支出 4 800
　　　　长期待摊费用 （24 000 – 4 800）19 200
借：预计负债 24 000
　　贷：应付职工薪酬——辞退福利 24 000

【抢分技巧】

调整分录＝应有分录－已有分录，题目要求编写调整分录，不能直接写出正确的分录。

资料❶：

正确分录（应有）	错误分录（已有）	调整分录
借：银行存款　　　565 　　贷：主营业务收入　450 　　　　预计负债　　　50 　　　　应交税费——应交增值税（销项税额）　65 借：主营业务成本　360 　　应收退货成本　　40 　　贷：库存商品　　　400	借：银行存款　　　565 　　贷：主营业务收入 500 　　　　应交税费——应交增值税（销项税额）　65 借：主营业务成本 400 　　贷：库存商品　　400	借：主营业务收入　50 　　贷：预计负债　　　50 借：应收退货成本　40 　　贷：主营业务成本　40

资料❷—a：

正确分录（应有）	错误分录（已有）	调整分录
借：管理费用　　440 　　贷：资本公积　　440	借：管理费用　　550 　　贷：应付职工薪酬550	借：应付职工薪酬　550 　　贷：资本公积　　　440 　　　　管理费用　　　110

资料❷—b：

正确分录（应有）	错误分录（已有）	调整分录
借：库存股　　495 　　贷：银行存款　495	借：资本公积　　495 　　贷：银行存款　495	借：库存股　　　495 　　贷：资本公积　　495

资料❸：

正确分录（应有）	错误分录（已有）	调整分录
借：研发支出——费用化支出 350 　　　　　——资本化支出 300 　　贷：银行存款 650 借：管理费用 350 　　贷：研发支出——费用化支出 350	借：研发支出——费用化支出 350 　　　　　——资本化支出 300 　　贷：银行存款 650 借：管理费用 200 　　贷：研发支出——费用化支出 200	借：管理费用 150 　　贷：研发支出——费用化支出 150

资料❹：

正确分录（应有）	错误分录（已有）	调整分录
借：信用减值损失 250 　　贷：坏账准备 250	借：信用减值损失 150 　　贷：坏账准备 150	借：信用减值损失 100 　　贷：坏账准备 100

资料❺：

正确分录（应有）	错误分录（已有）	调整分录
借：管理费用 24 000 　　贷：应付职工薪酬 24 000	借：长期待摊费用 24 000 　　贷：预计负债 24 000 借：营业外支出 4 800 　　贷：长期待摊费用 4 800	借：管理费用 24 000 　　贷：营业外支出 4 800 　　　　长期待摊费用 19 200 借：预计负债 24 000 　　贷：应付职工薪酬 24 000

【考点】第四章无形资产——内部研究开发支出的确认和计量；第九章职工薪酬——辞退福利的确认与计量；第十章股份支付——股份支付的确认与计量；第十七章收入——特定交易的会计处理。

10. 【解析】

(1) 2013年A设备应计提的折旧 = 6 000 × 5 ÷ (1 + 2 + 3 + 4 + 5) = 2 000（万元）

　　2014年A设备应计提的折旧 = 6 000 × 4 ÷ (1 + 2 + 3 + 4 + 5) = 1 600（万元）

　　2015年A设备应计提的折旧 = 6 000 × 3 ÷ (1 + 2 + 3 + 4 + 5) = 1 200（万元）

　　2016年A设备应计提的折旧 = 6 000 × 2 ÷ (1 + 2 + 3 + 4 + 5) = 800（万元）

　　2017年A设备应计提的折旧 = 6 000 × 1 ÷ (1 + 2 + 3 + 4 + 5) = 400（万元）

单位：万元

项目	2013年12月31日	2014年12月31日	2015年12月31日	2016年12月31日	2017年12月31日
账面价值	4 000	2 400	1 200	400	0
计税基础	4 800	3 600	2 400	1 200	0
暂时性差异	800	1 200	1 200	800	0

（2）借：投资性房地产——成本　　　　　　　　　　　　　1 300
　　　　累计折旧　　　　　　　　　　　　　　　　　　　　400
　　　贷：固定资产　　　　　　　　　　　　　　　　　　　　　　　800
　　　　　其他综合收益　　　　　　　　　　　　　　　　　　　　　900
　　　借：投资性房地产——公允价值变动　　　　　　　　　　200
　　　贷：公允价值变动损益　　　　　　　　　　　　　　　　　　　200
（3）借：债权投资——成本　　　　　　　　　　　　　　　1 000
　　　贷：银行存款　　　　　　　　　　　　　　　　　　　　　　 1 000
　　　借：应收利息　　　　　　　　　　　　　（1 000×5%÷2）25
　　　贷：投资收益　　　　　　　　　　　　　　　　　　　　　　　25
（4）2013年末的递延所得税资产余额=400×12.5%+400×25%=150（万元）
　　　2014年末的递延所得税资产余额=400×12.5%+800×25%=250（万元）
　　　2015年末的递延所得税资产余额=400×12.5%+800×25%=250（万元）
　　　2016年末的递延所得税资产余额=800×25%=200（万元）

【抢分技巧】

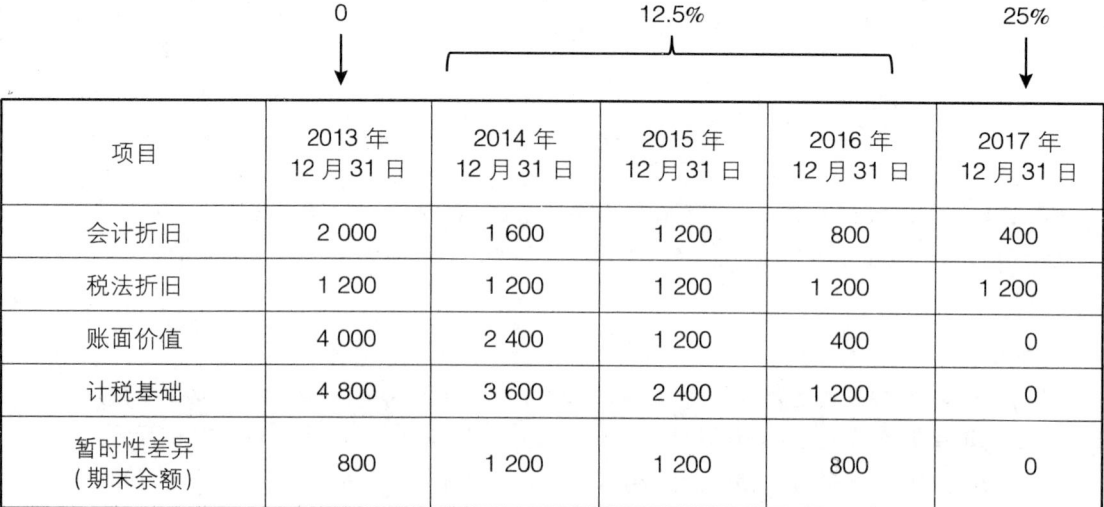

续表

项目	2013年12月31日	2014年12月31日	2015年12月31日	2016年12月31日	2017年12月31日
暂时性差异（本期发生或转回额）	+800（发生额）	+400（发生额）	+0	-400（转回额）	-800（转回额）

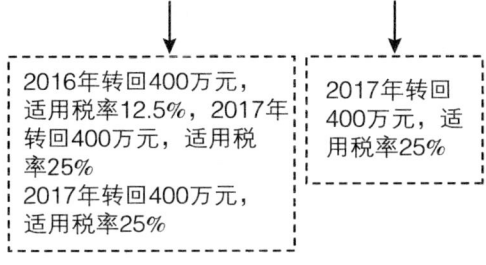

(5) 应交所得税 = (4 500 - 800 - 200 - 16 - 25 + 60) × 25% = 879.75（万元）

所得税费用 = 879.75 + 800 × 25% + 279 - (1 300 - 400) × 25% - 60 × 25% = 1 118.75（万元）

递延所得税负债余额 = (1 500 - 400 + 16) × 25% = 279（万元）

借：所得税费用　　　　　　　　　　　　　　　　　　1 118.75
　　其他综合收益　　　　　　　　[(1 300 - 400) × 25%] 225
　　　贷：递延所得税负债　　　　　　　　　　　　　　279
　　　　　应交税费——应交所得税　　　　　　　　　879.75
　　　　　递延所得税资产　　　　　　　　　　　　　185

【抢分技巧】

	对当期所得税的影响	对递延所得税影响				
		账面价值	计税基础	暂时性差异（期末余额）	递延资产或负债（期末余额）	递延资产或负债（期初余额）	递延所得税费用
(1) 固定资产	-800	0	0	0	0	200	借：所得税费用 200 贷：递延所得税资产 200
(2) 投资性房地产	-216	1 500	384	1 116（应纳税差异）	279（递延负债）	0	借：其他综合收益 225 所得税费用 54 贷：递延所得税负债 279
(3) 债权投资	-25	1 000	1 000	—	—	—	—

续表

	对当期所得税的影响	对递延所得税影响					
		账面价值	计税基础	暂时性差异（期末余额）	递延资产或负债（期末余额）	递延资产或负债（期初余额）	递延所得税费用
（4）公益性捐赠	+60	0	60	60（可抵扣差异）	15（递延资产）	0	借：递延所得税资产 15 贷：所得税费用 15

① 固定资产。

会计折旧 400 万元，税法折旧 1 200 万元，应纳税调减 800 万元。

② 投资性房地产。

a. 固定资产转公允价值计量的投资性房地产，会计确认其他综合收益 900 万元，不影响利润，税法不认同公允价值变动，不存在差异；

b. 会计折旧 0，税法折旧 16 万元，应纳税调减 16 万元；

c. 会计确认公允价值变动损益 200 万元，税法不认同公允价值变动，应纳税调减 200 万元。

③ 债权投资。

会计确认投资收益 25 万元，税法免税不计入应税收益，应纳税调减 25 万元。（永久性差异）

④ 公益性捐赠。

会计确认营业外支出 600 万元，税法只允许扣除 540 万元，应纳税调增 60 万元。

因此，会计利润 = 4 500 万元。

应纳税所得额 = 4 500 - 800 - 216 - 25 + 60 = 3 519（万元），应交所得税 = 3 519 × 25% = 879.75（万元）

递延所得税 = 200 + 54 - 15 = 239（万元）

所得税费用 = 879.75 + 239 = 1 118.75（万元），或者所得税费用 =（4 500 - 25）× 25% = 1 118.75（万元）。

【考点】 第三章固定资产——固定资产折旧；第五章投资性房地产——投资性房地产的转换；第十三章金融工具——金融资产的计量；第十九章所得税——递延所得税负债及递延所得税资产的确认和计量、所得税费用的确认和计量。